Edward A. Westermarck
THE HISTORY OF HUMAN MARRIAGE
The Book League
New York 1922
根据纽约图书联合公司 1922 年版译出

于家庭，而不是家庭起源于婚姻；认为原始婚姻正是为了适应核心家庭的需要而产生的。因为父母一道关心后代，在生存竞争中更有利后代的存活与成长。这完全是“出于保存子嗣以求维系种属这种本能的结果”。显然，作者的这一观点是直接与巴霍芬、摩尔根等人的观点相对立的，从而成为当时反进化论浪潮的重要思想武器。

韦斯特马克在研究人类婚姻方面单纯强调生物本能、完全忽视社会因素的倾向，以及其他某些学术观点，从一开始便引起激烈的争论，而且断断续续地持续到现在。其中，既有批判、质疑和责难，又有赞许、推崇和辩驳；既有反映阶级利益的意识形态之争，又有深入探求真理的学术理论之辩。[①]

近100多年来，随着科学的深入发展和学界的相互辩难，该书的若干论点业已受到批评而被证明为谬误，但从全书所包含的思想财富和翔实资料来看，仍不失为一部可资参考和研读的学术巨著。该书自1891年出版以来，曾经多次进行修订和增补；到1921年出第5版时，全书已扩展为三大卷33章，共约120万字。内容包括人类婚姻史的方方面面，如婚姻的起源、人类的交配期、婚前不贞、初夜权、宗教性卖淫、借妻换妻、以妻女待客、节日纵欲、类别式亲属制度、母权制、男性嫉妒、结婚率与婚龄、独身、性羞涩、求偶、吸引异性的原始方法、人类的性选择、内婚制、外婚制、有偿婚姻、抢夺婚、婚姻缔结中的诸方意愿、聘礼、婚姻礼仪、一夫一妻制、

① 参阅〔美〕武雅士：《韦斯特马克的复活》，载《世界民族》杂志1996年第1期，第40—52页；林惠祥：《文化人类学》，商务印书馆1991年版，第49—59页。

一夫多妻制、一妻多夫制、群婚、离婚等等，其中有些为作者开创之作。而且，作者在论述这些问题时，通常都是旁征博引，从古代文献到现实例证，资料范围涉及五大洲众多国家和民族，在行文过程中随时用脚注注明资料来源，书末附有详细参考书目。就资料丰富程度而言，国内已经出版的所有婚姻史著作，尚无一部能与它相比。此外，该书的写法还有一个很大的特点：作者每当探讨某一问题，首先要列举大量事实，列举各派学者的论点和论据，然后再谈自己的看法。例如，作者尽管反对“原始乱交说”，但在书中还是用了很大篇幅一一介绍论敌的观点和“乱交”事例。这有助于读者较为全面地了解有关各派学者的不同见解。至于作者的某些具体观点，例如，关于血缘婚配、乱伦禁忌、自幼亲密生活在一起的男女之间缺乏性吸引力、外婚制心理诱因的性学基础、自然选择与性选择一致性等等的论述，虽然时逾百年，至今仍然具有一定的学术意义或参考价值。[1]

其实，我国学者对于韦斯特马克及其所著《人类婚姻史》一书并不陌生。这是因为恩格斯在《家庭、私有制和国家的起源》一书中曾经多次提及；[2]而且，早在1930年，王亚南先生就已将韦氏的《人类婚姻简史》译成中文，交给上海神州国光社出版（1992年商务印书馆又将该书重译出版）。不过，以往尚未出版过《人类婚姻史》三卷本的中文译本。

这次我们受托翻译的，正是三卷本《人类婚姻史》的全本。第

① 参阅〔苏〕C. A. 托卡列夫：《外国民族学史》，中国社会科学出版社1983年版，第105—109页。

② 参阅《马克思恩格斯选集》，人民出版社1972年版，第4卷，第28—45页。

一卷由5人翻译：其中第1、2、14三章由欧阳觉亚翻译，第11章由刘宇翻译，第12章由李坚尚翻译，第4—10章、第13章、第15—16章共十章及目录、索引由李彬翻译，前言、序、绪论及第3章由李毅夫翻译；第二、三卷均由李彬一人翻译。第一、二、三卷皆由李毅夫统一校订，并由李毅夫执笔作"译序"。

我们接受本书的翻译任务，深感责任在肩，担子沉重。因为作者旁征博引，涉及面甚广；学术论争之处，各派观点错杂纷陈。为了不负重托，我们在翻译过程中，除认真研读原著外，还广泛查阅参考资料，请教有关专家学者。对于书中出现的学术论战和理论难点，我们都进行过细心推敲，力求将各派学者的观点和意见表达清楚。本书原版虽为英文，但却夹杂有不少其他外文引文（其中大多为法文，以及拉丁文、意大利文等），这就增加了翻译的难度。所幸的是，我们及时得到几位专家的帮助：书中的法文，基本上由曹枫女士帮助译出；拉丁文和意大利文，则由王焕生先生帮助译出。我们在此谨向他们表示衷心的感谢！同时，我们还要感谢王汝珍女士和牛淑媛女士，她们协助译者做了大量誊清抄写及事务性工作，对本书翻译工作的顺利完成给予了及时帮助。

对于全书的翻译，我们是非常慎重的。然而，因知识水平所限，疏漏、误译、欠妥之处，仍难以避免。我们诚恳希望广大读者及时给予批评指正。

译　者

1998年7月4日

目　　录

著者前言

自从本书第1版问世30年以来，对于婚姻及其有关问题的研究，特别是对于较低种族婚姻问题的研究，已经有了很大进步，这使我感到有必要对整个课题予以重新考虑。这一版增补了许多新的事实材料，删去了一些陈旧的材料。有关婚姻问题以前谈得不够或很少触及的一些方面，现在得到了充分的讨论。所有批评意见这次皆予以认真考虑。本书原有的理论，在某些方面得到了增强，而在另外一些方面则作了修改。对于其他作者所提出的理论，本书亦仔细予以检核。某些内容作了重新安排，甚至连全书都作了通盘改写，以致前几版已没有几句是原封未动而完整保留下来的。

这里只是扼要地说说本版所作的某些改动的情况。原来的“引言”已为一篇专门论述研究方法的“绪论”所取代，其中所涉及的大都是新近出现的一些问题。对于一些作者所引用来作为某些民族处于乱交状态例证的报导，我已作过仔细核查；许多被认为是以往乱交状态残存的风俗习惯，在书中也得到更加充分的讨论。诸如有关初夜权、宗教性卖淫、租妻换妻一类问题的章节，其篇幅已由原来的9页扩充到现在的69页。关于类别式亲属制度的问题，我已注意到最近所发表的论述，其中大都倾向于肯定我原来的

观点。在讨论结婚年龄和某些其他问题时，已更多地注意到文明国家的法律。宗教性独身生活与性羞涩，这两个问题已各占一章。关于女性羞怯的起源，亦有专章讨论。在有关动物第二性征的问题上，早已形成一种联想；如果这一联想正确无误的话，就可以认为体现动物性征的颜色、气味和声音，其作用与植物花朵的颜色和气味有极大的相似性。在论述原始吸引异性方法的章节里，原有理论虽在某种程度上已得到新的例证的支持，但在若干论点上我还是根据最新研究成果作了修正。近来对于外婚制规则比较深入的调查研究，使我更加确信我早先提出的外婚制起源理论是完全正确的；这次我在重作论述时已将各方面的批评意见考虑进去，希望能够更好地为人们所接受。在论述抢夺婚、有偿婚姻及有关问题的各章，均有大量的补充和修改。

关于婚姻礼仪，原来谈得很不够，仅占 13 页，现在已扩充为三章，篇幅增加了 12 倍多。不过，作为对婚姻礼仪整个程序的研究，我还是想推荐读者读读拙著《摩洛哥的婚礼》。通过我在摩洛哥持续 6 年的调查研究，并通过像《神秘的玫瑰》和《金枝》一类专著的启迪，使我感觉到了巫术信仰对婚姻礼仪的巨大影响；至于婚姻礼仪对于研究早期婚姻形式的价值，现在看来似乎比我原先所想象的要小。我非常感谢对本书第一版作过评介的一位著名评论家，他曾表示相信：本书作者假若学过民俗学的话，一定会在许多方面得出不同的结论。这使我注意到本身的欠缺，并开始努力予以弥补。但是，我对早期婚姻史的观点并未因此而发生重大变化。

在本书讨论单偶婚和多偶婚以及其他许多问题时，我已考虑到了经济条件对婚姻所产生的影响，这一点则是以前几版所大大忽略了的。一妻多夫制以前只占几页，现在已成为两章的主题。近来受到社会学家较多关注的群婚问题，书中亦辟有专章予以讨论。关于离婚问题的探讨，也比以往详细得多，既谈到这个问题发展的历史，也涉及现今有关离婚的立法。书末所列参考书目已由30页增加到100多页；全书则由一卷扩充为三卷。总之，这一版与其说是一个新的版本，毋宁说是一部新的著作。

同时也应说明，本书尽管作了很大变动，但从总的特点和框架结构来看，则仍保持着原样。所有的批评亦未能从根本上影响到本书的方法论或基本观点。这可能是因为当初我动笔撰写本书之时，虽然也曾反对许多风行一时的理论和方法，但我写书的动机并非出于这种反对立场。正好相反，我在着手写本书之时还是一位维护原始乱交理论的忠实信徒，并试图从某些风俗习惯中为这一理论寻找新的例证，当时我也以为这些风俗习惯很可能就是从个体婚姻尚不存在的时代留传下来的远古遗风。不过，没走多远，我便发现走错了路。我发觉，对于婚姻问题的研究，首先必须联系到它的生物学基础，至于将所有风俗习惯全都说成是社会遗风的倾向，如果不联系到这些习俗所存在的环境予以仔细考察，就很容易得出最为武断的结论。近来关于这个问题的论述，只是进一步坚定了我的这一信念；至于陈旧方法的一时复活，在我看来，大概也不会产生持久的效果。

我衷心感谢出版社及国内外公众许多年来对我青年时代从事本书写作时所给予的鼓励和关怀；感谢翻译出版界在原先为本书出版的多种外文译本中又增加了西班牙文和日文译本。同时，我还要感谢诸位好友和通讯员向我提供的宝贵意见和资料。本版所

用的大部分材料都是在大英博物馆阅览室收集到的，在此我特别要对博物馆工作人员们的深情厚谊表示谢忱。

爱德华·韦斯特马克

1921年5月

于萨里郡博克斯希尔

伍德曼别墅

第1版评介

阿尔弗雷德·华莱士

读过韦斯特马克先生这本书的校样，出版社要我说几句话，以便把这本书介绍给英国读者。我很高兴这样做，因为我难得读到这样一本书，其中能对一些最为繁难而又饶有兴味的人类学问题进行比较充分的或富于哲理的讨论。

关于人类婚姻的起源和发展，已有达尔文、斯宾塞、摩尔根、拉伯克和其他著名学者进行过讨论。在一些比较重要的问题上，这些学者大体是一致的；故而，他们的观点已为人们普遍接受，仿佛已是经过很好论证的科学结论。但是，在某些论点上，韦斯特马克先生却得出了不同的，有时是截然相反的结论；而且，他是在对一切有关的事实材料进行了最为充分而艰苦的考证和研究以后才得出这样一些结论的。

以一大批权威泰斗为一方，而以一位迄今尚不知名的青年学者为另一方，人们自然会认为，一切机缘都对后者不利。可是，我仍要斗胆地预言：在大多数争论点上，一些进行独立思考的人，都将会支持这位竟敢向我们一些最受尊敬的学者的结论提出挑战的后起之秀；即使是那些观点在这里遭到反对的人，我想也会承认韦斯特马克先生是一位才思敏捷、治学严谨的研究者，他的论据和结

论都是值得认真考虑的。

此外，我还想提醒大家注意他对人们何以抵触近亲通婚所作的精辟而富于哲理的解释。这个问题无论是在野蛮人或文明人当中都普遍存在，而对其起因的解释则存在着各种不同的意见。至于在有关性选择的一般问题上，他也提出了很有价值的设想，并提出了反对达尔文观点的新的论据，这与我的看法虽有所不同，但在总的方面还是大体一致的。

本书的每一位读者，都将会赞赏本书的明晰风格，以及作者精通外语的非凡本领。

第 1 版 序

毋庸赘言，承蒙阿尔弗雷德·华莱士先生把我介绍给英国读者，这该使我感到多么荣幸！我非常感激他通读我的书稿校样并对全书各部分提出了宝贵意见。

詹姆斯·赛姆先生为了本书的付印而给予我的帮助，使我感激不尽，难以言表。本书最初写就之时，自然夹杂有许多外国式的语句，赛姆先生则不厌其烦地一一帮我加以修改。在我们一起讨论全书论题的主要安排时，他也提出了一些重要的建议。我由衷地感激他给予我的无可估量的帮助。

我衷心感谢英国驻赫尔辛福斯[①]副领事查尔斯·库克先生，他热诚地帮助我用不是我母语的语言来写本书的第一部分。我还得感谢 E. B. 泰勒博士、G. 克鲁姆·罗伯逊教授、詹姆斯·萨利先生和 W. C. 库普兰德博士的鼓励和关怀；感谢约瑟夫·雅各布斯先生无私地让我随意利用他的一些研究成果；感谢几位分散在世界各地的人类学家，他们欣然接受我的请求，而亲自去对野蛮部落中有关婚姻问题的各种现象进行了详细的调查。我从他们那里收到的资料已被运用于有关章节之中。

① 即赫尔辛基。——译者

书末列有参考书目，放在正文和索引之间。同时，在附注里还增加了一些经过仔细核实的参考资料。

爱德华·韦斯特马克

1891年5月于伦敦

第 2 版序

本书的这一版，我未作大的改动；但在某些地方，为了加强我的论点，而补充了一些自第一版问世以来所收集到的新的事实材料；尤其是在第二章，可以见到其中最重要的一些增补材料。

利用这次再版的机会，我要向英国和其他国家的评论界表示热诚的谢意，感谢他们对本书所阐述的思想观点开展了广泛而深入的讨论。本书的外文译本已经出版或即将出版的，有德文、瑞典文、法文、意大利文和俄文译本。

爱德华·韦斯特马克

1894 年 1 月于伦敦

第 3 版 序

我很遗憾，本书每当要出新版的时候，环境却不允许我进行我已感到有必要的修改。自从第二版问世以来，许多有关这一主题的重要材料已被发现；新的理论有了发展；一些旧的理论也因有新的论据而得以复兴。然而，对于这些，我还不能作出正确的评判，因为目前我正在摩洛哥进行人类学考察。故而，这一版只是第二版的重印本。不过，我打算在我回到欧洲以后，再加上一个附录，以便使本书能跟上时代的步伐，并将回答一些批评意见。

爱德华·韦斯特马克

1901 年 8 月

于摩加多尔(摩洛哥)

绪论　论研究方法 1

本书所采用的方法，乃是在英国社会人类学界已盛行半个世纪的比较法。这一方法之被应用于人类文明研究，系有鉴于不同国家不同民族之间的文化产物，诸如工具、武器、艺术品、习俗、制度和信仰，均有很大的相似性。例如，武器可以分为长矛、棍棒、投石器和弓箭等等；神话可以分为日出日落神话、日食月食神话、地震神话，以及根据传说解释地名的乡土神话。在宗教信仰和实践方面，有泛灵观念、图腾崇拜、祖先崇拜、多神教和一神教；在制度方面，则有婚姻、氏族制、酋长制和奴隶制。而且，在每一大项之下，还可以区分为若干小项。就拿婚姻来说，便可分为一夫一妻制、一夫多妻制、一妻多夫制和群婚。对这样一些文化细目进行分类，正像泰勒所说的，犹如博物学家对动植物的物种进行分类一 2
样。“在民族学家看来，弓箭是一类，将儿童头骨从小弄扁的习俗又是一类，运用十进位的计算法也算一类。民族学家必须像博物学家研究动植物区系那样来研究这些事物的地理分布和传播。”①至于对社会制度及其各个侧面的研究，情况也应如此。

然而，比较社会学的任务，并不是仅仅局限于对不同文化现象

---

① Tylor, *Primitive Culture*; i. 7 *sq.*

进行分类，以求弄清它们在地理和历史上的分布。其终极目的，当然也像其他任何科学一样，在于解释有关事实，对于“为什么”的问题作出回答。因此，当在不同民族中发现相同习俗、信仰、传说或艺术时，自然便会产生应当如何说明这类相似性的问题。对于这个问题，泰勒曾经作过一般性的回答：“有时可能是由于人们的心智在相同条件下产生相同活动的结果；而有时则可能是因为在这些民族之间存在着某种血缘联系，或者是存在着直接或间接的相互交往”，①詹姆斯·弗雷泽爵士同样也曾谈到：“所有民族不发达的心理活动是基本相似的，这与他们的体质结构在比较解剖学上所显示出的基本相似性是完全一致的。”同时，他还补充说：“但是，我认为，当人们心智的一般相似性已被确认之后，我们便应时刻警惕，不要把许多通常由于纯粹文化传播而造成的显然相似也归因于人们的心智相似；因为不同民族的人们之间互相借鉴而学习彼此的艺术、技能、思想、习俗和制度，同样也是确定无疑的。”②我在这里之所以引用这些话语，只是为了回答英国科学促进会人类学分会会长几年前在一篇演说中所提出的责难。他指责说，凡是在
3 世界不同地区发现相同的文化现象，英国人类学家的领导学派“全都把它归因于独立起源和发展，几乎已把这视为一条定律”。③ 其实，这一指责是缺乏事实根据的。泰勒早在《人类早期历史研究》一书中便已指出：“除非假定在其历史乃至语言尚未弄清而被认为

---

① Tylor, *Researches into the Early History of Mankind*, p. 5.

② Frazer, *Balder the Beautiful*, vol. i. p. vi. *sq.*

③ Rivers, *British Association for the Advancement of Science*. Portsmouth, 1911. *Address to the Anthropological Section*, p. 2.

相互处于隔离状态的各民族之间，曾经有过深远的血缘联系或相互交往”，[①]否则就难以解释为什么会在如此众多彼此相距遥远的时代和地点，都曾出现过诸如吸吮疗法和产翁坐蓐一类的习俗，以及诸如与打喷嚏一类现象有关的迷信。

诚然，关于某个民族或部落所奉行的某一习俗或制度，究竟是自发产生的还是从其他某个民族或部落那里传入的问题，至今在比较研究的论文中还很少加以讨论。但这决不等于就是承认“独立起源论”；恰恰相反，当某一习俗或制度同时发现于若干亲缘民族或毗邻民族之中时，至少在许多情况下，人们几乎都会想当然地认为：它们是同出一源，其所以流行于各地，不是由于世代传承，便是由于社会交流。至于有关文化传播的问题何以未能得到更多的讨论，这是因为有许多民族的历史尚未弄清，还不能从中征引足够的证据。泰勒也曾明确地谈及他“经常感到难以确定：在某一民族中出现某种特别的新鲜事物，究竟是出于独立的发明创造，抑或从其他民族传入？”[②]而且，这样的困难至今尚未被近期的研究所扫除。格雷布纳博士曾经确立两条主要标准。他认为，根据这两条标准，便能为相似的文化现象追溯出一个共同的来源。第一条标准，他称之为“形式标准”，即事物非自然属性所固有的特质相似；第二条为“数量相似标准”，即某些没有必然内在联系的现象同时并存。[③] 但是，总的说来，运用这两条标准来研究民族习俗，是否 4
就能使结论完全避免纯粹的猜测，恐怕还是值得怀疑的；除非被研

① Tylor, *Researches*, etc., p. 378 *sq.*

② Ibid. p. 373.

③ Graebner, *Methode der Ethnologie*, p. 108 *sqq.*

究的民族全都属于同一种族，或者基于语言、历史或地理因素而假定彼此曾经有过接触。然而，即使在这样的情况下，要想十分肯定地断言相似的习俗是否同出一源，通常也是很困难的，或者是不可能的。格雷布纳博士本人也承认，在世界不同地区的不同民族之中，各自独立地产生相似的习俗，虽未得到证实，但有这种可能。如果情况真是如此，那么，在同属一个族系或彼此经常接触的不同民族之中，各自独立地产生相似的习俗，显然也是可能的。的确，两个民族愈是相近，其文化在新生细节上彼此相似的可能性就愈大；同类种子必然生长出同样的植物。如果在印欧语系的不同民族当中都发现有为新娘陪送嫁妆的习俗，我们绝不能因此而断言：这一习俗是从原始印欧时代一直传袭下来的，或者是在某一历史时期一个民族从另一个民族那里学来的。如果在毗邻而居但无亲缘关系的两个部落当中都发现有买卖婚姻存在，无论二者的文化有多少相似之处，也不能就肯定这一习俗是一个部落传给另一个部落的。

说来也巧，现代德、奥学派是非常憎恶“独立起源论”的，无论是在物质文化方面，或者是在社会制度和宗教信仰方面，凡是英国人类学家视为进化的现象，他们全都把它看做是文化传播的证据。然而，正是他们所尊崇的这一方法，本身就是在两个国家各自独立产生的；而这两个国家的人民部分地来源于同一种族，并且近来一
5 直还有文化接触。里弗斯博士说：“我根据自己在大洋洲的研究，完全独立地得出了与德、奥学派大致相同的一般见解。”[1]假设习

① Rivers, *op. cit.* p. 3.

俗、制度和思想能够说话，或许也会起来为自己辩解，以免背上纯属文化传播的嫌疑。对此，格雷布纳博士可能会说，而且他确实也曾大体说过：在发现相似文化同时并行的情况时，我们绝不能将欧洲的例证应用于野蛮民族，因为他们几乎完全缺乏“追求进步的进取意识”。[①] 在他看来，野蛮民族的习俗除非受到外来影响，似乎从来不会发生变化。但是，有充分的证据说明，情况完全不是这样。

例如，在澳大利亚中部，土著居民的习俗是经常在发生变化的。斯潘塞和吉伦先生认为，这些变化部分地是由于受到本族杰出人物的影响。他们写道：“在土著居民举行节庆礼仪时，我们曾经仔细地观察过他们的表演；而且，尽可能地去体验他们的思想感情，像他们一样地进行思考，并暂时成为他们当中的一员。因而，我们可以得出结论说，只要一两位最有权威的人作出某种适当的改变，哪怕是重大改变，也完全有可能获得大家的同意并付诸实行。”[②]兰德曼博士告诉我，当他在新几内亚一个讲基瓦伊语的民族中逗留期间，他曾亲身感受到他们的风俗习惯在未受任何外来影响的情况下经常在发生变化。例如，在当今一代人的记忆中，殡葬习俗便已有了显著改变，而且至少是部分地排除了受到邻族或白人影响的可能性。其实，一种习俗之在几个相邻亲缘部落中或在同一部落内经常发生变化的事实本身，不是正好说明一个民族的习俗即使是在较低的文化阶段也能自发地发生变化吗？而且， 6

① Graebner, *op. cit.* p. 114.

② Spencer and Gillen, *Native Tribes of Central Australia*, p. 12 *sqq.*

如果情况果真如此，那么，在不同场合，变化通常都会产生相似的结果，这应当是自然而然的事情。因为文化发展的可能性通常都是有限的，而且往往受到很大程度的限制。例如，人死之后，对遗体总得采取某种方式予以处置，而可供选择的方式并不太多；因而，同样一种方式必然会被应用于不同民族之中，而这些民族之间则可能并无任何文化接触。

就我个人来说，我认为在进化学派和专门研究文化传播及其影响的民族学学派之间，没有任何充分的理由一定要争吵不休。他们研究的课题不同，其研究方法自然也会有所不同。这两个学派都在考察文化现象的相似性。不过，进化学派主要是致力于探究这些现象的心理根源和社会根源；而传播学派所关心的则是这些现象在地理上的流动和扩散。这两类课题的研究可以互为补充，相得益彰，但不能互相取代。如果像某些德国学者那样把考察文化传播视为文明史研究的主要任务，那么，就会使这门科学丧失其崇高的目的，并忽视其许多最重要的成就。应当记住，即使不同民族习俗之间的历史联系已被确定，这些习俗的真正起源也未必就能由此而得以说清。对于一种习俗，仅仅指出它是从祖先那里传下来的，或者是从邻族那里学过来的，那仍是远远不够的，还应当回答它在首先盛行这一习俗的民族中究竟是如何发生的，因为
7 一种习俗总有一个开端。而这类问题，正好是进化学派的社会学家所热心探讨的主要课题；他们所采用的比较法，则能很好地帮助他们完成这一任务。

某些社会现象之同时出现于许多不同民族集团中，或许可以证明在它们之间存在某种因果联系；但是，这种联系的存在，却不

能由这些现象仅仅出现于一两个民族中而得到证明。正是鉴于这一情况，泰勒在研究制度发展问题时开始采用他的统计方法。而且，只要对实行同一习俗的不同民族的所在环境进行一番比较，就有可能发现其潜在的动因。例如，对人祭活动的比较研究表明：用活人作为牺牲献祭鬼神，通常都是发生在战争之中、战斗以前或围攻期间，或者是为了预防或阻止时疫流行、饥荒蔓延、天旱无雨或江河泛滥，以及为了防止某些特殊人物的死亡，尤其是为了防止酋长或国王的死亡。根据这样一些事实，我们便可以做出结论说：人祭至少在多数情况下，乃是一种基于替代观念的人身保险方法。而饥荒人祭及其所依据的原则，往往也延伸到平时，即使没有饥荒发生，人们也实行人祭以确保农业丰收；尤其是在这种习俗与实际饥荒人祭有着明显联系的地方，完全可以看出：二者源于同一原则。而且，通常还有这样的情况：即我们弄清了某一民族习俗形成的原因，有助于我们了解其他民族多少有些相似的同一习俗的含义。有些细节本身，很少能引起我们的注意；但是，通过比较方法，使有可能提供决定性的证据，或者产生有价值的启示，其中有些启示则可能在将来得到证实。而且，通过对未开化民族习俗和制度 8
的比较研究，同样也有助于对文明民族早期历史的了解。

但是，进化学派为揭示社会现象的心理原因所做的努力，近来却遭到了人们的非议。里弗斯博士写道："社会学家的本职任务，是研究一些社会现象与另一些社会现象的相互关系，追溯现代社会生活事实与以往社会生活经历的历史联系；只有在这一任务完成以后，或者至少也要在这一任务比现在取得更大进展以后，再致

力于用心理作用去解释社会生活进程，才是合乎时宜的。”[1]现在，应当尽可能地把社会学和社会心理学看作是两门独立的学科，因为其中之一容易做出属于另一学科的假设，从而容易做出错误的解释。不过，通过“纯粹”社会学，我们终究还是有可能指望获得社会心理学的知识，但道路是漫长而曲折的。为什么需要有这么一个过程？为什么不能采取更加明快的方法去直接探究人们作为社会成员的行为动机呢？对于这个问题，里弗斯博士所作的回答如下：“在我专门研究某一民族的社会行为时，最困难的恐怕就是要揭示那些驱使人们采取社会行动的内在动机。没有什么比试图发现人们为什么要遵从本民族的社会习俗和节庆礼仪更加令人沮丧和显然没有成效的了。”而且，人们逐渐认识到：“社会行为不是受理智动机所控制的，而主要是或完全是受感情支配的，甚至是受本能支配的”；“在精神状态方面，一个人的情绪和感情是旁人所难以捉摸的，更不用说是本能了。”[2]

9 因而，根据这一道理，我们必须谨慎从事，例如，不要轻易就断定：求爱和结婚一定与性本能有什么关系；通奸复仇是出于嫉妒和报复心理；性交保密则是与性羞耻心有联系。我们也不要急于去探究实行一夫多妻制、乱伦禁忌和各种婚礼的任何动机；而只要弄清这些现象与其他社会现象的关系、与以往社会经历的联系就行了。实际上，里弗斯博士是在说：“关于我们归纳在‘婚姻’这个题目之下的社会现象，无须运用任何诸如本能、情绪、感情、思想或信

---

① Rivers, “Survival in Sociology,” in *Sociological Review*, vi. 304.

② Idem, “Sociology and Psychology”, in *Sociological Review*, ix. 3, 10 *sq.*

仰之类的心理学术语，也能写出许多卷专著”，而采取这样的方式来阐述婚姻问题，仍然“能对我们的知识宝库作出有价值的贡献”。[①] 在这许多卷专著写完之后，我们或许得以获准去考虑：人们不仅要结婚，而且往往会坠入情网；婚姻习俗不仅仅涉及人们的肉体活动，而且往往还涉及人们的意向和动机。假若社会心理学一旦获得发言的机会，而对“纯粹”社会学所作的许多分类和结论提出强烈抗议，我将不会感到惊奇。因为在我看来，“纯粹”社会学所爱犯的最大错误，就是将社会现象与其内在动因割裂开来，把它看作是某种机械过程，正像把作为社会成员的人们看作是某种自动装置一样。

从里弗斯博士的主要著作及其《社会学中的残余》一文可以看出，对于一些关系密切而有组织的社会过程，他多半也是作为社会残余现象来研究的。但是，如果不考虑到社会行为的心智方面，而只是把社会过程作为残余现象来解释，又能指望从中获得些什么 10
样的历史知识呢？里弗斯博士认为，一种习俗“如果其性质不能从现实的效用中得到说明，而只能通过以往的历史才得以为人所理解”，[②]那么，这种习俗就是一种残余。我想，这里所说的效用，大概是一种假定性的效用。因为一种习俗，如果只是在盛行这一习俗的人们中被认为是有用的，那它必须通过对现实条件的剖析才能完全为人所理解。故而，在断定某一习俗为残余现象之前，有必要进行一番检验，看它是否能从现实条件中得到说明；而在这些条

① Idem, “Sociology and Psychology”, in *Sociological Review*, ix. 3, 2 *sq.*

② Rivers, in *Sociological Review*, vi. 295.

件之中，显然还应包括遵从这一习俗的人们的思想和感情。如今之所以在早期历史研究中有许多任意做出的不科学的结论充斥其间，恐怕正是由于忽视了进行这样的检验。一些习俗之被说成是过去某些假想习俗的残存遗迹，只不过是因为在它们之间有某些外部特征相类似，而且往往是一些最表面的特征相类似；或者是因为它们仿佛是过去某些假想习俗的衍生部分或必然结果。读者在本书之中，例如在有关乱交假说、性羞涩和抢夺婚的章节中，将会找到许多这样的例子。从总体上来说，本来我曾指望这类纯粹社会学的解释已成为过去的事情，但是，没有想到竟然从一位在该国社会学界几乎被奉为新派领袖的学者口中听到：对社会现象的研究，宁肯求助于以往的社会经历，也不愿去探究其潜在的心理作用，这实在令人感到惊讶！

说来也怪，极端忠实于社会学解释的人，也同样极端怀疑我们探究社会行为动机的能力。其实，人们的心理结构，尽管存在种族差异和个人差异，但在本质上则到处都是一样的。这明显地体现在：大家全是人类这一种属的成员，并由其外部行为得以确证。诚然，其他民族的人们与我们的差异愈大，我们对他们的了解愈少，
11 要想弄清他们的行为动机也就愈加感到困难；而要去弄清其中的每一个细节，那更是我们所无能为力的了。但是，决定人们习俗的心理因素，并不是完全不可捉摸的。这些心理因素，无论是一般的本能、情绪或感情，还是特定的思想观念，只要它仍然在起着主导作用，就应当是可以进行深入考察的对象。可是，里弗斯博士却坚持认为，要想弄清人们为什么遵行某些礼仪和节庆之所以显然是一项徒劳无益的工作，部分地是由于这一研究对象的抽象性质。

他说："一个人若想直接去考察某一礼仪或习俗的潜在含义……他所得到的通常只是一些恍惚和模糊的印象；除非人们完全满足于其祖辈的状况，像祖辈原先那样行动。"[①]就我个人的经验来看，有些情况确实如此，但有些情况却并非如此，从土著居民那里便可以获得许多最有价值的信息。他们的解释并不总是始终如一的，其原因可能是：关于礼仪的真正起源，已部分地或全部地被遗忘了；原来产生这一礼仪的思想观念，已被新的解释所取代。但无论如何不应使田野民族学家减少其揭示所搜集资料之现实意义的热情；而不管其意义是否本来的意义，它都能为我们深入了解当代人的思想观念提供某种启示，而这些思想观念本身也应成为重要的考察对象。不过，直接探究思想动机，并不是唯一的考察途径；从举行礼仪庆典时所使用的言语之中，可以获取某些有用的信息；从
对盛行某种相似礼仪习俗的不同地区环境的比较研究之中，也能 12
获得有关土著思维方式的牢固知识。不过，要获得这样的知识，必须要有一个先决条件：即长期生活在你所考察的民族中间，并通晓他们的语言。在我看来，与其将探究社会行为动机的努力作为徒劳无益的工作予以放弃，不如承认并强调田野民族学家必须具备这样的先决条件，那对社会学才更有裨益。一个田野民族学家，即使在习俗的意义已模糊不清或已被遗忘的地方，只要凭借他对土著思想感情和思维方式的知识，便能使他做出有价值的推测。因此，我坚决反对我曾在皇家人类学研究所一次会议上所听到的、一位学者在宣读他论述某些未开化部落的论文时所提出的主张：即

---

① Idem, in *Sociological Review*, ix. 10.

田野人类学家只应当致力于搜集事实材料，而把对这些材料的解释工作留给书斋人类学家去做。

当然，对社会现象所作的许多心理学解释，或多或少都带有假设性；但这不能成为对此不屑一顾的理由。假设性解释，对于关心文化混合的传播学派来说，并不比对进化学派更为陌生。就我所知，在进行猜度和推测方面，没有哪本著作能比里弗斯博士所著《美拉尼西亚社会史》一书显得更为豪爽大方的了。有无数事例说明：探究某种习俗或礼仪的心理根源，要比断定它是否和如何作为民族交往和文化混合的结果而发生的问题容易得多。例如，有谁会怀疑为祈雨所举行的泼水仪式不是起因于人们思想的相似联想律呢？而又有谁敢于断定这一仪式在世界上究竟是如何进行传播的呢？

人们对比较法经常提出异议的一个方面，就是运用这一方法，难以与充分而仔细地考证资料来源同时兼顾。毫无疑问，这里面确有几分道理。每个曾经广泛运用过比较法的社会学家，都有充
13 足的理由进行忏悔；哪怕他只是与某些特殊的同类现象打交道，他也难以像研究某个单一民族的专著作者那样能使自己所用资料经受严格检验。我在本书最初几版中曾经强调："由于社会学家在许多情况下难辨真伪，因而他必须容许在其引用的某些材料中可能会有不太精确之处。"可是，万万没有想到格雷布纳博士竟然会抓住这一点，说我试图毫无顾忌地放手滥用资料。实际上，我想，其他学派的社会学家在引用资料方面同样也会通情达理地容许出现某些不精确之处。而且，即使对一位最苛求的评论家来说，要确定某一说法到底是否准确，通常都是不太可能的；甚至想对某位民族

学作者的著作的一般可靠性做出公正的判断，往往也是十分困难的。例如，格雷布纳博士认为柯尔所著《澳大利亚种族》是一部毫无价值的著作，并责备我为什么要引用它；可是，马林诺夫斯基在其所著《澳大利亚土著家庭》一书中对于所用资料是经过细心筛选的，而他却认为柯尔曾有极好的机会做过实地考察，并经常参考柯尔的这一著作。

总的说来，我必须坦率承认，我本人从事田野调查愈久，便愈是不信任民族学例证。我在进行田野工作时，很早就定下一条严格的规则：从不接受当地土著居民以外任何人提供的情报；因为我发现，欧洲侨民的说法通常都不够真实。后来，我又定下一条规则：从不利用外部落的人向我提供的有关某一部落情况而未专门说明其来源可靠性的材料。其实，我对于自己尚不能与土著居民 14
自由交谈以前而须通过翻译所搜集到的那部分资料（好在分量不大）也感到有点怀疑。至于在摩洛哥考察期间一路上始终陪同着我的当地翻译，他倒是一位聪明能干和绝对可靠的土著，而且英语讲得非常之好。由此，我得出一个结论：即使是最好的翻译，有时也会忽略某些细节，有些细节虽很琐碎，但对正确理解所研究的习俗或信仰却往往具有重大意义；他有时也可能思想开小差，注意力不能集中；遇到难以直接翻译的地方，他所做的解释有时也可能不够准确。而且，我还养成了一个习惯：每次调查时，我都要把当地人提供的情况再全部向他们重述一遍，以避免可能发生的误解；偶尔，我还故意说错，以便引起他们的注意，借以检验材料的准确性。而所有这些，若是通过翻译，恐怕就难以做得很好。现在，我不敢说，我在引用别人的材料时，也能像我本人搜集材料时那样坚持资

料准确性的标准。情况不可能完全一样，因为许多田野人类学家都很少能让读者详细了解他们搜集资料的途径和方式。但是，没有人能否认，比较法只要慎重地加以应用，本身就能为研究者提供某种鉴别资料可信程度的标准——即“多处重现”标准。例如，泰勒曾经指出：“如果有前往两个不同地区的两个不相干的人，一个是去鞑靼里亚的中世纪穆斯林，另一个是去达荷美的现代英国人；或者，一个是去巴西的耶稣会传教士，另一个是去斐济群岛的卫斯理派教徒，他们对其所访问民族相似的艺术、礼仪或神话的描述，情况都差不多；那么，就很难断定，或根本不可能断定，其一致性究竟是出于偶然的巧合还是蓄意的欺骗。”①

人们通常对比较法有一种抱怨，说它往往将文化现象从其所依存的有机整体上割裂开来，因而容易做出错误解释。习俗和信仰，并不是某些个人的所有物，而是属于其所在的整个社会群体；它们所表达的，乃是其整个社会的精神生活。所以，据说对它们不能用个人心理去作解释；为了使人理解，就必须根据所研究民族的文化和社会结构去做说明，而不要把它们从社会总体中抽取出来，却和其他民族的习俗或信仰放在一起，归为一类。我认为，在这些意见中，确有不少道理，但也有所夸大。我本人曾经发表过一种见解，认为就文明低级阶段而言，除了社会学的田野工作以外，没有任何其他调查研究能比针对某个亲缘部落集团中的某些特定社会现象或制度进行专题考察显得更为重要和迫切的了。这是由于所有社会现象并非孤立自在的，通常都要受到该族所在地方条件、自

① Tylor, *Primitive Culture*, i. 9.

然环境、生活状况以及自身心理特点和习尚的影响。所有这些因素，在考察某个单一民族时，是比较容易探究的；而要在整个未开化世界去考察某种社会制度，并探究所有这些因素，那就会感到困难得多。

我敢说，大多数运用比较法的著述，都包含有某些不太精确的资料，其错误往往在于只是根据事物的外部相似而将其归为一类。有一种倾向认为：不同民族之遵行相似的习俗和礼仪，系源出于相似的思想观念。这种看法虽然容易进行解释，通常也能进行正确的分类；但同时也容易做出不充分的或错误的结论。就拿庆典礼仪来说，应当考虑到：尤其在未开化民族中，人们以行动表达思想的方式是非常有限的，同样一种动作，同样一个东西，在不同的场合往往就具有不同的含义。例如，在结婚仪式上，人们普遍爱用鸡蛋作为象征物，但含义有所不同：有时是祝愿新人多生贵子（基于生理联想），有时是祝愿他们幸福美满或乞求天气晴朗（基于蛋色洁白），有时是为了促使新郎得以顺利破贞（基于蛋壳性脆），有时 16
则是为了促使新娘将来得以顺利分娩；而且很有可能，所有这些不同说法全都反映出其原始动机，或者反映出各为其混合动机的一个组成部分。毫无疑问，从我本人的著述（包括本书）之中，同样也能找到错误分类的例子；不过，挑别人的毛病总比挑自己的毛病容易一些，所以只好从我尊敬的同事所写的著作中挑个例子做些说明。

哈特兰博士在其所著《原始父权》一书中说：不同国家都把沐浴作为一种求子的方法，这可能来源于古人的一种信念，即认为“怀孕是由性交以外的其他原因引起的”。为了支持这一见解，除

了其他材料以外,他还引用了我关于摩洛哥南方一个部落的报告。在那个部落里流行这样一种习俗:已婚妇女如求子心切,她就在仲夏节一连 3 天前往海边,每天都让海浪冲刷身子 7 次,便可获知她是否能够怀孕;而且,她还能得知,如果不能立即怀孕,她就永远不会生孩子了。从这个例子可以看出,巫术已蜕变为占卜。显然,这一习俗是从摩洛哥另外一个部落那里传过来的。在那里,新娘在迁入新居的第 40 天,就前往海边,让海浪 7 次冲刷身躯,同时并向大海祈祷:“啊,大海老伯！我被精灵缠身,请赐予我儿女和健康吧!”可见,这样一些事实决不能拿来作为论证原始父权的例证。至少在摩洛哥,海水之被应用于求子,其作用只是间接的,即人们认为它可以祛除造成不孕的邪魔影响。这是因为人们迷信:一个妇女或动物之所以不能妊娠,那是由于受到邪魔的干扰;因而,运用驱除邪魔的办法便可治疗不孕,也正像运用这个办法可以祛除疾病或其他不幸一样。不过,为了减轻哈特兰博士的过错,还应当补充一点:即在他所引用的那篇文章中,我没有专门谈到摩洛哥人
17 关于妇女不孕的观点。这类情况可能较为典型。信奉比较法的社会学家,之所以爱犯割裂事实另作解释的错误,多半是由于他们所掌握的资料还不够全面和完备的缘故。因此,他们所用方法的这个主要缺陷,在很大程度上要靠田野工作者的勤奋努力来弥补(不仅搜集外在的事实材料,而且深入人们的思想感情),要靠专门研究单一民族的众多论著的发表来弥补。

其实,研究某种文化现象在不同民族中的分布和专门研究某个特定的民族,二者之间并没有什么实际的对立。在这里,同样只是由于研究课题不同,因而研究方法也有所不同。而且,这两种研

究还可以互为补充，相得益彰。专门研究某种习俗或制度的学者，必须感谢专门研究某个民族的专家为他提供其细致调查的成果；而着重揭示事物一般相似性的比较研究，则通常可以帮助其知识仅局限于某一方面的专家去解释他所难以充分理解的事实材料。从我们刚才谈到的一点去批评比较方法是很容易的；但是，对于任何研究人类文明的现代学者来说，要想漠视其研究成果恐怕也是不可能的。迪尔凯姆教授及其门生的著述之得以普及，正应归功于他们所严厉批评其方法的进化派学说，这难道不能说明他们的批评有点夸大其词吗？他们没有充分考虑到一个极其简单而又极其重要的事实：即所有不同民族全都属于同一个动物种属，因而所表现出来的相似性必然要比受社会环境影响而产生的全部差异性具有更为深厚的根基。不用比较法，又有什么更好的方法能够揭示这些相似性呢？又有别的什么方法能够将一般性特点与地方性特点区分开呢？而且，不考虑到人类种属的心理特点，我们又怎么 18
能充分地说明社会环境本身呢？我认为，有足够的证据表明：无数的习俗和信仰，并不是与社会机体交织在一起而不可分割的；只要谨慎从事，完全可以将它们抽取出来而加以比较研究。而且，无论如何，我们至少可以指望从混有地方性特点的事物中发掘出整个人类种属的共同因素。

但是，如果说法国社会学家（不算根纳普，他不属于迪尔凯姆学派）过低地估计了人类心智的同质因素，那么，我则认为，他们在另一方面却有点过高地估计了群体心智的同质性。一个民族的心智，在很大程度上要受到他们在一起共同生活与活动这一事实的影响，这是没有人怀疑的真理。我们在谈到一个民族的习俗、信仰

或宗教时，就包含有对这一真理的承认；而且，我们应用这些术语，要比巴斯蒂安应用“民族观念”一词早得多。不过，我们不要忘记，任何社会内部思想行为的同质性都不是绝对的。这不仅对文明人说来是这样，而且在某种程度上对未开化人说来也是这样。唐纳博士曾经指出：萨莫耶德人的宗教信仰，以及关于人们死后亡灵命运的观念，在不同的人们中间就有很大不同。有一次，他专门向我谈及灵魂观念。他说，甚至在一个只有五六百人的小部落中，情况也是这样。有一位土人跟他详细地叙述了彼岸世界的情况，其内容都是根据他本人梦中所见而编造的。兰德曼博士也曾告诉过我，在讲基瓦伊语的巴布亚人中，他经常注意到他们习惯上的差异，不仅在同一部落（或村落）的不同群体之间有所不同，甚至在不同个人之间也有所不同。例如，有一位土人对他说：“捕捉海牛，一个人有一种方法，另外的人有另外的方法。”在他们的庆典礼仪之中，有一些是整个部落所共同奉行的；还有一些与农耕、狩猎或其
19 他活动有关的仪式，则仅仅为某些家庭或个人所遵从，这是由于他们直接或间接地在梦中受到某个精灵或鬼魂的点化。兰德曼博士认为，在每一具体场合，对于某些习惯和信仰，很难区分哪些是共同的，哪些是个别的。鉴于这样的区分在人类学著作中一般都难以找到，民族学家在进行研究时必须提高警惕，不要过于随便地使用“集体观念”（或法国社会学家所偏爱的“集体表象”）这样一类术语。

在本书第1版写成的那个时候，进化学派所普遍爱犯，而某些作者至今仍然在犯的一个方法论错误，就是没有充足的例证而只是根据在若干未开化民族中盛行的某种习俗或制度，或者根据某

些被认为是其残余的事例，便轻易地断言：这种习俗或制度乃是从
整个人类一度经历过的某个发展阶段延续下来的一种遗风。例
如，有一种“乱交假说”认为，原始人生活在部落或游群中，所有的
男人可以同所有的女人发生性交关系，在那里没有个体婚姻存在，
儿女为部落所共有。而提出这种假说的根据，首先只是某些旅行
家和古代作者关于某些民族据说曾经或正在盛行这种习俗的记
述，其次则是若干被认为是这一习俗残余现象的事例。波斯特博
士在其所著《原始时代的两性共有制和婚姻的起源》一书中走得更
远。他从未作过令人满意的论证，便武断地认为：“一夫一妻制的
单偶婚，起初到处都起源于纯粹的妇女共有制，其后曾经历过有限
的妇女共有制、一妻多夫制和一夫多妻制等中间阶段”；不过，他后
来曾对这一观点做了修改。路易斯·亨利·摩尔根在其所著《人 20
类家庭的血亲和姻亲制度》一书中，对于婚姻和家庭的进化过程，
至少提出了 15 个正式阶段，其主要依据就是：早在人们具有“一夫
一妻婚姻和现代意义家庭这样一些知识”以前，还有一系列习俗和
制度存在和盛行。抢夺婚被认为是原始的和一度普遍存在的娶妻
方式；直到今天，我们还可以听到人们在谈论人类早期的群婚阶
段，以及早于父权制存在的母权制阶段。

现在，道理已很明白，除非我们能够断定产生某一社会现象的原因是普遍起作用的，否则，就无法断定这一社会现象过去曾经普遍存在过。因此，我们在探讨这类问题时，首先就应找出社会现象的原因；然后再从原因的普遍性推测现象本身的普遍性，而且还应考虑到这些原因在起作用时是否受到其他因素的牵制和干扰。我们通过这一途径可以做出十分肯定的结论：在母亲及其幼儿之间，

通常具有亲密的关系；这是因为决定这种关系的原因，在人类这样的哺乳动物中间经常都在发挥作用。鉴于同样的理由，使我也能提出一种假设：即由父母和子女组成的家庭自太古时代便已存在，很可能早就存在于我们人类以前的动物祖先之中，这是因为年幼的子女需要照管和保护，以及原始群体生活中经常存在的谋生困难。不过，这后一种推论的根据不如前一种那样坚实牢固，因为对父亲照管的需要，不像对母亲照管的需要那样必不可少。另外，关于抢夺婚、群婚和母权制存在的原因或假想原因，也不是完全令人信服地就可以认定：其中某一习俗曾在人类文明的某一阶段是普遍存在过的；那就更不用说乱交习俗了。至于乱交作为两性关系的一种独特形式，是否曾在某一个别民族中流行过，也是极其令人
21 怀疑的。

可见，比较法以及运用比较法的方式，并不是无可指责的。不过，这一方法本身所具有的缺陷，以及运用这一方法可能导致的错误，决不能证明提倡其他方法的人通常对这一方法所采取的傲慢态度是正确的。比较法的弱点和缺陷是容易发现的，因为它已被广泛地运用了半个世纪之久；而且，我还认为，通过这一方法所取得的许多重要成果，已充分证明了它的功劳。为了对某种方法做出公正的评价，就必须对它进行充分的检验。但不能说，对法国学派的社会学方法或德国学派的民族学方法（其实它在很大程度上还是理论探讨的对象而不是实际应用的方法），已经进行过这样的检验了。至于法国学派的方法，我不禁要说：它已超出合理范围而具有令人不安的扩张倾向。运用这一方法的学者，通常都不满足于将其结论局限在某一地区的社会现象，而把他们的方法看作是

取得更大规模成果的直接手段。例如，迪尔凯姆教授给他专门论述澳大利亚图腾制度的著作，加上了一个意味深长的书名：《宗教生活的原始形式》；并自信不疑地断言：这种制度包含有“一切高深宗教底层中所有的伟大思想和主要的礼仪规则”，从而挑起了一场关于一般宗教问题的论战；他相信：你只要仔细研究某一个民族的宗教，就能比通过泰勒或弗雷泽的比较法更好地掌握一般宗教生活的主要原则。这几乎是说，只要有了某种社会学的直观，便可以取代比较法的归纳。其实，只要运用得当，每一种方法都有自己的
特殊问题可以解决；各种不同方法之间并无对抗可言。同时，每一 22
种方法又都有自己的困难和局限。这是因为问题通常都是很复杂的，而我们所掌握的材料又是十分有限的。

至于说到本书的专门论题，还应作点补充，即研究人员必须在探究社会现象的心理原因之外，去努力发掘这些现象的生物学基础。就我所知，婚姻植根于本能，只能用生物学事实才能予以阐明；同样，为了阐明许多与婚姻有关的特殊习俗和规则，也须引用生物学事实——专门与人类及其近亲有关的或较为一般性的生物学事实。这类本能的形式，完全出于物种的需求：这同样也是以各种解剖学和生理学因素为依托的。无论是对于具有本身特点的性本能来说，还是对于同婚姻有关的其他本能来说，情况都是如此。早期研究婚姻问题的论著有很大一个缺陷，就是完全忽略了问题的生物学方面；甚至于直到现在，尚未得到人们的充分重视。泰勒在评论本书第一版时曾经指出：这本书的显著特点就是“致力于将人类学的生物学方面和文化方面结合为一个完整的体系”；他还补充说道：“对于这种成效卓著的探讨，其价值是无可怀疑的；当人们

朝着这个方向去探索时，它将得到进一步发展。”在本书的这一版中，有关这方面的讨论，比以前占有更加突出的地位。不过，在这里绝不像人们所误传的那样，是什么拿生物学类推法去解释社会的进化；我们所关心的，只是揭示心理现象和社会现象的生物学基础。同时，我们也充分地注意到人们的思想和信仰对于婚姻习俗的影响。有关这方面的问题，近 20 年来在社会学界已经有了较多
23 的阐述。此外，还有一个十分重要的因素，那就是工业文化的影响。因为婚姻不单纯是两性关系，而且也是一种经济制度，或多或少地必然要受到生存资料的影响。

我不打算讨论婚姻的所有方面，主要地只是谈谈以下几个问题：婚姻的起源以及与之有关的问题，诸如性周期、各种被作为原始乱交确证的事例（被当作过乱交生活的民族实例、婚前不贞、初夜权、宗教性卖淫、租妻换妻、节日性放纵、类别式亲属制度、母权）和男性嫉妒；结婚率和结婚年龄；独身生活；表现在独身生活与某些婚姻习俗上的性羞涩；求偶及其不同特点；吸引异性的原始方法；受爱憎影响的性选择，以及基于性嫌恶的外婚制规则和内婚制规则；缔结婚姻的方法，诸如抢夺、协议、给予女方以某种形式的补偿（以亲换亲、提供劳务、付给金钱、馈赠礼物）或交换礼物；嫁妆；婚姻礼仪；一夫一妻制、一夫多妻制、一妻多夫制、群婚制和其他群婚关系；婚姻维系期和解除婚姻的规则。

所有这些问题，我将分别予以探讨，并充分考虑到处于不同文明阶段的各族人民的习俗或法律。但是，我不准备涉及现代各个
24 文明民族婚姻法的细节，因为相对来说它理论意义不大，而在一般法学著述中都容易找到。在叙述过程中，我将尽可能地把属于同

一族系的民族或住在同一地区的民族归为一类，集中探讨；但在另外一些场合，当对某些习俗或信仰进行比较研究的时候，甚至在同一段落，我又将毫不犹疑地同时涉及属于不同种族的、彼此相距甚远的、处于不同文化水平的民族。这在某些方面并不是很好的方法；不过，我得恳请读者参考一下达尔文和其他一些生物学家的做法，他们在处理某些特殊的生物现象时，往往也是征引属于不同物种的动物作为例证，并由此而成功地取得了某些重要的结论。

只要条件允许，我将照例是首先对我所探讨的现象作一番叙述性的说明，谈谈它出现于不同民族之中的实际情况；然后再进一步探究产生这一现象的原因——生物学的、心理学的或社会学的原因。当然，我完全清楚：这些说明可能是很不充分的；可能只涉及某些方面，而不是所有方面；可能是部分地或整个地带有猜想和臆测成分。假若我没有通过民族世系或文化接触去追溯某一现象的共同来源，这决不等于我就是断定没有这样的共同来源。恰恰相反，每当我作为特别项目谈及某种现象（诸如性本能、男性嫉妒、女性羞怯或家庭）的时候，我都认为它们是有共同根源的。例如，当我谈及印欧语系各民族中相同的婚姻礼仪时，我从来没有考虑它们会各有独自的来源。不过，要想为各种各样的婚姻习俗全都找到故乡和家园，在大多数情况下，恐怕是最劳而无功的了。

我所遵行的这一方法，通常需要列举大量事实。我之所以引用这些事实，并不像某些评论所说的，只是为了说明作者某些独到的见解，而是因为这些事实材料乃是整个理论和学说得以确立的基础；尽管这需要读者阅读时付出极大的耐心，但也是难以避免的。此外，一般公众或许还会对书中所谈到的某些事实提出异议，

25 认为有点伤害人们的羞耻心。然而，隐瞒真理乃科学之大忌；对事物的奥秘采取冷漠态度而加以掩盖，犹如一本正经地给裸体雕像披上一件外衣。

第一章　婚姻的起源 26

婚姻，通常被作为一种表示社会制度的术语。因此，可以给它下这样一个定义：得到习俗或法律承认的一男或数男与一女或数女相结合的关系，并包括他们在婚配期间相互所具有的以及他们对所生子女所具有的一定的权利和义务。这些权利和义务因民族而异，故而不能全都包括在一个通用的定义之中。不过，各个民族又必然有着某些共同的东西。结婚总是意味着性交的权利：社会不仅允许夫妻之间性交；而且一般说来，甚至认为彼此都有在某种程度上满足对方欲望的义务。但是，性交的权利，并不一定是排他性的。从法律观点上看，很难说婚姻具有排他性，只有与别人通奸被认为是一种足以使婚配一方提出离婚的罪过，而事实上并非总是这样。

同时，婚姻不仅仅规定了男女之间的性交关系，它还是一种从
各方面影响到双方财产权的经济制度。在可能和必需的范围内，
供养妻子和子女是丈夫的职责；同时，妻子和子女也有义务要为他 27
做事。丈夫通常有权支配妻子和子女；但在多数情况下，他能支配子女的时间是有限的。父母的婚姻往往决定了新生儿在其所属社会结构中的地位；但是，如果考虑到非婚生子女在血统、继承权和继承顺序上经常得到同样的对待，那么，婚姻对于子女社会地位的

影响，并不像人们有时强调的那样具有重要的决定性的作用。最后，男女之间的结合必须根据习俗或法律规则被确认为正式婚姻，而不管这些规则是什么样的规则。缔结婚姻一般需要征得当事者本人或他们父母的同意，或者必须得到他们本人及其父母的一致同意。这些规则也许要求男方给予女方一笔彩礼，或者要求新娘父母为新娘置办嫁妆。这些规则也许规定结婚要举行某种特定的婚礼仪式。一对男女的结合，如果不具备习俗或法律所要求的条件，就不被看作是夫妻。

至于说到婚姻制度的起源，我想它很可能是从一种原始习俗发展而成的。我相信，甚至在原始时代，一个男人与一个女人（或几个女人）生活在一起是一种习性，他们彼此发生性交关系，共同
28 养育子女，男子是家庭的保护者和抚养者，女子则是他的助手和子女的养育人。这种习性首先由习俗所认可，继而得到法律的承认，并终于形成为一种社会制度。为了从法律观念上追溯婚姻的最初来源，我们就必须探索婚姻从中孕育而生的这种习性的起源。

类似的习性，在动物界的其他许多种属中也有发现，不过在最低级动物中则未曾见到。在为数众多的无脊椎动物中，两性之间的关系一般说来是极不固定的，甚至母亲也几乎免除了照顾后代的一切烦劳。最高等级的昆虫，其卵是靠太阳的热力来孵化的，而雌虫在多数情况下对她的子女甚至连看也不看；她所关心的只限于找到一个适当的地方产卵，把卵紧附在某些物体上面；如果需要保护，也只是将它们加以覆盖即可。不过，仍然有几个种属的昆虫，母亲必须为其子女准备好食宿。某些雄虫也和雌虫一起参加

这一工作，甚至还守卫虫卵。比如西班牙粪虫，在羊粪堆下面挖一个洞穴，并从粪堆上收集食物；法布尔也认为，“雄性帮助它的配偶搜寻和储存食物……但只要窝里已有足够的食物，它就退回到地面上，躲到什么地方谨慎地休息去了，把其余的事让给做母亲的去管。它参加家庭活动的任务就此完成。”[①]

在最低等的脊椎动物中，父母的照顾也是几乎没有听说过的。29
大多数种属的鱼卵，从一开始就不靠它们的父母来孵化，而是靠它们自己；但有许多真骨类鱼算是例外，雄性通常担负起做父母的责任，例如他筑一个巢，并小心翼翼地守卫着母真骨鱼所产的卵；而某些雄性海鲇则把卵藏在宽大的咽喉里。大多数爬虫把它们的卵产在太阳晒得到的苔藓或树叶上，卵产下后便不管了。但有几种大毒蛇的做法比较奇特，它们把蛋下成一堆，然后自己则在蛋堆外面绕成一圈。莫里斯博士观察到，雌性鳄鱼以及某几种水蛇，还随身携带它的蛋甚至幼仔。

在较低的脊椎动物里，由父母共同照顾其后代是比较少见的。不过，据米尔恩·爱德华兹介绍，苏里南的蟾蜍，雄性则帮助雌性产卵；而埃斯皮纳斯也观察到，某些海龟“在产卵时节，雌性在雄性的陪伴下来到海滨沙滩上，挖筑一个灶形的巢，让太阳的热力使龟卵孵化。”[②]但两性的关系很容易发生变动，这可以看作是一个普遍的规律。雌雄于交配期在一起，但交配之后又分开，彼此不再有什么关系。

---

① Fabre, *Life and Love of the Insects*, p. 67 *sq*.

② Espinas, *Des sociétés animales*, p. 417.

30 大多数鸟类的情况则很不一样。雌鸟与雄鸟不仅在繁殖季节同居一处，而且在这以后仍然如此。亲鸟爱护幼鸟的本能达到非常强烈的程度。雌雄鸟互相帮助，共同筑巢，雄鸟通常去寻找建筑材料，雌鸟搭窝。在履行繁殖季节的无数职责方面，雌雄鸟分担所有的工作。孵卵主要由雌鸟完成，而不是雄鸟。[①] 一般地说，雄鸟也帮助他的伙伴，当雌鸟需要离开鸟窝一会儿，雄鸟则代替她孵蛋，或者向她提供食物并保卫她。幼鸟孵出后的头几天，大多数鸟类很少长时间地离开它们的幼鸟，只是为了寻觅食物时才离开。如果遇到危险，做父母的都勇敢地保护其子女。直到不能自立的时期过去之后，幼鸟已长大了一些，并被教会飞动；只是在能够展翅飞翔之后，它们才离开鸟窝和它们的父母。

的确，有几种鸟类从出壳的头一天起，就没有父母的照顾；而某些种属，像鸭类，通常是雄性把家庭责任留给雌性。但总的来说，都是双方共享幸福和苦难。布雷姆相信，除了鹑鸡科和其他少数几种以外，大多数鸟类一旦配对就不再分离，直至一方死去。他高度赞美这种模范的家庭生活，以至于热情地宣称："纯真的婚姻，只能在鸟类中找到。"[②]

大多数哺乳动物不能与鸟类相比。毫无疑问，母亲都能非常热心地关怀她们的幼仔，通常都能以深切的母爱来哺育它们；但是，多数种属的两性关系，只限于交配期间。有时，雄性对待它的
31 后代好像对待敌人一样。不过，仍有好多种属，雌雄之间的联合是

---

① 然而，鸵鸟则是奇怪的例外，是雄性(而不是雌性)孵在蛋上，并养育幼鸟(Brehm，*Bird-Life*，p. 324)。

② Brehm，*Bird-Life*，p. 285.

较为长久的，诸如鲸、海豹、河马、平原鹿、王羚和其他一些小羚羊、驯鹿、松鼠、鼹鼠、獴，以及一些食肉动物，如几种猫和貂、美洲豹、狐狗，可能还有狼。所有这些动物的雌雄两性，据说都一直是生活在一起的，甚至在生了幼仔以后，雄性仍是家庭的保护者。

在灵长类动物中，这是通常的情况。据马达加斯加的土著居民所言，狐猴的某些种属，雄性和雌性共同喂养它们的幼仔。不过，这一说法是否准确，尚有待证明。据伦格介绍，蜘蛛猴似乎整年不管什么季节都成对地在一起生活，无论什么时候都能发现雌雄两性呆在一起。卡拉雅吼猴、卷尾猴、蛛猴，很少甚至从来都不单个呆在一个地方，通常碰到在一起的都是整个家庭。钩爪猿的雄性往往也帮助雌性照顾幼仔。

莫斯科夫斯基在最近出版的苏门答腊游记里介绍说，较高级 32
的猴类或猿类通常生活在包括有父母及一两个幼仔的家庭里。他说他经常目睹这一情况，但可惜说不出它们究竟属于何种特定的种属。马来人告诉迪尔德，年幼的合趾猴在尚无自助能力时，是由其父母背着的，父亲背儿子，母亲背女儿。后来，迪尔德也发现这是真的。C. 德克雷斯皮尼于 1870 年在加里曼丹北部旅游时，关于猩猩是这样描写的："它们生活在有雄性、雌性和一个幼仔的家庭里。有一次我发现一个家庭里有两个幼仔，其中一个比另一个大许多，我以此来证明其家庭关系至少存在两个季节。它们在树上筑巢，这巢就筑在它们觅食的地方。据我所见，在铺满干树叶的巢里，只住有雌猩猩和幼仔，而雄猩猩则在同一棵树或附近的树杈上过夜。在整个树林里，巢穴很多，因为每个巢穴都只用几个晚

上。猩猩过着一种流浪的生活。”[①]可是，据拉贾·布鲁克所说，这些猿类“从未见到有好几个呆在一起，一般都是单独一个，只是偶尔见到雄性和雌性结伴而行。”[②]莫尼克说，那些年老的雄猩猩一般只在发情季节与雌猩猩住在一起。霍纳德写道：“猩猩习惯于独居，老年雄猩猩经常都是单独呆在一个地方；也很少见到两个成年
33 雌猩猩生活在一起。有两次我发现一群有三个猩猩，其中一个是老年雌猩猩，她带着一个正在吃奶的幼仔，另一个则是她的较大的孩子，大约有一岁半左右，但它仍不能离开母亲而独立生活。”由此他得出结论说，幼猩猩要到将近两岁的时候才离开母亲。[③] 这个说法与布鲁克所说的相一致，即一个成年的雌猩猩带着一个吃奶的幼猩猩，身旁还跟着“另外一个两岁大的小猩猩（可能是她的前一个孩子）”。[④] 华莱士也从来没有看到有两个成年猩猩生活在一起；但他也曾发现：有时是雌猩猩，有时则是雄猩猩带着未成年的幼猩猩。因此，我们可以得出结论：小猩猩不可能没有父母的照顾。

在这方面，我们认为有关大猩猩的描述较为一致。根据萨维奇的介绍，这些猿类过着小群生活。不过，他的材料提供人则说，每一群里只有一只成年的雄性大猩猩。“据说，雄性大猩猩一旦发现敌人，它便发出一声可怕的叫声，这叫声穿过森林能传得很

① de Crespigny, “On Northern Borneo”, in *Proceed. Roy. Geo. Soc.* xvi. 177.

② Brooke, *Narrative of Events in Borneo and Celebes from the Journals of James Brooke*, i. 227.

③ Horanday, *Two Years in the Jungle*, p. 402 *sq.*

④ Brooke, *op. cit.* i. 221.

远……而雌性大猩猩及其幼仔则在叫声发出后，很快便藏匿起来；然后，雄性大猩猩便狂怒地接近敌人，急促地连续发出几声怒吼。”[①]可是，据施魏因富特说，大猩猩并不是成群地出现，而是成对地生活或者独居，只有幼小的大猩猩才偶尔成群地呆在一起。迪夏尤发现：“大猩猩几乎经常是一只雄性与一只雌性生活在一起，只有年老的雄性大猩猩有时是独自一个在游荡。”[②]温伍德·里德也说，雄性大猩猩“有时独自出现，有时则有一只雌性和幼年大猩猩陪着”。[③] 他还听说，当大猩猩的家庭成员爬上一棵大树去 34
摘吃果子时，年老的父亲仍然坐在树下守候。当雌性大猩猩怀孕时，雄性大猩猩则在离地面 15 至 20 英尺高的树杈上搭一个窝棚；在雌性大猩猩产仔以后便弃窝而去。根据冯·科彭费尔斯所说，雄性大猩猩整个晚上都蹲伏在树脚下，背靠着树干，这样便可以防止豹类夜间袭击树上的雌性大猩猩和它们的幼仔。有一次他观察到一雌一雄带着两只不同年龄的幼年大猩猩，较大的有 6 岁，小的只有 1 岁。

格思里先生在喀麦隆时，曾听到当地布卢部落的土人谈到一些有关大猩猩生活习性不同的描述。根据这一报导，“喀麦隆的大猩猩只与很少的同类相伴而居，这几乎不能说成是家庭，除了年幼的大猩猩一般有两三只或三四只呆在一起以外，大猩猩有时也集结为大群，但很少有超过 12 只以上的。最多时也绝不会超过十五六只。一般的小群大猩猩，通常包括一只雄性和一两只或两三只

① Savage, *Description of Troglodytes Gorilla*, p. 9 *sq*.

② Du Chaillu, *Explorations and Adventures in Equatorial Africa*, p. 349.

③ Reade, *Savage Africa*, p. 214.

雌性，以及它们的几个孩子。一个拥有六七个成员的群体，里面可能有两只成年雄性大猩猩。当幼仔长大以后仍留在群体之内。当年老的大猩猩一旦遭难或身体太弱而不能跟群体一起活动时，它便离开群体，独自度过余生。"当大猩猩的家人受到当地土人的威胁时，它便会向他们进攻。格思里先生说："有一个例子，是一个大猩猩家庭受到两个布卢人进攻。那只年老的大猩猩首先帮助其家庭成员撤出险境，然后回来与那两个人战斗。"①

35 从这些报导可以清楚地看出，大猩猩是以家庭为单位过活的。这个家庭包括一只成年雄性大猩猩（据说有时为两只），一只或几只雌性大猩猩，以及一只或几只不同年龄的幼年大猩猩；而那只成年的雄性大猩猩即作为父亲守卫、警戒和保护它的家庭，并为它们建造窝巢。黑猩猩的生活习性也与此十分相似。施魏因富特说，这种类人猿也是有时成对、有时一只独自在一处，只有年幼的黑猩猩偶尔才成群地呆在一起。据萨维奇说，"在同一棵树上或在附近，很少见到有一两个以上的窝巢；偶尔也看到过五个窝巢，但那是非常特殊的例外，不能说这是它们的'村落'……它们更多的则是成对地，而不是成群地在一起生活。"他还说，"经常可以看到那些'老家伙'坐在树下一边吃着水果，一边友好地聊天，而'它们的孩子'则在它们周围跳来跳去，发疯似地从一个树枝荡到另一个树枝上。"②冯·科彭费尔斯说，黑猩猩也像大猩猩一样，雄性要为雌性及其幼仔在树上搭巢，而自己则在下面的树杈上过夜。格思里

① Jenks, "Bulu Knowledge of the Gorilla and Chimpanzee," in *American Anthropologist*, N. S. xiii. 56, 58.

② Savage, "On Troglodytes niger," in *Boston Journal of Natural History*, iv. 384 *sq.*

先生从当地人那里得知，喀麦隆的黑猩猩成群地过活，如同大猩猩一样；但“年老的雄性黑猩猩最后则变为独居，而那些正在成熟的幼年黑猩猩仍然留在亲属群体内”。[①]

如果要问为什么在某些动物种属中，雄性和雌性不仅在交配季节生活在一起，而且直到生了幼仔以后仍然生活在一起，我想以下答案是比较正确的。它们之所以如此，完全是出于本能，这种本能来源于自然选择过程，因为它们有保护后代从而延续其种属的倾向。这就说明为什么雄性必须要同雌性及幼仔生活在一起，并
对它们进行保护和照顾。尽管维持种属的生存还有许多别的方 36
法，但对某些种属的生存来说，丈夫和父亲的本能，如同母亲的感情一样，也是必不可少的。在缺少父母照料的场合，我们肯定会发现其他的补救办法。在无脊椎动物、鱼类和爬虫类中，父母双方对待它们后代的态度一般是十分不同的。大部分幼儿还未及成年就死去了。但它们所产之卵的数目与夭亡的数目是有一定比例的，从而使其物种得以保存下来。假如雌鱼所产下的每一粒鱼卵都能受精并孵化出来，海洋再大，也无法容纳如此众多的生物。爬虫类的卵不需要母亲的照顾，受精胚胎靠太阳的热力来发育；其幼儿一出世就有自助能力，可以与成年者过同样的生活。鸟类则不然，父母的照顾是绝对必要的。胎儿发育和幼鸟保护的第一需要，是均衡而持续的温暖，因而，雌鸟几乎是经常需要雄鸟的帮助。雄鸟供给雌鸟食物，有时为了让雌鸟休息而代它孵卵。在哺乳动物中，子女在最幼弱时期决不能没有母亲的照顾，而父亲的帮助一般地说

① Jenks, *loc. cit.* p. 61.

并不是必不可少的。在某些种属中，如海象、大象、美洲野牛和蝙蝠，以一种看来很奇特的方法代替父亲的保护，即母亲们带着她们的幼仔结成大群共同生活，而不与父亲在一起。

在类人猿中，有些很明显的事实可以说明丈夫和父亲保护的必要：一是幼仔数量少，雌猿每胎只产一仔；二是幼年期长，据说猩猩要到15岁才算成熟。如果说猩猩的家庭生活较之大猩猩和黑猩猩还有什么欠缺的话，那可能就是因为它们在日常生活中所面临的危险较少。据莫尼克说，“在加里曼丹，除了人类之外，猩猩没
37 有什么可以与之相抗衡的敌人。”[①]因为它的力气很大。拉贾·布鲁克也说：“如果有人激怒了它，一只老年雄猩猩也敢于进攻一个男人。”[②]最后，正如我们已经看到的，这些类人猿没有一种能被称为群居动物。在这一点上，它们不同于较小的猴类。其原因可能正是因为它们的体形较大。这一方面使得群居的防卫作用显得没有什么必要；另一方面，由于它们需要大量的食物，以致大群生活在一起时谋食较为困难。据说，大猩猩很少在一个地点停留两夜。为了寻找食物，每个家庭都得在丛林中到处游荡。萨维奇博士告诉我们，在有大量果类成熟的季节里，黑猩猩聚在一起的数目就会增多，这似乎说明，这些黑猩猩的各个家庭平时之所以分开过着单独的生活，主要是由于它们在一年中的其他季节较难获得食物。如果像当地土人所说的，喀麦隆的黑猩猩是过着群居生活的话，那么，这种较大的群居体可能与以下事实有关：“大森林提供了充裕

① Mohnike, *loc. cit.* p. 894.

② Brooke, *op. cit.* i. 225.

而多样的食物，黑猩猩一般感受不到饥饿的困扰。”[①]

当我们从高级猿类进而观察人类时，也遇到了同样的现象。在最低级的未开化人和最高级的文明人中，我们发现家庭都是由父母和子女组成的，而且，父亲是家庭的保护者和供养者。的确，也有许多报导谈到这样一种现象，即某些民族至今生活在或曾经生活在一种没有任何家庭纽带的乱交状态之中；有许多习俗被说成是以往乱交状态的遗风；并且还有人提出了关于乱交生活曾普 38
遍盛行于原始人中的假说。在以下的章节里，我要证明大多数有关这类问题的报导显然都是不准确的，其中没有一篇被证明是真实的，哪怕是多少接近于真实。所谓早期乱交的遗风，完全可以用比这更为令人满意的方式来解释。关于原始人类处于乱交阶段的假说，不仅缺乏事实根据，而且与我们大家所了解到的人类早期生活状况正好相反。不过，只是在某些民族当中，小孩与舅父的关系无疑要比他们与父亲的关系显得更加亲密些。

据说，在少数地方流行一种特殊的风俗：妻子都不是与丈夫住在一处，而是与她的母系亲属住在一起，丈夫要到妻家去拜访她；生下的孩子就留在她的身边。在苏门答腊的马马克人中，他们分为许多外婚氏族。据说，丈夫和妻子通常都居住在各自的氏族里，只是有时丈夫要到他妻子家里去拜访。一家之长是妻子的大哥，而做丈夫和父亲的则不能算作是这个家庭里的成员。不过，他们的婚姻关系，不仅是一夫一妻制的，而且至死不变。在同一个岛上

① Jenks, “Bulu Knowledge of the Gorilla and Chimpanzee,” in *American Anthropologist*, N. S. xiii. p. 61.

的巴东高地，在属于同一血统的马来人当中，也有一种类似的习俗。据说，婚姻生活仅仅以走访婚的形式出现。丈夫通常要到妻子家里干活，至少是在开始的时候。他白天来，帮助她在稻田里耕作，并和她一起吃午饭。如果他是一个钟情的丈夫，他通常会在晚上秘密地来到妻子的房里，和她住在一起，直到第二天清晨。一般
39 说来，他不能充分地供养他的妻子和孩子。在这里，就责任和权利而言，孩子的舅父才是他们的父亲和一家之主。在阿萨姆邦贾因蒂亚山区的辛滕人中，丈夫也是要到妻子的母亲家里去拜访他的妻子。据格登少校说，"在乔瓦伊，有人告诉我，丈夫只有在天黑以后才到岳母家，他不吃饭，不抽烟，甚至也不在那里吃槟榔，他所考虑的是因为他没有用他劳动所得去供养这个家。他若在那里分享食物或其他茶点是失礼的。"[①]在马拉巴尔的纳亚尔人中，实行一种一妻多夫制，妻子与丈夫或情人分开居住，丈夫们或情人们则根据他们的协议与她同居。他们要供养她和孩子们。但由于某些原因，所有父亲的责任往往都被忽视了，孩子们都是在舅父抚育下长大的。甚至今天，当一妻多夫制在纳亚尔人中几乎已完全绝迹时，仍经常有这样的情况，即妻子依然住在她自己的母系家族里，其丈夫只能在晚上到她房里与她幽会，第二天一早即回家。从严格的法律观点来说，妻子和孩子没有权利要求丈夫和父亲担负起赡养的责任。然而，这种情况，对于一个几乎是普遍性的规则来说，自然是很少的例外，决不能认为这是母系民族男女关系的典型代表。至于纳亚尔人，他们的独特风俗似乎与他们的军事组织有着密切

① Gurdon, *Khasis*, p. 76.

的关系。

经常听说，母亲的兄弟比父亲对孩子拥有更大的权力，或者说 40
父亲的权力非常有限，甚至等于零，尽管孩子们至少在早期与他们的父母生活在一起。这是哈特兰博士在关于非洲各民族的报告中谈到的。据说，在象牙海岸的阿拉迪亚人、洛安戈人、下刚果的伊加尔瓦人、金本达人、上几内亚的埃维人、阿比西尼亚北部的库纳马人、斯瓦希里人、蒙巴萨内地的瓦尼卡人和新不列颠岛加泽尔半岛的美拉尼西亚人当中，都有这样的情况存在。可是，当父亲和孩子住在一起的时候，他真的对孩子毫无权威可言吗？这是很难令人信服的。据托德先生报导，在班巴拉人当中，凡“正式婚配的”妻子，其所生的孩子属于舅父；而花钱买来的妻子，其所生的孩子则属于父亲。尽管原配妻子所生的孩子长到七八岁之后，可以去找他们的舅父，但是，“只要孩子跟父亲在一起住，父亲就是至高无上的。”[①]差不多可以说，居住在刚果河流域的其他土著部落，以及加泽尔半岛的沿海民族，他们那里的小孩长到一定的年龄就要搬到他们舅父的村子里去。据威克斯先生说，在下刚果，当孩子长到十四五岁时，他的舅父便带一葫芦棕榈酒送给孩子的父亲，即可将孩子领走。而“父亲无权拒绝让孩子跟他舅父走；但孩子自己可以拒绝去，只要他愿意，他可以继续留在父亲身边。”[②]

一般说来，我们对于那些将舅父之拥有无限权威归因于排斥 41
父权的说法，必须持慎重态度。旅游者们自然会对存在于欧洲家

① Torday, *Camp and Tramp in African Wilds*, p. 95.

② Weeks, *Among the Primitive Bakongo*, p. 119.

庭制度与其所访问民族家庭制度之间的差别产生极深的印象，因而有可能对实际的差异夸大其词。由此可以解释在他们的报告中为什么时常可以发现某些不一致的地方。比如吕埃勒博士说，在法属西非的洛比人当中，尽管孩子们与父母同住，但却属于舅父。而在另一页上我们则看到："父亲是家庭里的唯一权威，他是实际的掌权者，必要时得到家庭成员的支持。"如果夫妻离婚，所有6岁以上的孩子全归父亲。关于奴隶海岸[①]操埃维语的民族，埃利斯少校在一个地方告诉我们："最年长的哥哥是一家之长"，但在另一个地方又说父亲是"家庭的所有者和主人"，并说当一个男人想要娶某个女子为妻时，必须与她的父母商议。若要订婚，男孩的父母则应送礼给女孩的父母。马加尔告诉我们，在金本达人中，父亲对他们的儿子，甚至在他们未成年的时候也没有任何权威；可是，我们也曾听说："长大成人的儿子，只有当他达到结婚年龄并能成家立业之时，他才离开他父母的家，另立门户"；而女儿则须由她们的父母选婿嫁出。从这些民族的情况来看，其中有一点令人颇感兴趣：父亲虽对儿子没有什么控制权，但儿子总是处在父亲的保护之下。

42 只要孩子是住在父亲的家里，父亲的基本责任便是公认的，但对孩子的权威却很有限。在昂洛的埃维人中，据说舅父比父亲拥有更大的权威；他们认为，对于儿子的成长，父亲负有义不容辞的责任；而对女儿的教育，则由母亲承担；当男孩长大成人可以结婚

① "奴隶海岸"(Slave Coast)，为非洲历史地名，泛指西非沃尔特河口至尼日尔河口之间的沿海地带。今属加纳、多哥、贝宁和尼日利亚四国领土。——译者

时，父亲和舅父便一起给他物色妻子。在下刚果，“一个男孩在舅父前来把他领走以前，一直是处在父亲的保护之下，而父亲则是代替舅舅而对男孩负责；直到男孩由舅父领走之后，父亲的责任才算完成。”[①]在赫雷罗人中，据说做父亲的权力只限于责打孩子，如果他因一时疏忽而导致孩子死亡，哪怕这孩子之死显然不是他的过错，他也得被迫给其妻子的亲属支付补偿费。在姆韦鲁湖西南的加伦甘泽，“如果一个生而自由的孩子丢失了或者被野兽吃了，父亲要把孩子的身价赔给妻子的亲属，好像生而自由的孩子在某种程度上是完全属于他们的母亲的。”[②]在曼尼普尔的考普伊人当中，一个孩子死了，妻子的父亲便要求赔偿“骨头钱”。在塔米群岛的巴布亚人当中，一个孩子死了，做父亲的要给岳父家亲属送些礼物。显然，正如科勒所说，因为父亲要对孩子的死亡负责，并用礼物来补偿他的责任。哈特兰博士说，以上四种情况，可以作为“母系民族中父亲对其子女处于外人地位”的例子。[③] 同时，这些实例 43
也清楚地说明：即使是在母亲的亲属对孩子们拥有一定权利的地方，父亲也得对孩子们的生活担负起责任。

但是，绝对不能认为，舅父或任何母系亲属对孩子们的权威超过父亲，乃是母系民族的一种普遍法则。在澳大利亚的所有部落中，不管是实行父系制的还是母系制的，父亲都是一家最明显的首脑。美拉尼西亚许多实行母系继承制的地方，也有同样的情况。正如科德林顿博士所说，“家庭的房屋是父亲的，园圃是他的，管

① Weeks, *op. cit.* p. 119.

② Arnot, *Garenganze*, p. 242.

③ Hartland, *Primitive Paternity*, i. 275—279, 281.

理权和支配权也是他的。”[①]关于阿萨姆邦的卡西人，格登少校写道：“母亲的哥哥是一家之主，但父亲是新家庭的执行首脑；当妻子生了孩子以后，妻子和孩子们与他一起居住，这是真的。是他，面对密林荒原，为了妻子儿女要冒生命的危险。在他的家庭圈子内，他作为父亲和丈夫比之舅父更加接近自己的孩子和妻子。”[②]在马达加斯加，母系血统的盛行阻挡不了父亲或其祖先“最神圣地与他的后代结合在一起”的要求。[③] 在姆蓬圭人当中，他们依母亲一方来计算血统，父亲则由法律规定对他的孩子享有无限的权
44 力。关于实行母系制的北美阿尔衮琴人，据沙勒瓦说，即使父亲“不被看做是父亲，他也总以房屋主人的资格而受到尊敬。”[④]关于易洛魁人，据摩尔根说，父亲在家中毫无权威，是母权制最为典型的几个实例之一。可是，有一位早期的权威学者却告诉我们，在易洛魁人中，孩子由母亲管理，但父亲的话就像法律，全家都得听从。这些只不过是母系继承制民族中授予父亲以广泛权力的几个例子。

哈特兰博士——请注意他只是“母权论”的最新拥护者——认为父亲的权威，甚至连舅父的权威，都是后期发展的结果。他说，“领导权”起初一般属于亲族中的所有年长者，“随着亲族意识的逐渐增强与明确，原始家族的年长者则开始对较近直系亲属的领导权表示关注，并负责掌管起一切有关的事务。随着时间的推

① Codrington, *Melanesians*, p. 34.

② Gurdon, *op. cit.* p. 78. *sq*.

③ Sibree, *The Great African Island*, p. 326.

④ Charlevoix, *Histoire de la Nouvelle France*, v. 424.

移，领导权又逐渐集中到某一个人的手里，这个人通常是由家族成员从少数几个在年龄、经验、智慧或勇敢等方面出类拔萃的人物当中推选出来的，或者是由前任当权者的近亲指定的。”但是，“当母权家庭出现时，行使权力的则不是丈夫，而是妻子的兄弟们或她的舅父们。尔后，行使权力的人物圈子不断缩小，直到这些术语的定义接近于我们的理解为止。他们当中最后终有一人当上了首领，并窃取了大部分领导权，有时甚至是全部领导权。然而，关于血统的计算，并未因此而转变到完全按父系进行，反倒是将父系排斥在外。这种社会留传下来的大量遗风，足以成为我们推断在父权制确立以前存在着一种更为古老的社会组织的重要例证。”他还告诉 45
我们：“过去半个世纪人类学研究的结果表明，无论在任何地方，都是母权早于父权；通过父母双方计算血统乃是现代文明的风尚。”[①]总之，在他看来，由父母和子女组成的家庭出现以前，在任何地方都有一种母权社会组织存在，父亲在其中完全处于从属地位。

这种理论所依据的主要事实，前面已经谈到。在为数不到半打的几个民族之中，据说盛行一种风俗：丈夫和妻子分开居住，各自生活在各自的集体里，两人所生的孩子则跟随母亲。而在另外一些民族中，据说母亲的亲属，特别是母亲的兄弟，对于孩子享有比父亲更大的权力（也许是绝对的权力）。然而，在多数母系民族中，父亲的权力则是至高无上的。我找不到理由去假定，这些民族在以往也曾有过充分发达的母权制。如果某种制度曾在一些民族

① Hartland, *op. cit.* i. 299, 300, 256 *sq.*

中得到高度的发展，而在另外一些民族中的发展水平则低得多，我们决不能因此就说这种制度也曾一度在后者中有过高度的发展。如果考虑到在农业部落中盛行着最充分的母权制，丝毫不比目前仍然处于狩猎和采集阶段的澳大利亚土著居民的母权制更弱，还要做出那样的结论，那是极不合逻辑的。应当考虑到家庭组织与经济因素之间存在着密切的关系，这是十分重要的。我们不能接受“在任何地方母权制都是先于父权制”的论断。对于这个问题，
46 最好与认为母系制度是早期乱交遗迹的假说放在一起讨论。那些鼓吹原始阶段母权当道而无父权和父亲职责的学者，面临一个无可辩驳的事实，这就是在那些发展极低的、主要或完全依靠狩猎和采集为生而不事农耕或畜牧的未开化民族中，由父母和孩子所组成的家庭，是一个十分明确的社会单位，而父亲就是一家之主和保护人。

丈夫和父亲在家庭中的功能，不仅仅限于性生活和繁衍后代，而且还包括供养和保护妻子儿女的责任，这是由世界各地处于文明发展不同阶段的一系列民族实例所证明了的。北美印第安人认为，一个男人拥有的妻子，若比他所能供养的还多，是不光彩的。鲍尔斯说，在加利福尼亚一个原始的狩猎部落帕特温人中，“男人一定要能供养妻子，为她提供各种生活用品。这种舆论甚至比我们还要强烈。”①在易洛魁人当中，“为妻子编席子，修理旧房或盖新房”，乃是做丈夫的职责。婚后第一年打猎所获，属于妻子；此后打猎所获，不管她是留在村子里还是陪他一起去打猎，都得与妻子

① Powers，*Tribes of California*，p. 222.

平分。在墨西哥的塔拉乌马雷人当中，新郎的父亲在婚礼致词时告诉新郎："他必须去猎鹿，要注意经常带些动物给他的妻子，哪怕是一只金花鼠或一只老鼠。他必须耕地种粮食，以保证他们夫妻经常有足够的食物，而不至于挨饿。"[1]在波尼人中，"一个青年男子在尚未成为一个打猎能手之前，不能指望结婚；他只有成为一个猎手，才能供养妻子。"[2]奥里诺科的瓜劳诺人也是这样，"一个男青年，只有当他能以狩猎和捕鱼所得来养活妻子的时候，才能结 47
婚。"[3]关于亚马孙西部的印第安人，我们了解到，"丈夫一旦娶妻之后，就得完全负责她的生活费用。"[4]在乌拉圭的查鲁亚人中，"当一个男人结婚之后，他便要另立家庭，并为养家而操劳。"[5]在火地人中，"当一个青年能靠自己的本领捉鱼捕鸟以供养妻室之时，他去求婚即可得到女家亲属的应许。"[6]

关于汤加群岛上的居民，马里纳写道："一个已婚妇女，既与一个男人同居，她就要住在他的家里，并受他的保护。"[7]在萨摩亚，据说，"两性之间不论发生什么关系，如果男人不把女人带到自己的家里，那女人便不会成为他的妻子。"[8]在毛利人中，"女人的天职是生儿育女，繁衍后代；而男人的天职则是供养和保卫他的家

① Lumholtz, *Unknown Mexico*, i. 269.

② Grinnell, *Story of the Indian*, p. 42 *sq.*

③ Chaffanjon, *L'Orénoque et le Caura*, p. 11.

④ Whiffen, *North-West Amazons*, p. 66.

⑤ Azara, *Voyages dans l'Amérique méridionale*, ii. 22.

⑥ King and Fitzroy, *Voyages of the Adventure and Beagle*, ii. 182.

⑦ Mariner, *Natives of the Tonga Islands*, ii. 167.

⑧ Pritchard, *Polynesian Reminiscences*, p. 134.

室。”[①]在新赫布里底群岛的彭特科斯特人中,新娘的父亲或至亲好友通常要在婚礼上告诫新郎:“好好赡养妻子,并和睦相处。”[②]在马绍尔群岛的一些居民当中,天真的儿童刚会走路,就被父亲接入他的家中。

在维多利亚州的班格朗人部落中,“已婚男人的日常工作就是保护家庭的安全,设法搞到肉或鱼,搞到足够他们御寒的袋鼠
48 皮”,而女人们则提供每日所需的野菜根和蔬菜。关于吉普斯兰的库尔奈人,豪伊特博士报导说:“男人在妻子的协助之下供养家庭。他的分内工作是为养家而打猎,为保卫家人而战斗。”[③]据罗思博士报导,在昆士兰州北中西部的土著居民中,“丈夫的主要工作是为家人提供动物食物。”[④]在南澳大利亚的因康特湾部落里,父亲的照顾是不可少的,如果父亲在孩子出生前就死去,母亲则把生下的婴儿弄死,因为再也没有人来供养孩子了。艾尔曼博士在他对澳大利亚南部土著进行研究时观察到,建造小屋也是丈夫和父亲的事。

沿海达雅克族妇女,“一般都把结婚作为获得一个为她们工作的男人的手段。一个女人通常仅仅因为丈夫懒惰就离开他,而不为他分担工作。”[⑤]在加里曼丹东南部的巴里托部落中,人们认为,给妻子提供食物和衣着,以及其他生活必需品,是做丈夫的责任;

① Johnstone, *Maoria*, p. 28. *sq*.

② Codrington, *op. cit.* p. 240.

③ Fison and Howitt, *Kamilaroi and Kurnai*, p. 206.

④ Roth, *Ethnological Studies among the North-West-Central Queensland Aborigines*, p. 184.

⑤ Gomes, *Seventeen Years among the Sea Dyaks*, p. 128.

在遇到危险时给她以保护，也是做丈夫的责任。那加人不准许那些还不能为自己修建房屋的人结婚。在科钦邦的一个丛林部落埃拉瓦伦人当中，“一个男子在他还不能供养妻子之前决不允许结婚。”①在马尔代夫人那里，“一个男人虽被允许同时娶有四个妻子，但其条件是他能够供养她们。”②锡兰的山地维达人，也“承认 49
丈夫供养自己家庭的义务和责任。”③

在尼亚萨兰，“当地的习俗指望丈夫供给妻子衣着，为他们居住建造小屋，给政府纳税，通常还要保卫他的配偶，并对她予以充分的信任。”④在英属东非，瓦萨尼亚人禁止男人拥有 3 个以上的妻子，因为他们认为他不可能供养那么多的妻子。在东非的桑巴人当中，如果丈夫不能向妻子提供食物、衣着和住所，妻子可以离他而去。据说，安哥拉的黑人也是这样。巴维利人同样如此，如果丈夫长期离家而不能供养妻子，妻子即可要求解除婚约。在科萨卡菲尔人中，父亲必须供养所有家庭成员。

丈夫和父亲是家庭的供养者和保护者，一个男人除非他证明有能力尽到这些职责，否则就不许结婚。

在英属圭亚那的马库西人中，一个青年男子在被允许选择妻子之前，“必须证明他是一个男子汉，并能担当起男人的工作。在受到皮肉之苦时也不畏缩；或者他敢于让人将他缝在装满火蚁的帆布吊床上，或者通过其他一些类似的考验，以显示他的勇敢。他 50

① Anatha Krishna Iyer, *Cochin Tribes and Castes*, i. 44.

② Rosset, “On the Maldive Islands,” in *Jour. Anthr. Inst.* xvi. 168 *sq.*

③ Tennent, *Ceylon*, ii. 441.

④ Duff, *Nyasaland under the Foreign Office*, p. 317.

还得在森林中清理出一块空地来种植木薯，并尽可能多地获取猎物和鱼，以此来证明他能够养活自己和家人。”[①]南美洲的其他许多部落，也要求新郎有勇气和能力来供养家庭。如在博罗罗人里，每一个想要结婚的男子都必须杀5头南美野猪或者1头美洲虎。谁能杀死5头美洲虎，就有权娶两个妻子。宾夕法尼亚州的印第安人认为，一个青年人在证明他是一个男子汉之前就想娶妻是会感到羞耻的。在哈得孙湾的基尼佩图人和其他一些爱斯基摩人中，一个青年男子在通过打猎的技术来显示他不仅能供养他的妻子儿女，而且还能够供养他的岳父母之前，是不准结婚的。阿拉斯加的科尤孔人相信，一个男人在没有杀死一只鹿之前就结婚，将来是不会有孩子的。

根据乔切尔森博士的介绍，在科里亚克和尤卡吉尔人当中，青年人娶妻的习俗，是先要考验一下他的工作能力，新郎必须是一个狩猎和捕鱼的能手，并且能做家庭所需要的各种工作。在尤卡吉尔人中，除了要为岳父家服务之外，他还要通过一种考试，“通常
51 由未来的岳父到树林中去，砍倒一棵他所能找到的最粗的树；新郎则必须将这棵树的树干拖到未来岳父的家中，然后把它抛到帐篷上。如果帐篷被压塌，这位未来的岳父就会夸奖说：这是个好样的男子汉，他一定能养活和保护我们”。[②] 还有，在科里亚克人中，在婚礼的当天晚上，新娘的父母先用棍子打新郎，然后每个人也都可以打他；只有当他能用坚忍的精神接受鞭打而不反抗，从而表明他

---

① Im Thurn, *Among the Indians of Guiana*, p. 221.

② Jochelson, *Kaoryak*, p. 740.

是一个男子汉，他才被允许把新娘娶走。在上埃及的一些阿拉伯人当中，也有这种风俗：新郎必须经受新娘亲属的抽打以考验他的勇气。如果他希望大家承认他已有资格娶妻，他必须接受他们带有几分娱乐性的抽打，这种抽打有时是非常狠的。不过，我们将会看到：这种风俗可能还包含有比考验一个人的勇气更多的含义。

雪兰莪州的坎贝尔先生，在谈到萨凯人的婚姻时告诉我们，在他们那里有一种风俗，即男女双方的亲属围绕一个蚂蚁冢席地而坐，然后代替新娘或她的父亲向新郎发问："你会使用吹箭筒吗？""你有什么好办法砍树？""你是个爬树能手吗？""你抽烟吗？"等等。如果对这些问题能作肯定的回答，新郎便递给新娘一支烟，自己也点上一支。他们随即围着那个蚂蚁冢跑三圈。如果新郎能够抓住新娘，婚礼即告完成，他们便成为正式夫妻。如果他没抓住她，则要另找时间再试一次。在拉德罗内斯群岛，新郎只有在通过认真的考试而证明他有供养妻子的能力之后，婚礼才能举行。根据唐 52
路易·德·扎雷斯先生的介绍，加罗林群岛的土人"在证明他有驾驶帆船的灵活技术之前不得结婚。"①

关于台湾岛的阿泰亚尔人，吕宋岛的加当人，塞兰岛的阿尔富尔人，加里曼丹岛的达雅克人，以及上阿萨姆邦的那加人，据报导，一个男子如果不能猎到至少1个人头以显示其勇猛，是不可能结婚的；在沿海达雅克人中，戈麦斯先生观察到，也有这种情况，但只限于首领。至于阿萨姆邦的山区部落，霍德森先生倾向于相信：

① Arago, *Voyage round the World*, ii. 16.

“曾经有过一个时期，能成功地猎取人头，即使不是为结婚所必须，至少也是作为由青春期过渡到成熟期的象征。”[①]据斯特拉博报导，古代的卡尔马尼亚人认为，只有当他们杀过一个敌人以后才有资格结婚。一个加拉族武士的愿望，是割下敌人的生殖器；而获得这样一个战利品，据说最早是为取得结婚资格所必需。从前，马赛人在没有参加过几次突然袭击之前，是不能结婚的。在英属东非的瓦波科莫人中，习惯法禁止过早结婚。一个男子只有在他捕杀
53 到一条鳄鱼，并把一部分鳄鱼肉送给女方吃了之后，才能结婚。在赞比西河以南的贝专纳人和卡菲尔部落中，一个青年要在捕杀到一条犀牛之后才允许娶妻；同样，在奥因布须曼人中，一个青年也必须捕杀到一些大的猎物才能娶妻。

在某些未开化民族当中，一个男子甚至自订婚之日起，就要担负起供养未婚妻的责任。而在另外一些民族中，习俗则要求前夫继续供养离婚后的妻子及其子女。如果男人去世，供养遗孀的责任通常落在他的继承人的肩上。一个男人要娶过世兄弟的遗孀为妻——这是一种广泛流行的风俗（详见以下章节），在某些民族中不仅是一种特权，而且是他义不容辞的责任。

当我们在人类中发现这样一种习性与其他许多种属的动物（包括那些与人类关系最接近的动物）相同时，我们自然要问，这种习性在所有这些场合是否都有相似的来源呢？我们是否可以认为，男女之间这种相对持久的结合，以及男人对于妻子儿女的照

① Hodson, “Head-Hunting among the Hill Tribes of Assam,” in *Folk-Lore*, xx. 141.

顾，完全是出于需要维系人类种属延续的本能呢？我们已找到足
够的理由可以确信：在类人猿中，夫妻和父子关系的确立，乃是为
了保存后代以求维系种属这种本能的结果。因为它们的子嗣为数
很少，幼儿期长，并由于生活所需食物的品种和数量有限，因而妨 54
碍它们过群居生活。毫无疑问，人类的情况也大体相同：孩子的数
目相对来说比类人猿更少，而幼儿期则更长。况且，我们也有足够
的理由相信，我们最早的人类或半人类祖先借以维持生存的基本
食物（主要是素食，但非完全素食）以及所需数量，差不多都与类人
猿相同。难道相同的原因对二者不会产生相同的结果吗？也许有
人会提出异议，认为人类与类人猿有所不同，而是一种最地道的社
会动物；因此，人类与其他社会动物一样，没有父母子女之间的这
样纽带也行；这种纽带即使出于某种原因而存在，那也很难说就是
为了延续种属生存而不可少的东西。但是，只要我们考察一下那
些既不知畜牧又不懂农耕（最原始的农业除外），而完全或几乎完
全依靠大自然产物（如猎物、鱼类、果实、根茎等等）为生的未开化
人的社会状况，反对者的理由就显得软弱无力了。

火地岛土著人的群居规模很小。据斯诺说，"他们以家庭为
单位居住。"[①]据斯特林主教介绍，在他们那里，家庭生活是唯一的
社会生活。"离开家庭，人们的关系不是互有敌意，就是互存戒 55
心。共同语言的纽带也保证不了彼此友好相助。"[②]威尔克斯也观

① Snow, "Remarks on the Wild Tribes of Tierra del Fuego." in *Trans. Ethn. Soc. London*, N. S., i. 264.

② Stirling, "Residence in Tierra del Fuego," in *South American Missionary Magazine*, iv. II.

察到，他们“好像是生活在家庭里，而不是生活在部落里，似乎没有任何首领。”①其他一些作者告诉我们，雅甘人（居住在火地群岛南部合恩角外面的小岛上）和阿拉卡卢夫人（居住在火地群岛西部的岛屿上），他们的每个家庭都是独立的，彼此互不依赖；只有在需要共同防御时，偶尔才由几个家庭组成一个没有首领的群体。关于雅甘人，许亚德斯写道：“家庭已经建立起来，但部落还不是真正的存在。”②布里奇斯在给我的一封信中曾对他们作如下描述：“他们以氏族为单位居住，这个单位称作 ucuhr，意为‘房子’。这些 ucuthr 包含许多小的分支。其成员均有亲属关系。雅甘人是一个经常游动的民族，他们乘坐独木舟，毫无规律地从一个海湾到一个海湾，从一个海岛到一个海岛；不过，都是在一定的区域之内游动。整个氏族很少在一块儿活动，只有偶尔才碰到一起。而经常活动的则是一些小分支……偶尔最多有 5 个家庭住在一个用兽皮和树皮搭成的窝棚里，但一般是两个家庭。”布里奇斯先生在一篇文章里说：“家庭影响是将这些土著团结在一起的一条纽带，也
56 是预防暴力的一种保障。”③菲茨罗伊船长也观察道：“食物匮乏，以及他们乘坐独木舟从一个地方迁到另一个地方的熟练能力，无疑是火地人经常以小家庭为单位散布在各个岛屿之间，从不长期停留一地和很少结成较大群体的两个原因。”④奥纳人居住在火地

① Wilkes, *United States Exploring Expediton*, i. 124.

② Hyades, "Ethnographie des Fuégiens," in *Bull. Soc. d'Anthr. Paris*, ser. iii. vol. x. 333.

③ Bridges, "Manners and Customs of the Firelanders," in *A Voice for South America*, xiii. 204.

④ King and Fitzroy, *Voyages of the Adventure and Beagle*, ii. 177 *sq*.

岛的东部，是巴塔哥尼亚南部特维尔切人的一个分支。关于他们的情况，加利亚多先生写道，他们成群地过着游猎生活，群体的大小要依所能获得的食物而定，但从来不会结合成“部落”那样的大集体。每个男人都可以成为家庭的首领，其成员都要服从他。至于巴塔哥尼亚的特维尔切人，他们基本上都是没有固定住处的猎人。据哈钦森说，他们“分作一些小部落，并分散为许多家庭。”[①]根据斯科茨伯格博士的报导，麦哲伦海峡与佩尼亚斯海湾之间的巴塔哥尼亚海峡地区的土著，“以家庭为生活圈子，而没有公社概念。一些可能是彼此有亲属关系的家庭时不时地聚在一块儿，比如两个兄弟以及他们的妻子儿女”。这些印第安人仍然处在石器时代，居住在缺乏金属工具可用而气候对农业又很不利的地区。

瓜亚基人居住在上巴拉那河右岸，与阿根廷领土密西昂奈斯相对。关于他们的情况，沃格特神甫写道，他们“似乎不是以部落而是以家庭为单位居住”；他们尚未从事农耕，而主要靠猎物、鱼类和野果为生。冯·马齐乌斯说，居住在格兰查科地区的瓜希人，以及居住在阿拉瓜亚河河源地区的瓜托人，大部分都分散为许多家 57
庭。关于瓜托人，卡斯特尔诺观察到，他们从不聚居为村落。每个家庭均在一些难以进出的地方为自己建造一间小屋。在每间小屋里从未见到有两个以上的男人；因为儿子一到青春期，就会娶妻自立门户。在某些时候（一年只有两次），男人们集合到他们首领先前确定的某个地点，但在那里也只聚集两天。根据贝茨报导，居住

① Hutchinson, “Tehuelche Indians of Patagonia,” in *Trans. Ethn. Soc.* N. S. vii. 317.

在图南廷斯森林里的凯沙纳人，他们的每个家庭都有一所单独的房屋，“这是一种低矮的窝棚，与居住在同一森林里的野兽巢穴差不多。”[①]居住在儒鲁亚河下游的马拉瓦族印第安人，同样也是分散为单个的家庭或小群体。至于贝茨所访问过的其他部落，情况大体也是这样。埃伦赖克说，居住在阿拉瓜亚河流域的南部卡拉亚族印第安人，主要是因为食物匮乏而被迫分散开的；而居住在圣何塞附近的同族人，即使是在旱季里，偶尔也可以碰到由 8—10 个人组成的小群体。根据同一作者所说，居住在普鲁斯河流域的亚马孙森林印第安人，以及沿岸一带的游动猎民，均以两三家为一群住在一起。关于分布在托康廷斯河流域的巴西部落博托库多人，冯·楚迪写道，家庭是将这些处于自然状态的粗野孩童彼此联系起来的唯一纽带。冯·马齐乌斯说，在巴西旅行，经常会遇到只有少数几个人使用的语言，他们靠亲属关系互相联系在一起；但与远近农村的其他人没有任何来往，而完全处于隔绝状态。

58 阿拉斯加爱斯基摩人的一个部落托吉亚加缪特人（在 1880 年以前白人从未到过他们这里），始终过着游猎生活，他为了追捕猎物和鱼类而从一个地方游徙到另一个地方。据彼得罗夫介绍，他们“居住得很分散，彼此完全处于独立状态。甚至连公社也不能把大家始终联结在一起。家庭与家庭群体不断地变换住地，往往离开这个公社，而加入另一个公社，或者自己单独建立一个公社。青年人一到他能建造一条兽皮船而自立谋生，他就不愿再受家庭的束缚，而到他所想到的地方去，通常架着他的兽皮船，漫游数千里；

① Bates, *The Naturalist on the River Amazons*, ii. 376.

直到他想要娶妻之时，他才停下来，搭盖一个简陋的住所，住上一个时候”。[①]

在亚洲东北角，据博戈拉兹博士说，饲养驯鹿的楚克奇人，其家庭“构成部落成员之间社会关系的基础。甚至家庭纽带也不是绝对的就能将大家联系在一起，单身汉们通常会挣断家庭纽带，远离亲人而去。长大成人的儿子们也总是离开他们的父母，到远处去寻谋生计。……可以说，楚克奇人社会的真正单位，是一个独自居住的单身男人。”不过，在一些营地里，通常有两三个家庭聚集在一起，一般包括 10 至 15 人；至于有 4 至 6 个家庭共聚一个营地，乃是很少碰到的情况；除非有特殊原因，才会像临时贸易集市那样有 10 户人家聚集在一个营地上。而聚集在一个营地上的人们，多数情况都是有亲属关系的成员，如兄弟、堂兄弟以及他们的妻子儿女；但每一个家庭皆有自己的房屋。一组亲缘家庭，可以称作“va' rat”（意为“住在一起的人们集合体”），“也许可以算作氏族的胚胎；但不稳定，‘聚在一起’的家庭数目几乎每年都有变化”。[②] 饲养驯鹿的科里亚克人，通常皆以少数几个家庭结合为一组进行活
动，但“有时候也有些单个家庭，由于某种原因而离开他们原来所 59
属的小组，而游徙到离本土很远的地方。比如，由于发生争吵，或因原地缺乏牧草，或因婚姻而组成新的家庭。”[③]尤卡吉尔人作为一个狩猎部落，“在寻觅食物时，通常要分散为单个的家庭，或由几

① Petroff, "Report on the Population, Industries and Resources of Alaska," in *Tenth Census of the United States*, p. 135.

② Bogoras, *Chukchee*, pp. 537, 541, 612.

③ Jochelson, *Koryak*, p. 431.

个亲缘家庭结合为一个小组”。[①] 关于叶尼塞山谷北部饲养驯鹿的民族，恰普利卡小姐说，“家庭实际上是社会单位，虽然他们原先可能也曾组成为氏族；但是，生活条件却使他们不能以足够的人数居住在一起而形成村落。他们是游牧民，赶着他们的驯鹿群到处迁徙：哪里可以进行渔猎，并有苔藓供鹿群吃，他们就游牧到哪里。偶尔可以发现几个家庭居住在两三个帐篷里，但这不是永久性的，也不是根据任何习俗所作的安排。”[②]

锡兰的丛林维达人，只是偶尔才有较多的人聚集在一起。根据贝利的报导，被认为是最野蛮的尼尔加拉族维达人，“以小的氏族或家庭为单位散布在他们可爱的国土之上，他们通常住在崖石山洞里，有些则住在用树枝搭成的小棚屋内。他们几乎完全靠打猎为生，彼此很少往来”。[③] 萨拉辛兄弟告诉我们，在旱季里每个家庭一般都在他们自己的猎场上活动，很少与邻人交往；除非外界对他们有什么干扰，他们才会有所接触。而当雨季来临时，居住在
60 同一地区的各个家庭，便回到他们的崖石中心，呆在他们的岩洞里。这时聚集在同一崖石中心的几个家庭便形成一个氏族；但在不同的氏族之间，彼此没有关系。德尚先生写道，“每个村子由一两间茅屋组成，每间茅屋住着一两个家庭；但在一般情况下，每个家庭都是单独居住的。”[④]内维尔先生说，直到今日，“谁要想接近维达人的家，就必须在距离约 1/4 英里之外等着，并大声叫喊，直

---

① Idem, *Yukaghir*, p. 86.

② Miss Czaplicka, *My Siberian Year*, p. 101.

③ Bailey, “Wild Tribes of the Veddahs of Ceylon,” in *Trans. Ethn. Soc.* N. S. ii. 281.

④ Deschamps, “Les Veddas de Ceylan,” in *L'Anthropologie*, ii. 305.

至听到狗吠为止。”①

弗朗西斯科·孔贝斯神甫在他于1667年出版的关于棉兰老人和苏禄人的历史著作中说，棉兰老山地人的分支苏巴努人缺少社会交往，“他们居住在高峻而荒凉的地方，跟动物一样缺少社交，他们的房屋彼此相距1里格远；有时，其中某个人也许喜欢在某个地方为自己建造一个临时住所。”以后他们也没有聚集为村落。芬利先生和丘吉尔先生说，“家庭是政治单位。父亲是一家之长和绝对权威……青年人娶妻以后，便从老家分离出去，而在偏僻的地方建立新的家庭单位，以尽情享受田园生活的自由。”他们由家庭联合而组成公社，每个公社都有一个首领来领导。但“家庭权力最高，退出公社的权力属于家长”。苏巴努人用原始农耕的方法从土地上获取食物。“他们从内陆找到一块偏僻而荒芜的土地，依靠自己的力量和智慧进行开拓，为他们的家庭尽力向大自然索取生活资料。”②吕宋岛北部的尼格利陀人，大多还不懂农业，据说“他们 61
通常都是稀稀落落地分散在森林各处，偶尔有一二十人聚在一起”；③或由二三十人组成一个小群体。除了家庭纽带，他们不知有其他纽带。苏门答腊南部的库布人，他们主要靠猎物和鱼类以及森林产品为生，但他们也从事一种原始农业。据福尔茨说，一般只有一两个家庭住在一个营地，而营地则疏落地散布在一个广大

---

① Nevill, “Vaeddas of Ceylon,” in *Taprobanian*, i. 186.

② Finley and Churchill, *Subanu. Studies of a Sub-Visayan Mountain Folk of Mindanao*, pp. 12, 15, 24 *sq*.

③ Worcester, “Non-Christian Tribes of Northern Luzon,” in *Philippine Journal of Science*, i. 808 *sq*.

的地区。他们很少集结成为小部落。

马六甲半岛劳特族系中的穆卡库宁人，既不种庄稼，除狗以外，也不饲养家畜。各个家庭“生活在分散于森林各地的小茅屋里。”[①]据沃恩·史蒂文斯说，塞芒人是真正的游猎民，甚至连他们的家庭也是时分时合的，始终不会长时间地在一个地方停留。马丁博士也曾引用过这样的材料，并做了一个总的说明。他说，马来半岛的纯粹部落“经常只有很少的人相聚在一起，一般只有1个家庭，最多为6个家庭。……这些家庭组合成松散的群体，一块儿过游猎生活，偶尔也彼此分开”。每个家庭都为自己搭盖一个窝棚或茅屋；在他们暂时居住的地方，很少见到有两三个茅屋，每个茅屋里居住着2—7人。可见，“每个单独的家庭在各处都是一个基本单位，并由这些单位形成为家庭群体”，其中以年纪最大的男人为正式首领。不同家庭群体之间的联系是极为松散的，并没有形成诸如胞族或部落一类的组织。[②]

62 根据麦考尔·锡尔先生介绍，南非的布须曼人“以小群体为生活单位，通常包含几个家庭。在非洲南部的任何地方任何时候，想全靠狩猎和大地上的自然产物来供养像一个部落那么多的人口，那是不可能的；尤其是在霍屯督人和班图人占据了最优良的地段以后，情况更是这样。”[③]弗里奇观察到，他们几乎没有部落组织，甚至有些家庭偶尔联合为一个较大的群体，其联合或多或少都是偶发性的，也不受任何清规的约束。当同一个地点不能为全体提

---

① Logan, “Orang Muka Kuning,” in *Jour. Indian Archipelago*, i. 337.

② Martin, *Die Inlandstämme der Malayischen Hulbinsel*, p. 859 *sqq.*

③ Theal, *History of the Boers in South Africa*, p. 17.

供足够的食物时，如此联合的家庭每每又被迫分散开来。“人数越少，越容易获得食物。”[①]其实，一个游猎群体通常只包含一个家庭的不同成员；如果孩子长大成人、身强体壮，至少还可以协助父母寻觅食物。在游群里可能有一个首领，但权力有限，比任何一个能支配自己妻子儿女的男人的权力大不了多少（而对孩子的支配，也只限于他们长大成人以前）。据考夫曼说，属于卡拉哈里沙漠布须曼人支系的阿维因人，他们居住营地的规模取决于环境：在旱季里，大多数场合只有一两个家庭聚在一起，而在雨季末期和雨季刚结束不久，由于食物比较丰富，甚至会有 30 个家庭聚合成为一个“村落”。住所极为原始。居住在贝专纳保护领地、卡拉哈里沙漠 63
和南罗得西亚部分地区的塔蒂族布须曼人，“每当遇到危难的时候，几个氏族家庭就可能联合在一起；而当危难一过，这种联合便告结束。他们似乎始终没感觉到有长期联合的需要。每个家庭独自行动，父亲只要他能保持他的地位，他便是一个绝对权威。”我们的调查对象“很少见到有 4 个家庭或 22 人以上聚在一起的，而这是一个通常水平的营地规模。”[②]从以上所述，显然可以得知，在布须曼人当中，包括父母和子女的家庭也是一个基本单位；就居住在一起的人数而言，至少在他们大多数中间，家庭都是唯一的持久性的社会单位。

中非的俾格米人以不同的规模聚居。据于特罗说，少则两个家庭，多达 20 个家庭组成一个群体，通常都在某一个家庭首领的

① Lichtenstein, *Travels in Southern Africa*, ii. 49, 194.

② Dornan, "Tati Bushmen (Masarwas) and their Language," in *Jour. Roy. Anthr. Inst.* xlvii. 47, 53.

统治之下，但“有时许多家庭群体聚集起来，一起进行迁移或狩猎。”①斯图尔曼发现，有的“村落”只有2至4个茅屋；而有的“村落”则有一二百个茅屋。每个茅屋似乎只住一家人；而构成这一群体的人，通常都是同一祖先家庭的分支。据戴维说，伊图里森林里的万布蒂人，按父系家庭组合居住在一起。根据卡萨蒂的介绍，作为家庭住所的小茅屋，“通常分散在森林各地或山上”，很少形成村落；但他也发现，有相当多的家庭生活在河边或灌木丛中，而无任
64 何住所。如果说中非俾格米人的群体，比我们现在所谈到的许多民族群体较为稳定而持久，其原因无疑是他们的食物供应比较丰富。他们每个人都是熟悉弓箭的好猎手。他们自己虽不种地，但能用猎物与邻族交换谷物、茎块和其他植物性食物，或者干脆从别人的地里窃取他们所需要的东西。据容克尔说，阿卡人的“所有邻族都害怕他们，尽管他们有偷窃的习惯，邻族仍让他们经常出入自己的庄稼地。”②

澳大利亚的土著居民，也是没有农业和畜牧业、只靠狩猎和采集为生的种族。我们在他们那里所发现的社会组织，比处在同样经济文化状态的其他民族的社会组织要确定得多。但在这方面使我们感兴趣的，一般来说还不是他们的社会组织，而是他们实际的生活方式。他们的生活以游群为单位；在这里，我们同样发现，其游群的大小亦受制于食物的供应。事实说明，哪个地方的土地贫

① Hutereau, *Notes sur la vie familiale et juridique de quelques populations du Congo Belge*, p. 1.

② Junker, *Travels in Africa during the Years 1882—1886*, p. 85. *Emin Pasha in Central Africa*, p. 316.

瘠，物产匮乏，土著集群的规模就小，人数就少；哪个地方的土地肥沃，物产丰富，土著集群的规模就稍大一些，人数就相对地多一些。为了寻觅食物，同一游群或部落的人通常都要分开一段时间。布拉夫·史密斯先生在他关于维多利亚土著的书里说，“在一个部落所占领的任何一个较大的地区内，如果某个地方树林减少，袋鼠也不多，那么，在一定的季节里，组成这个部落的几个家庭很可能就会与他们的伙伴分离一个时期，迁到本地区另外某个地方去住；……更可能的是（几乎肯定无疑的是），每个家庭的首领都会带 65
领他的全家迁到他父亲常去的地方去。”[①]据贝弗里奇介绍，维多利亚和里弗赖纳的土著，“一个家庭，也许几个家庭，只要情况许可，他们就选择一个拥有许多猎物和其他食物来源的地方作为营地，以便能用最少的时间和精力来获取这些食物。”[②]关于南澳大利亚州因康特湾的部落，A. 迈耶告诉我们，“整个部落不是经常全体出动，从一个地方迁到另一个地方，除非某个地方可以获得充足的食物；一般来说，他们都是分散活动，以便于寻觅食物。”[③]新南威尔士州杰克逊港的土著，当亨特船长于18世纪末访问时，他们已由许多家庭联合成为部落，显然已有一个固定的住地。不过，他说：“你可以经常去访问这个部落居住的地方，但在那里你却见不到整个部落社会；他们的时间大部分都用于寻找食物去了，不同的家庭有不同的路线；一旦同附近的部落发生争吵，他们立刻便会集

① Brough Smyth. *Aborigines of Victoria*, i. 146 *sq*.

② Beverige, *Aborigines of Victoria and Riverina*, p. 32.

③ Meyer, “Manners and Customs of the Aborigines of the Encounter Bay Tribe,” in Woods, *Native Tribes of South Australia*, p. 191.

合起来。”[①]在谈到新南威尔士州马阔里港附近麦克利河岸的6个部落时，霍奇金森指出：一个部落不算小孩平均有80到100人，“除非在某些重要场合，他们从不聚集在同一个地方。……为了狩猎的方便，他们较为常见的是由8至10个男人及其妻子儿女组成一个群体。这些分散的群体可以在他们部落所属地域内的任何地方进行游猎活动。”[②]

66 在澳大利亚土著居民当中，不管是聚在一起还是分散开来，凡属同一群体的家庭都构成一个非常明显的社会单位。斯坦布里奇先生花了18年时间在维多利亚州的蛮荒世界进行考察。据他说，每个部落的土地均由各个家庭分割开来，并按直系血统世代相传。这些边界是非常神圣的，没有一个家庭的人敢于在没有被邀请的情况下进入邻近家庭的土地。另据柯尔先生说，在维多利亚州的班格朗人以及他所了解的其他部落当中，每一对已婚夫妇均有他们自己的茅屋；而未婚的男子，以及8—10岁以上的男孩，则要跟他们的父母姐妹分开，另外一起住在独身公房里。关于贡迪奇马拉人，豪伊特博士说，“每个家庭都有自己的营地。”[③]澳大利亚中部的阿兰达人，他们分成许多小群体，每个小群体都居住在一个确定的地区，均有自己的首领。每个家庭包含一个男人和一个或多个妻子及其儿女，各有一个用灌木搭成的单坡屋顶的小茅屋。许多其他部落也有类似的情况。关于昆士兰州的卡比部落和瓦卡部

① Hunter, *Historical Journal of the Transactions at Port Jackson and Norfolk Island*, p. 62.

② Hodgkinson, *Australia, from Port Macquarie to Moreton Bay*, p. 222.

③ Fison and Howitt, *Kamilaroi and Kurnai*, p. 278.

落，马修先生说，“包含丈夫和一个或多个妻子及其子女的家庭，构成一个明显的社会单位。他们在一起住，一起吃，一起游猎。”[①]毕晓普·萨尔瓦多的大半生时间都生活在澳大利亚西部土著居民当 67
中。据他说，“看来，他们不是按部落而是以家长制方式进行管理：每个家庭一般不超过 6—8 人，单独成为一个小社会，只服从自己的家长。……每个家庭都加入一个协调区，而邻近的家庭如果能和睦相处，也可以共同参加。”[②]

看来，澳大利亚黑人一般地要比其他多数以狩猎和采集为生的民族更加喜欢群居。这可能因为他们当地的食物供应从来就比较丰富，或者部分地是由于他们的飞镖能使他们比较容易地猎取食物。至于说到澳大利亚西部的土著居民，卡尔弗特认为，他们通常拥有大量的食物，“只是在雨季的高峰期，他们可能要躲避一段时间；或者在非常炎热的天气里，也可能要为懒惰所困扰。”[③]一般地说，澳大利亚中部的土著居民均能获得足够的营养，“大袋鼠、小袋鼠、鸵鸟和其他猎物非常之多，他们依靠投矛和飞镖经常可以捕到猎物；而较小的动物如老鼠和蜥蜴，连妇女们也可以毫无困难地捉到。”[④]但是，正如我们已看到的，单个的家庭仍然经常会被迫单独地去寻觅食物，而父亲在这种情况下则起到了作为家庭保护者和供养者的双重作用。

我们对塔斯马尼亚人的了解是很不充分的，他们既不懂农耕

---

① Mathew, *Two Representative Tribes of Queensland*, p. 153.

② Salvado, *Mémoires historiques sur l'Australia*, p. 265 *sq*.

③ Calvert, *Aborigines of Western Australia*, p. 24.

④ Spencer and Gillen, *Native Tribes of Central Australia*, pp. 7, 44.

也不知畜牧，现在已是一个绝灭了的种族。菲尔诺船长作为“冒险号”的指挥官，陪伴库克做第二次航行时，曾经写道：他们以小群体为单位，每一群体约有三四个家庭，每个家庭约有三四个人，经常要为寻觅食物而从一个地方游徙到另一个地方。据奥康纳说，他
68 们以10—30人为一群体进行游猎。另据普林塞普夫人说，他们则是“成大群地以难以置信的速度”进行迁移。[1] 每个部落分作几个家庭，每个家庭只有很少几个人。不管在什么地方过夜，每个家庭都单独点燃一堆篝火，彼此“相距14—20码”。[2] 每个家庭“各自打猎，各自盖屋供自己居住。”[3]

通过对这些事实进行考察分析得知，处在狩猎和采集阶段或略知一点原始农业的现代未开化人，由父母和子女组成的家庭是一个非常明确的社会单位，但不是唯一的社会组织形式。如果说旅行者把家庭关系看作是联系个人的唯一纽带，那么，毫无疑问，他们是在比较广泛的意义上使用“家庭”这一术语的。一些关系紧密的家庭，不仅保持着友好往来，而且往往还结合为或大或小的群体，在一起共同生活。如在澳大利亚土著人中，就可能存在较为广泛的社会组织。同时，需要说明的是，属于同一群体的家庭，并不总是呆在一起，而经常是分开觅食，有时甚至要分开很长一段时间。这种情况不仅发生在食物普遍匮乏的荒芜地带，而且也发生在自然物产十分丰饶的地区。我不禁要问：究竟有什么理由可以设想：原始人的群居比现代许多未开化人更为持久而稳定？答案

---

① Mrs. Prinsep, *Journal of a Voyage from Calcutta to Van Diemen's Land*, p. 78.

② Backhouse, *Narrative of a Visit to the Australian Colonies*, p. 104.

③ West, History of Tasmania, ii. 82.

是否定的。实际上，原始人的群居期无疑要比现代未开化人为短。我们不会忘记，所有现存的未开化人都远远胜过我们最早的人类祖先。正如我们所知，人类曾经“发明并能使用各种武器、工具、网罟等等，用以防卫自身，捕杀鸟兽，或用其他方法获得食物。他们曾为捕鱼或渡海到邻近丰腴海岛而制造了木筏或独木舟。他们曾 69
发明生火技术，而使坚硬多筋的根茎变得易于消化，使有毒植物变得无毒。”[①]总之，他已逐渐发现了许多新的为其蒙昧祖先所未曾想到的谋生方法，并日益从直接依赖自然环境的状态下解放出来。但是，尽管如此，仍然有许多未开化的家庭，为了寻觅维持生存所必需的食物，而不得不放弃便于防卫的群居生活。所以我想，我们有理由相信，包括父母子女的家庭，对原始人来说，要比对大猩猩和黑猩猩更为不可或缺。如果情况是这样，那么，家庭可能就是从作为类人猿和原始人之共同祖先的高级灵长类原种那里继承下来的遗产。如果那个假定的“原种”如同类人猿一样，也是以同样的食物为生(或许其肉食量比黑猩猩稍大一些)，所需食量大致相同；而且，生育子女的数量也很少，而幼儿又需要父母较长时期的照顾，那么，视家庭为“原种”遗产的假设就可以成立。我在这里想要强调，我之所以提出由父母和子女组成的家庭早已存在于原始人之中的假说，正是以这些因素为根据的，而不仅仅是根据大猩猩和黑猩猩的现有习惯。

到目前为止，谈的都是习惯，而不是制度。但习惯和制度有着密切的联系。社会习惯有一种变为真正习俗(即行为规范)的有力

① Darwin, *Descent of Man*, i. 72.

倾向。一种习惯可以发展成为一种真正的习俗，这仅仅是由于人
70 们通常不大喜欢异常的事物。但就目前我们所谈的情况来说，从
习惯到习俗的转变，无疑还有着更为深刻的基础。这里有一种本
能，它驱使男性与女性一起生活，并保护她，即使在性交关系终止
以后还是如此。我们可以设想，那种对于欢乐对象（即性爱对象）
怀有依恋之情的倾向，就是这种本能的基础。这样一种感情，可能
从根本上导致两性的结合，即使是在性欲得到满足以后，男性仍然
要保护女性。如果这种夫妻之爱在生存竞争中能给种属的延续带
来极大的好处，它自然而然地就会发展出一种特性。父亲对于子
女的保护必然也是出于一种本能；而父亲对于子女的这种感情，在
未开化人中也绝不亚于文明人。然而，仅将这种感情以及与之类
似的母爱，确定为动物对其幼儿的慈爱，那还是不能令人满意的。
正如斯宾塞所指出的，这种所谓的父母感情，尽管在这方面的表现
是经常的和强烈的，但它也可以在父母身份之外产生。据他所说，
一般引起人们产生这种感情的对象，总是由于他们过于弱小或无
助。不过，这种解释只含有部分真理，因为即使在群居的种属中，
母亲对待自己的亲生孩子与对待其他孩子也还是有区别的。故
而，要解释这种母爱之情，我们必须假定，除了弱小无助之外，还存
在其他一些刺激因素，成为唤起（或者至少是增强）母性本能的原
动力。就我目前所知，这种刺激来自一种外在关系，即幼弱无助的
孩子从一开始就与母亲呆在一起，与母亲有着亲密的关系。而那
71 种唤起父性本能的刺激，显然与唤起母性本能的刺激一样，也是来
自相同的环境和条件，即孩子的幼弱无助及其与父亲的接近。无
论在什么地方，只要是父母住在一起，从一开始就接近其子女，都

会有这种本能存在。当然，我这里所说的父母之情，仅仅是就其原始的纯朴感情来说的；后来，由于同其他感情（如财产观念和夸耀心理）相结合，这种感情就变得更加复杂，并延伸到孩子的婴幼期以后。

在人类社会，这些本能不仅产生了习惯，而且产生出习俗和制度的规则。作为具有这类本能并在智力上得到充分发展的社会生物，人们会对遗弃妻子儿女的男人产生道德上的憎恶。正如我在其他著作里指出过的，公众在道德上的憎恶或非难，乃是形成习俗规则以及各种权利和义务的本源。可见，婚姻制度和家庭有着相同的根源，这就是我在本章中所论述的"习性"或"习惯"。的确，这些制度和习惯的作用，在实际上是相同的，所不同的只是：在前一种情况下有社会条例或法规；而在后一种情况下则没有这样的条例或法规。现在，由于"家庭"一词不仅仅用以表示某种制度，我想，我们也可以允许将"婚姻"这一术语用于比上述更为广泛的意义。我们也可以把它定义为男女之间或久或暂较为稳定的结合，一直延续到繁育子女之后。这一定义把重点放在往往被社会学家所忽视的极为重要的事实上：即在婚姻和纯粹的两性关系之间有着根本性的差别。这些纯粹的两性关系即使为习俗所认可，也不能算作是婚姻。婚姻应包含在一起生活，这同中世纪的民谚相一致："男女结婚意何谓，同吃同喝又同睡。"[①]这种说法虽然比较含 72
糊，但却是理所当然的事，并有助于从一个方面去理解那些在本质上基本相似、在来源上大体相同的事例。正如我们所知，人类的婚

① Schäffner, *Geschichte der Rechtsverfassung Frankreichs*, iii. 186.

姻，不是一种孤立的现象，在其他许多动物种属里也有极其相似的东西，这可能是从某种“前人”祖先那里继承下来的遗产。正是为了强调这一点，我把我的这本书称为“人类婚姻史”，并将全面论述一切为（或可能为）习俗或法律所认可的婚媾关系。

从以上所述可以看出，婚姻和家庭的关系非常密切。男性和女性之持续地生活在一起，最初就是为了下一代的利益。因此我们可以说，是婚姻起源于家庭，而不是家庭起源于婚姻。的确，在许多民族中，男女之间的真正婚姻生活，并不是从正式宣布结婚或订婚的时候开始的，只有到孩子出生或者已明显怀孕时，婚姻关系才算最终确定。在其他情况下，男女的性关系一旦导致怀孕或生育，其最后结果照例是达到结婚或强制结婚。

火地人和东部格陵兰人认为，妇女在尚未成为母亲之前，婚姻是不完全的。在巴拉圭查科地区的伦瓜族印第安人中，“尽管男女可以住在一起，但只有一种婚姻（相当于我们的订婚）被认为是合
73 法的。当地法律认为，在没有生儿育女之前，婚姻是没有约束力的；如果在一定的时间内没有生育子女，他们便有理由分离。如果一旦生了孩子，哪怕孩子不幸夭折或被弄死，他们也必须一辈子呆在一起”。[①] 在巴西中部的博罗罗人中，男人婚后要住在新娘的家里，直到他为自己盖好房子、有了一个家以后。在加拿大的一些部落里，一个已婚男子，当他想与妻子做伴时，他必须到岳父家去找她；直到她生了孩子，她才能去同丈夫住在一起。在阿留申人当

① Grubb, *An Unknown People in an Unknown Land*, p. 214.

中，妻子在生孩子以前要住在她父亲的家里，丈夫在这个时候可以自由地前去与她相会，直到惯例所规定的期满为止；除非那时她生了孩子，否则，他不能把她带到他自己的村子里去。在阿特卡支系的阿留申人中，丈夫在尚未成为父亲之前，他不会支付娶妻时所需的彩礼。

据说，台湾的察利森人“在事情完全安排好了之后，可以相隔一个月，再约定一个日子，求婚者到女方家中，举行一个简单的仪式，以表示女家已同意这对新人可以住在一起。但新娘仍留在母亲家中；当她生了孩子、搬到她丈夫家去以后，婚姻才被认为有效。如果她没能生育子女，丈夫便停止走访，夫妻之间的亲昵关系就此结束。从今以后，双方就可到别处自由地另找对象”。[①] 在加里曼丹沿海达雅克人中，“一对青年男女只要订了婚，虽未正式结婚，通常便可以发生性交关系。这只是为了弄清：两人的结合是否能卓有成效地怀孕生子。一旦有了满意的结果，结婚仪式便可立即举行。”[②]

昆士兰州中央西北部的土著，妻子在结婚后通常都不给丈夫 74
做饭；只有在她生了第一个孩子并住到丈夫家里以后，才做这些家务事。在澳大利亚其他一些部落中，至少在某些情况下，一个男人如果与一个女孩私奔，只要她生了孩子，他便可以正式娶她为妻。

在印度南部尼尔吉里的巴达加人中，新婚妇女要在第一次怀孕5个月以后，婚约才算真正确定。这时亲友都被邀请来参加庆

① Davidson, *Island of Formosa*, p. 573.

② Gomes, *Seventeen Years among the Sea Dyaks*, p. 127.

祝仪式，并给这位女主人的脖子戴上结婚标志。西奈半岛贝都因人的迈宰奈部落，在结婚后，新娘通常要逃跑，新郎则要把她找回；过后，她便逃回娘家，直到怀孕之后才住进丈夫的帐篷。

关于塞内冈比亚的沃洛夫人，贝朗热—费罗写道，“只是在未婚妻已有明显的怀孕征兆以后，有时甚至是在生下一两个孩子以后，才正式举行婚礼”。[①] 在法属苏丹的谢纳人中，“只是在生了孩子以后，家庭才被认为是真正的存在”。[②] 在刚果的南部班巴拉人中，“婚姻似乎只有到了将要生育孩子时才算确定下来，因为到那时夫妻关系的忠诚已变成双方的义务，否则其祸患就会殃及孩子。一般认为，婴儿之夭折就是由于这一原因”。[③] 费尔金博士说，在
75 中非的福尔部落中，丈夫与妻子一起住在岳父家里，直到生下第一个孩子后，他才被允许把妻子带走，自己单独建立小家庭。而他们居住岳父家期间的所有家务费用和一日三餐，全由岳父承担。还有其他一些民族，丈夫也是住在岳父家里，直到生了孩子之后，他才能将妻子接走。在阿萨姆邦的卡西人中，丈夫住在岳母家里，要等生了一两个孩子之后，如小两口相处得也很好，他才能将妻子儿女接到自己家中。在库基人的某些老氏族中，一个青年男子必须为他未来的岳父工作3年。在这期间，他可以自由地接近未婚妻；她一旦怀孕，便应立即举行婚礼，支付彩礼。

---

① Bérenger-Féraud，“Le mariage chez les nègres Sénégambiens，”in *Revue d'anthropologie*，*1883*，p. 286 *sq*.

② Delafosse，“Le Peuple Siéna ou Sénoufo”，in *Revue des études ethnographiques et sociologiques*，i. 483.

③ Torday，*Camp and Tramp in African Wilds*，p. 203.

在许多国家(包括欧洲各地),怀孕或生子通常是结婚的前奏,或按通例而导致结婚。我们常常听说,女孩一旦怀孕生子,其勾引 76 者或情人就得被迫与她结婚;但也可以用交纳罚金来代替。例如,在加里曼丹许多未开化部落中,青年男女之间的性交几乎没有限制,但是,只要怀了孕,就必须结婚。邦克博士告诉我,缅甸某些克伦部落也有这种情况。在桑给巴尔和坦噶尼喀之间的瓦尼扬韦齐人中,一个男子如果抛弃已怀孕的女子,而不跟她结婚,"他必须把大约 3 倍于通常嫁资的罚金偿付给这个女子及未出生的孩子。"[①]据库克所说,在塔希提人当中,有时父亲会杀掉他的私生子,如果他让这孩子活着,私通男女则被认为已经正式结婚。里弗斯博士 77 说,在蒂科皮亚人中,"当普通青年男女因通奸而生了孩子,他们就得正式结婚。只要他们结了婚,孩子就不会受到歧视。在这种情况下,如果男子拒绝结婚,这孩子就得立即弄死。"[②]

对本章所提出的关于人类婚姻起源的假设,也许有人会提出异议,说我忽视了存在于人类和低等动物之间的一个最重要的差别。据博马舍说,"这个将人类与野兽区别开来的差别,就是不渴而饮和四季做爱"。当然,凡是两性做爱被限定于某一特定季节的地方,性冲动就不可能是促使两性长期结合、直到生育子嗣之后仍然厮守在一起的原因;但是,对于一个全年均可交配的种属来说,情况就不同了。因此,可能有人会说,人类两性之间的长期媾合,

① Decle, *Three Years in Savage Africa*, p. 348.

② Rivers, *History of Melanesian Society*, i. 310.

并不是源出于上述任何特殊的本能，而只是归因于生殖期延长的倾向。尽管这一说法对于父亲与子女的关系没有作出解释，但也不能予以忽视。性生活的持久性或周期性，肯定会影响到两性的关系。但是，当问题涉及这一因素在人类婚姻起源上究竟起过什么作用时，我们首先必须考虑：关于我们早期人类或半人类祖先也像我们一样一年四季皆可做爱的假设是否正确。下一章将专门讨论这一问题。

第二章　原始时代 78

人类的交配期

一些生理学家认为，动物界的性生活周期是由经济条件决定的；生殖活动乃是个体经济的剩余产物。因此可以说，它们的交配期通常发生在收支比例处于最佳状态的时候。

另外，根据希普先生的说法，交配期要受各种不同条件的制约。它可能受动物生活地区气候条件的影响，受一年当中季节变化的影响，受所能获得的食物数量和性质的影响；还可能受个体神经、血管和内分泌特质及其生活习惯的影响；以及受妊娠期长短、母亲对新生儿哺育期长短以及母亲身体恢复能力的影响。

当然，动物交配的周期性与交配季节里所存在的某些有利条 79
件有着紧密的联系，这是毫无疑问的。但我认为，不同动物种属的性功能，至少在某种程度上，也会受到不同条件的影响，这看来也是同样明显的。事实上，一年当中的每一个月或每一个季节，都会有某一种哺乳动物处于交配期，这种事实就是一个明证。交配季节一定要适应各种动物的需要。这从根本上是由幼小动物要出生于最适合它们成活时节的这一规律所决定的；同时，这一规律还决定了季节性条件对于性功能的影响，以及雌性妊娠期的长短。动物性生活的周期性是自然选择的结果。

这一规律可以说明为什么爬行动物、鸟类和许多哺乳动物在早春季节产仔，而在热带地区则是在雨季开始后产仔；因为自此以后，在跟着到来的时期里，生活变得更加容易维持，可捕获的猎物最多，又有足够的水和植物性食物，而气候也变得更为适宜。一般来说，在高原地区，动物的交配期要迟于地势较低的地区；极地和温带要晚于热带。分布在不同纬度的动物，其交配期或迟或早，皆
80 以当地的不同气候为转移。以榛子为食的睡鼠，七月交配，八月产仔，这时榛子刚好成熟。此后，幼鼠生长很快，故而能抵御秋冬的寒冷。南极阿德利地的企鹅要在气候最温暖和阳光最明亮的月份里抚育它们的幼雏；而大企鹅却要在最黑暗、最寒冷和暴风雪的季节里抚育其幼雏。据默里·利维克博士说："唯一能解释大企鹅这种生育习惯的理由是：其小雏从出生到长满羽毛要经过好几个月的时间。它们如果像阿德利企鹅那样，也在十二月(仲夏)孵化，其幼雏的羽毛到秋天还未长满，往后就会冻死；而在早春孵化，其幼雏则可以在父母的抚育下，直到天气转暖，然后便可在整个夏季完成换毛过程。"[①]这不仅说明交配期通常要受到下一代生存需要的制约；而且表明：即使是在同一种属之中，影响生殖功能的条件也是多么的不同。

虽然大多数高等动物每年只产仔一至二次；但有一些物种(如某些鲸鱼、大象、许多啮齿动物和几种较低级的猴类)，据说都没有固定的交配季节。对于这些动物，也许只要引用布雷姆关于大象的解释就够了："当地的树木如此之多，以致它们从来不会感到缺

① Levick, *Antarctic Penguins*, p. 134 *sq*.

乏什么。”[①]尽管在热带地区，某些猴类一年四季随时可以怀孕；但 81
对类人猿来说则并非如此。据莫尼克博士和其他作者说，猩猩就有交配期，可惜他们没有说清究竟是在什么时候。不过，华莱士先生曾告诉我，他“在五月份发现过正在吃奶的猩猩，那是旱季的第二或第三个月，那时的果实开始丰盛起来。”据温伍德·里德介绍，雄性大猩猩在发情季节常为争夺雌猩猩而打架。理查德·伯顿爵士说：“大猩猩约在十二月这个凉爽而干燥的月份里产仔。我的土著朋友告诉我，大猩猩的怀孕期是五至六个月。”[②]

如果考虑到，动物的交配期在很大程度上取决于它们赖以生存的食物种类，以及与解剖学、生理学特质相关联的环境条件，再考虑到人和类人猿在生物学上的相似之处，我们有理由相信，我们最早的人类或半人类祖先的交配，也会是局限在一年当中的某一个季节。这从以下事实的阐述中可以增强我们的这一看法。即使是在现在，仍有一些未开化民族，据说他们每年都有一个特定的交配时期；而在另外一些民族中，其性欲要求似乎在一年当中的某一个时期显得格外强烈。

根据约翰斯顿先生的介绍，属于地球上最低等种族的加利福
尼亚印第安蛮族，“他们犹如麋鹿、羚羊或其他动物一样，也有他们 82
的发情季节。”[③]关于某些这样的印第安人，鲍尔斯先生也说，春天“对于他们来说，确实是一个圣瓦伦丁节（情人节），男女交欢宛如

① Brehm, *op. cit.* iii. 480.

② Burton, *Trips to Gorilla Land*, i. 248.

③ Schoolcraft, *Archives of Aboriginal Knowledge*, iv. 224.

自然界的野兽和森林里的鸟类一样”。[①] 至于加利福尼亚的胡帕人，我们则听说，他们的婚姻一般开始于夏季之初，而在这之前要经历一个夏季和一个冬季的求爱过程。

据库克博士记载，居住在北纬 76—79 度之间的爱斯基摩人，有一个明显的性交季节：当太阳初次出现时，他们的性交活动大大增强；在此后的一段时间里，他们很少考虑其他什么事情；于是，大多数婴孩皆于九个月以后降临人间。这一说法与博斯凯关于其他爱斯基摩人的描述完全一致。叶尼塞北部山谷饲养驯鹿的民族，只有在隆冬季节才有较多的人群集聚于一个营地，这时已不能外出渔猎。于是，这便成为他们“求爱和找对象的季节。一俟太阳出现，随即举行婚礼。”[②]

弗里德里希·米勒说，在澳大利亚土著居民中，结婚和怀孕大多是在温暖季节，因为那时可以有大量的食物；尤其是怀孕更是局限在这一时期。这一说法至少部分地是基于以下奥德菲尔德关于澳大利亚西部瓦昌迪人的描述：“他们像野生动物一样，一年之内
83 只有一次交配。大约是在阳春季节……瓦昌迪人便开始考虑举行他们的半宗教式节庆 Caa-ro，这实际上是在为完成重要的生育任务做准备。”[③]如果这一说法正确无误，妇女们就会在某一时期差不多同时生孩子；可是，柯尔却断然否认在澳大利亚土著中有这种情况。W. B. 斯宾塞爵士也曾告诉我，在他所了解的部落里，没有像奥德菲尔德所说的这种情况。然而，考德威尔先生在给希普的

① Powers, *Tribes of California*, p. 206.

② Miss Czaplioka, *My Siberian Year*, p. 102 *sq.*

③ Oldfield, “Aborigines of Australia,” in *Trans. Ethn. Soc.* N. S. iii. 230.

一封信里则提到，在他接触到的昆士兰土人中，九月份（当地的春天）乃是一个特定的交配季节，在这段时间内有好几个星期，人们对任何别的工作都不感兴趣。

关于居住在新几内亚马克莱海岸的巴布亚人，俄国旅行家米克卢霍一马克莱曾经写道："在七八月间，我注意到巴布亚村庄里的许多妇女都处在怀孕的最后阶段，大多数在九月生产。可见，她们的生育活动大部分都集中在一年之中的某一个季节；同样，也是在一个特定的时候——十二月和一月，居住在此地的巴布亚人很少从事农田工作，大多都去庆祝他们持续几夜的夜间狂欢节。"[①]居住在瓦尼格拉河口的部落，一年一次的 Kapa，是他们最重要的欢乐节日，届时经常举行婚礼。关于新几内亚其他一些土著（如迈卢人）的情况，我们从马林诺夫斯基博士那里得知，他们一年一度的盛会也是与结婚和性生活相联系。"在那几天的节日里，跳舞越 84
跳越狂热，似乎有短暂的私通苟合相伴随，有时甚至带有集体纵欲的特色。"[②]J. H. 哈德菲尔德先生从靠近新喀里多尼亚的利富岛写信给我说，以前结婚在任何时间皆可择吉举行，但"十一月通常是订婚的时间。"这个地方的季节正好与英国相反，十一月乃是春末夏初。

在吕宋岛的加当人中，"有一种习俗：青年人将要结婚之时，互相竞争着要向未来妻子的祖先献上他们从敌人那里猎来的人

① Miklucho-Maclay, "Anthropologische Bemerkungen über die Papuas der Maclay-Küste," in *Natuurkundig Tijdschrift voor Nederlansch Indie*, xxxiii. 245.

② Malinowski, "Natives of Mailu," in *Trans. Roy. Soc. South Australia*, xxxix. 562, 664.

头，以证明他们的男子气概和勇猛。猎头活动一般是在一种所谓‘火树’开花的时节进行。”[①]至于台湾北部的土著，据一本中文书所说，“当草木繁茂之时，妇女们便盛装打扮，到附近部落里去探亲访友。”[②]在一本中文史志的翻译本里，鲍勒告诉我们，海南岛的黎族在春天的节日里，来自附近各村的男男女女，手拉手地绕着圆圈边跳边唱。这是谈情说爱的最好时机，父母们对子女所选的对象不加反对，也不问他们姓甚名谁。据该书介绍，在“生黎”当中，十六七岁的少男少女，在美丽的春夜一起唱歌作乐，父母从不干涉。在中国大陆的一些民族也有类似的习俗。希尔特在他所写的一篇关于中国大陆南端雷州半岛的文章里对遂溪县人作了一番描
85 述：“每年元宵佳节，男男女女从远近各处来拉藤圈，目的是来看热闹，那时城镇和集市到处都挤满了人。”[③]Y. H. 姚先生告诉我一首中国有名的诗，说是有一位少妇于春日站在她房屋的阳台上，当她看到正在绽芽的柳树时，后悔不该劝她丈夫外出升官发财。[④]

在柬埔寨，M. 蒙迪埃勒发现一年有两次（四月和九月），男人们似乎变得“十足的发情”，如果遭到女人拒绝，甚至会把她们杀死。关于马来半岛胡卢贾洛尔的塞芒族哈米人，安南代尔和鲁宾逊写道：“当问及一个哈米妇女一般生多少孩子时，她说他们部落

① Foreman, *Philippine Islands*, p. 212. Worcester, *Philippine Islands*, p. 439.

② Taintor, *Aborigines of Northern Formosa*, p. 33.

③ Hirth, “Peninsula of Lei-chou,” in *China Review*, ii 351.

④ 即王昌龄诗《闺怨》：“闺中少妇不知愁，春日凝妆上翠楼。忽见陌头杨柳色，悔教夫婿觅封侯。”——译者

的孩子往往都是在一年之内的同一季节出生的。据在场的马来人说，这个季节相当于阿拉伯历的头一个月，即大约是三月。这正好是暴风雨季节结束之后。这一说法由一位马来妇女所证实，她说塞芒族潘甘人的繁殖就像野兽一样。不过，她的这种说法，实际上没有多大价值。由于为我们提供情况的那位哈米妇女不会计算，我们无法获得这里人们所生孩子的数目。但据她说，每个育龄妇女一般每年都生一个孩子。”[①]马丁博士在他关于马来半岛内陆部落的著作里说，这一说法是很个别的，这个问题还需要作进一步的调查研究。斯基特先生告诉我们，属于贾昆族的贝西西人，“共同 86
定期举行嘉年华会（在收获水稻以后），据他们说，届时他们‘被准许互换妻子’。这使我们想起古代秘鲁的婚姻法：该法为全国各地规定了每年举行一次的共同结婚日。”[②]而且，马丁博士自己也说，贝西西人都是在收获水稻季节时订婚的。不过，若从下面将要谈到的情况来看，这些说法似乎都没有什么太大的重要意义。

阿萨姆邦比胡人的节日，每年四月举行，每次持续七天。在节日里，人们跳舞唱歌，尽情欢乐，沉湎于自由饮酒和各种放纵活动。这种春天节日“通常受到妇女们的欢迎，她们希望在节日期间大大地放纵一下；她们在这个期间的放纵行为，不会被看作是污点或丢脸。”运气不好的青年，在未能征得他所钟情的女孩父母应允把女儿嫁给他的时候，他便使用计谋来得到她。“他潜伏在路边，等待他的意中人及其女性亲属去赶集或参加节日盛会从此经过，他在

① Annandale and Robinson, *Fasciculi Malayenses*, i. 6.

② Skeat and Blagden, *Pagan Races of the Malay Peninsula*, ii 70.

同伴的帮助下，强行把假装不愿意的姑娘抢走，并私下和她成亲。几天之后，女孩的父母不得不顺从他的要求，并同意让他们公开举行婚礼。”居住在阿萨姆和东孟加拉之间山区的卡西人，当三月份新月出现时举行盛大舞会，许多人在舞会上找到对象，喜结良缘。这里的习俗是：未婚女子围成一圈欢乐歌舞，“而年轻的单身汉则在圈子外面跟着跑，挥舞着羽毛扇。”[①]奥里萨山区的布伊亚部落，
87 在二月份有一个名叫“马格波赖”的节日。节日期间，他们尽情纵酒，并做出可怕的放荡行为，一直持续三天。“在这三天内，平日对于血缘关系和丈夫权利的尊重都丢到脑后，甚至姐妹兄弟也可互相猥亵调情。”[②]据科洛内尔·多尔顿介绍，住在焦达纳格布尔的荷人，每年一月份有一个盛大的节日，“当粮食满仓时，人们便各显神通，尽情欢乐。在这期间，他们的想法很古怪，男男女女都变得欲火中烧。似乎为了安全起见，绝对需要在一段时间内让人们充分发泄感情。于是，节日变为纵情的狂欢。这个时候，仆人们忘记了对主人的职责，孩子们忘记了对父母的尊敬，男人们忘记了对妇女的尊重，而妇女们则忘记了温文尔雅、举止端庄。”男男女女几乎变得像动物一样沉溺于色情癖好之中，并给予女孩子们以最大的自由。这位作者还说，“大多数山地部落似乎感到有必要在一年之中的某个特定季节用激发两性交往的办法来促进婚事。”[③]杰普尔的蓬贾人在新年的第一个月有一个节日，届时男女云集一处；连下层人亦可参加节日盛会，男女交欢前后持续一个月，其间可以自由

① Steel, "Kasia Tribe," in *Trans. Ethn. Soc.* N. S. vii. 309.

② Macmillan, "Bhuiyas," in *Calcutta Review*, ciii. 188.

③ Dalton, *Descriptive Ethnology of Bengal*, p. 300.

选择对象。尼尔吉里的科塔人，同样也是每年举行一次包含此类纵欲活动的节日盛会。

最为广泛的节日，在北印度叫 Holi，Phāg 或 Phaguā，在德干和西印度叫 Shimgā 或 Hutāshana，在南印度叫 Kamanpandikai。88
这种节日活动一般在二三月间举行，至少持续 3 天；有些地方甚至持续 15 天或者更多，而其中的最后 3 天尤为重要。这类节日一般被称为“爱神节”。纳特萨·萨斯特里说：“这种节日大多数参加者所想象的是，他们崇拜的对象是丘比特，他们的模拟嬉戏是为了爱神 Kama。”[①]M. 鲁斯洛在描写奥德普尔的印度人进行这类节日庆祝活动时作了如下描述：“Holi 节标志着春天的到来，是以女神 Holica 或 Vasanti 的名义举行的，她在印度诸神中是体现这个季节的人格化身。狂欢持续好几天，届时各个社会阶层全都处在极度的放纵与混乱之中。这是印度定期的狂欢节。连最受尊敬的人，也不论身份和年龄，全都毫不害羞地参加这个季节所特许的狎昵狂舞……，最为猥亵的模拟像摆设在城镇的各个入口和主要大道上。妇女和儿童拥挤地围着可怕的 Holica 偶像，并在偶像周围摆上鲜花。首府的大街上到处都呈现出一派有伤风化的景象。”[②]据托德描述，在梅瓦尔的拉杰普特人中，春天最后的几天是奉献给爱神 Camdéva 的：“当夏天的热风开始刮起来时，花神便垂下她的头，而爱神则回到她的隐居之处去了。”[③]居住在北部平原的雅利安人，其春天约在三四月间，这是一个谈情说爱和欢乐愉快的季

① Natesa Sastri, *Hindu Feasts, Fasts, and Ceremonies*, p. 44 *sqq.*

② Rousselet, *India and its Native Princes*, p. 173.

③ Tod, *Annals and Antiquities of Rajasthan*, i. 495.

节，人们咏唱诗歌加以庆祝；同时，这也是一个经常举行婚礼和宗
89 教庆典的时节。据斯特拉博说，古代波斯人一般都是在春分时节缔结婚姻。他还告诉我们，亚马孙人妇女一年之中有十个月是与男性隔离开的；可是，每年春天一到，她们就前往某个山区，与邻族的男人相会，并在此后的两个月内与他们交媾，为的就是繁衍后代。后来的罗马人，则把四月与爱神联系在一起。据说，有一种流行于北非的阿拉伯历书，同样亦把四月和五月看做是夫妻做爱的最佳月份，其次是在八月。

中世纪一位《圣阿达尔伯特传》的不知名作者和俄罗斯“以利撒修道院”一位生活于16世纪、名叫帕姆菲尔的修道士，都曾谈到某些斯拉夫民族中所盛行的一年一度允许人们尽情放纵的狂欢节。据帕姆菲尔介绍，这样的盛会与《涅斯托尔编年史》里所提到的节日相似，每年定期在诺夫哥罗德州边境的河边举行。在节日盛会里，每个男子都可以带走一个征得本人同意的女子。盛会一般在六月底即圣约翰节前一天举行。他们在未信基督教之前所崇拜的是一位名叫“贾里洛”的神灵，相当于古希腊人的“普里阿普斯”（男性生殖神）。M. 沃尔科夫观察到不久以前这些习俗在特维尔地区仍然存在，“该地区在雅里洛节（雅里洛为一男性生殖神），父母们让年轻的姑娘前去参加类似古代斯拉夫人所作的游
90 戏，旨在择偶订婚。”[①]有关这方面的情况，还可以参考M. 巴金的记述：卡桑的沃加克人仍然保留着非常古老的习俗，青年人结婚都在每年一个特定的时候，即在收获干草季节之前，约当六月末

① Volkov, "Rites et usages nuptiaux en Ukraine," in *L'Anthropologie*, ii. 166 *sq.*

左右。

正如曼哈特所指出的，欧洲各国过去和现在都有春季和仲夏的节日，并用篝火、音乐和跳舞来庆祝，其间还伴随有谈情说爱和喜结良缘。但是，对于这些节日庆祝活动，是否可以像库利舍尔和后来某些作者所主张的那样，统统作为人们在春季和夏初性欲增长的一个例证，仍然是令人怀疑的，应当考虑到类似的节日同样也在一年当中的其他时候举行。比如，我们听说，古代俄国每年在圣诞节和基督受洗日里也伴随有男女之间大搞两性关系的活动。在其他地方我曾列举过一些事实，表明欧洲以及北非原来庆祝仲夏节的目的，主要是为了驱除夏至时出来活动的各种恶魔。我敢相信，在其他节气（诸如冬至和春分）里庆祝的节日，也一定具有类似的性质。这类节日的庆祝活动一般不会具有色情特征。青年男女在节日里聚在一起谈情说爱，很容易得到说明，用不着借助古代性交季节理论来作解释。至于俄罗斯节日与男性生殖神“贾里洛”的联系，则可能具有比较重要的意义。

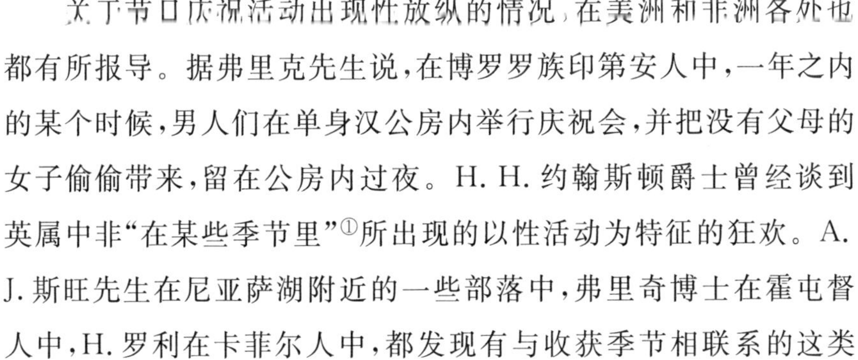

关于节日庆祝活动出现性放纵的情况，在美洲和非洲各处也都有所报导。据弗里克先生说，在博罗罗族印第安人中，一年之内的某个时候，男人们在单身汉公房内举行庆祝会，并把没有父母的女子偷偷带来，留在公房内过夜。H. H. 约翰斯顿爵士曾经谈到英属中非“在某些季节里”[1]所出现的以性活动为特征的狂欢。A. J. 斯旺先生在尼亚萨湖附近的一些部落中，弗里奇博士在霍屯督人中，H. 罗利在卡菲尔人中，都发现有与收获季节相联系的这类

① Johnston, *British Central Africa*, p. 408 n. 1.

狂欢节。H. T. 卡曾斯写信告诉我，纳塔尔地区的卡菲尔人中，八九月（南非的春天）出生的孩子，比其他任何月份都多。他把这种状况归因于未婚男女在一定节日里的放荡乱交。另外，西姆斯博士从斯坦利湖写信告诉我，在巴特克人中，九十月（雨季开始时）出生的孩子，比其他时间出生的都多。Ch. E. 英厄姆从班扎曼泰卡来信，说他相信在巴刚果人中也有相同的情况。所有这些来信，也和上面所引用的材料一样，都是对于我向分别生活在各地未开化民族之中的朋友们所提问题做出的回答。另外，还有一份来自 T.
92 布里奇斯先生的回答，他告诉我，就他所知，居住在火地岛南部的雅甘人，不同月份出生的人数都差不多。

我迄今所引作为有利于说明人类交配期的例证，其价值当然是很不相等的，而其中有些或许还可以省去。我曾参考过一些在节日盛行性放纵的可疑证据，但必须说，尽管在某些场合性放纵似乎成为节日的主要特色，但也不能认为举行节日活动乃是人们性欲增长的时节。这类节日（特别是某些农业节日）可能是为了促进粮食增产而举行的一种巫术仪式，其间在许多场合或多或少地也会伴随有混乱性交行为。关于上述贝西西人的狂欢节，斯基特先生说，其宗旨显然不仅是为了促使粮食增产，而且也是为了祈求其他作物丰收。克鲁克先生认为有理由相信，印度“霍利节”庆典的基本目的，也是为了祈求人畜两旺，五谷丰登。

另外一个引人注意的习俗，是人们通常在一年之内某些特定时间举行订婚或结婚典礼。这一习俗纯粹是出于实际的动机。南美大查科的乔罗蒂人，通常在角豆树荚果成熟季节举行订婚仪式。

“当食物供应丰富时，狂饮比赛和其他节庆几乎是连日举行。”[①]苏门答腊岛上占碑的库布人，在一年之中某些能够储存的野生果实收成最多的时候结婚，以便让青年夫妇有足够的食物吃。在马六
甲的贝努亚人中，“人们通常在七月和八月结婚，那个时候水果最 93
为丰富。”[②]在摩洛哥，人们一般在秋天结婚，那时正当秋收完毕，粮食满仓。有人告诉我，在非斯南部的艾特瓦兰人中，其他时候一般不结婚。出于同样的原因，许多欧洲民族的农民喜欢在秋天或初冬结婚。东非的瓦沙加人举行婚礼一般是在酿好啤酒的时候，这取决于谷子的收获季节。西非的约鲁巴人，古时是在雨季开始时结婚，“但那个季节食物很少，现在改为薯蓣收获的时候，这时是一个极为欢乐的时刻，又是播种下一茬作物的季节”。[③] 西非其他的一些人喜欢在旱季或雨季末期举行婚礼，因为那时有大量的鱼类，而且气候也比较适宜于户外活动和娱乐。人们喜欢利用闲暇时间来举行婚礼。例如，亚利桑那州的霍皮族印第安人，一般在秋天或冬天结婚。在达尔迪斯坦通常在一月和二月结婚，因为“那个时候男人们没有农活，而家里又存有大量的肉类。那加人习俗硬
性规定，如果在其他季节结婚要受到重罚。”[④]库基人通常在相同 94
的月份结婚，“因为他们有非常充足的食品，而且也是他们最空闲的时候”。[⑤] 库尔格人的结婚通常“在四月和五月，那时稻田都已

① Karsten, *Indian Dances in the Gran Chaco* (*S. America*), p. 30.

② Favre, “Account of the Wild Tribes inhabiting the Malayan Peninsula,” in *Jour. Indian Archipelago*, ii. 263.

③ Dennett, *Nigerian Studies*, p. 165 *sq.*

④ Biddulph, *Tribes of the Hindoo Koosh*, p. 78.

⑤ Macrae, “Account of the Kookies,” in *Asiatick Researches*, vii. 194.

干了,也没有多少工作可做”。[1] 迷信在这方面也可能起到了一定的作用,比如印度的婆罗门,一年之内只有四个月(即三月、四月、五月和六月)可以结婚,这个时候结婚被认为是吉利的。但是,杜波依斯认为,原来导致他们固定在这几个月结婚的主要原因,是由于那个时候天气太热,农村的劳动都已暂停;而先前的收获则给他们提供了结婚庆典所必需的东西。在中国,春季和腊月被认为是最佳的结婚时期。然而,绝对不能认为,这样的迷信也是源出于性生活的周期性。

可能有人会说,以上这些说法不太明确而难以令人信服,而有些说法则似乎有夸大之嫌。然而,尽管这些材料存在不少缺陷,我想仍有足够的例证可以表明:人类在一年之中的某个时候(一般是在春天)性欲要求或生殖能力通常会有所增加。这一结论亦可从许多有关不同月份出生人数分布的确切统计资料中得到证实。

在 18 世纪,沃根廷观察到,瑞典生于同一个月的婴儿要比生
95 于其他月份的为多。自那时以后,在欧洲其他国家也发现有相同的情况。据瓦保斯报导,在撒丁岛、比利时、荷兰和瑞典,每年总有两次人口有规律的增长:第一次大规模增长是在二月或三月,第二次是在九月和十月。索马尼观察到,意大利南部每年人口只有一次增长,但比北部春、秋两次的增长还要多。迈尔和博伊克曼发现,德国每年有两次(二三月和九月)为人口出生高峰。海克拉夫特说,在苏格兰八个最大的城市里,合法婚姻的孩子在四月份出生的多于其他月份。据索马尼介绍,一般地说,瑞典三月份是出生的

① Richter, *Manual of Coorg*, p. 134.

最高峰，法国和荷兰在二月和三月之间，比利时、西班牙、奥地利和意大利是在二月，希腊则在一月。可见，南欧要早于北欧。不过，第二个出生高峰，越往北越多见。在德国南部，第二个出生高峰低于第一个高峰；但在德国北部，第二个出生高峰一般高于第一个高峰，而在瑞典则明显地高于第一个高峰。

至于非欧洲国家，瓦保斯也观察到，马萨诸塞州的出生率一年同样有两次增长，即在三月和九月。在智利，九月和十月（即初春）出生的小孩，大大地多于其他月份。在古巴，根据芬利博士所编的记录，白人和有色人种都在七月份呈现出特殊高的出生率；另一个 96
高峰则是在十一月和十二月，但不怎么明显。阿拉哈巴德的 S. A. 希尔先生告诉我们，该省印度人的出生率，在不同的月份有所不同，出生率最低的是六月，最高则在九月和十月。据 1888—1892 年哥印拜陀地区的出生登记来看，出生率最低的是在二月（6.95%），最高的是在十月（9.62%）和七月（9.15%），在阿尔果德北部，也是最低在二月（5.98%），最高则在八月和七月（分别为 10.40%和 10.13%），而在卡纳拉南部，十月和九月最低（分别为 6.68%和 6.74%），七月和六月最高（分别为 9.80%和 9.69%）。欧洲人和欧亚混血人不包括在内。

出生率的周期性波动无疑是出于各种原因。但我想有充分的理由可以相信，二月和三月的出生高峰（智利为九月），至少在很大程度上是由于五月和六月（智利为十二月）生殖力有所增长的倾向。这似乎有可能是由于那个时候有比较多的非婚生育。希普先生相信，在古巴春秋两季的怀孕率之比较高，可能也有相似的原因。

97 如果我们迄今在男人中仍然发现，有人在春天或夏初的性欲要求或生殖能力有所增长，我想我们可以把这看作是我们早期人类或半人类祖先曾经有过交配期的残存现象。我们更有理由认为，在类人猿中是有性交季节的；就远古人类来说，其生存条件与类人猿是相似的，而相似的条件便可能产生相似的结果。我们可以设想，远古人类在这方面也遵从那条支配其他动物交配的法则，他们的生殖活动同样也会受到下一代需要的控制。如果性交发生在春天或夏初，其子女的出生会比大多数哺乳动物为早，这是确实无疑的。但我们必须记住，人类的婴幼期通常较长，关于适合于婴幼儿生存的最佳时间，我们不仅要考虑到婴儿出生后的最初几天或几周，而且一般地要考虑到他们生长的整个早期。除了饮食衣着之外，还有其他一些因素也会影响到子女的幸福；而要发现所有这些因素，那是很不容易的。我们不能确切地说，为什么獾熊在二月末或三月初产仔，而挪威山区的驯鹿则在四月繁殖；但有一点是毫无疑问的，即这些季节最适合于有关物种的需要。

98 相当多的北欧民族之于冬天出现怀孕高峰的原因，一般认为是受社会因素的影响，诸如收获之后的宁静，较好的饮食，圣诞节的娱乐，或结婚率的增多。虽然我不否认可能有社会因素的影响，但对这一解释还是感到有商榷的余地。人们在十二月以前已从田野劳作中恢复过来。沃根廷曾说过，圣诞节娱乐从十二月末一直延续到一月，但对此后十月份的出生人数并没有特别大的影响。至于说到生殖力增长倾向与大量食物供应之间有关联的假设，还应当注意到：在欧洲北部地区，生活条件比较艰苦的五月和六月的怀孕率，要比食物供应比较丰富的九月、十月和十一月的怀孕率高出许多。的确，在瑞典和德国西北各省，九至十一月乃是明显的低怀孕率时期。在纳塔尔省的卡菲尔人中，妇女在十一月和十二月怀孕多于其他月份；虽然，据卡曾斯先生报导，在他们那里以三月至九月的食物为最多。在巴特克人中，怀孕高峰在十二月和一月，然而，据西姆斯博士对我说，食物供应最丰富的时节却是在旱季，即从五月到八月末。最后，有关冬天怀孕最多是由于结婚频率较高的意见，是与许多研究者所得出的如下结论相对立的：结婚率在不同月份的分布不均，对于出生率的分布只有很小的影响，甚至完全没有影响。

关于冬天怀孕率高的原因，我不敢表示任何肯定的意见，但我 99
认为，至少在某种程度上，很可能是出于自然选择的结果，尽管这是比较晚近的事。考虑到在欧洲九月是婴儿出生率最高的月份（或者说十二月是怀孕率最高的月份），而且越往北，比率越高；考虑到北欧农业民族在秋季和冬初有许多食物，而到春天又往往感到食物短缺；最后，考虑到冬天的寒冷不致影响婴儿的健康（因为有足够的木柴可作燃料），因此我想，小孩出生于九月份可能是最好养活的时机。事实上，博伊克曼博士也是说，“秋季出生的小孩具有最大的活力，并具有应付婴孩早期各种危险的抵抗力。”[①]在半个多世纪之前，爱德华·史密斯通过对3 050个出生一年之内死亡的英国儿童进行分析，发现不同月份出生的婴儿死亡率为：二月出生的少于7%，九月出生的占7%，六月出生的几乎达到11%。

① Beukemann, *Ein Beitrag zur Untersuchung über die Vertheilung der Geburten nach Monaten*, p. 59.

换句话说，即五月和十二月怀孕的孩子有最强的生命力，而在九月怀孕的为最低。对于这个十分有趣的事实(在我起初提出我的设想时还不知道这一事实)，哈夫洛克·埃利斯博士在作评论时写道："我们已经看到，五月和十二月一般地说是欧洲怀孕率最高的时期，而九月是怀孕率最低的时期；因此，如果说这种巧合不是偶然现象的话，那么，最强壮的孩子是在人们生殖力最强的时候怀的孕，最弱的孩子是在人们生殖力最弱的时候怀的孕。"[①]这可能是
100 对人们在十二月份性欲增长或更愿受孕的合适解释；同时，这也可以说明：为什么春天和初夏的怀孕高峰，并未作为无用的残余现象而消失，而是一直保存到了今日的文明世界。但是，由于经过认真研究的例证太少，暂时还不能作出任何肯定的结论。

或许，阿拉哈巴德的印度人于九月和十月间(即热季之末和冬季之初)出生率的增长，亦有类似的原因。可能是孩子出生于这两个月，其成活的机会最好，因为到冬天仓廪丰满，某些生活条件也变得有益于健康(尽管九月本身对于健康并不十分有利)。另一方面，希尔先生则把怀孕率的增长归因于大量食物对于人们健康状况的直接影响。但是，正如以上所述，其他国家关于出生率的统计数字，并没有显示出任何这样的影响。

当然，现今人类的生殖力没有任何特殊季节的限制，但这并不妨碍其原始祖先可能有这种限制的假设。当尼科尔森教授责备达尔文主义对此没有指明任何适当的原因时，他却忘记了自然选择乃是阻止一切有害变异的唯一否定原因。人类在文化技术和发明

① Ellis, *op. cit.* i. 142 *sq.*

创造上越是进步，就越能获得抗拒外在有害影响的能力，就越能在
天气寒冷时不致受冻，在自然界食物匮乏时不致挨饿；简而言之，
即越能摆脱季节变化影响——一年当中无论任何时候出生的婴
儿，几乎都有健康成长的更大可能性。至于交配时间，往往会偶尔
发生变异，并由于生活条件的变化而变异更为频繁，这又直接或间
接地引起其他一些变化。所有这些变化都会保持下来并传给后
代。同时，我们还满怀兴趣地注意到：出生率的周期性波动（尽管
这在每个文明社会相对来说无足轻重），在以农业为主导的国家 101
（如智利），大于以工业为主导的国家（如德国的萨克森）；在农村地
区大于城镇，在瑞典，18 世纪中叶则大于现代。人们越是放弃户
外的自然生活，越是过得奢华，生活习惯越是讲究，其性生活的变
化就越大，而季节性变化对性生活的影响就越小。

家畜和被圈养的野生动物的性生活也是多种多样的，其变异
不仅发生在不同的动物种属之中，而且还涉及圈养下同一种属的
每一个动物个体。在狗、山羊、南方国家的驴、被关养的牛群和鹿
群当中，雄性一年到头随时（或几乎随时）都能配种繁殖。家猫每
年有 3 次或 4 次发情期，而野猫只有 1 次（有人说有两次，但仍有
存疑）。雌性野狗每年只在春天有 1 次发情期，但家狗不仅在春天
有 1 次发情期，而且约在 6 个月之后的秋天还有 1 次；不过，仍以
头一次最重要。赫尔曼·穆勒博士观察到金丝雀在秋天和冬天产
卵。当然，自然选择不能说明这些变化的原因，因为它们是受变异
法则支配的。有限制的交配期乃是自然选择强力过程的产物；而 102
这种过程只有在不受圈养或文明影响的情况下才能充分发挥
作用。

如果本章所提出的假设有些道理，那就必须承认，假定在原始人中（正如我所确信的那样）已有婚姻存在的话，性本能的持续兴奋，并未在人类婚姻的起源上起到什么作用。

第三章 “乱交说”批判之一：关于被当作过乱交生活的民族实例 103

关于早在原始人中即已存在婚姻，并由父母和子女组成为家庭的结论，是与研究早期历史的许多社会学家的观点完全对立的。他们通常都是认为：人类起初生活于杂乱性交状态，当时尚无个体婚姻存在；一个原始群或一个部落中的所有男人，可以不分彼此地同所有的女人发生关系；由此所生的子女，属于整个群体。持有这种观点的学者，有巴霍芬、麦克伦南、摩尔根、艾夫伯里勋爵、吉罗一特龙、利珀特、柯勒、波斯特、维尔肯、克鲁泡特金、维卢茨基、布洛克和其他人。现在，这一观点显然已不如我最初写本书时那么流行了；不过，仍旧还有一些坚定的维护者。例如，布洛克博士 104
就曾说过：近年来的民族学研究，已经证明我对“乱交说”的批判是站不住脚的；人类在其发展早期的实际生活中盛行杂乱性交，是有事实根据而无可置疑的；在这个问题上竟有人挑起争论，简直令人难以理解。此外，最近还有一些作者，也几乎是同样的武断和自信。所以，我感到有必要在这里将我所作的批判予以重申和补充，这样做绝不会是多此一举。现在，也像以前一样，我不仅要努力揭示出：人们所臆想的古代乱交残余实际上并不是那么一回事；而且还要设法指明：对于这样一些习俗究竟应当作何解释。

实际上，被用以支持乱交假说的例证，无非来自两个方面：其一，是某些民族在某些古代和现代著作中被认为曾经或仍在过着乱交生活；其二，是某些习俗被人们想像为系从尚无婚姻存在的文
105 明早期阶段流传下来的古老遗风。在本章中，我将只涉及前一方面的事例。

麦克伦南说，“各地的传说，都可以上溯到一个婚姻尚不为人知的时代，并能追寻出某些将婚姻予以制度化的立法者：如埃及的美尼斯，中国的伏羲，希腊的凯克洛普斯，印度的斯维塔克图。”① 据中国史籍记载：太古之时，人们的生活与野兽无二，荡游于林莽之中，妇女为男人共有；所生子女，但知其母，不知其父。后来，伏羲帝废除这种不分彼此的性交生活，并制定了婚嫁之礼。在印度史诗《摩诃婆罗多》中，般度曾告诉他妻子孔蒂说：从前，妇女不是待在家里依靠丈夫和其他亲人过活，而是在外面尽情地享乐。这在当时并不算什么过错，而且还受到伟大的利雪斯的赞美；这一习俗尚能在乌塔拉库鲁人中见到。但是，自从圣贤乌达拉卡之子斯维塔克图亲眼见到一位陌生的婆罗门当着他父亲的面将他母亲带走之后，他便决定将这一陋习予以废止。根据雅典人的传说，以往妇女亦为男人所共有，他们犹如野兽一样地进行交配；故而，每个人都是知母不知父。后来，这一共有制终于被雅典的第一代国王凯克洛普斯所废除，由他制定了关于婚姻的法律和规则。生活在遥远北方的拉普兰人，也在歌颂恩贾维斯和阿齐斯，认为正是由他们确立了婚姻制度，并用神圣的誓言而将妻子们加以约束。

① McLennan, *Studies in Ancient History*, p. 95.

这类传说被用来作为原始乱交的例证，并不比引用《创世记》 106
第二章作为原始一夫一妻制的证据强多少。这类传说之所以普遍流行，可能是由于普通人民都倾向于将几乎所有伟大制度的确立都归功于某个贤明的立法家或统治者，或者是归因于他们直接受到神灵的启示和指点。但同时我不否认：这些传说可能也反映出以往的社会生活条件。《摩诃婆罗多》中的故事，可以说明当时在印度非雅利安人和喜马拉雅人中道德规范是比较松弛的；如般度族五兄弟共娶一妻，正是反映出他们盛行一妻多夫制的习俗。拉森曾经认定，乌塔拉库鲁人亦是居住在喜马拉雅这一巍峨群山之中。关于雅典人的传说，往往也被算做是母权制的残余；可是，有关希腊一度盛行母系继承的说法，只不过是一种争议颇多的假说。罗斯先生认为，这一传说起初可能是“一位生活在2000年以前的人类学家所提出的理论色彩多于事实根据的原始乱交学说”。①他说，凡是读过卢克莱修和奥维德著作的人都会知道，这一学说当时在希腊学术界是多么流行。

在希腊罗马著作中，有许多关于国外部落生活于乱交状态的记述。希罗多德和斯特拉博告诉我们，在马萨格泰人中，虽然每个男人只有一个妻子，但男女关系却很随便；一个男人若想与一个女人偷情，他只要将他的箭袋挂在她的大车前面，便可以毫不害羞地
与她做爱。不过，应当注意：在这些经常被引用来作为早期乱交例 107
证的记述中，同样清楚地表明，当时已有个体婚姻存在，只是除了

① Rose, “On the alleged Evidence for Mother-right in Early Greece”, in *Folk-Lore*, xxii. 279 *sqq*.

丈夫之外，其他男人也可以接近他的妻子。根据13世纪一位名叫马端临[①]的中国学者说，在突厥斯坦的马萨格泰人中间，有一种兄弟共妻的习俗，所生子女属于长兄；一个男人如无兄弟，亦可与他人合娶一妻。这一说法，看来是正确的，因为这种类型的一妻多夫制自远古以来也曾盛行于中亚其他民族之中。至于希罗多德和斯特拉波的一些说法，可能也是以这样一类的事实材料为根据的；他们所提到的个体婚姻，或许是指兄弟共妻中的长兄或朋友共妻中的首夫而言的，因为只有长兄或首夫才是主要的、真正的丈夫。同时，我们还应当想到：一妻多夫制往往是与一夫多妻制同时并存的，一群男人实际上共同拥有好几个妻子。

在另一个斯基泰民族加拉克托法吉人中，据尼古劳斯·达马西努斯说，他们共同拥有财产和妻室，他们称年长的男人为父亲，称年轻的男人为儿子，称同龄的男人为兄弟。他还说，伊利里亚的利本人同样也是共同拥有妻室，并共同将小孩抚养到5岁；然后再分别为每个孩子确认父亲：看他长得最像谁，便认定谁是他的父亲，谁就得将他当做自己的孩子来教养。希罗多德还谈到阿加泰
108 西人（当时居住在特兰西瓦尼亚，尔后则被迫往北迁移），说他们也是共有妻室，丈夫可能都是兄弟，他们作为家庭成员，彼此之间既无嫉妒，也无怨恨。据说，在本都沿海的莫西尼人中，也曾盛行乱交关系。

关于埃塞俄比亚的一些民族——诸如伊奇蒂奥法吉人（居住

① 马端临（1254—1323），为中国宋元之际的历史学家，著有《文献通考》等。——译者

在红海中的小岛群上）、希洛法吉人、斯佩马托法吉人、加拉曼特人和特罗格洛迪特人，古典作者也曾谈到，他们共同拥有妻室儿女。据说在特罗格洛迪特人中间，只有首领才能单独娶妻；任何人若想与首领的妻子寻欢，就得交付一只绵羊。希罗多德在谈及特里顿湖地区的奥西安人时写道：“这些人不结婚，也不过家庭生活，而是像群居动物一样聚在一起。他们的孩子们长大以后，便被带到每三月举行一次的男子会议上，并根据他们的长相来确认生父。”[①]他在谈及居住在大西尔提斯沿岸的另一个利比亚民族纳萨莫尼亚人时则说：“根据当地的习俗，每个男人都有几个妻子，但对大家的妻子均可不分彼此地发生关系；他们也像马萨格泰人一样，只要在他们前面插上一根棍棒，便可放心大胆地做爱。”[②]同时，我们也颇感兴趣地注意到：希罗多德还特别肯定了在这些利比亚民族中已有个体婚姻的存在；而他关于这些民族赌咒发誓和其他一些习俗的记述，已在现代北非居民中得到印证，从而可以推想，他关于这些民族两性关系的说法，也一定是以某些事实为根据的。不过，他 109
所依据的究竟是什么样的事实，当然已难以弄清，或许是有关他们在某些特定时节的杂乱性交。马莫尔·卡拉瓦贾尔曾经谈到非斯附近的一座非常古老的城市（位于从塞夫鲁通往努米底亚省的大道上），据非洲学者说，在这座城市里有一座大庙，每年都在一个特定的夜晚举行盛大的祭典。祭祀完毕，熄灯以后，男男女女即可进行苟合乱交。当时在场的妇女，回家必须在弄清是否已经怀孕之

① *Herodotus*, iv. 180.

② *Ibid*. iv. 172.

后，才被允许与丈夫同床；而由这次苟合乱交所怀上的孩子，将来就注定要成为大庙的仆人。后来，当阿拉伯人侵入北非之时，这座城市连同它的大庙和所有房屋全都被夷为一片废墟。不过，据说类似的习俗至今在摩洛哥仍可见到。在这个国家的内陆地区，我曾听到有关某些部落的故事：据说一年当中在某个特定的夜晚，男男女女云集于清真寺内，当灯光熄灭以后，每个人都得就地躺倒，与近旁的异性拥抱做爱，而不顾任何婚姻纽带和血缘关系；在开始进行放纵狂欢之前，该寺主持人则拿一根竹竿在人们头上来回晃动，看是否还有人仍在站着；一当发现局外人，便立即将他撵出去。跟我讲述这一情况的，并不是他们本民族的人，而是其他土著居民，所以对这种说法必须持慎重态度；不过，这里面也可能包含有某些事实真相。

110 只要考虑一下人们对其近邻两性关系所提供的情况是多么的

不确定，我们就必须谨慎地对待那些古典作者关于远方部落所发表的言论，不能贸然地把它们作为可靠证据来接受，因为他们显然对这些部落所知甚少。普林尼在他所写著作的同一章中，一处说加拉曼特人的男女过着乱交生活；而在另一处，他又向我们介绍了另一个非洲部落布伦米人，说他们没有脑袋，嘴巴和眼睛全都长在胸脯上。[①] 我从未发现这种说法曾被任何有关人体解剖的著作加以引用。因此，没有理由设想我们的这位作者对于加拉曼特人性生活习惯的了解，会比对于布伦米人外部体质特征的了解更多一些。况且，这种记述是如此的简短和含混，以至于对它可以作多种

---

① Pliny, *Historia naturalis*, v. 8. 45.

不同的解释。前面提到的妇女共有的情况，并不一定就意味着群体或部落内部的乱交，而可能是类似于一些现代未开化民族中流行的群婚。当人们否认有婚姻存在的时候，我们必须记住“婚姻”一词可以有多种含义。

同样，中世纪的一些作者可能也会把某些欧洲民族的婚姻归之于乱交。比如，11 世纪的一位拉丁编年史作者——布拉格的科斯马斯，对于波希米亚人或捷克人就持有这种看法。[①] 科瓦列夫斯基教授说，科斯马斯的这种看法，与另一位中世纪作者（即《圣阿达尔伯特传》的匿名作者）的看法是完全一致的：后者认为波希米亚人之所以憎恨圣徒阿达尔伯特，正是因为他强烈反对当时仍在 111
波希米亚盛行的有伤风化的乱交习俗；此外，还有一位生活于 16 世纪、名叫帕姆菲尔的修道士，同样也谈到在波希米亚人中间所盛行的一年一度允许人们尽情放纵的狂欢节日。然而，一年一度地允许性放纵，与长期生活于乱交状态，完全是两回事；至于说到科斯马斯的记述，则必须注意他本人并未将编年史严格区分为神话时代和历史时代，而是让读者自己去确定：他的记述哪些是属于前一时代，哪些是属于后一时代。克雷克指出，科斯马斯的编年史作为史料来看几乎没有多大价值；谁要是将它当做史料来用，就会在区分历史与神话上显得无能为力。而且，即使我们会被说服而相信几个世纪以前的某个雅利安民族没有婚姻制度，我们也必须承认这是由于他们丧失了过去他们祖先所具备有的一些东西。从

① Cosmas of Prague, Chronica Bohemorum, i. 3. —“Ipsa connubia erant illis communia. Nam more pecudum Singulas ad noctes novos ineunt hymeneos, et Surgente aurora trium gratiarum copulam et secreta amoris rumpunt vincula.”

11世纪一位俄罗斯修道士涅斯托尔所编的编年史中，我们可以读到有关德雷夫利安人的情况：他们像野兽一样生活，尚不知婚姻为何物，经常到河边去抢夺年轻的姑娘。编年史还谈到另外三个斯拉夫部落拉迪米奇人、维亚蒂奇人和塞维尔人的情况："在他们中间尚无婚姻存在，而只是经常在村子外边举行联欢会，男男女女相聚在一起，唱歌跳舞，玩各种游戏，每个男人都可以将事先征得本人同意的女子带走。他们甚至可以拥有两三个妻子。"[①]这段记述表明：这位俄罗斯修道士在否认某些异教部落有婚姻存在时，他并不是在现代社会学家所赋予这个术语的意义上来使用"婚姻"一词的。

112 科瓦列夫斯基教授说，10世纪有一位阿拉伯旅行家阿布卡西姆，曾经谈到已婚妇女的通奸偷情，实乃切尔克斯人民族生活的一个特点；他还补充说道，这种说法已为另一位阿拉伯作者麦斯欧迪所证实。不过，前者只是简单地记述说，切尔克斯族妇女"被认为耽于淫乐"；[②]而后者则写道，她们"据说特别漂亮，十分迷恋于肉欲淫乐"。[③] 此外，科瓦列夫斯基教授还引用过一位老旅行家塔弗纳的报导，据他说，一位切尔克斯族妇女，她的情人越多，就越受人尊敬；而同时他谈到他们的婚姻情况，谈到他们是怎样缔结婚约的；并说如在几年之内尚无生育，丈夫就可以再娶一位妻室。不过，再没有别的旅行家谈到切尔克斯人的乱交情况。

① Nestor, *Chronique*, p. 10.

② Quoted by Darinsky, "Die Familie bei den Kaukasischen Völkern", in *Zeitschr. Vergl. Rechtswiss.* xiv. 175.

③ Massūdi, "Description du Caucase," in Klaproth, *Magasin Asiatique*, i. 289.

洛德·艾夫伯里勋爵引用了现代一些未开化民族的两性关系，作为“乱交”（或如他所称“共有婚”）的例证。他说，“南部非洲的布须曼人，据说完全没有婚姻存在”。但他没有指出他据以提出这种说法的资料来源。而我所查考过的所有权威著作，全都与他的说法正好相反。正如我们在前面已经提到过的：家庭在实际上乃是这个民族的主要社会组织。爱德华·贝尔彻爵士告诉我们，在安达曼群岛盛行一种风俗：男女结合，相聚一处，直到新生儿断奶后，彼此便可分手，各自另找新伴。可是，艾夫伯里勋爵还是把注意力放在马恩先生的一篇报导上，据说在安达曼人中根本“不知道什么是一夫多妻制、一妻多夫制、重婚和离婚”；[1]而且，他似 113
乎认为，这两种报导所谈的可能是两个不同部落的情况，因而都是对的。波特曼先生特别指出贝尔彻的说法是“完全错误的”；[2]然而，即使他的说法不错，也不能看做是乱交的例证，因为他们在一定时期内还是过着一夫一妻制的婚姻生活。普尔先生在谈到夏洛特皇后群岛的海达人时说道：在他们中间，“对于什么是婚姻制度一概不知”，妇女们“几乎可以和本部落的任何男人随意发生关系，只是很少与其他部落的男人发生关系”。[3] 然而，根据雅各布森船长关于北美洲西北沿海的航行杂记来看，在这些印第安人中间已有婚姻存在，虽然丈夫常常让他们的妻子卖淫；斯旺顿先生曾经在他们中间生活过 10 个月，他给我们提供了许多有关他们婚姻状况

① Man，“Aboriginal Inhabitants of the Andaman Islands，”in *Jour. Anthr. Inst.* xii. 135.

② Portman，*History of Our Relations With the Andamanese*，p. 519.

③ Poole，*Queen Charlotte Islands*，p. 312.

的详情。他说，他们通常都是在孩子出生之后立即举行婚礼。结婚以后，丈夫如果不忠，他的岳母就会逼着他拿出很大一部分财产；妻子如果不忠，丈夫一般则是进行个人报复。在加利福尼亚半岛，男女的结合，据说并无任何正式仪礼，甚至在他们的词汇中连“结婚”这个动词都没有。可是，缺乏“结婚”这样的词汇，并不等于就是缺乏“结婚”这样的事实。贝格特是认为这些印第安人已有婚姻存在的权威作者，据他说，“每个男人喜欢娶多少妻子就可以娶多少；假若一家有姊妹几个，他可以把她们全都娶了过来。”①

艾夫伯里勋爵说，在太平洋岛屿上，据海德先生报导，“完全没有我们称之为家庭、家属和丈夫之类的概念；唯一能够保持清晰明
114 白的关系，只是母亲一方的世系和列举与某些想像父亲有关的世代”。② 这一说法，通常被人用来作为“共有婚”的例证；但是，就我们所了解到的关于太平洋岛屿各民族的婚姻情况来说，完全不是这么一回事。诚然，其中有一些民族，据说尚无婚姻存在；但一经查考，这些说法都被证明是错误的。根据某一传闻，复活节岛上的妇女全都过着杂乱的性交生活。其所根据的事实可能是：岛上的女孩，尽管大多都在很小的年龄便已结婚，但仍有少数没有结婚，而过着像娼妓一样的生活；由于男多女少，她们每个人的情夫甚至有 5 个之多。而且，据盖斯勒说，每个家庭都是分开居住，单独过活。至于塔希提人，福斯特写道：“我们听到一些关于他们过着乱

① Baegert, “Aboriginal Inhabitants of the Californian Peninsula,” in *Smithsonian Report*, 1863, p. 368.

② Avebury, *Origin of Civilisation*, p. 69.

交生活的风流故事，据说每个女人为每个男人所共有；可是，当我们从当地居民那里仔细查证这些传闻时，便立即发现，这些传闻也像其他许多故事一样，全都是旅行家们捕风捉影、异想天开地编造出来的。”①据说，任何地方的淫乱也不及在塔希提的阿雷欧人中那么广泛，他们常被指责为共同拥有妻室。然而，埃利斯则使我们确信：“他们虽然迷恋各种放纵行为，但每个阿雷欧人都有自己的妻室；……而且在这方面有很强的嫉妒心，如果有人对他们当中某个人的妻子动手动脚，有时甚至会被处死。”②艾夫伯里勋爵说，夏威夷人所谓“结婚”一词的本意是“尝试”，传教士们曾试图按照我们关于“结婚”一词的含义来改造这一土著词汇；而福南德反对这 115
样做；埃默森博士则指出：当地表示“尝试”的词汇是ho-a'o，而不是ho-ao。里弗斯博士的看法，与那些认为夏威夷社会在两性关系上接近于完全乱交状态的观点相反，他认为有充分的事实清楚地表明：“夏威夷社会在古时即有个体婚姻制度存在；尽管当时无疑在两性关系上还比较松弛，除了丈夫以外，别人对他的妻子也可能享有婚权。”③利相斯基于100多年前写道：“从前的航海家们都曾断言，说马克萨斯群岛的男男女女皆无个人情爱，而只是苟合乱交，随心所欲。然而，这种说法是错误的，婚姻关系在他们那里，也像在任何未开化民族那里一样受到尊重。诚然，做父亲的有时会把他们的女儿提供给我们，做丈夫的有时也会把他们的妻子提供给我们，但这完全是出于他们想从我们手里弄到铁器或其他欧洲

① Forster, *Voyage round the World*, p. 364.

② Ellis, *Polynesian Researches*, i. 239.

③ Rivers, *History of Melanesian Society*, i. 383.

产品的强烈愿望。……事实上，男人们的嫉妒心非常之强，只要对妻子的不贞稍有怀疑，就会严酷地予以惩罚。”[①]兰尼在他于最近出版的一本旅行记中写道，新爱尔兰岛的一些土人亲自告诉他，说他们那里没有婚姻存在。可是，这种说法，不仅与我们从其他旅行家那里听到的情况完全相反；而且也同他本人在书中许多地方描述这些岛民生活时所谈到的事实相去甚远。

此外，艾夫伯里勋爵还引用了一些关于澳大利亚土人的事实材料作为其理论的例证。对此我将在有关群婚的章节里予以评论。事实上，这些材料所能证实的(或者被认为可以证实的)，倒不是所谓的“乱交”或“共有婚”；而是部落内部一群特定男人和一群特定女人之间的性交关系或婚姻关系。我敢说，凡是研究澳大利亚土著居民的权威学者，没有任何人会否认柯尔先生如下说法的正确性：即没有人发现任何一个部落的男女是生活于乱交状态；如

116 有人乱来，亦被认为是伤风败俗的事情。的确，没有一个地方的婚姻关系能像在这些未开化人中那样遵从严格的规则。艾夫伯里勋爵还谈到印度南部的纳亚尔人、托蒂亚尔人和托达人的情况。不过，他所谈的只是涉及一妻多夫制或群婚，我们将把它放到有关章节里去作评论。他还引用沃森和凯伊的著作，说奥德的蒂胡尔人几乎是不分彼此地生活在一个大公社里，某两个人即使已被认为结合为夫妻，但婚姻纽带也只是名义上的。克鲁克先生针对这种被认为真有其事的乱交实例指出：“没有任何证据可以说明，在他们那里盛行某种类似共有婚的东西。事实上似乎是这样一种情

---

① Lisiansky, *Voyage round the World*. p. 82.

况：即丈夫们由于职业的需要，经常外出，远至加尔各答一带，每次都离家很长一段时间，而留下自己的妻子在家里守空房。在丈夫长期出门在外的情况下，若断言他们的妻子全都能恪守妇道，保持贞操，那是很不现实的。但这跟共有婚则是完全不同的两回事。”[①]

伯恩赫夫特曾经提到印度另外两个民族伊鲁拉人和库龙巴人，将他们也作为未开化人尚无婚姻存在的实例。关于前者，哈克尼斯写道：他们“没有婚约，男男女女几乎可以不分彼此地在一起同居；是合是分，其决定权主要属于女方。他们当中有谁成为幸运儿，便可以从容不迫地花上四五个卢比，办上一桌酒席，邀请双方的亲朋好友，共同庆祝他们的结合。”[②]可是，从沃德的记述来看，他们并不是没有婚姻关系存在，而只是“在他们的婚姻实践中，或许显得有些特殊。男女在一起同居，直到第二个或第三个孩子出生以后，才正式签订婚约：届时，做丈夫的才同意将商定好的财礼分期交付给妻方的亲友；而妻方的亲友则陪送给她一条水牛作为 117
嫁妆。自此以后，婚约才开始具有约束力。”[③]关于库龙巴人，哈克尼斯只是简单地提到：“他们没有婚姻礼仪；男女在一起同居一段时间以后，如感必要，才邀请亲友参加，正式签订婚约，自此便相伴终生，白头偕老。”[④]要知道，没有婚姻礼仪，不一定就等于没有婚

① Crooke, *Tribes and Castes of the North-Western Provinces and Oudh*, i. p. clxxxiii, *sq*.

② Harkness, *Description of a Singular Aboriginal Race inhabiting the Neilgherry Hills*, p. 92.

③ Ward, in Grigg, *Manual of the Nilagiri District*, Appendix, p. lxxviii.

④ Harkness, *op. cit.* p. 129.

姻本身。

巴斯蒂安在被认为过乱交生活的未开化人名单中，增加了克里亚人和奇塔贡人，以及若干美洲印第安部落——圭库鲁人、阿拉瓦克人和库钦人。关于克里亚人，多尔顿上校只是强调在他们的语言中没有“婚姻”一词，并未否认他们有婚姻关系存在；恰恰相反，他甚至认为，他们已有买卖婚姻存在。至于奇塔贡山区里的部落，正如我们在后面将要谈到的，他们大多过的是一夫一妻制的婚姻生活。任何人只要不辞辛劳，翻阅一下理查森、柯尔比或班克罗夫特关于库钦人的记述，就会注意到：在他们那里盛行的，是一夫多妻制，而不是混乱性交；而且，丈夫们的嫉妒心很强，对妻子管得很严。冯·马齐乌斯关于阿拉瓦克人也谈到了同样的情况，说他们之发生血仇械斗，多半都是由于妒火中烧，要对侵犯夫权的人进行报复；此外，还有朔姆布尔克和布雷特的记述，也肯定在他们中间已有婚姻制度存在。关于圭库鲁人的情况，洛萨诺写道，每个男人不能拥有一个以上的妻子；不过，只是婚姻关系还不太严格：丈

118 夫想离开妻子或妻子想离开丈夫，都没有什么困难，也不算丢脸。其他还有一些著述，也说他们已有婚姻存在，甚至认为他们很少有夫妻离异的事情发生。巴斯蒂安进一步指出，据休伊特说，玛丽岛的乔拉人实行共妻制；据马加良斯说，马托格罗索的卡亚波人也是同样地共同拥有妻室。对于前一种说法，我还不能进行核查。至于说到卡亚波人，马加良斯所说的“共有制”只是属于这样一种情况：即女孩到达一定年龄，便被允许同异性发生关系；她可以随意挑选意中人，直到她怀上孩子。在怀孕和哺乳期间，她由孩子的父亲负责赡养；其间，他还可以与同住一屋的其他妇女发生关系。此

后，孩子的母亲既可以再与同一个男人做爱受孕，也可以另找其他男人；不过，假若她另找他人，那么，抚养原先所生孩子的责任便转移到新父亲的肩上。像这样一种情况，肯定不能称之为“乱交”。据克劳泽说，在卡亚波人中所实行的，好像是一夫一妻制。

加西拉索·德拉维加断言，在秘鲁帕索地区的土著居民当中，
在印加时代以前，男人没有单独的妻室。他想使我们相信：他在返
回西班牙的途中，他曾亲眼见到过这些印第安人，当时他的航船一
度在他们居住的海岸停留了三天。海军上将菲茨罗伊在谈到火地
岛的雅甘人时也说：“我们有某些理由可以认为，那里的人们生活
于一种乱交状态——少数几个妇女为许多男人所共有。”[1]针对这 119
种说法，曾经在他们中间生活过 30 年的布里奇斯先生写信告诉我
说，“海军上将菲茨罗伊关于岛上土著生活于乱交状态的说法是不
真实的，通奸和淫荡被认为是一种邪恶，虽然由于情欲冲动这类事
情时有发生，但从来不为丈夫、妻子或父母所容忍。”

根据维尔肯的记述，还有一些未开化人尚无婚姻存在，如苏门答腊岛的卢布人和该岛西海岸的波吉岛民，婆罗洲的奥洛奥特人及另外几个部落，西里伯斯岛东部的佩林山民，以及马六甲半岛上的萨凯人、塞芒人和贝努亚人。但是，其中所有这些记述，没有一个情况属实。范·奥菲伊森使我们确信：在卢布人中，一位男子若想与某位姑娘结婚，就得给她的父亲送些礼物。关于波吉岛民，克里斯普于 18 世纪末曾经写道：“未婚男女之间的单纯媾合，既不算做罪恶，也不觉得丢脸。一位年轻妇女的最大愿望是结婚生孩

① King and Fitzroy, *Voyages of the Adventure and Beagle*, ii. 182.

子。”[1]这段记述清楚地说明，在他们中间已有婚姻存在；而且，这一说法还为以后的作者所证实。根据罗森贝格和霍兰德尔的记述，一个男人只有一个妻子，妻子是从她父母那里买来的；离婚之事从未发生；一旦发现有人通奸，男女双方均被处死。至于在奥洛奥特人中，据施瓦纳说，女孩的意愿在缔结婚姻上起着最重要的作用；只是婚姻纽带比较松散。他还强调指出：那些否认他们有婚姻
120 存在的说法，都是以道听途说为依据的。关于佩林山民的情况，有一点说起来颇能令人寻味：即维尔肯所引用的那本书，在出新版时，原作者已将“据说在他们中间尚无婚姻存在”这样一句话全都删掉了。维尔肯还引用过一位曾数次访问过佩林山区、每次都在那里呆过一段时间的旅行家的记述，其大意是说：那里的山民“总的来说没有婚姻纽带的观念，男女相聚做爱只是暂时性的，当着众人的面也不感到害羞”。[2] 然而，据德克勒克说，关于佩林岛民没有婚姻的说法完全是错误的；他们通常只有一个妻子，都是花钱买来的。米克卢霍－马克莱在谈到萨凯人时曾经写道：“在萨凯人中盛行的好像是一种共有婚，这至少是我根据许多材料所作的推断。一个已结婚的姑娘，跟她丈夫在一起住上几天或几周之后，她便可以得到丈夫的允许，自动地另找意中人，再住上一个或长或短的时期。于是，她便如此这般地与这个圈子里的所有男人全都同居过一遍，最后又回到第一个丈夫身边。但她并不是从此就长期地跟他待在一起，而是又重新开始进入下一轮的临时婚姻，其顺序要看

---

① Crisp, “Account of the Inhabitants of the Poggy Islands,” in *Asiatick Researches*, vi. 87 *sq*.

② Wilken, in *De Indische Gids*, 1880, vol. ii. 610.

她的意愿和机遇。不过，她仍被看做是第一个娶她的那个男人的妻子。”[①]可是，斯基特先生认为，这是“有关这种习俗的唯一的一段记述，好像它是根据第二手或更次的材料写成的，决不能不加核查地就予以接受。”[②]米克卢霍－马克莱自己也承认，他与萨凯人 121
接触的时间很短，他本人对于他们的生活方式和风俗习惯还说不出太多的东西；关于他们实行“共有婚”的情况，他只是从彭亨的马来人和马六甲的天主教神甫们那里听说的。据马克斯韦尔说，萨凯人遵从婚姻规则之严格令人吃惊，对于通奸者要处以死刑，通常由一位亲属负责执行。普莱特曾经猛烈抨击我在本书第一版中对于维尔肯观点的批评，责备我故意回避了上面那些关于萨凯人和佩林山民的记述；现在，他已不再坚持认为，这些记述是已经得到很好确证的材料了。至于塞芒人，斯基特先生写道，据他所知，他们通常都是一夫一妻；他没有找到任何一种证据，可以支持那种流行一时的时髦观念——即认为他们像共同占有其他财产一样地共同占有他们的妻子。他说，“人们之所以产生这种认为尼格利陀人中婚姻纽带相当松弛的观念，很可能是因为在他们那里允许未婚男女有婚前性自由所致；然而，我们亦有充分的理由可以确信，塞芒人一旦结婚，男女双方都会相互保持高度的忠诚，彼此不贞的情况很少发生。他们对于淫乱通奸非常反感，通常要予以严惩。”[③]另外，还有一位一流的权威学者马丁博士写道：“根据我个人的亲

① Miklucho-Maclay, “Ethnological Excursions in the Malay Peninsula,” in *Jour Roy. Asiatic Soc. Straits Branch*, no. ii. 215.

② Skeat and Blagden, *Pagan Races of the Malay Peninsula*, ii. 56 n. 2.

③ Skeat and Blagden, *op. cit.* ii. 55 *sq.*

自考察，纯粹的塞诺伊人和塞芒人部落，全都严格地实行一夫一妻制——这是又一个活的例证，可以驳斥以前受人高度赞扬的关于
122 原始人类生活于乱交状态的假说。大多数早期考察者也都会同意这一看法。”[①]他补充说，一夫多妻制的现象，只是在经常同马来人有较多接触的边境部落中才能见到。而在纯种的部落中，淫乱通奸一般会受到严惩，以致被处死。据沃恩·史蒂文斯说，在塞芒人中很少有人同有夫之妇勾搭通奸。瑞天咸说，伊乔地区的塞芒人，不仅一人通常只有一位妻子，而且很少有离婚事件发生。至于维尔肯所谓贝努亚人尚无婚姻存在的说法（普莱特和施米特博士还在重复这一说法），是与许多权威学者所提供的情况完全相反的，他们全都谈到了贝努亚人的婚姻关系。我们还听说，一夫多妻制在他们那里是被禁止的，或者只是个别的例外。通奸的事很少发生；已婚男女如被发现奸情，便可能被处以死刑。如果女方能证明自己是被人引诱上钩的，虽可免于一死，但也得被丈夫赶走。据纽博尔德说，一个男人可以休妻另娶；据法夫尔说，他若休掉妻子，就会失掉妻子带来的嫁妆；可是，据沃恩·史蒂文斯说，在他们那里根本就没有离婚之事发生。

123 普莱特、施米特和范德利特，在谈到生活于乱交状态的民族时，都曾提及柔佛地区的贝努亚人、比利顿的古农人和西丁的达雅克人，据说在这些民族中做丈夫的有时可以交换他们的妻子。然而，人所共知，既然说他们可以交换妻子，那就等于承认他们必须先有妻子，尔后才能进行交换。此外，据阿德里亚尼说，居住在婆

① Martin, *Die Inlandstämme der Malayischen Halbinsel*, p. 864 *sq.*

罗洲西部辛卡旺地区的达雅克人，同样也是盛行共有婚。对于所有这些说法，我将予以详细剖析，因为普莱特责备我在对维尔肯进行批评时，所使用的只是一些间接材料，而未涉及他的所有看法。我的进一步研究，只是使我更加确信，以上的种种说法全都具有含糊不清的性质。为了替“乱交说”的未来拥护者着想，我还想再补充一条材料，这似乎是被我的那位荷兰对手所忽略掉了的一条重要材料。天主教方济各会修道士奥多里克，曾于14世纪早期访问过苏门答腊岛，据他说，在这个海岛上的某些地方，“所有的妇女都为大家所共有；那儿没有一个人能说：这是我的妻子或这是我的丈夫！不过，当一位妇女生了一个男孩或女孩之后，她便在曾经跟她同居过的男人中确定一位，把孩子交给他，并称他为父亲。这里的全部土地，同样也为大家所共有。”[①]我不能证明这位修道士的说法是错的，但他不能令我信服。

维卢茨基断言，无论是在马六甲半岛内陆的丛林部落中，还是更大规模地在非洲（如在达尔富尔地区和卡菲尔人当中），都还不知道什么是个体婚姻。这样一种说法，竟然出现在一本写于20世纪并以科学性自诩的著作之中，简直令人难以置信。其实，自从古希腊罗马时代以来，已很少有人再拿非洲民族作为过原始乱交生活的实例。吉罗—特龙曾经引用过达珀关于博尔努王国的陈旧记 124
述，说那里的人民，没有法律，没有宗教，甚至连姓名也没有，大家共同拥有妻室和儿女；据说他们的国王特别富有，他的所有用具全

① “Travels of Friar Odoric of Pordenone,”in Yule,*Cathay and the Waythither*, ii. 147 *sq*.

都是用黄金制造的。这种说法,看来是很难让人相信的。波斯特博士在非洲没有发现任何一个民族生活在乱交状态。

在对所有那些被认为是生活在乱交状态中的民族情况进行详细考证以后,我得到的结论是,很难找到比那些记载更不可靠的资料了。其中,有的仅仅是理论家们的曲解,如性欲放纵、频繁分居、一妻多夫、群婚或其类似形式,或者没有婚姻礼仪,或者没有“结婚”这个词,或者没有与我们相类似的婚姻关系等等,统统都与乱交混淆在一起了;而有的则是基于那些既可以这样解释,又可以那样解释的不确定的例证,或者是基于那些已被证明完全不可靠的资料。况且,没有任何一种记载能够称得上是权威性的,乃至使人可以相信乱交在任何情况下都有存在的可能。在目前或不久以前,没有哪一个未开化的民族生活在乱交状态,这是显而易见的。这一事实,已足以使那些古典作者或中世纪作者在其简单而又含糊的报告中所提到的关于乱交一度盛行于任何民族的推测,全部发生动摇。

而且,即使我们有理由相信,确实有少数几个民族真的过着乱交生活;如果贸然地就拿这些极其个别的情况作为根据去断言:乱交曾经是整个人类所经历过的一个发展阶段,那也是非常错误的。实际上,没有任何理由可以使我们确信:这类所谓的“乱交”乃是人类原始景况的一种残余,或是社会处于蒙昧状态的一个标志。许多处于社会发展低级阶段的未开化民族,在两性关系上绝不是最接近于“乱交”的民族。我们将会发现:其中有许多,乃至绝大多
125 数,都是全体地或几乎全体地过着一夫一妻制的婚姻生活;而且,甚至在其中的某些民族中,据说还不懂离婚是怎么一回事。在他

们当中，已婚妇女对于保持贞节方面，绝对不会比实行一妻多夫制的民族为差。据我们所知，后者已经是从事畜牧或农耕的民族，肯定不能算作是人类社会最低类型的代表。据罗尼先生说，在菩提亚人中，婚姻纽带非常松弛，可能还不懂什么是贞操；丈夫对妻子的名节不大在意，“两性关系实际上处于乱交状态”。可是，菩提亚人是佛教信徒，“很难把他们算做是印度的野蛮部落，因为大体说来，他们的生活状况都不错，并拥有许多文明成果。”[①]乔切尔森博士在他论述科里亚克人的一部杰出专著中写道：“那些认为所有人类毫无例外地全都经历过一个所谓乱交时期而作为两性关系进化之必经阶段的社会学家们，或许可以把西伯利亚西北地区盛行于俄罗斯人村庄或俄罗斯化土著人村庄中的性道德松弛看作是这样一个阶段。在那儿已很难找到一个已达或接近性成熟年龄的姑娘是纯洁无瑕的。……在科雷马地区，通常都是好几个家庭同住一屋，很难说谁是谁的妻子。”[②]然而，在未受到俄罗斯文明影响的科里亚克人中，道德状况则迥然不同。

总而言之，即使真的有或曾经有某个民族生活于乱交状态，那也不能拿来作为证据，而断言乱交状态乃是原始时代的普遍现象。何况，这一说法从未得到证明，而实在令人难以置信。

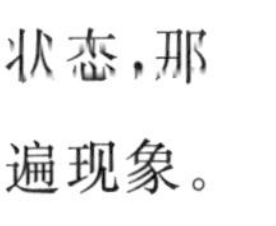

① Rowney, *Wild Tribes of India*, pp. 142, 143, 140.

② Jochelson, *Koryak*, p. 733 *sq.*

126 第四章 “乱交说”批判之二：关于婚前不贞

有人提出，对于那些据说一无所有的蒙昧人而言，乱交是丝毫不受限制的。在世界各地的未开化部落中，乱交都是与婚姻同时并存的。乱交不仅是一种事实，而且往往还为风俗习惯所允许。于是，便有人断言，人类的两性关系，起初一定是毫无约束的。

诚然，在很多未开化民族中，男女两性在婚前均享有充分的性交自由，这已是广为人知的事实。笔者本人以及其他学者都曾提供过这方面的例证；而笔者所掌握的新材料，还可以再写上好多页。但是，只要稍加深入研究，立刻就会发现，其中有很多事例无论如何也不能被看作是原始乱交的遗存，因为这些事例要么属于晚近之事，要么则根本不是什么乱交。

127 从很多事例来看，原始部落的淫乱，主要应归咎于跟文明民族的接触。“高等文明”的拓荒者，往往都是一些前往蛮荒之地落脚谋生的单身男性。他们虽不愿与土著妇女缔结正常婚姻，但却不会拒绝去干那些伤风败俗之事。然而，令人奇怪的是，有些现代人类学家，特别是一位澳大利亚学者，竟认为原始部落在性放纵方面无须向别人学习。他说：“文明民族中的下等人对于未开化民族的伤害，充其量不过是没有教导他们改恶从善，而是与他们同流合污而已。”[①]可是,爱德华·斯蒂芬斯先生在谈到曾居住于澳大利亚南部阿德莱德平原的那些部落时,则有迥然不同的看法。他说:“有这样一条毫无例外的规律:在白人居住地之外,一旦发现一个黑人部落,白人中最想去同这些土著居民打交道的,便是那些劣迹昭彰的人;而他们这样做,则完全是出于不道德的目的。……在这些令人发指的不道德行为广为人知以前,我曾见过这些土人,并同他们有过很多交往。……因此,我敢斗胆地讲,他们所有的丑闻劣迹几乎全都要归因于白人的淫荡,归因于白人的酗酒。”[②]柯尔先生也说,在白人到来之前,维多利亚的班格朗人通常都“严格要求自己的妻子保持忠实,要求未出嫁的女儿保持贞洁。”[③]

查默斯博士在谈到新几内亚的某些食人蛮族时,曾经指出:“我不明白,为什么有人总是把这些蛮族说成淫乱的一群人。同世界上一些高度发达的国家相比,他们在两性关系上并不淫乱。我不能不承认,他们正是在同文明的白人接触之后,才开始堕落的,
并从此放荡、淫乱起来。”[④]在斐济,“有大量证据表明,在异教时 128
代,大多数女子在出嫁前都能保持童贞,因为习惯法不允许她们有任何幽会的机会。但是,在妇女获得个人自由50年之后,到18岁时还能保持童贞的女子已是凤毛麟角了。”据巴兹尔·汤姆森爵士讲,这种变化是基督教传入后才出现的。一些较早的作者都曾谈

① Sutherland, *Origin and Growth of the Moral Instinct*, i. 186.

② Stephens, “Aborigines of Australia,” in *Jour. Roy. Soc. N. S. Wales*. xxiii. 480.

③ Curr, *Recollections of Squatting in Victoria*, p. 249.

④ Chalmers, *Pioneer Life and Work in New Guinea*, p. 112.

到欧洲水手对该地的恶劣影响。[①] 当温哥华同库克一起探访夏威夷群岛时，尚未发现当地妇女有什么淫荡之事。但是，若干年后，当他再次访问夏威夷群岛时，当地妇女的淫荡之态已随处可见了。温哥华把这种变化归因于她们已习惯于同外国人勾勾搭搭，打情骂俏。据说，由于同样的原因，加罗林群岛的波纳佩族妇女和新赫布里底群岛的塔纳族妇女也失去了往日的质朴和庄重。即使是以放荡出名的塔希提人，昔日的淫乱程度若与后来的情况相比，也是小巫见大巫。以往，当一个自幼订婚的女孩长大以后，父母便要在宅院内为她搭起一座高台，作为她确保童贞的闺阁。“她不仅睡于斯食于斯，还要在这个高台上消磨她待嫁期间的几乎全部时光。她的父母或其他家庭成员则日夜守护着她，给她提供各种必需品；每当她外出时，还要时刻陪伴着她。”埃利斯接着说道：“根据他们的某些传统做法，我们有理由推断，早年间，这样一种生活方式不仅为订婚女子所遵行，而且也为其他女子所遵行。”[②]

在马达加斯加岛，大多数部落都不把女子的贞洁看得很重。
129 但据西布里说，“在其他一些部落中，诸如在该岛东部一些比较闭塞的部落中，道德水准则比较高，父母总是把女儿悉心养在家中，使其不得与异性往来，直至出嫁为止。”[③] M. 格兰迪迪埃也指出，在该岛的某些地区，女子在同欧洲人接触之后，已远不如从前那样纯洁了。至于班图族系的卡维龙多人，“其社会风俗在被来自沿海

① Thomson, *Fijians. A Study of the Decay of Custom*, p. 236 *sqq*.

② Ellis, *Polynesian Researches*, i. 270.

③ Sibree, *The Great African Island*, p. 252.

的斯瓦希里挑夫以及印度人和白人败坏之前"，[①]若与乌干达的其他许多部落相比，则要纯洁得多。

海军上将菲茨罗伊指出，巴塔哥尼亚妇女的不贞，与福克纳早先赋予她们的纯洁美称是很不相符的。菲茨罗伊认为，"她们关于礼仪的观念，已被放纵的来访者改变了。"[②]马斯特斯上尉前不久也去过巴塔哥尼亚，他发现那些依然生活在原始荒野之中的印第安人，并没有什么淫乱之事发生。据哈登伯格说，在普图马尤地区的维托托族印第安人中，"妇女原本都是很讲贞洁的。只是在采割橡胶的人们来了之后，她们才失去其原始的美德。因此，目前只有在尚未同白人接触过的部落中，才能看到贞洁的女性。"[③]关于亚利桑那州皮马族印第安人的情况，据拉塞尔先生说，在他们尚未接触"文明"的时候，青年妇女普遍都很注重贞操。在加利福尼亚的约库特人中，未婚男女现在都有很大的性自由；据说在白人到来之前，年轻人都是很讲贞洁的。至于在不列颠哥伦比亚和温哥华岛，据洛德说，在那些住在腹地、尚处于原始状态的部落中，不论是已婚妇女还是未婚妇女，一旦失贞，即被处死。可是，在西北沿海的捕 130
鱼部落中，"失贞并不具有多大意义，或者被看作是一种无所谓的事。"[④]在夏洛特皇后群岛的岛民中，当前的风气也很不好。据雅各布森上尉讲，这是因上个世纪中叶淘金者来到这里所造成的。关于格陵兰的情况，南森博士也说，"住在较大殖民地里的爱斯基

① Johnstone, *Uganda Protectorate*, p. 746.

② King and Fitzroy, *Narrative of the Voyages of the Adventure and Beagle*, ii. 173.

③ Hardenburg, *Putumayo*, p. 154.

④ Lord, *The Naturalist in Vancouver Inland*, ii. 233.

摩妇女，言行举止都很放肆；而在周围一些较小的、没有欧洲人居住的村落中，妇女的一举一动则要谨慎得多。”①

乔切尔森博士从他在西伯利亚的经历中，得出这样一个结论：“只要文明民族的人一同原始部落发生接触，就会破坏这些部落原有的、限制性自由的种种习俗，从而降低了这些部落理想中的道德水准。”作者举例说，在两性关系方面，较少受到俄国人影响的科里亚克人，同那些受到俄国人影响较深的堪察加人、楚克奇人、尤卡吉尔人和通古斯人等毗邻部落之间，存在着鲜明的对比。科里亚克族女子婚前不得与男人发生性关系，这一俗规得到严格遵守。青年男子谁也不愿“孜孜不倦地”去追求一个放荡女子。而且，“一个女子如果未婚先孕，就会遭到众人的耻笑和父母的叱责。……从前，一对男女未婚同居，往往还会导致男女两家大动干戈。”②万贝里写道：“在受到外来文明影响的突厥人和居住在草原地带的同族部落之间所存在的道德差异，对任何一个曾在土库曼人和卡拉卡尔帕克人中生活过的人来说，都是显而易见的。这其中的缘由正是在于：无论是在非洲，还是在亚洲，某些丑行恶习全都是由那些所谓的文明人传入的。”③恩德勒先生曾经赞扬过阿萨姆邦的卡
131 查里人，说他们婚前能保持贞洁，婚后也能恪守结婚誓言。不过，他接着又说，这种赞誉仅仅适用于过着简朴乡村生活且实行家长制的那些卡查里人。在受到文明污染之后，他们的纯真便所剩无几了。“任何一个在该地住过多年并对该民族颇有了解的人，都势

① Nansen, *First Crossing of Greenland*, ii. 329.

② Jochelson, *Koryak*, p. 733.

③ Vámbery, *Die primitive Cultur des turkotatarischen Volks*, p. 72.

必会感受到这种民族性的可悲变化,并看到很多令人伤感和痛苦的事例。”[①]另一方面,对于我所提出的“同较高文明接触对于未开化民族的道德具有很坏影响”的见解,盖特先生则持相反的看法。他强调指出:“总的说来,印度的两性关系正逐步趋于正常。”[②]他所提出的证据只是说明:一妻多夫制正在消失或已经消失;而一妻多夫制又往往同性关系的普遍松弛相伴随,因此,这种婚姻形式的消失也有助于提高婚前的贞洁水平。看来,印度文明似乎对提高境内蒙古种人和达罗毗荼人的贞洁观念,产生了一定影响。不过,我所说的同“较高文明”接触,主要指的是同欧洲人的接触。

我在前面所援引的事例,显然已足以证明,在未开化民族中屡屡可见的婚前性自由,并非全都属于原始范畴。而这种婚前性自由也并不一定等同于乱交。未开化民族中虽有婚前性自由,但这并不是说,未婚男女总是在不断地更换情人;也不是说,婚前放荡不羁可以不受任何责难。青年男女之间的性关系,其实往往是结婚前的一种准备。这可能是一种正常的求偶方式,也可能是在建立长久关系之前所进行的试婚。

在尤卡吉尔人中,年轻人在性生活上普遍都很随便。但是,尽管如此,人们仍把“阿亚波尔”一词(aya’bol‘——系指同时追求好几个女孩的男子或轻易委身于人的女孩)视为一种侮称。对于那些轻易委身于人的女孩,正如民歌中所说的,小伙子们是不屑 132
一求的。乔切尔森博士说:“年轻人的自由性爱期,可以看被试婚

① Endle, *kacháris*, p. 3.

② Gait, *Census of India*, 1911, vol. i. (*India*) *Report*, p. 248 *sq.*

期。”[①]据说，在印度的很多部落中，诸如在蒂佩拉人、奥朗人以及科利亚人中，未婚女子可以同青年男子自由同居，但人们却从未发现他们有乱交的情况。吉大港山地中的唐塔人，“在女性卖身和青年男女相互钟情并最终发展为婚姻的性关系之间，作了严格的区分。”[②]据说，在印度的其他一些部落中，青年男女也有“见习性的同居期”，[③]即使最终没有结为眷属，人们对于女方也不另眼相看。

在沿海达雅克人中，尚未听到有乱交的淫荡情况发生。诚然，那里的女子往往都是未婚先孕；不过，胎儿的父亲是会承认自己的孩子的，也是会同自己的情人结婚的。青年男女之间的性关系，往往发生于定亲之后、成婚之前，而这仅仅是为了看看婚后会不会有孩子。在吕宋岛北部邦都一带的伊戈罗特人中，“人们都是在交合之后，甚至多半是在怀孕之后，才正式结婚”。而且，尽管青年男子同时可以和一名、两名、三名，甚至更多的女子发生性关系，但“女子对自己的临时情人却几乎是永不变心。”[④]据塞利格曼博士说，在英属新几内亚南部的马辛人中，青年男女如果不先持续一段较长时间的性关系，是不会正式结婚的。他认为，“在这种情况下，谈
133 情说爱的事很少发生。从理论上讲，性接触既然已成为一种求偶方式，谈情说爱便会显得有点多余。”[⑤]在凯泽威廉海岸，性接触也

① Jochelson, *Yukaghir*, pp. 62, 63, 65, 66, 87.

② Lewin, *Wild Races of South-Eastern India*, p. 193.

③ Gait, *op. cit.* p. 243.

④ Jenks, *Bontoc Igorot*, p. 66.

⑤ Seligman, *Melanesians of British New Guinea*, p. 499.

同样先于婚姻发生。但是，在英属新几内亚的迈卢人中，则盛行一种完全不同的习俗。马林诺夫斯基博士指出，一个青年男子，当他真想同某个女子结婚时，并不同她发生性关系；只有当他不想娶她为妻时，才同她发生性关系。但是，年轻人中的这种高度性自由“并不意味着有任何乱交之事，甚至也不意味着性生活趋于放纵。……水性杨花的女子肯定会受到谴责；女子一旦定亲，就必须恪守贞操；而且，这样一种行为准则也同样适用于男子”。[①] 在汤加群岛，一个未婚女子，虽然喜欢谁就可以同谁好，而且不受非议；但是，如果一再地更换情人，就会被人耻笑。

M.格兰迪迪埃谈到，在马达加斯加的土著居民中，并没有对性生活的限制。他说：“尽管这里性生活极为自由，但对一个处女来说，终日追寻新的情人，也是很不体面的；不过，……一旦她赢得男方的好感，并不再失信于人，便也不再感到羞辱了。”[②]年轻人在结婚之前，都有一段或长或短的自由性交期，这是为了使一对对恋人能够彼此了解。即使在要求女性做到绝对贞洁的安蒂莫罗纳人中，也有这种习俗。他们认为，有必要在举行婚礼之前，给新人一
个星期的见习期。在南非东岸的一支班图部落聪加人中，有一种 134
叫做“冈吉萨”(gangisa)的习俗。当一群男孩通过成年礼之后，便请女孩子们前来挑选。每个女孩可以选一个男孩。选中之后，两人便在一起玩夫妻游戏，先是盖一个小草屋，做各种活计，但到后来就不大圣洁了。在少男少女的这样一种关系中，并无任何禁律，

① Malinowski, "Natives of Mailu," in *Trans. Roy. Soc. South Australia*, xxxix. 559, 561.

② Grandidier, *Ethnographie de Madagascar*, ii. 72, 136, 161—163, 186.

只是规定女孩不得怀孕。如果怀了孕，女孩的父母就会要求男方把她娶过去。如果遭到男方拒绝，所生的孩子便归女孩一家所有。但是同时，聪加人也认为，“乱交是一件邪恶而危险的事”。即使在少男少女的“冈吉萨”中，如果出现两个男孩争夺一个女孩的事，人们也要给以责难。① “乱交”一词也不适用于马赛族武士与同部落未成年女子即“迪托”(ditos)之间的关系。虽然他们同住一处，但武士是不许结婚的。武士可以挑选他所喜欢的“迪托”，只要送给她母亲一些小礼物即可。不过，一般来说，一个武士在一段时间内只能有一两个“迪托”；而且，征战归来之后，仍要在原来的“家”(ménage)里生活。武士若对挑来的“迪托”不太满意，可以把她退还给她的母亲，然后另选他人。但是，这种事情很少发生。当这些女孩长到快成年时，一般都离开武士，返回母亲身边。假如出于某种偶然原因，“迪托”仍旧留在武士那里，并且怀上身孕的话，武士最终还是会同她结婚的。虽然他只要给“迪托”的父亲送些礼物，即可了结此事。但据鲍曼说，在这种情况下，一般的做法都是同“迪托”结婚。在比属刚果的瓦雷加人中，我们不太清楚他们婚前是否注意检点，不过，某个女子如果总是过于频繁地更换男友，她就会名誉扫地，被人称为“基塔齐”(kitazi)，意即“娼妓”。在西非
135 的庞圭人中，青年男女的自由性交大多只是一种试婚，而且只限于一定的时期。如果彼此满意，就会正式结婚。

在很多民族中，人们在确立婚姻关系之前，照例都有一段试婚期。新郎或是把新娘接到自己家中，或是自己前往新娘家，与其父

① Junod, *Life of a South African Tribe*, i. 96, 97, 195.

母共住一段时间。在宗教改革之前，苏格兰也有过这样的习俗，叫做“握手为约”(hand-fasting)。“男子往往在集市上挑选女伴，然后同居一年。一年期满后，双方均可自由选择：或是结为夫妻，或是单独生活。”[①]爱尔兰也有类似的习俗，不过形式很粗俗。至于威尔士人，据吉拉尔德斯·康布伦希斯说，人们在订婚之后，先要同居一段时间，以便相互了解彼此的脾气秉性，特别是生育能力，尔后才能结婚。我们在本书的前几章中已经谈到，在很多未开化民族中，未婚男女一旦发生性关系，一般都会在女方怀孕或分娩后结为夫妻。此时，如有薄情郎拒不结婚，人们则会强迫他们结婚， 136
否则就要课以罚金。而这一切都说明：人们清楚谁是孩子的父亲。这同乱交是极不相同的。

当然，我并不是说，未开化民族中的婚前性关系都具有这种性质。大量确凿的反面材料使我们不能不相信：婚外乱交的确是存在的。据默多克说，在巴罗角印第安人中，“在已婚男女或未婚男女之间，甚至在男女儿童之间，都有性的乱交。人们似乎把这当作一种娱乐。”[②]据说，在所罗门群岛中的圣克里斯托弗岛及其相邻岛屿上，“女孩于进入婚龄后的两三年间，会委身于全村的每一个男子。”[③]在同一群岛中的鲁比亚纳岛，一名成年女子如能在短时间内与尽可能多的男子交媾，就会觉得十分荣耀。夏威夷人认为，

① Rogers, *Scotland Social and Domestic*, p. 109.

② Murdoch, "Ethnological Results of the Point Barrow Expedition," in *Ann. Rep. Bur. Ethn.* ix. 419.

③ Guppy, *Solomon Islands*, p. 43.

“一个男人或女人如果拒绝肉欲的诱惑，就会显得很小气。”[①]在吉尔伯特群岛莱恩岛及相邻岛屿上的普通岛民中，乱交成了常例，而婚姻则成了例外。女子可随意委身于任何想占有她的男人，只要付钱即可。马克萨斯群岛麦迪逊岛上的年轻女子“可以与所有出钱的男人为妻，俊俏的女孩则被父母当成了摇钱树。”[②]除了父母
137 让女儿卖淫、丈夫让妻子卖淫的情况外，我们在未开化民族中还发现有专职的卖淫活动。

在美拉尼西亚群岛的某些岛屿上，就有这种娼妓。科德林顿博士指出：“在圣克鲁斯岛，人们虽很重视男女之防，但却显然存在公娼。”[③]在莱恩岛上的土著人中，“尼基劳拉罗”(niki-rau-raro)即以卖淫为业的女人，“如果能挣很多的钱，还会受到人们的高度尊敬，甚至嫉妒。”[④]在加罗林群岛的波纳佩岛上，也发现有这种职业娼妓。在男性大大多于女性的复活节岛上，有些年轻女子一直不结婚，为的是可以随意委身于人。这些人似乎还被人们看作是在从事某种公益事业。而另一方面，在夏威夷群岛，“公共性的、经常性的卖淫活动则在一定程度上为人们所鄙弃。清白人家总是规劝自家的子弟莫要寻花问柳。”[⑤]在格陵兰，职业娼妓早已有之。在南北美洲的一些印第安部落中，也发现有类似的妇女。在奥马哈人中，这种女人被称为“明克达”(minckeda)，多是一些弃妇，并非

---

① Jarves, *History of the Hawaiin Islands*, p. 42.

② Porter, *Journal of a Cruise made to the Pacific Ocean*, ii. 60.

③ Codrington, *Melanesians*, p. 235 *sq.*

④ Tutuila, in *Jour. Polynesian Soc.* i. 270.

⑤ Jarves, *op. cit.* p. 43.

一般女孩，而且常常为人们所蔑视。在阿拉瓜亚河两岸的卡拉雅 138
人中，为娼者都是来自其他部落的妇女。在亚马孙地区西北部的维托托人和博罗人中，“寡妇往往沦为该部落的娼妓。这种情况虽然不被认可，但人们也不予过问。而且这种事也都是在暗中悄悄进行的。”[①]卖淫活动在很多黑人国家中都很盛行。据说，在有些地方，由于卖淫活动颇受青睐，因此竟有些黑人阔太太在临终前总要买下几个女奴，奉献给公众，“就像有些英国人把遗产捐献给某些公益事业一样。”[②]在乌尼奥罗，国王通过他所建立的机构，收养了众多的职业妓女，通常多达 2 000 人，并将她们组建成一支大军。关于这件事，凡是在从塞缪尔·贝克爵士[③]当政直至乌尼奥罗土著政府倒台这段期间去过该国的人，都做过记载。但是，在诸多纯朴的未开化部落中，卖淫现象似乎并不多见。而对于有些卖淫事例，某些作者则明确指出，所有这些全都是源出于同外国人的接触。

但是，无论对于婚前贞洁观念的漠视在未开化世界中有多广
泛，我们都不能把这看作是落后民族的一个普遍特点。实际上，在 139
许多未开化民族中，据说很少有婚前性关系发生，甚至不为人知，至少对于那些不是当妓女的女孩来说便是如此。很多民族都把婚前性接触当作一种耻辱或一种罪过。如有这种事情发生，不仅对女方，而且对进行诱惑的男方，统统都要予以惩罚或斥责。在有些

① Whiffen, *North-West Amazons*, p. 167.

② Reade, *Savage Africa*, p. 547 *sq*.

③ 塞缪尔·贝克(1821—1893)，为英国探险家。1869 年率远征军去尼罗河赤道地区，在当地曾担任 4 年总督。——译者

民族中,则是在私生子出生后才进行处罚。由于这方面的事实往往为人们所忽略,因此我想就此提出一些例证。

在很多南美印第安人中,青年人在婚前无疑都享有很大的性自由。但是,多布里兹霍弗也曾赞扬过阿维波内族女子的贞洁。阿贝·伊尼亚斯则说,马拉尼翁的卡内拉人是严禁通奸的。在巴西的另一支部落卡拉雅人中,人们把童贞看得很重,并加以精心守护;对婚外性接触则要予以严惩,有时甚至要处以死刑。克劳泽虽未对上述说法予以肯定,但他也承认,那里的女孩总是悉心地保持自己的贞洁,并尽量不独自一人到森林里去,怕的是遇到单身的男人。惠芬先生也说,维托托人和博罗人"同我们一样,总是尽可能严格地保护自己的贞洁。"[1]阿普恩在英属圭亚那住过 9 年,其间只听说有一个土著女子生过私生子。这位母亲从此名誉扫地,无
140 人搭理,特别为男子所回避。墨西哥中部的奇奇梅克人娶亲时,如发现新娘不是处女,即可把她送回娘家。伦霍尔茨博士在谈到墨西哥的特佩瓦内人时曾说:"女人离开家后,绝对不得同任何男子说话,只有娘家的人除外。……在跳舞的仪式上,女人只要走到一旁同某个男子说几句话,就是违犯了法律。一旦被人发现,两人就会立即被捕,最轻也要处以两天的监禁。法官如查明他们是在违抗禁令谈情说爱,还会对他们处以鞭打,并迫令他们结婚。"[2]在加利福尼亚的胡帕人中,女孩长大后,无论是在家里,还是在外面,都不准单独与某个男子在一起。大人会把这样做可能产生的恶果讲

① Wiffen, *op. cit.* p. 156.

② Lumholtz, *Unknown Mexico*, i. 467.

给她听，以后若不注意，就会受到严厉的处罚。此外，诱奸者还必须同受害者结婚。在奥马哈人中，婚外性接触通常只限于交结“明克达”（妓女），一般人在这方面甚为严格，“以至于哪个年轻女子，甚至哪个已婚女子，如果独自一人在外走一走路，骑一骑马，都会损伤自己的人格，甚至还会被人当作或称作‘明克达’。”①

在北美洲的其他诸多印第安部落中，据说姑娘们都是很贞洁的，而且人们对贞洁的保护也很注意。一个女子，一旦被人得知已
经失贞，就会失去美好的姻缘。当然，这里说的，绝不是所有印第 141
安部落的情况，甚至可能也不是大多数印第安部落的情况，但确有不少这样的事。在特林吉特人中，“如果未婚女子失身于人，一经查出，男方就必须向女方的父母做出赔偿，以精美的礼物弥补女方受损害的名誉。”②据韦尼阿米诺夫说，从前在阿留申人中，“如果未婚女子生了私生子，家里人就会因羞辱而把她处死，并将尸体藏匿起来。”③埃格德告诉我们，在格陵兰人中，未婚女子在遵守贞洁上要比已婚妇女做得好得多。他说：“在我旅居格陵兰的整整15年中，有关未婚先孕的事，仅仅听到两三例，因为人们都把这看作是最丢人的事。”④达拉格对格陵兰人的描述也是从18世纪开始的。据他说，格陵兰人虽然不曾树立过什么贞洁典型，但在性关系上却比其他民族都能克制。青年男子只要有了性欲要求，便会立

① Dorsey, “Omaha Sociology,” in *Ann. Rep. Bur. Ethn.* iii. 365.

② Douglas, quoted by Petroff, “Report on the Population, &c. of Alaska,” in *Tenth Census of the United States*, p. 177.

③ Veniaminof, *quoted ibid*. p. 155.

④ Egede, *Description of Greenland*, p. 141.

即成婚，并能同妻子相依相守；女孩的行为也很端庄、正派，否则就找不到婆家；但是，年轻的寡妇和弃妇就不同了。至于对现代格陵兰人的描述，则颇有微词。霍尔姆指出，在格陵兰东海岸，未婚先
142 孕并不是什么丢人的事。倒是已婚不孕才为人所耻。其他爱斯基摩人对于女子的贞洁也同样看得很淡。

在前俄罗斯帝国所属的西伯利亚诸部落中，一般都没有什么贞操观念。不过，正如我们已经注意到的那样，这种情况至少在某种程度上似乎应归因于俄国人的影响。从一些较早的报道来看，在某些部落中，新郎如果发现新娘已经失贞，即可索要罚金；在丘利姆人中，如果妻子没有遵守摩西关于贞节的戒律，丈夫则会出走，直至诱奸者出面讲和之后，才肯回来。在通古斯人中，诱奸者必须同受害者结婚，并交付女方索要的全部聘金，如果拒不照办，就会饱受皮肉之苦。雅库特人为了维护自家女儿的贞洁，要给女儿系一种贞洁带，即使入夜也不摘下。不过，如果有人已经付了全部或部分的聘金，父母对此类事就不再上心了。据说，只要自由性爱未对任何人造成物质上的损失，雅库特人就不认为这有什么不道德。在科里亚克人中，女子即使对前来服劳役的新郎，也像对待路人一样疏远；“新娘在新郎服役期满之前即与之交合，乃被视为罪过。”[1]在切尔克斯人中，女儿的不贞行为被看作是父母的耻辱，因此一经发现，父母往往就会把女儿卖掉。新娘如果不是处女的
143 话，就会在新婚第一夜被人赶出门去。科瓦列夫斯基教授指出，在奥塞梯人中，新娘失贞不仅是新郎的耻辱，而且也是新郎所有亲属

① Jochelson, *Koryak*, p. 735.

的耻辱。在楚瓦什人中，“清白标记”须当众展示。万贝里说，在中亚突厥人中，从未听说有过堕落的女子。

在达迪斯坦，年轻人时时有机会在田野或节日聚会上交往，而且常有一些情侣在这种场合向大家公开他们的关系。“但是，如果发现谁对女孩存有坏心，这个粗野而纯朴的民族就会将他处死。”[①]在印度和印度支那的很多未开化民族中，妇女的贞洁水准的确很低，但是并非全都如此。在博多人和迪马尔人中，无论是男是女，也无论已婚未婚，贞洁都是很重要的。拉杰马哈尔地区的山民允许年轻男子与他所钟爱的年轻女子同睡一床，但是，“这对年轻人如果在婚前贸然交合，就会受到鄙视，并被处以罚款。”[②]在桑塔尔人中，一个青年男子和一个姑娘可以互视，但不得谈话。如果他们说了话，青年男子就会被带到村公所接受盘问。如果他表示不想和这个姑娘结婚，就会遭到痛打，还会被处以罚款；如果他表示愿意结婚，就只被处以罚款。作为缅甸山地部落之一的莱塔人，在这方面更有奇招：青年男女在婚前被分别置于村寨两头的两所长屋之中，“一旦相遇，必须侧目回避，以免看清彼此的相貌。”[③]在 144
缅中边境地带的傈僳人中，婚前性交极为罕见；一个女子如果未婚先孕，更被视为奇耻大辱。阿萨姆邦的部落在婚前贞洁问题上则迥然不同。那加人允许青年男女在婚前享有充分的性自由。更有甚者，在安加米族那加人中，女子均以短发为耻，而短发乃是童贞的标志；至于男子，则迫不及待地想证明其未婚妻是否能够生儿育

① Leitner, *Results of a Tour in "Dardistan, &c."* iii. 35.

② Sherwill, in *Jour. Asiatic Soc. Bengal*, xx. 557.

③ O'Riley, quoted by Fytche, *Burma*, i. 343.

女。与此相反，在卡查里人、拉巴人和哈琼人中，婚前性交极为罕见。他们在接触“文明”之后，也未受到不好的影响。而一旦有婚前性行为发生，并继而导致女方怀孕的话，诱奸者不但必须同这名女子结婚，而且还必须支付高额的聘金，并向村中长老交纳罚金。根据较早的报道，在库基人中，一旦女方父母得知女儿被诱奸，诱奸者就必须立即同她结婚。但是近来，这种做法似乎已不像从前那样严格了。加罗部落的妇女在婚前一般都有很高的道德水准，但婚姻关系比较松弛。在科钦地区的工匠中，性放纵是绝对得不到宽容的；此类事一有发生，女方及其父母即被逐出部落。属于纯
145 马拉亚里印度教徒最低种姓及科钦地区万物有灵种姓的乌拉德人，也同样禁止婚前性交；“未婚先孕之事一经传开，部落中的人就会将这一未婚女子的秘密情夫找来，强迫他娶她为妻；否则，偷情者将被双双逐出部落。”①科钦地区的维兰人也同样是这种情况。致使女方怀孕的人必须与之成亲，而且双方往往都要被处以罚款。锡兰岛上以其道德著称的维达人，也将严格的道德要求“施行于未婚女子，并由其自然监护人怀着最大的荣誉感对她们加以保护。”②但是，严格的道德要求并不施行于寡妇，无论她们是多么年轻、漂亮。关于马来半岛上的野蛮部落，沃恩·史蒂文斯指出，不正当的性交关系只存在于贝伦达斯人中，而他们是受马来人影响最大的部落。

在马来群岛的很多部落中，未婚男女之间的交合并不被看作

---

① Anantha Krishna Iyer, *Cochin Tribes and Castes*, i. 60 *sq.*

② Nevil, "Vaeddas of Ceylon," in *Taprobanian*, i. 178.

一种罪过，也不被看作一种耻辱；但是，其他部落对此则有不同的看法，他们要求新娘必须是处女。在尼亚斯，如果出现未婚先孕的情况，男女偷情者都要被处死。在山地达雅克人中，人们把青年男女小心翼翼地分隔开来，并对淫乱的两性关系予以严格的查禁。属于沿海达雅克人一个支系的西布尧人，虽不把青年男女的性交
当作一种明确的罪过，但却认为不正当的两性关系有伤风化，并把 146
未婚先孕看作是对权威的一种冒犯。哈根指出，苏门答腊的库布人，总是希望年轻人保持贞洁；他还指出，伯斯曾提及的自由性爱之事，在库布人中其实是个别的、隐蔽的、非法的。据沙米索说，菲律宾群岛的某些独立的部落把贞洁看成一种极大的荣誉，不但要求于已婚妇女，而且也要求于未婚女子；他们还制定了严格的法律以保护贞洁。汉斯·迈耶博士和布卢门特利特教授在谈到吕宋岛的伊戈罗特人时，也都证实了沙米索的说法。关于尼格利陀人的情况，莫索在18世纪时曾写道：“我们几乎从来没有听说过婚前失身的事。”[①]加西亚在谈到吕宋岛腹地的部落时指出，未婚女子一旦怀孕，即使立即与诱奸者结婚，也要受到极其严厉的处罚。

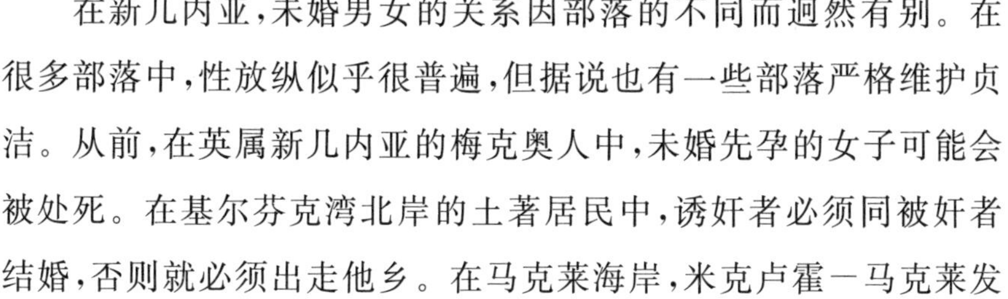

在新几内亚，未婚男女的关系因部落的不同而迥然有别。在很多部落中，性放纵似乎很普遍，但据说也有一些部落严格维护贞
洁。从前，在英属新几内亚的梅克奥人中，未婚先孕的女子可能会 147
被处死。在基尔芬克湾北岸的土著居民中，诱奸者必须同被奸者结婚，否则就必须出走他乡。在马克莱海岸，米克卢霍－马克莱发

① Mozo, *Noticia histórico natural de los gloriosos triumphos por los religiosos del orden de N. P. S. Agustin en las Islas Philipinas*, p. 108.

现，可能是由于早婚的缘故，婚外性关系极为罕见。在托雷斯海峡西部诸岛的岛民中，“女孩被视为父亲的财产，妻子被视为丈夫的财产，因此，人们总把不正当的性关系称为‘偷女人’。”[①]在俾斯麦群岛的某些地方，通奸之事一旦被人抓住，就会受到严厉的惩处；女方甚至还可能会被处死。如果出现这种情况，男方就必须以贝壳货币赔偿人命损失。在所罗门群岛马兰塔岛的萨亚地方，对于清白人家来说，“新娘的贞洁是她的亲友极为关注的事，这不仅是因为男方的亲友一旦发现新娘的人品有问题，就不再支付已答应过的礼金，而且还因为人们对于人品本身也很重视。”[②]在新喀里多尼亚的某些部落中，女子失贞是一件很不名誉的事，“私生子”亦是一种侮称；在另一些部落中，“处女们都十分珍视自己的童贞。”[③]洛亚蒂群岛乌韦阿岛上的妇女，被人称为“婚前贞女，婚后
148 贞妇”。[④] 在同一群岛的利富岛上，“青年男子如单独与一未婚女子或订婚女子同行或交谈，就会遭到女方父亲或其他监护人的一顿棒打。”[⑤]我们在前面已经谈到过，斐济妇女曾以贞洁著称于世。这里还要再说几句。新娘嫁到新郎家后，家中的老妇就要调查她是不是处女。如果调查结果令人感到不满，人们就要在婚宴上给新娘剪头，“以此羞辱新娘的亲友”。[⑥] 在莱恩岛的上层岛民中，女

① Haddon, in *Reports of the Cambridge Anthropological Expedition to Torres Straits*, v. 275.

② Codrington, *op. cit.* p. 239.

③ Brainne, *La Nouvelle-Calédonie*, p. 251.

④ Erskine, *Islands of the Western Pacific*, p. 341.

⑤ Ray, “People and Language of Lifu,” in *Jour. Roy. Anthr. Inst.* xlvii. 280.

⑥ Thomson, *Fijians*, p. 202.

子出嫁须提供处女的证据，而且“必须是真凭实据”。[1] 在汤加，新婚睡垫须拿给一家又一家去看。在萨摩亚，新娘的贞洁须由新郎当着全村人的面，以一种外科方法加以检验。检查之后，新郎举起手来，将手上的血迹展示给众人。不过，特纳指出，虽然从表面上看，萨摩亚人不分男女，都很注意纯真美德的培养，但是盛名之下，其实难副。同美拉尼西亚的情况相比，波利尼西亚男女青年的性关系较为松弛。科德林顿博士在谈及美拉尼西亚时指出，虽然人们并不把失贞的事看得很重，“但一般来讲，人们对于女性的贞操也决非漠然视之，他们还是普遍有贞操观念的。”[2]而在毛利人中，在马克萨斯岛民中，在夏威夷人中，在马绍尔岛民中，以及在帛琉 149
岛民中，据说人们在婚前都享有极大的性自由。

然而，生活于自然状态下的澳大利亚土著居民，则不是这样一种情况。在某些时候，在某些情况下，他们那里也有婚外性关系发生，但这是风俗习惯所认可的，也是由风俗习惯所规范的，因此不同于不正当的偷情苟合。豪伊特博士说，迪埃里人对于不正当的性关系有一种专门的叫法，并对此人加责难，深表厌恶。据施特雷洛说，在澳大利亚中部的阿兰达人中，一个青年男子如果同一未婚女子或有夫之妇发生关系，二人均要被处死，人们还要把他们的尸体扔进火堆里。据说，洛里查人也是这样。关于达令河下游地区的马鲁拉部落，我们听说，在白人到来之前，“法律对于青年男女的关系有严格的规定。青年男子如发生婚前性关系，几乎均会被处

① Tutulia, in *Jour. Polynesian Soc*. i. 271.

② Codrington, *op. cit*. p. 235.

死。”[①]在维多利亚西部诸部落中，“私生子现象十分罕见，并且被人深恶痛绝。私生子的母亲往往要受到亲属的严厉鞭打，有时甚至还要被处死，然后将尸体焚烧。私生子的父亲也会受到严惩，其
150 中有的也会被处死。”[②]穆尔·戴维斯先生写道：“土著人中没有男女乱交的习俗。在这方面，各部落的法律，特别是新南威尔士各部落的法律，是极其严格的。外出宿营时，所有未婚男子都自觉地宿于营地外围，而已婚男子连同各自的家眷则宿于营地中央。单身男子不得同已婚女子交谈。……违犯这些法律，要么交由部落中因此事受屈辱的人进行惩罚，要么则由违法者本人主动赎罪，方法是站到一个高处，手中只能持有一个盾牌或一根短棒作为防护用具，然后由五六名武士从很近的距离内向他投出数支长矛。”[③]关于埃瓦拉伊部落，朗洛·帕克夫人曾说：“不贞的女人要受到严厉的惩处。当我们来到西部之后还发现，淫妇更被处于死刑。”[④]另一方面，在昆士兰西北部的土著人中，除已订婚的女子外，其他女子均有相当大的性自由。不过，“广义的道德仍旧是一种公认的美德”。尽管妓女多是由于丈夫的故去，或是由于被丈夫遗弃而走上歧途，但她们还是受到人们的鄙弃，并被叫以一种有别于他人的名称。经常同这些女人厮混的男人也同样受到人们的蔑视，并被冠以另一专名。[⑤]

---

① Holden, in Taplin, *Folklore of the South Australian Aborigines*. p. 19.

② Dawson, *Australian Aborigines*, p. 28.

③ Moore Davis, quoted by Brough Smyth, *Aborigines of Victoria*, ii. 318.

④ Mrs. Langloh Parker, *Euahlayi Tribe*, p. 59 *sq*.

⑤ Roth, *North Queensland Ethnography*: *Bulletin* No. 8. *Notes Government*, *Morals*, *and Crime*, p. 7.

在非洲的很多民族中,男女青年在结婚之前都享有充分的性
自由;人们并不指望新娘能保持童贞,也找不到哪位新娘能保持童
贞。但是在非洲,也有很多民族的情况与此完全相反。我们听说, 151
在某些布须曼部落中,婚前性关系似乎极少发生,女孩出嫁时一般
都是处女,因为大多数女孩都是一到青春期就出嫁了。卡菲尔人
对于贞洁并不看重,但是在这个部落的某些支系中,失贞女子所得
的聘金要比处女少。如果哪个女子未婚先孕,其父可向胎儿的父
亲索要一头牛作为罚金。如果纯属诱奸,则需交付三四头牛的罚
金。卡曾斯先生写信告诉我说,西斯一纳塔尔地区的卡菲尔人无
论男女,除节庆期间之外,平日必须严守禁欲的规定,违者将受到
逐出部落的惩罚。卡萨利斯曾说起过在巴苏陀人中盛行的一种奇
特习俗。这种习俗表明,人们对于青年男子的淫乱并非完全漠然
视之,在某些情况下,人们甚至认为犯禁者将面临超自然的惩罚。
在北罗得西亚的阿温巴人中,15 岁以上的年轻女子有多少人保持
贞洁,我们不太清楚;但是,阿温巴族有一条明确的性道德规范:
“所有人都须懂得,淫荡是邪恶的,它违背了迷信仪礼的规则。”① 152
在赫雷罗人中,女子失贞被视为父母的耻辱。因此,女子多在孩童
时期即已定亲,这样就可使她和她的未婚夫保持纯洁的人品。据
一位作者说,诱奸者要受到严厉的惩处,甚至可能被打死。

据托伦特神父讲,在英属中非赫拉尔德港附近的土著人中,妇女在言行举止上极为谨慎;新娘出嫁时,很少有不是处女的。在尼亚萨湖东北岸的孔德人中,年轻人之间的婚外性关系时有发生,因

① Gouldsbury and Sheane, *Great Plateau of Northern Rhodesia*, p. 141.

为当地盛行一夫多妻制，致使很多青年男子无法成亲。但是，这种事一旦被人知道，诱奸者就必须从女方父亲手中买下这个女子。假如他交不起这笔聘金，女方的父亲就会把他的长矛夺下，并把他逐往他乡。在卢旺达，女子如有不贞并被人知道，就会被人痛打一顿，而且再也不会找到男人。新娘出嫁后，如被发现不是处女，就会被送回娘家。从前，如果哪个女孩未婚先孕或未婚先育，还会被人打死。在乌桑巴拉部落的瓦帕雷人中，未婚女子在家中受到严格的看管，因为女儿一旦失身，聘金即会大减。在维多利亚尼安萨湖西岸和西南岸居住的巴齐巴人，把青年男女婚前的性关系视为最严重的违法行为。虽然在小孩出生之前，人们并不采取任何行
153 动，“但是，一旦小孩出生之后，这对男女即会被绑上手脚，投入维多利亚湖中。”[①]在班图族卡维龙多人中，青年男女如有私通，即会被双双处死。在乌干达保护地的另一支部落巴科基人中，诱奸者必须向被奸女子的父亲交付三头牛，向部落酋长交付一头牛，被奸女子则被逐出家门，永世在外漂泊。在巴尼扬科勒人中，“哪个女子如在婚前与人私通并生有私生子，一辈子都将抬不起头来。此事一经察觉，氏族即会大加谴责，并将这名女子逐出族门。”[②]怪不得“青年女子婚前一般都很守贞操。”[③]在布索加人中，如果哪个女子未婚先孕，而胎儿的父亲又拒不支付聘金，也不娶其为妻，那么，这名女子就会被其兄弟赶出家门；而后，家里还要请来巫师为家人

① Cunningham, *Uganda*, p. 290.

② Roscoe, *Northern Bantu*, p. 121.

③ Johnston, *op. cit.* p. 630.

宰羊打醮，“以扫除家中之秽气，抚慰祖先之亡灵”。[①] 关于维多利
亚尼安萨湖中塞塞群岛的土著人，我们听说，“如有青年女子被诱
奸，则诱奸者必须同她结婚，此外还须交付两只羊的罚金。”[②]在伦
杜人中，诱奸者须向女方的父亲交付 4 头牛的罚金。在马迪或莫
鲁部落中，父母对自家的女孩看管得很紧，“不过，由于结婚甚早，
通常不会有失足之事发生。对于青年男子来说，也同样是这种情
况。”[③]在英属东非的阿基库尤人中，未婚女子在临产时，往往会受
到父母极其严厉的责备，女伴们也会责怪她不检点。在这种情况
下，男方可有两种选择：一是把这名女子买下来，同时也将孩子带
走；一是交付 10 只山羊和一只绵羊，这样即可将母子二人留在娘
家。如在未婚的情况下又生二胎，则无论如何，女方只能索要较少
的赔偿，例如，只能索要 5 只羊。“这清楚地表明，这样一种身世将 154
无疑会降低一名女子的婚姻价值。”[④]在英属东非的瓦吉里亚马人
中，“如同在其他一些部落中一样，男女两性在婚前均不得自由交
合”。[⑤] 在南迪人中，“如果一名武士致使某一女子怀孕，那么，在
孩子出生时，他必须宰杀一头牛送去。他可以把牛头带走，但其余
部分则归这名女子的父亲所有。除了托伊约伊氏族之外，在其他
氏族中，这样的女子都会受到人们的冷遇，其女友也不得与她讲

① Roscoe, *op. cit.* p. 233.

② Cunningham, *op. cit.* p. 94 *sq.*

③ Felkin, "Notes on the Madi or Moru Tribe of Central Africa," in *Proceed. Roy. Soc. Edinburgh*, xii. 323.

④ Routledge, *With a Prehistoric People*, p. 126.

⑤ Barrett, "Notes on the Customs and Beliefs of the Wa-Giriama, etc., British East Africa," in *Jour. Roy. Anthr. Inst.* xli. 21.

话，甚至不得看她一眼，直至婴儿出生并被埋葬为止。这样的女子，一辈子都抬不起头来。人们还不准这种女子朝谷仓里看，害怕因此而使粮食霉烂。”①在丁卡人中，出现私生子的原因，据说是由于很多男子因贫穷而娶不起妻子。私生子出生后，为父者须交 4 头牛的罚金，但孩子仍归母亲一家所有。在加拉人中，做父母的总是极力给女儿灌输贞洁思想；从前，失贞的少女会被扔进萨巴基河中淹死。在贝尼阿梅尔人中，虽然已婚妇女认为自己可以为所欲为，但未婚女子却很纯洁。如有未婚而育的事发生，当事男女及其婴儿均要被处死。在马雷亚人中，也有这种情况。在塔奎人中，诱奸者所交的罚金可与杀人者所交罚金相等，不过一般都可减至 50
155 头牛。在贝尼姆扎布人中，诱奸者必须交出 200 法郎，并被放逐 4 年。在东北非，女子在出嫁前往往要做阴部缝合术(infibulation)，以防其失贞。这种做法实行于贝扎、加拉、索马里、马萨瓦、苏丹、南努比亚和达纳基尔等民族之中，以及科尔多凡和森纳尔等地。

我们还听说，在加那利群岛的土著居民中，失贞的女子将终身遭到人们的摒弃，谁也不同她说话。关于阿尔及利亚的柏柏尔人，阿诺托和勒图尔诺写道，他们的习俗从不宽容婚姻之外的任何性关系；私生子将连同其母一并被处死。在摩洛哥，新娘如被发现不是处女，就往往会被新郎遣送回来，在有些部落中，还会被生父或哥哥处死。当地还有一种虽不十分普遍，但也比较常见的习俗，就是当众展示带有处女标记的衣物。这种习俗在阿尔及利亚和埃及，在东非的斯瓦希里人中，以及在奴隶海岸的约鲁巴人中，也可

① Hollis, *Nandi*, p. 76.

见到。但是，在约鲁巴人中，只有对那些在幼时即已定亲的新娘来说，贞洁才是至关重要的；没有定亲的女子则可随心所欲地行事。在讲埃维语的大多数部落中，不见处女血即可构成休弃新娘的理由，而对于诱奸者的处罚，要么是令其同被奸女子结婚并交付“人头钱”，要么则在不结婚的情况下，处以沉重的罚金，或是罚以劳 156
役。在黄金海岸，对于已经失身的新娘，也实行类似的做法；而“如果一名男子诱奸了一名处女，他就必须同这名女子结婚，如果女方父母不同意这桩婚事，则须支付为这名女子置办嫁妆的费用。”[①]根据芳蒂人的习惯法，“如果一名男子诱奸了一名未婚女子，他就必须向女方一家赔偿因此而造成的经济损失和名誉损失。”[②]在塞拉利昂，诱奸者会被招来交付“处女金”。在尼日利亚阿萨巴地区讲伊博语的民族中，“人们极为看重新娘的童贞。”[③]在尼日利亚的卡戈罗人中，“即使是已订婚的青年男女，也极少在婚前发生性关系，而女孩子身上所系的腰带则是一种童贞的象征。”[④]据普罗亚特说，在卢安戈人中，“青年人不当着女孩母亲的面，就不敢同女孩讲话。”“一个女子如果未能抵制男人的诱惑，即已获罪。为此，她必须向国王公开认错，以求赎罪。否则，她的罪过就足以毁灭整个国家。”[⑤]但至如今，婚前的高度性自由已成为司空见惯之事，至少在刚果诸部落中是这样。威克斯先生在讲到下刚果地区的土著居

① Cruickshank, *Eighteen Years on the Gold Coast*, ii. 195, 196, 212.

② Sarbah, *Fanti Customary Laws*, p. 48.

③ Thomas, *Anthropological Report on Ibo-speaking Peoples of Nigeria*, iv. 65.

④ Tremearne, "Notes on the Kagoro and other Nigerian Head-Hunters," in *Jour. Roy. Anthr. Inst. xlii.* 169.

⑤ Proyart, "History of Loango," in Pinkerton, *op. cit.* xvi. 568.

民时，曾指出，在小茅屋里，“男女之间只要起了淫念，就可以随意交合”。而且，如果某一女子未婚而育，婴儿的父亲也不必交付罚金。不过，我们同时也听说，这种孩子虽归女方一家所有，但常常
157 被人叫做“私生子”，还常常受到其他孩子的讥笑，如对他说：“你没有爸爸，你是从大树上掉下来的。”[①]在刚果各部落中，诱奸者则是要受罚的；巴亚卡人还允许新郎休弃新娘，只要发现新娘不是处女。

当然，上述事实并未向我们回答这样一个问题：在未开化民族中，对于婚前性关系，一般来说是采取责备态度的多，还是采取宽容态度的多？霍布豪斯、惠勒、金斯伯格三位先生在其新近出版的一本书中探讨过这个问题，并得出这样的结论：在他们所考察的实例中（共有 120 个，比较可靠的约有一半），对婚前性关系采取责备态度的，几乎同采取宽容态度的一样多，因此，“没有孰强孰弱的一般倾向性。”[②]我不大愿意进行这种数字统计，其中部分原因在于有不少材料在这方面说得并不很明确。但是，从我自己收集的资料来看，我相信，这几位作者并未过高估计未开化民族的贞洁水准。而且，考虑到同文明的接触对如此之多的落后民族所产生的恶劣影响，考虑到“婚前不贞”包括正式结婚之前发生的所有各种性关系，而不论这些关系是否专一、是否持久这样一个更为重要的因素，我敢断言，在未开化民族中，未婚男女之间任何类似于乱交的关系，只不过是其纯朴习俗中的一种例外情况。我们已经注意

① Weeks, *Among the Primitive Bakongo*, pp. 163, 108.

② Hobhouse, Wheeler and Ginsberg, *Material Culture and Social Institutions of the Simpler Peoples*, p. 167.

到，即使在以性关系松弛而出名的民族中，水性杨花也是女子的一种恶名。

霍布豪斯教授及其同仁还考察了对于婚前性关系采取何种态 158
度同一个民族经济发展水平之间的关系。他们发现，从事农业和畜牧业的民族在这方面“明显地严于狩猎民族”。[①] 关于“落后的狩猎民族”，他们列举了 3 个对婚前性关系采取责备态度的实例，5 个采取宽容态度的实例。前 3 个实例和后 5 个实例中的 3 个，说的都是澳大利亚的土著部落。换句话说，在这些澳大利亚部落中，对于婚前性关系采取责备态度和采取宽容态度的各有一半（至于“仪礼性”不贞的事例则未包括在内）。不过，这同我所了解的情况颇有出入。据我所知，澳大利亚土著人在性生活习俗方面通常都是很严格的。对于婚前性关系采取宽容态度的另外两个实例，说的是婆罗洲的普南人和安达曼群岛的岛民。关于普南人的情况，霍斯和麦克杜格尔两位先生曾说：“他们在性关系上实施的限制可能同其他民族的限制程度相近。不过，已婚妇女在贞操上比未婚妇女更为严格。……青年男子通常是找其他氏族的女子做爱，一旦女方怀孕，双方即举行婚礼。”[②]关于安达曼岛民，波特曼说：“青年男女在婚前有一定的性自由”，但是，只有在结婚之后，情欲才会得到较大的满足。[③] 我们在前面已经注意到，在南非的某些布须曼部落中，在锡兰的维达人中，在马来半岛的野蛮部落中，在苏门答腊的库布人中，以及在菲律宾的尼格利陀人中，都有高度的婚前

① *Ibid*, p. 157.

② Hose and McDougall, *Pagan Tribes of Borneo*, ii. 183.

③ Portman, *History of our Relations with the Andamanese*, i. 29, 39.

贞操。这些部落虽然有的也实行某种原始农业，但都属于目前世界上最落后的民族。关于火地岛上的雅甘人，布里奇斯先生写道，
159 人们把淫荡斥责为邪恶，并时时告诫子女不要沉迷于情欲之中，不过风流韵事还是时有发生。但是，概而论之，在最落后的民族中，婚前性关系是不多见的，也是不允许的。

比较先进一些的狩猎民族就不是这种情况了。在这些民族中，霍布豪斯教授及其同仁发现，有3例采取责备态度，13例采取宽容态度。这些事例说的几乎都是北美的部落。但是，在宽容事例所涉及的民族中，有些据说是在同白人接触后，道德水准才下降的，有些则曾被早期的旅行家给予过积极的评价。如果把这样一些民族，例如特林吉特人、阿特人、内兹佩尔塞人以及其他一些印第安人也算进来的话，采取责备态度的事例就远不止那几个了。正如比较落后的狩猎部落较之比较先进的狩猎部落，往往具有更为严格的贞操标准，同样，处于最低农业阶段的部落（被发现有9个责备实例和2个宽容实例），也要严于两个较高农业阶段的部落（分别有16个和27个责备实例，18.5个和15个宽容实例）。在这方面，比较高级的农业部落也逊色于从事畜牧业的部落（被发现有6个责备实例，3.5个宽容实例）。

人们可能会对这组数字的准确性持有各种看法。其实，这几位作者自己早已承认，这些数字只具有相对的价值。但是，无论如何，有一点是十分清楚的：即在“简单民族”中，婚前的贞操水准与其文明程度并不成正比。据哈特兰博士说，“最早的时候，人们对于男女之间的苟合并不在乎，至少……并不干涉，这样一直持续了很长时间”。只是到了后来，“贞洁才开始具有一种特定的市场价

值。”[①]但是,没有任何证据能够证明这种高谈阔论。在我看来,事
情恰恰相反,贞洁在最落后的部落中,反倒比在较先进的部落中得
到更多的尊重。同样,如果说婚姻是人类中一种自然而正常的两
性关系,那也是更充分地体现于最落后的部落之中,而不是体现于
较先进的部落之中。婚前贞洁与否,在很大程度上取决于缔结婚 160
姻时的年龄。野蛮民族是这样,文明民族也是这样。我们在上文
中已引述过一些材料,直接说明了野蛮民族在这方面的情况。我
们还可以证明,在欧洲各城市,卖淫活动总是随着结婚人数的减少
而增长。恩格尔等人现已证明,一年中结婚的人越少,私生子出生
的比例就越大。在文明发展的较低阶段上,独身现象极为罕见,人
们在小小年纪就已成婚。这同我们自己的情况很不相同。但是,
即使在未开化部落中,也有某些情况会迫使成年人在或长或短的
时期内过独身生活。有的男子可能会因为过于贫困而无法养活妻
子;在实行买卖婚姻的地方,有人可能无力交付聘金;另外,某些人
所实行的一夫多妻制也会导致另一些人无法结婚。但是,这些障
碍大多出现于文明发展已达到一定程度的地方,而很少出现于较
原始的部落之中,因此,在较原始的条件下,也就很少会出现婚前
不贞。

但是,娶妻之难并不是导致婚前性关系的唯一原因。正如我们已经注意到的那样,在很多情况下,婚前性关系具有一种试婚的性质,如果合适,就会结婚。试婚的目的可能是想知道女方是否能够满足男方的求子心愿。在这种情况下,人们只有在女方分娩或

① Hartland, *Primitive Paternity*, ii. 93.

出现妊娠征兆之后，才会缔结婚姻。例如，费尔金博士在关于中非福尔部落所作的笔记中就谈到：马拉山地区的妇女多有不孕者，因此，“男子总是要先确定女方能够生儿育女，然后才结婚。”[1]不过，想要儿女，也可以用另外的办法，就是找一个已怀有他人之胎的女子成亲。在安加米那加人中，虽然年轻人的性放纵并不因结婚而收敛，但是男子还是很想在婚前得到妻子能够生儿育女的证明。
161 英属东非的阿坎巴人“并不看重黄花闺女，而是把怀有身孕的女子看作最好的配偶，好像是在挑选怀有小牛的母牛。”[2]据说，在有些民族中，人们在娶亲时特别看重那些已经生过小孩的青年妇女。在上蒙加拉地区的蒙万迪人中，已经当了母亲的青年妇女的身价乃是一般黄花闺女的6倍。在法属几内亚努涅斯河口小岛上居住的巴加福雷人中，年轻女子只有生过两个孩子，而且孩子都已经长到会走路时，她们才有希望找到丈夫。的确，有人往往更愿意娶已经当了母亲的妇女为妻，这不仅仅是因为她们已经证明了自己能够生儿育女，而且还因为她们所带来的孩子也具有直接的价值。

不过，有些男子之所以愿意娶不是处女的女子为妻，可能还有另外一些原因。我们听胡安和乌略亚说，在基多印第安人中，处女并不是人们选择的目标，“因为人们确信，一个不曾和别人交好过的女子，是不会有妩媚动人的风韵的。”[3]多哥腹地的一些埃维人也持有类似的看法，这同沿海埃维人坚守贞洁的观念截然相反。

---

[1] Felkin, "Notes on the For Tribe of Central Africa," in *Proceed. Roy. Soc. Edinburgh*, xiii, 207 *sq*.

[2] Eliot, *East Africa Protectorate*, p. 125.

[3] Juan and Ulloa, "Voyage to South America," in Pinkerton, *op. cit.* xiv. 521.

关于堪察加人的情况，据施特勒说，如果娶来的新娘是一个处 162
女——过去常有这样的事发生，新郎就会大为不满，责怪母亲没有考虑到新娘在性爱技巧上的修养。马可波罗在谈到西藏人时，曾这样说，没有一个男子“愿意娶一个黄毛丫头为妻；根据他们的说法，没有陪过男人的女人，是不值一娶的”。马可波罗还说：“他们有这样一种习俗，当某地有过路人来到时，当地的老妇就会赶忙带上自家未出嫁的姑娘，来到过路人面前，把她们交给愿意要她们的人。于是，过路人便带上这些姑娘去快活一番。事后，再把姑娘交还给那些老妇。”①这里所说的，涉及我们将在下一章讨论的破贞问题。如果有人认为只要某个女子还是处女，就“不值一娶”的话，那么，这原因也许就在于，有人认为破贞是一件危险的事，或者觉得同生人交合是有益的，抑或二者兼而有之。在我们分析婚前不贞的种种原因时，当然也应当把这类想法考虑进来。有些地方有这样一种习俗：女子在出嫁前，必须通过卖身挣得自己的嫁妆。这其中至少也有破贞的考虑。

有人说，乱交式的婚前不贞乃是远古普遍乱交的一种遗存形式。要证明这种假说的合理性，就必须先假定：我们可以追溯到的种种导致乱交的原因，过去都曾在一个无限大的范围内起过作用。而这一假定是无论如何也不能成立的。我们已经注意到，古代婚姻的障碍，主要是由文化的发展而产生的。试婚并不能被称为乱交。关于破贞的迷信观念一般也不会引发乱交之事。出于生儿育女的愿望而贬损童贞的事例，只是一种很特殊的情况，不能被视为

① Marco Polo, *Kingdoms and Marvels of the East*, ii. 44.

163 一般的倾向。而另一方面，又有大量的证据显示，男子还是偏向于娶处女做新娘，而且这种偏爱可能由来已久。其源有二：一是对于以前曾委身于他人之女子有一种嫉妒之心；二是对少女的娇羞之态有一种本能的喜爱。人不分男女，都会被异性特有的气质所打动，而娇羞之态即是女性的一个特点。如果哪个女子显露出一副急不可耐的样子，似乎就少了一种女人气，甚至令人厌恶。男人理想中的新娘应当是一位处女，他不会看上一个淫妇。这种对于童贞和女性娇羞之态的偏爱，对婚前性关系，特别是乱交式的婚前性关系，起到了明显的抑制作用，同时也影响到对婚前性关系的道德判断。

至此，在关于婚前不贞的各种原因中，就只有一个问题尚未讨论，这就是求新求异之心。布洛克博士曾特别强调过这个问题。他的原始乱交说主要就是建立在这个基础上的。他说："人类在性生活上需要多样化，这是一种已成定论的人类学现象。人类的这种需要在原始时代一定更为强烈，更为不受限制。这是同人类的全部生活还没有从纯粹的物质需要上提升出来这一总的状况相适应的。即使在当代，在最先进的文明社会中，在性道德已对整个社会产生深刻影响的情况下，这种对于多样化的自然需要仍旧存在，而且几乎不曾减弱。因此，在我们看来，已没有什么必要去证明在原始条件下，两性的乱交是一种比婚姻更为初始，也更为自然的状态。从纯人类学的观点来看，……固定的婚姻似乎完全是一种人为
164 的制度，它至今尚未正视人类在性生活上的多样化需要。"[1]性对象

① Bloch, *op. cit.* p. 192.

的变化可以对性本能产生刺激，这是一个不可否认的事实。而且，我们大家也都知道，这种求新求异之心还是造成很多具有乱交性质的婚外性关系的一个原因。但是，如果把这种追求对于先民的支配作用夸大到足以排除任何较为稳固的婚姻关系的程度，那么，从现已掌握的类人猿和野蛮人的情况来看，则是没有根据的。乱交并不是先民借以满足“性生活上的多样化需要”的唯一方式。如果一个人对妻子感到厌倦，那么，他还可以再娶新妻。这是一种更明智的选择，因为妻子不仅可以提供性生活的享乐，而且还可以料理家务，种植庄稼，烧菜做饭以及生儿育女。可是，布洛克博士和另外一些作者在谈到古代婚姻时，总是将这一点予以忽略。

笔者坚持认为，婚姻作为维持后代生活的一种手段，是以一种后天性本能为基础的。如果这一点不错的话，那么，一般来说，男女之间的交合，自远古以来就已不可避免地发展为一种比较持久的婚姻关系。但是，这并不是说，两性交合与婚姻关系之间总是保持着这样一种密切的联系。婚姻作为一种社会事实和一种社会制度，一直受到文明发展的巨大影响，而对于婚外性关系，即使不搬用远古乱交这一假说，也是能够得到很好理解的。请想一想，在我们自己身边，卖淫的发展趋势竟高于人口的增长速度；请再想一想，尽管妓女一般都是不生育的，但是，在欧洲的某些城市中，每年出生的非婚生子女竟超过了婚生子女。考虑到这些事实，如果有人还把野蛮人婚前的不贞行为说成是所谓远古乱交的遗存，岂不是荒谬之极！

在历史上，某些艺妓要比已婚妇女更为人所敬重。这一事实也被人看作原始共妻制的遗迹。据艾夫伯里勋爵说，雅典的艺妓

165 是很受人们尊敬的。他还举例说，在印度城市维萨里，社会上层人士也同一些名妓过往甚密。此外，"在爪哇，据说艺妓是从不被人歧视的；在西非某些地方，黑人对艺妓也颇为尊敬。"[①]艾夫伯里说，从前，艺妓都是由本民族或本家族的女性来充当的，而女俘和女奴则是专门给人做妻子的，因此，对艺妓产生这样一种尊敬之情也是很自然的事。他还说，后来情况虽然有了变化，但这种感情却长期保留下来。于是，艺妓就俨然被当作是远古时代公有妻的化身了。如果考虑到这些文明民族的文化状况，这种结论就显得特别令人吃惊。麦克伦南在谈到这些"公有妻"时，曾正确地指出："如果从伯里克利盛世时期雅典艺妓的地位能够推导出远古民族的状况的话，那么，从当代伦敦和巴黎的情况中也可以找到原始共妻制的证据。其实，很早以前，就是在介乎蒙昧时代和伯里克利盛世之间的荷马时代，传说中的英雄们皆已娶有高贵的爱妻。"[②]如果说在雅典，连高官显贵都对艺妓十分尊敬，而且争相追求的话，那么道理也很简单：因为在雅典，唯有艺妓才是受过教育的妇女。在印度，妓女附属于各个寺院。据杜波依斯说，在女性中，只有这些妓女有机会读诗书，习歌舞。而且据说，印度大城市里的人常常去光顾艺妓界，为的就是去听一听她们那些妙趣横生、颇有见地的高论。

① Avebury, *op. cit.* p. 438 *sq.*

② McLennan, *Studies in Ancient History*, p. 343.

第五章 “乱交说”批判之三：关于“初夜权” 166

据称，关于“乱交”或“共有婚”的假说，可以从某些被看作是为个体婚而赎身的习俗中，得到有力的证明。我们听说，在很多情况下，一个人要想合法地得到对妻子的独占权，首先就必须对以往曾经存在的那种共有权，予以暂时的承认；而给予祭司、国王、首领或贵族的所谓“初夜权”(jus primae noctis)，就是对这种权利的一种认可。当古代的共有权已不再为社会上的普通男性成员所共享之后，这些人就被视为社会的代表而独享此权。

在巴西某些印第安人中，初夜权据说是赋予巫师或首领的。奥维多—巴尔德斯称，在帕里亚省的阿拉瓦克人及其他一些民族
中，未破贞的新娘必须同祭司共度新婚第一夜。在现今委内瑞拉 167
境内的库马纳地区，被娶为正妻的女子，必须由祭司实行破贞，娶妾则不在此列。谁要是不遵行这种习俗，就会被人视为犯罪。同样，古巴的加勒比人也严格禁止新郎在新婚初夜与新娘同床。酋长娶亲，须请别的酋长先同自己的新娘同床；地位较低的人娶亲，则是请与自己同等地位的人前来；不过，地位最低的人“结婚时，须请其酋长或祭司大驾光临，施以恩泽。”①在危地马拉，请高级祭司

① Coreal, *Voyage aux Indes Occidentales* i. 10 *sq*.

与新娘共度新婚之夜，已成惯例。据安达戈亚所述，在尼加拉瓜人中，“被尊为教长并住在寺院中的人，必须在新娘出嫁前一夜与新娘同床。”[①]而据弋马拉的说法，处女多是送往酋长处破贞。卡斯塔涅达·德·纳塞拉曾于16世纪中叶写道，在新加利西亚王国的库利亚坎省（位于墨西哥城以西210里格）的塔胡人中，有这样一
168 种习俗：男子以高价从女方父亲或亲属那里买来妻子之后，立即送往身兼祭司的酋长那里去破贞，并验明妻子是否为处女。据伦霍尔茨讲，在现今墨西哥居住的塔拉乌马雷人中，“萨满享有初夜权。”[②]在哈得孙湾附近的基尼佩图爱斯基摩人中，据说初夜权是为祭司所有。

在塞内加尔的巴兰特人中，酋长对其部落中的所有属民不仅握有生杀大权，而且还拥有“领主权”；任何女子，在酋长为其破贞之前，均不得嫁人。在尼日利亚及喀麦隆北部的土著王国阿达马瓦，有一支巴格勒部落。据说，那里的酋长也享有这种权利。同样，在希罗多德时代的一支属于埃及的利比亚部落阿迪尔马奇迪人中，其国王也享有这种权利。据说，在加那利群岛的某些古老部落中，所有处女出嫁前，都要由其酋长破贞；也有人说，“新娘在出嫁的前一天晚上，要先呈献给国王。国王本人如不想与她同床，便把她转交给在地位上仅次于国王的祭司或法官，或是转交给国王宠信的某个贵族，由他去享乐。”[③]不过，阿布雷多·德·加林多于

① Andagoya, *Narrative of the Proceedings of Pedrarias Davila in the Province of Tierra Firme*, p. 33 *sq*.

② Lumholtz, *Unknown Mexico*, i. 270.

③ Abreu de Galindo, *History of the Discovery and Conquest of the Canary Islands*, p. 69.

1632 年写道，当地人否认其祖先有这种习俗。但是，在当今的某些柏柏尔人中，则有关于此类习俗的传闻。

在摩洛哥东部靠近乌杰达的地方，曾有两位属于艾特乌巴赫蒂部落的柏柏尔人告诉过我，在与其邻近的艾特齐赫里部落中，有这样一种习俗：新婚之夜，新郎的家人要悄悄地把村里的头人请 169
来，让他同新娘交合；如果新娘是寡妇或弃妇，则不行此俗。那两位柏柏尔人说，艾特齐赫里部落的这种习俗在其邻近部落中已广为人知，虽然该部落自己予以否认。而且，那两位柏柏尔人的说法，也同穆利埃拉了解到的情况相吻合。所不同的只在于，据穆利埃拉说，实施破贞的人均属鲁斯马阶层，即该部落中的精神领袖。对于这些说法，我无法判断其是否属实；不过，这些说法或许可以从摩洛哥其他柏柏尔部落的奇特习俗中得到印证。在非斯附近，有一支讲阿拉伯语的山地部落，叫做贝尼乌利德，我们曾听到一些有关他们的说法。非斯附近还有一支部落，叫做夏伊纳。一位夏伊纳部落的长者就曾告诉我，从前，在贝尼乌利德部落中，有这样一种习俗：在新娘来到新郎家的第一天晚上，新郎要在家人和另一些妇女的陪伴下，到邻村去找一个人来，同新娘共度新婚之夜，并同新娘交合。找来此人后，女人们就开始高唱：“欢乐吧，新娘子，要尽情地欢乐，贝尼乌利德部落的钻工已经来到你身边。”在摩洛哥同一地区的其他部落中，有两个柏柏尔人告诉我，贝尼乌利德人还有一种习俗：新郎本人如果无力为新娘破贞，就会请男傧相把这事告诉给自己的父亲，让父亲请个刚烈的汉子来。于是，当父亲的就会派人骑马去找，再由一群唱着小曲的女人迎候，唱词也与前面提到的差不多。请人来帮忙，照例要付钱。不过，以上这些说法是

否准确，也是有疑问的。因为这些关于贝尼乌利德人的说法，都来自其相邻部落，而外人提供的情况并不都是那么可靠的。

在吕基亚的塔奇塔德希人中，有些部落的宗教首领是拥有初
170 夜权的，只是有时不去行使而已。另一些部落的宗教首领则有权在每年一度的宗教大会上挑选他所喜欢的女人。埃尔津詹以南德希姆山区的杜希克库尔德人每年都要举行一次盛大的狂欢活动。届时，很多男人以及结过婚的女人都聚到一个大房子里作乐狂欢。当人们依次吻过祭司的手之后，祭司便高声喊道："我是一头大公牛，而不是一头被阉割的耕牛！"这时，女性中最晚结婚的一个（多选当天刚刚举行过婚礼的新娘）便走上前去，对祭司说："我就是小母牛！"话一说完，灯火全熄，纵乐活动随即开始。在俾路支的一支穆斯林异端派系齐克里人中，毛拉拥有初夜权。但是，人们只要交给毛拉一点钱，即可将这种权利赎回。

据中国人在13世纪末所做的记载，在柬埔寨古王国中，做父母的每每在女儿出嫁之前，都要找僧侣为女儿破贞。这种仪式叫做"阵毯"，[①]每年举行一次，哪天举行则由地方官吏来定。每位僧侣每年只能给一名女子破贞。请人破贞要送很多礼物，作为报答。筹措所需的礼物并非一件易事，因此，穷人家的女孩有时要等到11岁才能出嫁；而有钱人家的女孩多在7岁到9岁就已成亲了。

---

① 关于这段记载，原著是从 Rémusat 所著 *Nouveaux Mélanges asiatiques* (i. 116 *sq.*)一书中转引来的。查我国史籍，这段记载出自元代周达观所著《真腊风土记》一书。书中第八则载："富室之女，自七岁至九岁；至贫之家，则止于十一岁，必命僧道去其童身，名曰阵毯。"据考证，"阵毯"系马来语音译，由梵文 cinta 而来，中国人称之为"利市"。——译者

不过，也有一些人肯为穷人家的女孩提供破贞的费用，当地人谓之
积德行善。M.艾莫尼耶认为，这段记载有些过于离奇，难以置信。171
但是，亚洲其他一些民族也存在极其类似的习俗，这些事实要胜过艾莫尼耶的怀疑。

在印度的马拉巴尔海岸，婆罗门一直在担任给新娘破贞的角色。巴特马在16世纪初写道，卡利卡特的国王娶亲时，要找一位最富有、最显赫的婆罗门同自己的妻子共度新婚之夜，为其破贞。巴特马说：“不要以为婆罗门愿意去做这种破贞之事。国王为此事还得付给婆罗门四五百金币。”他还说，在卡利卡特，只有国王采取这种做法，其他人都不这样做。[①] 但是，还有其他一些人去过那里，他们则谈到另外一些情况。汉密尔顿于17世纪下半叶和18世纪早期曾在东印度住过，他写道：“君主娶亲时，必须先把新娘呈献给大祭司。如果大祭司高兴，还可以让这位新娘陪他三夜。在这之后，君主才能与新娘同居。这是因为，新娘之身必须先奉献给她所崇拜的神灵。有些贵族也十分殷勤地把这种贡品献给祭司。但是，普通百姓就享受不到这种殊荣了，他们只能自行取代祭司的角色。”[②]海军上将费尔赫芬曾于1608年去过卡利卡特，他也表示，婆罗门常常给君王或贵族的新娘破贞，而普通百姓则与此无缘。但是，托马斯·赫伯特爵士却有不同的说法。他曾于1626年乘船去东印度，据他讲，过去，在纳亚尔人中，的确有这样一种习

① de Barthema, *Itinerario nello Egypte*, &c. fol. li. a. *Travels of Ludovico di Varthema*, p. 140.

② Hamilton, "New Account of the East Indies," in Pinkerton, *Collection of Voyages*, viii. 374.

俗，就是新娘要与一位婆罗门共度新婚之夜，但这种做法早已废
172 止。而据几年之后于1638—1639年曾在当地住过的曼德尔斯洛讲，婆罗门在马拉巴尔极受尊崇，人们都请婆罗门为自己的新娘破贞，有钱人还会为此而送去极其丰厚的礼物。据罗格温讲，婆罗门还把这种习俗传入科钦地区。男子娶亲时，绝对不得在新婚之夜与新娘同床，而应请一位婆罗门代行此事。如果找不到婆罗门，也应请一位别的人来代替。除了以上这些说法，这方面的记述还有不少，一般都是说，在科钦或马拉巴尔的居民中，习惯上都是请婆罗门为新娘破贞。但是，也有几篇记述，虽谈到马拉巴尔的新娘接受婚外破贞的事，却只字未提婆罗门。洛佩斯·卡斯塔涅达曾谈到过马拉巴尔君主和另一些国王的妹妹们的情况。他说，当这些女孩长到10岁时，其亲属就会请来一位纳亚尔族的青年男子，或是一位武士阶层的青年男子，并送给他一些礼物，使其代为破贞。根据葡萄牙早期的另一份记载，如果一位纳亚尔妇女有两三个年
173 轻的女儿，她也会请纳亚尔人来为每个女儿破贞。根据纳瓦尔的记述，自17世纪下半叶以来，那些对马拉巴尔海岸有所了解的人都说，“新郎娶亲时，往往先不同新娘发生关系，而是先把新娘带到王宫，由国王随意享用8天。期满之后，新郎再去把新娘接回来。如果国王曾恩宠于新娘之身，做丈夫的就会感到无上荣耀，受宠若惊。在其他一些地方，新郎则是把新娘带到他所崇拜的祭司所在的庙宇中，同样住上8日，也同样是为了破贞。”①海军上将雅各

① Navarette,“Account of the Empire of China,”in Churchill, *Collection of Voyages and Travels*, i. 320.

布·范内克称，果阿的大领主娶亲时，通常都要把新娘带到君王那里，请君王同这位新娘共度新婚的头三夜。

据克劳德·怀特先生讲，居住在喜马拉雅山脉东段的不丹人，“有一些奇特的习俗，例如，那里有一种‘酋长权’，女子出嫁，要先送到酋长那里”。不过，他补充说：“这种习俗已为现在的通萨寺院所废止”。[①] 有人曾把旁遮普古城哈拉帕的毁灭说成是上天的一种报应，因为“当地的统治者曾向该城每一对新婚夫妇索取一种特权，并在这种穷奢极欲的生活中犯了乱伦之罪”。[②] 1880 年，比达尔夫少校在一本关于兴都库什诸部落的书中，曾谈到罕萨人的一些情况。罕萨人虽信伊斯兰教，但不大恪守教义。比达尔夫少校写道：“过去，现任统治者的父亲曾实行过领主权。现在，这种做法虽已废止，但从一些有关合赞汗每周都要举行一次纵乐活动的记载来看，这种权利仅仅是暂时搁置了起来，并未正式予以废弃。”[③]

根据传说，在古阿拉伯的泰斯木人中，有一个叫阿木利克的国王，
他给从属于自己的贾迪斯部落下了一道指令：凡有新娘出嫁，都必 174
须先送给他，而后才能与新郎发生关系。根据另一个传说，赛伯伊王国的最后一代国王谢拉赫比尔曾下令，该国女子未经他破贞，均不得出嫁。

人们一直广泛认为，在欧洲封建时代，曾经存在过一种领主权。还有人说，在有些地方，则是教士享有类似的权利。历史学家也谈到过这种权利的存在。研究苏格兰历史的一些早期著作表

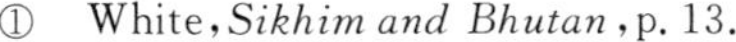

① White, *Sikhim and Bhutan*, p. 13.

② Burnes, *Travels into Bokhara*, iii. 137.

③ Biddulph, *Tribes of Hindoo Koosh*, p. 77.

明，奥古斯塔的同时代君主埃弗努斯三世国王，曾制定过一项法律，规定他以及他的王位继承人可以同任何一位贵族出身的新娘先睡觉；在这之后，她的新郎才能接近她。而且，根据这项法律，苏格兰的贵族们也对其封臣及仆从的新娘取得同样的权利。这项法律曾在苏格兰全境得到严格的贯彻，直至过了整整10多个世纪之后才被中止或废除。当时，圣玛格丽特及其丈夫马尔科姆·坎默不断要求废止这一不合理的习俗，并赢得了胜利。从那时起，封臣和仆从只要交出一笔叫做“婚嫁费”的税金，即可赎回新娘的初夜之身。上面这段史话，最初是由波伊提乌追述的，而后又有一些历史学家也曾讲到过。此外，生活于17世纪初叶的意大利著述家博尼法乔·范诺齐，也曾提到过领主权的事。据范诺齐称，意大利的
175 皮埃蒙特地区以前也有过类似的习俗；他还说，来自罗韦雷家族的一位枢机主教曾告诉他，他家有一份特许状，据此便可得到对家臣所娶新娘实施破贞的特权，但他已亲自把这份特许状付之一炬。这段史话经贝勒在其历史大辞典中加以转述之后，已广为传诵。在俄国，据说地主们直至19世纪还在要求行使这一权利。

另一方面，也有人对欧洲是否存在过任何形式的领主权一事提出质疑。18世纪中叶，格鲁彭就是这样做的。他重新披阅了当时所能得到的材料。他首先探讨的是拉克坦提乌斯的一种说法。据拉克坦提乌斯说，马克西米努斯皇帝曾经做过一个规定：不经他本人同意，任何人不得结婚；这样，他就可以在人们的婚礼上尝鲜了。1个世纪以后，维伊奥又力排众议，对于这个问题上通行观点所持的论据提出了怀疑。接着，卡尔·施密特博士也在一本学术性很强的著作中，对这一问题做了全面、深入的讨论，最后断言说，

对于“领主权”一说的信从，不过是“学术界的一种迷信”。那项据信曾流行于欧洲很多国家的法律，并没有在律书、证书、法令、审讯或辞书中留有任何证据。[①] 18 世纪后半叶，麦克弗森和黑尔斯勋爵宣称，关于苏格兰国王埃弗努斯三世的那段神话般的传说是不 176
符合史实的。赫尔岑也谈到过这种所谓的“领主权”问题。他写道，俄国从来也没有实行过什么“领主权”；假如真有这样的法律，那么，强奸女奴也就不会像强奸女自由民那样受到严惩了。不过，赫尔岑也承认，地主还是可以随意施暴于农奴的妻女而不受任何惩罚。

人们之所以对中世纪有过初夜权这一说法予以相信，主要有两个原因。其一，是家臣（土地租户）每当嫁女时都要向其领主交付所谓的“婚嫁费”，这笔费用被误解为一种赎金，以换回封建领主过去所拥有的、同家臣之女共度新婚之夜的那种权利。这种捐税在苏格兰的古代法律中确实提到过。对此，黑尔斯勋爵做了如下解释：“住在庄园中的下人基本上有两种：一种是租地种田，一种是从事某种杂役，二者相差不多。这些人必须住在庄园内，为领主从事一定的劳役。由于女人总是跟随丈夫住在一起，因此，如果这一等级中的某个女子嫁给某个外人为妻，领主就会失去一部分家产。领主是不会甘心接受这样一种损失的，他会要求赔偿。首先，这名年轻女子的父亲必须付给领主一笔钱，这笔钱差不多要相等于领主对其损失的估价。而且，佃农在其领主的统治下完全处于 177
无权的地位，领主往往会漫天要价，使人不堪忍受。渐渐地，领主

① Schmidt, *Jus primae noctis*, pp. 379, &c.

发现，庄园中既有嫁出去的青年女子，也有娶进来的青年女子，因此，总的说来，这种外嫁婚并没有造成太大的损失。这样一来，领主就将损失索赔转变成一种数额较小的金钱协议。不过，这种协议仍旧保留了旧时的惯例和领主的权利。随着货币内在价值和市场价值的不断降低，上述协议便逐渐地不再收入地籍册和地租账中，或仅仅算入租金总额之中。”[①]关于这种“婚嫁费”在英格兰法律中的情况，梅特兰也曾做过相似的说明：其本意“与其说是保留初夜权，不如说是保留庄园中的家产”。梅特兰指出，向庄园外婚者征收的婚嫁费，通常要比向庄园内婚者所征收的多。他还指出，把儿子入赘到其他庄园去，也是要交付捐税的。梅特兰说：“这种捐税的设置，通常都与防止男孩子们接受神职教育有密切的关系。因为男孩子们接受了神职教育，就可以担任神职，摆脱庄园的束缚。”[②]

还有一个情况也被视为初夜权存在过的证据，这就是：新郎要想得到与新娘共度新婚之夜的特许，就必须向其教会中的主教或其他神职人员交付一笔费用。据说在14世纪时，腓力六世和查理六世曾极力劝说亚眠城的主教们放弃此项旧俗，即放弃向该城及该管区的新婚夫妇征收高额捐税，准予他们在新婚的头三夜实行
178 天地之合；然而，这种劝说并未奏效。其实，交付这笔钱并不是为了赎回曾经给予教会神职人员的那种权利，而是为了取得一种豁免权，这一点是十分清楚的。天主教会曾经规定，新婚夫妇在新婚

---

① Lord Hailes, *Annuals of Scotland*, iii. 12 *sq*.

② Maitland, in a letter quoted by Frazer, *Folk-lore in the Old Testament*, i. 487 *sq*.

之夜应保持贞洁,甚至应当遵照多比司和撒拉的榜样,在新婚头三夜之内都保持贞洁。不过,教士们很快就发现,如果把这项苛刻的教规加以变通,即可从中渔利。于是,他们就准予新郎在新婚第一夜与自己的新娘同床,但要得到这项特权,就要交付一笔适当的费用。詹姆斯·弗雷泽爵士指出:“这就是所谓‘初夜权’的真正含义。这种权利不是给那些淫迭的封建权贵的,而是给妻子的合法丈夫的。”[1]

不过,话说回来,把向封建领主或教会神职人员所交的捐税或费用视为赎金,虽是一种很大的误解,但也必定有其缘由。如果初夜权之事从未发生过,就无法解释人们是何以产生初夜权这种想法的。把这归因于旅行家们从天涯海角带回来的传说,是很难讲通的。普法南施米特博士指出,在历来为克尔特人以及某些与克尔特人交往甚密的民族所居住的地区,人们对于领主权一说尤为相信。他认为,这件事向我们提出一点暗示:传统意义上的初夜权即便在中世纪不曾有过,也可能在古代有过。我对这种看法表示支持,并且提请读者不仅要注意苏格兰古代历史学家的传奇材料,而且还要重视爱尔兰的古代文献。在有关公元283年加布拉战役的记载中,有这样一段文字:阿特的儿子凯尔布有一个眉目清秀、性情温和、举止端庄的女儿。底西斯的国王或领主的儿子想娶她为妻。芬恩和爱尔兰芬尼亚兄弟会的人听说此事之后,即派使者前往凯尔布处,提醒他要交付20盎司的黄金作贡品,否则他们有权在他女儿结婚前夕与她同居。在12世纪中叶开始汇编的爱尔

① Frazer, *op. cit.* i. 501.

兰古代文稿《伦斯特集》中，据说阿尔斯特国王康乔巴享有很高的威望，凡是有女出嫁的人家，都得让女儿同这位国王共度新婚之夜。同样，在另一部于公元1100年左右用爱尔兰语编成的文集《阿尔斯特集》中，也有这位国王为阿尔斯特所有处女破贞的记述。而且据载，为少女破贞还是国王义不容辞的责任。看来，我们这里所涉及的，并不仅仅是统治者强加于人的一种特权，而且还是一种习俗，一种植根于民间意识的习俗。而这种民间意识同我们在世
180 界其他地区所发现的、与新娘或少女的破贞联系在一起的民间意识是很相似的。

关于初夜权在欧洲的事例，有一篇相当晚近的报道，说的是阿尔巴尼亚的情况。布雷斯福德于1903年写道："阿尔巴尼亚的酋长们每年都要从自己所属的村寨中收到一笔贡金，同时，他也必须对这些村寨承担保护。如果某个村寨不在阿尔巴尼亚的势力范围之内，酋长通常就要在这个村寨中建立自己的乡团。团丁可以是阿尔巴尼亚人，也可以不是。如果这个村寨属于某个土耳其地主，团丁则通常是从地主家丁中挑选。这些人被统称为'贝基'，即乡团成员。乡团镇守村寨，要向人们收取大量的现金。此外，还征收某些传统捐税，例如对每一个即将出嫁的少女都要进行一番敲诈勒索。敲诈的金额，则视女方和男方的财力大小而有所不同。如果交不上这笔钱来，'贝基'就要行使初夜权。"①

现在，让我们来看看如何解释上述事实。有人曾把给予祭司或头人的初夜权，想象为古代共有权的一种遗存。不过，在我们取

① Brailsford, "The Macedonian Revolt," in *Fortnightly Review*, N. S. lxxiv. 431 *sq.*

得做这种推论的资格之前,还是应当对那些承认并实行初夜权的民族做一番调查,看看这种推论在情理上是否说得通。这是研究任何一种习俗都应采取的方法。我们现在研究"初夜权"的问题,就更需要采取这样的方法,因为有人总把某种习俗当作过去某一状态曾经存在的证据,而这种历史状态本身却还完全是一种假说。

引起我们注意的第一个事实是,新郎方面往往不愿为新娘破贞,或者说,不愿以自然的方式为新娘破贞。里韦博士在谈到厄瓜多尔的希瓦罗人时,曾写道:"据某些印第安知情人说,未婚夫借助于事先准备好的专用骨具,为其未婚妻破贞,然后才同她性交,使她相信他是有资格有能力的。"[①]在澳大利亚中部艾丽斯斯普林斯 181
一带的土著居民中,做丈夫的在把新娘带回自己营地之后,有时也会用一根小棍对新娘施行这种手术。在萨摩亚,正如我们已经知道的,当众为新娘破贞乃是婚礼中常见的一项仪式。在这种仪式中,新郎是用其食指实施破贞术的。埃及也有非常类似的做法。克洛贝自1840年起曾做过一些有关埃及的记载,他写道:"丈夫用右手的食指为其妻子破贞,手指上包着一块细软的白布手绢……,这块染着血的手绢被展现在父母双亲面前之后,他们便为这女子的贞洁表示庆贺,同时显现出内心无比的欢乐。随后,这块标志着妻子贞洁的血证又被传送到应邀前来参加婚礼的来宾面前。"[②]埃尔-巴克里先生是一位埃及人士,他曾告诉我,埃及的农民至今仍旧如此。

① Rivet,"Les Indiens Jibaros,"in *L'Anthropologie*, xviii. 607.

② Clot-Bey, *Aperçu général sur l'Égypte*, ii. 44.

在另一些民族中，女子在婚前就要经由人为的方法破贞，而且破贞者并不是其未婚夫。在马达加斯加的萨卡拉瓦人中，“一旦母亲认为女儿已经长大、成熟，而她们又还没有破贞，母亲就会让这些女孩子们自己破贞。在女儿还没有自行破贞或通过他人成功地完成破贞之前，父亲是绝对不会把女儿嫁出去的。只有公主才能保持童贞”。[①] 在古代秘鲁的一些省份中，女子定亲之后，人们便把她带到大庭广众之下，由她的母亲当着撮合这桩婚事的亲友的面，亲手为女儿破贞，并将刚刚取得的、表明童贞的物证拿给在场的人看。在堪察加人中，新郎一旦发现新娘是处女，就会对岳母大加责难。因此，做母亲的总是在女儿刚刚长大时，就要为其破贞。
182 在菲律宾群岛，老妇人也常常为年轻女子实施破贞术。在俾路支的贾特人中，老年妇女总是在新人完婚前几个小时，悄悄地用刀片为新娘破贞。据信，新婚之交合是使伤口永久愈合的唯一方法。在中非的瓦梅吉人中，“年轻女子均由某些老妇人为其破贞”。[②] 在英属中非的瓦尧人中，女孩长大后，就被年长的妇女带到灌木丛中举行成年礼，据说其中包括这样一项仪式，即“以机械的方法强行实施扩阴术。术前，人们总是嘱咐这些女子一定要挺住；同时还告诉她们，术后一定要与男子同居。瓦尧人认为，女子在青春期之前，必须经历这种仪式。年轻女子及其母亲都坚信，女子经历这种仪式后，如果不同男子交合，她们就会死去，或是婚后不能生育。

① Noel, “Ile de Madagascar,” in *Bulletin de la Société de Géographie*, ser. ii. vol. xx. 294.

② Roscoe, “Notes on the Manners and Customs of the Baganda,” in *Jour. Anthr. Inst.* xxxi. 121.

女孩的父亲选择强壮的男子（不过往往是上了年纪的人），给他钱，要他为女孩破贞。这在成年之前是必须的，但交合不可致孕”。[①]在澳大利亚的很多部落中，年轻女子是由未婚夫之外的一些男子来实施破贞的。我们随后将会发现，这种破贞完成之后，还要进行性交。

在有些民族中，年轻女子经由婚外性交而破贞，丝毫不意味着
破贞实施者有什么权利，而是因为做丈夫的对于破贞之事极力回 183
避。在中非的阿津巴兰，当一个未婚女子经过“跳舞”（即成年仪式）之后，其父“就必须在当晚找来一名男子与其女儿同居，为其女儿破贞。为此，做父亲的须付给这名男子一只鸡、一碗面粉和一小碗啤酒。其女在同这名男子睡过一夜之后，便不再同他有任何关系了”。[②] 在英属中非约翰斯顿堡附近的一些部落中，“新郎娶来新娘之后，先请一位朋友为新娘‘破身’，而后才与她同床。据说，新郎是请朋友来‘尝味’的。”[③]在新喀里多尼亚，“当丈夫不能或者不愿为妻子破贞的时候，即付报酬请人来为妻子破贞。这些人可谓是应邀行破贞术的专职人员”。[④] 当外界刚刚发现菲律宾群岛时，当地人也认为，女子保持童贞，就会妨碍出嫁。因此，社会上曾有一种专职为少女破贞的人，他们为此还要收费。不过，这种专司破贞的人在 17 世纪时就不见了。在南印度尼尔吉里山区的托达

---

① Johnston, *British Central Africa*, p. 140.

② Angus, "The 'Chensamwali' or Initiation Ceremony of Girls, as performed in Azimba Land," in *Verhandle Berliner Gesellsch. Anthr.* 1898, p. 481.

③ Stannus, "Notes on some Tribes of British Central Africa," in *Jour. Roy. Anthr. Inst.* xl. 309.

④ Moncelon, in *Bull. Soc. d'Anthr.* Paris, ser. iii. vol. ix. 368.

人中，女孩刚刚长大，人们就要从其他氏族中找来一个体格健壮的男子，“请他在村里住上一夜，与这个女孩同居。这件事必须赶在青春期之前做。如果一个女子过了青春期还没有举行这种仪式，就会被人们视为极大的耻辱，在其以后的一生中，还会因此而遭受指责和辱骂。有人甚至还说，即使有的女子举行过这种仪式，但如果时间不当，人们也会拒绝娶其为妻”。[①]

184 我们在前面讲过，很多人在谈到马拉巴尔时，都把为少女破贞一事说成是婆罗门专有的一种权利。不过，也有一些不同的说法，这些记载可追溯到16世纪初。阿尔瓦雷斯·卡夫拉尔说，纳亚尔妇女只要还保持童贞，就没有人娶，因此，她们总是求人为自己破贞。巴尔沃萨说，也有做母亲的请一些年轻男子为女儿破贞的，因为纳亚尔人认为，为女子破贞乃是一件有损名誉的不洁之事。耶罗尼莫·迪·桑托·斯特凡诺在15世纪末曾对纳亚尔人做过记载。他写道：“男人从不娶处女为妻。如与处女订婚，则须在举行婚礼前把她交给别人，留住15至20天，以便为她破贞”。[②] 看来，现存于纳亚尔以及同一地区其他种姓之中的“模拟婚仪式”，很可能就是这种婚前破贞的一种遗存形式。当地女子在成年之前，都要经过这种仪式。其主要内容就是由这名女子的名义丈夫给她在脖子上系一个“塔里”(tali)，即一个“小金饰”。这个男人在操办完仪式并领取一定酬金之后，便会立即离去。他并没有因此而取得对这名女子的婚姻权。而且，在不少地方，一名男子只要给一名女

① Rivers, *Todas*, p. 503.

② *Account of the Journey of Hieronimo di Santo Stefano*, p. 5.

子系过“塔里”之后，就永生不得娶她为妻。

为了说明这种仪式，人们提出了各种理论。亨利·温特博特 185
姆爵士认为，早年间，马拉巴尔的婆罗门曾有权享有“童身”(first fruits)，而由婆罗门破贞也被每个纳亚尔少女视为一种殊荣。现行的这种仪式即是源出于这一时期的一种遗存形式。也有人反对此说，他们提出，这种仪式也实行于地位较低的一些种姓之中，而婆罗门并不同这些种姓的女子同居；而且，虽然现在是由一些年长的婆罗门为纳亚尔女子系“塔里”，但是在有关此种仪式的最早记载中，人们并没有提到婆罗门当“新郎”的事。不过，我们并不能由此否认“模拟婚仪式”是破贞习俗的一种遗存形式。很多记载都表明，为女子破贞的事在纳亚尔人中曾盛行一时。当然，我们也说过，破贞并不一定都是由婆罗门来实施的。卡斯塔涅达在讲叙一个纳亚尔种姓的青年男子为国王的妹妹破贞的故事时，明确地将破贞同系“塔里”的仪式联系起来。他指出，此事做完之后，这名青年男子便将一件珠宝饰物挂在女子的脖子上。女子在其以后的生中，都要时时戴着它，作为一种标记，表示自己可以委身于所爱之人。不经过这种仪式，就不能嫁人。根据另一位葡萄牙人早年对纳亚尔人所做的记载，男子为本种姓的女子破贞，须和她在一起住4天，然后在她脖子上挂一个用金子做的所谓“奎特”

(quete)，作为破贞的标记。巴尔沃萨的说法则不那样明确。他也 186
是从同一时期讲起的。据他讲，纳亚尔女孩长到十来岁时，做母亲的就会求亲友娶自己的女儿为妻。新郎遂将一个金质的小饰物挂在这个女子的脖子上，此后，“她就必须随时戴着这个饰物，作为一种标记，表示自己可以自由行事了”。这名男子，“如果是女孩的亲

戚”，待挂完饰物之后，就离去了，连碰也不碰女孩；如果不是女孩的亲戚，“他又愿意留下来，就可以留下来一起过；如果不愿意留下来，也可以离去。从那时起，做母亲的总要四处奔走，乞求年轻男子为女儿破贞”。[①] 即使从这段记载来看，为女子系“塔里”同为其破贞之间，也有一定的联系，只是如果系“塔里”的人是一位亲戚的话，则须由他人实施破贞。布坎南也曾去过马拉巴尔，不过那是很晚的事了，是在1800年。他写道：“为了不使女子经由一般的自然方式破贞，纳亚尔人不到10岁时就结婚了。婚后，丈夫也从不同妻子同居。夫妻同居被认为是很下流的事。”[②]大约半个世纪之后，格劳尔指出，当时，为女子系“塔里”的男子要同这名女子一起住四个晚上，直至第五天早上，女方的叔伯或兄弟向他赠礼之后，他才离开。不过，如果系“塔里”的人是一位享有特殊荣誉的半婆罗门，那么，只要他给一个女孩系完“塔里”之后，他们之间就没有任何关系了。即使今日，在某些民族中，例如在帕杜瓦尔人中，举行完系“塔里”的仪式之后，似乎还要接着举行模拟完婚仪式。而科钦的伊扎万人（亦称蒂扬人），不久前还允许“模拟婚仪式”的新郎在新娘家留住数日。我们还可以发现，这种仪式在某些方面同
187 奉献“庙妓”的仪式甚为相似。如果我在这里提出的假说无误的话，那么，在女孩颈上系“塔里”的目的，就可以解释为提供一种能起保护或净化作用的东西。巴尔沃萨说过，破贞乃是“不洁之事”，因此就需要有一些保护或净化措施。时至今日，如果一名女子未

① Barbosa, *Description of the Coasts of East Africa and Malabar*, p. 124 *sqq.*

② Buchanan, “Journey from Madras,” in Pinkerton, *Collection of Voyages and Travels*, viii. 737.

举行这种仪式即已发育成熟，那么，从宗教上看，这仍是一件很不好的事。

在有些地方，破贞的事是由外国人来实施的。费尔赫芬指出，卡利卡特的领主或贵族结婚时，要么是雇一名婆罗门来，要么是雇一位白人来，让他与新娘共度新婚第一夜，此后还要支付给他四五百枚弗罗林作为酬金。罗格温也曾谈到科钦的这种习俗，即新娘要由一位婆罗门来为她破贞，如果当地没有婆罗门，就找一位别的什么人。接着，罗格温写道：“从前，这对居住在当地的那些外国人来说甚为有利。马拉巴尔人都愿意找他们，而不大爱找本国人。而且，马拉巴尔人为此所馈赠之礼也甚为丰厚，有时多达五六百枚弗罗林。但是后来，这一财源就差不多枯竭了。这是因为婆罗门对此事很是在意，他们把实施破贞视为自己的职责，而决不愿在这方面遭到冷落。”[1]据奥利里乌斯讲，马六甲一带的居民很偏爱外国人，甚至求外国人同他们娶来的新娘共度新婚之夜，以便为其破贞。巴特马说，丹那沙林的国王同卡利卡特的国王不一样，不是请婆罗门，而是请白人（不管是基督徒还是摩尔人）为自己的妻子破贞。巴特马还用他们一行人的个人经历，对此做了说明。巴特马 188
著作的英译者写道，类似的习俗在缅甸各邦也很盛行，这一点已为后来的作者所确认；而且，直至最近一个时期，这方面的实例仍有不少。范林斯霍滕曾于 1583 年东航印度，他写道，在勃固王国，“绅士显贵们娶亲时，都要找来一位朋友，或是一位生人，恳求其与

① Roggewein, loc. “An Account of Commodore Reggewein's Expedition,” in Harris *Navigantium atque Itinerantium Bibliotheca*, i. 297.

新娘同度新婚第一夜，并为新娘破贞。绅士显贵都把这看作是自己的极大喜事和荣耀，看成是有人代自己吃了苦，受了罪。这一习俗不仅在该国的绅士和达官显贵中实行，而且连国王本人也是这样做的。”[1]理查德在谈到 18 世纪阿拉干的居民时，曾讲道：“人们并不把保持童贞当成一种美德。男人们宁可冒险给别人的孩子当父亲，也不愿找一个黄花闺女。因此，人们一般都是出高价请荷兰水手去干这种不名誉的破贞之事。”[2]我们在前面也曾谈到马可波罗说过的一种西藏风俗，即老年妇女一见有陌生人路过，就把自家或亲戚家未出嫁的女孩带出来，交给愿意要的人。

在有些民族中，据说还有父破女贞的习俗。这种习俗被认为是为父者的一种权利。赫波特在 17 世纪后半叶写道，僧加罗族的男子在女儿出嫁时，先要亲自与女儿同睡，其说法是：种树者，先尝果。米克卢霍－马克莱也曾听说，在马来半岛的萨凯人中，做父亲
189 的对长大后的女儿拥有初夜权。他还听说，东摩鹿加也有这种习俗。但是，我们很难确信这种习俗真的是某种父权的体现。父亲与女儿的性接触更可能是为了使女儿能够嫁出去。

新郎为什么不愿同保持童贞之身的新娘交合呢？有人说是为了避免麻烦。这种说法虽然得到少数实地调查者的支持，但最多也只适用于极其有限的范围。新郎之所以不愿同保持童贞之身的新娘交合，主要还是出于一种具有迷信色彩的恐惧感，这是显而易见的。在火地岛上的雅甘人中，新郎在婚后如果还想吃羊驼或海

---

① *Voyage of J. H. van Linschoten to the East Indies*, i. 99.

② Richard, "History of Tonquin," in Pinkerton, *op. cit.* ix. 760 *sq.*

豹的肉，就必须在完婚后的第二天早上到海水中沐浴，使自己净化。而到海水中沐浴又往往会使新郎生病，尤其是在冬季。我们还知道，纳亚尔人把破贞看作不洁之事。14 世纪中叶过后不久，有一部《约翰·蒙德维尔陆海旅行记》问世。据这部最著名的中世纪游记讲，在远东的一个海岛上，有这样一种风俗，即新郎并不同新娘共度新婚第一夜，而是请他人代行此事，并以金钱酬谢。在该 190
岛的每一个城市里，都有一种专职为新娘破贞的人，当地人称之为“卡德伯里兹”（Cadeberiz），意即破贞者。当地人认为，为女孩破贞是一件大事，又是一件很危险的事，因此，破贞者为少女实施破贞之后，自己在生活中就会充满危险。当地居民把破贞习俗解释为古代遗留下来的一种风习。古时候，“当地人很怕为少女破贞，认为女子体内藏有毒蛇，男子一旦接触，即会死去。”[①]我现在还不能找到这种迷信的由来，但这总不会是出自中世纪著述家自己的想象吧。

对于破贞的恐惧显然是同对初婚之血的恐惧密切相关的。在吠陀文学中，新婚之夜所出之血被描述为毒液和祸根。德国有一种古老的习俗，婚后第二天早上，人们要给新婚夫妇送去一些新衣服。这种习俗可能也是出于类似的想法。人们认为，新婚夫妇会处于一种险境之中。罗查斯在谈到新喀里多尼亚人时，曾这样写道：“喀里多尼亚女人对第一次同男人亲密接触很是害怕，而对于文明社会的妇女来说，她们已经摆脱了这种迷信的恐惧。新喀里多尼亚女人如果不按照传统的做法，通过巫师施予的圣洁之水（当

① *Voiage and Travaile of Sir John Maundevill*, p. 285 *sq.*

地人称 virginal)进行正式洗礼的话,她们是绝不会同男人发生性关系的。"[1]还有人认为,初婚之血会危及后代。在摩洛哥的安吉拉,有些新郎特别注意在破贞时,不使新娘受孕,因为很多人都认为,如果精液沾上血,胎儿就会致病。在斯瓦希里人中,婚礼当日,
191 新郎只同新娘交合而不射精。据乔宾斯基讲,乌克兰的新郎在给新娘破贞时,同样也克制自己,不立即完婚。

有人可能会问:如果说破贞被视为一件危险的事,那么,怎么还会有人代新郎来实施破贞呢?我们说过,破贞者往往都会得到一笔酬金。但即使撇开这一事实不谈,这个问题也是能够得到很好解释的。我们在下面一章中将会讲到,人们普遍认为,当新郎的总是处于一种险境之中,特别容易中邪。因此,对于新郎来说是很危险的事,如果让其他人去做,危险就小得多,甚至可能没有什么危害。这样,破贞的事有时就由外国人来做,因为外国人可能没有本地人对此事的那种恐惧;有些地方又由圣职人员来做,因为他们的神圣性能使自己做那些对凡人有危险的事时不受任何伤害。根据古代文学中的说法,只有祭司才能使新娘的衣服得到净化,正如只有祭司才能手触牲血而不受污染一样。

人们请圣职人员为新娘实施破贞,不仅是因为他们不会遇到危险,而且还因为这样可以有益于新娘,或降福于新婚夫妇。很多人都认为,同圣职人员交合是一件大有裨益的事。埃格德曾说过,在格陵兰,如果一位土著妇女得到"安吉科克"(即"先知")的一番抚爱,就会认为自己十分幸运。有时,做丈夫的甚至还会因为"安

---

① de Rochas, *La Nouvelle Calédonie*, p. 235.

吉科克”同自己的妻子交合而付给他钱。这是因为人们相信，圣人的孩子日后一定会比别人的孩子生活得更幸福、更美满。谢尼埃曾谈到过摩洛哥得土安地方的一位圣职人员，说他有一次曾拉住一位年轻女子，并在当街同她交媾。“她的女伴们在周围站着，发出欢快的叫声，祝她交上好运。同时，人们还来到这位女子的丈夫
那里，对他表示祝贺。”[①]在吕基亚的塔奇塔德希人的某些部落中，192
每年都要举行一次宗教聚会。聚会期间，“狄德”有权同他看上的任何女子发生关系，而这些女子的丈夫“则因此恩宠而甚感荣耀”。[②] 在亚美尼亚的耶西德人中，大教士们常常外出巡游。每当他们“来到一个村寨，准备停留一两日时，都要立即挑选年轻漂亮的女子为妻。有幸入选的女子日后就被尊为圣人或神灵。如果碰巧能够生个儿子，则儿子长大后也可以去当教士”。[③] 大教士们在与其妻度过新婚之夜以后，可能就再也不会与其相见了，甚至可能连一丝挂念也没有，但是，大教士们的后继人要想得到前任所遗弃的女子，就必须交付一笔巨款。我们从《摩诃婆罗多》一书中了解到，常有一些王公贵族或英雄豪杰把自己的妻子或女儿敬献给潜心修行的隐士，以求隐士赐给她们一个具有隐士德行的男儿。可以说，“所有印度人都深信：得到僧人的骨血，就能得到僧人再生的德行。”

巴特马称，卡利卡特的国王在外巡游时，往往请一位婆罗门“留在家中，与王后陪住，尽管这位婆罗门也许只有 20 岁的年纪。

---

① Chénier, *Present State of the Empire of Morocco*, i. 187.

② Petersen and Luschan, *op. cit.* p. 199.

③ Creagh, *Armenians, Koords, and Turks*, i. 154 *sqq.*

如果婆罗门能够亲近王后，国王就会感到极大的恩宠”。[1] 据曼德
尔斯洛讲，在马拉巴尔海岸，高官显贵离家外出时，不管要走多长
时间，差不多都要把家人，特别是妻子，托付给一位婆罗门，请他替
代自己的位置。如同这些想法和做法一样，人们认为，新婚之夜请
193 婆罗门与新娘同睡也是大有益处的。托马斯·赫伯特爵士称，纳
亚尔人认为，“要想成为要人，就须有圣人传种。”[2]居永告诉我们，
在马拉巴尔，新郎娶亲，须先将新娘送给一位婆罗门，他们认为只
有这样，婚姻“才会美满幸福”。[3] 事后，新郎往往还要再向这位婆
罗门表示酬谢。根据纳瓦雷特的说法，新郎娶亲，要把新娘送往寺
庙，由他所崇拜的祭司实施破贞。破贞后，人们就认为新娘身上的
邪气已被除去，“于是新郎便高高兴兴地把新娘带回家中”。[4] 齐
克里人也是这样。他们认为，新娘同毛拉交合之后，即可除去邪
气，得到净化。从新娘方面来说，与圣人交合所得到的最大、最明
显的好处，就是得以净化，或者说是，消除了危险。这里应当补充
的是，请陌生人破贞，据认为也是有益于新娘的，陌生人往往被看
成是一种近乎于超自然的存在。

显然，给予祭司的所谓“初夜权”，也是基于某种颇为相似的观念，至少在很大程度上是这样。以下事实可以说明这一点：哪里风行这种观念，哪里就有“初夜权”；在实行破贞习俗的地方，有人把这说成是实施某种权利，也有人把这说成是施与恩宠或履行职责，

① *Travels of Ludovico di Varthema*, p. 144.

② Herbert, *op. cit.* p. 337.

③ Guyon, *op. cit.* i. 431.

④ Navarette, *loc. cit.* p. 320.

需要予以回报；即使有些地方把破贞称为一种权利，在那里，为新娘破贞的人也会指望由此而有所收入。冯·马蒂乌斯曾谈到巴西某些部落的“帕热”所拥有的“初夜权”，他说，这种“初夜权”很可能是基于这样一种信念，即女人的身体是不干净的。这种观念在众多原始部落中甚为普遍。很多事情原本只是一种习惯，但往往会被人们说成是一种权利，或者会真的变成一种权利。酋长或国王拥有的“初夜权”，可以说就是这种情况。人们之所以求他们帮助，其原因同人们之所以求祭司实施破贞的想法大同小异。M. 马尔 194
什在谈到巴兰特国王的领主权时，曾说：“甚至这不是为了满足国王的欲望，确切地说，只是为了女儿能获得结婚的资格。然而，这也是国王的职责。因为如果不经过他破贞，处女就不能结婚。这就使父亲不得不把自己心爱的女儿当作礼物献给国王，并且乞求国王恩赐，因为女儿们正在期待着国王授予她们结婚的权利。”[①]在爱尔兰古代文稿中，作为“德鲁伊德”[②]的卡特巴德曾说，国王康乔巴有权同库丘林所娶的新娘共度新婚第一夜。

但是，假如为新娘破贞之事不是那么诱人的话，人们也就根本不会把这看作一种权利了。我们不能相信，酋长或祭司同他人所娶的新娘睡觉完全是出于无私的动机。依仗强权实施破贞的事也是有的。从起源上看，酋长的“初夜权”与某些酋长随意与其所属女子同居的权利，颇有相通之处。据沙勒瓦讲，在瓜拉尼人中，酋长随时有权享用下属之女。在马绍尔群岛，酋长只要说句话，其属

---

① Marche, *op. cit.* p. 70.

② 德鲁伊德（druid），古代克尔特人中一批有学识的人，担任祭司、法官等职。——译者

下之人就会把自己的任何家产，甚至包括妻女在内，都送给酋长享用。在该群岛最南端的贾卢伊特岛，地位高的人有权占有地位较低的人的妻子。在夏威夷群岛也是这样，酋长可以有权占用本地的所有姑娘，而且，“宫廷里的人有时也强占农家之妻。”[①]在马克萨斯人中，“在层次相同的大酋长当中，或者身居高位的同级首领
195 之间，已婚、年轻者均可共享同一妻子。”[②]在汤加，酋长可任意占用下层妇女，如果她们的丈夫进行抵抗，酋长甚至可以向其开枪。在毛利人中，酋长想娶谁的妻子就一定要娶谁的妻子，必要时还会强娶强夺，而不管这位女子及其家人的意愿如何。在马达加斯加，国王和王公贵族有权处置其领地内的所有女子。关于巴罗策人，霍勒布博士写道：“国王对其属民拥有不容置疑的种种权力，他可以用任何方式将任何一个臣民处死，或把他沦为奴隶；他还可以占有别人的妻子，只要再给这个人找个妻子作替补就行了。”[③]根据博斯曼的说法，在菲达的黑人中，国王的侍从们有一项任务，就是不断地给国王选送妻子。只要他们一见到美貌的少女，就会立即献给国王。对此，臣民们谁也不敢说个“不”字。在达荷美，所有女子均属国王所有。每个女子在出嫁前，均须先送往国王处。国王如果喜欢，就会把她留在宫中。马可波罗在谈到古代的昌巴王国（该王国包含今日所称的交趾支那的很大一部分）时，曾说道：“不经国王过目，任何女子不得出嫁。如果被国王看上了，国王就会娶

① Malo, *Hawaiian Antiquities*, p. 91.

② Tautain, “Étude sur le marriage chez les Polynésiens des îles Marquises,” in *L'Anthropologie*, vi. 645.

③ Holub, *Seven Years in South Africa*, ii. 160 *sq*.

之为妻；如果没被国王看上，国王就会送给她一份嫁妆，使其嫁人”。[①] 我们还有理由相信，在相当晚近的时代，在印度西北诸邦边境上的土著国家里，有些王公贵族在其每年一度的巡游中，总是坚持要各土著部落为他们选送美女。在库基人中，人们对其国王 196
有一种近乎迷信的尊敬，“凡村中女子，无论婚配与否，随时听凭国王享用。”[②]我们听说，有些祭司也有类似的权利。湿婆教中有一种四处巡游的祭司，人称“乔古摩”，大都是独身者。这种祭司来到谁家，谁家的男人就得走开，暂居他处，而把自己的妻女留给这位圣者。这位圣者在他家住得越久，据说对他就越有好处。在泰卢固人中，有一支从事农业的种姓，叫做“托蒂扬人”。据一部旧时的专著讲：“在他们(托蒂扬人)的种姓中没有婆罗门，却有一种叫‘笈录’(guru)的人。这些人享有各种特权，其中之一就是可以随意与其门徒的妻子睡觉。”[③]在毛利人中，“拥有祭司权力的人想要哪个女子，只要提出来，差不多就可以弄到手。”为我们提供这一材料的贝斯特先生还说，他在墨西哥也见到过这种事。[④] 祭司之所以被赋予这样的特权，不仅是由于他们身上有一种神奇的色彩，而且也有满足其欲，以使其心平气顺，多发善心的用意，还可能是出于一种真正的敬意。

无论某个酋长或某个祭司所拥有的“初夜权”究竟是源于普通

---

① Marco Polo, *op. cit.* ii. 268.

② Dalton, *Descriptive Ethnology of Bengal*. p. 45.

③ Nelson, *View of the Hindū Law*, p. 141.

④ Best, “Maori Marriage Customs,” in *Trans. and Proceed. New Zealand Inst.* xxxvi. 64.

百姓对初婚之血的恐惧，还是源于人们希望通过与圣者或权贵交媾而获得好处的想法，抑或是源于拥有这种权力的人的性欲，有一点则是肯定的，即："初夜权"乃出于酋长或祭司的个人特质与个人权威。这样，就不能把"初夜权"看作古代共有权的遗存了。不过，也还有这样的情形：与新娘或未婚女子交合，包括为其破贞的权利，不是赋予一个人，而是由数人分享的。这些人既可以不是酋长，也可以不是祭司。这种情况同样也被视为自从妇女不再为社会公有之后，人们为建立个体婚姻而进行赎身的一种表现。

197 希罗多德曾说："当一个纳撒摩涅司（纳萨莫尼亚）的男子第一次结婚时，在第一夜里新娘必须按照习惯和所有来宾依次性交。而每一个男子在和她性交之后，便把从家中带来的礼物送给她。"[①]庞波尼乌斯·梅拉在谈到利比亚人的另一个支系昔兰尼加的奥吉拉人时，曾写到，他们有这样一种很庄重的婚俗，新娘在新婚之夜要委身于所有宾客。人们认为，新娘在这个晚上结交的人越多，就越荣耀。不过，过了这个晚上，新娘就会格外注意贞洁了。索利努斯也曾提到奥吉拉人的这一习俗，他的说法是，新娘在新婚之夜被迫与别人通奸。据西西里的狄奥多罗斯讲，在巴利阿里群岛，亲友们参加了新人的婚礼之后，先由其中最年长的同新娘睡觉，然后，其他人再按年龄大小依次与新娘同睡。在这之后，新郎才终于有幸与新娘交合。加尔西拉索·德·拉·维加则说，在秘鲁的某些省份，"新娘必须先同其近亲和好友性交，然后才允许出嫁，嫁到丈夫家中"。他还说，佩德罗·德·谢萨也曾谈及这一情

① 希罗多德：《历史》，商务印书馆1959年版，第4卷第172节。

况。[①] 不过，后者所说的并不是秘鲁印第安人的情况，而是新格拉纳达印第安人的情况。加尔西拉索在其《纪事》一书的另一章中，还谈到曼塔地区土著居民的情况，他写道：“当地人结婚有一条规则：新郎只有在其亲友与新娘温存一番之后，才能与她完婚。”[②]我们在前面也曾说过，在古巴的加勒比人中，酋长或地位稍低的人娶亲，并不在新婚之夜与新娘同居，而是让应邀参加婚礼的、与自己 198
地位相同的人与新娘同睡。在波多黎各土著居民中，“新娘在新婚之夜要先同与自己丈夫地位相同的人交媾。这种习俗不仅实行于酋长及其下属之中，而且也实行于普通百姓之中。”[③]冯·朗斯多夫说，在马克萨斯群岛的努库西瓦岛，“有名望的人家在女儿出嫁时，都要宰杀很多头猪，还要邀请所有亲朋好友前来聚会。在婚礼上，每位宾客只要征得新娘的同意，即可与新郎分享新婚之夜的欢乐。婚宴一般都要持续两三天，直至把猪肉全部吃完才告结束。从此以后，新娘就必须断绝同其他男人的性关系，只同丈夫交合。”[④]陶坦博士提到，马克萨斯群岛的其他岛民中也有类似的习俗，他说：“随着新郎的一个手势，所有前来参加婚礼的男人聚拢起来，顷刻间排成一个长长的纵队，他们边唱边跳，并且一一来到新娘面前，以示庆贺。这时，新娘躺在一个专为喜庆用的石砌高台(paepae des koika)的角落里，头倚靠着新郎的双膝，他们以这种

① Garcilasso de la Vega, *op. cit.* i. 59.

② Garcilasso de la Vega, *op. cit.* ii. 442.

③ Fewkes, "Aborigines of Porto Rico and Neighboring Islands," in *Ann. Rep. Bur. Ethn.* xxv. 48.

④ v. Langsdorf, *Voyages and Travels*, i. 153.

夫妻的样子接待着所有的来宾。逐个庆贺以年纪最大的老人以及地位和排行最低者开始，以最高的头领结束。最后，丈夫领着妻子进入新房。”①

从上述作者自己提供的这些材料来看，我们无论如何也看不出这些习俗具有他们所说的那种意义。我们倒是有充分的理由认为，这些习俗同我们已经讨论过的一些习俗有密切的联系。谢萨·莱昂和加尔西加索·德·拉·维加曾讲到，在这些国家的各个部落中，新娘与其亲友发生婚前性交的习俗同母亲为其女儿实
199 施人工破贞的习俗是交互发生的。这一点很有意义。我们在前面刚刚提及的那种古巴习俗，就是同酋长或祭司为社会最下层的新娘实施破贞的事放在一起讲的，而且，作者明确指出，应邀参加婚礼的宾客与新娘交合，乃是他们的一种责任。在利比亚人中，我们发现，新娘与婚礼上的宾客交媾的习俗是同国王为新娘破贞的做法交互出现的。如果说新娘同祭司或酋长的交合意在免除新郎所面临的危险，那么，同婚礼上的男宾交媾也是希望达到与之类似的目的。有人可能会说，根据利比亚的这一习俗，参加婚礼的宾客均须向新娘赠送礼物，这是很难同为新郎驱邪之说相吻合的。但是，礼物可被视为幸运之物，摩洛哥人在婚礼上送给新娘的银币，即含此意。此外，这一古老习俗延续至今，可能已不再含有最初时的用意，而带上了某种实利目的。如果有谁坚信参加婚礼的宾客与新娘的交媾是共有婚的遗存形式，那么他就必须解释：实施一种权利，何以还要付钱。麦克伦南在谈到艾夫伯里勋爵把有关习俗解

① Tautain, *loc. cit.* p. 642.

释成“为建立个体婚姻而赎身”的说法时,曾说道:如果这种习俗源于古代共有权的话,享受这种特权的便只有新郎方面的男性亲属,然而情况并不是这样。这方面的材料大多都未谈及享有这种特权的男人究竟是新郎的亲友,还是新娘的亲友。据说,在曼塔是新郎的亲友。不过,如果有谁想把这一点作为艾夫伯里理论的证据,那他还应当注意到,在同一地区的另一些地方,在婚礼上同新娘交媾的,都是“新娘的近亲和挚友”,[①]而有的新娘则是由母亲为其实施破贞的。

在有些民族中,据说女子在出嫁前惯于通过卖淫来挣得嫁妆。200
阿尔及利亚的乌拉德奈德人就是这种情况,在古代腓尼基人、塞浦路斯人、吕底亚人和埃特鲁斯坎人中,也有这种情况。同样,在新大陆方面,在路易斯安那的纳切斯人中,以及在尼加拉瓜和危地马拉,也有这种情况发生。不过,我们有理由相信,这种卖淫并不仅仅出于经济方面的考虑,它在起源和目的上,同我们刚刚谈及的某些婚俗很是相近。这种情况尤可见诸实行其他破贞方式,而不是由丈夫为妻子破贞的民族或地方。据《犹大见证》(*The Testament of Judah*)所载,“阿莫里特人有一条法律,规定女子在出嫁前,须在家门口坐上 7 日,以待有人前来私通。”[②]在卢安戈沿海居住的姆菲奥蒂人有这样一种习俗:女子到了婚龄,就穿上长袍,被人领着一个村子一个村子地走,每到一处都要唱歌跳舞,推销“初夜权”。

说到这里,我们还应当再提一下澳大利亚的某些习俗。在昆

① McLennan, *Studies in Ancient History*, p. 341.

② “Testament of Judah,” in *Testaments of the Twelve Patriarchs*, *trans*, *by* Charles, p. 81.

士兰的一些部落中，当一名少女显露出青春期的征候时，就会有两三个男子将她挟持到丛林中，并把她摔倒在地，由其中一个人用手指强行扩阴。这时，“另外一些人便从四面八方跑来。受难的女子虽已痛苦万状，却还要遭受身旁所有这些‘壮汉’的轮奸。……从
201 这以后，她就可以获准结婚了。”[①]在澳大利亚的很多地方都可以见到类似的习俗。斯潘塞和吉伦说，他们曾在澳大利亚作过一次考察旅行，旅行从南部的乌拉本纳开始，中经大陆腹地，北至卡奔塔利亚湾的西岸。在他们考察过的所有部落中，女子在举行扩阴仪式之后，或迟或早都要被交给某些男子，这些人有权和她发生性交。在这之后，女子才能成为某个男人的财产。同未婚女子交媾的那些人，并不都是和其未婚夫同属一个婚级的人，也有一些平时根本不得接近的人，在大多数部落中，甚至还包括同一部落的兄弟。据斯潘塞和吉伦说，这种习俗“无疑反映了远古时代的婚姻关系。这种关系要比现行婚姻关系松弛，甚至同现行婚姻关系的前身群婚相比，也更为松弛”。他们还说，这种习俗即使不能直接证明古代乱交关系的存在，也仍“具有很大的说服力”。[②] 然而，这不过是受艾夫伯里的“赎身说”影响而提出的一种推想；至于当地人自己是怎样看待这个问题的，他们则一句话也没有谈到。据罗斯博士所述，当地土著人在谈到“扩阴”这一习俗的原因时，最常说的一点就是，“使实施者成为一名‘汉子’。采用这种做法，不仅像男人们所说的那样，可以避免使女人怀上胎儿，而且还像女人们所说

① Roth, *op. cit.* p. 174 *sq.*

② Spencer and Gillen, *Native Tribes of Central Australia*, p. 111.

的那样，可以避免使实施者为人之父”。[①] 至于随后进行的性交是否也出于类似的考虑，罗斯博士则未讲到。在上面提到的某些情 202
况中，有人根据某些奇特的理由，认为女子在人工破贞或扩阴之后，必然会同某个男子同居。同样，也有人把澳大利亚土著人实施扩阴术后所进行的性放纵活动，令人不解地归因于当地特有的信仰，虽然他们并没有说出这些信仰是什么。在另一些情况中，有人认为婚外性关系的原因在于巫术上的某些意义。根据斯潘塞和吉伦的说法，“在举行某些仪式的时候，常常会聚集很多的土著人，其中有些人还是从远处赶来的。在这种时候，往往允许人们实行很大程度的性放纵。事实上，所有婚姻常规在这时候似乎都被搁置一旁了。人们认为，性交可以有助于仪式的顺利进行，可使人万事如意。”[②]加森在谈到迪埃里人时，曾谈到某种“难以说出口的风俗习惯”。他认为这种习俗十分淫秽，令人不齿，因此，他只是这样一带而过：“这种习俗引来很多野狗，引生出很多毒蛇，并使年轻男子格外亢进。”[③]罗斯博士则明确指出，昆士兰的土著人认为，女子被扩阴后所流之血与随后被轮奸时所注入的精液混在一起，可有治病的功效。因此，每当这时，营地中生病的人总会来喝这混合液。不过，除了迷信之外，人们在扩阴术之后实行性放纵，就像在其他某些场合实行性放纵一样，也有贪图色欲的原因。艾尔曼博士说过，虽然每个长老都有好几个妻子，而且这些妻子大多也很年轻，

① Roth, *op. cit.* p. 175.

② Spencer and Gillen, *Northern Tribes*, p. 136 *sq.*

③ Gason, "Manners and Customs of the Dieyerie Tribe," in Woods, *Native Tribes of South Australia*, p. 280.

但长老们仍旧色欲十足,常常搞一些纵欲性的聚会。在这些聚会
203 上,通常的道德准则被搁置一旁,通奸活动不仅得到许可,而且还带有强制的性质。在迪埃里人中,“每当有一批年轻女子长大成人之后,都要举行一种叫做‘维尔帕德里纳’(Wilpadrina)的仪式。在这种仪式上,长老们可以提出并实施对这些年轻女子的占有权。”[①]马修先生说,在昆士兰的卡比人中,曾有这样一种聚会,其时,营地中的长老们似乎总要提出某种类似于初夜权的要求。D.坎贝尔先生说,在南格雷戈里地区,部落中的长老也有这种权利。据说,在复活节岛,老人们有权为当地所有女子破贞。

澳大利亚也有类似情况,不过属于另一种类型,即在新郎同新娘成亲之前,先由一群男子同这个女子交合。J. M. 戴维斯先生说:“在新南威尔士以及里弗赖纳一带,当一名年轻男子到了可以娶亲的时候,他便召集来自己的一帮朋友,一同前往另一个部落的领地中去。他们一般都是趁天黑时,埋伏在姑娘们常来打水的池塘边。看到中意的姑娘,他们便一拥而上,紧紧抓住不放。如果遇到奋力抗争的姑娘,就先将她打昏过去,然后再拖走。接着,便有这等奇事发生:在为某人拐来一名女子之后,这帮人中的每一个人都要向即将做丈夫的人索取一种权利,而对于这种权利,那个人是无法加以拒绝的。这种情况在当地十分普遍,无一例外。”[②]豪伊特博士说,在库因穆尔布拉人中,同一婚级和同一图腾的人,只要帮助别人抢过妻子,就有权同这名女子亲近。豪伊特也把这看作

---

① Howitt, *Native Tribes of South-East Australia*, p. 664.

② Davis, in Brough Smyth, *Aborigines of Victoria*, ii. 316.

是为建立个体婚而做的一种赎身,认为这“表明以前存在过群婚”。[①] 据记载,在澳大利亚的其他一些部落中,也有类似习俗的 204
存在。就笔者本人的观点而言,我在本书前几版中,曾把这种给予丈夫朋友的亲近权解释为对朋友相助的一种回报,或者亦可按照麦克伦南所说的那样,[②]把这种亲近权看作是这些参与抢亲的人们应分享的一种战时共有权。斯潘塞和吉伦承认,有很多材料都可证明这种解释,但他们又对这种解释表示怀疑。他们说:“就澳大利亚的情况而言,这种解释是以布拉夫·史密斯所摘录的 J. M. 戴维斯先生的一些含糊不清的记述为基础的。”[③]显然,他们是想说,求妻的青年男子所召集的那帮人,也就是要求对所抢女子拥有亲近权的那些人,不能仅仅被说成是求妻男子的“朋友”;他们觉得这些朋友应该是与那名男子处于同一婚级之中的人。他们似乎是说,由于那些人所要求的权利是以古代的一种群体权利为基础的,因此,我的解释是不能成立的。在下面的一章中,我将力图说明,没有任何证据能够证明以前曾有过这样一种群体权利。而事实上,根据部落习俗的规定,有些人是不得与抢来的女子交合的,对于这些人,自然不能予以这种回报。在以下一段关于纳里涅里人的记述中,回报之意是非常明显的:“青年男子携女私奔时,往往会请自己的同伴们予以帮助,事成之后,这些人便对那名女子拥有

① Howitt, *Native Tribes*, p. 219.

② McLennan, *Studies in Ancient History*, p. 337 note. 据戴维斯讲,在新南威尔士和里弗赖纳一带,“当一个部落袭击另一个部落之后,便会掳走很多妇女。这些落难的妇女于是便成为部落的公共财产,尔后才逐渐为部落中的武艺高手所占有。”(*loc. cit.* p. 316)

③ Spencer and Gillen, *Native Tribes*, p. 103.

亲近权。而这个青年男子的男性亲属也只有在取得亲近那名女子的允诺之后，才会对他进行保护，使他免受女方亲属的报复。”①

205 有人在东非也发现过一种抢亲习俗，与澳大利亚的抢亲习俗极为相似。不过，东非的抢亲仅仅是一种仪式。在瓦塔维塔人中，女子一旦被新郎买下之后，便会逃出家中，藏匿起来。这时，新郎便要请4位朋友出面，代为寻找。他们很快便可将新娘抓获，而新娘也总要装模作样地挣扎一番。然后，新娘便被送往新郎母亲居住的小屋中，囚禁5日。但是在此期间，新郎的那4位朋友可同新娘亲近。只有在他们充分享受这种特权之后，新郎才能靠近新娘，而且要置于朋友们的睽睽目光之下。瓦泰塔人也有类似的习俗。同样，据默克尔讲，在马赛人中，新郎的一个或两个密友也往往有权亲近新娘。如果新郎拒绝他们的要求，就会遭到羞辱，并被告知：以后可别怪他们抢走他家的牲口。不过，假如新郎娶亲时不搞任何仪式，只是交钱买妻，然后便悄悄回家的话，就不会有这种麻
206 烦了。② 克劳利先生从澳大利亚和东非的这种习俗中看到一种

① Howitt, *Native Tribes*, p. 261.

② Merker, *Die Masai*, pp. 49, 232. 在阿比西尼亚，每个做新郎的都有若干“阿吉”(arkees)，其数目从6人到12人不等。“阿吉”都是在小时候自己挑选的。他们在一起玩耍时，就已说好，每当其中一人结婚时，他们就相互充当“阿吉”，即男傧相。以后，每当一人娶亲时，大家便要做一番允诺，表示愿意“对新娘忠实地履行兄弟之责：好生服侍新娘；饿了给饭吃，渴了给水喝。除此之外，还有事可做。新郎娶亲时，通常都要有三四个‘阿吉’与新人在同一房间内过夜，听候新人的吩咐”。而且，据提供此项报道的人补充说，“他们还有一些有趣的、稀奇的小事要做，只是不大便于写成文字，印在书上”。(Parkyns, *Life in Abyssinia*, ii. 52, 56.)在摩洛哥的柏柏尔人中，也有一些婚俗，在性质上同上述婚俗颇为相似，我已将其收入自己所写的《摩洛哥的结婚仪式》一书(请特别参见第273页)。我在书中讲到这样一个部落：当新郎与新娘交合之时，男傧相也在场，并以打趣的方式要求分享这新婚之乐。

“与娶亲迎新格格不入的活动”，并把新郎对于朋友相助给予的这种回报看作一种次生现象。[1] 克劳利先生的话也许没有说错。但是，我们应当记住，在这个问题上，灾祸之感与交欢之情本是共生之物；追求交欢之乐同迷信观念一样，无疑也是婚俗中的一个原始动因。

① Crawley, *The Mystic Rose*, p. 349.

207 第六章 “乱交说”批判之四：关于宗教性卖淫、借妻换妻、节日纵欲

我们在上一章中讨论了“初夜权”问题。此外，还有一类习俗与“初夜权”中的某些情况十分相似，这就是宗教性卖淫。而且，宗教性卖淫也同样被某些人看成是在为个体婚而赎身。

希罗多德指出，在巴比伦，每个妇女在其一生中都必须去一次米利塔神庙（亦称伊什塔尔或阿斯塔特神庙），在其圣域内坐下，等待着委身于陌生人。一个妇女一旦在神庙中坐下，便不得随意离去，直至有人朝她膝间扔一枚或大或小的银币，带她离开神庙。根据法律的规定，这枚银币必须收下，因为银币一旦掷出，即为圣物。而且，谁先向某个女子掷出银币，这个女子就要跟着谁去，不得另跟别人。只有跟了这个男子，并因此而取悦于女神之后，这个女子才可以回家；而且，从此时此刻起，无论别人再给她多么贵重的礼物，都不会使她动心。这里所讲的银币，是献给女神的。斯特拉博
208 也曾提及这一习俗，不过他只是转述希罗多德的记载而已。在《耶利米书》中，则有比较独立的证据，该书写于公元前 300 年左右，作者显然是见多识广的人。据作者说，巴比伦的妇女们“在身上系上线绳，坐在路旁烧香，把自己当作妓女来奉献。当她们中的一个被拉去性交的时候，她还要回来嘲笑身旁的妇女，说她不够漂亮，没

有被选中”。[①] 我们从楔形文字的文献中看到，在巴比伦的一些神庙中，专有一些妇女从事宗教性卖淫，不过，我们迄今尚未从这些文献中找到能够证实希罗多德所记之事的材料。但是，也不能由此就说，齐默恩指责希罗多德捕风捉影的话是对的。希罗多德的记载可从以下事实中得到有力的旁证，即与此或多或少相类似的习俗，在同一文化区内的其他地方也有发现。

希罗多德本人就曾说过，同一习俗在塞浦路斯也很盛行。据查士丁在后来的一部书中讲，“塞浦路斯人有一种习俗，就是在女儿出嫁前的一定日子里，做家长的要把女儿送到海边，卖身为妓，用挣来的钱置办嫁妆，同时也给维纳斯女神购买贡品，以求日后能够保持贞洁。”[②]这种习俗与查士丁在另一处提到的另一些习俗极为相近，但这里提到了维纳斯女神，这说明这一习俗虽出于金钱目的，却仍有一定的宗教意义。拉克坦提乌斯的描述也属这种情况。他写道，维纳斯“首先创立了艺妓业（这在宗教史上已有记载），并 209
教会塞浦路斯的妇女卖身挣钱，以便使她自己的不贞行为和寻欢作乐在女性中显得不那么突出”。[③] 教会史学家索克拉蒂斯在谈到叙利亚赫利奥波利斯（又称巴勒贝克）的居民时，曾说：“人们把处女送去从妓，陪伴那些从外地来的陌生客人。”[④]索佐门也提到，该地古代有一种习俗，就是把处女们送去为妓，委身于过往之人，直至她们同未婚夫结婚时为止。索佐门还说，君士坦丁焚毁赫利

① 《圣经后典》，张久宣译，商务印书馆 1987 年版，第 249 页。

② Justin, *Historiae philippicae*, xviii. 5.

③ Lactantius, *Divinae Institutiones*, i. 17.

④ Socrates, *Historia ecclesiastica*, i. 18.

奥波利斯的阿佛洛狄忒神庙之后，曾颁布法令查禁此俗。此事说明，这种习俗含有宗教性质。一位更早一些的著述家优西比乌斯曾写过一部《君士坦丁传》，书中有一章题为“君士坦丁焚毁赫利奥波利斯的阿佛洛狄忒神庙”。作者在这一章中写道，在该城中，“那些把寻欢作乐之事冠以某种雅号的人，也允许自己的妻子和女儿不顾廉耻，与人通奸。”[①]在比布鲁斯，每年都要举行纪念阿多尼斯的活动，届时人们都要把头剃光，而那些不愿将自己的秀发供奉出去的妇女，就必须在节庆期间的某一天内委身于陌生之客，以所得钱财献给女神。詹姆斯·G.弗雷泽爵士认为，这一习俗与刚刚提到的那些做法更为相似。他说，这一习俗是古代强迫妇女无一例外地在宗教仪式上奉献贞德这一规定的缓和化变种。亚美尼亚人
210 不分高低贵贱，每当朝拜阿娜伊蒂斯女神的时候，都要把待嫁的女儿送去为妓，人们也并不认为这样做会妨碍今后缔结体面的婚姻。不过据说，有钱人家的女儿送给男方的东西，往往要比男方送给自己的还多。在特拉雷斯曾发现过一块公元2世纪时的吕底亚墓碑，上面也记载着一种据认为与上述习俗十分类似的习尚。一位名叫奥里利亚·埃米利亚的妇人在碑文中不无自豪地宣称，她也如同她的先辈一样，在宗教仪式中充当妓女，服侍祭司。法内尔博士在谈到这些材料时曾说，在这方面，有两种本来不同的制度，一种是在寺庙中长期为妓，另一种则是所有少女都要遵行的，即供奉自己的童贞，为结婚作准备。而在亚美尼亚和吕底亚，这两种不同的制度似乎已融合为一了。

① Eusebius, *Vita Constantini*, iii. 58.

人们为解释这些习俗而提出了各种各样的理论。有人认为，巴比伦式的宗教性卖淫，乃是在宗教的外衣下进行的一种常见的伤风败俗的活动。也有人说，这是朝拜者向神奉献自己最可宝贵的东西。根据M.居蒙的说法，这是“古代外婚制的一种功利主义的变形”：处女必须先交送给外人，然后才得以同本族的男子结婚。[①] 这些说法统统不足为信。曼哈特把这种习俗解释为“生育仪式”的一种延伸；弗雷泽也同意此说，他说：“我们可以得出三点结论：一、一位至尊至圣的生育女神（即自然界中的一切生殖能力的人格化身）受到人们的崇拜。生育女神虽有不同的名称，但西亚 211
很多民族关于生育女神的神话和仪式却都极为相似。二、生育女神有一个或数个情人，这些情人也是超人，但却不免一死。生育女神与情人年复一年地交合，这种交合对于动物和植物的世代繁衍是必不可少的。三、这种对于神灵交配的想像，乃是源出于人间男女在女神圣殿内的真正的而又短暂的交合，并因这种交合而不断有所加深。人们之所以臆想出神灵交配的神话，是为了请女神保佑大地丰收，人畜兴旺。”[②]但是，从那些材料本身来看，却没有一处表明，上述习俗是源出于模拟巫术原则（顺势巫术原则），以求“大地丰收，人畜兴旺”。伊什塔尔无疑是一位生育女神，不过在巴比伦地区，她同草木生长却没有多大的关系。此外，还有很多著述家都着力把女子为妓描述为婚姻的前导。这一点也是不容忽视的。弗雷泽也许认为，他还有另一个假说，足以应付这种反对意

---

① Cumont, *Les religions orientales dans le paganisme romain*, p. 287 *sq.*

② Frazer, *Adonis Attis Osiris*, i. 39.

见。他的这种假说是和前一个假说结合在一起的。他说，如果生育女神的概念“如同可能的那样，产生于婚姻制度或尚未为人所知，或作为一种对古代共有婚的邪恶侵犯而仅能为人勉强容忍之时，那么，我们就可以理解，女神何以被人认为既是未婚的，又是不贞的，其崇拜者何以必须在这两方面尽力效仿她。……从前，也许每一个女子在其一生中都至少要有一次被奉为众人之妻。在更为久远的时代，共妻之权在理论上是永久属于本部落的所有男子的”。[①] 在这里，弗雷泽只好求助于艾夫伯里的理论，即：宗教性卖淫是远古“共有婚”的一种遗存，是在为侵犯这种古代共有权而赎罪。现在，我们首先要讨论的，就是这种理论。

212 反对这种假说的理由可以有很多，姑且不论其他，我以为有一条就足以使这种假说不能成立。很多材料都明确指出，这些妇女是供奉给陌生之客的。卢奇安更进一步指出，非陌生之客，概不得享有这些妇女。如果说这种卖淫真的是在为侵犯古代共有权而赎罪，那么，同这些妇女性交的人就完全应当是本社区的代表人物，而不是任何在旧制度下在本社区内部毫无婚姻权的人。这条反对赎罪说的理由最早是由法内尔博士和哈特兰博士分别提出的。

哈特兰博士认为：巴比伦的这种习俗是一种青春期仪式；少女只有经过这种破贞仪式之后，才能享有成年人的地位和权利。性本能的满足即属这样一种权利，而且是其中一种主要的权利。因此，巴比伦的这种仪式可被看作婚姻的一种先决条件。哈特兰博士的这种解释是以这样一点为前提的，即这种习俗仅限于未婚女

① Frazer, *op. cit.* i. 39 *sq.*

子。这种假定是否符合事实，我们随后还要讨论；但即便是这种情况，哈特兰博士的解释也没有触及问题的本质。正如法内尔博士正确指出的那样，这种解释并未说明何以要在青春期仪式上献出童贞，也未说明在青春期仪式上献出童贞何以是婚姻的一种先决条件。法内尔博士认为，这种仪式的意义在于，通过宗教方式除去某种带有危险性的禁忌，以此得到神灵对于这种行为的批准。正如一块丰收在望的庄稼地，只有在人们举行过宗教仪式之后才能开镰收割一样，女子长成之后，也要先奉献出去，这样就可以减少危险性。法内尔博士说：“这样来看，巴比伦人把长大成人的女儿 213
先供奉给专司生死生育大权并控制其过程的女神，就是为了让女神保佑女儿今后的婚姻。向女神求助之后，即可得到女神的保护，使婚姻过程免去危险；即使还有一些危险存在，也会落到陌生人的头上。除此之外，我们就无法解释：何以在闪米特民族的至少四个相隔甚远的社区中，每当举行这种仪式时，都必有陌生人在场。”①虽然我对法内尔的这种说法并非完全赞同，但我想，新郎害怕为新娘破贞确实是这种仪式的一个可能的原因。不过，法内尔博士的这种解释还是没有完全讲清。

让我们从几个方面对此进行一番考察。根据很多记载，临时为妓的妇女都是处女或即将出嫁的女子。据说，塞浦路斯人（据查士丁记载）、赫利奥波利斯人（据索克拉蒂斯和索佐门记载）以及亚美尼亚人即是如此。希罗多德在叙述巴比伦的这一仪式时，尽管使用的是“妇女”一词，但有人推测，他指的也是处女。有人还争辩

① Farnell, *Greece and Babylon*, p. 279 *sq.*

说:这种仪式是一种孤立的现象,因此当同那种为期长短不一的寺庙卖淫有所区别;这种仪式也盛行于塞浦路斯,而查士丁明确表示,那里的卖淫活动只限于为处女破贞;其他地方有关这种习俗的记载也很明确,即屈身为妓的都是一些未婚女子。但是,我并不觉得这些说法是令人信服的。每位巴比伦妇女在其一生中都要到米利塔神庙卖一次身,但这并不是说,必须在未出嫁前去卖身为妓。查士丁关于塞浦路斯卖淫活动的记述,同希罗多德所谈的情况出
214 入甚大,使人怀疑他们谈的不是同一种习俗。其他一些记载在谈及塞浦路斯、比布鲁斯以至巴比伦时,也都是提“妇女”,而不是“处女”。另一方面,优西比乌斯则明确指出,在赫利奥波利斯,不仅未婚女子与人私通,而且已婚妇人也与人私通。对于最后这一记载,那些把巴比伦习俗及其相关习俗仅仅看作一种破贞仪式的作者实在有些过于疏忽了。弗雷泽正确地指出,优西比乌斯生于叙利亚,并在那里度过其一生,他是他所记述的那些习俗的同时代人,因此也最了解这些习俗。我们还可以提一个问题:既然希罗多德也曾描述过巴比伦人公开拍卖“少女”为妻的习俗,那么,当他很快转而谈及临时为妓的习俗并意指少女时,为什么还要用“妇女”一词呢?我谈这些情况,并不是想否认巴比伦的这种习俗可能是结婚之前的一项必不可少的准备;我只是想说,我们不能想当然地这样看。此外,我们也不能把处女的屈身为妓只看成是一种破贞仪式。没有任何记载表明,处女为妓只限于破贞这一种情况。据说,亚美尼亚女子在出嫁之前,要做很长一段时间的妓女。根据查士丁的记载,塞浦路斯女子要用卖身所得的钱购置嫁妆。阿莫里特处女必须经历一个为期 7 日的私通期。

据说，妇女委身的对象都是素不相识的陌生人。希罗多德在
谈及巴比伦和塞浦路斯时，索克拉蒂斯在谈及赫利奥波利斯时，
卢奇安在谈及比布鲁斯时，都是这样讲的。查士丁说塞浦路斯人
把女儿送到海边卖身，可能也含有这种意思。法内尔博士发现，
阿波罗多罗斯所记的一则传说也可证实这种说法。根据这一传说 215
所讲，由于阿佛洛狄忒大怒，吉尼拉斯的女儿曾同素不相识的陌
生人性交。据索佐门讲，赫利奥波利斯的处女可委身于任何可能
的来客，这似乎表明，索克拉蒂斯所说的陌生人并不一定就是外
来人。据《耶利米书》所载，巴比伦妇人与过路人同睡，而阿莫里
特即将出嫁的处女则须坐在门口，待有人前来和她私通。有些记
载还提到付钱的事。据查士丁说，塞浦路斯女子屈身为妓是为挣
钱置备嫁妆，同时也是为了挣钱购买贡品供献维纳斯。希罗多德
说，在巴比伦(以及塞浦路斯)，卖身挣得的钱要敬献给女神，比
布鲁斯也是这种情况。至于亚美尼亚，据说有钱人家的女子给予
恋人的，往往要比从恋人那里得到的为多。在上述这些地方，据
诸多著述家所说，妇女卖淫同对于专司爱情和生育的女神的崇拜
有一定关系；在其中的一些地方，妇女卖淫之所在，即是自己进
行朝拜的神庙。

这种仪式有时也包括或必须包括对处女实施破贞。这使我们很自然地想到，这种仪式同其他破贞习俗一样，可能也同这样一种信念有关，即新郎亲自给新娘破贞是有危险的。有人可能会问——其实，我在过去所写的一本书中也曾设问：为什么新郎不大愿意面对这种危险，而陌生人却不大害怕呢？哈特兰博士就曾以这一点作为其反对此说的理由。他说，到巴比伦或赫利奥波利斯

来的陌生人，在文化上不会同当地人有太大的差异，因而不会对当地人的想法一无所知或毫不在意。而且，我们刚才也谈到过，陌生人中几乎什么样的旅行者和来客都有。在卡利卡特和科钦等地，人们通常请外国人为新娘破贞。不过，这些外国人是白人，而且往
216 往还有酬劳。有些国家的人则是请当地人担任破贞的工作，但同样也要送礼。而我们现在所讨论的情况却是：破贞实施者非但分文不取，而且还要自掏腰包。破贞者既然是在提供一种对自己有危险的服务，何以还要自己付钱呢？赫茨和弗雷泽都曾提出过这个问题。

在我对整个问题重新思考一番之后，我仍不能认为这些反驳意见是令人信服的。我在上一章讲过，对于新郎来说有危险的事，对他人来说就不一定有危险。这是因为人们普遍认为，人在做新郎时，处于一种易受伤害的状态。再者，如果通过宗教仪式实施破贞，危险性即可消除。例如，圣职人员施行破贞，即不会受到任何伤害。至于说到花钱给人破贞的事，我们可以这样来看：如果有人认为实施破贞对自己并不会有什么伤害，那么，自然也就有人会愿意花钱给人实施破贞。不过，如果这钱最后是要敬献给女神的话，其意义就不一定是表示酬谢了。这钱可能是用来免灾的，摩洛哥人在某些险境中就常常有花钱免灾的做法。这钱也可能是用以传送某种好运的，摩尔人在举行一些仪式的时候就有赠送银币的习俗。这里值得注意的是，陌生人掷到巴比伦妇女腿上的，是“或大或小”的银币。而且，陌生人在掷银币的时候还对这位妇女说：“我祈求米利塔女神保佑你。”

217 我认为，希罗多德谈到的这一细节对于正确地解释这种仪式

有着极其重要的意义，因为它向我们披露了当事人自己对于这个问题的看法。陌生人在这位生育女神的殿堂中祝福某位妇女，并祈求女神保佑她，其用意显然不在于祈求“大地丰收，人畜兴旺”，而是祝愿这位妇女个人多子多福，或许还祝愿她分娩顺利。促使妇女生产顺利，也正是生育女神的职责之一。事实上，“米利塔”这个名字据说来自“姆阿利图”（Mu’allidtu）一词，意即“接生婆”。这样，我们就可以理解陌生人在这种仪式中所起的作用了。要不是人们认为做这件事有危险，为什么会让别的什么人去做呢？而人们过去几乎把陌生人当作一种超自然的存在，认为陌生人的祝福特别管用，还认为得到陌生人的性爱将对自己大有裨益。在希伯来人的传说中，有这样一个故事，说的是罗德在所多玛接待两位天使的事。《多比传》中所讲的陌生人则是天使拉斐尔。而《希伯来书》的作者也写道：“不可忘记用爱心接待客旅，因为曾有接待客旅的，不知不觉就接待了天使。”[①]因此，不但处女愿意委身于陌生人，愿意由陌生人为她们除去身上的禁忌，而且连已婚妇女也愿意委身于陌生人。值得注意的是，陌生人的这种角色是由希罗多德和卢奇安提出的，而他们又都是笼统地提到妇女的。至于优西比
乌斯，他虽然没有谈到赫利奥波利斯的妇人和处女同陌生人私通 218
的事，但他关于该城的其他记载也具有很大的权威性。

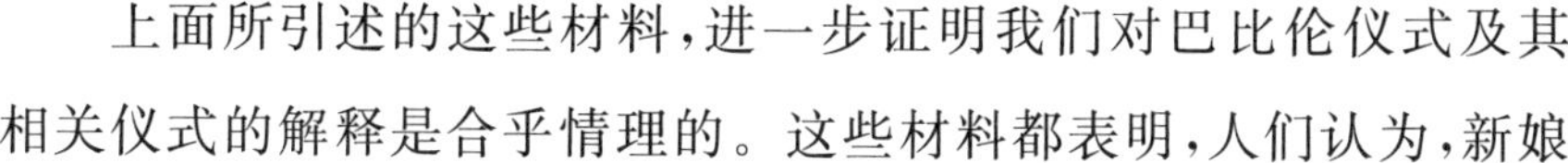

上面所引述的这些材料，进一步证明我们对巴比伦仪式及其相关仪式的解释是合乎情理的。这些材料都表明，人们认为，新娘

① 《圣经·新约全书·希伯来书》第13章第2节。这里的“客旅”一词，在原著中为strangers，意即“陌生人”。——译者

同神职人员交合，不仅可以防灾驱邪，而且还会带来正面的好处。此外，还有一种习俗与此有关，这里也不妨一提。据说，在印度某些地方，人们在寺庙中用一种代表神灵阴茎的器具对处女或新娘实施破贞。据斯考滕说，这样做只为了使其婚姻幸福美满。有时，已婚妇女也求助于类似的方式以治疗其不育之症。据基督教作家的记载，在罗马，新娘要被人放在普里阿普斯[1]的阴茎图像上。用拉克坦提乌斯的话来说，即是将新娘置于图图努斯贪婪的怀抱中（图图努斯亦即普里阿普斯）。不过，阿诺比乌斯告诉我们，已婚妇女有时也被放到图图努斯“巨大的四肢和耸立的阴茎”上，因为图图努斯被认为能给人带来好运，也就是说，能使这些妇女生儿育女。这些事例说明，在神殿中进行的性交仪式，既包括为少女破贞，也包括使已婚妇女能够生儿育女。我认为，这种情况与闪米特人的有关仪式是十分相似的。

219 宗教性卖淫除了我们刚刚谈过的这种形式之外，还有另一种形式，即不是由待嫁女子或已婚妇人进行暂时性的卖身，而是由寺庙所属的妇女进行长期的卖淫。詹姆斯·G.弗雷泽爵士认为，这种卖淫同样也是古代共有婚的一种遗存。他说：“随着时间的推移，个体婚制度大为发展，而旧时的共有婚则日益为人们所抛弃。这时，要想恢复古代的共有婚习俗，哪怕在每位妇女的一生中只搞一次这种仪式，也为人们的道德意识所不齿。于是，有人就以各种权宜之计来逃避他们在理论上仍旧承认的这种义务。办法之一就

---

① 希腊宗教中的牲畜和植物繁衍之神。他的样子十分滑稽古怪，并生有一巨大的阴茎。他被认为有消灾避邪的本领。——译者

是让妇女将自己的头发供献于人，而不必再供献自己的身体。另一个办法显然就是以某种淫秽的符号来代替淫秽的行为。但是，尽管大多数妇女都力图以一种不失贞操的方式奉守宗教之规，有人却还是认为，为了大家的利益，有必要让一些妇女以旧时的方式履行传统的义务。这些妇女便终生或长年在某个寺庙中献身为妓。由于他们将自己献身于宗教，因此便带有某种神圣的性质。她们的这种职业非但不受歧视，而且长期以来可能还被普通百姓看作大德大善之举。”[①]弗雷泽不但把这两种宗教性卖淫全都视为古代共有婚的一种遗存，而且还将其同样归因于妇女在生活中的一种功能。他说：“无论是少女也罢，已婚妇人也罢，还是专职妓女也罢，这些妇女在寺庙中放荡不羁，极力效法生育女神的淫秽行为，为的都是乞求粮果丰盈，人畜两旺。”[②]而我个人则认为，宗教性卖淫的这两种形式，无论在起源上还是在意图上，都是根本不同的。

在非洲西海岸讲埃维语和齐语的民族中，都有一些女祭司，即
从事宗教活动的妇女。这些妇女被认为属于她们所服侍的神，或 220
是神的妻子，因此不得结婚。但这并不是说，她们不能有性生活。据埃利斯少校说，在奴隶海岸讲埃维语的民族中，有一种妇女，叫“科西”，她们被供奉给神，成为神的妻子。而她们的主要工作则是卖淫。“每个城镇都至少设有一个专招 10 岁至 12 岁美貌女子的机构。应召者要在那里住 3 年，学习那些专门用来敬神的歌舞，并

---

① Frazer, *Adonis Attis Osiris*, i. 40 *sq.*

② *Ibid*, i. 71.

委身于祭司和男校的学生。修行期满，即成为公妓。但这种情况并不为人所耻。这些女子被认为是神的妻子，她们的荒淫无度也被认为是神之使然。按理说，她们的自由范围应当局限于本神庙的男性信徒，但实际上却是来者不拒。其所生子女均为神所有。”[①]黄金海岸齐语民族中的女祭司也是如此。她们“通常都极为放荡。根据当地习俗，她们可以同她们喜欢的任何男人寻欢作乐。如果一个女祭司看上了哪个男子，便可以叫人把他找来，该男子不得不从，因为女祭司是得罪不得的。这个男子来到之后，女祭司会告诉他，是她所侍奉的神命令她去爱他的。从此，这名男子便同女祭司住在一起，直到女祭司对他感到厌倦，并觅得新欢时为止。有的女祭司竟同时交有六七个男人；在某些盛大场合，人们可以看到女祭司在这些人的簇拥之下走来，一副威严的架势。她们的生活是一部充满淫乱和肉欲的记录。一旦跳舞激起情绪，她们往往淫意大发，放荡至极。”[②]

221 在印度，很多寺庙都有或曾有自己所属的舞女。根据沃德在100多年前对印度人所做的记载，在印度奥里萨邦的朱古纳特胡一克舒特鲁，就有一些妇女专门在寺庙里为神歌舞，这些妇女的名声很不好。她们不仅同主持寺庙仪式的婆罗门时有交合，而且还委身于寺庙的香客。杜波依斯在谈到南印度时曾说，每个寺庙都养着一群“德瓦达希”，即“神的侍者或奴隶”。其人数依寺庙规模而定，可有8人、12人或更多。这些人在寺庙中的工作就是唱

---

① Ellis, *Ewe-speaking Peoples*, p. 140 *sq.*

② Idem, *Tshi-speaking Peoples*. p. 121 *sq.*

歌跳舞,每日两次,分别安排于一早一晚。她们还要协助寺庙举行宗教仪式,在仪式上轻歌曼舞,为人助兴。但是,每当正事一完,“她们便大开窑室,把寺庙搅得乌烟瘴气。”这些人都是从小就被培养当淫妇的。她们来自各个种姓,而且大多出身高贵。“人们常常听说,有些妇女还在怀孕的时候,就在其丈夫的同意之下立下誓言,如果腹中的胎儿是个女孩的话,就把她送到寺庙中服务。她们相信,立下这个誓言之后,分娩就会顺利些,而且,她们还认为,送女儿进寺庙也是一件有功德的事。”①蒂亚加拉贾·艾亚尔先生在1911年迈索尔人口调查报告中写道:“把女儿送到寺庙或送去当妓女(当地称为“巴萨维”)的做法,在少数几个‘低等’种姓中仍有保留,但已渐趋颓势。在库鲁巴人中,如果一个家庭中没有儿子,有时就会把大女儿贡献给寺庙。……在沃达人中,如果一名女子成年后还嫁不出去,她就会以保护神耶拉马的名义将自己投入一
种放纵的生活。”②据布坎南说,连那些对丈夫已感厌倦的已婚妇 222
女和那些不甘寂寞的寡妇,也到寺庙中献身为妓。这种献身仪式往往与传统的结婚仪式极其相似。事实上,献身的妇女即被看作她为之献身的神的妻子。譬如,那些在印度战神卡蒂凯亚的寺庙中当舞女的女子,就被看作是许给和嫁给了卡蒂凯亚。婚后,即可接客为妓。同样,马拉塔地区的舞女,即当地所说的“穆利”,也被认为是嫁给了马拉塔的战神康多巴。

闪米特人的许多宗教崇拜活动都与妓女有关。在《吉尔伽美

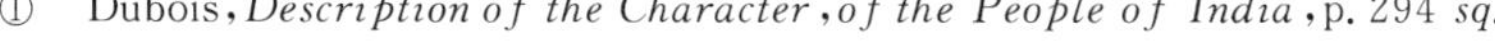

① Dubois, *Description of the Character, of the People of India*, p. 294 *sq.*

② Thyagaraja Aiyar, *Census of India*, 1911, vol. xxi. (*Mysore Report*, p. 99.)

什史诗》中，伊什塔尔被描述为卖淫女神，并有“献身者”之称，在其周围有一大群浪荡女子或妓女。汉谟拉比在献身妇女和所谓“卡迪什图”之间做了严格的区分。所谓“献身者”显然都是些良家女子，是其父将她们奉献给宗教的；而“卡迪什图”则是真正的神娼。那些被称作“女祭司”或“马尔杜克”的献身妇女属于前者。在迦南的礼拜活动中，有一种叫做“克德舒”的妇女，她们被献给所属寺庙的神，同时也从妓卖淫。在北以色列的一些地方寺庙中，对于雅赫维的崇拜似乎也受到《申命律法》中所禁止的一些做法的深刻影
223 响。据说，在迦太基，有一种妇女是属于伊斯塔特的全体信徒的；在伊里克斯的至少是半闪米特式的阿佛洛狄忒式崇拜中，也有一些女奴被作为献祭者。在这些妇女中，总有一些人要被奉献给那种远非圣洁的宗教仪式。至于说到非闪米特式的崇拜，现已证实，在本都的科马纳曾有过“玛母”崇拜，在科林斯曾有过阿佛洛狄忒式崇拜。不过，我们可以想到，其中肯定会有闪米特的影响在起作用。在希腊—罗马文化的后期，这种做法在吕底亚仍旧存在。威廉·拉姆齐爵士把这种做法称为对神的服侍；但法内尔博士说，有关碑文既未提及也未暗指任何一个神。而且，据我们所知，小亚细亚所崇拜的一直是女神。

现在，我们已经对宗教性卖淫的这两种类型做了一番考察。从中可以看到，二者的区别是很明显的。一种情况是：妇女到生育女神的寺庙中暂时地卖身于陌生之人，属于这种情况的多是少女。另一种情况是：妇女较长期地依附于某个男神，做其妻妾，或是依附于某个女神，做其侍者，同时卖身于神的朝拜者。属于后一种情况的妇女，由于被人奉为圣者和悟者，因此可以很容易地使朝拜者

信服，是神指示她去和朝拜者交合的。而朝拜者自然也乐于接受这种邀请。这种解释虽然直接得自有关西非宗教性卖淫的记载，但也适用于更大的范围。据说，在印度，人们认为舞女是由神所支配的，因此常有人把她们当作占卜者，找她们算命。不过，我认为，更主要的原因还在于这样一个事实，即人们觉得同圣职人员交合是一件有益的事，因而这也就成为礼拜仪式中的一个正常现象。224
值得一提的是，在闪米特的某些礼拜仪式中，还有一种男妓。《汉谟拉比法典》中的一个条款曾对此有所提及。在埃雷克，据说曾有一些男妓服事于伊什塔尔。在迦南的寺庙中也曾有“克德希姆”(qedeshim)。“克德希姆”的确切含义是指献身于神的男子，但英文版《旧约全书》将它译为“鸡奸者”也并非没有道理。这些人是奉献给神母——叙利亚女神的，并成为叙利亚女神的祭司或信徒。希伯来作家也常常提及这些人，特别是在君主时期，当时，外来的宗教仪式正开始进入以色列和犹大教派。关于寺庙妇女献身为妓的主要原因，我刚才已经谈到了。而同圣职人员的鸡奸行为亦可被解释成同一信念的另一结果。在摩洛哥，人们至今仍旧指望从同圣职人员的性交中得到好处，而这种性交不仅包括异性之间的性交，而且还包括同性之间的性交。但是，我却完全不知道这种男妓何以能够保佑“粮果丰盈和人畜两旺”，也完全不明白这种男妓何以是“共有婚”的遗存形式。那种把神娼看作是为古代共有权的被侵犯而赎罪的想法，在有些情况下是与事实完全不符的。而无论在任何情况下，这种想法都仅仅是一种猜想，从未有人对此提出过任何证据。

225 还有一种习俗也被看作古代共妻制的例证，这就是以妻待客的习俗。在艾夫伯里勋爵看来，这种习俗似乎表明人们对于"某种为社区全体成员所固有的并为本社区的临时成员——外来访客所暂时享有的权利"的承认。假如真是这样，假如借妻习俗在世界各地的诸多民族中均有实行，那么，我们的确应当得出"共有婚"曾流行于全人类的结论。但是，如果按照这种逻辑，我们不是也可
226 以把向客人提供食宿的习俗看作古代社会食宿用品共有制的遗风了吗？在我看来，主人把妻子借给客人这样一种习俗，只是热情待客的种种方式中的一种做法，别无他意。而热情好客则广泛盛行于文明发展的各个较低阶段，只是形式有所不同而已。实际上，提供给客人的并不总是妻子，也可以是女儿、姐妹或侍女。这种待客
227 方式在爱尔兰的英雄传说中常有提及。M. 梅雷曾提到法国中世纪文献中的一些记载，表明这种习俗在法国也曾出现过。在毛利人中，"有这样一种待客方式：当一个有地位的头人来访时，主人要给客人送去一名或数名临时妻子。一般来说，都要把自己的女儿送去，以表敬意"；[①]而已婚妇女是从不献给客人的。我们还了解到：不列颠哥伦比亚的沿海部落中，"给客人提供临时妻子是对客人的一种最高的敬意"；[②]爱斯基摩人把这种表示看作"一种对客人的慷慨之举"；[③]在夏威夷群岛，主人要给予自己地位相等或比自己地位高的客人提供一名妇女，并把这看作待客的必要安排。使我不得其解的是：我们为什么非要从这些明明白白的话中寻找

① Tregear, *The Maori Race*, p. 298.

② Sproat, *Scenes and Studies of Savage Life*, p. 95.

③ Richardson, *Arotic Searching Expedition*, p. 356.

什么更深的含义呢？在有些部落中，据说是在丈夫氏族成员或丈夫的朋友来访时才给提供妻子，但也有很多记载把提供妻子说成是一种对于有地位的人的特殊优待，或是对客人乃至欧洲客人的一种厚意。客人若是拒绝主人提供的妻子，就会被认为是对主人的不敬，或者遭到男主人的蔑视，同时也为女主人所看不起。

主人把自己的妻子提供给客人，这种做法可能并不仅仅是一 228
种善意的表示。一般来说，如果客人所属的社区同主人所在的社区有双边交往的话，那么，对客人给予热情的款待就是一种明智的做法。因为自己今天在这里做东，明天也可能到别人那里做客。多梅内奇曾说：“如果说红种印第安人十分热情好客的话，那么，他们同时也指望自己对客人的盛情款待能够得到同等规格、同样周到的回报。”[①]主人对有权势的客人给予格外殷勤的款待，虽不图什么同等的回报，但也不失为一种明智之举。不过，我在另一本著作中曾表明，好客习俗也同迷信有一定的联系。如同不了解和不熟悉的事物一样，素不相识的陌生人在未开化民族中也会引起一种神秘的敬畏感。阿伊努人有这样一句话：“主人不可怠慢客人，因为你不可能知道你接待的是什么人。”[②]根据奥德赛的说法，“神长得很像遥远国度中的陌生之人，扮成各种模样，在各个城市漫游，将人间的正义之心和不平之事尽收眼底。”[③]在古希腊、古罗马、古印度的文献中，客人受尊敬的程度仅次于上帝，这是很说明

① Domenech, *Seven Years' Residence in the Great Deserts of North America*, ii. 319.

② Batchelor, *Ainu and their Folk-lore*, p. 259.

③ *Odyssea*, xvii. 485 *sqq*.

问题的。如果招待得当,客人就可以给主人带来好运。这是因为,连普通人的祝福都能起到一定的作用,陌生人的祝福当然就更有效了。人们之所以要取悦于客人,还有另一个原因。人们认为,陌生来客不仅可以带来福祉,还可以带来祸患。人们大多相信,陌生来客都是精通巫术之人,因而对其恶念和诅咒怀有极大的恐惧。这一方面是由于陌生来客具有类似于神的性质,一方面也是由于
229 陌生来客与主人及其眷属挨得太近,极易将灾祸转嫁给他们。我刚才曾提到自己的一本书,我在那本书里说过,“如果我们不仅考虑到陌生来客的善心可以带来利益,而且还考虑到其恶眼或诅咒可以带来灾祸”,那么,主人将妻子借给客人这一习俗“就比较容易理解了”。[1] 不过,我接下来又曾表示,我举不出直接的证据来证明我的这一推断。现在看来,有些材料是可以证实我的推断的,只是当时我没有注意到,现列举如下。第一项材料表明,迷信观念可以驱使人们将自己的妻子借给他人,甚至借给自己认识的人。罗斯博士在谈到昆士兰中原西北部的土著人时,曾说:“如果有个土著人想找某个女人交欢一番的话,他可以有两种选择。一种是去找这个女人的丈夫,以飞去来棒、盾牌、食物等作为交换条件,将其妻子借走一夜或两夜。另一种办法就是趁其妻不备之时或是离开营地来到丛林之时,强行施暴。在前一种情况下,做丈夫的总是把这件事看作施善于人的荣耀之事,看作是对自己的最大尊敬,假如有人事先向他提出这类要求的话。他若拒绝此事,心中就会生起一种恐惧感,担心提出要求的那个人会把一块死人骨头对准他,因

① *Origin and Development of the Moral Ideas*, i. 593.

此，尽管心中不愿意，表面上也还得同意。”[①]当地土著人普遍有一种迷信，就是认为死人骨头会使人生病致死，并对此感到恐惧不已。马可波罗在提及西藏东部昌都地区的居民时曾写道：“如果一个外国人或其他什么人对当地人的妻子、女儿、姐妹或其他女眷有
不轨之举的话，当地人非但不生气，而且还认为会因此而交好运。230
当地人说，这件事会给他们带来神灵的关照，会使他们大发其财。因此，他们还把自己的妻子交给外来人或其他什么人。”[②]波特先生曾听说，北美印第安人在把自己的妻子借给别人时，常常怀有一种愿望，就是想得到一个有出息的孩子。

除了把妻子借给来客的习俗之外，还有一种临时交换妻子的习俗。这种习俗虽不似前一种习俗那样普遍，但仍较为常见。有人把这种习俗也说成是古代乱交状态的一种遗存形式。在有些地方，以妻待客与交换妻子的做法已合而为一。在中非的巴尼扬科勒人（亦称巴希马人）中，“当一名男子携妻去看望朋友时，便总要在做客期间与主人交换妻子。”[③]夏威夷群岛也盛行这样的习俗。

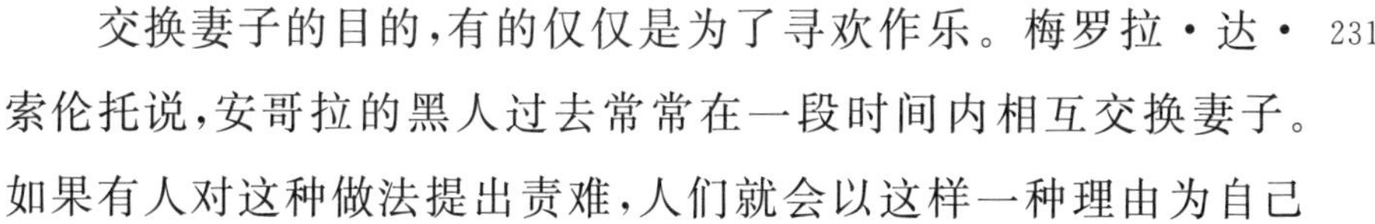

交换妻子的目的，有的仅仅是为了寻欢作乐。梅罗拉·达· 231
索伦托说，安哥拉的黑人过去常常在一段时间内相互交换妻子。如果有人对这种做法提出责难，人们就会以这样一种理由为自己

① Roth, *Ethnological Studies among the North-West-Central Queensland Aborigines*, p. 182. 据说，在南印度的托蒂亚尔人中，新婚女子必须与其丈夫的近亲同居。据信，如果拒绝这样做的话，就会遭到厄运。

② Marco Polo, The Book of Ser M. P. the Venetian concerning the Kingdoms and Marvels of the East, ii. 53 *sq*.

③ Roscoe, in *Jour. Roy. Anthr. Inst.* xxxvii. 105. Idem. *Northern Bantu*, p. 122.

的同胞进行辩解："他们也不能总吃一种鱼嘛！"[①]在西非的巴亚人中，"一个同伴招待好朋友的方式之一，便是把自己的妻子借给他过夜；他们当中如果有谁喜爱别人的妻子，则可以拿自己的妻子去交换。"[②]在格陵兰东岸的土著居民中，每当冬季在家居住时，人们都常常做"换妻游戏，亦称熄灯游戏"。没结婚的人也常来凑热闹。霍尔姆说："每当有客人到自己家借宿时，好心的主人总要在天黑以后将灯熄灭。"[③]哈得孙湾一带的爱斯基摩人"常常交换妻子。当事双方都很愿意过一段轻松的生活；但事过之后，彼此便再无牵挂了"。[④]

有些爱斯基摩人交换妻子，则是完全出于一些实际原因。据说，在里帕尔斯贝一带居住的爱斯基摩人中，"如果有人要外出远行，而妻子又有孩子拖累，不便同行，这个人就会找留在营地中的某个朋友交换妻子，这样就不会有什么麻烦了。有的人提出交换妻子，则是想外出时有一个比较年轻的女人陪伴；还有的人什么特别的理由也没有，也要交换妻子，因为朋友之间交换妻子是一件很寻常的事，每两个月里，往往要同别人的妻子在一起过一周或两周。"[⑤]默多克在谈到巴罗角的爱斯基摩人时曾说，他有一个熟人，想在1882年的那个夏天去河边捕鹿，于是便向表兄求借其妻，携
232 以同行，因为表兄之妻不仅是一个神射手，而且还是捕鹿的一把好

① Merolla da Sorrento, "Voyage to Congo," in Pinkerton, *a General Collection of Voyages and Travels*, xvi. 299.

② Poupon, in *L'Anthropologie*, xxvi. 126.

③ Holm, in *Georgrafisk Tidskrift*, p. 67 *sq.*

④ Turner, "Ethnology of the Ungava District," in *Ann. Rep. Bur. Ethn.* xi. 189.

⑤ Gilder, *Schwatka's Search*, p. 251.

手。在他外出期间，他自己的妻子则同这位表兄一起，随一个商队东行而去。双方回来之后，两位妻子便再回到自己丈夫那里。不过，这种换妻之事有时也会出现另外一种结局：两对临时夫妻都发现，他们同自己的新搭档比同老配偶更合得来，于是，这种交换便固定下来了。居住在富里和海克拉海峡的爱斯基摩人告诉帕里及其一行说：“如果两个年轻男子都没有同大家一起去捕海豹，那么，这时候他们多半是同对方的妻子在一起，这是朋友之间常常提供的一种便利。”①

据说，对自己妻子的愤怒或厌恶有时候也是造成换妻的一个原因。据施蒂尔普博士说，在喜马拉雅山民中，“我们常常听说，如果两个男子都对自己的妻子产生了厌恶之感，就会互换妻子，希望以这样一种新的安排给家里带来宁静和安乐。”②在上刚果河流域的班加拉人中，“两个男子如果都生了妻子的气，特别是当一个男人的妻子总在追求另一个男人时，他们就会互换妻子。”③在尼亚萨湖南岸的阿尧人中，如果一个男人的妻子承认自己与人私通，与其通奸的那个男人就要把自己的妻子借给那个无辜的男人，而不是采用以礼谢罪的办法。他同人家的妻子睡过几夜，就要把自己的妻子让出去几夜。在新南威尔士的达令诸部落中，“如果两个部落兄弟吵了嘴，又想和好，其中的一个人就会把自己的妻子送到另

① Parry, *Journal of a Second Voyage for Discovery of a North-West Passage from the Atlantic to the Pacific*, p. 529.

② Stulpnagel, in *Indian Antiquary*, vii. 134.

③ Weeks, “Anthropological Notes on the Bangala of the Upper Congo River,” in *Jour. Roy. Anthr.* Inst. xxxix. 442.

一个人的营地暂住一些时日，从此两人便和好如初。”①

233 有时，互换妻子还是一种友谊的象征。据莫里斯神父说，在北德内人中，“临时交换一下妻子，并不是什么不好的事，相反，还被看作友谊的最高象征”。② 据博厄斯博士说，在戴维斯海峡和坎伯兰湾的爱斯基摩人中，“有一种奇特的习俗：一个男人可以把自己的妻子借给朋友整整一个季节，甚至更长时间。互换妻子被看作友谊的象征”。③ 如果我们的信息提供者能够深入了解当地人的思想的话，那么，他们也许就会发现，换妻的习俗远不止是一种亲密的象征，可能还有某种巫术上的意义。南太平洋上的岛民们有一种交换名字的习俗。据他们讲，两个人交换名字以后，不仅可以在这两个人之间建立一种关系，而且还可以在两个人所属的群体之间建立一种关系。我们随后还会谈到，在有些未开化民族看来，如果一个人同另一个人的妻子通奸，这个妻子的丈夫就会与那个通奸者在命运上发生某种神秘的联系。

在某些民族中，换妻习俗显然与某种迷信有关。博厄斯博士在谈及哈得孙湾西岸爱斯基摩人的萨满仪式时，曾写道：“巫师们施展魔法，似乎总在晚上进行。仪式完成之后，人们必须交换妻子。当晚，妇女们必须跟随指定的男人到其茅屋中过夜。如果哪个女人拒不跟随指定的男人走，就一定会生病遭殃。不过，每个男

① Cameron，“Notes on some Tribes of New South Wales，”in *Jour. Anthr. Inst.* xiv. 353.

② Morice，in *Anthropos*，ii. 33.

③ Boas，“Central Eskimo，”in *Ann. Rep. Bur. Ethn.* vi. 579.

人和指定给他的女人之间，不得是近亲的关系。”[①]豪伊特博士告诉我们，在居住于达令河和墨累河汇合处的温巴约人中，人们不仅 234
在举行部落盛会时交换妻子，而且当他们预感到灾祸临身，比如预感要生大病时，为了避灾，也要交换妻子；在吉普斯兰的库尔奈人中，每当出现南极光时，老人们就会要求交换妻子，因此“他们把南极光的出现看作神的震怒”。[②] 在这几个事例中，换妻习俗的深层意义都是很难理解的。也许，澳大利亚的这种仪式属于巫术上的一种顺势原则：人们认为可以通过换妻达到消灾免祸的目的。

如上所述，换妻习俗可以追溯到很多不同的原因。不过，从最常见的情况来看，换妻是男人之间或各方之间完全出于自愿的一种安排。[③] 这种习俗与一个男人对另一个男人的妻子所拥有的占有权毫无关系，因此，没有任何理由把它看作古代某种共有权的遗存形式。

在有些民族中，人们可以在某些节日期间自我放纵，实行乱交。这一情况也被某些人视为古代乱交状态的一种遗存形式。我们在前面曾谈到过节日纵欲的几个事例，现在还可以再补充一些。这种节日纵欲有时是在某些固定的时日举行，有时则同当地社会生活中的某些活动联系在一起。罗克希尔在谈到青海湖(Kokonor)一带的藏民时曾说：“安多的喇嘛寺每年都要举行几次

① Boas, quoted by Hartland, *Primitive Paternity*, ii. 144.

② Howitt, *Native Tribes of South-East Australia*, pp. 276 *sq*.

③ 譬如，在英属东非的瓦吉里亚马人中，两个男人未经自己妻子的同意，是不得换妻的。

节日纵欲活动，汉语叫做‘挑帽会’(tiao mao hui)。在为期两至
235 三日的挑帽会期间，男子在寺庙中如见到可心的女子或妇人，即可抢去她的帽子。这样，她到夜里就必须去该男子处，将帽子赎回。”[①]在菲律宾群岛刚刚被外人发现时，当地人在婚礼中总要跳一种极其下流的舞蹈，“然后，大家便杂乱地睡在一起”。[②] 在马达加斯加，过去每当王室成员喜得贵子时，人们都要举行盛大的纵欲狂欢活动。届时，京城中的大街小巷看上去简直成了一个大妓院，人们把这段放荡无忌的时日称为“安德罗齐马蒂”，意即法律管不了、死刑判不了的时期。

我们有理由相信，在这种节日纵欲活动中，至少在其中某些活动中，乱交具有一种巫术上的性质。无论如何，我都无法把这种特殊场合下的放荡行为(或婚姻关系的松弛)，看作是“乱交说”的一种证据，以证明历史上曾有一个其间完全没有婚姻关系存在的时代。

① Rockhill, *Land of the Lamas*, p. 80 *sq.*

② Mallat, *Les Philippines*, i. 59.

第七章 “乱交说”批判之五：关于类别式亲属制度 236

将近50年前，美国人类学家路易斯·摩尔根公布了139个不同民族或部落所使用的亲属称谓。他把这些称谓分为两大类：即“说明式”和“类别式”，并认为这两大类亲属称谓制度是根本不同的。摩尔根说：“第一类是雅利安人、闪米特人和乌拉尔人在家庭关系中所使用的称谓制度。这类称谓制度不管亲属关系的类别，唯一的例外只是有辈分之分。在一般情况下，它对于旁系亲属关系，或是套用基本亲属称谓加以描述，或是将这些亲属称谓结合起来加以描述。这些基本称谓（诸如夫妻、父母、兄弟、姐妹、儿女，以及这些语言所具有的祖父母和孙子女等），在使用中均只限于其基本意义。其他称谓都是从属性的。因此，每一种亲属关系都独立于和不同于其他亲属关系。第二类是图兰人、美国印第安人和马来人在家庭关系中所使用的称谓制度。这类称谓制度对任何亲属
均不加描述，而只是用一系列显然是非常笼统的概括，把亲属关系 237
分为几个大类。凡属同一大类的人，即以同一称谓统而称之。因此，这种称谓制度是将说明式称谓制度中各不相同的亲属关系并为一谈，从而使基本亲属称谓和从属性亲属称谓超出了其字面上

的适当意义。”①

自摩尔根的著作出版以来，在世界各地又发现了很多关于类别式亲属称谓的新例证。据了解，类别式亲属称谓存在于北美洲除爱斯基摩人之外的各个部落。在波利尼西亚、美拉尼西亚、新几内亚和澳大利亚，这种亲属称谓制度也很普遍。此外，还可见诸印度、北亚以及非洲的班图各民族。在其他地区，甚至包括欧洲的某些地方，也可见到类别式亲属称谓制度的残余。另一方面，关于亲属称谓制度的说明式和类别式之分，虽已普遍为学术界所接受，但也还是有人对它提出反对意见。克罗伯教授就认为，每一种语言中的每一种亲属称谓，实际上都包含了不同亲等、不同种类的多种亲属关系。我们的“brother”（兄弟）一词就是这样，它既包括哥哥，也包括弟弟，既包括男人的兄弟，也包括女人的兄弟。而英语中的“cousin”（从表兄弟姐妹）一词则可以表示 32 种不同的亲属关系。如果我们不是将这个词严格地限定于“first cousin”（近房从表兄弟姐妹），那么，这个词的含义就不仅仅是 32 种，而是数倍于 32 种。里弗斯博士对“说明式”这一用语尤为挑剔，他认为：凡是对于某一个人的称谓，只要你愿意，都可将其称为说明式的；而且，我们只要进一步深入研究，就会发现，我们自己的称谓一点儿也不比类别式中的称谓更具说明性。根据里弗斯的意见，人类亲属制度其实有三大类，而不是人们迄今所承认的两大类。在这三
238 大类中，有一类起源于氏族，另一类起源于狭义的家庭，第三类则起源于大家庭或父权制家庭。第一类属于类别式，因其起源于氏

① Morgan, *Systems of Consanguinity and Affinity of the Human Family*, p. 12.

族,亦可称之为"氏族式"。[①] 但是,不管人们对摩尔根首先使用的术语有什么看法,我们在本章的讨论中借用一下,总该不会有什么危险吧。

最简单的一种类别式制度,或者按摩尔根的说法,最古老的一种类别式制度,是他所说的"马来式"亲属制度。华莱士先生曾写信对我说,所谓"马来"一词实属误用,因为这种制度并不见于真正的马来人,而是见于夏威夷人,新西兰的毛利人,可能还见于波利尼西亚群岛的其他一些地方。因此,我将把这种制度称为"夏威夷式"。根据这种制度,所有的血缘亲属,不分远近亲疏,全都可以归入到五类之中。我自己,我的兄弟姐妹,我的从表、再从表、三从表以及更远的从表兄弟姐妹,属于第一类。对于这一类的所有亲属,不再加区分,全都使用同一称谓。我的父母和他们的兄弟姐妹,他们的从表、再从表以及更远的从表兄弟姐妹,属于第二类。我对于这一类的所有亲属,同样不再加区分,全都使用同一称谓。我对自己祖父母和外祖父母的兄弟姐妹以及种种从表兄弟姐妹所使用的称呼,同于对自己亲祖父母和外祖父母的称呼,所有这些亲属全都属于第三类。我对自己儿女的从表兄弟姐妹所使用的称呼,同于对自己亲生儿女的称呼,所有这些亲属全都属于第四类。我对自己兄弟姐妹及从表兄弟姐妹的孙儿女所使用的称呼,同于对自己亲孙儿女的称呼,所有这些亲属全都属于第五类。同一类别中的所有个人,均以兄弟姐妹相称。在夏威夷群岛,除姻亲关系之外,总共只有 15 种亲属称谓。不过,在类别式中的另外几种亲属称谓

---

① Rivers, *Kinship and Social Organisation*, p. 76 *sq.*

制度，都要比夏威夷式分得更细一些。在差不多所有这些制度中，239 父亲的兄弟都与父亲本人划为一类，母亲的姐妹也同母亲本人划为一群；但是，在父系亲属和母系亲属之间，诸如在父亲的兄弟和母亲的兄弟之间，在父亲的姐妹和母亲的姐妹之间，以及在兄弟们的子女、姐妹们的子女和兄弟姐妹通婚所生的子女之间，往往都有严格的区分。此外，还有一些细小的区分，但都不很普遍，我们在下面还会谈到。

摩尔根从类别式亲属称谓出发，得出了有关古代婚姻习俗的一般性结论。他认为，夏威夷式称谓制度是各种类别式称谓制度借以演化发展的基础；并根据这种制度做出推断说，以前曾盛行过同一亲等或同一辈分所有兄弟姐妹和从表兄弟姐妹之间的"群婚"。更准确地说，他的立论是：如果我们用以前曾经普遍存在过"群婚"这一假说，能够解释通夏威夷式亲属称谓制度，那么，我们就必须相信，以前确实存在过群婚。他说："不从群婚习俗的角度出发，而只是从世系的性质来看，我们就无法讲清这种亲属制度的由来。因此，如果说到类别式亲属制度的自然起源，那么，在所有实行这一制度的民族中，很早以前一定盛行过群婚这一习俗。"[①]摩尔根在其后出版的一部著作中，把这种由群体内部通婚而产生的家庭称为"血缘家庭"，而在我们现在所谈的这本书中，摩尔根则认定，这种由亲属群所组成的、在其内部任由所有同辈男女实行乱交或"共有婚"的家庭，就是历史最初阶段上的家庭形式。虽然摩尔根坚信，可以从理论上推断出乱交是这一家庭形式的必然前提，

① Morgan, *Systems*, p. 488.

但正如他自己所说的：“这种现象已湮没于实证的知识所不能达到的人类的迷茫的远古之中了。”①

摩尔根的“乱交说”是从他的“血缘家庭”假说导引出来的，因 240
此，除非关于“血缘家庭”的假说可以说得通，否则，就没有必要再去讨论“乱交说”的问题。就我看来，“血缘家庭”这一假说不仅没有根据，而且还违背人之常理。这一假说认定，兄弟姐妹之间曾经存在过毫无限制的性关系，而这种情况是在现存的任何未开化部落中都找不到的，而且它也有悖于实行类别式亲属称谓制度的大多数民族所普遍实行的外婚制。摩尔根似乎以为，一种亲属制度中所含有的称谓越少，这一制度就一定越古老；一种没有父系与母系亲属之分的制度，也一定比有父系与母系亲属之分的制度更古老。如果照此类推，岂不是就会得出一种荒谬的结论：由于英国现行的称谓制度是将父亲的兄弟姐妹与母亲的兄弟姐妹同归于一类，而古代的盎格鲁-撒克逊称谓制度和拉丁称谓制度则有叔舅之分和姑姨之分，因此前者一定比后者更古老。里弗斯博士举例指出，在类别式制度中，有一种趋向于夏威夷式制度的变化势头，他认为夏威夷式制度非但不原始，“而且还代表了比较常见的类别式称谓制度在历史发展上的一个比较晚近的阶段”。是的，我们可以从波利尼西亚社会相对高度的发展中看到这一点。②

不过，里弗斯博士同时又认为，夏威夷式亲属制度“也可能起源于乱交，尽管它是一种晚近的，而不是原始的制度”。③ 对于摩

① 摩尔根：《古代社会》，商务印书馆 1977 年版，第 508 页。

② Rivers, in *Anthropological Essays Presented to E. B. Tylor*, p. 311 *sqq.*

③ Rivers, *Kinship and Social Organisation*, p. 85.

尔根所提出的继“血缘家庭”之后出现的家庭形式，即所谓“普那路亚家庭”的假说，里弗斯博士采取了更为迁就的态度。摩尔根认为，构成“普那路亚家庭”的基础，是若干嫡亲姐妹和旁系姐妹集体地同彼此的丈夫相互通婚（或若干嫡亲兄弟和旁系兄弟集体地同
241 彼此的妻子相互通婚），这些同伙丈夫（或同伙妻子）彼此并不一定都是亲属，虽然情况往往如此。1907 年，里弗斯博士在他发表的一篇文章中指出，类别式亲属制度并不能证明在群婚阶段之前曾有一个毫无限制的乱交阶段存在，但他却表示支持摩尔根的这样一种观点，即我们现在所看到的类别式亲属制度的特点，乃是源出于某一群男子与某一群女子婚配所形成的婚姻形式。后来，里弗斯博士又写了一篇文章，态度就比较谨慎一些。他摒弃了“群婚”的说法，认为使用这一说法只能把事情搞得更乱。为此，他改用了“有组织的共夫共妻状态”这样一种提法。在里弗斯最新出版的一本书中，他把“有组织的共夫共妻状态”界定为“这样一种社会状况，即一群男子可以同一群女子建立两性关系，而且社会也承认这种关系是合法的”。[①] 但是，他还是认为，“类别式亲属制中的某些特征是从共夫共妻制这样一种状况中自然产生出来的”，而且，“类别式亲属制在世界上的广泛分布也间接表明，这种共夫共妻制曾经非常普遍”，虽然不一定涉及所有民族。[②] 还有很多作者也认为类别式亲属制起源于群婚。詹姆斯·G.弗雷泽爵士就说过，类别

① Rivers，—*History of Melanesian Society*，ii. 127.

② Rivers，*Kinship and Social Organisation*，p. 86. 里弗斯博士曾为黑斯廷斯主编的《宗教与伦理百科全书》撰写过“婚姻”这一条目。他在该条目中写道：“对于类别式亲属制性质的最合乎自然的解释，就是它起源于共夫共妻状态。”

式称谓反映了一种群体亲属关系，而对于这种群体亲属关系来说，另有一种合乎常理而又可能的解释，即它是由群婚制度所产生的。242
科勒教授也表达了同样的观点，并将这种解释看作一条既定的科学真理，不容有任何置疑。

摩尔根的“血缘家庭”假说，以及他关于类别式称谓制度起源于群婚的理论，大体都是以这样一种假设为基础的，即这种称谓制度的最初用意是为了反映出血缘亲属的亲等和类别，尽可能明白地确定个人的生父。如果有人对自己的父亲和其他某些男性使用同样的称谓，那是因为他不能确认这些人中谁是他的父亲。如果有人对自己的子女和另外某些人使用同样的称谓，那是因为他不能确认这些人中谁是他的子女。对于其他一些亲属称谓的泛用，也同样是出于类似的原因。现在，我们就来考察一下作为这些推论基础的假设。我们首先要问：这些称谓的含义是否能为这一假设提供什么证据呢？

答案是很清楚的：从称谓的意义上提供不了什么证据。因为只有极少数民族的亲属称谓，据说除了用于称呼某人或某些人之外，还有某些特定的意义。而且，据我们所知，无论是“说明式”亲属称谓，还是“类别式”亲属称谓，大多都源出于同一种情况。布希曼教授曾经开列过一个清单，收录了很多不同的民族对父亲和母亲的称呼；结果发现，这些称谓有非常明显的相似性。例如，在新旧大陆好几个民族的语言中，pa、papa 或 baba 都是“父亲”的意思；而 ma 或 mama 则是“母亲”的意思。图皮人称父亲为 paia，称 243
母亲为 maia。在另外一些语言中，父亲分别称作 ab、apa、aba、ada、ata、tata，母亲分别称作 ama、emä、ana、ena 等。布希曼说，关

于父母的词语共有四种典型形式。“父亲”一词的典型形式是pa、ta、ap、at;“母亲”一词的典型形式是ma、na、am、an。不过,这些词语类型有时也有相反的含义。例如,在西澳大利亚卡列拉人的语言中,在伊萨贝尔人的马哈加语中,在英属新几内亚的科伊塔语中,以及在格鲁吉亚语中,mama是父亲的意思;而在南印度的图卢瓦人中,父亲被称为amme,母亲被称为appe。

还有很多民族对父母另有称谓。例如,在利富人的语言中,父亲称作kaka;在巴拉德人的杜奥鲁语中,父亲称作chicha;在马雷亚语中,父亲称作chacha或cheche。在喀尔喀蒙古人及其相近的部落中,母亲称作ekè;在中非的卡努里语中,母亲称作ya;而在巴西的卡丘亚人中,则是将父亲称作yaya。英厄姆先生告诉我,在巴刚果人中,父亲叫作se;在芬兰语中,父亲则叫作isä。还有,在巴西的巴凯里语中,母亲叫作ise;而在新赫布里底群岛的阿内蒂乌姆人中,母亲则叫作risi。

类似的称谓也常常用于其他一些亲属关系。在希腊语中,πάππδs一词是祖父(外祖父)的意思;иáииа是祖母(外祖母)的意思。在澳大利亚中部的翁巴亚人中,哥哥叫做pappa;而在津吉利
244 人中,人们则是把孩子叫做pappa。在利富语中,mama一词是兄弟的意思;而在马德拉斯行政区的雅纳迪语中,mama一词则是舅舅的意思。

这些亲属称谓的起源是很清楚的。它们都是由幼儿可以发出的一些最简单的音素构成的。普赖尔教授说:“pa-pa、ma-ma、tata以及apa、ama、ata这些词,本是自然而然地产生出来的。当呼出的气流受阻于唇或舌时,即可发出诸如p、m或d、t这样的音

来。”[①]但是，不同民族的人对于发某些音的难易程度，是有很大差异的。例如，很多印第安人对于发唇音都感到很吃力。正因为如此，他们对于父亲、母亲以及其他近亲的称谓，都似乎与布希曼所列举的一些类型有很大的差异。

我们刚刚讨论的这类称谓既可以是“类别式”的，也可以是“说明式”的。让我们举几个例子来说明。西非的约鲁巴人将 baba 一词既用以称呼自己的父亲，也用以称呼“自己的叔伯和舅舅”。英属圭亚那的马库西人称自己的父亲和叔伯均为 papa；而毛利人则用这个词称自己的父亲，以及父母的亲兄弟和从表兄弟。在澳大利亚的翁巴亚人中，pappa 一词既用以称呼自己的哥哥，也用以称呼父亲哥哥的儿子；而在澳大利亚的另一支部落津吉利人中，pappa 一词则用以表示自己的子女，兄弟的子女，以及自己孙子的子女。在澳大利亚西部的卡列拉人中，mama 一词用以兼称父亲、叔伯、姨父以及其他一些亲属。在英属新几内亚的科伊塔人中，mama 一词用以称呼父亲和叔伯，nena 一词用以称呼母亲和姨母， 245
nana 一词则用来称呼哥哥、姐姐或从表兄、姐。埃法特人把父亲及其所有的“部落兄弟”全都称为 ava 或 tama。达科他人以 ahta 一词兼称自己的父亲、叔伯、姨父，以及祖父兄弟的儿子等等，以 enah 一词兼称自己的母亲、姨母以及外祖母姐妹的女儿等等。

当然，从婴儿咿呀学语的叫声中得出的称谓，最终还是由大人选定的。因此，这对我们理解称谓原则无疑有一定的启示。这类称谓除了用于称呼某些专人之外，甚至还具有较为一般的含义和

① Preyer, *Die Seele des Kindes*, p. 321.

比较抽象的性质。A. J. 斯旺先生曾从坦噶尼喀湖上的卡瓦拉岛给我写信说，在瓦古哈人中，用以表示“父亲”的两个词 baba 和 tata，兼有“保护者”和“供养者”的含义。据埃利斯少校讲，在奴隶海岸讲埃维语的民族中，用以表示“父亲”的两个词 to 和 fofo，分别含有“拥有者”和“供养者”的意义，均与“生父”之意无关。在闪米特语中，“父亲”一词为 ab(abu)。ab 一词虽有多种含义，但据罗伯逊·史密斯说，在闪语各方言中，该词的惯用意义“均与该词的本义‘生父’有相当大的出入”。[①] 此外，在亲属称谓中，还有很多词并不是由小儿咿咿呀呀的叫声转化而来的。其中有些除了用作称
246 谓之外，还有独立的意义；有些则是从具有其他意义的词派生出来的。而我却从未听说过任何直接反映父子生身关系的类别式称谓。我也不认为类别式称谓没有直接反映父子生身关系就意味着：叔伯之所以被归入父亲一类，侄儿女之所以被归入子女一类，从表兄弟姐妹之所以被归入兄弟姐妹一类，乃是由于生父不详的缘故。就我们现在所知，这样一种假设并不能从称谓的内在含义中得到证明。现在，我们再来考察一下被称以同一称谓的人所具有的共同特点，看看从这方面是否可以推导出上面所说的那种假设。那么，在类别式亲属称谓中划归为一类的人，都具有哪些相似之处呢？

一般来说，被称以同一类别式称谓的人，都是同一性别的人；但也有在亲属称谓上再加一个特定的词语以表示性别的情况。在夏威夷式称谓中，父亲及其同辈的男性亲属被称为 makua kana，

---

① Robertson Smith, *Kinship and Marriage in Early Arabia*, p. 117 *sq.*

母亲、母亲的姐妹、父亲的姐妹等等则被称为 makua waheena。kana 和 waheena 分别是对男性和女性的称谓。儿子叫做 kaikee kana，女儿叫做 kaikee waheena。而单独使用 kana 一词，则表示丈夫、丈夫的兄弟和姐妹的丈夫；单独使用 waheena 一词，则表示妻子、妻子的姐妹和兄弟的妻子等等。说话者的性别不同，也会导致某些称谓的不同。在很多亲属称谓制度中，兄弟之间彼此称呼时，使用一种或几种称谓；姐妹之间彼此称呼时，或使用同样的称谓，或使用专门的称谓；而兄弟和姐妹之间彼此相称，则要使用不同的称谓。在奥马哈人的语言中，儿子和女儿对父母的称呼也是各不相同的。

划归同一类亲属中的人，一般都是同辈人。但是，对他们使用什么称谓，除了远近亲疏的关系之外，还要看说话者的辈分而定。247
即使在同辈人之间，年龄的长幼也往往会影响称谓的使用。据贾奇·安德鲁斯说，夏威夷人没有专门泛指兄弟的用语。弟弟称呼哥哥或堂表哥哥，以及妹妹称呼姐姐或堂表姐姐，要用 kaikuaána 这一称谓；而哥哥称呼弟弟，以及姐姐称呼妹妹，要用 kaikaina 一词。称谓上的这种长幼之分，在兄弟之间和姐妹之间是很常见的。但是，姐妹称呼兄弟或兄弟称呼姐妹，则不分长幼，几乎都是使用同一称谓。同样，称呼父亲的兄弟，往往也要视其长于或幼于父亲而使用不同的称谓；称呼母亲的姐妹，有时也要这样；但是，称呼母亲的兄弟或父亲的姐妹就不分长幼了。在中非富尔富德人的语言中，人们无论是对叔伯，还是对舅舅，都要依其长幼而细分为大伯、二伯、三叔、四叔、五叔，或大舅、二舅、三舅、四舅、五舅，并有各种专门的称谓。

长幼之分，无论是在“类别式”称谓制中，还是在“说明式”称谓制中，都还有另外一些反映。很多亲属称谓的泛用，以及某些亲属称谓及其相关词含义的引申，即是这方面的例证。在北美印第安人中，老年人被普遍地称为老爷爷和老奶奶。芬兰语中的“ämmä”一词不仅表示“祖母”之意，而且还泛指一般的老年妇女。在很多
248 未开化民族中，老年男子都被称为“父亲”，老年妇女都被称为“母亲”。瑞典语中的 far 和 mor，以及俄语中的 batushka 和 matushka，也常常有这种用法。不过，俄国社会下层的人也称年岁大的男子为“叔伯”。在瑞典人中，人们对于年长一辈的男性也常以“farbror”（叔伯）一词相称；同辈男子如果关系不错，则互称“broder”（兄弟）。据卡萨利斯说，在巴苏陀人中，“人们称长辈为父母，称同辈为兄弟，称晚辈为孩子。”①卡曾斯先生曾给我写信说，在西斯纳塔尔的卡菲尔人中，对父母和兄弟姐妹的称谓并不仅仅局限于这些亲属，还用于年龄与其相仿的人，不管这些人是不是自己的亲属。他说：“Bawo 表示年长之意，bawo-kulu 意即比父亲年长的人。”巴西的瓦伊努马人称父亲为 paii，但有时也称 pechyry，意即长者。芬兰语中的 isä 和沃加克语中的 ai（意即父亲），以及拉普语中的 aja 和爱沙尼亚语中的 äi（意即祖父），显然都与芬兰语中的 iso 或 äijä 有关，而这两个词都含有“大”的意思。在德语中，父母称作 die Eltern，意即“长者”（die Aelleren）。德国人还亲昵地称父母为 die Alten，称父亲为 der Alte，称母亲为 die Alte 或 Altsche。在匈牙利语中 bátya 表示“哥哥”的意思，而叔伯则称作

① Casalis, *Basutos*, p. 207.

nagybátya,意即“大哥哥”。在察合台语中,姐姐叫作 egeći,按照
万贝里的解释,其实就是“大女人”的意思(ege 意即年长、大;eći
意即妇女、姐妹)。在巴西加利比人的语言中,tigami 可以不加分 249
别地表示弟弟、儿子和小孩。在有些语言中,没有“儿子”、“女儿”这样的词,只有表示“小伙子”、“姑娘”的词。在夏威夷语中,儿子叫作“男孩”,女儿则叫作“女孩”。

这里还应当再讲一种情况。在有些民族中,一个人对别人用什么称谓,并不是取决于两个人的年龄关系,而是取决于两个同宗支系的长幼关系。例如,在毛利人中,同一家族中年幼兄弟门下的人要称年长兄弟门下的人为 tuakana,意即“哥哥”或“堂兄”,而年长兄弟门下的人要称年幼兄弟门下的人为 taina,意即“弟弟”或“堂弟”。

虽然类别式称谓也常常用来称呼陌生人,但主要还是用来称呼亲属。哪里有氏族存在,哪里就会用这些称谓来表示氏族成员。“同一氏族内的所有同辈男子在称谓上都属于兄弟之列。在父系氏族内,比自己长一辈的所有男子均属父亲之列,比自己晚一辈的所有男子均属儿子之列。同样,母亲氏族的所有男子,只要与母亲同辈,就都是自己的舅舅;比母亲小一辈的所有男子,则是自己的表兄弟。”[①]在有些民族中,已不存在氏族组织,但这些民族仍旧使
用类别式称谓,这种情况也不少见。在这种情况下,类别式称谓通 250
常只用于有宗谱关系的人。但是,这并不能完全证明:类别式称谓就是血亲关系的体现,或最初曾是血亲关系的体现。亲属之间有

① Rivers, in Hastings, *op. cit.* vii. 703. *Idem*, *History of Melanesion Society*, i. 7.

其特殊的权利和义务，而且，很多事实表明：类别式称谓受到这种社会关系的极大影响；虽然这些称谓，至少是其中一部分，从一开始就可能带有某种模糊的血缘意识。称谓所体现的社会关系或社会功能，不仅表现在对外人和亲人使用不同的称谓上，而且还影响到用于同性、同辈的亲属称谓可有多大的应用范围。一般说来，应用范围越小的称谓，它所体现的社会功能也就越特殊。这种看法，我在本书第一版中即已提出，并为某些作者所接受。我在其中第95页写道："在很多民族中，舅舅几乎都有一个单独的、有别于父亲的称谓，而叔叔伯伯往往就没有专门称谓。舅舅一般都不同外甥住在一起，而且，由于继承权的规定，舅舅又往往同外甥有一种非同一般的关系。我们还有理由推断：姨母被称为母亲的情况远比姑母为多。这是因为在未开化民族中，姐妹之间在婚后的联系，往往比兄妹之间的联系紧密得多。更有甚者，在有些民族中，特别是在北美印第安人中，姐妹往往同嫁于一个男人。再者，叔伯之子与姨母之子被称为兄弟的情况，要比姑母之子与舅舅之子被称为兄弟的情况为多。如果把这些事实都考虑进来，那么，我们就会清楚地看到，外部关系（亦即社会关系）对亲属称谓的影响有多大。而且，由于某种外部关系不可避免地会同某一亲等或某些亲等的
251 血缘关系发生联系，因此，对外部关系的称呼便也采纳了血亲关系的称谓。"

我在这里之所以重提自己以前的论述，是为了反驳里弗斯博士对我的责难。他在一本书里曾提到麦克伦南和我本人。他说，以前也有人反对摩尔根的理论，其基本观点只是认为类别式称谓制不过是一张称谓表而已。他认为，"这种观点丝毫也不能否定建

立类别式称谓制起源理论的必要性”。他还说,新近反对摩尔根理论的人(如朗格和托马斯),则倾向于证明类别式称谓是地位和义务的体现,而不是血亲或姻亲的体现。[①] 其实,我当时所说的只是,亲属称谓在最初的起源上很可能是人们寒暄时的称呼。而且,至今还是这样。摩尔根说过:“美国印第安人对亲属讲话时,总是以亲属称谓相称,从不直呼其名。”[②]里弗斯博士也说,在美拉尼西亚,人们往往以亲属称谓相称,而忌讳直呼其名。在维多利亚州的班格朗部落中,成年男性“总是以亲属称谓或各人在部落中所属婚级的名称称呼对方”。[③] 在澳大利亚西部的卡列拉部落中,除儿童之外,无论男女,人们说话从不直呼对方的名字,而是使用适当的

亲属称谓。此外,类别式称谓还用于另一种场合,就是两人在说话 252
中谈及他人的时候。例如,对于某位亲属,直接称呼他时使用一种称谓;而间接提到他时往往又使用另一种称谓。不过,在我们探讨类别式称谓制的分类原则时,其称谓是否起源于人们寒暄时的称呼并不重要。我对于类别式称谓制的分类原则问题,当然也没有忽略。我的调查结果(参见本书第一版第90—96页),说明亲属称谓的确立,“主要是根据性别、年龄以及称呼者与被称呼者之间的外部关系,即社会关系。”

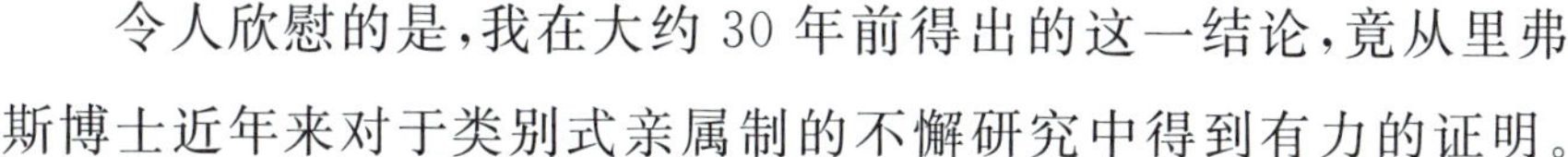

令人欣慰的是,我在大约30年前得出的这一结论,竟从里弗斯博士近年来对于类别式亲属制的不懈研究中得到有力的证明。

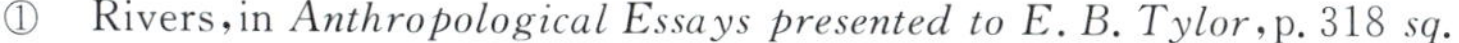

① Rivers, in *Anthropological Essays presented to E. B. Tylor*, p. 318 *sq*.

② Morgan, *Systems*, p. 132.

③ Curr, *Recollections of Squatting in Victoria*, p. 268.

他通过研究确信:“亲属称谓是由社会状况严格确立的。”①他所列举的有关舅舅这一称谓的某些事实特别说明问题。在波利尼西亚,无论是夏威夷人还是纽埃岛民,都把舅舅划入父亲一类。里弗斯博士在这两个地方都未发现做舅舅的有什么特殊的义务、权利或限制。而另一方面,在波利尼西亚的汤加群岛以及蒂科皮亚岛,舅舅这种亲属则有其专门的称谓,也有其专门的职责。在美拉尼西亚,里弗斯博士发现,只有西所罗门群岛一处,没有对舅舅的专门称谓,也没有赋予舅舅以专门的社会职责。他还说,类别式称谓
253 制的一般特点,恰恰就在于它起源于外婚社会群体所形成的社会结构。他指出,类别式称谓制中的许多细节都表明了这一点。因此,“叔伯与舅舅之分,姑母与姨母之分,以及堂表之分和姑表姨表之分,乃是类别式称谓制产生于氏族组织这一情况的自然结果。这是因为实行外婚制,叔伯与舅舅就必然分属于两个不同的氏族。刚才所提到的另一些例子,也是源于这种情况。无论何处,只要没有这种区分,也就不存在氏族组织,或者说,氏族组织已发生了深刻的变化。”②在某些北美印第安人中,孩子一旦丧父或丧母之后,对叔伯舅舅一类亲属的称呼和对姑母姨母一类亲属的称呼就开始有了某种区分。正如克罗伯教授所说,这其中的道理是显而易见的:侄儿(外甥)丧父之后,叔伯(舅舅)同他的关系就同其父在世时有所不同了。

我们从亲属的男女之分与年龄之别中,也可看到社会因素的

---

① Rivers, *Kinship and Social Organisation*, p. 1.

② *Ibid*, p. 71 *sqq*.

作用。冯特在谈到类别式称谓制时曾说，同性之间的联系要比异性之间的联系更为密切。“在父亲家族中，同辈人之间交往最多的是兄弟，两辈人之间交往最多的是父子，这些人常常一同外出打仗和打猎。”[①]在很多民族中，对于兄弟姐妹的称谓不仅取决于被称呼者的性别，而且还取决于称呼者自己的性别。关于这一点，里弗斯博士解释说，这是兄弟和姐妹从小分居的结果。很多未开化民族都有这种习俗。兄弟们总是形影不离，姐妹们也总是聚在一起，但兄弟和姐妹却分属于氏族内的两个不同的社会群体。女孩长大总要出嫁，出嫁时的年龄又往往很小；而且，由于各种现实的原因，254
女孩一旦出嫁，就要搬到另一个氏族里去住，成为另一个氏族的成员。这样，兄弟和姐妹之间就更显得更加疏远了。至于长幼之分，我们应当看到，在未开化民族中，年长者要受到尊敬，享有权威，而且还拥有某些特权。在澳大利亚土著人社会中，高低有序，尊卑分明。“一个人完全长成之后，不论男女，都要经历一种仪式。成功地完成这一仪式之后，即可获得一定的社会地位。随着年龄的增长，还可逐步获得更高的地位，直至步入最高、最尊贵的等级。而这种最高地位总是属于一位老年男子或老年妇女。”[②]北美印第安人是完全实行类别式称谓制的另一类民族。据说，在北美印第安人中，“年长即是一种权威。大家从小就受到尊上治下的教育。上者，即是年长者；下者，即是年幼者。”[③]这种影响还可见于哥哥和

① Wundt, *Elemente der Völkerpsychologie*, p. 42.

② Roth, *Ethnological Studies among the North-West-Central Queensland Aborigines*, p. 169.

③ Powel, “Sociology,” in *American Anthropologist*, N. S. i. 700.

弟弟之间以及姐姐和妹妹之间的关系。长兄在家中的权威仅次于父亲，一旦父亲过世，长兄即成为一家之主。乔切尔森博士说，在科里亚克人中，长兄和大姐都有专门的称谓，这反映了他们在家中的地位。他还说，在尤卡吉尔人中，一个人的大舅和大姑享有很高
255 的地位，对他们也可使用外祖父或祖母的称谓。“在家里的女眷中，祖母一过世，父亲的大姐便在管理家务方面占有最高的地位；而在外祖父过世后，母亲的长兄便成为一家之主。”[①]在乌拉尔－阿尔泰语系的很多民族中，长兄与叔伯、舅舅可用同一称谓，大姐与姑母、姨母可用同一称谓。

我在以前所写的一本书中曾特别指出，除了血缘关系之外，地缘关系也对人们的社会关系产生了巨大的影响。亲属之间如果相距甚远，无法接济，他们之间的社会凝聚力就会大打折扣。我们甚至可以说，亲属的社会凝聚力，归根结底是由近亲相聚而居的习惯所产生的。[②] 因此，我们可以想见，地缘关系也会对亲属称谓发生影响。事实上，即使是与氏族组织直接相关的亲属分类法，也往往因某些亲属在习惯上是否住在一起而有不同的称谓。这一点是没有什么疑问的。应当看到，氏族组织在很大程度上也是依赖于地缘关系的。此外，类别式称谓也往往用于本地、本等级的所有人，不论他们和自己是不是亲属。拉塞尔先生说，在印度中部各邦，人们通常可以发现，村里人总是将本村所有比自己年长一辈的男人称为叔伯，尽管他们可能属于不同的种姓；同样，对于比自己晚一

① Jochelson, *Yukaghir*, p. 72.

② *Origin and Development of the Moral Ideas*, ii. 197 *sqq*.

辈的人，也统统称之为侄儿或侄女。而且，姑娘出嫁后，村里所有年长的男人都会称其夫婿为“女婿”。甚至对于不可接触的低级种姓，也采取这样的称谓。在埃罗芒阿岛，人们称小时候在本村一同居住、一同玩耍的伙伴为“兄弟”。

我们从人们对陌生人常常使用的称谓上，也可以清楚地看到 256
社会因素的重要性。奴隶海岸的约鲁巴人对于那些比自己年长一辈的陌生人，“如想表达尊敬之意的话”，就会称其为 baba（父亲）或 iya（母亲）。[①] 在马达加斯加的霍瓦人中，对兄弟姐妹的称谓“还广泛用于自己所遇到的、并想与之交好的陌生人”。[②] 在埃罗芒阿岛，“对人称呼 nate（父亲）、avugsai（兄弟）或 netug（儿子），是非常友好或极为尊敬的表示”。[③] 沙勒瓦在谈到阿尔衮琴族印第安人时指出，“既非血亲也非姻亲关系的人相见，也要根据彼此年龄的大小，或根据称呼者与被称呼者之间的关系，以兄弟、叔伯、侄甥或堂表兄弟相称”。[④] 据布里奇斯先生说，火地岛上的雅甘人“在结成某种友谊之后，便以阿姨、叔伯、兄弟、姐妹、堂表兄弟姐妹、侄女、侄儿等称谓相称”。[⑤] 同时，雅甘人对于侄儿、侄女和外甥、外甥女分别有不同的叫法，并有叔伯舅舅之分和姑母姨母之分。巴西的巴凯里人对冯·登·施泰南博士，有时称为“哥哥”，有时称为“祖父”；梅伊纳库人则称他为“舅舅”。至于施泰南博士

① Ellis, *Yoruba-speaking Peoples of the Slave Coast*, p. 178.

② Sibree, *The Great African Island*, p. 247.

③ Robertson, *Erromanga, the Martyr Isle*, p. 404.

④ Charlevoix, *Histoire et discription générale de le Nouvelle France*, ii. 42.

⑤ Bridges, "Manners and Customs of the Firelanders," in *A Voice for South America*, xiii. 212.

的陪同，则被当地人称为“弟弟”或“表弟”。弗莱雷－马雷科小姐
257 曾在普埃布洛人的村子里住过，她在那里被晚辈称为“祖母”，被长者称为“姨”或“表姐”。哈茨霍恩生先被维达人称为 hura，即“表兄”。在初建悉尼城的时候，植物湾、杰克逊港以及布罗肯湾一带的土著人，发觉菲利普总督拥有很大的权威，人人都得服从于他，于是，他们便给予菲利普总督一个颇有殊荣的称谓——be-anna，意即“父亲”。这些情况说明，类别式称谓体现了对于亲属的一种友好或崇敬的感情，同时也成为某种社会关系的表现形式。

但是，不管社会状况对称谓的影响有多大，亲属称谓和与之相关的特定社会关系或职责之间，并没有绝对的联系。我们可以看到这样的情况：同一称谓可用于同称呼者有着不同社会关系的各种亲属。里弗斯博士指出，在汤加群岛和蒂科皮亚岛，一个人的姑姑拥有非常明确的权利和义务，因而有一种专门的称谓；可是，在班克斯群岛，姑姑虽也拥有非常明确、非常重要的职责，但却没有专门的称谓。如同波利尼西亚大多数地方一样，在班克斯群岛姑姑被划入母亲一类，“虽然她拥有的权利、特权以及所受的限制，都与做母亲的有很大的不同”。[①] 埃吉迪神父告诉里弗斯博士，在梅克奥，舅舅有给外甥围第一块遮阴布的义务，但却没有专门的称谓，而是与孩子的父亲归为一类。当然，这种负有专门职责的亲属
258 却不享有专门称谓的情况，毕竟是不多见的。我们最常见到的，是将叔伯归为父亲一类、将姨母归为母亲一类的习俗。此外，将叔

① Rivers, *History of Melanesian Society*, ii. 21, 45.

伯、舅舅统统归为父亲一类,而将姨母、姑母统统归为母亲一类的习俗也时有所见。这种归类法与父母具有非常专门的职能这一事实是很不协调的。里弗斯博士本人也承认,“一般来说,在类别式称谓制中,父母与子女的关系与我们这里的情况颇为类似。父母为子女提供食物、衣服,并负责培养他们,而子女则须听从父母的管教,并协助父母干活儿。”[①]据布朗先生说,在卡列拉部落中,亲属制“首先是一种权利与义务相互结合的制度”。在这种亲属制中,虽然一个人对他称之为“父亲”的所有人都负有一定的义务,但他的这种义务主要还是局限在对自己的真正父亲或本房叔伯,而不会涉及某个远房叔伯。至于其他各种亲属关系,也都是这种情况。

在类别式称谓制中,诸如父母这样的称谓显然是很笼统的。其原因可能在于这样一种事实:这些称谓在很大程度上是由婴幼儿的咿呀之声转变而来的。而婴幼儿又习惯于对与父亲年纪相仿的所有男人或与母亲年纪相仿的所有女人使用同一种称呼;此外,还有两位美国人专门就奥马哈族印第安人的情况提出一种解释。这两位作者认为,对父母的称谓被应用于“可称之为潜在亲属的人,即根据部落通婚习俗可以结为亲属关系的人。如果一个男人的妻子有姐妹数人,那么,这些姐妹就同那个男子有一种潜在的亲属关系;因为她们或者是在其姐有生之年,或者是在其姐死后,都有可能成为那个男子的妻子。”而根据部落习俗,一个男子也有义务续娶亡兄之妻。“由于这些潜在的亲属关系,孩子们便会称其父

① Idem, in Hastings, *op. cit.* vii. 705.

可能续娶的所有女人为‘母亲’，称父亲的所有兄弟为‘父亲’。”[1]
259 我们可以肯定的是，这样一种亲属分类与超越小家庭范围的、强而有力的亲属组带有一定的关系。这种情况在大多数未开化民族中都可看到，它缩小了家人与其他亲属在亲属地位上的差别。但是，我们并不能由此就推断说，以前有过某种社会组织，在其内部，父亲与叔伯、舅舅，母亲与姨母、姑母，均没有社会职能上的区别；或者说，在其内部不存在目前这种类型的家庭。我们更不能断言，刚才所谈的亲属分类情况就是这种社会组织的遗存。现实的社会状况可以为我们理解亲属称谓提供某种启迪；但是，如果反过来，以某些亲属称谓来推断历史上曾存在过某种社会状况，那么，这种推断大抵上只是一种猜测而已。

这里首先应当注意的是，如果我们发现某个或某些亲属称谓总是同某种特定的社会制度联系在一起的话，那么，我们并不能因此就说后者是前者之因，正如闪电并不是引起打雷的原因一样。两者可能是同一原因之果。我们常常见到的类别式称谓制与外婚禁律的共存现象，即是其中一例。类别式亲属称谓并不一定就是由外婚禁律所产生的。强烈的亲属之情固然可以将堂表兄弟姐妹归为亲兄弟姐妹一类；但在另一方面，这种亲情也可以将堂表兄弟姐妹间的性交定为乱伦。这样看来，如果某个类别式称谓与某种社会惯例或社会制度作为同一原因的两个结果并存在一起，那么，我们并不能因为在某个地方发现了其中的一个结果，就断言这里

[1] Alice Fletcher and La Flesche, “The Omaha Tribe”, in *Ann. Rep. Bur. American Ethnol*. vol. xxvii. p. 313.

以前一定出现过另一结果。即使某种亲属称谓与某种特定的亲属职能确有一定的因果关系，也不能证明，哪里使用这种称谓，哪里以前就曾存在过这种社会职能。这是因为，在不同的情况下，后者可以有不同的起因。我们知道，在梅克奥，舅舅有给外甥围第一块遮阴布的职责，但他却没有专门的称谓，而是与孩子的父亲归为一类。假如不是这种情况，而是如里弗斯博士提出的一般规律所示，舅舅有自己的专门称谓，那也不能证明：只要舅舅有自己的专门称 260
谓（即使这种情况就发生在邻近的海岛上），他就一定有义务要给外甥围遮阴布。专门的称谓仅是泛泛地表示：舅甥关系与父子关系有所不同。这种含义显然是空洞无物的，我们根本无法从中了解有关过去或现在的任何情况。

但是，有人却认为，类别式称谓从某些方面为我们提供了有关古代社会状况的某些材料。我们先来看一个事例，里弗斯博士认为这个事例在方法论上具有重大的意义。在美拉尼西亚的某些岛屿上，人们实行一种交表婚。所谓交表婚，即指一个男子同舅舅的女儿或同姑姑的女儿通婚。里弗斯博士发现，那里的交表婚习俗总是与一种“宛若从这种婚姻形式中得来的”亲属称谓相伴随。[1]例如，在斐济的姆鲍方言中，vungo 一词用于表示舅舅、姑父和岳父。nganei 一词用于表示舅母、姑母和岳母。男子对姑舅的儿子以及对妻子的兄弟和姐妹的丈夫统称 tavel。ndavola 一词则有两用，一是用来称呼与自己性别不同的姑舅表亲，二是男子用以称呼妻子的姐妹和兄弟的妻子，女子用以称呼丈夫的兄弟和姐妹的丈

① Rivers, *Kinship and Social Organisation*, p. 22 *sq*.

夫。里弗斯博士说:“如果说交表婚已成为姆鲍人中一种既成的习俗的话,那么,其称谓制中的每一称谓都是其直接的、不可避免的结果。”接着,他又断言,如果在任何其他民族中发现到这一称谓制的所有这些特点,那就没有理由怀疑这里以前曾有过交表婚。这是因为,“人们几乎不能想像,除此以外,还有任何其他条件(无论
261 是社会条件或心理条件)能够造成亲属称谓的这种古怪的混用情况。”[①]同样,在南印度各民族所使用的各种主要语言中,也有三种语言的亲属称谓“完全像是从交表婚中得来的”。就我们所知,使用这些称谓的绝大多数民族,现在都已不再实行这种婚姻形式了。但是,这种婚姻形式在南印度的很多地区仍有人实行。于是,便有人对我们说,交表婚在古代是一种普遍的做法,而这类亲属称谓无疑就是古代这种社会状况的遗存。[②]

里弗斯博士的结论是以这样一种假设为基础的:如果在实行交表婚的地方同时发现“宛若从这种婚姻形式中得来的”亲属称谓,那么,这种亲属称谓就一定是出于交表婚。而我则认为,很难说这种亲属称谓是交表婚所产生的结果。里弗斯博士本人曾说,虽然所有据称实行这种婚姻的民族都使用类别式亲属称谓,但通婚的双方一般来说并不是广义的类别式意义上的交表亲,而是“亲兄弟和亲姐妹”的子女。据说,古代阿拉伯人称自己心爱的人为bint‘amm(即叔伯姐妹),称自己的岳父为‘amm(即叔伯),虽然他们并不是血亲关系。如果说真是血亲,那么原因是很清楚的,即人们

① Rivers, *Kinship and Social Organisation*, p. 43 *sq.*

② *Ibid*, p. 47 *sqq.*

可以同自己的 bint`amm 成亲。可是，不太清楚的则是，斐济人只同某个群体中的一个成员的女儿结婚，但他们却称很多男人（舅舅、姑父、岳父）为 vungo，称很多女人（姑母、舅母、岳母）为 nga-nei。我敢说，我们对称谓问题还需要有一种比里弗斯博士的解释 262
更为自然的解释。在斐济以及其他一些实行交表婚的地方，男子不得与叔伯姐妹或姨表姐妹成亲，而只能娶类别式意义上的交表亲，实际上所娶的多是自己姑母的女儿或是舅舅的女儿。一个男子可以通过婚姻同某些人结为亲属，而不能以此同另一些人结为亲属。他与这两类人的关系是不一样的，因此便往往以不同的称谓对他们加以区分。换言之，用什么称谓并不是出于通常意义上的交表婚习俗，而仅仅是与类别式意义上的交表亲通婚有关。这种解释把现实存在的广义的类别式称谓与我们通常所理解的交表婚习俗协调了起来。这种解释还讲清这样一个事实，即：某种类似于在实行交表婚的民族中所使用的称谓，也可见之于很多不实行交表婚，但在关于哪类从表亲可以通婚、哪类从表亲不能通婚的规定上却与前者不谋而合的民族。而且，用这种解释分析这一事实，无需假定这些民族以前曾有过交表婚的习俗。我认为，这是一个很大的长处。有的理论可以通过现实情况，以令人满意的方式讲清某一社会现象；有的理论则是把某一社会现象解释为某种历史状态的遗存，而这种历史状态本身还是一种假说。显然，前者要比后者高明一些。这里还想再讲一点，也是很有意思的。里弗斯博士曾把某种亲属称谓“作为交表婚的证据”，又说这种交表婚据他所知只存在于北美印第安人的一两个部落之中。但这种称谓却在北美很多印第安部落中都有发现。因此，他也承认，现有证据尚不

能令人信服。[①]

263 有人可能觉得，我在一个不太重要的细节上占用了太多的篇幅。但是，在这个问题上，令人感兴趣的并不是具体情况，而是研究这些具体情况的方法。我认为，自己对摩尔根学派的态度是公平的。我为批评摩尔根学派所选择的例证，正是该学派最严谨、最下功夫的代表人物认为能够最清楚、最令人信服地表明类别式称谓依赖于婚姻形式这一论点的例证。里弗斯博士甚至怀疑，除了用大量的材料加以证实外，“在整个科学的范围内，我们是否还能找到一个更使人信服的办法，以说明一种现象是以另一种现象为条件的。”[②]就我而言，我一直想说明的是，即使两种或更多的亲属共用一种称谓的现象，确同与此现象多少合拍的婚姻形式共生共存，也不能证明这种婚姻形式就是这种称谓的起因。再则，如果在某个地方只发现这种共同称谓单独存在的话，又该做何解释呢？里弗斯博士认为，“我们可以说，两种亲属共用一种称谓这一现象很可能是某一婚姻形式的遗存。如果在某一文化中发现有这种遗存现象，那么，这种文化与现在仍实行这种婚姻形式的民族的文化在总体上越相近，遗存说的可能性也就越大。”[③]但是我认为，这种防备别人批评的说法是没有说服力的。理由有二：首先，共存关系并非因果关系；其次，类别式称谓在不同的情况下可有不同的起因。不过，里弗斯博士的这一说法同他的其他很多论述一样，表明他对这一问题的复杂性还是有所了解的。但是，摩尔根的大多数

① Rivers, *Kinship and Social Organisation*, p. 49 *sqq.*

② *Ibid*, p. 25.

③ *Ibid*, p. 46.

追随者，如同这位大师本人一样，在谈到这个问题时却是如此漫不 264
经心。例如，科勒教授曾发现，在瓦查加人中，男子对姑母和对姐妹使用同一称谓。于是，他立即断言：这种情况肯定是历史上侄儿娶姑母这一习俗的遗存形式。现在，让我们来看一看，根据这种逻辑，从下面一些有关欧洲亲属称谓的事实中，将会得出有关欧洲早期婚俗的何种推论，这将是很有意思的。在 17 世纪的英语中，nephew（侄儿、外甥）一词常常用于表示孙子或外孙；而 niece（侄女、外甥女）一词也用来表示孙女或外孙女。在丹麦语中，neef 一词可以表示侄儿、外甥或从表兄弟以及这些亲属的后代，亦可表示侄女、外甥女或从表姐妹的后代；nicht 一词可以表示侄女、外甥女或从表姐妹，以及这些亲属的后代，亦可表示侄儿、外甥或从表兄弟的后代。在这里，同一种称谓可用于三种或更多辈分的亲属。拉丁文中的 nepos 一词既表示孙子，又表示侄子。希罗多德也曾使用ἀνεψιός 词分别表示侄儿和从表兄弟。

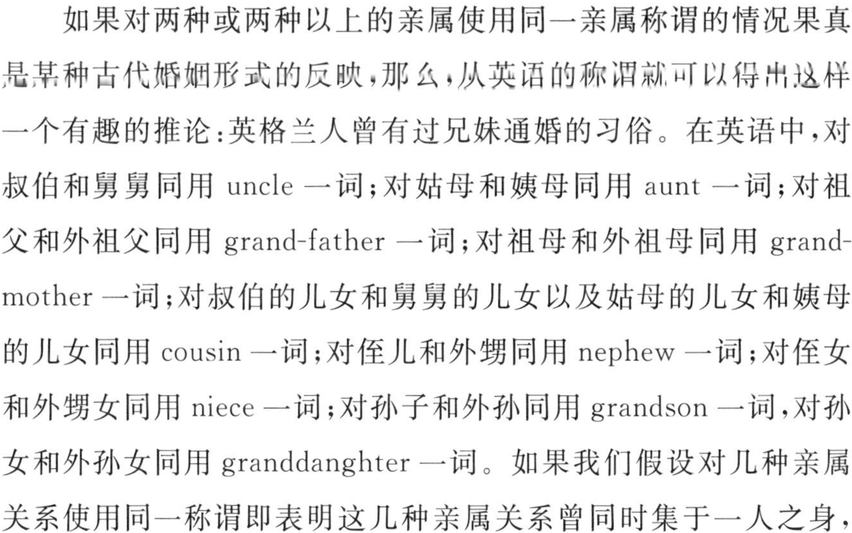

如果对两种或两种以上的亲属使用同一亲属称谓的情况果真 265
是某种古代婚姻形式的反映，那么，从英语的称谓就可以得出这样一个有趣的推论：英格兰人曾有过兄妹通婚的习俗。在英语中，对叔伯和舅舅同用 uncle 一词；对姑母和姨母同用 aunt 一词；对祖父和外祖父同用 grand-father 一词；对祖母和外祖母同用 grand-mother 一词；对叔伯的儿女和舅舅的儿女以及姑母的儿女和姨母的儿女同用 cousin 一词；对侄儿和外甥同用 nephew 一词；对侄女和外甥女同用 niece 一词；对孙子和外孙同用 grandson 一词，对孙女和外孙女同用 granddanghter 一词。如果我们假设对几种亲属关系使用同一称谓即表明这几种亲属关系曾同时集于一人之身，

那么，我们就会得出这样的结论：在过去，父亲的兄弟姐妹亦即母亲的兄弟姐妹，父亲的父母亦即母亲的父母，父亲的侄儿女亦即母亲的侄儿女，父亲的外甥、外甥女亦即母亲的外甥、外甥女，兄弟的子女亦即姐妹的子女，儿子的子女亦即女儿的子女。当然，英语中也有表示岳父、岳母、姻兄弟、姻姐妹、女婿、儿媳之类的称谓。但是，这些称谓在兄妹通婚的时代也同样用得上，因为有的男子没有姐妹可娶，有的女子没有兄弟可嫁，而他们又不大可能因此而终生独身。夏威夷人据说还保留着史前的“血缘婚姻”，按理不会有关于姻亲的称谓；其实不然，他们也有这类称谓。而且，对于我们所
266 说的“姻兄弟”一词，他们有两种叫法，一种是男子用来称呼妻子的兄弟和姐妹的丈夫的，另一种是女子用来称呼丈夫的兄弟和姐妹的丈夫的。但是，即使现在，在英语的日常用语中，岳父岳母仍被称为“父亲”、“母亲”；姻兄弟和姻姐妹仍被称作“兄弟”、“姐妹”（不过，里弗斯博士似乎认为，这种叫法与禁止续娶亡妻姐妹的规定有关）；女婿、儿媳仍被称作“儿子”、“女儿”。而且，如果一个人想同妻子的叔伯、舅舅、姑母、姨母搞好关系的话，也会称之为“叔伯”、“舅舅”、“姑母”、“姨母”。这样，从英语的亲属称谓中就可以推导出一种很可笑的说法：即兄妹通婚发生于相当晚近的时代。其依据正如我们在前面曾经谈到过的，在盎格鲁-撒克逊人和拉丁人的亲属称谓制度中，原本是有叔伯、舅舅之分和姑母、姨母之分的。不过，这种说法可以引来很多麻烦。因为这样一来，也就给了历史学家在这方面的发言权。但是，研究未开化社会历史的人在从亲属制度中推导出什么结论时，是不会对这种干预有什么顾忌的。按照里弗斯博士的说法，历史学家在亲属制度中可以找到“活化

石，即有关古代社会制度的隐蔽材料”。[①]

根据某种称谓可用于不同亲属关系，就断言以前存在过某种婚姻形式，这乃是一种谬见。其谬误就在于这样一种假设，即认为：对不同亲属使用同一种称谓，就意味着将这些不同的亲属关系汇集于一人之身。实际上，一种类别式称谓在使用时，相当于两种说明式称谓。如果我说，某甲是某乙的叔叔和舅舅，那么，我们马上就会想到：某乙乃兄妹通婚所生。但是，如果我说，某甲是某乙的 uncle，那么，情况就不同了。道理很简单：因为 uncle 的意思是
叔伯或舅舅，而不是叔伯兼舅舅。某些认定类别式称谓制可以证 267
明以前曾经存在过“血缘家庭”或群婚的人，就会感到更加混乱。他们以为，一种类别式称谓，即代表一种说明式称谓，但这种称谓可用于各种不同的亲属；因为这些亲属中的任何人，实际上都体现了这一称谓所表达的所有亲属关系。有人争辩说：父亲、父亲的兄弟和从表兄弟之所以被称以同一称谓，以及在夏威夷式称谓制中，母亲的兄弟和从表兄弟之所以也被称以同一称谓，是因为人们不清楚其中哪一位才是说明式称谓意义上的父亲；亲兄弟和从表兄弟、亲姐妹和从表姐妹之所以被称以同一称谓，是因为人们不清楚谁是亲兄弟、亲姐妹，谁是从表亲，如此等等，不一而足。但是，只要看看下列事实，这种说法就完全站不住脚了。在类别式称谓制中，一个人对母亲以及母亲的姐妹和从表姐妹，以及在夏威夷式称谓制中，对父亲的姐妹和从表姐妹，均使用同一称谓；而且，妇女对自己亲生的儿女以及自己姐妹和从表姐妹所生的儿女，也使用同

① Rivers, *History of Melanesian Society*, i. 3.

一称谓。我们可以想见，一个蒙昧部落的人可以因为不清楚自己的生父是谁而称好几个男人为父亲，但决不会因为不清楚自己的生母是谁而称好几个女人为母亲；一个女人如果称其他女人的儿女为自己的儿女，那也绝不会是因为不清楚自己究竟是谁的生母。

不过，里弗斯博士认为，对于这种辩驳，可以有两种解释。他说，可能有这样一种情况：原来也曾有过一种专门反映母子（女）个体关系的称谓，但是后来经过演变，含义逐渐扩展，遂与其他一些亲属称谓相结合。此外还有一种解释，他认为可能更加切合实际，即在我们可以想见的这样一种社会状态下，在亲属制度处于发展
268 的过程中，母子（女）间的特殊关系很难持续到断乳期之后。当孩子开始学到较多的亲属称谓的时候，母子就已经不在一起了。而且，“更可能的情况是：在文化发展的这种早期阶段上，哺乳婴儿的职责可能是由婴儿的母亲和部落中的其他妇女共同担当的；而且，在孩子断奶时，他可能还分不清在部落中谁是自己的生母，谁是喂养他的其他妇女。”[①]第一种解释只不过是一种猜测而已，而第二种解释简直是更加离奇。世界上哪里有婴儿刚刚断奶即被从母亲身边带走或被母亲遗弃的习俗呢？即使是出于对群婚制度的衷情而编造出这样一个地方，即使孩子们都不认识自己的母亲，也断不会有不认识自己亲生儿女的母亲。

詹姆斯·弗雷泽爵士也支持群婚说。而且，他认为，不借助里弗斯博士的那些说法，也可以拯救群婚说。他说，人们之所以对一个人竟会被当作很多母亲的孩子这件事难以理解，其原因“仅仅在

---

① Rivers in *Anthropological Essays presented to E. B. Tylor*, p. 317.

于，我们把自己所说的‘母亲’一词，同实行类别式称谓制的未开化民族所使用的与此相当但却不相等同的称谓混淆起来了。我们所说的‘母亲’是指生育孩子的妇女，而澳大利亚的蒙昧部落所说的‘母亲’是指同一群男人和女人处于某种社会关系的妇女，而不管这些人中是否有她所生养的。即使她尚在襁褓之中，也仍是这些人的‘母亲’。”[①]如果说“母亲”一词都可以与血缘之意无关的话，那么，“父亲”一词又何以一定要与血缘之意有关呢？如果说“母亲”一词可用于称呼一位明明未曾生过孩子的妇女，那么，“父亲”一词又何以要有“生父”之意呢？弗雷泽的解释实际上是承认，类 269
别式称谓并不是血缘关系的标志。他自己也曾说过：“类别式制度的基础是婚姻关系，而不是生养关系。”[②]

有人特别强调这样一点：澳大利亚土著人对于自己实际娶有的女人和在法律上可以娶有的所有女人（却“属于该群体”的女人），均使用同一称谓。于是，有人就把这说成是古代群婚制的一种遗迹。同样被说成是古代群婚制遗迹的，还有这样一种更为普遍的情况，即在世界各地很多民族所实行的类别式称谓制中，从男子方面说，妻子的姐妹以及兄弟的妻子在称谓上均与妻子划为一类；同样，从女人方面说，姐妹的丈夫以及丈夫的兄弟也与丈夫划为一类。不过，弗雷泽就类别式制度中的“母亲”这一称谓所说的警言，同样也适用于类别式制度中的“妻子”这一称谓。也就是说：我们不能把我们所说的“妻子”一词，同“实行类别式称谓制的未开

① Frazer, *Totemism and Exogamy*, i. 304.

② *Ibid*, i. 305.

化民族所使用的与此相当但却不相等同的称谓"混淆起来。他们虽然对我们所说的"妻子"和其他一些女人均使用同一称谓,但这并非是起因于古代的群婚,而仅仅是因为一个男子对于他可以娶有的女人和不可娶有的女人有着迥然不同的关系。对于这种情况,我将在关于群婚的一章中还会详细谈到。我认为,这种情况证实了我在前面所讲的一种说法,即某些类别式称谓是与交表婚并存的。而且在这件事上,里弗斯博士对我的这一说法似乎是完全同意的。①

里弗斯博士对于类别式称谓依存于群婚或共夫共妻制一说所抱的态度,与大多数相信此说的其他人类学家所抱的态度有所不同。我们已经注意到:他曾表示,类别式称谓制的特点乃起因于群
270 婚状态;他还一直宣称,这一称谓制的某些特点显然是在共夫共妻的条件下产生的。不过,尽管他对类别式称谓制中的"母亲"这一称谓的起源做过这种暗示,但他又说,那种认为类别式称谓制产生于群婚制的观点所指出的是:这种称谓制最初只是表明一种地位,而不是表明血亲和姻亲关系。他说:"这些称谓所表示的是某一群体内部人与人的某种关系,其中只包含有最浮泛的血缘观念。"②詹姆斯·弗雷泽爵士认为,这种说法很可能是对的。现在,就让我们再回到我们所谈的那个老问题上:我们究竟在多大程度上可以从某种亲属称谓推导出以前曾经存在过的某种社会状况。我们已经看到,即使我们发现某些亲属称谓总是与某种特定的制度并存,

---

① Rivers, *History of Melanesian Society*, ii. 128 *sq*. 我在本书第二版中,已对这一观点做过阐述(p. 56)。

② Idem, in *Anthropological Essays presented to E. B. Tylor*, pp. 319, 322.

要做出这样的推断也是很冒险的。况且，在类别式称谓与群婚或共夫共妻制的关系上，并没有这种并存现象。虽然类别式称谓是极为常见的，但所谓“群婚”或共夫共妻制则相当罕见。里弗斯博士说，他从美拉尼西亚的调查中得到一些证据，“足以确认以前曾经存在过这种状况。这些证据即是其文化中的某些特点。如果我们把这些特点看作共夫共妻制的遗迹，一如类别式称谓所暗示的那样，就很容易对其进行解释了。”[1]还有一些人类学家发现，类别式称谓依存于“群婚制”的证据，在澳大利亚依旧存在。但是，我在以后将会谈到：无论是美拉尼西亚的称谓制，还是澳大利亚的称谓制，均不符合在实行这种称谓制的民族中所存在的或据认为曾经存在过的那种“群婚”或共夫共妻形式。而且，即便相符合的话，若断言各民族实行的类别式称谓制均导源于“群婚”或共夫共妻制， 271
在方法论上也是一个极大的错误。就是按照里弗斯博士制定的某些准则来衡量，这种说法也是站不住脚的。里弗斯博士说过：“由于文化上的差异或文化间的隔绝，若是根据某一称谓制的某些特点可能来源于某一婚姻形式这一点，就推断说古代曾经存在过这种婚姻形式，那也是不能令人信服的。”[2]我们现在所讨论的这个问题，即是其中的一例。然而，里弗斯博士本人却又认为，类别式称谓制可能起源于以群婚为特征的社会发展阶段，而这一阶段似乎是相当普遍或近乎普遍地存在过。不过后来，他对这一观点已作修正。

---

① Rivers, *Kinship and Social Organisation*, p. 86.

② *Ibid*, p. 59.

还有一件事我也始终无法理解。里弗斯博士认为，有关夫妻的类别式称谓，并不能证明这些称谓就是共夫共妻制的遗存形式；比较贴近自然的解释是：这些称谓反映出历史上某些男人与某些女人作为潜在夫妻所处的一种地位。如果真是这样的话，类别式称谓制又怎么能被视为共夫共妻制的结果呢？有关夫妻的称谓尚且如此，其他称谓又怎么可以证明世界上存在着或存在过某群男子对于某群女子的性关系呢？如果说这些称谓所表示的乃是一定的社会关系，其中只包含有“最浮泛的血缘观念”，那么，所谓类别式称谓制产生于群婚或共夫共妻制的结论就不能成立。如同每个人的生父都是很明确的一样，类别式称谓所反映的血亲类别和亲等也一定是很明确的。这些称谓虽说主要反映的是社会关系，但可能从一开始，也反映了一般性的血缘观念，因为它们首先是作为亲属称谓来使用的。不过，如果说这些称谓是对某种实际的或假定的亲属关系的“说明”，那是完全不能令人相信的。

有人曾争辩说，假若类别式称谓不能反映一定的亲属关系，那么，实行类别式称谓制的民族对于这种亲属关系也就没有任何称
272 谓可言了。这种说法不值一驳。英国人除了对最亲近的亲属之外，对其他亲属均使用类别式称谓。但是，当他们想指称任何特定的亲属关系时，总是有办法加以表达的。未开化民族也是这样。华盛顿·马修斯先生在谈到达科他部落所属的希达察印第安人时写道：“当他们想区分生父和叔伯时，就对生父使用一个形容词ha’ti来加以说明，ha’ti意即‘真正的’。……虽然人们对于生母和姨母往往都是使用相同的称谓，但他们也有一个专门用以指称生母的词。表示妻子的词有两个，一个是指实际所娶的妻子，另一

个则兼有二义：既指实际所娶的妻子，也指我们可以称之为‘潜在妻子’的人，即妻子的姐妹。……我们不能因为他们的某些称谓有很大的宽泛性，就以为他们对于亲属的远近亲疏毫无分辨。他们对于某一亲属关系，如果没有单一的词可以表示，那就用两三个词组成一个复合词来代替。”[①]据科德林顿博士说，在班克斯群岛的莫塔岛上，人们对父母分别称为 tamai 和 veve。但这两种称谓也用来称呼“所有与父母同辈的、关系很‘近’的亲属”。不过，对这两种称谓的泛用，“丝毫也不表示他们真的把很多人全都看作是自己的生父和生母。在没有舅舅这一特定亲属关系介入的情况下，人们情愿使用同一词称呼父亲和叔伯，使用同一个词称呼母亲和姨母，但称呼者心中对于谁是亲生父母并不含糊。如果有人对此发生误解，他们还会这样解释：‘我的亲生子女叫做 tur natuk，他的生父叫 tur tamana；’而 tur tasina 所指的是他的亲兄弟，不是叔伯兄弟”。[②] 毛利人使用 pāpā 这一称谓称呼父亲、叔伯以及父亲的叔伯兄弟，但他们也有专指生父的称谓，即 papara，只是不常用而 273
已。据布朗先生讲，在卡列拉部落中，每一种称谓都有我们所说的基本意义或特定意义。这同英语中亲属称谓的使用情况非常相似。在这种情况下，虽然一个人可以对很多人使用 mama 的称谓，但如果有人问他“谁是你 mama”，他就会立即说出自己生父的名字。如果他在孩提时即已丧父，则会说出自己养父的名字。这是因为，一个人最亲近的长辈男性不一定就是生父，而是幼时养育过

---

① Matthews, *Ethnography and Philology to the Hidatsa Indians*, p. 57.

② Codrington, *Melanesians*, p. 36 *sq*.

他的人。斯潘塞和吉伦两位先生强调指出，在他们调查过的澳大利亚中部的土著部落中，“男子的特定妻子并没有专门的称谓，而是与该群体中的其他妇女共用一个一般性的称谓，而这些拥有同一称谓的妇女，正是该男子可以合法娶之为妻的人；除了这些人之外，他不得另娶其他女人。”[①]但是，据施特雷洛讲，阿兰达人虽然对自己实际的妻子和潜在的妻子都用 noa 这一称谓，但他们对前者还有一个专门的称谓，即 nōatja（noa 和 atja 的结合形式）。而据舒尔策讲，芬克河畔的土著人也称自己的实际妻子为 noa iltja。

最后，我想请那些坚持认为澳大利亚土著人的类别式称谓制起源于群婚的人，考虑一下斯潘塞和吉伦以及其他一些作者所作的这样一段有趣的记述：在澳大利亚的很多部落中，人们并不知道生儿育女的事是由性交所致。如果说在其类别式称谓形成之初，人们对此事也同样一无所知的话，那么，事情便很明显，对于父亲
274 以及与父亲划归一类的男子的称谓，以及推而广之，对于所有父系亲属的称谓，都不可能与实际的或假定的血缘关系有任何关联。由此可见，从有关血亲的类别式称谓中得出的、用以支撑群婚理论的最后一个论据，也就没有立足之地了。

基于我在本章中所提出的各种理由，如果说类别式称谓制并不能表明以前曾经实行过群婚或共夫共妻制的话，那么，实行类别式称谓制，同样也不能表明以前曾经存在过“血缘家庭”或绝对的乱交状态。而且，退一步讲，即使类别式称谓制真能说明以前存在过绝对的乱交状态，也不能证明这样一种状态在人类的社会发展

① Spencer and Gillen, *Native Tribes of Central Australia*, pp. 95, 96, 106.

中曾经是一种普遍现象。其理由是,我们无法确知类别式称谓制在世界各民族中普遍实行过,虽然有人做过这样的猜测。此外,我们也不能确知在实行类别式称谓制的民族中,这种称谓制就一定是其最早的称谓制。恰恰相反,如果说人类最早是以家庭或小家庭群体为生活单位的话,那么,类别式称谓制就不大可能是最初的称谓制,而是在家庭扩大为家族之后才形成的称谓制。

最近,有人极力申辩说:“亲属制度为我们研究各种社会制度的历史”(其中包括研究婚姻制度的历史),“提供了一种极有价值的工具”,因此,研究亲属制度“对于丰富我们有关史前社会的知识是十分必要的”。[①] 但是,在我看来,以亲属称谓制度为手段探索古代婚俗秘密的努力,尽管投入了大量的精力和才智,但迄今所得到的只是讹误,而不是正确的认识。

① Rivers, *Kinship and Social Organisation*, p. 1.

275 第八章　“乱交说”批判之六：关于母权

1861年，瑞士法学家巴霍芬博士发表了一部学术巨著，提请人们注意古代某些民族曾经盛行母权制的事实。此外，他还部分地根据古人的史实记述，同时也根据民间传说和神话故事，而得出结论说：在世界各地全都是母权制出现在前，父权制兴起在后。又过了几年，麦克伦南则主要是根据他对近代民族学材料的研究，独立地提出了同样的假说。但是，巴霍芬是把母权解释为妇女至上的产物，而麦克伦南则把他所谓的“母方单系亲属制”归因于古代实行乱交或一妻多夫制所导致的生父不确定性。他说：“在这个问
276 题上，除了生父的不确定性之外，用其他任何解释都无法讲通父系亲属制何以迟迟未能实行。根据这些情况，我们可以断言：人们以前是很难确认生父的；以前曾在不同程度上盛行男女乱交。生父的不确定性与母方单系亲属制这两者之间，存在着一种必然的因果联系。因此，无论在什么地方，只要有其一，便可以推知其二。”[①]这一观点已为很多后来者所接受。其中最为晚近的一位是布洛克博士，他就这样说过，母权“是生父不确定性的典型表现形

---

① McLennan, *Studies in Ancient History*, p. 88.

式，而生父的不确定性则为两性乱交所致”。[①]

近年来，“母权”一词已为英美人类学家所接受，因此我们这里也不妨拿来一用。但有一点应当明确：“母权”（mother-right）一词并不等同于“女家长制”（matriarchy）或“女性统治”（motherrule）。母权的含义是：世系完全从母亲一方来计算；一个人生来就属于母亲所在的社会群体（诸如氏族或其他什么群体），而不是属于父亲所在的社会群体。当然，由此也带来一些特定的权利与义务。但是，财产和地位的继承却并不都是依从于这一继嗣途径。在实行母系继嗣制的地方，男子的直接继承人往往是他的同母兄弟或姨表兄弟，而不是他自己的儿子；但是，在有些民族的母权制中，也有以父传子的方式继承财产和地位的情况。

据说，在很多实行母权制的民族中，舅舅对外甥拥有比其父亲还大的权力，或者说，父亲的权威很低，甚至于没有任何权威。但是，正如我在前面讲过的，对于这种认为舅舅拥有无限权力而父亲则毫无地位的说法，我们不可盲目听信。有一点是很明确的：在大多数实行母系继嗣制的民族中，父亲分明是一家之主。另一方面，在有些实行父系继嗣制的民族中，舅舅也起着举足轻重的作用。例如，在印度的很多地方，就有这种情况。在那里，舅舅和外甥之间有一种特殊的关系，当外甥举办各种仪礼时，舅舅所起的作用尤为突出。在英属新几内亚的科伊塔人中，虽然世系是按父亲一方 277
来计算的，但男孩子们却总是在舅舅的园圃里帮舅舅干活，而舅舅的权威据说也比父亲或叔伯大。一名男子可以不跟父亲或叔伯外

① Bloch, *Sexual Life of Our Time*, p. 189.

出，却总是顺从地陪着舅舅出去。在东南非实行父系制的聪加人中，虽然“父亲的权力是至高无上的”，但是人们在其一生中总是受到舅舅的特别关照。男孩在断奶之后，就会住到母亲娘家，一住就是很多年。女孩有时也在母亲娘家居住，直到长大以后才回去，而且，当女孩出嫁时，舅舅有权索要她所得到的全部聘金。母系制常常伴随以从妻居婚姻，即婚后夫妇双方都同女方的家人住在一起。但是，也有母系制与从夫居婚姻相伴随的事例，而且为数很多。

因此，在我看来，“母权”只有一个稳固不变的特点，这就是世系从母亲一方来计算，而不是从父亲一方来计算。当然，母系制常常也同其他一些习俗结合在一起，但这并不是一成不变的。而且，正如我在前面曾经讲过的那样，我们没有任何理由可以认为，目前实行母系制的民族，过去也都实行过这样一些习俗。此外，我们也不能因为在某个实行父系制的民族中，做舅舅的享有的某种显赫地位，就想当然地认为，这个民族以前曾经实行过母系制。不论是从父亲一方计算世系，还是从母亲一方计算世系，都不等于说，人们对另一方中最亲近的血缘关系可以忽略不计。

278 母权在未开化部落中是广泛存在的，而父权也同样如是。[①]此外，还有很多低级部落，所实行的既非母系制，也非父系制，或者

① 在我撰写本书第1版时，母权说甚为流行。当时，人类学界的头面人物对于此说大多极为推崇。因此，我觉得有必要列一个表，举出未开化世界中从父亲一方计算世系或以父传子的途径继承财产和地位的民族（见第98页）。但是，由于父权制或母权制的一般分布状况并不影响我们现在所讨论的问题，因此，在这一版中便没有再收入这个分布表。

说是二者兼而有之。在很多地方，只盛行一种继嗣制，要么是父权制，要么是母权制。但是，人们往往也可以看到：在属于同一种族系统或处于同一文明发展水平的两个相邻部落中，一个实行的是父权制，而另一个实行的则是母权制。很多晚近的作者都接受了巴霍芬和麦克伦南的说法，以为母权制在世界各地均先于父权制。哈特兰博士即是其中之一，他甚至宣称：人类学家在过去半个世纪 279
的调查结果表明，这种说法是正确的。对于把母权制看作一个普遍存在的历史阶段的说法，我在本书的前几版中已作过批判。现在我则认为，支持这种说法的势头已越来越小了。这一方面是由于人们对事实的了解越来越清楚，另一方面也是由于越来越多的人对于各门学科（包括人类学）中一些没有道理的说法，已不愿再盲目听信了。

哈特兰博士写道：“我们可以理直气壮地说，在实行母系制的民族中，没有一例表明以前曾存在过父系制，而相反的情况却可见诸世界各地。当然，在实行父系制的民族中，有些也不曾留下母系制的痕迹。但是，仅仅根据这些事例，是完全不足以否定母权阶段先于父权阶段之说的，甚至也不能就此以推卸举证的责任。”[①]我以为，谁要坚持认为以前曾存在过某种现在不存在的事物，谁就负有举证的责任；而承认自己对过去的事物不了解的人，是不负有举证责任的。否则的话，任何杜撰之说，只要不能被人反证，就都可 280
以被宣布为真理。至于说到在世界各地的很多民族中，都可以看到父权制中含有母权制先前存在的迹象，我承认确有这种情况；但

① Hartland, *Primitive Paternity*, ii. 3.

是，我也常常发现，这种所谓的“迹象”，是由某些武断的推论所构成的，而这些推论又是从某些被说成是母权制遗迹的习俗中得来的。至于说现在还没有人能提出令人信服的证据，来证明曾有过父系制向母系制的过渡，这也许是实际情况；但是，美国民族学家却指出，他们曾发现过有关这种过渡的事例。此外，他们还发现，有的母系氏族制是从过去根本不存在任何氏族组织的基础上发展起来的。

据博厄斯博士说，夸扣特尔部落即属前一种情况。他们过去实行的是一种纯粹的父系制，但后来，在实行母系制的相邻部落的影响下，采行了一条纯属母系制的继嗣规则，不过，这一规则仅仅是以丈夫为媒介发生作用。博厄斯博士说：“妇女出嫁时，便将其父的地位和特权作为嫁妆带给丈夫，但是，丈夫本人却不得享用，而只能将它传给自己的儿子。”[①]斯旺顿博士写道：“母系氏族制并不是原初的制度。对于北太平洋地区的研究使我们确信：母系氏族制是自我演化而来的。种种迹象表明，它是在纳斯河和斯基纳河交汇处的一小片地区内发展起来的。当欧洲人发现该地的部落时，这种母系氏族制正同时向南北及内地扩展。富克斯关于霍皮氏族的研究，以及我们所了解到的关于纳瓦霍文化与普埃布洛文化之间关系的种种情况，都表明，西南地区曾发生过这种演变。”[②]

如果说母权制在世界各地均先于父权制的话，那么，我们就应当发现，母权制最盛行于那些最落后的蒙昧部落。但事实上并非

---

① Boas，“Social Organization and the Secret Societies of the Kwakiutl Indians，”in *Ann. Rep. Smithsonian Institution*，1895，p. 334 *sq.*

② Swanton，in *American Anthropologist*，N. S. vii. 670 *sq.*

如此。施米特神父说过，就我们所了解的情况而言，俾格米诸部落 281
的社会组织形式似乎是父权制。在卡拉哈里沙漠属于布须曼人一
个支系的奥因人中，一个人的财产是由其长子继承的，虽然他们并
没有什么像样的财产。在中非的俾格米人中，也是由儿子继承父
亲的财产。在马来半岛的野蛮部落中，也不曾发现母权制的痕迹。
德·摩根曾说：“萨凯人是以父系家庭形式生活的。全家人都得服
从父亲的权威，父亲在家庭中除了对其子女不得任意杀害外，拥有
一切权力。”①据谢登伯格说，在菲律宾的尼格利陀人中，家庭生活
同样也具有男性家长制的特点，父亲对于家庭成员拥有不受限制
的权力。在苏门答腊南部的库布人中，则是由丈夫继承妻子的财
产，由妻子继承丈夫的财产，或是由子女继承父母的财产。塞利格
曼博士发现：在维达人中，有些地方实行的是母系制，有些地方实
行的是父系制，尽管后者不如前者那样常见；而在有些地方，则是
既有父系制，又有母系制。“父亲个人财产的大部分，似乎是由已
成年的儿子来继承的，但其女婿显然也有权分得一些。”②根据萨
拉森博士的说法，很难断言维达人实行的就是父权制或就是母权
制。不过，要在二者之中必择其一的话，他们的情况还是更加倾向
于父权制。据托马斯先生说，在澳大利亚实行“二分亲属组织”制 282
度的部落所居住的地区，从大体上讲，也就是除去沿海某些相对狭
小的地区外，在全部已知的澳大利亚领土内，实行母系制的部落和
实行父系制的部落近乎相等。而在该大陆其余的少数地区，继嗣

① de Morgan, “Mœurs, Coutumes et Langages der Négritos de l'intérieur de la presqûile Malaise,” in Bull. *Société normande de Géographie*, vii. 421.

② Seligman, *Veddas*, pp. 74, 76 *sq*.

规则则以母系制为主。

布里奇斯先生在给我的信中，曾谈及火地岛上雅甘人的情况。他说："子女既有责任为父亲的氏族报仇，同样也有责任为母亲的氏族报仇，但在世系上，则被算作父亲氏族的成员。孩子们通常既可以用祖父母的名字来命名，也可以用外祖父母的名字来命名。他们与母系亲属的关系，就如同与父系亲属的关系一样亲近。唯一的不同只是在于，孩子们是父系氏族的必然成员，而不是母系氏族的必然成员。"M.海亚德斯也曾谈到过雅甘人。他说："财产由尚活着的丈夫来继承，如果丈夫不在世了，则由长子继承。"[①]据戈登威泽博士说，在北美洲，就我们所了解的情况而言，较高的文明程度与父系部落之间并没有什么联系，较低的文明程度与母系部落之间也没有什么联系，倒是反过来说比较符合实际。在北美大陆文化最发达的两个部落（西北沿岸印第安人和易洛魁人）之中，世系都是从母方来计算的。其实，普埃布洛人的大多数部落亦属文化发达并实行母系制的部落。而另一方面，文明程度较低的所有部落，诸如爱斯基摩人、北方阿塔帕斯克人（除去受沿海文化影响的部落）、内地萨利什人和部分沿海萨利什人，以及华盛顿和俄勒冈两州的部落，不是实行父系制，就是"按父母两方"计算世系，"颇有现代文明的时尚"。[②] 在北美洲，母权制往往同农业的较高
283 发展程度联系在一起。斯旺顿博士就曾表示，典型的母系氏族制度在种植玉米的地区尤为常见。里弗斯博士也说，在非洲，母权制

① Hyades, "*Ethnographie des Fuégiens*," in Bull. Soc. *d'Anthr. Paris*, ser. iii. vol. x. 334.

② Goldenweiser, in *American Anthropologist*, N. S. xiii. 603.

似乎多实行于以农业耕作为主要谋生手段的民族,而父权制则与畜牧生活相联系,虽然这种联系并不是绝对的。此外,霍布豪斯教授、惠勒先生以及金斯伯格先生也对母权制或父权制在从事狩猎、畜牧和农业的未开化部落中的流行情况做过统计调查。他们得出的结论是:母系制在狩猎部落中居主导地位,父系制在牧业民族中居主导地位,而在从事农业的民族中,母系制和父系制则近乎平分秋色。但是,他们关于狩猎部落的说法显然大有商榷的余地。他们在表中所列的"低级狩猎部落",大多数都是澳大利亚的土著部落。在这些部落中,被列入母系制的有 18 个,只有 8 个被列入父系制。在父系制栏目下,除了这 8 个澳大利亚部落外,不再列有其他任何部落;而在实行母系制的部落中,除了 18 个澳大利亚部落外,还有普南人、火地人、巴图亚人、卢尚戈巴图亚人以及维达人。霍布豪斯等人的说法,与我在前面所谈的情况有很大的出入,这又势必对我们各自所得出的结论有很大的影响。但是我想,霍布豪斯等人关于父系制在从事畜牧业的部落中远比在从事农业的部落中更为普遍的结论,则无疑是正确的。这一结论自然不会给母系制先于父系制的说法提供任何证据。

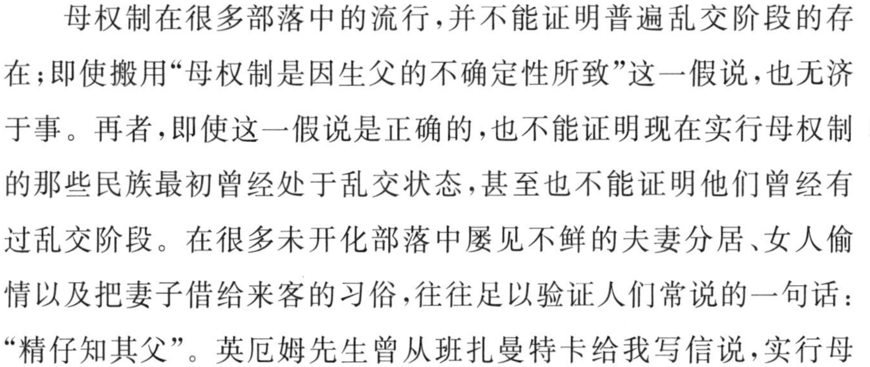

母权制在很多部落中的流行,并不能证明普遍乱交阶段的存在;即使搬用"母权制是因生父的不确定性所致"这一假说,也无济于事。再者,即使这一假说是正确的,也不能证明现在实行母权制 284
的那些民族最初曾经处于乱交状态,甚至也不能证明他们曾经有过乱交阶段。在很多未开化部落中屡见不鲜的夫妻分居、女人偷情以及把妻子借给来客的习俗,往往足以验证人们常说的一句话:"精仔知其父"。英厄姆先生曾从班扎曼特卡给我写信说,实行母

系制的巴刚果人确认，他们实行这一习俗的原因之一，就是由于不能确定生父。不过，英厄姆先生又说，对于乱交之事，巴刚果人听后总是感到厌恶和反感。对于其他一些实行母权制的民族来说，母权制也被当地人以及研究当地民族习俗的人归因于生父的不确定性，虽然在那些民族中，婚姻制度明明是存在着的。例如，博叙在谈及阿利巴穆人时曾指出："这些印第安人都是从母系来推算自己的世系的。他们说，他们可以确认自己在母系中的世系，因此可以断定血脉中流着母亲的血，但是，如果通过父系推算自己的世系，就不那么确定了。"①一些早期的旅行家在谈及纳亚尔人的财产继承规则和马拉巴尔海岸的王位继承规则时，也曾做过类似的解释。在这两个事例中，这种解释可能是很在理的，其证据是：纳亚尔人的两性关系极为松弛；马拉巴尔的王后常同很多婆罗门发生性关系。

但是，到现在为止，还没有人能够说明，在现存的未开化部落
285 中，我们所认为的道德或不道德的性习俗，同实行父权制或母权制之间，究竟有什么一般性的联系。在巴雷亚人和洛安戈黑人中，据说偷情之事都是极为罕见的，但是，财产却只经由母系继承。而在楚克奇人和南印度的托达人中，生父不确定的情况较之任何民族都更甚：前者盛行通奸与群婚习俗，而后者对于婚前婚后的性关系几无任何限制，但这两个民族却是实行父权制的。哈特兰博士也谈到过这方面的一些事例。他同意我在本书前几版中所阐述的观点，即我们没有理由把母权制归因于生父的不确定性，并认为"这

① Bossu, *Travels through Louisiana*, p. 168.

种假说是不大符合实际情况的”。哈特兰博士写道：“母权制不仅见于生父不确定的情况，而且也见于生父可以确定的情况。另一方面，父权制不仅见于生父可以确定的情况，而且也见于生父不确定的情况，甚至还见于明知合法之父并非生父的情况。况且，父权制一般都允许其他男子为名义上的父亲生儿育女，甚至往往还有这种规定。因此，从历史上看，生父的不确定性并不是导致完全从母方计算世系的缘由。”[①]

如果说母权制并非源于生父的不确定性，那么，对母权制又当做何解释呢？或许可有这样一种解释：即人们尚不知道生儿育女之事乃是由男女性交所致。亨利·梅因爵士就曾说过，身为人父“不同于身为人母。身为人父是需要推断才能知道的，而身为人母则是能够看得出来的”。[②] 因此，父亲在生育中所起的作用，不像母亲的作用那样容易被人承认。[③] 当我最初接触母权制问题时，我很想知道，世界上是否还有处于这种原始无知状态的蒙昧部落，于是便给住在世界各地的100多位先生（主要是传教士）写信，询 286

① Hartland, *Primitive Paternity*, i. 301 *sqq.*, *particularly* p. 325.

② Maine, *Dissertations on Early Law and Customs*, p. 202.

③ Cf. Lippert, *Die Geschichie der Familie*, pp. 5, 8, 9, & *c*. 本书前几版中均收有这种论述；此次再版，继续予以保留。这是因为，这种论述没有涉及时间问题，即人们是从什么时候开始发现生育和性交之间的关系的。如果说我们的远祖每年都有一段交配期，那么，过了一段时间，当妊娠现象如期出现时，人们就会很自然地从解剖学的角度将生育和性交联系起来，从而认识到性交与生育之间存在的因果关系。如果说女人们年复一年地在某一季节之内受孕，而又不曾把受孕之事同一个月以后自己身体出现的症状联系起来，那么，这种说法是否还值得相信呢？希普先生就曾提出过这个问题（*Sex Antagonism*, p. 87）。他认为，即便是很多低等动物，也能预见幼仔的出生；而且连很多筑巢的鸟类，也能预见到交配的结果，并为此而做准备。在他看来，“把两性的交合与小生命的出世联系起来，无疑要比创造别的什么理论都简单得多。”（*ibid*. p. 92）

问此事。我收到的回信虽然不多，但没有一封可以证明人们尚不知道父亲在生育中所担当的角色。我曾写信给布里奇斯先生，向他询问火地岛上的土著人是否认为子女完全是或主要是由母亲一人所生。布里奇斯先生在回信中写道，据他所知，雅甘人“认为母亲同孩子的关系要比父亲同孩子的关系重要得多。母亲同孩子之间有相互扶助、相互保护以及为对方报仇的义务，而且这些义务被认为是很神圣的。”但是，我怀疑这里所说的并不仅仅是子女与父母在生理上的联系，尽管我在前面曾引用过这位先生的一段话，即雅甘人的子女只是算作父亲氏族的成员。西姆斯博士从刚果河上
287 的斯坦利湖畔写信告诉我，巴特克人认为，父母在生育上的作用是同样重要的。A. J. 斯旺先生回信说，西坦噶尼喀的瓦古哈人也能认识到父母双方在这方面所起的作用。阿奇迪肯·霍奇森在谈到中非东部其他某些部落时，也是这样讲的，而这些部落的世系是按母系推算的。卡曾斯先生则告诉我，在西斯纳塔尔的卡非尔人看来，子女的出生，主要是父亲所致。

在很多未开化部落中所发现的某些习俗，也可以清楚地说明，这些部落中的人是完全知道这一尽人皆知的事实的，即妊娠和生育乃是两性交合的结果。在有些民族中，只有在孩子出生之后，婚姻才能确立。在其他一些民族中，男女之间发生性交关系之后，如女方已怀孕或分娩，那么，他们就必须正式成亲。否则男方就会受到惩罚。有些民族还盛行一种产翁俗，即在孩子出生时，做父亲的必须采取某些模拟生育或坐褥的做法，其中显然包含有这样一层意思，即父子（女）之间有一种亲密的关系。除此之外，在民族学文献中还有很多记载，虽然往往只有片言只语，但也能够清楚地说

明，人们对于性交与生育之间的关系是有所了解的。

在英属中非的约翰斯顿堡一带居住的部落认为，“胎儿是由男子向女子体内输入精液之后，才开始发育的。”[①]斐济人普遍认为，“女子在怀孕之前，如果曾委身于一个以上的男子，那么，其所有情夫就都是这个胎儿的父亲。”[②]据贝斯特先生说，图霍部落的毛利人，“似乎对繁殖过程中的主动因素和被动因素都有所了解”，虽然他们也同很多其他部落一样，对久婚不孕的妇女采用各种办法使其受孕，如求祭司祈祷，以及诉诸“马那”（即某些树木或岩石的“神力”）。他们还认为，两性只有在妇女月经期的一定阶段以及月经 288
期刚过不久进行交合，女子才能受孕。这种认识可能与当地人的一种观点有关。当地人认为，男女之间的交合起不了多大的作用，真正使妇女受孕的乃是月亮。据当地一位长者讲，他的祖先和兄长一直都是这样看的。[③] 某些北美印第安人则认为，子女从父亲那里获得灵魂，从母亲那里得到肉体。当巴西的某个巴凯里人想告诉来访者自己是某某人的父亲时，他就会用手握住自己的生殖器。巴西的科罗亚多人甚至认为，子女的生命完全是父亲赋予的，做母亲的不过是尽了一点怀胎和抚育的责任。类似的想法，在澳大利亚的某些部落中也很盛行。豪伊特博士就不止一次地听当地人说，妇女不过是为男人照顾了一下他的孩子。珀塞尔先生曾提

① Stannus, Notes on Some Tribes of British Central Africa, in *Jour. Roy. Anthr. Inst.* xl. 310.

② Thomson, *Fijians*, p. 239.

③ Best, "Lore of Whare-Kohanga," in *Jour Polynesian Soc.* xiv. 211, 214; xv. 4 *sqq.*

到过澳大利亚某些地区的土著部落，他没有具体指出是哪些部落，只是说，当男孩完成第 3 次成年仪式之后，“人们就要他喝别人的精液。这种精液取自 6 个年轻洁净的男女，有时则取自营地中出席成年仪式的所有年轻洁净的男女。”珀塞尔先生还说，在老年男子奄奄一息的时候，人们也给他喝这种精液。这是因为“人们认为，精液既然能使人降生于世，也就能使人长生不死。”①

289 但是，对于这个问题，澳大利亚的其他很多部落却有迥然不同的看法。阿兰达人相信，在远古时期，曾有一些圣男圣女，他们是各部落的首领，阿兰达人称之为“阿尔切林加”(Alcheringa)，他们随身带有一些童子精灵，并将它们置放在某些地方。阿兰达人认为，正是这些童子精灵源源不断地进入女人的身体，并被赋予人的模样及先圣的灵魂而后降生于世。这种关于童子精灵进入女人身体的说法，在澳大利亚中部、北部、西部的各个地区相当流行，只是具体细节各有不同。据罗思博士说，在昆士兰北部，人们认为，“婴儿可能是精灵变成的，然后才来到母体中。”②当地的某些土著人，如图利河沿岸的黑人还说，女人之所以生孩子，是因为她们曾坐在火堆旁烤一种鲤鱼，“而这条鱼一定是孩子未来的父亲给她的”。还有人说，这是因为她们曾去林中打猎，专门抓了一种牛蛙，或是因为某个男人叫她们怀有身孕，或是因为她们自己做梦，梦见曾把一个孩子置于腹中。不过，罗思博士又补充说：“图利河沿岸的黑

① Purcell,“Rites and Customs of Australian Aborigines”, in *Verhandl. Berliner Gesellsch. Anthrop.* 1893, p. 288.

② Roth, *North Queensland Ethnography: Bulletin No. 5. Superstition, Magic, and Medicine*, p. 23.

人，虽然就他们自己来说，并不承认男女性交是女人怀孕的原因，但他们认为，就所有动物而言，怀孕却是因性交所致。这一点使他们更加确信：人类优越于动物。”[①]据施特雷洛讲，阿兰达人和洛里 290
查人也同样了解动物交配与繁殖的因果关系。即使就人类而言，他们也并不是完全不知道这种因果关系。斯潘塞和吉伦说，按照阿兰达、洛里查和伊尔皮拉等部落的看法，男女交合“仅仅是为了使母体怀上童子精灵并将其降生于世而做的一种准备。童子精灵早已有之，就寄居在当地的某个图腾中心”。[②] 斯潘塞和吉伦说，其他一些部落也可能有这种看法，施特雷洛表示同意斯潘塞和吉伦的这一说法。他说，阿兰达人和洛里查人认为，男女性交可使阴道处于一种开放状态，以便使女人能够接受“拉塔帕”（ratapa），即童子精灵。如果没有性交，女性阴道就会一直处于“闭合”状态。

马林诺夫斯基博士发现，特罗布里恩德群岛（英属新几内亚）基里维纳的土著人也有类似的看法。他说，他们的知识水平“正好处于一种似懂非懂的临界点。一方面，他们模糊地知道性交与妊娠之间有某种关系；另一方面，他们从不知道男人对于母体中孕育的新生命究竟起了什么作用。”[③]他们认为，致使妇女妊娠的真正原因是“巴洛马”（baloma），即死者的灵魂。死者的灵魂要么是自己直接进入妇女体内，要么是被另一个“巴洛马”将它以“童子精灵”的形式放入妇女体内。但是，处女是不会怀孕，也不会分娩

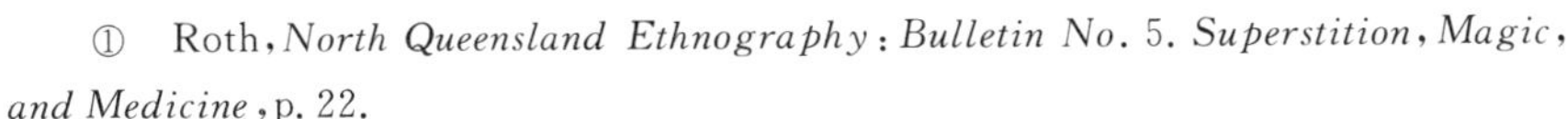

① Roth, *North Queensland Ethnography: Bulletin No. 5. Superstition, Magic, and Medicine*, p. 22.

② Spencer and Gillen, *Native Tribes*, p. 265.

③ Malinowski, “Baloma,” in *Jour. Roy. Anthr. Inst.* xlvi. 407.

的，因为任何东西都无法进入处女的体内，也无法从处女的体内生出来。因此，首先必须把处女的身体打开或穿通。有过较多性生活经历的女人，就比处女容易为童子精灵所进入。故而，当地人认为，两性交合的作用就在于其机械行为，除此之外，并没有什么不可缺少的作用。如果没有性交的机械作用，人们就用其他各种方法来扩张阴道，以便让“巴洛马”进入女子身体之中，或者让它将“童子精灵”置入女子体内。但是，就动物而言，基里维纳人和澳
291 大利亚土著人都知道，雄雌交配是致使雌性怀孕的原因。马林诺夫斯基曾听当地人说到猪的情况：“它们总是不断地交配，现在，母猪又要生小猪了。”[①]据说，在威廉一世海岸，大多数巴布亚人都懂得怀孕与性交的关系，虽然有些卡伊部落的妇女极力否认有这种关系。不过，人们认为，男人在这件事上所起的作用只是从属性的，仅仅是将已在母体内形成的胎儿“剥离出来”而已，就像人们把椰子从果皮中剥离出来一样。而据托尔多伊先生讲，巴刚果人的西部诸部落，则是这样来解释妊娠现象的：如果女性的身子被男性的精液弄湿，就会便于死者的灵魂进入女人的体内，转世再生。[②]

我们不能指望蒙昧部落的人们对于诸如妊娠这样复杂而隐秘的生理过程能够作出十分精确的解释。在我们自己的社会里，那

① Malinowski, "Baloma," in *Jour. Roy. Anthr. Inst*, p. 411.

② Torday and Joyce, *Les Bushongo*, p. 111. 据威克斯先生讲，巴刚果人认为，“在婴儿的生命中，只有其身体是新的”；而对其灵魂则各说不一，有人说是属于一位死者的，有人说是属于一位生者的，还有人说是属于水中精灵的。(*Among the Primitive Bakongo*, p. 115)

些未受教育的阶级,在这个问题上,除了知道性交常常导致怀孕、没有性交就不会怀孕之外,还能知道一些什么呢?我们也不能因为有人对生儿育女的事另有一番说法,就认为他们对普通的事理一无所知。据贝拉米先生讲,在英属新几内亚的北方马辛人中,“人们知道性交是生儿育女的原因所在,虽然一些怀有身孕的单身女子总是将受孕归因于她们吃了这种或那种东西。”[①]在这种赤裸裸的托词背后,很可能包含有更多的东西。有关“超自然生育”的传说,同人们对正常情况下子女系由父母性交所生的认识,是一点儿也不矛盾的。而这些传说也并不能证明过去就没有对于正常生 292
育情况的认识。一般而言,我并不认为现在有关生殖问题的各种说法会把我们带回到人类对于性交和妊娠的关系尚处于全然无知状态的远古时代。可是,哈特兰博士却坚持认为,不仅有关生育问题的古老传说,而且那些处于文明发展较高阶段的民族也为生儿育女而经常采取一些迷信做法,都可以证明:“在远古时代,人们普遍认为妊娠并不是因性交所致,而是另有原因。”[②]但是,就我看来,诸如洗澡、喝水、吃鸡蛋等等迷信做法,只是说明:人们感到仅仅通过性交往往还不足以达到生儿育女的目的。

马林诺夫斯基博士在其才气横溢的文章中,对于这样一个事实颇为重视,即基里维纳土著人的文化在巴布亚—美拉尼西亚文化中属于最先进的。他说,这些土著人对于生育知识的无知,“似乎说明这种无知在文明发展的较高阶段上分布之广和持续之久,

① Seligman, *Melanesians of British New Guinea*, p. 704.

② Hartland, *Primitive Paternity*, ch. i. *sq.*, particular vol. i. 154.

是人们以前未曾想到的”。[①] 但是，对于这种无知，马林诺夫斯基博士却是这样来进行解释的：“对基里维纳土著人来说，男女之间的性交乃是一件平常的事，几乎如同吃饭、喝水、睡觉一样。性交与怀孕这样两件事：一件是极其普通的、司空见惯的事；而另一件则是不太寻常，不太多见的事。对于这二者之间的联系，又有什么线索可供当地人借以观察和注意呢？当地妇女在性交方面，几乎如同吃饭、喝水一样频繁；而在其一生当中，怀孕的事只有一两次、两三次。这样，人们怎么能看到其中的因果关系呢？”[②]我们知道，
293 在基里维纳人中，“6岁以上的未婚女子一般说来几乎每天晚上都要寻欢作乐”，因此，马林诺夫斯基博士的解释对于像基里维纳人这样的蒙昧部落来说，可能是适用的。但是，我们不能以为所有蒙昧部落，甚至智力较低的部落，也都像基里维纳人一样对妊娠的原因一无所知。我们已经了解到，在很多非常原始的蒙昧部落中，女子在婚前一直都是保持童贞的。即便是基里维纳人，正如我们所了解的，也懂得妊娠与性交不无关系。而且，说到动物的怀孕原因，除了雌雄交配之外，他们也别无解释。为什么当说到动物的繁殖问题时，正如马林诺夫斯基所说，他们对于其“生理方面”是“很了解的”，这是不是因为那里的母猪和母狗在性交频率上比那里的女子要少得多呢？“当你问到动物的繁殖情况时，所得到的回答是：必须要有生理的条件。”但是，说到人的生育问题，“男女之间的性交，除了其机械作用之外，就没什么必要了。”[③]按照马林诺夫

① Malinowski, *loc. cit.* pp. 415, 418.

② *Ibid*, p. 417.

③ *Ibid*, p. 413.

斯基博士的说法,这二者之间的区别仅仅在于:当人们谈到动物时,"完全忽略了另一方面的问题,即生命何以在母体中形成这一实际问题。"这种说法是不对的,除非说动物的"生理条件"指的是可通过机械作用产生的条件。不管怎么说,我不能肯定基里维纳人关于人类生育问题的理论不曾受到头脑中原有的泛灵论思想的某种影响,虽然马林诺夫斯基所持的是另一观点。另外,罗思博士曾说过,图利河畔的黑人通过对于雌雄动物交配而使雌性动物怀孕的认识,使自己更加确信,人类是优越于动物的。但是,这并不能说明,他们关于人类生育问题的观点就是一种原始的观点。我甚至觉得,他们对于人类生育问题并不像人们所说的那样一无所知。

必须承认,我不大相信现在世界上还有任何蒙昧民族认为生
育与性交完全无关。不过,却显然存在着这样两种情况:有些民族 294
认为,男子在生育上所起的作用完全是从属性的;而在另一些民族看来,男子似乎起着主导的,甚或是唯一的作用。这就提出一个问题,这类想法究竟在多大程度上影响到世系计算的方法。

拉翁唐曾询问过加拿大的某些印第安人为什么要实行母权制,所得到的回答是:子女从父亲那里获得灵魂,从母亲那里得到肉体,因此,理应把母亲的姓氏一代代地传下来。拉翁唐向他们提出:"这种母权制的习俗似乎更说明他们清楚母亲方面的世系,而不太清楚父亲方面的世系。"他们听后,断然认为这种推理是很荒谬的。[1] 我们还听到过一种说法,认为威廉一世海岸的母权制是

① Lahontan, *New Voyages to North-America*, p. 461 *sq*.

起因于母亲在生育过程中所起的至为重要的作用。但是，我们不清楚这是土著人自己的看法，还是局外人所作的推断。无论如何，我们对于土著人关于自己社会制度的解释，应抱审慎态度，不能盲目听信。马林诺夫斯基博士在谈到基里维纳的土著人时就曾指出，他们对于生育问题的认识并没有多少社会学方面的意义，而且，这种认识也“并没有对土著人的亲属观念产生任何影响”。[1]此外，就我所知，也没有任何事实能够说明：在澳大利亚的土著部落中，计算世系的方法是由那些关于妊娠和生育的理论所决定的。在认为子女完全由父亲所出的部落中，有一些是实行母系制的，另有一些部落则是将给子女定亲的权利给予母亲和舅舅。另外，像英属中非约翰斯顿堡附近的部落，也是这种情况，他们虽然认为子
295 女完全是由父体输入母体的东西发育而成的，但却通过母方来计算世系。我们可以假定：当计算世系的做法刚刚出现时，妊娠与性交的关系尚不为人知，因此，人们实行的是母系制。但是，我们难道就不能想到：随着人们对血缘问题的认识发生变化，计算世系的方法也会有所变化吗？换言之，为什么计算世系的方法只是在刚开始时取决于人们对血缘关系的认识，而在后来，当计算世系的方法借以存在的某种血缘理论被人摒弃之后，这种计算世系的方法却能一成不变地保留下来呢？我并不否认母权制同生育问题有某种直接的关系。不管人们对父亲在生育中的作用有何看法，任何子女都是从母体中出生的，这是事实。但是，我认为，无论父权制还是母权制，在很大程度上都是取决于社会状况，这一点也是没有

① Malinowski, *loc. cit.* p. 413.

什么疑问的。我们可能无法解释清楚母权制何以会在每个特定的民族中盛行，但我认为，即使我们对于处在较低发展阶段上的民族了解得远不及目前这样详细，我们也可以粗略而又比较准确地指出导致母权制的其他一些主要原因，至少是其中的部分原因，而不仅仅是有关血缘关系的考虑在起作用。

在有些民族中，母子纽带的强度要比父子关系的强度大得多。这种情况在蒙昧部落中尤为明显。我们在蒙昧部落中常常可以看到：母亲怀抱孩子的时期很长，哺乳期也长达两三年、三四年，甚至还有更长的。在文明发展的较低阶段上，父母分居是常有的事。在这种情况下，婴儿总是跟母亲，而且年龄较大的子女也常常是跟随母亲。在一夫多妻制的家庭中，每个妻子通常都有自己的一间小屋，是供她和她的子女居住的。即便不是这样，母子也会很自然地聚在一起，形成一个小小的亚家庭。康诺利先生曾说，在整个赤道非洲，做妻子的都从来不同丈夫一起吃饭，而是同其子女一起吃 296
饭。康诺利先生在专门谈到芳蒂人时，还补充说，一夫多妻制也对财产的继承产生了一定的影响。这表现在，一个人的合法继承人是他大姐的长子。温特博特姆很早以前在谈到某些黑人部落时，就曾提出这样一种想法：实行母系制的原因在于一夫多妻制。他说，“在实行一夫多妻制的家庭中，往往有很多很多的子女。如果每个子女都沿用父亲的姓氏，就不容易对他们加以区分，而使用母亲的姓氏，就比较容易区分了。”[①]最近，斯塔克博士也曾谈到过这

① Winterbottom, *Account of the Native Africans in the Neighbourhood of Sierra Leone*, i. 151 *sq*.

一点。D. 麦克唐纳牧师在关于新赫布里底群岛埃法特人的记述中，也同样指出，在实行一夫多妻制的民族中，母子关系要比父子关系更为密切，这是十分自然的。卡萨利斯在谈到贝专纳部落的一个支系巴苏陀人时也曾指出：在一夫多妻制的家庭中，子女对父亲并没有很深的感情，大舅的权威反倒更高。

在世界各地的很多民族中，都有这样一种习俗：男子结婚以后，便离开自己的家，而搬到妻子家里去住。凡是有这种习俗的民族，几乎都是实行母权制的。[①] 而且，正如泰勒所指出的那样，凡是不将新娘娶回夫家的民族，大体说来也都是母权制比较盛行的民族。因此，从很多情况来看，母权制似乎是从妻居婚姻的结果。这一结论可由以下事实加以证实：在从妻居婚姻与从夫居婚姻并
297 存的民族中，如果丈夫来到妻子家里居住，世系就要按母亲一方来计算；如果丈夫将妻子娶回自己家中，世系就要按父亲一方来计算。即使不是全部如此，至少也有不少是这样的情况。在日本，假如一家人中只有女儿，没有儿子，这家人就会为长女招赘一个丈夫。丈夫入赘后，即改用女家的姓氏。在这个事例中，女家招女婿是为了给家里增添人口；但一般来说，正如斯塔克所指出的，实行从妻居婚姻的原因，显然还是在于女方一家人不愿让女儿离家而去。这种婚姻形式似乎大多实行于从事农业的民族，而且很可能与这样的事实有关，即在简单民族中农活大多是由妇女承担的。澳大利亚各土著部落全都是以狩猎和采集为生，从妻居婚姻在那

① 霍布豪斯、惠勒和金斯伯格（*op. cit.* p. 151）只发现过两例父系制与从妻居婚姻相结合的情况。尤卡吉尔人亦属此例（Jochelsen, *Yukaghir*, pp. 92, 112 *sq.*）。

里极为罕见,即便是在按母方计算世系的地方,情况也是如此。另一方面,正如我们已经知道的那样,从事畜牧业的部落大多实行父系制,而且,也大多实行从夫居婚姻。这种情况又与以下事实相吻合,即畜牧业主要是由男人承担的活儿,这使妇女的价值有所降低,也使得妇女比较容易被人抛弃。

以上,我就某些被引用来作为“乱交说”例证的主要事实进行了讨论。我们已经看到,这些事实根本不能作为乱交说的证据。那些被人说成是古代两性乱交状态遗迹或“共有婚”遗风的种种习俗,没有一种是以过去曾经存在过这一状态为前提的。有人为了证明这一假说曾经提出过许多事实,但这些事实并不能证明在某个民族的历史上,乱交状态曾是两性关系中盛行一时的形式,更不能证明乱交状态曾是人类社会发展中的一个普遍阶段,尤其不能证明这样一个阶段就是全部人类历史的起点。

有些读者可能会想,这个问题不值得给予太多的关注。而我却就与此有关的一些事例做了较多的探讨,从严格意义上讲,确已超出了编著此书所需要的程度。不过,我之所以这样做的原因,首先是由于我认为有破有立的批判才更有分量;其次是因为有很多风俗和问题是我们讨论人类婚姻史时不应忽略的,而将这些讨论安排在这里则是最为适宜的。而且,直到现在为止,我的批判还没有最后完成。我在前几章中已经指明,没有任何证据可以证实乱交说;在下一章中,我还将进一步着力表明:无论在人类历史上的任何阶段,都存在着对乱交状态具有积极阻遏作用的因素,而乱交说恰恰是与这些因素相背离的。

299 第九章 “乱交说”批判之七：关于男性嫉妒

达尔文曾经说过，所有雄性的四脚兽都有一种嫉妒心，其中很多还生有专门的利器，用以同其对手进行较量；从我们所了解的这一情况来看，两性之间的乱交是极不可能在自然状态中实行的。他接着写道：“因此，如果我们追溯时间的流逝追溯得够远，再结合到人在今日之下的一些社会习惯而作判断，十分近乎事实的看法是，最原始的人在本地以小群为生活单位，一群构成一个社群，社群之中，每一个男子有个单一的妻子，或者，如果强有力的话，有几个妻子，他对妻子防卫得十分周密，唯恐别的男子有所觊觎。”但是，摩尔根、麦克伦南以及拉伯克等人提供的情况，似乎又使达尔文相信，在后来的某个时期，某种近乎乱交的状态也曾在世界各地盛行一时。[①] 其他一些作者也持有与此类似的观点。

假如被某些人作为古代乱交说证据而提出来的那些事例，果真能够证明乱交状态曾在人类发展的某个阶段普遍存在，那么，我
300 们就不能不承认：男性的嫉妒心并未对两性乱交构成过严重的障

① 达尔文：《人类的由来》（潘光旦，胡寿文译），第 895 页。早在达尔文之前，维雷（Virey, *De la femme*, p. 148）即已指出，如果人类实行乱交的话，世界早就陷入男人之间永无休止的争斗之中了。

碍。但是，如果我们拿不出任何理由让人们相信人类在过去曾有一个乱交的时期，那么，情况就完全不同了。这样，盛行于类人猿和现代人类各种族中的男性嫉妒，便可构成一个强有力的、确定无疑的证据，以证明男性嫉妒在人类早期也是存在的。而这将使普遍乱交说失去立足之地。

但是，某些作者（诸如吉罗－特龙和勒邦博士）宣称，差不多在所有未开化民族中，人们几乎不知嫉妒为何物。不久以前，哈特兰博士还开列了一个长长的单子，列举了很多蒙昧部落的名字。据说在这些部落中，人们都没有什么嫉妒之心。哈特兰博士说，所有权意识乃是嫉妒之心的根源所在，因此，在所有权意识尚未充分发展起来的条件下，人们便不会有什么嫉妒之心。在我看来，这种看法至少是令人可疑的。诚然，蒙昧部落中的人往往把自己的妻子当成自己的某种财产，把奸夫看成窃贼。英属新几内亚的基瓦伊族巴布亚人也同托雷斯海峡西部岛民一样，把同有夫之妇通奸叫做“偷”人家的妻子。阿兰达人也把有这种行为的人叫做“阿特纳尼尔克纳”，意即“窃阴者”，或是叫做“因比加”，意即“窃贼”。[1] 301
在非洲的某些地方，人们对这种人均按盗窃罪加以惩治，砍去其双手或一只手。《摩奴法典》写道：“男人不应该在他人妻子身上播种子。”[2]但是，如果说嫉妒之心与所有权意识有什么关系的话，那么，其原因还是在于，嫉妒之心在很大程度上与占有欲有关，而占

---

① Spencer and Gillen, *Native Tribes of Central Australia*, p. 99. 这些叫法仅限于这种情况，即女方属于奸夫可与之婚配的那个婚级。如果不是这种情况的话，对奸夫的叫法还要难听得多。

② 《摩奴法论》，蒋忠新译，中国社会科学出版社1986年版，第9章第42节。

有欲与所有权意识还是有所不同的。

所有权指的是，某个人或某些人被认可拥有一种对某种财产进行独自处置的权利。所有权源于人们对自己占用或生产的东西所萌生的一种保有与处置的欲望。所有权与占有关系绝不是一回事。雄性动物总是以一种嫉妒之心将其所占有的雌性动物据为己有，如果在这种占有关系中有第三者介入，它就会发怒。但是，我们不能说这种嫉妒心是出于一种“所有权意识”。香德先生说过，性嫉妒产生于性爱。“但性爱与自爱又是不可分割的，二者总是相互作用。有了自爱的欲望，就想将女人、权力、名誉等据为自己所独占，嫉妒心主要就是这样产生的。‘在嫉妒之中潜藏的自爱超出其性爱’。”[1]但是，除了权利（所有权或其他什么权利）被侵害这样一种感觉之外，人类男子（特别是文明男子）与雄性动物的嫉妒心是很不相同的。人类男子的嫉妒心带有爱的性质，它又是与屈辱感相伴生的，因为“嫉妒心的产生，总是因为失去或未能获得对某人的占有，而这种失势又会使一个人对自己的评价降低。”[2]此外，人们还可能担心在自己家里生下别人的孩子。[3] 但
302 是，不论性嫉妒有多少表现形式，它们都有一个共同的特点，即性嫉妒是由于失去或担心失去对于作为自己性欲对象的某个人的独占权而产生的一种愤恨之情。性嫉妒的这一显著特点，既可以见诸动物，也可以见诸人类；既可以见诸蒙昧部落，也可以见诸文明

---

① Shand, *Foundations of character*, p. 258.

② *Ibid*, p. 258.

③ 根据罗马法学家的理论，通奸之罪，罪在女方，因为她可能给丈夫带来一个外人的孩子。

民族。它是与乱交观念针锋相对的。在这个问题上，嫉妒之心在表现形式上有多少差异是无关紧要的。芬克先生在和我的争辩中曾抱怨说：“语言这个东西真是太粗糙了。同是嫉妒一词，竟能用来表示三种全然不同之事：对情敌的愤恨，因财产被盗所产生的复仇之心，以及因得知或疑心女方贞洁被人破坏、夫妻感情受到伤害而产生的极度痛苦。”[①]但是，语言中已经有了一个对我们讨论问题来说非常适用的词，至于说这个词有几层不同的含义，我们并不关心。

现在，让我们来看一看，在处于较低发展阶段的民族中，男性嫉妒究竟有多大的普遍性。让我们先从那些处于最低发展阶段的民族谈起。凡是对俾格米人进行过研究的作者，几乎都有这样一个共识：他们对婚姻都是很忠贞的，一旦出现通奸之事，当事者大多都会被处以死刑。至于说到布须曼人，哈特兰博士曾援引亚历山大的话说，他们没有什么嫉妒心；但是，其他作者的说法却迥然不同。蒂尔就曾说过，无论男女，“人们都有一股火暴脾气，不会容许在自己家里出现一个情敌。”[②]冯·弗朗索瓦说，布须曼人非常注意捍卫自己对于妻子的独占权，如果有人对他的婚姻权予以侵犯，他就会以意大利人的方式进行报复。在奥因人中，如果有人诱奸他人的妻子，这个人就会被处死，而且连女方也会被处以鞭打。303
在纳米布的布须曼人中，据说男女私通的事是极为罕见的。在马来半岛的野蛮部落中，马丁博士也曾发现过男性嫉妒心的明显迹

① Finck, *Primitive Love and Love-Stories*, p. 88, n. 1.

② Theal, *Yellow and Dark-skinned People of Africa south of the Zambesi*, p. 47.

象。很多作家在谈到锡兰的维达人时，都说他们非常害怕自己的妻子被别人占有，而且人们几乎没有听说过他们那里有什么不贞行为。内维尔说："如果有人受到侵害，那他一定要将奸夫杀死，方可罢休。"①

澳大利亚的土著人虽然有借让妻子和交换妻子的习俗，而且在某些部落中还有群婚现象，但这绝不是说，他们就像很多西方作者所说的那样，没有嫉妒心。马林诺夫斯基博士在列举了一系列证据之后说，如果嫉妒心指的是一个人对于侵犯自己性权利的行为有一种自然的厌恶感，那么，澳大利亚土著人不仅有这种情感，而且还是很强烈的。斯潘塞和吉伦两位先生对此则颇有保留。他
304 们说，在他们所接触过的澳大利亚土著人中，"性嫉妒尚未发展到其他很多蒙昧部落似已达到的程度。"这种嫉妒之情有时也可看到，"但是一般说来，这种情感与受部落习俗影响而产生的那种情感相比，还是居于从属地位的。而后者则可以使一个人有义务在某些特定的时候允许他人与自己的妻子自由交合，或是为表示自己对某个人的好意而将妻子借让给他。"②加森先生说，迪埃里部落有一条令人感到压抑的习惯法：当人们彼此结为群婚的关系时，相互不得流露或怀有任何嫉妒之心。但是，加森先生又说，尽管有这一苛刻的要求，他还是从自己的观察中发现，当地人之间的争吵，几乎都是源于群婚关系。

据说，火地岛人"特别害怕自己的妻子被别人占有，他们不让

① Nevill, "Vaeddas of Ceylon"; in *The Taprobanian*, p. 178.

② Spencer and Gillen, *Native Tribes of Central Australia*, p. 99.

任何人（特别是小伙子）进入自家的茅屋。”①博托库多人据说是经常更换妻子的，但他们也有很强的嫉妒心。他们对通奸之事极为憎恶，任何女子一旦被发现有通奸之事，即会受到严厉的惩处。冯·斯皮克斯和冯·马蒂乌斯在谈到科罗阿多人时说，只有复仇和嫉妒这两种激情，才能使他们受压抑的心灵从委靡、麻木的状态中振奋起来。卡斯泰尔诺在谈及瓜托人时写道：“嫉妒是最强烈地表现这些人心灵深处的激情；而对其所有妻子的监护，如同是对每 305
个妻子都倾注着自己全部的钟爱之心。”②生活在亚马孙河流域西南部的瓜拉约人，“嫉妒心极强”，他们对于通奸的惩罚是将奸夫淫妇双双处死。③ 据说，厄瓜多尔的希瓦罗人和纳波人同样也很害怕自己的女人被别人占有。在希瓦罗人中，妇女往往不得与生人说话，而且，“除了东部人之外，其他地方的人甚至还不准妇女露面。”④关于厄瓜多尔的另一个部落萨帕罗人，据说，“他们一点儿嫉妒心也没有，而且还给自己的妻子以很大的自由”，虽然“这与相邻部落的情况完全相反。”⑤据说，秘鲁的印第安人和阿拉瓦克人还因嫉妒心而犯下很可怖的罪行。

关于墨西哥的惠乔尔人，伦霍尔茨写道：“他们已经有了很强的嫉妒心，这一点可以从他们对在婚姻上的轻率言行所表示的强

---

① Wilkes, *Narrative of the United States Exploring Expedition during the Years 1838—1842*, i. 125.

② Castelnau, *Expédition dans les parties centrales de l'Amérique du Sud*, iii. 13.

③ Church, *Aborigines of South America*, p. 114 *sq.*

④ Simson, *Travels in the Wilds of Ecuador*, pp. 90, 158.

⑤ *Ibid*, p. 173.

烈不满中表现出来。”[①]据说，在普埃布洛人的一个支系锡亚人中，虽然无论是已婚男女，还是未婚男女，乱交的情况都很普遍，但他们“也有一种不易察觉的嫉妒”，这一点从已婚男女不愿将自己的秘密让其配偶知道以避免生气的情况中，即可明显看出。在克里克人中，“从前，一个男子只要从一个女子的头顶上取下水罐饮水，即被认定为通奸。”[②]拉·萨莱说，伊利诺斯人“有着很强的嫉妒心，妻子如有不贞，他们便会严加惩处。”[③]博叙说，阿利巴穆人的“嫉妒心超出了一般人的程度。”亨内平曾对“介于新法兰西与新墨
306 西哥之间的一片很大的地区”作过描述。他说：“这片炎热地区的男子同北方的男子相比，对妻子看管得更紧。他们的嫉妒心特别强，有时深陷于盲目的爱情冲动之中，竟能一气之下自残自尽。”[④]沙勒瓦在谈到休伦人时曾说：“加拿大人的家庭生活一般说来是宁静平和的，但也存在着破坏这种宁静平和气氛的因素，其中最常见的就是嫉妒心。在这方面，夫妻均是如此，没有任何差异。易洛魁人曾说他们自己从来不为嫉妒心所扰，但是对他们颇有了解的人却证实说，易洛魁人的嫉妒心是特别强的。”[⑤]拉翁唐在谈到加拿大印第安人时，曾说他们比较冷漠，没有嫉妒心，但这就与他的另一说法自相矛盾了。他曾说过，有夫之妇“与人通奸，无异于自己

① Lumholtz, *Unknoun Mexico*, ii. 91.

② Adair, *History of the American Indians*, p. 143.

③ La Salle, in *Collections of the New York Historical Society, for the Year* 1814, ii. 238.

④ Hennepin, *New Discovery of a Vast Country between New France and New Mexico*, p. 483.

⑤ Charlevoix, *Voyage to North-America*, ii. 37 *sq*.

寻死。”[①]据说，在加利福尼亚的某些印第安人中，如果已婚妇女与另外一个男人在树林中一起走路而被人看见，就会受到丈夫的鞭打；如若再犯，一般就会被立即处死。根据一个传教团所做的记载，在上加利福尼亚圣迭戈的印第安人中，“男子常常因为性嫉妒或其他不顺心的事而相互追杀。”[②]此外，理查森在克里人中，哈蒙在塔库里人中，迪克森在海达人中，理查森和哈迪斯蒂在库钦人 307
中，雅科夫神父在阿特卡人中，也曾发现人们有很强的嫉妒心。哈蒙在落基山脉东侧的印第安人中察访时，发现他们在嫉妒心发作时，“常常将妻子的头发全部剪去，有时还将妻子的鼻子割掉，如果在醋意大发时手中没有利器，就用牙齿一口将鼻子咬掉。在为自己所受的伤害进行了这样一番报复之后，男人们便心满意足了。而且，他们还认定，把妻子的美貌毁掉以后，就不会有人再来挑逗她们了。”[③]根据特林吉特人的一个神话传说，人的嫉妒心早在发现这个世界之前就已经有了。据说，从前曾有一个时候，人们在黑暗中到处摸索，想找到这个世界。那时候，有一个特林吉特人和他的妻子、姐姐住在一起。这个人对自己的妻子极为宠爱，唯恐被人夺去。有一次他看到姐姐的孩子们在看自己妻子，于是，就把姐姐的孩子全都杀掉了。

在爱斯基摩人中，男子的嫉妒心似乎不像美洲大多数其他土著人那样强烈，但这并不等于说他们没有嫉妒心。达拉格在谈到

---

① Lahontan, *New Voyages to North-America*, pp. 453, 460.

② Kroeber, “Mission Record of the California Indians,” in *University of California Publications in American Archaeology and Ethnology*, viii. 6.

③ Harmon, *Journal of Voyages and Travels in the Interior of North America*, p. 343.

格陵兰人的一些奇风异俗时曾说，那里的男人对妻子看得很紧，不让她们去参加任何淫乱的活动，怕妻子给自己生下别人的孩子。克兰茨对于这些土著人的性道德并没有给予任何较高的评价，他说，如果妻子做出什么对不起丈夫的事，那么，丈夫受到感情上的伤害之后，也会寻找机会以同样的方式报复妻子。他还说，夫妻发生这种不和之后，丈夫“常常对妻子大打出手，这种情况在当地是
308 很特殊的，因为格陵兰人从不吵架，也没有打架斗殴的习惯。”[①]据博厄斯博士了解，在戴维斯海峡和坎伯兰湾的爱斯基摩人中，也有因嫉妒而发生争吵的事。但莱昂则说，在巴芬兰的伊格卢利缪特人中，没有这么大的嫉妒心。在哈得孙湾一带的爱斯基摩人中，由于性道德的松弛，人们的嫉妒心常常引发夫妻之间的不和，而且男方或女方往往因此而出走，行前也不举行什么仪式。在白令海峡一带的爱斯基摩人中，男子一旦发现妻子不忠，便会大打出手，或是将她赶走，而很少对奸夫进行报复。

在西伯利亚以及前俄罗斯帝国内其他一些由未开化部落所居住的地区，据说人们并没有什么嫉妒心。我们倒是常常听说，无论已婚妇女还是未婚妇女，对贞操都看得很淡。关于这一点，我们在前面曾谈到过，这至少在某种程度上是受俄国人影响所致。相对而言，科里亚克人受俄国人的影响较少。据乔切尔森博士说，在科里亚克人中，通奸的事也比文明民族中少。一旦丈夫受到妻子通奸的伤害，他并不去找奸夫算账，而是毫不留情地将妻子扫地出门或是痛打一顿。从前，有很多妇女常被丈夫一气之下打死。据说，

① Cranz, *History of Greenland*, i. 147.

女子结婚之后，不得穿干净衣服上街，而必须蓬头垢面，以免引起路人的注意。阿尔内森上尉发现，萨莫耶德人有很强的嫉妒心。A. O. 海克尔博士告诉我，鞑靼男子如看到自己的妻子同他人握手，便会将她休弃。而另一方面，我们又听说布鲁特人和奥斯加克人并不懂什么嫉妒心，而且，在吉尔吉斯人中，做丈夫的甚至还鼓励自己的朋友去亲近自己的妻子。

在台湾岛的蒙昧部落中，“人们从未听说过妻子不忠之事。”[①] 309
在苏门答腊的萨凯人中，据说男子的嫉妒心都很强。在马来群岛的其他一些部落中，以及在雅浦岛、肖特兰群岛、新喀里多尼亚和新几内亚，情况也是这样。据马利诺夫斯基博士说，在英属新几内亚的迈卢地方，“性嫉妒是非常明显的，而且，这种嫉妒之情并不只是基于婚姻关系所建立的所有权意识，因为嫉妒之情在维维(Viúi)关系中也是明显存在的。”所谓“维维”关系，就是婚前的私通关系，当事双方并没有结婚的意向。[②] 在南部马辛人中，塞利格曼博士曾多次听说，从前，如果一个男子在丛林中或海岸边单独遇见别人的妻子，并说上几句话，可能就会被人杀死。他还听说，已婚妇女也都不愿意在没有其他妇女陪伴的情况下同一个生人说话。斯派泽博士说，在圣克鲁斯群岛，“男性嫉妒似乎达到登峰造极的地步：外村来的男人没有一个敢于正眼看当地妇女一眼的。”[③]在桑威奇群岛，虽然当地人以前似乎曾实行过某种共夫共
妻制，但据利相斯基说，嫉妒心仍是相当普遍的。而在实行一妻多 310

① Davidson, *Island of Formosa*, p. 583.

② Malinowski, “Natives of Mailu,” in *Trans, Roy. Soc. South Australia*, xxxix. 572.

③ Speiser, *Two Years with the Natives in the Western Pacific*, p. 284.

夫制的努卡希瓦，男子对其妻子的不忠稍有疑心，便会大加惩处。塔希提的阿雷奥伊人尽管放荡不羁，但埃利斯仍然认为他们有很强的嫉妒心。毛利人对少女的不贞看得很淡，但对已婚妇女的不贞则视为大忌，有些已婚妇女曾因通奸而被活活打死。

博斯曼在谈到菲达的黑人时曾指出，有钱的男人不允许任何别的男人进入自己家里，因为家里有自己的妻妾。有钱人如对自己的妻妾稍有疑心，就会把她们卖给欧洲人。据克鲁克香克说，黄金海岸的土著人“总是以一种不放心的目光盯着自己所钟爱的人”，他还说，“嫉妒心在非洲呈现出一种强烈的本能形式。”[①]在尼日尔河沿岸地区，以及在非洲其他地区，男人们为保护其妻子的贞操而采取的一些习惯做法，与十字军时代的做法不无相像之处。在贝尼姆扎布人中，一个男子如在街上同一位有地位的已婚妇人说话，就被会被处以200法郎的罚金，并被判处放逐4年。

嫉妒心在文明民族的社会生活中也起着很大的作用。对于这个事实，没有必要多加解释。严格说来，在穆斯林世界，依照法律，男子只能见到三种妇女的脸：一是自己不得与之结婚的妇女，二是自己的妻妾，三是女奴。如见到其他妇女的脸，即属非法。但是，
311 女人戴面纱这一习俗在穆斯林世界并非普遍实行。[②] 我曾说过，女人戴面纱并不仅仅是由于男性的不放心，还有保护妇女不受邪恶目光伤害的目的。一个人如果朝另一个人家里的闺房一个劲儿地偷看，他便会有丧命的危险。波拉克博士说，在波斯，来自欧洲

---

① Cruickshank, *Eighteen Years on the Gold Coast of Africa*, ii. 195, 212.

② 这一习俗在阿拉伯下层阶级中，以及在非洲穆斯林中，并不是严格实行的。在摩洛哥乡村里，有些部落的妇女戴面纱，有些部落则不戴。

的内科医生如果询问某个穆斯林妻女的病情，就会被认为很不礼貌。我曾听一个日本人告诉我，日本女子出嫁时，照例都要将眉毛剃掉，因为日本人认为，细密而又清秀的眉毛是女性最富魅力的体征之一。我们由此可以想到一个非常普遍的习俗：女子一旦出嫁，即不得佩戴各种首饰。

但是，这些直接谈及嫉妒心的说法，并不是我们认为人类普遍具有嫉妒心这一观点的主要证据。旅行家们之所以谈及嫉妒心，仅仅是由于这个问题在某个方面引起了他们的注意。如果有些旅行家说某个民族没有什么嫉妒心，那大多似乎是一种推论，其根据不过是：在某些情况下，有的男子允许或依照习俗不得不允许其他男子同自己的妻子发生性交关系。我们说男性的嫉妒心具有一定的普遍性，其真正的根据还在于惩治通奸的习俗或法律。这些习俗或法律规定，或由受到侵害的丈夫，或由其所在的社会，给予奸夫淫妇中的一方或双方以某种惩罚，最起码也会赋予受害丈夫以休弃妻子的权力。在一夫一妻制或一夫多妻制婚姻中，做丈夫的
享有对妻子的独占权，至少在一般情况下是这样。在一妻多夫制 312
或群婚关系中，与独占权相类似的某种权利则为诸丈夫或诸情夫所共有。对于这一规律，我不太相信还能有什么例外的情况。虽然有人说，有个别几个民族并不认为通奸有什么不对。里弗斯博士曾经猜想，托达人非但不认为通奸有什么不对，而且恰恰相反，如果某个男子舍不得让自己的妻子委身于他人，人们还会认为这个男子很不道德。但是，根据里弗斯博士本人的说法，一名已婚妇女若想成为另一个男人的正式情妇，还需要得到其丈夫的同意。

不同的民族对于通奸的反对程度是很不相同的。据说，有些蒙昧部落仅把通奸看成轻微的过失，可以予以原谅；而另外一些蒙昧部落则把通奸看作十恶不赦的大罪。在很多民族中，奸夫在向受害丈夫交付一笔罚金之后，即可免去惩罚；而在另外一些民族中，奸夫则要遭到一顿痛打，或是被人把头发剃光，把耳朵割掉，把一只眼睛毁掉，或是被人用长矛在大腿上猛刺。有时，对付奸夫的办法仅仅是以其人之道还治其人之身；有时，则是对奸夫之妻进行惩罚，这是因为他们认为，丈夫不忠的真正原因在于妻子。此外，奸夫被处死的情况也不少见。在阿萨姆邦的米什米人中，男女两人如违背女方丈夫的意愿而通奸，奸夫要被处死。如果犯了其他罪行（包括杀人在内），则只是处以罚款。从前，巴干达人对于通奸的惩处，也比对杀人的惩处更为严厉。在英属新几内亚的南端，人们对于通奸的反感，更甚于对杀人的愤恨。从前，当地人遇到通奸的事，往往要由受害丈夫将奸夫杀死。后来，白人依照其法律对奸夫处于罚款或监禁，当地人都觉得这样做不足以平民愤。

313 温伍德·里德曾说，在蒙昧部落中，因通奸而受罚的一般多是奸夫，而不是淫妇。对于世界各地（特别是非洲）很多未开化民族来说，或多或少都是这种情况。但不能把这种情况作为普遍的惯例。更常见的情况则是，淫妇也同样被当作罪犯，或被社会抛弃，或遭人痛打，或受到这样那样的惩处，甚至还有被处死的。在有些民族中，处理通奸案时，只有淫妇受到惩罚。此外，淫妇的丈夫常常在盛怒之下毁掉妻子的容颜，如咬掉或割掉鼻子，割下一只或两
314 只耳朵，剪断头发，剃光头等。与此类似的惩罚措施在欧洲的律书

中也可见到。根据《克努特法典》[①]淫妇应被割去鼻子和耳朵。瑞典古代一部地方法律《乌普兰法典》[②]也规定：淫妇如不能支付40马克的罚金，则必须剪去其头发，并割去耳朵和鼻子。这是一种对“犯罪分子”的惩罚。流行于北美某些印第安人中的一种习俗也具有这种性质，而且程度更为激烈。这种习俗迫使淫妇“过草地”，即由一大群男人轮流搂抱。

通奸之所以受到人们的谴责和社会的惩罚，可以有各种原因。有人以为，通奸会使草木萧瑟、庄稼枯萎。但是，人们在亲属关系上也有类似的信念，即认为乱伦与私通也会导致这种后果。而这两种信念显然都源出于这样一个事实：这是一种违法的男女关系，是一种伤风败俗之事。有了这种信念，自然就会把这种违法之事 315
看得很重，但是，这种信念有一个前提，人们之所以要对通奸进行惩罚，一定还有某种主要的原因。

刚果的南班巴拉人强调说，通奸一般都会导致婴儿的夭折。托尔多伊先生说，只有当男女双方想要孩子时，他们才确立婚姻关系，并恪守对婚姻的忠诚，因为如不这样，据信孩子就会死去。而且，即使婚前曾同别人发生过性交关系，也可能导致婚生子女的夭折。因此，当已婚妇女感到自己已经怀孕之后，必须向丈夫供出自己以前结交过的所有情人。假如她忘记说出一个情人的名字，胎儿就会死在腹中。在东南非的聪加人中，如果一个女子所怀的胎儿是通奸所致的话，她就会担心分娩时要有很严重的并发症。如

① 《克努特法典》，英国国王克努特大帝（？—1035）制定的法典。——译者

② 乌普兰是瑞典中东部历史上的一个省份。——译者

有婴儿难产、产程延长等情况发生，便会立即证明所生婴儿为私生子。在当地人看来，通奸还会造成对丈夫的伤害。M. 朱诺说，对通奸的惩罚之所以全都落在奸夫身上，第一因为他是贼，偷了人家的女人；第二则是因为所谓的“马特卢拉纳”。“‘特卢拉纳’的意思就是角逐、竞争。在两性关系方面，据说两个男人如果与同一个女人发生了关系，‘他们就会通过这个女人的血，结合为一个生命，因此他们必须共饮一池之水’。这样，便在这两个男人之间建起一种极为奇妙的相互依存关系：如果其中一人病了，另一人不得前去看望；否则，患病的人很可能就会死去。如果这个人脚上扎了刺，那个人也不得帮他拔除，这是一种禁忌；否则，伤口就不会愈合。如果这个人死了，另一个人也不得帮助办理丧事；否则，他自己也会死去。……这真是一种可怕的禁忌。”①格瓦拉先生说，在智利的阿劳坎人中，也流行着一种与此十分类似的信仰。人们把通奸看作一种十恶不赦的大罪，这其中有两个原因：第一因为通奸是一种偷盗行为；第二也是因为通奸会使做丈夫的通过妻子这一媒介与奸夫处于一种同生共死的神秘境地：如果奸夫患病或丧命，做丈夫的也会很快患病或丧命。

316 我们不了解这类想法在世界各民族中有多大的普遍性，但是，这类想法在禁止通奸的问题上只不过起了一种辅助作用。如果不是因为人们不赞成通奸这种做法的话，人们就不会认为通奸对收成有害，也不会认为通奸对后代有害。习俗和法律之所以禁止一个人诱奸另一个人的妻子，同时也禁止妻子对丈夫的不忠行为，首

① Junod, *The Life of a South African Tribe*, i. 194. *sq*.

先是因为男人总是想保持自己对某个女人的占有,同时也是因为当他的这种占有权受到侵害时,他所在的社会总是对他表示同情,并作为他的代表对这种插足行为表示愤慨。这一点是没有疑问的。[1] 换言之,习俗和法律之所以禁止通奸,主要是出于受害丈夫所怀有的嫉妒心,以及社会对这种嫉妒心的同情。而社会对这种嫉妒心的同情,自然又取决于社会上一般男子的嫉妒心。一个人假如不曾有过亲身体验的话,就不会对这种心境表示同情。这样看来,哪个社会的习俗或法律禁止通奸,就证明哪个社会普遍存在着男性的嫉妒心。我并不是说:社会对于通奸所采取的态度只取决于这样一个因素。妻子对丈夫的忠贞也同丈夫对妻子所拥有的权力有密切的关系。但是,假如没有嫉妒心的话,通奸也就根本不成其为罪过了。可以说,通奸是一种侵害财产之罪,侵害男人名誉之罪,是一种背信弃义的行为。但是,如果没有对女人的独占欲,通奸也就不是什么罪过了。独占欲正是所有嫉妒心的根源。

嫉妒心甚至可以驱使人们去追究既往之事。我们说过,在很
多民族中,做丈夫的不仅要求妻子贞洁,而且还要求妻子婚前必是 317
处女。我们不难看出,提出这样的要求与悉心守护婚床的纯洁,在很大程度上是出于同一种强烈的感情。在有些地方,做丈夫的往往还有更甚一步的要求,即要求他所娶的女人不仅在其生前为其所有,而且在其死后也仍旧为其所有。在有些民族中,妻子为其夫所独有的思想极为强烈,甚至要求妻子与丈夫同死。做丈夫的可

① 我在本人所著《道德观念的起源与发展》一书中,曾着重指出,个人权利通常都是以这样一种方式产生的(vol. i. ch. v. *sq.*)。

以要求妻子陪他同去阴间,也可以允许妻子活下去,但无论如何不得再做他人之妻。

在科曼奇人中,每当一个男人死去的时候,人们必须同时将其最宠爱的妻子杀死。在加利福尼亚的某些部落中,寡妇被当作祭品,与其亡夫置于同一个火葬堆上。据麦肯齐说,克里人也有这种习俗。阿科斯塔说,当某个印加统治者死去时,他最宠爱的女人以及他的侍从和下属也要被一并处死,"这样,他们便可以在另一个世界里继续服侍他了。"[①]在瓜拉尼人中,寡妇则不会被处死,但她们"通常要从很高的地方跳下来,摔断双腿,以度余生。"[②]据纳索博士说,在非洲的某些部落中,寡妇要随亡夫一起被人活埋,否则就被处死,其意义或者是使亡夫在灵魂世界中不致孤单,或者是对寡妇进行惩罚,因为她对亡夫照顾得不好,没有保住其性命。在达荷美,每当有国王去世时,其众多的遗孀都要被弄断双腿,然后陪葬入墓,陪葬前还要叮嘱她们好好侍候国王。在乌干达,人们传

318 说,过去每当国王和一些世袭首领死去后,他们的一些遗孀就要被紧紧地捆在其亡夫墓地的围墙上,直至饿死。在波利尼西亚群岛的很多地方,特别是在美拉尼西亚群岛,妻子往往要与其丈夫一同死去。例如,在斐济,寡妇不是被活埋,就是被活活勒死。而且,这往往是出于她们本人的意愿,因为她们认为只有通过这种方式才能进入极乐世界;她们还认为,只有怀着最大的忠心去死,才能在灵魂世界里成为最受宠爱的妻子。丈夫死后,寡妇如果不肯

① Acosta, *Natural and Moral History of the Indies*. ii. 313.

② Charlevoix, *History of Paraguay*, i. 204.

去死，则会被人视为淫妇。在彭特科斯特，直到不久前还有这样一种习俗，就是在为酋长办丧事的活动中，将其遗孀统统勒死。由于种植园主和传教士的影响，这一习俗现已不再实行了。但是，“说来奇怪，妇女们对于这种变化并不是全都感到满意，有不少寡妇还是想和亡夫一同去死，因为她们担心丈夫的灵魂会生气，时不时地来找她们。”[①]据说，在新赫布里底群岛，即便丈夫离开家里的时间长一些，人们也要将其妻子勒死。

据纳瓦雷特说，在鞑靼人中，做丈夫的一死，他的遗孀中就要有一个人悬梁自尽，“伴君远行”。在中国，在丧葬仪式中实行人祭的做法，即便在帝王之家，也早已于 14 世纪即被废止。但是，这种做法却仍以一种比较缓和的形式保留下来。妻子丧夫之后，常常 319
随夫自尽，共赴黄泉。虽然官府已不再给这种殉夫之妇以任何正式的名分，但殉夫之旧俗仍旧像以往一样为人们所赞许。而且，很多妇女显然是受到自家亲眷的诱导，甚至是逼迫，才走上殉夫之路的。在印度，直至不久之前，寡妇还常常在丈夫的火葬堆上殉夫自尽。有人争辩说，寡妇自焚在印度是很晚才有的事。这话是不错的。然而，虽然印度近代殉夫自焚的习俗与婆罗门教的早期礼仪相去甚远，但这种习俗似乎并不是后来的印度教祭司所发明的什么新东西，而是古代礼仪的复活，它的起源甚至早于吠陀时代。在吠陀时代，寡妇是为亡夫之弟所续娶，而寡妇在亡夫火葬时殉夫自焚的事，则在《阿闼婆吠陀》中被说成是一种“古代习俗”。吠陀时代的某些仪式也表明，以前曾有过这种习俗。我们从古希腊的历

① Speiser, *Two Years with the Natives in the Western Pacific*, p. 118.

史上也可以找到这样的事例，如埃瓦德内在丈夫的火葬柴堆中投身自焚，以及保萨尼阿斯所提到的三位美塞尼亚妇女丧夫后自杀而死。在斯堪的纳维亚人、赫鲁利人以及斯拉沃尼亚人中，也曾有
320 寡妇殉夫之事，而且似乎还是一种常见的习俗。罗尔斯顿先生曾经说过："1 000 年以前，在斯拉夫各民族中，妇女丧夫之后，往往会殉夫自尽，以陪伴亡夫共赴灵魂世界。这种说法似乎是有确凿证据的。"[①]

另一些民族对于寡妇的要求则没有这样苛刻。在塔库利人中，死者的族人总是要寡妇躺在架着亡夫尸体的火葬堆上，然后点燃火堆，直至寡妇无法忍受时，才准离开。亡夫尸体火化之后，寡妇必须将骨灰收集起来，放在一个小篮子里，并在两三年内随身携带。其间，寡妇不得再嫁。在库钦人中，寡妇必须在丈夫亡故之后一年内，守候在亡夫遗体旁边，以防受到动物的侵袭。只有当尸体完全腐烂，只剩下一堆白骨之后，寡妇才许再嫁，也才被允许"梳妆打扮，佩戴饰物，招引倾慕者。"[②]在莫斯基托族印第安人中，"寡妇必须在丈夫亡故后的一年之内，不断给亡夫上坟。一年之后，将遗骨收起，随身携带。再过一年之后，方可将亡夫的遗骨置于屋顶之上。只有这时，寡妇才可以再嫁。"[③]在亚利桑那的皮马族印第安人中，为死者所设的服丧期可长达 4 年之久。服丧期间，寡妇必须守在家中，蓬头垢面，不事梳理，而且还要在每天清晨破晓之时，大声哭喊亡夫的名字。不过实际上，服丧很少有满 4 年的。在奴隶

① Ralston, *Songs of the Russian People*, p. 327 *sq.*

② Hardisty, in *Smithsonian Report*, 1866, p. 319.

③ Bancroft, *The Native Races of the Pacific States of North America*, i. 731.

海岸的米纳人中，寡妇被关在埋葬亡夫的小屋内，不得外出，为
期 6 个月。在穆班吉以北的恩萨卡拉人中，人们的婚姻关系很松
弛，已婚妇女大多不守贞操；但是，如果某位重要的首领死后，其 321
遗孀，甚至其女儿和姐妹，则必须遵守贞操。她们必须整日整夜
地守在这位已故要人的墓前，看护着长明火。从前，乌干达也盛
行一种与此颇为类似的习俗。在马达加斯加的贝齐米萨拉卡人
中，寡妇在亡夫遗体停放期间，必须同遗体躺在一起。在彭特科
斯特，普通人死后，遗体就埋在自己家中，而寡妇往往必须躺在
亡夫逐渐腐烂的遗体旁，为期百天。在威廉一世海岸芬什港附近
的巴布亚人中，寡妇要躺在亡夫的坟旁，身上盖一领席子，上面
再用树枝支起一个棚子。寡妇必须在这里为亡夫守丧 3 个月。在
吉大港山区的库基人中，寡妇必须在亡夫的坟前守上整整一年，
吃饭则由家人来送。

根据很多民族的习俗，寡妇是不得再嫁的。在蒂科皮亚岛、罗
图马岛、马克萨斯群岛，在吉尔伯特群岛之莱恩岛的上层人士中，
在马来半岛南端柔佛州的比林安达卡朗人中，以及在台湾岛的蒙
昧部落中，都有这种规定。日本的阿伊努人过去似乎也有这种规
定。在马赛人中，寡妇也不得再嫁，但却可以同那些与亡夫处于同 322
一年龄级的男子住在一起。在巴干达人中，“如果某个寡妇已经生
有孩子，她就不再改嫁了，而是尽心哺育孩子，同时也仍旧住在亡
夫的坟旁。”[①]据加西拉索·德拉维加说，在古代秘鲁，没有孩子的
寡妇一般都不再改嫁，即使是有孩子的寡妇也仍旧守寡单过，“因

① Roscoe, *Baganda*, p. 96.

为法律和习俗都提倡这种美德”。[①] 在中国，人们也认为寡妇不应当改嫁。在士绅之家，寡妇改嫁的事即便有之，也是微乎其微的。在有地位的人家，妇人如果改嫁，还会受到笞打 80 大板的惩罚。“忠臣不事二主，贞妇不嫁二夫”，这是中国人的生活准则，是一般中国人奉为真谛的格言。在印度教徒中，最高种姓中的寡妇是不得再嫁的，而且这一习俗还有延续下去的迹象。但是，到目前为止，这种习俗的实行范围还是很有限的。有人在上个世纪末期做过一个调查，结果发现，在 4 000 万印度教徒中，禁止寡妇再婚的不超过 24%，而 76%的人是允许，甚至鼓励寡妇再婚的。但是，对一位婆罗门种姓的妇女来说，仅仅在口头上提及“再婚”二字，即被
323 视为狂妄之至，假如寡妇真的再婚，“则会为社会所不容，任何体面的人在任何时候也不敢去理这样的人”。[②] 在古希腊和古罗马，寡妇再婚被人们视为对其前夫的一种侮辱。南欧的斯拉夫人现在依然这样看。早期的基督徒，特别是孟他努派和诺瓦替安派，对于男女两性的再婚均持强烈反对的态度。他们把再婚叫做“私通”或是“经过伪装的通奸行为”。[③]

不过，我们更常见到的情况，还是将禁止寡妇再婚的规定仅仅局限于丈夫死后的某一段时间之内。当巴彻勒先生第一次来到阿伊努人那里时，寡妇们的守寡期为 5 年。在奥马哈人中，寡妇必须在丈夫死去 4 至 7 年之后，才能再嫁。祖鲁人的一个部落安戈尼

---

① Garcilasso de la Vega, *First Part of the Royal Commentaries of the Yncas*, i. 305.

② Dubois, *Description of the Character*, & *of the People of India*, p. 99.

③ Athenagoras, *Legatio pro Christianis*, 33.

人规定，寡妇只有在守寡 4 年之后，才能再婚。在克里克人中，寡妇如在丈夫死后的 4 个夏季中与任何男人讲话或随便来往，就会被人视为淫妇。在密西西比河上游的奇卡索人中，寡妇在丧夫之后的 3 年内必须保持贞洁，如果违反这一规定，就会以通奸罪受到法律的惩处。在某些库基人中，寡妇在丧夫之后可以再婚，但必须 324 征得亡夫亲属的同意。阿穆尔河的一个部落赫哲人，以及东北非的库纳马人，也要求妻子在丧夫后守寡 3 年。萨赖的土著人、东非布科巴的土著人以及加拿大的阿尔衮琴人，则是将守寡期定为两年。在加拿大阿尔衮琴人中，寡妇再嫁之夫，还须得到亡夫之母的认可。在马达加斯加，寡妇只有得到公婆的同意方可再嫁。而公婆通常只有在儿子死去至少一年之后，才会同意儿媳再嫁。在很多未开化民族中，寡妇在丈夫死后，必须有至少一年的守寡期；但在另一些未开化民族中，守寡期则为五六个月或两三个月。在美 325 洲的很多部落中，寡妇必须把头剃光或是将头发剪掉；只有当头发又长到原来的长度时，她们才能再婚。

我们知道，在有些民族中，例如在中国人和印度人中，守寡习俗是由早先的殉夫习俗演化而来的。但是，守寡习俗本身并不能证明以前就一定有过殉夫习俗。同样，要求寡妇在一定时期内守寡，也并不一定就是强迫寡妇终生守寡这一做法的遗存形式，虽然确有这种情况，也确有将守寡期由长缩短的情况。有些民族是绝对禁止寡妇再婚的，有些民族则只是在一段时间内禁止寡妇再婚，但这两种情况却可以出于同一个原因。

据说，在奥马哈人中，寡妇必须在守寡若干年后才能再婚，其中一个原因是为了对亡夫表示悼念，另一个原因则是“想把亡夫的孩子奶大之后，再为新的丈夫怀胎”。[①] 对于强迫寡妇在短时期内守寡的做法，还有人提出这样一种解释，即排除人们对她已怀有身孕的种种疑虑。不过，如果守寡期只有短短几个月的话，那么这种解释就很牵强了。在卢旺达，寡妇要有两个月的服丧期。在此期
326 间，严禁寡妇与人发生性关系。人们相信，如果寡妇不遵守这一规定，她的手指或鼻子就会烂掉。纳米布的布须曼人则认为，寡妇如果在丈夫刚刚过世之后就又嫁人，她自己也会很快死去。很明显，许多未开化民族之所以强迫寡妇终生守寡或在一定时期内守寡，主要都是出于迷信。寡妇被认为受到了某种污染。据 M. 朱诺说，聪加人认为，“一个人死去之后，其亲属也会染上死亡的毒素。这时，在死者周围就会形成一个个同心圆，有的人受感染的程度大一些，有的人受感染的程度小一些。而死者的诸妻，特别是其正妻，则处于离死者最近的第一圈内。”[②]寡妇不但受到死亡毒素的污染，而且还受到亡夫之魂的侵扰。亡夫总是以嫉妒之心注视着她的一举一动，假如亡夫认为她的某一举动有悖于她应尽的职责，亡夫就会对她进行处罚。在不列颠哥伦比亚汤普森河畔的印第安人中，寡妇有时要围一块用草编成的腰布，一围就是几天。这样，亡夫之魂就不会再同她发生关系了。与该部落有亲缘关系的易洛魁人和其他一些印第安人，也不准寡妇在丈夫去世一年之内再婚。他们说，在这一年之内，亡夫是不会完全把她舍弃的；而过了这一年之后，亡夫之魂才会归入亡魂安息之所。吕宋北部邦都地方的

① Dorsey, “Omaha Sociology”; in *Ann. Rep. Bur. Ethnol.* vol. xv. p. 267. *sq.* 1897.

② Junod, *The Life of a South African Tribe*, i. 197.

伊戈罗特人认为,无论是寡妇还是鳏夫,如在丧偶一年之内再度结婚,就会被“以惩处这种亵渎行为为专职的阿尼托”所处死。[1] 我们可以猜想到,这里提到的阿尼托,最初的含义一定是亡人之魂。 327
在毛利人中,“寡妇在亡夫尸骨尚未最后安放之前,不得再婚。”[2]在阿萨姆邦的辛腾人中,也有一条规定,禁止寡妇在守护亡夫尸骨期间再婚。这两种情况显然都源于人们的同一想法,即“只要亡夫的尸骨还在寡妇的照管之下,其亡魂就总和她在一起。”[3]在某些那加人中,寡妇只有在亡夫的丧葬仪式全部结束之后,才能同亡夫的兄弟结婚。丧葬仪式为期一年,其目的是抚慰亡人的灵魂;而对于寡妇转房的限制,显然也是基于这种考虑。达雅克人把寡妇“视为亡夫的属物,只有在举行过松库普狂欢之后,寡妇才能正式与亡夫脱离关系”。[4] 在澳大利亚各部落中,寡妇只有在履行了许多仪式之后才能再婚,“据信,虽然亡夫身在墓底,但他的灵魂却一直在注视着世间之事。”[5]

寡妇再婚被认为不仅会危及自身,而且还会危及新的丈夫。在巴干达人中,“如果某个男子想娶一位寡妇为妻,那么,他先要送给她的亡夫一块树皮布和一只家禽,并放入其坟墓的小龛中,以此表示抚慰。”[6]关于不列颠哥伦比亚的斯特拉特留莫人的情况,据

① Jenks, *The Bontoc Igorot*, p. 70.

② Thomson, *Story of New Zealand*, i. 178.

③ Gurdon, *Khasis*, p. 76 *sq*.

④ Brooke Low, quoted by Ling Roth, *Natives of Sarawak and British North Borneo*, i. 130.

⑤ Spencer and Gillen, *Native Tribes of Central Australia*, p. 500 *sqq*.

⑥ Roscoe, *Baganda*, p. 97.

说，“如果哪个寡妇在丈夫死后不久就又嫁人，而且又没有举行净身仪式，那么，她再嫁的丈夫也会很快死去。”[①]在堪察加人中，寡
328 妇要想有人娶她，就必须先同一个外来人发生性关系，当地称之为“去罪”。人们认为，如果不经过这一道仪式，她所再嫁的男人也会很快死去。正如乔切尔森博士所说的，经过这道仪式，寡妇显然就脱离了原来的婚姻关系，因此，她的新丈夫把她带回自己家时，亡夫之灵就不会再来找麻烦了。这种解释可以从下面这个事实中得到支持：当某个人续娶其寡嫂时，并不需要举行任何仪式。请人为寡妇“去罪”，是要付钱的。在哥萨克人到来之前，要想从堪察加本地的男子中找一个愿意从事这种行当的人是非常困难的。因为当地人认为干这件事很危险，而且“没有出息。”[②]同样，在维多利亚尼安萨以东的阿坎巴人中，“寡妇再嫁，如果不是嫁给其小叔子，而是嫁给一个外人的话，她就必须先同一位长者进行一种性交仪式。否则，她所嫁之新夫先前所娶的妻子们就都不能再生育了，而她自己所生的孩子也将会死去。”[③]在英属中非约翰斯顿堡附近的诸部落以及其南部的巴隆加人中，也发现有类似的习俗。在毛利人中，如果一个人的哥哥死了，这个人必须负责为亡兄之床“清除禁忌”，而这种禁忌既附在床铺之上，也附在其寡嫂身上。在娶了寡嫂之后，这个人通常还要废弃自己原来的名字，改用其亡兄的名字。而
329 寡嫂在嫁给小叔子之后，如果不喜欢他，也可以请祭司为其办理离

① Hill Tout, in *Jour. Anthr. Inst.* xxxv. 139.

② Steller, *Beschreibung von dem Lande Kamtschatka*, p. 346 *sq.* Krasheninnikoff, *History of Kamschatka*, p. 214 *sq.* Jochelson. *Koryak*, p. 752.

③ Lindblom, *Akamba*, p. 82.

婚，然后再嫁给自己所喜欢的人，因为她通过与亡夫的兄弟结合，已经清除了身上的禁忌。

我们说过，禁止寡妇在某段时间内再婚，同身孕问题并没有什么关系。这一点还可用以下事实加以说明：在很多民族中，鳏夫也同样必须在某段时间内保持单身。有些民族要求鳏夫在其余生中一直保持单身，而有些民族则只要求保持一段时间的单身。至于这段时间的长短，在很多民族中，对于男女丧偶者来说都是一样的；但有些民族给鳏夫所规定的独身时间，则要比给寡妇规定的守寡时间短。东非的布科巴人就是这样。他们给鳏夫定的独身期是一年，而给寡妇定的守寡期则是两年。巴特勒曾说过，在库基人中，男人丧偶后，第二年即可再娶；而女人丧偶后，则要过 3 年才能再嫁。不过，据索皮特先生说，在库基人中，或者说在库基人的某

些支系中，却实行另一种规则，即鳏夫在 3 年之内不得再娶，而寡 330
妇则随时可以再嫁。

对于鳏夫再娶所施加的某些禁律，在起源上显然同禁止寡妇再嫁的规定有一定的相通之处。鳏夫同样也会受到亡妻之魂的侵扰，并染有某种死亡毒素。在不列颠哥伦比亚西南内陆的利卢埃特族印第安人中，无论是鳏夫还是寡妇，都必须举行许多道净身仪式，另外还要遵守许多清规戒律。如有违犯，就会导致身体的伤残。在汤普森河畔的印第安人中，男人在丧妻后的第 4 天，要在右脚腕、右膝、右手腕和脖子上系数条鹿皮绳。这显然是为了驱散妻子的阴魂。只有当这些鹿皮绳都掉下来之后，鳏夫才能再娶。在斯特拉特留莫人中，年轻的鳏夫（特别是其中那些有魔法的人）必须在丧偶后的一年之内禁绝性生活。在此期间，这些人常常独身

一人来到树林中，排除身上的死亡毒素，并练习魔法。此外，鳏夫再娶还会给后来的妻子带来危险，正如寡妇再嫁会给后来的丈夫带来危险一样。在约翰斯顿堡附近的诸部落中，“丈夫在妻子去世之后，要服丧五六个月，然后被施以魔法，他就可以再娶了。如果没有被施以魔法，他若再娶，新娶的妻子就会死去。”[①]在旁遮普邦的印度教徒中，很多人都相信这样一种说法：亡妻之魂的嫉妒心
331 会使丈夫后娶的妻子一一死去。因此，如果某个鳏夫一定要再娶的话，他就会在婚礼上把前妻的像挂在新娘的脖子上。这种画像或是镶在金银框里，或是刻在金银板上。如果找不到前妻的画像，或是没有人会雕刻画像，便在金银片上刻上亡妻的名字。“这种习俗的目的，是表明丈夫对亡妻的忠贞，以抚慰亡妻的灵魂。鳏夫虽是续娶新妻，却要装成是在娶亡妻的画像、名字，这样就把新娶的妻子看成了原来的妻子。”[②]这里需要说明的是，禁止鳏夫终生或某段时期再娶新妻的规定，主要见于那些实行严格的一夫一妻制的民族，或是那些虽有一夫多妻制婚姻但只属少数例外情况的民族。

据说，世界上确实有一些蒙昧部落没有什么嫉妒之心，这种说法的根据往往是这些部落有借妻、换妻、让妻卖淫的习俗。但是，如果说性嫉妒一语如同我所理解的那样，仅仅表示因失去或害怕

---

① Stannus, “Notes on some tribes of British Central Africa,” in *Jour. Roy. Anthr. Inst.* xl. 315 *sq.*

② Pandit Harikishan Kaul, *Census of India*, 1911. vol. xiv. (Punjab) *Report*, p. 283 *sq.*

失去对作为自己性欲对象的某个人的独占权而产生的愤恨之情，那么，我们就不能接受前面的这种推论。首先，当一个蒙昧部落的人出于我们在上文中所说的种种理由，或者仅仅是由于遵循自己部落的习俗，而把自己的妻子借让给某个来客的时候，又有谁能够确切地知道他内心的感受呢？其次，人们可以有这样那样的感受，甚至是很强烈的感受，只是在某些特殊的场合下默不作声罢了。我在摩洛哥犹太人家中所受到的盛情的，而且显然是发自内心的款待，是在其他任何地方都不曾遇到过的；但是，如果我由此就说我的主人不懂节俭或是没有吝啬之心，那就大错特错了。人的一种欲望可以被另一种至少在当时是更为强烈的欲望所掩盖。一般 332
说来，男人对于自己的女人都有很强的独占欲，但是为了贪图钱财，也会让妻子卖身于陌生之人，或者像某些黑人所做的那样，让妻子去引诱别的男人，以便诈取重额罚金。再者，性嫉妒是以某种程度的性爱为基础的，而无论是蒙昧部落的男人，还是文明民族的男人，并不都是始终如一地爱着自己的妻子。我们在前面曾经谈到，男人换妻的原因之一，就是对自己的妻子已经感到厌倦了。

我讲这些，并不是要否认世界上确有一些嫉妒心较弱的民族。据说，很多实行一妻多夫制的民族就属于这种情况。但是，不能因此就用这些民族的情况来支持乱交说。我们在后面还会谈到一妻多夫制。我们将会看到，这种婚姻形式乃是源出于某些特定的情况，而这些情况一般是不会导致共妻制的。这里还应当顺便讲一下，就我们现在所了解到的情况而言，实行一妻多夫制的，主要并不是那些最低等的蒙昧部落，而是一些从事畜牧业或农业的民族，其中有些根本就不能算作是蒙昧部落。麦克伦南曾经认为，“应把

一妻多夫制看作是对乱交状态的一种改进和发展”。[①] 然而，上述事实却并不能证实麦克伦南的这一看法。此外，让妻子卖淫的习俗也不能用以证明原始嫉妒心的缺乏。这种习俗显然不是什么古朴之风。据我们所知，在很多民族中，这种习俗是在当地人同“高等文明”发生接触之后才产生的。邦威克先生在一本关于塔斯马尼亚人的书中写道：“做丈夫的在受到伪文明的腐蚀之后，有时便用妻子的贞洁去换一片烟叶、一块面包或是一枚6便士的银币。”[②]柯尔写道，在澳大利亚土著人中，“做丈夫的对于白人男子
333 的嫉妒心要比对同肤色男子的嫉妒心小得多”，他们很少让自己的妻子向本部落的人卖身，却常常让妻子向到本部落来的陌生人卖身。[③] 乔治·格雷爵士曾说：“在任何情况下，已婚男子都不允许一个陌生的土著人走近自家的炉火。”[④]博斯曼说，贝宁的黑人对于自己的妻子同本国男子来往，很是嫉妒；但对于自己的妻子同欧洲男子来往，则毫无醋意。利相斯基在谈到桑威奇群岛岛民时所谈的情况与上述情况完全相同。关于加利福尼亚的情况，鲍尔斯说：“自从美国人到来以后，做丈夫的常常以妻子的名誉换取好处。如果妻子不愿意干这种丑事，做丈夫的就逼着她去干。而在以前，妻子如有这种丑行，丈夫则会毫不留情地将妻子杀死，而且事后也毫无悔意。”[⑤]皮吉特海峡一带的哥伦比亚人也有类似的情况。格

① McLennan, *Studies in Ancient History*, p. 93 *sq*.

② Bonwick, *The Last of the Tasmanians*, p. 308.

③ Curr, *Australian Race*, i. 110.

④ Grey, *Journals of Two Expeditions of Discovery in North-West and Western Australia*, ii. 252 *sq*.

⑤ Powers, *Tribes of California*, p. 413.

奥尔吉说，从事游牧的科里亚克人会出于嫉妒心而惩罚自己的妻子，有时醋意大发，甚至还会将妻子杀死。而那些过定居生活的科里亚克人，尽管在文化发展水平上先进得多，却没有什么嫉妒心，甚至还愿意看到外国人同自己的妻子做爱，因此总是要将妻子打扮一番。另外，如果动物交配期亦适用于早期人类的假说能够成立的话，那么，我们就可以认为，早期人类的嫉妒心并不比其他哺乳动物弱。

哈特兰博士说，世界各地许多蒙昧部落对于我们称之为严重侵犯贞节的犯罪行为所持的看法，应当使我们的学者认真地想一想：男性的嫉妒之情究竟是不是如某些人所说的那样，是一种基本的原始感情？他认为，答案应当是否定的；并认为对于婚姻史假说的某些新提法，也因而需要予以重新考虑。但是，在他论述男子嫉 334
妒心的长长的一个章节中，却找不到任何可以支持他的这一观点的材料；而我们则拥有大量的与这一观点完全相反的材料。此外，我也不能同意某些人的另一种说法，即不管人类的嫉妒心最初有多强烈，由于人类的群居生活方式，后来必然会出现男女乱交状态。有人就曾说过，同一个部落中的男子，如果不是为女人的事闹翻而分裂成若干敌对的派系，就会是沉溺于乱交的生活，二者必居其一。但是，古代的部落组织何以会阻止男人拥有自己专属的妻子呢?！其实，在现存的蒙昧部落中，部落组织从不阻止男人拥有自己专属的妻子。诚然，一个群体中的人，总是有体强体弱之分，有势强势弱之分；不论强者之强所依仗的是体能，是巫术，还是其他能力，既是强者，就会将最美的女子据为己有。现在是如此，以前又何尝不是如此?！

我们甚至可以更进一步讲，男性的嫉妒心不仅是乱交的强大障碍，而且由于其特有的暴烈力量还可能防止乱交的发生。人们常常认为，乱交是不利于妇女多生多育的。如果真是这样的话，那么，男子之间为了一个女人而产生的势不两立、你死我活的激愤之情，便可能是自然选择的结果。很多人都知道这样一个事实：妓女很少生育，除非是在从妓之初。人们就此也提出了各种原因，诸如洗身、注射、堕胎以及性病等。此外还有一种解释，虽然只是一种
335 假说，但却与我们现在所讨论的问题有关，这就是性交过度可使阴道处于一种病态，影响受孕。而且，我们还可以想到，不同个人的精子可能相互产生一种反作用。据我的朋友哈里·费德利博士说，现已发现，不同种类雄性动物的精子就是这种情况，但我不知道是否就同种雄性动物做过任何实验。不过我们注意到，妓女从良嫁人之后，常常又可生儿育女。卡彭特博士提到，美国黑奴常常由于乱交而导致女奴不能生育。当美国禁止奴隶买卖之后，女奴的生育问题就成为奴隶主关注的一个重要问题。为此，美国的种植园主们便尽力将黑人组成家庭。有句谚语说："通衢道上草，人踏难长好"，[①]这句话可能表达了一个一般生理学的真谛，有助于我们理解男性嫉妒的特有暴烈力量。

有人可能会说，如果上面提出的这些假说有一定道理的话，那么，由乱交所导致的恶果，同样也会在一妻多夫制的情况下产生。但是，这两种情况是有所不同的。在实行一妻多夫制的很多民族中，妻子的各个丈夫是轮流与她同居的；在同一时间内，家里一般

① Bertillon, quoted by Witkowski, *La génération kumaine*, p. 218.

都只有一位丈夫。不过，许多有关一妻多夫制民族的报道都表明：
一妻多夫的两性关系是不利于生殖的。在西藏，一妻多夫制是一
种比较常见的婚姻形式。据罗克希尔说，西藏的家庭一般人口都
很少，只有三四个子女，最普通的情况则是只有两个子女。谢林先
生的说法同罗克希尔的说法非常相似，他还补充说：“我们在这一
带的山区中发现，凡是实行一妻多夫制的地方，都有这样一种后 336
果，就是家庭人口很少。”①德鲁和奈特也说，在拉达克，一妻多夫
制具有减少人口的显著倾向，其方式不止一种。“这里不仅家庭户
数很少，而且家庭人口也少。”此外，儿童也很稀少。贝尔伦发现，
托达人中的儿童非常之少。布林克尔博士说，赫雷罗人有一种习
俗，即两个男子常常结成一种特殊的关系，彼此有权同对方的妻子
交合。而这种习俗已导致信奉异教的赫雷罗妇女很少生育。陶坦
博士认为，马克萨斯群岛上的妇女生育率较低的一个原因，就是
“性生活过度自由，以至达到几个妻子一块集体同床的地步”。②
另一方面，在印度西北各邦的阿希尔人中，实行兄弟共妻制的妇
女，在生育率上却与实行一夫一妻制的妇女差不多。克鲁克先生
对此很是诧异，后来他听说，“长兄的弟弟们其实并不常常回来，因
此也就没有对生育率产生什么影响。”③

当然，在某些民族中，男女之间也可能有某种近乎于乱交的关系。但是，那种认为乱交已构成人类社会历史上一个普遍阶段的假说，并不像吉罗－特龙所说的那样，是一种具有科学意义的假

① Sherring, *Western Tibet and the British Borderland*, p. 88.

② Tautain, in *L'Anthropologie*, ix. 420, 421, 423.

③ Crooke, *Tribes and Castes of the North-Western Provinces*, ii. 445.

说；依我看来，这是迄今为止在社会学探索的整个领域里显现得最不科学的假说之一。

第十章　结婚率和结婚年龄 337

在未开化民族中，不仅存在着婚姻制度，而且其结婚率还远比我们文明民族为高。一般说来，几乎每个男子在进入青春期之后，都要争取结婚；而女子更是没有一个不嫁人的。当然，在有些蒙昧部落中，祭司或巫师是不结婚的；此外，还有少数男女是搞同性恋的，也不跟异性发生关系。关于这两种情况中的前者，我将放在下一章中讨论，而关于后一种情况，我已在另一本书中有所涉及。但是，就绝大多数蒙昧部落的情况而言，虽然在结婚的具体方式上有所不同，但是男大而婚女大而嫁则无疑是一般的规律。现在，我就来讲一些这方面的情况。

布里奇斯先生曾写信告诉我，在火地岛的雅甘人中，除了聋哑人和低能儿之外，没有不结婚的；除非某些精力旺盛的小伙子，因受放荡行为影响而不愿结婚。但是，“女人则没有不嫁人的。即便死了丈夫，也会很快改嫁他人”。同样，在巴拉圭查科省的伦瓜人中，也没有那种老处女。一个女人死了丈夫，只要还不太老，一般也都会再次嫁人。“每个女子都必须找到一个能够得到大家公认的保护者，这既是他们的生活方式，也是他们的社会风气。”[①]无论

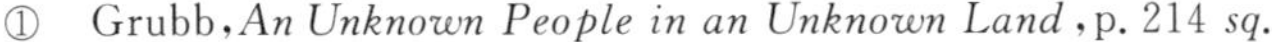

① Grubb, *An Unknown People in an Unknown Land*, p. 214 *sq.*

是在乔罗蒂人中，还是在其他任何一个查科部落中，努登舍尔德博
338 士都从未听说过有任何一个年事已高而仍未结婚的女人。据阿萨拉说："她们从来不过独身生活，一旦有了结婚的要求，马上就会结婚。"[①]在加勒比海西岸的莫斯基托族印第安人中，"未婚女子极为罕见。如果一个地方还有尚未嫁出去的女子，一些头面人物就会多娶两个妻子。因此，供求关系总是平衡的，大家也都很满意。……对于一个印第安人来说，打光棍不仅是一件耻辱的事，而且还是一件最痛苦的事。"[②]拉塞尔在谈到亚利桑那州的皮马族印第安人时曾写道："某个男人因为品质问题而娶不上女人的事，只是偶尔有之；至于女人不嫁的事，则更为少见了。现在，只是在卡萨布兰卡有这么一个女人，另外在布莱克沃特也有这样一位。后者由于老不嫁人而被人们视为有某种魔法在身。"[③]哈蒙发现，在黑脚人、克里人、奇佩维扬人中，以及在落基山脉东侧的其他一些部落中，独身现象是一种非常罕见的例外情况。阿什在密西西比河沿岸的肖尼人中也有同样的发现。普雷斯科特在谈到达科他部落时说："我在他们那里没有听说谁是单身汉。人们对已婚男女要比对那些打单身的人更为敬重一些。"[④]据阿代尔说，很多印第安妇女都认为，少女不嫁人和寡妇不改嫁，就如同人已经死了一样。在里帕尔斯贝附近的爱斯基摩人中，"每个女子一到婚龄便马上嫁人。

① Azara, *Voyages dans l'Amérique méridionale*, ii. 21.

② Bell, *Tangweera*, p. 261 *sq.*

③ Russell, "Pima Indians," in *Ann. Rep. Bur. Ethnol.* xxvi. 184.

④ Prescott, in Schoolcraft, *Information respecting the History, &c. of the Indian Tribes of the United States*, iii. 238.

一个女人一旦死了丈夫，马上就会有人再来娶她。”[①]霍尔姆中尉在他见到的所有东部格陵兰人中，发现只有一个女人没有结婚，而 339
她却已生了两个孩子。据博戈拉兹博士说，在亚洲东北角一带饲养驯鹿的楚克奇人中，任何一个男人都不能忍受生活中的这样两种不便：一是没有自己单独的房子；二是没有一个为自己管家的女人。此外，人们结婚还有一个动机，就是为了传宗接代。但居住在沿海一带的楚克奇人则是另一种情况：人们并不是非要结婚不可，因此，不结婚的人也比较常见。

在兴都库什山区的卡菲尔人中，“年轻女子若不出嫁，则必定是无可救药之人。”[②]据谢林先生说，在喜马拉雅山区英属格尔瓦的菩提亚人中，无论男女，没有一个不结婚的。而在达马帕加纳的菩提亚人中，每个村子里都有很多没结婚的成年人，“这其中的原因在于，那里的婚姻取决于男女双方的意愿，而人们总是在身心成熟之后才订立婚约。由于有的男人没人愿意嫁，有的女子又没人愿意娶，因此终生未娶未嫁的人也不少见。”[③]在孟加拉的桑塔尔人中，“只有白痴才不结婚。”[④]在吉大港山区的唐塔人中，无论男女，都没有年过30而不结婚的。在同一地区还住有查马人，在他们那里，25岁以上的单身汉是十分罕见的。关于尼尔吉里山区的托达人，马歇尔先生写道：“每一个男人或女人，每一个小伙子或大

① Gilder, *Schwatka's Search*, p. 246.

② Scott Robertson, *Káfirs of the Hindu-Kush*, p. 534.

③ Sherring, “Notes on the Bhotias of Almora and British Garwal,” in *Memoirs Asiatic Soc, Bengal*, i. 98, 106.

④ Macphail, “Cycle of the Seasons in a Santal Village,” in *Calcutta Review*, N. S. i. 159.

姑娘，都已成亲，而且都是在很小的时候就定了亲的。除了跛足的姑娘或已过生育年龄的寡妇之外，我没有见到过一个未嫁人的成年女性”。[①] 据吉尔霍兹神父讲，缅甸的克钦人似乎从未听说过自
340 愿独身的事。对于每一个克钦人来说，结婚、生育是一件光荣的事，无后而死则是一种耻辱。不过，在克钦人中，也还是有少数单身汉和老姑娘，这些人大多有些发傻，或是脾气秉性令人无法接受。

在婆罗洲山区和沿海的达雅克人中，据说没有或几乎没有什么老姑娘或单身汉。马斯登在苏门答腊掌管着几个地区，他说，在这些地区的大约 8 000 名居民中，即使要找出 10 名年过 30 而未婚娶的男人来，也是很难很难的。在苏门答腊岛上还住着一支土著部落，叫库布人。哈根曾说，在这些人中，如同在马来人中一样，老姑娘也是很少见的。由于该部落男多女少，即便是相貌极丑的女子也能嫁得出去。在爪哇岛，克劳弗德“从未见过二十一二还未嫁人的女子”。[②] 詹克斯先生说，在吕宋岛北部邦都一带的伊戈罗特人中，只有聋哑人终身不结婚。

据说，在新几内亚的一些巴布亚人中，没有不结婚的人。女子一到青春期就都出嫁了，年轻寡妇一过服丧期便立即改嫁。在新爱尔兰（新梅克伦堡），每个男子和每个女子长大后通常都会结婚。
341 在所罗门群岛布干维尔岛的布因地方，15 岁以上的每个女子实际上都已嫁人。在新赫布里底群岛的东马利科洛，“不嫁人的女子实

① Marshall, *A Phrenologist amongst the Todas*, p. 220.

② Crawfurd, *History of the Indian Archipelago*, i. 86.

属罕见”。[①] 在新喀里多尼亚的每一个部落中，都有一些独身的妇女。这些妇女都是在孩童时就与某个尚处于婴幼期的大酋长定了亲；但是，当大酋长长大成人后却不要她们了。关于那里的男人，罗查斯告诉我们，不曾听到过有独身的人；但布雷恩则说，间或也有独身的男人，这些人都是由于找不到称心的女人而终生未娶。马里纳说，在汤加，有少数女子出于某种怪念头或某些偶然的原因而终身未嫁。在澳大利亚土著人中，女子一般在婴幼时期即已定亲，而且结婚也大多很早。据说，已定亲的女子一般都是在 8 岁至 14 岁期间（大多是在 10 岁或 11 岁的时候）就要离开父母。据柯尔说，在白人到来之后，土著人的风俗习惯已发生了很大的变化；但在这之前，他从未听说有哪个女子到了 16 岁还未嫁人的。

现在谈谈非洲的民族。据我们了解，在纳米布的布须曼人中，大多数男子和女子一到青春期就都结婚了。在翁东加，据说所有男女也都是如此行事。在贝专纳的拉图卡，坎贝尔确信，全城中的 342
男子，无论年轻的还是年长的，没有一个没结婚的。“在不信基督教的巴苏陀人中，人们几乎没听说过有什么‘老姑娘’，而且寡妇也都没有什么守寡期。”[②]据伯切尔说，在南非的土著人中，无论男女，一般都没有终生不成亲的。M. 朱诺曾对莫桑比克的聪加部落做过这样的描述，他说：“在班图人中，很少有那种叫做单身汉的人。婚姻对黑人男子来说，是人生的一件大事，只有卑劣之徒、伤残和弱智的人才被剥夺缔结合法婚姻的权利。一个男人只有通过

① Paton, quoted by Serbelov, in *American Anthropologist*, N. S. xv. 279.

② Minnie Martin, *Basutoland*, p. 88.

娶妻结亲、生儿育女，才能在社会上成为一个人物。”同样，在班图族的这一原始部落中，每个女子也都会嫁人为妻，只是有的早些，有的晚些而已。[①] 在北罗得西亚的土著人中，除了年老寡妇之外，一般女人丧夫之后，很少有寡居一年以上者；她们很快就会由其最亲近的男性亲属所续娶。虽然男女离异之事很是寻常，但年轻妇人很少有长期处于独居状态的。罗斯科先生曾对巴格苏人做过一番描述。巴格苏人属班图族系，住在乌干达保护地东部边境地区的埃尔贡山麓。他说：“在原始民族中，没有结婚和没有子女的女人在社会生活中是没有地位的。因为女人的主要职责一是生儿育女，二是给某个男人成一个家。”[②]在班图族系卡维龙多人中，“女人未嫁而死是很少发生的。因为那里一般都是男方找上门来提亲；即使没人来提亲，女方也会找个男人，以‘低价’把自己嫁了出去。”[③]在塞内冈比亚的曼丁戈人中，卡耶未曾见到一例年轻女子

343 独身一人的情况，无论她们长得或美或丑。在西非的其他很多部落中，据说独身现象也是很少见的，或者几乎未曾听说过。据巴尔特说，西部图阿雷格人不怕别人挑毛病，就怕别人说他没结婚；他们不能理解一个人为什么会不结婚。

我们常常听说，一个人要是不结婚，就会被人们看作是怪物，或是受到人们的蔑视和嘲弄。在智利的阿劳坎人中，“男大不婚，就会被人轻蔑地称为‘乌恰普拉’（Vuchiapra），女大不嫁，就会被

---

① Junod, *Life of a South African Tribe*, i. 125, 183.

② Roscoe, *Northern Bantu*, p. 172.

③ Johnston, *Uganda Protectorate*, p. 746.

人称为‘库德普拉’(Cudepra)，意即老而无用的、一无是处的
人。”[①]在巴西的图皮人中，不结婚的男子一概不得参加狂饮聚会。
在楚克奇人中，“成年男子如不结婚，就会为人所蔑视，被看成是无
用的人、游手好闲的人，从一个营地到另一个营地闲逛的流浪
汉。”[②]吉大港山区的蒂佩拉人认为，一个男人若是不结婚，便是无
足轻重之人。在桑塔尔人中，一个人要是老不结婚，“就会同时受
到男女两方面的蔑视，并被划入与窃贼、巫婆相近的一类人：人们
称这种可怜的无用之人为‘非人’”。[③] 在卡菲尔人中，单身汉在村
子里是没有发言权的。在巴干达人中，单身汉不得占有土地。在
乌干达保护地的巴坦巴人中有一句谚语，意思是说，女人不结婚便
是无足轻重的人，对任何人都毫无用处，因此无异于一个死人。同
样，托达人也认为，女人不结婚是一件有失脸面的事。如果某个女 344
子未能在性选择的过程中自然地寻得男人，其父就要用一头牛去
笼络一个男子，请他与自己的女儿结亲。在马拉巴尔海岸，如果某
个女子死时仍是处女，其家人就会请本家的某个穷汉为其破贞。
干这种差事，报酬相当丰厚；不过，事完之后，便立即会有很多石子
朝他掷来，直到他逃跑为止。在缅甸的克钦人中，每当有单身汉或
老处女死去时，人们都要举行嘲弄式的葬礼。西太平洋富图纳岛
上的土著人认为，要想在死后能过好日子，就必须结婚成亲。而所
有那些独身者，无论男女，都必须先自责一番，才能进入“费尔梅
特”(fale-mate)，即“逝者之家”。斐济人相信这样一种说法：一个

---

① Molina, *History of Chili*, ii. 115.

② Bogoras, *The Chukchee*, p. 569.

③ Man, *Sonthalia and the Sonthals*, p. 101.

人如果到死时还没有娶亲，那么，前往天堂的途中，他就会受到南加南加神的阻拦，并被打得粉身碎骨。

结婚率在很大程度上当然取决于一般人的结婚年龄。就蒙昧部落而言，虽然我们迄今尚未得到任何有关其结婚率及结婚年龄的统计数据，但我认为，我们还是可以有把握地说，在所有蒙昧部落中，女子结婚的年龄要比西方各文明民族为早，男子结婚的年龄
345 大多也是这样。以下一些材料似乎即可证明这一结论，虽然其中有很多或大部分记载只能被视为大致上准确。

我们先从美洲土著人谈起。我们知道，在很多蒙昧部落中，男女多在孩提时即已定亲。虽然从严格的意义上讲，定婚是没有约束力的，但是，我们可以想到，当定亲双方长到青春期时(有的甚至在此之前)，一般就都完婚了。父母在子女婴幼期即为其缔结婚约的习俗，在南美洲主要盛行于英属圭亚那的阿拉瓦克人和马库西

346 人之中，在北美洲则盛行于爱斯基摩人之中。不过，格陵兰的爱斯基摩人不在此列，在他们那里，这种习俗一直是十分罕见的。18世纪的作者达拉格曾说过，格陵兰的年轻人在刚刚产生性欲并能养活妻子之后，就马上结婚了；他们挑选的妻子，都是和自己年龄差不多的。不过，达拉格又说，也有很多男子直到二十七八岁时才成亲。据霍尔姆说，格陵兰东海岸的人往往在长大成人之前就已娶亲了，他们主要是想找个女人为他们做饭和照看捕鱼工具。因此，有些小伙子所找的妻子，从年龄上看足可以做他的母亲。在不列颠哥伦比亚汤普森河沿岸的印第安人中，女孩尚在婴幼期，往往就已许配人家了，有些男子要比她们大上 20 岁。“她们只要经过成年仪式，就被认为可以结婚了。这时她们大约都在十七八岁。

但有时成年仪式一直要持续到23岁。大多数男子则是在举行完成年仪式之后3至7年内娶亲，也可以说，他们大多是在22岁至25岁之间结婚。”[①]在华盛顿地区[②]的沿海印第安人中，斯旺先生注意到这样一个规律：年轻男子所娶的，都是比自己大得多的女子；而年轻女子所嫁的，都是比自己大得多的男子。他们为此提出的理由是：假如青年男子娶了年轻的女子为妻，那么，他们就谁也 347
照顾不好谁了。在内布拉斯加州密苏里河谷的奥马哈部落中，男子过去总是到25岁或30岁时才娶亲，女子则是到20岁时才嫁人。但是，现在风俗变了，女子在十五六岁或十六七岁时就结婚了。在纳切斯人中，青年男子很少在25岁之前就娶亲。因为人们认为，男子不到25岁，身体仍旧很弱，而且也缺少经验和悟性。但是，据说在北美洲的其他很多部落中，以及在中美洲的一些部落中，人们很早就已结婚。例如，在索克人和福克斯人中，男子大多在16至20岁时成亲；女子在14至18岁时成亲（一般都是在16岁以前就已出嫁了）。在亚利桑那州的哈瓦苏派人中，女子在过了发育期之后，便早早出嫁了，大多都是在十二四时嫁人。据说，波尼部落的女子大致也是如此。关于墨西哥的塔拉斯科人，伦霍尔茨博士写道：“某个男子如果已经长了胡须，尽管他只有20岁，又未结过婚，他一般也只能找个寡妇为妻。因为女孩子们都很多疑，生怕他是到了结婚年龄而有什么事会妨碍他娶亲。”[③]在中美洲的 348

① Teit, “Thompson River Indians of British Columbia,” in *Memoirs American Museum Natural History*, Anthropology, i. 321.

② 位于美国西北部，1889年建为华盛顿州。——译者

③ Lumholtz, *Unknown Mexico*, ii. 416.

一些部落中，父母在儿子还只有 9 岁或 10 岁时，就张罗着给他娶媳妇了。

据 M. 沙法宁讲，在奥里诺科河沿岸的瓜劳诺人中，男子在十四五岁，女子在 10 至 12 岁时，就已结婚了。在英属圭亚那的土著人中，男子在十五六岁，女子在十二三岁定亲。在大查科草原的卡尤亚人中，男子很少有在十七八岁以前就结婚的，但是女子则在十一二岁时就出嫁了。在希波托河沿岸的科罗亚多人中，据 V. 斯皮克斯和 V. 马蒂多斯说，男子一般在 15 至 18 岁时娶亲，女子一般在 10 至 12 岁时出嫁。克劳斯博士说，在阿拉瓜亚河沿岸居住的卡亚波人实行早婚，在 15 岁至 20 岁时就已结婚了。他还说，在同一条河畔居住的卡拉雅人中，男子在 17 至 20 岁时结婚，女子在 14 至 16 岁时结婚；但他又说，也有些男子由于受了某些夸说单身生活好的老光棍的影响，总是希望尽可能晚婚，为的是不致为养家糊口的责任所累；寡妇如果没有小孩的拖累，也愿意一个人这样单过。据一位老作者说，在大查科草原的圭库鲁人中，大多数男子为了能过一种悠闲自在的生活，一直要熬到 25 岁至 30 岁时才结婚。鲍克神父在 18 世纪中叶曾旅居巴拉圭。他说，在大查科草原南部
349 的莫科维人中，男子一般都是过了 20 岁才结婚。但据阿萨拉说，拉普拉塔平原的瓜拉尼人结婚较早，而且在大查科草原的瓜纳人中，女子“结婚最晚的，也超不过 9 岁”。[①] 据博韦中尉说，在火地岛，女孩子在十二三岁时就开始为自己物色男人；而男子则是在 14 岁至 16 岁时成亲。大男娶小女，小男娶大女，这是广泛流行于

① Azara, *Voyages dans l'Amérique méridionale*, ii. 60, 61, 94.

南美洲的一种习俗。在后一种情况中，等到妻子颜色已退之时，做丈夫的还可以另娶新妇；至于原来的妻子，既可将其留下，也可将其打发出去。因此，在厄瓜多尔的希瓦罗人中，三四十岁的男子常常娶 6 至 12 岁的女孩子为妻。在亚马孙河流域西北部的维托托人和博罗人中，女孩子出嫁时的年龄多在 5 至 15 岁之间。男子很乐于迎娶 9 岁或 10 岁这种尚未长成的女孩子；娶来之后，便交给自己家的女眷去管。惠芬先生说，这些男子这样做，"是为了通过不断来往而增加感情。娶来的女孩同这名男子及其家人住在一起，渐渐地也就成了这家人中的一员，并适应了这家人的生活习惯"。①

如同美洲爱斯基摩人一样，在白令海峡对岸的楚克奇人中，也有定娃娃亲的习俗。博戈拉兹博士指出，关系不错的人家，即便没有血缘上的联系，也愿意彼此联姻，有时甚至在子女未出世前，就已经为他们定亲了。不过，这种亲朋好友家的联姻，更多地还是以相互交换其女为基础的。他还说，男子往往很早就成亲了，而年轻女子生儿育女的事也不少见。在吉利亚克人中，父母在子女孩提 350
时就为他们定亲了。在萨哈林岛的吉利亚克人中，据说男子多在十三四岁成婚，女子多在十二三岁出嫁。在阿伊努人中，为子女定亲虽不是一种很普遍的习俗，但历史却很久远。不过，定了亲的青年男女并不一定非成亲不可。阿伊努人认为，女子的适婚年龄是十六七岁，而男子则多在 19 岁或 20 岁时成婚。在科里亚克人中，女子通常在 20 岁或过了 20 岁才结婚；不过在以前，未成年就结婚

① Whiffen, *The North-West Amazons*, p. 162.

的现象还是很常见的。布里亚特人通常在孩子很小时就为他们定亲了。不过，两家人以自家的女儿为自家的儿子换亲的习俗，也会使夫妻年龄相差过大。有时，小伙子娶到的竟是半老徐娘，而老头儿娶到的却是年轻女子。实行娃娃亲这一习俗的，还有萨莫耶德人和雅库特人。而据万贝里说，突厥语族的所有民族都有此俗。在罗布泊的湖居人中，女子约在十四五岁时嫁人，男子有的也是这么大结婚，有的则稍晚一些。

在兴都库什的卡菲尔人中，很少有到12岁还没结婚的女子。有些女孩尚在襁褓之中，即已嫁给或是许配给成年男子；而有些成
351 年妇女，甚至中年妇女，却嫁给一个少年。在后一种情况下，为妻者实际上是一名在地里干活儿的奴隶，而丈夫则是一名孤儿，家中有地却无力耕种，便这样找人来种。在印度南部的托达人中，夫妻年龄的差距往往也很悬殊。有时是女方年龄较大，其原因是当地有实行表亲联姻的习俗；但更常见的情况则是男方比女方大得多，其部分原因在于当地有童婚习俗，女孩常常在两三岁时就出嫁了。在尼尔吉里丘陵地带的另一个部落科塔人中，男子长到15至20岁时，其父母就要为其提亲，所找的都是6岁或8岁的女孩。在尼尔吉里山区的卡苏巴人中，“既有童婚，也有成年婚，不过前者更为常见。在这个森林部落中，说来奇怪，成年婚竟被人视为一件丢人的事”。[1] 在泰米尔地区，女孩长到6岁至8岁时，就该出嫁了；而在古代，泰米尔人则认为女子的适婚年龄是12岁，男子的适婚年龄是16岁。在坎德人中，男子在10岁至12岁时即娶妻结亲，女

① Hayavadana Rao, “Kusubas,” in *Anthropos*, iv. 179.

方通常都比男方大 4 岁。在焦达讷格布尔高原的一个达罗毗荼部落奥朗人中，新郎的平均年龄是 16 岁，新娘的平均年龄是十四五岁。在焦达讷格布尔高原还住着另一支部落，叫蒙达人。据说，在那里的富裕人家中，现在实行早婚的已非罕见；但是，人们都还记得从前的规矩：男子在亲手做成一把犁之后，方可娶亲；女子在学会用棕榈叶编席子和学会纺棉花之后，方可嫁人。在博多人和迪 352
马尔人中，“人们在身体发育成熟之后才结婚，男方通常为 20 至 25 岁，女方通常为 15 至 20 岁。”[①]在桑塔尔人中，男子一般在十六七岁结婚，女子一般在 15 岁结婚。在居住于阿萨姆邦的一支属于藏缅语族的部落米基尔人中，则不曾听说有童婚的存在。男子是在 14 岁至 25 岁之间结婚，其中以十八九岁最为普遍；女子是在 10 岁至 15 岁之间结婚，其中以 15 岁最为普遍。一般说来，婚姻在印度土著部落中，几乎如同在印度教徒中一样普遍，只是定婚较晚，娃娃亲也较罕见。马来半岛的土著人一般结婚都很早。例如在贝西西人中，男 14、女 13 即已成亲；还有一些女孩很小就出嫁到丈夫家，由丈夫一家把她养大。锡兰的维达人多在青春年少时结婚；而在安达曼群岛，男子则很少有在 26 岁之前结婚的。

菲律宾群岛上的很多部落，都有实行童婚的习俗。在棉兰老岛的一个山地部落苏巴努人中，女子一进入青春期，一般就都结婚了；而男子多在过了青春期之后才结婚。在棉兰老岛南部的巴戈博人中，据说结婚年龄要比菲律宾大多数部落晚许多，人们一般都

① Hodgson, “Kócch, Bodo and Dhimál people,” in *Jour. Asiatic Soc. Bengal*, vol. xviii. pt. ii. 734.

353 是到18岁或20岁时才成亲。为小孩定亲的事在马来群岛也很常见。在婆罗洲的沿海达雅克人中，男子在20岁左右，女子在十六七岁时成亲；不过，也有更晚才成亲的。但是，过了25岁还单身一人的情况，就很少见到了。在同一海岛上的卡扬人中，“年轻男子大多在20出头时定亲，而女方则往往要比男方小几岁。”[①]苏门答腊的库布人在很小时就结婚了。在巴塔人中，男子一般在18岁时娶亲，女子则在15岁或不到15岁时出嫁，甚至还有9岁就出嫁的。在苏门答腊的东海岸上，有一个亚齐王国。那里的青年男子初婚的年龄多在16岁至20岁之间，女子结婚的年龄要比东部群岛其他国家为早，她们在8岁或10岁时，甚至在7岁时，就嫁到夫家了。而她们的丈夫则可能是成人，甚至是年长者。比克莫尔先生说，在马来人中，男子初婚的年龄通常是在16岁，女子则在十三四岁出嫁，甚至还有更早的。

354 在太平洋诸岛，很多人都是在年幼时定亲，有的父母甚至在子女尚未出生之前，就已经给他们指腹为婚了。据马里纳推测，在汤加群岛，已婚妇女中约有1/3的人都是小时候定的亲。一般来说，给少女许配的多是与其年龄相仿的男子，但在有些地方，把少女许配给成年或老年男子的事也不少见，有些人的年纪甚至足以当爷
355 爷了。女子定亲后，可以仍旧住在父母家，直至长到适婚年龄才被娶走；也可以立即就迁到未婚夫家里去住。不过，即使是后一种情况，已定亲的男女也仍要分开居住，甚至不得相互交谈。而且，有时还可看到这样一种习俗：男女定亲后，虽有女方到男家的，但也

① Hose and McDougall, *Pagan Tribes of Borneo*, ii. 170.

有男方到女家的，接受一段对方的教育。至于完婚的年龄，据说，新几内亚马克莱海岸的巴布亚人是在13岁至15岁完成割礼之后很快就结婚；而在荷属新几内亚的内陆部落中，男子结婚则相当晚，未婚男子全都住在男子公房里，沉迷于同性恋的活动。在英属新几内亚的梅克奥地区，男子在13岁左右、女子在10岁左右结婚；但是完婚的年龄则较晚，一般至少都要等到男18岁，女16岁。在英属新几内亚的马富卢山民中，男子长到十六七岁、十七八岁，就被认为进入适婚年龄了，女子还要再早几年。但是，在他们系上腰带之前，一般都不会结婚。不过，也没有任何习俗禁止他们在这之前结婚。在莫尔兹比港，“20岁以上的男子很少有没结婚的。”[①]在原德属新几内亚博加吉姆地区的土著人中，人们一般都是在20岁以后才订婚。

在德国人统称为俾斯麦群岛的诸岛中，最早的适婚年龄是男 356
十四五岁，女9岁或10岁，但很少有这么早就结婚的。不过，过了15岁还未嫁人的女子也很少见。在所罗门群岛布干维尔岛上的布因地区，所有15岁以上的育龄妇女均已结婚，而男子则是在20岁或25岁结婚，原来甚至要等到25岁至30岁上下才能结婚。在新赫布里底群岛的东马利科洛，女子通常在12岁结婚。在新喀里多尼亚，男女一般都是在长到18岁至20岁时结婚。在斐济，“社会地位较低的青年男子很少有在25岁之前结婚的，这对一个原始部落来说已是晚婚了。”[②]复活节岛有一个古老的习俗，目前仍很

① Stone, “Port Moresby and Neighbourhood”, in *Jour. Roy. Geograph.* Soc. xlvi. 55.

② Thomson, *Fijians*, p. 172 *sq.*

流行：当男孩长到一定年龄(譬如12岁)，其父就会给他找一个合适的女子为妻。这名女子或者和他同岁，或者比他小一些，后一种情况似乎更多。据有些作者说，女子一般都是10岁出嫁。在纽埃岛，也同在波利尼西亚诸岛一样，女子很早就出嫁了。贝斯特先生说："早婚在毛利人中似乎是司空见惯的事，虽然年长者都认为这样做没有好处。"[①]但是据特里吉尔先生讲，早婚在毛利人中，特别是在男子中，并不普遍。男子常常是在发育成熟之后才娶妻成亲。

357 父母在女儿幼小时，甚至尚未出生时就为其定亲的做法，在澳大利亚极为普遍。做父母的可以把自己女儿许配给某个朋友家的男孩，也可以许配给某个已结过婚，甚至从年龄上讲足以给她做父亲的成年男子。女孩被父母许配给他人之后，一般仍和父母住在一起，直到发育成熟为止。这时，她的丈夫就要来领她走了。有时，做丈夫的不等女孩发育成熟，就要求将她领走，甚至与她发生性关系。据施特雷洛说，在阿兰达人和南洛里查人中，如果某个女孩被许配给一个和自己年龄相仿的男孩，那么，只有当男方长了胡
358 子，甚至开始有了几根白胡子之后，双方才能结婚。柯尔先生甚至说，男子一般只有到了30岁以后，才能娶妻成亲。而年轻男子只有娶老妇为妻，才准予提前结婚。据塔普林先生说，在纳里涅里人中，男子很少有在18岁或20岁以前结婚的。

在非洲的很多部落中，童婚也相当盛行。在某些地方，童婚几乎是唯一的一种婚姻形式。未婚夫一方可以是幼童，可以是青年，
359 也可以是已婚男子，甚至可以是白胡子老翁。在很多情况下，两家

① Best, in *Trans. and Proceed. New Zealand Institute*, xxxvi. 32.

人关系不错，于是就让两家的子女通婚。例如，在前德属东非的尧人中，刚刚生过小孩的妇女就常常会对正在怀孕的妇女说："我生了一个儿子，你要是生个女儿，就让他们成亲吧！"于是，婚事就这样定了。在英属尼亚萨兰，女孩子未来的婚事几乎都是在其出生后的几个月内就定好了的，未婚夫一般也都是少年。在非洲的某些民族中，这种童婚对于女方是有约束力的，而在另一些民族中，则没有约束力。不过，男方在娶亲完婚之前，还必须交付聘金；而且，一般都要等女方至少长到 10 岁至 12 岁的时候才能完婚。

在非洲，女子结婚的平均年龄多为十二三岁。在赫雷罗人中， 360
女子是在 12 岁至 15 岁时结婚。在英属中非约翰斯顿堡附近的部落中，女子是在 15 岁左右结婚。在卡菲尔人的某些部落中，女子 13 岁即可结婚，而在另一些部落中，则非要长到 17 岁不可。据基德先生说："如果一定要讲一个平均数的话，那么，女子结婚的平均年龄应当是 16 岁。"[1]在奥因族布须曼人中，女子在 13 岁至 16 岁时结婚。在多哥的巴萨里人中，女子在结婚时不得低于十五六岁；在英属东非的阿基库尤人中，不得低于十六七岁；在乞力马扎罗山地区的瓦查加人中，不得低于 17 岁。而在巴干达人中，根据乌干达土著委员会最新颁布的法令，女子在十七八岁之前不得结婚。非洲男子的结婚年龄取决于是否发育成熟，以及是否有能力交付聘金。在多哥的巴萨里人中，男子直到 17 岁才能结婚；而在西非其他地方，十五六岁即可结婚。根据我们提及的乌干达土著委员会最新颁布的法令，青年男子"在 20 岁之前"不得结婚。但在从

① Kidd, *The Essential Kafir*, p. 211.

前，巴干达人对于结婚年龄并无任何禁律，青年男子在发育成熟之
361 后，只要有足够的财产交付聘金，一般都在16岁左右就结婚了。根据芳蒂人的习惯法，“在儿子达到青春期年龄之后，父亲有责任尽快为他定亲。”[①]在赫雷罗人中，男子结婚的年龄是在16岁以上；在奥因族布须曼人中，是在16岁至18岁；在英属中非约翰斯顿堡附近的部落中，以及在中非的福尔人中，是在17岁左右；在维多利亚—尼安萨湖以南的瓦尼扬韦齐人中，是从17岁到20岁；在前德属东非的瓦菲帕人中，是从18岁到20岁；在瓦查加人中，一般是在24岁。就我所了解的情况而言，在非洲，男子结婚最早的，要数马达加斯加人了。据M.格兰迪迪埃说，马达加斯加的大多数男子在14岁左右就已结婚了。

对大多数蒙昧部落的人来说，婚姻似乎是必不可少的。正如我们已经知道的那样，在很多未开化民族中，一个人如果不结婚，或者不结成那种一般都会导致婚姻关系的男女关系，就很难甚至无法满足自己的性欲。而另一方面，在没有这类限制的地方，我们则常常听说，年轻男子愿意过单身生活。我们注意到，在南美洲的
362 某些印第安部落中，就有这方面的事例。另外，关于印度的达罗毗荼部落，克鲁克先生曾这样说过：由于当地女子婚前性关系比较松弛，“男子直到年岁很大了，需要成家养老时，才打算结婚。”[②]但是，即使在婚外性生活比较自由的地方，结婚对于男人来说也是一件迟早的事。男子必须要有一个女性伴侣为其料理家务，诸如砍

① Sarbah, *Fanti Customary Laws*, p. 45.

② Crooke, *Tribes and Castes of the North-Western Provinces and Oudh*, i. p. cxcvii.

柴打水、生火做饭、制皮缝衣、采集食物等等；而在从事农业的民族中，往往还要包括种地在内。男子必须要有一个女人为其生儿育女；在蒙昧部落的社会生活中，个人的安全和福祉要依靠家庭纽带来维系，老人的生活要靠儿女来维持；因此，男人若是没有儿女，就会成为不幸之人；甚至在其死后，也会因为没有儿女的照顾而继续吃苦受罪。白令海峡一带的爱斯基摩人“在死前如果没有人向其保证逢年过节必祭其灵，他们就会表露出一种极大的恐惧，担心到了阴间无人照料，生活会贫困不堪”。[①] 因此，如果一对爱斯基摩夫妇身前无儿无女，他们往往会收养一个孩子；这样，他们死后，在人世间便仍有所留。这个孩子的职责就是在亡人节期间按照习俗大办宴席，以祭祀养父母之灵。罗斯科牧师也说，在英属东非的巴格苏人中，婚姻“与其说是一种爱情关系，不如说是一种利害关系，因为人们在死后要靠自己的子女扶助在天之灵”。[②] 据巴彻勒先生说，在日本的阿伊努人中，男子总是希望至少能生有一子，这其中有各种各样的原因，诸如：父亲死后，儿子可以起到家庭祭司的作用；儿子可以继承和保管祖传之物和家庭财宝，并将其传给子孙后代；儿子可以成为一家之主，对弟弟妹妹行使父亲之权；儿子可以为父亲养老送终。 363

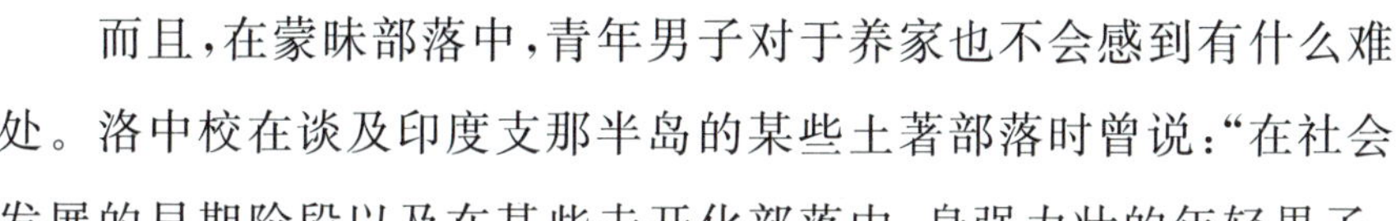

而且，在蒙昧部落中，青年男子对于养家也不会感到有什么难处。洛中校在谈及印度支那半岛的某些土著部落时曾说：“在社会发展的早期阶段以及在某些未开化部落中，身强力壮的年轻男子，

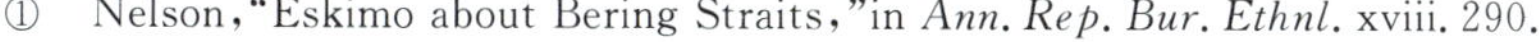

① Nelson, “Eskimo about Bering Straits,” in *Ann. Rep. Bur. Ethnl.* xviii. 290.

② Roscoe, *Northern Bantu*, p. 172.

在打鱼狩猎、维持生计方面，与年长者相比毫无逊色，因此早婚对于他们来说是不会有任何障碍的。事实上，早婚也是一件很容易办到的事。而青年男子在结婚之后，很快即可体会到：结婚乃是其实际利益所在。”[①]比克莫尔在谈到马来人时曾说过，人们从来不觉得养活一个家庭有什么难处。这种说法可适用于许许多多的民族。我们甚至可以说，对一个男子来讲，妻子儿女非但不是什么负担，而且还是财富的源泉。赫里奥特在对加拿大的某些印第安人进行描述时，就曾说过：儿女构成了蒙昧部落中的财富。

但是，即使是在蒙昧部落的生活中，也会因种种情况，使人一时甚至长期无法结婚。在有些地方，要想娶亲，就必须要花钱去买，而有的年轻男子又很难交付娶亲所需的一笔聘金。艾尔斯先生就曾写信向我谈起过祖鲁人的情况，他说：“那些没有牛的年轻男子往往要等上好多年才能娶妻结婚。”坎贝尔曾问一些坎德人何以不结婚，他们回答说，他们打单身是因为娶不起妻子。据施派泽博士说，在新赫布里底群岛北部的彭特科斯特岛，“一般说来，年轻男子不是因为没钱而娶不起妻子，便是因为钱少而只能娶廉价的
364 老年寡妇。年轻漂亮的女子通常都由老头买去了。”[②]事实上，据我们所知，在很多未开化民族中，娶亲必须交付聘礼的习俗，往往成为阻碍人们早婚的一个因素，甚至导致有的人长期结不了婚。这一习俗首先影响到的当然是男子，但是它也会导致未婚女性的增加。据说，在蒙达科尔人和荷人中，由于娶亲要交很高的聘礼，

---

① Low, “Karean Tribes or Aborigines of Martaban and Tavai,” in *Jour. Indian Archipelago*, iv. 418.

② Speiser, in *Archiv. f. Anthropologie*, *new ser*. vol. ix. p. 234.

因此“有不少名声很好的女子长年结不了婚，这种情况在印度其他地区可能是不曾有的”。[①] 在所罗门群岛，酋长的女儿很少有在年轻时嫁人的，原因是索价过高。但是，无论这种阻碍人们结婚的因素有多普遍，我们都不能过于夸大它的重要意义。在很多情况下，当一个年轻人无力买妻娶亲时，他还可以通过在一定时期里为女方父母干活的方式，或是通过与女方一起私奔的方式娶得妻子。而且，正如艾夫伯里勋爵所说，娶妻所付的聘礼通常都是根据本部落的情况而定的，因此，只要勤劳肯干，几乎每个年轻人都可以娶 365
得妻子。马斯登在谈到苏门答腊人时曾说过，买妻习俗并不像人们所想像的那样对婚姻有多大的阻碍。因为差不多每个家庭都有一些家当，哪怕是很小的家当，而嫁女所得的钱财又可用于为儿子娶亲。

在很多蒙昧部落中，都有男多女少的情况。在这种情况下，穷人要想娶亲即使不是不可能，至少也是极为困难的。假如这种男多女少的情况与一妻多夫制的习俗相伴行，就不会在男子中造成独身的后果。但是，如果男多女少的情况出现于某个不实行一妻多夫制的民族，那就不可避免地会有一定数量的男子结不了婚。南太平洋上的很多岛屿就是这种情况，在那些岛屿上，男性的人数大大超出了女性。据说，在复活节岛上，男性在人数上占有极大的优势，因此单身汉也随处可见。从前，所罗门群岛上的布因人总是在年纪很大时才结婚。图恩瓦尔德博士在谈到这一情况时曾说，这一方面是由于娶亲要付高额的聘礼，另一方面也是由于女性人

① Watson and Kaye, *People of India*, i. no. 18.

数较男性为少。他还说，尽管如此，当地却仍在实行一夫多妻制。哈根则认为，所罗门群岛其他地区所以有很多男子不能结婚，原因
366 就在于一夫多妻制。在新不列颠（新波美拉尼亚）的加泽尔半岛上，男性本来就已占人口的大多数，而当地的富人还广泛实行一夫多妻制，因此很多穷人根本无法娶妻结婚。在澳大利亚的土著人中，同样也是男多女少，而年长的男子又将很多妇女（尤其是年轻女子）据为己有，因此，年轻男子通常要等很长时间才能结婚。

从很多报道来看，一夫多妻制伴之以财产的分配不均，是导致穷人和年轻人中产生独身现象的原因所在。我通过与居住在某些不同蒙昧部落中的先生通信，了解到一些这方面的情况。其中，哈德菲尔德先生谈了利富人的情况，卡曾斯先生谈了西斯纳塔尔地区卡菲尔人的情况，英厄姆先生谈了巴刚果人的情况，西姆斯博士谈了巴特克人的情况。威克斯先生在谈到刚果河上游的博洛基人时写道，实行一夫多妻制的结果，是将妇女集中于少数男子的手里，这些人要么是以继承的方式得到这些妇女的，要么是以花钱的方式买到这些妇女的。“处于社会中下层的年轻而健壮的男子总是抱怨说，他们几乎无法娶上妻子。我们在某个城镇里发现，少数男子几乎将所有妇女据为己有；其中每个人都拥有从四五个到二三十个不等的妻子，而很多年轻人则娶不上妻子。”[①]同样，据威尔逊说，在几内亚南部的沿海部落中，由于盛行一夫多妻制，“社会中的大多数年轻男子都娶不上妻子。”[②]在吉尔伯特群岛的马金岛，

① Weeks, *Among Congo Cannibals*, p. 135.

② Wilson, *Western Africa*, p. 266.

由于大多数妇女都为有钱有势的男子所垄断，因此有很多年轻男子都无法结婚。据哈迪斯蒂说，在库钦族印第安人中，由于每一个酋长、巫师和有钱有地位的人都有两三个甚或更多的妻子，因此大多数青年男子都娶不了亲，除非他们愿意找个没人要的老寡妇一起过日子。即使在女性人数大大多于男性的地方，一夫多妻制也可以导致男子独身。费尔金博士指出，在巴干达人中，虽然男女之间的比例是1比3.5，男少女多，但由于当地盛行一夫多妻制，因此有很多家境贫寒的男子都结不了婚。同样，在前德属东非的孔德人中，尽管女子明显多于男子，但由于年长而富裕的男子都迷恋于多妻制的生活，因此很多青年男子只好被迫打单身。不过，我们也不能想当然地认为，凡是实行一夫多妻制的地方，就一定会有相当多的男子结不了婚。在大多数实行一夫多妻制的民族中，这种婚制其实只局限于少数人之中，而且往往还是同女性过剩的现象相伴生的。因此，虽然有些人有好几个妻子，但实际上，每个男子还是都可以找个妻子的。斯旺先生就曾告诉过我，在坦噶尼喀湖附近的瓦古哈人中，虽然盛行一夫多妻制，但由于女性人数多于男性，因此并不存在成年男子结不了婚的情况。此外，我们还应当看到，在文明发展的低级阶段，一夫多妻制是十分罕见的现象，因而不可能成为导致独身的重要原因。况且，在那样原始的条件下，还没有出现什么像样的财富积累，因此，男子也不会由于贫困而不能结婚。 367

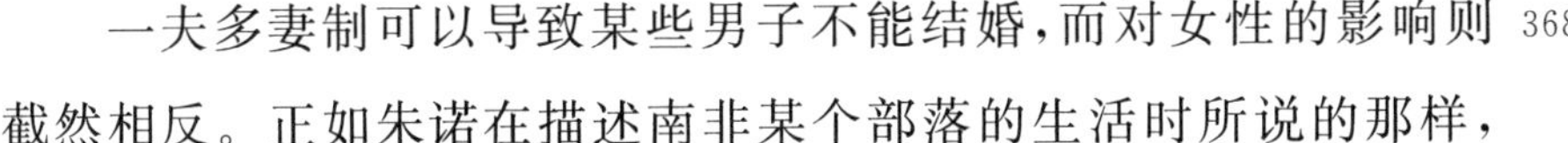

一夫多妻制可以导致某些男子不能结婚，而对女性的影响则截然相反。正如朱诺在描述南非某个部落的生活时所说的那样， 368

“在盛行一夫多妻制的地方，每个女子都可以找到一个丈夫。”[①]而且，在尚未受到欧洲文明影响的国家里，只要女性居于多数，似乎就会实行一夫多妻制。因此，在蒙昧民族中，老处女几乎是完全不存在的。我们不能想当然地认为，一些国家实行一妻多夫制所造成的女性过剩，正是另一些国家通过实行一夫多妻制而予以避免的状况。其实，在实行一妻多夫制的民族中，除了男多女少这一情况以外，还有另一种情况，即这只是一种很特殊的婚姻形式。据我们所知，无论在何处，这种婚姻形式都不是当地唯一的婚制，而是与一夫一妻制、一夫多妻制以及群婚相并行的。

在阻碍蒙昧部落年轻人成婚的各种因素中，还应当提到外婚制。博戈拉兹博士曾说过，通古斯人中的未婚男子要比楚克奇人中的未婚男子多，其原因不仅在于娶亲要交付相当多的聘礼，而且，“还在于当地实行严格的外婚制。新郎娶亲，只能娶自与本人不同的另一氏族”。[②] 关于彭特科斯特岛土著人的情况，施派泽博士写道：“由于血缘较近的人是一概不能结婚的，因此，结婚的机会就大为减少。于是在今日，一个男人尽管终日生活在女人之中，却往往娶不到妻子。”[③]我们在前面曾谈到澳大利亚很多土著人保持单身的一些原因，但这里还应当再补充一点：他们在婚姻上有一项奇特的规定，即一个人只能同某几个小群体中的人通婚。

369 如同文明民族中的情况一样，在有些蒙昧部落中，从军入伍的人也不能结婚。过去曾有一些作者谈起过，在易洛魁人以及与其

① Junod, *The Life of a South Africa Tribe*, i. 184.

② Bogoras, *The Chukchee*, p. 570.

③ Speiser, *op. cit.* p. 234.

相邻的部落中，年轻的武士在30岁以前很少有人结婚或与女人有任何来往。他们说，性交会使男人的双膝软弱无力，打仗时行动迟缓、笨拙。谁要是在30岁之前结了婚，就会被人鄙视为没有大丈夫气概。在东非的马赛人中，武士绝对不准结婚，但是，正如我们在前面所谈到的，他们却可以同异性建立婚外性关系。这些年轻的武士不是同本部落的人住在一起，而是单独建有小村落，村里还有尚未发育成熟的少女与他们同住。部落长老规定，武士只有到了30岁左右，并积蓄了一定的财产之后，才可以结婚。不过，如果哪个武士在战斗中格外勇猛，被允许提前退役的话，也可以早结婚。武士按规定结婚之后，便成为本部落的长老。据他们自己说，部落之所以准许武士与少女同住，是因为人们发现，如果不让女孩子接触自己部落的武士，她们就会委身于敌人，背叛本部落的利益。舒特说过："在祖鲁人居住的地区，单身汉要想结婚，须经国王批准。而国王有时要在他们到了30岁或35岁时，才会准许他们结婚。国王之所以迟迟不准他们结婚，是基于这样一种想法：男子单身一人时，作战时可以无牵无挂，而有了妻了儿女的拖累，就不会勇猛如前了。恰卡当政时，只允许极少数的人结婚，但他的继承人则发现，采取比较宽容的态度才是上策。恰卡的那种不近人情的做法，似乎是以某种既定的制度为基础的。"[①]说到这里，人们可 370
能也会想到古罗马的军人。他们也属于罗马公民，但却不准结婚。与这些军人同居的妇女通常被叫做"女拥"(focariae)。即使这些女佣在被征入伍之前，已同某个军人结为正式夫妻关系，也还是被

---

① Shooter, *Kafirs of Natal and the Zulu Country*, p. 47.

人视为姘妇。不过，这种对军人结婚的限制，最迟到公元4世纪时已被废止，似乎是由罗马皇帝塞维鲁予以解除的。我们在后面的一章中，还将谈到马拉巴尔海岸的纳亚尔人和扎波罗热地区的哥萨克人，他们也有类似的情况，即可以与某个女人同居，但不得结婚。在桑威奇群岛，宫廷中的大多数人一直是独身的，但同性恋和私通的情况则很普遍。

娶妻难，娶年轻女性为妻更难，可能是致使童婚在未开化民族中广泛流行的一个原因。例如，在澳大利亚土著人中，童婚的广泛流行，无疑与各部落对于女性的巨大需求有关。据说，在维多利亚东部的土著人中，一个男青年往往与好几个小女孩定亲，原因是怕某个小女孩会夭折；另一方面，一个小女孩也可能被许配给好几个男青年，如果最先许给的那个男子未及长到娶亲的年龄就死了，那么，这个女孩还可嫁给其余的某个男子。另外，趁女孩尚未长大便迎娶过来，则是一件比较合算的事。在刚果河流域上蒙加拉地区的蒙万迪人中，青年男子都爱找六七岁的小女孩为妻，因为买一个六七岁的小女孩，要比买一个发育成熟的大姑娘便宜。同样，里德先生在谈到吕宋岛三描礼士省北部尼格利陀人的童婚时，也举出这样两个原因：一是男方的父母愿意在女方未及婚龄时便以较便
371 宜的价钱将她买下；二是女方一家也想早些得到男方为娶亲而交付的聘礼。为了证明他的这一看法，里德先生还提及了三描礼士南部和巴丹省的情况。在那里，婚姻不像吕宋其他地方那样带有浓厚的买卖色彩，因此，童婚现象也就不曾被人发现。据说，在马来群岛，童婚还有这样一个特定的原因：在那里，男女私奔或诱拐女孩是一种被社会认可的习俗，因此，做父母的为了避免不中意的

婚配，早早地就把女儿嫁人了事。再者，在很多民族中，人们对新娘的童贞都是看得很重的，而从小定亲则是保持女子贞洁的一种手段。例如，在奴隶海岸的约鲁巴人中，“某个女子如果从小便已定亲，那么，男方在娶亲时，若发现她不是处女，就可予以休弃。而未定过亲的女子，则可以随意委身于人。”[①]最后，很多未开化民族之所以实行童婚，还有一个很寻常的动机，就是希望两家人由此而更加亲近，或将彼此的友谊巩固下来，代代相传；此外，还有人是想以此同某个名门望族攀亲。据说，这种婚俗在要人、富人或酋长之间特别流行，并由此而结成颇有政治意义的联盟。

在很多未开化民族中，家里只要还有哥哥、姐姐尚未结婚，做 372
弟弟、妹妹的就不得先行结婚；如果弟弟、妹妹先于哥哥、姐姐而结婚，人们至少也会觉得这样做颇为不妥。中国也有这种习俗。在那里，兄弟姐妹是以长幼为序依次成婚的。我们在《创世记》中也可以读到，拉班说：“大女儿还没有给人，先把小女儿给人，在我们这地方没有这规矩。”[②]在现代埃及，要让做父亲的在大女儿尚未出嫁之前先把小女儿嫁人，他通常都不会答应。吠陀时代的印度
人认为，弟弟妹妹不应先于哥哥姐姐成亲。根据印度的古代法典， 373
如果违反依照长幼顺序结婚的规定，就将受到下地狱的惩罚，至少也要以苦行赎罪。在旁遮普的穆斯林和锡克教徒中，也同在印度教徒中一样，人们把先给小儿子、小女儿成婚而不是先给大儿子、大女儿成婚，视为一种耻辱。在塞尔维亚和保加利亚，依照风俗习

---

① Ellis, *Yoruba-Speaking Peoples of the Slave Coast*, p. 184.

② 《圣经・创世记》第 29 章，第 26 节。

惯，哥哥应当先于弟弟结婚，而姐妹又应当先于兄弟结婚，只有一种情况可以例外：即一个男子的姐姐已经出嫁，而他的妹妹又还年幼，他便可以先于妹妹结婚。现代希腊人也认为，做兄弟的不等姐妹出嫁就急着成亲是不对的；而姐妹们也应按照长幼顺序依次结婚。在爱尔兰，姐妹们通常也是按照年龄大小依次出嫁，年龄最大的总是最先出嫁。在英格兰和苏格兰的婚礼仪式中，也保留有这种规定的痕迹。布兰德曾引述说："如果一家人中，最小的女儿因某种偶然的因素先于姐姐之前出嫁，那么，姐姐们就要在她的婚礼上一起光着脚跳舞。据称，这样就可以抵消厄运，使她们得以嫁人。"[①]莎士比亚也曾提及这种习俗。而且，在希罗普郡以及英格
374 兰北部，人们至今还遵守或记得这种习俗。在伍斯特郡，如果做父母的在大女儿未出嫁前先把小女儿嫁人，那么，大女儿就要在小女儿的婚礼上光脚跳舞或跳越喂猪的食槽，以示惩罚。格洛斯特郡的做法则是由未出嫁的姐姐拿一把笤帚参加妹妹的婚礼。在威尔士，"一家人中排行最小的先于老大而成婚，那么，比他排行大的就要在其婚礼上光脚跳舞，以示惩罚。"[②]这似乎是说，如果弟弟先于哥哥结婚，哥哥也要在其婚礼上光脚跳舞。在巴尔莫勒尔堡一带，如果妹妹先于姐姐出嫁，那么，人们就要强迫做姐姐的系上绿袜带参加妹妹的婚礼；如有哪个年轻男子将这种绿袜带解下来，那么，他就是她命中注定的丈夫。在苏格兰东北部，如果妹妹先于姐姐出嫁，就要在自己的婚礼上给姐姐系上绿袜带。而在法夫郡做矿

① Brand, *Observations on Popular Antiquities*, p. 398.

② Marie Trevelyan, *Folk-Lore and Folk-Stories of Wales*, p. 274.

工的乡民中，如果弟弟妹妹先于哥哥姐姐成亲，人们就要将绿袜带悄悄地别在其哥哥姐姐的衣服上。如在婚礼上被人发现，还要将绿袜带系在左臂上，并保留整整一个晚上。显然，所有这些习俗归根结底都是基于这样一种观念，即男女到了适当的年龄，就应当马上结婚；而当弟弟妹妹到了该结婚的时候，哥哥姐姐却还未成亲，那就很不正常了。

在具有古代文明的民族中，如同在大多数未开化民族中一样，结婚被视为一种义务；而独身一人，不娶不嫁，则是极为罕见的。在古代墨西哥，当年轻男子长到 20 岁至 22 岁时，人们就要给他找对象，除非他想做一个祭司；女子的出嫁年龄一般则是从 11 岁（克拉维赫罗说是从 16 岁）到 18 岁。据说，在特拉斯卡拉一带，人们对于不结婚的人极为鄙视。如有哪个男子已长大成人却还不愿结

婚，人们就会将其头发剪掉，以此对他进行羞辱。在古代秘鲁，每 375
年或每隔一年，每个地方官吏都要为本地区 24 岁以上的所有男子和 18 岁至 20 岁的所有女子安排婚事。

格雷博士说：“中国人无论身体是强是弱，相貌是美是丑，只要一到青春期，几乎都会受到父母的敦促，要他们尽快结婚。假如子女已经长大，却未婚先死，做父母的就会感到不胜惋惜。因此，如果一个青年男子已患痨病或其他慢性病，那么，只要他一到结婚的年龄，父母或监护人就会强使其立即结婚。”[①]中国人认为，结婚是人生必不可少的一件大事。即使生前未婚，死后也要成婚。人们

① Gray, *China: a History of the Laws, Manners and Customs of the People*, i. 186.

总是要安排夭折男童的灵魂与夭折女童的灵魂在一定的时候成亲。在中国人看来，死时没有留下儿子以延续家庭的香火，是男人最大的不幸之一，也是对列祖列宗的最大不敬。这是因为，如果没有众多后人悉心服事，没有他们经常上坟扫墓、供奉祖宗牌位以及按时举行各种祭祀活动，先父先母和列祖列宗在阴曹地府就会受罪。孔子曾说，不孝是最大的犯罪；而孟子则说："不孝有三，无后为大。"看来，对一个男子来说，最大的罪过莫过于保持独身了。如果一个人的妻子到了 40 岁还不能给他生个儿子，那么，纳妾便成为他义不容辞的责任。

376 中国道德家关于婚姻的这种训诲，1 000 多年来也一直在日本广为传播。其结果是，独身虽未受到法律的明文禁止，却为公众舆论所指责。正如穗积教授所说，公众舆论已足以有效地要求人们恪守结婚的义务，而不必再施以法律。不过，他也说，这种禁止独身的习俗，只有现在或未来的户主才去实行。至于家里的其他人，情况恰恰相反，独身通常是一种义务。在 1868 年明治维新之前，只有一家之长及其长子（即其继承人）、长孙（即长子的继承人）才被允许并有义务结婚，其余诸子则不能依法结婚。他们根本没有希望成为一家之长并延续香火，因此也就没有必要结婚和生儿育女。这一规定在武士阶层中得到严格的贯彻，因为其封建领主是不允许非长子结婚的。在某些地方的商人、手工艺人和农民中，有时也有例外的情况。但在这种情况下，非长子新婚后一般都是另辟"新居"。在大宝律令时代（公元 701—1192 年），男子 15 岁、女子 13 岁即可结婚；但现行民法典规定，男子 17 岁、女子 15 岁方可结婚。

在朝鲜，男子通常在十五六岁时结婚，而且人们认为，男子娶比自己大一两岁的女子比较适宜。但实际上，常有十二三岁的女 377
孩嫁给 10 岁或年龄更小的男孩。男女之间的婚姻往往在刚出生时就定下来了。据说，“人们从来不把那些没结婚的男子叫做‘男子汉’，而是把他们叫做‘丫头’。‘丫头’本是中国人对于未及婚龄的女孩的叫法。而在朝鲜，不管一个男子的年龄有多大，只要没有结婚，就被称为‘丫头’。而且，只要是‘男子汉’，即使只有十三四岁，也完全有权打骂、指使年过三十的‘丫头’，而丫头却不敢说一句抱怨的话。”①

闪米特人有这样一种观念：一个人身后如果没有留下子女，就得不到以往祖先所曾享有的那种祭祀，因此在阴间就不会有好日子过。希伯来人则把婚姻看作一种宗教义务。根据犹太人公认的法典《布就筵席》，②一个男子如果拒不结婚，就是犯了杀人罪，并会损害上帝的形象，还会使神离开以色列。因此，只要一个人过了 20 岁还未娶妻，法庭就会强令其结婚。《密西拿》③认定，男子结婚年龄一般应为 18 岁；而女子一到 13 岁这一法定年龄，就被认为可以结婚了。但是，犹太人在过去也有过盛行早婚的时期。13 世纪时，很多犹太女子在未成年时就已结婚了。在 17 世纪下半叶，新郎往往不足 10 岁，而新娘的年龄就更小了。

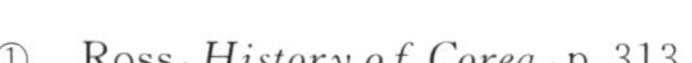

① Ross, *History of Corea*, p. 313.

② 《布就筵席》(*Shūlhan Ārūkh*)，为 16 世纪犹太教律法和习俗汇编，至今仍为正统派奉为范本。此书由卡洛(1488—1575)将本人所著《约瑟之家》一书缩编而成，同时兼收前辈学者的观点。——译者

③ 《密西拿》(*Mishna*)，为犹太教经籍，是继《圣经》之后历史最悠久的权威性口传律法汇编，成书于公元 2—3 世纪，共分 6 大部分，包含 63 篇专论。——译者

378 伊斯兰教虽把婚姻视为民事契约，但仍将它定为“所有具备结婚能力的男女”都应承担的宗教义务。① “真主的仆人娶妻结婚之后，他便完成了宗教义务的一半。”②这种看法与圣训有一定关系。据载，有一次先知问一个人是否已结婚，那个人说没有。先知又问：“你身体是否健全和健康？”那人答是，于是先知说道：“那你就是魔鬼的兄弟。”③在摩洛哥，我曾听人们说，一个人结了婚，今生就会得到神的保佑，死后还能进入天堂；而一个成年单身汉死后，不但上不了天堂，而且还会恶魔附身。在信奉伊斯兰教的国家里，一个人如果到了一定年龄还不结婚，同时又没有什么正当的理由，那么，就会被人们看成是一件不合常理的事，甚至是有损名誉的事。正如尼布尔所说，“在东方最罕见的，莫过于已到一定年龄却仍不出嫁的女人了。”④女人宁可嫁给一个穷人，或是给某个已婚男子做二房，也不愿老是独身一人。据波拉克说，在波斯，几乎每个良家女子在21岁之前都已出嫁了；至于老光棍，也未曾听人说起过。据埃尔劳斯通说，在阿富汗，男子通常是在20岁成亲，女子通常是在十五六岁出嫁。也有一些男子，由于付不起娶亲的聘礼，直至40岁时还往往结不了婚；而在女子中，也有到了25岁还未出嫁的。不过，有些有钱人则是未及发育成熟便已成亲了。

379 甫斯特尔·德·库朗日以及其他一些学者曾指出，所谓雅利

---

① *Sayings of Muhammad*, edited by Abdullah al-Māmun al-Suhrawardy, p. 55.

② Quoted by Lane, *Arabian Society in the Middle Ages*, p. 221.

③ *Mīshkāt*, book xiii. ch. i., quoted by Hughes, *Dictionary of Islam*, p. 313.

④ Niebuhr, "Tranels in Arabia," in Pinkerton, *A General Collection of Voyages and Travels*, x. 151.

安民族，在古时曾将独身视为不孝和不幸。“之所以说不孝，是因为一个人如果不结婚，就会使列祖列宗受苦受难；之所以说不幸，是因为生前不娶，死后也就得不到子孙的祭祀。”一个人在另一个世界里是否幸福，要取决于子孙后代的绵延不断，因为祭祀祖先、抚慰祖灵的职责，要靠子孙后代去履行。[①] 为此，收养一个男孩显然是一种可行的做法。但是，至少在《梨俱吠陀》中，这种做法仍不能令人满意。印度教徒至今仍有这样一种老观念：“身为印度教的男子，一定要娶妻结亲、生儿育女，以便身后有人为自己举行葬礼；否则，一个人的灵魂就会在荒野中凄然飘荡。”[②]为子女成亲是每一个做父母的都必须履行的职责，否则，就得不到子女的尊敬。一个男子若不结婚，虽然会被社会看作几乎无用的人，甚至有违于常理，却不会因此而辱没家庭。而对印度的名门望族来说，女儿如果到了青春期还不出嫁，则是对门庭的最大辱没。据说，谁家有这样的女子，谁家就会得罪神灵，自讨苦吃。有人还对某些经文做了一种颇为苛刻的解释：一个女子如果拒不嫁人，祖上三代都会受到诅咒。在印度，一般而言，每 14 个女子中只有一个人到了 15 岁还未嫁人；每 24 个男子中只有一个人到了 30 岁还未成亲；而印度教徒的结婚年龄又较一般印度人为早。在年龄较大的人 380
中，实际上已很少有未嫁未娶者；只有少数属于例外，诸如病残者、乞丐、妓女、姘妇、献身宗教的人和托钵僧。此外，在实行攀高婚的某些群体中，也有少数人因找不到合乎社会规定的对象而不能

① Fustel de Coulanges, *La Cité antique*, p. 54. *sq*.

② Risley, *People of India*, p. 154.

结婚。

在印度人中，有相当多的男女早在幼时便已成亲。根据一项统计，每1 000人中，有10名男子、18名女子是在0—5岁时成亲，有48名男子、132名女子是在5—10岁时成亲，有159名男子、488名女子是在10—15岁时成亲。童婚盛行于印度中部的某些地区，如比哈尔邦和奥里萨邦、孟买、巴罗达、中央行政区和海得拉巴；而在印度东部、西部和南部，童婚则较为罕见。印度教徒比信仰其他任何宗教的人都更热衷于实行童婚。在穆斯林中，实行童婚的人就少多了；在基督徒和崇信多神的人中，童婚就更为罕见了；而在佛教徒中，人们未曾听说过有不到10岁就结婚的，不到15岁就结婚的也极为罕见。不过，应当看到，印度的童婚通常并不意味着立即圆房。但是，在印度的某些地区，只要女方长到青春期，通常也就圆房了，而这最迟是在女方月经初潮之后不久。

关于童婚的原因，人们现已提出各种说法。但是首先，我们应当注意，不能把童婚看作达罗毗荼人或雅利安人原始习俗的遗存。大多数达罗毗荼部落都是实行成年婚的。在早期吠陀文献中，婚姻在本质上被视为两个发育成熟的男女的结合。童婚制是从梵经时代[①]开始出现的。印度的许多法典都对女子的结婚年龄做了规
381 定；越是晚近，规定的结婚年龄越早。《摩奴法典》规定，30岁的男子应娶12岁的女子，24岁的男子应娶8岁的女子。而后来的一些法典都将结婚的上限年龄定为10岁，并将下限年龄降为7岁、6

① 梵经时代(Sūtra Period)，系指婆罗门教思想总汇《梵经》成书的年代(公元200—450年)。——译者

岁甚至 4 岁。有人曾经猜想，导致童婚的一个原因可能在于父权的增强。家庭中的男性户主肯定不愿意让自己的女儿拥有自主权，尤其不愿让她们拥有择偶的权利，怕由此而损害家庭的利益。此外，自吠陀时代以来，妇女的地位逐渐降低，而且，由于达罗毗荼诸部均实行婚前性交自由，人们对妇女的贞操也失去了信任。这些也可能是导致童婚的原因。据有关文献显示，有些父母为使自己的女儿日后避免招惹是非，很小就把她给了人家。还有人说，童婚是由于外敌屡屡入侵以及时局动荡不安而造成的。不过，也有人提出，实行童婚的最大动机，还在于做父母的想给女儿找个合适的对象。印度有一种攀高婚的习俗，规定妇女不得与比自己种姓低的男子结婚。这就限制了高种姓女子择偶的机会，使得做父母的一看到有人提出合适的对象，就匆匆忙忙地把女儿打发出嫁了。赫伯特·里斯利爵士曾说："童婚的习俗是从高种姓的人家开始的。这些人家有很多女儿嫁不出去，待字闺中。在这种社会压力下，迫不得已而实行童婚。但在后来，这却成了一种时尚，其他种姓也都盲目效仿起来。"①

盖特先生对于这种观点进行了反驳。他说，攀高婚的习俗虽 382
有导致早婚的情况发生，但更为常见的却是导致晚婚。他写道："一个穷人如果有好几个女儿，他就会感到为给女儿置备嫁妆是一件极其困难的事。因此，有很多女子早就过了青春期，却迟迟不得结婚。由于这种情况非常之多，所以在有些种姓中，实行攀高婚的部落已不再对未能在女儿进入青春期之前便将女儿嫁出去的父亲

① Risley, *op. cit.* p. 189.

进行处罚了。拉杰普特人就是热衷于攀高婚的一个部落，但他们在实行童婚方面却远远落在后边。因此，从总体上看，并不能说攀高婚导致了童婚。倒是在那些嫁女比较容易、嫁妆不太昂贵的地方，童婚最为流行。”①盖特先生本人的观点是：童婚习俗既非源于雅利安文化本身，也非源于达罗毗荼文化本身，而是由这两种文化相互撞击所致。他认为，未受印度教影响的达罗毗荼各部落，虽然大多都在女子发育成熟之后才将她们嫁出去，但这些女子在出嫁前却享有很大的性自由。不过，当这些部落受到印度教的影响之后，这种婚前性自由便成为一件很不光彩的事了。而消除这种现象的最简单方法，显然便是在情欲将女儿引入歧途之前，先将她嫁出去。与此同时，人们也萌生了一种新的想法，就是在给儿子娶媳妇时，总是想找个处女。这种想法也使得做父母的愿意挑选年龄小的女童，因为她们不大可能有失贞之嫌。盖特先生认为，他的这种假说是最切合实际的一种解释。它可以说清这样一个问题，即为什么这些部落在未受印度教影响之前皆行成年婚，而在受到印度教影响之后则比社会中的任何其他群体更加热衷于童婚。统计
383 数据表明，童婚习俗在雅利安成分最多的印度西北地区最为少见；而在其他地区，并且在低种姓中，即在达罗毗荼血统的部落中，最为盛行。于是，盖特先生便以这一事实反驳了有关童婚源于高种姓而渐及低种姓的说法。不过，他的论据似乎并不那么令人信服，因为产生于社会某一阶级中的某一习俗，不仅很可能为下层阶级所仿行，而且很可能被下层阶级推向极端。盖特先生认为，在那些

① Gait, *Census of India*, 1911, vol. i. p. 271.

禁止寡妇再嫁的地方，不仅单身汉结婚要找女童，而且鳏夫再娶也要找女童，这也是促使女童早早出嫁的另一个原因。但是，这种说法似乎并没有多大的意义，因为真正以童婚为一般婚制的种姓，其实是允许寡妇再嫁的。印度的童婚可以有各种原因，但最大的原因还在于女方父母害怕女儿将来嫁不出去以及男方愿娶处女为妻。正如我们已经了解的那样，世界其他地方的童婚主要也是出于同样的原因。

在缅甸，以及在阿萨姆、西北边区、科钦、特拉凡哥尔和迈索尔，则没有在10岁以前就结婚的。据说，大多数缅甸男子都是在十八九岁结婚，而到20岁时还未结婚的世俗男子也很少。女子一般则是在十三四岁时出嫁。暹罗人结婚也比较早，一般都是女十三男二十，而且，“几乎每个女子或早或晚都会出嫁，所以社会上没有那种老姑娘。”[①]

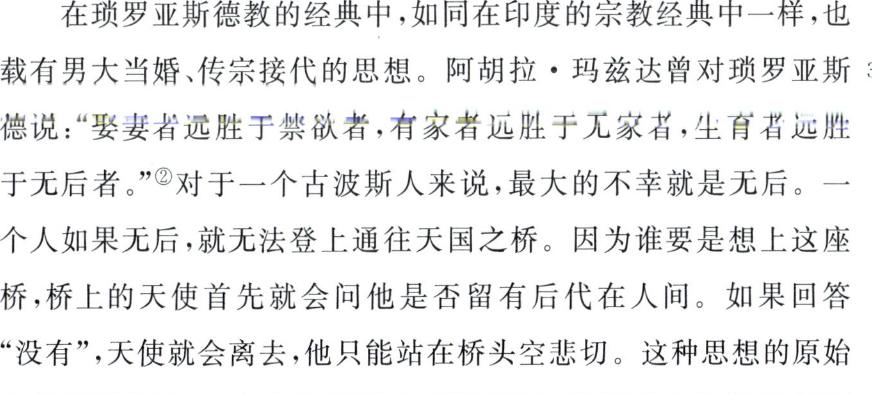

在琐罗亚斯德教的经典中，如同在印度的宗教经典中一样，也
载有男大当婚、传宗接代的思想。阿胡拉·玛兹达曾对琐罗亚斯 384
德说：“娶妻者远胜于禁欲者，有家者远胜于无家者，生育者远胜于无后者。”[②]对于一个古波斯人来说，最大的不幸就是无后。一个人如果无后，就无法登上通往天国之桥。因为谁要是想上这座桥，桥上的天使首先就会问他是否留有后代在人间。如果回答“没有”，天使就会离去，他只能站在桥头空悲切。这种思想的原始含义是清楚的：一个人如果没有留下儿子，就没有人为他举行家

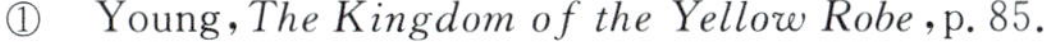

① Young, *The Kingdom of the Yellow Robe*, p. 85.

② Vendidâd, iv. 47.

祭，因此也就不能进入天国。“阿希旺贵”（Ashi Vanguhi）是代表孝敬之意的一种女性非人化身，也是一切善事和财富的源泉；但是，那些无后的人，诸如老年男子、艺妓和孩子，则不得前来祭祀。据《耶斯特》[①]所载，“无论平民还是君王，最大恶行便是不让已经长大多年的使女结婚生子。”[②]在当今所有善良的帕西人[③]心目中，正如在大流士王时代和希罗多德时代一样，儿孙满堂和五谷丰登是人生的两大成就。因此，在帕西人中，出于善意或责任而捐助贫寒人家女子出嫁的事决非罕见，还有某些机构也为此目的而提供资助。

古希腊人认为，婚姻无论对社会还是对个人来说，都是一件重
385 要的事情。在很多地方，甚至对不结婚的人还要提出刑事诉讼。柏拉图曾经说过，每个人都应当留有后代，以接替自己去做神的臣民。伊奥塞斯也说：“凡是感到自己的末日在不断临近的人，无不怀有一种萦萦牵挂之情，他们期盼自己的家庭香火不断，期盼着有人能为自己送葬，并按时在自己的墓前举行祭奠活动。”[④]同样，早期罗马人也在内心深处怀有这样的信念：组建家庭和生儿育女，既是一种道德需要，也是一种社会责任。西塞罗的专著《论法律》，以哲学形式全面阐述了古罗马的法律，其中有一条法规，要求监察官

---

① 《耶斯特》（*Yasts*），为琐罗亚斯德教经典之一，包括21篇神歌，分别赞美21位神灵。——译者

② *Yasts*, xvii. 54.

③ 帕西人（Parsis），自波斯移居印度的琐罗亚斯德教徒的后裔。——译者

④ Isaeus, *Oratio de Apollodori hereditate*, 30, p. 66. 不过，据罗德（Rohde, *Psyche*, p. 228）所说，这种想法在荷马时代并不存在，那时的人认为，人死之后，灵魂即入黄泉，用不着后人照料。

向未婚男子课税。但到后来，罗马的性道德趋于衰败，早在公元前520年时曾受到严厉指责的独身做法则渐趋兴盛，尤以上层阶级为甚。许多人把婚姻看作人们为了社会的利益而自我承受的一种负担。的确，结婚和养育儿女的负担确实不小，这在《格拉古土地法案》[①]中有所反映，该法案列有这方面所需的费用。以后，奥古斯都法和帕皮厄斯—波佩耶斯法对于达到一定年龄而仍不结婚的 386
人都要求课以罚金，但收效甚微。后来，罗马法规定，男子从14岁起，女子从12岁起，就可以结婚。

根据恺撒的记载，古代条顿人认为，在20岁之前就与异性交媾是一件最大的丑事。塔西佗也说，那里的青年男子很晚才结婚，少女们也不急于嫁人。我们从中世纪条顿人的习俗中，可以确认上述说法的准确性。不过，到了成年阶段，条顿人似乎就没有什么独身的了。但名声不好的女人则不在此列。对于这些人来说，无论多漂亮，多有钱，都不会找到丈夫。

在俄国的农民中，我们也没有听到过存在独身的情况。青年男子一到了18岁，父母就会催促他赶快结婚。从前，做父亲的甚至在儿子还很小时，就急着给儿子娶媳妇，一来是为了给家里增添一个劳力，二来也是为了在儿子尚未成年之前他能先与儿媳同居。贝尔格莱德的吉奥尔格维奇教授告诉我：在塞尔维亚，这种婚姻至今仍偶有所闻，至于从前，那就更多了。不过，年轻人不愿受制于这种旧习，这也是导致大家庭纷纷解体的一个原因。童婚习俗在

① 《格拉古土地法案》(*Gracchan Agrarian Laws*)，为公元前2世纪由格拉古兄弟所制定的法律。他们鉴于当时罗马的大部分公有土地均为贵族霸占，故而主张进行改革，制定了把公地重新分配给无地农民的法案。——译者

塞尔维亚和黑山都曾盛行过，而且至今还在高地阿尔巴尼亚广为
实行。据德拉姆小姐说，那里的孩子大多在婴幼时期即已定婚，有
387 的甚至早在出生之前便已指腹为婚。做父母的只要一生下儿子，
就会立即找一个合适的人家联姻，假如那家没有女孩，便约好等下
一胎。女方长大后，也可以不嫁给男方，但必须有一个前提，即要
在证人面前发誓终生不嫁人。一旦违背诺言，就会造成无穷无尽
的流血事件。女子一般在 13 岁时出嫁，男子则在 15 岁甚至 14 岁
时成亲。不过，结婚年龄现已逐渐推迟。

所有信奉基督教的国家，都在法律上规定了男女可以结婚的最低年龄。罗马法曾规定，男子 14 岁，女子 12 岁可以结婚。这一规定后为教会所接受，并通过教会法的影响，在英国、美国若干州、西班牙、葡萄牙、希腊、墨西哥、智利以及美洲其他一些信奉罗马天主教的国家沿袭下来。在奥地利，无论男女，到 14 岁时都可以结婚。在塞尔维亚和高加索，男 15 岁女 13 岁可准予结婚。在巴西以及美国的北卡罗来纳和得克萨斯两州，男 16 岁女 14 岁可准予结婚。在美国的亚拉巴马、阿肯色、佐治亚和伊利诺伊诸州，男 17 岁女 14 岁可准予结婚。在秘鲁，男 18 岁女 14 岁可准予结婚。在法国、比利时、意大利、罗马尼亚以及美国的加利福尼亚、明尼苏达、新墨西哥、俄勒冈以及华盛顿诸州，男 18 岁女 16 岁可准予结婚。在瑞士，男 20 岁女 18 岁可准予结婚。在德国，男 21 岁女 16 岁可准予结婚。在瑞典，男 21 岁女 18 岁可准予结婚。但是，在很多已不再袭用教会法有关结婚年龄限制的国家中，还可以通过特准条款免除对于早婚的限制。德国民法典就有这种特准早婚的规

定，但只适用于妇女，而男子仍要经过特案处理，即在监护法庭宣 388
布他已成年之后，才能在21岁之前结婚。不过，只要男子已满18岁，法庭随时有权宣布他已成年。现代立法的一般倾向是提高结婚的年龄限制。因此，在我们上面所列举的数字中，有些可能在近几年已有了变更。

除了这种较低的结婚年龄限制之外，有些国家往往将这种年龄限制定的更高一些，凡低于这一年龄的人，只有在其父母、监护人或其他负有管教之责的人同意之下，才能结婚。这个问题我们将放到后面的一章中去谈。现在，我们还是接着来谈欧洲的结婚率和欧洲人的实际结婚年龄。

现已证明，现代文明一般来说，已导致结婚率的降低和结婚平均年龄的提高。在欧洲，年龄超过15岁的男女人口中，有1/3以上的人或出于自愿或迫于各种因素而过着独身生活，其中还有很多人是终身不娶不嫁的。19世纪中叶，瓦珀斯发现，在成年人中，有14.6%的萨克森人、14.9%的瑞典人、17.2%的荷兰人和20.6%的法国人终身未婚。欧洲各国的结婚率相差很大，这从下
面的一组数据中可以得到反映。这组数据所表示的是每年每万名 389
适婚者（即18岁以上的男性未婚者、丧偶者和离异者以及15岁以上的女性未婚者、丧偶者和离异者）中的实际结婚人数。

欧洲每万名适婚者中的结婚人数

国　家	年　代	每年结婚人数
塞尔维亚	1896—1905	1 386
保加利亚	1910—1911	1 223

续表

俄国[①]	1896—1897	921
罗马尼亚	1896—1903	873
匈牙利	1906—1915	778
德国	1907—1914	569
法国	1910—1911	539
奥地利	1908—1913	536
英格兰和威尔士	1907—1914	507
挪威	1907—1914	418
苏格兰	1907—1914	411
芬兰	1906—1915	398
瑞典	1908—1913	367
冰岛	1906—1915	335
爱尔兰	1909—1912	254

欧洲各国单身男女结婚的平均年龄

国　家	年　代	男	女
塞尔维亚	1896—1900	21.8	19.7
意大利	1911—1914	27.2	23.6
德国	1911—1914	27.4	24.7
英格兰	1906—1914	27.4	25.7
苏格兰	1906—1914	27.8	25.8
法国	1906—1910	28.0	23.7
瑞典	1906—1913	28.8	26.4

① 不包括芬兰和波兰。

近年来，在很多欧洲国家，未婚者的比例有所增加，结婚年龄有所提高。在英格兰和威尔士，每年每万名适婚者中的结婚人数是，1876—1885 年间：568 人，1886—1895 年间：529 人，1896—1905 年间：531 人，1906—1910 年间：507 人，1911—1914 年间：比前一时期稍有增加。在匈牙利，这一数字是，1876—1885 年间：1 038人，1886—1895 年间：999 人，1896—1905 年间：813 人。在芬兰，这一数字是，1876—1885 年间：536 人；同一时期瑞典的数字是 417 人；1881—1885 年间挪威的数字是 458 人；德国 1901 年的数字是 603 人。在英格兰和威尔士，男女初婚者的平均年龄在
1876—1885 年间分别为 25.9 岁和 24.4 岁，在 1886—1895 年间 390
分别为 26.4 岁和 24.9 岁，在 1896—1905 年间分别为 26.8 岁和 25.3岁，在 1906—1910 年间分别为 27.2 岁和 25.6 岁。在英格兰，结婚年龄逐渐提高的趋势还可用 25 岁以下结婚者的百分比加以说明。这一数字是，1896—1900 年间：男 48.2%，女 64.4%；1901—1905 年间：男 45.4%，女 61.6%；1906—1910 年间：男 42.5%，女 59.1%；1911—1915 年间：男 40.4%，女 56.9%。

欧洲各国结婚率普遍下降和结婚年龄普遍提高的一个重要原因，就是在现代社会中养家不易。统计学家曾对经济因素在婚姻中的重要性特别予以强调。自聚斯米尔希时代起，直至上个世纪中叶，结婚人数与谷物价格之间的反比变化几乎已被看作是统计学上的一条公理。在德国，每当裸麦的价格上涨的时候，结婚人数就趋于减少；而每当裸麦价格下跌的时候，结婚人数就趋于增多。这种情况一直持续到 1860 年前后。自那以后，德国已渐渐变成一个工商业大国，食品价格在普通老百姓的经济生活中便不再是独

一无二的因素了。根据英格兰的记载,即使追溯到1820年,在结婚人数与谷物价格之间也不存在如此明显的反比关系。相反,结婚率的高低倒是常常同小麦价格的变化成正比,而不是成反比。奥格尔博士在解释这一事实时指出,进出口贸易的增长抬高了货物的运费,并由此而提高了谷物的价格,而在贸易兴旺、出口额增加的同时,结婚的人数也相应增多;由于从出口额的增长又可判断出就业机会的增加,因此,出口额增加也就成了经济繁荣的一个标
391 志。但是,这种从贸易过程中表现出来的、反映结婚率与国家繁荣状况之间的对应关系,并不是绝对的。事实上,这二者在曲线上所反映出来的,只是一种波动不定的关系。在本世纪初,胡克曾经指出,在过去的这40年间,英格兰的贸易曲线总的来说是上升的,而结婚率却下降了。因此,赫尔曼关于"任何时期结婚人数的多少都可以反映当时经济繁荣状况"的公式,只具有相对的价值。①

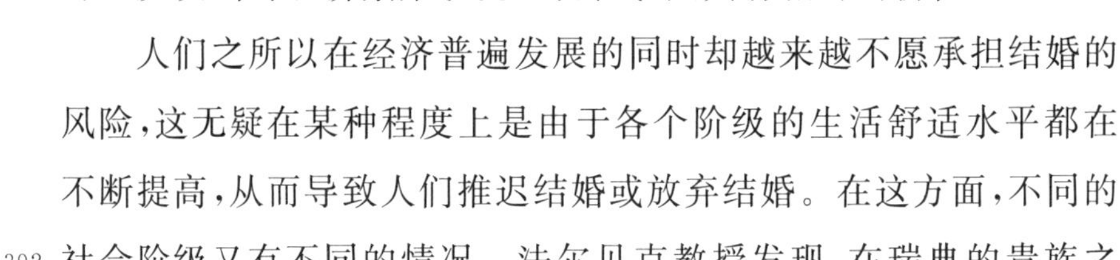

人们之所以在经济普遍发展的同时却越来越不愿承担结婚的风险,这无疑在某种程度上是由于各个阶级的生活舒适水平都在不断提高,从而导致人们推迟结婚或放弃结婚。在这方面,不同的
392 社会阶级又有不同的情况。法尔贝克教授发现,在瑞典的贵族之

① 早些时候,人们曾有一种说法,即战争将使结婚率下降。对此,我们可以看看这个很有意思的事实:在1915年的第二、三、四季度和1916年的第一季度,由于战争的关系,英格兰的结婚人数却突然有了大幅度的增长。据伯纳德·马莱爵士说,虽说在战争爆发初期许多人匆忙结婚是很合乎情理的事,但与此同时,政府所提供的丰厚的分居津贴和福利费,以及政府在战争初期所实施的首先招募未婚青年入伍的政策,也对此起了巨大的刺激作用。据他的粗略估算,战争致使英国20万本不想匆忙结婚的人在1914年8月至1917年6月之间结为夫妻。然而在匈牙利,以每年平均的结婚人数计,至1917年5月为止,战争却使得60多万本想结婚的人迟迟不得成亲。

中，有 43.17％的适婚男子和 46.15％的适婚女子没有结婚，而在整个瑞典人口中，这两个百分比分别为 31.42％和 31.54％；而且，近年来，未婚者的人数已大为增加。一般来说，上层阶级的平均结婚年龄比下层阶级为高。所谓“绅士”总是认为，必须要有一大笔收入才能谈得上结婚（其实，只要从这笔钱中拿出一点儿来，就够一个工人养家糊口了）。一个绅士所建立的家庭，还必须符合妻子和本人的社会地位。而妻子如果没有带来某种嫁妆，她对于维持家庭生活也就不会有什么贡献。此外，从经济观点来看，假如一个人工作之初与工作多年之后所挣的钱相差无几，那他就没有什么必要实行晚婚了。矿工、裁缝、鞋匠、手工艺人等就属于这种情况，他们往往要比专业人员早结婚。我们也可以这样说：从事脑力工作的人，比起从事体力劳动的人来，需要更长的时间才能成家立业。

现在，我们来看看欧洲各国在结婚率和结婚年龄上的差异。在这方面，我们可以看到，早婚倾向在文化比较落后的东欧表现得最为突出。如在俄国，男子在 20 岁以下结婚的为数甚多，而女子在 20 岁以下结婚的甚至超过半数。这是因为，占俄国人口很大比重的都是小农，他们总是习惯于尽早让儿子结婚，以便给家里增添一个女劳力。而北欧的结婚率则特别低，至少部分原因在于向外移民。爱尔兰的结婚率之所以低于欧洲其他任何国家，无疑也是
由于很多青年男女外出谋生的缘故。 393

此外，还有一种导致结婚率呈下降趋势的经济因素我们尚未讲到，这就是妇女在经济上的独立性越来越强。在文明的低级阶段，妇女完全要靠男子来养活，而现代文明则给妇女提供了自我谋

生的手段。不过，除了经济上的各种因素之外，还有其他一些因素使得男人和女人都不像原来那样急于结婚，这些因素同样也很重要。

一位现代作者正确地指出："由于教育和文化的普及，由于现代的各种新发明和新发现，也由于商业、交通和财富的发展，男人和女人的兴趣都变得更加广泛了，人们的欲望在增加，而社会也给人们提供了新的满足和快乐。但是，生活娱乐的增加，也使得夫妻生活所带来的满足相对急剧减少。家庭生活已不再像过去那样在人们的全部生活中占有很大的地盘。它对于男人和女人来说，的确都不像原来那么重要了。夫妻生活在某种程度上已失去原先对于单身生活的优越性。现代生活的乐趣太多了。独身者不但可以同样地享有这些乐趣，而且还可以更好地享有这些乐趣。"此外，"由于高雅文化在全社会中的普及，现在的男男女女要想找个中意的生活伴侣，已不像原来那么容易了。人们的要求变苛刻了，满意的标准也提高了；人们已很难找到符合自己理想的对象，也很难成为符合别人理想的对象。而且，现在的男男女女对于婚姻关系的严肃性和神圣性，往往有一种更大的追求。他们不愿出于任何较低级的动机而与他人缔结婚姻"。①

394 基督教国家有关结婚和离婚的法律，也对存在众多独身者这一情况负有责任。我们可以设想，婚姻关系既然比原来容易解除，那么，也就会比原来容易缔结。而且，在成年女子多于成年男子的

① "Why is Single Life becoming more General?" in *Nation* (New York), vi. 190 *sq*.

地方，关于一夫一妻制的法律规定，必然是造成独身的一个原因。如果我们把适婚年龄定为20岁至50岁，那么在欧洲，每100名男子就可以从103或104名女子中挑选妻子。于是，就会有3%或4%的女子，由于一夫一妻制的限制，在一般情况下注定要过独身生活。

395 第十一章　独身生活

对所有的普通男女来说，结婚不仅是自身的渴望，而且也是应尽的义务。同时我们发现，与这一观念相反，在许多特殊情况下，独身比结婚赢得更多的尊重，甚至被视为一项严肃的职责。

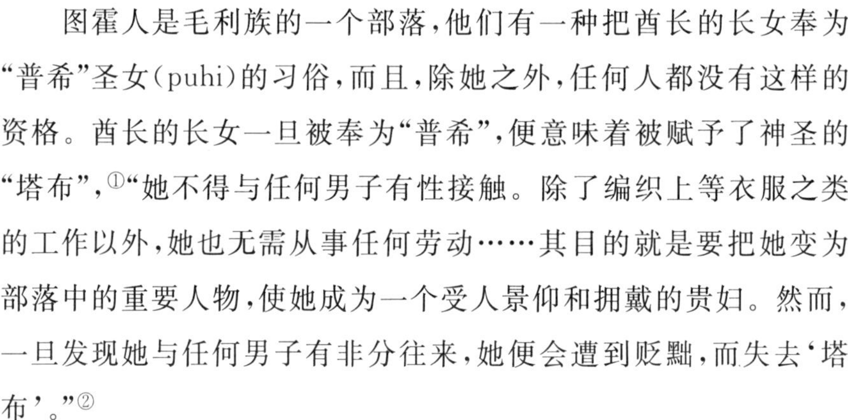

图霍人是毛利族的一个部落，他们有一种把酋长的长女奉为“普希”圣女(puhi)的习俗，而且，除她之外，任何人都没有这样的资格。酋长的长女一旦被奉为“普希”，便意味着被赋予了神圣的“塔布”，[①]“她不得与任何男子有性接触。除了编织上等衣服之类
358 的工作以外，她也无需从事任何劳动……其目的就是要把她变为部落中的重要人物，使她成为一个受人景仰和拥戴的贵妇。然而，一旦发现她与任何男子有非分往来，她便会遭到贬黜，而失去‘塔布’。”[②]

有人告诉我们，肖尼族印第安人对某些信守独身的人极为尊敬。在北美其他印第安人部落中，那些穿着打扮、举手投足都显得

---

① “塔布”(taboo)，为波利尼西亚人的一种原始信仰，认为酋长、祭司或其他重要的人物、事物和地点，因具有某种灵性或神力，而为普通人所不能接触，遂形成禁忌；如若违禁，必将罹祸，或受惩罚。该词后被衍用以泛指各种“禁忌”。——译者

② Best，“Maori Marriage Customs”，in *Trans. and Proceed. New Zealand Institute*，xxxvi. 34.

女人气十足的男子，常被看成是魔法师或神秘人物，并因此而获得
声望。在许多民族中，专门从事宗教活动或主持巫术仪式的人员，
则必须是独身者。特林吉特人相信，一个萨满如不保持贞洁，他的 396
灵魂守护神就会杀了他。在巴塔哥尼亚，男巫不允许结婚。在巴
拉圭瓜拉尼人的一些部落里，女巫必须保持纯洁，否则，她们就再
也得不到人们的信任。在波哥大的奇布查人中，祭司必须过独身
生活。在危地马拉的托希尔人中，祭司则要立誓永远节欲。伊奇
卡特兰的高级祭司必须长期居住在寺庙里，不得与任何妇女交往；
如果违反这一戒律，将会被碎尸万段，而那血淋淋的肢体就是对其
继承者的严厉警告。我们听说，在古代墨西哥寺庙中占有一定地
位的妇女，其贞洁受到最严密的监护；在她们履行职责期间，必须
与男性助手保持适当的距离，甚至不敢瞥他们一眼。那些胆敢违
背自己恪守贞洁诺言的人，则将面临被处死的惩罚；假如当事者的
丑行尚不为人所知，她们总是试图以斋戒和苦行去悄悄地平息神
灵的愤怒。她们非常惧怕对其罪恶的惩罚会使其血肉之躯遭致腐
烂。在尤卡坦，有一种与太阳神崇拜相联系的处女社团，当地女孩
都要在一定的时间内加入这一社团；但在期满以后，她们就可以脱
离社团，而进入结婚阶段。不过，仍有一些女子留了下来，终身侍
奉于神庙而倍受称颂。她们的职责是供奉圣火，严守贞洁；如有违 397
犯，将被乱箭射死。在秘鲁，同样也有献身太阳神的处女。她们终
身生活在与世隔绝的环境里，要保持贞洁，禁止与异性交谈或发生
关系，甚至不许偷看男子，也不许与外界妇女来往。除了那些献身
寺庙永保贞洁的处女之外，还有一些出身高贵的妇女，信守节欲的
誓言，在自己家里过着同样的独身生活。这些妇女“由于保持贞操

和纯洁而获得极大的赞誉，成为人们崇拜的偶像，而被称作Ocllo——这是一个在他们的偶像崇拜中被神化了的名字”；然而她们一旦失去贞操，就会被烧死，或被扔进“狮子湖”。[1]

加那利群岛的关切人，有一种被称作 Magades 或 Harimagades 的贞女，她们在高级祭司的指导下主持祭祀。另外，还有一些德高望重的贞女，专门负责给新生婴儿的头部施洗礼；她们只要愿意，随时都可以放弃这份工作而去结婚。在非洲西海岸讲齐语和讲埃维语的民族中，女祭司不能结婚。在下几内亚帕德龙角附近的丛林里，住着一位苦行僧似的国王，他既不能离开自己的住所，也不许与妇女接触。

南印度尼尔吉里的托达人中，“挤牛奶者”或祭司只能过独身
398 生活。尽管结婚对印度教徒来说是一大幸事，但在许多神圣的场合，独身则博得人们的尊重。完全过着独身生活的托钵僧们，最能得到显赫的荣耀，受到人们的敬仰。印度教四个修行期的规定，早已包含有寺院式独身的萌芽。教徒在梵行期或学生期的整个修行过程中要绝对保持贞洁。这种思想在耆那教和佛教中得到了进一步的发展。耆那教僧侣放弃一切性欢乐，“无论是与神、与人或与动物”；对淫欲决不让步，从不谈论与妇女有关的话题；也从不凝视妇女的体态。佛教视色情与智慧和圣洁势不两立；据说，“一个聪明的男子应当避免结婚，因为婚姻生活就像是一个烈焰熊熊的地狱。”[2]相传，佛祖的母亲是人类最美好最纯洁的女儿，她没有生过

---

① Garcilasso de la Vega, *First Part of the Royal Commentaries of the Yncas*, i. 305.

② *Dhammika-Sutta*, p. 21.

别的孩子，她完全是由于超自然的原因才怀上佛祖的。寺院生活的基本戒律之一就是："凡受剃度的僧侣，均不得有性交活动，更不得与动物性交"，[①]违犯者必遭惩罚，并不可避免地要被逐出佛门。西藏的一些喇嘛教派允许结婚；而不结婚者则被认为更加圣洁；至于任何教派中的尼姑，却必须发誓禁欲。在西藏西部的普兰，每个家庭都要出一个男孩进寺庙当喇嘛；还要指定一个或几个女孩终 399
身守节。锡兰的佛教僧侣们完全与妇女隔绝。中国的法律规定所有佛教或道教的僧侣都要独身。在那些长命百岁的老道中，还有一些长期过着禁欲生活的女道人。

古代波斯太阳神的女祭司们，是被禁止与男子性交的。在塞纳高卢神的神谕里，规定了九个女祭司要永保贞洁。罗马人亦有自己灶神守护祭司，她们的职务由努马国王依据传统作了规定：30岁以前不得结婚，其间她们专门从事献祭上供，并完成由法律所规定的其他仪式；她们一旦与人通奸，就要被处以最残酷的死刑；死后被弃置在一间陋室里，下葬时也不会有任何墓碑、礼仪或通常葬礼中的庄严。到了30岁供职期满，她们被免除圣职后就可以结婚了。但是，据说这种情况很少发生，因为那些已经结了婚的老贞女总是被旁人视为不祥之人而横遭诅咒，所以，她们往往是宁肯待在神庙里至死不嫁。不过在希腊，并不总是要求女祭司们终生守节，只要她们在出家期间保持童贞即可。德尔图良曾经写道："在爱琴城，专门侍奉亚该亚朱诺女神的是童贞女；据说，德尔斐的女祭司们也不能结婚。我们还了解到，被选定侍奉非洲刻瑞斯女神的女 400

① Oldenberg, *Buddha*, p. 350 *sq*.

祭司，她们不仅要同仍旧活在世上的丈夫脱离关系，而且还要为他们另选妻室；她们不得再与异性接触，甚至连亲吻一下自己的儿子也不行。……我们听说，在著名的埃及男性祭司中也同样有禁欲的戒律。”[①]此外，在以弗所的阿耳忒弥斯神庙、弗里吉亚的赛比利神庙和叙利亚的阿斯塔特神庙里，担任祭司一职的则是阉人。

少数希伯来人所持有的婚姻观认为，婚姻是不纯洁的。约瑟夫斯说，艾赛尼派“把快乐当作邪恶来摒弃；而把节欲和克制感情作为美德来尊崇。他们不大重视婚姻生活”。[②] 这种教义对犹太教倒没有产生什么影响；但对基督教的影响也许要大得多。圣保罗认为，独身要比结婚好。他说，“叫自己的女儿出嫁是好的，但不叫她出嫁则更好。”“男不近女倒好。但要免淫乱的事，男人当各有自己的妻子，女子也当各有自己的丈夫”。没有嫁娶的人和寡妇，倘若自己禁止不住，就可以嫁娶。“与其欲火攻心，倒不如嫁娶为妙。”[③]此外，在《新约全书》里还有许多段落，都极力赞美处女的纯真。德尔图良在评论使徒言论时指出，较好一些的事物不一定就是好的。失去一只眼睛比双目失明要好，但两者都不是好事；同样，虽然结婚比欲火攻心要好，但是，既不结婚，又没有欲火燃烧，
401 岂不更好。婚姻“系由通奸的本质所构成”，因此，节欲“是一个人借以与伟大圣灵交往的手段”。[④] 我们的耶稣基督借以在这个世界上进行生命抗争的肉体之身，来自圣洁的童贞处女。施洗者约

① Tertullian, *Ad uxorem*, i. 6.

② Josephus, *De bello Judaico*, ii. 8. 2.

③ 《圣经·哥林多前书》第 7 章，第 1、9、38 节。

④ Tertullian, *De exhortatione castitatis*, 9—10.

翰、保罗以及所有“名留生命之册的人”,全都珍视和钟爱圣洁的童贞。圣洁的童贞处女曾经创造过许多奇迹:摩西的妹妹玛丽曾率领一群女子徒步穿过了海峡;凭着同样的美德,泰克拉甚至赢得了雄狮的尊敬,那些饥肠辘辘的猛兽竟然温顺地伏在这位处女的脚下,忍受着神圣的禁食之苦,对她既未投以贪婪的目光,也未用利爪去伤害于她。处女的圣洁,犹如春天的花朵,从那洁白的花瓣上轻柔地散发出永恒的芬芳。上帝亲自为童贞敞开了天国之门。假如亚当能听从造物主的禁令,不偷吃禁果,他就会永远保持童贞的纯洁,在天国里与各种天真不朽的生灵在一起,过着幸福美满的生活。固然,保持童贞是通向信徒营地的捷径;而通过婚姻生活,绕过一段较长的弯路,也同样可以到达那里。马西昂教派禁止自己的成员结婚,并强迫已结婚的新入教者离婚。对此,德尔图良本人
是表示反对的。4 世纪初,甘格拉宗教会议公开谴责所谓结婚会 402
阻碍基督徒升入天国的说教。可是,就在这一世纪末,另一次宗教会议,却又因修道士约维尼安否认童贞比结婚更为可贵,而将他开除教籍。教会之允许结婚,只是将它作为人类种族繁衍的一种必要手段,将它作为抑制自然淫欲冲动、但不十分完善的一种权宜方式。一个基督徒生育子女的多少,反映出他耽于情欲的程度,正如农夫播种入土而期待着收获一样,但不宜播种过度。

这些见解逐渐导致教区僧侣和教团僧侣必须过义务性的独身生活。以往给二次结婚或与寡妇结婚的教士定罪是没有法律依据的;然而,这样的事似乎从教会成立的早期就已存在了;而且,早在4 世纪初于西班牙埃尔维拉举行的一次宗教会议上,就已开始强
调高级神职人员要绝对禁欲。关于一般教士必须独身的规定,是 403

由格里高利七世确定的，他憎恶一切对圣职人员品性的玷污，即使是最低限度的性接触也不允许。但是，他的这项规定在许多国家都遭到强烈反对。直到13世纪才得以贯彻执行。

这些与独身有关的规定和观念，可能产生于各种根源。首先，在一个几乎人人都渴望结婚的社会里，一个人要想遏制这种冲动，就必须表现出与众不同。在适当的情况下，这种与众不同就会有助于他建树起声誉和尊严。不过，这至多只是产生宗教性独身的一个次要原因。

在许多情况下，女祭司显然被人们认为，她已与所侍奉的神灵结成姻缘，因而不得再与其他任何人结婚。在古代秘鲁，太阳神乃是献身于他的所有贞女的丈夫。这些贞女必须与她们的夫君具有同一血统，也就是说，她们必须是印加族的女儿，“因为在人们的想象中太阳神是有子孙的，所以，他们认为他们不可能是神人混血的杂种。故而，奉献给太阳神的贞女，必定要选自太阳神家族嫡出的而具有高贵血统的后裔。”[①]谁胆敢冒犯这些献身太阳神的贞女，就如同冒犯了印加族的全体妇女，他就要受到严厉的惩处。陆军少校埃利斯在谈到黄金海岸地区讲齐语民族中的女祭司时指出，这些女祭司独身的原因，似乎是“每一个女祭司只属于她所侍奉的神灵，因此她不能成为其他某个男子的财产；除非她免去圣职，而
404 与某人结婚”。[②] 同样，奴隶海岸地区讲埃维语的民族，也把侍奉某位神灵的妇女当作这个神灵的配偶。我们听说，在朱庇特神庙，

① Garcilasso de la Vega, *op. cit.* i. 292.

② Ellis, *Tsi-Speaking Peoples*, p. 121.

经常有一位女子与朱庇特神同床共眠，她是神从人间女子中挑选出来的；人们相信，神降临人间时变做人的模样与她做爱。希罗多德说：“这就像埃及人所讲的发生在他们底比斯城的故事一样，有个女子总在底比斯的朱庇特神庙里过夜。据说，这位女子在任何情况下都不得再与其他男子发生性关系。”[①]埃及的典籍里常有这样的旁注：neter hemt，即“神的配偶”，这是一个只有权威显赫的女王才可占有的位置，而国王则被认为是这种神人结合的产物。正如普卢塔克所说，尽管埃及人否认一个男子有可能与女神发生肉体接触；但他们却相信，一个女子通过与神灵接合便可以导致怀孕。早期的基督徒并没有关于妇女与神灵之间有婚姻联系的观念；只是从圣西普里安才开始谈到没有丈夫、没有君王而只有基督的妇女，她们与基督生活在一种精神上的婚姻生活之中，她们“把自己奉献给了基督，戒除了世俗的淫欲，并以肉体和精神对主起过誓”。[②] 接着，他谴责了那种以纯精神联系为幌子而与未婚教士姘居的贞女们：“假如一位丈夫回家，瞧见自己的妻子正和别的男人躺在一起，他会不愤怒不发狂吗？强烈的嫉妒心难道不会促使他拿起宝剑行凶吗？当我们的主基督或士师看到一个属于自己、并
献身于神圣的贞女正与某个男子躺在一起，他肯定也会是愤怒至 405
极，而要对这种污秽的结合进行惩罚。……犯了这种罪行的女人是个淫妇，她所背叛的不是一般的丈夫，而是基督。”[③]按照伪马太福音的说法，贞女马利亚就是用这样的手段把自己作为童贞女奉

① Herodotus, i. 181 *sq.*

② St. Cyprian, *De habitu virginum*, 4, 22.

③ St. Cyprian, *Epistola LXll.*, *ad Pomponium de virginibus*, 3 *sq.*

献给上帝的。至于那种认为神灵要求男女祭司保持贞洁的观念，也许源出于希腊习俗，据说，得墨忒耳神庙的祭司们都得限制夫妻生活，要用铁杉树汁洗涤身体以扼杀情欲；而且，作为一条教规，某些侍奉女神的祭司必须是阉人。

为了平息想像中的神灵不满，或者为了用抑制强烈肉欲的方法而使人的精神品质得以升华，宗教性的独身生活作为自我禁欲的一种手段，而得到进一步的肯定和称赞。这样，我们便发现，各种宗教性的独身，往往与其他为了同一目的的刻苦修行，是相互并存的。早期基督徒中，那些发誓保持贞洁的年轻女子们认为，“如果贞洁不是伴随有伟大的禁欲、沉默、隐居、贫困、苦役、斋戒、警惕和不断祈祷，那它就没有什么值得尊重的。谁要是无知地承认自己是这个世界的公共玩物，她就不配称为贞女。”[①]德尔图良历数了童贞、守寡和婚床节欲，认为这是人们以自身肉体上忍受特殊痛

406 苦而奉献给上帝、并为上帝所乐意接受的圣洁贡品。而且，人们还断言：婚姻生活会使人过多地为俗事拖累，而不能全心全意地服务于上帝。托马斯·阿奎那说，尽管婚姻与博爱或上帝之爱并不相悖，但它毕竟还是一个障碍。这是教会强迫其教士独身的一个原因，但不是唯一的原因。

宗教性独身还有一个非常重要的原因，就是在人们观念里认为性交是一种亵渎，在某些情况下甚至还是引起祸患的神秘根源。叙利亚人认为，性交会产生一种特殊的危险物质，并具有传染性，“这种东西没有确定的形状和模样”，只被称作“pez”；因此，一个与

---

① Fleury, *Manners and Behavriour of the Christians*, p. 128 *sq.*

妇女发生过性交的男子，必须经受一种净化仪式。新不列颠岛中部的苏尔卡人，同样也相信性交是一种污染，他们称其为“sle”。不论是已婚男女，还是未婚男女，都会受到污染。已婚者可以自我清除这种污染；未婚者就得求助于别人。从未婚者来说，一旦受到污染，对己、对人都是危险的，任何人都避免与他们交往，父母则要警告孩子们别去搭理这些人。他们若不通过某种特定的仪式予以净化，他们染上的 sle 就要置他们于死地。一个人即使无意中碰上一对情侣正在做爱，他也会被认为受到污染，虽然这只是一种比较轻微的污染，也必须予以净化。根据库克船长的记述，塔希提人相信，一个人如在临死之前几个月便已中止与女人的接触，他死后就无需任何净化即可立即进入墓穴。杰林豪斯有一次在焦达讷格 407
布尔问一些蒙达科尔人：狗是否也会犯罪？得到回答竟是：“如果狗不犯罪，那么它怎么能下仔呢？！”[①]希罗多德也曾写道：“当一个巴比伦人和他的妻子交媾了以后，他们两个人便焚香对坐，到天明的时候，他们便沐浴。在他们沐浴之前，他们是不用手接触任何器皿的。阿拉伯人的做法也和这一样。”[②]在希伯来人中，“若男女交合，两人也要洗澡，日落后才算洁净。”[③]东非的南迪人说，性交后的人是很脏的，他们必须洗澡净身。似乎正是人们对于性交具有污染和亵渎作用的这一信念，致使关于纵欲和偷情可能损害农业收成的观念在各民族中广为流传。在新喀里多尼亚，“妇女在从事

① Jellinghaus, “Sagen, Sitten und Gebräuche der Munda-Kohls in Chota Nagpore,” in *Zeitschr. f. Ethnol.* iii. 367.

② 希罗多德：《历史》第 1 卷，第 198 节。

③ 《圣经·利未记》第 15 章，第 18 节。

种植活动前后的某些时间里是不许与男人同房的。”[1]英属新几内亚的科伊塔人认为，在开辟新园圃时要坚持节欲。一个男子如果在此期间亲近他的妻子，他所种的薯蓣就会长不好。在这一殖民地的另一个部落莫图人中，也有同样的俗规约束着捕捉海龟、海牛
408 的人们，甚至对于每个与制作捕捉海龟、海牛所用网具有关的人，这种俗规也同样有效。在阿德默勒尔蒂群岛的莫亚努人中，一个男子在用大网出海捕鱼之前，必须遵守禁欲5天的规定；在出外打仗之前，要禁欲两到三天；在前去拜访单身男子公房之前，要禁欲两天。根据霍德森先生的描述，在曼尼普尔的那加人中，一个男子当他即将处在某种特殊危险的时候，如准备进攻或退却时，事前就得服从禁欲的约束。英属东非的瓦吉里亚马人相信，如果男子在作战之前与妻子同房，“他们就不可能消灭任何敌人；而且，任何微小的创伤都会让他们送命”。[2] 据他们的邻居瓦萨尼亚人说，一个男子如在狩猎期间与妻子性交，他就要交坏运，碰不到任何可猎的动物。东非的其他一些部落阿坎巴人、阿基库尤人和阿特拉卡人相信，如果男女在放牧牛群时做爱，便会导致牲畜的死亡；而一个男子如在旅途中与女人发生关系，便会给整个村子带来瘟疫。马赛人认为，在制造毒药和酿制蜜酒期间，性交对制药的男子和酿酒的男女来说都是危险的。在酿酒的6天当中，若有性交活动发生，蜜酒就会变得无法饮用，连酿蜜的蜜蜂也会飞走。类似禁忌的流行范围相当广泛。

---

① Atkinson, "Natives of New Caledonia," in *Folk-Lore*, xiv. 256.

② Barrett, "Notes on the Customs and Beliefs of the Wa-Giriama, etc., British East Africa," in *Jour. Roy. Anthr. Inst.* xli. 22.

目前在这里使我们最感兴趣的事实是，在宗教戒律方面尤以 409 性污染的观念显得特别突出。作为一条共同遵守的规则，凡是参加圣典或进入圣地的人，都必须保持宗教礼仪上的洁净。而性污染则是人们极力回避的不洁之事。在奇佩瓦人中，“一个酋长如果想知道他的臣民们对于他的态度，或想为他的臣民们调解纠纷，他就会当众宣布要打开他的药袋，并用他那支神圣的烟杆吸烟……这种场合谁也不能拒绝出席；但是，如果有人承认自己还没有经过必要的净身，他虽可出席会议，但不能参加典礼。因为一个人如在典礼举行前的 24 小时内曾与他的妻子或别的女人同床做爱，就会被认为已受污染，从而失去了参加典礼的资格。”[①]希罗多德告诉我们，埃及人也像希腊人一样，“在神殿的区域内不得与妇人交媾，而在交媾后如不沐浴，也不得进入神殿的区域之内。”[②]这一说法在《死者书》中也得到确认。在希腊和印度，凡参加某种宗教庆典的人，事先都要节欲一段时间。整个小亚细亚普遍崇拜曼·泰兰诺斯神，人们在进入神殿之前，必须戒除大蒜、猪肉和女人，而且还必须洗头。同样，希伯来人在进入神庙前，也都得进行礼仪性的沐浴，以清除性污染、疾病污染，以及由于人们接触人类尸体、禁食动 410 物尸体、自然死亡动物尸体或被野兽咬死动物尸体所产生的污染；在庆典之前若干时间内未能禁欲的人，则被禁食圣餐。作为一个穆斯林，在开始祈祷之前要脱掉脏衣服，否则便不能与大家一同祈祷；而且，他也不敢在受性污染的情况下走进圣人的殿堂；前往麦

① Mackenzie, *Voyages to the Frozen and Pacific Oceans*, p. cii. *sq*.

② 希罗多德：《历史》第 2 卷，第 64 节。

加朝觐的人绝对禁止性交。基督教也把禁欲当作参加洗礼和出席圣餐之前的必要准备。他们还进一步规定，未婚男女在结婚以前都应该参加教堂所举行的任何重大庆典活动。根据生活在 12 世纪的阿尔伯里克“亲眼所见”，当时的教会建有一个由铅粉、沥青和树脂等物混合而成的特别水池，专门用来惩罚那些在礼拜日、教堂节日或斋戒日进行性交的已婚男女。而且，作为基督徒，当他们希望有更多的时间用于祷告时，他们在其他日子里也应尽量控制自己在婚床上的活动。

圣洁是一种脆弱的品质，任何污染物只要与圣洁之物或圣洁之人一接触，其圣洁性就容易遭受损害。在埃法特岛，人们认为不
411 洁或污染与各种意外事故有关，这是圣人们唯恐躲避不及的，他们担心污染会损毁自己的圣洁。毫无疑问，种种僧侣禁忌在很大程度上都具有相同的起源。詹姆斯·弗雷泽爵士在《金枝》一书中对此曾经作了详尽的论述。一般认为，性污染与圣洁是水火不容的。圣洁一接触性污染，就会受到伤害，而且它会以某种特定的方式伤害圣洁之人或圣洁之物。在刚果王国，当最高祭司离开住地前往其辖区内视察时，所有已婚男女都得严格遵守禁欲。因为大家相信，任何违禁的行为都会使祭司受到致命的伤害，所以，为了自我防范，众神及圣洁之人总试图阻止受污染的人与他们接近，而他们的崇拜者自然也会尽力维护他们的圣洁。且不说圣人对亵渎者有一种自然而然的反感，就连圣洁本身也是作为抵制污染的一种本能反应，作为抵制受污染者所带来的危害或不安的一种本能反应。我将用我在摩洛哥所发现的一些流行观点，来解释由于性污染与圣洁的接触所产生的各种影响。

如果一个受到性污染的人，在尚未沐浴净身之前就进入某个圣洁之地（如清真寺、祠堂或神庙），人们相信他将会遭受某种不幸：他会变成瞎子、跛子或疯子；他本人或他的家人会害病或暴死；他饲养的牲畜会丢失，他所种的庄稼也会歉收。我还听说，一个受到性污染的人，如果前往南摩洛哥的一个小岛上去朝拜阿格卢·圣西迪·多德的陵墓，他便会发现海水立即猛涨到他无法返回大陆的高度，他只能耐心等待海水的退落。凡是与庄稼直接打交道 412
的人（如耕地者、除草者、收割者、打谷者、磨谷者等等），都得保持性洁净，否则，就可能污染庄稼的圣洁；而且在许多情况下，还可能伤害他们自身。同样，不洁净的人进入谷仓，不仅会使粮食失去洁净，连他自己也可能要病倒。一个来自艾特瓦兰族的柏柏尔人告诉过我，有一次他在性不洁净的情况下进入谷仓，结果遭到了报应。而且，性不洁净的人也不能进入菜园，否则，既会危害到菜园子，也会危害到他本人。据信，不洁净的人走进羊群，羊就会死亡，因为羊是圣洁的动物；或者他自己也要遭到某种不幸。马是另一种圣洁的动物，一个受到性污染的人如要骑马，倒霉的事要么会发生在马身上，要么会发生在骑马者身上，或者兼而有之；马会感到背痛难忍，连人带马一起摔倒在地上，骑马人自然不会有好的结果，或病或死，或者迟迟到不了目的地，或者会在事业上遭到失败。同样，从蜂巢里取蜂蜜的人也要保持洁净；不然，这些蜜蜂要么会远走高飞，要么会突然死去，或者是取蜜人自己会被蜜蜂蜇伤，这是因为蜜蜂也是一种圣洁的小动物。此外，人们认为，如果在性交之前不将身上戴的护身符取了下来，性交就会破坏护身符的法力。我也听说过，在这种受污染的情况下，身戴护身符的人还有可能患

病。不过,有的人却认为,只要将护身符装在一个金属盒子里,就不会有受污染的危险。

还有一点应当注意:由于污秽对于圣洁有损害作用,一件大家都认为是神圣的事,如果让一个污秽不洁的人去做,就会使这件神圣的事失去原有的法力。沐浴净身是祷告前的必要准备,穆罕默德认为,这是“祈祷者的半个忠诚与秘诀”。[①] 摩尔人说,一个信徒在性不洁时最害怕邪恶的精灵,因为这时即使他大段背诵《古兰
413 经》,这一抵御邪恶精灵的最强大武器也会失去效力。叙利亚哲学家贾姆布利切斯也曾谈到人们的这种信仰,认为“神不会理睬那些受性污染者的祈求”。[②] 根据《哥林多前书》所载,类似的观点在早期基督徒中也颇为流行。德尔图良曾经注意到使徒为强化祈祷功效而提出的一种临时性节欲措施。人们认为给神上供的祭品应当是纯洁无瑕的观点,也属于同一类信仰。波哥大的奇布查人认为,他们所能奉献给神的最有价值的供品,乃是从未与女人发生过性接触的年轻人。

如果说礼仪性的净化,甚至对一般信徒而言都是必要的,那么,对僧侣而言则更是必不可少的了。其中,也没有什么东西比性污染更是令人极力避而远之的不洁之源了。有时,新被接纳的僧侣在此之前都要经受一段禁欲期的考验。在马克萨斯群岛,要想成为一名祭司,就得事先规规矩矩地过若干年纯净的独身生活。在黄金海岸讲齐语的民族中,青年男女为了想当上祭司,就得经历

① Hughes, *Dictionary of Islam*, p. 3.

② Jamblichus, *De mysteriis*, iv. 11.

两三年的长期修炼，其间，要在秘密住所里隐居，并接受老祭司的
指导；“人们相信：在隐居和修行期间，为了刻苦修炼就必须保持身
心的纯洁，而要断绝所有与异性的交往。”[①]墨西哥的惠乔尔人坚
信：一个男子要想成为萨满，就必须在5年里对妻子忠贞不贰。如 414
果他违背了这一条，他必定会染上疾病，甚至失去康复的能力。古代墨西哥的祭司们几乎将全部时间都用在为寺庙服务上；除了自己的妻子，从不与其他妇女来往；“他们甚至谨慎和保守到无以复加的地步。当他们偶遇女性之时，便低头凝视地面，以防看到对方。祭司中的任何放荡行为都会受到严惩。在特奥华坎，因失节而被定罪的祭司，由众祭司押解给民众，当晚民众就用棍棒将他打死。”[②]尼尔吉里山区科塔人的祭司，与其邻族托达人中的“挤奶人”不同，他们不必独身；但在纪念卡马塔拉雅的盛大节日庆典期间，他们不得与自己的妻子同房，以防被污染；而且还必须自己生火做饭。按照安纳托利亚宗教的规定，已结婚的祭司在寺庙服役期间必须与妻子分居。希伯来人的祭司应避免所有的不贞行为，不得与娼妓、异教徒或离过婚的女子结婚，即使是高级祭司也禁止与寡妇结合。而且，对于祭司女儿的不贞行为也要施以严厉的惩罚，因为她玷污了自己的父亲而应被烧死。

上述这些规则与实践，都有一个共同的思想根源，最终导致人们形成这样一种观念，即认为较之结婚，上帝更喜欢独身；而且，对于那些专门从事祭祀的神职人员来说，独身应是他们的宗教义务。

---

① Ellis, *Tshi-Speaking Peoples*, p. 120.

② Clavigero, *History of Mexico*, i. 274.

不过，就犹太人这样的民族而言，其抱负就是为了生存与繁衍，独身绝不会成为他们的理想；可是，就那些声称对尘世最漠不关心的
415 基督徒们而言，他们却竭力赞颂一种与本民族和本国利益背道而驰，但有可能更好地使人们与上帝接近的境界。据说，物种的繁衍，对于上帝的天国只是没有什么好处；而性交则不同，由于它是在将人类始祖的原罪世代相传，从而会对天国产生危害。然而，这种说法的起源相对较晚。贝拉基在赞美童贞时，几乎是与圣奥古斯丁针锋相对的，他认为童贞是对自制力的最大考验；在他看来，人们的自制力至多只不过是因亚当的堕落而有所削弱而已。

现在有一个重要问题需要回答：为什么性交总是被人们视为污秽不洁或亵渎神灵的事情呢？换句话说，为什么性交总是被人们看成一种神秘的危险根源呢？人们之所以特别担心圣洁之人或物一接触性污染者就会出现危险，这是因为人们一般相信：圣洁之人或物对于外来影响总是非常敏感而会迅速作出反应。的确，圣洁之人或物不仅对于正常情况下被认为有害的影响极其敏感，而且还容易受到在其他场合被认为完全无害的行为或疏忽大意的影响。正如我们所看到的，性污染属于前一类影响。虽然它的危害性主要只是在与圣洁的人或物相接触之时才表现出来。据说，在本身就受性污染或被不洁伙伴所传染的男子身上，会出现软弱乏力的现象；这可以说明为什么在阿德默勒尔蒂群岛的莫亚努人中，一个男子在出发打仗之前或进入单身公房之前，必须禁欲两天。在这里我们所碰到的，显然是这样一种信仰，即认为人们的品性亦可传染给别人——与女人性交会使男人女性化，或使他成为把女性化传染给别人的媒介；即使没有人作出什么提示，这种信念也可

以通过性交后出现疲乏无力的感觉得到印证。

然而，用这样一种解释不足以说明因性污染所引起的各种邪 416
恶和危害。应该记得，妇女通常被认为是不洁净的；因此，与妇女的接触过于亲密就可能会受到污染。尤其是在妇女的行经期、怀孕期或生产期，人们都怀疑在她们身上潜藏着一种神秘而有害的能量。毫无疑问，这是由于这些过程本身就具有一种令人感到惊异的性质，特别是其间伴随有出血见红的情况。或许，正是这种女性所特有的经常不断的分泌物污染，使人们产生了女性永远是不洁净的观念。的确，不仅与妇女接触，而且只要与任何性分泌物接触，都会被认为对男子产生污染。南迪人说某个男子是“肮脏的”，不仅是指他刚刚性交过，而且也指他刚刚在无意中射了精。穆斯林也持有同样的观点，有一次我正待在摩洛哥一个供水极为困难的村子里，我的那位每日都按时祷告的柏柏尔人教师，却突然连续两天停止了祈祷，原来是因为他的衣服被某种污物弄脏了。基督徒在忏悔中有这样的规定：男子在夜间如若受到性污染，他就应立即起身，唱上几首圣歌，所唱圣歌则根据他所受污染是出于“自愿”还是“无意”而有所不同。不过，因为妇女乃是正常性生活的中心，所以，有关女性不洁净的观念，可能影响到与性生活有关的各个方面。同时，我也坚信，还有其他一些说明妇女不洁净的原因。性物 417
质和性器官乃是神秘的情欲之源，人类的整个繁衍过程本身就是一个谜。据贝斯特先生说，毛利人认为“性器官充满了‘塔布’（圣洁或‘不洁’）和‘马那’（影响、声望与超自然力），两者均具有积极的和消极的形式。这可能是源出自某种性神秘感……一个人当他诵念某句咒语时，要把手放在生殖器上，以增强咒语的效力和超自

然力。这纯粹是东方式的。在《圣经》的一些章节里也可以看到：当一位男子庄严起誓时，也必须把手放在'两腿之间'"。[1] 在摩洛哥，人们在起誓时也有类似的动作。在新赫布里底群岛的塔纳岛上，人们认为男性的阴茎具有一种神秘的魔力，只要看它一眼都会有危险。而且，人们还普遍相信猥亵的手势也具有巫术的魔力，这说明人们关于生殖器官乃是邪恶之源的观念流行得多么广泛。此外，还有一层覆盖在性功能和性羞耻感之上的神秘面纱，这使得性生活在人们的心目中成为一种非分之举；而且，正是由于这种神秘感，再加上其他一些因素，促使人们形成了这样一种观念，即认为性交是一种堕落，甚至是一种犯罪。下一章，我们将讨论性羞耻感的起源和性质。

① Best, "Maori Marriage Customs," in *Trans. and Proceed. New Zealand Institute*, xxxvi. 208.

第十二章　性羞涩 418

所谓"性羞耻"，系指因想到性行为或任何容易引起这类行为之念头而产生的羞耻感；而"性羞涩"则是害怕或者回避做出任何可能引起性羞耻之事的倾向。性羞耻导致人们对性行为讳莫如深，或者不让身体任何可能明显引起淫念的部位裸露在外，或者避免任何可能产生这类念头的举动和言语。我认为，性羞耻无疑是围绕着性行为而产生的，只是在裸露身体某一部位而直接引起淫念时才感觉出来。至于感到羞涩时的"沉默无言"，哈夫洛克·埃利斯认为，尚无足够的根据可以证明：人们之所以有性羞涩的感觉，是从性行为转移到有关这类行为的言语上去的；因为"实际上，植根于言语的羞涩更甚于植根于行为的羞涩"。[①] 为了支持这一观点，他还引用了克兰保尔的说法，即认为文雅的妇女不愿说淫秽的话更甚于做淫秽的事，她们深感"小曲好听口难开"。[②] 司汤达也说过："因对情人失去恋情而负心的妇女，其行动快于言语。"[③]
但是，这些说法并不能作为反驳我的观点的例证。在我看来，行动 419
意味着对强烈欲望的满足，故而克服性羞涩的阻力要比克服言语

---

① Ellis, *Studies in the Psychology of Sex*, vol. i. p. 66.

② Kleinpaul, *Sprache ohne Worte*, p. 309.

③ Stendhal, *De l'amour*, p. 57 *sq.*

的阻力可能更加容易,因为言语并不具备那么大的诱惑力。当然,我们不能拿公开说出的言语和暗地做出的行动相提并论。若把那些沉迷于淫秽交谈的人所讲之事公开展示出来,他们肯定也会觉得脸上无光而感到害怕的。以下我们将会看到,这种情况,无论是在野蛮人中,还是在我们文明社会,都会有不少例证。[①] 依我看,性羞涩主要是与性行为相关联的,现在,要讨论的至关重要的问题,是如何正确理解它的起源。

一定程度的性羞涩,十之八九在人类中普遍存在。有这样一些民族,在他们的男人或妇女中,或在男女两性之中,他们全都裸体或者全都穿戴,但在某种意义上,这与他们的羞耻感无关。然而,正如我们在往后的章节里将会看到的那样,这并不意味着缺乏性羞涩。库克曾经谈到,在塔希提岛有这样一种习惯:“为了满足外来者的好奇心和胃口”,[②]人们谈话的主题,往往便是供外来者取笑逗乐的主要资料。他们毫无顾忌地什么都谈,其中最露骨的话题就是两性关系。根据17世纪波斯史学家的记载,居住在阿萨姆南部山区的那加族男子,“像野兽那样赤身露体地到处走动,他们并不在乎在大街上和集市上,或当着大众和首领的面,与妇女交媾”,而妇女只是把乳房遮住。[③] 沙勒瓦告诉我们,在巴拉圭的主
420 库鲁人中,像这类要求十分隐蔽的举动,却在众目睽睽之下进行。

---

① 埃利斯在《性心理研究》一书第68页中说道,在现代欧洲,从不同国家的现实主义文学剧本里,也能找到极为相似的例证。直到17世纪,在一般民众之中,人们对于直截了当地谈及性器官及其机能,并不感到特别厌恶。

② Hawkesworth, *Account of Voyages in the Southern Hemisphere*, ii. 106.

③ Blochmann, “Koch Bihar, Koch Hajo, and A'sam, in the 16th and 17th Centuries,” in *Jour. Asiatic Soc. Bengal*, vol. xli, pt. i. 84.

不过，关于这些民族一般习俗的此类报导，则是十分值得怀疑的。他们很有可能不是抓住个别的事例，就是引用某些节庆或仪式上的纵欲行为；其实，人们只是在这些场合暂时停止了平日必须严格遵守的礼节和规定。所以，决不能把这些特殊场合视作野蛮行为的典型表现。

库克在谈到毛利人时说，他们的“举止言谈，同样是谦虚谨慎、很有礼貌的，按照他们的观念，很少去做越轨犯法的事，正如我们在欧洲上流社会所见到的情况一样”。[①] 直到最近，我们还见到有关毛利人未婚男女的报导，“如果有其他人在场，他们对于两性关系是十分慎重的”，[②]尽管他们在唱歌、跳舞和言谈时偶尔也有粗俗的举止。在谈到澳洲东南部某些部落的情况时，里普利说道：“在传统规范内，土著人以他们自己的方式，十分严格地遵守着固有的朴实规定。”[③]在北昆士兰的土著居民中，“妇女极少参加男子所热衷的、多少有些淫秽的唱歌或讲故事活动；除了在女性之间，也很少同男人谈及两性关系问题。不过，在吵架之类的场合，她们可能会忍不住说些下流话，骂骂那些招惹她们生气的男人，这是她们能够表达自己轻蔑的唯一方法。”[④]正如其他许多民族一样，这些土著在表达性器官时，都有严肃的和粗俗的两种语汇。俾斯麦 421
群岛的未开化人，在两性关系上并不是很严格的，但在讲到男女阴

① Hawkesworth, *op. cit.* iii. 450.

② Thomson, *Story of New Zealand*, i. 177.

③ Ridley, *Kamilaroi, Dippil, and Turrubul*, p. 157.

④ Roth, *North Queensland Ethnography: Bulletin No. 8. Notes on Government, Morals, and Crime*, p. 7.

部时却使用比较委婉的语言来表达。据说在新爱尔兰岛的劳尔地区，如果用下流话辱骂成年男女或少男少女，有时竟会导致他们自杀。沙米索在谈到马绍尔群岛的某些居民时说："在合乎礼节的情况下，未婚女子享有一定自由。当姑娘要求男子送礼时，笼罩在两性交往之中的羞涩面纱始被扯下。"[①]在莫特洛克岛民中也是如此，姑娘虽有同其他部落男子交往的自由，"但在任何情况下，都必须严格遵守礼节"。[②] 塞利格曼曾走访过英属新几内亚东南各部落，在那里，尽管未婚男女享有极大的自由，但人们的"行为是十分文雅的，任何地方都见不到下流的举止。男子的温文尔雅比起欧洲人来，有过之而无不及。每当洗澡之时，没有一个人脱下遮羞布，即使是在单一的同族人面前脱下，也几乎同样感到羞耻。如果光着身子穿过小村子，也必定要蹑手蹑脚。妇女同样严格，据说彼此之间也从不当面脱光衣服"。[③] 至于科伊塔人，在他们当中，"男子除了在仪式上装模作样之外，平时的行为却不太检点；而女人们也并非总是洁身自好"，然而我们却听说，"在公共场合，人们所共同遵守的最重要礼节，则是夫妻之间通常要相互回避。"[④]迈卢人实际上与科伊塔人同属一个文化类型，男女之间在两性问题上似
422 乎很神秘，一般不愿谈及，在威廉一世海岸的土著居民中，两性之间的关系也总是羞羞答答的。他们礼节上的习惯要求是，已婚男

① Kotzebue, *Voyage of Discovery into the South Sea*, iii. 172.

② Kubary, "Die Bewohner Mortlock Insoln," in *Mittheil. Ceograph. Gesellsch. Hamburg*, 1878—1879, p. 252.

③ Seligman, *Melanesians of New Guinea*, p. 568.

④ *Ibid*. p. 134.

子不能在妻子的同伴面前公开露面；有他人在场时，丈夫丝毫不能对妻子表示关注。若丈夫长期离村，一旦回来，从妻子面前经过时，甚至也不能对她凝目注视。根据泽曼的记述，使人费解的斐济人的观念，是十分矛盾的：夫妻住在同一家庭里，白天丈夫要同他的家人一起度过；但在夜色降临时，夫妻则分别离家，到两人商定好的、位于密林深处为其他人所不知道的地方相会。后来，有位作者谈到，这只不过是斐济人在丛林里完婚的一种仪式。依据里德尔的记述，他们性交只能在森林里，而不能在家里进行。在塞兰人中，人们认为，一切本能行为，特别是性行为，都要秘密进行，一般都喜欢在森林里。若有第三者在场，当事人双方严禁谈论两性问题。在锡兰，淫秽的语言在僧伽罗人和泰米尔人的村落中随处都能听到，但在维达人中，据说很难听到。根据内维尔的说法，这“可能是了解到有文雅妇女在场，不敢放纵所致”。[1] 在安达曼人中，“猥亵的谈话不多，即使有也不易听到，人们不提倡”。[2]

在卡尔梅克人中，“不许在妇女和姑娘之中开那些浅薄的玩 423
笑；即使在青年男人中，谈论那些欧洲青年男子作为日常笑料的话题，也会感到羞耻”。[3] 在西伯利亚的尤卡吉尔人中，尽管他们的两性关系很乱，但他们的言谈却是有节制的、文雅的。特斯曼谈到，假如你同西非庞圭族尼格罗人讨论任何两性问题，你一定会听到他们一再重复说“奥松”(oson)，意思为“害羞”。可是，巴利地区

① Nevill, "Vaeddas of Ceylon," in *Taprobanian*, i. 178.

② Man, "Aboriginal Inhabitants of the Andaman Islands," in *Jour. Anthr. Inst.* xii. 94 n. 2.

③ Bergmann, *Nomadische Streifereien unter den Kalmuken*, iii. 288.

的尼格罗人，即使有妇女在场，也敢谈论两性关系的事情，至于性交则要秘密地进行。蒙拉德在写到阿克拉地区的尼格罗人时说，不管他们的舞蹈多么放荡、肉麻，但他们对女性却保持着彬彬有礼的态度，这在我们文明的欧洲人当中往往也是很缺乏的。

在亚马孙西北部的维托托人和博罗人中，“妇女的举止极为端庄”，不过，我们同时也听说，“在男女之间却很随意地、粗俗地谈论两性关系问题，即使少年儿童也是如此”。[①] 另一方面，科赫·格林贝格谈到，当同一些德萨纳族印第安人谈及两性问题时，若有妇女在场，谁也不说；只有把她们打发走后，男人们才开始无拘无束地、露骨地谈起来。在大查科的奇里瓜诺人中，容许两性关系有极大的自由；但他们的谈吐举止一般都很有礼貌，致使神父肖梅难以忘怀，他从来没有听到他们说过淫秽的话语。可是，到了现在，除

424 了文雅话语以外，他们几乎是无所不谈了。16 世纪中叶，汉斯·施塔德曾是巴西海岸图皮南巴斯人的俘虏。据他说，那里的男女“行为放荡，相互随意在一起睡觉。”英属圭亚那的印第安人认为，一对已婚夫妇如果在其他人面前相互调情，即被视为极端失礼。在谈到北美某些印第安人时，拉斐托说：“在那里居住的卡巴纳人，他们只是在黑夜里才敢去找他们的配偶；……若在白天出现这种情况，则被认为是一种极不寻常的行为。”[②]在北美其他印第安人中，人们也认为，白天发生性行为是下流的，是被禁止的。只有黑夜才是求爱的时光。拉翁唐在写到某些加拿大印第安人时说：“在

① *Captivity of Hlans Stade of Hesse, in A. D. 1547—1555, among the Wild Tribes of Eastern Brazil*, p. 144.

② Lafitau, *Mœurs des Sauvages américains*, i. 576.

大白天，绝对不能对这些蛮族妇女提及私通和求爱之事，因为她们不愿听。她们会告诉你，晚上做这些事才是最适当的时候。……这是一般的规矩，不管什么人，如想获得姑娘的倾心，一定要在白天尽量对她谈些与偷情做爱毫不沾边的话题。”[1]

性羞涩在谈情说爱的开端、结果和婚姻生活中，都有其不同的表现形式，不仅女方是这样，男方亦同样如此。男子求婚，通常避 425
免直接向女方双亲提出，这是十分普遍的情况。在斐济北方群体的富图纳人中，求婚者什么话也不说，只是将一头猪放在姑娘父母的家里，随后退出。如果他们收下这头猪，就意味着同意这桩婚事；若把这头猪退回来，就表示不同意。在所罗门群岛的乌吉人和圣克里斯托瓦尔人中，姑娘的婚事一般要由父母和亲友安排。“如果某个男子想要娶妻，他就煮好满满一盘山芋和可可豆，送到他选定的姑娘家里，然后一言不发地就回来。第二天早晨，他再去把盘子拿回来。如果盘中食物没被吃掉，就表示他的求婚没被接受，因此而感到脸上无光；相反，如果盘中的东西全被取走，代之以一对试探性的钱币，则表示他的求婚尽管没被接受，但还是希望同求婚者保持友好接触；如果盘子已空空如也，即表示答应了他的求婚。”[2]在萨摩亚人的中、下等阶层中，某个青年若想娶某个姑娘为妻，他总是通过一个朋友作为中间人去转达他的愿望；然后准备一盆食物作为礼物，亲自带着，赶紧送到姑娘家里。如果女方拒收这份礼物，就暗示他的愿望落空；如果接受了，就表明他的来访受到

---

① Lahontan, *New Voyages to North-America*, p. 453.

② Elton, “Notes on Natives of the Solomon Islands,” in *Jour. Anthr.* Inst. xvii. 94.

女方家庭的欢迎，婚事不久就可进行安排。“……但在上等家庭中间，求婚往往要通过媒人说合。”[①]在科里亚克人中，经常出现这样的情况，即青年男子不把自己的意图告诉任何人，“他径直走到自己所倾慕的那个姑娘家里，一言不发地留下来，做一切适于男人做的家务。而房主也以同样的沉默来接受他的服务。”[②]而在父母不
426 同意儿子的选择，儿子又不想听从父母反对意见的情况下，尤其会这样做。于是，男方的父母或长辈亲属只好前往女方父母那里为他求婚。至于邀请一个或多个中间人帮助说合婚事，在未开化人
427 和比较文明的民族中，都是十分盛行的。这在伊斯兰世界和阿拉伯人中亦同样普遍；在古代印度也很流行。这种做法，在欧洲各国过去有过，现在仍有。

青年男女的害羞，还可能持续到订婚以后。根据科德林顿的记述，在班克斯群岛，“小伙子和大姑娘，一般业已订婚的年轻人，他们都十分害羞，彼此几乎不敢相看。到了婚期将近，双方由于相互送点小礼物，献点殷勤，情况才有所改变。”[③]在瓦努阿拉瓦岛的帕特森港，科德林顿也谈到相似的情况，“业已订婚的青年男女，一般都彼此回避。但这全出于害羞，不是规范所致。”[④]在马托格罗索的博罗罗族印第安人中，某个男子即使已接受姑娘的求婚，他仍要在“男子宿舍”(bahito)留住一两天，乃至 10 到 15 天，因为他怕进入新娘房屋被人看见。有时，他盼望岳父在深夜里把他领走，

---

① Stair, *Old Samoa*, p. 171 *sq*.

② Jochelson, *Koryak*, p. 739.

③ Codrington, *Melanesians*, p. 240.

④ *Ibid*. p. 43.

这样他就不会遭到宿舍里其他男子的嘲笑和捉弄。“假若两人在婚前没发生性关系，羞耻感就会更重。”[①]在婚礼上，害羞往往被赋予特别的标志或象征。在安达曼人中，“当族中老人发现一对青 428
年男女想成婚时，就把那女青年领到一间新盖的小空屋里，让她坐着等候；而男青年却逃到丛林里，经过半真半假的做作和挣扎后，被人带回，强迫他坐到那姑娘的膝上。这就是婚礼的全过程。在婚后至少一个月内，这对新婚夫妇彼此很少说话，而且十分害羞。随后才日渐住在一起。”[②]在英属新几内亚的罗罗人中，当新郎见到送亲的队列前来时，赶忙躲到男子俱乐部里；而他的伙伴很快就把他拽了出来，不管他的声声抱怨，把他装扮起来，带到他父亲屋里。其时新娘已到。人们就逼他坐在新娘旁边，在旁观看的人们随即喊道：“某某同某某结婚了！”而新郎和新娘却不敢相互对视。新郎只同他的朋友说话。到了黄昏，他仍回到男子俱乐部里睡觉，而新娘则睡在公婆家里。在新不列颠岛，新娘要在新郎家里单独住 5 天，其时，新郎则独自躲藏在森林里或高山草地里只有男人才知道的地方。在西高加索的阿布哈兹人中，新郎在新婚之夜要离开，躲藏起来。在阿帕切人举行婚礼的第三天晚上，新婚夫妇要突然失踪，直到此时，甚至还禁止他们相互交谈。当他们回来时，年轻的新娘还要装成十分害羞的样子。在摩洛哥，新婚夫妇的羞涩，要在整个婚礼极端保守的举措中，真实地或象征性地表现出来。
他们必须遵守诸多禁忌，要蒙上面纱，新娘要被关在很小的房子 429

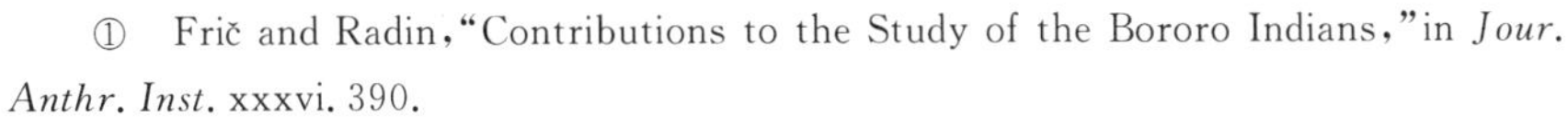

① Frič and Radin, “Contributions to the Study of the Bororo Indians,” in *Jour. Anthr. Inst.* xxxvi. 390.

② Portman, *History of Our Relations with the Andamanese*, i. 42.

里。此外还有其他仪式，接着举行诱劫新娘、新娘反抗等仪式性活动。

现在，我们开始讨论如何解释性羞涩的起源问题。圣奥古斯丁曾经提出，即使那些被认为合法的和正当的夫妻交媾，为什么还要不让别人看见？他能给予的唯一回答是，“因为就本质来说，这种交媾是合宜的、正当的。但当这样做时，往往会产生羞耻感和负罪感。”[①]司汤达说：“人们已注意到，猛禽躲藏在隐蔽的地方饮水，其原因是把头伸入水中，此时正没有防卫能力。当想起在塔希堤见到的情况，我认为除此以外，没有其他实质性的根据可以解释性羞涩。”[②]另外，还有几个人著文探讨性羞涩的起源，也得出多少有些相似的结论。例如，蒂利耶写道：“这些事实给我们显示出的证据是，这种想法最初可能源出于他们在交媾时必须避免身处危险之中：在他们的住所有外人在场时，是不好意思交媾的；因为在交媾期间，必须寻找隐蔽的地方。”[③]有人指出，甚至某些动物在交尾
430 时也要避开众人耳目，据说大象一般隐蔽在密林深处，骆驼则藏身于沙漠最荒凉之地。有人可能会争辩说，我们饲养的禽畜就无须这样小心，因为它们不这样也很安全。然而，对未开化人来说，至少在他自己的茅屋里或四周有众多亲友在场的情况下，难道不需要隐蔽吗？而文明人竟然可以不分场合就随意交合吗？家养动物因其本性已经消失，这种隐蔽性已不再需要；但人类的本性不仅仍然保存下来，甚至可能更加强化的情况下，怎么能说隐蔽是同样多

① St. Augustine, *De civitate Dei*, xiv. 17(Migne, *Patrologioe cursus*, xli. 426 *sq.*)

② Stendhal, *De l'amour*, p. 55.

③ Tillier, *L'instinct Sexuel chez l'homme et chez les animaux*, p. 254.

余的呢？不过，如果说“隐蔽的需要”或“害怕敌人接近”是性羞涩产生的原因，那么，在睡眠之时，具有更大的不安全性，它比这种传宗接代的行为所暴露的危险时间更长，我们是否能说在睡觉时也会有羞涩感呢？

另外还有一种与上面论述密切相关的观点，即认为性交之所以要隐蔽地进行，实际上是源出于害怕竞争者的干扰。据莱斯特·沃德说，“偷偷地躲藏在某些僻静的地方进行，就可以避开对手的干扰，独享欢乐。这已形成为规范性的长期习惯。像所有的习俗一样，有它产生的原因，继而流传下来，直到有必要进行改变而不复存在为止。……担心独享欢乐的行为受到他人的干扰和阻拦，这就是性羞涩产生的原因。我们在动物身上即能看到某些与此相类似的情况。野生动物竞争的效果，我们是能完全理解的。这种竞争，向我们显示出导致类似风俗形成的第一步。而人类习俗的形成，也与此大体相仿。……例如，这里有几只公鸡，为了不受丝毫干扰，它们都分别去寻找各自的母鸡”。[1] 上面所列举的事例，不仅不能支持作者有关性羞涩起源的理论，相反，还暴露了这种理论的弱点。公鸡避开了在场的其他公鸡与其情侣交媾，但却没有回避其余的母鸡。如此说来，男子因害怕竞争而避免在其他男人面前性交，并不能说明为什么也忌讳在其他妇女面前性交；再者，如果考虑到男子表现出的这种羞涩感主要是对女性而言，而羞涩感在女性中的表现甚至还超过男性，或者在少女中这种羞涩感至少与同龄的少男不相上下，那么，这种“害怕竞争对手”怎么能成

① Ward, *Dynamic Sociology*, i. 634 *sq.*

为产生性羞涩的起因呢？

431 于是，有人进一步推测，在很大程度上，性羞涩是由于害怕引起厌恶而造成的。哈夫洛克·埃利斯指出，即使是极其下等的野蛮人，对于公开满足本能需要的行为，也是感到厌恶的。因此，有些民族的人们认为，在公开场合吃东西是很不礼貌的。当施泰嫩在一些巴凯里人面前吃他们送给他的一块鱼时，那些巴凯里人立即低垂着头，感到受了羞辱。而我则认为，单独进食的习惯在那里之所以存在，首先的确是由于害怕引起厌恶，正如克劳利所说的那样：有他人在场时，用餐的气氛，会因在场者的局促不安或眼巴巴地观望而受到损害，这是一般的看法。但无论如何，单独用餐的习惯绝不会具有足够的广泛性，以证实这样的假设是正确的：即对观看他人吃饭而感到厌恶，是由于受到本能的支配。当然，吃饭时要遵守一定的社会规范。就我们自身而言，却没有这种感觉的迹象。这同满足另外一些本能需要是不同的。就以排泄行为来说，使之公开进行，自然会引起厌恶，这主要是由于排泄物含有令人讨厌的气味。至于排尿时的隐蔽，在很大程度上倒成为性羞涩问题了。关于性行为，我弄不清有什么根据可以说：正当的性行为也会引起别人的讨厌，除非还有其他什么理由需要隐蔽这样的事情。下流的性行为无疑是令人厌恶的。不过，我倾向于认为，它之所以令人
432 厌恶，只是因为它下流，而不是因为它令人讨厌。如果性行为真的那么令局外人讨厌的话，为什么以性爱为中心的感伤情调能够成为大家所喜爱的文学戏剧主题，而不是把排泄行为作为大众的普遍谈笑资料？

当然，我的上述评论，并非否认人类除或多或少的羞涩感外，

原来可能就有秘密进行性交的愿望。害怕敌人的进攻，害怕对手的打扰，担心欲望不能顺利满足，担心引起其他不快等等——所有这些因素，哈夫洛克·埃利斯和克劳利，似乎全都概括在“害怕引起别人厌恶”的范围之内了；而这些因素，都可能导致人们性交时需要隐秘地进行。的确，只要多少有些好奇的旁观者在场，就足以使一对情人感到烦恼和不悦。但是，我却不相信任何这类因素能够说明性羞涩的本质特征。

性羞涩的特点之一，即主要是在异性面前表现出来。其次是，性羞涩在妇女中，尤其在青年妇女中，比在同龄男子中表现得更加明显，或者在外表上显得更加突出。不过，也有人认为：男人确实比女人更加害羞。在我看来，哈夫洛克·埃利斯对于性羞涩的阐述，显然是正确的。他给下了这样一个定义：所谓性羞涩，“通常是以性生活为中心所产生的本能畏惧而趋向于隐秘不宣的心理反应”。性羞涩男女都有，但以女性更为突出。因此，在心理学上，性羞涩几乎会被认为是女性重要的第二性征。哈夫洛克·埃利斯还说，对于正常的普通男人而言，缺乏这类害羞心理的女人也就等于缺乏性吸引力。妇女生理上的性要求，在求爱时会感到十分腼腆 433
害臊。她们的羞涩并非是一件虚假的外衣，可以随意穿上或脱下。它是固有的，“很像蜗牛的壳，有时候成为密不透风的外罩，有时候几乎全然滑脱。而男子的性羞涩则比较稳定，很少发生偏颇或走极端。男子在未知女方心意的情况下，对于女方的沉默不语，往往会感到焦躁不安；而当女方表示退缩时，又会感到十分震惊”。[①] 我认

① Ellis, *op. cit.* i. 1, 4 *sq.*

为，面对雄性动物的追求，雌性动物所表露出的羞怯，无疑乃是人类性羞涩的来源之一。这就对女性羞涩感所具有的特点，女性羞涩之在男人眼中的吸引力，以及女性之由羞羞答答迅即转变为脉脉传情，作了很好说明，同时也对弄姿作态、撩拨挑逗给异性的特殊感受作了部分说明。即使除了女性害羞之外，性羞涩没有其他来源，至少含蓄委婉在人类的两性之中多少都会有所表现，不仅女性在男性面前显得脸红害臊，而且连男性在女性面前同样也会感到有点腼腆，脸上发讪。出于利他的动机，彼此的举止都很小心。男人们本能地谨慎行事，以避免无端地伤害女性的羞涩感而使她们害臊脸红。一旦这种举止在两性关系中得以遵守，便会作为一定礼节而被纳入一般的社会习俗之中，从而也在一定程度上影响到男人对待其他男性的行为。

这种关于性羞涩起源的理论，当然没有做到自圆其说，它仅仅是承认女性害羞这一事实，而没有给予解释。若要对女性羞涩作出解释，就必须同整个求偶理论联系起来，这就需要用专章来加以讨论。同时，我们对性羞涩的解释还存在另外一个缺点，往往忽视了羞涩感之产生肯定还有其他原因。因为有些事实，是不能直接或间接地用女性羞涩予以解释的，而是表明性羞涩感往往与对乱
434 伦的厌恶感有着紧密的联系，或者更确切地说，性羞涩感往往与对同一家庭成员之间发生性关系的厌恶感有着紧密的联系（当然，夫妻之间的性关系除外）。

在摩洛哥，凡是涉及性问题，青年男子在父母面前都是很害羞的，即使是像与他婚事有关的问题也是如此。这种羞涩感，自从他开始想到结婚之事的时候起就已表现出来，一直到举行过婚礼，甚

至还延续到此后更长的时期。在这期间，青年男子同他父母，至少同他父亲很少谈及有关婚事的问题，自从着手安排他的婚事这一天起，他就完全避开父亲。在非斯，父亲不参加儿子的婚礼。在这个隆重的吉庆日子里，当新娘到来后，新郎便在父母的屋子里同新娘见面，而父亲则躲到屋里的其他地方，或躲到另外的屋子里，或躲到街上闲逛。有时，新郎要推迟同新娘的圆房，直到所有客人走后，或者延至当天夜晚。据说，这是因为新郎在父母面前感到害羞。艾特尤西人是居住在非斯附近的一支柏柏尔部落，在他们那里，假如新郎和父母同住一顶帐篷，出于害羞，新郎通常在白天离开帐篷，带着吃食到别处或到朋友家里待着，直到晚上才回来同妻子幽会。他这样做甚至要长达 1 月之久。在这里，也像在其他部落那里一样，新郎要通过一种特别的仪式——亲吻父母的额头，才能重新恢复与他们的正常交往。在邻族艾特恩德人中，年轻的丈夫则须在两位单身汉的陪同下，3 人全用斗篷上的兜帽把脸蒙住，进入新郎父母的帐篷，依次亲吻新郎双亲的额头，当新郎单独露面时，他仍然感到害羞，而在此后相当一段时间内，他在父母面前还是表现出十分害羞的样子。在非斯南部的艾特瓦兰人中，也有这样的习俗，年轻的丈夫在结婚后不能在父母跟前露面或同他们谈话，直到大约 3 个星期之后，才出来亲吻他们的手。在妻子生孩子后，他也从不在父亲面前抱孩子。新娘在她父母面前同样显得很 435 害羞。在摩洛哥北部的安杰拉地区，当婚礼持续期间，新娘从不与她父母见面。在非斯，在艾特萨登人中，姑娘在订婚时也要避开父亲。在摩洛哥，无论在什么地方，父亲都不能前去参加女儿的婚礼；在有些地方，母亲也要留在家里，甚至连新娘的成年兄弟也要

回避。

在阿尔及利亚和突尼斯的某些地方，人们也向我们讲到，在结婚以后或长或短的时期内，新郎也要避免见到父亲或父母双亲。在突尼斯南部的一些土著，“婚姻通常由父母决定，在举行婚礼前8天，新郎由他的同龄伙伴藏了起来。从那时起，他便带着羞愧和自重的心情，离开了父母。他被藏到一个院子里，由他的朋友送饭和陪伴。”[①]有位名叫达维厄的老旅行家，曾对撒哈拉沙漠的一些阿拉伯人作了这样的描述：“所有的亲戚都参加婚礼，唯独新娘的父亲例外。当晚他离家外出，以打发那段使他难过的美好时光。其时，在他家里，参加婚礼的人会把他的女儿同一个男人一起推到床上。做父亲的把这看做是涉及他的体面的问题。”[②]在其他某些
436 民族中也一样，新娘的父母不参加女儿的婚礼。在英格兰的某些地方和爱尔兰西部，新娘的母亲从不参加婚礼；在什罗普郡，新娘的父亲也是如此，他们很少去教堂。在埃塞克斯的博金，“在举行结婚仪式的时候，新娘的父母要特意予以回避。”[③]

在蒂鲁德地区拉杰普特人的家庭里，只要丈夫的双亲还活着，人们认为：“新婚夫妇在白天彼此相视是不合礼节的。他们要特别提防，以免被丈夫的双亲同时看见。而在双亲面前，他们也不能相互交谈。”[④]在南非的巴苏陀人中，“某个青年想要娶妻，却不直接

---

① Menouillard, “Un mariage dans le Sud Tunisien (Matmata),” in *Revue Tunisienne*, ix. 372.

② d'Arvieux, *Travel in Arabia the Desert*, p. 235.

③ Evelyn Martinengo-Cesaresco, “American Songs and Games,” in *Folk-Lore Journal*, ii. 246.

④ Risley, *Tribes and Castes of Bengal. Ethnographic Glossary*, ii. 189.

向他父亲提出。人们认为，直接提出乃是一种不敬的举动，人们的一切行为都应合乎礼节。……在某天早上，这个青年很早就起床，把他父亲尚未挤奶的母牛赶到草地，并让牛犊跟着母牛一起走，把奶吸尽。当他回来时，人们对此不闻不问。他一连 30 天都这样做。他的所有同伴对此都不理睬，并给他起了个‘傻子’的绰号。到了第 30 天，他的父亲想：‘我的儿子肯定是要结婚了。’于是，他把这一想法反复地对儿子说了。第二天，一切恢复正常，牛群照常放牧，照常挤奶。”[①]在离新不列颠岛西南海岸的一些岛屿上，某个青年男子与姑娘相爱而希望结婚时，他就让兄弟告诉母亲，请母亲去拜访姑娘的父母，代表儿子向姑娘提出求婚。在新赫布里底群
岛的埃罗芒阿岛上，“女儿的婚事要由父亲及其亲友来安排。”但 437
是，根据他们的习俗，首先着手安排的，不是父亲，而是他的亲友。因为人们认为，如果父亲在这方面管得过多，一定会觉得“太难为情了”。在莫特洛克群岛，严禁当着妇女的面说轻薄话，尤其是当她有同族人在场时更得加倍小心，即使像“肚皮”、“腰带”、“遮羞布”等词语也不许说。假如某个欧洲人不知这些习俗，偶尔说错了话，谈话的对方就会感到羞臊脸红，而把脸转了过去。在该群岛，男孩在 7 岁以前可以同姐妹一起玩耍。过了 7 岁，他主要是同男伙伴一起玩，或者是同其他“部落”的姑娘一起玩。

在太平洋诸岛以及世界其他某些地方，都发现兄弟和姐妹之间有回避习俗。有人认为，这意味着过去在兄弟姐妹之间曾经有过性关系。不过，这仅仅是把它假定为早期性关系残余的一种武

① Minnie Martin, *Basutoland*, p. 80.

断解释。然而，不幸的是，这种武断假说在社会人类学领域至今仍然普遍存在。罗沙认为，这种习俗，“是对本能情感的不合理夸大，
438 是对乱伦的恐惧”。[①] 在这里，倘若他的意思是说，这种习俗起因于对家庭内部性羞涩的夸大，我认为他是正确的。在彭林岛（汤加雷瓦岛）“兄妹在久别重逢时，彼此不能亲热地拥抱，而只能相对而坐，彼此点点头。”[②]显然，这种礼仪是以性羞涩为基础形成的，而不是为了防止乱伦。至于其余很多回避习俗，也可以作同样的解释。在新不列颠岛的加泽尔半岛和利富人中，不允许已婚姐妹同她的兄弟交往；在阿兰达人中，姐姐可以随时同弟弟谈话，但成年的妹妹则不能同哥哥谈话，连看他一眼也不行。年轻妇女一旦成婚就不能再同她的父亲说话。有些地方，甚至在兄弟之间也存在着羞涩现象。在莱珀斯岛，一个男子正同一伙人说笑，但当他兄弟一来，他就不敢再笑了。在马尔加什人中，不论男人或妇女，若在近亲面前露出身体的某一部位，都会感到害羞。乔切尔森讲到尤卡吉尔人时说：“在近亲中存在着高度的羞耻感，这对防止他们之间的性交无疑是有帮助的。”[③]科德林顿利用新赫布里底群岛北部土著的资料作了以下阐述：“一个在童年订婚的姑娘被领到她公婆那里抚养，而她的未婚夫通常以为她是自己的妹妹。当他最终知道这种关系时，便感到十分害羞。”[④]

439 这类事实表明，在世界不同地区的民族中，性羞涩在同一家庭

① de Rochas, *La Nouvelle Calédonie*, p. 239.

② Lamont, *Wild Life among the Pacific Islanders*, p. 136.

③ Jochelson, *Yukaghir*, p. 86.

④ Codrington, *Melanesians*, p. 240.

或亲族成员之间表现得特别明显，不管其是同性或异性。其实，我们自己也有类似的体验，例如，在说到大小便时，就感到不好意思，十分别扭。青年男子在性问题上，讳避父母甚于陌生人；对于这类事情，宁肯与同龄朋友交谈，也不愿随意跟自己的兄弟谈及。我有点怀疑，度蜜月的习俗，主要也是与这种近亲羞涩有关。在这个问题上，我每次问及那些度蜜月的人，他们自发的回答总是加强了我的这个看法。

在这里，我们还要说说与此相关的禁忌，这种禁忌常常影响到已婚男子与其岳父、岳母或妻方其他亲属之间的关系。此类禁忌，有些地方实行得宽严不一，有些地方实行的范围大小不同，但都持续了相当长的时间；总的说来，也都有相同的基础。在此，我再列举一些我在摩洛哥见到的实例。在摩洛哥，与其他许多国家相比，回避的重要性虽已减少，但其教益却没有减少，在大阿特拉斯山柏柏尔部落的伊格利瓦人中，当岳母首次来到女婿家里时，女婿要吻她的额头。但在岳母面前，女婿表现得极其拘束和害羞。开始时，他必定不会同她说话，也不同她一起吃饭，除非她与女儿一起同来，并住在他家。有时候，他也不同岳父、妻兄弟谈话；甚至在此后一段时间内，也不同他们一起吃饭，一起在公共场所露面。当新郎 440
正同其他人坐在一起聊天时，只要是岳父和妻兄弟中的任何人一来，新郎就立即站起来躲开。一个男子，当他遇到一位刚刚分开不久的朋友，他会开玩笑说："为什么你从我这儿跑开了？难道我是你的妻兄弟吗？"在杜卡拉省说阿拉伯语的乌拉德布阿齐兹人中，如果妻子是其他村子里的人，女婿就避免同岳父母、成年妻兄弟一起吃饭，也很少在他们面前用餐。如果他们为同村人，倒可以同岳

父、妻兄弟一起吃饭，但不能在他们面前讲粗话。万一有人说了什么下流的事情，女婿要立即离开。如果他自己愿意作证，甚至可以向头人起诉，迫使犯禁的人交纳罚款。女婿和岳母之间的关系十分尴尬，彼此很少交谈，只能使用“能感知的暗号”。如果他们不是同村人，就不能彼此相视；如果是同村人，岳母要把脸蒙住，不能在女婿面前吃东西，尽管女婿可以这样做。在距非斯不远的夏伊纳，女婿当父母健在时，不能同岳父母说话，如父母去世了，要在一个多月之后，才能同他们说话，他在岳父面前显得比在岳母面前更加害羞，但仍回避同成年的妻兄弟说话。

在摩洛哥时，我曾听说，一个男子如果同某个人的女儿或姐妹发生了性关系，他在本能上就会对那个人感到很羞臊。我认为，这种情况正好可以用来解释基于性羞涩所形成的禁忌与回避习俗。此外，我还听到过其他国家的土著对此所作的类似的解释。在巴干达，据约翰·罗斯科说，“女婿不能见岳母，不能同她面对面讲话。……据说这是因为他见到过她女儿的阴部。”[①]在刚果的巴华
441 纳人中，女婿从来不能进入岳父母家。如在路上遇到他们，女婿一定藏进路旁树丛中回避。托尔多伊说：“我再三探询女婿回避岳父母的原因，所得到的回答总是‘女婿害羞’。若进一步问他为什么害羞，回答也总是‘同他们的女儿结了婚’，此外别无其他理由。”[②]一般说来，害羞都是相互的。据哈蒙说，“落基山以东的所有印第安人都认为，岳父母面对女婿讲话或直视，公婆面对儿媳讲话或直

---

① Roscoe, *Baganda*, p. 129.

② Torday and Joyce, “Notes on the Ethnography of the Ba-Huana,” in *Jour. Anthr. Inst.* xxxvi. 285 *sq.*

视，都是十分失礼的。他们从不这样做，除非喝得酩酊大醉。当我问及这一习俗的起因时，他们解释说，因为这些人与他们的孩子有特别的关系。”[①]乔切尔森说明：“尤卡吉尔人这种本能的羞涩和害臊，往往被赋予这样的特点，即相信岳父和女婿的灵魂在彼此对视时是害羞的。”[②]

因此我认为，女婿和妻方家庭成员间的回避，其存在的根本原因，乃是家庭群体内的性羞涩感。我们将会看到，通过观念和情感的双重作用，乱伦厌恶既然导致各种禁制的产生；同样，它也必然会导致回避习俗的形成，这一点是比较容易理解的，这种厌恶在文化程度较低的民族中之所以表现得特别强烈，似乎只是出于本能。一个男人在妻方家庭成员面前，总是有点性羞耻感：他一见到他们，不仅立即想到他同他们的女儿或姐妹的关系，而且一想到这种关系就令感到厌恶；而从妻方家庭成员来说，他们也同样希望尽量少与这位女婿见面。在西非庞圭人中，性羞涩获得高度发展，那里的妇女甚至害羞到回避女婿家亲属的程度。庞圭人的情况，如同摩洛哥的情况一样，已婚男子回避自己父母的时间要短一些，而回 442
避岳父母的时间则要长一些。对此人们不禁要问：既然作为回避习俗产生之基础的直接原因同是性羞涩感，那么对于夫妻双方亲属的回避时间，为什么又会有短有长呢？答案是不难找到的。问题并不在于习惯对情感的影响大于羞涩感，而是因为儿子难以长期避开自己的父母，即使他没有同父母住在一起，也会住在他们附

---

① Harmon, *op. cit.* p. 341.

② Jochelson, *Yukaghir*, p. 18.

近，彼此有很多共同利益。至于女婿同岳父母的关系，正如上面所引用的有关摩洛哥的报告所说，则要松散得多，假若妻方亲属与女婿住在同一村落，其接触可能稍多一点；假若妻方亲属住在另一村落，其接触就更少了。不过，女婿的父母一旦去世，他也就不再回避妻方的亲属，在这种情况下，对他来说，依附妻方的家庭比依附其他人则具有更大的诱惑力。

上面说到的事实，与E. B. 泰勒作过的结论不太一致。据泰勒说，男子之回避妻方亲属，实质上与丈夫居住在妻方家庭里的习俗有关。他争辩说："假如有人认为居住习俗和回避习俗互不联系或很少联系的话，我们则可以使用随意抽样法来发现它们之间的相互关系。在某个部落里，丈夫长期与妻方家庭住在一起的，在350户中有65户；据估计，丈夫和妻方家庭成员间有正式回避关系的有9户，而实际上则有14户；另一方面，丈夫娶妻住在自己家中的，在350户中，有141户，丈夫和妻方家人有回避关系的估计为
443 18户，实际上只有9户。"①然而，这种说法存在着严重的缺陷。其实，当我们探讨回避习俗时，已注意到这样的事实：即在相当多的部落里，存在着男子居住在妻方家庭里的习俗，但这并不意味着丈夫把妻子娶到自己家里的习俗就不怎么普遍；也并不等于说前一种习俗比后一种习俗更为流行。仅仅根据这一点，我们就有足够的理由挑出泰勒在解释回避习俗上的毛病。据他说，"正是由于做丈夫的挤入了不属于他自己的家庭，进入了他自己毫无权利的家

① Tylor, "On a Method of investigating the Development of Institutions," in *Jour. Anthr. Inst.* xviii. 247.

庭,妻方家庭成员把这个原本是外人的人,与他们自己区别开来,作不同的对待,这好像是不难理解的。”[①]哈特兰博士接受了泰勒的结论,认为妻方亲属之所以对她丈夫疏远,是因为她丈夫同她的亲属住在一起的缘故;并进一步声称这种疏远与回避“毫无疑问”乃是神秘的夫妻关系在仪式上的表现,而这种表现正是婚姻关系初级阶段所具有的特点。[②] 不过,对于历史上是否存在这么一个“阶段”,我们还没有任何证据。

艾夫伯里对于女婿和岳父母之间相互回避的习俗,作了另外的解释。他认为,这“似乎是抢夺婚的必然结果,假如抢夺婚是名副其实的抢夺,女方父母的愤怒是非常强烈的;假如抢夺仅仅是一种象征性行为,女方父母的愤怒也只是象征性的,甚至在事后过了
许久,这种象征性的愤怒还会继续存在”。[③] 针对这种观点,人们 444
会说,抢夺婚在未开化人生活中所起的作用,在人类学家的想象中被夸大了。另外,根据 M. 莫斯的意见,女婿和岳母之间的回避,乃是实行族外婚的结果。他们之间通过婚姻关系,虽已成为较近的亲戚,但毕竟属于不同的胞族,两者之间仍有一定的距离和隔膜,某个男子尽管与该胞族联姻,但他仅对他妻子拥有权利;至于岳母,对他说来仍是神圣不可侵犯的。这一假说似乎认定回避习俗是在母系氏族外婚制社会形成的;然而事实上,盛行回避习俗的民族,既不是母系制社会,也不是氏族外婚制社会。

里弗斯认为,美拉尼西亚人的回避规则,其中包括不得直呼个

① *Ibid*, p. 248.

② Martland, *Primitive Paternity*, ii. 93.

③ Avebury, *op. cit.* p. 103.

人的名字、不得交谈、不得相互传递东西等等，均适用于不同性别的姻亲之间，“目的是为了防范潜在性关系的纠纷”，而这是与古代“性的共享制”相联系的。至于同一性别之间也存在着相似的回避，则意味着彼此抱有某种敌对思想以及相互伤害的可能，“显然，这与公社内部两个半族之间存在着敌视的状况有关。”[①]诚然，这是一种严密探索两种相似回避习俗的尝试，认为一种是异性亲属要遵守的；另一种是同性亲属要遵守的，而两者的起因又有所不同：异性之间的回避是为了防止“性的共享制”；同性之间的回避则是为了避免两个半族之间人们的敌对和冲突。然而，这样大胆的假设，却很难使人受到启发和确信，特别是在这类习俗广泛流行于世界各地的情况下，这样的解释显得过于简单和武断。以前，我在一本著作中谈到：女婿和岳父母之间的回避，同他占有了他们的女
445 儿这一事实多少有些关系。[②] 不过，与此同时，我们从很多事实中也可以明显地看到，这种回避同性羞涩也有实质性的联系。在摩洛哥，在女婿和岳父或妻兄弟面前，不得说下流话。在德属东非的孔德人中也是如此。当岳父在场时，女婿不得参与任何粗野的谈话，甚至连涉及身上毛发等部位，也属忌讳之列。显然，卡菲尔人有关“赫洛尼帕”（hlonipa）的习俗，就与性羞涩有密切关系。其实，“赫洛尼帕”这个词，就是由“羞耻”这个词根派生出来的，妇女必须对丈夫的上一辈亲属“赫洛尼帕”，即不能同他们交往，说到他们的名字时不能用重音，甚至还不能默念他们的名字。当有这些

① Rivers, *op. cit.* ii. 168 *sqq.*

② *Marriage cérémonies en Morocco*, p. 316 *sq.*

必须“赫洛尼帕”的人在场时，妇女要特别小心谨慎，不得露出身上平常需要遮盖的任何部位；即便在婆婆面前露出身体的任何部位，也被认为是十分羞耻的。此外，“赫洛尼帕”的习俗还要求岳母避免让女婿看见她袒露的乳房，“因为这乳房是曾经喂过他妻子，而不是他也能看的乳房。”[①]在巴干达人中，“假如女婿意外地看见岳母的乳房，他要送块黑布作为补偿，让她自己遮住，以减少他染上诸如惊恐之类的某些疾病。”[②]

不同性别姻亲之间的回避，常常被说成是防止非法性交的一 446
种手段。人们已经注意到这种说法的一个明显的不足，即没有对同性姻亲之间的回避作出解释。乔切尔森认为，在尤卡吉尔人中，岳母与女婿、公公与儿媳、兄长与弟媳之间归入回避的禁例，“可能是为了防止他们非法性交”。[③] 另一方面，岳父和女婿，兄长和妹夫之间归入回避的禁例，则是因为羞耻感所致。不过，他似乎也承认，羞耻感也是前一种回避的两个原因之一。弗雷泽也认为，回避规范的形成及其应用，是为了防止那些关系过于亲近的姻亲之间的乱伦。可是，这种姻亲回避，“却被荒谬地推而广之用到同性姻亲之间的回避上”。[④] 然而，我不相信，任何民族为了防止乱伦这个目的，竟会这样毫无道理地利用既定的规范去防止某些并不属于乱伦范围的人们之间的性交。我也很难相信，如此众多的民族（其中有不少并非是野蛮民族），自认为会犯有如此荒唐的

① Kidd, *op. cit.* pp. 236, 237, 241.

② Roscoe, *op. cit.* p. 129.

③ Jochelson, *Yukaghir*, p. 81 *sq.*

④ Frazer, *Totemism and Exogamy*, iii. 112 *sq.*

罪过。

在这里,暂且撇开以上对于同一民族之相似禁规作不同解释的笨拙手法不谈,我还发现,关于异性姻亲间之所以需要相互回避
447 其原因是为了防止乱伦性交的说法,是难以令人信服的。倘若属于回避范围的男女发生性关系真的被视为乱伦(未必全都如此),那么,人们会问,为什么同样的禁规并没有应用到那些彼此性交亦被认为乱伦而又不属于回避范围的人们身上呢?我们可以设想,在回避习俗中被视为主要人物的岳母,在多数情况下,对于一个可能比她的儿子还年轻的男子来说,难道会比其他禁婚妇女更具性吸引力吗?我觉得,公公有爱上儿媳的危险,那是有可能的。迄今为止,在许多民族中,的确还存在公公与儿媳回避的习俗。然而,这种回避习俗,甚至也存在于儿媳与婆婆之间,这种习俗同有关男子与姻亲之间的回避习俗极其相似。我相信,它们有着相同的起源,依据托尔多伊的记述,在布尚戈人中,"丈夫和妻子都应避免同对方的双亲相见"。[①] 不过,公公与儿媳之间的回避,比起女婿与岳母之间的回避来,并不那么严格,也不那么多。如果回避的目的确实是为了防止乱伦性交的话,我们当然希望把这两种回避倒换过来。在摩洛哥,公公与儿媳之间被认为特别重要的回避关系并不存在。正如我将会谈到的那样,这大概是因为他们住得很近、彼此接触较多所致。再者,无论哪一种回避,在多数情况下,都仅仅是暂时的。当妇女一生孩子,回避就可能终止或变得松弛。假如
448 回避的意向在于防止乱伦,这似乎难以作出解释。但如果说这只

---

① Torday and Joyce, *Les Bushongo*, p. 116.

不过是性羞涩的表现，那就容易理解多了。正如上面所说，这是受到既定习俗和当时需要的影响。小孩的出生，标志着这个新家庭多少有些巩固了；而当上祖父、祖母的感受，也有助于冲淡彼此之间需要回避的关系。此外，正如龚古尔所说，“对母亲来说，羞涩是不存在的。”①

关于回避习俗具有防止乱伦意图的这类假说，正像克劳利所说，仅仅适用于异性姻亲之间。他把女婿和岳母之间、儿媳和公公之间的回避，仅仅看作是属于两性之间一般禁忌的事例。依照他的说法，这是原始社会的显著特点之一。男性要回避女性，“因为她们具有损毁男子的禀性”；②而对女性来说，男子也被认为是危险的，对他们也要尽量回避，因此，一到青春期将临，兄弟和姐妹、男孩和女孩都要分开；业已订婚的男女之间要回避，业已结婚的夫妻之间要回避，不同性别的姻亲之间也要回避。至于女婿和岳母之间的回避，“似乎同男子与他妻子之间的回避有着内在的联系”。③ 不过，在原始人中，真有像克劳利所想像的那样广泛的分隔和回避吗？倘若真的如此，女婿和岳母之间的回避，为什么会特别引起世界各地旅行家们的关注呢？首先这是因为女婿和岳母的回避关系必定是很稀罕的事，它同一般男女之间的回避关系极不
相同。克劳利说，“我们将会发现，当夫妻之间的回避关系加强时， 449
女婿和岳母之间的回避就会逐渐消失。反之亦然。”因为人们之遵守性禁忌是为了安全，这对已婚者来说亦是如此。“由替代者承担

---

① *Journal des Goncourt*, iii. 5.

② Crawley, *op. cit.* p. 408 *sqq.*

③ Crawley, *op. cit.* p. 408 *sqq.*

回避的义务是很有用的，而最好的替代者是岳母。假如女婿回避岳母，他同妻子的关系将会平安无虑；同样，假如岳母回避女婿，她的女儿也会得到安全保证。”[1]这种对女婿和岳母回避、丈夫和妻子回避彼此之间交互关系的阐述，是很神妙的，但在哪里能找到这样的证据呢？至于同性姻亲之间的回避，克劳利则没有作出说明的尝试。毫无疑问，他低估了这种回避习俗的流行范围及其重要性。在摩洛哥的夏伊纳人中，正如我们所谈到的那样，女婿见岳父害羞甚于见到岳母。在艾伯特尼安扎湖的巴托罗人中，女婿与岳父之间的回避，甚至比女婿与岳母之间的回避还要严格。在乌干达伦杜人的一个部落里，除了其女儿病危，岳父不能走访女婿；相反，女儿结婚两个月后，岳母可以走访女婿。我不怀疑，这可能只是一种例外情况；而且，我还承认，一般认为异性回避比同性回避更常见、更严格是完全正确的。如果说性羞涩在异性之间表现得更为强烈，那正是意料之中的事。在女婿面前，岳母很容易联想到自己既是妇女又是母亲，自然会有一种羞涩之感；而做儿媳的一想
450 到公公时，也自然会比想到婆婆之时更加害臊脸红。从前，在雅库特人中，丈夫的男性亲属都须回避年轻的新媳妇，他们说：“唉：可怜的孩子，她很害羞啊！”直到现在，在年轻的新媳妇面前，他们不能露出胳膊肘以外的身体和光脚，并严禁粗俗的谩骂和下流的举动。而年轻的新媳妇在他们面前，也羞于露出头发和光脚。人们认为，姻亲之间发生性行为属于乱伦，因此，在他们的相互关系中，特别讲究礼节。

① *Ibid*, p. 412.

M. 雷纳克对女婿和岳母之间的回避习俗作了非常奇妙的解释。他说，假如男子在同妻方家人的交往中，允许他见到岳母，那么，在他们之间很快就会萌生出十分亲密的情感，而使他称呼岳母为“母亲”。假如夫妻双方因此同称一个妇女为母亲的话，那么，他们俩就会像是她亲生的儿女，在其他人面前，他们即以兄妹的面貌出现。结果，他们就犯了最大的罪过——乱伦。因此，野蛮人避免出现这类情况的唯一办法，就是完全不让女婿跟岳母有任何来往。[1] 然而，我们应该想想，对女婿来说，称呼岳母是否还可以用其他称谓来代替呢？假如称呼“母亲”可能产生误解的话（在我们自己当中，从来没听说有过误解这么一回事），他可以完全不使用这个称谓嘛。

在解释回避习俗上，还有其他一些尝试也要提一提。根据阿特金森的说法，回避是出于妒忌，岳母和女婿之间的回避，是“保护岳父婚姻权利的一种手段”；妻子和夫方男性亲属之间的回避习俗，应用于丈夫的长辈，是因为“对晚辈，丈夫能自我防卫；对长辈， 451
丈夫则需要规范的保护”。至于岳父和女婿之间的回避，乃是原始时代家长对女儿拥有的权威和权利业已松弛的结果。它发生“在这样的过渡时期，即乱伦仍在继续，外来的求婚者此时已经知道，在他岳父活着的时候，他也能加入妻方的群体。当偶尔发生摩擦时，便有可能成为对手；在处理纠纷时，只能依据习俗使双方相互回避”。[2] 在这里，我们不要被这样的解释弄糊涂了。这种解释，

① Reinach, “Le gendre et la belle-mere,” in *L'Anthropologie*, xxii. 659 *sq*.

② Lang and Atkinson, *Social Origins and Primal Law*, p. 269 *sqq*.

是以阿特金森的观点为基础的。根据他的观点，原始社会的群体，由单一家长与一群妻子和女儿组成。家长对这些成员全都享有性关系。在以后的章节中将会看到，这种观点，由于没有事实为基础，纯粹是一种虚构。只有证实前一种回避与“从妻居婚姻”有规律性的联系，而后一种回避与“从夫居婚姻”有规律性的联系，这种说法才能有某些真实性。对于为什么一个男子妒忌其岳父或女婿甚于妒忌其他男人，为什么对他们要作特别的防范，除非是因为他们与自己的妻子接触特别密切，否则，是很难令人理解的。现在，根据上面所讲的道理来看，有关回避习俗与丈夫所住地方之间有何相互关系的资料，肯定是不很可靠的。不过，我们已经看到，在很多存在女婿和岳母回避习俗的部落中，丈夫通常都是把妻子娶进自己家住的。至于妻子与丈夫家人的回避情况，据泰勒说，假若

452 丈夫同妻子的家人住在一起时，并不存在这种回避；可克劳利说，确有这样的回避。其实，上述两种回避同时并存于同一民族之中的情况，我曾发现多起实例。附带说一句，依据阿特金森的解释，他对婆媳之间的回避，可能是一无所知。

再者，科勒教授把女婿和岳父母之间的回避看作是早先群婚习俗的残余，他认为，这种回避表明，个体婚是新奇的、不同寻常的、早期还是不正常的。这同科勒把各种不同类型的习俗全都说成是某种神秘群婚阶段残余的倾向是完全一致的。然而，关于这种群婚阶段的存在，我们没有找到丝毫的证据。而对回避习俗最早作出解释的是基思，他似乎以巴塔哥尼亚人直到最近还流行的习俗为实例，说明岳母极其厌恶见到女婿的原因：假若某一年轻人死亡，习俗要求其家长处死一位老年妇女，作为岳母陪葬。因为害

怕这样的命运，妇女就养成了同女婿避免一切接触的习惯。即使这种习俗的起因已被遗忘，但这种回避的心情却仍继续存在。巴塔哥尼亚人的作法使世界各地做岳母的人感到惊恐。但是，科勒并没有说明这种杀岳母的习俗是如何发生的。

姻亲之间的回避习俗，在不同民族中普遍存在。为了对其获 453
得充分而详细的解释，对于这些习俗及其产生的原因，进行比过去更为严密的考察，无疑是十分必要的。不过我相信，这种回避主要是由于性羞耻感所致。一个人无论是在他（或她）配偶的家庭成员面前，还是在他（或她）自己的家庭成员面前，都会很自然地感受到这样一种羞耻感。关于性羞耻的起源是明确无疑的，没有争论之余地。它必定是由于厌恶父母和子女之间、兄弟和姐妹之间、同一家庭环境长大成人的男女之间发生性关系而衍生出来的。这种性羞耻感在人类的一切种族之中，一般都能感受得到。它给夫妻之间的关系披上一层神秘的面纱，并要求家庭内部的其他成员在性问题上实行回避。不仅如此，由于受到情感和习惯的影响，这种关系还会成为家庭之外性羞涩发展的动力。单纯的女性羞涩从来不是近亲之间性限制的起因，我想也不会是以性羞涩为表证的性羞耻感的起因。正如哈夫洛克·埃利斯所指出的，女性羞涩是性感的标志，它极易变成一种诱惑。蒙田也曾专门谈到处女羞涩的“魅力”。R. 布雷顿则说：“越是害羞的姑娘，越是寻求爱的欢乐。”[①]韦尔什甚至说得更加露骨：“越是忸怩作态，就越是淫荡。”[②]再者，女

① Restif de la Bretonne, quoted by Ellis, *op. cit.* i. 46.

② Ellis, *op. cit.* i. 46.

性羞涩能使男人兴奋激越，正如司汤达所说：“羞涩是爱情之
母。”[1]同时，男子必须善于把持自己的行为，不要使女方因羞臊而
脸红。男子一定要彬彬有礼。但是，拘于礼俗同女性羞涩相比，是
454 否更能加深男子的性羞涩，还是值得怀疑的。另一方面，至于在近
亲面前显现出的性羞耻感，对女性来说并不能产生丝毫的愉悦或
激情，对男子来说则会感到拘束和反常，这是为什么呢？因为其根
源不是出于情爱，而是出于厌恶。

① Stendhal, *De l'amour*, p. 56.

第十三章　求偶 455

只要我们能看到植物雌雄生殖细胞之间的外部差异，我们就会发现：雄性细胞在雌雄结合上总是表现得比较主动，而雌性细胞则处于被动状态。在这方面，很多低等动物也都与植物的情况相似。某些结构简单的低等动物，一生始终附着在同一个地方，其雄性生殖细胞通常都是被带入雌性体内的。还有一些低等动物，只有雌性一方固定不动，而必须由雄性去追求雌性。即使某一物种的雌雄两性都能自由活动，差不多也都是雄性先去接近雌性。

在前面所讲的第一种情况中，雄性细胞为什么总是起着主动作用呢？达尔文给我们做了解释。他指出："即使卵细胞在受精之前能脱离母体，而于脱离之后又不需要一段营养或保护的时间，由于体积大于精细胞而在数量上不得不大大少于精细胞，传输起来，总要比精细胞困难得多。"①不过，达尔文又表示，有些物种的祖先从一开始就是可以自由活动的。对于这些物种来说，何以会无一例外地也养成雄性追求雌性而不是由雌性追求雄性的习惯呢？这就有些令人难以理解了。也许，我们可以做这样两种解释：第一，追求者总是会比被追求者遇到更多的危险；第二，雄性如在交配期

① 达尔文：《人类的由来》，商务印书馆 1983 年版，第 346 页。

间死去，对于该物种的生存影响不大；如果雌性死去，对于该物种
456 的生存就会非常不利。不管是哪种情况，我们都可以同意达尔文的这样一种观点：为了使雄性对雌性的追求更为有效，必须赋予雄性以强烈的情欲；而情欲旺盛的雄性个体所留下的后代，总要比情欲不太旺盛者所留下的后代为多，这样，一代又一代自然而然地也就获得更加强烈的情欲。

人们普遍认为，雄性的情欲要比雌性强烈。但是，就人类而言，哈夫洛克·埃利斯博士认为，现在有一种过分低估女性情欲的倾向，就像过去有一种过分夸大女性情欲的倾向一样。埃利斯博士认为，大致说来，男女两性的情欲还是比较均衡的。他还说，在交媾之前，男性表现得更为亢奋。据观察，不仅人类有这种倾向，而且某些鸟类也有这种倾向。塞卢斯先生曾谈到过鸥类的情况，他说："实际的求偶过程是这样的：在交配之前，通常是雄鸟的情欲更为旺盛；但在交配之后，就常常是雌鸟在追求雄鸟了。我曾见到过这方面的明显实例。"[①]他特别提到鸻、茶隼和白嘴乌鸦。不过，也有相反的情况，赫伦爵士甚至说，在孔雀中，首先表示爱慕之意的总是雌性。据奥杜邦说，年老的雌性野吐绶鸡也有这种情况。

在人类的求偶过程中，一般多是男性表现得比较主动，女性表现得比较被动；女性"需要男性来追求"。但是，正如在低等动物中有例外情况一样，在为数不少的未开化民族中，据说也是女性追求男性，或是女性先向男性求婚。

457 据伦格尔说，在巴拉圭的印第安人中，女性所赋有的情欲要比

① Selous, *Bird Watching*, p. 112.

男性强烈，而且女性可以主动向男性求婚。至今在大查科平原的乔罗蒂人中，仍有这种情况。他们通常都是在牧豆收获季节缔结婚约。每到这时，那些想要结婚的青年男女便一个村子一个村子地串游嬉戏，每个村子都要接连4个晚上举行舞会。“这些舞会通常都有自由性爱相伴随。姑娘们虽对娱乐活动不太热心，但对参加舞会却比小伙子还要积极。每次舞会结束之后，特别是最后一次舞会结束之后，每个姑娘都可以随意挑选一个临时情郎，共度良宵。第4天晚上举行的最后一次舞会是具有决定意义的。哪位姑娘如果找到了如意郎君，并想嫁给他，就会把他留住，不仅是留住一个晚上，而且要把他长期留下来。姑娘找到如意郎君之后，便将他带回自己家中，作为女婿住下来，并成为女方家中的一员。”①最近，有一位德国探险家曾谈到过皮科马约河畔索特加赖克人（亦称塔皮埃蒂人）的情况。他说：“女人和姑娘们围在男人身旁跳舞。她们一会儿单独跳，一会儿集体跳。在舞会上，姑娘们还要为自己挑选丈夫。挑好之后，便立即把他从跳舞的行列中拉出，然后双双离去，消失在树林深处，并不举行什么结婚仪式。”②在马托格罗索的博罗罗族印第安人中，结婚同样也是由女方向男方提出。“小伙子呆在男子公房里，姑娘给他送来玉米饼。如果他收了下来，就表示他答应愿做新郎。”如果他只吃了一点儿，或者根本没有吃，那就表示还不能马上决定，或者表示断然拒绝。③

---

① Karsten, *Indian Dancers in the Gran Chaco*, p. 30.

② Herrmann, “Die ethnographischen Ergebnisse der Deutschen Pilcomayo-Expedition,” in *Zeitschr. f. Ethnol.* xl. 129.

③ Frič and Radin, “Constributions to the Study of the Bororo Indians,” in *Jour. Anthr. Inst.* xxxvi. 390.

458 据伦霍尔茨博士说，在墨西哥的塔拉乌马雷人中，“风俗习惯要求女子去追求男子。其实，那里的女子也和她们想吸引的情郎一样腼腆，但是，女子必须在男女情爱中采取主动。那里的年轻人只能在某些节庆活动中相见。节庆期间，大家都可以尽情地喝一种土制啤酒。酒劲儿上来之后，姑娘便在小伙子面前一上一下地原地跳起舞来，样子显得很笨拙，以吸引小伙子的注意。但是，姑娘仍旧感到很害羞，因此总是背对着小伙子跳舞。……如果有机会的话，姑娘的父母还会对小伙子的父母说：‘我们的女儿想嫁给你们的儿子。’接着，他们便把女儿送到小伙子家，这样，两个年轻人渐渐就可以亲近了。但是，在最初的两三天里，他们也许并不说话。最后，姑娘开始嬉笑着朝小伙子扔一些小卵石。如果小伙子不回掷，就说明他对姑娘并无爱意；而如果小伙子用小卵石回掷姑娘，姑娘心里就会明白：她已经赢得了这个小伙子的心。于是，姑娘就把身上的毛毯脱掉，跑进树林之中，小伙子很快就会追了上去。”有时候，如果哪个小伙子特别喜欢某个姑娘，他也可以先做些表示；即便如此，他也必须先等女方扔出石子，脱下毛毯。因为在这些印第安人中，盛行“女子追男子，美人得英雄”。[①] 在普埃布洛人中也是这样：“其求偶方式通常与其他民族相反。当一个女子有意嫁人时，她并不是坐等男人前来向她求婚，而是根据自己的喜好去挑选男人，然后再跟自己的父亲商量。父亲同意后，便走访男家，将女儿的意愿告知男方的父母。男方父母对女方所提亲事，一

① Lumholtz，*Unknown Mexico*，i. 267. 这位旅行家还曾谈到墨西哥的另一部落惠乔尔人。他说，在年轻人中，是男子追求女子；但在成年人中，却是女人追求男人（参见上书，第 2 卷，第 93 页）。

般都不会表示反对。”[①]在不列颠哥伦比亚腹地的印第安人中，“一
年之中总要举办几次舞会。在舞会上，青年男女可以自己选择生 459
活伴侣。年轻男子可以在举行舞会的某个时候挑选妻子。选中后，便抓住她的腰带，或是仅仅把手放在她的手上。如果姑娘接受男子的求爱，便会和他一起跳到天黑。天黑后，酋长便将这对情人领到众人面前，宣布他们已结为夫妻。女子也可以用同样的办法挑选男子”。[②] 在汤普森印第安人中，女子看中哪个男子后，一般都要用手触摸一下这位男子的头或胳膊；男子通常都会娶触摸过自己的女子为妻，但也不是非娶不可。据说，有的女子在触摸某个男子之后，因未被接受而倍感羞辱，以至走上绝路。

巴彻勒先生说，在阿伊努人中，常有年轻女子向年轻男子求婚的事。凡遇此种情况，年轻女子都要请自己的父母走访意中人的家。如果男方父母接受了这门亲事，新郎便要离开自己的家，迁到离岳父母不远的地方去住。不过，据毕苏茨基说，虽然以前确曾有过女子向男子求婚的习俗，但现在已经没有人再这样做了。他还说，“即使泛泛地向阿伊努妇女提到这一习俗，她们也会感到极其不快”。在阿伊努人的神话中，据说这种习俗是属于通古斯妇女的。[③] 婆罗洲有一个部落，也被邻族说成是实行女子提亲习俗的部落。卡扬人就常常说，“在卡拉比特人中，是女子在谈情说爱的

---

① Bancroft, *Native Races of the Pacifie States*, i. 547.

② Teit, “Indian Tribes of the Interior,” in *Canada and its Provinces*, vol. xxi. *The Pacific Province*, pt. i. 309.

③ Miss Czaplicka, *Aboriginal Siberia*, p. 103.

全过程中采取主动。”[①]

在托雷斯海峡西部诸岛的岛民中，“按照习俗，一般都是年轻女子向年轻男子求亲，不过，这一习俗已被传教士所禁止。”哈登博士认为，年轻男子有时也往自己身上擦些香料，可能是想表明自己
460 已做好被人追求的准备，但他们却从不首先向女方提出求婚的明确要求。这一习俗在民间故事中也有提及。[②] 在新几内亚的各个部落中，也是由女子向男子提亲或采取主动。在新不列颠岛中部的苏尔卡人中，女子在决定嫁给哪个年轻男子之后，便将自己的心事告诉父亲或某位近亲，由他们前往男方家，以这位女子的名义提出求婚。在新汉诺威以及新爱尔兰北部的很多地方，也同样是女方在婚事中采取主动，并派媒人去到所选新郎家中转达她的心意。在毛利人中，当年轻男女晚间在俱乐部聚会时，常常向对方做一些亲近的表示，而且往往始于女方。“表示亲近的一般做法是，用指尖在意中人的手上轻捏或轻搔。”[③]特里吉尔先生甚至说：“几乎在每一件婚事中，最先做出求婚表示的都是女子，或者是她们亲自出面，或者是请朋友出面。”在毛利人的古老传说中，常常是女子为男子而争风吃醋。[④]

在阿萨姆的加罗人中，女子向男子求亲不仅是一种特权，而且还是一种责任。多尔顿曾说过：“如果有一名男子向一名女子做出

① Hose and McDougall, *Pagan Tribes of Borneo*, ii. 176, 246.

② Haddon, in *Reports of the Cambridge Anthropological Expedition to Torres Straits*, v. 222.

③ Best, “Maori Marriage Customs,” in *Trans. and Proceed. New Zealand Institute*, xxxvi. 33.

④ Tregear, *The Maori Race*, p. 285 *sq.*

亲近的表示，而这名女子不愿接受，而且还把此事告诉朋友，那么， 461
人们就会把这看作是对这名女子的全体‘母亲’的一种侮辱。要消除这种侮辱，只能由男方的‘母亲’出钱，用大量猪血和啤酒进行祭奠。”[①]这一规定只有在舅舅把女儿嫁给姑姑的儿子时，才得以算做例外。

在祖鲁族的一个部落万戈尼人中，女子有权向男子求婚。一名女子在举行过成人仪式之后，便可在女友的陪伴下，前往她所想嫁给的男子家中，一行人手持绿树枝，齐声唱道：姑娘已经选中你家小伙子做新郎。如果这家小伙子面有难色，不愿接受女方的求婚，女方一行人便大哭大叫着打道回府；如果男方欣然接受，女方一行人便把这位姑娘当作新娘带回家中。第二天，男方来访，开始同女方的父亲商谈聘礼事宜，这是一个很棘手的问题。不过，这种习俗现已濒于消失。做父亲的总是倾向于把女儿卖个高价，因此谁送来的牛最多，就把女儿许配给谁。在“德属东非”的孔德人中，据说酋长的女儿有权向意中人求婚。在班图族系的卡维龙多人中，如果哪个女子没有人前来提亲，她就可以前往外村，把自己许给外村男子。如果有人要了她，就必须同她的父亲商谈送聘礼的事。在尼洛特族系的卡维龙多人中，如果某个女子长期未嫁，那么，到了一定时候，她往往就会来到酋长家或财主家，声称自己要在这里住下，并给他们做饭。在这种情况下，酋长或财主多会娶她
为妻，但只给她很少的一点礼物。在有些民族中，则是由女方的父 462
亲或父母采取主动，为自己的女儿选择丈夫。

① Dalton, *Descriptive Ethnology of Bengal*, p. 64.

雄性之间常常为占有某一雌性而相互争斗。在交配季节，即使是生性最怯懦的动物，其雄性也会投入殊死的争斗。这种为争夺某一雌性而发生的争斗，可以见之于昆虫之中，但以脊椎动物中最为盛行。在低于人类的哺乳动物中，争斗和求偶显然是一种正常的共存关系。而且，我们人类的远祖无疑也曾为占有女性而争斗。这种争斗在各蒙昧部落中至今仍时有发生。

据阿萨拉说，在巴拉圭河上游西岸的瓜纳人中，男子常常要等到 20 多岁才娶亲，这是因为人们在 20 岁以前很难打败和自己竞争的对手。冯·马蒂乌斯在描述巴西的蒙昧部落时说，在马代拉河沿岸的穆拉人中，娶亲的主要方式就是由钟情于同一女子的所有男子赤手空拳地进行争斗。帕塞人也是这样。在加利福尼亚的帕特温人中，有时会发生这样的事：男人之间如果为某个女人发生了争吵，便手持弓箭，各站一方，进行远距离的决斗。赫恩在谈到北美印第安人时曾说，“他们一直有这样一种习俗：如果几个男人同时迷恋上一个女子，那么，就要通过摔跤来竞争。当然，总是谁最有劲儿，谁就可以得到这名女子。一个瘦弱的男子几乎不可能娶到比他力气大的男子所看上的女子，除非他善于射猎，或是深受众人爱戴。……这一习俗在北美印第安人的各部落中都很盛行，
463 并在年轻人中养成一种争强好胜的精神。人们从幼年时起，随时随地都要摔跤，比试力气和技巧。”[1]理查森也不止一次地看到，身体强的人会向本部落中身体弱的人表示，自己有权占有他的妻子。

[1] Hearne, *Journey from Prince of Wales's Fort to the Northern Ocean*, p. 104.

理查森说:“任何人都可以提出同别人摔跤。如果摔赢了,就可以把别人的妻子作为战利品带走。输了的人面对这种损失,只能按照习俗要求的那样,自认倒霉,然后再寻找机会,从比自己力气还小的人那里夺个妻子过来,作为补偿。”[①]胡珀先生在谈到斯拉维族印第安人时曾说:“如果有个人想把邻居的妻子抢到手,他就会提出同邻居搞一次很好笑的角力比赛。比赛中,双方都想把对方又长又滑的头发紧紧抓在自己手里,而谁先喊痛,谁就输了。如果得胜的一方就是原来想得到人家妻子的那个人,那么,他还必须再为这名妇人的易手交付一定数量的牛皮。”[②]纳尔逊先生曾听白令海峡附近的一位爱斯基摩老人说,在古时候,如果某个女人的丈夫和情夫为争夺这个女人发生了争吵,邻人就给这两个男子御下身上的武器,让他们以拳击或摔跤的方式解决矛盾,谁打赢了,谁就可以得到这个女人。

在堪察加外海的一些岛屿上,当丈夫的如果发现情敌同自己的妻子待在一起,他只好承认这个男子同样也可以对自己的妻子提出占有权。于是,他便会对这个男子说:“让我们比试比试吧,看看谁更有权得到她。”说罢,双方脱去上衣,用棍棒猛击对方的后背。谁最先挺不住,倒在地上,谁就失去对这个女人的占有权。[③]在尤卡吉尔人中,如果有个年轻男子晚上去看他的女友时,发现帐 464
中还有女友的另一个情人,他就会叫这个情人出来,比试一番。败者返回自家,胜者进入帐中。根据尤卡吉尔人的传说,以前遇到这

① Richardson, *Arctic Searching Expedition*, ii. 24.

② Hooper, *Ten Months among the Tents of the Tuski*, p. 303.

③ Steller, *Beschreibung von dem Lande Kamtsichatka*, p. 348.

种事，两位对手便会远离帐篷，大打一场，直至一方将另一方打死，方才罢休。在楚克奇人的传说中，曾有一种浪漫式的婚姻。年轻男子要想娶亲，不是靠以身服役，而是靠艺高胆大，技压群雄。其中有一个故事说道，有个女子曾让追求她的人光脚同她赛跑，谁能远远地超过她，谁就可以娶她。据说，一个男子有时要连赛数场，才能娶上妻子。

在澳大利亚的土著部落中，为争夺女人而相互争斗的事也时有发生。伦霍尔茨博士在谈及昆士兰北部赫伯特山谷附近的土著部落时，曾说：“如果某个女人长得很好看，那么，所有男子都会去追求她，而能够把这样的女人娶到手的，一般都是最有势力或最有气力的人。”大多数青年男子由于不敢同壮年男子进行娶亲必须的这种决斗，因而必须等很长时间才能结婚。[1] 纳西斯·佩尔捷曾被澳大利亚昆士兰的某个土著部落扣留了17年，据他说，当地人“常常为了占有某个女人而大动干戈”。[2] 道森先生曾对维多利亚西部的一些部落做过描述，据他讲，如果某个年轻的酋长无力娶亲，而又看上另一位多妻酋长的一个妻子，那么，只要征得这个女人的同意，年轻酋长就可以向她的丈夫提出进行一对一决斗的挑战。如果她丈夫被打败了，胜者即可正式娶她为妻。里德利先生说：“在亨特河沿岸地区，当一个人想找个妻子的时候，他便来到男
465 男女女围火而坐的一个营地，往人群中扔去一个飞镖。如果人群中有人向他回掷飞镖，他就必须为自己所要寻求的特权而战。而

① Lumholtz, *Among Cannibals*, pp. 213, 184.

② Spencer, *Principles of Sociology*, i. 601.

如果没有人向他提出挑战，他就会迅速钻进人群，挑选一个年轻女子做自己的妻子。”[①]弗雷泽博士说，在新南威尔士的土著中，也有为争夺某个女子而进行决斗的事，胜者即可娶之为妻。

据兰德曼博士说，在英属新几内亚的基瓦伊族巴布亚人中，部落内的争斗事件多由女性引起。在他们的神话传说中，有一个名叫希多的人，他和另一个人为争夺一个女人而发生争斗，成为被人杀死的第一个人。这类描述在基瓦伊人的神话传说中是很典型的。至于导致毛利人相互争斗的主要原因，有一句格言说得好：“人为女色和土地而亡。”尽管毛利人并不是实行外婚制的民族，但女人在过去仍是导致战争的一个主要原因。据说，在毛利人中，如果两个男人同时爱上一个女人，双方就要进行一场决斗，双方的亲戚也会赶来助阵。谁赢了，谁就可以得到这个女人。不过，女人被夹在两个男人的冲突之中，也往往不太好过。在萨摩亚和斐济，女人也是引起争斗的一个主要原因。据说，在吉尔伯特群岛的马金人中，“除了为争夺女人之外，人们从不打仗，也很少争斗或吵嘴”。[②]

在南非布须曼人的某些社区中，“一个年轻人要想娶某个女子为妻，就必须证明自己是一条汉子，为此，就要同想娶这名女子的其他人进行决斗，得胜后方可娶亲结婚。”[③]在山地达马拉人中，“假如某个人觉得自己比别人力气大，他就认为自己可以随意把别 466

① Ridley, *Kamilaroi, Dippil, and Turrubul*, p. 157.

② Wilkes, *Narrative of the United States Exploring Expedition*, v. 72.

③ Theal, *Yellow and Dark-skinned People of Africa South of the Zambesi*, p. 47.

人喜欢的女人据为己有。”[①]威克斯先生说，在刚果河沿岸，导致男人之间争吵和打斗的一个主要原因就是因为争夺女人。“如果你能从事情的表象出发，找到真正的症结所在，那么，你就会发现，在打斗事件中，十有八九都是为了一个女人。”[②]中非的瓦代人常常为争夺女人而进行拼死的搏斗，这已是远近皆知的事实。在巴吉尔米人中，青年男子为争夺女人而进行血腥决斗的事，也远非罕见。

在其他一些民族中，人们虽然也为争夺一个女人而各不相让，但在形式上却不那么暴烈，而是颇有一番嬉戏的味道。在毛利人中，如果两个男子都有意于同一个女子，人们就要让他们两人进行一种“拔河”比赛。两人各拽这名女子的一只胳膊，谁的力气大，谁就是赢家。此外，毛利人还有这样一种习俗：“如果哪个村里住着一个品貌超群的年轻女子，消息传出去，那些年轻、好动、长相不错的男子就会自动聚集起来，前往该村一看。看的目的，其实是为了想在这位女子面前显示自己的才貌，以期被她选中做新郎。这段期间村里会很热闹，因为这一行年轻人将要做各种表演，以展示自己的才能、风度和灵巧。每个人都想在表演中出人头地。他们将表演各种舞姿，展示各种技艺。人人都希望能被选中而喜做新郎。”[③]据费尔金博士说，在科尔多凡高原的敦戈洛维人中，如果两个男子同时向一个女子求婚，而女方又很难在这两个人中进行选

① Stow, *Native Races of South Africa*, p. 260.

② Weeks, *Among Congo Cannibals*, p. 226.

③ Best, “Maori, Marriage Customs”, in *Trans, and Proceed. New Zealand Institute*, xxxvi. 36.

择，那就要采用以下方法决定取舍：女子在自己的两只前臂上紧紧地各绑一把尖刀，刀刃向外突出于肘下。然后，她站到一根圆木 467
上，这两名男子则各坐一边，用各自的腿紧紧地顶着女子的腿。女子抬起手臂，身体前倾，将刀子慢慢地扎进这两个想做她丈夫的男人的大腿上。在这场考验中，谁的忍耐力最强，谁就可以娶她为妻。而新娘在婚后所尽的第一项义务，就是敷裹自己给丈夫造成的创伤。吉尔吉斯人有一种叫做“追情人”的比赛，可被视为那里的一种婚姻形式。“在这种比赛中，新娘手执一条可怕的长鞭，骑在一匹快马背上，由那些有意娶她为妻的所有年轻男子去追。谁先追上她，谁就可以把她作为战利品带回去。不过，新娘除了可以扬鞭策马，奋力挣脱之外，还可以用鞭子有力地驱赶她不喜欢的人，而委身于心目中早已选好的人。但是，根据吉尔吉斯人的习俗，娶亲还须交付一笔钱，并同女方的父亲达成协议，商定做父亲的应给女儿多少嫁妆。因此，所谓‘追情人’不过是一种形式而已。”[①]在台湾岛的某些佩波人中，“有一项由所有年轻单身汉参加的赛跑活动，事前会专门宣布是在哪天举行。谁赢得这项比赛，谁就可以娶部落中最美的女子为妻。”[②]

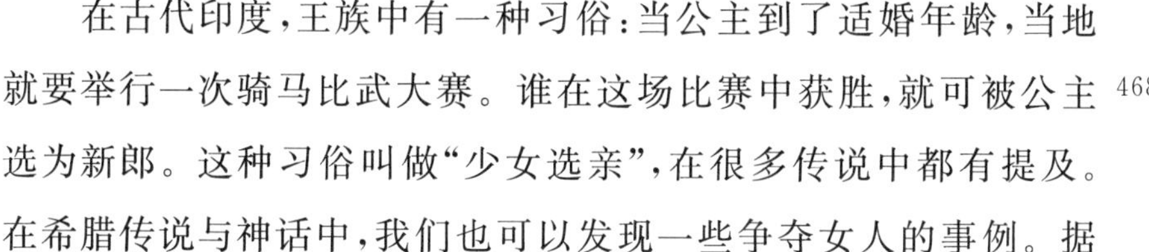

在古代印度，王族中有一种习俗：当公主到了适婚年龄，当地就要举行一次骑马比武大赛。谁在这场比赛中获胜，就可被公主 468
选为新郎。这种习俗叫做“少女选亲”，在很多传说中都有提及。在希腊传说与神话中，我们也可以发现一些争夺女人的事例。据

① Sohuyler, *Turkistan*, i. 42 *sq.*

② Davidson, *Island of Formosa*, p. 581.

保萨尼阿斯说，达那俄斯曾为出嫁女儿而创设了一种比赛："谁跑得最快，谁就可以最先挑选，娶他最喜欢的女人为妻；得第二名的则可以第二个进行挑选，这样直至最后一名。对于那些没被人选上的女人，则要她们耐心等待下次比赛。"伊卡洛斯也曾提出，让追求珀涅罗珀的人举行一次比赛。[①] 据品达多斯说，安泰俄斯有一个长发垂肩、深受众人赞美的女儿，有很多男子都向她求婚。于是，安泰俄斯就把所有这些男子全都安排在同一起跑线上，并说，谁能证明自己跑得最快，谁能最先触到自己女儿的衣裙，谁就可以娶她为妻。

棕枝主日[②]是预示爱情的日子。这一天，南斯拉沃尼亚的年轻人常常相互角力。据信，谁的力气最大，谁就能找到最漂亮的妻子。阿瑟·扬向我们讲述了流行于爱尔兰腹地的一种奇特习俗。他说，"当地有一种非常古老的习俗：乡里的穷人聚在一起，经常议论哪家的姑娘该出嫁了，哪家的小伙子适合做她的丈夫。一旦商定好了，他们就派人到姑娘家去，通知她下个主日'就该骑在马上了'，也就是说，要被人背走了。到时候，她必须拿出威士忌和苹果酒来招待大家，因为人们做完弥撒之后都要到她这儿来，举行一次投掷比赛。一旦她上了马，比赛就开始了。在比赛中，被内定为她丈夫的那个小伙子是众人关注的焦点。如果他获胜了，就可以娶这个姑娘为妻；假如是别人取胜，他就会失去这个姑娘，因为这个
469 姑娘是为得胜者准备的一种战利品……有时，贵族之间也进行这

① Pausanias, *Descriptio Graeciae*, iii. 12. 1 *sq.*

② 棕枝主日(Palm Sunday)，为基督教节日，即耶稣复活节之前的星期日，纪念当年耶稣基督受难前最后一次骑驴在众人簇拥之下进入耶路撒冷。——译者

种投掷比赛，得胜者总会得到一位适婚女子为妻。”[①]

在没有竞争对手的情况下，求婚者也会急于向他所追求的女子展示自己的男子汉气概。据彼得雷说，在西西里岛，“那些想结婚的年轻人，总是想方设法在众人面前证明自己的勇气，把自己显示一番。且不说在别的地方，仅在基亚拉蒙特，求婚者为了显示自己的阳刚之气，要在行进队伍中高举象征某一团体的大旗。这面大旗举得很高，上面的装饰物件也很多，把旗杆都压弯了。由于大旗很重，举旗者只能弯曲着身体走路。只要他走到未婚妻家，便能充分证明自己举旗的勇气和技能。这时，大旗在他手中似乎已变成了某种玩物；但对有些人来说，要举起这面大旗就可能会累得要死。”[②]

在蒙昧部落中，如同在我们文明民族中一样，当一个年轻男子要想娶哪位女子为妻时，总是想方设法以各种手段获取她的好感。艾尔曼博士说过，一个南澳大利亚的黑人在求偶的方式上，与一个白人没有什么根本的不同。他也会用温柔的目光、甜美的微笑和各种殷勤的举动来表达心中的爱慕之情。在北墨西哥的希拉人中，“当一个年轻男子见到一个美貌女子并想娶她为妻时，他首先要做的是尽力取得女方父母的好感。这一步做到之后，便开始在她的屋旁，用长笛为他心爱的姑娘吹奏小夜曲，接连数日，每日几个小时。如果姑娘拒不露面，就说明她不想嫁给他；如果姑娘出来见他，他就知道，姑娘已经接受了他的心意，于是便带着姑娘回到

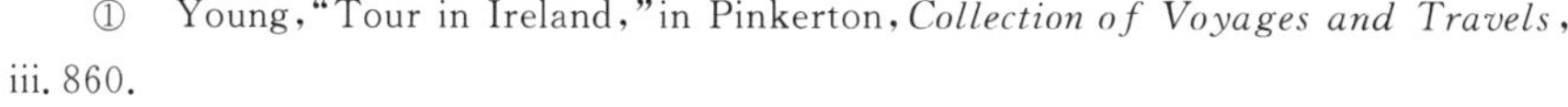

① Young, “Tour in Ireland,” in Pinkerton, *Collection of Voyages and Travels*, iii. 860.

② Pitrè, *Usi e costumi credenze e pregiudizi del popolo siciliano*, ii. 24.

自己家中。”[①]正如哈夫洛克·埃利斯博士所说，在人类最初的求偶方式中，音乐所起的作用，即便不是唯一的，也是很重要的。在
470 富有浪漫色彩的节庆活动中，一般都伴有歌舞。跳舞往往是引发性兴奋的一种手段，也是求偶的一种方式。在焦达讷格布尔高原的荷人中，“求婚之事大多都是在村镇舞会上发生的。”[②]在莫特洛克群岛，那些想娶亲的年轻男子总是先要梳理、打扮一番，然后便沿村游逛。一入夜，各村往往都要举行歌舞盛会，人们的婚约大多都是在这种场合订立的。在托雷斯海峡西部诸岛的岛民中，“从前常常要举行舞会，舞会延续时间也很长。年轻女子都爱看小伙子跳那种富有活力的舞蹈，欣赏他们光亮的皮肤、卷曲的头发和五彩缤纷的饰物，并从小伙子们的舞蹈中感到极大的快乐。……舞技高超者自有好报。正如马布亚格人的一位前酋长所说的，‘英国妇女都想嫁给有钱的人，而我们这里的妇女则是想嫁给跳舞好的
471 人’。”哈登博士说：“当地人在向我叙说他们的求偶习俗时，一般总要先从跳舞说起。看来这是不足为怪的。”[③]对于威廉一世海岸的土著人，也有类似的记载。那里的年轻男子对于跳舞的技艺学得非常认真，有时为了学习跳舞，甚至还长途跋涉，到那些以舞技高超而著称的部落去观摩。

除了人类之外，在某些动物中，我们也可以看到雄性以一种不懈的、平和的方式进行求偶活动。在很多种飞蛾中，雄蛾常常聚在刚刚长成的雌蛾周围，嗡嗡地叫着，向雌蛾发出求偶的信号，而雌

---

① Bancroft, *op. cit.* i. 549.

② Bradley-Birt, *Chota Nagpore*, p. 102.

③ Haddon, *Head Hunters*, p. 158.

蛾则显然不为所动。几分钟后，突然有一只雄蛾与雌蛾发生交配，其他雄蛾便立即散去。而在这之前，人们并没有发现雌蛾发出过什么信号。在这种情况下，雄性之间并未发生任何争斗。在某些蜘蛛中，“雄性争相在雌性面前竞展风姿，……而雌性则聚精会神地观看着为取悦自己而进行的表演和比赛，然后选择最满意的雄性为偶。”[①]鸟类的求偶手段包括嬉戏和跳舞，展示特有的体态和色彩，以及求偶的鸣叫。雄性百眼雉以其绝美的羽衣而著称。当雄雉在雌雉面前炫耀时，便竖起尾羽，展示其美丽壮观的羽毛，张成圆圆的、几乎是垂直的一大片，像是一把又大又圆的扇子，又像是一具盾牌，伸向身体的前方。贝尔特先生曾看到过这样一幕情景：一只雌食蜜鸟静静地立在枝头，两只雄鸟在她面前争相展示自己的风姿，“其中一只突然腾空而起，张开雪白的尾翼，宛若一个倒转的降落伞，然后缓缓地落在雌鸟面前，又缓慢地转动着身体，以 472 展示自己的前前后后。……雪白的尾翼一展开，比鸟身的其他部位合在一起还要大，显然成为求偶表演中的一大特色。”[②]雄照莺“求爱，是直截了当地在雌鸟面前进行的，他鼓起胸膛，让平时瞧不见的更多的绯红色的羽毛可以同时展露出来”。而雄金翅雀向雌鸟求爱时，“先将身体左右摇晃或摆动，然后带着他舒展得不很开的两翅，一会儿转向左，一会儿转向右，而且转动得极为敏捷，看去像一道道金光闪来闪去似的”。[③] 但是，在除去人类以外的哺乳动

① Peckham, “Observations on Sexual Selection in Spiders of the Family Attidae,” in *Occational Papers of the Natural History Society of Wisconsin*, i. 60.

② Belt, *The Naturalist in Nicaragua*, p. 112.

③ 达尔文：《人类的由来》，商务印书馆 1983 年版，第 608 页。

物中，这种以平和方式进行的求偶活动却是鲜为人知的。达尔文曾说过，现在还没有足够的证据表明，雄性哺乳动物会尽力向雌性展示自己的风姿。但是有人提出，这只是一般的情况，而例外的情况也是存在的。据说，雄性狒狒就总是把自己富有色彩的一面朝向雌性。同样，在哺乳动物的求偶活动中，也没有什么可称之为声乐艺术的东西。大多数哺乳动物在声音上所表现出来的，仅仅是某种激昂的叫声，如嚎叫、吼叫、尖叫、嗥叫等，或者仅仅是一种平淡的叫声。不过，在这方面，猴类仍是一种明显的例外。吼猴就常常成群结队地聚在一起，一开唱往往就是几个小时。这样看来，我们人类的求偶方式，应当说更加近似于鸟类，而不是其他哺乳动物。

虽说在一般情况下，都是雄性追求雌性，但雌性并非是完全处于被动的角色。事实上，雌性动物在与雄性交配之前的调情过程中，起着相当积极的作用。塞卢斯先生在谈到某些绒鸭的求偶活动时，曾说："在雄鸭追求雌鸭时，雌鸭似乎觉得自己差不多是起主
473 动作用的。"[①]在石鸻鸟中，雄鸟和雌鸟在交配之前都要先飞舞一番。在蒙昧部落中也是一样，男女往往都参加挑逗性的舞会。在各种动物中，雌性往往通过叫声或其他方式引来雄性；只是在将雄性引来之后，却加以拒绝，或是逃走。这又是雌性在求偶活动中一个极为常见、极为重要的特点。母鹿在交配季节，常常以清亮的叫声向雄鹿发出呼唤，雄鹿一听到这叫声，便立即来到母鹿身边。但是，母鹿"在雄鹿急不可待地跑来之后，好像是出于羞怯，又像是出

① Selous, *op. cit.* p. 144.

于淘气，反而跑到一块空地上兜圈子，雄鹿自然是紧追不舍，双方一跑一追，有如赛马一样激烈。母鹿一边跑，一边发出阵阵高亢的叫声，与雄鹿低沉、短促的叫声一唱一和。突然，淘气的母鹿一溜烟似地钻进旁边的树丛，像仙女一样消失得无影无踪。雄鹿大惑不解，昂着头，竖着耳，站在那里。接着，我们发现雄鹿的头低了下来，好像闻到母鹿的气味，于是也消失在丛林之中”。[1] 这种忽而召唤，忽而逃跑的情景，在鸟类中也极为常见。例如，“雌布谷鸟以一种迷人的叫声回应着雄鸟的呼唤，把雄鸟弄得兴奋不已；但是，雌鸟却不肯轻易把自己交给雄鸟。于是，它们便在树梢上展开了一场激烈的追逐。在追逐过程中，雌鸟总是不断地以一种嘲弄的叫声刺激雄鸟，直到把可怜的雄鸟弄得神魂颠倒。”[2]雌翠鸟遇到向她求爱的雄鸟，往往要将它折腾上半天，忽而飞来叫它，忽而又逃之夭夭。“但是，雌鸟飞行时，总是不断回头看看，随时调整速度，决不让雄鸟有一时一刻脱离她的视野。如果发现雄鸟突然不再追她了，便又绕回来找他。”[3]

因此，雄性要想把雌性追到手，往往要经过长时间的努力。雌 474
性有一种阻止雄性逼近的本能冲动，要克服它，就需要锲而不舍的追求，还需要使用各种技巧。不仅低等动物中的雌性有这一特点，而且人类女性也有这一特点。无论是在蒙昧部落中，还是在文明民族中，求偶都意味着对女性的持续追求。马里纳在谈到汤加妇女时所说的话，具有相当普遍的意义。他说：“不要以为这些妇女

① Müller, quoted by Groos, *Play of Animals*, p. 284.

② *Ibid*, p. 285.

③ *Ibid*, p. 286.

总是那么容易被人弄到手。有时，即使没有其他竞争对手，也需要格外殷勤，全力以求。当女方想玩弄对方或不喜欢对方时，就会出现这种情况。”[1]在印度南部特里奇诺波利地区的乌皮利扬人中，女方“只有在男方多次求婚之后，才会答应；否则，人们就会说，这个姑娘太容易被人弄到手了”。[2] 在奥马哈人中，“一个二三十岁的男子向一个女子求婚，往往需要两三年的时间。有时，姑娘们假装不愿嫁给某个男子，其实是想考验他的爱情，而最后一般都是会答应的。”[3]阿帕切族男子向姑娘求婚时，就把马拴在女方门前。女方可以有 4 天的时间考虑怎样回答。女方如立即表示答应，就会受到人们的严厉批评；而迟迟不表态，又会被人视为玩弄他人。一般都是到了第二天以后，女方把马牵去饮水，以表示她喜欢这个小伙子。如果过早这样做，人们就会怀疑她太急于嫁人了。在格陵兰，人们认为女子对待求偶的正确态度应当是，“对任何求亲者

475 都表现得不偏不倚，即使她心里对某个人特别喜欢”。[4] 在巴刚果人中，“年轻男子都要向姑娘们求婚。当求婚者正经开始做自我介绍的时候，年轻女子却尖叫着跑开了，好像是遇见了一只狼似的。但是，如果她对这只狼感到满意的话，就不会跑得很远。”[5]我们在后面的章节里还会看到，在很多民族的婚礼中，新娘总要在形式上表现出一种不愿轻易就范的羞怯劲儿。

---

① Mariner, *Natives of the Tonga Islands*, ii. 174.

② Thurston, *Castes and Tribes of Southern India*, vii. 238.

③ Dorsey, "Omaha Sociology," in *Ann. Rep. Bur. Ethnol.* iii. 260.

④ Nansen, *op. cit.* ii. 317.

⑤ Johnston, *George Grenfell and Congo*, ii. 678.

在做了这样一番表演之后，雌性还是要在选择恋人方面采取主动。据说，雄性在为争夺雌性而进行争斗时，雌性也可以行使这种选择权。不过，在这种情况下，雌性究竟为谁所占有，恐怕主要还是由雄性的气力来决定。在人类中，女性对男性的选择自由，往往受到某些社会因素的牵制。就我们所知，这些社会因素在低等动物中是不存在的。不过，即使是在蒙昧部落中，妇女对于自己的婚姻大事也还是有一定发言权的。这个问题，我们在后面的章节中还会详细讲到。

前面，我们概括地讲了求偶活动的一些主要特点。接下来，我们还要讨论一下这些特点的起源。在前面的章节里，我曾谈到过雄性强烈的嫉妒心，这就是雄性为争夺对雌性的占有而相互厮杀的直接原因。这里，我还想再提一点，这就是：即使平时很胆怯的动物也会表现出的暴烈的嫉妒心，而这很可能是植根于这种嫉妒心中的在防止乱交、保护物种上的有益作用。但是，除此之外，这种嫉妒心还有另外一种作用。布尔达赫曾经说过，通过竞争者之间的这种争斗，“弱者便会失去繁殖的机会，从而使后代得以有一个比较强健的身体”。[1] 根据某些晚近作者的说法，无论是对雄性还是对雌性，这种争斗都可起到性刺激的作用。可是，我们对雄性平和的求偶活动又该作何解释呢？在这种求偶活动中，是某些第二性征起了极为重要的作用，因此，对第二性征的起源问题便不能略而不谈了。当然，讨论这个问题似乎与人类的求偶活动这一主 476
题相去较远，但是，我们将会发现，这个问题也同对我们正确理解

① Burdach, *op. cit.* i. 413.

人类性关系具有重要意义的某些问题有间接的关系。而对于这个问题的讨论，将会把我们立即带入达尔文的性选择理论。

第十四章　动物的第二性征·雌性羞涩 477

除了“自然选择”之外，达尔文还提出了另外一个原理——
“性选择”。如果说自然选择决定于雌雄两性一切年龄之个体的
成功，而与一般生活条件有关的话；那么，性选择则决定于同一性
别的某些个体胜过其他个体，而关系到物种的繁衍。根据前一原
理，那些在生存竞争中最能获得成功的个体，要比其他个体活得更
为长久，因而对该物种有利的特性便得以遗留给后代；根据后一原
理，那些在争夺配偶时最能获得成功的个体，便能繁殖最多的后
裔，其优势特征亦得以传给新的一代；并且，基于同样的原因，其优
势特征还会一代比一代增强。性的竞争有两种情况，均在同一性
别的个体之间进行：一种情况是这些个体（一般为雄性）力图驱逐
或者杀死其竞争对手；另一种情况则是他们设法刺激或者吸引异
性（一般为雌性），而雌性便可以从中选择其最中意的雄性作为配
偶。因此，通过性选择所获得的、并主要传递给同一性别（一般为
雄性）后裔的特征，一方面是战斗的武器、活力和勇气；另一方面
是令人愉悦的颜色、形状、装饰、声音或气味。这后一类第二性征
的产生，正是出于雌性的喜爱。这些特征的获得，是由于它们美丽 478
或令人愉快；而通过自然选择所获得的特征，则是由于它们有用。

达尔文说:“人类和低等动物的感觉似乎是天生如此:一般对鲜艳的色彩和某些形态,以及韵律和谐的声音都会感到很愉快,并把这些称之为美。但为什么会这样,我们尚不得而知。”①根据达尔文的说法,自然选择和性选择乃是动物特征得以形成的两个不同来源。

这两种选择并不总是互相配合、协调一致的,有时甚至是南辕北辙、背道而驰。正如达尔文所说,性选择往往会产生对物种不利的效应。他指出,“显然,许多雄鸟的鲜艳色彩、顶冠、美丽羽毛等等,并不能作为保护手段之用;实际上,有时还会招致危险。”②当我们考虑到颜色作为一种保护手段在整个动物界起着何等重要的作用时,对于许多雄性动物为求偶而展示其鲜艳色彩,往往会招引天敌的注目,则一定会感到不可思议。某些爬行动物和哺乳动物在交配季节所散发出的强烈气味,以及各种动物在发情期发出的声音,同样也会招引正在觅食的敌对动物的注意。而且,还因为这些第二性征一般出现在繁殖时期,所以给物种带来的危害更大。看来,除了为适应每个物种的需要而以最为奇特的方式所产生的颜色、结构和功能以外,同时还会产生一些具有高度危险性的特征。按照达尔文的说法,这些特征的产生,完全是源出于雌性的审美感或鉴赏力。但其来由如何,我们亦不得而知。

达尔文已给我们指出,自然选择对生物界具有何等巨大的影响。可是,作为他的一个信徒,当得知他对一系列事实的解释,实

① Darwin, *Descent of Man*, ii. 384.

② *Ibid*, ii. 252.

际上却与自然选择理论完全相反时，自然会感到迷惑不解。当认 479
识到这两种选择的理论互相矛盾时，则不禁要问：我们是否能够肯定第二性征同样也担负着某种有用的功能？如果是，它们照理也可以用适者生存的原理来加以解释。在高等动物界，雄性之间为了占有雌性，一般都要进行一番争斗，故而，它们的体格较强，力气较大，有许多还具有进攻或防御的武器——所有这些都容易得到解释。问题是，另外的一些第二性征是否也源出于同样的道理。

花朵的颜色具有其一定的作用，这是公认的事实。昆虫在寻找花蜜时，通过颜色便可以认出花朵来。昆虫在采集花蜜时，不自觉地把一朵花的花粉带到另一朵花的雌蕊柱头上，起到了异花受精的作用，这对下一代植物的活力和丰产是很重要的。现在，我们非常有意思地注意到，颜色鲜艳的只是那些需要靠颜色作为吸引昆虫手段的花。鲜艳的颜色从不出现在靠风力来受精的植物之上。华莱士观察到，植物很少需要隐藏自己，因为它们可以靠它们的刺，或者靠其本身的坚硬，或者靠其毛状覆盖物，或者靠其有毒的分泌液来保护自己。因此，它们很少具有所谓真正的"保护色"。可是，在动物界则相反，在众多的天敌面前，用于保护或用于警告，对颜色都有很大的需要。在某种程度上，若换其他颜色，对物种的生存则是很危险的。那么，色彩鲜艳的花仅仅出现在那些对它们真正有用处的植物之上；而鲜明的颜色则往往出现在可能给自身带来危险的动物身上，仅仅是因为雌性觉得这些颜色富有吸引力，这有可能吗？

华莱士在他对达尔文性选择理论所提出的众所周知的批评中 480
曾经指出，雄鸟或雄性昆虫之通常具有鲜艳或强烈的颜色，是由于

雄性有较大的活力和更强的生命力。在繁殖季节里，这种强烈的颜色变得最为明显，这个时候的生命力达到顶点，在雄性为占有雌性的格斗中，这种生命力还会进一步发展；最有活力和最有精力的个体通常会繁殖出最多和最健康的后代，自然选择间接地成为颜色的保存者和加强者。可是，这种说法却受到佩克姆夫妇的批评，他们在对钳颚亚目蜘蛛的性选择进行观察的报告中指出："首先，我们没有找到雄蜘蛛具有较大活力的例证；正好相反，倒是雌蜘蛛较为活跃，更加好斗。其次，我们也没有发现在雌雄双方的颜色与活力发展之间有什么联系。狼蛛是所有蜘蛛中最为活跃的一种，其颜色则变化最少；而坐巢的球腹蛛，其颜色却最为鲜艳。"[①]而且，即使华莱士认为活力与颜色之间有某种联系的意见是对的，人们还是要问：这样一种以某些未知生理规律为基础的联系，是否就一定是不可避免的，甚至在颜色对该物种肯定有害的情况下也会发生？当然，在植物界不会有这个问题。我们知道，正如华莱士自己所说，物种在自然状态下很少或者根本不会产生的颜色，却往往会出现在人工栽培的植物和人工饲养的家畜身上——这一事实表明产生颜色的能力至今仍然存在。而在野生植物中，除非对它们有用，这样的颜色变异是绝对不会保存下来的。由此可以推断，在动物界也会有类似的情况，这应是不言而喻的。

481 真理似乎是颜色在有机界的两个领域——动物界和植物界都有其相同的目的。正如花都有颜色，以便让昆虫知道哪里有蜜可

---

① G. W. and Elizabeth G. Peckham, "Observations on Sexual Selection in Spiders of the Family Attidae," in *Occasional Papers of the Natural History Society of Wisconsin*, i. 59.

采，借此而得以受精；而动物在交配季节，其性颜色也更加强化，使得两性之间易于寻觅。保护色是有用的，它可以帮助动物避开敌人，但同时在本物种的两性之间也互相难以发现了。可见，性颜色也有用处，它可以使同种异性更容易看得见。不管在什么地方发生这样的情况，总是利大于弊，这与自然选择的原理也是完全一致的。我们可以看看蜂鸟之具有鲜艳色彩的理由：这些鸟因为非常活跃，“实际上是很平安的”。[①] 而具有鲜艳色泽的玫瑰金龟子，因有多种保护特性而免受攻击。不过，性颜色一般还是危险的，所以，自然赋予它们极为小心谨慎，在未到繁殖年龄之前，性颜色不会出现。在大多数物种之中，只是到了交配季节，才出现这种颜色；或者是在求爱时才出现颜色，平时则隐蔽起来。通常，这种性颜色只出现在雄性，因为雌性更需要保护。最大的益处，是以最小的危险来赢得交配。

性颜色一般只出现在那些需要靠颜色才能被看见的物种身上，这是一个极为重要的事实。如夜间活动的飞蛾，其身体远没有蝴蝶那么艳丽。据华莱士说，蝴蝶虽在白天活动，但日光和热能的影响，不能成为它的颜色那么多样、那么强烈、那么复杂的原因。
雌性蝠蛾为黄色而带有黑色斑点，而雄性蝠蛾却是白色的，它们在  482
昏暗的夜色中飞行时，可以让雌性容易看见。至于设德兰群岛的雄性蝠蛾，却很特别，它们与雌性并无多大差别，而在颜色上则与雌性非常相似。据弗雷泽先生解释，这是因为在这个季节，当蝠蛾出现在这些高纬度地区时，雄性已不需要通过白色来让雌性在昏

① Wallace, *Tropical Nature*, p. 187.

暗的夜色里辨认出自己。可是，在这种情况下，达尔文和华莱士全都认为，颜色可能是辨认的一种手段。

一般说来，鲜明的性颜色几乎全都出现在那些习惯于白天或早晚活动的物种身上，至于身上因活动太快而不大容易看清的部位则没有这种颜色。而且，这些颜色主要出现在因其生活方式让人能够在远处即可看见的那些物种的身上，而很少出现在静止的或移动缓慢的陆栖动物身上。低组织的缨尾目昆虫，都没有翅膀，其颜色比较暗淡。通常潜藏在植物上捕食昆虫的半翅目昆虫，其颜色也不太明显。直翅目昆虫，其生活习惯为陆栖，通常以植物为食；虽然某些外来的蝗虫，其装饰较为华丽，但据达尔文说，它们的鲜明色泽似乎不应列入性颜色之列。另一方面，生活在野外的蜻蜓，它们却有光彩夺目的绿、蓝、黄和银殊般的色彩，而且，不同性别通常颜色不同。每一个人都赞赏许多蝴蝶的华丽，特别是那些雄性蝴蝶。生活在透明容器中的鱼，其鲜明的颜色在远处即可看见。我们常常发现，除了保护色之外，其鲜艳的颜色会在交配季节里变得特别强烈而更加显眼。在爬行动物中，以飞龙属的小蜥蜴

483 特别值得注意：它们用胸侧支撑的降落伞在空中滑翔时，其色彩之美真是难以形容。另一方面，哺乳动物一般不像雄鸟那样普遍展示其华丽的色彩，而某些树栖哺乳动物较为鲜明的颜色，主要还是作为隐蔽手段。

这些现象表明，性颜色主要是为了使自己容易被同类异性看见而发展起来的，而不仅仅是与活力程度有关。比如说，哺乳动物的精力肯定不会比其他脊椎动物为差。也许可以认为，飞行动物比起陆栖动物来，易于逃避敌人，它们用鲜明色彩装饰的风险较

小。不过,我们需要看到这样一个最重要的事实:凡是没有性颜色的动物,一般都有其他一些能使自己易于被发现的手段。

需要靠昆虫帮助受精的花,在某些情况下,不是靠鲜艳的颜色,而是靠它特有的气味来吸引昆虫。我们没有发现靠风来受精的植物具有鲜明的颜色。可见,除非真正有用处,这些花是不会有香味的。一般说来,最鲜艳的花,香味最少,其中有许多则是完全没有香味的;而白色的或颜色很浅的花,通常是香气最浓的。蒙格雷迪安曾开列了一张表,内有 160 种开艳丽花朵的耐寒乔木和灌木;另一张表上开列了 60 种是开香花的,其中只有 20 种花比较艳丽,其余 40 种几乎全都开白花。大多数白花只在夜间有香气,或者在夜间香气最浓烈。其原因是白花要靠夜间的飞虫来受精。由此我们得出两个结论:第一,一般地说强烈的气味和鲜明的颜色招引昆虫来受精是相辅相成的;第二,根据哪种方式对该物种最为有用而采用哪种方式。

在动物界里,各种气味和声音与该物种的繁殖有着密切的联 484
系。鳄鱼在做爱季节里,会从其颌下的腺体里散发出麝香的气味,这些气味布满了它常去的地方。在这一季节里,蛇的肛门气味腺也会积极地起作用,蜥蜴的相关腺体也是如此。许多哺乳动物也是散发气味的。在某些情况下,这种气味可以作为防御或保护之用。但在另外一些物种中,这类腺体只局限于雄性才有,在发情季节里几乎总是变得更为活跃。此外,许多昆虫都有发出尖叫声的能力。在两种同翅目和三种直翅目昆虫当中,只有雄性才有一种有效的发音器官。在交配季节里,这些器官不停地发出声音。有些鱼类也有发声器,罗谢尔一带的渔民断定,在产卵期是雄鱼单独

发出嘈杂的声音。大蛙和蟾蜍在交配期，也是雄性发出各种声音，正像普通青蛙的呱呱声那样。在发情季节，加拉帕戈斯群岛的雄性大龟所发出的嘶哑吼叫声，远在百米以外也能听到，其他时间则默不作声。据奥盖教授说，他自己曾经有两次藏在不远的地方观察到响尾蛇进行交配的情况：雄蛇盘绕着身子，竖起头，一阵阵地发出格格声，持续了半小时之后，有一条雌蛇爬了过来，它们相遇之后便开始交配了。在鸟类之中，特别是雄鸟，在交配季节里普遍都有唱歌、发出奇怪叫声或器乐声的能力。几乎所有的雄性哺乳动物，在交配季节都比其他时候更多地利用它们的声音。据说长颈鹿和豪猪，除了发情季节之外，完全是默不作声的。

动物的颜色、气味和声音，如同植物的颜色和气味一样，通常也是互相补充的，在某些方面是与生殖功能相联系的。吱喳乱叫的昆虫，一般都不具有鲜明的色彩。直翅目昆虫的两性之间，在装
485 饰上似乎没有显著的差别。的确，在蟋蟀、蝗虫和蚱蜢当中，有一些具有很漂亮的颜色；但据达尔文说，“如果认为它们依靠鲜明的色彩来进行性选择，那是不可能的。这些昆虫的鲜明颜色，可能是为了让人感到它们是很难吃的。”其他一些物种则是具有保护色。甲虫的鲜明色彩，似乎主要是作为保护和警告之用，而通常具有极为鲜明颜色的脉翅目昆虫和鳞翅目昆虫，其叫声则不很显著。在音乐方面具有奇特性征的雄性青蛙和蟾蜍，出于保护的需要而具有不同的颜色，它们有时显现出非常明显的色彩，以便让敌人容易看出它们是一种令人恶心的食物。在爬行动物里，蜥蜴主要是突出鲜明的色泽，海龟、鳄鱼和蛇类，则是依靠声音和气味来吸引异性。在鸟类中，至少有一例，雄性的气味是显著的。古尔德在谈到

澳大利亚麝鸭时说，“当交配和繁殖季节……这种禽鸟发出一股强烈的麝香味”；它不是靠鲜明颜色来装饰的。在鸟类之中，性颜色和歌唱能力通常是互相补充的。伍德先生说，“一般规律是，在鸟类之中，最卓越的鸣鸟，其穿着是最为平淡的。对任何色彩绚丽的鸟类都可以有把握地断言：其声音的力量、质量和悦耳与羽毛的美丽成反比。”[①]如英国的鸟类，除了红腹灰雀和黄雀这两类之外，最好的鸣鸟都是颜色平淡的；而热带艳丽的鸟，很少是鸣鸟。在库姆塔格沙漠中，雄性野骆驼“甚至在发情季节里也不发出声音，但以它的气味来寻找配偶”。[②] 大家知道，雄性麝鹿在交配季节里散发 486
出令人难以忍受的香味，而完全是不声不响的。

此外，正如以上所说，性颜色、气味和声音，在动物界乃是互相补充的，**它们是使动物容易被发现的最适合的手段**。鲜明的颜色对于靠夜间飞虫传粉受精的花没有用处；同样，这样的颜色对于生活在草莽和植物当中、活动在密林和灌木丛中的动物，相对来说也没有什么用处；而声音和气味则可以使动物在相距很远的地方就能辨认出来。我们也看到，在飞行动物和水生动物之中，求偶以鲜明的性颜色为主，而陆栖动物则以声音和气味为突出。可见，大多数有叫声的昆虫是陆栖的。而活动在树上或岩石上的蜥蜴，它们肯定是用鲜艳的外表来吸引异性注意的。而生活在河流和森林里的鳄鱼，爬行在草丛里的青蛙，在吸引配偶时，前者发出浓重的气味，后者发出响亮的声音。据古尔德的观察，澳大利亚麝鸭，为了

① Wood, *Illustrated Natural History*, ii. 257.

② Prejevalsky, *From Kulja to Lob-nor*, pp. 94, 92.

寻觅食物和逃避危险，依靠潜泳能力多于依靠飞行能力，这种麝鸭的气味使你在看到它之前早就感觉到它了。

关于鸟类，达尔文说："鲜明的颜色和歌唱的能力似乎可以互相取代。我们可以看到，如果羽毛的颜色不变，或者鲜艳的颜色对该物种有危险，那么，它们便会使用其他取悦于雌性的手段，而悦耳的声音就是这些手段之一。"[①]但是，如果我们接受达尔文关于性选择的理论，我们就不得不假定，雌性的莫名其妙的美感，竟然会发展到对该物种产生危险的地步。该物种的雌性喜爱花哨的颜
487 色，可是，正由于这些颜色，它们很容易被敌人发现；至于声音和气味，同样也会招来最危险的敌人。相反，如果我们接受这样一种解释：即颜色、气味和声音，虽然在某些方面对该物种是有害的，但从总的来看则是有好处的，因为它们能使雌雄两性更容易互相寻觅；那么，我们便有了一种与所有已知事实相符合、与"自然选择"这一伟大原理相一致的理论。至于说到鸟类的歌唱，有一点值得注意：即各种鸟类的雄性，当它们啼叫或歌唱的时候，通常都是选择一个空旷的地方，它们从那里发出的声音很远都能听见。人们可能不太理解：有时求偶，是雄性寻找雌性，而不是雌性寻找雄性，为什么第二性征一般只出现在雄性身上呢？当然，在交配季节里，雌性并不是完全处于被动地位。不过，从达尔文收集到的一些报告表明，还是雌性被它们未来配偶的声音所吸引。至于在蝴蝶和甲虫中间，当交配季节时，有些种类只有雌性或雌雄两性通过其气味、声音或颜色吸引异性的注意；而在鸟类当中，声音不发达的雌鸟也会

---

① Darwin, *op. cit.* i. 62.

发出阵阵求偶的鸣叫。

华莱士在他的《达尔文主义》一书中表达了一种意见：那就是雄性特有的各种声音和气味是作为对雌性的呼唤，或者表示它就在那里。正如他所说，“产生、强化和区分这些声音和气味，明显地属于自然选择的力量。”①华莱士指出，颜色作为辨认的手段也很重要。事实上，我们在这里所阐述的理论非常接近他的观点。主要区别只在于他把性颜色归到“辨认的颜色”这一项目之下，而不知道产生这颜色的确切原因是不是生命活力的剩余物。尽管正如 488
他所指出的，我们的看法大体上是一致的，但是我的结论所依据的论点，还是与他有所不同。情况是性颜色、声音和气味广泛存在于不同物种的动物之中，依我看，这是反驳达尔文性选择理论最强有力的例证，因为这样广泛的存在都是为了让动物能在远处即可辨认。这里我准备进一步谈谈。我认为，这样一些第二性征对物种之所以有用，不仅是因为它能使不同性别的动物容易互相寻觅，以便交配繁殖，而且还因为这些特征能够吸引远处的同类，而有助于防止近亲交配。这不仅影响到物种的数量，而且关系到物种的质量。黑克尔教授认为，鸟类的歌唱便是为这一目的服务的；我敢说，性颜色和气味同样也是为这一目的服务的。

的确，仅就物种的繁殖而论，对群居动物和其他许多动物来说，这些特征并不需要，甚至对该物种是有害的，因为它们在近处并不难找到配偶。那么，为什么还要让那些声音、颜色或气味去招引远处的敌人呢？群居动物在交配季节时的性本能大大强于平

① Wallace, *Darwinism*, p. 284.

时；我们只要对它们的生活习惯了解得更多一些，就会发现，它们一般都愿意在远离群体的地方进行交配。在后面的章节里我们将会看到，家畜通常都喜欢陌生的异性伙伴，这是值得注意的。至于某些野生物种，据说也是避免在窝巢之内进行交配。在整个动物界，还有其他一些安排来防止近亲交配。如果说作为第二性征的声音、颜色和气味也是为这一目的服务的，那么，拿它与植物花朵
489 的颜色和气味进行类比，就完全是合情合理的。在许多情况下，这可能正是它们的主要目的，尽管不是唯一的目的。

根据达尔文的说法，还有一些第二性征，纯粹是作为装饰之用，诸如某些动物头上生长的大犄角、胸饰，许多雄性昆虫的额板，某些雄鱼和爬虫的附器，某些雄鸟的肉冠、羽毛、冠毛和突出物，某些哺乳动物的冠毛、发束和发披等等。不过，其中有一些也可能是作为辨认的手段，或是雄性为争夺雌性而进行搏斗的武器。华莱士认为，羽毛和其他竖毛可以把鸟装成可怕的样子以吓退敌人；尾巴或翅膀上的长羽毛可以用来分散猛禽的目标。鸟类和其他动物的装饰和附器，由于属于生命能量的剩余物，往往导致那些部位覆盖物的不规则生长，因为那些部位的肌肉和神经都是活力最强的。

如果说第二性征的最初目的是为了让同一物种的雌雄两性彼此易于寻找和辨认，那么，我们可以理解为什么不同物种的第二性征会有那么大的变异性（这是人们可以想象得到的）。另一方面，如果将这些性征归因于雌性的选择，那么，人们便会发问：为什么那些能够吸引雌性的特征竟有那么大的差异，以至于没有两种动物是相同的？这一难题没有逃脱达尔文的注意。他说“这是一种奇妙的现象，甚至在同一纲目的动物之中，其声音也是如此的不

同,如沙锥鸟尾巴的扑扑声,啄木鸟喙的轻叩声,某些水禽喇叭似的刺耳叫声,斑鸠的啼叫声,以及夜莺的歌唱声等等,这些声音难道真的能取悦于这几种禽鸟的雌性吗?"还有,"比如对于某种金刚鹦鹉的刺耳尖叫,我们又能说些什么呢?这些鸟类是否对音乐的声音有一种畸形的爱好,正如它们对浅黄色和蓝色羽毛这种显然 490
不协调反差的偏爱一样呢?"①

有人说,关于性选择的假设之所以经常引起误解,是由于人们作了一些不必要的推测,认为雌性动物在选择配偶时常受美感支配;而达尔文自己虽然说过一些无疑是支持这种观点的话;但他也曾说过,雄性的颜色、声音或其他性征,是为了求偶时对雌性情欲的挑逗,对性兴奋的刺激,对性接触的诱惑。可是,据我看来,这两种"理论"在字面上的差异,多于实际上的差异。当达尔文谈到雌性欣赏雄性某些"美学"特征时,他的意思显然不是指她仅仅作为一种美的享受,而是指她深深地被他的美所吸引,而最终导致交配。不过,这样的差异决不会影响我的批评,也不会影响我对这些性征的解释。当然,我的解释并不否认雌性会被她看到的颜色、被她听到的声音、被她闻到的气味所诱惑,否则,这些性征便毫无用处了。但是,我们却不是把产生这些性征的根源,简单地归结为雌性有时被某些颜色、有时被某些声音、有时被某些气味所吸引的难以说明的神秘倾向;而是想弄清楚:为什么不同物种的雌性全都如此的被吸引;它们所感应到的刺激,只不过是属于使她们能够从远处即可认出同类雄性的一种天性。可见,雌性之受到雄性某些特

① Darwin, *op. cit.* i. 74,76.

征影响的倾向,是通过自然选择而获得的。这是由于那些特征对繁殖有用;假若我的推断不错的话,那便是它们有助于防止近亲交配,即有利于生育健壮的后代。自然,除非雌性能被这些性征所诱
491 惑,也就是说,除非雌性如同雄性一样具有性本能,否则,这些性征决不会这样普遍地存在;从另一方面说,除非这些性征对该物种有用,否则,雌性是不会被它们所诱惑的。我不相信,雌性对于这些性征的喜爱,竟会使这些性征的发展超出其有用的范围。因为处于自然状态的动物,多半不会让性颜色、声音和气味这样一些特征毫无必要地演化到对该物种产生危害的程度。的确,这些特征不仅可以用作辨认和吸引的手段,而且还可以进一步刺激性本能,并对重要的生理过程起到促进作用;但在野生动物中,自然选择从不会失去对这些特征发展的控制。

第二性征的最初目的,就是要把雄性和雌性吸引到一起;在达到这一目的之后,第二性征在交配之前的序幕阶段也能起到一定的作用。众所周知的例子是鸟类的歌唱,其次是炫耀性颜色,其所展示的艳丽部位平日可能是隐藏不露的。毫无疑问,正在求爱的雄性的上述表演,以及滑稽动作和舞蹈,正是由于雌性不愿立即交配所引起的。因为很难相信,已经处于兴奋状态的雄性,会出于本意地推延满足其性欲的时间。我们没有根据设想,雄性之力图用迷住雌性的办法来克服雌性的羞涩,完全是出于有意所为;最有可能的倒是雄性兴奋发情的自然结果。甚至对明白表示求爱而最富挑逗性的动作,诸如将其通常隐蔽不露的特别颜色充分展现出来的动作,也可以作这样的解释。求爱时的炫耀,既发生于色彩平淡的物种,也发生于装饰富丽的物种。对于身体某一部位生有某种

光彩之点，而只在求爱时才展现出来，如果无害，自然选择不会管它；如果对性刺激有用，则会保留它，并发展它。求偶理论的中心问题，是如何解释雌性的羞涩，用达尔文的说法，这是比任何事情都“更费斟酌的事情”。

首先必须注意，在各种情况下，雌性的羞涩至少可以被看作是 492 她对雄性之追求由推却到默许的一种表现。根据希普先生的观察，在同一物种中，雄性个体和雌性个体的性季节并非完全一致，雄性一年到头都有性季节，但雌性却不是这样。在作过考察的所有动物中，雌性在外阴及其周围组织显现出膨胀充血的一段时间以前，是不允许交媾的。可是，当雌性尚未处于性欲来潮、并对雄性的追求明显地表示反感的时候，雄性往往还是急切地想与之交配。然而，我们很难相信，像雌性羞涩这样一种与重要生殖功能密切相关的特质，仅仅是源出于一种不好意思、怕难为情的忸怩作态，而不再具有什么别的意义。我们必须假定，当雌性处于性兴奋状态，雌性羞涩也是为某种有益目的服务的，因此有必要另作解释。

很久以前，蒙田曾经说过，没有什么东西能像新奇和困难那样激起人们这么大的情趣；处女羞涩的忸怩作态，则会增加情侣克服一切阻力的欲望。希尔达赫在生物学理论的基础上作了同样的观察。他写道，雄性之尽力去追赶、制服、并压住逃拒的雌性，使得他的情欲更为炽烈，更加有利于生殖；而雌性的身心之同时处于高度兴奋状态，似乎也会促进其生殖力的发展。布尔达赫的书虽在《物种起源》之前约 30 年出版，但在这一点上，他比达尔文本人更加达 493 尔文主义；达尔文似乎从未认识到雌性羞涩对该物种的生存具有

如此巨大的重要性。就我所知，达尔文之后，强调这一点的第一位学者是蒂利耶(于 1889 年)。他在谈及持续良久的求偶过程时说："其目的和结果就是要使雄性的情欲更为炽烈，我们这样想是很自然的。因为在交配时，持久而强烈的兴奋，在某种程度上会增加腺液的分泌，从而能有更多机会提高受胎的数目。"[①]他在另一个地方说道："是否可以认为，这种持续良久的炫耀，正是为了激起高昂的性兴奋，而使相互交配的个体能够更加顺利地受胎?"[②]若干年以后，格罗斯虽然明显地还不知道蒂利耶的论文，但他同样地提出：求偶的最初目的是为了刺激性兴奋。他引用齐格勒的话说，"在所有动物里，神经系统的高度兴奋对生殖是必需的"，还说："由于性欲冲动必然具有非凡的冲击力，为了保护物种的利益，最好要让性兴奋事先有一个较长时间的序幕阶段，并克服一定的阻力，而通过雌性本能的羞涩，便可以达到这个目的。"[③]此外，像哈夫洛克·埃利斯、希恩、劳埃德·摩尔根、黑克尔和其他等人，也都曾表达过类似的意见。

根据这一理论，可以说由于雌性羞涩而导致的雄性活跃，正如以上所说，不仅是性兴奋的反映，而且毫无疑问，同时也是一种性
494 刺激因素。黑克尔指出，鸟类在交配季节的鸣叫和歌唱，成为一种激起性兴奋的手段，在雄性一方是靠所需肌肉能量的发挥，而雌性一方则是通过耳朵。雄性在交配季节，也正是通过它们自身的求偶炫耀、滑稽动作和舞蹈来达到兴奋状态的。肌肉活动本身能够

---

① Tillier, *L'instinct sexuel*, p. 74.

② *Ibid*, p. 127.

③ Groos, *Die Spiele der Tiere*, pp. 263, 265. Idem, *Play of Man*, p. 265.

产生性兴奋，而舞蹈作为一种最高级、最复杂形式的肌肉活动，在大多数动物中，从昆虫、鸟类到人类，都可以作为性交之前的序幕表演。它可以被称为“情欲的刺激素”，或“色魔的迷魂阵”。[①] 不仅活动本身是一种性兴奋剂，甚至连活动的场景也能激发性兴奋。因此，正如哈夫洛克·埃利斯博士所指出的，我们也经常发现，无论是在动物界，还是在未开化民族中，通常只有雄性在跳舞和类似活动中发挥积极作用，并以此来刺激雌性，使雌性也达到同样的激情。巴西尔·汤姆森爵士曾告诉我们一个情景：有一位年轻的斐济妇女，在一次观看男子表演战争舞蹈时，发现一位青年舞艺出众，她兴奋得不能自持，突然跑进舞场，紧紧抓住那位男子，并用牙齿咬住他的腰布——这是一个十分惊人的有失端庄的举动。有时，雌性很可能被雄性性颜色的炫耀所激发而兴奋。希恩教授曾举出许多鲜艳色彩的刺激效果，例如他指出，野鸡和孔雀之在雌性面前热情地颤抖着它们那光彩夺目的尾羽，便是想凭借那些十分小巧而鲜艳的彩色斑点挑逗起雌性心中的激情。

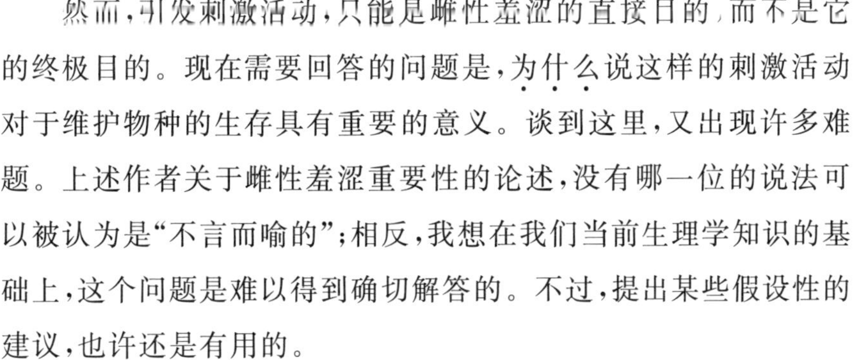

然而，引发刺激活动，只能是雌性羞涩的直接目的，而不是它的终极目的。现在需要回答的问题是，**为什么**说这样的刺激活动
对于维护物种的生存具有重要的意义。谈到这里，又出现许多难 495
题。上述作者关于雌性羞涩重要性的论述，没有哪一位的说法可以被认为是“不言而喻的”；相反，我想在我们当前生理学知识的基础上，这个问题是难以得到确切解答的。不过，提出某些假设性的建议，也许还是有用的。

① Burton, *Anatomy of Melancholy*, iii. 2. 2. 4, p. 540.

首先，我们碰到的问题是，动物的性本能是否真的那么微弱，以至于除了面对可以与之交媾的合适对象以外，还需要其他什么刺激物。哈夫洛克·埃利斯博士说，我们往往被我们在高度喂养的家畜中和人类社会的懒散人群中所见到的情况所蒙骗，使我们认为：性本能在正常情况下，总是渴望立即得到满足；而且，不管什么时候，性本能只要一受刺激，立即就能触发。其实，“性器官充血膨胀的本能，当然不会是一触即发的；相反，雌雄两性都要专心致志和情意缠绵地进行一番调情，以便使交媾能够达到性乐高潮……不同性别的两个人在求欢过程中的相互爱抚和亲热，其目的就是为了促使性器官充血而处于膨胀状态。”[①]不过，我还是认为，有些人关于野生动物和未开化人在求偶时性器官之膨胀来得较为迟缓的说法，多少有点夸大其辞，诚然，性器官由于充血而膨胀，这是为满足炽烈性欲所不可缺少的前提条件。在这方面，马利诺夫斯基博士的说法可能是对的。据他说，在大多数未开化种族中，性生活是十分频繁而强烈的；他们虽对婚前性交有不少限制，但这当然不能作为性反应微弱的例证。在野生动物当中，由于性交被限制在一年之中的特定季节，故而，性反应可能变得很强烈。在我看来，雄性之产生强烈的性欲，几乎不需要雌性羞涩的刺激作
496 用，因为雄性没有这种刺激作用也很容易发情。如果认为雌性之所以有羞涩表现，其目的仅仅是为了诱惑雄性前来予以征服，那就有点荒唐了。由于雌性羞涩所激发的较长时间的性兴奋，一定会有另外的效果，即可能对物种的繁衍具有重要意义：因为它可以增

① Ellis, *Analysis of Sexual Impulse*, p. 44 *sq.*

加性腺的分泌液，这一点蒂利耶已暗示过。他指出，性兴奋会因此而使得受精的机会增多。之所以如此，是因为精子只有在混入前列腺液之后才能获得全部的活力；而前列腺液也只有在持久性兴奋的状态下才能得到充分的分泌，而给大量的精子以能动性（这比从其他方面获得的活力要多得多），这样就会增加受胎的几率。或者用更为一般和含糊的话说，较长时间的性兴奋，同样可以达到促进产生大量精子的目的，估计每次射出的精子数目可达 1.8 亿之多（目前对此尚未得到满意的解释）。此外，至于求偶过程对雌性生殖器官的影响，哈夫洛克·埃利斯博士和我都认为，当性欲来潮时，性兴奋会促使雌性阴道壁变得湿润，分泌出充沛的黏液，其目的是对阴部起到润滑作用，而便于阴茎顺利插入。

关于求偶和雌性羞涩在生物学的重要性，我不知道目前还能说些什么。

497 第十五章　吸引异性的原始方法

在本章和下一章中，我们要谈谈原始部落中的男女为使自身对异性更具性诱惑力而采取的各种方法。这些方法既有男子为追求女子而采用的，也有女子为吸引男子追求而采用的。我们可以将所有这些方法统称为“自我修饰”。

自我修饰的欲望虽为人类所特有，但却可以追溯到极为久远的时代。早在驯鹿和猛犸时常出没之时，生活在欧洲南部的古代野蛮人就已经把一些精美的装饰品带进了自己居住的洞穴。时至今日，世界上仍有一些蒙昧部落，在我们看来属于生活必需品的那些东西，在他们那里几乎一无所有。但是，世界上却没有任何一个民族愚昧到不爱饰物的程度。在锡兰缺衣少食的维达人中，妇女们却佩戴着用小铜珠穿成的项链和用贝壳做成的手镯。火地人“不以赤身裸体为憾”，但却“渴望更美”。[①] 澳大利亚的土著人丝毫不以外貌的整洁干净为荣，但对自己某些粗陋的装饰品却颇为
498 得意。库克在谈到塔斯马尼亚人时曾说，他们不想索要有用的物品，却急于得到一两件装饰品。

关于蒙昧部落的人对于装饰品的喜好，探访世界各地的旅行

---

① Hawkesworth, *Account of Voyages in the Southern Hemisphere*, ii. 55.

家们已有很多记载。经常提到的装饰品有：五颜六色的羽毛和珠子、鲜花、环圈、脚镯、手镯等。一位盛装的桑塔尔女子要佩戴两个脚镯、12 个手镯和一个一磅重的项链。把她身上的装饰品加在一起，足足有 34 磅，等于一个铜钟的重量。舍维尔上尉曾说：“这样一个重量，对于我们客厅中的任何淑女来说，都是吃不消的。”[①]格罗塞曾说过：“对于原始部落中的人们来说，凡是能找到的饰物，全都要戴在身上；凡是能戴饰物的部位，全都要戴上饰物。”[②]应当说，这并不是一种很夸张的说法。

诚然，人们身上佩戴的东西并不都是装饰品，即使看上去很像装饰品。这些东西，有的可能是参加战斗或围猎活动所得到的某种战利品，或者是某种替代战利品的东西，戴在身上，意在显示力量、勇气或本事。有些可能是贵重物品，戴在身上，主要是想给人以富有的印象。有些可能是用以表明社会身份的一种标志，譬如有些马赛族妇女戴有一种铁制的项链和耳环，人们一看就会知道，她们已经结婚了。有的可能是服丧的某种象征，例如在莫尔兹比港的科伊塔人中，妇女丧夫后，就要佩戴食火鸡的羽毛。有的可能是某种祈求吉祥的符咒，戴在身上，以求获得女性的好感或是战斗的勇气。有的则可能是用以防灾治病，驱瘟避邪，例如，在东非的 499
南迪人中，某人死后，紧排其后的弟弟或妹妹必须终身佩戴某种饰物，以免受到“邪气或瘟病”的侵扰。在摩洛哥，我们往往很难区分什么是饰物，什么是护身符。人们把某些宝石、珊瑚和其他一些饰

① Sherwill, “Tour through the Rajmahal Hills,” in *Jour. Asiatic Soc. Bengal*, xx. 584.

② Grosse, *Beginnings of Art*, p. 233 *sqq*.

物当作护身符戴在身上，用以驱邪避灾。摩尔人装饰艺术中的某些图案，在很大程度上也是用于此类目的。但是，最近有一位美国人写了一本书，提出这样一种说法：如果对原始人的“装饰”习俗做一个详细的考察，我们就会发现，几乎在所有民族中，这种装饰与两性关系若不是毫不相干，就是只有一些间接的联系。这位作者争辩说，只是在极少数的几个蒙昧部落中，装饰品才渐渐被用来取悦于女人；而且，即便是在这种情况下，“产生这种变化的原因，也并不在于装饰品之美，而是在于这些装饰品与地位、财富、英勇善战的气概、超人的本领以及男子汉的气度之间，有一种间接的、并非人们刻意追寻的联系”。[①] 此种说法显然差矣。事实上，这些装饰品与财富、地位或男子汉的气度之间，往往没有任何关系。这些装饰品不仅有男子佩戴，还有女子佩戴。此外，卡斯顿博士也提出一种看法。他认为，南美印第安人的所谓“装饰品”，主要是用于“纯宗教或纯巫术的目的，要么是保护佩戴者，给他以力量，要么直接以魔法将超自然的恶魔召唤出来，将其祛除。因为印第安人总是认为，自己处于这些恶魔的包围之中”。卡斯顿博士还说，这些东西的装饰性质，乃是一种次生现象。[②] 卡斯顿博士的这种见解，显然可以从很多事例中得到证明。不过我想，蒙昧部落（至少是现代的蒙昧部落）之所以在身上佩戴饰物，在很大程度上还是为了进行性诱惑。这是一个不容置疑的事实。

500 很早以前，伯顿在其《忧郁剖析》一书中就曾说过：“饰物对人

① Finck, *Primitive Love and Love Stories*, pp. 232, 259.

② Karsten, *Studies in South American Anthropology*, i. 121.

所产生的诱惑，大于自然产生的激情。”[①]不仅文明民族如此，蒙昧部落也是如此。在世界各地，自我修饰欲望最强烈的人，都是那些年轻人，这一点有很重要的意义。普雷斯科特在谈到达科他人时曾说，青年男女在谈情说爱时，总要在身上装饰一番；而且，在达科他人中，“只有年轻人对穿着打扮特别有兴趣。”[②]孟加拉的奥朗人“只要尚未结婚”，便总是对自己的外表很在意。[③] 在印度支那的莱塔人中，只有未婚的年轻人才在身上佩戴丰富多彩的装饰品，如用红白两色的珠子穿成的项链、野猪牙、黄铜臂圈和黑色的宽幅绑腿。在阿萨姆的那加人中，有些妇女一出嫁之后，就把身上的装饰品都取下来了，因为只有未婚女子才能佩戴饰物。在维多利亚的班格朗人中，年轻人 1 到 16 岁左右，“就爱用红赭石化妆，并在头上插上羽毛，还亲手用负鼠皮做成一块围腰，并精心画上记号，染成好看的颜色。……他的主要用心显然是想取悦于女人。”[④]迈耶牧师在谈到澳大利亚南部因康特湾的部落时曾说：“拔掉胡子以及用油脂和赭石涂抹身体是成丁礼的两项仪式。不过，如果人们愿意的话，举行过成丁礼后仍可继续这样做，直至 40 岁左右。人们把这看作一种装饰，认为这样会使自己显得年轻，在女人的心目中能占有重要地位。”[⑤]有一次，布尔默问一位澳大利亚土著人为什么要佩戴饰物，得到的回答是：“佩戴饰物是为了好看，为了讨得女

① Burton, *Anatomy of Melancholy*, iii. 2. 2. 3, p. 522.

② Schoolcraft, *Indian Tribes of the United States*, iii. 237 *sq.*

③ Dalton, *Descriptive Ethnology of Bengal*, p. 249 *sq.*

④ Curr, *Recollections of Squatting in Victoria*, p. 254.

⑤ Meyer, "Manners and Customs of the Aborigines of the Encounter Bay Tribes," in Weeds, *Native Tribes of South Australia*, p. 189.

501 人的喜欢。"[1]据安德森先生说，在斐济，男子"要想吸引异性注意的话，就会戴上他们最好看的羽毛。"[2]在瓦塔维达人中，"年轻男子总是要在自己身上佩戴很多饰物"。[3] 而聪加族的男子在两三位朋友的陪伴下沿村寻求妻子时，"总要戴上最好看的饰物，披上他所珍藏的最珍贵的兽皮"。[4] 在福尔人中，年轻女子"总是在脚上系着小铃铛，在颈上和腰上戴着金属饰环，还在全身上下都擦上香水，以期吸引情人。"[5]在英属尼日利亚，"如果哪个女孩到青春期时还未订婚，她就会打扮一番，穿上最好的衣服，戴上最好的饰物，在一群女孩的陪伴下漫游村镇。这样，人们就知道她还没订婚，于是往往有人就会向她提亲。"[6]据克鲁克香克说，在黄金海岸，"无论男人还是女人，都处心积虑地想使自己取悦于异性。为此，人们总是着力打扮自己，并极力向异性卖弄风情。"[7]在很多蒙昧部落举行的舞会上和节庆活动中，青年男女都要在身上涂上各
502 种鲜艳的颜色，戴上各式各样的饰物，以此竭力取悦于异性。在东非的阿基库尤人中，年轻男子都乐于参加月光舞会。在这种舞会上，姑娘们总是挑选穿戴得体的男子作为自己的舞伴。那里的男子说，如果他们不打扮一番，那么，"任何姑娘都不会找他们来跳

---

① Brough Smyth, *Aborigines of Victoria*, i. 275.

② Anderson, *Notes on Travel in Fiji and New Caledonia*, p. 136.

③ New, *Life, Wanderings, &c. in Eastern Africa*, p. 357.

④ Junod, *Life of a South African Tribe*, i. 102 *sq.*

⑤ Felkin, "Notes on the For Tribe of Central Africa," in *Proceed. Roy. Soc. Edinburgh*, xiii. 233.

⑥ Mockler-Ferryman, *British Nigeria*, p. 232.

⑦ Cruickshank, *Eighteen Years on the Gold Coast*, ii. 212.

舞了。”①

为了佩戴饰物，很多蒙昧部落的人都要接受某种手术，其疼痛程度有轻有重。最遭罪的部位往往是嘴唇、鼻子和耳垂。在埃及所属苏丹的舒利人中，人们在下唇上都穿有一个小孔，孔中镶嵌着一块长三四英寸的水晶石，人们一说话，水晶便不住地抖动。在中非东部，妇女们通常戴有一个唇环。她们认为戴上这个唇环，人就会显得很美，“唇环越大，人也就显得越尊贵。”②非洲其他地区也有类似的习俗，那里的人也同样认为，戴上唇环能使人的外貌变得更美。另外，美洲的很多部落也有戴唇环的。在巴西的帕温瓦族印第安人中，女孩子一到婚龄，就要在上下唇上各穿一个孔，然后
塞上东西。这是一种标志，表示小伙子和未婚男子可以向这位姑 503
娘求婚了。结婚之后，要将下唇中的填充物取出，然后将开口再切大一些，放入一块磨光的白色石英石，当作一种结婚证明。在北美洲的西北地区，当少男少女快到青春期时，便要在其下唇上穿一个孔，插入装饰品。对于特林吉特人的了解，霍姆伯格可能是我们的最高权威了，他说，特林吉特男子也要接受这种手术，以取悦于年轻女子。在很多蒙昧部落中，大约在青春期到来前后，还要将鼻中隔穿通，插入骨片、木片、贝壳片或其他一些小东西。据说这样做也是出于装饰的目的。莱顿·威尔逊先生在谈到西非加蓬海岸的巴纳卡人时，曾写道：“那里的女子要在耳朵上穿个大孔，还要把鼻软骨穿通，因而严重损毁了自己的容颜。耳朵眼上常常系着重物，

① Routledge, *With a Prehistoric People*, p. 124.

② Macdonald, *Africana*, i. 17.

为的是把耳朵眼弄得越来越大，直至可以穿过一个手指。孔中还常常嵌着肥肉，不知这是一种装饰，还是图一种香味。”我曾向一位妇女询问何以要这样做，她的回答既简单又明确：“我丈夫喜欢我这样。”[①]穿耳垂、扩耳垂，甚至剪掉耳朵，都是一些很普遍的习俗。
504 在美洲和非洲的某些蒙昧部落中，有人甚至把耳垂拉长到接近肩膀的位置。据比奇说，在复活节岛上的居民中，“耳垂可悬于脖颈两侧，以致无法再戴耳环。长长的耳垂很难看，尤以洗湿时为甚。长长的耳垂也很碍事，人们为了方便起见，常把耳垂搭在耳廓之上；也有人把两个耳垂拉到脑后，双双系在一起”。[②] 比属刚果的瓦雷加人认为，女人耳垂上的巨大孔眼有一种装饰性的美感。

至于这些做法究竟是出于何种目的，我们当然不清楚。由于这些做法所针对的都是身体的主要开口部位，诸如嘴、鼻和耳朵，因此有人就猜想，其目的可能是以一种具有长久魅力的形式，给身体提供一种防护，以免让那些隐身之敌——无论是妖精还是邪气——侵入人体，引发病患或带来其他损伤。我记得自己在摩洛哥时，有一次遇到一条狗发出一股恶臭之气。这时，教我柏柏尔语的那位老师吓得惶恐不安，赶忙伸出手来，不仅捂住鼻子，而且还把耳朵也紧紧捂住，以防臭气进入身体。这是因为，柏柏尔人把这种臭气看作是一种与邪气有连带关系的瘴气，并对此深为恐惧。克劳利先生提出，人们在鼻子上、嘴唇上以及耳朵上嵌入某种东西，可能是为了把邪气引走，以保证这些感觉器官的安全，“正如人

① Wilson, *Western Africa*, p. 288.

② Beechey, *Voyage to the Pacific and Beering's Strait*, i. 38.

们用避雷针将闪电从某一物体上引开一样。”[1]但是，这种说法并没有任何直接的证据。在这种情况下，我感到很难使人相信：对于保护这些并非特别敏感、也并非特别容易受到伤害的器官，人们竟会出于自身安全的缘故，而愿遭受为求得护身符所必须遭受的痛苦。克劳利先生还说，有大量证据可以表明，“蒙昧人的伤体变容行为”决非出于装饰之意，蒙昧部落中的人并不信奉“女人必须承受某种痛苦”的教义。[2] 对于克劳利这种说法，我也不能苟同。有充足的证据表明，我们所说的这类做法，无论其最初是出于何种目 505
的，现在都已被看作是一种装饰习俗。而且，关于这类做法起源的任何理论都不过是一种推测而已。至于认为“把这类习俗归因于装饰动机乃是一种错误见解”的论断，同样也难以得到证实。

牙齿是人体中常常受到种种虐待的一个部位。在实行这种习俗的各个不同的土著部落中，对于这种习俗的解释也各不相同。有人问澳大利亚东南部的迪埃里人，他们何以要将小孩的两颗上门牙敲掉，他们回答说：善良的精灵穆拉穆拉在创造出他们这个民族之后，曾给第一个孩子敲去两颗上门牙，并觉得这样很好看，于是便吩咐说：今后生了小孩，无论是男是女，统统都要照此办理。在台湾岛北部的蒙昧部落中，小孩子长到五六岁、七八岁时，大人都要把他们的犬齿敲掉，“因为人们相信，敲去两颗犬齿之后，就可以在打猎时跑得更快。”[3]在班图族系卡维龙多人中，不分男女，都要拔去两颗正中的下门牙。人们认为：男人如果保留着下颚的所

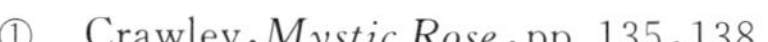

[1] Crawley, *Mystic Rose*, pp. 135, 138.

[2] *Ibid*, p. 135.

[3] Taintor, *Aborigines of Northern Formosa*, p. 22.

有门牙，就会在打仗时被人杀死；女人如果不把两颗下门牙拔去，就会使丈夫遭到厄运。在讲尼罗特语的卡维龙多部落中，人们要将正中的六颗下门牙拔去。如果有哪个男人不肯这样做，据说婚后不久其妻就会死去。不过，我们更经常听到的是这样一种说法，
506 即实行这种拔牙术是出于美化容貌的考虑。非洲的诸多民族，例如刚果河上游的博洛基人，还有赫雷罗人，就属于这种情况。博洛基人是将上门牙凿成“V”字形的边线，而赫雷罗人是将正中的四颗下门牙拔掉，并将犬齿锉成燕尾形。关于刚果河土著男人所实行的前一种整形术，塔基曾说，其“主要意图是取悦于女人。”[①]霍勒布博士说，赞比西河以北的一支马卡拉卡部落，以及河岸边的马通加人，“完全是出于虚荣心而将自己的上门牙拔掉。当地妇女说，只有马才用所有的牙齿吃东西，而人不应该像马那样吃东西”。[②] 乌干达的巴冈乔人是把门牙锉尖，他们说，这样可以有助于他们畅怀大笑。但是，“在过去，女孩子家如不锉牙，就没有人愿意娶她为妻。”[③]纽博尔德在谈到马六甲以北纳宁地方的马来人时，曾说：“马来人把锉牙以及随后将牙染黑，看作是追求人体美所必不可少的两个过程。”[④]克劳弗德在谈到马来群岛的同一习俗时，也讲过与此相类似的话。在马来群岛，锉牙和将牙染黑是结婚前必不可少的程序。当人们想表示某个女子已经到了青春期这一

---

① Tuckey, *Expedition to explore the River Zaire*, p. 80 *sq*.

② Holub, *Seven Years in South Africa*, ii. 256.

③ Cunningham, *Uganda*, p. 262.

④ Newbold, *Account of the British Settlements in the Strait of Malacca*, i. 253.

意思时，通常的说法就是，“她已经把牙锉了。”[①]在其他一些国家，人们到了青春期以后，也要进行锉牙或整牙。在印度南部科钦邦的丛林中，有一蒙昧部落，叫卡达尔人。在这个部落中，男孩子到 507
了 18 岁，女孩子到了 10 岁左右，都要进行一种手术，“将全部或部分上下门牙锉成尖顶的但非锯齿状的圆锥体。”[②]在尼科巴群岛，男子从青春期起便开始把自己的牙齿染黑。女性对此甚为青睐，“而对于像猪狗一样长着一副白牙的人向她们献殷勤，她们则是不屑一顾。”[③]同样，帛琉群岛的岛民、新不列颠岛上的土著，以及新安达卢西亚岛上的柴马人，也是在青春期时将牙齿染黑，并把这看成是美貌所不可缺少的条件。

在很多蒙昧部落中，男子都对自己的发式特别感到自豪。有的部落是将头发染成鲜艳的颜色，有的部落是在头发上饰以珠宝或闪光的金属片，有的部落则是以极大的心思梳理自己的头发。印度中部的坎德人都留着很长很长的头发，他们把头发留到前边，然后再往上卷，看上去就像是一只从前额伸出的号角。他们还喜欢在头发周围系一块红布，并将烟斗、梳子等物或是自己喜欢的鸟羽插在头上。新赫布里底群岛塔纳岛上的男人，留有“12 至 18 英寸长”的头发，“并把头发梳成六七百根小辫。”[④]在拉图卡人中，男子要用 8 年至 10 年的工夫才能最终完成自己的发型。在北美洲，希恩曾见到几个男子，约有 6 英尺高的身材，“将头发盘为一束，如

① Crawfurd, *History of the Indian Archipelago*, i. 215 *sqq.*

② Anantha krishna Iyer, *Cochin Tribes and Castes*, i. 24 *sq.*

③ Man, “Account of the Nicobar Islanders,” in *Jour. Anthr. Inst.* xv. 441.

④ Turner, *Samoa*, p. 308.

果将头发垂落下来，那么人走路时，头发就会拖在地上。”[①]另一些
508 印第安人则实行剃头的习俗，然后用鹿鬃作为装饰。有些蒙昧部落也使用假发。

各种式样的发型当然是源于各种不同的动机。正如弗雷泽所指出的，有些蒙昧部落总是使自己的发型趋同于该部落的图腾，以便使自己更好地受到部落图腾的保护。衣阿华人和奥马哈人中都有野牛氏族，其发型就是模仿牛角，将头发分为两束。奥马哈人中的小鸟氏族，“在前额上方留有一小缕头发，表示鸟嘴；在头的后部留有一些头发，表示鸟尾；在两耳上侧留有较多的头发，表示鸟的两翼”。而海龟亚氏族则总是将男孩子的头发差不多统统剪去，只留下六缕，按海龟的样子进行梳理，以表示海龟的头、尾、爪。[②] 卡斯顿博士说，在南美印第安人的观念中，“头发是灵魂之所在”。他认为，他们的传统发型就是以这一观念为基础的。[③] 但是，大量证据则表明，发型是在起一种性刺激的作用。

在世界各民族中，对发型最在意的，都是那些年轻、未婚的人。在尼罗省的阿乔利人中，年轻男子，即所谓“社会中的雄鹿”，在修饰打扮方面要比上年纪的人和部落酋长在意得多。这些人与众不同之处在于他们的发式。其发式包括两部分，“一部分是缠结的头发，被精心地梳成一个圆锥体，上面还整齐地镶着一些小珠子，组成一个图案；另一部分则是一个空的弹药盒，插在圆锥顶上。”[④]祖

---

① Hearne, *Journey from Prince of Wales's Fort to the Northern Ocean*, p. 306 note.

② Frazer, *Totemism*, p. 26 *sqq*.

③ Karstem, *Studies in South American Anthropology*, i. 59.

④ Cunningham, *Uganda*, p. 352.

鲁族的年轻人在没有结婚前，任凭头发不断生长而不剪短，还将头发梳成各种奇形怪状，“有的像一个圆锥形糖块，有的像两山对峙。”[1]在吉大港山区的布尼奥吉部落中，年轻男子往往“将一大团黑棉花塞入自己的顶髻，使它看上去更大一些。”[2]在马来群岛的特宁伯人中，小伙子常用树叶、鲜花和羽毛来装饰自己的头发。据里德尔说，“其目的仅仅是为了取悦于女人。”[3]据莫斯利说，在阿 509
德默勒尔蒂群岛，“只有看样子从 18 岁到 30 岁左右的年轻男子才留长发，并将头发梳成拖把状或狐尾状”，而小男孩或上年纪的男人则都是梳短发。[4] 在阿塔帕斯克族印第安人中的塔库利人部落，“老年人都不大注重什么头饰，其他一些人也是这样，人们一般都是梳短发。但是，男女青年却不同。由于他们总是更渴望得到异性的欢喜，因此常常把脸洗干净，再画上各种颜色，还把头发留得很长。”[5]据西布尔说，霍瓦国王拉达马曾想把欧洲习俗引入到马达加斯加的霍瓦人中，并命令他手下的所有官员和军人都必须 510
把头发剪去。这一决定在首都的妇女中引发了极大的骚动。她们

① Tyler, *Forty Years among the Zulus*, p. 60.

② Lewin, *Wild Races of South-Eastern India*, p. 240.

③ Riedel, *De sluik-en kroesharige rassen tusschen Selebes en Papua*, p. 292.

④ Moseley, “Inhabitants of the Admiralty Islands,” in *Jour. Anthr. Inst.* vi. 400.

⑤ Harmon, *Journal of Voyages and Travels in the Interior of North America*, p. 288. 短发常常被看作贞洁的象征。在佛教中，每一位受戒者都必须接受剃度，以证明“自己为献身宗教生活，准备放弃一切最美好的、最珍贵的饰物”。在墨西哥，皈依宗教的处女如同那些决定选择禁欲生活的男子一样，必须将头发剪去。另一些习俗中也可能含有与此类似的思想。例如，女子出嫁时，要将头发剃光或剪去，做丈夫的希望以这种方式保持妻子对自己的忠实。这种习俗不仅见诸蒙昧部落，而且在斯巴达和雅典也很盛行。盎格鲁-撒克逊人也有过这种习俗。在古代墨西哥的特拉斯卡拉人中，新婚男女都要将头剃光，“以表示青春时期的嬉戏活动应当结束了”。

举行大规模的集会，抗议国王的命令。直至国王派军队包围了这些妇女，并将其领袖残酷地处死之后，这场风波才平息下来。

对于蒙昧部落中的人来说，几乎没有什么东西比鲜艳的色彩更富有吸引力了。霍勒布博士曾说："在马鲁策地区，不管那些外来的旅行者有多凶狠，也不管他们要找多少挑夫，只要他们带有大量天蓝色的小珠子，他们就能受到最好的照顾，得到最好的服务。事实证明，他们带来的珠子对于那里的君臣百姓、大人小孩、男男女女以及自由民和奴隶，都具有一种不可抗拒的诱惑力。"①用艳丽的小装饰品打扮自己，的确是一种极为盛行的习俗。W. 亨特爵士在谈到桑塔尔男子过节的情况时，曾说："如果他们身上还没有展现出彩虹的7种颜色，那么，人们就要捐出豪猪、孔雀以及各种羽翼鲜艳的鸟，给年轻的桑塔尔求情者提供佩戴的羽毛。"②蒙昧部落的人特别喜爱颜料。我们知道，欧洲在第四纪末期以及整个新石器时代，就已有用颜料涂抹身体的做法。红赭石通常被看作是一种最主要的装饰用颜料。歌德称赞道，略带黄色的红色对人的情感有一种无可比拟的力量，他说："人们在世界各地的蒙昧部落中都曾注意到，他们对这种颜色非常喜爱。"③但是，正如格罗塞所说，要不是这种颜料在世界各地都很容易大量获得的话，那么，这种用红颜料涂抹身体的做法，在处于文明最低阶段的各蒙昧部落中也就不会如此盛行了。至于其他颜色，使用最多的或许要数黑色和白色了。达科他人总是把自己的脸涂成红黑两色，因为"他

① Holub, *Seven Years in South Africa*, ii. 351.

② Hunter, *Rural Bengal*, i. 185.

③ Goethe, *Zur Farbenlehre*, § 775, vol. i. 293.

们认为这两种颜色极富装饰性。”[①]在圭库鲁人中，很多男子都把 511
自己的身体涂成半红半白的颜色。在整个澳大利亚大陆，土著人都是把自己的身体涂成黑、红、黄、白四色。在斐济，人们“最想得到的东西”就是一点朱砂。[②]

这种涂抹身体的做法，无疑也可以有各种不同的动机。有的人可能是为了在打仗时吓唬敌人；有的人可能是为了保护皮肤，以防风吹日晒和蚊虫叮咬。例如，在霍屯督人中，人们在身上抹上一层掺油的黏土，不仅是为了装饰，而且也是出于保护皮肤的目的。克罗斯河沿岸的土著人涂抹身体，一方面是出于装饰的目的；另一方面也是出于“医疗”的目的。在刚果河上游地区的大多数部落中，男子在打仗出征之前，往往要用棕榈油和木炭屑把自己的脸和脖子抹黑，为的是像猴子一样。他们说，这样做就可以得到“猴子的灵巧劲儿”。在英属新几内亚的基瓦伊族巴布亚人中，人们每逢跳舞时，就要在身上画一些图案，而这些图案则象征着各自的图腾。还有很多蒙昧部落涂抹身体是为了表示哀悼。但据弗雷泽说，他们是由于害怕受到亡魂的侵扰而将自己伪装起来。在摩洛
哥，人们从指甲花的花瓣中提炼出一种远近闻名的棕红色染剂。 512
这种染剂不仅是妇女们所青睐的一种化妆品，而且人们还赋予它某种神圣性，常常把它抹在身上，用以辟邪。同样，人们认为胡桃树的树根或树皮以及锑粉也都有某种神圣性，妇女们用前者将嘴唇和牙齿染成赤褐色，用后者将眼圈涂黑。上面所谈的这几种染

① Carver, *Travels through the Interior Parts of North America*, p. 227.

② Wilkes, *Narrative of the United States Exploring Expedition during the Years 1838—1842*, iii. 356.

剂虽然主要是为妇女所用，但是男子在某些特定的时候，出于宗教活动的目的，也会使用。据卡斯顿说，在南美印第安人中，人们涂抹身体的最初目的是驱鬼辟邪。但是，他在谈到托巴族女子的涂脸习俗时，又写道："我曾向她们询问为什么要这样做，她们有时只是简单地说觉得这样好看，有时则表示是为了吸引男人。有人告诉我，女子到了想找男人的时候，就会把脸涂上颜色。"[①]

除了上面已经谈到的情况，还有很多材料也认为，人们在身上涂抹颜色，是为了装饰，或是为了吸引异性。在亚马孙河西南流域的瓜拉约人中，男子想求婚时，便从头到脚涂上颜色，然后手持打仗用的木棍，一连数日，围着他所倾慕的女子所住的小屋转悠，一直转到下一个节庆日，双方成婚为止。在大查科平原的马塔科人中，男子如向女子求爱，就要将自己的身体涂成红、蓝、黑三色；而在火地岛的奥纳人中，则要在脸上涂上很多白色的斑点。在亚马
513 孙河西北流域的维托托人和博罗人中，无论男女，凡是要参加舞会时，都要在身上涂上颜色，或是别人给涂，或是自己涂。其他一些蒙昧部落也有此俗。例如，在复活节岛，每当举行舞会和节庆活动时，人们都极为放纵。而只有在这时候，人们才把自己的身体涂上颜色，主要是红白两色。在不列颠哥伦比亚的阿特人中，"有些年轻男子爱在脸上画些红色的条纹，但是成年男子除了某些特定的日子之外，则很少用颜料涂抹身体。"妇女一过25岁，也不再使用颜料。[②] 辛克莱先生在广泛谈及北美印第安人时，曾说，他们认为

---

① Karsten, *op. cit.* i. 20.

② Sproat, *Scenes and Studies of Savage Life*, p. 28.

用颜料涂抹身体可以增强男女两性的美感。舒尔策在谈到澳大利亚中部芬克河中上游地区的土著人时，曾写道："他们为了好看起见，常常用油脂擦身，以增加皮肤的亮度；还在身上涂上颜料，拴上线绳，作为装饰。"[①]艾尔曼博士在广泛地谈到澳大利亚南部的土著人时，曾表示，用颜料涂抹身体这一做法的主要动机，无疑是为了讨人喜欢。在澳大利亚，有关当局曾把残余的塔斯马尼亚人转移到弗林德斯岛，并发布了一道命令，禁止用油脂和赭石涂抹身体。命令一下，险些爆发了一场叛乱，因为"年轻男子生怕由此而失去女同胞的青睐。"[②]斯帕尔曼说，他曾雇用过两个霍屯督人做佣人。每当这两个人要去会见女友时，就用烟灰将鼻子、脸颊和前额正中处涂上黑色。在刚果的巴亚卡人中，无论男女，都要用卡姆木染剂将胸部涂成红色，并明白表示，这样做是为了看上去更漂亮。而班巴拉族的年轻男女则是用黏土将身体涂成红色，他们也 514
明确表示，这样做是为了更好看。

还有一种与用颜料涂抹身体十分相近的做法，这就是文身。在欧洲史前时期以及历史上的各个时期，都有文身的做法。文身在现代蒙昧部落中极为普遍。除了眼球之外，凡是人体显露的部位，几乎没有不曾做过文身的。在桑威奇群岛，做文身的部位是头顶、眼睑、耳朵、鼻子，有时甚至还包括舌尖。在复活节岛，做文身的部位是耳边和嘴唇。阿比西尼亚妇女做文身的部位是牙床。文身与涂抹身体相比，优越性在于其印记可以永久不掉，而涂身则必

① Schulze, "Aborigines of the Upper and Middle Finke River," in *Trans. and Proceed. Roy. Soc. South Australia*, xiv. 223.

② Bonwick, *Daily Life of the Tasmanians*, p. 25 *sq.*

须不断进行。同时，文身的印记还是勇气的一种证明。麦克米伦·布朗先生在谈到波利尼西亚人的文身习俗时，曾说过："从临时性的涂身过渡到永久性的文身，除了说明人们渴求'永远俊美'的不老之心，还极大地有赖于人们为接受文身而忍受一切痛苦的勇气。"[①]曼先生也说过，在安达曼人看来，文身"首先是一种装饰，其次也是一个人的勇敢精神和吃苦能力的证明"。[②] 文身有时还有恐吓敌人的目的。据克罗泽说，毛利人的酋长为设计一种吓人
515 的文身图案，要下很多的工夫。文身有时还是战绩的记录。凯泽曾谈到过新几内亚的一位酋长，说他胸部有 63 道蓝色的文身印记，每道印记代表着他所杀死的一个敌人。芬什也说，在莫尔兹比港的莫图人中，只有杀过人的人才可以在胸部刺文身。在萨摩亚群岛以西的乌韦阿岛(亦称瓦利斯岛)，文身之于男子"从来就是荣誉的象征，是对勇敢精神的奖励"。[③] 在台湾岛的察利森人中，"文身既是一种装饰，也是地位高的一种象征"，因此，在男人中，只有酋长及其家属才可以文身。[④] 迪维尔称，他发现毛利人的文身与欧洲的纹章颇有相似之处，虽然文身只给予有功绩的人，而不给予其后代。据我们了解，文身还有一种识别作用，常常作为身份的标志，代替签字。在北美印第安人中，有的图案只能由勇士配用，而有的图案则是刺在奴隶身上的。在古罗马，奴隶主往往要在奴隶身上刺字，特别是要给那些在野外作业的奴隶文身，为的是他们一

① Brown, *Maori and Polynesian*, p. 184.

② Man, "Aboriginal Inhabitants of the Andaman Island," in *Jour. Anthr. Inst.* xii. 331.

③ Mangeret, Mgr. *Bataillon et les missions de l'Océanie*, i. 97.

④ Davidson, *Island of Formosa*, p. 572.

旦逃跑，好把他们找回来。洪诺留在位时，出于类似的目的，某些从事公共工程的劳工也被刺以文身。在复活节岛，年轻人结婚后，
要在胸部刺上妻子外阴的图案，作为已婚的一种标志。在很多地 516
方，文身图案所代表的都是一种部落标记，或者说，是区分敌我的一种标记。应当看到：如果某个部落或民族的成员普遍刺有某种图案，人们就很容易将它看作是一种识别标志，虽然其本意并非如此。有些民族还把文身作为防病祛病的一种手段。西部的德内人就认为，如果让一个处于青春期的女子在一个年轻男子的臂上或腿上刺上一两条横道，其手臂或双腿就会变得粗壮有力。在摩洛哥，我熟识的一个男子在两侧太阳穴下都刺有一个文身图案，其用意是防止睡眠过多。很多摩洛哥人都选用眼或五指的形象作为文身图案。这种文身图案现在虽然已被看作一种装饰，但其最初则显然是一种辟邪物，是用来对付邪恶目光的。在其他地方，某些文身图案也被用于巫术目的，或是驱邪祛灾，或是祈求在打猎时交上
好运，在爱情或其他追求上取得成功。有些南美印第安人的确是 517
把图腾刺在自己身上。格兰由此推论说，文身最初选用的都是图腾动物的图案，只是现在不再是这种情况了。但这种说法是一种很牵强的推测。即便有些民族的文身图案确实是动物，也不一定就与图腾崇拜有什么关系。旁遮普人“在身体上刺蝎、蛇、蜂或蜘蛛等图案的做法，本是源于交感巫术，他们认为，刺上这些图案，就可以驱邪祛病”。[1] 马夸特发现，在萨摩亚人认为具有神性的动物中，没有一种被当作文身图案。在西非的某些地区，每个小孩出生

---

① Rose, in *Indian Antiquary*, xxxi. 298.

之后，即要供奉给某一偶像，并在腹部刺一标记。达荷美的土著祭司都刺有反映等级的文身标记，标记规定各人所信之神以及自己所处的地位。这些文身标记被认为是极其神圣的，任何世俗之人均不得触摸。同样，阿提斯神的受阉祭司也刺有常青藤叶的文身。但是，就我们所知，只有在很少的事例中，文身才具有某种宗教意义。库克曾经说过，在南太平洋群岛中，文身与宗教并无任何关系。很多在那里研究过文身习俗的作者对此说法也都予以支持。
518 斐济人认为，文身习俗是由恩登盖神所创立的；谁要是没有刺文身，死后就会受到惩罚。在其他一些民族中，也有类似的传说。但是，这些说法并没有说明文身习俗的起源，对于任何一种自古流传下来的习俗，人们都可以把它归因于神的旨意。但是，塔希提人有一则关于文身起源的传说，却似乎可以给我们某些真正的启迪，因此有必要加以详细引述。

很久以前，塔希提人所信奉的神塔罗阿和阿波瓦鲁生了一个女儿，叫希娜里雷莫诺伊。“她长大以后，父母为了保持她的贞操，把她关在一个小棚子里，并由母亲时刻守在她身边。她还有两个哥哥。他们一心想诱奸她，于是发明了文身术，互相在对方身上刺上了一种叫陶马罗的图形。这样装饰一番之后，他们便来到妹妹那里。妹妹很欣赏哥哥身上的图形，而且也想在自己身上刺文身，于是，她趁母亲不备，冲出关她的小屋，刺了文身，也成为哥哥所刺图形的牺牲品。这样看来，文身起源于诸神，并由诸神之首‘塔罗阿’的孩子首先实行。后来，男子们为了取得同样的效果，也纷纷仿效这种做法……塔罗阿和阿波瓦鲁的两个儿子成了文身之神。那些专职文身术的人还修了寺庙，寺庙内供奉着两兄弟的像，每当

施行文身术之前，他们都要向两兄弟祈祷，祈求手术平安、顺利，祈求伤口早日愈合，祈求所刺图形外观漂亮，招人喜欢，并起到预定的驱邪目的。”[①]

正如我们所看到的，文身可以有各种各样的目的。但就上面 519
所举的大多数事例来看，文身习俗只有一个或少数几个有具体意
义的目的。在广泛实行文身习俗的地方，人们一般都认为文身可
以美化人的外貌。我们有理由相信，在这些地方，文身的目的就在
于此。库巴里、芬什、约斯特、马夸特、克雷默尔等人都认为，在太
平洋诸群岛上，美化人体是文身的主要目的，即或不是其唯一目
的。在世界其他很多地方，我们也听说文身的作用在于其修饰性。
辛克莱曾说过，北美印第安人“认为文身可以使男性和女性都变得
更美”。[②] 甚至在很多欧洲人看来，在身上刺出的线条和图案也具
有某种美感。比奇在谈到甘比尔群岛的岛民时，曾十分肯定地说，
文身的确使他们变得更好看了。耶特指出：“没有任何东西在美的
匀称性上可以超过新西兰人在脸部或大腿上所刺的文身”，[③]他们
所刺的螺旋形是完美的典型，其匀称性从力学角度来看也是正确
的。福斯特说，在马克萨斯群岛韦塔胡岛上，土著人在刺文身时是
极为精心的，因此，刺在每条手臂、每条腿上及脸上和相关肌肉上
的图形都是极其相似的。据达尔文说，在塔希提人中，各种装饰与 520
人体曲线的配合极为巧妙，因此能产生一种优雅的、令人愉悦的效
果。在复活节岛的岛民中，“文身的线条画得很有水平，而且都与

① Ellis, *Polynesian Researches*, i. 262 *sq*.

② Sinclair, in *American Anthropologist*, N. S. xi. 399.

③ Yate, *Account of New Zealand*, p. 147 *sq*.

肌肉的纹理平行”。[1] 文身线条与人的自然形体紧密配合因而使线条更加突出的这一情况，在其他一些民族中也有发现。

但是，文身所要产生的美感，却不仅仅是美学意义上的美感。文身的意图还在于产生在塔希提传说中所表明的那种效果——对异性的诱惑力。据泰勒说，在毛利人中，年轻男子都强烈渴望在自己的脸上刺出好看的花纹来，这样“既可以吸引异性，又可以在打仗时大出风头”。[2] 女孩子差不多都不愿意要那些没有文身的男子；谁要是有一张平滑的、不曾刺有花纹的脸，谁就会在情场上处于极其不利的地位。刺满花纹的大腿和后腰也一定是很诱惑人的；有一位给我们提供情况的人说，他曾听一个毛利人讲：“女人都
521 喜欢看到男人刺成那个样子。”[3]而女孩子在出嫁之前通常也要在嘴唇上刺一些蓝色的横道，因为“红嘴唇不但不好看，而且还遭人讨厌。”[4]麦克米伦·布朗先生在广泛地谈到波利尼西亚的文身习俗时，曾经说过，人们刺文身的动机之一在于性的考虑，“其意图是使自己给异性更大的想像余地，这种意图在萨摩亚人、汤加人以及其他一些岛民的文身中体现得更为清楚”。[5] 据马夸特说，在萨摩亚，“男人文身是为了取悦于女人，女人文身是为了吸引男人。男女文身，都只是为了使自己更好看，因而对于异性更有魅

① Beechey, *Narrative of a Voyage to the Pacific and Beering's* Strait, i. 39.

② Taylor, *Te Ika a Maui*, p. 321.

③ Rutland, “Survivals of Ancient Customs in Oceania,” in *Jour. Polynesian Soc.* xiii. 102.

④ Best, “Maori Marriage Customs,” in *Trans.—and Proceed. New Zealand Institute*, xxxvi. 64.

⑤ Brown, *op. cit.* p. 187 *sq.*

力。”[①]一个年轻男子若是还没有文身，就根本谈不上结婚，而一旦刺了文身，也就有权享有成年人的一切特权了。普里查德曾说过：“待文身刺完，伤口愈合之后，就要举行一场盛大的舞会。这是年轻男子第一次有机会一展其文身。在舞会上，女性便将自己的倾慕之情毫不吝惜地给予做了文身的青年。而年轻男子当时强忍着剧痛，让专人给他们刺文身，也正是渴望着能得到这种报偿”。[②]在所罗门群岛的圣安娜岛上，也同样是这样，年轻男子只有在做完文身之后，才能结婚。在所罗门群岛，“如果哪个女子想嫁人”，那么，文身这种装饰也是“绝对不可少的”。[③] 例如，在佛罗里达群岛，“女子只有在做了文身之后，才被认为可以许配人家。”[④]在斐济，假如哪个女子到了青春期还未做文身，“本地的年轻男子就会以嘲笑的口吻悄悄议论她，猜想她是不是有什么不寻常之处”。巴
兹尔·汤姆森爵士曾就此事询问过当地的一位酋长。酋长答道： 522
“在我们这个世界里，娶文身妇女还是娶未文身妇女，这其中大有区别。人们对于娶未文身女子为妻，深为反感。”不过，巴兹尔爵士认为，其原因不在于装饰方面，而在于某种我们尚不清楚的性迷信，因为他们所刺的图案仅局限于一处较宽的长条之中，而这一部位是为围裙所遮挡的。[⑤] 但是，这种说法大有商榷余地。首先，文身的历史要比围裙的历史更早。再者，巴兹尔爵士自己也说过，除

① Marquardt, *op. cit.* p. 16.

② Pritchard, *Polynesian Reminiscences*, p. 144 *sq.*

③ Penny, *Ten Years in Melanesia*, p. 91.

④ Codrington, *Melanesians*, p. 237.

⑤ Thomson, *The Fijians. A Study of the Decay of Custom*, p. 217 *sqq.*

了臀部的文身之外，有些年轻女子还在手指上刺了一些带钩的线和小圆点，为的是在给酋长端饭时，使手指显得更好看。他还说，我们现在仍可看到有些妇女在手臂上和后背上做了文身后所隆起的疤痕。“这种疤痕仅仅是一种装饰，并没有什么别的意义”。[①]在英属新几内亚的南部马辛人中，女子常常刺有很多文身，讲到做文身的理由时，她们说：“这样可以使女子显得更好看，并使其好皮肤更加突出。”[②]查默斯在谈到同一殖民地的某些蒙昧部落时，曾说过，女人在自己身上刺文身是为了“取悦于男人”。[③] 据芬什说，在新几内亚东南端外的一个名叫萨马赖的小岛上，年轻女子做文身只是想快点找个丈夫，除此之外，并没有什么别的目的。据里德尔说，在新几内亚西南部的凯伊群岛，则是男人“实行文身，以取悦于女人”。[④] 梅尔腾斯曾向加罗林群岛卢库诺尔岛的土著询问，他们的文身代表什么意义。其中有人这样答道：“我们刺文身和你们

523 穿衣服都是一个目的，就是讨女人喜欢。”[⑤]博克曾说过：“正如达雅克族女子刺文身是为了取悦于情郎一样，老挝男子受此折磨也是为了女人。”[⑥]

在摩洛哥，虽然人们刺文身可能出于各种动机，诸如使男子成为神射手，或是医治膝头的肿痛，抑或是作为抗拒邪恶目光的护身符，但人们也都把文身，尤其是那些造型精美的文身，视为一种装

---

① Thomson, *The Fijians. A Study of the Decay of Custom*, pp. 218, 220.

② Seligman, *op. cit.* p. 493.

③ Chalmers, *Pioneering in New Guinea*, p. 166.

④ Riedel, in *Zeitschr. f. Ethnol.* vol. xvii.

⑤ Waitz-Gerland, *Anthropologie der Naturvölker*, vol. v. pt. ii. 67.

⑥ Bock, *Temples and Elephants*, p. 170.

饰。来自非斯附近艾特萨登部落的一个柏柏尔人就曾告诉我，他右手上的一大片文身图案，就是年轻时为讨女人喜欢而做的。他还说，他们部落中的很多年轻男子也都出于同一目的而做了文身，有的是在一只手上，有的是在小臂下部，也有的是在一只肩膀上。人们希望不是以送东西的方式，而是以自己的文身赢得女性的好感。刺有美丽文身的女子常常是民歌中歌唱的对象，很多年轻男子为她们的美丽文身所吸引，争相送礼。这样的姑娘出嫁时所需的聘金也很高。

在维多利亚—尼安萨湖畔的巴纳布杜人中，男子过去总是在胸前刺一连串的花纹，女子年轻时也要在腹部刺同样的花纹。如果哪个女子拒绝文身，“就会失去对异性的吸引力”。[①] 菲勒博恩博士曾说，在德属东非的瓦尧人和马夸人中，女子往往在腰布遮挡的部位刺满了花纹。他曾请当地人解释这种风俗，当地人说：“男人抚摸刺有花纹的部位，要比抚摸平滑的部位更有兴致。”菲勒博恩博士由此认为，性感上的考虑可能是她们实行文身的一个重要原因。[②] 据说，卡迪亚克族的年轻妻子“为了使丈夫喜欢而在胸部
刺以花纹，并在脸上饰以黑纹”。[③] 克兰茨说，在格陵兰，做母亲的 524
在女儿很小时就给她做了文身，唯恐女儿将来找不到男人。不论男女，一般都是在青春期前后做文身。但在很多民族中，文身并不是一次就可以做完的，因此，每做一次文身，都必须忍受一次炎症

① Cunningham, *Uganda*, p. 68 *sq.*

② Fülleborn, *Das Deutsche Njassa-und Ruwuma-Gebiet, Land und Leute, nebst Bemerkungen über die Schire-Länder*, p. 78.

③ Bancroft, *The Native Races of the Pacific States of North America*, i. 72.

和痛苦。还有的民族,从女孩很小时就开始做文身,以后还要不断地刺新的花纹,一直做到出嫁为止。在上阿萨姆的那加人中,有这样一种习俗,“只有将自己的面孔刺得非常丑陋之后,方可准予结婚”。[①] 在南非的马卡拉卡人中,女子只有在胸部和腹部的皮肤上刺了 4 000 针,并将一种黑色液体擦入伤口之后,才能够结婚。在
525 萨摩亚,文身习俗是与性放纵并行的。在塔希提,酋长们严禁实行文身,因为在该岛,文身习俗总是不可避免地伴随着一些淫乱的行为。

在“文身”这一总类目之下,往往还包括“疤饰”习俗。而在本书中,我们也没有必要在这两种做法中划一条严格的界限。这两种习俗在民族分布上,主要取决于民族的肤色。格罗塞曾经说过:“疤饰这种习俗只是在深肤色的民族中才有发现,因为疤痕只有在深色的皮肤上才显得特别突出。基于类似的原因,文身习俗也只是在肤色较浅的民族中流行。”[②]武士们在身上划上疤痕,常常是
526 为了记下打仗时杀了多少敌人。疤饰还可作为部落标记、治病之道、避邪符、服丧标志或是作为表现悲痛的一种形式。卡斯顿博士曾说,在南美印第安人中,当人们认为恶魔已经钻入自己身体之后,就要做疤饰,以便摆脱恶魔。

不过,我认为,当人们谈到疤饰习俗时,更多的是把它看作一种装饰手段,甚至纯粹是一种装饰手段。例如,马达加斯加的某些部落习惯于在皮肤上切一些小口作为标记,“其意义在于装饰”。[③]

① Dalton, *Descriptive Ethnology of Bengal*, p. 39.

② Grosse, *The Beginnings of Art*, p. 78.

③ Sibree, *The Great African Island*, p. 210.

在整个澳大利亚大陆，土著人实行疤饰习俗，差不多也都是出于装饰的目的。在澳大利亚南部的阿尔多林加人中，人们在胸前至两臂上部划上疤痕“仅仅是为了更好看”。[1] 据巴林顿说，在植物湾 527
一带的土著人中，“男人和女人都认为疤饰很富有装饰性。”[2]据帕尔默说，新南威尔士各部落的疤饰“仅仅是一种装饰，并没有部落标记的意思”，而女子实行疤饰则是为了更好看，更有吸引力。[3]据帕金森说，在所罗门群岛的某些地方，“疤痕完全愈合之后，图案的线条即可清楚地显现出来。无论对男人来说，还是对女人来说，这种疤饰都是最宝贵的一种装饰。而女人的身价也是根据疤饰图案是否好看来确定的。”[4]在斐济，“女子在手臂上和后背上烫有一排排像肉赘一样的小点，无论是她们自己，还是她们的爱慕者，都把这看作是一种装饰。”[5]

这样看来，在那些十分普遍的习俗中，有很多都应被视为刺激异性性本能的手段。正如我们已经知道的那样，这类习俗同时还可以有其他一些目的。而且，我也不怀疑，其他一些因素，特别是迷信观念，在这些习俗的起源上也曾起过重要的作用。当然，这些习俗由于具有性刺激作用，因此在青春期阶段尤为盛行。不过，即便如此，这些习俗也可能或多或少同对于青春期现象的迷信观念有关，或者按希恩教授的说法，同伴随性成熟而产生的社会地位的

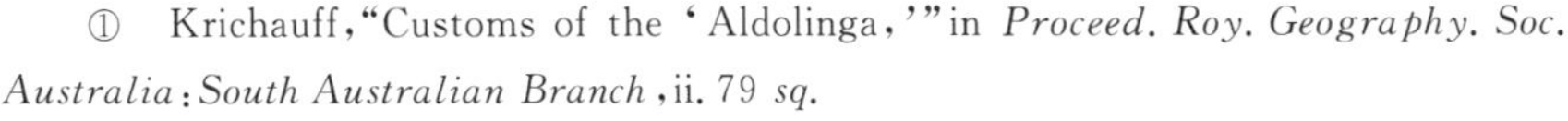

① Krichauff, “Customs of the ‘Aldolinga,’” in *Proceed. Roy. Geography. Soc. Australia: South Australian Branch*, ii. 79 *sq*.

② Barrington, *History of New South Wales*, p. 11.

③ Palmer, “Notes on Some Australian Tribes,” in *Jour. Anthr. Inst.* xiii. 286.

④ Parkinson, *op. cit.* 487.

⑤ Williams and Calvert, *Fiji and Fijians*, p. 137.

变化有关。但是,芬克先生一方面接受有关这些习俗起源的其他各种说法;另一方面又宣称,旅行家们有关蒙昧部落嗜好人体"装饰"的记载,不过是"从走马观花中得来的无根据的推测,忽略了处于较低发展阶段上的民族之所以涂身、文身或以其他方式'装饰'自己的真正原因,而随意把这说成是为了'使自己更好
528 看'"。[1] 芬克先生的这种态度是很不协调的,也是没有道理的。在有些案例中,这些习俗可能是因为体现了人的力量、勇气或忍耐力而刺激性本能。但是,我认为,一般来说,这些习俗之所以能够刺激性本能,是因为它们通过新异的魅力,引起人们的注意和兴奋,特别是因为进行过这番修饰的人表现出了性欲念或性意向。罗伯特·伯顿曾经说过,如果"把姿态、服装、珠宝饰物、颜料、修饰这些非自然的诱惑和刺激加入到自然美之中",自然美的吸引力就会比原来强得多。[2] 这其中的原因就在于,这些东西能够激发起人的性爱。

因此,我们可以理解,即便是像穿透鼻中隔或敲掉牙齿这类我们很反感的做法,也是有一定吸引力的,而这些做法一旦被确立为真正的习俗,谁不这样做,就会让人觉得讨厌。在交趾支那,妇女都要把牙齿染黑。于是,有人谈及英国大使夫人时,就曾以轻蔑的口吻说:"她的牙就跟狗牙一样白。"[3]在我们看来,眉毛可以对眼睛起到自然保护的作用,而巴拉圭的阿维波内人却要精心地把眉毛一根不剩地拔掉。他们还很蔑视欧洲人的浓密眉毛,称欧洲人

---

① Finck, *Primitive Love and Love-Stories*, p. 232.

② Burton, *Anatomy of Melancholy*, iii. 2. 2. 3, p. 521.

③ Waitz, *Introduction to Anthropology*, p. 305.

为鸵鸟的兄弟。但是即使在有的地方，某种修饰方式已经十分普遍，而且风俗习惯也要求社会上的同性成员都这样做，一般来讲，往往也会出现各种偏差或走形；而一些古老习俗也仍会具有一定的魅力。在动物中，鲜艳的色彩和其他一些第二性征，不仅是一种识别标志，还是吸引异性的一种手段；而在人类中，自我修饰则是对性感的有意表露，因此也是对异性的一种性刺激。在动物的求偶活动中，自我展示不仅可以刺激被追求者，而且也可以刺激追求 529
者自己；同样，人类出于性爱目的的自我修饰，不仅可以刺激异性，而且还可以刺激修饰者本人。巴兹尔·汤姆森爵士曾经同斐济的一位酋长讨论过斐济妇女的文身习俗。他得到的印象是，除了那位酋长所提到的一些好处之外，“据认为，文身还可以刺激女性自己的性欲”。[①] 我想，我们自己也有这种常识，即华丽的打扮虽然是以吸引异性为本意的，但它也会起到自我兴奋的作用。而且，如同动物的第二性征主要表现在雄性身上一样，在蒙昧部落中，自我修饰也往往是在男性中更为盛行。人们常说，女人在天性上比男人更爱虚荣，更爱穿戴打扮。但是，就大多数处于较低发展阶段上的民族来说，情况并不是这样。

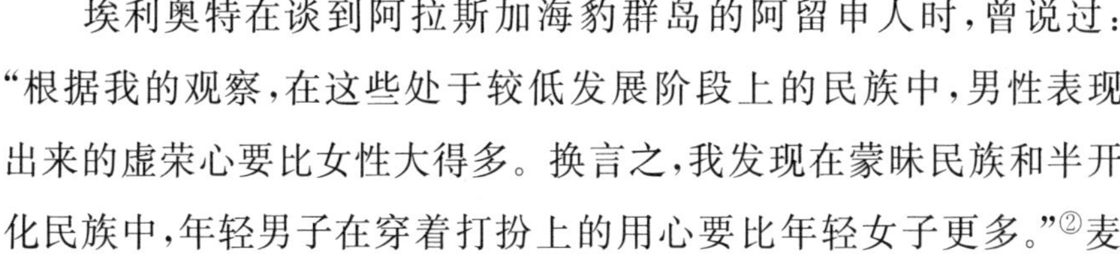

埃利奥特在谈到阿拉斯加海豹群岛的阿留申人时，曾说过：“根据我的观察，在这些处于较低发展阶段上的民族中，男性表现出来的虚荣心要比女性大得多。换言之，我发现在蒙昧民族和半开化民族中，年轻男子在穿着打扮上的用心要比年轻女子更多。”[②]麦

---

① Thomson, *op. cit.* p. 219.

② Elliott, “Report on the Seal Islands of Alaska,” in *Tenth Census of the United States*, p. 21 *sq.*

肯奇在谈到克里人时曾说："女人对于修饰自己虽不是毫不在意，但她们更为自豪的事是打扮男人。她们画自己的脸时不很在意，而画男人的脸时却格外精心。"[①]在理查森北美之行时所见到的所
530 有印第安部落中，女子在修饰上都不如男子。据说，科曼奇人也是这种情况。华莱士发现，在沃佩人中，成年男子和未成年男子占用了部落中的所有饰物。博韦中尉在火地岛上发现，男人比女人更热衷于饰物。普罗亚特在谈到卢安戈的黑人时，也说过这样的话。对于研究非洲各民族有丰富经验的施魏因富特和巴尔特也认为，女人佩戴的饰物一般都比男人少。据比奇说，在甘比尔群岛，女子"没有任何饰物。有人曾想给她们一些串珠和小宝石，但她们显得很不感兴趣"。[②] 在新几内亚的奥兰治里湾，土著妇女除了文身之外，很少修饰自己。当地男人还常常绘脸、绘身，而妇女则没有这样做的。据罗林上尉说，在新几内亚岛米米卡地区的巴布亚人中，妇女得到的装饰品比男人还少，她们的全部服饰就是一块腰布，几个串珠。在阿德默勒尔蒂群岛，年轻女子"有时也戴一两个项圈，但她们的装饰远不及男子多"，而且人们还明确认为，女子修饰自
531 己的身体不是一种好的做法。[③] 在新赫布里底群岛、新汉诺威以及澳大利亚的土著人中，饰物大多都由男性所垄断。据说，在吉普斯兰的土著人中，"男子并不太注意女子佩戴的饰物。妇女也很少美化自己的外貌。如果一个女子能靠自己的体貌吸引到倾慕自己

① Mackenzie, *Voyages from Montreal to the Frozen and Pacific Oceans*, p. xciv.

② Beechey, *Narrative of a Voyage to the Pacific and Beering's Strait*, i. 138.

③ Moseley, *Notes by a Naturalist on the Challenger*, p. 461.

的人,她就心满意足了。”①

有人曾提出,妇女之疏于打扮,是因受男人压迫、歧视的结果,是男人的自私所造成的。但是,这种解释是否合乎事实,还是很可疑的。因为一般来说,蒙昧部落中的装饰物并不是什么值钱的东西。在各种自我修饰的方式中,要数文身最费事了。但是我们却发现,在很多蒙昧部落中,只有这种自我修饰方式在妇女中比在男子中更为普遍,或者说更见功力;甚至在有些蒙昧部落中,文身只限于女性。例如,在美拉尼西亚,做文身的主要都是妇女。而另一方面,在波利尼西亚,当地妇女的社会地位一般要比美拉尼西亚妇女为高,但做文身的却主要都是男人。在斐济,妇女受着深重的压迫,但真正的文身却只能在妇女身上看到。而在萨摩亚,人们对妇女很是尊重,但做文身的妇女却没有男子那样多。 532

在很多蒙昧部落中,女性的装饰相对很少这一事实,在某种程度上可以用斯宾塞或文特的理论加以说明。斯宾塞曾指出,从某个方面来讲,装饰品乃是从战利标志演变而来的。文特则认为,装饰品是地位和财富的反映。但是,这两种解释的适用范围都是很有限的。我们知道,自我修饰的意图之所在,是为了刺激异性的性本能。由此看来,我们的结论应当是:男人之所以更热衷于用饰物打扮自己,最主要的原因在于取悦于女性;而女性之所以疏于打扮,则是因为男子对她们的修饰不感兴趣。达尔文曾指出,在我们驯养的四足兽中,雌性所表现出的爱憎情绪要比雄性普遍得多。的确是这样。一般来说,雄性似乎可与任何雌性交配,只要是同种

① Brough Smyth, *The Aborigines of Victoria*, i. 275.

即可。在不涉及利益的情况下，女性在配偶的选择上，一般也较男子更为挑剔。毛利人有句俗话说："男人再好看，也不会有很多女人去追求；女人再不出众，也还会有很多男人急着追求。"[①]梅罗拉·达索伦托在谈到索格诺的黑人时，曾写道："女人在结婚之前，总要先对男方有个了解，就像男人在结婚之前，总要先对女方有所了解一样。不过，在这一点上，我要说，女人通常都要比男人固执得多，或者油滑得多。我碰到过很多这样的事：男方表示愿与女方结婚，但女方却退而不应，要么寻找种种借口，要么索性一走了之。"[②]据达夫·麦克唐纳先生说，在中非东部地区，有很多身为奴
533 隶的妻子逃离了身为自由民的丈夫；而身为奴隶的丈夫却没有一个离开身为自由民的妻子。我们在下面还要谈到，内婚制的限制，无论是实行于某个民族、某个国家、某个部落之内，还是实行于某个阶层之中，主要都是针对妇女的，而这显然是由于在某种程度上，女性的性本能较男子具有更大的选择性。如果说在具有欧洲文明的国家中，女性比男性更讲究打扮，更热衷于自我修饰，其原因则在于女性结婚较难。但是，在蒙昧人的世界里，却几乎不存在这样的困难。相反，倒是男子才会面临结不了婚的危险。

① Tayler, *Te Ika a Maui; or, New Zealand and its Inhabitants*, p. 293 *sq.*

② Merolla da Sorrento, "Voyage to Congo," in Pinkerton, *A General Collection of Voyages and Travels*, xvi. 236.

第十六章　吸引异性的原始方法(续) 534

关于人类着附于身体之上的东西，还有一类需要加以探讨，这就是衣着。人们使用衣着类物品的目的，正如“衣着”一词所示，是要着之于身，或者说，是要遮住身体其中的某一部分。穿着衣物与自我修饰的关系是极为密切的。不但饰物可以附着于衣物之上，而且穿着衣物的目的，除了遮住身体之外，也往往是为了装饰或诱惑。罗伯特·伯顿说过：“最能激起人们色欲的，乃是身上所穿的衣服。”①哈夫洛克·埃利斯博士也正确地指出：“假如男女两性都穿一样的衣服，衣服就会失去其最重要的意义，人类也就会失去进行性诱惑的一种主要手段。”②的确，在很多情况下，我们根本无法判断附在人们身上的某件物品究竟应当称之为衣服，还是应当称之为饰物。衣服固然很容易演变成为饰物；而另一方面，我们也完全有理由相信，单纯的饰物往往也会演变成衣服。

关于衣服的起源，人们无疑可以追溯到好几个不同的源头。其中最明显的，就是防御风霜寒冷的需要。人类从温暖的故乡来

① Burton, *Anatomy of Melancholy*, iii. p. 524.

② Ellis, *Psychology of Sex*, (vol. iv) *Sexual Selection in Man*, p. 209.

535 到不太适宜的地方住下之后，就必须把自己同阴冷的天气隔离开来。爱斯基摩人是用皮毛把身体裹起来，火地岛上可怜的土著人是在双肩上或“迎风”的那个肩头上披上一块皮子。但是，人们遮挡身体，还另有所防。在伊斯兰国家，妇女都有戴面纱的习俗，这样做可能是为了防御邪恶目光。在古代阿拉伯，一些模样英俊的男子也用类似的方式防身，特别是在过节和赶集的时候，因为这时尤其容易受到危险目光的瞥视。但是，我们这里感兴趣的问题是：人们最初何以要遮挡住身体中那个最常遮掩的部位，而任其他部位裸露在外？

在这个问题上，我们也可以看到防护的动机。有人曾去过巴西的印第安部落，他们认为，某些部落的人之所以在身上系一条用树韧皮做的带子，就是为了防止阴茎头或性黏膜受到蚊虫叮咬等伤害。此外，对于努卡希瓦人将包皮包扎起来的做法，也有人提出
536 过类似的看法。据了解，在南太平洋的其他一些部落中，人们也害怕将阴茎头暴露在外，但据说这样做是因为害怕中邪。萨默维尔先生曾说过，在新赫布里底群岛的塔纳，“男人的阴茎总是被严严实实地遮挡着，这样做并非出于一种体面意识，而是为了不让‘纳拉克’（即邪魔）看到。这个东西即使被另一个男人看上一眼，也会被认为具有极大的危险。”于是，这些土著人总要在阴茎上裹上好几码长的白布或其他类似材料，又是缠来又是折，直至形成一个长约 18 英寸或 2 英尺、直径达 2 英寸多的圆柱形大包。[①] 希恩教授

① Sommerville, “Ethnological Notes on New Hebrides,” in *Jour. Anthr. Inst.* xxiii. 368.

曾指出,生殖器官以其创造生命奇迹的神秘性而成为迷信者敬畏的对象;其实,人们不仅是敬畏,而且,还出于这样的原因,对生殖器官特别加以保护,以防不测。巴利人以及喀麦隆其他一些部落的人认为,邪恶目光对男人的生殖器官极为有害,能使男人阳痿,因此,当地男子在接受医生检查时,总要小心翼翼地挡住生殖器官。除了邪恶目光,还有很多很多的鬼魂会给人们(特别是女人)带来很多很多的危险。此外,旋风和大雨等自然现象还可能使女 537
人怀孕。在僧伽罗人中,女子从不将外阴暴露出来,生怕一旦暴露在外,"一种臆想中的白毛鬼就会同她们发生性关系。"①在马六甲的塞芒人中,女人的腰带"被认为可以起到这样两种保护作用,一是可防'热雨'之害;二是可防'腰痛'之苦"。② 在班图族卡维龙多人中,未婚的年轻女子通常都是赤裸的,但在婚后则要穿上衣服。当地人认为,如果一位生过孩子的妇女被男人(哪怕是自己的丈夫)抓住衣服,则是一件很不吉利的事。为此,这个男人必须交出一只羊来。然后,人们把这只羊杀掉,让这位妇女吃了,以解除可将其致死的邪气和厄运。不过,如果"某个女人的衣服是被敌人碰到或撕破的,则不会带来什么灾祸。"③

此外,在其他一些民族中,也是只有已婚妇女才穿衣服。其中,有的民族是要求女性一生下头胎之后就穿上衣服,而有的则是要女性在此之后的某些场合穿上衣服。至于未婚女子,则是一丝不挂。有人曾说,出现这种区别的原因,在于做丈夫的都有一种嫉

① Ellis, *op. cit.* vol. i. Evolution of Modesty, &c., pp. 15, 56.

② Annandale and Robinson, *Fasciculi Malayenses*, i. 12.

③ Hobley, *Eastern Uganda*, p. 21.

妒之心，而这又被说成是人们之所以穿衣服的主要原因或原因之
538 一。这些人提出：在做丈夫的看来，衣服可以对他的财产构成道德和物质的双重保护，以防他人抢占。这种想法虽然不合逻辑，但却是很自然的。而后来，“由于财产观念又延伸至父亲对女儿的权利，同时，对女性贞洁的重视也渐渐提高，因此，这种让女性穿上衣服的动机就不仅针对已婚妇女，而且也延伸至未婚女子。”但是，我们很难相信：一种既冷酷又热切的情感，诸如已婚男子的嫉妒之心，会想出这样一种纯属象征性的保护措施，它对通奸偷情是起不到任何防范作用的。实际上，已婚妇女之着衣，可能是源出于对超自然危险的防范，这种危险常与怀孕和分娩联系在一起，而后，当着衣这一做法被普遍接受之后，又为羞耻之心加诸于人，进而成为已婚的某种标志。在已婚、未婚女子都穿衣服的地方，已婚妇女往往比未婚女子更注重体面。在苏丹的舒利人中，已婚妇女在身前系有一条很窄的穗状带，而未婚女子则只系一些珠状饰物。在新几内亚塔赛地方的土著中，前者穿一种用树叶做成的又大又厚的裙子，下面分成很多草状细条，长可及膝；而后者则只在腰间所系的一根线绳上再系上一条带子。在斐济，女性在身上只系一条用芙蓉树皮做的带子，但婚前系的带子很短；而在生第一个孩子之后，则要系一条很长的带子。在太平洋的其他岛屿上，也有类似的习俗。

539 还有人提出，人们之所以要把外阴部遮挡住，是因为怕让人嫌恶。哈夫洛克·埃利斯博士就特别指出，该部位与令人恶心的排泄物的出口挨得很近。但是，有些民族只将外阴部稍做遮挡，而将肛门部位暴露在外。埃利斯的解释显然不适用于这种情况。当

然,也有挡后不挡前的,但这种情况似乎很少,而且,正如埃利斯本人所指出的,对这种情况可能还有其他的解释。此外,埃利斯博士对隆布罗索和费雷罗的看法也很重视。他们二位提出:蒙昧女性之产生羞耻感的原因,在于她们害怕阴道分泌物的渗出会使男性感到嫌恶,正如这种担心至今仍是某些妓女仅存的羞耻心的一种表现形式。当然,这种担心在某些情况下可导致女性穿上衣服,但在另外一些情况下,也可导致女性用某些姿势加以遮挡。艾尔曼博士就说过,澳大利亚南部的土著女性常以一定的坐卧姿势来避免过多的暴露,特别是当她们处于某种有可能伤害其虚荣心的时候。此外,托坎廷斯也说过,在巴西的蒙德鲁库人中,女性虽然是一丝不挂的,但却很注意避免展现出任何有可能使人认为不雅观的姿势;而且,她们在这方面很有办法,即使处于女性所特有的某种周期时,也能让人看不出来。至于说到男子着衣的起源,圣奥古斯丁曾提出过一种理论,值得在此一提。他说,自从我们最早的祖先堕落之后,"他们在其肢体的活动中就开始变得不知羞耻了。这种新情况的出现使身体的赤裸成为很不体面的事,使他们马上警觉起来,感到很不好意思;……于是,他们把无花果树的叶子缝在一起,当作围裙。"[1]这一解释含有某种心理学上的真实性,即:当赤身裸体使人想到性交并对性羞耻感造成伤害之后,赤身裸体才变得很不体面。因此,人们也就可以推想:穿衣服的目的,是要 540
将最能明显反映性兴奋的肉体标志隐蔽起来。假如说蒙昧人穿的衣服更适于达到这种隐蔽的效果,更能满足人们的这种需要,上面

① St. Augustine, *De civitate Dei*, xiv. 17.

的那种推想就会得到事实的更大支持。可事实并非如此。无论如何，人们常说的那种衣服起源于羞耻感的理论，只有在这样一种情况下才有意义，即赤身裸体不仅把人们的注意力吸引到外阴部的中心，而且还会使人想到性交。而这，正如我们已经了解的那样，正是产生性羞耻感的真正原因。但是，在很多惯常赤身裸体的蒙昧部落中，情况显然不是这样。虽然与性功能有关的羞耻感可以说是普遍存在的，但也确有很多这样的部落：男女老少已习惯于一丝不挂地走来走去，并没有显示出什么羞耻感；还有这样的部落：人们虽然穿着衣服，但却全然不顾我们所谓“体面”的最基本要求。

据了解，在加利福尼亚半岛北部，土著男女均不穿衣服。据米沃克人自己讲，在他们那里，男女老少从前都是一丝不挂的。莱曼发现，科罗拉多州北部的派尤切人也是这种情况。此外，哥伦布在伊斯帕尼奥拉岛的土著人中，皮萨罗在科卡族印第安人中，洪堡在新安达卢西亚的柴马人中，以及其他一些旅行者在南美洲的其他
541 很多蒙昧人中，也看到了这种情况。在有的印第安部落中，只有男子赤裸着到处走动；而在另外一些部落中，则只有女子是这样。麦肯齐在北美洲北部曾遇上一群土著人，看到其中的男子都穿着不少衣服，还戴有很多饰物，但从他们的衣着上却丝毫看不出他们有性羞耻意识。据说，在火地人中，人们虽然在肩部或背部披有一块皮子以御寒，但身体的其他部位却是裸露的。

在澳大利亚的大多数部落中，男女两性，至少可以说是男性，
542 似乎都不穿什么衣服，只是在天冷时，往肩上或背上披点东西。帕

尔默说:“他们就像森林中的动物一样不懂羞耻。”[①]库克看到，塔斯马尼亚岛的土著差不多都是全身赤裸的；其他一些旅行家也有同样的发现，或是看到土著人只穿一点衣服，目的是为了御寒。在太平洋某些岛屿上的很多居民中，在婆罗洲和苏门答腊岛的某些部落中，在暹罗帝国边界上的嘉莱人中，以及在阿萨姆邦的那加人中，男女两性都是全身赤裸的，即使穿着一点东西，也与体面意识毫无关系。而在太平洋的其他很多岛屿上，一般都只有男子才是
完全赤裸的。关于新几内亚西南岸的土著人，吉尔写道，“男人们 543
都以裸体为荣，而认为衣服只适于女人穿用”。[②] 另一方面，在帝汶岛的某地，以及在安达曼群岛上的一个部落中，则是女子不穿衣服。

在非洲，我们也可以找到这类事例。在中非的俾格米人中，男人和女人往往都光着身子在其森林家园中走来走去，只有在陌生人面前才有所遮挡。南非的布须曼人也是赤身裸体，只是用一块皮子遮在背后。在乌干达保护地中部省讲尼洛特语的一支部落——巴特索人中，人们虽然酷爱各种饰物，但男女两性都不穿衣服。查尔斯·埃利奥特爵士说道，除了沿海一些自命为穆斯林的土著人以及乌干达人之外，“东非的各土著民族全然没有导致欧洲人和亚洲人穿上衣服的那种情感。……大多数土著人似乎都完全处于亚当和夏娃在堕落之前的那种状态，……没有体面这一观
念。值得注意的是，即便是或多或少穿些衣服的民族，如瓦坎巴 544

① Palmer, “Notes on some Australian Tribes,” in *Jour. Anthr. Inst.* xiii. 281 note.

② Gill, *Life in the Southern Isles*, p. 230.

人，对衣着也是很不在意，与我们的礼仪观念格格不入。一般来说，这种赤身裸体的情况只限于男子，但是在卡维龙多湾一带，则男女均是如此。……无论是班图人还是讲尼洛特语的卡维龙多人，都不是文明程度最低的民族。”[①]据哈里·约翰逊爵士说，男性全裸这一情况比较突出的民族有“讲尼洛特语的黑人、异教含米特人（加拉人和巴希马人）、含米特人和尼洛特黑人的混血人种、含米特人和班图人的混血人种，以及少数班图部落。这些部落或是深受邻近的马赛人或加拉人的影响，或是住在中非南部，但仍保持着
545 巴希马人的习俗特点。”[②]男性全身赤裸或穿着甚少的民族还有：巴里人、希卢克人、丁卡人、马赛人、南迪人、瓦塔维塔人、瓦图塔人、瓦沙希人、霍屯督人，以及旧卡拉巴尔的埃菲克人。在马西奥斯人那里，掩藏男性器官被认为不成体统，暴露甚至炫耀则是一种光彩。但是，哈里·约翰逊爵士却从未听说他们对有意做出的下流姿势感到任何不安。此外，据邦蒂耶尔和勒·韦里耶说，在兰塞罗特的古老居民中，男人从不穿衣服；在特纳里夫岛，“居民们赤裸着走来走去，只有很少的人系有羊皮。”[③]在费尔南多波岛的布比人中，在洛安戈和巴隆达的土著中，以及在刚果的某些部落（例如博波托人）中，则是盛行女性全裸。西非的某些地方有这样的习俗：年轻女子在婚前都是赤裸着身体走来走去。在斯威士兰，直至不久前，不用说未婚女子，就是已婚妇女也都往往是一丝不挂的。甚至在讲究规矩的巴干达人中，尽管男子一旦暴露膝以上的任何

① Eliot, *East Africa Protectorate*, p. 93 *sq*.

② Johnson, *Uganda Protectorate*, pp. 767, 769.

③ Bontier and Le Verrier, *The Canarian*, pp. 138, 139, xxxv.

一处腿部都会受到惩罚，但国王的后妃们却是全身赤裸着出入宫廷。

我们不要以为，那些对赤身裸体并无羞耻感的民族就没有性 546
羞涩感，或者说，其性羞涩感较之穿衣服的民族要少。克尔·克罗斯先生曾指出："一般来说，在非洲的民族中，羞涩感与着衣成反比关系。"[①]许阿德斯也告诉我们，在火地岛的雅甘人中，人们都习惯于赤身裸体地生活，但他们已经有了一定的羞耻感，"这表现在：他们自己以裸体相对时，言行举止都显得很从容自然；而当外人盯住他们身体的某一部分时，他们则显得局促不安，面红耳赤，很难为情。"[②]据说，安达曼群岛上的土著人"对自己赤身裸体的状态并不在意，而他们却是生性十分羞怯的人"。[③] 帕金森说，在羞涩感方面，新爱尔兰全身赤裸的女孩并不比欧洲穿着入时的大多数女士差。他还说："在土著人中，赤身裸体本身并不会引起性兴奋。"[④]此言无疑也适用于所有不穿衣服的民族。福斯特曾这样说过："如果在一个地方，所有人都是赤裸着走来走去，诸如在新荷兰一样，那么，裸体也就成了司空见惯之事，在彼此看来，也就像用衣服严严实实地裹着一样。"[⑤]17 世纪时，波斯的一位历史学家曾对阿萨姆南部山区中的那加人做过一些记载，据他说，"那里的妇女只将

① Cross, "Notes on the Country lying between Lakes Nyassa and Tanganyika," in *Proceed. Roy. Geograph. Soc.* N. S. xiii. 88.

② Hyades and Deniker, *Mission scientifique du Cap Horn*, vii. 239.

③ Kloss, *In the Andamans and Nicobars*, p. 188.

④ Parkinson, "Note on the Asaba People (Ibos) of the Niger"; in *Jour Anthr Inst*. vol xxxvi, p. 271.

⑤ Forster, *A Voyage round the World*, ii. 383.

自己的乳房遮住。她们的说法是,把四肢遮起来的做法是很可笑
的,因为从每个人一出生开始,自己的四肢即可被人看到,而乳房
则是后来才发育成熟的,所以应该把它遮起来。”[①]很多旅行家的
记载都证明了这样一点:只要对蒙昧人赤身裸体的样子习以为常
547 了,就不会觉得赤身裸体是一种诱惑。莱里曾于16世纪远航巴
西,他记述这次航行的见闻时曾说,和赤身裸体的蒙昧人待在一
起,并不会挑起人们的情欲;事实证明,蒙昧女人赤裸的身体远没
有我们这里的女性的衣服更令人兴奋。斯诺船长在谈到火地人时
曾说过:“在我看来,裸露自然之身的本相,并没有遮掩身体或半穿
半裸的假羞涩那样有害。我相信:同蛮荒之地不穿衣服的蒙昧人
住在一起,较之同某种较高社会的人相处,倒会使人的情感更为纯
洁、质朴。”[②]罗利先生在其《非洲探密》一书中说:“当我们对不穿
衣服的情景见多不怪之后,有损我们体面感的事也就比在英国时
少得多了。”[③]温伍德·里德曾表述过这样一种看法:赤道非洲女
子过于暴露的“便装”并不给人以色情之感,世间再也没有像裸体
这样天经地义、这样不可能激起情欲的东西了。还有许许多多的
旅行家也持有类似的观点。而这些观点也为我们本国艺术家的经
验所确认。杜莫里埃就曾说过:“凡是使用裸体模特的画家和雕刻
家,都了解这样一个事实:再也没有比裸体更贞洁的了。只有少数
心理阴暗的人假装不承认这一点。这些人的‘纯洁’并非正常心
548 态,他们由于对模特盯得过多,已生出一些杂七杂八的念头。而维

① Blochmann, in *Jour Asiatic Soc. Bengal*, vol. xli. pt. i. 84.

② Snow, *A Two Years' Cruise off Tierra del Fuego*, ii. 51.

③ Rowley, *Africa Unveiled*, p. 146.

纳斯本人,在她脱下衣服,走上模特宝座之时,已将她可以用来撩拨男子粗俗激情的所有武器,都留在身后的地上了。"[①]弗拉克斯曼也说过,学生们在走进画院之时,似乎都把自己的情欲同帽子一起挂置一旁了。

另一方面,我们还听说,有的蒙昧人羞于穿衣服,他们把穿衣服看成有失体面的事。古米拉神父曾遇到过这样一件使他大为惊诧的事。他发现,奥里诺科河畔的某些印第安人对于自己赤身裸体的样子并不觉得脸红,相反,当传教士把衣服分给他们(特别是妇女),让他们穿上时,他们竟把衣服扔到了河里,坚持不穿。他们说:"我们就是不穿,穿上衣服会使我们感到羞耻。"[②]洪堡曾对新安达卢西亚的柴马人做过记载。这个部落同大多数蒙昧部落一样,也是住在热带,对穿衣服极为反感。洪堡指出,住在热带的土著人都说,他们羞于穿衣服。如果强迫他们马上穿上衣服的话,他们就会逃往丛林中去。华莱士在巴西穆库拉人的一间屋子里,看到几个女人都是一丝不挂,而且仿佛对此全然不觉。而另一个女人虽有所遮身,此刻"却像文明民族的妇女脱去衣服时一样感到害羞"。[③]

以上这些事实显然使得一般人关于"穿衣乃源于羞耻之心"的说法受到质疑。而如果对蒙昧人经常穿用的衣物做一个考察,我们对那样一种说法也会产生怀疑的。

在加利福尼亚的一支部落温顿人中,时髦的年轻女子都要系

---

① Du Maurier, *Trilby*, i. 146.

② Gumilla, *Elorinoco ilustrado*, iii. 137.

③ Wallace, *Travels on the Amazon and Rio Negro*, p. 357.

一条鹿皮腰带。腰带的下缘被剪成很长的毛边，每一毛边的头上
549 系有一粒磨光的松子，而腰带的上缘和其他部位则饰满了闪光的小贝壳。在加勒比人中，女孩长到 10 岁或 12 岁，就要在腰间系上“一条布带，带子下缘拉出很多毛边，毛边上穿有各种颜色的小贝壳。”[①]冯·登·施泰南博士把加勒比、努阿拉瓦克和图皮族妇女穿用的所谓“乌鲁里”(uluri)形容为一种用树木内皮做成的作装饰用的小三角形，刚做好时看上去很俏丽。他还指出，无论是这个漂亮的小三角形，还是特鲁迈人所用的红线，抑或是博罗罗人五颜六色的小旗，“都如同饰物一样，是要吸引人看的，而不是要避开人看的。”[②]据斯潘塞和吉伦说，在澳大利亚中部的部落中，“女子只穿一个很小的围裙，而男子则只系一个遮阴用的穗状物。这个穗状物大小不一，在南部的某些部落中，如在阿兰达人、洛里查人和凯蒂什人中，这种穗状物一般都很小，不足以遮挡阴部。人们还常常在这个穗状物上涂上一种白黏土，尤其是在举行庆祝胜利的舞蹈晚会上有众多男女聚集在一起的时候，为的就是把人们的目光吸引到这个部位上，而其他部落则是想办法把这个部位掩饰起来。这种穗状物往往同一张五先令的纸币一样大小，有的可能还要小一些。”[③]在英属新几内亚的马富卢山民中，男女都普遍系有一条用树皮纤维做的遮阴带。威廉森先生对此写道：“人们看了这种遮阴带，都不禁会产生这样一种想法：如果从遮挡身体的角度来说，这种遮阴带完全可以省却不用，无论对男人或对女人来说都是这

① Heriot, *Travels through the Canadas*, p. 306 *sq.*

② von den Steinen, *Durch Central-Brasilien*, p. 193 *sqq.*

③ Spencer and Gillen, *Northern Tribes of Central Australia*, p. 683 *sq.*

样。至于小伙子和未婚女子(包括已长大成人的未婚女子)所用的遮阴带,就更是有名无实了。”[①]在塔希提,库克时代的土著人都把 550
由红黄两色羽毛编成的“马罗”(maro)视为一种很贵重的礼物;女性还认为,在腰间裹上好几圈布“极具装饰性”。据泽曼说,在斐济,女子“除了系一条芙蓉纤维的带子之外,就什么都不穿了。这条带子有 6 英寸宽,被染成黑、红、黄、白、棕等色。带子系在腰上,给人一种卖弄风情的感觉,使人觉得马上就会滑脱下来。”[②]类似的服饰在太平洋诸岛相当普遍。很多岛上的土著人都只是在身上系一条用椰子纤维或树叶编成的带子,带子下面拉出一些细条,染成艳丽的颜色。这种服饰以鲜明的色彩和动感的带子而显现出一种极为优雅的外形,给人以很美的感觉,但是,却与我们的羞耻观念很不和谐。据切恩说,在雅浦岛,“男人的装束,如果可以称之为装束的话,是极为不整的。他们只贴身穿个‘马罗’,再将一束树皮纤维染红附在上面,以增其色。”[③]在福斯特时代的新喀里多尼亚,土著只是“在腰间和颈上各系一根线绳。”[④]而在其他一些群岛上,男人的装束只是一片树叶或一只贝壳。

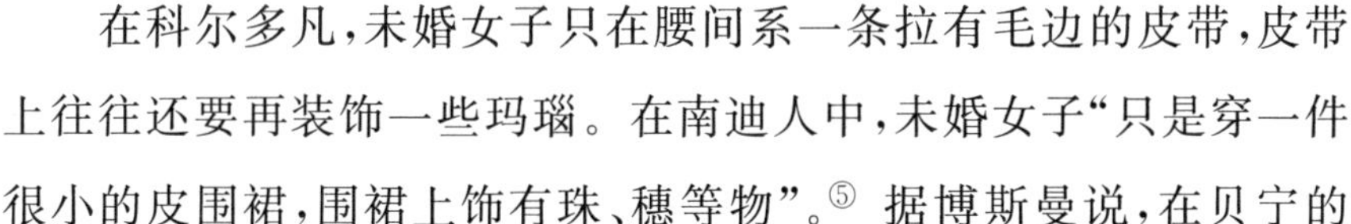

在科尔多凡,未婚女子只在腰间系一条拉有毛边的皮带,皮带上往往还要再装饰一些玛瑙。在南迪人中,未婚女子“只是穿一件很小的皮围裙,围裙上饰有珠、穗等物”。[⑤] 据博斯曼说,在贝宁的

① Williamson, *Mafulu Mountain People of British New Guinea*, p. 26 *sq.*

② Seemann, *Viti*, p. 168.

③ Cheyne, *Description of Islands in the Western Pacific Ocean*, p. 144.

④ Forster, *op. cit.* ii. 383.

⑤ Johnson, *Uganda Protectorate*, p. 863 *sq.*

551 黑人中，未婚女子只是在腰间系几串珊瑚。在卢昆古，大多数妇女的装束只是一根细绳，绳上穿有一些白色的瓷珠。据巴罗说，霍屯督妇女只在腰间系一小小的围裙，长约七八英寸，但是，她们却把自己最大、最美的装饰品穿在这小小的围裙上。巴罗说："看来，这些女子是想极力将人们的注意力吸引到其身体的这个部位上。她们在围裙边上系着各式各样的饰物，有金属的大扣子，有宝贝属贝壳，还有各种好看的东西。"[①]这位旅行家在南非还遇到过一些布须曼女子，她们只是在身上系一条用羚羊皮制成的腰带，腰带前边被切成很多条细线。这些细线"既短又稀，根本起不到遮挡的作用；而这些女性，无论年老还是年轻，当她们赤身裸体地站在我们面前时，似乎都不觉得有什么羞涩之感。"[②]

此类事例还有很多，我这里择取的只是其中几个有代表性的。从这些事例来看，人们之所以穿上衣服，仿佛并不是出于羞耻之心，倒像是出于装饰之欲。有些作者也已明确指出了这一点，更有人明确表示，他们穿衣服的主要目的，就是要起到装饰的作用。德拉埃在谈到圭亚那的某些沿海部落时说，那里的男女大多还是处于赤身裸体的状态，而少数人之所以将阴部遮挡起来，则与其说是出于羞耻之心，不如说是出于对装饰的爱好。西姆森先生在其对厄瓜多尔上纳波地区印第安人的描述中写道："对所有蒙昧部落的人来说，衣服仅仅是一种装饰。只有那些常与文明人交往的印第

① Barrow, *An Account of Travels into the Interior of Southern Africa, in the Years 1797 and 1798*, i. 155.

② *Ibid*, i. 276 *sq.*

安人,在赤身裸体的时候,才开始表现出某种羞耻感。"[①]冯·登· 552
施泰南博士也曾说过,巴西中部的巴凯里人"把我们穿的衣服当作一种贵重的装饰品,因而对我们很是嫉妒。"[②]据艾尔曼博士说,澳大利亚南部土著人的遮阴布与其说是衣物,不如说是装饰。福斯特在谈及马利科洛的土著人时曾说:"不知那里的女人所穿的那一点点衣服,究竟是源于羞耻之心,还是源于爱美之心。"在谈及塔纳的男人时,他又说:"他们都在腰间系着一根细绳,绳子下面系有生姜的叶子,其系叶子的方式和目的都与马利科洛的土著人一样。那里的男孩子一长到 6 岁,大人就会给他们这些叶子,让他们系上。这似乎证实了我就马利科洛人所说的话,即:他们使用这种东西遮身,似乎并非出于体面的考虑。这种遮身饰物的样子与体面的要求恰恰相反,这使我们觉得,我们从每个塔纳土著或马利科洛土著身上,可以活生生地看到守护古人田园的可怕保护神。"[③]帕金森把阿德默勒尔蒂群岛上的土著所用的贝壳视为一种饰物。对于非洲某些地方的土著遮阴用的各种小物件,如用线绳编的小套、贝壳或垂苗等,有人也是这样来看的。巴罗在谈及霍屯督男子极为简单的衣着时曾说:"如果说他们着衣的真正目的是为了体面的话,那么,这个目的似乎远未达到,因为再也没有比把这样简单的东西用于此处更为不雅观的事了。"[④]据胡特尔说,在喀麦隆的巴利地区,土著人无论穿什么东西,都不外乎这样两个目的:一是装

① Simson, *Travels in the Wilds of Ecuador*, p. 158.

② von den Steinen, *op. cit.* p. 190.

③ Forster, *op. cit.* ii. 230, 276 *sq.*

④ Barrow, *op. cit.* i. 154.

饰，一是护身。如果不为这两个目的话，也就不再需要穿什么东西了。例如，当人们在地里干活儿时，或是在河里洗澡时，男男女女
553 就都是赤身裸体的，而且不觉得这样做有什么不体面。这时，如果有人给他们一块布，让他们把阴部遮住，他们就简直不会理解这是什么意思。而据胡特尔说，这些土著人并不是低等的蒙昧人，而是比较文明、较有智慧的民族。据哈里·约翰斯顿爵士说，南迪人对赤身裸体很不在乎，“他们穿衣服仅仅是为了保暖，或是为了装饰，而不是为了体面。”[①]他在另一本题为《刚果河》的书中写道：“人们穿衣服首先是为了装饰，而不是出于体面。人们一开始是用些东西来装饰阴部，后来，当开始萌生出羞耻感之后，才用东西来遮蔽阴部。”[②]

某种东西，刚一发明时可能是一种用意，到后来则可能具有另一种用意。因此，我们也可以推想：今天把衣服看作装饰的蒙昧人，可能当初并不是这样看的。但是，我们也有充分的理由相信：
554 人们最初之所以用东西遮住阴部，主要还是出于性诱惑的缘故。如果说人们在身体的其他部位戴些饰物是为了刺激异性激情的话，那么，他们在性中心区戴些东西，不更可能是出于这一用意吗？裸体被人们见惯了，就不会使人兴奋了，而遮饰物或半遮饰物则不是这样。蒙田曾问道：“波皮亚发明面罩是为了把自己美丽的容貌遮住，但为什么却会使爱她的人觉得她更美了呢？为什么人们要把情欲的主要关注点层层遮住呢？”[③]对此，维雷做出了回答，这就

① Johnston, *Uganda Protectorate*, p. 862 *sq.*

② Johnston, *River Congo*, p. 418.

③ Montaigne, *Essays*, book—ii. ch 15, vol. ii. 331.

是“看到的越少，想像得就越多。”[1]因此，当沃德先生问刚果土著人酋长那里的女人为什么不穿衣服时，他回答道：“越是遮掩，人们就越想探个究竟。”[2]吉大港山区的准塔人中，有这样一个传说，这里不妨一提。“从前，这里的男人曾对女人失去了爱欲，而是搞些歪门邪道的丑事。王后听说后，知道这样下去是不得了的，很是不安。于是，她劝说国王发布了一道严厉的命令，让所有女人从今以后都要穿上一个围裙，此外还规定所有男性必得文身。这样，一方面给男人毁了容；另一方面，又给女人的美貌增加了刺激，结果，男人又回到妻子身边去了。”[3]我们不难想像：在一个不穿衣服的蒙昧部落中，如果有人（无论是男是女）在身上系上一条色彩鲜艳的带子，几根艳丽的羽毛，一条穿有珠子的线绳，一束树叶，一个闪闪发光的贝壳，那么，这只会吸引人们的注意力，起到诱惑的作用。555
在很多赤身裸体的民族中，人们只在某些场合穿戴一些遮饰物。这就表明：这种遮饰物只是被用来作为性吸引的一种手段。这一事实对于证明我们的论点具有很重要的意义。

我们在前面已经注意到，跳舞和节庆活动在蒙昧部落的爱情生活中起着很重要的作用，青年男女在这些场合总是力图通过涂抹身体和进行修饰，来取悦于对方。同样，在裸体部落中，也有这样的习俗。在塔斯马尼亚人中，跳舞的“目的就是刺激男人的激情，这一点是他们自己说的”。一到跳舞时，女人们就要系上一些

---

① Virey, *De la femme sous ses rapports physiologique, moral et littéraire*, p. 300.

② Ward, *Voice from the Congo*, p. 258.

③ Lewin, *Wild Races of South-Eastern India*, p. 116 *sq.*

树叶或几片羽毛；舞会一完，则立即摘去。[①] 据说，澳大利亚土著人在举办舞会时，女人也要系上一些遮饰物。在澳大利亚的佩古洛布拉人中，人们一般都是赤身裸体地走来走去的。但是，在节庆活动中，女人则要在腰间系上一条带子。普图马尤地区的维托托印第安人在举办舞会之前，要在全身上下涂上各种颜色，并佩戴羽毛饰物和项链。少数几个有衣服的人一般在这时也要把衣服穿上。惠芬先生在谈及亚马孙西北部的维托托人和博罗人时曾说："如果说印第安人在平日里不把穿衣服当成回事的话，节日或跳舞时就不同了，人们为此一定要精心准备穿用的东西。"惠芬先生还说："在他们那里，饰物要比衣服还重要。事实上，饰物就是他们的衣服。"[②]华莱士在谈到沃佩人时写道："女人在跳舞时都要穿一个小小的围裙，是用小珠子穿起来做成的，编得很好看。这种围裙虽然只有 6 英寸见方，但平时是从不穿的，而舞会一完，又会立即脱
556 掉。"除此之外，她们也要在身上涂上颜色。[③] 塔希提岛的阿里奥人也是这种情况。他们本是以放荡的生活、色情的舞蹈和手势而闻名的，但他们有时，诸如在公共场合，也系一种用铁树的黄叶做成的腰带，这种腰带在外形上很像秘鲁人以及南美其他部落的羽毛腰带。卡萨利斯在谈到南非的巴苏陀人时曾说，已到结婚年龄的女子"经常沉溺于跳那些怪异的舞蹈，而每当这时，她们就系上一种围腰，这围腰是用芦苇编成的，样式很巧。"[④]

---

① Bonwick, *Daily Life and Origin of the Tasmanians*, pp. 27, 28.

② Whiffen, *The North-West Amazons*, pp. 75, 79.

③ Wallace, *Travels on the Amazon*, pp. 493, 281.

④ Casalis, *Basutos*, p. 269.

我们知道,在有些民族中,只有已婚妇女才穿衣服,而未婚女子则是赤裸着身体走来走去。但也有些民族正好相反:女子在结婚前要遮饰身体,而结婚之后则要脱去衣服。这种做法似乎类似于女子婚后要摘下饰物、剪掉头发的那种习俗。巴特发现,非洲腹地的很多未开化部落都有婚后不再穿衣的情况。在澳大利亚的很多地方,年轻女子都在腰上穿有一种围裙,是由腰带下面悬着的一根根带子构成的。但是,当她们结婚后,或是生孩子后,就不再穿了。巴林顿就曾说过,在新南威尔士植物湾一带的土著人中,“少女们都穿有一种小围裙。围裙是用负鼠或袋鼠的皮做成的,切成一条条带子,从腰间垂下,有几英寸长。但是,到长大结婚后,就不
再穿了。”[①]据麦吉利夫雷讲,在托雷斯海峡的很多部落中,妇女们 557
都穿一种用树叶做的短裙,裙子的上端结为一条腰带。编这样的东西是很费工的,但编好后“主要是给年轻女子穿用,而且,主要是在参加舞会时才穿”。不过,在这种裙子里面,通常还穿有另一种遮饰物。[②] 在巴西的图皮部落中,女孩子一长到可以结婚的时候,“人们就在她的腰上和两个手臂上系上几道细绳。系上这种细绳,就表示自己是处女。谁若不是处女还系有这细绳,人们就会吓唬她说,邪魔会把她带走的。……人们发明这种做法,不会是出于让女子在婚前保持贞洁这样一种意图,因为这种线绳也有断了的时候,而人们对此并不害怕,再说,当地人也不把失贞看成一回事。”[③]在蒙昧部落中,男女儿童在青春期之前赤身裸体的情况甚

---

① Barrington, *History of New South Wales*, p. 23 *sq*.

② Macgillivray, *Narrative of the Voyage of H. M. S.* ii. 19 *sq*.

③ Southey, *History of Brazil*, i. 240 *sq*.

为普遍，而且，那里的气候也都允许这样做。当他们开始穿上衣物的时候，也正是开始戴各种饰物的时候。而这样做，除了想使自己
558 能够迷人之外，可能还有别的一些原因。[①] 洛曼曾讲过这样一个有趣的情况：在萨利拉人中，只有妓女才穿衣服；而据说她们之所以穿衣服，是想以遮遮掩掩来吸引异性。

同使用饰物的情况一样，在蒙昧部落中，对衣服的使用据说也是在男性中比在女性中更普遍。魏茨教授就此说道："假如衣服是源于人们的羞耻之心的话，那么，应当说女性比男性更离不开衣服，但情况却不是这样。"[②]据洪堡说，在美洲的加勒比人中，男子在穿着上往往比女子更显得体面。据说，上阿萨姆地区的那加人也是这样。巴特还特别提到非洲的蒙昧部落。他说："我发现，很多蒙昧部落都认为，男人比女人更需要穿衣服，尽管这种衣服可能很简陋，遮不住身体。"[③]这种情况在世界各地的蒙昧部落中是否普遍，是很令人怀疑的。但是不管怎么说，我们不能因女性的赤身裸体而指责男性自私。蒙昧部落中的夏娃同样也是可以折树叶为衣的。

最后，我们还应注意到这样一点：蒙昧部落的男男女女对阴部加以照顾或加以突出的方式，并不只是穿衣遮身这样一种。在太平洋的很多群岛上，人们都要在阴部做文身。有的地方，这一部位的文身做得又繁又密，使人从远处看去，以为是穿了衣服。有人曾

① 卡斯滕博士认为，图皮人的这种线绳是一种巫术用品。当一个女子在进入成年这一人生的关键时期，人们就给她系上这种线绳，目的是为了给她驱邪。

② Waitz, *Introduction to Anthropology*, p. 300.

③ Barth, *Reisen*, ii. 473.

根据这类情况提出,在没有衣服的条件下,文身满足了人们追求体
面的要求。但是,文身的主要目的却不在此。瑞德尔在谈到当地 559
的特宁伯人和帝汶劳特人时还说,青年男女常常根据规定,剃去阴
毛,这样做不是为别的,只是为了让异性更清楚地看见。

男女两性的性器官之所以要经受某种切割术的处置,其目的
往往是为了使它能对异性更具吸引力。有人曾明确指出,在婆罗
洲达雅克人中,以及其他一些民族中所流行的一种阴茎穿孔术(术
后还要在孔中嵌以合适的饰物),就属于这种情况。它的目的在于
增强女性的性欲,因此受到女性的高度赞赏。那些多次接受过这
类手术并能在阴茎上嵌有多种饰物的男子,尤其为女性所追求。
另一方面,还有一种不大容易被看到的切割形式,如澳大利亚的
“下切术”即是一例。这种切割术一般是在青春期进行,具体做法
是将尿道下壁切开,使其自下而上完全裂开。这道裂口有时可直
达阴囊处,有时则仅达半程。人们对这种切割形式曾提出很多解
释。关于它的意图,最常见的一种解释是:为了减少受孕机会,以
限制人口增长。但是,关于这种做法的起源,人们则无法确知。马
修先生根据笔者的一种看法,曾提出这样一种观点:这种切割术的 560
目的在于修饰,在于突出阳刚之气。马修先生为了证明其观点,曾
援引了他人的一段记述,说的是在澳大利亚中部,每当举行“下切”
仪式时,都有一些已做过一两次“下切”手术的年轻男子自愿站出
来,让施术者把自己的切口延伸到尽头。这说明延伸切口是一件
引以自豪的事。一个青年男子,只有经历了这一手术,并成为“库
尔皮”(kulpi)之后,才被人看成一个“完完全全的男子汉”。在迪
埃里人中,只有“库尔皮”才享有在女人面前展现裸体的特权。马

修先生还说，在实行“下切术”的地方，女人也都必须做“内切术”，即将阴道口强行割破并拉长。马修认为，“内切术”是由男子实行“下切术”所连带产生的一种结果。事实上，正如罗思博士所指出的，女性“内切术”只通行于男性实行“内切术”（即“下切术”）的地区，这二者同属婚前必不可少的准备工作。不过，他又说，男性“内切术”可能是因女性“内切术”所导致的。他说：“将女性的会阴部
561 割破，最初可能是为了男性的方便，后来，对女性的这种切割处置就渐渐用以表示女性在房事之乐方面的适应、能力或经验。而根据某种拟态原则，男性身上也被加以某种相似的标志，用以表示男性方面也具有相应的适应性。”[①]即使从这一理论来看，男性“下切术”和女性“内切术”，最终都是源于异性的偏爱。这种偏爱先是某一性别对另一性别实行这种切割术的偏爱，而后，另一性别也对这一性别的切割术产生了偏爱。在加罗林群岛的波纳佩岛，男子一达到婚龄，即要接受半阉割术。据芬什博士说，这样做有两个原因，一是为避免患睾丸炎；二是由于当地女子认为，男子经受这种处置之后才更英俊、更动人。这种习俗也盛行于汤加群岛的纽塔布塔布岛。

在对性器官的各种切割处置中，实行最广泛的就是包皮环切术了。实行这一做法的有：信奉伊斯兰教的所有民族，居住在非洲西海岸的大多数部落，卡菲尔人，东非地区的几乎所有民族，信仰基督教的阿比西尼亚人、博戈人、科普特人，马达加斯加的诸多部

① Roth, *Ethnological Studies among the North-West-Central Queensland Aborigines*, p. 179 *sq*.

落,黑非洲腹地的部落,以及芒贝图人和阿卡人。在澳大利亚、美拉尼西亚的诸多海岛、印度群岛以及波利尼西亚,包皮环切术的实施也很普遍。此外,这种做法在美洲的一些地方,如在尤卡坦半岛
和奥里诺科河流域,以及巴西里奥布朗库地区的某些部落中,也可 562
以见到。除了犹太人、穆斯林、阿比西尼亚人以及另外几个民族之外,包皮环切术都是在男孩子长到成年时才实施的。实行这种做法的民族,都把这看作是结婚前必不可少的准备工作。在这些民族中,“没切过的”是个很不好的字眼,女子往往不愿与这样的男子性交。

关于这一习俗,人们已提出各种不同的解释。很多人相信的一种说法是:这种做法是出于卫生的考虑。但是,正如安德烈所指出的,实行包皮环切的民族和不实行环切的民族,长期毗邻而居,而他们在身体状况上却没有什么差别。斯图特则说过,在澳大利亚,“人们会在两个实行这种习俗的部落之间,遇到一个不实行这
种习俗的部落。”[①]而且,正如斯宾塞所说,包皮环切术并不存在于 563
世界上最讲究干净的民族中,而是普遍实行于最不讲究干净的民族。例如,在赫雷罗人和贝专纳人中,男孩子都要做包皮环切,而据说这两个民族的卫生习惯都极差。看来,包皮环切术似乎同人们对性“不洁”的迷信恐惧更有关系。帕塞尔先生曾经说过,在澳大利亚实行包皮环切术的部落中,“无论是男人,女人,还是已做过包皮环切的年轻人,都不从本部落未经历此种仪式的男孩那里拿取食物。如果不实行包皮环切的部落有人来访,这里的人则不愿

① Sturt, *Narrative of an Expedition into Central Australia*, ii. 140.

在他在场时吃东西，因为人们认为他不干净。”[①]同样，在斐济，未做过包皮环切的年轻人被认为是不干净的，因此不能给酋长送食物。在奴隶海岸讲约鲁巴语的各民族中，人们把包皮环切术称为“救命之术”。穆斯林认为包皮环切术具有一种“净化”作用：经过这一割，“男孩子就变干净了，能举行宗教仪式了，能进入清真寺做祷告了。”[②]

就我看来，在对包皮环切这一做法所作的各种解释中，最令人满意的一种说法是：做了包皮环切术，男孩子就立即具备了性成熟的外观，成为大人了；或者说，获得这种外观之后，就可以生儿育女了。这时，长大待嫁的姑娘也就没有理由不嫁他了。由此看来，我们也可以把包皮环切术视为吸引异性的一种手段，不论是有意而
564 为，还是无意而为。

在新赫布里底群岛的塔纳岛，人们切割包皮的方法是左右各留一翼，由此在下端形成两个小团。人们认为，“切口越大，就越能使男孩成为一个大男人。”[③]冯·登·施泰南博士说，巴西人是将包皮拉长并系上，这种做法与环切术的效果相同，因此可能也是出于同样的动机，虽然他认为这种做法也可起到防止蚊虫叮咬的作用。在帕温瓦印第安人中，未婚男子特别爱做这种切割术。

在非洲的很多民族中，以及在马来群岛和南美的某些部落中，

---

① Purcell, "Rites and Customs of Australian Aborigines," in *Verhandl. Berliner Gesellsch. Anthrop.* 1893, p. 287.

② Ploss-Renz, *Das Kind*, ii. 147.

③ Gray, "Some Notes on the Tannese," in *Report of the Fourth Meeting of the Australian Association for the advancement of science, held at Hobari, in* 1902, p. 659.

女孩子也要经受一种环切术，而这种环切术同样也被视为婚前必不可少的一项准备工作。还有一些民族，他们有另一种风俗，不是割去阴蒂和小阴唇，而是使其扩长，常常扩得很长。这种非正常状态甚至被认为是超常的美。关于本地的波纳佩人，芬什这样写道：扩长和悬挂内阴唇，对于女孩和妇女来说，是一种独特的诱因。这种习俗也存在于其他民族，如霍屯督人中。一位德国传教士在谈到德兰士瓦北部巴文达人的这一做法时曾说，这在女子的婚事中具有非常重要的意义。年轻男子在交付聘礼之前，总要先设法核实他就此事所了解的信息的准确性。据说，“阴唇越突出，就越让人喜欢。”①

在裸体部落中，女性所展示的某些姿态或许也可被视为与性 565
中心直接有关的吸引异性的方法。例如，女性坐在地上的某些姿势，就被视为羞涩的标志。而做出这些姿势的目的，则无疑是要将某些被人看到后会引起不快的东西隐藏起来。但同时，这些姿势也隐含着对某些事实的意识，而这种意识的展示，则很难说是反映了一种尚未冲淡的羞涩。掩饰与诱惑之间有一种很密切的关系，而卖弄风情也与羞涩十分接近。斯特林在谈到澳大利亚的某些土著人时曾说：“人们几乎总可以发现，营地中的女性，特别是年轻女性，在被人看到自己一丝不挂的裸体时，总会以各种姿态展示出一种明显的羞涩感，如果说这可以被看作她们对自己的裸体状态已有所意识的话。”②艾尔曼博士说，在很多土著人中，除了脸部之

① Wessmann, “Reife-Unsitten bei den Bawenda in Nord-Transvaal,” in *Verhandl. Berliner Gesellsch. Anthrop. 1896*. p. 363.

② Stirling, in *Report on the Word of the Expedition to Central Australia*, pt. iv. p. 36 *sq.*

外，男女青年对自己的身体最感自豪的部位就是阴部了。

M.雷纳克表示，很难相信进化过程会把某种情感变成截然相反的东西，例如会使羞涩感产生于某种“露阴癖”。很多读者也可能持有他的这种怀疑之见。有人可能会问：既然人们最初是把衣服用作一种诱惑，后来又何以会从体面出发，要求大家都得穿上衣服呢？毫无疑问，正如人人都知道的那样，羞耻之感是与穿衣遮体密切联系在一起的。那些住在温暖气候中的民族，尽管穿得很少很少，但如果让他们一丝不挂的话，他们也会感到极为害羞的。在安达曼群岛南部的部落中，女性都很害羞，即使在同性人面前，她们也不会脱去其用树叶做的围裙。斐济人“虽然几乎都是裸体的，
566 但却有很强的羞耻感，认为将身体裸露出来是极不体面的。不论是男是女，一旦被人看到没穿‘马罗’(maro)或‘利库’(Iiku)，就可能会被处死。”[①]在帛琉群岛的岛民中，如有男子擅入妇女洗澡之处，这些妇女就享有不受限制的特权，或打或罚，任由其便，还可以在现场将这男子打死。在有些澳大利亚部落里，女性穿衣不多，而这些女性洗澡时，都要避开人们的视线。在努卡希瓦人中，女性虽然只穿很少一点衣服，但却是衣不离身，就连最轻佻的女人也不会答应把这衣服脱掉；至于男人，虽然只在包皮上系一线绳，但一旦线绳脱落，则极感羞涩。据莫斯利说，在阿德默勒尔蒂群岛，人们在换遮身用的贝壳时，总要匆匆忙忙地把阴部挡住。他们显然觉得，露出阴部是“很不体面或很不合宗教之规”的事。[②] 但是，这类

① Wilkes, *Narrative of the United States Exploring Expedition during the Years 1838—1842*, iii. 356.

② Moseley, “On the Inhabitants of the admiralty Islands,” in *Jour. Anthr. Inst.* vi. 398.

事例并不一定就说明：我们今天出于体面的需要而穿的衣服，在最初也是出于同样的目的而被人们所采用。我们从其他角度也可以很容易地解释这些事例。

福斯特曾正确地指出："羞涩意识在不同的国家、不同的时期可有不同的表现。"[①]在阿拉斯加的法兰西港，妇女在嘴的下唇上都插有一种饰物，突出于嘴唇有两三英寸长。拉比鲁兹在谈到这一习俗时说："我们有时劝她们把这一饰物抽出来，她们虽同意了，但却很不情愿，她们所表现出的那种难为情的样子，就跟欧洲的女性露出自己的胸部时一样。"[②]洪堡也曾说过："亚洲某些地方的女性连手指尖都不得露出，而加勒比地区的印第安女子只要系上一条两英寸宽的带子，就认为自己已经远不是赤身裸体了，其实，只 567
要在皮肤上涂上一层颜色，就连这条带子都不是非系不可的。如果从家里出来时，没有涂上这种颜色，则是有违加勒比人体面之规的大事。"[③]在汤加，一个男人如果没有做过文身，则被视为很不体面。而一个总是戴着面纱的穆斯林妇女，如果不戴面纱，则会显得满面羞红。在中非的图博里人中，女人只在腰间系一条很窄的带子，带子下面系着一束嫩枝，垂在身后。假如这嫩枝掉下来了，女性就会感到特别难为情。苏门答腊和西里伯斯的土著人总是小心翼翼地遮掩着膝盖；如将膝盖露出，则被视为极不雅观的事。在中国，女性必须将双脚紧紧裹起来，不得让除丈夫之外的任何男人看

① Forster, *op. cit.* ii. 383.

② La Pérouse, *Voyage round the World*, ii. 142.

③ v. Humboldt, *Personal Narrative of Travels to the Equinoctial Regions of the New Continent*, vi. 12 *sq*.

到;即使说话时谈到女人的脚,也是很不文雅的,而在正统的绘画作品中,女人的脚总是被衣裙遮着的。

以上这些事例足以说明:人们的羞涩感往往是因俗而异的,具有很大的相对性。如果一个地方有文身或用颜色涂身的习俗,那么,谁要是不文身或不涂身,就会感到很难为情。如果某个地方的女性都有戴面纱的习惯,那么,人们就觉得每一个正经的女人都必须戴面纱。如果某个地方的人出于这样那样的因由把脚、膝盖或指尖遮了起来,那么,他们的羞涩感就使他们一定不能把遮着的地方暴露出来。从这些事例来看,谁也不会怀疑:是穿衣导致了羞涩感,而不是羞涩感导致了穿衣。否则,难道我们应该相信我们今天之所以穿鞋,其最初的原因就在于我们光脚走路会感到难为情吗?诚如贝恩所说,羞涩感“可被解释为一种害怕,怕被别人责怪,怕被
568 别人觉得不好。”[①]习俗是一个暴君,它用谴责、羞辱、蔑视等方式,对违反习俗规则的人进行威胁。无论某一习俗的基础是什么,也无论这一基础是怎样的无足轻重,人们总是会对明显违反这一做法的人加以反对或嘲弄,其原因很简单:这种做法是不合常规的。巴隆达族的年轻女性对自己衣不遮体的样子毫无知觉,可是她们一看到利文斯通手下人裸露的后背,就会笑弯了腰。利文斯通说:“使我手下的人感到恼火的是,这些年轻女性一看到他们的后背,就忍不住大笑,因为巴隆达族的男子不是这个样子。他们在腰间系有一根带子,前后各系有一块皮子。”[②]风俗习惯在其演进过程

① Bain, *Emotions and the Will*, p. 211.

② Livingstone, *Missionary Travels and Researches in South Africa*, p. 305.

中还可能渐渐同宗教联系在一起,因而较之过去更对人的行为具有约束力。据说,在斐济,有这样一位酋长,同他的所有同胞一样,他也只在臀部系有一小块布,当地称之为“马希”(masi)。但是,当他听说新喀里多尼亚的居民都不穿衣服而且还崇拜某些偶像时,他轻蔑地惊呼道:“不穿马希,还装着信神!”[①]佩舍尔也说过:“假如费尔干纳地区一位虔诚的穆斯林出席我们的舞会,看到女人们裸露的肩膀,看到男男女女半搂半抱的情景,他就会对安拉长期忍受的痛苦默默地感到惊愕。安拉不久前刚把火和硫磺倒在这罪恶和不知羞耻的一代男女身上。”[②]

如同身体的其他部位一样,如果人的外阴部通常都是遮蔽着的话,那么,假若有谁违反了习俗的这一规则,将它暴露在外,就会引起人们的一种羞耻感。但是,这还不足以解释人们对这种暴露所感到的羞耻。人们的性羞涩导致人们要将性功能掩饰起来,而当人们看到身体中使人立即想到这种功能的那个部位时,就会触及这种性羞涩。当然,如果人们对裸体见得习以为常了,一般就不
是这种情况了。但如果人们对裸体不是习以为常的话,就另当别 569
论。这一解释似乎与衣服最初乃是一种诱惑物的说法有些矛盾。如果说,性羞涩感使人们禁止暴露身体中通常遮掩的那个部位,因为该部位与性功能有关,那么,当有人在原来裸露的那个部位穿上诱惑性的衣物时,人们为什么不以同样的理由对此加以禁止呢?这个问题的答案在于:性羞涩感对于含蓄的引诱和粗俗、公开的挑

---

① Williams, quoted by Peschel, *Races of Man*, p. 171.

② *Ibid*, p. 171.

逗是加以区别的。前者是使人愉悦的，因而不使人觉得害羞；而后者是令人厌恶的，因而被视为可耻。但是，什么是羞涩感所允许的，什么是它不允许的，这两者之间并没有一条一成不变的、规定得清清楚楚的界限。正如我们已经了解的那样，世界上既有一些裸体的蒙昧人羞于穿上衣服，也有一些穿有衣服的蒙昧人对于赤身裸体并不感到害羞。一切都要看人们对什么感到震惊，对什么不感到震惊。M. 雷纳克曾说，导致人们避免赤身裸体的羞涩感与导致人们把衣服作为吸引异性的一种手段的那种情感是截然相反的。而从我们上面的分析来看，这种说法并不对。避免令人不快与尽量让人喜欢，这两者并不是格格不入的。

570 我们在本章及前一章中所谈的观点，似乎与现代人类学的明显倾向相左。他们在研究蒙昧人的习俗时，总是倾向于寻找其迷信观念，以作为这些习俗的根源。应当说明的是，我对这种倾向是很赞同的。我在摩洛哥所做的研究工作使我相信，很多习俗的根源，都在于人们对巫术的信奉。而我们以前研究习俗时，从来不曾追溯这方面的原因。而且，我也不怀疑，在我们刚刚讨论的这些做法的起源问题上，迷信观念所起的作用，要比我们现在所了解的更大。但同时，我们也应看到：性冲动要比迷信观念更为原始。因此，我们没有权利在没有直接根据的情况下，就假定：今天被我们看作性刺激的东西，最初则有另外一番用意。即便我们现在了解到确有这种情况，它从一开始也仍具有性刺激的作用。人们在身上佩带的东西，既可以是一种咒符，同时也可以是一种饰物。而蒙昧部落的女性所穿的围裙，也可以兼有遮羞和增加魅力的双重

意图。

有人争辩说：蒙昧部落的女子是不会想方设法地打扮自己以赢得异性青睐的，除非她们享有很大的择偶自由，而蒙昧部落中一般是没有这种自由的；由此看来，那些被解释为以吸引异性为目的的习俗，必定另有一番用意。但是，这些说法都有问题。尽管男子可以强行占有他们所喜欢的女子，但他们并不是对女人的情感漠然处之，也不会对女人给他们留下的印象无动于衷。再者，有的地方虽然不让女子选择自己的丈夫，但女子却可以选择自己的情人。有的地方虽然在婚事上不征求女子本人的意见，但女子仍可以通过这样那样的方式影响婚事的进程，甚至在父母违背自己意愿时， 571
还可以想方设法解除父母强行包办的婚姻。事实上，蒙昧部落的女子往往享有很大的择偶自由。我们有理由设想，在更为原始的条件下，女子的择偶自由要比在较高的文化阶段上更大一些。我们将在以后的一章中讨论这个问题。

珍藏本
纪念版

汉译世界学术名著丛书

人类婚姻史

第三卷

〔芬兰〕E.A.韦斯特马克 著

李彬 译

李毅夫 校

2017年·北京

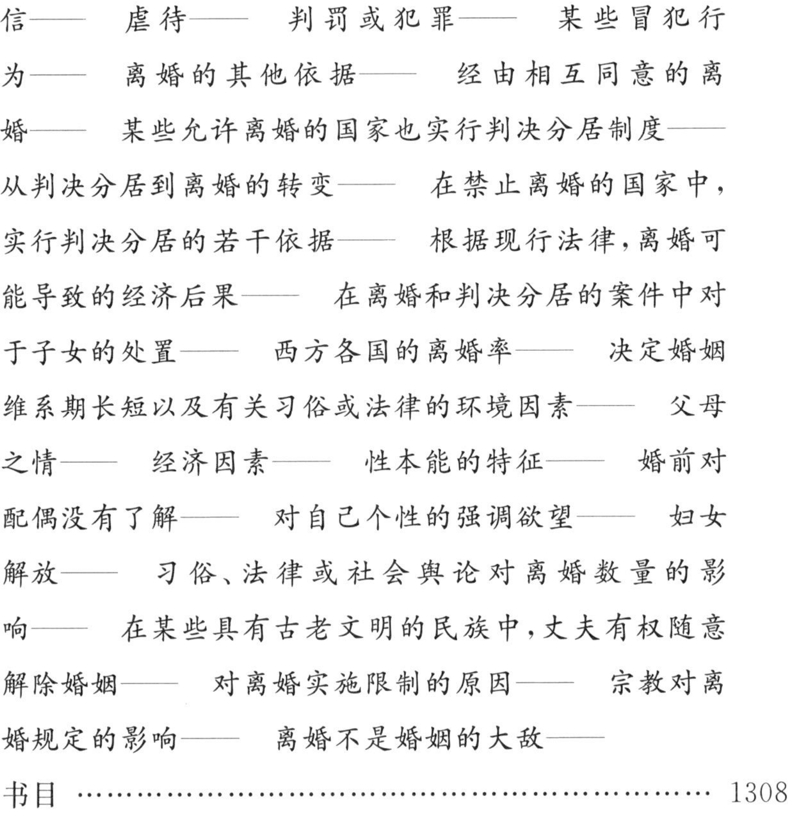

第二十七章　一夫一妻制与一夫多妻制 1

在低等动物中,有的物种本能地实行"一夫一妻制",有的物种本能地实行"一夫多妻制"。而在人类中,则有一男一女的婚姻(一夫一妻制)、一男数女的婚姻(一夫多妻制)、一女数男的婚姻(一妻多夫制)以及数男数女的婚姻(群婚)。在本章中,我们将讨论最为常见的两种婚姻形式:一夫一妻制与一夫多妻制。

在南美印第安人中,据说有些部落是实行一夫一妻制的,另有
少数部落,只有酋长才能娶有数名妻子。就大多数部落而言,则显 2
然是允许实行一夫多妻制的,但据说在其中多数部落中,一夫多妻
制并不常见,或仅仅是一种例外。从我本人收集的资料以及霍布
豪斯、惠勒和金斯伯格诸先生所列的图表中,我推断,在南美洲,盛 3
行一夫多妻制的部落与偶尔实行或从不实行一夫多妻制的部落相
比,在数量上尚不及 1/3。阿劳坎人属于前者,在这个民族中,有
的酋长所拥有的妻妾可达 20 人之多,而穷人则最多只能娶上一两
个妻子。据卡斯泰尔诺说,在瓜托人中,"每个男人都有 2 至 4 名
妻子,还有少数人甚至有 10 名或 12 名妻子。"①古米拉神父在谈

① Castelnau, *Expédition dans les parties centrales de l'Amérique de Sud*, ii. 374.

及奥里诺科河流域的民族时,曾说道:只有奥托马科人不实行一夫多妻制,而在其他民族中,每个男子至少都有两三个妻子。据迪泰特说,在小安的列斯群岛,一夫多妻制非常盛行,几乎每个男子都有数名妻子,有的可达五六个之多。但是,在哥伦布看来,伊斯帕尼奥拉岛上的土著似乎是实行一夫一妻制的,只有国王和酋长是例外。

在北美诸部落中,不实行或不太实行一夫多妻制的部落至少是普遍实行者的两倍。但尽管如此,一夫多妻制在北美部落中显
4 然比在南美印第安人中更为常见。亨内平曾说过,在很多部落中,都可以遇到妻妾多达 10 至 12 人的土著男子。卡特林也说:“一个酋长在家中有 5 至 8 名乃至 10 名妻子,并不是什么稀罕事,还有的有 12 名或 14 名妻妾。”[①]在纳瓦霍人中,“大约 1/3 的成年男子都是实行多妻制的”。[②] 据说,在大草原印第安人中,“说到任何印
5 第安少女都可以有情人一事,我们可以有把握地说,一半以上的男子都至少有一两个妻子。”[③]另一方面,也有人说,居住在特万特佩克地峡的某些部落、新墨西哥的莫基人以及希拉河和科罗拉多河流域的科科马里科帕人和另一些部落,都不实行一夫多妻制。在普韦布洛别霍地区的阿兹特克人,就严格实施着一夫一妻制的原则。如果哪个女人行为不轨,她就必须要由萨满进行禳解,否则就会大难临头,如被虎吃、遭蛇咬、挨蝎子蜇或遭雷劈。某些加利福尼亚部落只允许酋长实行多妻制,但是在实行一夫一妻制的卡罗

① Catlin, *Illustrations of the Manners of the North American Indians*, i. 118.

② Stephen, “Navajo,” in *American Anthropologist*, vi. 356.

③ Dodge, *Our Wild Indians*, p. 201.

克人中，即使酋长也没有这样的特权。在那里，男人只要有钱，就
可以买来很多女人做奴隶，但是，假如他同一个以上的女人同居，
他就会遭到大家的谴责。在加利福尼亚的尤罗克人中，也未曾听
说有一夫多妻制。据摩尔根说，易洛魁人也禁止一夫多妻制，且没
有人违反这一禁规。但是，这一说法与一些较早的记述有出入。
另一方面，关于休伦人和阿帕切人，据说他们早先都是实行一夫一
妻制的，或者说，认为一夫一妻制是最适当的，但后来也采行了一
夫多妻制。在爱斯基摩人的某些部落中，据说“一半以上的已婚男
子都至少有两个妻子。”[①]但这只是极少数例外情况，在大多数爱 6
斯基摩人中，一夫一妻制乃是通行的婚姻形式。达拉格尔在18世
纪时曾写道：在格陵兰岛的西岸，20个男子中也不一定有一个人
是娶有两个妻子的，至于娶三四个妻子的男子就更为罕见了。克
兰茨也说，一个格陵兰人要是娶有三四个妻子，就会受到同胞的谴
责。关于格陵兰岛东岸的土著人，霍尔姆认为没有迹象表明一个
男子娶有两个妻子。关于其他爱斯基摩人，也有人做过类似的记
载。默多克曾描述过居住在巴罗角一带的爱斯基摩人，他写道：
“就大多数爱斯基摩人的情况而言，每个男子都是娶有一个妻子，
只有少数有钱的人才娶两个妻子。就我的记忆而言，在这两个村
子里，娶有一个以上妻子的男人，至多只有五六个；就在我们逗留
期间，其中一个男子还放走了他后娶的那个妻子。至于娶两个以
上妻子的情况，我们从未听说过。”[②]

① Gilder, *Schwatka's Search*, p. 246.

② Murdoch, "Ethnological Results of the Point Barrow Expedition," in *Ann. Rep. Bur. Ethnol*, ix. 411.

关于亚洲爱斯基摩人，即楚克奇人，博戈拉斯博士说，他们大
多都是实行一夫一妻制的，只有极少数男人娶有两个以上的妻子；
在沿海楚克奇人中，即使是娶两个妻子的情况也极为罕见，而在驯
7 鹿楚克奇人居住的某些地方，全部婚姻中的1/3强都是一夫多妻
制婚姻。而在科里亚克人中，沿海部落似乎比驯鹿部落更多地实
行一夫多妻制。在沿海科里亚克人中，乔切尔森博士共询问了95
名已婚男子，其中13人，即13.6%的人，各有两名妻子，但没有一
人拥有两个以上的妻子；而在驯鹿科里亚克人中，65名已婚男子
中只有3人各有两名妻子，一人有3名妻子，多妻者的比例只有
6%。在科里亚克人的神话中所记录的婚姻，大多也都是一夫一妻
制的。同样，在尤卡吉尔人中，一夫多妻制的存在显然也是极为有
限的。吉利亚克人也是这样。关于北海道的阿伊努人，V.西博尔
德曾说过，只有一村之长和某些地方的富人才被允许娶有多妻；而
伯德小姐听说，在火山湾一带的部落中，即使头人也不实行一夫多
妻制。看来，在亚洲北部和中部的大多数部落中，以及在前俄罗斯
帝国所属的广大未开化部落或半开化部落中，一夫多妻制虽然是
完全合法的，但却不是很盛行，或者说，在基督教进入之前是这样。
8 当哥萨克人最初来到雅库特人那里时，一夫一妻制已经有了“充分
的发展”，但是现在已不常见了。罗克希尔曾经说过：“大多数情况
表明：在库库淖尔一带的藏民中，一夫一妻制是通行的婚姻形式，
而一夫多妻制只是一种例外。”罗克希尔还认为，所有从事游牧的
藏民都是这种情况。[①]

① Rockhill, *Land of the Lamas*, p. 80.

印度和印度支那的未开化部落无疑也是这样。很多人明确指
出,在有一夫多妻制存在的部落中,这种婚姻大多都仅仅是一种个
别的或不太普遍的情况。在某些部落中,只有当头一个妻子不能
生育或未生男孩时,一夫多妻制才被允许实行。据斯克雷夫斯鲁 9
德说,在桑塔尔人中,一个男子只能娶有一个女子,除非是续娶其
寡嫂;而如果他有 10 个哥哥,他们又都死了,他就要把这 10 个寡
嫂都娶过来。据索皮特先生说,大多数库基人都实行一种十分严
格的一夫一妻制。在他们那里,男子只有在一种情况下才能续娶
寡嫂,即他尚未成婚。而在这种情况下,他也只能娶寡嫂为妻。
"即使他还是个孩子,将来长大成人后也得娶寡嫂为妻,无论寡嫂
的年纪有多大。"[①]但是,根据较早时的一种说法,库基人虽然只能
娶一个妻子,却可以随意纳妾。在老库基人或其中的某些支系中,
以及在科奇人中,据说一夫多妻和纳妾都是被禁止的;而在帕丹 10
人、米基尔人以及蒙达科尔人中,虽然没有对一夫多妻制加以明令
禁止,但如果有人多娶的话,还是会受到人们的谴责。至于人们在
米基尔人中看到的一些多妻制现象,则被归因于阿萨姆人的影响
和部落约束力的减弱。在上阿萨姆的那加人中,以及在卡西人、基
桑人和梅奇人中,人们在一段时间内都只有一个配偶。据卢因说,
唐塔人和姆鲁人也是这种情况。但是,据督管大员哈钦森说,在吉
大港山区,一夫多妻制"对富人来说还是完整地保留着的",只有布
尼奥吉和班科这两个部落是禁止一夫多妻制的。[②] 居住在马拉巴

① Soppitt, *Short Account of the Kuki-Lushai Tribes on the North-East Frontier*, p. 15.

② Hutchinson, *An Account of the Chittagong Hill Tracts*, pp. 23, 161.

尔南部的纳亚迪人以及科钦邦奇图尔地区的一支图卢族种姓——卡瓦拉人，实行着严格的一夫一妻制。在印度支那的卡丹人和卡考人中，一夫多妻制据说是不存在的或是被禁止的。

在马来半岛的野蛮部落中，一夫多妻制要么甚为罕见，要么则根本不存在。据我们了解，塞芒人一直习惯于实行一夫一妻制。在他们那里，已婚男女之间是最忠诚的，通奸之事会受到严厉的惩
11 罚。在萨凯人中，据说一夫多妻制是被允许的，但没有什么人真的实行这一制度。关于雪兰莪的萨凯人，我们甚至听说他们根本就不准实行一夫多妻制。但是据说，霹雳州的萨凯人则是实行一夫多妻的。据洛根说，大多数贝努亚人都只有一个妻子，而其他一些作者则说，他们那里不准实行一夫多妻制。法夫尔就在那里遇到过一个娶有两个妻子的人，但“他受到了整个部落的责难和蔑视。”①据说，一夫多妻制在曼特拉人中是被禁止的，在柔佛的比杜安达—卡朗人中以及在穆卡库宁人中均没有听说过一夫多妻制。后两者均为劳特人的支系，而劳特人一般都是实行一夫一妻制的，只是可以续娶寡嫂作为二房妻子。贾昆人（或马来人）诸部落，包
12 括雪兰莪的布兰达斯人和贝西西人在内，“都是严格实行一夫一妻制的”。② 法夫尔称，贾昆人只允许男人娶有一个妻子，而斯基特先生则记不起来有任何贝西西人不是实行一夫一妻制的。马丁博士在谈及马来半岛土著部落的一般情况时推断说，他们基本上都是实行一夫一妻制的，其中有些实行一夫多妻制，是由于受了马来

① Favre, “Account of the Wild Tribes inhabiting the Malayan Peninsula,” in *Jour Indian Archipelago*, ii. 264.

② Skeat and Blagden, *Pagan Races of the Malay Peninsula*, ii. 56.

人的影响。他还说，在纯土著部落中，通奸的男女往往要被处以死刑。安娜代尔和鲁滨逊两位先生说，在北大年地区的马来—暹罗农民中，那种同时娶有两个或更多妻子的一夫多妻制是极为罕见的。

在尼科巴群岛的某些地方，常有一些酋长和富人实行一夫多妻制，但在另一些地方，人们都是严格实行一夫一妻制的。据说在安达曼人中，也未见到过一夫多妻制。“虽然男女两性在婚前都享有性自由，但婚后，丈夫对妻子一般都是很忠实的，妻子对丈夫也是一样。”[①]很多作者都认为，锡兰的维达人从来都是实行一夫一妻制的，即使是通奸的事似乎也不曾听到过。假如真出了这事，那 13
么，“受害者除了杀死仇人之外，别无解气的办法。”[②]

据克劳弗德说，在马来群岛，一夫多妻制和纳妾制仅仅存在于为数很少的上层阶级之中，因此可被看作大人物享用的某种奢侈品。如果以为这两种制度会影响整个社会大众，那是很不切实际的。另一些作者在谈及马来群岛的各民族时也都证实，一夫多妻制无论发生在哪里，都仅仅是一种个别的现象。的确如此。我至今尚未看到有任何一份材料说，一夫多妻制是一种普遍现象。倒是有很多报道说，一夫多妻制在很多民族中都闻所未闻，或者说是被禁止的。在苏门答腊，男女之间若是在平等的基础上通过定约结的婚，男方则不得在未同女方离婚的情况下另有所娶。在库布人中，虽然也允许实行一夫多妻制，但通行的还是一夫一妻制。而

① Portman, *History of Our Relations with the Andamanese*, i. 39.

② Nevill, “Vaeddas of Ceylon,” in *Taprobanian*, i. 178.

14 苏门答腊的另一些野蛮部落，诸如马马克人、阿基特人和萨凯人，
据说则是实行严格的一夫一妻制。在婆罗洲，有很多部落都不实
行一夫多妻制。在山地达雅克人中，男人都是只娶一个妻子，而当
酋长的一旦破坏了这一习俗，也就失去了他的全部影响力。据说，
在他们那里，连通奸的事都完全没有。同样，沿海达雅克人的传统
法律也规定，一个男子只能娶一个女子。“人们认为，一夫多妻制
会使神感到非常不快。因此，如果有哪个男子娶了两个女人，村里
的人们就会逼迫他放弃其中的一个。人们还要给神灵祭祀，以防
这一逆行会给全村带来灾祸。”[①]在婆罗洲中部高原从事游猎的普
南人中，每个男子一般都只有一个妻子。在他们那里，有时也有一
妻多夫现象发生，这种情况多发生于某个女子嫁给一个不能生育
的老年男子之后。但是，据霍斯先生说，虽然有的普南女子成为其
他部落男子的第二个妻子，但他并未见到过一夫多妻制的事例。
居住在西里伯斯岛南部的托亚拉人过的是一夫一妻制的生活。米
纳哈萨半岛上的阿尔富尔人从前也是这样。虽然他们后来也有人
偶尔实行一夫多妻制，但据希克森博士说，这很可能是受了穆斯林
的影响，背离了古老的习俗，堕落了。在很多较小的岛屿上，例如
在哈马黑拉岛的加莱拉人中，以及在瓦图贝拉、莱蒂、明打威和博
15 吉等小岛上的土著岛民中，盛行的都是严格的一夫一妻制。早年
间那些发现菲律宾群岛的探险家看到，当地人合法的婚姻形式是
一夫一妻制，但也有纳妾的。在棉兰老岛南部的巴戈博人以及其
他一些部落中，男子“只有在同第一个妻子生了孩子之后，或是证

① Gomes, *Seventeen Years among the Sea Dyaks of Borneo*, pp. 70, 127 *sq.*

明她的确不能生育之后，才能娶第二个妻子”。[①] 在同一岛上的一支山地部落——苏巴努人中，一夫多妻制虽然是被允许的，但却不很普遍。吕宋岛的伊戈罗特人是严格实行一夫一妻制的，假如出了通奸之事，通奸者即会被逐出家门。阿扎加神父在谈及吕宋岛上的一支马来族猎头部落——伊塔隆人时曾说，男人只同一个女人订立婚约，而婚约一经订立，就是终生有效；此外，伊塔隆人也不准纳妾。同样，廷吉安人——吕宋岛上的一支马来族支系，也是实行一夫一妻制的。在吕宋岛三描礼士地区居住的尼格利陀人中，富有者都有不止一个妻子，但整个菲律宾群岛的尼格利陀人一般都是实行严格的一夫一妻制。巴拉望岛上的蛮族塔格巴努亚人是不准实行一夫多妻制的。同样，台湾岛上的蛮族一般也都是实行 16
严格的一夫一妻制。

在马里亚纳群岛所属的关岛上，夫妻在某段时间内都只有一个配偶，虽然常有离婚的事发生。在帛琉群岛，一夫多妻制只在富人中实行。同样，在加罗林群岛，或者说在其某些岛屿上，一夫多妻制据说也是很个别的现象。唐·路易斯·德·托雷斯就不曾听说过那里的哪个男人有两个妻子。新几内亚马克莱海岸的巴布亚人也是实行一夫一妻制的。据说，在多雷的巴布亚人中，不仅一夫多妻制是被禁止的，而且连纳妾和通奸之事也不曾听说过。在英属新几内亚迈卢地方的土著中，一夫多妻制是非常罕见的。马林诺夫斯基博士查阅了迈卢村的很多家谱。在当地的全部婚姻记录

① Cole, “Wild Tribes of Davao District, Mindanao,” in *Field Museum of Natural History, Anthropological Series*, xii. 103, 133, 192.

17 中，只有 1 例是一夫多妻制婚姻。在科伊塔人中，塞利格曼博士记
录下来 76 例婚姻，其中只有 4 例是一夫多妻制婚姻。在马辛地区
南部的瓦加瓦加，“人们否认现在有哪个男人娶有两个妻子。当地
人还说，即便是在过去，娶有两个妻子的男人也是极为少见的。”①
在马辛北部地区，从理论上来说，一夫多妻制只是局限于酋长家族
的一种特权，虽然这一规定在执行上并不总是那么严格。从很多
作者关于新几内亚蛮族的记述中，我们了解到，一夫多妻制在那里
并不大实行，但是也有少数人讲到相反的情况。在马富卢山民中，
男人往往娶有两三个妻子，有的甚至有 4 个，而酋长或富人则可以
有 6 个妻子。在太平洋的很多岛屿上，做酋长的都实行多妻制，他
们往往娶有很多妻子。在所罗门群岛的布干维尔岛，帕金森还见
到过一些娶有 50 个妻子的酋长。格皮说，在肖特兰群岛，有一个
18 酋长所娶的妻子多达 80 个到 100 个。据约翰·威廉斯说，在斐
济，有的酋长也有 100 个妻子。但是根据另外一种说法，最高一级
的酋长只有 10 至 50 个女人，包括妾在内；腹地部落的酋长则只有
五六个妻子；而从属部落的酋长则很少有超过两个的。在很多地
方，诸如在所罗门群岛的布因岛以及其他岛屿，在富图纳、桑威奇
群岛以及新西兰，一夫多妻制似乎都只限于酋长，或者说，是与酋
长的高位联系在一起的一种特权。在莱珀斯岛，一个人娶了一个
年轻的妻子之后，往往还要再找一个年纪大的妇女（多为寡妇）作
二房，以照顾头一个妻子。在特雷热里岛，据说大多数男子都娶有
两个女人，这两个人在年龄上往往相差很大。但是，在南太平洋诸

① Seligman, *Melanesians of British New Guinea*, p. 509.

岛上，最普遍的无疑还是实行一夫一妻制，广大百姓实行的都是这 19
种婚姻形式。从约克公爵群岛的一项统计资料中，我们看到：在663个已婚男子中，有600人都是一人一妻，57人各有两妻，5人各有三妻，娶有四个妻子的只有1人。也就是说，实行一夫多妻制的，只有10.5％。在一些较小的岛屿上，人们实行的似乎都是严格的一夫一妻制。

关于前塔斯马尼亚人，我们所了解的信息是相互抵触的。据劳埃德说，多妻制是他们的普遍做法。他还说，1821年他去那里时，几乎没有见到一个只娶有一个妻子的男人，人们一般都有两三
个妻子。但是，据另一些作者说，一夫多妻制即便存在，也仅仅是 20
个别现象。尼克松就说过，他们“在一段时期内，都只有一个妻子”。[①] 在大多数澳大利亚部落中，一夫一妻显然是最普遍的情况，而一夫多妻制则主要是老年男子和酋长所实行的。但是，这一点似乎也有例外。据比斯霍夫斯神父说，在澳大利亚西北部的纽尔纽尔人中，25岁至30岁的成年男子，大多每人都有两三个妻子，有四个妻子的也不罕见。另一方面，据说也有一些部落，根本不存在一夫多妻制，或者说，这一制度是被禁止的。

我们发现，一夫多妻制最盛行的地方是非洲。无论是从出现率上说，还是就妻子之多而言，都首推非洲。根据艾敏帕夏的说法，在乌尼奥罗地区，即使是一个小部落的酋长，至少也一定要有10至15名妻子；至于穷人，也都娶有三四个妻子。在南迪人中，富人可娶有40个妻子。据塞尔帕·平托说，在他访问巴罗策时，

① Nixon, *Cruise of the Beacon*, p. 29.

21 那里的一个大臣有70多个妻子。德克莱说，在马塔贝勒人中，“一
夫多妻乃是通例，每个男人少则有两个妻子，多则有好几百个妻
妾。”①关于贝宁国王究竟有多少妻妾，曾有人做过不同的估计，有
说600的，也有说1 000的，还有说超过3 000的，甚至有说4 000
的。不过，国王有时也把自己的妻妾赐给下属。在阿散蒂，法律限
定国王只能有3 333名妻子，但不清楚是否要求国王一定娶够这
个数目。据说，乌干达的姆特萨国王曾有嫔妃7 000人，卢安戈的
国王也是这样。就我所知，这是一夫多妻制在全世界所达到的
极限。

关于一夫多妻制的出现率，我们可以参考一些数据。这些数
据是根据霍布豪斯、惠勒和金斯伯格三位先生发表的图表计算出
来的。在110个实行一夫多妻制和一夫一妻制的非洲民族中，有
89个据说是普遍实行一夫多妻制的，占总数的81%；而在世界其
他地方的简单民族中，这一百分比只有30%。虽然这些数字在很
大程度上只是相对而言的，但相差如此之大，就足以说明一定问
题。我们不应设想上面说的“普遍”一词，就一定是说大多数已婚
男子都实行一夫多妻制。但据说也有一些民族就是这种情况。例
如。据欣茨说，在翁东加人中，大多数的男子都各有两个妻子，也
有不少人只有一个，还有少数人不止两个。在比属刚果的瓦雷加
22 人中，“几乎所有家庭都是多妻制的，但一个丈夫拥有10来个妻子
的情况却不常见。”②据说，在喀麦隆的班姜格人中，以及在苏丹西

① Decle, *Three Years in Savage Africa*, ii. 160.

② Delhaise, *Les Warega*, p. 175.

部的莫西人中，大多数男子都各有二至四个妻子。荷兰旧时的一位作者曾说过，在贝宁，“再穷的人也至少有 10 至 12 名妻子。”[①]但另一方面，我们也听说，在非洲的很多民族中，一夫一妻制都是最主要的婚姻形式；在某些民族中，一夫一妻制甚至还是唯一的婚姻形式。

中非的俾格米人似乎大多都实行一夫一妻制，虽然哈里·约
翰斯顿爵士说，他们那里的一夫多妻制“取决于交易品的范围”。[②]
据于特罗说，坦噶尼喀的大多数巴图亚人都不实行一夫多妻制。
伊图里的万布蒂人也坚决否认他们中有任何人实行一夫多妻制。 23
在南非的布须曼人中，一夫多妻制则比较常见。基切勒曾于 1799
年去过那里，他说，那里的男人都有数名妻子。坎贝尔在 18 世纪
上半叶看到，他们往往有四五个妻子。斯托说，尽管布须曼人的大
多数部落都允许实行多妻制，但在有些部落中，男人从来都是只娶
一个女人。希尔在谈到布须曼人时说，现在，“一夫多妻制的现象
已经极为罕见了。劳埃德小姐曾询问过很多人，结果只听到一例
一夫多妻制婚姻，而另外一些调查者则没有听说一件这样的
事。”[③]但据说，在加姆的奥因人中，每个男子平均有两个妻子，而
且，娶五个妻子的事也并不稀罕。不过，里特冯坦的布须曼人和纳
米布的布须曼人则是实行严格的一夫一妻制。在霍屯督人中，一
夫多妻制是被允许的，但真正实行者显然并不多见。在他们住的 24
很多村子里，都见不到一例一夫多妻制婚姻。据说，在某些卡菲尔

① Quoted by Ling Roth, *Great Benin*, p. 37.

② Johnston, *Uganda Protectorate*, p. 539.

③ Theal, *History of the Boers in South Africa*, p. 19.

部落中，“普通已婚男子每个人平均约有三个妻子。”[1]但是在另一些部落中，则是一夫一妻制占了上风，大部分男子现在都只有一个妻子。据汉密尔顿先生了解，在安哥拉的基萨马人中，人们实行的是一夫一妻制。据格伦费尔说，上蒙加拉地区的蒙万迪人倾向于实行一夫一妻制，只有大酋长才有好几个妻子；在蒙加拉河与穆班吉河下游东岸之间的这一地区的班扎人“原则上也是实行一夫一妻制的”。[2] 菲利普斯先生曾在刚果河下游地区做过一项社会学研究，他说：“有一种错误的观点认为，在实行一夫多妻制的社会里，男人大多都娶有数名妻子。其实，男女两性的人数是相当的，这就使一夫多妻的做法无法在整个人口中普及开来。实际上，只有富人才能娶有多妻，而穷人则只能娶一个，甚至往往连一个都娶不上。”[3]普罗亚特在谈及卢安戈人时，也曾谈过这一点。他还说，那些能够利用特权娶有多妻的人，决不会有很多很多。托马斯先生在一份关于讲埃多语的诸民族的报告中指出，虽然在这一地区的大部分地方，“除穷人之外，人们大多不实行一夫一妻制，而且每五个已婚男子中就有两人各娶有两个妻子”，但是在索博地区，一夫多妻的现象则是极为罕见的。[4] 在喀麦隆北部腹地的巴利人
25 中，合法的婚姻形式是一夫一妻制。从家人权利以及继承权的角度来看，这一制度的好处也是显而易见的。但是，“在实际上，男人还是可以娶有多妻的，虽然只能娶未婚的女奴。”而这些人是什么

① Maclean, *Compendium of Kafir Laws and Customs*, p. 44.

② Johnston, *George Grenfel and the Congo*, p. 676 *sq.*

③ Phillips, “Lower Congo,” in *Jour. Anthr. Inst*, xvii. 225.

④ Thomas, *Anthropological Report on the Edo-speaking Peoples of Nigeria*, i. 58.

权利也没有的。[①] 鲍曼说，万布圭人在盛行一夫多妻制的中非是一个例外的民族，他们实行严格的一夫一妻制，即使那些做酋长的，也都只有一个妻子。在博戈人中，一夫多妻制仅仅是贵族和富人的一种奢侈品。据蒙青格尔说，在整个这一地区，有两个妻子的不过只有 50 人，而有 3 个妻子的更少，只有 5 人。同样，在东北非的其他一些民族中，诸如在马雷亚人中，在贝尼阿梅尔人中，一夫多妻制也是局限于很少的一些人之中。在埃及，据莱恩说，每 20 个已婚男子中，只有一人有两个妻子。在阿尔及利亚和摩洛哥，广大百姓实行的也同样是一夫一妻制。在摩洛哥的不少大村子里，都找不到有两个妻子的男人。只是某个有钱的人在他拥有财产的另一村子里可能还有一个妻子。在西撒哈拉的摩尔部落中，文森特不曾遇到过一个娶有多妻的人。贝尼姆扎布人和图阿雷格人也实行一夫一妻制。同样，加那利群岛上的关切人也是实行一夫一妻制，只有兰塞罗特岛的居民是例外。

以上我们谈的是低等民族的一夫多妻制和一夫一妻制在地理 26
上的分布情况。现在，我们来谈谈这两种婚姻形式在经济文化各个发展阶段上的流行程度。就我所收集的材料来看，除了某些澳大利亚部落和某些布须曼部落之外，任何处于低级阶段的狩猎部落和处于早期农业阶段（至少是其低级类型）的部落，都不曾在较大的规模上实行过一夫多妻制。相反，很多低级狩猎部落和初级农业部落都是实行严格的一夫一妻制。属于这一类的，有南美的某些印第安人（上文已有提及），马来半岛的土著部落，安达曼岛

① Hutter, *Wanderungen und Forschungen in Nord-Hinterland von Kamerun*, p. 377.

民，锡兰的维达人，马来群岛的某些部落（诸如马马克人和阿基特人），菲律宾群岛实行一夫一妻制的尼格利陀人，少数澳大利亚部落（但我对此持怀疑态度），以及中非的某些俾格米人。而在处于较高阶段的狩猎部落（多见于北美）中，实行一夫多妻制的情况则要多一些，但在大多数这些部落中，也并非多见。至于排他性的一夫一妻制，虽然也不是没有，则甚为罕见，主要见于加利福尼亚的卡罗克人、尤罗克人和圭库鲁人中，如果把他们也归入这些部落的话。在游牧民族中，我尚未发现有哪一个是可以被看作严格实行一夫一妻制的。虽然与处于较高阶段的狩猎部落相比，处于较高阶段的农业民族经常实行一夫一妻制的情况要多一些，但是，若与狩猎部落和初级农业民族相比，游牧民族和处于较高阶段的农业
27 民族实行一夫多妻制的情况，确实更普遍一些。霍布豪斯、惠勒和金斯伯格三位先生也谈到过这一点。他们说："尽管人们一般都不承认一夫多妻制为良好习俗，但它的实行范围却在不断扩展，而这种情况在游牧民族中只不过更为明显罢了。"[1]从他们所做的表格来看，一夫多妻制在饲养牲畜的农业民族中，要比在纯农业民族中更为常见；在已把农业作为副业的高级牧业民族中，要比在低级游牧民族中更为常见。但是，应当看到，在被说成"普遍"实行一夫多妻制的那些事例中，非洲的牧业民族和高级农业民族（即纯农业民族和饲养牲畜的农业民族），要比其他地区的同类民族多得多：前者在实行一夫多妻制和一夫一妻制的所有非洲民族中占

① Hobhouse, Wheeler, and Ginsberg, *The Material Culture and Social Institutions of the Simpler Peoples. An Essay in Correlation*, p. 161.

84%，而后者在非洲以外地区的所有同类民族中则只占32%。非洲民族与非洲以外民族的这种差异，在高级农业民族中要比在游牧民族中更为明显：在高级农业民族中，“普遍”实行一夫多妻制的事例在非洲占86%，而在非洲以外地区则为30%；在游牧民族中，这两个百分比分别为76%与57%。对比来看，在被说成“经常”实行一夫多妻制的那些事例中，属于非洲以外高级农业民族的，要比属于非洲高级农业民族的多得多：前者在被收录的全部非非洲事例中占21%，而后者在被收录的非洲事例中仅占4%。在 28
非洲以外的高级狩猎部落——他们都在非洲以外地区——中，“普遍”实行一夫多妻制的事例所占的百分比，略微超出同类事例在非洲以外的高级农业民族中所占的百分比：前者为33%，后者为30%。而“经常”实行一夫一妻制的事例，在高级狩猎部落中则要比在非洲以外的高级农业民族中少得多，其百分比分别为6%与21%。另一方面，如果我们将非洲以外的高级农业民族同非洲以外的初级农业民族——如同高级狩猎部落一样，初级农业民族也都在非洲以外地区——做一比较，那么，我们就会发现：“普遍”实行一夫多妻制的事例，在前者中占30%，在后者中占20%；而“经常”实行一夫一妻制的事例在这两者中则大致相等，分别为21%与22%。这些数字说明，即使在非洲以外的民族中，高级农业民族也要比初级农业民族更爱实行一夫多妻制，虽然这一差别较之非洲高级农业民族与初级农业民族的差别要小得多。同样，非洲以外的高级农业民族显然也比低级狩猎民族更爱实行一夫多妻制，至少在不将澳大利亚部落考虑在内的情况下是这样。我在这里之所以讲得这样细，是因为一夫多妻制在非洲高级农业民族

中较之在其他地区的高级农业民族中更为盛行这一事实，可以为我们起到一种警示作用。它告诫我们，不要以为在简单民族中，一夫多妻制在经济文化较高阶段中的盛行，完全是出于经济上的原因。

一夫多妻制在其实行中，亦可发生某种趋向于一夫一妻制的变化，这主要是出于社会和性生活两方面的考虑。在某些简单民
29 族中，一夫多妻制婚姻中的诸妻据说都享有平等的权利。在另一些民族中，虽然没有这方面的记载，但可能也有类似的平等。不过，在一般情况下，显然都有这样的规定：在诸妻之中，有一人享有较高的社会地位，被视为正妻。在大多数情况下，享有这一殊荣
30 的，都是最早娶来的妻子。究其原因，可能是因为这些民族或是现
31 在，或是从前，均以一夫一妻制为婚姻的主要形式，而一夫多妻制只是一种新潮，或是一种例外。据我们所知，仅在个别情况下，正
32 妻之位不是取决于嫁娶之先后，而是取决于地位之高低，或是取决于谁生头一个孩子。正妻往往都有一专用的称呼，以别于其他的妻子。据普莱费尔少校说，在加罗人中，正妻被叫做“吉克玛蒙”或“吉克芒玛”（后者意即“大象妻子”），而其他的妻子则被叫做“吉克吉特”，相当于“妾”。在埃罗曼加，酋长最年长的妻子叫“莱特蓬”，即“妻子”，而其他妻子仅仅是他的“奥瓦希文”，即“女人”，甚或“诺埃特”，即“财产”。在约鲁巴人中，最早娶来的妻子被叫做“伊亚勒”，即“家中的女主人”，而后娶来的叫“伊亚沃”，即“商品妻子”，可能是购自市场的缘故。聪加人称先娶来的妻子为“大妻”，后娶来的为“小妻”。朱诺曾问一老年土著，何以要在诸妻之间做这样的区分，所得到的回答是：“先娶的妻子是真正的妻子，而后娶的妻

子则是贼。”[①]即使在有些地方，正妻并不享有什么特权，她也或多或少是家中的主妇。正妻可以管其他妻子，把她们当作手下的佣人，足见其权威之大。做丈夫的想再娶时，也常常要征求正妻的意见，而她的否决可以具有决定性的意义。关于正妻的住处，有人说她是住在正屋里；有人说她独住一处帐篷；有人说她“紧挨着主 33
灶火住，以使其完全置于自己的掌管之中。”还有人说她“在家中的住处通常都是在丈夫的一侧。”[②]在大查科草原的莫科维人中，别的妻子甚至不住在丈夫家里，而是与自己父母同住。在尤卡吉尔人中，做丈夫的总是与最早娶的妻子同睡一床，而其他妻子则在别处睡，丈夫只有在夜里才偷偷摸摸地去找她们。在索里亚人中，做丈夫的如果未经正妻同意而与某个年轻的妻子性交，就可能被罚款，至于罚多少则视情况而定。在阿萨姆的梅泰人中，“在多妻制家庭中，丈夫对诸妻的殷勤程度完全是依诸妻的先来后到而定的。正妻得到的殷勤是第二个妻子的两倍。”不过，这只是规定而已，实际上，这一规定常常被人打破。[③] 在老库基人的某些支系中，第一个妻子有权陪丈夫呆五夜，第二个妻子可陪四夜，第三个妻子则陪三夜。我们还听说，在有的地方，第一个妻子享有较高的待遇，可以比其他妻子得到更多的食物和礼物，而且干活儿也较少；不过，另一方面，她对丈夫的幸福所负的责任也最大。在巴干达人中，第一个妻子要负责保管丈夫的所有偶像。在有些民族中，

① Parry, *Journal of a Second Voyage for the Discovery of a North-West Passage from the Atlantic to the Pacific*, p. 528.

② Kohl, *Kitchi-Gami*, p. 111 (Chippewa).

③ Hodson, *Meitheis*, p. 77.

34 只有在她对丈夫做出不忠之事以后，丈夫才能休掉她。在棉兰老岛的某些土著人中，丈夫去世后，他的财产要由其第一个妻子负责管理。还有一种办法是：其财产的一半归她所有，另一半归子女所有，而后娶的妻子则什么遗产也得不到。不过，不管是哪种情况，后娶妻子的孩子与第一个妻子的孩子享有同等的权利。我们听说，在另外一些民族中，诸妻的孩子在继承权等权利上一般也没有什么差别。但是，更多的是相反的情况。第一个妻子所生的儿女或儿子或长子，在继承权等权利上要比后娶妻子所生的处于更优越的位置。有一些外国人曾问巴苏陀的酋长有多少孩子，酋长在回答中只提及第一个妻子所生的孩子。如果酋长说他死了妻子，那么他所指的即是，他已失去了真正的妻子，而此时他尚未把别的妻子提到她曾占有的位置上。在毛利人中，酋长的第一个妻子属
35 于酋长家族的人，而且可能享有与酋长平等的地位，但第二个妻子则可能是其家奴。居住在多哥内地的埃维人相信，男人的第一个妻子也曾是他托生之前的妻子，甚至是唯一的妻子。住在沿海的埃维人有一种习俗：男人所娶的第一个妻子要由其舅舅给找，而以后所娶的任何妻子都可由本人来找。卡萨利斯在谈及巴苏陀人时曾写道："在第一个妻子和后来的诸妻之间，存在着非常明显的差别。'大妻'（当地人总是这样称第一个妻子）通常都是由做父亲的给挑选的，亲戚们对选谁也都很感兴趣。后娶的妻子则被称为'脚后跟'，因为她们时时刻刻都要比女主人矮三分。她们只是一种奢侈品，做父母的没有义务给儿子提供这些。"[①]我们在前面也曾说

① Casalis, *The Basutos*, p. 186 *sq*.

过，在有些民族中，男人只有娶第一个妻子时，才为女方的父亲服劳役。

由于初娶之妻与后娶之妻在地位上往往相差甚大，因此我们
有些作者就把前者说成是唯一真正的或合法的妻子，而把后者说
成是姘妇，还把这种一夫多妻制称为与姘居制相结合的一夫一妻
制。不过，从很多乃至大多数情况来看，我们还是应该把这种婚姻
形式看作一夫多妻制，把“姘妇”看作地位较低的妻子。如果有人
所说“姘居制”指的并不仅仅是某段时间内男女之间的一种暧昧关
系，而是为习俗或法律所承认的一种社会关系，那么，我想，我们还
是应当把“姘居制”一词限定于那种仅仅含有性放纵之意的关系，
而婚姻则不仅仅是男女间一种符合规定的性关系。不过，要把这
一界限用于实际之中，则往往是不可能的，因为我们不了解所谓
“姘妇”实际所处的地位。如果她与蓄纳她的男人住在一起并受到
他的保护，而他又有义务养活她和他们所生的子女，那么，她就有
权要求我们的社会学家把她看作是某人的妻子，而不管她在家中 36
的地位有多低微。同样，如果我们听说某人除了有几个妻子之外，
另有一些妾，那么，这实际上就是说，他的几个妻子（不是一个）比
另几个地位高，而另几个就被叫做妾。不仅初娶之妻与后娶之妻
有差别，而且后娶之妻之间也有差别。例如，在奴隶海岸讲埃维语
的民族中，第一个妻子被叫做“首妻”，她主管家中的一切内务，做
丈夫的也找她商量事情。第二个妻子是第一个妻子的助手。至于
再以后娶来的妻子，则统统划归一类。除了“妻子”之外，还有妾，
这些人通常都是女奴，其地位只比第三、第四及以后诸妻稍低
一点。

在上面所讲到的事例中，只有少数几个提到，初娶之妻的较高地位也包括了在性生活上的某些特权。但我们更多地听到的，还是丈夫与诸妻轮流同居的习俗。在加勒比人中，做丈夫的轮流到每个妻子的小屋里住 1 个月。据达尔文说，在智利的印第安蛮族中，酋长轮流与每个妻子同住一周。在巴武马人中，“如果一个男人有不止一个女人，他就同其中的每个人各住 4 天。假如他对哪个妻子情意绵绵，在她那里住过了头，别的妻子就会指责他践踏了
37 规矩。”[①]在卡菲尔人中，也有一条古老的习惯法，要求娶有多妻的丈夫在每个妻子那里连续住上 3 天 3 夜。古兰经规定，做丈夫的应对诸妻不偏不倚。至于理论上规定的和实际上所做的是否相符，则是另一个问题。人们不难猜想，在一夫多妻制婚姻中，在某段时间内，诸妻之中总会有一人最受宠爱。

据舒斯特说，在喀麦隆班姜格人的一夫多妻制婚姻中，总有两个女人显得格外突出：一个是初娶之妻，她负责管理其他妻子，还享有其他某些特权；另一个则是宠爱之妻，做丈夫的通常都是和她住在一起，睡在一起。在巴干达人中，只有首娶之妻才享有明确的特权，但是，“在很多家庭中，宠妻总是整天戴着某种特别的首饰。有的地方，这种首饰就是挂在脖子上的一个小铃铛。”[②]在布哈拉，富人一般都娶有 2 至 4 个妻子，但在诸妻之中，往往有一人备受丈夫恩宠。在科里亚克人的一夫多妻制婚姻中，做丈夫的大多也都同样是独宠一人，而其他的妻子则主要是给丈夫干活儿。据说，在

---

① Cunningham, *Uganda*, p. 141.

② Felkin, “Notes on the Waganda Tribe of Central Africa,” in *Proceed*, *Roy. Soc Edinburgh*, xiii. 757.

奥马哈印第安人中，每当分队出去打猎时，做丈夫的都要把他最宠爱的妻子带在身边。在阿帕切人中，酋长“想娶多少女人，就可以娶多少女人，但是，在诸妻之中，他最宠爱的只有 1 人”。[①] 有的地方，丈夫最宠爱的是生育最多、所生子女又最健康的妻子。而据吉 38
布斯说，在华盛顿州西部和俄勒冈州西北部的印第安人中，做丈夫的通常是和初娶之妻住在一起，至少是在他对后娶之妻的兴趣淡薄之后。但是，毫无疑问的是，谁现在具有最大的性吸引力，谁就能博得丈夫的一时之宠。莱恩在谈到现代埃及人时，曾说：“妻妾中最具美貌者，往往就是丈夫一时所最宠爱者”，虽说在很多情况下，丈夫持续宠爱的并不是最美貌者。[②] 有一位阿拉伯酋长曾对塞缪尔·贝克爵士说：“我有 4 个妻子。其中一个老了，我又换了一个年轻的。就是这 4 个（说着，他用手杖在沙地上划出 4 条道子）。她们一个管打水，一个管磨玉米，一个管做面包。最后这个不怎么干活儿，因为她是最年轻的，是我最宠爱的。”[③]我们在后面还会讲到：当初娶之妻变老之后，做丈夫的往往又会娶来一个年轻的。在这种情况下，一夫多妻制婚姻中的性关系就与一夫一妻制颇有些类似，虽然初娶之妻年老之后，仍是家中的主妇。

在具有古老文明的民族中，大都可见到一夫多妻制或与真正的一夫多妻制难以区别的某种纳妾制。在古代墨西哥人、玛雅人、奇布查人和秘鲁人中，一夫多妻制都是被允许的，虽然实行者可能大多是富人。在他们的这种婚姻制度中，初娶之妻要比后娶之妻

① Schoolcraft, *Archives of Aboriginal Knowledge*, v. 210.

② Lane, *Manners and Customs of the Modern Egyptians*, i. 253 *sq.* n. 5.

③ Baker, *Nile Tributaries of Abyssinia*, p. 265.

地位高，或者说，一个男人虽然只有一个“真正合法的妻子”，但却
39 可以随意娶有不太合法的妻子，可以随意纳妾。而“二等妻子”及
其所生子女均不能继承财产，至少在墨西哥是这样。在墨西哥，父
亲在给儿子的劝诫中甚至明确宣布：上帝为了让人传宗接代，训令
每个男人只能娶一个女人。在尼加拉瓜，严格的司法意义上的重
婚，要受到流放和没收财产的惩罚。

在中国，除了法律意义上的正妻之外，有的人还有妾，这也是
法律所允许的。但是，法律规定：正妻在世期间，丈夫不得另外正
式娶妻。妻对妾拥有相当大的权力。例如，不经特许，妾甚至不能
坐在妻面前。妻对夫所用的称谓，相当于我们所说的“丈夫”，而妾
只能称他为“老爷”。一般来说，那些不曾裹脚、出身低微的女人，
多是女奴或妾，而妻则几乎总是裹着小脚的女人，当然，鞑靼妇人
属于例外。妻不可被降为妾，而只要妻尚在世，妾亦不可被升为
妻。刑法规定，如有前一种情况，要打 100 大板；如有后一种情况，
要打 90 大板。至于所生子女的合法性问题，则不取决于其母是妻
40 还是妾，而取决于她是否已为这个男子的家庭所接受。我们对纳
妾制在中国的实行范围很难猜测，因为没有这方面的统计数字。
在劳动人民中，显然很难看到哪个男人娶有两个女人，而商人、官
员、地主以及生活状况比较优越的人，则往往纳有一个或更多的
妾。据韦尔斯·威廉斯估计，在这些人中，纳妾者约有 2/5。中国
有良知的人在心底里显然都是反对纳妾的。在朝鲜，做官的人除
了在家娶有数名妻子之外，甚至在“衙门”里还必须依照习俗蓄有
数名妾。在日本，中国式的纳妾制也曾作为一种法律制度存在于
社会，直至 1880 年刑法颁布之后才被废除。但是，“这种形成已久

的习俗至今仍未完全绝迹。”[①]公元701年颁布的大宝律令对妻妾均给予二等亲的地位；此外，庶出子女在法律上也享有同嫡亲子女同等的权利。

在古埃及，一夫多妻制似乎是被允许的，但实行者很少。不过，重婚现象在王族之中却时有发生。例如，拉美西斯二世已有两个大“王后”，而当他与赫梯国王订立和约之后，又把那位国王的女儿带回埃及，作为妻子。法老们都是妻妾成群的，而具有相当规模 41
的纳妾制也未必局限于王室之中，虽然我们在这一点上知道得很少。艾伦·加德纳博士曾对我谈到，埃及非王族中实行一夫多妻制的证据是很难找到的。有一个贵族在谈到其父亲、母亲、妻子和儿女时，用的都是复数。在未出版的纸莎草文献“梅耶”(Papyrus Mayer)中，有一段记载显示，某个叫“普罗”的“监护人”同时娶有两个妻子，记载中称她们为某件诉讼案中的见证人。

巴比伦的《汉谟拉比法典》规定：婚姻应为一夫一妻制。但是，“男子娶妻之后，如果妻子疾病缠身，”则该男子还可再娶第二个妻子。[②] 根据约翰斯的译本，“如果某个男子娶了一个出家女（即在寺庙中侍奉于圣事的女子），如果这名女子不能为他生儿育女而他又有意另娶一妾，那么，该男子可以娶之”，但他不得使妾得到与妻平等的地位。[③] 而根据温克勒的译本，此段所指的是任何不能生育的妻子，不独出家者为然。在汉穆拉比时代，奴妾制很是流行，

① Nakajima, “Marriage (Japanese and Korean),” in Hastings, *Encyclopaedia of Religion and Ethics*, viii. 459.

② *Code of Laws promulgated by Hammurabi*, trans. by Johns, § 148, p. 29.

③ Johns' translation, § 145 p. 28 *sq*.

而如果女奴已为主人生儿育女，主人就不得将其出卖。另一方面，在希伯来人中，男子在任何情况下均可娶有多妻，诸妻在法律地位上没有高低之分，只是妻与奴妾有所区别。《摩西五经》中曾讲到转房婚之事，这实际上就规定了一种第二婚姻，即：一个男子无论
42 是否已有妻室，只要寡嫂尚无后嗣，他就必须娶之为妻。有人曾根据《创世记》和《箴言》中的某些段落以及《雅歌》中的一般倾向，认为一夫一妻制乃是圣经中的理想。但是，《申命记》中曾假设过人有二妻的情况，而《出埃及记》中所定的规则则将女奴成为其主人或主人之子的妾视为自然之事。《塔木德》法典中的条文也常常提及一男与数女结婚的情况。不过，在古代以色列人中，正如在其他许多实行一夫多妻制的民族中一样，大多数人实行的还是一夫一妻制。而且，他们在经过流亡以后，一夫多妻制可能已成为极个别的现象。至于一个男子究竟可以娶多少妻子，古时并无限制。我们从《圣经》中可以了解到，所罗门"有妻子七百，都是公主；还有妃嫔三百"；[①]罗伯安"娶十八个妻，立六十个妾"。[②] 但据说在《塔木德》中，"贤者曾有忠言，男子娶妻，以四人为限。"[③]在欧洲的犹太人中，一夫多妻制直至中世纪时仍在实行，而居住在伊斯兰教国家的犹太人，至今还有人实行一夫多妻制。直至 11 世纪初期在沃尔姆斯召开拉比会议时，犹太教才有明文禁止一夫多妻制。这一禁
43 令最初是针对住在德国以及法国北部的犹太人做出的，但后来渐为欧洲各国的犹太人所采纳。但是，在犹太人的婚姻法中，还保留

① 《圣经·列王纪上》，第 11 章第 3 节。

② 《圣经·历代志下》，第 11 章第 21 节。

③ Hughes, *Dictionary of Islam*, p. 462.

了很多一夫多妻制合法存在时所定的条款。

在阿拉伯，穆罕默德曾做出规定：一个男子拥有的合法妻子不得超过四人，但奴妾的人数则不受限制，尽可占有。至于先知本人，娶多少妻子都是可以的。在实行多妻制的地方，一般都是以先娶之妻的地位为最高，被称为“大夫人”。但是，诸妻所生子女在继承权上并无区分，妻与奴妾所生子女在这方面亦无区分，只要主人承认孩子是自己的。事实上，在伊斯兰国家，大多数男子过的都是一夫一妻制的生活。非洲是这样，亚洲也是这样。据麦格雷戈上校说，在波斯，只有2%的男子娶有多妻。在印度的穆斯林中，每1 000名丈夫有1 021名妻子。这就是说，在每1 000名已婚男子中，即便没有人娶有两名以上的妻子，除去21人各娶两妻之外，其他所有人也都是实行一夫一妻制的。阿米尔·阿里曾说过：“很多受过教育、精通祖先历史并能把它与其他国家的情况进行比较的人，对一夫多妻制的做法都不赞成，甚至怀有一种厌恶之心。”[①]在穆斯林中，特别是在穆尔太齐赖派之中，越来越多的人甚至认为一夫多妻制是完全非法的。早在回历第3世纪，在哈里发马蒙统治时 44
期，最早的一批穆尔太齐赖派神学家就曾教导信徒，已制定的《古兰经》法律要向人们灌输的是一夫一妻制的思想。很多人都对这一事实加以强调：《古兰经》中确有允许男子同时娶有4妻的条文，但在这一条文之后，紧跟着就有一句话——“如果你担心你不能做到不偏不倚，那你就只能娶一个。”有人争辩说，娶有多妻的普通百姓不可能全都做到对诸妻不偏不倚、一视同仁，既然如此，就应考

① Ameer Ali, *Mahommedan Law*, ii. 25.

虑让他们实行一夫一妻制的法律。[①]

在大多数所谓“雅利安”民族中，一夫多妻制都曾被允许实行。希罗多德在谈到古波斯人时写道：“他们每个人都娶有好几个妻子，至于纳的妾，就更多了。”[②]但是，普通百姓恐怕就不是这种情况。而且，在一夫多妻制家庭中，诸妻中似应有一人是主妻。在《波斯古经》中，既没有明文谈及一夫一妻制，也没有明文谈及一夫多妻制。盖格由此得出结论说，信奉《波斯古经》的地区并不禁止一夫多妻制。其理由是，假如真的禁止的话——这与我们所了解的伊朗其他地区的婚俗显然是相反的，那么，就显然会有反对一夫多妻制的条文。印度的拜火教徒现已禁止重婚，但在半个世纪之前，一夫二妻制在他们那里是很盛行的。

45 一夫多妻制也实行于吠陀时代的印度人之中，这一点从《梨俱吠陀》等经籍的很多段落中均可得到清楚的证明。但是，一夫多妻制可能只限于王公显贵，而一夫一妻制则被认为是普通的、自然的婚姻形式。《吠陀》中有一首赞美诗，歌颂的是双马童的成双成对性。诗中将这一对神与人世间成双成对的诸多事物，包括恩爱夫妻以及能够发出美妙声音的上下唇，一一做了比附。齐默尔的看法是：一夫多妻制在《梨俱吠陀》时代正处于衰亡之中，而一夫一妻制正在起而代之。但是，并没有证据表明：在这之前，实行一夫多妻制的人要比实行一夫一妻制的人多。至于当国王的，一般都说他有 4 个妻子，分别是：mahisi，即天意之属，或者说是“元配”；

---

① Ameer Ali, *Mahommedan Law*, ii. 24.

② *Herodotus*, i. 135.

parivrkti，即无后者，后被休弃；vavata，即最受宠爱者；以及 pala-
gali，有人解释说她是八大臣中最末一位大臣的女儿。不过，诸妻
之中，元配似乎是地位最高的，虽然另外几个也并非只是妾。印度
教的各种法典虽然对男子娶妻的数目都没有做过限制，但往往也
显示出某种一夫一妻制的偏向。阿帕斯坦巴就曾说过，如果做妻
子的愿意并能够履行其宗教职责，而且又生有男孩，那么，做丈夫
的就不应另娶。《摩奴法典》中也有这样的箴言："相互忠贞，白头 46
到老"，这应被视为对夫妻间最高准则的概括。初婚总是被赋予一
种格外神圣的意义，因为初婚的缔结乃是出于一种责任感，而不仅
仅是为了满足个人的欲望。元配之妻应与丈夫属于同一种姓。她
的地位高于其他妻子，她所生的长子也高于其半血亲的兄弟。在
宗教仪式中，她可以坐在丈夫身边。丈夫去世时，她若无子，亦可
领养一子。今天，尽管印度教的法律并不限制一夫多妻的做法，但
除元配未能生养儿子、患有不治之症或身体虚弱不堪等特殊原因
之外，大多数种姓都反对其成员实行一夫多妻制。而在这些情况
下，男子要想再娶，一般还要事先得到种姓中潘查耶特（五人长老
会）的同意。佛教徒中也有类似的规定。根据《印度帝国地理概
况》的统计，在印度教徒和佛教徒中，每1 000名已婚男子分别娶有
1 008名和1 007名妻子。这里还应再提一点：富有的印度教徒纳
妾，是一种为人们认可的做法。传承经籍（Smritis）允许男子在诸
妻之外再行纳妾，妾与妻的区别在于纳妾没有一定的手续，而且， 47
妾在任何情况下都不能成为丈夫的继承人。但是，丈夫死后，妾可
得到其兄弟的抚养。至于妾若与丈夫的兄弟发生性关系，则被视
为通奸。

一夫多妻制也曾出现于古代斯拉夫人之中，不过一般而言，只有达官显贵醉心于此。关于俄罗斯的异教徒，尤尔斯说，在王子的诸多王妃中，有一人是地位较高的。从 1249 年开始，普鲁士人才废止一夫多妻制，实行一夫一妻制。在某些南部斯拉夫人中，至今仍允许实行重婚，条件是妻子不育或精神不正常。在保加利亚，据说此类情况下的重婚现象也很多见，人们称第二个妻子为“替补”。

在古代斯堪的纳维亚，不仅国王沉溺于佳丽之间，就是普通百姓也可以娶有数名合法妻子，还可以任意纳妾。据塔西陀说，在西日耳曼人中，只有少数出身名门望族的人才能娶有多妻。在盎格鲁-撒克逊人中，没有直接的证据表明曾存在过一夫多妻制。但是，他们的一些律书上都有禁止一夫多妻制的规定，由此
48 看来，这样的事也并不是完全没有。在古代爱尔兰人中，一般的习俗是一夫一妻制，但我们有时也会发现，某个国王或首领娶有两个妻子。有人曾推测，古代高卢也实行一夫多妻制或纳妾制。但是，这很可能由于恺撒在某段叙述中用了 uxores（妻子们）一词而引出的一种误会。实际上，他用这个复数词仅仅是为了与另一个复数词 viri（男人们）相对应。古代威尔士的法律是禁止一夫多妻制的。

在荷马史诗中，真正实行一夫多妻制的似乎只有普里阿摩斯，不过他是特洛伊人。据历史传说，斯巴达国王阿那克桑德里戴斯的第一个妻子没有子女，国王又拒绝与她离婚，于是，在五长官的建议下，国王娶了第二个妻子。但这样做是“同斯巴达的习俗完全

抵触的”。[①] 的确,斯巴达的任何其他一个人都不会被允许这样
做。以前确有记载说,阿里司通国王已有过两个妻子,后来又娶了
第三个。但是,史籍并没有说他是同时娶有这几个妻子的。在希
腊,一夫一妻制是唯一得到认可的婚姻形式,这一点应当没有什么
疑问。赫鲁扎曾指出:雅典的法律并未对一夫多妻制加以明确禁
止,而且,这种事在雅典也确曾有之,但这些都不足以证明雅典人
可同时娶有多名合法妻子。相反,我们有充足的理由相信:第二次
婚姻的有效性是以第一次婚姻的解除为前提的;无论如何,娶第二 49
个妻子被视为对第一个妻子的一种冒犯,这就可能给第一个妻子
以解除婚姻的权利。但是,由于某些特殊情况,一夫二妻制也可能
在公元前 411 至公元前 403 年的几年间在雅典成为合法的婚姻形
式。O. 米勒指出,在西西里远征之后,雅典曾通过了一项法律,允
许已婚男子再娶一个妻子,其目的在于增加人口,因为当时人口锐
减,很多少女都找不到对象。但是,在民主制恢复之后,这一规定
就被废除了。至于纳妾制,则存在于雅典的各个时期,而且几乎不
受舆论的指责。但是纳妾制显然有别于正式婚姻,纳妾制并未给
予妾以任何权利,而且妾所生的子女还被视为私生子。法律几乎
不对纳妾制加以注意,只有一个例外,即:如有人对某男子的妻或
妾有明显犯罪行为,该男子发现后可将犯罪者杀死而免受任何
惩罚。

罗马的婚姻制度是严格的一夫一妻制。已婚者缔结的第二次婚姻是无效的,只是在共和国时期以及在帝国早期,这种婚姻并不

① *Herodotus*, v. 39 *sq*.

受惩罚。最早对重婚加以惩处的是戴克里先。有妇之夫与有夫之妇的私通，至共和国末期已非罕见之事，但到后来，这种关系并不
50 被视为合法的纳妾制。根据罗马的规定，已婚男子不得同时纳妾。但法律并未要求人们对婚姻忠诚。罗马人把通奸定义为男子同有夫之妇的性关系，而已婚男子同未婚女子的性关系则不被视为通奸。

考虑到一夫一妻制曾作为唯一合法的婚姻形式盛行于希腊和罗马，因此，不能说强制性的一夫一妻制是由基督教带到西方世界的。诚然，《新约全书》曾把一夫一妻制定为正常的或理想的婚姻形式，但它并没有明确禁止一夫多妻制，只是对主教和助祭有此禁规。有人曾争辩说，早期信奉基督教的民族都是普遍实行一夫一妻制的，因此早期基督教传播者便没有必要再去谴责一夫多妻制。但是，犹太人的情况显然就不是这样。在基督教时代初期，一夫多妻制仍是犹太人所允许的，也是为他们所实行的。有些神父曾指责犹太教士耽于声色，但教会在最初几百年间举行的会议中都不曾反对过一夫多妻制。有的国家，自异教时代起，国王就一直实行一夫多妻制，教会对此也未加以阻止。6世纪中叶，爱尔兰国王迪尔梅德就娶有二后二妃。墨洛温王朝的国王也往往实行多妻制。查理大帝亦有两后多妃。他制定的一项法律还似乎透露出这样一种情况：即使在教士中，也有实行一夫多妻制的。后来，黑森的菲利浦和普鲁士的弗里德里希·威廉二世也都有过重婚，且得到路
51 德派教士的批准。路德本人就曾批准过菲利浦的重婚，梅兰希顿也批准过。路德在很多场合提到一夫多妻制时，态度都很宽容。上帝也不曾禁止过一夫多妻制。即使像亚伯拉罕这样的“完美基

督徒”，也娶有两个妻子。诚然，上帝只是在某些特殊情况下，才允许《旧约》中的某些人实行一夫多妻制的。而一个基督徒要想效法这些先人，也就必须表明自己的处境与他们相似。不过，一夫多妻制无疑还是比离婚可取。1650 年，即在威斯特伐利亚和约签订后不久，鉴于三十年战争所造成的人口锐减状况，纽伦堡的法兰克县政会议通过一项决议，规定从此以后每个男子可娶两名妻子。某些基督教派甚至不遗余力地提倡一夫多妻制。1531 年，再洗礼派公开在明斯特宣扬，谁要想做一个真正的基督徒，就必须娶有多妻。至于摩门教派，正如世人所知，则视一夫多妻制为神创立的制度。理查德·伯顿爵士说，在摩门教派中，如同在实行一夫多妻制的一般群体中一样，初娶之妻乃是正妻，可用丈夫的姓，亦可袭用丈夫的头衔。

52 第二十八章　一夫一妻制与一夫多妻制(续)

我们在前面已就一夫一妻制和一夫多妻制的情况做了综述。现在的问题是怎样解释这两种婚姻形式。为什么有的民族实行一夫多妻制,而有的民族则实行严格的一夫一妻制?同是实行一夫多妻制的民族,为什么在有的民族中,一夫多妻制的出现率较高或娶妻较多,而在有的民族中出现率则较低或娶妻较少?对这些问题,我们很难做出巨细无遗的回答。不过,我们可以比较容易地说明:有些情况容易导致一夫多妻制,而有些情况又容易导致一夫一妻制。男女两性的人口比例,显然就是对婚姻形式产生很大影响的一个因素。

有人曾断言,一夫一妻制乃是人类婚姻的自然形式,其理由是,男女两性的人数几乎相等。但是,这种推断是靠不住的。男女两性的比例在不同民族中是有差异的,有时甚至有很大的差异。有的民族,男女人数大体相等;有的民族则是男多于女;还有的民族又是女多于男。可以肯定地讲:导致一夫多妻制的一个原因,往往就在于婚龄女子太多;而导致一夫一妻制的一个原因,又往往是婚龄女子相对较少。

我们对南美印第安人的男女比例所知甚少,只是知道他们一般不大实行一夫多妻制。布里奇斯先生曾从火地岛给我写过信。
他说，在那里，一夫多妻制“在有的地区甚为罕见，在有的地区则多 53
一些，但无论在什么地区都不普遍”。关于那里的雅甘人，他说：“有几次，成百上千的土著人聚集到了一起，我趁机对他们做过几次人口统计，每次都发现男女人口相等或基本相等。……他们那里没有大的战争，但械斗之事经常发生，而妇女也同男子一样积极参战，其结果是，妇女的伤亡情况也同男子差不多，甚至更严重。”在潘帕人中，这是罗萨斯的高乔人常对他们发动恐怖的战争。妇女在人口上只占少数，据阿萨拉说，在瓜纳人中，男性比女性多出很多；而在瓜拉尼人中，每 13 个男子中有 14 个妇女。据 V. 马蒂乌斯说，在巴西的印第安人中，男女比例因地而异，有的村子男性较多，而有的村子则是女性较多。据说，有的地方实行一夫多妻制就与女性较多有关。格拉布先生在谈到巴拉圭查科地区的伦瓜人时曾说：“一夫多妻制并不是这支印第安人的自然本能。一夫多妻制只见于那些饱受战争摧残，因而男子人数大减、女性人数大大超过男性的部落。……但是，当男女人数恢复平衡以后，一夫多妻制也就渐渐中止了。……实行一夫多妻制的部落居住在西南边区，他们身强体壮，具有一种好战的本能。”[①]莫利纳曾谈及，富有的阿劳坎人都娶有很多的妻子。他说，那里并没有“因女性不足而产生任何不便，因为当地女性人口大大多于男性。凡是允许实行一夫多妻制的地方，都存在这样的情况。”[②]沙凡扬写道：“女性的人数

① Grubb, *An Unknown People*, p. 215 *sq*.

② Molina, *The Geographical, Natural, and Civil History of Chili*, ii. 116.

超出男性之后，就会出现一夫多妻制。”①

一般说来，北美印第安人实行一夫多妻制的广泛程度，要比南
54 美印第安人大一些。而在很多北美印第安人中，也是女性多于男性。有人曾在1832年对克里克人做过人口调查，调查显示，男性共有6 555人，女性共有7 142人。同年，还对苏必利尔湖、休伦湖、密歇根湖、密西西比河上游等地区的印第安人口做过调查，调查显示，包括儿童在内，当地共有男性3 144人，女性3 571人。1851年，达特博士也对俄勒冈的内兹佩尔塞人做过一次人口调查，查得男性698人，女性1 182人。在最后提到的那支印第安人中，一夫多妻制相当盛行。此外还有一些部落，其女性多于男性的情况更为突出。卡特林说：“生活在自然状态中的所有印第安民族总是不断地与邻近的部落发生战事，……很多武士都被杀死了，乃至在很多

1038 部落中，男女比例都已降至1∶2，甚或1∶3。”②在阿帕切人中，有一位年长的武士，被当地人尊为智者，他曾告诉克雷莫尼，从前，他们也认为一个男人娶一个女人是最得体的，但是，由于战争造成的伤亡，也由于其他一些原因，“男性的人数大为减少，于是，人们认定，应当对这种婚姻习俗进行修改了。”③据说，在塞里人中，“部落人口以女性为主，于是，一夫多妻制也就自然而然地流行开了。”④另一方面，据说在上加利福尼亚人以及卢乔人中，则是女性比男

① Chaffanjon, *L'Orenoque et le Caura*, p. 11.

② Catlin, *Illustrations of the Manners, Customs, and Condition of the North American Indians*, i. 119.

③ Cremony, *Life among the Apaches*, p. 249.

④ McGee, "Seri Indians," in *Ann. Rep. Bur. Ethn.* vol. xvii. pt. i. 279.

性少。

在爱斯基摩人的某些部落中,由于男性的死亡率较高,因而女 55
性人数较多。萨瑟兰博士调查了109名爱斯基摩人,发现其平均年龄为将近22岁,其中女性为24.5岁,男性为19.3岁。男子的大部分时间都是在海上、在雨雪中、在严寒中度过的,很多人还被淹死。由于这样的生活方式,男性中很少有活到50岁的;而很多女性却能活到七八十岁。这样一种情况很自然地会导致一夫多妻制。在伊维利克人和基尼佩图人中,一半以上的已婚男子都娶有两个妻子,其原因就在于那里的女性人数超过男性。而在内奇利克人中,则没有女多男少的情况,而且未婚男青年相对较多,因此只有少数男子娶有两个妻子。据靠近这一部落的人讲,在该部落的儿童中,男童很多,女童甚少,因为女婴一生下来,就有很多被溺杀了。在格陵兰西部的伊塔人中,也没有女多男少的情况。他们没有船只,也没有什么生计可做,而作为一种补偿,他们也很少出没于狂风恶浪之中。其结果是,那里普遍实行一夫一妻制。在坎伯兰湾的爱斯基摩人中,男性人数超过女性,而"目前这种女性较少的状况使得一夫多妻制成了一种只能供富人享用的奢侈品。"①1897年,贡达蒂和博戈拉斯对楚克奇人做过一次人口调查。据统计,在沿海楚克奇人中,女性人口是男性的108%;在驯鹿楚克奇人中,是101%;在整个部落中,这一百分比为102%。沿海楚克奇人与驯鹿楚克奇人之所以在男女比例上有这样的差异,是因为前者在出猎中所遇到的风险要大得多。我们在前面曾谈到过,在沿 56

① Kumlien, *Contributions to the Natural History of Arctic America*, p. 16 *sq.*

海楚克奇人中，实行一夫多妻制的人很少。考虑到他们中的女性人口并没有超出男性太多，因此出现这一情况就是顺理成章的事了。但是，驯鹿楚克奇人的男女总体比例却无法说明何以在有的地方，全部婚姻中的 1/3 以上都是一夫多妻制。至于一夫多妻制在雅库特人中的衰亡，则有这样两个原因：一是财产越来越少，而聘礼却居高不下；二是女童较少受到照管，因而其死亡率要比男童高。

在安达曼群岛的布莱尔港，女性人数较少。据说，正是由于这个原因，几乎没有什么人实行一夫多妻制。在尼科巴岛的居民中，也有这种情况。实行一夫一妻制的锡兰的维达人、马六甲的劳特人、苏门答腊的阿基特人，以及在大体实行一夫一妻制的库布人，男性人口据说都超出女性。在苏门答腊的其他地方，男女人数大致相等，而在沙捞越，则是女性比男性少。我们在前面曾谈到，这两个地方都不大实行一夫多妻制。威廉海岸的西亚隆是一个例外，那里是实行一夫多妻制的，这是因为女性人口比男性多出很多。而在雅宾人中，由于女性在人口上仅比男性稍稍多出一点，因此据说大部分男子都只有一个妻子。一夫一妻制在新喀里多尼亚的盛行，也被归因于相似的情况。而据蒙塞隆说，那里的男性甚至
57 比女性还多。在太平洋的很多群岛上，我们都可以看到男性人口多于女性的情况。英格利斯先生曾去新赫布里底群岛的阿内蒂乌姆岛沿岸传教。他说，在 1876 年，当地共有男性人口 446 人，其中未婚者有 277 人；女性人口总共只有 267 人，其中未婚女性只有 98 人，全部人口都自称是基督徒。斯派泽先生在同一群岛的奥尔里岛发现，女性的人口只相当于男性的 1/4 左右。他说，造成男女比例失调的一个原因在于当地有一恶习：酋长死后，其诸多妻子即

被统统杀死;更为糟糕的是,岛上的大多数年轻女子又往往都被酋长们所占有。不过,这一习俗现已不大实行了。据埃尔顿先生讲,在所罗门群岛的某些岛屿上,“尤其是在乌吉岛和圣克里斯托瓦尔岛,男性都要比女性多”。[①] 据图恩瓦尔德博士说,布因地区也有这种情况。1912 年,有人在新不列颠的加泽尔半岛沿岸做过一次人口调查,调查显示,共有男性1 510人,女性1 266人。上一世纪中叶,汤姆森曾说过,在新西兰,每个村子中的男性都比女性多。那时,溺杀婴儿的事还比较罕见,但据说儿童经常因缺少适当的照顾而夭折;至于女童,因为不像男童那样被人看重,夭折的就更多了。1881 年和 1886 年对毛利人进行的两次人口调查显示,每1 000名女性分别对应于1 235名和1 169名男性。户籍官还从调查中得出 58
这样的结论:在毛利人中,成年女性的死亡率要比成年男性高得多。另一方面,据科伦索说,由于毛利人战事频仍,很多男子不断战死沙场,因此,一夫多妻制并未造成婚龄男女的比例失调。传教士埃利斯说,他刚到塔希提时,每个女性对应有四五个男性。他还说,是溺杀女婴的做法致使女性人数减少的,这种情况在塔希提以及其他一些群岛上都有。据库克和拉比鲁兹估计,在复活节岛,男性的人数是女性的两倍。1868 年,当 H. M. S.“托帕斯”到该岛访问时,岛上只剩下大约 900 人,其中 2/3 为男性。1872 年,拉弗洛尔探险队到来时,发现岛上共有 275 名居民,其中只有 55 名女性。十年之后,盖斯勒查得有男子 67 人、妇女 39 人、儿童 44 人。据说,溺杀婴儿的事在该岛一直是极为罕见的,但外来的劫掠者却时

① Elton, in *Jour. Anthr. Inst.* xvii. 94.

常来到这里，将大批居民掠走；此外，来自智利和塔希提的耶稣会会员也带走过一些人。1911 年，该岛的居民降至 228 人，男女各占一半。我们在前面曾谈到，一夫一妻制在太平洋的很多岛上都很盛行，其中的一个原因就在于这种男多女少的人口状况。正是
59 这一状况导致了强制性的一夫一妻制在复活节岛的实行。在那里，即使是一些头人，也只能娶一个妻子。

在非洲，我们极少听说哪个民族中有男多于女的情况。但是，安哥拉的基萨马人就是这样一个部落。他们是非洲少数几个实行一夫一妻制的民族之一。在英属东非瓦波科莫人居住的一些较小的村落里，村民多实行一夫一妻制，这是因为索马里人和斯瓦希里人常对这里进行袭击，因而当地的女性很少。不过，在非洲的很多民族中，都是女性多于男性，而这一事实将有助于解释一夫多妻制在非洲的盛行。埃利斯说，据马达加斯加的一些传教士估计，由于战争造成的毁灭性破坏，在各省的自由民中，每三至五名女性才对应有一名男性。在卡拉哈里沙漠布须曼人的一个支系——奥因人中，有些人很热衷于实行一夫多妻制，而那里的人口状况也是女性多于男性。就整个布须曼人的情况而言，希尔曾谈过这样一种看法：该民族中的男女比例状况使他们以实行一夫多妻制为主，实行一夫一妻制为辅。在很大程度上，卡菲尔人的一夫多妻制乃是连续不断的血亲复仇和战争所造成的结果，因为复仇和战争使得女性人口大大多于男性。但是现在，死于战争中的男性已经大为减少了，一夫多妻的现象也很少见到了。在聪加人中，一夫多妻制的兴起乃是受到贡古尼亚纳战争的影响，因为战争使男性的人数大
60 为减少。据说，在北罗得西亚的阿温巴人中，女性人口更是多于男

性,因为当地有在战争中不加害于女人的习俗,而女多于男的结果则是一夫多妻制。沃德先生在谈到中非人,特别是谈到刚果人时,曾指出,由于有很多男子死于连绵不断的部落间仇杀,因此女性人口普遍大大超出男性。据说,在费尔南多波岛的埃迪亚人中,在谷物海岸的克鲁人中,在黄金海岸的黑人中,在拉图卡人中,在坦噶尼喀西部的瓦古拉人中,以及在瓦泰塔人中,女性都比男性多。1872 年在拉各斯所做的一项人口调查显示,在非洲本地人中,共有27 774名男性和32 353名女性。莱恩少校在蒂马尼地区的马布恩做过一次调查,发现每三名妇女中才有一名男子。据霍布利先生说,在班图卡维龙多人中,"女性人口超出了男性,大约每三四个女性中才有一名男性。"[①]费尔金博士说,在巴干达人中,男女人口比例约为 1∶3.5。罗斯托先生也说,有些年长的巴干达人告诉他,足足三个女性中才有一个男性。

正如以上援引的材料所显示的那样,在很多民族中,女性的人口都超出了男性。这其中的一个原因,就是男子的死亡率较高。
这与他们为维持生计而必须面对的危险生活有关,但更主要的,是 61
由战争的毁灭性影响所造成的。此外还有一个原因,就是从其他民族中输入了女性人口。莱顿·威尔逊说过:"为了向阿散蒂提供他们所需的女性,周边地区就必须把本地的女性大量输出,而阿散蒂出生的女性却从未输出到周边地区来弥补这些地区的损失。"同样,在几内亚南部,只有沿海地区的女性人口超过男性,而那里的男人是靠丛林部落的女人才得以实行一夫多妻制的。[②] 费尔金博

① Hobley, *Eastern Uganda*, p. 18.

② Wilson, *Western Africa*, pp. 181, 266.

士说，在巴干达人中，女性人口之所以大大超出男性，有三个方面的原因：第一，经常有一些妇女作为战俘被带入该地区；第二，有很多男子死于战争；第三，当地女性的出生率高于男性。费尔金博士认为，最后提到的这个原因非常重要。但是，从很大程度上来看，这似乎还是输入异族女性的结果。这是因为，人们发现：主要是在外来妇女所生的孩子中，女婴比例较高；而纯巴干达妇女所生的女婴仅比男婴略多一点。这些有趣的情况，我们在后面还会加以详细的讨论。[①] 关于巴干达人的情况，罗斯科先生也曾援引当地某些年长者的话说："这里出生的女孩比男孩多。"[②]关于另一支班图人——乌干达西北方的班尼奥罗人，他这样写道："女孩的出生率似乎比男孩高。阿特利小姐在那里询问了 27 位母亲，她们共生了
62 101 个孩子，其中 60 名是女孩，41 名是男孩。"[③]这项调查的规模如果再大一点就好了。据艾敏帕夏说，在芒贝图地区，"女孩的出生率要比男孩高得多。"[④]据察赫说，在"德属东非"的孔德人中，男女儿童的比例明显失调，男孩少，女孩多。富勒波恩还补充了一个情况，即：那里并没有溺婴的习俗。毛焦尔说，在金本达人中，"女孩的人数远远超出了男孩。"[⑤]麦考尔·希尔先生曾对南部班图人中男女两性的出生率是否相同表示过疑问。他指出，1904 年有人曾在好望角殖民地做过一次人口调查。当时，战争对班图族居民

① *Infra*, p. 176 *sq*.

② Roscoe, *Baganda*, p. 97.

③ *Idem*, *Northern Bantu*, p. 48 *sq*.

④ *Emin Pasha in Central Africa*, p. 209.

⑤ Magyar, *Reisen in Süd-Afrika*, p. 284.

的影响早就已经消失了。调查显示:男性人口为 692 728 人,女性为 732 059 人,也就是说,男女两性的比例差不多为 100∶106。而另一方面,M. 朱诺在谈到南非东海岸的聪加人时,则说:“在正常情况下,班图诸部落的女性人数并不比男性多。”[1]关于英属东非的阿基库尤人,劳特利奇夫妇写道:“这些调查得以证实了人们的一种很自然的预想,即男女两性的出生率是大致相等的。”但是,这对夫妇又说,很难对家庭人口的规模做出比较准确的统计。[2] 布鲁斯在其探索尼罗河源头的旅途中,无论是在城里,还是在乡间,一碰见人就总爱问人家“有几个孩子,还问其父亲、其隔壁邻居和一些熟人有几个孩子”。他得出结论说,“在从圣地,即所谓霍兰地区,到苏伊士地峡,再到尼罗河三角洲的这一片外人罕至的地区”,男女两性的人口比例约为 1∶3,“而从苏伊士到曼德海峡这一包括三个阿拉伯地区的区域”,男女比例则达到 1∶4。[3] 这一说法虽 63
然有些自相矛盾,但很难被证明是毫无根据的。同样,孟德斯鸠关于旧世界热带地区女孩出生率较高的论断,也是这种情况,虽然祖斯米尔克和谢尔温两人反对他的说法。无论这一说法在地域广度上有多夸张,它对于非洲的某些民族似乎都是适用的。还应指出,在美国,与白人的情况相反,“黑人的特点似乎是女孩出生率较高。”[4]

① Junod, *Life of a South African Tribe*, i. 271.

② Routledge, *With a Prehistoric People. The Akikuyu of British East Africa*, p. 135.

③ Bruce, *Travels to Discover the Source of the Nile*, i. 284 *sq.*

④ Newcomb, *Statistical Inquiry into the Probability of Causes of the Production of Sex in the Human Offspring*, p. 8.

有人曾提出，一夫多妻制可导致女婴出生率高于男婴。为了证明这种说法，伯顿援引了 M. 里米和海德先生的材料。据他们说，对摩门教徒的人口调查表明，女婴的出生率高于男婴。但是，纽科姆先生却发现，在摩门教徒中，“通常都是男婴的出生率比较高”。[1] 坎贝尔博士在暹罗对穆斯林妇女做过这方面的研究。他的结论是，在这些女眷中，男女婴儿的出生比例如同在一夫一妻制家庭中一样。桑德森先生发现，住在纳塔尔及其相邻地区的卡菲尔人中，一夫多妻制家庭所生的女婴并不比男婴多。不过，后者所收集的材料过少，不足以作为某种一般性推论的有力证据。同样，
64 卡曾斯先生和艾尔斯先生从南非同一地区寄给我的有关材料，应当说也有这样的问题。但是，无论如何，我们也不能相信，一夫多妻制本身会导致女婴比男婴多。达尔文说过，在各种动物中，几乎没有比赛马所用的英格兰马种更多地被实行一雄多雌交配的了，但是，这种马所产的雄雌幼马却相差无几。

虽然我们对低等种族中的男女比例状况所知不多，但我想，我们还是可以有把握地讲，在未开化部落中，哪里的妇女在人数上占有明显的、稳定的多数，哪里就会允许实行一夫多妻制。我尚未发现令人可信的相反论述。我也不相信，在未开化部落中，假如有相当多的女子无人可嫁，该部落还会强制实行一夫一妻的习俗。而另一方面，即使在男女人数相等甚或男多于女的地方，也有实行一夫多妻制的情况。例如，在澳大利亚土著部落中，以及在布因土著人中，尽管男性人数多于女性，但仍旧实行一夫多妻制。在这种情

① *Idem*, p. 27.

况下，有的男子就不得不打光棍，至少是在一段时期内打光棍。即使在女性多于男性的地方，也有打光棍的男子。然而，尽管女多男少的状况可导致一夫多妻制，但这绝不是产生一夫多妻制的唯一原因或全部原因，而只是一个间接的原因。有女可娶，只是为一夫多妻制创造了便利的条件，或者说，是使之成为可能。一般说来，一夫多妻制的直接原因，还在于男性追求多偶的欲望。而这种欲望的产生则有多种原因。

首先，实行一夫一妻制就要求男性定期禁欲。每月之中，做丈
夫的都必须同妻子分居一段时间。在文明发展的较低阶段上，月
经期内的妇女是迷信恐惧的对象。由于对月经的实质毫无所知，
因此，有不少人就以为出现经血，是因为被什么超自然的动物咬伤
了，或是被什么怪物和妖魔奸污了。人们还认为，月经期内的妇女
对周围的人构成了一种危险，于是，就给她们规定了种种禁忌，例 65
如不能给别人做饭，不能碰别人吃的饭，不能同丈夫一起吃饭，甚
至必须完全与周围的人隔离。在澳大利亚西部金伯利地区的土著
中，女性在月经期间就要实行自我隔离，为期一周，其间必须特别
注意，不能让任何男子碰见。据里德利讲，曾有一个澳大利亚土著
人，因看到妻子在月经期间躺在他的毯子上，于是就把妻子杀了；
而且，两周以后，他本人也因恐惧过度而死。至于同月经期间的女
子性交，自然就更被视为危险的事了。阿劳坎人以及英属中非约
翰斯顿堡附近的部落就相信，谁要是同经期中的女子性交，谁就会
染上某种不治之症。难怪在很多民族中，夫妻生活在女方月经期
间都必须中断。但是，并不是所有的民族都有这一禁规。例如，东
非的阿坎巴人就是反其道而行之。“丈夫在妻子来月经的那天晚

上，要与她同居。人们以为，这样，妻子就能怀上孕。”①

66 在很多民族中，丈夫在妻子怀孕期间，至少是在怀孕后期，也
不得与妻子同居。很多民族都认为孕妇是不干净的。有的规定孕
妇不能伺候丈夫；有的不让孕妇和丈夫一同吃饭；还有的规定孕妇
不能吃猎犬捕获的猎物，因为人们认定，假如这样，猎犬就再也捉
不到猎物了。很多民族都认为，与孕妇性交会伤及胎儿，甚至使其
夭折。在比属刚果的瓦雷加人中，妻子怀孕后，丈夫仍可与她同
居，直至分娩临近；但是，如果他与别的女人发生关系，据认为胎儿
就会死去。同样，在巴华纳人中，做丈夫的在妻子怀孕初期仍可与
67 妻子同居；甚至有人说：“一个女人只有在怀孕期间才对夫妻生活
感到满意，因为据认为，如果丈夫在妻子怀孕期间与他人发生奸
情，胎儿就会夭折。”②在有的民族中，夫妻在这一期间的性生活不
仅被允许，而且还被认为对胎儿发育有好处，甚至是不可缺少的。
当然，这些观念都是阻碍一夫多妻制实行的，但持有这种观念的民
族显然不多见。

同妊娠期间的强制性禁欲相比，导致一夫多妻制的一个更为
重要的原因，是产后也必须禁绝性生活。这一禁欲期有的可达数
月，有的则长达数年。据说，在很多简单民族中，丈夫在孩子断奶
之前是不得与妻子同居的。这一禁规相当苛刻，因为哺乳期虽也
68 有为期一年左右的，但更多的则是长达两三年、四五年，甚或五六
年。哺乳期之所以这样长，主要是因为缺少软质食物和动物乳汁

① Hobley, *Ethnology of A-Kamba*, p. 65.

② Torday and Joyce, in *Jour. Anthr. Inst.* xxxvi. 288.

的缘故。而且,即使有了动物乳汁,即使人们驯养了产奶的家畜,
也往往对畜奶避而不用。例如,印度中部的达罗毗荼人就视畜奶
为一种排泄物,中国人也对畜奶感到极为厌恶。此外,人们还担
心,哺乳期内性交,会伤害孩子,会使孩子得佝偻病,会影响母乳, 69
造成停奶,使乳儿夭折。斐济人就认为,夫妻在幼儿哺乳期内同
居,会使母乳中断。对此,巴兹尔·汤姆森爵士评论道:在这一迷
信观念的背后,有一个很重要的真理,即:如果母亲在哺乳期内再
度怀孕的话,就势必会使孩子过早地断奶,而这将导致很多严重的
后果,因为在那里,“一断了奶,就只能吃菜,再没有其他食物
了”。[①] 在聪加人中,小孩满周岁时,要举行一种“系线绳”的仪式。
在此之前,是绝对禁止夫妻同居的;在此之后,虽允许夫妻同居,但
做母亲的不得在婴幼儿哺乳期内再度怀孕,而且,即使在断奶仪式
举行之后,只要做母亲的还有奶水,也不得怀孕。假如在此之前怀
了孕,人们就会认定,这个没奶吃的孩子“会长得很瘦,两腿瘫痪,
而且肩膀下面还会长出洞来”。[②] 班巴拉人则认为,如果做丈夫的
在孩子为期一年的哺乳期内同妻子同居,妻子就会死去。而“一旦
妻子在小孩出生后不久即死去,人们就会说这是做丈夫的造成的,
并对他实行重罚,不过,更常见的做法是,让他接受毒药的神
判。”[③]但是,很多民族都有这样一种观念,即认为产妇是不干净 70
的,因此,有很多男子也不愿同产妇性交。例如,在北方的印第安
人中,妇女生产后,必须在离众人有一段距离的一个小帐篷中住上

① Thomson, *Fijians*, p. 177.

② Junod, *The Life of a South African Tribe*, i. 55, 57, 59.

③ Torday and Joyce, in *Jour. Anthr. Inst.* xxxv. 410.

1个月或5个星期。其他很多民族也有类似的习俗。据茨米格罗德茨基说，在雅利安人的早期传说中，女巫与产妇甚为相近，难以分辨。

导致一夫多妻制的又一个重要原因，在于年轻美貌的女性对男人的吸引力。因此，每当初娶之妻见老之后，做丈夫的便往往会再娶一个年轻的。对于这种相当普遍的做法，只要举不多几个例子就足以说明了。海峡印第安人分布在从麦哲伦海峡到佩尼亚斯湾这一带，他们基本上是实行一夫一妻制的，但据斯科茨贝里博士说，也有个别人在妻子年老色衰之后，再娶一个年轻的。在圭亚那，“印第安人都是实行一夫一妻制的，只有在第一个妻子年老之后才娶第二个妻子。”[①]卡拉雅人也同其他很多南美印第安人一样，有少年郎娶大媳妇的习俗。这样，当这个妻子变老之后，做丈夫的往往不得不再娶一个。据斯托说，在布须曼人中，年轻男子往往只有一个妻子，而中年男子则往往有两个：一个老的，一个年轻的。据说，在罗得西亚东北部的巴特瓦人中，做丈夫的在第一个妻子生了几个子女而且年老色衰之后，就会再娶一个年轻的。待到
71 这个妻子也老了，就会再娶第三个。在阿基库尤人中，“男人所娶的第一个妻子往往与他年纪相仿，后娶的妻子就都比他小了，而男人的年纪越大，他与最新娶的妻子的年龄也就相差得越大。”[②]印度南部有一支山地部落，叫帕尼人。他们那里常常有一些小男孩娶姑母的大女孩成亲。成亲之后，这些大女孩就可以随意与她们

① Schomburgk, in Ralegh, *Discovery of Guiana*, p. 110 note.

② Routledge, *With a Prehistoric People. The Akikuyu of British East Africa*, p. 134.

喜欢的男人交往。而那个男童则被认为是表姐所生子女的父亲。男孩长大后，感到自己的妻子太老了，于是就往往再找一个和自己年龄相仿的。达门神父说，这一习俗基本上就可以说明昆努万人中何以盛行一夫多妻制，也可以说明那些有一定财力的人何以大多迷恋于一夫多妻制。同样，在中国和朝鲜，做丈夫的通常都比他所娶的第一个妻子小 3 至 8 岁，而正是这种年龄差导致了一夫多妻制或纳妾制。但是，即使男子年轻时娶的是与自己年龄相仿的妻子，待到妻子的青春美貌一去不复返时，做丈夫的也依然正当盛年。这种情况在文明发展的较低阶段上尤为明显，因为那种环境中的妇女似乎很早就会衰老。

据说，“由于整天风吹日晒，再加上身体劳累”，巴塔哥尼亚女子往往在很小的年纪就已经失去了青春的容貌。[①] 格拉布先生在谈及巴拉圭查科省的印第安人时也说：“他们总是不停地从一个地方迁徙到另一个地方，而且，尤为特别的是，那里的孩子要到五六岁时才断奶。在这种情况下，可怜的女子很快就衰老了。”[②]在英属圭亚那的印第安人中，妇女在 25 岁时就已完全失去了青春的容
貌，而 40 岁的男子则并不比同龄的欧洲人显老。尚伯克在谈及瓦 72
劳人时曾说过：“女子一到 20 岁，生命之花即已谢去。”[③]在曼丹人中，女人结婚后不久，美貌就消失了。据鲍尔斯说，加利福尼亚的土著妇女在她们自由自在、毫无负担的青春岁月中是相当俊美的，但是，一过了 25 岁或 30 岁，生活的沉重负担就把她们压垮了，相

① Musters,“On the Races of Patagonia,”in *Jour. Anthr.* Inst. vol. i. 196.

② Grubb,*Among the Indians of the Paraguayan Chaco*,p. 63.

③ Schomburgk,*Reisen in Britisch-Guiana*,i. 122.

貌也变得难看了。在卢乔人中，女性“一上了年纪，就变得粗糙而又难看，其原因就是身体劳累，待遇也很不好”。[①]

科里亚克妇女很快就变老了。北海道岛上的阿伊努妇女也是一样，据说，这其中有三个原因：第一，从小风吹日晒；第二，早婚早育；第三，婚后生活艰辛。在曼尼普尔人和加罗人中，女性年轻时很好看，但很快就变成了“丑婆”。在达雅克人中，女性一到 22 岁，美貌“即开始退去，随后，退得就更快了”。[②] 荷属新几内亚米米卡地区的巴布亚女性，在刚一能生孩子的时候就已经做了母亲，而后，在艰难生活的重压下，很快就变得年老色衰了。在新西兰、塔希提、夏威夷以及南大洋的其他一些岛屿上，土著妇女的美貌很快就消失了。据说，“这是因为有的妇女干活很累，有的妇女很早即与异性性交，再者，她们的生活方式也是促使青春容貌很快消失的
73 一个原因”。[③] 在新南威尔士的土著人中，女性很早就变老了，“瘦得皮包骨头，活像是只狒狒”。[④]

在非洲，女性的美貌消失得也很快。从 14 岁左右至 18 岁或 20 岁的埃及女性，差不多都是亭亭玉立，宛如美的化身。但是，成年以后，其魅力就渐渐消失了。据伯顿说，在东非，女性的美不像在印度和阿拉伯那样易于逝去，但即便如此，一到 30 岁，风韵也就逝去了。年纪再大一些，东非的妇女也就无一例外地显现出“东方

① Hardisty, in *Smithsonian Report*, 1866, p. 312.

② Boyle, *Adventures among the Dyaks of Borneo*, p. 199 note.

③ Angas, *Savage Life and Scenes in Australia and New Zealand*, i. 311.

④ Henderson, *Excursions and Adventures in New South Wales*, ii. 120.

式的极度衰老来了”。[①] 撒哈拉地区的阿拉伯女子一过 16 岁，其
青春风采就开始消失了，而北方女子的青春风采则可延伸至其生
命的暮春时节。在科尔多凡，“女人到了 24 岁，就被认为已过盛年
了。”[②]在巴奎勒人中，女人一过 25 岁，美就荡然无存了。温伍
德·里德在谈到塞内冈比亚的沃洛夫人时曾说，女孩子显得都很
美，她们黑黝黝的皮肤也富有弹性和光泽，但是，“青春的风采一旦
消失，皮肤就变成了黄褐色，而且像用旧了的皮子一样满是皱折，
眼睛也深陷下去，双乳则像母牛的乳房那样低垂着，或者说，像漏
了气的袋囊，显得皱皱巴巴的。”[③]措勒强调说，黑人妇女的青春风
采之所以这样令人难以置信地转瞬即逝，主要的原因并不在于种
族倾向，而在于妇女结婚极早，在于她们必须承担繁重的劳动。同 74
样，毛焦尔也认为，正是由于妇女早婚，因此在金本达人中，妇女在
25 岁至 30 岁之间的年纪，就已经显得人老珠黄了。于是，那些还
能娶得起年轻媳妇的男人，“通常便不再和他们交往了”。[④] 此外，
在赫雷罗人、奥万博人和卡菲尔人中，妇女成年后，很快就见老了。
据说，这是因为她们干活太累。还有人说，出于同样的原因，布须
曼妇女婚后不久就不能生育了。在乌尼奥罗，艾敏帕夏从未见过
一个 25 岁以上的妇女还能生孩子的。即使从生理学的角度来看，
繁重的劳动也会缩短女性的青春。统计资料表明，在柏林，穷苦妇
女的绝经期要比富裕阶级的妇女提早相当长的时间到来。还有人

① Burton, *First Footsteps in East Africa*, p. 119.

② Pallme, *Travels in Kordofan*, p. 63.

③ Reade, *Savage Africa*, p. 447.

④ Magyar, *Reisen in Süd-Afrika*, p. 283.

说，热带妇女失去青春年华的年龄要比寒带妇女早得多，而气候对男子的影响则不大。但是，就我所知，我们还缺少有关这一问题的确切资料。

一夫多妻制的另一个原因，在于男子的喜新厌旧。人的性本能往往因长年相伴而钝化，又因新鲜刺激而亢进。有一次，几位英国女士问一位摩洛哥酋长，摩尔人何以不像欧洲人那样只娶一个妻子。当时我也在场，曾听到酋长回答说："噢，人总不能光吃鱼嘛！"用莱恩的话说，在埃及，"实行多妻制也罢，不断离婚结婚也罢，其最明显也最普遍的原因就在于这种见异思迁之情欲。"[①]

75 但是，男子想多娶妻子，并不仅仅是出于性动机，还可能是为了得到子孙，得到财富，得到权威。有人之所以在妻子之外另娶新人，一个很常见的理由就是妻子不能生育，或是只生女，不生男。例如，在格陵兰，男人如果没有子女，特别是没有儿子，就会被人看作是很不光彩的事。因此，如果一个男人所娶的第一个妻子不能满足他想要得到儿女的欲望，他往往就会再娶第二个。在楚克奇人中，无儿无女被人们视为一大不幸，因此，好心的妇女如果自己不能生育，也会力劝丈夫再娶一个。同样，在焦达讷格布尔的蒙达科尔人中，以及在印度南部的印度教徒中，有些做妻子的若不能生育，就会劝丈夫再娶一个，如同拉结把辟拉送给雅各一样。[②] 在东方，一夫多妻制的一个主要原因就是想得到后代。穗积教授说过，日本法律过去之所以承认纳妾制，其最重要的根据就是人应当生

① Lane, *An Account of the Manners and Customs of the Modern Egyptians*, i. 252.

② *Genesis*, xxx. 1 *sqq*.（参见《圣经·创世记》第30章第1节及以后数节。）

育子嗣，以延续祭祀祖先的香火。但是，他又认为，纳妾制的起源在于部落酋长和武士的性放纵，而怕祖先的香火断绝只不过是一个托词而已。其理由是：贵族的妻室都生有子女，而这些贵族却往往还要纳妾；即使无后，也可按日本盛行的习俗领养一个儿子，本无纳妾的必要。古代的印度教教徒之所以实行一夫多妻制，一个主要的原因似乎也是害怕死而无后。现在的印度教教徒也有此动 76
机。南布蒂里人，亦即马拉巴尔、科钦和特拉凡哥尔的婆罗门，之所以实行一夫多妻制，据说有这样两个缘由："一是用以满足生儿子的欲望，以便有人为自己操办丧事，为祖先之灵主持各种仪式；一是用以处置多余的女子。"[①]斯利曼认为，在 10 个能养活多妻的印度教徒中，也没有一个敢冒"下苦海"之险，在第一个妻子生育有子女的情况下，再娶第二个。很多波斯人只是在第一个妻子不能生育时，才娶新人。据莱恩说，在埃及，"有的男子所娶的妻子不能生育，而他们又舍不得将妻子休弃，于是，有人就娶了第二个妻子，其目的仅仅是为了得到后代。"[②]斯巴达国王阿那克桑德里戴斯和爱尔兰国王迪尔梅德也是出于这样的理由，才娶了第二个妻子。上面提到的很多民族，都只是在初娶之妻不能生育或未生男孩时，才实行或准许实行一夫多妻制的。

但是，人们实行一夫多妻制，并不仅仅是把它当作传宗接代的一种手段，而且还是为了多儿多女。关于男子何以希望后继有人的问题，我们在前面已经做过讨论。至于何以希望多儿多女，也自

---

① Anantha Krishna Iyer, *The Cochin Tribes and Castes*, ii. 210.

② Lane, *op. cit.* i. 252.

有其理由。在蒙昧的或野蛮的社会状态中，男子总是以家庭人口众多而自豪；家人越多，越受人尊敬，也越令人惧怕。基廷说过，在奇佩瓦人中，“父母的骄傲和荣誉，取决于家庭的大小。”①在有些
77 北美印第安人中，酋长这一职务是选举产生的。据赫里奥特说，“人们通常都选子女最多的人当酋长。他们认为，这样的人对全部落的福利也最为关心。”②伯顿在谈到非洲的一夫多妻制时，曾经指出：“在野蛮人和蒙昧人中，一个人的朋友只限于自己的血亲和姻亲，这与欧洲的情况大不相同。因此，在那里，婚姻纽带是必不可少的。除此之外，一个人娶有很多妻子，还有助于增强他的自豪感，扩大他的影响力，提高他的地位，并给他带来更多的享乐。”③在摩洛哥的某些柏柏尔部落中，血亲复仇的习俗很盛行，因此，人们都特别想生有很多儿子。据我了解，当地实行一夫多妻制的一个原因也正在于此。博斯曼曾谈到过隶属于菲达的黑人国王的一个总督。这位总督只是在其子孙和奴隶的帮助下，就击退了进犯的强大敌军。其子孙共有 2 000 人，这里还不包括他的女儿以及死去的子孙。莱顿·威尔逊曾经说过：“对于纯朴的非洲人来说，再也没有比多子多孙更令人垂涎的了。子女可以使一个人增加财富，可以使他在社会上享有名望，受到尊敬，可以使他的名字在他身后永远延续下去。而对于他的众多妻子——如果他有的话，他倒无所谓，只是对生儿育女有所牵挂。”④从常理上说，对一个男人

① Keating, *Narrative of an Expedition to the Source of St. Peter's River*, ii. 156.

② Heriot, *Travels through the Canadas*, p. 551.

③ Burton, in *Trans. Ethn. Soc.* N. S. i. 320 *sq*.

④ Wilson, *Western Africa*, p. 269.

而言，真能指望上的，除了他的妻子(实为佣人)之外，就只有他的子女了。卡萨利斯指出，贝专纳语言中的 motlanka 一词，如同希腊语中的 παîs 和拉丁语中的 puer 一样，兼有“男孩”和“佣人”的意思。儿子在成亲以前，一直可以为父母效力；而女儿出嫁时所得的聘金，也是父母的一项收入。

在那些家庭规模较小的地区，想要孩子的这样一种欲望肯定 78
是实行一夫多妻制的一个重要原因。休伊特博士很早以前就曾说过，未开化民族中的妇女显然没有文明国家的妇女生育力强。此言虽不是放之四海而皆准，但却可以说是大致不错的。据卡特林说：“在印度，妇女中很少有人祈求在其一生中能生有五六个孩子。一般来说，能生两三个孩子，她们似乎就很满足了。”[①]其他许多作者在关于美洲或其他地方的未开化民族的记载中，也谈到过类似
的情况。生育较少的原因，一是流产，这种情况在蒙昧部落中经常 79
发生；一是哺乳期较长，其间不仅不易怀孕，而且夫妻往往还要实行禁欲；还有一点，就是生育能力较低。希普先生认为，正如低等动物的生殖能力可以在人对它们的驯养过程中得到增强一样，人的生殖能力也很可能是随着文明的发展而增强的。他说：“在现代文明社会中，人们可以随时得到很好的食物，此外，还有其他各种刺激因素，这就导致生殖器官的活动增强，生殖细胞的产生增多，以至我们可以这样说，人类女性几乎在其生殖期的任何时候都可受孕。”[②]一夫多妻制似乎还有一种倾向，即减少每一名已婚女性

---

① Catlin, *op. cit.* ii. 228.

② Heape, *Sex Antagonism*, p. 39.

的生育胎数。费尔金博士曾说过，在巴干达人中，虽然穷人家的妇女生育能力都很强，甚至还有不少人生有六七个孩子，但是，由于一夫多妻制的缘故，大多数妇女都只有一两个孩子。格伦费尔也说，在刚果地区，每个一夫多妻制家庭只有几个孩子，原因是经常有流产的情况发生。但是，我们却不能不相信，一般来说，一夫多妻制可以使同一个男人得到较多的子女，虽然也有例外的情况。在很多蒙昧部落中，出生率虽然很低，但儿童死亡率却很高。浸礼
80 会传教团曾到刚果传教，并留有长达20多年的记录。该记录显示，刚果儿童的死亡率之所以很高，据说主要是因为缺少食物，或是吃了不当、不易消化的食品。在马塔贝勒人中，据说儿童的死亡率甚高，主要是因为缺少照顾。德克莱说："70%以上的儿童在长到5个月之前就夭折了。由此来看，这些土著民族如果停止实行一夫多妻制的话，就会从非洲消失掉。"[①]温伍德·里德在谈到赤道地区的非洲人时指出："人口的繁殖完全成了一种斗争，而一夫多妻制则成了一种自然规律。但是，即使得助于这样一种有利于人口繁殖的制度，儿童也还是没有母亲多。"[②]在非洲各民族中，希望增加家庭人口似乎是实行一夫多妻制的一个重要原因。在非洲，溺婴现象并不普遍，这与世界其他很多地方，特别是澳大利亚和南太平洋诸岛未开化民族的情况很不相同。后两个地区都盛行溺婴的做法。那里的人实行一夫多妻制，就不可能是为了增加家庭的人口。

---

① Decle, *Three Years in Savage Africa*, p. 160.

② Reade, *Savage Africa*, p. 242.

在一夫多妻制中,男子可得助于诸妻的劳动而享有舒适的物
质生活或增加自己的财富。对多妻制情有独钟的祖鲁人,在为他
们所中意的这一习俗辩护时,经常会提出这样一个问题——“如果
我只有一个妻子,那么,她一病了,谁来给我做饭呢?”[①]在火地岛
的雅甘人口,以及在格陵兰岛东岸的爱斯基摩人中,男人之所以要
娶两个妻子,都有这样一个理由,即为自己的船找两个划手。在后
者那里,还有一个理由,就是找两个女人,为自己捕获的动物剥皮。
柯比曾经说过:“库钦人实行一夫多妻制的目的,就是想找来一些
可供他当牲口用的人,给他拉柴,背肉,并做营地中的各种杂 81
务。”[②]在加利福尼亚,有一个莫多克人为自己娶有数名妻子一事
辩解说,他得要一个人管理家务,一个人外出打猎,一个人采集食
物。沙勒瓦在谈到休伦人时曾说:“有些部落的男子在他们外出打
猎逗留的每一个地方,都有一个妻子。”[③]驯鹿楚克奇人总是将他
们实行的一夫多妻制归因于经济上的考虑。他们说:“我要是只有
一群鹿的话,那就只需要一处房子和一个妻子照料家;而我要是有
两群鹿的话,那就得要两处房子和两个妻子,一个人管一处房
子。”[④]在澳大利亚中部的阿兰达人中,很多酋长都有 3 至 10 名妻
子,她们一般都分住在不同的地方,负责陪伴酋长,给他提供各种
饮食。肖特兰群岛的一位酋长宣称,他之所以反对传教士住在他
的几个岛上,一个主要的原因就是他们非要他放弃他的几乎所有

① Tyler, *Forty Years among the Zulu*, p. 117.

② Kirby, in *Smithsonian Report*, 1864, p. 419.

③ Charlevoix, *Voyage to North-America*, ii. 36.

④ Bogoras, *The Chukchee*, p. 598.

妻子不可。他说，这样一来，他的种植园里就没人干活儿了，他的家人也得不到吃的了。在中非东部，一个人所娶的妻子越多，他就越富有。在那里，“是妻子在养活丈夫。众多的妻子给他种地、磨面、做饭以及做各种事情。其实，这些妻子可被看作丈夫的最好的仆人，她们集英国男女仆人的职能于一身，既无所不做，又不索分文”。[①] 威克斯先生也曾指出：“在刚果河流域，女人是最有价值的金边证券，男人尽可以将自己的剩余财富用于购买这种证券。”威克斯先生还说，男人把钱投入到娶亲上，是不会亏本的。假如妻子死了，做丈夫的可向女方的舅舅索要另一名女子，以代替亡妻。而
82 舅舅一家如无人可出，则必须将聘金全数退还。[②] 据马可·波罗说，在鞑靼人中，做丈夫的还把妻子用来当商人。

正如我们在上文中所看到的那样，众多妻子作为男人的劳动力是可以产生很大效益的，而这一点在经济文化发展的较高阶段上，则显然会推动一夫多妻制的流行。但是，效益问题并不是一夫多妻制得以发展的唯一原因，甚至也不是唯一的经济原因。经济发展会导致财富分配愈趋不均，再加上娶亲必须支付聘金，而聘金的多少又受到财力的影响，这就使得有些人能娶数名妻子，而有的人则连一个也娶不上。很早以前，科尔登在谈及易洛魁人时曾说过：“任何一个在财富和权力上人人均等的民族，都不会采行一夫多妻制。”[③]摩尔根也曾指出，“一夫多妻制的最高的、有序的形态，必须有两个前提：一是社会已有相当的发展；一是社会已出现贵贱

① Macdonald, *Africana*, i. 141. *sq.*

② Weeks, *Bakongo*, p. 147.

③ Colden, quoted by Schoolcraft, *Indian Tribes of the United States*, iii. 191.

阶级之分，并已有某种程度的财富积累。”[①]

一个男人娶有众多的妻子，不但能够增加其财富，而且，也可提高他在社会上的地位、声誉和威望，这里且不说还能扩大他对子女的影响。据说，一个聪加男子可以从众多妻子身上得到如下好处：“傍晚，每一个妻子都会给他送来一盆已为他做好的饭。他会变得很胖。而一个人越胖，也就越受尊敬。他还可以款待他的孩子们以及来访者、陌生人和穷人。人人都会颂扬他的豪爽大度和好客之情。他会变得很出名，甚至比酋长大人更受人尊敬。总之，一个非洲人的伟大首先在于吃，而吃的问题又与一夫多妻制有着密切的关系。”[②]我们时常听说，一个人若能娶有众多妻子，就能慷 83
慨大度，广交宾朋，甚至有时还能让朋友和属下分享自己的某些妻子。通过姻亲关系，也可以扩大自己的影响。多妻往往还是英武、精明和富有的象征。在图皮人中，一个男人娶的妻子越多，他就越被人视为英武之人。在阿留申人中，最好的猎手往往也娶有最多的妻子。在阿帕切人中，“谁能凭借自己的财力吸引并养活最多的女人，谁就享有最大的荣誉，就最受人尊敬。”[③]在孔德人看来，有很多钱与有很多妻子本是一回事。我们在游记之类的书中，经常可以看到这样的说法，诸如“一夫多妻制被视为检验男人财富和权势的标准”，或者说，“一个男人的显贵程度总是与他娶有多少妻子成正比。”一个刚果土著人“想要对你夸耀其酋长的伟大，或是称颂其族长的显要的话，就会告诉你他们有多少妻子，即使加上一打也

① Morgan, *Systems of Consanguinity and Affinity*, p. 477.

② Junod, *Life of a South African Tribe*, i. 127 *sq*.

③ Bancroft, *The Native Races of the Pacific States of North America*, i. 512 n.

毫不在意”。[①] 由于一夫多妻制总是与显赫的地位联系在一起的，因此人们往往把它视为一种荣耀；而一夫一妻制由于总是与贫穷
84 结伴，因此又往往被人看不起。一夫多妻制已趋向于成为一种特定的阶级标志。据我们所知，在某些民族中，除了头面人物和显贵人士之外，其他人一概不得娶有多妻。据说，在马达加斯加的萨卡拉瓦人中，国王可以随意娶有任意多的妻子，而酋长则只能娶4妻。“如果哪个酋长娶了五六个妻子，人们就会认为他是想和国王攀比。”[②]

在实行一夫多妻制的民族中，也像在其他民族中一样，一个人的社会影响和社会权威往往同他的财富联系在一起。即使不是这样，社会影响和社会权威本身也可以导致一夫多妻制。澳大利亚各部落的情况就是如此。在那里，老年男子拥有特殊的权力，因此也就娶有很多的妻子，而很多年纪较轻的人却不得不打光棍。处于文明发展最低阶段的其他部落，无论他们是从事低级狩猎活动的，还是从事初级农业活动的，都不存在享有很大权威的阶级。正如我们所了解的那样，在几乎所有这些部落中，一夫多妻制要么不存在，要么极为罕见。

说到一夫多妻制的原因，我们还应当再谈一谈转房婚，即男子续娶其寡嫂的习俗。在有的民族中，一个男子只有在续娶寡嫂之后，才能另外再娶。这种转房婚制度必然会使已婚男子事实上成为一夫多妻制的实行者。例如，据盖特说，在印度，某些种姓是要

---

① Weeks, *Among Congo Cannibals*, p. 137.

② Walen, “Sakalava,” in *Antananarivo Annual*, no. viii. 54.

求做弟弟的续娶其寡嫂的，由此就形成了一定数量的强制性一夫多妻制婚姻。在加罗人中，一个男子在某些情况下还要续娶其守寡的岳母。

以上说的是导致一夫多妻制的某些情况。现在我们再谈谈导
致一夫一妻制的原因。无论在什么地方，只要男女两性的人口大
致相等或男性多于女性，因而女性得以有相当的机会为自己找到 85
一个丈夫，那么，恐怕任何一个女性都不会心甘情愿地给一个已婚
的男人做二房；而且，任何做父母的恐怕也不会强迫自己的女儿嫁
给已有妻室的男人，除非这样做在经济上或社会上有利可图。由
此看来，人与人之间在财富和地位上的平等状况倾向于使一夫一
妻成为一种普遍的婚姻形式。即使在贫富不均或社会分化已很明
显的地方，即使在女性多于男性的情况下，社会上的穷人和下层人
也还是得实行一夫一妻制。我们经常可以听说，由于娶亲要付聘
金，或者由于婚礼的开销太大，很多人只能过一夫一妻的生活。这
里可以举几个例子加以说明。艾尔斯先生曾写信告诉我，在祖鲁
人中，妻子是要用牛来买的，因此很多男人都只有一个妻子。据福
赛思说，在印度中部的贡德人和科尔库人中，“一夫多妻制虽不受
禁止，但由于女人是一种很昂贵的动产，因此真正实行者可谓寥寥
无几。”[①]在巴塔人中，很少有哪个男人能买得起一个以上的妻子。
在棉兰老岛的苏巴努人中，一夫多妻制并不常见，“主要是因为付
不起聘礼，办不起婚礼，也办不起招待亲友的婚宴”。[②] 在吉大港

① Forsyth, *The Highlands of Central India*, p. 148.

② Finley and Churchill, *The Subanu*, p. 40.

山区，一夫多妻制“完全是给富人们预备的，因为只有他们才娶得起、养得起诸多的妻子，也有钱一次又一次地在当地大摆婚宴”。[①]同样，在印度教徒中，阻碍一夫多妻制的一个重要因素似乎就在于，正统婚姻的各项开支很大。据很多人说，难以养活好几个妻
86 子，乃是人们实行一夫一妻制的原因之一。显然，在那些以狩猎为生，因而妇女劳动量不大的地方，在那些由于土地贫瘠、耕作原始或耕地有限，因而农业收成不足以养活一大家人的地方，一个人都是难以养活好几个妻子的。据霍奇先生说，在爱斯基摩人中，“一夫一妻制是普遍的婚姻形式，因为只有最好的猎手才有可能养活得起好几个妻子。”[②]在以捕鱼和捕猎海洋动物为生的楚克奇人中，即使只娶有两个妻子的人，都是极为罕见的，因为家里实在养不起多余的人。“事实上，一个男人只能勉强养活一个女人和她所生的孩子。”[③]在新爱尔兰，“大多数的男子都只娶有一个妻子，这可能是因为土地过于贫瘠，家里无法养活更多的人。”[④]在很多民族中，还有一个牵制一夫多妻制的因素，这就是男子娶亲，必须先为女方家服劳务若干年，有的还必须一辈子住在女方家里。博厄斯博士在谈及中部爱斯基摩人时曾说：“一旦新婚夫妇住在女方家里，就会对一夫多妻制的实行起到一种牵制作用，虽然一夫多妻制还是被允许的。只有当新婚夫妇单过时，做丈夫的才能完全随意

① Hutchinson, *An Account of the Chittagong Hill Tracts*, p. 23.

② Hodge, *Handbook of American Indians north of Mexico*, i. 809.

③ Bogoras, *op. cit.* p. 611.

④ Stephan and Graebner, *Neu-Mecklenburg*, p. 110.

地再娶别的女人。”[①]

实行多妻制，往往还得给每个妻子各提供一所单独的住处，这又增加了实行一夫多妻制的费用。就我所收集到的案例而言，诸妻分住的是诸妻合住的将近 6 倍。我对这两类材料的收集都是很认真的，只是由于收集到的材料有限，分住与合住的数字都嫌小了一些(分别为 41 例和 7 例)。让每个妻子单住一处，意在防止她们争吵和打架。因此，我们可以这样说，即使这一目的达到了(事实并非总是如此)，女性的嫉妒心也是实行一夫多妻制的一个障碍。

我们常听人说，在一夫多妻制家庭中，诸妻之间并无妒忌和敌 87
意，彼此相安无事。还有很多人说，妇女并不反对一夫多妻制，她们高兴有新的妻子来到这个家；在初娶的妻子变老了的时候，当她发现自己不能生育，或是有需要喂奶的孩子，或是想脱身于家务活的时候，或是出于其他的一些原因，她还会给丈夫再找来一个妻子或妾，或是劝丈夫再娶一个。在火地岛的奥纳人中，初娶之妻就很愿意丈夫再娶一个回来，这样，再搬家时就能有个帮手了。在阿帕切人中，“诸妻之间对于她们只能分享丈夫的感情一事并不反感，因为妻子多了，每个人干的活儿就少了。”[②]据说，在加利福尼亚的
莫多克人中，妇女们还反对男人改变其娶有多妻的习惯。道奇上 88
校在谈及大草原印第安人时也说道：“印第安妇女的心中似乎就没有妒忌这样的东西。很多女子宁愿嫁给一个已有妻室且能很好地养活和照顾家人的男子，做他一时的宠妻，也不愿嫁给一个未被检

① Boas, in *Ann. Rep. Bur. Ethnol.* vi. 579.

② Cremony, *Life among the Apaches*, p. 249.

验过的男子，以试凶吉。”[①]在谷物海岸的克鲁人中，女人如同男人一样希望把一夫多妻制保持下去。“做女人的都是宁可在受尊敬的男子身边做他一群妻妾中的一员，也不愿给一个只能娶上一个妻子的男人做他的唯一代表。……她宁可作为一群妻妾中的一员略微享受一下放纵的生活，也不愿作为唯一的妻子而受丈夫一家的密切监视。”[②]在比属刚果的瓦雷加人中，“诸妻对丈夫并没有什么太大的奢求。多妻制不仅表明家庭的富有，而且还可以减少每个妻子所干的家务。”[③]在苏丹西部的莫西人中，初娶之妻总是急切地想让丈夫再娶上很多的女人，因为这样可以提高她本人的权威。基库尤酋长的正妻曾请劳特利奇夫人转告英国的女士们：在他们那里，女人都愿意让丈夫娶有尽可能多的妻子。利文斯顿在谈到马科洛洛妇女时曾说：“有好几位女士在听说英国的男人只能娶一个妻子之后，都惊叫着说，她们可不愿到这样一个国家去生活。她们无法想像英国的女士怎么能满足于这样一种习俗。照她们想来，每个有体面的男人都应该娶上好几个妻子，以证明自己的财力。赞比西河流域的妇女也都有诸如此类的想法。”[④]据传教士莫法特说，“谁要是告诉一个贝专纳女子说，与其给一个妄自尊大
89 的男人做妾兼做苦工，还不如一个人过好，这个贝专纳女子就会对他的无知感到惊讶不已。”[⑤]然而，尽管我们经常听说由于一夫多

① Dodge, *Our Wild Indians*, p. 201.

② Wilson, *Western Africa*, p. 112 *sq*.

③ Delhais, *Les Warega*, p. 176.

④ Livingstone, *Narrative of an Expedition to the Zambesi*, p. 284 *sq*.

⑤ Moffat, *Missionary Labours and Scenes in Southern Africa*, p. 251.

妻制意味着某种劳动分工，或是由于它可提高家庭的声誉和正妻的威望，或是由于它可给已婚妇女带来更大的自由，因此很多妇女都能容忍甚至还赞成一夫多妻制，但我们听得更多的则是：一夫多妻制乃是造成诸妻争吵和家庭惨剧的一个原因。尽管男性的嫉妒心一般要比女性更暴烈，但嫉妒并不只是男性的一种激情。我们知道：在低等动物中，一只雌兔如果看到另一只雌兔在它面前交配，就会上前去咬这只雌兔。

让我们举几个例子来说明。在雅甘人中，如果1个男子娶了4个女人，他的屋子就会天天变成战场；很多年轻漂亮的女人为了得到丈夫的宠爱，甚至必须付出自己的生命。在查鲁亚人中，经常 90
有这样的事发生：一夫多妻家庭中的女人，只要找到一个男子愿把她娶作唯一的妻子，就会马上抛弃原来的丈夫。在托巴人中，如果一个男子娶来第二个妻子，第一个妻子是决不会让她过安宁日子的，一定得和她决出个胜负来。据说，在圭亚那的土著中，如果一个男子只娶一个女人，则彼此都可和睦相处；但是，如果做丈夫的又娶了一个女人，那么，“原来的妻子出于女性的自然情感，就不堪忍受这种残酷的待遇，因而心怀妒忌，愤愤不平，还经常有人为此而自杀。”[①]据洪堡说，在塔马纳克人中，“做丈夫的把他娶来的第二个、第三个妻子都叫做第一个妻子的‘伴儿’，但第一个妻子却把这些‘伴儿’当成对头和死敌。”[②]特拉华印第安人，或易洛魁人，很少有娶两个妻子的，更不用说再多了，因为他们崇尚安宁，这就使

① Brett, *The Indian Tribes of Guiana*, p. 351 *sq.*

② Humboldt, *Personal Narrative of Travels to the Equinoctial Regions of the New Continent*, v. 548 *sq.*

得他们把家庭的和睦看作最宝贵的财富。在达科他人中，据说“一夫多妻制是引起诸多不幸和麻烦的根源所在。大多数妇女都很厌恶一夫多妻制，但妇女只能受制于男人。还有的妇女因此而自杀。”[①]格陵兰人常说：“鲸、麝牛和驯鹿都跑了，是因为女人对其丈夫的所作所为太嫉恨了。”[②]

91 巴彻勒先生发现，在阿伊努人中，“虽然诸妻都各有一间单独的住房，但彼此还是互不搭理。”[③]经验使卢夏人懂得，一个家里只要有两个妻子，就不会有安宁。因此，只有酋长才实行一夫多妻制，其他人是没有财力维持两处住家的。在北大年地区的马来泰农民中，一夫多妻制极为罕见，这“一来是因为经济上的原因，二来也是因为大家都认识到，一夫二妻必然造成家庭成员的摩擦。”[④]在英属新几内亚的瓦加瓦加地区，现在似乎已没有人再实行一夫多妻制了。据说，“即使在过去，娶有两个妻子的男人也是极为少见的，因为人们发现，新老两个妻子总是在吵架，使她们共有的丈夫终日不得安宁。”[⑤]在所罗门群岛的布因岛，人们普遍实行一夫一妻制，这不仅是因为经济上的某些原因，而且还因为先娶之妻往往都懂得怎样使丈夫不再另娶新妇。在斐济，传教士威廉斯曾向一位妇女询问：她和其他很多妇女为什么都没有了鼻子？她回答说：“这是由一夫多妻造成的。妻子之间常常因嫉妒而生仇恨。于

① Prescott, in Schoolcraft, *Indian Tribes of the United States*, iii. 234 *sq.*

② Nansen, *First Crossing of Greenland*, ii. 329.

③ Batchelor, *The Ainu and their Folk-Lore*, p. 231.

④ Annandale and Robinson, *Fasciculi Malayenses Anthropology*, ii. 72.

⑤ Seligman, *The Melanesians of British New Guinea*, p. 509.

是,厉害的一方就总想着把仇人的鼻子割掉或咬掉。"[①]在蒂科皮亚岛,很多做妻子的在确信丈夫另有宠妻之后,都自杀了。在澳大利亚各部落中,女人之间的嫉妒是司空见惯之事。在有的部落,"新的妻子一嫁过来,原来的妻子就会去打她。至于原来的妻子能否保持住自己在家里的地位,在很大程度上就看她的拳脚硬不硬了。"[②]

在非洲,同一个男人的各个妻子之间也常有嫉恨和吵架的事 92
发生。我们在前面曾提到,还有的女性为一夫多妻制辩护。但即使在这些地方,也存在这样的矛盾。在马尔加什语中,"一夫多妻制"一词(fampirafesană)的意思,即"引发仇恨",它是从 răfÿ(即"敌人"或"对头")一词演变而来的,或者说,与这个词有一定的关系。西布里曾经说过:"一夫多妻制必然给家庭带来仇恨和争斗。……每个妻子都想着比别的妻子得到更多的利益,想着如何用甜言蜜语把丈夫的财产弄到手。其结果是整日不断的争吵和妒忌。一夫多妻制不可避免地导致你争我斗,彼此'结下冤仇'。"[③]在聪加人的语言中,有一个特别的词——bukwele,它"表示的是一个妻子对其同夫的另几个妻子的特有的嫉恨"。[④] 古尔德斯布里和希恩两位先生说:"在阿温巴人中,有很多男人在战争中死了,而女人却得以幸存,因此女性的人数一直比男性多。但尽管如此,

① Williams and Calvert, *Fiji and the Fijians; and Missionary Labours among the Cannibals*, p. 152 *sq*.

② Palmer, in *Jour. Anthr. Inst.* xiii. 282.

③ Sibree, *The Great African Island*, p. 161.

④ Junod, *Life of a South African Tribe*, i. 274.

也不能说中非妇女像南非妇女那样拥护一夫多妻制。对阿温巴妇女来说,一夫多妻制真的可以被形容为女人的战场。"[①]埃尔姆斯利先生在谈及英属中非的恩戈尼人时说:"相互争吵、竞施魔法的事,在哪里都肯定比不上在一夫多妻制家庭中更盛。"[②]在鲁伍马
93 地区的瓦梅拉人中,一夫多妻制可以说是很罕见的,这是由于已婚的自由妇女相互嫉恨的缘故。威克斯先生认为,在刚果河下游地区,每100例一夫多妻制婚姻,只有1例是真正幸福的,其他99例都是不幸福的。关于博戈人及其在阿比西尼亚和在其北部边界上的相邻部落,蒙青格尔说,他已得出这样的结论:娶有一名妻子的人要比娶有数名妻子的人幸福十倍,这是因为,同一个男人的几个妻子之间总是相互嫉恨,即使她们各住一处也是如此。他还说,当地人用来骂人的最厉害的一句话,就是"去找两个妻子吧!"在埃及,同一个男人的几个女人之间经常吵架,女主人甚至常常不许女奴不戴面纱出现在她丈夫面前。在其他一些伊斯兰国家中,一夫多妻制同样也是引发争吵和不幸的一个原因。在波斯,据波拉克博士说,一个已婚妇女所感受到的最大痛苦,莫过于做丈夫的又娶了新的宠妻,这时,她真是太绝望了。在印度,无论是在穆斯林中,还是在印度教徒中,凡是一夫多妻制的家庭,都存在着很多明争暗斗的事情。古代似乎也是这样。在《梨俱吠陀》的某些诗篇中,就有诸妻互骂的事。在希伯来语中,人们把第二个妻子称为haṣṣârâh,意即"女敌"。在中国,很多女子对出嫁一事都很反感,

---

① Gouldsbury and Sheane, *The Great Plateau of Northern Rhodesia*, p. 165.

② Elmslie, *Among the Wild Ngoni*, p. 58.

因为她们担心出嫁后，丈夫又娶来别的女人，使自己陷入悲惨的境
况。于是，有的女子就出家当了尼姑，或是入了道教，还有的则不 94
惜以死抗婚。尽管勒邦博士和其他一些一夫多妻制的辩护士们对这种婚姻形式做出过乐观的论断，但上面的这些材料则使我们不能不对他们的话表示怀疑。

在有的地方，一夫多妻制家庭中的诸妻均娶自同一个家庭。如果是这种情况的话，诸妻之间的麻烦就比较容易避免。这种姐妹共夫的做法在美洲印第安人中比较普遍，在世界其他地区的很多民族中也有发现。有不少男人在娶某一女子为妻时，甚至要求
她的妹妹长大后也嫁给自己。佩罗曾说，在阿尔衮琴人中，姐妹嫁 95
给同一个男人以后，"总是住在一起，从不争吵。丈夫提供的东西，也都是全家人共同使用。姐妹们还一起种地"。[①] 我们常听人说，如果某个男子想娶有数名妻子的话，他总是愿意娶那些有姐妹关系的人，为的就是求得家庭的安宁。但据说，这种做法还有其他的用意。奥斯加克人认为，"如果一个人娶来妻子的妹妹，就会带来
好运；再说，娶妻子的妹妹，只付一半的聘金即可。"[②]在萨摩亚人 96
中，做妻子的如发现丈夫决意再娶一个新人的话，她往往就会千方百计地使自己的妹妹"加入到这个家庭中来。这样，她就能对丈夫的另几个妻子有所控制了。采用这样的做法，往往是为了避免丈夫再把外人带入这个家庭"。[③] 奥马哈人也有姐妹共夫的习俗。他们解释说，这样做的目的，是"保持家庭的完整性。假如哪个孩

① Perrot, in Blair, *Indian Tribes of the Upper Mississippi Valley*, i. 72.

② Miss Czaplicka, *Aboriginal Siberia*, p. 126.

③ Stair, *Old Samoa*, p. 175.

子的亲生母亲死了，还有与母亲很近的亲人来照顾这个孩子，而不会使他落入外人之手”。为我们提供这一情况的作者还说道：“这一解释似乎还可以从他们所赞赏的一些做法中得到证明。他们主张，女人死了丈夫，应续嫁给亡夫的兄弟；男人死了妻子，应续娶亡妻的姐妹；死了兄弟，应续娶兄弟的寡妻。即使双方的年龄相差很大，也应这样做。用他们的话来说，‘这样的婚姻，既表达了对亡者的尊敬，又保持了家庭的完整。’”[①]续娶亡妻姐妹的做法是很普遍的。就科里亚克人而言，乔切尔森博士也把这一做法解释为维护家庭联盟的一种方法。不过，当妻子在世时，他们似乎是不娶妻子的妹妹的。这时，用以加强两家联盟的做法是：女方的兄弟要向男
97 方的妹妹求亲。我们以前曾谈过，男子续娶亡妻的妹妹，多发生于妻子去世不久之时，或者是在妻子尚未生育的情况下。

在有的民族中，除了有姐妹共夫的婚姻外，还有母女共夫以及姨母和外甥女共夫的。M. 朱诺认为，在聪加人中，“人们之所以对妻子的妹妹或外甥女情有独钟，很可能是出于下面的原因：当一个群体认定他们的女子在另一个群体中可受到善待之后，他们就愿意与那个群体亲上加亲。他们认为，在结婚这种凶吉未卜的事情上，应当重视以前的幸福婚姻所提供的担保作用。”[②]

女性的嫉妒心可以从以下几个方面，对一夫多妻制构成一种障碍：第一，做丈夫的从自己的利益出发，很害怕因实行一夫多妻制而惹出什么麻烦；第二，做妻子的显然也会阻止丈夫再娶新人；

---

① Fletcher and La Flesche, in *Ann. Rep. Bur. Ethnol*, xxvii. 313.

② Junod, *op. cit.* i. 253.

第三，有些做丈夫的顾及妻子的感情，也会审慎从事。即使在未开化世界中，已婚妇女通常也享有受人尊敬的地位，且具有一定的影响力，而夫妻关系也会充满柔情。据说，在很多实行一夫一妻制或近乎一夫一妻制的蒙昧部落中，都是这种情况。在亚马逊河西北流域的很多部落中，做丈夫的对妻子的态度一般都很不错，有事也能认真听取妻子的意见，因而妇女具有很大的影响力。在那里，“一个男子在部落中的名声，主要掌握在妻子的手里。”[①]在卡拉雅人中，据说妻子的地位是很高的：凡是重要的事情，妻子都要发表 98
自己的意见；累活不用妻子去干；夫妻关系一般都很和睦；做丈夫的一旦与人发生通奸，就会受到女方近亲的报复。在维托托人中，夫妻之间很少发生什么大的矛盾。圭库鲁人对待妻子一般都很好。居住在特万特佩克地峡的萨波特克人和其他一些部落是禁止实行一夫多妻制的。在他们那里，“温柔体贴、互敬互爱、勤俭持家构成了夫妻生活的特点。”[②]桑塔尔人“对家中的女眷是很尊敬的”，[③]妻子不但主管家里的事，而且对社会事务和政治事务也要参与意见。在库基人中，人们对妇女一般都很重视，“经常听取她们的意见，这样，妇女说的话就有很大的分量”。[④] 据多尔顿上校说，在帕丹人中，做丈夫的对妻子都很尊重；他认为，这样的事出现在这样一个未开化部落中，似乎是很奇特的，但他又说：“我曾看到，其他一些未开化部落也是这样。在这方面，他们给那些文明程

---

① Whiffen, *The North-West Amazons*, p. 68 *sq.*

② Bancroft, *op. cit.* i. 661.

③ Hunter, *Annals of Rural Bengal*, i. 217.

④ Lewin, *Wild Races of South-Eastern India*, p. 254.

度较高的民族树立了榜样。在这些未开化民族中，人们遇事总要征求在婚姻关系上与自己最亲近的人的意见。他们是不实行一夫多妻制的。”[①]焦达讷格布尔的蒙达科尔人把妻子称作“家中的主妇”，[②]而主妇也享有与欧洲已婚妇女相似的地位。马丁博士说，在马来半岛的“纯”土著部落中，丈夫对妻子都是很好的，他们都把
99 对方视为伴侣。在尼科巴人中，“女性的地位在各方面都从来不比男性低。她们享有发表意见的充分权利，可以就全村人普遍感兴趣的问题与男人们进行公开的讨论，而且，在做出决议之前，她们的意见也可以得到充分的考虑。事实上，人们凡事都要征求她们的意见。在尼科巴人中，惧内的丈夫并不是特别罕见的。”[③]据波特曼先生说，在安达曼人中，做丈夫的都很疼爱妻子。诚然，妻子必须从事家中的各种杂务，但她们在家“也有很大的影响力，而且并未受到什么限制”。[④] 至于老年妇女，还受到人们的很大尊重。曼先生在谈到这个民族时曾说：“在他们那里，妇女所受到的体贴和尊重，要比在我们这里的某些阶级中还多。”[⑤]在达雅克人中，妇女的地位并不低微，她们与男子分担同样多的工作。人们开会讨论什么大事时，妇女也可以参加讨论。在那里，夫妻间都有很深的感情，“做丈夫的多能疼爱妻子，也能认真考虑妻子的意见。”[⑥]在米纳哈萨的阿尔富尔人中，“做妻子的与丈夫享有平等的地位。这

---

① Dalton, *Descriptive Ethnology of Bengal*, p. 28.

② Jellinghous, in *Zeitschr. f. Ethnol.* iii. 369.

③ Kloss, *In the Andamans and Nicobars*, p. 242.

④ Portman, *A History of Our Relations With the Andamanese*, i. 34.

⑤ Man, in *Jour. Anthr. Inst.* xii. 327.

⑥ Gomes, *Seventeen Years among the Sea Dyaks of Borneo*, pp. 86, 129.

种情况可能已经延续很多代人了。”[①]在台湾岛的土著人中，据说夫妻也享有平等的权利。在盗贼群岛的关岛，土著人是实行一夫一妻制的。在他们那里，做妻子的若发现丈夫不忠，就会把村里的妇女都叫来。这些人手持长矛，来到这个男子的住处，把他种的庄稼统统毁掉，还用长矛逼着他逃离这个家。在英属新几内亚的迈 100
卢人中，“夫妻双方似乎都有很大的独立性”。马林诺夫斯基从未见过有哪个做丈夫的斥责妻子或很粗鲁地提到自己的妻子，相反，他看到的所有迹象都表明，夫妻之间是和睦的、无拘无束的。[②] 在实行一夫一妻制的复活节岛民中，据说，由于该岛上的男性多于女性，因此，“女性受到很多的关心、体贴和照顾，人们对妇女一般都很客气，即使谈不上‘钟情’的话。”[③]在中非的俾格米人中，“夫妻之间往往是很有感情的。”[④]据弗里奇说，“在布须曼人中，女性是男性的生活伴侣，而在阿班图人中，女性则是给男人干活儿的牲口。”[⑤]据说，在奥因人中，妻子在地位上和丈夫相差无几，有些做丈夫的甚至还受到妻子的管束。在纳米布人中，寡妇在继承顺序上要先于长子。格伦费尔在谈到上蒙加拉地区的蒙万迪人时曾说，他们之所以倾向于一夫一妻制，“其中一个原因就在于妇女被赋予很高的价值，无论是道德价值，还是商业价值。”同一位作者在谈到“主要实行一夫一妻制的”班扎人时也说，这个部落有个很特

① Hickson, *A Naturalist in North Celebes*, p. 282.

② Malinowski, in *Trans. Roy. Soc. South Australia*, xxxix. 571.

③ Cooke, in *Smithsonian Report*, 1897, p. 716.

④ Johnston, *Uganda Protectorate*, p. 539.

⑤ Fritsch, *Die Eingeborenen Süd-Afrika's*, p. 444.

别的地方，就是男人种地，女人则享有很多的照顾。[①] 在西撒哈拉
实行一夫一妻制的摩尔人中，女人对男人具有很大的影响力，而男
101 人对女人则是毕恭毕敬。在图阿雷格人中，“女人与男人是平等
的，即便女人在某些方面比不上男人。”[②]加那利群岛的关切人对
女性也是非常尊重的。

至于说到其他一些严格或比较严格地实行一夫一妻制的未开化民族，我至少可以这样讲：在这样的民族中，我尚未发现一例有关女性受虐待的报道。当然，在实行一夫多妻制的民族中，妇女也可能享有较高的地位。据说，在盛行一夫多妻制的瓦雷加人中，“已婚妇女几乎和男人一样受尊敬。”[③]但是，在普遍实行一夫多妻制的其他很多民族中，则不是这样。由此，我认为，有些低等民族之所以实行一夫一妻制，原因之一想必就在于男子顾及到了女人的感情。当然，这种顾及本身也可能是出于环境的因素，诸如女性人数较少，或是经济状况较差，因而不能实行一夫多妻制。这些环境因素也从其他方面导致了一夫一妻制。至于说到文明民族，他们之所以禁止一夫多妻制，显然也有顾及妇女的感情这样一个原因。

除了顾及妇女的感情之外，性爱本身中的某些因素也会促使男子至少在一段时间之内专心于一个女人。贝恩曾经说过，“就其本质而言，人类的社交兴趣是扩散型的。即使是母爱之情，也可以有多个对象。报复的对象，也并不只限一人。至于统治之欲，更需

① Johnstone, *George Grenfell and the Congo*, ii. 676 *sq.*

② Duveyrier, *Exploration du Sahara*, p. 339.

③ Delhaise, *op. cit.* p. 193.

要有众多的从属者。但是,最强烈的爱情,则只能专注于一人。”在
情人的心目中,他所钟爱之人要比其他所有人都优越得多。我们
刚才提到的这位心理学家继续写道:“这种专注之爱在其萌发阶
段,与一般的好感只有细微的差别。不过,这种差别很容易扩大。 102
通过感情和敬重的相互作用和再作用,这一差别就变得很大很大
了。”[①]这种专一的爱情并不仅限于人类。赫尔曼·米勒和布雷姆
等著名观察家发现,鸟类中亦有这种专注之情。达尔文在某些驯
养的哺乳动物中也发现了这种情况。在情鸟中,如果一只鸟的伴
偶死了,那么,即使再给它找一个新的、合适的伴偶,它也难以存
活。M.乌扎引述弗雷德里克·居维叶的话说:“当生活在巴黎植
物园内的一只猴子死去时,其配偶即会痛不欲生。它久久地抚摸
着同伴的尸体,直至确信其同伴真的死了。而这时,它就会用两个
前爪蒙住自己的眼睛,既不吃,也不动,最后死去。”[②]在人类中,专
一的爱情不仅见于文明民族,而且也见于未开化民族的男女之中。
在华盛顿西部和俄勒冈西北部的印第安人中,“年轻女子在情郎死
后迅即自杀的事例,并非罕见。”[③]在未开化民族中,殉情的事也不
少,这种事虽多见于女性,但在男性中也时有发生。据了解,在塔
希提,就有一些求亲者因绝望而轻生。在新赫布里底群岛的彭特 103
科斯特岛,曾有人因单相思而自杀,还有人因单相思而日见消瘦,
憔悴至死。在斐济,巴兹尔·汤姆森爵士“曾遇到几件当地人称之

---

① Bain, *Emotions and the Will*, p. 136 *sq.*

② Houzeau, *Études sur les facultés mentales des animaux*, ii. 117.

③ Gibbs, “Tribes of Western Washington and Northwestern Oregon”, in *U. S. Georgraphical and Geological Survey of the Rocky Mountain Region*, vol. i. p. 198.

为 ndongai 的事，即相当于欧洲人所说的‘伤心’事。两个年轻人在幽会过一两次以后，突然被分开，于是，俩人变得憔悴不堪。只有让他们重新相会，才能使他们恢复过来”。[①] 据克鲁克香克说，在黄金海岸，爱情的“特点在于它是一种无所畏惧、无所疑虑的执着状态，在于它不管付出多大的牺牲，也要达到目的。非洲人在冲锋陷阵时，总是高喊着恋人的名字为自己壮胆；独木舟划手一提起恋人的名字，就能迸发出新的力气，奋力划桨；疲惫的吊床抬夫借助这种全能的呼唤，就能重新焕发精神；孤独的行路人一唱起赞美恋人的歌曲，就能驱散旅途的寂寞。”而一旦阻止有情人的结合，就可能酿成诸如殉情这样的灾难性后果。[②] 据戴维斯说，曾有一位黑人男子，因恋人沦为奴隶，他又几经解救而不成，于是，宁可与恋人同做奴隶，也不愿双双分离。多尔顿描述说，帕哈里亚部落的青年男女可以有很浪漫的恋情，“即使分开短短的一个小时，他们也很难过”。[③] 柯尔在回忆他客居维多利亚的生活时，说起过一个土著青年，他痴迷地爱着一个姑娘。这件事使柯尔想到：“人类在情感上的差异实在是微乎其微。”[④]澳大利亚的土著少女质朴、粗犷，却能唱出浪漫伤感的情歌：“心上的人啊，我再也不能与你相见了！”但是，男人在爱情上的专注性，虽可使他在一段时间内不另求新欢，却不一定能使他长久地专爱于一人。性爱是不专一的，常受见异思迁心理的影响。但是，如果性爱中包含了从精神素质所产

① Thomson, *Fijians*, p. 241.

② Cruickshank, *Eighteen Years on the Gold Coast of Africa*, ii. 207 *sqq*.

③ Dalton, *op. cit*. p. 273.

④ Curr, *Recollections of Squatting in Victoria*, p. 145.

生的同情心和感情,夫妻间就会形成一种精神的纽带,有了它,即使在青春和美貌消失以后,爱情仍能历久不衰。正是这种纽带,导致了持久的一夫一妻关系。

一夫一妻制是唯一一种在世界各民族中均可实行的婚姻形式。在实行一夫多妻制、一妻多夫制或群婚制的地方,也都伴有一夫一妻制的存在。在很多地方,一夫一妻制还是唯一一种为风俗习惯或法律所允许的婚姻形式。这可能仅仅是出于一种习惯势力;也可能是出于这样一种观念,即不能让有的人占有很多妻子,而使另一些人娶不到妻子;还可能是出于一种情感,即感到一夫多妻制是对女性的一种冒犯;或者是出于对淫乱的谴责。至于说到基督教国家所强制实行的一夫一妻制,则有两点必须记住:第一,当基督教最初传入这些国家时,一夫一妻制已是社会上唯一得到承认的婚姻形式;第二,一夫多妻制有悖于基督教的精神,因为基督教把性欲冲动的每一次恣意宣泄都视为严重的罪孽。教会在其早期虽对妇女有所不敬,但对淫乱却极为憎恶。

我们在对一夫一妻制和一夫多妻制的原因作过一番考究之后,便有可能讲清这样一个问题:为什么文明发展到一定阶段时,有利于一夫多妻制的实行,而发展到最高形态时,则又导致一夫一妻制?我们已经看到,头一种倾向在很大程度上是基于一定的经济状况和社会状况,即财富的积累和不均等的分配以及不断增大的社会分化。不过,还有一点也应当注意,即:在一些处于较高阶段的蒙昧部落中,战争导致了女性人口的大量过剩;但是,在处于最低发展阶段的蒙昧部落中,战争则未对男女人口的比例产生严重的干扰,因而也未发生女性人口大量过剩的现象。至于说到在

105 文明发展的最高阶段何以又出现向一夫一妻制复归的倾向，我们则可以找出更多的原因：第一，在文明民族中，任何迷信观念都已不能使男子在妻子妊娠期和生产后的很长一段时间内与妻子实行分居。第二，人们对于多儿多女的渴望已趋于淡薄。第三，人口众多的大家庭非但不再对生存斗争有任何帮助，反而被很多人视为不堪忍受的负担。第四，一个人的朋友已不再限于自己的亲属，而一个人的财富和影响力也不再取决于妻子儿女的多少。第五，做妻子的已不再是男人仅有的劳力，体力劳动在很大程度上已为畜力以及机械器具所代替。第六，爱情在情趣上趋于高雅，因而在时间上趋于持久。第七，在一个有教养的人看来，青春和美貌已不再是女性魅力的唯一所在，文明已赋予女性美以新的生命。第八，人们对女性的情感给予更多的尊重，过去那些导致女性自己也情愿实行一夫多妻制的原因已不存在。第九，妇女在受到较多的教育并享受到现代文明社会的其他好处之后，不靠丈夫的供养也可以生活得很好。

一夫一妻制在将来是否仍是社会认可的唯一婚姻形式呢？人们对这个问题做出了不同的回答。根据斯宾塞的说法，“一夫一妻制显然是两性关系的终极形式。展望未来，任何变化都离不开完善和普及一夫一妻制这个总的方向。”[①]而另一方面，勒邦博士则认为，未来的欧洲法律将会使一夫多妻制合法化。M. 勒图尔诺也说，尽管我们现在认为一夫一妻制比我们所知道的任何婚姻形式都好，但“我们却不必认为一夫一妻制就是婚姻关系演变过程中的

---

① Spencer, *Principles of Sociology*, i. 752.

终极。”[1]冯·埃伦费尔斯教授甚至提出:雅利安种族要想后继有 106
人,就必须实行一夫多妻制。但是,我认为,我们可以毫不犹豫地断言:如果人类仍按迄今的发展方向继续前进,如果导致最先进的社会实行一夫一妻制的各种因素继续发挥作用并不断扩大其影响,尤为重要的是,如果人们对妇女情感的尊重以及妇女对立法的影响得以进一步增强的话,一夫一妻制的法律就不可能被更改。我们实在难以想像,将来某个时候,西方文明会使一个男人同时娶有几个女人的这样一种婚姻变得合法化。

① Letourneau, *Sociology*, p. 378.

107

第二十九章　一妻多夫制

与一夫多妻制相比，一妻多夫制是一种甚为罕见的婚姻形式。

有人曾在美洲发现过一妻多夫制的事例。洪堡在居住于奥里诺科河沿岸的阿瓦诺人和迈普雷人中发现，诸兄弟之间往往只娶有一个妻子。马基里塔雷人也是这样。在他们那里，长兄被称为“兄长”，做弟弟的都得严格地按他说的去做。有人曾问英属圭亚那的一个瓦劳人，为什么男人可以娶有两个妻子，而女人则不能有两个丈夫。这个瓦劳人“坦率地说道，在他们部落看来，这两种做法都没有什么不好。他还说，他本人就认识一个瓦劳女人，她有 3 个丈夫。”[①]据 M. 库德雷说，在法属圭亚那的鲁库延内人中，“半公开的一妻多夫现象是很常见的，但完全公开的则不多见。”[②]西姆森先生曾提到，厄瓜多尔的萨帕罗人中也有一妻多夫的情况。他说，他曾挑选了两个当地人做他的旅行伙伴。这两个人共有 5 个妻子，其中每个人各有两个，还有一个则是两人共有的。基多的卡纳里人认为自己的始祖是传说中的一只鸟。这只鸟长有女人的脸庞，她同两个互为兄弟的男人发生了关系，生有 6 个儿女。这 6 人

---

① Brett, *Indian Tribes of Guiana*, p. 178.

② Coudreau, *Chez nos Indiens*, p. 132.

就是萨帕罗人的先祖。据格拉布先生说，在巴拉圭查科省的边远 108
地带，有时也可碰到一妻多夫的情况。他在伦瓜人中就发现过这样一例：有一个女人，既能干，又聪明，而且我行我素，一意孤行。她就找了两个丈夫，他们分住两地。不过，她的这种做法受到人们的指责，特别是受到本部落妇女的强烈谴责。最后，她被迫舍去一个，只保留了其中年长的一人做丈夫。

拉菲托神父写道："在易洛魁的佐农图亚人（即易洛魁人中的塞内卡部落）中，虽然男子不得有多个配偶，但女性有多个（一般为两个）丈夫却被认为是合法的。"①在克里人中，常有这样的事发生：某个人爱上了朋友的妻子，于是他就去跟朋友说了。这个人如果对他有好感，就会提出和他做"性爱兄弟"，这话的意思就是说，他可以同自己的妻子性交。某些爱斯基摩人中也有一妻多夫的情况。尼尔斯·埃格德就曾提到，某个格陵兰女子有两个丈夫，不过，她和这两个人都是巫医。克兰茨在其对格陵兰人的描述中，也提到"有的女人同好几个男人同居"。不过，这位作者也指出，这样的女人是会受到众人指责的。一位内奇利尔缪特人告诉罗斯说，他和他的半血亲兄弟合娶一个妻子。这样的婚姻在当地人中虽不很常见，但在他们看来却没有什么不正当的。泽曼在谈到西爱斯基摩人时也说过，"两个男子合娶一个女人的事时有发生。"②韦尼
阿米诺夫曾说过，在古代，特林吉特女子除了丈夫之外，还可有一 109
名情夫，而他们两人通常都是兄弟。埃尔曼曾谈及阿留申人的"合

① Lafitau, *Mœurs des sauvages amériquains*, i. 555.

② Seemann, *Voyage of Herald*, ii. 66.

法的一妻多夫制”。他还提到，有的妇女除了其丈夫之外，还有权在某段时间内同另一个男人有性关系。这样一种次生的婚姻关系最初是在阿留申妇女与来岛打猎或经商的本部落男子之间形成的，后又扩及在本地居住的俄国人。不过，作为回报，这些人也得帮助她维持全家的生活。后来，人们就用俄文中的 polovinshchik 一词来称这种情夫，意即“半配偶”。据朗斯多夫说，在阿留申群岛的乌纳拉斯卡岛，有的女人“同两个丈夫住在一起，这两个男子就共妻的条件已达成一定的协议”。[1] 在卡尼亚格缪特人中，两三个男子与一个女人合住的情况时有发生，彼此“并无猜疑与嫉妒”。不过，新加入者只有在真正的男主人外出时，才能充当丈夫和主人；原主人一回，他就什么也不是了，而且还得给原来的主人当佣人。

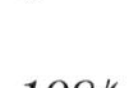

居住在亚洲最东北部的楚克奇人，有的实行群婚（我将在后面的一章中谈及），还有的实行一妻多夫制。在他们那里，已婚男子一般都不愿找没结过婚的单身男子做他们的“共妻伙伴”，因为
110 这些单身男子只能从中受益，而不会有所回报。不过，如果某个已婚男子没有孩子而且很想要孩子的话，他就会急着找一个身体强壮的单身男子，让他加入进来。于是，这个男子就成了一个“伙伴”，但并不是一般意义上的丈夫。据斯滕伯格说，吉利亚克人有这样一种习俗，即：哥哥不在家时，弟弟可以同嫂子发生性关系；但是弟弟不在家时，哥哥则不能同弟媳有染，至少现在是这样。做哥哥的如发现弟弟和自己的妻子在一起，不得采取任何行动，只能以

---

[1] V. Langsdorf, *Voyages and Travels*, ii. 47.

面部表情表示自己的不快。但是，马克西莫夫对做弟弟的是否有权与其嫂同居，仍持有疑问，虽然叔嫂间的性关系不像与外人通奸那样受人谴责。不过，我们从另一个来源听说，斯莫棱克的吉利亚克人盛行一妻多夫制；与吉利亚克地区接壤的阿伊努人，也有实行一妻多夫制的，虽然在其他地区居住的阿伊努人中，并无此种传闻。

在斯特拉博《地理学》的较早版本中，有记载说，米底亚山民曾实行一妻多夫制。后来，这一说法被某些编者做了修改，说他们实行的是一夫多妻制，而不是一妻多夫制。但是，这种修改似乎并没有什么充分的理由。中国13世纪的著作家马端临说，在突厥斯坦的格泰人和马萨格泰人中，有兄弟共妻的习俗。据说，在马萨格泰

人中，这种婚姻所生的子女，均属长兄所有；一个人如果没有兄弟，111
就要同其他男子共妻，否则，他就得一辈子打光棍。阿拉伯旅行家阿尔贝鲁尼在11世纪时写道，居住在从班久尔地区到克什米尔一带的山区居民中，有一种兄弟共妻的习俗。扎豪博士解释说，这位作者指的是位于克什米尔以及从法扎巴德到喀布尔一线之间的兴都库什山区，即赫扎拉地区、斯瓦特、吉德拉尔和卡菲里斯坦。

在西藏，一妻多夫制自古以来即很盛行，至今仍很普遍，故而有人说以前要比现在更为盛行。据艾哈迈德·沙阿说，"西藏的一妻多夫制要比伊斯兰国家的一夫多妻制更为普遍。"虽说各种婚姻形式都是共存的，但是，"在那里，正统的婚姻形式是一妻多夫制。"①在西藏，某些地方的一妻多夫制又比另一些地方更为常见。

① Ahmad Shah, *Four Years in Tibet*, p. 52.

据罗克希尔说,一妻多夫制只存在于西藏的农业地区,并不见于牧民之中。可是,巴伯则断言,一夫多妻制盛行于河谷地带的农区,而一妻多夫制则盛行于山地的牧民之中。有不少藏人都曾告诉罗克希尔,社会上层是很少实行一妻多夫制的。很多有学识的、富有的喇嘛都对他说过,"这样一种做法是有罪的,完全是由于人们在
112 道德上的放纵才产生的,因而决不是一种公认的制度。"早年间曾到过西藏的基督教传教士也持有这样的观点。[1] 奥拉齐奥·彭纳曾于 1740 年左右去过拉萨。他曾讲过,贵族和富裕人家通常都是实行一夫一妻制,还有的实行一夫多妻制。另一些人也说过,当前,实行一夫多妻制的只限于两种人,一种是富有阶级,其中主要是一些头面人物,另一种则是妻子不育者。还有一些记载也说,一妻多夫制主要实行于穷人之中。例如,有人就曾说过:"如果一个人的财产允许他奢侈一番的话,他是会独自娶一个妻子的。"[2]还有人说:"在一家人中,谁要是从做生意中或从其他什么来源中挣得一笔钱的话,谁就会立即分家单过。"[3]但是,另一方面,特纳则说,一妻多夫制也常常见于某些最富裕的家庭。特纳曾于 18 世纪下半叶去过西藏。此外,安德鲁·威尔逊先生也说,一妻多夫制在西藏各阶层中都很盛行;只是在那些与印度教徒或穆斯林有较多接触的西藏人中,一妻多夫制才为一夫多妻制所替代。

在西藏,共妻者一般都是兄弟。选择妻子的权利属于长兄。
113 按当地人的理解,长兄缔结的婚约亦即其所有兄弟的婚约,如果他

---

① Rockhill, *Land of the Lamas*, p. 213 n. 3.

② Bonvalot, *Across Tibet*, iii. 126.

③ Cunningham, *History of the Sikhs*, p. 18.

们愿意加以利用的话。但是，据厄尔先生说，在西藏东部以及在锡金，做妻子的嫁过去之后，并不一定就同丈夫的所有弟弟同居。“她在这方面享有很大的自由。是否与丈夫的某个弟弟同居，要取决于她是否愿意。”这位作者还说：“如果一群兄弟中的老大没有成亲，而是老二或老三娶了妻子，那么，这位妻子只是老二或老三以及其下诸弟的共同妻子。在这种情况下，娶亲者的哥哥会离开这个家，自己单过。哥哥是没有权利要求与弟弟的妻子同居的。”[①]在西藏的很多地方，共妻者并不一定都是亲兄弟。据厄尔先生说，在西藏东部以及在锡金，叔伯兄弟、表兄弟以及半血亲兄弟也可以成为共妻者，但要有两个条件：第一，要取得娶亲者的同意；第二，娶亲者本人没有亲兄弟。阿贝·德戈丹曾提到，在西藏东部，不仅是亲兄弟，就是一般的近亲，也可以成为共妻者。萨拉特·钱德拉·达斯曾去过拉萨和西藏中部，据他说，“父亲与儿媳、叔父与侄媳同居的事并不罕见。即使在贵族之中，做父亲的也对儿媳拥有婚姻权。”[②]谢林先生提到，在西藏西部的首府噶大克，有一位总督，他的妻子死了，于是，他就和自己的儿子们共妻于儿媳。谢林先生还说，父子共妻显然是西藏一种正统的习俗，这样做
的唯一条件是，做父亲的不得让儿媳做儿子的母亲。迪阿尔德曾 114
写道，共妻者“一般来说都是同一家庭的人”。[③] 这话的意思似乎是说，共妻者的关系并非总是这样。萨拉特·钱德拉·达斯就曾说过，他有一位向导，其妻又嫁给了一个与他毫无关系的男人，但

① Earle, quoted by Risley, *People of India*, p. 211.

② Sarat Chandra Das, *Journey to Lhasa and Central Tibet*, p. 327.

③ Du Halde, *Description de l'Empire de la Chine et de la Tartarie chinoise*, iv. 572.

这位向导还要称这个人为“合伙兄弟”。格雷纳德说，一个西藏人，如果与妻子未能生有子女，有时就会找个生人到家里来，让他顶替自己，为自己传宗接代。“事实上，这个生人就成了家中主人的形式上的兄弟，享有与亲兄弟相同的权利。”[1]邦瓦洛曾就色热松多的一妻多夫制做过描述。据他讲，任何年轻男子，如想分享头一位丈夫的幸福，都可主动提出，“达成条件之后，即可在灶火旁占有其位置。这样，他就成为家庭中的一员，成为头一个丈夫的共妻者了”。[2]

共妻者的多少当然首先是取决于有多少兄弟。在扎什伦布寺一带，有人向特纳介绍过一户人家。这户人家有 5 个兄弟，他们同一个女人住在一起，过着幸福的生活。威尔逊曾碰到过一户人家，共有 6 个共妻的兄弟，最小的还是个孩子。一个女子有三五个共妻者的事是不罕见的。“但是”，这位作者又说，“在没有对这一问题进行精确调查的情况下，我还是应当说，大多数一妻多夫制婚姻都是包括两个共妻者。这倒不是因为有谁反对五六人共妻于一个女子，而仅仅是因为一家人中往往没有更多的兄弟可以共妻。”[3]

所有共妻者都与他们共同的妻子住在一起，组成一家人。正
115 如萨拉特·钱德拉·达斯所说的，“诸兄弟只有与其长兄住在一起，才有权与长兄共妻。当他们从长兄处分离出去时，也不能要求长兄就其共妻权进行赔偿。他们共有的妻子仍旧是长兄的合法妻

① Grenard, *Tibet*, p. 260.

② Bonvalot, *op. cit.* ii. 124 *sq.*

③ Wilson, *The Abode of Snow*, p. 210.

子。”[①]但是据 M. 格雷纳德说，在某个兄弟离家单过之后，他仍保留有对长兄之妻的共妻权，正如他也有对父亲家产的继承权一样。而诸兄弟对他娶到自己新家中的妻子却没有共妻权。这个妻子仅属于他一人所有，因为她不是靠大家庭的家产生活的。但是，即使是同一家庭中的诸兄弟，也并非总是都待在家里。无论何种情况，要使每个人都享有其适当的份额，似乎还是需要有某种统筹安排。据金登·沃德先生说，在西藏东部，每个丈夫各与其共有的妻子同住一个月或一个多月，依次轮流。谁住进去了，谁就把自己的靴子挂在门口外边，以示妻子现在为自己所占有。

关于一妻多夫制婚姻所生的儿子，德西代里说，他们被当作长兄的儿子，其他兄弟的侄子。另一些作者则说，孩子们称共妻的长兄为“父亲”，称其他人为“小父亲”。据迪阿尔德说，“所生的孩子由诸丈夫分享：头胎所生的属最年长的丈夫，以后所生的则分属年龄较小的丈夫。”[②]奥拉齐奥·彭纳说，孩子出生后，其父要由其母
来指认。据罗克希尔说，孩子们“把谁当作父亲，就要看做母亲的 116
教他们用这个称谓去指认谁了。”至于对共妻的其他兄弟，则称之为叔伯。[③] 而据威尔逊说，“孩子对诸父的关系，并没有明显的差别。”[④]

厄尔先生在谈及西藏东部和锡金时写道：“长兄（亦即真正的丈夫）去世后，妻子可按自己的意愿转给长兄的一个弟弟。如果

① Sarat Chandra Das, *op. cit.* p. 327.

② Du Halde, *op. cit.* iv. 572.

③ Rockhill, *Land of the Lama*, p. 212 *sq.*

④ Wilson, *op. cit.* p. 212.

她选的是兄弟中的老二，她仍旧是其诸弟的共有妻子。如果她选的是排行靠后的一个兄弟，那她就只是这一兄弟及其诸弟的共有妻子。如果她选的是最小的弟弟，那么，她就只是他一个人的妻子了。”①

兄弟共妻的现象，在从阿萨姆到克什米尔的广大喜马拉雅地区都很常见，但主要是见诸藏系民族。在阿萨姆北部边界上的山地米里人、达夫拉人以及西西阿博尔人中，都有兄弟共妻的现象存在。有人指出，阿萨姆的卡西人也实行一妻多夫制，但据费希尔上尉说，该民族的上层阶级对此是矢口否认的，而在穷苦人中，“这与其说是意味着一妻多夫制，还不如说是意味着离婚和结婚的随意性。”②据格登少校说，他们目前是实行一夫一妻制的，而且也没有迹象表明他们曾经实行过一妻多夫制。在喜马拉雅山东部的不丹，兄弟共妻现象主要流行于该国北部和中部地区，这些地方都紧靠着西藏。此外，不丹还有人实行一夫多妻制，但只限于富人之中。据威尔逊先生说，锡金不存在一妻多夫制，但从克劳德·怀特

117 先生（锡金已故行政专员）和厄尔先生（大吉岭已故副专员）的叙述中，我推想，一妻多夫制在锡金还是很常见的。在锡金、不丹西部、尼泊尔东部和大吉岭地区，有一支属于蒙古人种的部落——雷布查人。在他们那里，一妻多夫制虽然比较罕见，但并非完全不存在。有些做弟弟的，就对长兄的妻子享有共妻权。维涅说，在孟加拉山区的某些土著民族中，一家之中的诸兄弟只娶一个妻子。而

---

① Earle, quoted by Risley, *op. cit.* p. 211.

② Fisher, "Memoir of Sylhet," in Jour. *Asiatic Soc. Bengal*, vol. ix. pt. ii. 834.

在大吉岭地区，据厄尔先生说，还有非兄弟、非近亲关系的几个男子合娶一个妻子的现象，虽然说这只是新近出于经济目的而采取的一种做法。

兄弟共妻式的一妻多夫制也实行于旁遮普的很多地方，诸如锡尔穆尔，锡尔穆尔以东的琼萨尔和巴瓦尔山区，巴沙尔地区的卡纳瓦尔，西姆拉地区的科特加尔，以及坎格拉地区的库卢，特别是 118
拉胡尔。据潘迪特·哈里基桑·考尔先生说，“这一习俗在卡内特人的上层种姓中很普遍，但在较低的种姓中也有人实行。在这一习俗盛行的地区居住的拉杰普特人和其他一些种姓似乎也受到这一习俗的影响。”[①]马森于 1842 年写道，在锡克人中，同一家庭的几个兄弟合娶一个妻子的事并不罕见。他认识几个当兵的，他们申请探家，说是哥哥出门了，嫂子在家很孤单。他们的上级认为，这一申请是有充足理由的。据说，东旁遮普某些地区的贾特人也有兄弟共妻的习俗，只是得不到充分的确认。但调查显示，这一习俗在贾特人中已完全消失了。旁遮普的科卡尔人在信奉伊斯兰教之前，也曾实行一妻多夫制。施蒂尔普纳格尔博士说，在科特加尔地区的村子里，以及在布沙希尔和库卢，实行一妻多夫制的大多是富裕人家，而穷人则更喜欢一夫多妻制，因为女人可以在家干很多活计，因而颇具价值。但是，拉胡尔地区则显然不是这种情况。在那里，兄弟几人更愿意各娶各的妻子，因为“社会上层的几乎所有人都实行一夫多妻制”。[②]

① Pandit Harikishan Kaul, *Census of India*, 1911, p. 287.

② Stulpnagel, “Polyandry in the Himalayas,” in *The Indian Antiquary*, vii. p. 135.

在旁遮普实行一妻多夫制的家庭中，所有兄弟通常都只有一个共同的妻子；而且，一般来说，共妻者必须是亲兄弟。但有时，人们也允许亲如手足的继兄弟或堂表兄弟与他们共妻。此外，不同家庭的人也有实行共妻的，但比较少见的情况。这样做要有协议，
119 而且还要把各自的财产合到一起。在旁遮普，共妻的方式因地而异。“长兄往往享有一定的优先权。只有当长兄不在家时，做弟弟的才能得以陪伴他们的共同妻子。但是，如果做弟弟的在外做生意或从事其他职业，只是定期回来，那么，在其小住期间，做哥哥的则会允许他独自陪伴妻子。如果所有兄弟都常年在家，做妻子的就往往会将恩爱平分于大家，具体做法是将每一夜留给一个兄弟，依次轮换。这种人家一般都有两个房间，一个是妻子住的，一个是诸兄弟住的”。[①] 在库卢，据乌伊法尔维说，做父母的把女儿卖给另一家的几个兄弟之后，第一个月她是属于诸兄弟中的老大的，第二个月则属于老二，余可类推。我们常听人说，当一个兄弟走进妻子的房间之后，他就把自己的鞋或帽子留在门口，这就相当于“有人”的告示。这时，如果有另一个兄弟想看望妻子，他一见到这种标志，就只能回到男人的房间中去。“妻子所生的儿子，不论其生父是谁，一般都被称为长兄的儿子，但他们管母亲的丈夫都
120 称为自己的父亲。一个人的父亲越多，他就越感到自豪。”[②]在库卢，孩子们说话时常常说到“大”父亲、“小”父亲。在锡尔穆尔，“第一个出生的孩子是长兄的财产，以后出生的孩子依次分给各兄

① Pandit Harikishan Kaul, *op. cit.* p. 287.

② *Idem*, p. 287.

弟。"[①]有时，做妻子的也可以为每个男孩认父亲。在这种情况下，如果她不是特别认真的话，每次都是认诸兄弟中最富有的为孩子的父亲。

在拉达克地区（今属克什米尔邦管辖），有一支藏系民族，他们实行的是一种很有趣的一妻多夫制。对此，奈特先生曾做过如下的描述：家中的长子一旦娶亲，便负责掌管家产，只给父母留下一小部分，用以维持他们的生活并养活其未婚的女儿。而长子掌管家产后，就有义务抚养自己下面的两个弟弟。同时，这两个弟弟也不得单另缔结婚约，而必须与其长兄共妻，做这个女子的小丈夫。如果某个长子不止有两个弟弟，那么，更小的弟弟则不能参与这个家庭的生活，而必须离开家里，到外面去碰运气，或是当喇嘛，或是靠干苦力为生，如果走运则可做个"马格帕"。关于这个词的含义，我们随后就会讲到。至于留在家里的那两个弟弟，虽然名为妻子的小丈夫，但实则没有地位，在长兄看来，他们往往并不比佣人高多少。克什米尔邦规定，长兄是家产的唯一所有者。据穆尔克罗夫特和特雷贝克说，长兄并没有供养弟弟的义务，因此，只要他愿意，甚至还可以把弟弟赶出门去。这种一妻多夫制的婚姻所生的子女，将其母的 3 个丈夫都认作父亲，但对年长者最为尊敬，因为他是一家之主。据德鲁说，孩子们说话时也常用大父亲、小父亲这
样的称谓。又据贝柳说，孩子们取名时，用的都是母亲的大丈夫的 121
名字。如果三兄弟中的长兄死了，而妻子又尚未生育的话，她只要

1093

① Fraser, *Journal of a Tour through Part of the Snowy Range of the Himālā Mountains*, p. 209.

通过一个简单的仪式，就可以同长兄的弟弟——她的两个小丈夫——脱离关系。这个仪式就是：人们先在她的一个手指上系一根线绳，再把线绳的另一端系在她亡夫的手指上。这时，只要她将这线绳弄断，就表示她同死去的丈夫脱离关系了。而与此同时，她同亡夫这两个活着的弟弟也就脱离了关系。

在拉达克，一个女子在嫁给这样3个兄弟之后，如果她愿意的话，还可以再同另一家的一个男子缔结婚姻。一般的女子还都是愿意这样做的。她们选择的都是身材较好的青年男子，而且该男子在兄弟中的排行也要在第三以后，这样，他对自己家的地产就不留恋了，同时对长兄娶来的妻子也不享有共妻权。这样的丈夫，就被称作某个女人的“马格帕”。这种“马格帕”丈夫要想保留住自己的地位，就必须对其女主人百依百顺。他是妻子的财产，不得离妻而去，除非妻子有什么下流的行为。而妻子只要对他不满意了，即可把他逐出门去，而且不需要提出什么理由，也不需要履行什么手续，一般只需送给他一只绵羊和几个卢比，就可以把他打发走了。而在此时，她又可以给自己再找一个“马格帕”了。德鲁也曾提到，在那里，做妻子的有权从另外一家给自己再找一个丈夫。他还举了几个实例，说的是几个已经嫁给两三个兄弟的女人，利用这一特权又找了一个男人。但他又说，他还了解到几个四兄弟合娶一妻的事例，并且认为，这种共妻者的数目是没有限制的。据乌伊法尔维说，一个女子嫁给四五个兄弟之后，只要自己愿意，还可以再找一个丈夫。但是，坎宁安则认为，拉达克的一妻多夫制严格地局限于兄弟共妻；至于共妻者的数目，虽然三四个兄弟合娶一妻的事也不能说是罕见，但最常见的情况还是两兄弟合娶一妻。据穆尔克

罗夫特和特雷贝克说，做父母的通常是把小儿子送去当喇嘛，但是，“如果家里兄弟较多，他们之间就会达成协议，让弟弟们做嫂子的小丈夫。”长兄死后，其财产、权威和寡妻则归排行靠前的弟弟所有。马丁乌兹扎曼汗在1911年的印度人口调查报告中也谈到，诸兄弟中，除被选出当喇嘛的和送给别人家做“卡纳达马”（亦即马格帕）的之外，其他几人都生活在一起，并合娶一个妻子。但只有长兄一人需要办理结婚手续，其余兄弟只要得到承诺，便可在这一婚姻中占有他们的位置。诸兄弟可以平等地分享妻子的恩爱，虽然是借了长兄的光。但是，依照法律的规定，子女均为长兄所有。如果一个人没有兄弟，那么，也可以将外人招到家里来，共娶一个妻子，同时也一起为家里挣钱。但是这种情况甚为罕见。我们无法判断以上这些说法是否都很准确，以及是否说的乃是该地区不同地方的事。在拉达克，虽然一妻多夫制是相当普遍的，但当地也有一夫一妻制和一夫多妻制的存在。有钱人家的女子就只愿意嫁给一个男人，而有钱的男子“则根据自己的财力，一般都要有两三个女人”。[1]

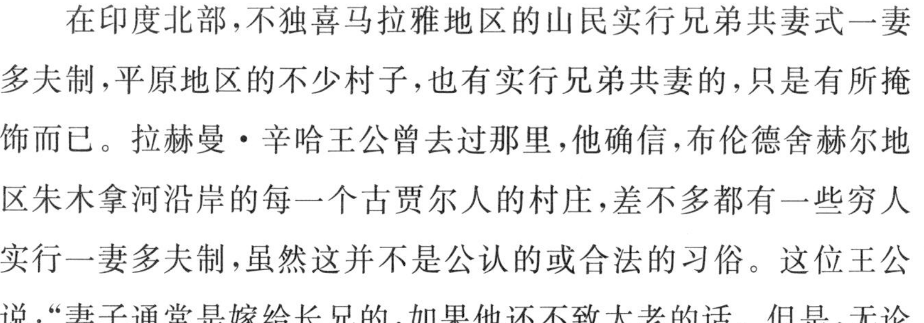

在印度北部，不独喜马拉雅地区的山民实行兄弟共妻式一妻多夫制，平原地区的不少村子，也有实行兄弟共妻的，只是有所掩饰而已。拉赫曼·辛哈王公曾去过那里，他确信，布伦德舍赫尔地区朱木拿河沿岸的每一个古贾尔人的村庄，差不多都有一些穷人
实行一妻多夫制，虽然这并不是公认的或合法的习俗。这位王公 123
说：“妻子通常是嫁给长兄的，如果他还不致太老的话。但是，无论

① Cunningham，*Ladák*，p. 306.

是长兄还是其兄弟，他们都知道，大家都可以陪伴这个妻子。而妻子所生的子女，则是属于长兄一人的。”[1]我们似乎有理由相信，在西北诸省西部的贾特人中，也有人实行兄弟共妻式的一妻多夫制，只是本民族的人对此矢口否认。至于这一婚姻形式在旁遮普贾特人中的实行，则是不容置疑的。柯克帕特里克先生就曾写道，如果他们中的某个人比较有钱的话，“他一般都会给每个儿子都娶一个妻子。但是，如果某个人没有这么多钱，承担不起屡办婚事的开销，他就会只给其长子娶一个妻子。日后，这个妻子会按照风俗习惯，将其他几个兄弟接纳为共妻者。”虽然婆罗门教是反对叔嫂同居的，但是，关起门来不让外人知道，却不是什么难以做到的事。很多妇女吵架时，有人就说对方：“你也太不尽职了。你的小叔子想跟你亲热亲热，你都不让。”[2]在安巴拉山麓地带的各印度教种
1096 姓中，做嫂子的乃被视为同母异父兄弟，甚至所有堂表兄弟的共同财产。不过据说，这种放纵的行为现在已经不见了。桑塔尔人是达罗毗荼人中的一个部落，其语言属于科拉尔语族，他们居住在西孟加拉、北奥里萨、帕格尔布尔，以及巴尔加那地区。在他们那里，据说一个男子的未婚弟弟可以与其嫂同居，“只要他们顾及哥哥的尊严和感情，不在他面前调情嬉闹即可”。[3] 另据一份材料说，那些做弟弟的，即使在结婚以后，也仍旧保留有这一特权。在布伊亚

① Crooke, *Tribes and Castes of the North-Western Provinces*, ii. 444 *sq*.

② Kirkpatrick, “Polyandry in the Panjâb”; in *The Indian Antiquary*, vol. vii. p. 86.

③ Craven, “Traces of Fraternal Polyandry amongst the Santāls,” in *Jour. Asiatic Soc. Bengal*, vol. lxxii pt. iii. 89.

人（焦达讷格布尔的一个重要部落）和坎德人（达罗毗荼人的一个部落，1905年之前属中央诸省，现属比哈尔和奥里萨）中，做弟弟的在结婚之前可与其嫂同居。在科尔库人、奥朗人（焦达讷格布尔从事农耕的一个达罗毗荼部落）和中央诸省的其他一些部落中，做弟弟的在婚礼上的某些做法，可能也是这种特权的残存形式。莫特在描述他1766年的巴拉索尔之行时曾写道，那些年轻的已婚男子离开家里，来到孟加拉之后，做弟弟的就在家为他传宗接代。

除了喜马拉雅地区之外，印度南部也是盛行一妻多夫制的一个主要地区。在尼尔吉里山区的托达人中，一妻多夫制的做法相当普遍。在他们那里，一对青年男女结婚后，女的通常也就成了男方诸兄弟的妻子。如果日后这家又生了男孩，他也同样可以分享诸兄的婚姻权。据肖特博士的记述，女子出嫁时，要由父母领着来
到夫家，向丈夫施以优雅的跪拜礼，并低垂着头。这时，丈夫要把 125
一只脚顶到妻子的额头上。当地人把这看作是妻子敬重并服从丈夫的象征。丈夫如果还有弟弟，其弟弟也要轮流这样来做。“然后，新郎及其弟弟把新娘带到一处最近的树林中，依次与新娘完婚。”[①]哈克尼斯说，在这种兄弟共妻式的一妻多夫制中，长兄享有最高的权威。目前，虽说绝大多数一妻多夫制婚姻都是兄弟共妻式的，但也有少数不是这样。同一氏族的男子、同一代的男子，也有实行共妻的。里弗斯博士就提到过一例同一女子与不同氏族的几个男子的婚姻。共妻者如果是兄弟，则会同住于一村；如是同氏族的，也可能会同住于一村；但如果仅仅是同一代人，那么，则可能

① Shortt, *Hill Ranges of Southern India*, i. 11.

分住各村。如果是这种情况，妻子就要照例一一与每个丈夫同住，每次一般为一个月，但这种安排也有很大的伸缩性。有一个托达人曾跟哈克尼斯说起过，他同妻子皮鲁瓦妮结婚后，妻子又嫁给了另两个人——卡克胡德和图姆布特。这个托达人接着说："现在，根据我们的习俗，皮鲁瓦妮第一个月要跟我过，第二个月跟卡克胡德过，第三个月跟图姆布特过。"①金中校曾在尼尔吉里山区呆过三年，他在谈到兄弟共妻时说，妻子与每个兄弟同住一个月。布里
126 克斯也说，实行共妻制的兄弟一般都是各有各的住处，他们依次与妻子同住。17 世纪初，费尼齐奥神父曾写道："公共的妻子属于所有的兄弟，夜间听从于年长者，白天则听从于年轻者。"②根据另一份手稿的记载，"两兄弟合娶一妻，妻子晚上和当哥哥的过，白天和当弟弟的过。"③

沃德关于尼尔吉里山区的记载始自 1821 年。据他讲，妻子所生的男孩依照排行顺序分属共妻的诸兄弟。贝尔雷恩和扬森夫人在谈及妻子所生子女的归属问题时，也有类似的说法。前者还认为，这一习俗可以解释他们何以要溺杀女婴，因为共妻的诸兄弟当然都想要男孩，不想要女孩。而根据里弗斯博士的说法，共妻的诸兄弟都被视为孩子的父亲，没有任何差别。但是，如果哪个兄弟离大家而去，并在外面建立了自己的家庭，那么，他就会失去其做父亲的权利。至于在非兄弟共妻式的一妻多夫制中，哪个丈夫在妻子怀孕大约 7 个月时为她举行赠送模拟弓箭的仪式，从社会意义

① Harkness, *Description of a Singular Race inhabiting the Neilgheery Hills*, p. 122 *sq*.

② Besse, "Un ancien document inédit sur les Todas," in *Anthropos*, ii. 974.

③ Translated from the Portuguese by Miss A. de Alberti, in Rivers, *Todas*, p. 727.

上说，便成为即将出生的那个孩子的父亲，也是以后出生的孩子的父亲，直至有另一个丈夫在她再次怀孕 7 个月时送给她弓箭。

在托达人中，除了这种正式的婚姻之外，还有另一种也被认可 127
的结亲方式，即一个女人结婚后，还可以在另一个男人的家里做正式的情妇。有的女人甚至有不止一个这样的情夫，而有的男人也有不止一个情妇。据沃德说，女人可以“不管其诸夫是否同意”，随意选择情夫；但根据金和里弗斯的说法，则必须经过诸夫的同意。男女间的这种结合所生的孩子，被视为正式婚姻所出。除了这一点之外，情夫的地位似乎与丈夫没有什么差别。情夫可以把情妇带回自己村里去住，宛如一对正式的夫妻。更有甚者，据沃德说，做丈夫的还得对做情夫的礼让三分。如果某个女人正呆在丈夫家里，这时她的情夫来了，那么，做丈夫的就会立刻退出，把妻子留给其情夫。这里还应再补充一点：虽然一妻多夫制在托达人中至今仍很普遍，但其他一些婚姻形式，诸如一夫一妻制、一夫多妻制和群婚，也都与一妻多夫制相伴共存。

据说，尼尔吉里山区的另一个民族——从林库隆巴人，也实行兄弟共妻式的一妻多夫制。居住在同一地区的巴达加人，据说有这样一种规矩：“丈夫不在家时，其兄弟可以同嫂子发生关系。”[①] 某些较早时的作者曾说，库尔格人实行一妻多夫制或家庭共妻制。库尔格人亦称科达加人，是库尔格地区的主要部落，其语言是几种达罗毗荼语的混合语。但是，G. 里克特牧师在其 1870 年出版的 128
《库尔格手册》中说，经过对上述说法的认真审核，他发现事实是，

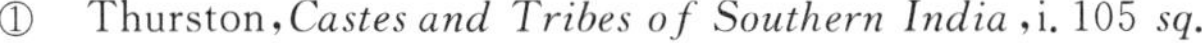

① Thurston, *Castes and Tribes of Southern India*, i. 105 *sq.*

"不管过去的习俗如何,现在,在库尔格人中,并没有这样一种民族习俗"。[①]

马拉巴尔婚姻管理处主管说:"在卡利卡特、瓦卢瓦纳德和波纳尼等地区的木匠和铁匠中,一家之中的几兄弟常常合娶一个妻子。"[②]辛乌丁酋长在16世纪中期及下半叶去过马拉巴尔,他也做过类似的记载。他写道:"木匠、铁匠、油漆匠等行当中的人,都是几个男人合娶一个女人。不过,只有亲兄弟和近亲之间才有这样的事。"[③]据弗拉·保利诺·达·S.巴尔托洛梅奥始自18世纪末期的记载,在马拉巴尔海岸的铜匠中有一种习俗,即一家几兄弟中只有长兄一人娶亲,但他不在时,则由其兄弟替代他在婚姻中的位置。巴尔托洛梅奥还说,在其他一些低等种姓中可能也有这种习俗。在马拉巴尔的坎马兰人(亦即手工艺人)中,长兄在娶亲的当日与新娘同居,此外,每个弟弟也都有专门划出的几天与新娘同居。但是,据这种一妻多夫制说"在这些种姓中正以很快的速度消亡,这主要是受了西方文明的影响"。[④] 关于科钦邦北部以及南马拉巴尔瓦卢瓦纳德地区的伊朱万人,亦即蒂扬人,我们听说,"如果一家四五个兄弟都住在一起,那么,在长兄娶亲之后,再通过一个简单的仪式,其妻也就成了诸兄弟共同的妻子。"其具体做法是:新
129 郎先同他的姐妹或其他什么人,来到女方家里,交上娶亲的聘金。然后,新娘和新郎双双坐在一块席子上,有人给他们送来牛奶、水

1100

① Richter, *Manual of Coorg*, p. 139.

② Moore, *Malabar Law and Custom*, p. 58.

③ Zeen-ud-deen, *Toh fut-ul-mujahideen*, p. 65.

④ Anantha Krishna Iyer, *Cochin Tribes and Castes*, i. 347.

果和糖，这样，他们就结成夫妻了。接下来是举办婚宴。婚宴之后，新郎便带新娘回家。“这时，新娘还只是长兄一人的妻子。如果她还想成为新郎诸兄弟的妻子，那么，就需要和这几个兄弟再吃一道甜食。这道甜食，可以在新郎家吃，由新郎的母亲来做；也可以在新娘家吃，由新娘的母亲来做。从此以后，她就成了这几个兄弟的共同妻子了。现在，当地仍有四五个兄弟合娶一个年轻女子的习俗”。[①] 瑟斯顿先生了解到，在蒂扬人中，妻子住在屋里，诸夫住在屋外，如果哪个做丈夫的要和妻子约会，就会把一把小刀放在门框上，作为一个记号，以阻止其他丈夫进屋。科钦邦的卡尼扬人，亦称卡尼桑人，也实行兄弟共妻式的一妻多夫制。据了解，他们那里的一种婚礼仪式也同刚才讲到的十分类似。在他们那里，共妻的诸兄弟经常离家在外，以占卜谋生。一旦有几个兄弟碰巧赶在一块儿回来几个星期，那么，他们就依次按照母亲所指定的地方，一一与妻子相会。一夫多妻的事在他们那里几乎是闻所未闻。马拉巴尔的托尔科兰人，亦即从事皮匠工作的种姓，也实行兄弟共妻式的一妻多夫制。据说，从前，在他们那里，只有那些家境较好的人，才能单独娶上一个妻子。实行兄弟共妻式一妻多夫制的还有科钦邦的维尔库鲁普人，以及马拉巴尔的剃头匠阶层。这些剃头匠据说是纳亚尔人，由于他们的职业被人看不起，社会地位也下降了。关于维尔库鲁普人，据说，妻子所生的子女均被视为所有兄弟的子女，他们称共妻的诸兄弟均为父亲。 130

在马都拉地区的卡兰人中，一个女子嫁给 10 个、8 个、6 个或

---

① *Ibid*. i. 294 *sq*.

2个男人的事常有发生。这些男人均被视为孩子的父亲。据说，居住在同一地区的托蒂扬人有一种习俗：女子过门后，还要与丈夫的兄弟、近亲乃至叔伯同居。据说如果不这样做，就会遭遇厄运。“在当地人看来，这样做并不会使做妻子的丢脸。如果有人还是不愿意这样做，祭司就会强迫她们接受这一习俗。”[①]在马都拉地区的库努瓦维拉拉人中，“如果家中的房地产由于没有儿孙继承，就要落入某个女儿手中时，家里就不会允许她嫁给成年男子，而是让她同一个小男孩或是父亲寝室中的什么东西举行婚礼。这样，她就可以随意与本种姓中她所中意的任何男子交欢了。由这种关系所生的后代可继承家产，从而使女方家产不致外流。”[②]据信，在哥印拜陀地区的维拉拉种姓中，做父亲的在儿子尚未成年时同儿媳发生性关系，乃是一种很常见的习俗。而这种关系所生的后代被
1102 131 认作儿子的孩子。这种把大媳妇嫁给小男孩的事，在盛行表亲婚的地方经常可以看到。而妻子在丈夫未成年时，通常都可以与另外的人同居。其同居者可以是其公公，也可以是其姑姑的儿子或其他某一近亲，甚至还可以是本种姓中她所中意的任何一个男子。在庭瓦利地区的雷迪人中，以及在南印度和克什米尔的托蒂扬人、巴达加人和另外一些部落或种姓中，这种做法都很盛行。但是，这样的婚姻既不能被称之为一妻多夫制，也不能被看作一妻多夫制的某种遗迹。我们在前面曾说过，俄国农民中就有这样的做法。在那里，有些做父亲的在儿子还很小时就给他娶了亲，一来是为的

---

① Nelson, *Madura Country*, ii. 82.

② Nelson, *op. cit.* ii. 35.

给家里添一个女劳力；二来也是为的趁儿子还小时先同儿媳同居。在塞尔维亚，至今还可以见到这样的事。此外，阿尔奎斯特在奥斯加克人中，斯米尔诺夫在切列米斯人和莫尔多瓦人中，冯·哈克斯特豪森在高加索的奥塞梯人中，也都见到过这样的事。

一妻多夫制也曾在锡兰腹地普遍流行，直至 1860 年左右，才为总督亨利·沃德爵士所禁止。但是，尽管有政府的禁令，这一做法仍旧存在。19 世纪中叶，一妻多夫制虽已在沿海各省绝迹，但据说在全岛其他地方仍很普遍，只有维达人例外。据埃默森·坦南特爵士说，一妻多夫制主要是在富有的阶级中流行；但据戴维博士说，这种婚姻形式在各阶级中都很普遍，并无贫富贵贱之分。有 132
不少妇女都有三四个丈夫，还有的有五个甚至更多。瑟尔遇到过一个高种姓的康提妇女，她嫁给了八个兄弟。共妻的丈夫大都是兄弟，尤其是在最高的种姓中。茹安维尔写道："求亲时，全家人一起出动。家里的人越多，能给女方提供的不动产也就越多。与女方成亲的，乃是全家的人。"[①]但是，兄弟之间似乎并不总是合娶一妻，而共妻的丈夫也并非都是亲兄弟。1818 年，一个由德高望重的僧伽罗人所组成的委员会在康提编成了一部习惯法（Níti-Nighanduva），其中规定："父母将女儿嫁给某一男子之后，若该男子出于寻求他人帮助或防止家产分割（譬如说，由于家产太少，无以分割）的目的，意欲与他人共妻，则必须征得妻子的同意，否则不得付诸实行。若某一已婚男子同意以自己之妻与另一非兄弟关

① Joinville, "Religion and Manners of the People of Ceylon," in *Asiatick Researches*, vii. 427.

系的男子所共有，那么，即使妻子本人同意，若其父母不同意，此种合婚亦不得实行。”[①]如果诸方均表同意，那么，做丈夫的即可将数名与自己没有血缘关系的男子带回家中，所生子女均被视为第一个丈夫的子女，但他们也可以继承其生父的财产。共妻的诸兄弟所生的后代，称诸兄弟皆为父亲，但有“大”、“小”父亲之分。所生
133 的后代均被认为是诸兄弟共同的继承人。但是，如有财产诉讼发生，则子女都以诸兄弟中的长兄认作自己的父亲。对此，康提的法律是予以承认的。巴尔德斯始自 1672 年的记载似乎也反映出，共妻的诸丈夫中有一人是主要的丈夫。他曾写道：“丈夫有事外出时，就会提出由他的亲兄弟来实施其做丈夫的职责。”[②]除了一妻多夫制之外，康提的法律也承认其他各种婚姻形式，诸如一夫一妻制、一夫多妻制和群婚。不过，一夫一妻制比较常见，而一夫多妻制则甚为罕见。瑟尔说，他在锡兰居住期间，无论是在内地，还是在沿海，他都从未遇到过一个娶有多妻或宣称娶有多妻的僧伽罗人。

我们以上讨论的是印度某些实行一妻多夫制的民族。在这些民族中，共妻的诸夫要么都是兄弟，要么多是兄弟。但是，印度还有一个民族实行的却是另一种类型的，即非兄弟共妻式的一妻多夫制。这个民族就是居住在科钦、马拉巴尔和特拉凡哥尔的纳亚
134 尔人，亦即奈尔人。自 15 世纪初以来，已有许多旅行家对这种情况加以证实。在 19 世纪，纳亚尔人的一妻多夫制一直处于衰退之

---

① *Níti-Nighanduva*, p. 22.

② Baladaeus, “Description of Malabar and Coromandel; as also of Ceylon,” in Churchill's *Collection of Voyages*, iii. 744.

中，至今可以说已基本绝迹，只在某些边远地区还有残存。在那里，人们还可以见到，或者说几年前还曾见到一妻多夫制，甚至是 135
非兄弟共妻式的一妻多夫制。不过，苏布拉马尼亚·艾亚尔在1901年曾写道，所有体面的纳亚尔人所实行的，都是一种严格的一夫一妻制。

纳亚尔人的一妻多夫制在人类婚姻史上曾扮演过一个重要而又容易使人误解的角色，因此，我准备把这个问题展开来谈一谈。首先，我们有必要对实行一妻多夫制的这个民族，有一个清晰的了解。

纳亚尔人一般被认为是达罗毗荼人，他们构成了荣誉种姓中的第三等，也是最后一等人，被冠以纯“马拉雅拉的首陀罗”之称。他们原来都是贵族，从小习武，长大后除了从武之外，不从事任何其他工作。人们离家外出时，随身都带有武器。在纳亚尔人中，男孩在1到7岁时，即被送入学校，学习使用各种武器。老师先是伸展和弯曲他们的关节部位，以使身体柔韧，而后就教他们怎样保护好自己的武器，并能熟练地运用这些武器。学成之后，即加入行伍之中。有的负责保卫国王，并发誓为国王尽忠；有的则负责保护王公贵族，并从他们那里领取报酬。这些武士都住在城外，住地围有栅栏，与外人不相往来，住地内则应有尽有。直到18世纪末时，纳亚尔人一直是一个从武的民族。但是后来，则专门从事农业、服务于政府部门或致力于内部事务，为自己赢得了“忠诚、平和的公民”
这一美称。在现在的纳亚尔种姓中，还有世袭的商人、工匠、油贩 136
子乃至理发匠和洗衣匠。此外，来自卡纳里和泰米尔地区的连续不断的移民潮，似乎也带来了各种不同的种姓和部落。这些种姓

和部落采行了其周围较有地位的社会阶层的风俗习惯和行为方式，并取用了他们的种姓名称。

按照纳亚尔人的习惯做法，每一个女子在进入青春期之前，都要举行一种婚姻仪式，其最基本的内容，就是给她找来一个名义上的丈夫，让他把一枚称作“塔里”的小金片系在她的颈上。我在前面曾经讲过这种仪式，[①]并指出，从前，经办这种仪式的男人可能还要为他在名义上所娶的这个女子破贞。但是，即使是在从前，这个男人对这名女子也没有更大的权利。一个女子在经历了这种仪式之后，便可以与自己中意的任何婆罗门或纳亚尔人同居。不过，她若是与一个种姓较低的人同居的话，就会被处死，至少也会被逐出家门。女子“没有义务接收两人或更多人的爱慕”，[②]但她们通常都有好几个情人，而这样做并不让人看不起。至于一个女子究竟有多少情人，不同的作者有不同的说法。有说两三个的，有说三四个的，有说五六个的，有说五至十个的，还有说十个和十个以上的。据说，1788年提普·苏丹巡访卡利卡特时，曾向纳亚尔人发布了一个文告，认为一个女子与十个男子相交之行径比野兽更有
137 不如，并要他们将此陋习革除。巴尔博扎说过，一个女子拥有的情人越多，就越受人尊敬。但是从某些作者的记载来看，一个纳亚尔女子可以接待的来访男人，似乎还是有一定限制的。皮拉尔就说过：“如果愿意的话，每个女子可以同时拥有三个丈夫。”[③]希罗尼

① Supra, i. 184 *sqq.*

② Grose, *A Voyage to the East-Indies*, i. 243.

③ Pyrard, *The Voyage of F. P. of Laval to the East Indies, the Maldives, and Brazil*, i. 384.

莫·迪·桑托·斯特凡诺表示："每位女士可根据自己的喜好，找七八个丈夫。"[1]据格罗斯说，习俗和法律都不曾对一个女子有多少情人做过严格的限制，但很少有超过六七个的；而汉密尔顿则明确表示，任何纳亚尔妇女都不得同时拥有12个以上的丈夫。

某个男子获准来到女方家里之后，通常都会给其情妇几件首饰，并送给情妇的母亲一块布。但是，这些礼物并不贵重，故不能由此而推断说，女子找情夫是出于金钱的目的。一个女人的所有情夫都分担维持其生活的责任，但她却不同这些情夫住在一起。很早以前，孔蒂就曾有过明确的记载，说那些做丈夫的只是在夜里去女方家里探妻，第二天早上就回自己家了。直至今日，还常有这样的事发生。纳加姆·艾亚曾说过，在南马拉巴尔和北特拉凡哥尔，男人把女人娶回家里的事甚为罕见。据其他一些作者说，女子总是常住在自己的"塔尔瓦德"（即母系家宅）之中，如果她是一个富有的"塔尔瓦德"的成员，或者说，如果做丈夫的没有独立的财产的话。一个女人与诸情夫达成某种协议之后，即与他们实行同居。 138
有些早期的记载说，她们是根据情夫的多少，把一天24小时分成若干段，每个情夫都可以有一段时间住到女方家里。有的则说，每个情夫依次陪其共同的情妇住一天，时间的计算是从每天的中午到第二天的中午；时间一到，头一个就走了，后一个就来了。还有一种说法比较简单：每个情夫轮流与情妇过夜。与这些说法有所不同的，是汉密尔顿的记载。他写道："他们（诸丈夫）根据结婚的早晚顺序依次与她同居，每人呆10天左右，总之是使每个人都能

---

① Hieronimo di Santo Stefano, in *India in the Fifteenth Century*, p. 5.

排上。谁与她同居，谁就要在这段期间给她提供各种生活必需品。由于诸丈夫总是轮流而来，因此她的日子也就过得很富足。……而在每个丈夫与她同居期间，她也都要为其采买食品，做饭，洗衣，还要帮他们擦拭武器。”[①]当某个情夫到女方家中走访时，他总要把某件武器或别的什么标志放在门口。这样，在他逗留期间，别人就都不敢再进来了。有了这样的安排，就可以避免某些不便，避免相互争吵。据说，诸情夫之间的关系很少甚或从未受到嫉妒心的干扰。

关于这种男女关系所生的子女，则有各种说法。孔蒂说，子女是按妻子的意愿分派给各个丈夫的。根据巴泰马的说法，由母亲
139 来定“某个孩子是这个丈夫的，还是那个丈夫的；孩子根据母亲的指认，跟其父而去”。[②] 据汉密尔顿说，“女子怀胎后，即指定出胎儿的父亲。在母亲把孩子哺乳大，并教他学会走路和说话之后，即由所指认的父亲负责对孩子的教育。”[③]福布斯也说，妻子可指定孩子的父亲，做父亲的有义务抚养孩子。而皮拉尔则说，由诸丈夫“共同养活妻子，抚养孩子”。[④] 但是，根据洛佩斯·德·卡斯塔涅达的说法，纳亚尔人“从来不把其情妇所生的孩子看作是自己的，不管他们之间有多相像”。[⑤] 巴尔博扎也说，孩子们“一直是由母

① Hamilton, "A New Account of the East Indies," in Pinkerton, *Collection of Voyages and Travels*, viii. p. 375.

② Barthema, *Itinerario nello India*, fol. liii. a.

③ Hamilton, *loc. cit.* p. 375.

④ Pyrard, *op. cit.* i. 384.

⑤ Lopez de Castanheda, *Historia do descobrimento e conqvista da India pelos Portugueses*. i. 48.

亲和舅舅抚养并带大的”,做父亲的从来不承认孩子是他们的,也从来不给他们任何东西。[①] 以上这些说法,从最早期的到最晚近的都大致相同。考虑到这一点,后两位作者的说法显然就有些不同寻常了。也许我们可以这样设想:早先,纳亚尔人在父子关系上的做法与现在有所不同,但自 17 世纪以来,如果不是更早的话,父亲的职责已开始为更多的人所承认。至于说到纳亚尔人的继承规则,则没有什么不同的意见。在他们那里,一个人的所有遗产都是属于其姐妹的儿子的。直至今日,在任何情况下,做子女的都是“继承母亲的塔尔瓦德的财产和地位”。[②]

纳亚尔人中一女与数男的结合,成得也快,散得也快。巴尔博
扎和卡斯塔涅达都说过,每个男人都可以随意抛弃自己的情妇,同 140
样,女人也可以随时不让其情夫来访,或是将其情夫撵走。即使是现在,对于所谓“二次婚姻”,即他们所说的“桑班达姆”(即“结伙”),只要一方愿意,即可中止。不过,实际上很少有人行使这种随意离异的权利。至于说到纳亚尔人的这种一女数男的结合是否具有合法性,则说法不一。皮拉尔曾说过,他们在同一时间内只能有一个妻子。朱塞佩·迪·圣玛丽亚则说,他们可以有五个妻子。而汉密尔顿却说,在他们那里,一个男人可以有多少妻子,一个女人可以有多少丈夫,都没有一定的限制。

在以上的叙述中,我用的多是“情夫”和“情妇”这样的词,而不是“丈夫”和“妻子”。这是因为,纳亚尔人的这种一女与数男的结

① Barbosa, *A Description of the Coasts of East Africa and Malabar in the beginning of the Sixteenth Century*, p. 127.

② Jogendra Nath Bhattacharya, *Hindu Castes and Sects*, p. 107.

合很难被称作“婚姻”。有些作者就曾明确指出，纳亚尔人并不是结婚，或者说，他们不被允许结婚。现在，“桑班达姆”的关系实际上虽被赋予一夫一妻制关系的全部神圣性，但从法律上说，男方在与妻子和儿女的关系上，都不享有被认可的权利，也不承担被认可
141 的义务。从非法律的观点来看，“婚姻”一词也很难用于纳亚尔人的这种男女关系。这是考虑到：第一，这种关系具有极大的松散性和极强的权宜性；第二，这些男人从不和女方住在一起；第三，从某些记载来看，做父亲的职责被完全忽略了。在这些方面，纳亚尔人与我们在本章中所讲到的另一些印度民族有很大的不同。诚然，在那些民族中，同某个女人有性关系的那些男人也未必都是严格意义上的丈夫，但她毕竟是在法律的意义上嫁给了其中的某些人，至少是其中的一个人。此外，还有一点不同，那就是：没有任何迹象表明，在纳亚尔人中，经常同某一女人过性生活的那些男人，具
1110 有亲兄弟的关系。有的作者说过，在纳亚尔人中，亲兄弟差不多总是住在一起的；但是，正如我们已经了解到的那样，女人并不同她的情夫们住在一起。最后还应指出：实行情夫情妇制和母系继承制的纳亚尔人，是同实行兄弟共妻式一妻多夫制和父系继承制的民族混杂居住在一个地区的。

据说，在印度南部还有一些种姓或部落也实行非兄弟共妻式的一妻多夫制，他们同纳亚尔人的关系都很近。有关这方面的情况，我们将在下一章讨论纳亚尔人一妻多夫制的起源时有所论及。在特拉凡哥尔高原实行母系制的穆杜瓦尔人中，一夫多妻制和一妻多夫制都是被允许的，前者比较常见，而后者则较为罕见。但是，亲兄弟不得实行共妻，堂兄弟也不得实行共妻。“某个男子在

某个村子中可能是实行一夫一妻制的，但是在几英里之外，他却可能是诸多共妻者中的一员。”不过，“在豆蔻丘陵，以及在该部落大多数人居住的丘陵西麓，人们实行的还是一夫一妻制。那里的人 142
对一夫多妻制和一妻多夫制的做法都很憎恶。”[①]

一般来说，在当今的印度，一妻多夫制的实行只限于非雅利安人的藏系部落和达罗毗荼部落或种姓之中。但是，据不少人推测，一妻多夫制也曾存在于早期的雅利安人之中。《摩诃婆罗多》中就曾讲到，般度族五兄弟中的长兄在一次射箭比赛中赢得了黑公主，后来，她就成了五兄弟共同的妻子。诚然，其中三兄弟的母亲恭蒂，据说是出于某种误会才在一开始的时候就批准了他们的结合。而且，五兄弟还用超自然的天意来做解释，证明他们这样做是对的。此外，黑公主的父亲也对此事表示强烈反对。他说，虽然国王可以娶很多的女人，但王后则只能有一个男人。他宣布，黑公主的婚姻是同习俗和吠陀的精神相抵触的。但是，坚战则回答说，这种做法早有先例。他列举说：有一个古老的传说曾讲到，阇蒂罗·乔达蜜就有七个丈夫；某位圣人的女儿伐尔克希则嫁给了十个兄弟。毗耶娑也肯定了这种婚姻的合法性。他把这种做法称为自古以来就得到认可的一种习俗。有一本律书讲到，“新娘是嫁给新郎一家的，不是嫁给新郎一人的。”但这部律书也宣布，这样一种做法现在已被禁止。[②] 另一部律书则将“把新娘嫁给全家人”的做法说成是 143
南方某些地区的一种习俗。[③] 但是，所有这些说法都不能证明，一

---

① Thurston, *Castes and Tribes of Southern India*, v. 92, 94.

② *Apastamba*, ii. 10. 27, 3 *sq*.

③ *Brinaspati*, xxvii. 20.

妻多夫制是一种地地道道的雅利安习俗。同样，这也不是吠陀时代的习俗。奥珀特曾指出，般度族五兄弟合娶黑公主一事，以及其他一些奇特的习俗，都同印度的非雅利安居民有密切的关系。此外还有一些说法。有人提出，般度族五兄弟是武士，在男女关系上自然可以随便一些。也有人说，假如被征服的土著人实行一妻多夫制的话，那么，征服者也就自然会仿而效之，正如英国的骑士来到蛮荒之地，他们比爱尔兰人还爱尔兰人。还有人说，雅利安征服者远道而来，当然不能随军携带大量妇女，因此也很乐于实行这种一妻多夫制。但是，婆罗门教是一直反对一妻多夫制的。在其圣律中被认可的一种最倾向于一妻多夫制的态度，是这样一种规定：如果某对夫妻无后，则丈夫可授权妻子与丈夫的兄弟或其他近亲（色宾陀）同居，以求得后代。但是，这一规定的意图所在，是要求得儿女，因此，自然不能把它看作兄弟共妻式一妻多夫制的一种遗存形式。

在古代雅利安人中，似乎确有这样的一种习俗：一个上了年纪的或不能生育的已婚男子，可以找人代为帮助，为自己生一个合法的继承人。据说，这是斯巴达的吕库古斯所允许的，甚至还有人说这是他规定的。在德国的传说和农民旧俗中，还保留着这种习俗的某些痕迹。在雅典，如果某个女继承人的丈夫（夫妻均为近亲）不能履行其婚姻职责，那么，她就有权再找一个亲戚来帮忙。据波利比奥斯说，斯巴达曾存在过真正的一妻多夫制。他说，那里常有几个兄弟合娶一个妻子的事，所生子女由大家共同抚养。而色诺芬则说：“在斯巴达，做妻子的并不反对承担两个家庭的责任。”[①]爱尔兰的古代传说中曾提及过兄弟共妻的事。在斯堪的纳维亚人的“英林加萨迦”中，有一个神话，说的是女神弗里格，在丈夫奥丁不在的时候，又嫁给了他的两兄弟维利和韦。但有人 145
推测，这是奥丁最初时的另外两个名字。

情夫情妇制曾作为一种得到认可的习俗存在于欧洲。据说，在早先，佛罗伦萨的良家妇女都会根据婚约中已定好的一个条款，要求再找一个情夫，而不管她对自己的婚姻是否满意。蒙塔古夫人曾于1716年去过维也纳宫廷。她写道，那里“有一种既定的习俗，即：每位太太都有两个丈夫，一个是有名有实的，一个是有实无名的。这种关系在当地是尽人皆知的。因此，如果你邀请一位有地位的太太出席晚宴，而同时又没有邀请她的两个随从——情夫和丈夫，那简直就是对她的一种侮辱，会令她十分不快。在晚宴上，每位太太都是庄重地坐在她的情夫与丈夫之间。一般来说，这种亚婚姻关系前后可持续20年。而情妇还可以完全支配其可怜情夫的家产，甚至可以使他家破人亡。”这位女作者又写道：一个女人，“从刚一结婚就开始四处找情夫。情夫乃是一个女人的车马。没有情夫，也就显不出女人的气派来。”而那些做丈夫的，“对给自己的妻子献殷勤的人也并无恶感，就像是这些人在帮自己干事，使得自己免去很多麻烦。其实，他们也没闲着，因为他们在别处，通常也在帮别人干事。”[②]

现在，我们再回过头来说亚洲。在马来半岛雪兰莪的乌鲁冷

① Xenophen, *Lacedæmoniorum respublica*, i. 7.

② Lady Montagu, *Letters and Works*, i. 244 *sq*.

吉，居住着坦琼人。据坎贝尔说，在他们那里，女人总是自己找丈夫，而且可以找不止一个。据说，有一个住在方打坎青的女子，就找了 4 个丈夫。对于这一说法的可靠性，马丁博士曾心存疑问，理由是此说别无查证。但是，斯基特和布莱格登两先生则确认，在乌
146 鲁冷吉的萨凯人中，有实行一妻多夫制的记载。在婆罗洲的中部高原，有一支完全以丛林中的野产为生的游动部落——普南人。他们虽然一般都实行一夫一妻制，但也有人实行一妻多夫制。据凯特说，婆罗洲西部希丁地方的达雅克人中，一个女人可以有 4 个丈夫，而且，妇女行使这一特权，既不用遮遮掩掩，也不会被人看不起。不过，在这种情况下，所生的孩子都归第一个丈夫一个人来管。里德尔说，在凯伊群岛，“妇女原来总是与数名男子同住，所生的子女则是跟着母亲过。”[①]在菲律宾棉兰老岛的一支山地民
1114 族——苏巴努人中，“有人把实行一妻多夫制归因于当地男子太穷，拿不出娶亲所需的聘礼，于是，两个人便合着买一个女人做妻子”。[②]

在马绍尔群岛，一妻多夫制仍然存在，虽说通过传教士的影响，这种婚姻已大为减少。在异教徒中，有地位的妇女想找几个丈夫，就可以找几个丈夫。从前，她们对这一权利的行使，曾达到过很高的程度。所有的丈夫均被认为是孩子的父亲。一妻多夫制也是或曾是马克萨斯群岛土著人的传统习俗之一。德·罗克弗伊曾于 19 世纪上半叶去过该群岛，据他讲，几乎每个女人都至少有两

---

① Riedel, *De sluik-en kroesharige rassen tusschen Selebes en Papua*, p. 236.

② Finley and Churchill, *Subanu*, p. 29.

个丈夫，而只有那些最本分的女人，才满足于两个丈夫。一般来说，后找的丈夫都是头一个丈夫的兄弟或朋友，而妻子则睡在他们 147
中间。所生的子女，或者归养活妻子的那个丈夫，或者归妻子所指认为孩子父亲的那个丈夫。至于一夫多妻制，则是极为罕见的。在整个这一群岛的范围内，哪个男人要是娶有一个以上的女人，大家都会特别提到的。利相斯基在一份稍早的记载中，曾谈到马克萨斯群岛努卡希瓦岛上的土著。他写道："在富裕人家，每个女人都有两个丈夫，其中一个可被称为助理丈夫。这个助理丈夫，在另一个丈夫在家时，不过是家里的头号佣人而已；而当另一个丈夫外出时，他就可以行使婚姻的一切权利，还有义务陪太太出去。有时，这个地位较低的丈夫是婚后才找的；不过，一般来说，都是两个男人先后求婚。女方若对他们两人的求婚都表同意的话，则指定一人为正，一人为副。副夫一般都是穷人，但相貌和身材都较好。"[①]陶坦博士也对马克萨斯群岛居民的婚姻习俗做过描述。据他讲，一个人从娶亲的头一天起，他的所有兄弟也就都成了新娘的从属丈夫，而新娘的所有姐妹也就都成了新郎的从属妻子。但是，这并不妨碍其姐妹另嫁他人，如果她们尚未嫁人的话。不过，一个女人的几个丈夫并不一定都是兄弟。假如有一个人抢了别人的妻子，那他就成了她的主要丈夫。而原来那个丈夫，如果愿意随妻而来的话，则只能做她的从属丈夫，并做主要丈夫的佣人。身为主要妻子的女人，也可以自己去找从属丈夫，而且这样的事还不少。女人生的孩子被视为其所有丈夫的孩子，孩子之间也以兄弟姐妹相

① Lisiansky, *Voyage round the World*, p. 83.

称。据梅尔维尔说，在蒂皮谷地，男人都只有一个妻子，而成年女
148 性则至少有两个丈夫。“第二个求亲者年岁都较大，他们是自己找上门来的。有了儿子和女儿，都带回自己的住地去。”[①]里弗斯博士曾说，马克萨斯群岛上的一妻多夫制有一个特点，就是诸丈夫分属不同的社会阶层，其中一个在社会上有一定的地位，而另一个则没有什么地位。我不知道他这种说法出自何处，但这显然是与罗克弗伊和陶坦博士两人的说法相矛盾的。甚至连利相斯基关于努卡希瓦人的报告，也不能证实里弗斯博士的这一说法。

在夏威夷群岛，除了有群婚（我们将在后面的一章中进行讨论）之外，还有一妻多夫制和情夫情妇制。例如，在酋长之家，一个女人通常都有两个丈夫。妻子生了孩子，第一个归头一个丈夫，第二个归后一个丈夫。在毛利人的图霍部落中，有少数几个孤立的事例表明，“已婚妇女有通奸行为。而该部落也同意一个女人可有两个丈夫。”但是，在整个毛利人中，贝斯特先生并未发现一妻多夫的制度。[②] 不过，毛利人有一个古老的传说曾提到过一妻多夫制，说的是一个叫希纳乌里的女子，嫁给了两兄弟，他们分别叫做伊胡阿塔迈和伊胡瓦莱瓦莱。在新喀里多尼亚，据 M. 蒙塞隆说，一妻多夫制似乎并非完全不存在。哈德菲尔德牧师曾于 1888 年从利富岛写信给我，说据当地有一位长者了解，全岛共有 3 例一妻多夫制婚姻，但是岛上的土著人对共妻的丈夫都很看不起。在这 3 例
149 婚姻中，有两例是兄弟共妻，另一例则是非亲属共妻。在新赫布里

---

① Melville, *Typee*, p. 282.

② Best, “Maori Marriage Customs,” in *Trans. and Proceed. New Zealand Institute*, xxxvi. 28.

底群岛的马利科洛岛，有时也有两个男人合娶一个女人的事。在班克斯群岛，据了解，有两个鳏夫同一个寡妇同居的事，两个鳏夫皆称女方为妻，若有了孩子，也被视为这两个人共同的孩子。“但是”，科德林顿博士说，“这种同居与其说是一种婚姻，不如说是感到后半生孤独寂寞的人出于权宜之计的一种组合。”此外，还有一些做丈夫的，默许妻子与另一个男人来往，但这第二个男人并不是丈夫，而且，这种事在当地也被认为是很不光彩的。① 在所罗门群岛圣克里斯托瓦尔岛的阿罗西地区，常有这样的事：“一个男人，只要交一些钱，即可和一对夫妇同住。不少人都说，他与这对夫妇同住，仅仅是为了找个人给他做饭，给他干干地里的活儿。他并没有权利与主妇发生关系。但是，如果他想这样做的话，只要再交些钱即可，还有生了孩子的。在有的村子里，最多时有三四个男人以这种方式同一个女人住在一起。所生的孩子均被认为是第一个丈夫的子女。”②在阿德默勒尔蒂群岛以西的卢夫岛，现在只住有大约80个人。当地有一种习俗，即做丈夫的都允许别的男人与自己的妻子发生关系。甚至有人说，女人在一定程度上乃是全体男人的公共财产。

关于新几内亚的某些美拉尼西亚人以及澳大利亚的某些土著人实行性共有制的情况，我们将在群婚一章中予以讨论。现在，我只想指出一点：在有些情况下，他们的性关系也可呈现出一种单纯的一妻多夫制的性质。例如，在澳大利亚中部艾尔湖一带的迪埃

---

① Codrington, *Melanesians*, p. 245 *sq*.

② Fox, "Social Organizaton in San Cristoval, Solomon Islands," in *Jour. Roy. Anthr. Inst.* xlix. 118 *sq*.

150 里人中，鳏夫可以同其兄弟的妻子发生关系，未婚男子也可同别人的妻子相爱。据布尔默说，在吉普斯兰的黑人中，“我们有理由相信，其风俗习惯准许单身男子偶与兄弟之妻同居，也准许已婚男子与妻子的姐妹同居。”[①]有时，一些被当作群婚证据而举出的事实，其实只能说是一种一妻多夫制的关系。例如，有人就说过，在昆士兰的瓦克尔布拉人中，一个男子的未婚弟弟（亲兄弟或部落兄弟）可以同这个男子的妻子发生关系，也有义务保护她所生的孩子。詹姆斯·弗雷泽爵士关于澳大利亚不存在一妻多夫制的说法，如果是从“婚姻”一词的全部意义来理解“一妻多夫制”的话，则没有什么错误可言。但是，如果真是这样的话，他在谈及澳大利亚人现在的状况时，也应避免使用“群婚”一词。

马达加斯加也存在一妻多夫制，虽然这只是一些个别情况。由于内战的影响，安坦格纳省的很多居民背井离乡，流落到另一个省安家。在这些人中，就有几个兄弟合娶一个女人的，所生的子女被认为是这几个兄弟共同的孩子。在同一岛上的梅里纳人中，一个女人死了丈夫之后，不仅成了亡夫长兄的妻子，而且，只要长兄同意，还会成为亡夫其他兄弟的妻子。于是，也就成为当地人所说的“众人之妻”。但是，到18世纪末期，这一做法已经废止了。直至最近，马尔加什妇女虽然只有一个丈夫，但根据祖先留下的宗法，当丈夫不在时，还必须委身于丈夫的弟弟，乃至姐夫妹夫和表
151 姐夫表妹夫，因为她是这些人的“共同配偶”。在他们那里，如果有人被捉了奸，被捉者可以向做丈夫的提出，为他分担家庭开支，同

① Bulmer, in Curr, *The Australian Race*, iii. 546.

时也共有他的妻子和儿女，以此抵罪。据说，对于这一建议，受到伤害的丈夫可以接受，也可以拒绝。马达加斯加的诸女王可随意找好几个丈夫。1818 年，有一位旅行家曾去过该岛的东岸，发现那里的一位王后有 4 个丈夫，而 M. 格朗迪迪埃则遇见过一个有两个丈夫陪同的女王。据瓦尔特先生说，在马达加斯加西北海岸外面的贝岛上，女人一般不得有一个以上的丈夫，但是，无论是在这个小岛上，还是在附近的大岛上，都有一妻多夫制的情况存在。

邦蒂耶尔和勒弗里耶曾描述过 1402 年让·德·贝当古征服加那利人并使其皈依基督教的情况。其中讲到，在兰塞罗特岛，大多数妇女都有 3 个丈夫，他们"按月轮流伺候妻子。也就是说，下个月将与妻子同居的那个丈夫，要先在这儿呆上整整一个月，悉心伺候妻子以及本月与妻子同居的那个丈夫。于是，做妻子的便月月有人照顾。"[①]据阿布雷乌·德·加林多说，"与某些听错了信息的作者所断言的情况相反"，在加那利人中，女人都只有一个丈夫。[②] 但是，加林多讲这话时，是在 1632 年，较之 1402 年，已过了

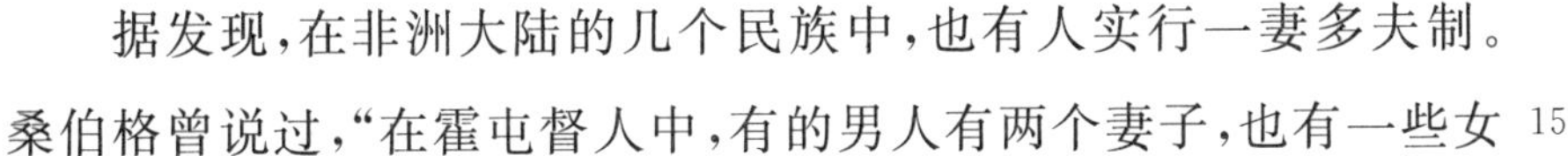
很长时间。正如洪堡所言，与让·德·贝当古同行的那两位传教士未能就他们所讲到的那一习俗，给我们留下更多的细节，这实在令人遗憾。

据发现，在非洲大陆的几个民族中，也有人实行一妻多夫制。桑伯格曾说过，"在霍屯督人中，有的男人有两个妻子，也有一些女 152

① Bontier and le Verrier, *The Canarians*, p. 139.

② Abreu de Galindo, *History of the Discovery and Conquest of the Canary Islands*, p. 68.

人有两个丈夫，虽然在某些情况下，通奸者会被处死。”[①]麦考尔·希尔先生也说过，在南非的班图族山民中，有些人实行一妻多夫制。他说：“有些男子凑不够娶亲所需的牛羊数目，父亲也无能为力，于是就找个有钱人资助，条件便是共享婚姻权。”[②]据罗兰先生说，在巴苏陀人中，妻妾成群的酋长“需要得到很多青年男子的侍奉和拥戴，而这些人又穷得娶不起妻子，于是酋长就把自己的妾送给他们，有的是临时性的，有的则是永久性的。但不管是哪种情况，所生的孩子均属酋长所有。酋长被认为是这些孩子名义上的父亲和所有者”。[③] 约翰·罗斯科牧师在谈到中非安科莱的一支牧业部落巴尼扬科勒人（亦称巴希马人）时，曾写道：“有些穷人付不起娶亲所需的那么多牛，但是却有足够的牛奶可以养活自己和妻子，于是，他就去找一个或几个兄弟，一起支付聘礼。这样，娶来的妻子也就成了兄弟儿人的共同妻子。虽然只有长兄一人参加婚礼，但他们都明白，娶来的妻子属于这个合同中的所有人。妻子未怀孕时，与诸兄弟轮流同住；怀孕后，则一直与长兄同住，直至孩子出生。这种婚姻所生的所有孩子，均被看作是长兄的子女。以后，哪个兄弟发了财，想自己娶一个妻子时，尽可以放弃他在这种关系
153 中所拥有的一份权利。”[④]做妻子的也无妨与丈夫的朋友或亲属同居，生下来的孩子亦属于丈夫。罗斯科先生说，就他所知，除了这支班图人之外，实行一妻多夫制的另外唯一一支班图人就是住在

① Thunberg, *Travels in Europe, Africa, and Asia* (*1770—1779*), ii. 193.

② Theal, *Yellow and Dark-skinned People of Africa south of the Zambesi*, p. 224.

③ Rolland, quoted by Theal, *History of the Boers*, p. 19.

④ Roscoe, *Northern Bantu*, p. 121.

乌干达以南的巴齐巴人了。但是，他并没有就这支班图人的婚姻形式提供更多的细节。据M.朱诺说，在东南非的巴佩蒂人中，有这样一种一妻多夫制：做妻子的在有了小孩之后，即可同别的男人发生性关系。其实，这不过是一种情夫情妇制。在非洲的很多部落中，一个男人如果没有孩子的话，就会悄悄地把自己的兄弟或其他什么人叫到妻子这里来，为的是能让他们生个孩子。据温伍德·里德说，阿散蒂国王的姐妹们“为了使王室后继有人，可以同任何她们看得上的人进行谈判，只要这个人身体强健，长相较好，并有一定的地位即可”。[①] 在塞拉利昂的某些部落中，“身为大酋长的女人，想同多少男人发生性关系，就可以同多少男人发生性关系。”在这些部落中，“一个人如果有很多的妻子，甚至不反对他的儿子们与她们（除亲生母亲和帮其断奶者）发生性关系，只要不在

他眼皮下干就行。……这种半苟合权也适用于他的侄子及侄孙， 154
但不适用于他的孙子”。[②] 诺斯科特·W.托马斯先生曾告诉我， 1121
在尼日利亚南部的伊丰人中，做儿子的在父亲在世时也同样可以同他的诸妻发生性关系。

斯特拉博曾经断言，一妻多夫制也曾流行于肥沃的阿拉比亚。他指出：“家中的诸兄弟共同拥有家产，但由长兄掌管。诸兄弟合娶一妻，平日里谁先找上门来，谁先与妻共枕，并将手杖留在门口。不过，做妻子的总是与长兄一起过夜。”[③]格拉瑟和温克

---

① Reade, *Savage Africa*, p. 43.

② Vergette, *Certain Marriage Customs of some of the Tribes in the Protectorate of Sierra Leone*, p. 10.

③ Strabo, *Geographica*, xvi. 4. 25, c. 783.

勒认为，他们已从萨巴人和密尼安人的碑文中找到证据，足以证实斯特拉博的这一说法。据布哈里所述，几个男人合娶一个妻子，也曾是阿拉伯异教徒的一种习俗；小孩出生后，由母亲为其指认生父。布哈里还提到另一种婚姻形式，叫做 nikāḥ al-istib ḍā‘，即做丈夫的让妻子委身于某个贵族，而为贵族生养后代。但是，内尔德克认为，我们很难把一位伊斯兰教神学家作为阿拉伯异教习俗的可靠见证人。他还说，阿拉伯中部这种貌似一妻多夫制的现
155 象，不过是一种卖淫活动而已。按照罗伯逊·史密斯的说法，“在迦南人、阿拉米人和异教犹太人的某些宗教仪式中，一直有一个显著的特点，这就是绝对的性放纵。这一点似乎可以证明，在整个闪米特地区，曾流行过极其粗陋的一妻多夫制。”[①]但是，依我之见，把那些宗教仪式看作过去的婚姻习俗所留下来的遗迹，是没有任何道理的。

从以上综述的材料来看，有直接证据足以说明的是，一妻多夫制只是在少数几个地区内，才有较多的人实行；而在很多民族中，它只是一种个别现象。至于把一妻多夫制说成是全民族唯一认可的婚姻形式这一说法，则只有一例，说的是突厥斯坦的马萨格泰人。但是，这一出于中国古代作者对域外民族的记载，似不足为信。一妻多夫制如同一夫多妻制一样，往往会发生倾向于一夫一妻制的变化。例如，在一夫多妻制家庭中，总有一个妻子（多是先娶之妻）是主要的妻子；而同样，在一妻多夫制家庭中，也往往有一个丈夫（多是最先成婚的丈夫）是主要的丈夫。与主要的丈夫分享

---

① Robertson Smith, *Kinship and Marriage in Early Arabia*, p. 206.

其妻的男子，常被说成是从属丈夫，或被说成是他的副手或助手。
他们只有在真正的丈夫不在家时，才能充当丈夫和一家之主的角
色；而真正的丈夫一回来，他们就成了他的佣人，或仅仅被认为是
主妇的情夫、“半配偶”、主人的“性爱兄弟”、夫妇二人的“伴侣”。
共妻的诸丈夫往往都是亲兄弟，不过，在很多实行一妻多夫制的民
族中，虽然其主要形式都是兄弟共妻，但也有其他亲属共妻的，甚
至还有非亲属共妻的。此外，兄弟几人中，也有不参与共妻的；而
做妻子的，也可以从另外一个人家中再找一个丈夫。在实行兄弟 156
共妻的民族中，长兄通常被视为主要的丈夫。妻子是他娶来的，诸
兄弟的婚姻权都是从其长兄订立的婚约中得到的。不过，诸兄弟
要取得做丈夫的资格，有时还须经历某种特别的仪式。此外，我们
还听到一些说法，诸如：诸兄弟只有一直同长兄住在一起，才能提
出共妻的要求；长兄去世后，尤其是身后没有留下子女时，做妻子
的只要通过一道简单的仪式，即可与亡夫的诸兄弟脱离关系；诸兄
弟的待遇往往还比不上长兄的佣人，长兄可以随意把他们逐出家
门。还有一些说法或明或暗地表示：做弟弟的虽然可与长兄之妻
同居，特别是在长兄外出时，但其实并不被真的当作丈夫。在某些
地方，妻子所生的子女全被视为长兄的子女，孩子们称长兄为
“父”，称其诸兄弟为“叔”。即使全都称为父亲，也有“大”“小”之
分。而在实行一妻多夫制的其他地方，不论实行的是兄弟共妻，还
是非兄弟共妻，共妻的诸夫都一律被视为孩子们的父亲；妻子生了
孩子，按诸夫的伯仲关系或按妻子的指认，分给各个丈夫。在实行
一妻多夫制的很多民族中，诸夫轮流与其共同的妻子同居。如果 157
是兄弟共妻，每一轮往往都是从长兄开始。妻子在怀孕至分娩期

间，则要同长兄住在一起。只有两份材料说，妻子总是与诸兄弟中的长兄一起过夜。

第三十章　一妻多夫制(续) 158

我们在上一章中，描述了一妻多夫制的各种情况。现在，我们接着来讨论可能导致一妻多夫制的各种原因。而原因之一就在于男女比例的失衡。据说，在实行一妻多夫制的很多民族中，男性人口都多于女性。而某些民族的一妻多夫制就曾被直接归因于男多女少这一事实。

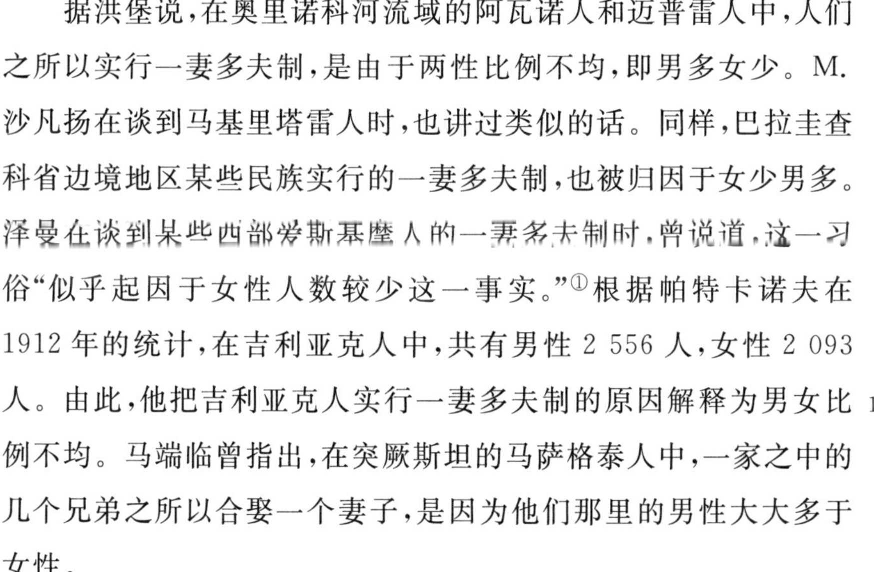

据洪堡说，在奥里诺科河流域的阿瓦诺人和迈普雷人中，人们之所以实行一妻多夫制，是由于两性比例不均，即男多女少。M.沙凡扬在谈到马基里塔雷人时，也讲过类似的话。同样，巴拉圭查科省边境地区某些民族实行的一妻多夫制，也被归因于女少男多。泽曼在谈到某些西部爱斯基摩人的一妻多夫制时，曾说道，这一习俗“似乎起因于女性人数较少这一事实。”[①]根据帕特卡诺夫在1912年的统计，在吉利亚克人中，共有男性2 556人，女性2 093人。由此，他把吉利亚克人实行一妻多夫制的原因解释为男女比 159
例不均。马端临曾指出，在突厥斯坦的马萨格泰人中，一家之中的几个兄弟之所以合娶一个妻子，是因为他们那里的男性大大多于女性。

---

① Seemann, *Voyage of H. M. S. Herald*, ii. 66.

关于西藏的一妻多夫制，有人曾说，其原因在于当地能结婚的女子很少，而造成这一情况的原因就在于喇嘛教在尼姑庵中吸收了很多的女子。但是，克彭认为，西藏的宗教并不对一妻多夫制负有任何责任。他指出，早在佛教传入西藏之前，当地即已有一妻多夫制了。普伊尼教授也指出，在献身于宗教生活的人中，女子的人数要比男子少得多。沃德尔曾说到，“现在的僧侣政府要从人民中征调大量的独身喇嘛，大约每两个男子中就要抽走一人。”①而据罗克希尔说，尼姑的人数甚少，至少在西藏东部是这样。在拉萨的俗民中，女性的人口大大超过了男性。沃德尔把拉萨这种女多男少的状况归之于两个原因，一是众多的男子进入寺院，终身不娶；一是由于实行一妻多夫制，女性出现剩余，并从家乡流向城市。在西藏，结婚和离婚都很容易，因此农村女性进城后，婚姻关系很乱。另有一些作者说，有些多余的女性当了妓女，而有些则一直保持单身。但是，近些年来出版的著述多认为，西藏的男女比例大体上还是相等的。如果是这样的话，寺院之外的未婚女性应当有很
160 大的数量。这是考虑到，当地实行一夫多妻制的人并不多。但是，原来的那种老说法，即认为西藏男多女少，也可能是符合实际的。据德西代里讲，西藏之所以实行一妻多夫制，首先是由于该地区土地贫瘠，可耕地少，其次则是由于女性人口较少。迪阿尔德写道，有人曾责怪当地的喇嘛竟允许人们实行这样一种无耻的做法（一妻多夫制）。对此，“喇嘛们解释说，这是由于西藏的女性较少。事实上，西藏也如同鞑靼地区一样，人们家里尽是男孩，很少见到

① Waddell, *Lhasa and its Mysteries*, p. 469.

女孩。”[1]谢林先生在新近出版的一本书中谈及西藏的男女比例时，也持有类似的看法。他在讨论当地人口减少的原因时，提到他在印度山区所见到的一种情况：凡是实行一妻多夫制的地方，“家庭人口都很少，而且是男性多，女性少。”[2]M. 格雷纳尔则明确指出，在西藏，女孩没有男孩多，“根据那曲行政长官的说法，其比例为 7∶8。”[3]但他又强调说，未婚女性较少，并不是该地区产生一妻多夫制的原因，也不是当地人长期实行这一制度所持的理由。相反，他认为，西藏现在的女性太多了，有很多人都嫁不出去。其中的原因在于：第一，在人们的家庭中，做丈夫的总的来说要比做妻子的稍多一些；第二，有很多男子献身宗教，终身不娶。但是，在佛教传入西藏之前，当地并不存在宗教性独身。考虑到这一点，格雷纳尔的立论也就站不住脚了。据普雷耶瓦尔斯基说，在蒙古人中，“女性比男性少得多。”[4]亚沃尔斯基也告诉我们，在土库曼人中，男女的出生率为 100∶76。格雷纳尔认为，蒙古人和土库曼人原来很可能都是实行一妻多夫制的，虽然他没有说得很肯定。

1127

据说，在喜马拉雅西部地区属蒙古人种的民族中，以及在阿萨 161
姆的很多部落中，女性人口都多于男性。1911 年的克什米尔人口调查报告显示，居住在查谟省海拔较低地区的雅利安民族，在人口状况上自然呈现出男多女少的比例关系，而拉达克地区的蒙古种人则是男少女多。据亚历山大·坎宁安爵士说，在拉达克佛教地

① Du Halde, *Description de l'Empire de Chine et de la Tartarie chinoise*, iv. 572.

② Sherring, *Western Tibet*, p. 88 *sq*.

③ Grenard, *Tibet*, p. 263.

④ Prejevalsky, *Mongolia*, i. 71.

区，女性人口超出了男性，而在印度河沿岸的穆斯林地区，情况正
好相反。据说，多余的女性要么去了寺院，要么则嫁到了穆斯林家
庭。而另一方面，德鲁在讨论拉达克的一妻多夫制及其影响时，则
说："我问了很多人，想了解那些多余的女性（人们都认为，这肯定
是由一妻多夫制的习俗所导致的）后来有何遭遇。但是，我没有
得到令人满意的回答。据我了解，当地并没有多少老处女。而且，
当尼姑的女性也没有被抽调当和尚的青年男性多。那种认为一妻
多夫制改变了男女儿童出生比例（即减少了女婴出生率）的说法，
虽然不无可能，但毕竟只是一种假说。我没有得到这方面的统计
资料，来对这个问题加以说明。"[①]1866 年在西北诸省进行的一项
人口调查显示，男女比例为 100∶86.6。而在旁遮普，这一比例
则是100∶81.8。邓洛普先生在谈到琼萨尔地区的一妻多夫制
1128 时曾指出："有一点值得注意，凡是实行一妻多夫制的地方，男女
比例都明显失衡。例如，我在一个村子里曾发现有 400 多名男孩，
162 而女孩则只有 120 人。……而在盛行一夫多妻制的古尔华尔山
区，则是女童多于男童。"[②]据说，在科特加尔地区，人们之所以实
行一妻多夫制，是由于男女比例失衡。而造成这种状况的原因，一
是溺杀女婴，一是由于当地有一种习惯做法，就是将女婴卖给平原
地区的富裕人家。费里什塔曾说，在旁遮普的加卡尔人（也许即是
科卡尔人）中，有这样一种习俗："女婴一生下来，家人就把她抱到
屋门口，一手抱着孩子，一手拿着刀子，并大声喊道，'谁要想娶亲，

① Drew, *The Jummoo and Kashmir Territories*, p. 251.

② Dunlop, *Hunting in the Himalaya*, p. 181 *sq.*

就赶快把她带走，要不，我马上就把她杀死了。'这样，当地就出现了男多女少的情况，而这又导致了一妻多夫制的习俗。"[①]在古贾尔人中，一妻多夫制的实行"主要是由于部落中的女性太少，而这又是由溺杀女婴所造成的。在1870年的反溺婴法通过之前，这一种姓中的不少支系都盛行这一做法。"而在该法案中止了对女婴的这种残害之后，"人们就不再有男多女少的感觉了，一妻多夫制的习俗也正在渐渐消失，并将很快成为历史。"[②]赫伯特·里斯利爵士认为，人们没有理由相信，锡金的男女比例会有很大的不均衡。但也有人明确指出，在孟加拉北部边境的雷布查人以及其他一些喜马拉雅部落中，女性只占少数。在不丹北部和中部地区，一妻多夫制的实行远较南部为甚。而据彭伯顿说，在前两个地区，妇女和儿童的稀少甚为明显；在后一地区，妇女和儿童则和周围地区差不

多。德班吉里是喜马拉雅山南坡上俯瞰阿萨姆地区的一个城镇，163
当地人否认他们实行一妻多夫制，并认为这种婚姻很无耻。在那里，老少之间、男女之间的人口比例，"似乎都是合乎人口自然规律的"。[③] 据1901年的人口调查报告反映，不丹的女性人口并不明显少于男性，在婚配中多出的妇女一般都做了尼姑，或当了妓女。

从我们所掌握的托达人口记录来看，在各个不同的年份中，都是男性多于女性。如果以女性人口为100来计算，1871年的男性人口为140.6人，1881年为130.4人，1891年为135.9人。在1901

① Ferishta, *History of the Rise of the Mohomedan Power in India*, i. 183 *sq.*

② Râja Lachhman Sinh, quoted by Crook, *Tribes and Castes of the North-Western Provinces and Oudh*, ii. 444 *sq.*

③ Pemberton, *Report on Bootan*, p. 116.

年的人口调查中，这个数字为127.4人。1902年，里弗斯博士从他所做的家谱记录中得出的男女比例为132.2∶100。由此看来，男多女少的比例关系已在不断缩小。与此同时，一妻多夫制似乎也在趋于衰落。里弗斯博士认为，兄弟之间合娶一个妻子的事，现在很可能已没有以前多了；而随着女性人口的增加，每个兄弟各娶一妻的事则可能比以前多了。这一情况显然支持了一种很普遍的观点，即：托达人的一妻多夫制一直同妇女人数的不足有关。据发现，在巴达加人中，男性也比女性多出很多。根据1856年对尼尔吉里山区土著人口的估算，男性共有21 844人，而女性则只有14 579人。在库尔格，“女性极为缺少。”[①]有资料显示，在锡兰，男
164 女人数相差颇大。在上一世纪中叶，人们发现，僧伽罗人的男女比例相差最大，男性平均比女性多出12个百分点。但也有人发现，在该岛北部省份的马拉巴尔人中，男性平均只比女性多出6个百分点。根据1891年的人口调查，僧伽罗人的男女比例为108.8∶100。

据说，在澳大利亚的很多部落中，也是男性占大多数。韦斯特加特在上世纪中叶写道：“如果将各地最近提交新南威尔士立法会的有关土著人口的资料综合在一起来看，在这块殖民地，目前，成年土著人的男女比例尚不及3∶2。在土著儿童中，男女比例大约也是这种情况。”[②]据柯尔说，在维多利亚的班格朗人中，男性也超出了女性，其比例约为3∶2。穆尔豪斯在阿德莱德部落中发现，

① *Imperial Gazetteer of India*, i. 479.

② Westgarth, *Australia Felix*, p. 63.

男性甚至比女性多出70%。在西澳大利亚,G.格雷爵士列了一个新生儿的名单,共有222人,其中男婴有129人,而女婴只有93人。

在马利科洛,也有人实行一妻多夫制,其原因也是女性很少。帕金森将卢夫岛上的性共有制也归因于这一原因。在夏威夷群 165
岛,男性人口超过了女性。在努卡希瓦,以及据蒙塞隆说在新喀里多尼亚,也是这样。陶坦博士认为,马克萨斯群岛的一妻多夫制,以及整个波利尼西亚的性松弛,都是由于移民多为男性这一事实所引起的。在那里,甚至连男人们造的大独木舟都不让女人乘坐。陶坦博士还引用了他们的一个传说来证明自己的上述看法。但是,很难认为男女比例的短期失衡会产生这样持久的影响。安坦格纳的马尔加什人刚流落到另一个省定居时,由于在逃难过程中只有少数妇女随行,因此便采行了兄弟共妻的婚制。但是后来,男女人数很快就恢复了平衡,一妻多夫制现象又渐渐消失了。在背井离乡的移民中,常有关于一妻多夫关系的报道。东印度的苦力被带到英属圭亚那以后,有不少人就实行一妻多夫制,三四个男人同一个女人住在一起,因为每100个男性中,平均只有不到35个女性。科罗曼德尔的克林人移往马六甲、新加坡、爪哇等地时,所带妇女极少,所以只能是几个男人合娶一个女人。L.法伊森牧师写道:"在斐济的'输入劳工'中,可发现一妻多夫制。"①

男多女少的人口状况可出于各种不同的原因。洪堡曾解释说,在实行一妻多夫制的阿瓦诺人和迈普雷人中,女性的缺少是由 166

① Fison, quoted by Codrington, *The Melanesians*, p. 246, n 1.

于她们必须承担繁重的劳动。但这种说法显然只是一种猜测。在谈到另一些未开化民族中男多女少的状况时，也有人做过类似的解释。乔切尔森博士指出，在驯鹿科里亚克人中，每100名男性中只有90.8名女性，而在同一民族中从事沿海捕捞工作的那部分人中，每100名男性中有102.6名女性。他认为，产生这一差异的原因可能是因为驯鹿科里亚克妇女的生活同其沿海地区的姐妹相比，要艰辛得多。但是，在这个事例中，我们仍然不了解有关男女出生率的情况。哈根在苏门答腊的库布人中发现，在很多村子里，成年男子都比成年妇女多出很多，而在儿童或新生儿中，却是女孩稍多于男孩。哈根认为，女性的死亡率较高，一是因为这些蒙昧人的生活很苦；二是因为女性机体的抵抗力较弱。贝弗里奇指出，在维多利亚和里弗赖纳的土著人中，男女之间的出生率是大体相等的，但是过了青春期之后，女性的死亡率就比男性高多了。其原因有：工作繁重、待遇很差、早婚早育以及行为不检。还有一些作者把澳大利亚各部落中男多女少的状况归因于溺杀女婴。在印度，每1 000名男性中只有963名女性。在该国整个西部地区，特别是在西北部，都是男性人口多于女性。导致这一状况的原因之一
167 就是溺杀女婴。但也有人指出，“即使在那些已不再实行或从未实行过溺杀女婴这一习俗的地方，女童所得到的关心显然也没有男童多。……而且，印度女性长大以后在生活中所遇到的危险也比欧洲女性要大。此外，早婚早育、接生技术不佳、整日风吹日晒以及从事繁重的劳动，也有导致功能紊乱的危险。”①

① *Imperial Gazetteer of India*, i. 479 *sq.*

据说，在很多民族中，男多女少的状况都是因溺杀女婴而导致的。我们在上文中已谈到这方面的一些事例，并提出，溺杀女婴乃是实行一妻多夫制的一个原因。现在，我们还可以再举一些有关的事例。所有关于托达人的记载都提到，他们曾有溺杀女婴的习俗。我们所见到的最早记载，是沃德留下的。他曾于 1821 年写道："我们对男女人口不均的原因进行了调查。从调查来看，原因就在于他们曾有溺杀女婴(至少是每周不吉利的日子出生的女婴)的习俗。"[①]关于目前的情况，里弗斯博士说，他们不大愿意承认有这样的做法。每当问到现在是否还有，他们总是坚决予以否认；而问到过去的情况，他们又避而不谈。里弗斯承认，从目前以及最近的情况而言，托达人没有溺杀女婴的经济动机，而且，以前也很难说就存在过这样的动机。但他认为，他们那里曾盛行这样的做法，而且现在也还有人这样做，这一点是毫无疑问的，虽说这一做法已远不如过去盛行。而早期曾对托达人进行过研究的几位作者则认为，这种做法在很早以前就已经绝迹了。据霍夫说，托达人自己曾信誓旦旦地说过，自 1819 年以来，就不曾有一个婴儿被溺杀。这位作者接着写道："据了解，现在，男女幼童的人数已大致相等，由
此来看，我希望他们说的是实情。"[②]但即使我们认定托达人确曾 168
有过溺杀女婴的习俗，我们也无法肯定，这就是导致他们男女比例失衡的唯一原因。里弗斯博士曾指出，在托达人的家谱中所记载

① Ward, in Grigg, *A Mannual of the Nilagiri District in Madras Presidency*, Appendix, p. lxxv.

② Hough, *Letters on the Climate, Inhabitants, Productions, etc. of the Neilgherries*, p. 70.

的5岁及5岁以下的儿童中，女童已多于男童。他认为，这个迹象表明，溺杀女婴的事在近5年中几乎已经完全绝迹了。但是，里弗斯在这里所举的两个数据，即女童45个和男童44人，数量都很小，不足以排除在托达人中，以及在其他很多民族中，曾存在男女出生率不均的可能性。里弗斯本人也曾指出，在6至10岁的儿童中，男童有54人，女童有33人；在11至15岁的儿童中，男童有41人，女童有20人。同样，在夏威夷群岛，溺杀女婴的做法虽然使女性人口的数量有所减少，但这并不是导致男多女少这一人口状况的唯一原因。从1850年至1890年的人口调查资料来看，在土著人口中，男性仍旧多于女性。事实上，直至1884年之前，男性人口一直处于稳定增长的过程。在各个民族中，男多女少的状况在15岁以下的人口中尤为突出，男性比女性多出8.84个百分点。而据梅尔维尔说，在努卡希瓦的蒂皮人中，完全没有听说过溺杀女婴的事。

邓洛普先生在谈到琼萨尔地区男女婴儿出生率明显不均的问题时，曾说："在平原地区的拉杰普特人中，人们在办婚事时大讲排场，还要置备大量的嫁妆，这就诱发了溺杀女婴的做法。而在山区，则不曾发现这种诱因。因为在山区，一来办婚事没有那么讲究，二来做父母的在出嫁女儿时，不仅不用陪送大量的嫁妆，而且
169 还往往可以从中得到一笔可观的收入。"邓洛普先生还说："有人认为，琼萨尔地区男女比例的失衡，可能是由溺杀女婴的习俗所导致的。而我则更为看重民族习俗对自然的适应性。"①根据1814年

① Dunlop, *Hunting in the Himalaya*, p. 181 *sq.*

的一项人口调查,在锡兰的老英属领地中,尚未进入青春期的男女童比例为 1 161∶1 000。对于这一调查结果,戴维认为它与实际情况还是比较接近的。不过据他讲,僧伽罗人对溺杀婴儿的行为甚为憎恶,也从未有过这样的事。只有在某些极为蛮荒的地方,做父母的在自己也快饿死的情况下,迫于牺牲婴儿还是饿死自己的选择,才有溺杀婴儿的事发生。而黑克尔则明确告诉我们,在僧伽罗人中,男女出生比例一直就不均衡,平均为十比八九的状况。关于西藏人,他们从来也不曾被任何人指控过有溺杀女婴的行为。现在,只有在某些嫁给汉人的藏族妇女中有这样的做法。

关于生男生女的原因,现已有人提出各种各样的理论,但还没有任何一种说法能够获得普遍的赞同。这里,我想介绍一下迪辛博士的理论。这是因为我觉得这一理论不仅有正确的原理作基础,而且还与我们所谈的问题有密切关系。根据迪辛的理论,影响动植物性别构成的奥秘所在,是自然选择。在每一个物种中,性别比例都具有保持不变的倾向,但是,机体对于生活环境又具有极强的适应性,因此,在特定的状况下,哪种性别更合需要,机体就会繁育出更多的具有这种性别的个体。在食物充足的条件下,加强繁殖对物种是有益的;而在食物不足的条件下,情况则相反。由于繁 170
殖力主要取决于雌性个体的数量,因此,机体如能得到特别充足的营养,就会产生较多的雌性后代;如果情况相反,就会产生较多的雄性后代。普洛斯博士和迪辛博士曾先后用一些事实来证明实际存在的这样一种关系:食物充足,则多生雌性;食物匮乏,则多生雄性。例如,做皮匠的都懂得,富足地区多出雌兽的皮毛,贫困地区则多出雄兽的皮毛。就人类而言,据说农村地区出生的男孩要比

城市多。而我们都知道，乡下人的膳食状况往往较差，城里的生活条件则一般较好。不过，关于城乡男女出生比率的调查，也有相互矛盾的说法。有的调查表明，农村的男性出生率要比城市高；而有的则表明，农村的男性出生率要比城市低。还有人注意到，与富裕人家相比，穷人家生的男孩要多一些。此外，普洛斯还发现，在萨克森地区，高原出生的男孩要比平原多。在 1847 至 1849 年间，海
171 拔 500 米以下地区的男女出生比例为 105.9∶100，海拔1 001至1 500米的地区为 107.3∶100，而海拔1 501至2 000米的地区为107.8∶100。

对于贫困多生雄性、富足多生雌性的理论，很多作者都表示支持。不过，希普先生指出，这一理论的成立，“并不仅仅与供应母体的营养的量与质有关，而且还与母体吸收营养的能力以及母体将营养传输给卵巢的能力或倾向有关。”[①]而摩根教授则认为，如果说营养状况可对两性比例产生一定作用的话，那么，其方式并不是直接决定胚胎或卵子的性别，而是靠淘汰这种或那种卵子间接地产生作用。他还指出，这一结论已为居埃诺和舒尔策两人分别进行的实验结果所证明。庞尼特先生曾对有人以 1901 年伦敦人口调查为基础做出的某些统计资料做过研究，他也“倾向于认为，人类的生男生女与父母的营养状况无关”。[②] 但是，希普对这一结论持批评态度。他认为，这一结论是建立在错误的前提之上的。

---

① See Heape, “Proportion of the Sexes in Cuba,” in *Philosophical Transactions Roy. Soc. London*, ser. B. vol. cc. 275, 317.

② Punnett, “On Nutrition and Sex-determination in Man,” in *Proceedings of the Cambridge Philosophical Society*, xii. 276.

在实行一妻多夫制的民族中，有些情况与迪辛博士的理论似乎是相吻合的。我们在前面曾提及 1814 年锡兰的人口统计，对此，戴维曾说过：“男女比例失衡最严重的地区，是该国最贫穷的地区，那里的人口极为稀少，生存极为艰难。而在不太穷的地方，男 172
女比例失衡的问题就比较小。在某些渔村，食物比较充足，女性人口还超出了男性。以极端贫困来促使人们多生男孩，莫非这是具有远见的大自然为人类的未来所做的一种明智的安排？”[①]有一种彼此相伴的现象十分引人注意，即：一妻多夫制往往发生于贫困地区或贫困阶层之中。如果说一妻多夫制起因于男多女少的状况，那么，我们则可以说，男多女少的状况又是源于营养的贫乏。但是，人们在困难的经济条件下实行一妻多夫制，乃是出于全然不同的原因。一妻多夫制的作用之一似乎就是防止挨饿。关于这个问题，我们很快就会讲到。

就我们现在所谈的问题而言，我认为，迪辛博士从他的一般理论中所做的另一推论具有更重要的意义。他提出，雄性的数量越多，血亲婚配之事就越少。他说，雄性越多，他们在寻找配偶时就必须从其出生地向外走得越远。血亲婚配对物种是有害的，因此，血亲的结合就有一种倾向，即生出的雄性后代较多。据内格尔博士说，某些自花授粉的植物开的多是雄花。再以马为例，根据格勒特博士的统计调查，公马与母马的颜色相差得越大，他们交配所生的小母马也就越多。在犹太人中，很多人都是娶表亲为妻，因此犹 173
太人所生的男孩也明显偏多。有人说过，农村人生的男孩相对较

---

① Davy, *An Account of the Interior of Ceylon*, p. 107. note.

多，同时，农村人与近亲联姻的事例也比城里多。而据迪辛说，男女非法结合所生的多为女孩。

迪辛为证明他的这一推论所提的根据显然是不够的，如果这几项材料可以被称为证据的话。不过，我还是倾向于认为，他的主要结论包含有某种真理。我本人也曾以纯演绎的方式，独立地得出同一结论。我认为，我们有理由推想，异族通婚所生的多是女孩。鲍尔斯先生在《加利福尼亚的部落》一书中曾指出："我经常观察到一种奇特的现象，而且很多拓荒者也都对我的这一观察给予确认，即，混血儿童大多都是女孩。……我常常看到，有的混血家庭所生的孩子都是女孩，但却从未见过有全是男孩的，即使是男孩多女孩少的情况也很少见到。"①有一位绅士曾在不列颠哥伦比亚和北美其他地方呆过多年。我曾和他提起过上面这种说法。他说，他本人也同样看到过与此完全一样的情况。据科尔说，在美国北方，由法国男子和印第安妇女结合组成的混血家庭，所生的后代多是女孩。斯塔克韦瑟先生从美国南方黑白混血者性别统计表中发现，黑白混血的女孩比男孩多出12%至15%，而在整个人口中，男性的出生率则比女性超出5%。据加林多上校说，在中美洲，"在白人与通晓西班牙语的印第安人所生的孩子中，可发现女孩明

174 显多于男孩，其比例可为6∶4，至少也是5∶4。而在印第安人中，男孩与女孩的出生率则大致相等。"②斯蒂芬斯先生认为，在尤卡坦的通晓西班牙语的印第安人中，这一比例甚至达到2∶1。斯奎

① Powers, *Tribes of California*, pp. 403, 149.

② Galindo, "On Central America," in *Jour. Roy. Geo. Soc.* vi. 126.

尔先生曾提到,中美洲的白人与混血人口的比例为 1∶8。考虑到这一情况,这些说法与 M. 贝利在尼加拉瓜所做的观察就相互吻合了。贝利说:“我发现,有这样一种普遍现象:在白人居多的城市中,女孩确实比男孩多。……但在农村,尤其是在印第安人居多的地方,情况则恰恰相反,是男性多于女性,这主要是因为印第安人多生男孩的缘故。这种现象也见于墨西哥。”①

关于南美洲混血种族中的两性出生率,我手头尚不掌握确切的资料。不过,J. S. 罗伯顿先生从智利的查尼亚拉尔写信告诉我,在混血种人口众多的这个国家,女性的出生率高于男性。1815年,V. 施皮克斯和 V. 马蒂乌斯曾在圣保罗做过一次人口统计,统计面达到 20 多万人。根据他们的统计,在混血种人中,女性与男性的比例为 114.65 ∶100;在白人中,为 109.3 ∶100;在黑人中,为 100 ∶129。不过,黑人的这一比例对我们来说是无关紧要的, 1139

因为我们并不知道当初运往这一地区的黑奴有多少人。圣若昂德尔雷伊市是一个白种人与有色人种的妇女大量通婚的地区。理查德·伯顿爵士从该市 1859 年的人口统计资料中发现,女性比男性 175
多出 50%。1844 年在里约省所做的一项人口调查也同样显示,女性比男性多出很多。而且,不但在印欧混血种人中是这样,在印第安人和黑人混血种人中也是这样。德·卡斯泰尔诺对戈亚斯地区女性人口的比例之高,曾颇为惊讶。

根据 1891 年的人口调查,在锡兰的当地人中,男性均多于女性。在僧伽罗人中,男性为 1 063 139 人,女性为 978 019 人;在泰

① Belly, *Àtravers l'Amérique Centrale*, i. 253 note.

米尔人中，男性为 396 115 人，女性为 327 738 人；在维达人中，男性为 652 人，女性为 577 人。只有在欧亚混血人中，女性稍多于男性，女性为 10 697 人，男性为 10 534 人。有人在夏威夷群岛也观察到了类似的情况。1850 至 1890 年间的历次人口调查显示，在土著人中，男性均多于女性；在当地出生的欧洲人中，也是男性多于女性，只是多出得很少罢了；只是在混血人种中，两性人数“大体相等，甚至女性还一直比男性略多一些”。[①] 冯·格尔茨也说，在爪哇，在由荷兰人和马来妇女所生的后代中，多是女孩。18 世纪的一次人口调查也显示，在这些混血人中，女性大大多于男性。

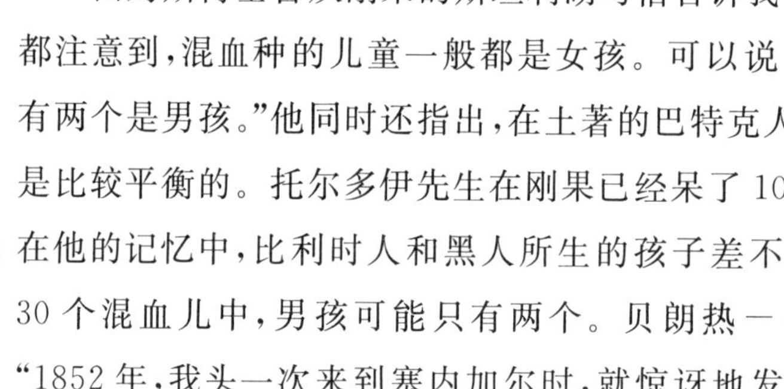

西姆斯博士曾从刚果的斯坦利湖写信告诉我：“这里的很多人都注意到，混血种的儿童一般都是女孩。可以说，10 个孩子中只有两个是男孩。”他同时还指出，在土著的巴特克人中，两性人数则是比较平衡的。托尔多伊先生在刚果已经呆了 10 年。他告诉我，

176 在他的记忆中，比利时人和黑人所生的孩子差不多都是女孩；在 30 个混血儿中，男孩可能只有两个。贝朗热—费罗博士写道：“1852 年，我头一次来到塞内加尔时，就惊讶地发现，混血儿中的男女人数甚为悬殊，女孩要大大多于男孩。而且，几个世纪以来，这里的人们都将女性混血儿称为 Signarres，却不曾给男性混血儿取个专门的叫法。这就使人们很自然地想到：在混血儿中，男性的人数可能一直较少，……而女孩的数量则可能一直大大多于男孩。”[②]

---

① Marques, in *Jour. Polynesian Soc*. ii. 261.

② Bérenger-Féraud, “Note sur La fécondité des mulâtres au Sénégal,” in *Revue d'Anthropologie*, ser. ii. vol. ii. 577, 588.

费尔金博士发现，在输入乌干达的异族妇女中，头一胎生女孩
的极多，头胎所生的女孩与男孩的比例竟为 510 ∶100。而在纯
乌干达人中，这一比例仅为 102 ∶100。至于异族妇女以后几胎
所生的女孩和男孩，其比例为 137 ∶100。乌干达的穷苦人“总是
想方设法找纯巴干达妇女为妻”，在他们所生的孩子中，男女孩的
比例很均衡，如同欧洲的情况一样。但是，在乌干达，酋长和富人
都有很多妻妾，其中又以异族妇女居多。在这些人所生的孩子中，
男女孩的比例则很不均衡。费尔金博士说：“有不少妇女被奴隶贩
子从中非抓来，带到靠近桑给巴尔的东非海岸，或是穿过苏丹带到
红海之滨。我发现，这些妇女如果在路途上怀了孕的话，生下的孩
子通常都是女孩。因此，苏丹的奴隶贩子在卖这些奴隶时，往往不
是单个地卖，而是将一个女奴和一个女婴合在一起卖。”[1]费尔金

博士在解释她们生的何以多是女孩时，曾提出这样一种看法：一时 *1141*
间充满优越感的人，其日后生下的是与自己性别相异的孩子。但
是，费尔金博士在前面所讲的情况，却有力地证明了种族间的混血 177
多生女孩的理论。值得注意的是，《塔木德》中也有两处提到，不同
种族通婚所生的都是女孩。雅各布斯先生告诉我，在他所收集的
犹太人的统计资料中，有 118 例异种族间的通婚，其中 28 对夫妻
没有孩子，在剩余的那些夫妻中，共有 145 个女孩，122 个男孩，也
就是说，女孩与男孩的比是 118.82∶100。

当然，我们也不能想当然地以为，适用于某些种族的理论，就

---

① Felkin, “Contribution to the Determination of Sex,” in *Edinburgh Medical Journal*, vol. xxxii. pt. i. 233 *sq*.

178 一定适用于所有的种族。但我们应当看到,上面提到的事例已涉及诸多不同民族的混种。从这些事例来看,种族的混血极可能就是导致女婴较多的原因所在,正如近亲通婚,或者说得更广泛一些,两个非常相像的人通婚,常常倾向于多生男孩一样。

据贝尔说,在克尔克勒文顿,在所有近亲交配的牛群中,小公牛的数量一直远远超过小母牛。卡尔先生在谈到一种近亲交配的短角牛时,曾说,这种牛“似乎有一种极为有害的习性,就是多生育小公牛”。[①] 舒尔策为了弄清近亲繁殖是否对后代的性别有任何影响,曾用大白鼠做过实验。实验的结果表明:在近亲繁殖的动物中,雄性的出生率比雌性高。但是,在有些实验中,雌性的出生率

179 又比雄性高得多。于是,他得出这样一种结论:近亲繁殖对后代的性别没有决定性的影响。但是,我们不应忘记,近亲繁殖的确存在着某种真实的倾向,虽然这种倾向并非每时每刻都会显现出来。

关于犹太人的情况,雅各布斯先生曾收集了很多有关犹太人的统计资料,并汇编成册,其内容十分广泛。承蒙他的恩准,我查阅了这些资料。现在,我想详细谈一谈犹太人的情况。据了解,犹太人实行表亲通婚的比率可能是周边民族的 3 倍。根据雅各布斯收集的资料,各国犹太人的男女出生率平均为 114.50∶100,而在这些国家,非犹太人的男女出生率则平均为 105.25∶100。但是,雅各布斯先生认为,这些统计数据是否准确,很值得怀疑。他说,如果同波兹南(1819 至 1873 年间的男女出生率为 108∶100)和普

---

① Carr, *History of Rise and Progress of the Killerby, Studley, and Warlaby Herds of Shorthorns*, p. 98.

鲁士（1875 至 1881 年间男女出生率为 108：100）相比，奥地利（1861 至 1870 年间男女出生率为 128：100）和俄国（1867 至 1870 年间男女出生率为 129：100）的数据就显得有些异常了。他认为这里很可能有一个问题，即：东欧地区在登记犹太女童时，可能出现过简单划一的错误。菲什伯格认为，在登记穷苦犹太人中的女性时，肯定有某种疏漏。而且，死胎也未计入出生率中，这当然也会对两性出生比例的统计有一定的影响，因为分娩男孩比分娩女孩难，死于腹中的男孩也就比女孩多。E. 内格尔认为，犹太人多 180
生男孩，是因为犹太妇女在怀孕时特别注意保养身体，还有就是因为犹太人中的私生子较少。但是，雅各布斯先生认为，尽管如此，犹太人中的男性出生率还是比欧洲的非犹太人高。

我们在前面曾经说过，在很多海岛上，据说都是男性大大多于女性；我们还了解到，在有的海岛上，男女儿童之间也存在这样的不平衡。在安达曼群岛的布莱尔港居民区中，本地出生的男童有 461 人，女童仅有 376 人，不过，当地并没有溺杀女婴的习俗。事实上，由于当地缺少女性，因而女童的市场价值还高于男童，人们同样愿意生女孩，甚至还有人更愿意生女孩。“当地没有实行内婚制或外婚制的群体，也没有规定禁婚亲等。”[1]在尼科巴群岛，男性在人数上之所以大量超过女性，同样也是由于男性出生率较高的缘故。在卡尔尼科巴岛，虽然成年女性比成年男性多，但是，男童却多于女童。在这个海岛上，人们对生男生女也是一样喜欢。禁婚亲等只限于同一家人，而不扩及堂表亲之间。岛上有很多通

[1] Lowis, *Census of India*, 1911, vol. ii. (Andaman and Nicobar Islands), p. 66 *sq.*

婚群体。

图恩瓦尔德博士发现，在布因岛，男女童的人数比例为595∶307，差不多达到2∶1。他指出，虽然当地人有重男轻女的习惯，但男童的死亡率却比女童高得多。他由此得出结论说，男童的出生率一定比女童多出不少。1898年，在约克公爵群岛所属的
181 7个海岛上，共有男童676人，女童515人；到1900年，男童为735人，女童为598人；在1898年9月至1900年5月这段期间，共有131名男婴和122名女婴出生，56名男童和37名女童死亡。据1912年的一项人口调查，在新不列颠岛的加泽尔半岛沿海居住的人口中，共有男孩607人，女孩483人。在这些较小的海岛上，人口的近亲繁殖是相当普遍的。据了解，在约克公爵群岛的各小岛上，所有婚姻都是在亲属之间缔结的。即使在岛与岛之间有了人口流动之后，仍旧是这样。在毛利人中，男性明显多于女性，但我们不知道这是否与男性在出生率上明显高于女性有关。我们只知道，他们有近亲通婚的习惯。汤姆森曾说过："现在的这一代人都有很近的血缘关系。那些做酋长的，尽管住得都很分散，而且又有积怨，但人们不用费什么力气就可找到他们之间的血缘联系。至于在平头百姓中，不断的近亲繁殖现象就更突出了。"[①]在太平洋的许多岛屿上，之所以出现男多女少的状况，可以有很多的原因。在今后的调查中，如果能证明男孩的出生率确比女孩高出很多的话，那么我想，这一现象与近亲通婚之间的共存关系，就很值得加以认真研究。

---

① Thomson, *Story of New Zealand*, ii. 289.

加拉是利比亚沙漠中的一个与世隔绝的村庄。关于那里的居民,圣约翰先生写道:“据说,这个村子总共只有 40 人。不过,据我的向导说,在我们来到这个村子的时候,村里的实际人口肯定要比这多。当时,村里共有 22 名儿童,其中 15 名是男孩。在加拉的居民中,一直存在男多女少的问题,因此,有不少男子只好一辈子打 182
光棍。有时,他们也从尼罗河流域娶进来一位埃及的农家女子。过去,某些沙漠中的部落也有这样的习俗。……还有个别时候,他们娶锡瓦绿洲的女奴为妻。锡瓦人看不起加拉人,因此不愿将自家的女儿嫁给加拉村的男子。”①

据了解,撒马利亚人现在只见于他们的古老圣城——纳布卢斯,呈聚居的格局。有两位巴勒斯坦的男士告诉我,在撒马利亚人中,女性甚少,因此有的男子就想娶犹太女子为妻,但都没成。关于这方面的情况,蒙哥马利博士的描述更详细一些。他写道:“根据 1901 年的统计,他们共有 152 人,而他们所面临的一个厄运就是男女比例不均衡:男性有 97 人,女性则只有 55 人。他们只在自己的群体内通婚,而他们唯一可以与之通婚的异族——犹太人,又拒绝同他们联姻。”②这样,他们就成了一支高度近亲繁殖的民族。根据约翰·米尔斯牧师的说法,“他们似乎都是同一类型的人,具有明显的家族共同相貌。”③

据拉蒂默先生说,在印度西北边省的居民中,无论是过去还是现在,都一直存在着男多女少的问题。从其他一些消息来源,例如

① St. John, *Adventures in the Libyan Desert*, p. 97 *sq*.

② Montgomery, *Samaritans*, p. 24.

③ Mills, *quoted ibid*. p. 25.

人口统计中，我们也可看到：女性出生率很低，男性人口大大超过女性人口；而且，女性的死亡率还比男性高。在过去的10年中，从当地的人口登记来看，男女童的出生比例为1 000 ∶819。但是，这一数据也并非确凿可信，因为人们生了女孩似乎常常不去登记。该省卫生主管曾写道：“就我个人而言，我是把西北边省男多女少
183 的状况看作大自然的一种安排，以免人口过多，与当地足以养活这些人口的物产不相适应。……此外，由于当地有血亲复仇的习俗，而且人们生活贫困，因此，近亲结婚的事也很多。我想，这也是导致男多女少的一个原因。”拉蒂默先生补充说，后面讲的这一点是很有意思的，因为在该省的帕坦人中，以及在一般穆斯林中，近亲结婚的事都非常普遍。[①] 同样，休斯－布勒先生也以俾路支地区男多女少的状况及其原因，作为证据，支持我在这里所说的这种理论。他说，男多女少的问题，在巴洛奇人中要比在阿富汗人和布拉灰人中突出。在前者中，堂表亲通婚的事甚为常见；在后者中，这一习俗则不像在前者中那么盛行。我觉得，在某些高原地区，男性的出生率之所以大大超出女性，并不像有人说的那样，是由于营养不良的缘故，而很可能是由于人们住得比较闭塞，因而有不少人实行血缘婚姻。

以上，我们对生物学中的一个假说，做了一番讨论。现在，当我们再转回到一妻多夫制这个主题的时候，我们应当留意到这样一种有趣的关系：如果那个假说可以得到证实的话，那么，它就以某种奇特的方式把一妻多夫制与血缘婚姻联系了起来，从而指明

---

① Latimer, *Census of India*, 1911, vol. xiii. p. 132 *sq*.

了一妻多夫制的起源。我们在前面曾说过,实行一妻多夫制的,主要是生活在高原、高山和海岛上的居民。巴伯曾说过,在西藏,“谷地实行的是一夫多妻制,而山地则是一妻多夫制。”[1]在喜马拉雅地区,有人也注意到,同在一个山谷中,山上实行的是一妻多夫制,而山下实行的则是一夫多妻制。我们还有直接的证据表明,在实行一妻多夫制的民族中,有不少盛行亲属联姻。“在普通的西藏 184
人中,只要结婚双方不同父,人们就不会反对他们成亲。”[2]此外,从表亲之间通婚的也很多。我们在前面曾说过,在吉利亚克人中,交表亲通婚乃是习俗所规定的。在印度南部的很多部落和种姓中,也有这样的情况,而其中有些部落就是实行一妻多夫制的。我们对尼尔吉里山区的托达人已了解得很多。他们似乎是世界上最盛行近亲结婚的民族之一。而居住在同一山区的科塔人则不实行一妻多夫制。他们那里的女性不像在托达人中那么少,同时他们也总是避免与同村的人结婚。在这方面,留意一下特瓦利奥尔托达人和塔塔罗尔部落的情况也是很有意思的。据记载,前者之中的男性人口要比后者多,而前者与外界所建立的婚姻关系则没有后者多。对此,庞尼特先生曾解释说,后者中男性比例有所降低,是由于其与外界建立的婚姻关系对其溺杀女婴的习俗产生了一定的牵制作用。但是,如果我的理论无误的话,出现这一结果也是我们完全可以预料的。我以前曾谈到僧伽罗人、南非班图山民和古代阿拉伯人中的从表亲婚姻。这里,我还想提请读者注意这

① Baber,“Travelsand Researches in the Interior of China”; in *Roy. Geo. Soc. Supplementary Papers*. i. 97.

② Sarat Chandra Das, *Journey to Lhasa and Central Tibet*, p. 326 *sq*.

185 样一个事实：在赫雷罗人中，性共有制（我们将在下一章中讨论这个问题）是与姑表亲通婚的习俗并存的；哪个男子若不娶亲戚家的女孩为妻，倒成了一件稀罕事。与此同时，我们还听说，在赫雷罗人中，虽然很少有甚至不曾听说有溺婴的习俗，但女孩还是没有男孩多。

诚然，对于从表亲通婚与兄弟共妻式一妻多夫制这二者的并存现象，除了我们刚才所做的解释之外，还可以有不同的解释，即：这两种情况都起因于确保家产不外流的愿望，因而不是一种因果关系。还有人说，男多女少的状况与一妻多夫制之间的并存现象，也不一定就说明后者是前者的结果。肖特博士就曾提出，如果说某地的男女人口失衡是由溺杀女婴所导致的，那么，在这样的地方，很可能是先有一妻多夫制，然后才引出溺杀女婴这一后果，以消除多余的女性。此外，还可以有这样一种解释：如果说一妻多夫制是出于省钱或抑制人口增长的目的，那么，同一目的也可以导致溺杀女婴的做法。但是，即使我们很难甚至无法在每一个事例中都找出男多女少与一妻多夫制的实际关系，我们从上面提到的某些事例中，也无疑可以看到或明或暗的因果关系。另一方面，据我们所知，有些民族并不存在男多女少的情况，但他们也同样实行一妻多夫制。维尔库鲁普人是实行兄弟共妻式一妻多夫制的。根据最近对他们进行的一项人口调查，男女在比例上几乎完全相等：男
186 性有704人，女性有703人。在萨凯人中，女性的人口比男性多出很多。在苏巴努人的某些村子中，也有这种情况。那些认为男多女少是导致一妻多夫制这一反常做法的唯一原因的人也许会说，一种制度在它借以产生的条件消失之后，仍可以延续一段时日。

但是,我们有充分的理由相信:如果一个民族仅仅是因为男多女少而实行一妻多夫制的话,那么,一旦由于种种原因,男女比例达到均衡之后,一妻多夫制即会废止。实际上,我们在前面已经举过这样的例子。现在,让我们来看一看,导致一妻多夫制的,还有其他什么原因。

除了男女人口不均衡之外,缺少可得到的女性,也可能是导致一妻多夫制的一个原因。M.库德罗曾说过,在法属圭亚那的鲁库延内人中,由于有人实行一夫多妻制,因此,对另一些人来说,就感到女性很不好找。不过,这位作者也说,这些人实行一妻多夫制,并不是那些人实行一夫多妻制的必然结果,因为单身男子是可以随便与他喜欢的女人相好的。他还提到在这些印第安人中,导致一妻多夫制的一些奇异原因。他说:“一妻多夫制可源于以下两种情况:其一是,一个女性爱上了两个男性,或是两个男性爱上了同一个女性,而又不想再让别人来插足;其二是,做酋长的有时也会让两个懒汉娶一个妻子。在鲁库延内人中,人们就是以这样的方式来惩治懒汉的。”[1]澳大利亚土著人中的群体性关系(我们将在下一章中讲到),不仅与女性人数较少有关,而且很可能还与老年男子实行多妻制有关。澳大利亚土著人中的一妻多夫制可能也是这种情况。无论在什么地方,只要一妻多夫制是由男多女少所导致的,那么,如果再有某些男子实行多妻制的话,一妻多夫制的出 187
现率肯定就会更高。不过,一般来说,在实行一妻多夫制的民族中,一夫多妻制的现象似乎并不普遍。而且,一妻多夫制的最初实

① Coudreau, *Chez nos Indiens*, p. 132.

行，是否就是一夫多妻制所导致的，也很令人怀疑。

在很多民族中，一妻多夫制还可溯源于经济动机。有人就曾说过，在西藏，一妻多夫制乃是“一种必要的制度。山谷中每一块可以耕种的土地，都已耕种了许多世代。人口的数量又必须适应于耕地的数量。而要保持这一比例关系，就必须做出某种限制，即：在每个拥有一定财产的家庭中，只能有一名生儿育女的人。”[①]摩拉维亚教会的一位传教士甚至还为西藏的一妻多夫制做过辩护，认为这一制度“对居住在这一如此贫瘠地区的人是有好处的”，因为在这样贫瘠的地方，如果人口太多，就会造成大的灾难，还会引发“无休无止的战争或是永远无法满足的需求”。[②] 在那些很难向外移民的地区，一妻多夫制可起到限制人口增长的作用。此外，在实行兄弟共妻的地区，如在西藏，一妻多夫制还可使家产不致分散。罗克希尔曾说过：“在一家之长过世之后，假如把家产平分给几个儿子，再假如每个儿子都娶一个妻子，养一个家，那么，这财产就不够大家用的。而且，父宅中也容不下这么多的人。人类各民族的长期经验显示，几家合住于一个屋顶之下，是不会有安宁、和谐的日子过的。要解决这样的问题，只有一个办法，就是几个儿子合娶一个妻子。这样，祖上留下的家产就不致分散，大家还可省下
188 一大笔钱。”但是，这里说的只是农区的情况。至于“在游牧民中，由于人们并不靠土地上生长的作物为生，由于牦牛、绵羊和山羊的数量总是越来越多，足以满足牧民的需要，因此，就不存在保持家

① Cunningham, *History of the Sikhs*, p. 18.

② Wilson, *The Abode of Snow*, p. 216.

产不分散的必要性。也正因为如此，我们在游牧民中就不曾听说有人实行一妻多夫制。他们一般都实行一夫一妻制，可能还有极少数人实行一夫多妻制。”[①]

有人认为，拉达克人实行一妻多夫制，也有类似的原因。德鲁曾说过：“毫无疑问，拉达克地区之所以实行一妻多夫制，是由于当地可耕地面积太小，资源一般不易复生。此外，该地区不仅在地理上十分闭塞，而且在生活方式、语言和宗教上也同外界格格不入，这就限制了他们向外流动。人们发现，那些做弟弟的，既不能娶亲成家，也不能外出谋生，而只能留在家里做长兄的帮手和长工。”[②]奈特先生也谈到，拉达克人实行一妻多夫制有这样两个原因：第一，当地自然资源贫乏，因此农民就用这一制度来保护自己的土地资源；第二，当地人已习惯于在高海拔地区生活，一到平原地区就容易发生胆热症，因此人口过多后，也不宜向外流动，故以一妻多夫制作为减缓人口压力的一种替代办法。而现在，由于实行了一妻多夫制的做法，又由于他们养的山羊可产贵重的羊绒，因此，广大人民的生活都很舒适，并呈现出“一种极为富足的景象”。[③]

关于不丹的一妻多夫制，厄尔先生把它归因于两点：一是当地 189
甚为贫困，一是人们不想分割家产。但是，据说在卡纳瓦尔和其他
一些地方，一妻多夫制只出于这后一种动机。其结果是，一家之中
的几个兄弟都生活得不错。古贾尔人之所以实行一妻多夫制，据

---

① Rockhill, *Land of the Lamas*, p. 211 *sq.*

② Drew, *The Jummoo and Kashmir Territorries*, p. 250.

③ Knight, *Where Three Empires Meet*, p. 137.

说主要是因为该部落女性甚少的缘故，但也有经济上的原因："诸兄弟住在一起，共同养活妻子儿女，这种做法的受惠者其实是长兄及其妻子。让做弟弟的分享其嫂的一些恩爱，其实也是出于兄嫂二人自私自利的意图。"[①]据某些作者说，印度南部的兄弟共妻式一妻多夫制，有的是与贫困有关，有的是出于不分家产的愿望，还有的是为了"加强兄弟之间的关系"。[②] 据埃默森·坦南特爵士说，在僧伽罗人中，现在，只有用防止家产分割这一理由为一妻多夫制辩解，这一习俗才为人们所原谅。我们在前面说过，康提习惯法的汇编者们也表示过这样的看法，虽然他们还说过，一个人为了得到他人的帮助，也可再找一个共妻者。康提的一位老酋长曾对戴维说："穷人对一妻多夫制感到歉意的是，他没有钱给每个儿子娶一个媳妇；富人和有地位的人感到歉意的是，这种结合只是权宜
190 1152 之计，是为了把不同的家族联合起来，把其财产和势力集中起来，是为了日后所生的子女的利益。孩子们有两个父亲，总比只有一个父亲能多得到一些关心。他们万一失去一个父亲，也还会有另一个父亲。"[③]C. O. 米勒在谈到波利比奥斯对斯巴达人的描述时曾提出，他们的一妻多夫制是出于经济的原因。他指出，如果一个民族生产的食物不够养活其人口，那么，一个自然的结果就是，只有拥有一定特权的长兄才能娶得起妻子，而他的弟弟则娶不起亲，也不能有孩子。但是，也有人认为，他们实行一妻多夫制，与他们

---

① Râja Lachhman Sinh, quoted by Crooke, *Tribes and Castes of the North-Western Provinces*, ii. 445.

② Conner, *in Jour. Literature and Science Madras Literary Soc.* i. 71.

③ Davy, *An Account of the Interior of Ceylon*, p. 286 *sq.*

的好战习性有关。由于经常打仗,做丈夫的便常常离家在外。关于古代阿拉伯人的兄弟共妻式一妻多夫制,有人认为,这是由贫穷加上溺杀女婴的习俗所造成的。阿拉伯地区除了少数绿洲之外,都是不毛之地,因此,人们的居住地点实际上也就只限于几个绿洲之中。韦尔豪森曾说,普通的个体婚姻在过去似乎曾被视为一种奢侈品,穷人是享受不起的。

虽说无论是在富人中还是在穷人中,经济上的考虑都可导致一妻多夫制。但是,从我们上面所引用的大量资料来看,实行一妻多夫制的似乎还是以穷人为多。只要有钱,人们还是会单独娶一个妻子,甚或娶好几个妻子。有些人就曾说过,人们之所以实行一妻多夫制,是因为无力积蓄娶亲所需的聘金,于是,几个兄弟或几个朋友便合伙出钱买一个女子,作为大家的妻子。在米里人中,穷人家常有这样的事——“两个兄弟合伙,用共同的劳动所挣得的钱,合买一个妻子。”[1]弗雷泽认为,锡尔穆尔的一妻多夫制在起源上也有一个与此类似的原因。我们在前面也曾提及过其他一些例子。此外,还有这样一种情况:穷人娶不起妻子,便去请有钱人帮助,但是娶来之后,必须与其施主分享。显然,家境贫寒和女性甚少往往会伴随在一起,共同导致一妻多夫制。在那些女性人数很少的地方,穷人要想单独娶上一个妻子,困难势必就更大。据拉赫曼·辛哈王公说,在古贾尔人中,一妻多夫制“这一做法,只在穷人中才有。这是因为,穷人娶亲很难。而这又有两个原因,一是该种姓中的女性甚少,一是做父母的自然都想把自己的女儿尽量嫁给

① Dalton, *Descriptive Ethnology of Bengal*, p. 33.

有钱的人。”[①]托达人实行一妻多夫制，无疑也同女性甚少有关。布里克斯在谈及托达人时曾说：“现在，人们是不是采取这种做法(指一妻多夫制)，主要是看自己有没有钱。”他还说：“人们认为，只要能娶得起，还是一个男人娶一个妻子的好。”[②]

我们在前面曾说过，一妻多夫制还往往同牧区的生活习惯联系在一起。约翰·罗斯科牧师指出，同非洲其他一些主要以食用牛奶为生的部落一样，巴希马人也非常严格地戒食植物性食物，怕的是植物性食物在胃中同牛奶相混，伤了奶牛，断了他们借以生存的主要食物来源。于是，在巴希马人中，做丈夫的就必须养有很多的奶牛，以养活妻子和家人，因为他们不能指望靠种地来谋生。但是，穷人则无力养那么多的奶牛，于是，几个穷人(无论有无兄弟关系)便把各自的牛凑到一起，买上一个女子，作为大家的妻子，大家
192 一起养活。不过，一妻多夫制与牧区生活之间的联系还可能有另外的原因。克鲁克先生在谈及印度西北诸省古贾尔人和贾特人的一妻多夫制时，曾经说过，这种制度很适合这些在河谷地带放牧牲畜的民族。一家中的诸兄弟总是轮流在外放牧，而家中又总有人照管主妇。同样，塔尔博伊斯·惠勒也认为，西藏的一妻多夫制“可能起源于牧民之中，因为牧民们常常离家在外，不是去找新的牧场，就是去跟平原地区的人谈卖牲畜的事，一走就是好几个月。”[③]沃德尔也说过，虽然有人把西藏的一妻多夫制看作是在耕地少、人口多的地区使家产不分散的一种机制，但是，“在牧区，这

① Crooke, *Tribes and Castes of the North-Western Provinces*, ii. 445.

② Breeks, *An Account of the Primitive Tribes and Monuments of the Nilagiris*, p. 10.

③ Talboys Wheeler, *The History of India*, i. 116.

一制度也可被看作是一种保护家庭的措施。这样,当户主出去放牧,几个星期不在家时,家里也有人照管。”[①]金登·沃德先生也认为,藏人实行一妻多夫制的一个根本原因,在于他们是一个介乎游牧民族与定居农业民族之间的民族,在于他们常常外出旅行,一走就是几个月,而将妻子留在家里。他为了证明自己的这一理论,还举了一个反证。他说,同与藏人相邻并与之有很多来往的很多民族一样,怒族实行的是一夫一妻制,而他们还有一个尽人皆知的特点,就是待在家里,从不外出。在西藏,做丈夫的之所以常常离家外出,不仅仅是出于牧区生活方式的原因。特纳曾说过:“从事各种职业的人,如务农的和经商的,也都有离家外出暂住的时候。”[②]罗克希尔一直强调,西藏的一妻多夫制主要是在农业人口中实行,但他也认为,在农区,几乎每个男子一年之中都有一半以上的时间离家在外,“这就使得一个女子同时嫁给几个兄弟的这种习俗,在这里较少受到人们的责难。要是在物产丰富、生活条件较好的地区,就不会是这样了。”[③]

据说,喜马拉雅地区属蒙古人种的民族,也同与他们有血缘关系的藏人一样,认为一妻多夫制对他们是很适宜的。这不仅是因为这一地区十分贫困,而且还“因为做丈夫的长年累月地在外贩运货物或放牧牲畜,妻子一个人留在家中,少不了遇到各种危险和困难。”[④]霍恩先生曾听当地一位妇女说,她嫁给了 4 个兄弟,但“他

① Waddell, *Among the Himalayas*, p. 197.

② Turner, *An Account of an Embassy to the Court of the Teshoo Lama, in Tibet*, p. 350.

③ Rockhill, *Land of the Lamas*, p. 211.

④ Miss Gordon Cumming, *In the Himalayas and on the Indian Plains*, p. 406.

们从来没有都在家的时候。一个外出放羊去了，顺便再从西藏弄些盐回来；另一个到拉姆塞赖谷地去贩货；还有一个是到很远的一块耕地上去种地，或是到很远的山坡地去放羊。因此，大家相安无事。”[①]据弗雷泽说，在锡尔穆尔，“一家四五个兄弟中，一般都只有一两个人同时在家。其他几个，有去当兵的，有去给一些较小的酋长当随从的，还有出远门的。长兄一般都待在家里。”[②]在印度南部的库尔格人中，那些王公总习惯于雇很多兵勇在其左右，有时出去打猎或远征，也少不了众人陪同，于是，普通人家的男人常常是好几周好几月地离家在外。这时，在家的兄弟就担负起外出者在家中的责任。僧伽罗人总是说，他们的一妻多夫制起源于所谓“封建”时代。那时，国王和一些较高的酋长总要强行征用很多人陪伴自己。在这种情况下，家里要是没人留下来照看耕地，稻田就会荒芜了。因此，如果一家之中已有数人被征去服役，法律便会允许他
194 们留一人在家。埃默森·坦南特爵士不同意这种说法。他说，一妻多夫制的历史要比这种兵役制度久远多了；有迹象表明，一妻多夫制早在“封建主义”开始之前很久，就已经存在了。不过，即使锡兰的一妻多夫制不是由这种兵役制度所引发的，它对维持一妻多夫制也起到了一定作用，或者说，它提高了一妻多夫制的比率。在科钦邦的卡尼扬人中，做丈夫的常常由于贫困而在外奔波。他们解释说，他们之所以实行一妻多夫制，是因为他们这个种姓的人太

① Horne, “Notes on Villages in the Himâlayas, in Kumaon Garhwâl, and on the Satlej,” in *Indian Antiquary*, v. 104.

② Fraser, *Journal of a Tour through Part of the Snowy Range of the Himālā Mountains*, p. 208.

穷,负担不起兄弟同堂分室的大家庭所需的开支。由于太穷,甚至一家之中的几个兄弟,一起待在家里的时间也不能太长。诸兄弟以占卜为生,往往要到处奔波。每个兄弟一个月只在家里呆几天的时间。因此,做妻子的在每段时间内实际上只有一个丈夫。我们常常听人说,做弟弟的在长兄不在家时可与嫂子发生性关系。这也说明,一妻多夫制与人们在外谋生的生活习惯有一定的关系。

一妻多夫制还可起因于盼子之心。在婆罗洲的普南人中,一个女子嫁给一个上年纪的男子之后,如果一直未能生育,往往就会再找一个丈夫。罗斯在谈到居住在巴芬湾西北角一带的爱斯基摩人时,曾写道:“据我们了解,在他们那里,只要一个人能养得起家,就都是一个男子娶一个女子。如果他们生有孩子,做丈夫的就不能再娶别的女人,做妻子的也不能再嫁别的男人。但是,如果他们没有孩子,做丈夫的还可以再找别的女人,直至有了孩子;而做妻子的也同样享有这一特权。”①

以上这段表述并不是特别清晰,但 195
是,照我的理解,既然作者没有提到夫妻分离,那就是说,假如夫妻二人没有孩子的话,就会导致一夫多妻制或一妻多夫制。我们在前面也曾说过,爱斯基摩人有时也实行一妻多夫制。而在格陵兰人中,一个已婚男子若没有孩子,他又把这看成是自己方面的原因,那么,他就会再找一个男子来,让他同自己的妻子发生性关系。格陵兰人认为这样做是很自然的。有一次,有个没有孩子的格陵兰青年男子给了尼尔斯·埃格德一张狐狸皮,让他或他手下的水

---

① Ross, *Voyage of Discovery for the purpose of exploring Baffin's Bay*, i. 184.

手在这事上帮帮他的忙。尼尔斯·埃格德听了，感到很生气。那个年轻人对此大为诧异，他说：“这并不是什么耻辱的事，因为她已经结婚了，而且又没有孩子，可以同你的水手相好。”[①]我们还说过，在楚克奇人中，一个已婚的男子若没有孩子，就会找一个身强力壮的单身汉做自己的“伙伴”。我们在前面还曾提到，在非洲的很多民族中，以及在过去的印欧民族中，都有这样的习俗：一个人没有孩子，就会找其兄弟或其他某个男人来，同自己的妻子发生关系，给他生个孩子。

无论人们实行一妻多夫制是出于经济的目的，还是为了有人在家陪伴妻子，或是为了使自己后继有人，我们都可以说，一妻多夫制不仅有利于做丈夫的，而且也有利于做妻子的。此外，做妻子的之所以赞成一妻多夫制，还有另一些原因。在马拉巴尔的蒂扬人中，由于家产并不传给长兄的妻子，因此，“做父母的都不愿把女儿嫁给独生子。他们说：‘嫁给独生子什么好处也没有。他一死，她也就什么都没有了。嫁给的兄弟越多，这门婚事就越
196 好。’”[②]在坎马兰人中，女性似乎都认定，嫁给的男人越多，就越幸福。西藏的妇女告诉到这里来旅行的人，“她们真可怜西方的妇女，这些人只能有一个丈夫。而在西藏，一个妇女的所有丈夫都会齐心协力地使妻子过上舒适随意的生活。她们不能理解：如果没有好多个丈夫，一个做妻子的怎么能够过富裕的日子呢？”[③]萨拉特·钱德拉·达斯曾告诉一位西藏妇女，在印度，一个男子可以有

① Nansen, *Eskimo life*, p. 172.

② Fawcett, quoted by Thurston, *Ethnographic Notes in Southern India*, p. 112.

③ Ahmad Shah, *Four Years in Tibet*, p. 53.

好几个妻子。这位妇女听后说道:“西藏妇女真比印度妇女幸福多了,因为她们享有印度男子的特权。”[①]女性的意愿也是导致一妻多夫制的一个原因,这一点应当没有什么疑问。而且,从我们在前面所引述的话来看,在某些地方,女性的意愿即使不是导致一妻多夫制的唯一原因,也是其中一个主要的原因。请注意如下一些情况:在伦瓜人中,能干的、聪明的女性可以打破本部落的习俗,有两个丈夫;在某些易洛魁人中,一妻多夫制与女权至上有一定的关系(不过这可能只是拉菲托个人的推断);在马绍尔群岛,有地位的妇女想有多少丈夫,就可以有多少丈夫;在马克萨斯群岛,正妻有权根据自己的意愿再找一个丈夫;在努卡希瓦,有钱的女性可自主找两个丈夫,一般来说,其中一个长得较好,但是较穷;在夏威夷,酋长家的女性通常也是嫁给两个男人;在马达加斯加,王后可根据自己的选择找好几个丈夫;阿散蒂国王的姐妹以及塞拉利昂的最高女酋长都享有一定的纵欲权。此外,我们还不要忘记:在拉达克,做妻子的有权从另一家人中(而不是从自己所嫁的诸兄弟之家中)再找一个男子,做她的“马格帕”,并有权随意将他休弃;在托达人中,做妻子的也有找情夫的类似权利,而且,根据较早的记载,做丈夫的还得处处礼让妻子的情夫。不过,一妻多夫制这一制度可能也是为了照顾男性。“马格帕”在自己家中一般都是年龄 197
最小的弟弟,是不能与其长兄的妻子发生关系的;而托达人中的“情夫”,据记载,也是“由于该部落女性甚少而难以正式娶妻的

① Sarat Chandra Das, *Journey to Lhasa and Central Tibet*, p. 216.

人”。[①] 在实行一妻多夫制的民族中，女性一般都享有很大的性自由，男性又没有什么太大的嫉妒心，因此，在一妻多夫制的历史上，女性的意向便可能发挥更大一些的作用。

但是，对于兄弟共妻式一妻多夫制，我们很难说它主要起源于女性的自由选择。至于诸夫的选择在很大程度上显然是取决于女性意愿的那种一妻多夫制，则不是兄弟共妻式的。另一方面，我们不难发现，凡是由男女人口不均、生活贫困或男子时常离家在外等原因而引发的一妻多夫制，都很自然地倾向于呈现兄弟共妻的特点，尽管也有个别例外。要想保持家产不致分散，诸夫就一定得是兄弟，至少也是近亲。有些地方由于女性甚少，不可能每个男子都单独娶有一个妻子。在这种情况下，做长兄的出于手足之情，就会让他的弟弟与他共妻。有时，一个男子会由于贫穷而无力独自迎娶并养活一个妻子。在这种情况下，他也是愿意同自己的兄弟合娶一妻的，因为他们之间有着共同的经济利益。有时，为了使家里总能留有一个男人支撑门面，保护家人与家宅，一家之中就需要有几个丈夫。而一般来讲，丈夫离家在外时，代替他的最合适的人选就是其兄弟。一家人中的几个兄弟一般都同住一处，彼此间有一种团结友爱的感情。如果兄弟几人都与同一个女人发生性关系，所生的孩子就都是自己家的种。但是，如果妻子与诸夫分住，所生

1160

198 子女又归属母系一方，情况就另当别论了。纳亚尔人即属这种情况。

关于纳亚尔人实行一妻多夫制的原因，曾有过各种不同的说

① King, *The Aboriginal Tribes of the Nilgiri Hills*, p. 23 *sq*.

法。比较流行的一种说法是,纳亚尔人的一妻多夫制是由南布蒂
里人,即马拉巴尔的婆罗门,为适应他们的家庭生活习惯而带来
的。在这些婆罗门中,只有长兄可以成亲;除非他没有儿子,否则
他的弟弟一般均不能结婚,只能同纳亚尔妇女姘居,且没有抚养孩
子的任何义务。这些孩子都是由女方家中的年长男性来抚养。南
布蒂里人在婚姻上实施这样一种限制,是为了使家产不致分散,或
许在某种程度上,还是"为了防止因人口过多而使其威严减散。"[①]
有人曾提出,这是兄弟共妻制的一种遗存形式。一位17世纪的作
者甚至说,虽然根据婆罗门的法律,一家之中只有一个儿子可以成
亲,但其他几个儿子日后也都可以同其嫂发生性关系。不过,这一
说法似乎只是一种猜测,并没有什么凭据。由于南布蒂里人的习
俗规定,做弟弟的不能结婚,因此,有很多的南布蒂里妇女一辈子
都无法嫁人;而这些婆罗门与纳亚尔女子的结合又使得一些纳亚
尔男子娶不到妻子,因为他们不能与比自己种姓低的女子结婚。 1161
巴尔博扎曾说过,不能正式结婚的年轻婆罗门"可以同贵族中的妇
人睡觉。由于他们身为婆罗门,所以这些妇女还把同他们睡觉视
为一种很大的荣耀,从没有人将他们拒之门外"。[②] 不过,尽管南 199
布蒂里人对纳亚尔人的两性关系可以有很大的影响,但我们很难
相信,他们应对纳亚尔人最初实行一妻多夫制负责。M.穆图萨
米·艾亚尔爵士曾说过,在马拉巴尔定居下来的婆罗门人数很少,
而且又自成一个个的聚落,因此,即使他们想改变纳亚尔人的婚姻

① Conner, in *Jour. Literature and Science*, i. 63.

② Barbosa, *A Description of the Coasts of East Africa and Malabar in the beginning of the Sixteenth Century*, p. 121 *sq*.

制度，也不会取得成功。据穆尔说，我们有充分的理由认为，纳亚尔人是以军事组织的形式进入马拉巴尔地区的，而当时，这一地区还不曾听说有南布蒂里人。

此外还有两种说法：一种是说，纳亚尔人是带着一妻多夫制来到马拉巴尔的。在持这一说法的人中，有人认为他们是在从达罗毗荼人中分离出来之后，从东海岸来到这里的；也有人认为他们是作为尼泊尔的尼瓦尔人的一个古代分支，从北方来到这里的。另一种说法是，他们是来到这里后，才仿效当地的土著人，实行起一妻多夫制来的。据说，从马拉巴尔寺庙的建筑风格上，可以看到蒙古种人的影响。寺庙中雕刻的鬼神，其相貌与西藏的面具几乎完全一样。在南布蒂里婆罗门中，只有长子才可以娶亲；而在西藏，也有类似的习俗，所不同的只是做弟弟的可与其长兄共妻。在缔结一种经常性的、但不太正式的两性关系之前，先要举行模拟结婚的仪式（虽然女子在当妓女之前也往往要举行类似的仪式），这与尼泊尔尼瓦尔人的习俗也很相近。他们那里很盛行模拟结婚的仪
200 式。而且，直到最近，尼瓦尔人还允许妇女享有很大的自由。尼瓦尔人有一个传说，把自己同纳亚尔人连在了一起。他们认为，纳亚尔人即尼亚尔人（Neyár），亦即尼瓦尔人（Newár），这里的 y 和 w 都是插入的字母。马都拉地区的卡兰人也有一个传说，说他们是从北方来的。在他们那里，人们埋葬死者时，都要把他们的脸朝向北方。

但是，以上这些说法完全没有说清纳亚尔人的一妻多夫制与印度其他一些民族的一妻多夫制何以有那么大的不同，即：在后者之中，共妻者往往都是亲兄弟，而在前者中则不是这样。依我之

见,导致这一不同之处的直接原因在于,在纳亚尔人中,共妻者并不与他们的配偶住在一起,而且,纳亚尔人在继承上实行的是母系继承制;而在印度其他一些实行一妻多夫制的民族中,以及在西藏人中,都不是这种情况。正如我们在前面所说的那样,这些民族所实行的兄弟共妻制,似乎是与某些条件密切相关的,而在纳亚尔人中正缺少这样的条件。如果共妻者同他们所相好的女人是分开居住的,他们的财产又不由其子女来继承,那么,就他们本身而言,共妻者就不一定非得是兄弟不可。而如果为人妻者享有很大的独立性,一如纳亚尔女性那样,她也愿意挑选不同家庭的男人做自己的丈夫或情夫。但是,纳亚尔男人又是为什么不同自己的妻子(或情妇)以及自己的亲生儿女住在一起呢?

这个问题的答案很可能就在纳亚尔人的军事组织之中。正是
这种军事组织,禁止男子去过为夫者和为父者的普通生活。洛佩 201
斯·德·卡斯塔涅达曾写道,禁止男子结婚的法令是国王颁布的, 1163
为的是让他们无所依恋、无所牵挂,心甘情愿地投身于战事。巴尔博扎在谈到纳亚尔人的继承法时,也曾说过,国王制定这样的法律,是为了让纳亚尔人"不贪心,一心为国王效力"。[1]沃登先生曾于1804至1816年间做过马拉巴尔的征税官,他后来也对纳亚尔人的一妻多夫制和母系继承制的起源做过类似的解释。他说:"在纳亚尔人中,所有男子从小到老都要服军役。这种与生俱来的军事职业构成了一种独特的组织体系,它是与婚姻状态不相容的。既然没有婚姻,像普通印度教徒所实行的那种继承法也就成了多

① Barbosa, *op. cit.* p. 127.

余之物。”[①]伯顿也曾发表过同样的看法，并说他的看法已为这样一个事实所证实：当纳亚尔人不再是一个军事种姓之后，他们的两性关系也就渐渐发生了变化，而外甥继承制实际上也就被打破了。在以往曾就这个问题做过研究的早期作者中，孟德斯鸠持有同卡斯塔涅达相同的观点，但近年来，这一解释很少为人们所赞同。赫伯特·米勒曾写过一部关于印度南部一妻多夫制的专著。他在书中承认，纳亚尔人的军事生涯很可能对某种古老习俗的保留产生过一点作用，但是，他强调指出，那种把一妻多夫制的起源归之于这一原因的理论，也如同把它归因于婆罗门影响的理论一样没有说服力。

1164

孟德斯鸠认为，在欧洲，国家也不鼓励军人结婚。正如我们所了解的那样，在古罗马，国家甚至明令禁止军人结婚，虽然允许他们实行姘居。在欧洲的其他地方，也可看到类似的规定。扎波罗热的哥萨克由于终日进行征战和抢劫，因此对姘居关系特别感兴趣。他们平日住在叫作“塞察”(setcha)的设防营地中，营地不准女性进入，违者即被处死。这些哥萨克，只要想留在扎波罗热，就不得结婚。但是，每个哥萨克都有权掠夺一个女子，在塞察外面的小屋里同她苟合。由这种结合所生的男孩，要在塞察中接受教育；如果生的是女孩，则被送回女方家中。如果某人决意结婚，他就必须离开塞察，以种地或从事其他工作为生，并且永远不再是扎波罗热人，除非他休弃了妻子。据约翰·姆尼尔爵士说，麦克伦南曾把这些哥萨克所实行的两性关系说成是一妻多夫制。但这只能意味

---

① Warden, quoted by Moore, *Malabar Law and Custom*, p. 65.

着,几个男人与同一个女子同居。在一份没有说明出处的记载中,有这样一段话——“只要愿意,每个扎波罗热人都可以随时去找他所中意的女人。当某个女人怀孕后,谁也不必费力去弄清谁是孩子的父亲,因为孩子是属于整个民族的。”[①]另有一份材料说,如果扎波罗热人与其情妇结合后,所生的是男孩,则要由其父来收留抚养。

虽然从军事组织的角度进行分析,可就纳亚尔人的一妻多夫 203
制所呈现的这一罕见特色,做出极具可能性的解释,但却很难对这些习俗进行全面的解释。我们还必须考虑到这样一些因素:在达罗毗荼各民族中,存在着一妻多夫的强烈意向,性道德松弛,妇女享有很大的自由;我认为,在某种程度上,年轻的婆罗门对纳亚尔妇女也有很大的需求;此外,可能还有经济上的原因。皮拉尔认为,纳亚尔人从他们的这一习俗中可以得到一定的好处。他说:“那些无力独自供养妻子的人,可以按 1/3 的份额与他人共妻,而供养妻子的生活费用,也仅按这一比例支付。”[②]据一般人推测,纳亚尔人的母系继承制是实行非兄弟共妻式一妻多夫制的结果。但是否如此,还很难说。根据某些说法,纳亚尔男子同其子女的关系具有这样一种性质,它能使得其他任何一种婚姻规则成为不可能。但是,该地区也有一些种姓实行母系制,却从未听说他们也实行纳亚尔式的一妻多夫制。

米勒博士提出,据发现,印度南部的其他一些种姓和部落也实

① Hamilton, *Marriage Rites, Customs, and Ceremonies of the Nations of the Universe*. p. 121.

② Pyrard, *op, cit*. p. 384 *sq*.

行类似的纳亚尔人的那种婚姻制度。他列举了制陶工、洗衣匠、织
布匠和蒂维人(其主要职业是种植棕榈树,采摘其果实并用以酿
酒)。他指出,这里提到的前三个种姓是从巴尔博扎的著作中引
证的。巴尔博扎曾提出,这几个种姓在婚姻上采取的是纳亚尔人
的做法。但是,他这里所说的"婚姻"显然是指"塔里凯图"仪式,而
不是指一妻多夫式的结合。事实上,他拒绝将这种结合称为"婚
姻"。但是,他也说过,在织布匠中,"做妻子的有权随心所欲地同
204 纳亚尔人或同其他织布匠交往。"[①]关于洗衣匠,他说,只有纳亚尔
人可以从其女性中找情妇。关于蒂维人,他说,做妻子的既可以与
本地土著的摩尔人相好,也可委身于形形色色的异族人,而且她们
的丈夫对此也都了解;他还说:"在这个种姓中,有时,两个兄弟合
娶一个妻子,而且两个兄弟都和妻子住在一起。"[②]换言之,他们实
1166 行的是兄弟共妻式的一妻多夫制。关于这一点,我们从一些比较
晚近的记载中也可了解到,而蒂维人显然也就是蒂扬人。而且,在
前面提到的后三个种姓中,据说继承都是依母系进行的。我们还
了解到,陶工只是由于他们所犯的某种过错才从纳亚尔人中分离
出来的;很多织布匠都是纳亚尔人的儿子,他们也经常从军去打
仗;大多数蒂维人都是纳亚尔人的农奴,有的还学会了使用武器,
一旦需要时即可投入战斗。从这些记载来看,这些种姓都与纳亚
尔人有着密切的联系,因此,如果说他们真的存在类似后者的那种
一妻多夫制的话,这很可能就是受了纳亚尔人的影响。米勒博士

① Barbosa, *op. cit.* p. 136.

② Barbosa, *op. cit.* p. 138.

还引用菲瑟尔的记载说，“切特里人”（克沙特里亚人）和纳亚尔人都不允许男子娶有合法的妻子；在这两个种姓中，子女都是属于母亲家的；他们的仪式和法礼有很多共同之处。但是，我们不应忘记，克沙特里亚人也是武士，而且他们无疑也同纳亚尔人有着很近的关系。辛乌丁曾说过，在纳亚尔人“以及同他们有亲缘关系的种姓”中，常常是两个或四个男人与一个女人同居。[①] 他并没有举出这些种姓的名字，但是，从他们与纳亚尔人有亲缘关系这一事实来看，他们的一妻多夫制习俗很可能是与纳亚尔人同源的。米勒博士还从哈克尼斯关于伊鲁拉人“没有婚约，男女杂乱同居”[②]的话中，得出这样的推论；他们那里的两性关系一定与纳亚尔人非常相似。但是，从我们在本书前面所谈的伊鲁拉人的性生活特征来 205
看，[③]这个推断是没有根据的。最后，米勒博士还提出，除了纳亚尔人之外，还有一些种姓也举行“塔里凯图”仪式（即模拟结婚仪式），随后还要建立“桑班达姆”关系（意指同居关系），而且他们也是实行母系制。但是，这并不能证明他们原来曾实行过纳亚尔类型的一妻多夫制。在这里，特别不要忘记的是，实行母系制并不意味着男子与其妻子分开居住，就像纳亚尔人那样。假如有人能够指出，印度还有一些既非军事化，又未受纳亚尔人影响的种姓也实行纳亚尔人的这一习俗，那么，那种认为纳亚尔人的这一独特的一妻多夫制形式与其军事化习性密切相关的理论，当然也就站不住

① *Zeen-ud-deen*, *Tohfut-ul-mujahideen*, p. 66.

② Harkness, *A Description of a Singular Aboriginal Race inhabiting the Nielgherry Hills*, p. 92.

③ *Supra*, i. 116 *sq.*

脚了。但是，就我所知，现在还没有任何证据能够说明有上面所假设的那种情况。

米勒博士认为，纳亚尔人的一妻多夫制可被解释为一种古代婚姻制度（也许还是整个婚姻史上最早的一种婚姻制度）的近代遗存形式。麦克伦南也持这样的观点。他把共妻者之间没有血亲关系的这种一妻多夫制归类于“原始型”，并把它看作是对乱交状态的一种变更，是一种进步。他还认为，兄弟共妻式的一妻多夫制乃是从原始型一妻多夫制发展而来的。但是，这一类的理论并没有说明任何问题，因此也没有任何价值可言。要解释一妻多夫制，就要去寻找产生一妻多夫制的原因。而只要一查原因，就会发现，有的情况会导致兄弟共妻，有的情况则会导致非兄弟共妻。但是，我

206 看不出有任何理由可以将兄弟共妻假定为是从非兄弟共妻发展而来的。如果说像纳亚尔人这样具有较高文明程度的种姓仍旧保留着原始的婚姻形式，而同一地区处于较低文明程度的一些种姓却能从这种原始形式中脱颖而出，把非兄弟共妻变为兄弟共妻的类型，那实在是令人惊诧的事。

以上我们讨论了导致一妻多夫制的一些原因。当然，这并不是说，我们已经把这个问题完全讲清楚了。世界上也有很多民族男多女少，或者说，也有很多民族或出于贫困，或为使家产不致分散，或由于其他种种原因，本来亦可得益于一妻多夫制，但他们却从未实行过这种婚姻形式。以婚龄女性甚少这一情况为例，这固然可以导致一妻多夫制，但同样亦可导致独身、卖淫或同性恋。就像我们往往不能完全讲清何以有的民族实行一夫一妻制而有的民族则实行一夫多妻制一样，我们也不可能完全讲清，某种情况何以

在某些民族中会导致一妻多夫制，而在另一些民族中则不会导致这一婚姻形式。不过，一般来说，有一点是比较肯定的，即：一妻多夫制的实行之所以不很普遍，一个主要的原因就在于，大多数男子生来就有一种对妻子的独占欲。而很多记载都明确指出，在实行一妻多夫制的很多民族中，男子显然很少有这种嫉妒心。博格尔在谈到西藏人时，就曾说过这种情况。威尔逊则把整个藏族描述为“性情极为平和，从不冲动”的民族。[①] 拉达克人是“一个温和、腼腆的民族”，他们的嫉妒心“从来不以暴烈的形式表达出来”。[②]在库卢人中，做丈夫的被人描述为“没有什么嫉妒心”，[③]虽然卡尔弗特曾听说过有一个做丈夫的因嫉妒而自杀。在托达人和库龙巴人中，女性与外人相好，其丈夫似乎也不加以反对。在僧伽罗人 207
中，男子从不受嫉妒之心的困扰，女人如有不忠行为，他们一般也会很快地加以原谅，除非她们是同低种姓的男子发生了关系。据波特说，在马克萨斯群岛的某些岛民中，嫉妒心“完全是女人的事”，[④]虽然罗克弗伊也曾提到，有些做丈夫的对妻子的不忠是会给予惩罚的。在厄瓜多尔实行一妻多夫制的萨帕罗人中，与相邻部落的情况截然不同的是，男子“一点嫉妒心都没有，他们甚至还给自己的妻子以很大的自由。”[⑤]我们还经常听说，在一妻多夫制家庭中，共妻者相处得相当和睦，虽然与此相反的说法也不是完全

① Wilson, *The Abode of Snow*, p. 212.

② Moorcraft and Trebeck, *Travels in the Himalayan Provinces of Hindustan and the Punjab*, i. 321.

③ Knight, *op. cit.* p. 140.

④ Porter, *Journal of a Cruise made to the Pacific Ocean*, ii. 60.

⑤ Simson, *op. cit.* p. 173.

没有。

将一妻多夫制作为一种经常性的习俗加以实行的民族，就我
们所知，为数并不多；但据麦克伦南及其追随者的说法，在远古时
代，一妻多夫制曾是婚姻中的通例，而一夫一妻制和一夫多妻制只
是个别情况。根据麦克伦南的观点，母系亲属制得以产生的唯一
一种婚姻形式即是“原始型”的一妻多夫制。在这种婚姻中，共妻
者彼此并非亲属。他还说，人们不能不相信，转房婚（即弟娶寡嫂
的做法）就是从一妻多夫制演变而来的。麦克伦南的第一个推论
208 乃是基于这样一种假设，即：实行母系继嗣制是因为不能确定后代
的生父是谁。这种假设的谬误，我们在前面的一章中已经做了说
明。现在，我们来看一看他的第二个推论是否令人信服。

209 转房婚是一种流行范围很广的习俗。假如有人能够证明它是

一妻多夫制的一种遗存形式，那么，我们当然就应得出这样的结
论，即：一妻多夫制这样一种婚姻形式一度曾甚为普遍。

但是，在我看来，我们用现存的情况即可轻而易举地把转房婚
210 解释清楚，因此完全没有理由把它看作一种历史遗存。须知，一个
人的妻子也如同他的其他财物一样，是可以由别人继承的。据克
鲁克先生说，在印度的西北各省，弟娶寡嫂的习俗在所有部落中都
很盛行，“人们把寡妇看成是家庭中的某种财产，因为这家人是交
了聘金才把她买过来的。”[①]据纳索博士说，在西非，“女人死了丈
211 夫之后，人们还是愿意让她留在自己家里，因为当初是这家人付了

① Crooke, *Tribes and Castes*, i. p. cxc *sq*.

聘金把她娶过来的，人们把这看成是一件永久性的交易。”[①]在桑戈人和贝特索人中，寡妇可以拒绝同亡夫的兄弟或继承人结婚，但有一个条件，就是由她本人或由她的亲属退还男方娶亲时所交的聘金。据丹纳特说，在赫雷罗人中，弟娶寡嫂这一习俗的目的所在，就是使家产不致分散；出于同样的原因，作为亡者的继承人，除了要将亡兄的遗孀娶过来之外，还要将他们已长大的女儿也娶过来，以便把亡兄的女继承人以及她们的财产掌握在自己手里。在很多材料中，作者只是简单地说，女人死了丈夫之后，便由其亡夫的继承人所占有。有些则说得比较明确，是由亡者的弟弟(如亡者没有弟弟，则由其最近的男性亲属)续娶亡者的遗孀；即使不娶，也有权对她加以监护，还可以把她转给或卖给他人。

麦克伦南对亡夫的弟弟继承寡嫂这一事实非常重视。他曾说过：“这种继承权何以更倾向给予亡者的弟弟，而不是亡者的儿子呢？在这里，我想再说一遍，对这个问题的唯一解释就是：继承法 212
则是从一妻多夫制演变而来的。”[②]但是，在实行转房婚习俗的很多民族中，做儿子的要么没有任何继承权，要么则在继承顺序上排在其叔叔之后。据说，在毛利人中，哥哥去世后，照例要由排在其后的弟弟继承其遗孀和奴隶。在有些民族中，死者的遗孀以及其他财产要么归于其弟弟，要么归于其外甥。不过，在实行母系继承制的地方，弟娶寡嫂的做法要比外甥娶舅母更自然一些。这是因为，一般来说，做舅母的都要比外甥年长许多，而且做外甥的往往

---

① Nassau, *Fetichism in West Africa*, p. 6.

② McLennan, *Studies in Ancient History*, p. 112 *sq.*

还因年龄过小，不能成婚，也不能掌管舅母的财产。在奴隶海岸讲埃维语的各民族中，“如果是由做弟弟的来继承其亡兄的话，他们多能与其寡嫂圆房；而如果是由外甥来继承其亡舅的话，圆房之事则比较少见。”[①]

至于说到在儿子享有继承权的地方，做儿子的何以继承父亲的其他财产而不继承寡母，这里除了有年龄上的考虑之外，还有一个同样不难理解的原因。这里说的继承寡母，一般都是指的续娶寡母为妻。但是，无论在什么地方，做儿子的都不得续娶生母。在
213 这种情况下，这种继承权自然便属于亡者的兄弟了，至少在实行一夫一妻制的地方是这样。即使续娶继母，也会被人视为乱伦。我们在前面曾举过这方面的例子。[②]

但是，在很多民族中，一夫多妻制家庭中的长子或所有儿子，一般都继承其父的遗孀。不过，在任何一个民族中，生母都不在继承之列。博斯曼曾写道，在贝宁的黑人中，父亲死后，长子是唯一的继承人。这时，如果他的生母还在世，他会给她一笔赡养费。至于父亲的其他遗孀，则被带回家去，有中意的，特别是那些尚未生育的，便被他续娶为妻。但是，如果亡者没有留下孩子，则由其兄弟继承他的全部财产。在阿基库尤人中，做儿子的“可继承父亲的遗孀，但只有当其遗孀超过 3 人时，他才娶尚未生过二胎的作为他的妻子。”[③]在贾卢奥人（即讲尼罗特语的卡维龙多人）中，“一个人死后，由其兄弟续娶他的妻子。但是，诸妻之中最年轻的，则可能

① Ellis, *The Ewe-speaking Peoples of the Slave Coast of West Africa*, p. 205.

② *Supra*, ii. 153 *sq.*

③ Routledge, *With a Prehistoric People*, p. 143.

由亡者的长子续娶。”据说班图卡维龙多人也是这样。在他们那里，只有当先父的某个遗孀的孩子还小时，其长子才娶之为妻。至于那些孩子已经长大的遗孀，则只是同长子住在一起。由此看来，214
继承规则乃是因地而异的，即使在同一民族中，也不是一成不变的。例如，在有的民族中，一个酋长死后，其酋长地位由其兄弟继承，而其财产则由其儿子继承。毫无疑问，之所以这样安排，是因为叔叔年纪大，经验多，一般来说比侄子更适宜掌权。

转房婚不仅被视为亡者的兄弟对其寡嫂的一种权利，而且，在很多民族中，还被视为对寡嫂的一种道义上的责任。在维多利亚西南部的贡迪奇马拉人中，“当某个已婚男子去世后，如果留有妻子儿女，亡者的兄弟就必须娶其寡嫂为妻，因为他有义务保护和抚养亡兄的妻子儿女。”[①]在特林吉特人中，如果不尽续娶亡兄、亡舅
之妻的义务，还会引起血亲仇杀。在楚克奇人中，一家中的几个兄 215
弟有一人去世后，排行紧靠他的那个弟弟就必须负责照顾亡者的妻子儿女，在自己的营地中给他们找个住处，并担负起做丈夫和做父亲的责任。假如某个人没有兄弟，则由其表亲接管。据博戈拉兹说，这种转房婚“与其说是一种权利，还不如说是一种责任。一个妇人，没有了丈夫，又有儿女和驯鹿需要照管，这就需要有人帮助，而帮助这家人的义务，便落在与其亡夫关系最近的亲属身上。”[②]在达迪斯坦，谁要是拒不续娶寡嫂，就会被人看不起，因此常有一些十来岁的孩子续娶比他年长一倍多的女人。在阿富汗，

① Dawson, *Australian Aborigines*, p. 27.

② Bogoras, *op. cit.* p. 608.

续娶寡嫂也是做弟弟的一项责任。但是，寡嫂如果不愿意，人们也不强迫她转房。据克罗普夫说，在芬古卡菲尔人中，人们实行转房婚的目的，是想在兄长死后，家庭还能保持完整，“这样，妯娌们就不必各奔东西，孩子们也不会流落四方了。”[①]但是，在他们那里，人们同样也不能强迫寡妇转房。据说，在贝专纳人中，“一个男子死后，如果留有遗孀，那么，这个男人的亲属中就必须有一个人把她接回家，作为自己的妻子。究竟由谁承担这项义务，要由亲友们开会决定。一般来说，这位遗孀总是分配给家庭人口最少的男人。”[②]在桑巴人中，一个女人死了丈夫之后，如果亡夫的亲属中没有人来续娶她，那么，这就会被视为对她的一种极大的羞辱。在严格实行一夫一妻制的民族中，强制性的转房婚的确是一项极为严肃的责任。例如，在库基人中，长兄死后，未婚的弟弟必须娶寡嫂为妻；而且，只要她还活着，他就不能再娶。

1174 216 在古代希伯来人中，如果一个男子死时没有留下孩子，那么，做弟弟的就有义务续娶寡嫂，他们所生的第一个孩子也将袭用亡兄的名字，“这样，他的名字就不会在以色列消失了。”[③]给亡兄“传宗接代”也是印度教徒实行“尼亚迦”的目的所在。不过，“尼亚迦”只是指同居，并不是指结婚。在马达加斯加，做弟弟的履行续娶寡嫂的职责，据说是为了纪念亡兄，为其传宗接代，他们所生的子女也都被视为亡兄的后代和继承人。同样，在奴隶海岸讲约鲁巴语的民族中，如果一个人死而无后，那么，做弟弟的续娶寡嫂后所生

① Kropf, *Das Volk der Xosa-Kaffern im östlichen Südafrika*, p. 152.

② Campbell, *Second Journey*, ii. 212.

③ *Deuteronomy*, xxv. 5 *sqq*.

的第一个男孩，将以其亡兄之名命名，并被认为是亡兄之子。在丁卡人中，一个女人死了丈夫之后，可以与丈夫的弟弟或其他男性近亲同居，以尽"抚养亡夫后代"之责。[①] 沙勒瓦说，在休伦人和易洛魁人中，如果一个男子死时没有留下后代，那么，其遗孀有义务与亡夫之弟结婚。据说，他们这样做的理由也同《申命记》中所提到的一样。

在其他一些民族中，做弟弟的同其寡嫂所生的子女，均被视为其亡兄的子女。麦克伦南把这一点也作为转房婚系古代一妻多夫 217
制残余之说的证据。他说："如果在很早之前，人们就已经把兄弟几人的孩子都算作长兄的孩子，也就是说，如果我们把这看作是一妻多夫制的遗迹，那么，人们显然就很容易把叔嫂所生的孩子当作亡兄的孩子了。"[②]但是，对于这个问题，我们也很容易做出另外的解释。正如斯塔克博士所正确指出的那样，一个人也可以从法律的角度成为一个孩子的父亲，虽然在实际上他并不是这个孩子的生父。M.宾克在谈到荷属新几内亚海尔芬克湾的巴布亚人时说："孩子在死了父亲之后，即由其叔叔监护。而孩子在死了双亲之后，即会认叔为父。"[③]在萨摩亚群岛，亡兄之弟不仅认为自己有权续娶寡嫂，而且还认为亡兄留下的孩子应当把他当作父亲。与这种情况颇为相似的是，一个女人死了丈夫之后，再婚所生的子女，也可以被看作是前夫的孩子。在那些把死而无后视为不幸的民族中，对一个亡者来说，有儿有女的确是一件至关重要的事。只有在

① O'Sullivan, "Dinka Laws and Customs," in *Jour, Roy, Anthr.* Inst. xl. 184.

② McLennan, *Studies in Ancient History*, p. 113.

③ Bink, in *Bull. Soc. d'Anthr. Paris*, ser. iii. vol. xi. 395.

亡者无后的情况下，犹太人、印度教徒和马尔加什人才规定，他的弟弟应为他传宗接代。假如转房婚真的是一妻多夫制的遗迹，那么，叔嫂所生的后代就应属于在世的叔叔（亡兄以前的合伙丈夫）才是。

在有些民族中，人们实行转房婚的一个附属动机，可能是害怕亡夫的嫉妒之魂。据卡斯滕博士说，在厄瓜多尔的希瓦罗人中，一个人有义务续娶寡嫂。他们认为，如果一个女人死了丈夫之后不
218 保贞节，同另外的一个男人结了婚，她就会生下怪胎，那个男人也会很快死去。“这种闹事的鬼，即是亡夫之魂。他对身后留下的妻子很是妒忌，不想把她转让给除其兄弟之外的任何男人。而其兄弟则是与他合为一体的，并完全代表着他。”[1]我们在前面曾说过，在很多民族中，一个女人死了丈夫之后，如果不再嫁给亡夫的兄弟，而是嫁给别人，她就必须先同另外的一个人举行一种性交仪式，以免新的丈夫以及他们所生的孩子中邪死去，或是她本人不能生育。我们还说过，在毛利人中，一个女人死了丈夫之后，亡夫的兄弟必须先把她娶过来，以“使她解除亡灵的纠缠”。[2] 因为寡妇只要是同亡夫的兄弟结婚，亡夫的鬼魂就不会有妒忌之心了。但是，这并不是说，当一个男人还在世的时候，他也愿意与他的兄弟共有自己的妻子。

这里，还有一个问题需要我们加以注意，因为有人可能会认为这个问题有助于支持麦克伦南的理论。我们已经了解到，凡是实

① Karston, *Contributions to the Sociology of Indian Tribes of Ecuador* (*Acta Academiae Aboensis*, Humaniora, i. no. 3), p. 75.

② *Supra*, i. 327 *sqq*.

行兄弟共妻式一妻多夫制的地方，一般都是做长兄的先结婚，然后做弟弟的与长兄共妻。而另一方面，做长兄的则不得与弟媳发生关系。此外，在有的地方，还有一种类似的限制，即：做弟弟的虽然可以同长兄之妻性交，但不能与她结婚。同样，转房婚也往往局限于做弟弟的续娶寡嫂，在印度尤为如此；而做哥哥的则不可续娶弟弟的遗孀。对于这个问题，我们切不可做出任何草率的结论，而应该想一想，是否可以从现存的情况中找到令人满意的解释。我的看法是，乔切尔森博士已经找到这样一种解释。他认为，这种限制来源于做哥哥的在家中所处的地位。在做父亲的去世或者年迈不能管事之后，长兄便取而代之，成为一家之主。这样，长兄与弟媳 219 如果发生性关系，"似乎就会被人想像为某种乱伦，就像做父亲的与儿媳同居一样"。[1] 哈亚瓦达纳·拉奥先生在谈到东高止山区的贡德人时所说的话，有力地证明了乔切尔森博士的解释。拉奥先生说："做弟弟的续娶寡嫂是很常见的事，但是弟弟死后，做哥哥的则不能续娶弟媳，因为做哥哥的在家中被认为处于和父亲一样的位置。"[2]现在看来，人们之所以将一妻多夫制的关系局限于叔嫂之间的婚姻关系或性关系，很可能也是出于类似的原因。这样，一妻多夫制规则与转房婚规则就是一种同源的关系，而不是因果关系了。M. 格朗迪迪埃明确指出，在马达加斯加，做哥哥的不得与弟媳发生性关系，"因为他终有一天要成为一家之主，如同父亲一样"，而做弟弟的则无此限制。[3] 在印度西北各省的转房婚习俗

① Jochelson, *Koryak*, p. 751.

② Hayavadana Rao, in *Anthropos*, v. 795.

③ Grandidier, *Ethnographie de Madagascar*, ii. 155 n. (2).

中，做哥哥的续娶弟弟的遗孀是被严格禁止的。克鲁克先生在谈及这个问题时说："事实上，在整个印度教的种姓制度中，弟媳不但不能与其丈夫的哥哥性交，而且不能同他说话，不能同他接触，也不能在他面前不戴面纱。一个女人必须严格遵守这样的禁忌。"[①]对于其他一些年龄较大、地位较高的亲戚，也要在这些方面予以注意。在楚克奇人中，如果需要，甚至有侄子与寡婶结婚的，但做叔
220 叔的则被禁止仿照此例，而与侄儿的遗孀结婚。

对于有人所设想的转房婚与一妻多夫制的联系，我想谈一谈里弗斯博士在托达人中所做的观察。这可能是很有意思的。里弗斯博士发现，只有少数情况显示，在两兄弟各娶其妻的情况下，如果一个兄弟死了，他的遗孀会被另一个兄弟所续娶。而在大多数情况下，如果一个兄弟死了，他的遗孀并没有成为其他兄弟的妻子；而且，当她再嫁给别人时，人家娶亲所送的牛也不是给死者的兄弟，而是给死者的孩子。我们从拉达克的情况中也已经看到，长兄死后，如果没有留下孩子，他的妻子只要通过一个简单的仪式，即可同亡夫的兄弟，也就是她的小丈夫，脱离关系。我们知道，在楚克奇人中，人们既实行转房婚，又实行一妻多夫制，还有实行群婚的。但是，在他们那里，兄弟之间则根本没有实行一妻多夫制或群婚的。这些事实清楚地说明，一妻多夫制与转房婚之间并不存在特定的联系。

我甚至也不认为，做弟弟的在一定情况下可与长兄之妻性交的权利，就是古代一家几兄弟平等共妻于一个女子这一婚姻形式

① Crook, *Tribes and Castes of the North-Western Provinces and Oudh*, i. p. cxci.

的遗存。盖特先生在谈到印度的兄弟共妻制时曾说:“随着长兄权利的不断增加,这种制度已逐渐消失于一夫一妻制之中。妻子儿女已渐渐被看作长兄个人之所有,乃至最后,做弟弟的也很少再被看作是共妻的丈夫,而是被当成长兄不在时,偶尔接受其妻恩宠的人。”[①]但是,这种演变过程,事实上并没有什么基础可言。在某些 221
民族中导致所有兄弟平等共妻于一人的情况,在另一些民族中,也可导致这样的情况,即做弟弟的只不过是二等丈夫,是“偶尔接受其妻恩宠的人”。考虑到一妻多夫制毕竟是一种很个别的婚姻制度,我们在探讨年长的丈夫(一般来说亦即最先结婚的丈夫)何以具有较高的地位时,应当想到,在实行一夫多妻制的家庭中,最先娶来的妻子也往往享有较高的地位;因此也就应当将其归因于一夫一妻制习俗的持久影响,而不是把它看作趋向于一夫一妻制的一种变化。

如果我们无法将现在广泛流行的习俗合理地解释为古代普遍实行一妻多夫制这一状况的遗迹,那么,我们要想推测古代曾普遍实行这种婚俗,就只能基于这样一种假设,即:导致一妻多夫制的各种原因曾在古代普遍发挥作用。我们在前面的一章中,曾经提到麦克伦南说过,在所有或几乎所有原始部落中,都有溺杀女婴的习俗,由此破坏了男女人口的平衡。我们也说过,这一说法是没有根据的。[②] 而且,即使男性的人口一直多于女性,其结果也不一定都实行一妻多夫制。正如我们在前面已经指出的那样,男多女少

---

① Gait, *Census of India*, 1911, p. 239.

② *Supra*, ii. 163 *sqq*.

并不一定导致一妻多夫制。当然，人们还把一妻多夫制归之于其他一些原因，而这些原因也同样不是绝对的。我们有充分的理由认为，男性的嫉妒心一直妨碍着一妻多夫制的普遍实行，包括在原始时代。值得注意的是，一妻多夫制一般多见于以畜牧和农业为生的民族，而不是多见于最低等的蒙昧部落。布里奇斯先生曾写信告诉我，火地岛的雅甘人认为，一妻多夫制是极为丑恶的。贝利先生在谈到维达人时也曾说："我们在他们那里从未听说有一妻多夫的事。人们提到这种事，总是甚为反感。有一次，我曾问一个维达人：如果他们这里有一个女人同两个丈夫住在一起，将会有什么
222 后果？他听后，简直怒不可遏，举起斧头说：'那就用这个来解决。'当时他一点做作之意都没有。这充分反映了他们对邻近的康提人实行一妻多夫的民族习俗所怀有的朴素而自然的反感。"[①]康提人当然不是蒙昧人，同样，西藏人以及实行一妻多夫制的很多印度部落和种姓也都不是蒙昧人。阿南塔·克里希纳·耶尔先生曾经以丛林部落和低种姓中实行的"正常婚姻制度"同纳亚尔人的松散的一妻多夫制做过一番对照。弗雷泽先生在谈到锡尔穆尔人时曾说："这个民族有一点很值得注意：他们在道德上如此堕落，其风俗习惯又多有违背常理之处，但是在其他一些方面，却比其他一些举止得体、道德良好的民族表现出高得多的文明程度。这些人的穿着都很整齐，也显得很有体面。他们在接人待物上更讲礼貌，更显得不卑不亢。他们比苏格兰高原偏僻之地的大多数居民更有风

① Bailey, "Account of the Wild Tribes of the Veddahs of Ceylon," in. *Trans. Ethn. Soc. N. S.* ii. 292.

度。……他们的住房,无论是在建筑式样上、舒适程度上,还是在室内清洁方面,都比苏格兰高原的住房强得多。"①在西班牙人刚刚来到兰塞罗特岛时,这个岛上实行一妻多夫制的居民,明显要比加那利群岛上实行严格一夫一妻制的其他居民,具有更高的文明程度。

① Fraser, *op. cit.* p. 209.

223

第三十一章　群婚与其他群体性关系

在实行一妻多夫制的许多民族中，都有群婚存在。

M.格雷纳尔曾谈到，在西藏的某些人家中，丈夫和妻子都不止一人。艾哈迈德·沙阿也曾谈到过某些西藏人的情况，但他没有具体指明是哪里的人。他说：“如果一个男子和他的兄弟合娶了三个妻子，而这三个妻子又都没有生育，那么，这几个兄弟就不能
1182 再娶第四个妻子了，但他们可以再找一个男子来共妻，帮助生个孩子。如果这个计划又失败了，还可再找第五个共妻者。”[①]锡金前行政代理怀特先生在对锡金、西藏和不丹的一妻多夫制做描述时，曾经说过：“三个兄弟可以合娶三个姐妹，不过这种情况并不常见。而在这种情况下，如果三姐妹都生有孩子的话，则大姐生的孩子归大哥，二姐生的孩子归二哥，三姐生的孩子归三哥。三姐妹中假如有一人或两人未能生育，那么，所生的孩子则按顺序依次分给三兄弟。”[②]

据罗尼先生说，在锡西阿博尔人中，两三个兄弟合娶数名妻子

① Ahmad Shah, *Four Years in Tibet*, p. 54.

② White, *Sikhim and Bhutan*, p. 320.

乃是一种很常见的习俗。旁遮普总监在谈到山区卡内特人的一妻多夫制时，曾做过如下的说明：——“兄弟几人在必要时，可再娶第二个乃至第三个共同的妻子。如果其中的一个兄弟从家里出去 224
了，他也可以在外面单另再娶一个妻子。当他偕妻而归时，其妻既可以一如既往，仍只做他一人的妻子，也可以成为全家几个兄弟的共同妻子，这就要看她本人的选择了。据了解，在有的家庭中，一家三个兄弟就合娶有三四个妻子。”[①]实际上，这里有一个财产和土地的问题。土地多、财产多的人家，往往需要有几个女人来照管。在库卢地区的萨拉杰，有的人家“三个兄弟合娶一个妻子，也有三个兄弟合娶四个妻子的，还有一个独子独娶四个妻子的。”[②]在琼萨尔地区，如果一家之中的几个兄弟在年龄上相差很大，比如说，一家有六个兄弟，大的都已成人，而小的还是孩子，那么，“三个大的就会先娶一个妻子，等到三个小的成年之后，他们再另娶一个。不过，这两个妻子同被认为是这六个兄弟共同的妻子。”[③]

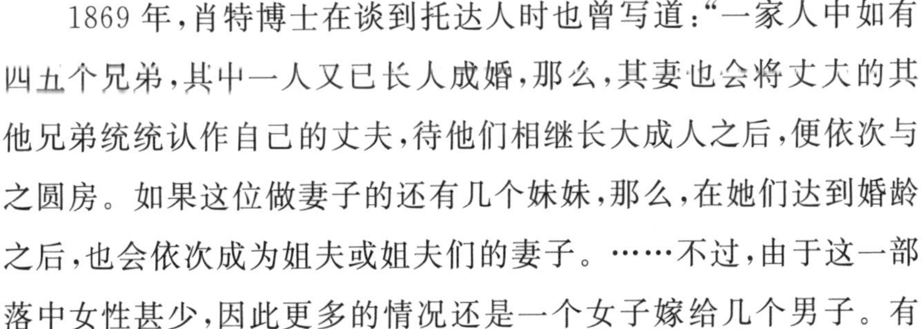

1869 年，肖特博士在谈到托达人时也曾写道：“一家人中如有四五个兄弟，其中一人又已长大成婚，那么，其妻也会将丈夫的其他兄弟统统认作自己的丈夫，待他们相继长大成人之后，便依次与之圆房。如果这位做妻子的还有几个妹妹，那么，在她们达到婚龄之后，也会依次成为姐夫或姐夫们的妻子。……不过，由于这一部落中女性甚少，因此更多的情况还是一个女子嫁给几个男子。有

① Pandit Harikishan Kaul, *Census of India*, 1911, vol. xiv. (Punjab) Report, p. 287.

② Lyall, quoted by Harcourt, *Himalayan Districts of Kooloo, Lahoul and Spiti*, p. 241.

③ Dunlop, *Hunting in the Himalaya*, p. 181.

时,一个女子的丈夫可多达六人。”[①]里弗斯博士在新近的一份报告中谈到,“托达人的一妻多夫制出现了一种与一夫多妻制相结合的倾向。过去,两个兄弟总是合娶一个妻子,现在则可能是娶两
225 个,不过一般来说,都是两兄弟合娶两个妻子。……如果一个男子或几个男子娶有两个妻子的话,这两个妻子通常都是同村人,而且住在一起。但有时则是各住一村,由做丈夫的往来其间。”里弗斯博士认为,由于溺杀女婴的做法已有所减少,因此女性的人数现已有所增加,这样一来,一夫多妻制就与一妻多夫制合流了。[②] 据说,在库尔格人中,也有类似的情况。用默格林的话来说,他们在家里实行的是一种共妻共夫制,诸兄弟所娶的诸妻,被认为是家中的公共财产,所生的孩子因此也被认为是全家人的孩子或其母亲的孩子,而不归某一被指认的父亲所有。我们还了解到,在马拉巴尔的坎马兰人中,如果共妻的诸兄弟中有一人因与做妻子的脾气不合而另娶一妻,那么,这个新来的妻子也有权与另几个兄弟同居。在科钦邦北部的朱伊万人(或称蒂扬人)中,如果诸兄弟中有人对几兄弟合娶一妻的这种男女结合方式感到不满意或不方便,那么,他就会另娶一个女子。他可以把这个女子留做他一个人的妻子,也可以让她成为诸兄弟的共同的妻子。邓肯在谈到马拉巴尔地区的木匠、铁匠以及其他一些较低的种姓时,曾说,一家之中的诸兄弟同一个或几个女人住在一起,实行乱交。在马都拉地区的托蒂扬人中,不仅有一妻多夫的关系,而且似乎还有群体间的性

① Shortt, “Account of the Hill Tribes of the Neilgherries,” in *Trans. Ethn. Soc.* N. S. vii. 240.

② Rivers, *Todas*, pp. 521, 518 *sq.*

关系。杜波依斯对此写道:“兄弟之间,叔侄之间,以及在其他一些亲属关系之间,常有共妻之事发生。”[①]在僧伽罗人中,从康提习惯法的有关规定来看,不仅一夫多妻和一妻多夫的习俗相当普遍,“而且,两三个男人合娶两三个女人的习俗也很常见。”[②] 226

从这些情况来看,群婚显然是一夫多妻制与一妻多夫制相结合的产物。我们刚才所援引的材料,对于这一点都有或明或暗的说明。此外,我们还可以从其他一些事实中对此做出推断:在西藏和印度,一妻多夫制远比群婚盛行;凡实行群婚之处,无不伴有一妻多夫制;一夫多妻制与一妻多夫制的偶尔结合,都是在一定的环境下形成的,因此我们很容易对此加以解释。而某些社会学家提出一妻多夫制源于早期的群婚这一说法,却拿不出令人满意的理由。他们只是说:托达人、僧伽罗人和喜马拉雅人,或其祖先,也同其他任何民族一样,最初都是实行群婚;后来,他们染上溺杀女婴的习惯,每个人家只能留一个女孩,于是就产生了一妻多夫制;原来,一家人中的几个兄弟本是娶另一家人中的几姐妹为妻的,而现在,就只能是几个人合娶一个妻子了。伯恩霍夫特和科勒并没有对此加以证明,因此看来,他们似乎把这一过程看成是不言而喻的了。不过,我从未听说僧伽罗人和喜马拉雅人有这样的习惯,即一家之中只留一个女婴,其余的女婴则全被溺杀。据我所知,1871年,曾有人撰文说托达人有这种情况,但此说显然是不确切的。至于说所有实行一妻多夫制的民族原来都曾处于群婚状态,这实在

① Dubois, *Description of the Character, Manners, and Customs of the People of India*, p. 3.

② *Niti-Nighanduva*, p. 22.

是一个大胆的假设，我们在这里就不予置评了。

恺撒关于古代不列颠人婚姻状况的著名论述，似乎也涉及一
227 夫多妻制与一妻多夫制的结合。他说："他们在家庭生活中实行一种共妻制，每 10 人或 12 人组成一个群体，其中尤以兄弟结合或父子结合的为多。在这种婚姻生活中，所生子女被认为属于其中最先把其母娶进家中来的人。"[①]以上这段话几乎就是说，所谓共妻制，如果确曾有过的话，本是源于一妻多夫制。至于说到不列颠的克尔特人，恺撒的话是否准确，曾有人表示怀疑，甚至予以否定。约翰·里斯爵士就曾经说过："首先，我们可以想见，他曾听到过一些有关不列颠人家庭生活的描述，但他在理解上有误。这方面的描述大致是说，男人们常以 10 人或 12 人为一伙，与其妻子儿女住在一起，生活在父权统治(patria potestas)之下，即由一名男性家长进行治理。这样一种大家族，对于研究早期制度的学者来说，并不陌生，它标志着大多数雅利安民族在社会发展进程中的一个特定阶段。其次，居住在不列颠岛东南部的不列颠人，以及居住在大陆的某些高卢人，很可能早已听说，在不列颠岛的边远地区，有一些部落，他们对婚姻的看法，不同于雅利安民族中的一般看法。"[②]齐默教授确信，恺撒说的是不列颠岛上非雅利安居民的情况。而里奇韦教授则认为，"这种'非雅利安说'只是一种草率的假设，并没有任何历史的、社会的和语言学的证据。"[③]在恺撒之后，又有一

① Caesar, *De bello Gallico*, v. 14.

② Rhys, *Celtic Britain*, p. 55 *sq*.

③ Ridgeway, "Who were the Romans?" in *Proceed. British Academy*, *1907—1908*, p. 58.

些作者做过与他的说法多少类似的记述，其中有斯特拉博关于爱
尔兰人的记述，戴奥·卡修斯和圣哲罗姆关于苏格兰人的记载，以
及爱尔兰编史家索利纳斯关于赫布里底群岛贫民国王和设得兰居 228
民的记述。

就笔者所知，真正的群婚，都是与一妻多夫制相伴生的。不过，也有一些民族实行一种两性共有制。在这种制度中，数名男子有权与数名女子发生性关系，但任何一个女子都只能正式嫁给一个男子。有些作者曾用“群婚”一词描述过这样一种关系，我们不要因此而误解这种关系的真正性质。

博戈拉兹博士就曾经说过，“在楚克奇人中，婚姻并不是仅仅涉及一对男女，而是扩及至一大群人。”属于这样一种“婚姻联盟”的人被称之为“共妻伙伴”。“每一个‘伙伴’都有权与其‘伙伴’的所有妻子发生性关系，但行使这一权利的时候不多，即只有在他有事到某个‘伙伴’的营地去访问时，才这样做。到时，做主人的会把自己在卧室中的位置让给这个来访的‘伙伴’。他本人则可能会外出过夜，比如到鹿圈中。在接待‘伙伴’来访后，做主人的也会找机会进行回访，以行使自己的权利。”这种联盟有时可包括多达十对夫妻。不过，一个人还可以有几个相互关系有所不同的“伙伴”。这些伙伴多是熟人，尤以邻居和亲戚为多，而较少为同一营地的人。虽然第二及第三从表亲差不多都结有这样的关系，但亲兄弟之间则是互不通室的。此外，人们同其他地区的居民，例如同做买卖时偶然认识的人，甚至同通古斯人、俄国人或美洲爱斯基摩人等不同民族的人，也结有这样的关系。“只要一个地方既有楚克奇人，又有通古斯人，那么，其中一个民族的很多家庭就都同另一民

229 族结有群婚的关系。”不过，这种关系并不是绝对相互的。例如，虽然楚克奇人对大多数已婚通古斯妇女都有婚姻权，但是在通古斯人中，只有最好的猎手或是对楚克奇人最友善的人，才对楚克奇妇女拥有婚姻权。“伙伴们”一般都是年龄相仿的人。老年人大多不愿与年轻人，特别是单身的年轻人，结为这样的关系。但是，正如我们在前面所讲到的那样，如果一个已婚男子没有儿女而又想得到孩子的话，他就会急着同一个年轻力壮的单身男子结为这种“伙伴”关系。人们要结为“伙伴”关系，须杀牲并以血涂身。这一仪式要先后在各自的营地举行。在这之后，他们就被认为是一家人了，如同父系家庭中的亲属一样。不过，“现在，人们要结为群婚的关系，往往不再举行任何仪式。一个人只要对另一个人说一句‘咱们做共妻伙伴吧’，事情就成了，他们就可以行使各自的权利了。”结有这种关系的各个家庭所生的孩子之间，被认为是从表亲的关系，甚至还被认为是亲兄弟姐妹的关系，他们之间不能通婚，这是因为人们很自然地考虑到，他们很可能是同父所生。这种群体关系也可以解除，不过，博戈拉兹并未听说过这样的事，除非是因为有人患了梅毒。[①]

博戈拉兹似乎认为，楚克奇人的这种性共有制，是被很多人类学家看作最原始的那种婚姻形式所留下的遗迹。他说，在古代，这“显然是在血亲群体的成员间结成的一种联盟”；而后，才开始将另一些关系不错的人也吸收进来。“人们在结成群婚关系时所举行的那种仪式，即反映出群婚的这样一种起源，因为举行那种仪式，

---

① Bogoras, *Chukchee*, p. 602 *sqq*.

就是要使这一联盟具有一种亲属关系的性质。”[①]詹姆斯·G.弗雷
泽爵士也持有这种看法。他说：“这样一种婚姻联盟中的诸伙伴，
在理论上被认为具有血亲的关系，即使事实上他们并非如此。这
一点清楚地反映在两伙伴在双方营地以牲血涂身的仪式上。这样 230
一种血盟仪式流行甚广。两个人经历了这种仪式之后，即被认为
结成血亲关系了。”[②]就我来看，无论是楚克奇人的这种仪式，还是
一般的血盟仪式，都不具有这样的意义。我认为，这种仪式的主要
目的，是使双方承担一定的责任，此外，至少是在很多情况下，也含
有一种对违反盟约者进行惩罚的潜在意义。如果说楚克奇人的所
谓“群婚”首先是一种血亲之盟，那么，它何以会将亲兄弟明确拒于
门外呢？要知道，在很多民族中，兄弟之间都是共妻的。在楚克奇
人中，给外人以共妻权并不是新近才出现的事；某些有关古代的传
说就清楚地提到，他们同美洲的爱斯基摩人结有这样的关系。当
爱斯基摩商贩从对岸来到楚克奇人在亚洲沿海的村子后，便在朋
友家里找到其临时的妻子。同样，楚克奇商贩在美洲对岸也有其
临时妻子。从这类事实中，以及从“同一营地的人大多不愿结为群
婚关系”，[③]只有到其“伙伴”营地访问时才行使其共妻权之类的重
要表述中，我可以断言，楚克奇人实行两性共有制的一个目的，就
是给离家外出的人提供床第之欢。另一个目的可能是为了相互保
护。博戈拉兹说：“不和别人结成这样的关系，就意味着没有朋友，
没有人为自己祈祷，在必要时得不到别人的保护。这是因为，婚姻 231

① *Ibid*. p. 603.

② Frazer, *Totemism and Exogamy*, ii. 350 *sq*.

③ Bogoras, *op. cit*. p. 603.

群体中人与人之间的关系，要比父系亲属之间的关系更亲近。”因此，现在，所有楚克奇人的家庭都相互结成了群婚的关系。① 此外，这一习俗还可能与求新求异之心有关。楚克奇人的一个特点，就是男女都很好色。博戈拉兹到了他们那里，每个人都对他说，性交是“世界上最美好的事”。有的人还把其伙伴的妻子带回家中，同住数月，然后再把她送回。有时，“交换来的妻子们会与她们的新丈夫们同住更长的时间，甚至长久住下去。”②我们则没有理由推想楚克奇人的这一群体性关系与男女人口不均有任何关联。我们说过，根据 1897 年的一项人口调查，女性人口为男性人口的 102%。

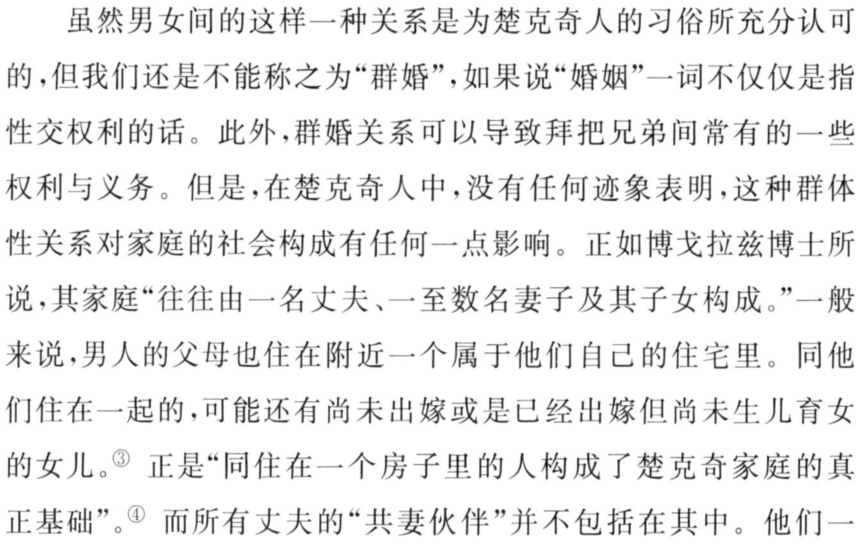

虽然男女间的这样一种关系是为楚克奇人的习俗所充分认可的，但我们还是不能称之为“群婚”，如果说“婚姻”一词不仅仅是指性交权利的话。此外，群婚关系可以导致拜把兄弟间常有的一些权利与义务。但是，在楚克奇人中，没有任何迹象表明，这种群体性关系对家庭的社会构成有任何一点影响。正如博戈拉兹博士所说，其家庭“往往由一名丈夫、一至数名妻子及其子女构成。”一般来说，男人的父母也住在附近一个属于他们自己的住宅里。同他们住在一起的，可能还有尚未出嫁或是已经出嫁但尚未生儿育女的女儿。③ 正是“同住在一个房子里的人构成了楚克奇家庭的真正基础”。④ 而所有丈夫的“共妻伙伴”并不包括在其中。他们一

① *Ibid*, p. 604.

② Bogoras, *op. cit.* p. 604.

③ Bogoras, *op. cit.* p. 544.

④ Ibid. p. 540.

般都住在另一营地，而且往往相距遥远。博戈拉兹博士曾听人说，232
有的穷人结成群体性关系之后，相处甚好，以至同住一个帐篷，甚至同睡一个卧室。在楚克奇人的传说中，也有类似情况的描述。但是，我们不应忘记，博戈拉兹曾经说过，同“伙伴”之妻发生性关系的事，并不多见。

总的说来，楚克奇人的所谓“群婚”，与他们在白令海对岸的相邻部落以及在更东一带的爱斯基摩人的某些习俗相比，似乎没有什么太大的不同。纳尔逊在谈及白令海峡一带的人时，曾写道：“当地有一种很常见的习俗，就是两个住在不同村落的男子常常结成拜把兄弟。结拜之后，只要其中的一方来到另一方所住的村子，就会受到其拜把兄弟的接待。居住期间，主人还会把自己的床铺连带自己的妻子，让给客人使用。待到一方回访另一方时，也会受到同样的接待。因此，这两家人有了孩子之后，也都说不清其父是谁。”[①]我们在以前曾经说过，在爱斯基摩人居住的所有地区，可能都有换妻的习俗。[②] 我想，谁也不会把这种临时换妻的做法，称为“群婚”。同样，我们也不能把这种做法看作古代群婚的遗迹。在像爱斯基摩人这样没有妒忌心的民族中，出现换妻之事，其原因本来并不难找。这里还有一点值得注意：从来没有任何人说过，实行换妻的男子，是亲兄弟的关系。

我们还听说，在西南非的赫雷罗人中，有人实行“群婚”，当地人称之为“欧庞加”。据布林克说，这个词的本意即“友谊”，但后来

① Nelson,“Eskimo about Bering Strait,”in *Ann. Rep. Bur. Ethn.* xviii. 292.

② *Supra*, i. 230 *sqq.*

233 被异教赫雷罗人用来表示共妻及共享财产。布林克说:“两个互为‘欧庞加’的男子,通过互赠牲畜或其他东西,即可结为一种亲密的友谊。有了这种关系,一方就可以与另一方的妻子发生性关系,还可随意拿走另一方的牲畜。”[①]布林克博士在另一本书中还提到,只有当“欧庞加”(即这一共享团体的成员)彼此间可以出让任何东西时,才能形成共享财产的关系。哈恩也曾谈到过“欧庞加”,认为这是几个男子之间共享财产和妻子的一种习俗。本森也告诉我们,三个男子即可结为一伙,共有其妻子和牲畜,即:可相互使用别人的妻子,可相互宰杀别人的牲畜。根据冯·弗朗索瓦的说法,加入“欧庞加”之后,即可在紧要关头(如遇到饥荒或发生战争时)得到其他伙伴的帮助,来到伙伴的村庄时。也可受到他们的殷勤款待,甚至还可以同其伙伴的一个或数个妻子发生性关系。丹纳特博士则明确否认赫雷罗人的共妻制伴有共产制,尽管他们在其他方面有强烈的共有倾向。加入“欧庞加”的人甚至不能向其伙伴直接索要东西。他们如想提出什么请求的话,只能请人捎话,而传话者在转达这一要求时,也是绕来绕去,从不明说。不过,如有“欧庞加”路过自己的牧场时,做主人的总要送给他最好的肉和最好的
234 羊,并引以为荣。这位作者还告诉我们,实行一夫多妻制的男子,也会让出自己的一个妻子,与他人缔结“欧庞加”联盟,虽然他也会让别人与自己的其他妻子发生关系。结成“欧庞加”的关系,只凭口头协议即可,不用举行宗教仪式,也不用履行什么别的手续。同时,这种关系也可以随时解除。常有一些伙伴因为一个女人发生

① Brincker, in *Mittheil. d. Seminars f. orientalische Sprachen*, iii. 3. 86.

争吵，随即就解除了他们之间的关系。

关于“欧庞加”是由哪些人组成的，不同的作者有不同的说法。据欣兹和冯·弗朗索瓦说，入伙的往往都是亲兄弟；而丹纳特则告诉我们，当地严格禁止亲兄弟成为“欧庞加”，而且，伙伴之间还不得有任何血缘关系。但是，分别娶两姐妹为妻、而其本身又没有血缘关系的两个男人，则可以缔结“欧庞加”关系。据一位作者说，一男一女之间也可达成这样的协议，只是女的一方如已嫁人的话，尚须得到其丈夫的许可。但是，这一说法是否准确，曾有人表示怀疑。另一方面，两个未婚女子之间可达成“欧庞加”的关系，则确有其事。这两个女子搭伙后，不仅要在各方面相互帮助，而且还要相互进入对方的性关系之中。只此一事就足以说明，赫雷罗人的“欧庞加”并不等于群婚。而男人之间缔结的“欧庞加”也不能被看作婚姻联盟。这是一种表示友谊和亲密关系的协约，一种可以与协约人的妻子发生性关系的协约，但它并不导致家庭生活或家庭责任。菲厄说过，他从未听说几个男人和几个女人以群婚的形式住在一起，共同组成一个家庭的事。女人生的孩子，总是与这个女人
的丈夫住在一起，即使有证据表明这个孩子的生父是另一个男人。235
同时，属于各个不同人家的孩子，如同从表亲一样，在法律上也不被认为是亲兄弟姐妹。

至于说到男人之间的“欧庞加”是怎样产生的，人们也有不同的看法。科勒认为，这是早期群婚（在这种婚姻形式中，做丈夫的彼此都是兄弟）留下的遗迹。但是，这种解释甚为武断，显然是在套用某种并无事实基础的进化论框架。丹纳特不仅否认亲兄弟或其他血亲可以构成“欧庞加”，而且还反驳了科勒关于“欧庞加”是

一种拜把兄弟关系的假设。弗里奇则把这一制度归因于贫困。但是，在我想来，贫困会导致一妻多夫制，却不大会导致群体性的男女结合。而且，就我所收集的资料来看，加入“欧庞加”的都是已婚男子，他们结成这种关系的条件是同意给对方以占用自己妻子的权利。这种关系很可能是对一夫多妻制的一种替代，而采取这样的形式，或是出于经济方面的动机，或是由于女性不够多的缘故。据说，在赫雷罗人中，女孩没有男孩的人数多。丹纳特博士还提出一种看法，认为“欧庞加”的出现很可能源于这样一个事实：在赫雷罗人中，年轻男子不能自主选择妻子，而只能娶父母为他挑选的女子为妻，因此，他们很想根据自己的爱好，结成一些新的关系。赫雷罗男子之间缔结这样的关系，还可能是为了在他们去看望其伙伴时，或是在他们到自己的牧场而又无法带妻子同来时，能有某个女人陪伴自己。这样看来，赫雷罗人实行“欧庞加”的用意，可能与楚克奇人实行群体性男女结合的用意一样。这里还应当再说一句：在与赫雷罗人相邻的诸部落中，也有类似的关系。

236 在新几内亚海岸外的马蒂岛上，“塔菲”之间也存在同样的关系。据塞利格曼和吉布林两位先生说，在英属新几内亚的巴特尔湾诸社区中，性别相同、年龄相仿的所有人都是一种叫做“金塔”的群体的成员。这些人构成了某种社团，社团内人人都有权得到别人的友情和帮助，而住在同一处的“金塔”成员，其关系尤为亲密，被叫做“埃里亚姆”。塞利格曼和吉布林两先生说，在“埃里亚姆”之间，每个人都对其伙伴的妻子拥有婚姻权，至少在韦道等社区是这样；对于这种关系的唯一限制，即是有关氏族与图腾的规定，以及个人之间的血缘关系，也就是对男女通婚的限制。“一个

人如果想同一位‘埃里亚姆’的妻子发生关系，就会先去见见她，并约定好在丛林中的某个地点与她相会。如果丛林中没有空地，那他还得事先开出一小块空地来。一个人即使在他自己的妻子随时都能接待他时，他也可以经常去行使这一特权。他这样做并没有人感到有什么不好，而且被认为是人之常情。至于在他妻子怀孕期间，他去与‘埃里亚姆’之妻相会，那自然就会更多一些。”据牛顿先生说，一个男子不能同本氏族的男子或其妻为本氏族成员者结为“埃里亚姆”，同样，两个男子，如果其妻是同一氏族的人，他们也不能结为“埃里亚姆”；一个人虽然主要是同本“金塔”中的男子结为“埃里亚姆”，但也可以同年龄较小的“金塔”中的男子结为“埃里亚姆”；“埃里亚姆”的关系是可以世袭的；此外，如果娶有一个妻子的男人与娶有多妻的男子结为“埃里亚姆”，那么前者只能同后者

的第一个妻子或其中某一个妻子发生性关系，而没有权利与后者 237 1195
的其他妻子发生性关系。[①] 据说，这一习俗是从博亚奈传入韦道的。博亚奈人称“埃里亚姆”为“里卡姆”。“在这一地区，如同在新几内亚东南部的大部分地区一样，男子在妻子怀孕后直至孩子断奶前，不得与妻子同床。在这段时期，以及在其他一些规定禁欲的时期，做丈夫的便常常去找其‘里卡姆’的妻子做爱。当然，这些女人须是未怀孕的，而且在氏族关系上也不存在禁忌。”[②]也许我们可以做这样的推断：“埃里亚姆”关系中之所以包含有性交的权利，其主要意图在于，在男子不能与自己的妻子同床时，给他们一个与

---

① Seligman, *Melanesians of British New Guinea*, p. 470 *sqq*.

② Seligman, *op. cit*. p. 474.

朋友的妻子性交的机会，以使其性欲得到满足。不过，并不是所有“埃里亚姆”关系都包含有这样的权利。在同属巴特尔湾社区的瓦米拉，“一个人如与‘埃里亚姆’的妻子发生性关系，将按通奸论处。”[①]

有人说，在马赛人中，年纪相同的人实行某种性共有制。据说，男人可以与年龄相同的女子通奸或私通，女人也可以同与其丈夫年龄相仿的任何男子同居，只要他们不是属于同一亚氏族或不是近亲即可。但是，一个男子与有夫之妇发生这样的关系，似乎多是在他外出做客的时候。有人就曾说过，当一个马赛人去外村做客时，他只要走进一个与他年纪相同的人的家里，这个人就会把自己的妻子留给客人，自己出去另找地方睡觉。“马赛人是不能拒绝款待与自己年龄相仿的陌生人的，因为他害怕同年龄的人诅咒

1196 他，使他很快死去。”[②]魏斯在谈到马赛人的性共有制时，只把它看作是一种待客形式。他还说，马赛人之所以有这种习俗，是因为他们经常外出旅行。当一个人来到一个友好的村庄后，便把他的长
238 矛插在一户人家门口外面的地上，这样一来，这家的主人就必须另找地方过夜了。在阿坎巴人中，也有类似的情况。“如有本氏族人或友人来访并过夜，做主人的常常会把自己的妻子留给客人。因此，在他们那里，已婚妇女是可以合法地同其他男子发生关系的。”不过，尽管这种关系在阿坎巴人看来是合法的，但在外面有过这种关系的男子回来后，必须先经过一种净身仪式，才能进屋。阿

① *Ibid*, p. 477.

② Hollis, *Massai*, p. 287 *sq*.

坎巴人还有一种习俗:“如果一个人有数名妻子(甲、乙、丙),她们都生有几个儿子,且儿子又都已娶了亲,那么,在这些同父异母兄弟中,每个人都有权同与自己年龄相当的那个人的妻子发生性关系。也就是说,甲的长子可与乙和丙的长子的妻子同床,甲的次子可与乙和丙的次子的妻子同床,余可类推。假如某个人没有亲兄弟姐妹,那么,他则可以同其所有同父异母兄弟的妻子同床。这是因为,人们假定他一身同兼其母的长子、次子、幼子三个角色。”不过,林德布卢姆博士在描述这一习俗时,却不知道该怎样解释才好。[1]

据说,在某些蒙昧部落中,结拜兄弟之间可相互与对方的妻子发生关系。此外,我们也有理由相信:在古代闪米特人中,结拜关系有时是含有共妻之意的。据说,在一本五世纪的叙利亚—罗马律书(扎豪和布伦斯曾收集过这一律书的各种文本并对此做过解释)中,有这样一条规定:——“如果一个人想同另一个人结为拜把兄弟并共有其全部所有,那么,法律是禁止他们这样做的,并取消其结拜关系,因为妻子是不能共有的,子女也是不能共有的。”[2]这 239
一规定似乎说明,事实上有人就想结为拜把兄弟,而结为拜把兄弟之后,妻子及财物皆为拜把兄弟所共有。我们在布哈里讲述的一个故事中,似乎也可看到这一习俗的踪影。据说,先知使阿布德·拉赫曼·伊本·奥夫与赛义德·伊本·拉比亚结为兄弟。后者娶有二妻,遂提出二人应平分其财物与妻子。于是,阿布德·拉赫曼

---

① Lindblom, *Akamba*, p. 78 *sq*.

② Bruns and Sachau, *Syrisch-römisches Rechtsbuch aus dem fünften Jahrhundert*, § 86, p. 24.

便得到了赛义德的一个妻子。罗伯逊·史密斯提出，这种事似乎是结拜为兄弟后的必然结果，因此，自应将其看作西藏式一妻多夫制的一种遗迹，与斯特拉博说的情况颇为类似。但是，这一推断是不能使人信服的。我们不应把所谓“结拜兄弟”当作真兄弟的翻版。结拜关系是一种盟约，一种使结拜双方承担有相互义务的盟约。在相互关系方面，结拜之情甚至可以比兄弟之情更显神圣。而共妻之约则是要使其关系更加密不可分。如果说拜把兄弟实行共妻仅仅是仿效亲兄弟而已，那么，何以在亲兄弟不再实行共妻之后，拜把兄弟还继续加以实行呢？

1198

我们在前面说过，群婚是一夫多妻制和一妻多夫制相结合的产物。我们还说过，在我们业已考察过的一些群体性男女结合的实例中，男性伙伴并不一定是，甚至可能不是，兄弟或亲戚；女性伙伴也并不一定都是姐妹，甚至一般都不是姐妹。现在，我们转而谈谈另一种类型的群体性男女结合，即一伙兄弟与一伙姐妹的结合。据说，这种群伙都是由类别式意义上的兄弟和姐妹所组成的，因此其规模甚大。

240 此类群体性男女结合的典型事例是桑威奇岛民所实行的普那路亚制度。洛林·安德鲁斯法官在1860年曾给摩尔根写过一封信，信中谈到：“普那路亚关系是一种双重性的关系。它起源于两种情况：一种是两个或几个兄弟想相互占有对方的妻子，一种是两个或几个姐妹想相互委身于对方的丈夫。不过，‘普那路亚’一词现已用来表示‘亲爱的朋友’或‘亲密的伙伴’之间的关系。”[①]A.毕

① Morgan, *Ancient Society*, p. 427.

晓普牧师曾给摩尔根寄去过一张夏威夷亲属称谓一览表，并指出，“亲属关系中的这种混乱状况”，“是亲属之间实行共夫共妻这一古代习俗的结果。”巴利特博士也写道：“做丈夫的有很多妻子，做妻子的也有很多丈夫，而且人们还随意交换配偶。”[①]里弗斯博士指出，在桑威奇岛民中，性关系十分松弛，因此，作为一种社会制度与个体婚姻并存的，还有“一种公开的情夫情妇制，情夫情妇的地位都是得到社会承认的。而在这些情夫情妇中，地位最稳固的似乎是某些亲属，即丈夫的兄弟和妻子的姐妹。这些人构成了一个群体。在这个群体中，任何男子对任何女子都有婚姻权。”有人还告诉里弗斯博士，即便是在普遍接受基督教已近百年之后的今天，“普那路亚”的这种权力“在有的地方仍旧得到承认，并由此而引发一些案情。不过，这些案情到了法庭上，均被当作通奸案处理。除了这种因与某对夫妇有一定亲属关系而具有公认地位的‘普那路亚’之外，夫妇双方还有一些显然是根据自己意愿自由选择的情人。”[②]

自我们对桑威奇岛民有所了解以来，我们就很明确：他们是实行个体婚的。埃利斯在将近 100 年前曾对他们做过描述，他并没有谈到别的婚姻形式，并说，只有做酋长的才实行一夫多妻制。至 241
于“普那路亚”制度，我们也很清楚，这并不是群婚，而正如里弗斯博士所说的，至多是一种“公开的情夫情妇制”。我们不清楚：“普那路亚”的这种权利究竟是某人的一种当然权利，还是因他与某对

① *Ibid*, p. 427 *sq*.

② Rivers, *History of Melanesian Society*, ii. 386 *sq*.

夫妇的关系而具有的？抑或是在每一个例子中特别被赋予的？虽然安德鲁斯先生关于“做兄弟的想相互占有对方的妻子，做姐妹的想相互委身于对方的丈夫”这一说法偏向于关系说，但“普那路亚”习俗显然有很多模糊不清之处。有关这一习俗的描述又少又含糊，而且多与亲属称谓的描述混在一起。这就使人们不禁要问：在生活习俗与亲属称谓之间，原本是不是这样乱呢？类似的混乱情况也曾导致有人说，在澳大利亚各部落中，某一部落分支的所有男子可与另一分支中的所有同代女子通婚。至于“普那路亚”制度的起源，除了摩尔根说它起源于“血缘家庭”之外，就我所知，还没有其他人进行推测。在桑威奇岛民中，据说男性人口超过了女性。男女人口的这种不均衡状况，当然也会对该民族的两性关系产生影响。

1200 里弗斯博士说，在美拉尼西亚的某些地方，除了有明确的个体婚姻存在之外，还有一种群体间的性关系：其中一方是由丈夫的兄弟所构成的一伙男子，另一方是由妻子的姐妹所构成的一伙女子。从类别式亲属称谓的角度来看，这两伙人分别为兄弟与姐妹的关系。他说，现在，不管怎么说，这种群体关系仅仅是一种性关系，因此，我们在说到他们的这种关系时，最好不要称之为群婚，而应称之为与个体婚姻相联系的性共有制。但是，这一说法似乎不是基于直接的证据，而是基于逻辑的推断。里弗斯博士在《美拉尼西亚社会史》一书中探讨性共有制这一问题时，从亲属称谓的角度考虑了可能导致性共有制的任何证据，继而转向美拉尼西亚人在现在和过去实际实行性共有制的证据。他说，类别式亲属制度的某些特点往往被看作是实行性共有制的证据。在世界各地很多民

族的这一亲属制度中，妻子的姐妹和兄弟的妻子（从男性角度而言）在称谓上与妻子归为一类，同样，姐妹的丈夫（从女性角度而言）和丈夫的兄弟也被归为一类。于是，他就此推测，这种称谓可能是过去留下来的一种遗迹，它可能反映出，过去，与丈夫归为一类的人同与妻子归为一类的人实际上是被当作夫妻相看待的。现在，在美拉尼西亚，也有这种两相合一的情况，但里弗斯博士强调指出，这并不能证明，这种情况就是性共有制的遗存形式，因为人们可以更自然地把它解释为过去某些男女之间潜在的夫妻关系所留下的遗迹。科德林顿在一本关于美拉尼西亚人的著作中指出："一般来说，我们可以认为，对一个美拉尼西亚男子而言，与他同属一代的所有妇女不是他的姐妹就是他的妻子；对一个美拉尼西亚女子而言，与她同属一代的所有男子不是她的兄弟就是她的丈夫。……但是，我们不要以为，一个美拉尼西亚人会将所有与他不
同氏族的女子都看作是自己的妻子，或是认为自己有权同这些妇 1201
女中的未婚者结婚。实际上，对一个男子来说，哪些女子是他可以娶之为妻的，哪些是他不能与之通婚的，这其中是有严格的界限的。"①

里弗斯博士还说，类别式亲属称谓还有一些特点，可能是源于
性共有制的状况。这些特点之一即是 wunu mumdal（意即"我们 243
大家的妻子"）这一说法的使用。班克斯群岛罗瓦岛上的居民就使用这样的说法。但他又说，这是一种孤立的用法，因此，在没有确认其本意之前，如果赋予它很大的重要性，是很危险的。至于称谓

① Codrington, *Melanesians*, p. 22 *sq.*

上的其他特点，我就不详细讨论了，因为里弗斯博士本人也承认，这些特点充其量只能暗示它们源于古代性共有制的状况。而对我来说，它们似乎毫无意义。他说过，“只有当我们转向与美拉尼西亚的亲属称谓联系在一起的责任和限制时，我们才能找到性共有制过去和现在存在的证据。”

据说，这方面的最令人信服的证据来自托雷斯群岛。“在这个群岛上，男子不得对妻子的任何亲属直呼其名，而且，跟他们说话时，也不得冠以 cha 或 ja 这类对妻子讲话时用的词。广而言之，男子不得以亲密的口吻与妻子一方的亲属说话。上面所讲的只是这一通则的几个特例。如果有人听到一个男子对妻子的姐妹直呼其名，或是用了 cha 这个词，人们就会断定，他们两人已经发生了性关系。一旦发生了这样的关系，这个男子同与他已发生关系的那个女子说话时，就不再用原来的亲属称谓。在洛岛上，男子称妻子的母亲为 Kwiliga。但是，如果他们两人发生了性关系，他就不得再用这一称谓了。当他同这个人讲话时，或是在说话中提及她时，都只能直呼其名，直至他本人离开人世。”不知道这是不是对他所犯罪过的一种惩罚，因为我们从刚刚援引的这段话中可以清楚地看到，男子是不得与妻子的任何亲属发生性关系的，甚至连以亲密的口吻同她们说话都不行。令读者不解的是：这怎么能被看作是性共有制的证据呢？它说明的恰恰是相反的情况。但里弗斯博士争辩说，不直呼其名的做法与性关系的潜在性之间还是有联系的。他说，在托雷斯群岛居民的心目中，某一伙男子与某一伙女子发生这种关系的可能性，显然是一直存在的。而且，这些群伙的规模一定是很大的，因为对直呼其名的限制不仅适用于我们所说的、

1202

狭义的岳母女婿关系及大小姨子与姐夫妹夫的关系，而且还适用于类别式意义上的这种关系。于是，“这些做法以及与此相联系的一些信念，就为至今尚未完全消失的性共有制状态的存在，提供了最有力的证据。”①

我同意里弗斯博士所说的，禁止男子与某些女子过分亲密——如同对任何行为的禁止一样——正说明这种被禁止的行为是可能的。甚至可以说，这一禁律的前提即是，这种行为实际上已经有过，或者被认为很有可能发生。因此，我们不妨把使徒的话反过来说，即：没有不轨行为，就没有法律。但是，在托雷斯群岛，一伙男子与一伙女子之间的性关系，不论是可能有之，还是实际上真有，都不是里弗斯博士所说的性共有制。他对此语的界定是：“某一伙男子与某一伙女子可以合法发生性关系的那样一种社会状态。”②如果里弗斯博士以为，我们这里所讨论的这种限制，即已证明早先存在过性共有制，那他显然就错了。假如这种推理成立的话，那我们也可以说，我们的刑法中所规定的种种禁例证明，那些被禁止的行为在早先都曾被认为是合法的。还有一点值得注意，假如里弗斯的假设是对的，那么，可发生性关系的男女两群伙也就不会仅限于真正的和类别式的兄弟和姐妹了，因为“男子不得对妻子的任何亲属直呼其名。”里弗斯博士就曾明确说过，这种限制也 245
适用于类别式称谓意义上的岳母。

在我们得知托雷斯群岛的男子不得对妻子的任何亲属直呼其

① Rivers, *op. cit.* ii. 132 *sq.*

② Rivers, *op. cit.* ii. 127.

名之后，再读下面的一段话，就不禁感到十分困惑了。里弗斯博士说："事情很清楚，在托雷斯群岛，一个人对妻子的女性亲属说话时，如果直呼其名，就表示他们之间实际发生过性关系。这样看来，在这个群岛，特别是在其中的休岛，以及在班克斯群岛的罗瓦岛，男子对妻子的姐妹仍直称其名，就具有很大的意义了。在休岛，这样做几乎成了一定之规，于是我们可以断言，在这个岛上，他们之间的性关系也是经常性的。换言之，该岛仍存在性共有制。"[①]至于在罗瓦岛上，一个男子对妻子的姐妹和兄弟的妻子直呼其名是否意味着他们之间发生过性关系，里弗斯博士似乎不是很肯定，因为他在另一处说，在班克斯群岛的某些岛上，"可能"存在这样的情况。据说，在休岛的居民中，存在着性共有制，即一群男子与一群女子可以合法地发生性关系的那样一种社会状态，因为男子对妻子的姐妹直呼其名"几乎成了一定之规"，虽然我们刚刚被告知，在休岛所在的那个较大群岛，男子不得这样做。里弗斯博士的意思也许是说，这个岛上的做法与托雷斯群岛其他岛屿上的规矩不同，男子对妻子的姐妹不仅可以习惯性地直呼其名，而且这样做实际上也为习俗所允许。但如果是这样的话，人们就会问：他是不是真的肯定，在休岛也同在这一群岛的其他岛上一样，一直呼其名就表示发生过性关系呢？如果他肯定是这样的话，为什么不直说休岛存在性共有制，而要从直呼姓名的做法来推导性共有制的存在呢？

里弗斯博士的论述中有很多含混不清之处。作者一会儿谈到

① Rivers, *op. cit.* ii. 133 *sq.*

可能性，一会儿谈到实际发生，一会儿又谈到被认可的权利，这些 246
说法杂陈其间，使读者不知所云。而在论证中具有重要意义的话，又被饰以“可能”或“几乎一定”。这样的论述，在我看来，并不能给我们提供证明美拉尼西亚“存在性共有制的直接证据”。但是，即便证据是令人信服的，也只能证明性共有制在美拉尼西亚很小一部分地区的存在。里弗斯博士最后断言：“在美拉尼西亚社会的最初形态中（我们对此是有证据的），曾存在性共有制的状态。”[①]但是，在我看来，做出这一结论，现有的证据还不够，还需要有更有力的论据。

科德林顿也倾向于认为，美拉尼西亚曾存在过性共有制。他承认说，当地人并不记得原来有过这样的时候，即某一分支中的所有妇女是另一分支所有男子的共同妻子。他还承认：“在他们现实的生活中，也没有这种共妻共夫的情况。当地人承认，只是在节庆的聚会活动中确有很强的纵欲性，但这是一种失序状态，是不合法的，人们并不以惯例为由对这种纵欲行为进行辩护。……当地人有关人类起源，特别是有关女人起源的故事，讲述的都是个体婚姻。”Qat 神在造人时，给每个男人都分了一个女人。但是，另一方面，科德林顿博士又声辩说：“人们使用的某些词语，可为性共有制提供有力的证据。”在莫塔人的语言中，母亲、丈夫、妻子等词用的都是复数。Veve 是对本分支亲属的称呼，ra 是表示复数的前缀，而母亲则被称为 ra-veve。Soai 一词表示的是“某一群体或某一家庭、家支的成员”，而 ra-soai 则是丈夫和妻子的互称。因此，“在莫

① Rivers, *op. cit.* ii. 326.

塔，做丈夫的不是把妻子叫作自己的人，而是叫作大家的人。做妻子的在提到自己的丈夫时，也是这样叫。”①

247 在我看来，这种语言学上的证据似乎并没有什么价值。莫塔人的语言中有一种所谓“权威复数”（pluralis majestatis）的形式。里弗斯博士了解到，莫塔人在说到母亲和其他某些亲属时使用前缀 ra，是为了表示尊敬或显示关系特别亲近。当地人还明确告诉他，ra-veve 只不过是一种形式上的复数，因此并没有什么令人奇怪的。科德林顿博士也讲到过这一点。如果人们不仅是在形式上，而且在意义上，对 veve 一词使用复数，那么，它所表示的就会是“几个家支”或“几个亲属群体”。Ra-soai 也是一种相应的称谓，其复数形式仅仅是要表示夫妻一体。据科德林顿博士说，其意是说，一对夫妻乃是已婚男女这一群伙中的一对；当地人对此也不否认，而且表示出一种“美拉尼西亚人的羞涩”，虽然他们说这个词的复数并没有什么意思。而他们的羞涩显然说明，他们对群婚的想法，至少是对被人疑心实行过群婚，有一种羞耻感。我必须坦率地说，一般而言，我对从词语和语法中做出的社会逻辑推导都是很怀疑的。我觉得，就任何种族中的未受教育的人来说，讨论其语言上的细微区别都是很不适宜的。

在有关澳大利亚民族学的诸多讨论中，群婚是一个特别突出的主题。在其他一些民族中，人们把他们的某些习俗说成是社会遗存形式，并从中推测他们以前曾实行群婚。而在澳大利亚的某些部落中，则据说实际存在着群婚。

---

① Codrington, *op. cit.* p. 27 *sq.*

在据说现在仍实行群婚的众部落中，最为人们所熟悉的，要数
迪埃里人了。他们住在澳大利亚中部艾尔湖东岸和东南岸的巴尔
库三角洲一带。豪伊特博士在加森先生和奥托·西伯特牧师等人
的著述的基础上，曾对他们的婚俗做过极为详尽的描述。迪埃里
分为两个外婚制半族，两半族的男女除受血亲的限制之外，均可自 248
由通婚。据说，他们的婚姻分为两种：一种是个体婚，称作"蒂
帕一马尔库"，另一种为群婚，称为"皮劳鲁"。关于个体婚的情况，
豪伊特博士在其最新出版的一本书中告诉我们，这种婚姻通常早
在婴儿时期或童年时期即已订就，是由男方的母亲和女方的舅舅
合议而定的。至于"皮劳鲁"关系，则是"由兄弟换妻而形成的。如
果两兄弟娶了两姐妹，他们一般都会住在一起，形成四个人的群
婚。某人如果死了妻子，只要给其兄弟送些礼物，即可将兄弟的妻
子作为自己的'皮劳鲁'。如果有客人来访，只要属于适当的婚组，
做主人的也会让出自己的妻子（'蒂帕一马尔库'），作为来客临时
的'皮劳鲁'"。此外，做女人的如果对某个男子特别喜欢，"还可请
求丈夫让那个男人来做她的'皮劳鲁'。假如丈夫不同意，妻子只
好作罢；而一旦丈夫同意了，这事也就定下来了。"为使"皮劳鲁"关
系合法化，还要由氏族首领主持某种仪式。如果此事涉及几个氏
族，仪式就要由几个首领共同主持。这一仪式是同时为好几对人
举行的，因为"相互结为'皮劳鲁'的，往往不止两对。所有未婚的
和已婚的男女，都可结为'皮劳鲁'。甚至已经有了'皮劳鲁'的人，
还可再结'皮劳鲁'。"[①]再结"皮劳鲁"并不意味着以前所结的"皮

① Howitt, *Native Tribes of South-East Australia*, p. 181 *sq.*

劳鲁”关系已被废止，因为“一旦结为‘皮劳鲁’，永生都是‘皮劳鲁’”。[①]

一个男子可以有数名“皮劳鲁”妻子，一个女子也可以有数名
249 “皮劳鲁”丈夫。但是，一个女子不能同时有数名“蒂帕一马尔库”丈夫，而一个男子却可以有数名“蒂帕一马尔库”妻子。“蒂帕一马尔库”妻子在地位上高于“皮劳鲁”妻子；“蒂帕一马尔库”丈夫也比“皮劳鲁”丈夫拥有大得多的权利。只有在“蒂帕一马尔库”丈夫不在时，“皮劳鲁”丈夫才享有对他妻子的婚权；“但是，未经‘蒂帕一马尔库’丈夫同意，‘皮劳鲁’丈夫不得偕其妻外出，只有在举行某些仪式时，例如，在举行成年仪式时，以及在为两个不同部落的男女举行婚礼时，才可例外。”“蒂帕一马尔库”丈夫和他的妻子组成了一个真正的家庭，而做妻子的只有在“蒂帕一马尔库”丈夫不在时，才能与她的任何一个“皮劳鲁”丈夫住在一起，接受他的保护。[②] 据加森先生说，“蒂帕一马尔库”丈夫似乎把其妻所生的所有孩子都视为己出，对他们一视同仁。

豪伊特博士说，上面所讲的这些情况，也大体适用于相邻的艾尔湖诸部落，甚至适用于昆士兰地区的诸多部落，例如库尔南达布里人和瓦克尔布拉人。在库尔南达布里人中，除了有“努巴亚”即个体婚之外，还有“迪尔帕一马里”即“群婚”。在群婚中，“一群亲兄弟或部落兄弟每当举行部落大会时，即与一群亲姐妹或部落姐妹同居。此外。只要‘迪尔帕一马里’的一伙人都聚齐了，他们也

① *Idem*, “Native Tribes of South-East Australia,” in *Jour. Roy. Anthr. Inst.* xxxvii. 272 *sqq.*

② Howitt, *op. cit.*, p. 184.

会同居。”[①]做妻子的可随意有很多的“迪尔帕－马里”，其“努巴亚”丈夫并不加以反对，只要她不违反有关婚组的规定即可。他还接受她的每个“迪尔帕－马里”送给他的东西，并把这看作是应 250
得之物。但是，这种关系并不是永久性的，因为“迪尔帕－马里”总是在不断地更换。除了这种关系之外，还有另外两种性关系，一种是男人与其兄弟的妻子，一种是女人与其姐妹的丈夫。但是，这两种关系都是背地搞的，不被视为合法，因而与“迪尔帕－马里”关系不一样。在瓦克尔布拉人中，未婚的弟弟（亲弟弟或部落兄弟）可以与嫂子发生关系，还必须保护嫂子所生的孩子。豪伊特博士把这称为“群婚”——“艾尔湖部落的‘皮劳鲁’婚姻”。[②] 但是，正如他在这之前所指出的，这仅仅是一种一妻多夫性质的关系。

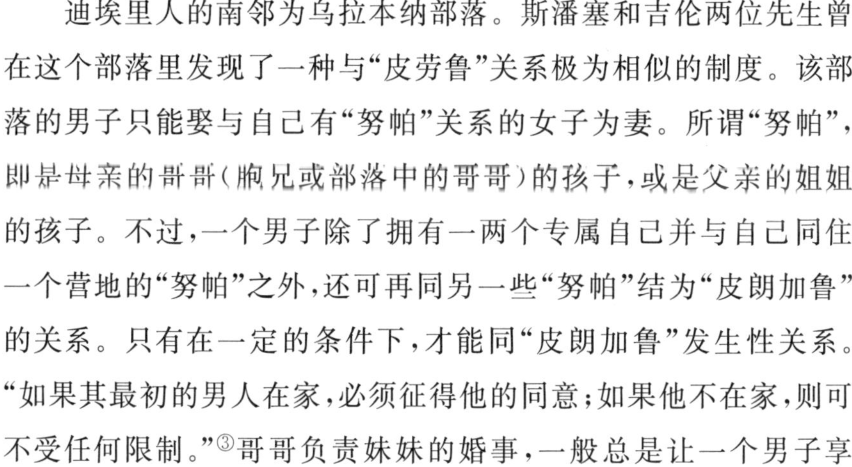

迪埃里人的南邻为乌拉本纳部落。斯潘塞和吉伦两位先生曾在这个部落里发现了一种与“皮劳鲁”关系极为相似的制度。该部落的男子只能娶与自己有“努帕”关系的女子为妻。所谓“努帕”，即是母亲的哥哥（胞兄或部落中的哥哥）的孩子，或是父亲的姐姐的孩子。不过，一个男子除了拥有一两个专属自己并与自己同住一个营地的“努帕”之外，还可再同另一些“努帕”结为“皮朗加鲁”的关系。只有在一定的条件下，才能同“皮朗加鲁”发生性关系。“如果其最初的男人在家，必须征得他的同意；如果他不在家，则可不受任何限制。”[③]哥哥负责妹妹的婚事，一般总是让一个男子享

① *Ibid*, p. 193.

② Howitt, *Native Tribes*, p. 224.

③ Spencer and Gillen, *Native Tribes of Central Australia*, p. 110.

有对他妹妹的优先权，而让同一群体的另一些男子享有附属权。但是，要想建立“皮朗加鲁”的关系，还必须得到该群体诸长老的批准。一般来说，这样的关系都是在部落的很多人聚集起来举行某
251 些重要仪式、长老们商定某些大事之时，才能正式确定下来。一个女人可以成为好几个男人的“皮朗加鲁”。互为“皮朗加鲁”的男女一般总是在一起过群居的生活。偶尔也有一些做丈夫的不让妻子的“皮朗加鲁”同她发生性关系。但这样做会让人觉得小气，而且还会引发打斗。

至于这种“皮劳鲁”或“皮朗加鲁”关系能否被称为婚姻，则大有商榷的余地。这里且不说“迪尔帕一马里”关系。这些关系几乎只是意味着性的放纵，因而与“蒂帕一马尔库”关系即澳大利亚人的普通婚姻截然不同。根据马林诺夫斯基博士的说法，后者是与家庭生活密不可分的，因而可被定义为“由共同的家庭经济、共同生活和共同养育、抚育后代所结成的纽带。”[1]不过，正如我们已经了解的那样，即使只从性生活的角度来看，个体婚中的丈夫所享有的权利也是“皮劳鲁”无法相比的。

1210

过去曾有人提出过一种有关澳大利亚古代实行群婚的假说。据说，某一群体或某一婚组中的男子与另一群体或另一婚组中的女子共同结为夫妻的关系。“皮劳鲁”或“皮朗加鲁”的关系因被认为可以支持这种假说，所以特别令某些人感到兴趣。但是，该假说中所说的那种婚姻，目前在澳大利亚各地都不存在，因此我在本书

---

① Malinowski, *The Family among the Australian Aborigines*, p. 119.

的前几版中，曾把这种婚姻称之为“编造的群婚”。[1] 不过，我的这种说法受到斯潘塞和吉伦两位先生的批评。他们说，从乌拉本纳人的情况来看，其群婚“并非编造之物”；在迪埃里人中，也是一样。正如托马斯先生正确指出的那样，这里有一个词义混淆的问题。252
就乌拉本纳人和迪埃里人的所谓“群婚”而言，“群”字的含义仅仅是指与某些人有某种关系的另一些人。而在“群婚”理论中，“群”字则被用来表示部落中由婚组名称或亲属称谓而区别开来的某一群体。这两种“群婚”的区别还不止于此。事实上，一个人并不能因其身份而自然而然地成为“皮劳鲁”或“皮朗加鲁”。根据豪伊特后来的记载，一个人要想做“皮劳鲁”，必须同“蒂帕－马尔库”丈夫达成协议；如果本人是鳏夫的话，还必须有所破费；虽然当地有“一旦结为‘皮劳鲁’，永生都是‘皮劳鲁’”的习俗，但是，在作客他乡的情况下，这种关系只能维系很短一段时间；至于结为“皮朗加鲁”的关系，则须征得女方哥哥的同意。此外，“蒂帕－马尔库”配偶在各方面的地位都比“皮劳鲁”高。有鉴于此，我实在无法接受豪伊特博士关于“蒂帕－马尔库”婚姻是一种新事物，是“对‘皮劳鲁’群婚权的一种侵蚀”这一见解。[2] 相反，我倒觉得，“皮劳鲁”关系很可能是嫁接到个体婚上的；其起源至少也同世界其他地方的类似习俗赖以产生的背景有某些相近之处。

据说，在澳大利亚的很多地方，年轻的土著男子在成年之时，253
很难娶到妻子。据柯尔说，在班格朗部落，30 岁以下的男子很少

---

① p. 95 n. 1.

② Howitt, in *Folk-Lore*, xvii. 187.

有人能娶上妻子。在澳大利亚西部的金伯利地区，人们在已婚男子中很难找到三四十岁以下的人。据贝弗里奇说，在维多利亚一带的部落中，年轻男子如没有可由其支配的女眷，“就只能一辈子过单身的生活，除非他们肯娶没人要的丑婆为妻，为其看火、打水、扛东西。”[①]澳大利亚土著人中之所以有很多单身男子，其中一个原因是女性人数相对不足，这一点我在前面曾谈到过，另一个原因则是老人实行一夫多妻制。他们毫无顾忌地占有很多女子，而很多年轻男子却一个也娶不上。在我们刚刚提到的维多利亚诸部落中，一个人只有在有姐妹或被监护人作为交换对象的情况下，才能娶得妻子。可是，在他们那里，“做父亲的常常用自己的女儿去为自己交换妻子，即使他们已经有了两三个妻子，也照娶不误；而他们却不愿让已长大成人的儿子拿自己的姐妹去换妻子。”[②]一般来说，老年人为自己娶的妻子都是年轻的女子，而年轻男子即使被允许娶亲，娶到的也都是上了年纪的妇人。有关澳大利亚全境很多部落的记载，都提到了这一情况。据斯潘塞和吉伦说，在澳大利亚中部的部落中，女婿往往与其岳母的年龄不相上下。豪伊特
254 在谈到迪埃里人以及与其相邻的部落时，曾说过，年轻男子只能得到老年男子转让给他们的妻子。此外，我们还应看到，澳大利亚的很多部落只能在一个很小的群体内通婚。这一特定的婚姻规则也必然会增加娶亲的困难。

在澳大利亚的土著部落中，尽管有很多男子只能长期打光棍，

① Beveridge, *Aborigines of Victoria and Riverina*, p. 23.

② Beveridge, *op. cit.* p. 22 *sq.*

或者只能同他们不喜欢的女子成亲,但部落中的某些习俗却可以使他们在正常的婚姻关系之外,以其他途径满足其性欲。在金伯利地区的土著人中,已经达到结婚年龄的青年男子若不能找到妻子,人们就会在他举行成丁礼时,给他送来一个小男孩做妻子。这个小男孩一般为 5 岁至 10 岁左右。这种结合在当地甚为普遍,乃至男孩 1 到 5 岁,人们就会把他送给一个年轻男子。施特雷洛提到,在澳大利亚中部的西洛里查人中,以及在麦克唐奈山脉以北居住的很多部落中,也流行一种与此类似的习俗。不过,在这些部落中,男孩是在 12 岁至 14 岁时才送给年轻男子,一直等到后者娶了亲才离开,往往要与之相伴好几年。这些男孩不被人视为男子汉,因此也无须切割包皮。在上述这些情况中,人们都是按外婚规则行事的。据哈德曼说,在金伯利的土著人中,"做丈夫的"必须回避其"岳母",宛如在普通婚姻中一样。在迪埃里部落,对未婚的青年

男子来说,"皮劳鲁"习俗可以起到替代正规婚姻的作用。豪伊特
就曾明确指出,未婚青年男子可以去找"皮劳鲁"。他甚至还说过,
没有一个单身汉没有"皮劳鲁"。"未婚青年男子的'皮劳鲁'可以 255
精心地照顾他,时刻提醒他注意一些事情,还悄悄向其他妇女询问他的所作所为。她还要求他住得近一些,以便照应他。"①"皮劳鲁"关系显然也可以给娶老妇为妻的很多年轻男子带来一些安慰。但同样明显的是,那些年长而有权势的男子也可以通过这种习俗大得其利。在乌拉本纳人中,"一个人有多少'皮朗加鲁',完全取决于他有多大的权势。如果他有很大的权势,他就会有很多'皮朗

① Howitt, *Native Tribes*, p. 183.

加鲁'；如果他没有什么权势，就会受到冷遇。"[①]在迪埃里人中，部落中的头面人物所拥有的"皮劳鲁"同样也比其他人多。豪伊特认识一个人，他有十来个"皮劳鲁"，此外，其他部落还配给他一些"名誉皮劳鲁"。据说，年长者不喜欢让年轻人很早就娶有"蒂帕－马尔库"妻子或很早就结有"皮劳鲁"；如果某个年轻人结有好几个"皮劳鲁"，老年人就会劝他只留一个。他们认为，年轻人如果很早就娶有"蒂帕－马尔库"妻子，夫妇之间就会因亲密过度而浪费时光；如果结有好多"皮劳鲁"，她们之间就会发生争吵。此外，年长者可能还有其他一些理由用来劝导年轻人。

艾尔曼博士曾听迪埃里等部落的人讲过，"皮劳鲁"习俗的受益者多为年长者，因为这一习俗为他们提供了一个既能同年轻女子发生性关系，又不违反部落道德准则的极好机会。年轻男子虽
1214 然极不情愿让这些年长者与自己的妻子性交，但也无可奈何。一
256 个男子拥有很多"皮劳鲁"，不仅可以满足性欲，而且还可得到其他好处。豪伊特曾指出："拥有尽可能多的'皮劳鲁'，这对一个男人来说就是一种优势。当'皮劳鲁'的'蒂帕－马尔库'丈夫不在家时，他就可以与她们同居，分享她们所获得的食物，从而减少自己的狩猎活动。一个男人如果把自己的'皮劳鲁'借给那些没有或尚未获得'皮劳鲁'的年轻男子，便可以从他们那里收到礼物，还可以扩大自己在部落中的影响。"[②]我们不应忘记，在澳大利亚土著人中，占统治地位的是这样一套风俗习惯，即让年长者和强者占有一

---

① Spencer and Gillen, *op. cit.* p. 63.

② Howitt, *Native Tribes*, p. 184 *sq.*

切，而使年少者和弱者处处受制。既然年长者总是把最好的东西留给自己，总是娶最好看的女子为妻，他们当然就会赞成诸如“皮劳鲁”关系这样的制度，因为这既能给他们以性的享乐，又能为他们扩大影响。因此，我倾向于这样一种看法，即“皮劳鲁”习俗是女性相对稀少和老人自私、专横这两种情况所共同产生的结果。此外，还有一个情况，我们在讨论一妻多夫制和群体性关系时常常会遇到，因此也不应忘记，这就是：已婚妇女在丈夫临时外出期间，需要有人给予保护和监护。这样看来，当一个人的“皮劳鲁”或“皮朗加鲁”的丈夫外出时，他对这名妇女享有性交的权利，就是一件很有意义的事了。只有在这种情况下，她才与他同居，接受他的保护。关于“皮劳鲁”习俗与保护妇女之间的关系，弗兰克·P. 布朗（“布尔曼”）也曾有过论述，使我获益匪浅。据他讲，在澳大利亚北部地方南阿利盖特河畔的卡库加人中，某个男子若要外出一段时

间的话，就会把妻子交给与自己同属一个婚组的另一个男人。在 257
他外出期间，这个男人有权与他的妻子同居。如果他把妻子一个人独自留在家里，她就有可能被别的什么人抢走，或者她会自行找人同她发生关系。如果一个人所娶的妻子是某个老人给的，那么，他很可能就要请这个老人来照管她。

这样看来，我们就不能把“皮劳鲁”习俗看作早期群婚状态的证据。同样，对于某些人用来支持群婚理论的其他一些习俗，诸如借妻或换妻的习俗，少女婚前接受“破贞”的习俗，以及在进行某些仪式时不受平日道德准则约束而尽情放纵的习俗，也应作如是观。我在本书前几章中，即在对乱交说进行批判时，曾讨论过这些习俗。我对这些习俗所做的解释，不仅是对乱交说的批判，而且也是

对共有说的否定。斯潘塞和吉伦强调指出：在土著人中，一个人把自己的妻子所借给的人，必属于适当的婚组。他们说，这种借妻活动完全不同于将妻子借给白人，土著人有时那样做，仅仅是作为一种好客之举。把妻子借给属于适当婚组的人，是很自然的事，因为部落法禁止婚组不般配的男女性交。斯潘塞和吉伦在谈及借妻之事时，有时是说一个人“可能经常”把自己的妻子借给另一个人，有时是说“出于自己的意愿”这样做。他们还说，当陌生人远道而来时，当地人“通常”都把自己的妻子借给他们。如果说借妻之事真的意味着对某种群体权利的承认，那么，斯潘塞和吉伦在对借妻习
258 俗进行描述时，就实在太吝惜笔墨了。据多伊尔先生说，在卡米拉罗伊人中，一个人只有在妻子本人同意的情况下，才能把妻子借给朋友或远道而来的客人。

最后，我们来谈一谈类别式亲属称谓的情况。所谓澳大利亚群婚假说，实际上就是从这里得出的。法伊森牧师受摩尔根思想的影响，从澳大利亚南部卡米拉罗伊人实行的类别式制度中得出结论说，他们的婚姻“是以部落中某一分支的全体男子与另一分支中的所有同代女子实行婚配为基础的”，因而从理论上说仍具有共有婚的性质。[①] 法伊森承认，他并不知道有哪个部落，其婚姻习俗完全如亲属称谓在过去所表示的那样。他说：“现在的做法要比其亲属称谓所暗示的那种制度先进一些了。所以说，这些称谓是古代一种权利的遗留物，并不就是表示人们如称谓所示的那样

---

① Fison and Howitt, *Kamilaroi and Kurnai*, p. 50.

做。”[①]尽管法伊森曾做过这样一番表示，但还有很多人引证他的话断言：在澳大利亚土著人中，实际上是一群男子与一群女子联姻。豪伊特以及斯潘塞和吉伦也认定，亲属称谓与过去的群婚状态有密切的关系。豪伊特说：“类别式亲属称谓显示，该大陆东半部各部落的祖先有一度是生活在群婚状态中的。我曾对此做过说明。现在，我还可以再补充一点：我从西半部某些部落通用的称谓中，也看到可以得出这一结论的例证。”[②]斯潘塞和吉伦也说：“正
是因为以前有过群婚，因而才有了澳大利亚土著人所通用的亲属 259
称谓。”[③]他们还说：“在每一个部落中，男人对女人，或者说，对自己实际所娶的女人以及自己可以合法娶有的所有女人（即属于某一适当群体的女人）都不加区别地使用同一称谓。对自己的亲生母亲以及自己的父亲可以合法娶有的所有女人，也用同一称谓。对自己的亲兄弟以及叔伯的所有儿子，也用同一称谓。在其整个亲属制度中，都是这种情况。”[④]

在本书前面的一章中，我曾批判过这样一种观点，即认为类别式亲属制度源于对女性的共有制（无论是群婚还是其他任何类型的性共有制）。我力图表明，这样一种观点不仅没有根据，而且与某些明显的事实不符。斯潘塞和吉伦告诉我们：要想理解土著人，就必须先把我们的亲属观念搁置一旁。但是，他们自己却假定：澳大利亚土著人的类别式亲属称谓同我们的“描述式”称谓是建立在

① *Ibid*, p. 159 *sq*.

② Howitt, in *Folk-Lore*, xvii. 189.

③ Spencer and Gillen, *Native Tribes*, p. 59.

④ *Ibid*, p. 57 *sq*.

同一原则之上的。他们特别强调这一点，即土著人把应用于“专妻”的称谓，也应用于与她属于同一群体的其他所有女人，“一个男子可以合法地娶有这些女人，而不能与这些人之外的女人结婚。”[①]但是，我以前曾说过，我们没有任何理由把这种共同的称谓视为群婚的遗迹，因为我们用这样一个事实即可把这一做法很容易地解释清楚：一个男子可以娶有的女人和不能娶有的女人，在同这个男子的关系上，是相差很远的。斯潘塞和吉伦也同法伊森和豪伊特一样，总是把现在的可通婚范围同过去的实际婚姻状况相混淆。用马林诺夫斯基的话来说，他们是“以假设来描述今日的性生活情况”。[②] 他们总是用“合法的丈夫”一语来指称仅仅是可以
260 合法地娶有某些女人的男子。如果这种用法对的话，那么，我们就可以说，每个英国女子都有成百万的合法丈夫。

因此，我必须承认，斯潘塞和吉伦先生所提到的情况，以及他

们就我在本书前几版中对法伊森先生的群婚理论所持的怀疑态度所做的严厉批评，并不能使我相信，在澳大利亚土著人中，个体婚是从以前的男女群体婚制度中发展而来的。而且，我认为，豪伊特博士有关澳大利亚东南部土著部落的诸多著述，也不能证明这样一种进化过程。他曾责备某些“做这方面研究的民族学家”不愿意“听取对土著人有直接了解的人的意见”。[③] 不过，我认为，我们能够分得清哪些是基于直接观察的陈述，哪些是观察者对所述事实的解释。

---

① *Ibid*, pp. 95, 96, 106.

② Malinowski, *The Family among the Australian Aborigines*, p. 90.

③ Howitt, in *Folk-Lore*, xvii. 185.

更有甚者，豪伊特博士还预言说，群婚将最终被人们看作是人类的原始状态之一。他写道："如果说澳大利亚的原始部落曾是实行群婚的，那么，其他蒙昧部落原来又是怎样一种状况呢？他们也是实行类别式亲属制度的，也对很多人使用同一称谓或相似的称谓。我已经说过，这种称谓具有多么重要的意义。"[①]实行类别式制度即表明过去曾实行群婚或性共有制这一观点，也为另一些人类学家所持有。而且，这一观点还与另一种看法相兼容，即认为类别式制度曾一度流行于全世界的所有民族。这就不可避免地会导致这样一种结论：群婚或性共有制也曾经是普遍性的。但是，并没有证据表明，类别式制度曾实行于世界各地；而那种认为类别式制度是群婚或性共有制之迹象的假说也是不能被接受的。我在有关 261
类别式制度的一章中曾讨论过这个问题，这里再谈一点，因为这一点在那一章中未能充分讨论。如果说这一制度是与群婚或性共有制伴生于同一民族之中的，那么，其因果关系只有在一种情况下才会存在，即：一群兄弟（亲兄弟和类别式兄弟）娶有一群姐妹（亲姐妹和类别式姐妹），或有与她们发生性关系的权利。不过，就我所知，各地并不存在这样的群婚或群体性关系。关于美拉尼西亚人，尽管里弗斯博士认为他所掌握的有关他们实行性共有制的"确凿证据"很有分量，但这些证据并不能用来证明这样一种带有普遍性的理论，即：群婚最能解释类别式制度。正如我们已经看到的那样，女性群体不仅包括妻子的姐妹，而且还包括她的母亲以及她的全部女性亲属。我看不出这种情况怎么能和类别式称谓协调得起

① *Ibid*, p. 189.

来。而在澳大利亚部落中，有性共有制关系的男女群体要比称谓所示的范围小得多。这些男女当然都属于可以相互发生性关系的婚组，但是这些群体只包括这些婚组中的少数成员，而发生性关系的权利也必定都是特别授予他们中的每一个人的。因此，虽然类别式称谓有时可以与潜在的夫妻关系、父母子女关系相合，但这些称谓并不反映澳大利亚人对女性实行性共有制的实际情况。

262 有人认为，以前的群婚制还留下来一个遗迹，这就是转房婚（夫兄弟婚）。在上一章中，我谈了这一习俗的起源，并试图说明把转房婚视为一妻多夫制遗迹的观点是多么没有根据。我认为，如果把转房婚看作是群婚的遗迹，就更没有道理了。詹姆斯·G.弗雷泽爵士对此则有不同的看法。他反对麦克伦南关于转房婚起源于一妻多夫制的理论。他争辩说："转房婚和类别式亲属制度（该制度显然可为群婚作证）在世界上的分布都很广泛，而一妻多夫制这一习俗则比较少见，比较特殊。"因此，他断言，到群婚中寻找转房婚的起源，要比到一妻多夫制中去找更为合理。[①] 这番话乃是基于这样一种假设，即群婚曾一度广为流行。但是，如果失去类别式制度的支持，这种说法也就站不住脚了。

弗雷泽承认，人们当前是这样来看待非洲和美拉尼西亚的转房婚的：既然守寡的妇人当初是被人花钱买来的，人家就不会让她从这个家里走掉，而要让她去跟从死者的后继者。此外，"有些地方的人还认为，一个人在另一个世界中的永恒幸福，有赖于身后留下的子女，子女们会为拯救他的灵魂去举行必要的仪式。凡是在

① Frazer, *Totemism and Exogamy*, i. 501 *sq.*

流行这种观念的地方,如果一个人死而无后的话,他的亲属自然就有义不容辞的责任来尽力解除亡者的危险境况。而这一责任首先就落在亡者兄弟的身上。"不过,弗雷泽争辩道,无论是金钱上的考虑,还是宗教上的追求,都不是转房婚这一习俗最初的和最根本的原因。因为澳大利亚的土著人也实行转房婚,而"这些人娶亲并不靠买,也不把妻子像奴婢一样传给后人,他们还不信仰后人多做祈祷,先人才能升入并长住天堂的说法。因此,我们对转房婚这一习 263
俗必须做出另外的解释。而这样一种解释就在我们手边,这就是群婚这一旧俗。"[①]但是,此话很令人惊奇。而使人们感到更为惊奇的是,弗雷泽本人又指出,"由于澳大利亚土著人的生活极为贫困,因此,在他们那里,一个人最值钱的财产就是他的妻子。"他还说:"澳大利亚土著人娶亲时,如果没有相应的财产,一般来说,就要以其女性亲属(通常都妹妹或女儿)来交换。"[②]再考虑到那些土著人娶亲之难,我觉得,澳大利亚土著人以及别的地方的人之所以实行转房婚,也就很好解释了,大可不必去推测早先曾有一种群婚之俗,以作为起因。

弗雷泽对妻姐妹婚,即续娶妻子姐妹这一流行很广的习俗,也很注意。他提出,转房婚(夫兄弟婚)反映的是女性与一群兄弟的婚姻,而妻姐妹婚反映的则是男性与一群姐妹的婚姻。他说:"把这两种习俗合起来看,它们似乎表明,人们以前曾实行一种一群兄弟与一群姐妹之间的群体婚姻。"[③]但是,妻姐妹婚也同夫兄弟婚

① *Idem*, *Folk-Lore in the Old Testament*, ii. 339 *sqq*.

② *Idem*, *Folk-Lore in the Old Testament*, ii. 194 *sq*.

③ *Idem*, *Totemism and Exogamy*, ii. 144.

一样，可以被顺理成章地解释为现存状况所导致的结果，而没有必要把它看成是过去某一假设婚姻制度的遗迹。弗雷泽还推断说："续娶亡妻姐妹的习俗无疑是从妻子在世时又娶其姐妹为妻的习俗演变而来的。"[①]我认为，这一推断也没有任何根据。鳏夫之再
264 娶何以要被看成是早先一夫多妻制的一种遗迹呢？弗雷泽对于夫兄弟婚与妻姐妹婚往往见于同一民族这一事实很是看重。但是，只有两种显然相似的习俗才会出现这样的情况。这两种习俗可能都是有偿婚姻的结果。如果某家人娶一女子时是付了聘金的，那么，其夫死后，她就还会留在这家；同样，在她本人去世之后，就会另有一人来接替她。而且，父亲死后，如果由孩子的叔叔做继父，孩子就会受到最好的照顾；同样，母亲死后，如果由孩子的姨母做继母，孩子也会受到最好的照顾。而最重要的一点是，无论是夫兄弟婚，还是妻姐妹婚，都保留了两户人家的姻亲关系。在科里亚克人中，妻子死了丈夫之后，必须再嫁给亡夫的弟弟、堂弟或侄甥（即亡夫兄弟或姐妹的儿子）；而丈夫死了妻子，也必须续娶亡妻的妹妹、从表妹或侄女外甥女（即亡妻兄弟或姐妹的女儿）。乔切尔森博士谈及此事时说道，他把这两方面的习俗看作是"旨在维持两家人姻亲关系的一种制度"。[②] 不过，尽管夫兄弟婚与妻姐妹婚经常是彼此伴生的，但在很多民族中，则是只有其一，没有其二。例如，在澳大利亚的部落中，转房婚（夫兄弟婚）非常普遍，而妻姐妹婚则甚为罕见。这一情况显然不利于弗雷泽的假说，其假说是

---

① *Idem*, *Totemism and Exogamy*, iv. 143.

② Jochelson, *Koryak*, pp. 748, 750.

基于这样一种推断，即澳大利亚的转房婚是现存转房婚中最原始的。

弗雷泽在试图说明妻姐妹婚与夫兄弟婚这两种习俗都源于某种群婚（其形式是男方均为兄弟，女方均为姐妹）之后，曾指出，我们并不是完全凭着推测来说以前有过这样的群婚的。“现代观察 265
家在世界上的好几个地方都曾看到过这种群婚的实例。”[①]他提到三个例子。其中一个说的是托达人偶尔将一妻多夫制与一夫多妻制合而行之，此事我在前面已经谈过。另外两个例子说的是昆士兰北部图利河一带的土著人和孟加拉的桑塔尔人。据弗雷泽说，在前者中，“一伙亲兄弟与一伙亲姐妹结为婚姻关系。这就是我在假说中说的妻姐妹婚与夫兄弟婚借以产生的那种群婚形式。”[②]在桑塔尔人中，据他讲，“群婚中男的一方由一个已婚的长兄及其未婚的弟弟组成，女的一方由一个已婚的姐姐及其未婚的妹妹组成。”[③]但是，就我看来，此番表述与被引述者的原话出入甚大。罗思先生说的是，在图利河一带，做丈夫的对妻子的亲姐妹有婚姻权，做妻子的对丈夫的亲兄弟也有婚姻权。同样，关于桑塔尔人，我们听说的是：做弟弟的可以分享嫂子的恩宠，反过来，做丈夫的也可以与妻子的妹妹发生性关系。在这两个事例中，原作者都不曾讲过，丈夫的兄弟或弟弟可以同妻子的姐姐或妹妹发生性关系。因此，我们并不能说，一伙兄弟与一伙姐妹之间存在婚姻关系。在图利河一带的土著中，如果不仅未婚的兄弟们可以同其嫂子发生

① Frazer, *Folk-Lore in the Old Testament*, ii. 304 *sq*.

② *Ibid*, ii. 305.

③ *Ibid*, ii. 309.

266 关系，而且已婚的兄弟之间亦可相互通室（这一点尚不清楚），那当然是一种群体性关系。不过，我们并不知道有一家几兄弟娶另一家几姐妹的习惯。

以前曾被人说成是乱交状态遗迹的习俗，大多又被人（主要是比较现代的作者）看成是群婚的遗留物。即使对于未婚女性所享有的性自由，人们也是这样来看。对于这些习俗，我就不必再说什么了。在某些人那里，群婚说已经成了早先乱交说的遗产承受者，或被宣布为最早的婚姻形式，其他婚姻形式均出于此。最近，科勒教授宣布，群婚理论是坚不可摧的，对于各种批评意见，甚至无须一驳。这真是对付麻烦的反对者的一个省事的办法。这里，我只想再补充一点：即使被说成是群婚遗迹的各种习俗确属群婚遗迹的话（在我看来此说尚没有充足的理由），群婚在过去的普遍性也仍是有待证明的。那种认为群婚曾普遍存在于世界各地的推断，仅仅是一种猜测而已。我们现有的对于现存最低等民族的了解，并不能对这种猜测给予支持。

第三十二章　婚姻维系期与婚姻解除权 267

人们所缔结的婚姻，一般都是没有期限的，或者说是终生性的。但是，即使是为终生而缔结的婚姻，由于种种原因，在男女双方的有生之年，也常常会被解除。而另一方面，我们还听到过一些有固定期限且期限很短的婚姻。

例如，在昂加瓦地区的爱斯基摩人中，“人们把妻子娶来，往往只是为了在一起过一段时间。”[①]据说，在北美印第安人和西非黑人中，也有这种情况。在印度群岛的某些地方，男女双方所订的婚姻往往都是“有期限的，短则一个多月，长则数年”。[②] 据阿米亚努斯·马尔塞林努斯说，在古代阿拉伯人中，人们缔结的婚姻往往都是有一定期限的；期限一过，女方要想离开的话，即可一走了之。现在，在阿拉伯的某些地方，还有一种与此颇为类似的临时性婚姻。在麦加，有些人就订有短期的婚约，其中一方为在那里暂住的朝圣者，另一方则为从埃及去的妇女，她们公开表示，去麦加就是 268
为了缔结这种婚姻。对于有一定期限的临时性婚姻，无论是为期

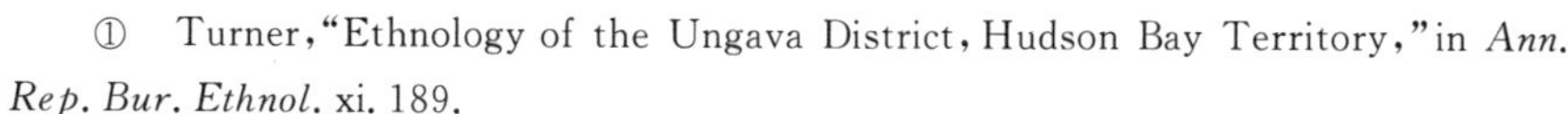

① Turner, "Ethnology of the Ungava District, Hudson Bay Territory," in *Ann. Rep. Bur. Ethnol.* xi. 189.

② Crawfurd, *History of the Indian Archipelago*, i. 88.

一日、一月或一年，还是为期更久，什叶派穆斯林均承认其为合法婚姻。这种临时性的婚姻契约叫做“穆塔赫”。据规定，男女双方互无继承权，但其所生子女却是合法的，而且如同永久性婚姻所生子女一样，也享有对父母的继承权。根据这种婚约，女方不享有任何抚养费，除非在婚约中有这方面的明确规定；男方还有权拒绝抚养其后代，而在普通婚姻中，男方是不能这样做的。此外，临时性婚约与永久性婚约还有一点不同：即在婚约期内，丈夫无权遗弃妻子；不过，在婚约到期之前，如经男女双方同意，婚姻亦可解除。时至今日，这种临时性婚姻仍存在于波斯；但在逊尼派看来，这种婚约则是不合法的。在西藏各地，临时性婚姻都是得到承认的，“人们并不认为它有什么不道德之处，无论其规定的期限是六个月、一个月还是一周。”[①]在阿比西尼亚，也有固定期限的婚姻。期限一到，夫妻即各奔东西。我们在前面还曾谈及过“试婚”。

据说，在少数未开化民族中，婚姻是不可解除的，或者说，尚未听说有离婚的事。锡兰的维达人有一句谚语：“夫妻至死不分
269 离。”据贝利先生说，他们完全是按这一原则行事的。据萨拉赞先生说，维达人中好像没有离婚一说。塞利格曼教授夫妇也说：“从未听说他们那里发生过正式离婚的事。”不过，这对夫妇也曾听说这样两件事：一件事发生于前三代人中，有一个妇人离开丈夫，回到了自己父母家；另一件事说的是有一个做妻子的回父母家找吃的，被父母留了下来，因为她的丈夫太懒，什么也不干，养活不了

① Rockhill, *Land of the Lamas*, p. 212.

自己的妻子。[①] 关于安达曼人的情况，波特曼先生说："离婚之事甚为罕见，至于有了孩子的夫妻，则更未听说有离异者。"[②]而据曼先生说，夫妻之间"如果脾气不合或有其他原因"，是可以离婚的。[③] 印度群岛上有几支部落仍处于自然状态，并沿袭着古老的习俗。在他们那里，据说从没有听说过离婚之事。在马来半岛的"纯正"部落中，人们从未听说离婚之事，即使偶有发生，人们也是 270
不赞成的。至于贝努亚人和某些曼特拉人在这方面的情况有所不同，那是由于受了马来人的影响。据说，在中缅边境古永一带的傈傈人中，"即使妻子不育，夫妻也没有离婚的"。[④] 在查塔姆群岛的莫里奥里人中，"似乎没有离婚的事，只是有些做丈夫的在娶有多妻之后，对不喜欢的妻子显得很淡漠"。[⑤] 据伯罗斯先生说，"在芒贝图人中，不存在离婚的事。一个男人，如果对头一个妻子感到厌倦了，只要再娶一个就行了。"[⑥]在巴西马托格罗索的热斯人或克兰人中，据说婚姻是不可解除的，谁要是想离婚，就会受到众人的一致反对。

在很多未开化民族中，据说婚姻一般都是终生性的，离婚的事 271
甚为罕见。美洲的众多部落都是如此。据布里奇斯先生告诉我，

---

① Seligman, *Veddas*, p. 100.

② Portman, *History of Our Relations with the Andamanese*, i. 39.

③ Man, "On the Aboriginal Inhabitants of the Andaman Islands," in *Jour. Anthr. Inst.* xii. 135.

④ Rose and Brown, "Lisu (Yawyin) Tribes of the Burma-China Frontier," in *Memoirs Asiatic Soc. Bengal*, iii. 263.

⑤ Shand, "Moriori People of the Chatham Islands," in *Jour. Polynesian Soc.* vi. 148 n.

⑥ Burrows, *Land of the Pigmies*, p. 86.

在火地岛的雅甘人中，夫妻至死才分离的事例有很多很多。在乌拉圭的巴塔哥尼亚人和查鲁亚人中，夫妻如果有了孩子，其婚姻一般就是终生性的了。努登舍尔德男爵在乔罗蒂人和阿什卢斯莱人中，只听到一例离婚的事。在沃佩人中，如果做丈夫的又娶了一个妻子，那么，原来的妻子也不会被抛弃，她还是家中的主妇。在安
272 的列斯群岛的加勒比人中，男人很少抛弃他们娶的第一个妻子，尤其是在她们生有孩子以后。在莫斯基托人中，虽然男女均可自由离婚，但夫妻之间仍长相厮守为伴，“同其他民族（包括欧洲人）的情况差不多”。[①] 据勒帕日·迪普拉说，在纳切斯人中，男女离异的事甚少；他在那里生活了8年，只听到过一例男女离异的事。古代易洛魁人认为，无论对男人还是对女人来说，离异都是一件很不光彩的事，因此离异很少发生。哈蒙在谈到落基山脉东侧的某些部落时，曾经说道，夫妻离异之后，过上几天时间，就又回到一起了。在大湖区的瑙多韦西人中，离婚之事甚为罕见，卡弗本想了解一下他们怎样办理离婚，却一直也无从了解。在加利福尼亚的温顿人中，男人遗弃妻子的事是很少见的：“一个男人在一气之下可以把妻子打死，有的还同另一个女人偷偷逃跑，但却从来没有遗弃妻子、赶走妻子的念头。”[②]在格陵兰人中，夫妻有了孩子之后，做丈夫的便很少遗弃妻子。据达拉格尔说，在腓特烈斯霍布的格陵兰人中，夫妻结婚数年并有了孩子之后，就再也不会离异了。据帕里说，在梅尔维尔半岛的爱斯基摩人中，男人可以以妻子行为不端

① Bell, *Tangweera*, p. 261 *sq.*

② Powers, *Tribes of California*, p. 239.

为由遗弃妻子，而不必经过任何仪式，不过，这种事并不经常发生。

据说，在属于前俄罗斯帝国的一些民族中，婚姻一般都是维系 273
终生的。例如，在科里亚克人中，离婚是非常罕见的。在印度的未开化部落中，婚姻关系一般都很松弛，不过在其中一些部落中，据说离婚之事却很少发生。吉大港的查马人，以及阿萨姆的很多部落，诸如那加人、米基尔人、库基人，还有加罗丘陵南坡的哈琼人，就属于这种情况。据多尔顿上校说，加罗人“从不匆匆忙忙地订婚，因为只要一订了婚，就要恪守婚约”。[①] 邦克博士告诉我，在缅甸的克伦人中，除了死亡，夫妻间很少有分离的。在纳亚尔人中，虽然做丈夫的或做妻子的随时都可以提出离婚，但据说 90％以上的婚姻都可以维持终生。在印度群岛的很多地方，离婚之事很少发生，即使在可以轻易离婚的地方，也是这样。邦都的伊戈罗特人说：“他们从未听说过一对男女在结为夫妻并有了孩子之后，还有离异的。”[②]在台湾岛的蒙昧部落中，虽然夫妻双方若经部落同意即可离婚，但在绝大多数情况下，婚姻关系都可维系终生。在新几
内亚的某些地方，在托雷斯海峡的马布亚格岛，在新不列颠岛的加 274
泽尔半岛的某些土著人中，以及在所罗门群岛的某些居民中，离婚之事似乎甚为少见，或者说以前曾是这样。在毛利人中，大多数婚姻显然都是维持终生的。据马里纳说，在汤加，半数以上的已婚妇女都是只因其夫死亡才与其夫分离的；在塔希提，子女的出生一般都可防止父母婚姻的解体。马利诺夫斯基博士在谈到澳大利亚土

① Dalton，*Descriptive Ethnology of Bengal*，p. 68.

② Jenks，*Bontoc Igorot*，p. 69.

著人的婚姻时，曾说："我们曾试图了解：土著人一般是将婚姻维系终生，还是在妻子年老色衰、无力干活之后即将她们遗弃？但从人们的回答中很难找到直接的答案。"不过，他在对这一问题的讨论中，还是倾向于第一种情况。[①] 马修先生在谈到昆士兰的某些土著人（如卡比人和瓦卡人）时，曾说过："他们的婚姻关系一般都可以维持终生。"[②]

在某些布须曼人中，离婚之事据说甚为罕见。我们曾听说，在
275 卡菲尔人中，"鸡毛蒜皮的小事也可能会导致离婚。"[③]不过，很多作者都说，在他们那里，离婚之事并不经常发生，甚至可以说非常罕见。卡曾斯先生告诉我，在希斯纳塔尔卡菲尔人中，大多数婚姻都是终生性的。在瓦菲帕人中，在马迪部落中，在南部加拉人中，以及在马赛人中，夫妻离异的事是很少发生的。霍利斯先生甚至说，在马赛人中，几乎没有离婚的事。关于巴尼扬科勒人（即巴希马人），也有人说过同样的话。在刚果的瓦雷加人中，离婚的事虽说现在经常可以见到，但在从前，却只有在某些特殊的情况下才会发生。我们很快就会讲到，在很多简单民族中，婚姻只有在一定的情况下才可以解除，这就使得大多数婚姻都成为终生的结合。

276 另一方面，也有很多部落，据说离婚之事经常发生，婚姻往往只维持很短的一个时期。据肖梅神父说，在玻利维亚的奇里瓜诺人中，已婚夫妇只在一起住两年，两年过后，做丈夫的即搬到另一个村子去住，再娶一个新的妻子。在克里克人中，人们把婚姻仅仅

① Malinowski, *The Family among the Australian Aborigines*, ii. 65.

② Mathew, *Two Representative Tribes of Queensland*, p. 153.

③ Kidd, *The Essential Kafir*, p. 226.

看作“权宜之计，对男女双方的约束力最多只有一年”，因此，很多中老年男子都曾娶过很多的妻子，并有很多的孩子。这些孩子散居于各地，做父亲的见到也不认识。[①] 在昂加瓦地区的爱斯基摩人中，“没有几个做丈夫的能把妻子留上几年的”，只有极少数的夫妻能够伴守一生。[②] 在卡尔梅克人中，很多男子在短短一段时期内就要换两三个、三四个妻子。在印度支那的延达林人中，大多数女性步入中年之时，都已有过两三个或更多的家。在印度，有一个叫做科拉瓦的部落，由流浪者、盗贼、江湖医生和算命先生等构成。这些人散布于印度各地。在这个部落中，如果一个女人先后有过七个丈夫（无论其以前的婚姻是因丈夫死亡而终结，还是因被丈夫遗弃而中止），人们都会对她很敬重，让她在婚姻仪式和各种宗教仪式中占有突出的位置。据说，在马尔代夫，人们在婚姻上总是喜欢不断地调换对象。有很多男人在其一生之中，曾三四次地同某个女人结婚、离婚。在某些达雅克人中，大多数中年男子都曾先后娶过好几个妻子；据了解，还有一些十七八岁的年轻女子，已先后同三四个丈夫一起生活过。塞利格曼教授在谈及英属新几内亚的南部马辛人时，曾说：“显然，在过去，很多完全有效的婚姻都只维系一段很短的时间。只要夫妻双方同意，或一方提议而另一方又不坚决反对，婚姻即可解除。现在，在政府和传教士影响所不及的地区，这种情况仍旧存在。”[③]在基瓦伊巴布亚人中，不少男人在一生中都曾先后娶有20来个妻子。森夫特在马绍尔群岛的瑙鲁岛

---

① Schoolcraft, *Archives of Aboriginal Knowledge*, v. 272 *sq.*

② Turner, in *Ann. Rep. Bur. Ethnol.* xi. 188 *sq.*

③ Seligman, *Melanesians of British New Guinea*, p. 150.

认识一个人,此人至多不过24岁,但已先后娶了11个妻子,其中有抛弃了他的,也有为他所抛弃的。在有些地方,据说年轻人特别喜欢离婚。在美洲的某些爱斯基摩人中,“人们在找到一个永久性的伴侣之前,总是在不断地更换对象。”而“成年男女一旦结为夫妻,则很少有离婚的。”[1]在楚克奇人中,婚姻关系常常会发生破裂,而且,在很多情况下,是女方或男方的家里提出离婚的。但是,如果一对夫妻已在一起生活了一年或一年半,那么,男方家里再想把儿媳送回娘家,就会被人觉得不合适了。

278 由于手头资料的有限,我们无法就低等民族中实行终生性婚姻和发生离婚的情况,以及就经济文化发展各个不同阶段上婚姻维系期的长短,做出明确的说明和比较。不过,在有些低等狩猎民族和初级农业民族中,婚姻的持久性是非常明显的。

与我们对简单民族中发生离婚的实际情况所做的了解相比,我们更清楚的是,在有些民族中,习俗还是允许夫妻实行离婚的。在很多部落中,据说做丈夫的都可以随意解除婚姻,或是找些微不足道的理由甚或借口提出离婚。在这些部落中,做妻子的大多也有这样的权利。这从我本人所掌握的材料中,以及从霍布豪斯、惠勒和金斯伯格先生所提供的情况中,均可得到证实。有些材料只是明确地说,做妻子的可以随意离丈夫而去。在有的部落中,甚至在大多数部落中,做丈夫的可能也有这样的权利。但是,并非所有部落都是如此。

---

① Simpson, quoted with approval by Murdoch, “Ethnological Results of the Point Barrow Expedition,” in *Ann. Rep. Bur. Ethnol.* ix. 412.

在厄瓜多尔的希瓦罗人中，据说做丈夫的不仅可以随意抛弃
妻子，而且还可以随意处死妻子。在阿帕切人中，武士可以随时解
除自己的婚姻。在小安的列斯群岛的加勒比人中，做丈夫的可随 279
意抛弃妻子，但做妻子的要想离开丈夫，则必须经过丈夫的同意。
在美洲印第安人中，一般的情况是，夫妻中的任何一方都可以随意
解除婚姻关系。在亚利桑那的皮马人中，通常都是女方采取主动，
或是返回娘家，或是跟随另一个男人而去。在玻利维亚的瓜拉约
人中，差不多总是做妻子的抛弃丈夫。在亚马孙河西北流域的维
托托人和博罗人中，一个男人如果抛弃了妻子，而舆论又一致认为
他这样做并没有正当的理由，那么，他就会受到部落的严厉训诫；
不过，“女人如果抛弃丈夫，则从来不会受到责备，因为人们认为做 280
妻子的之所以采取这一不近常理的做法，完全是因为受到了丈夫
的残酷虐待。”[①]在爱斯基摩人中，离婚实际上并没有什么限制，而
且，在这方面，做妻子的也和其丈夫一样可以随意离婚。在阿伊努
人中，“做妻子的也可以像丈夫抛弃妻子那样抛弃丈夫。……做妻
子的可以以丈夫与人通奸、自己不喜欢丈夫、丈夫懒惰、不能弄来
猎物等理由，解除和丈夫的关系。”[②]另一方面，在阿穆尔河（黑龙
江）的戈尔德人（赫哲人）中，虽然做丈夫的可以随意把妻子休回娘
家，但是做妻子的却没有权利离开丈夫。在蒙古人中，做丈夫的可
随意抛弃妻子，做妻子的也可以离弃不爱自己的丈夫。

在印度的很多部落和低等种姓中，婚姻可根据丈夫的意愿予

① Whiffen, *North-West Amazons*, p. 166.

② Batchelor, *Ainu and their Folk-Lore*, p. 233.

以解除，而且据我所知，在差不多所有这些部落和种姓中，婚姻也
281 可以根据妻子的意愿予以解除。有些报道特别提到，女性有权随
意抛弃丈夫。例如，在尼尔吉里山区的巴达加人中，女性“可随意
经常更换丈夫，只要举行一个简单的离婚仪式即可”。[①] 在同一地
区的伊鲁拉人中，夫妻之间是合是离，据说主要是由做妻子的来
定。在印度群岛和太平洋诸群岛的很多部落中，夫妻中的任何一
282 方都可以根据自己的意愿解除婚姻关系。也有少数一些地方，只
有做丈夫的有权随意休弃妻子。在萨摩亚，做丈夫的不必经过妻
子的同意，即可解除其婚姻，而做妻子的要想解除婚姻，就必须征
得丈夫的同意，除非她比他的地位高。在英属新几内亚的梅克奥
人中，以及在美拉尼西亚的一些海岛上，夫妻中的任何一方都可以
轻易解除婚姻，不过，男方在解除婚姻上比女方更容易一些。至于
在苏门答腊的萨凯人中，情况则是相反。在荷属新几内亚的内陆
283 巴布亚人中，以及在英属新几内亚的马富卢山民中，也以妻子离开
丈夫的情况为多。在澳大利亚的土著人中，婚姻被视为男性所获
得的一种特权和女性所承担的一种义务。一般来说，做丈夫的似
乎都可以随意休弃妻子。虽然这种情况也并非毫无例外，但我还
没有听到一例妻子可以随意解除婚姻的事，除非她与另一个男人
私奔而去。

在非洲民族中（不独实行伊斯兰教法的民族为然），男子可以随时休弃妻子，而在有些民族中，做妻子的则没有相应的权利。在马达加斯加，男子一般都享有遗弃妻子的充分自由，而做妻子的则

---

① Thurston, *Castes and Tribes of Southern India*, i. 105.

只有在很罕见的几种情况下才能提出离婚。不过，做妻子的可与
丈夫分居，但不允许再嫁给别的男人。在赫雷罗人中，男子可以随
时休弃妻子，妻子也可以抛弃丈夫。虽然从理论上说，做丈夫的有
权再把出走的妻子找回来，但实际上，他们很少行使这一权利。在 284
东北非的博戈人中，夫妻离婚一般都是丈夫说了算，不过，如果做
妻子的跑回娘家的次数已达三次，做丈夫的就没有权利将她追回，
这时，她就可以自由嫁人了。在非洲，不仅男子有权根据自己的意
愿解除婚姻，而且，做妻子的往往也有权这样做。在很多案例中，
女方的离婚权被特别加以强调，而在有的案例中，做丈夫的则显然
没有同等的离婚权。在布索加的一支班图部落——巴克内人中， 285
新娘在过门后的四至七天内，如果发现新郎有任何不好的地方，而
且她的这种看法又有根据的话，就有权解除婚姻，离开这个男人。
在中非的加伦甘泽，做妻子的“可随时离开丈夫，只要她想这样做
的话”。[①] 在上尼罗盆地的努埃尔人中，做妻子的如果对丈夫不满
意，不想和他住在一起，就会回到娘家去住，或者去投奔她的近亲。
如果做丈夫的拒绝养活妻子，娘家人就会把她再嫁给一个男人。
在克罗斯河土著人中，如果夫妻之间出现不和，甚至出现动手打人
的情况，做妻子的就会逃跑，去找另一个男人。这时，做丈夫的不
能强行把她要回，不过，肯定会追回当初娶她时所付的聘金。我们
很快还会讲到，在实行娶亲付聘金这一做法的地方，哪一方要解除
婚姻，就必须承担一定的经济损失，这就对离婚自由形成了一种
限制。

① Arnot, *Garenganze*, p. 194.

离婚自由还可能受到其他一些制约。在汤加，做丈夫的只要对妻子说一句“你可以走了”，即可将妻子遗弃。在夏威夷，夫妻中的任何一方都可根据自己的意愿提出离异。不过，在这两个地方，一对夫妻在结婚一段时间之后离异，就会被人看做是一件很丢脸的事。在兴都库什地区的卡菲尔人中，“离婚之事虽然在理论上很简单，而且在实际上也往往很好办，但是，要想同出身名门的妻子离婚，有时则必须顾及女方的家庭和社会舆论。……如果做丈
286 夫的仅仅是因为对妻子感到厌倦而想把她从村里撵走，女方的家人就不会答应他这样做。”[①]在印度南部的穆杜瓦尔人中，虽然“从理论上说男子可以根据自己的意愿遗弃妻子，……但是，如果不是因为妻子不忠或夫妻脾气不合的话，这样做往往就有些不合规矩。”另一方面，“从理论上说，做妻子的是根本不能抛弃丈夫的，但她可以通过把丈夫的生活搅乱，使他心甘情愿地同意让妻子另嫁他人。”[②]这样，在有些情况下，离婚就成了说来容易做来难的事；而在另一些情况下，又成了说来不易做来不难的事。那种“以小小一个借口”即可实现离婚的情况，亦属后者之列。这样，我们就渐渐转入另一个话题，即有些民族的习俗规定，夫妻要想离婚，除了必须面对一定的经济措施（如失去或归还娶亲所付的聘金或交付罚金）之外，还必须符合一定的条件。

在很多简单民族中，除非有非常令人信服的理由，否则，婚姻的解除必须经由双方的同意。也就是说，婚姻任何一方都不得在

---

① Scott Robertson, *Káfir of the Hindu-Kush*, p. 536 *sq.*

② Thurston, *op. cit.* v. 94.

违背另一方意愿的情况下，单方面解除婚姻。虽然这里所指的，可能更多地是需要得到男方的同意，但有很多事例说明，离婚也必须征得女方的同意。在桑塔尔人中，离婚据说是很容易的，但必须有夫妻双方的同意。在卡西人中，离婚的事是很常见的，但一般也要有双方的同意。在加罗人中，如果夫妻不和，且都同意分手，或其中任何一方与他人通奸或拒不为养家承担责任，则夫妻可以离婚。287
据洛伊斯先生说，在尼科巴群岛，如果一对夫妻没有孩子，那么，只要他们相互同意，即可离婚；而如果他们有了孩子，其离婚之事则需提交仲裁。在前德属东非的瓦兰吉人中，妻子如对丈夫感到厌烦，即可返回自己娘家，但是，任何人都不得在违背其意愿的情况下，强迫妻子离开自己的丈夫。

在有的地方，一对夫妻一旦有了孩子，其婚姻就不能解除了。在巴拉圭查科平原的伦瓜人中，做妻子的如果在一定的时间内还没有生儿育女，夫妻即可分手，而且这样做也是很正当的。“但是，他们一旦有了孩子，就被视为终生的夫妻，即便孩子死了，也仍旧如此。”①同样，在伊利诺斯人中，只要有了孩子，夫妻就不能再离婚了。在印度支那的红克伦人中，夫妻在没有孩子的情况下是可以离婚的，“但只要有了孩子，做父母的就不能离婚了。”②在米基尔人中，“离婚的事是很少见的，不过，如果一对夫妻没有孩子，或者女方婚后又跑回娘家，且拒不返回丈夫处，还是允许他们离婚的。”③在库基人中，“如果一对夫妻已经有了儿子，他们就不能离

① Grubb, *An Unknown People in an Unknown Land*, p. 214.

② Colquhoun, *Amongest the Shans*, p. 64.

③ Stack, *The Mikirs*, p. 20.

婚了”，而如果夫妻不和，又没有儿子，做丈夫的就可以遗弃妻子，然后再娶一个。[①] 根据道森先生的描述，在维多利亚西部的部落中，如果做妻子的不能生孩子，做丈夫的就会把这当作一个严重的
288 缺憾而将妻子抛弃。不过，在这种情况下，这一指控必须首先提交男女双方部落的酋长。在得到他们的同意之后，丈夫才能这样做。如果妻子生有孩子，丈夫就不能抛弃她了。据霍利斯先生说，在马赛人中，只有不育的妇女才可以被遗弃。在南迪人中，做丈夫的可以休弃不能生育的坏女人，但不能休弃已生有孩子的妻子，不过夫妻二人可以分居。格伦费尔先生在谈及上韦莱河、博莫坎迪河和上鲁比河一带的某些部落时，曾指出，一个女人如果生有两个或两个以上的孩子，就不得被遗弃了。

很多人都曾谈到，没有正当的或充分的理由，丈夫不得遗弃妻子，妻子也不得离弃丈夫。至于哪些情况才能构成离婚的理由，则不同的部落有不同的看法。在离婚的各种理由中，最为人们所普遍认可的，可能就是妻子与人通奸这一条了。在很多民族中，这似乎是离婚的唯一理由或近乎唯一的理由。但是，我们也曾听说，在
289 有些未开化民族中，如果一个男子以通奸为由遗弃妻子，人们就会认为这样做欠妥；而如果以其他某些理由为据，则可离婚。据里弗斯博士了解，在托达人中，丈夫只有两条理由可据以离弃妻子：一条是妻子傻，一条是妻子不干活儿；至于同别的男人通奸，则被认为是很正常的事，不能算作离婚的理由。在米基尔人中，如果哪个男人同人家的妻子通奸，村干事会就会强令这个男人交出罚款。

① Lewin, *Wild Races of South-Eastern India*, p. 276.

不过，在这个人交了罚款之后，做丈夫的就必须把自己的妻子领回家去。只有在他们没有孩子的情况下，做丈夫的才可以拒绝领回妻子。在阿萨姆的莫兰人中，只有当妻子与低种姓的男人通奸，丈夫才能离弃妻子。在托雷斯海峡的马布亚格岛，离婚的主要理由似乎是不育和不忠，有时，夫妻脾气不合也被当作离婚的一条正当理由。不过，据当地一位土著人讲，如要遗弃原配之妻，则只能有一条理由，即不育。在丁卡人中，丈夫可以有各种理由提出离婚，但却不包括妻子不忠，如果妻子愿意留在丈夫那里的话。在巴苏陀人中，“妻子不能生育乃是离婚的唯一原因。以此为由提出离婚，是不必经由诉讼的。”[①]在东非的赫雷罗人和桑巴人中，丈夫可以妻子“多次与人通奸”为由而遗弃之，而在塞拉利昂的某些部落中，即使做妻子的不断与人通奸，做丈夫的也不能仅以此为由撵走妻子，索回娶亲时交付的聘金。在苏丹西部的莫西人中，如果妻子
偷东西、懒惰甚或对丈夫不忠，丈夫即可将她送回娘家。不过，即 290
使在对夫不忠的情况下，人们也不赞成他采取这样的做法。“谁要是遗弃了妻子，谁就会发现，各家各户都对他关上了门；他也休想再娶到新的妻子。”[②]在有的民族中，据说妻子也有权离弃与人发生奸情的丈夫。

夫妻离异还有一个十分常见的原因，即妻子不育。不仅在丈夫可以随意遗弃妻子的地方是这样，而且在丈夫不能随意遗弃妻子的地方也是这样。在有些民族中，如果做妻子的不能生育，人们

① Casalis, *Basutos*, p. 184 *sq.*

② Mangin, “Les Mossi,” in *Anthropos*, ix. 481.

291 就会以她的姐妹取而代之。而如果丈夫确实患有阳痿，做妻子的
也可与之离婚。在刚果河下游的民族中，如果新郎无法实行圆房，
其婚姻关系即告破裂，女方也会将聘金退还男方。不过，有时，新
郎会找一个合适的年轻人做自己的替身，并允许他同自己的妻子
发生性关系。如果妻子不能生育确实出于丈夫方面的原因，她也
可以提出同丈夫离婚。这样，这个丈夫就成了村里人谈笑的对象。

此外，还有一些离婚理由也是为人们所认可的。男人离弃妻
子的理由可有：妻子生性懒惰，未尽其家庭职责；不能好好地给丈
292 夫做饭；不能好好照顾孩子，或孩子都已夭折；脾气很坏，爱吵架，
与人合不来；不温顺，爱偷东西，或被人怀疑有邪魔附身；患有不治
之症；年老色衰；以及遗弃丈夫。做妻子的也可以同丈夫解除婚
姻，理由可有：丈夫漠视或虐待妻子或品行不端；性情懒惰，不愿做
293 应做的事；遗弃妻子或长期离家在外；有时还包括妻子对丈夫极度
厌恶。在中非东部的某些土著人中，如果做丈夫的忘记给妻子添
置衣服，做妻子的就可与之离婚。在缅甸的掸人中，如果丈夫嗜酒
成性，或有其他不检点行为，妻子就有权把他逐出家门，而保留家
中的一切财物。

理由不当的离婚，往往要由提出离婚的一方承担经济损失；而
理由正当的离婚，则要由过失一方承担经济损失。例如，丈夫若要
遗弃妻子而又提不出令人满意的理由，就会白白失去当年为娶亲
294 所付的聘金或所赠的礼物，要么则必须交付一笔罚金或让出部分
财产。但是，如果丈夫提出离婚是因为妻子不忠或不育，或另有其
他充足的理由，那么，女方则要退还聘金。妻子若提出离婚，通常
也要把聘金退还给男方；不过，如果妻子提出离婚是出于丈夫的过

错，那么，在很多情况下聘金是不退还的。在苏门答腊的勒姜人 295
中，如果丈夫是入赘女方家中，又没有付娶亲的聘金，那么，女方的父亲则可随时将他撵走，只要他认为这样做并无不当即可。在这种情况下，做丈夫的除了身上穿的衣服之外，不得带走任何东西，也不得带走任何一个子女。不过，如果妻子仍愿和丈夫住在一起，而丈夫又能付给女方的父亲 100 元钱以赎回自己的妻子儿女，那么，这一规则便不再有效。

在有些地方，夫妻中因其行为不当而导致离婚的一方，还会因 296
此而失去子女。在马来半岛的萨凯人中，如果夫妻离异是因男方行为严重失当而造成的，其子女就要归女方抚养。如果夫妻离异是由于女方未尽自己的职责，子女则归男方所有。在阿伊努人中，如果夫妻离异，则子女要么分归二人，要么则完全归于无辜的一方。在中非的马迪人中，如果妻子是因与人通奸而被遗弃的，那么，孩子就归于做丈夫的；而如果做妻子的是因其他原因被遗弃的，那么，做丈夫的就不能把孩子留下了。据说，在印度的某些部落中，如果是妻子遗弃了丈夫，那么，孩子要归其父所有，至于丈夫遗弃妻子后的情况，我们则不得而知。不过，从一般情况来看，父母的谁对谁错，似乎对子女的归属并没有什么影响。子女如果还很小的话，自然就要随母亲生活；但在长大之后，则要归还给父亲，因为许多民族都认为做父亲的有权留有自己的子女。据说在买卖 297
婚盛行的非洲，这种情况尤为常见。不过，在有些民族中，哺乳中的儿童则不仅暂时要由母亲带走，而且以后也归母亲所有。很多人都曾提到子女分归父母的情况，其中往往是男孩归父亲，女孩归母亲。但在很多民族中，所有子女都是跟随母亲的。在母系制社 298

会中，尤为如此。例如在北美的土著部落中，这种情况似乎成了通例。在西非的很多部落中，子女也随母亲，但做母亲的必须付给她丈夫一笔金额，以补偿他为抚养子女所花的费用。不过，做母亲的常常对这种安排做出一定的妥协，即同意把儿子留给父亲。在有些民族中，子女究竟是随母亲而去，还是随父亲留下，可由其本人自行选择。

299 在有些民族中，夫妻一方或双方不得再婚。这种情况就不同于我们所说的“离婚”，而是大致相应于我们所说的“法定分居”。在墨西哥的特佩瓦内人中，夫妻中的任何一方如有不忠行为被人查明，他们就会立即实行分居。负有罪责的一方要受到严厉的惩处，而双方均不得再婚。在巴亚卡人中，妻子如果因为与人通奸而被丈夫遗弃，则终生不得再婚。在刚果的另一支部落——班巴拉人中，妻子只要被丈夫遗弃，就不得再婚。据W.亨特爵士说，在印度的坎德人中，“妻子在与丈夫分居后，不得再婚，无论其分居是出于何种原因。”[①]从前，在萨摩亚，“被酋长遗弃的女人，或是主动离开丈夫的妻子，均不得再婚，除非她们后找的男人有很大的权势，可以置这一规定于不顾。”[②]在巴西的卡拉雅人中，丈夫遗弃妻子之后，虽可再找一个女人替他操持家务，但却不得再娶。在阿萨姆的卡西人中，夫妻一旦离异之后，即不得复婚。

夫妻在解除婚姻时，有时要履行一定的手续。在有的民族中，夫妻离异，需得到双方亲友或长辈的同意或支持，或要得到族人、

① Hunter, *Annals of Rural Bengal*, iii. 83.

② Stair, *Old Samoa*, p. 175.

村民、村中长老或部落长老的同意。在棉兰老岛的巴戈博人中， 300
“如果夫妻二人在是否离异上意见不一，此事就要提交当地头人来
定。头人先要了解事情的原委，然后判定谁对谁错，还要决定女方
是否要把聘礼退还男方。”[①]在英属中非的通布卡人中，如果丈夫
想遗弃妻子的话，“他是不会私下这样做的，而要当着众多村民及
其头人做一番表示。他会拿出一支箭，插进地里。箭标志着一个
男子对其妻子的单独占有权。假如有人对其妻子有不轨之举，他
就有权把这箭射向此人。而当他想遗弃自己的女人时，他就会把
箭直插地里，表示谁要娶她就娶好了，他不会报复的。”[②]人们在缔
结婚姻时，往往要举行一些象征结合或意在加强双方结合的仪式，
同样，人们在解除婚姻时，有时也要举行一些用意相反的仪式，例
如将一片叶子撕破或将一根草、一根麦秸折断。在阿萨姆的卡查
里人中，夫妻离婚时，要到村中长老面前陈述原委，最后将一片槟
榔树叶撕成两半，“用以象征他们的婚姻生活从此将一刀两断，就
像撕破的树叶将永远不会复原一样。”[③]在加罗山脉南麓的哈琼人
中，离婚双方不仅要在村中长老面前将一片槟榔树叶撕破，而且还
以“做父亲的”和“做母亲的”正式相称，用以表示他们之间的夫妻 301
关系已经中断。在棉兰老岛的巴戈博人中，“有的人在离婚时，要
将盘子、碗和罐子打破，以表示他们将永生不在一起生活了。为

① Cole, “Wild Tribes of Davao District, Mindanao,” in *Field Museum of Natural History, Anthropological Series*, xii. 103.

② Fraser, *Winning a Primitive People*, p. 155 *sq.*

③ Endle, *The Kacháris*, p. 31.

此，他们还要呼唤鬼神来作见证。”[①]在卡西人中，“夫妻离异时，做丈夫的要给妻子5枚作货币用的贝壳，再由妻子将其扔掉，这样，他们以后就可以再婚。”[②]在加拿大的某些印第安人中，夫妻二人在结婚仪式上要合举一根杆子，然后当着亲属的面将这根杆子折成很多段，分发给在场的亲戚。夫妻二人想解除婚姻时，还会把亲戚们请到当初举行婚礼的茅屋里，让他们将当初分得的杆子碎段也带来，统统烧掉。此类仪式可能不仅仅是一种象征，它可能还有某种巫术上的意义，正如缔结婚姻时举行的某些仪式一样。据说，新西兰的毛利人在离婚时就要念一种“离婚咒语”。

在具有较高文明程度的民族中，婚姻的稳定性也是有强有弱，如同在低等种族中的情况一样。在这方面，无论是在旧世界，还是
1244 在新世界，具有古老文明的各个民族之间，都存在有显著的差异。

墨西哥的阿兹特克人把婚姻看做一种神圣的、有约束力的纽带，认为婚姻是应当维系终生的。夫妻离异虽然被允许，但一般来说是不为人们赞许的。如果夫妻脾气不合，因而不能在一起和和睦睦地过日子，或者说，如果夫妻中的一方认为自己无故受了冤屈，那么，他们就可以向法官提出离婚申请。没有正当的理由，没有经过法庭的批准，即使对于妾，也不能随意离弃。据说，做丈夫的只能因正妻狠毒、肮脏、不育等原因，才可以将她抛弃。至于对淫妇的处理，则不是离婚，而是处死。夫妻离异后，财产按其结婚

① Cole, in *Field Museum of Natural History*, *Anthropological Series*, xii. 103.

② Steel, in *Trans, Ethn. Soc. London*, N. S. vii. 308.

时所带的多少进行分割。在子女的处置上，是女儿随母亲走，儿子随父亲留下。据阿科斯塔说，夫妻一旦离异之后，即不得再婚，违者会被处死。而在玛雅民族中，离婚却很容易。在尤卡坦，离婚之事经常发生，不过，过上一段时日之后，不少男人还会趁前妻有空时再去找她，即使她已属于他人。父母离异时，如果子女还很小，他们就会随母亲而去；如果子女长大了，则是男孩随父亲，女孩随母亲。在尼加拉瓜，妻子如果与人通奸，就会被丈夫抛弃，而且以后也不得再婚。妻子如果离弃了丈夫，则不受惩罚，也不受谴责。在这种情况下，丈夫往往只能忍气吞声，听之任之。在危地马拉，夫妻双方都可以用某些微不足道的理由抛弃对方。假如丈夫请妻子回去而妻子不回，那么，他就可以另娶一个妻子，而此时，其原来的妻子也被认为恢复了自由之身。

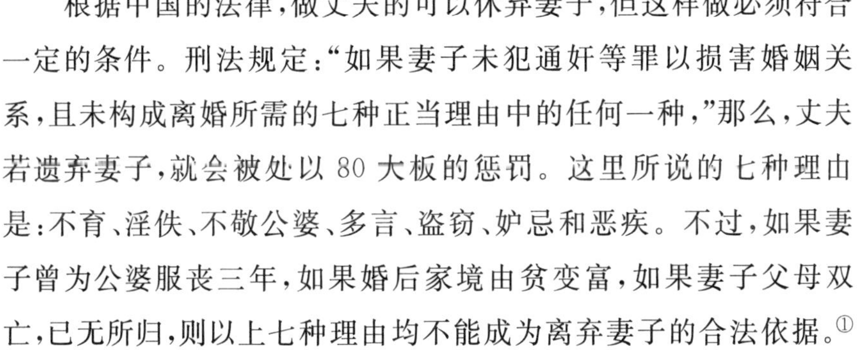

根据中国的法律，做丈夫的可以休弃妻子，但这样做必须符合一定的条件。刑法规定：“如果妻子未犯通奸等罪以损害婚姻关系，且未构成离婚所需的七种正当理由中的任何一种，”那么，丈夫若遗弃妻子，就会被处以 80 大板的惩罚。这里所说的七种理由是：不育、淫佚、不敬公婆、多言、盗窃、妒忌和恶疾。不过，如果妻子曾为公婆服丧三年，如果婚后家境由贫变富，如果妻子父母双亡，已无所归，则以上七种理由均不能成为离弃妻子的合法依据。[①]

① *Ta Tsing Leu Lee*，sec. cxvi，p. 120. 根据《大清律例·户律婚姻》中的“出妻律文”，“凡妻无应出及义绝之状而出之者，杖八十。虽犯七出（无子、淫佚、不事舅姑、多言、盗窃、妒忌、恶疾），有三不去（与更三年丧，前贫贱后富贵，有所娶无所归）而出之者，减二等，追还完聚。”据注，所谓“义绝”为夫妻中之一人殴打、杀伤对方亲属等，这种情况表明恩义已绝，必须判离婚，故称为义绝。见《大清律例通考校注》，马建石、杨育棠主编，中国政法大学出版社，1992 年版，第 452—453 页。——译注

在这后三种情况中，头两条是考虑到妻子已与丈夫同甘共苦多年，故应得到丈夫的长久照顾。不过，做妻子的若犯有通奸罪，则不受这些保留条件的保护；丈夫若把这样的妻子留在家中，他本人也会受到惩罚。此外，婚姻还可经由双方同意而解除。刑法中明确规定："如果夫妻不合且双方都有意离婚的，则不得以限制离婚权的法律阻止其离婚。"①

同样的规定也应用于丈夫与妾的关系，所不同的是，丈夫对妾犯法后，处罚较轻。然而，丈夫实际上拥有的离婚权，无疑要比法律上规定的大。R. K. 道格拉斯爵士曾经说过，即使在七出之诉尚不确切的情况下，"由乡绅而不是官员组成的法庭也可做出不容申辩的离婚判决。在这类问题上，地方上的社会压力取代了广泛的社会舆论。"②相反，无论是法律还是舆论，似乎都不会为妻子离弃丈夫或要求同丈夫分居而进行辩护。杜利特尔先生曾说："在中国，只要一跟人们谈起妻子因丈夫外遇或其他理由而想离婚之事，人们就会发笑。他们把这看成是一件荒谬可笑的事。"③梅德赫斯
304 特先生在谈到中国的实际离婚状况时曾说，"除了法律对离婚的限制之外，性对中国人的这种宽容大度的性格也起到了有效的维护作用，这就使得离婚这样一种极端措施在中国极少被人付诸实施。"④

① *Ta Tsing Leu Lee*, sec. cxvi. p. 120. 原文为"若夫妻不相和谐而两愿离者，不坐。"见《大清律例通考校注》，中国政法大学出版社，1992年版，第453页。——译注

② Douglas, Society in China, p. 206.

③ Doolittle, *Social Life of the Chinese*, i. 106.

④ Medhurst, "Marriage, Affinity, and Inheritance in China", in *Trans. Roy. Asiatic Soc. China Branch*, vol. iv. p. 26 *sq*.

日本《大宝律令》中的离婚法，大体上与中国相同。不过，据穗积教授说，该法律对它所认可的七种离婚理由并没有作限定，只是提到可以用这七种正当理由离弃妻子。实际上，做丈夫的可以任意以各种微小借口或莫须有的罪名，将妻子抛弃。而最常用的一个借口，就是指责妻子"不遵守家规"。[①] 如果做妻子的不能生育（有人说这指的是没有生下男孩），与人通奸或患有遗传性疾病，那么，丈夫将妻子离弃乃是对祖先应尽的职责。这是因为：无子就无法将祖先崇拜永远延续下去；与人通奸，就会混淆血统，使得与祖先无血缘关系的人有可能得以继承祖先的家业；患有遗传性疾病，即会影响祖先血脉的洁净。丈夫要想离婚，无须履行任何法律程序，只要写上一纸休书，签上自己的名字，再连署上自己长辈的名字，就可以了。在日本，也同在中国一样，妻子在法律上没有权利以任何理由要求与丈夫离婚。这种情况一直持续到 1873 年。那一年，日本颁布了一项法律，首次允许妇女提出离婚诉讼。1896
年至 1898 年颁布的新民法又朝前迈进了一步。新民法承认了两 305
种离婚形式：一种是协议离婚，一种是法律判决的离婚。不过，年龄不足 25 周岁的男女，如想实行协议离婚的话，还必须得到缔结婚姻时所须征求意见者的同意。如想请求法庭判决离婚，则须有一方提出请求，而且必须持有法律所认可的某种理由。这样，当夫妻中的任何一方缔结第二婚姻时，当为妻者发生通奸情况时，当为夫者因性犯罪而被判处罚时，当其中一方受另一方严重虐待或严重侮辱而无法继续住在一起时，或是当一方被另一方遗弃时，丈夫

① Hozumi, *Lectures on the New Japanese Civil Code*, p. 70 *sq*.

或妻子即可提出离婚诉讼。穗积教授在对新民法进行评论时曾说过，在离婚权方面，新民法已将夫妻置于平等地位。但是，我们看到：妻子不忠，丈夫可以同她离婚；而丈夫与人通奸，妻子却无权仅以这一点与他离婚。在日本，离婚的情况是很普遍的，但自从新民法生效以来，离婚数量已大为减少。1897 年，离婚与结婚的比例为 34∶100，而到 1900 年，已降至 18.5∶100。赖因教授指出，日本男子很少利用他们在离弃妻子方面的特权，特别是在有了孩子之后，因为道德教育和舆论都要求人们在这种情况下善待妻子，敬重妻子。屈希勒尔于 1885 年写道：“不要以为：大多数日本人以及
306 去过日本的人都认为，离婚在日本是一件很容易的事。夫妻双方的亲属要端坐在一起，就此事进行秘密协商，他们对法律问题很细心，也很关注，就像我们在任何一个法庭上所见到的情况一样。丈夫在离弃妻子的问题上做得不妥，往往会导致男女双方家人的长期不和。”①不过，这里所说的，可能是上层阶级的情况。据张伯伦教授说，他们是很少诉诸离婚的，离婚之事则多发生于社会下层之中。

在闪米特人中，丈夫一直拥有随意离弃妻子的合法权利，而且可能现在还是这样。不过，从《汉谟拉比法典》看，妻妾若遭无端遗弃，都可得到一定的金钱补偿。该法典规定：“如果某个男子决意离弃为自己生有孩子的妾或要求得到孩子的妻子，那么，他应将她的嫁妆归还给她，还应将一部分田园财产的使用权和收益权赋予她，以便她哺养自己的孩子。待她的孩子长大以后，男子应从妻

① Küechler, “Marriage in Japan”; in *Trans. Asiatic Soc. Japan*, vol. xiii. p. 132.

子得自于他的全部财产中，将相等于给其一个儿子的一份财产，给予妻子，妻子还可以嫁给她所喜爱的人。”[①]此外，“如果某个男子决意离弃不曾为其生育子女的元配之妻，那么，他应给她与聘金相等之金钱，还应全数偿还她从其娘家带来的嫁妆。”[②]如果当初未付聘金，那么，他应给她一米那银子作为离婚费；如果他是一个穷汉，则应给她 1/3 米那的银子。但是，如果妻子“决意出走，装傻充愣，挥霍家财，藐视丈夫”，那么，丈夫则可将她遗弃而不必做任何补偿，或者将她作为女仆留在家里。[③] 如果妻子与人通奸，那么，这对奸夫奸妇都应被投入水中活活淹死，除非得到国王或“主人” 307
的宽恕。而在某些情况下，妻子也可提出离婚，至少也可提出分居。“如果某个女人厌恶她的丈夫，并对他说：‘你不要占有我’，那么，人们应当调查她过去有无过失。如果她贞洁无过，而她丈夫却经常外出，且对她凌辱备至，那么，这个女人就没有什么可被责备的。她应当拿上她的嫁妆回到她父亲家去。”[④]但是，如果调查表明，“她不能洁身自重，经常在外，浪费家财，藐视丈夫，那么，就应把她扔到水里。”[⑤]有人曾研究过古巴比伦的几宗婚约和离婚记录，并断言：离婚的情况在古巴比伦并非罕见。派泽曾指出，经核对，大英博物馆存放的两块巴比伦石碑表明：有一个女子 8 个月前曾嫁给一个男人，8 个月以后又嫁给了另一个人，而此时头一个男

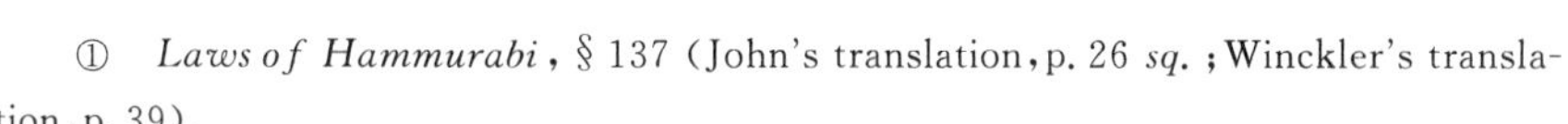

① *Laws of Hammurabi*, § 137 (John's translation, p. 26 *sq.*; Winckler's translation, p. 39).

② Ibid, § 138 (John's trans. p. 27; Winckler's trans. p. 41).

③ Ibid, § 141 (John's trans. p. 27 *sq.*; Winckler's trans. p. 41).

④ *Laws of Hammurabi*, § 142 (John's trans. p. 28).

⑤ *Laws of Hammurabi*, § 143 (John's trans. p. 28).

人还活着。

在整个犹太婚姻法体系中，丈夫有权任意离弃妻子这一点，占有核心的地位。对此，犹太教士们不曾也不能予以废除，虽然他们后来也采取了一些限制性措施，使这一权利的苛刻程度逐渐有所缓和。我们在《申命律法》中已看到这样的限制：如果做丈夫的无端指责妻子婚前失贞，或在婚前曾强奸过妻子，那么，他终生都不得离弃妻子。在这种情况下，取消丈夫离弃妻子的权利，实际上则是对他冒犯行为的一种惩罚。在《密西拿》中，除保留有上述限制之外，又增加了三条规定，即在妻子精神失常、受到监禁或年龄太小尚不能保管离婚证书时，丈夫均不得离弃妻子。《密西拿》还对丈夫离婚权的实施进行了限制。它规定离婚要履行很多手续，使得离婚程序变得复杂起来。由于规则繁多，因此，一个人要离弃妻子时，就必须找熟悉法律的人进行帮助，而懂法律的人又总是尽可

1250 能地从中调解，除非提出离婚的人有充足的理由。此外，还有一些限制措施，如通过法律的形式迫使丈夫将“凯图巴”中规定的嫁妆退还给被他离弃的妻子，再如通过法律判决宣布其离婚诉讼无效，剥夺其离婚权。

早在密西拿时代，沙马伊派就曾对这一法律的理论基础提出挑战。沙马伊派认为，根据《申命记》，丈夫是不能与妻子离婚的，除非发现妻子有淫荡行为。而希勒尔派则坚决维护古代法理，他们甚至提出，只要丈夫稍微举出些理由，例如妻子糟蹋了一点食物，或者说只要他自己又看上了另一个女人，他就可以离弃自己的妻子。这两派的观点都是基于《申命记》中的同一段话，即：“人若娶妻以后，见她有什么不合理的事，不喜悦她，就可以写休书交在

她手中，打发她离开夫家。”[①]但是，沙马伊派认为，所谓“不合理”之说是指淫荡而言；而希勒尔派则把这一点解释为得罪于丈夫的任何言行，而且他们还特别强调“不喜悦她”这一条件。在法律方 309
面，是希勒尔派的观点占上风，但在道义上，犹太教士一般都对没有充分理由就提出离婚表示不赞成。丈夫在理论上享有的随意离弃妻子的权利，后来在实际上已渐趋缩减，并最终在 11 世纪初被正式废除。做出这一决定的是犹太教士格肖姆·本·耶胡达。他在梅因斯主持召开了一次犹太教公会，颁布了此项法令。这项法令规定：“男人不但不能随意离弃自己的妻子，而且在离弃妻子时，还必须得到她本人的同意。”[②]不过，只要能提出充分的理由，丈夫仍有提出离婚的权利。根据犹太教的法律，妻子如果与人通奸或有这方面的重大嫌疑，如果在大庭广众之下有不端行为，如果改变自己的宗教信仰或有违背治家礼仪法规之举，并由此使得丈夫不情愿地违背了宗教之规，如果在一年之内拒不与丈夫同房，如果无正当理由而拒绝同丈夫迁往新居，如果当着丈夫的面侮辱公公或侮辱丈夫本人，如果患有使夫妻无法同房或对同房产生危害的不治之症，丈夫均有权离弃妻子。

虽然《旧约全书》从未说过妻子可按自己的意愿解除婚姻，犹太教的法律也从未赋予妻子以离婚的权利，但《密西拿》却允许妻子提出离婚起诉。如果法庭裁定妻子有权离婚，丈夫就必须给妻子以离婚书，虽然这样做可能正中他的下怀。妻子要求离婚的权

---

① 《圣经·申命记》，第 24 章第 1 节。

② Amram, *Jewish Law of Divorce*, pp. 24, 52 *sq.*

310 利一经确立，行使这一权利的理由也就逐渐多了起来。在犹太教的法律中，妻子向丈夫索要离婚书的理由可有：丈夫不断虐待妻子，如打她、赶她出门、不让她回娘家；丈夫改变自己的宗教；婚后从事令人厌恶的行业；淫逸无度；挥霍家产，拒不赡养妻子；因犯罪而逃离本国；婚后染有久治不愈的恶疾；或患有阳痿。此外，据说还有一条，即丈夫坚持拒绝与妻子同床。如果妻子所提的离婚理由十分充足，因而被赋予离婚的权利，那么，丈夫不但要给她离婚书，而且还要将嫁妆退还给她。但是，如果是妻子有过错，法庭又依其丈夫的请求准许其离婚的话，她则不能带走嫁妆。而如果男女双方是协议离婚，女方也有权得到自己的嫁妆。协议离婚是不必提出理由的。根据拉比律法的规定，如果男女双方宣布其婚姻失败，并希望解除其婚姻，则法庭无权加以干涉。

犹太教的法律虽然在男女离婚的问题上比较开明，但它却支持离婚的双方复婚，只有在某些情况下例外。《申命记》规定，如果妻子在离婚后又已嫁人，则原夫妻不得复婚。《密西拿》又增加了5条这样的规定，其中包括：如果女方是因通奸嫌疑或不能生育而被离弃的，则其原夫不得同其复婚。根据早先的法律，女方离婚后，可保留对其子女的监护权，至少在断奶之前。子女断奶后，女方仍可选择是否保留对他们的监护权。不过，在男孩长到6岁以后，父亲即可要求得到对儿子的监护权。后来的法律似乎又退回到旧时罗马法的规定上。法庭有权根据自己的意愿把子女监护权赋予离婚夫妻中的任何一方。

311 如同古代希伯来人一样，异教阿拉伯人也允许丈夫任意遗弃妻子。不过，我们也听说，有很多出身名门望族的阿拉伯妇女遗弃了她们的丈夫。后来,丈夫任意离弃妻子的这种习惯法又在伊斯兰教的法律中有了明确的体现。这一法律允许男子随意离弃妻子,而不必因为妻子有什么不是,也不必为自己这样做提出什么理由。据说先知曾经说过,由丈夫一人说了算的离婚,即“塔拉克”,在神所允许的所有事情中,是最可憎恶的,因为这种做法妨碍婚姻的幸福,也妨碍子女的正常成长。但是,丈夫所拥有的这一古老权利在阿拉伯人的习俗中是根深蒂固的,它也甚合先知及其追随者的秉性,因而是难以改变的。不过,丈夫要想合法地离弃妻子,必须符合一定的条件:他必须是一个成人,而且神志清楚;根据沙斐仪派和马立克派的教规,他的行为还必须出于自己的自由意志;什叶派还提出了第四个条件,即他必须具有解除婚姻关系的明确意图。而在哈乃斐派中,正如阿拉姆吉尔所说的:“任何一个已达到成年且智力健全的丈夫,他所发出的‘塔拉克’都是有效的,不管他是自由民还是奴隶,是情愿如此还是被迫而为,甚至不管这话是出于戏言还是一时口误。”即使是在醉酒状态下发出的“塔拉克”,一般来说也是有效的。不过,丈夫提出离婚时,应当处于清醒的状态。[①] 关于离婚所须履行的手续,各派之间也不相同。根据逊尼派的教义,“塔拉克”既可以用明确的言词发出,如“你被离弃了”,
也可以用含糊的或暗示性的话发出,二者均有效力;而什叶派则只 312
承认用明确言词发出的、不附带任何条件的“塔拉克”是有效的。逊尼派认为,“塔拉克”可以通过口头的形式提出,也可以通过书面的形式提出;而什叶派则规定,做丈夫的能够发出为产生有效性所

① Hughes, *A Dictionary of Islam*, p. 88; Ameer Ali, *Mahommedan Law*, ii. 516 *sqq.*

必需的言词时，不能以书面形式或以任何一种非阿拉伯语提出“塔拉克”。逊尼派不要求有见证人在场，认为只要告知妻子，这一离弃行为在法律上就可生效；而什叶派的法律则有一条规定，即在离弃妻子的时候，必须有两名可靠的证人听到做丈夫的所说的话。只要丈夫一方提出“塔拉克”，他就必须给予妻子一定的房地产管理权，并将她的财产及婚前订礼（或曰“麦尔”）一并移交给她。假如丈夫没有这样做，那么，他就会受到起诉，被要求弥补损失，归还嫁妆。根据《古兰经》的规定，丈夫可以将被他遗弃的妻子再娶回来，但事不过三。如果做丈夫的第三次将妻子遗弃，那么，他就不能依法再将妻子娶回了，妻子可另嫁他人。

在伊斯兰教的法律中，也同在犹太教的法律中一样，妻子是不能离弃丈夫的，但是，她可以采取一些步骤，导致其婚姻的解除。妻子如果想离婚的话，只要放弃自己带来的嫁妆或自己的其他一些财产，即可从丈夫那里得到解除婚约的证书。这种离婚方式叫做“呼拉”。如果一对夫妇由于脾气不合、没有感情等原因，因而相互厌恶，那么，他们也可以经过协商而解除婚姻关系。这种离婚方
313 式叫做“穆巴拉特”。此外，如果丈夫举止不妥，使婚姻生活不能为妻子所忍受，如果他未能履行因婚姻关系而在法律上所应承担的职责，如果他未能实现缔结婚姻时自愿做出的承诺，那么，妻子就有权向法官提出申诉，要求司法当局判决离婚。而法官之所以拥有判决离婚的权力，乃是基于穆罕默德的下一明确表述：“假若女人受到婚姻之伤害，此一婚姻即应解除。”判决离婚可依以下一些理由：丈夫没有过性生活的能力，而妻子婚前对此一无所知；丈夫没有按要求付出应付的聘金；丈夫诬陷妻子与人通奸；丈夫发誓 4

个月不理妻子并切实履行了这一誓言，或有意不理妻子，经常虐待妻子，或以种种残忍的行为加害于妻子，使其生活悲惨不堪。[①] 穆斯林妇女之所以能够比较容易地解除婚姻，是受到当地习俗的影响。在摩洛哥的某些柏柏尔部落中，已婚女子不但可以逃到另一个男人家里，以摆脱自己的丈夫，而且还可以强迫那个男人娶她为妻。这一点，我们在前面也谈到过。在波斯，如果一个女人想离开自己的丈夫，那么，她只要跑到法官那里，把自己的鞋举起来，就可以办到了。不过，很少有人采用这种办法，因为通过这种方式离婚是一分钱也得不到的。在幼发拉底河的贝都因人中，据说在丈夫要把妻子送回娘家时，妻子也同样有权离弃丈夫，不管这样做有没有道理。

在信奉伊斯兰教的国家中，离婚率也有很大的差别。在有的国家，离婚率之高几乎是举世无双的。摩洛哥（或者说摩洛哥的某些地区）即是这种情况。丘彻博士曾从丹吉尔写信告我说，他在那 314
里有一个仆人，据说已经有过 19 个妻子，而此人还只是一个中年人。我自己也曾有过一个柏柏尔佣人，他是摩洛哥南部的人，来自苏斯，他告诉我，他曾离弃过 22 个妻子。据莱恩说，在开罗，已婚多年而又不曾离弃过一个妻子的男人是不多见的；有不少埃及人在短短两年的时间里娶妻多达二三十人，甚至更多，而一些年纪并不大的女人，已经连续嫁了十几个男人。莱恩还听说，有的男人习惯于差不多每个月娶一个新的女人。伯克哈特认识一些 45 岁左

---

① Ameer Ali, *Mahommedan Law Compiled from Authorities in the Original Arabic*, ii. 560 *sqq.*

右的阿拉伯人，他们已先后娶过 50 多个妻子。而另一方面，据斯诺克·胡尔格罗涅说，在苏门答腊的亚齐，相对于其他穆斯林地区来说，夫妻离异的情况则是比较罕见的。盖特先生也说，在印度的穆斯林中，如果没有特殊的原因，丈夫很少行使离弃妻子的权利。这很可能是受了印度教徒的影响。

对于正统的印度教徒来说，婚姻是一桩宗教圣事，因此是不可解除的。如果一个女人犯了通奸罪，人们可以剥夺其身份，并把她从其种姓中驱逐出去，但即使在这种情况下，也不能提出一般意义上的离婚。这样的女人不得再与他人结婚，通常是以奴隶的身份留在丈夫家里。如果罪在男方，而妻子无过，那么，妻子所能得到的唯一补偿，只是一项关于分居赡养费的判决。这一判决实际上也就相当于分居判决。不过，法律并非总是为人们所严格遵守。

315 在法典文献中，即载有一些被认可的事例，表明男女离异是被允许的，而且离异后，妻子在丈夫尚在世时还可以缔结新的婚姻；另外，法典还规定了丈夫可以离弃妻子并不给抚养费的几种情况。根据那罗陀的规定，“对于浪费丈夫全部钱财、或造成胎儿流产的、或企图谋害丈夫性命的妻子，丈夫均应将其逐出城外。”“对于总是向丈夫显示恶意、或对丈夫出言不逊、或抢在丈夫之前吃饭的人，做丈夫的应立即将其从家中逐出。”[①]但是，“如果一个人离弃温顺的、说话和蔼的、能干的、善良的、生育有（男性）后代的妻子，那么，国王应对他加以严厉的惩罚，使其不要忘记自己的职责。”[②]那罗陀

---

① *Nárada*, xii. 92 *sq.*

② *Ibid*, xii. 95.

还规定，在五种情况下，做妻子的可以另嫁他人，即“丈夫失踪或死亡，丈夫做了苦行僧，丈夫患有阳痿，以及丈夫被逐出种姓。”至于三种较高种姓的妇女需等待离去的丈夫多少年之后才能缔结新的婚姻，法典中都有具体的规定。但是，对于首陀罗种性的妇女要等其离去的丈夫多长的时间，则没有明确的规定。[①]《摩奴法典》规定，“对于酗酒的、行为不端的、具有反抗性的、有病的、害人的、浪费钱财的妻子，可在任何时候以另一妻子相替换。不孕的妻子可在第 8 年被替换；所生子女均夭折的，在第 10 年；只生女性后代的，在第 11 年；爱吵架的，则可随时更换。”[②]不过，这并不是我们所说的离婚。《摩奴法典》规定：“妻子并不因被卖或被遗弃而脱离
与丈夫的关系。”[③]此外还规定，一个人只能娶处女为妻。但是，由 316
于《摩奴法典》形成于那罗陀之前，因此，现存的《摩奴法典》文本已被做了很多删改，前面提到的情况显然即是其中之一。

在印度北方的某些下层种姓中，以及在印度南方的很多种姓（既包括上层种姓也包括下层种姓）中，人们对正统印度教的离婚法则有些漠然视之。他们已用习惯做法取代了法律条文。据曼德利克说，根据习惯做法，“种姓有权批准离婚，或承认离婚的正当性。在有些地方，只要男女双方甚至一方愿意，夫妻即可离异，种姓对此除了认可之外，也做不了什么事情。”[④]凡是在习俗上准许

① *Nárada*, xii. 97 *sqq*.

② *Laws of Manu*, ix. 80 *sq*.（参见《摩奴法典》，商务印书馆 1982 年版，第 218 页。——译者注）

③ *Laws of Manu*, ix. 46.

④ Mandlik, *The Vyavahára Mayúkha in Original*, p. 434.

离婚的地方，法律对于协议离婚也都是予以承认的。可以说，在印度各地，离婚率的高低往往与各种姓模仿婆罗门习俗的程度有直接的关系。

缅甸的佛教徒将婚姻仅仅看作一种民事契约，婚姻中的任何一方都可以比较容易地将婚姻解除。杀人偷盗、改信异教以及通奸都可成为离婚的理由。弃家而走也是离婚的理由之一。对丈夫一方而言，妻子要想提出离婚，必须证明他有整整三年没有以任何方式养活自己；而对妻子一方而言，丈夫只要证明她离开自己的时间已到一年，而在这一年里又没有接受他的供养，他就可以提出离婚。妻子如经常受到丈夫的虐待，也有权提出离婚。婚姻的解除，往往都是经由双方同意的。在这种情况下，一般都是把男孩交给父亲，把女孩交给母亲。不过，如果男孩的年龄太小的话，也还是要由母亲来带。夫妻中的一方假如想离婚而又没有正当的理由，就会蒙受经济上的损失。至于这一损失的大小，则要依情况而定。
317 在有些情况下，无辜的一方可以得到夫妻双方拥有的全部财产。尽管在缅甸离婚是一件很容易的事，但据说，“男女双方如果没有正当的理由就离婚，人们就对他们会另眼相看。”[1]据说，在大众中，男女离异的情况是非常罕见的。在暹罗，男女双方同意，同样也是离婚的正当有效的理由。离婚后，妻子可带走她结婚时带来的全部财产以及婚后交换来的或购买的全部物品，此外，她还可以得到排行为一、三、五的子女。如果丈夫虐待妻子，不能使妻子享有应有的地位，或弃家而走达到一定的年限，如果妻子与人通奸，

① Shway Yoe, *The Burman*, p. 61.

如果丈夫或妻子犯有严重的罪行，如果丈夫伤害或辱骂岳父母，或是出家做了和尚，那么，其婚姻也可以解除。

根据僧伽罗人的法律，依适当习俗公开缔结的婚姻，或仅仅经由当事双方自己同意而结成的婚姻，是可以由丈夫或妻子予以解除的。夫妻解除婚姻关系之后，属于妻子的所有地产、物品和牲畜，无论是她继承来的，还是作为嫁妆带来的，还是别人赠予的，抑或是婚后自己挣得的，都应归于妻子；同样，属于丈夫的所有财产，也应归于丈夫。至于夫妻共同获得的财产，则应在二人之间平分。但是，如果是丈夫提出离婚，而妻子又毫无过错，那么，丈夫必须送给妻子一套像样的衣服，才能将她遗弃。至于子女的处置，则有这样的规定：如果从夫居住的妻子被丈夫遗弃而本人又没有任何过 318
错，那么，妻子可将子女全部留给丈夫抚养，自己拒不抚养其中的任何一人；如果从夫居住的妻子被丈夫遗弃是因为本人行为不端，那么，做父亲的可从其子女中进行挑选，而将其余子女交给孩子的母亲抚养。反之，如果从妻居住的男人被妻子或女方家人赶走，或他本人因对女方不满而出走，他则无权索要子女，也不能对子女行使父亲的权利。以前有一位作者在谈到僧伽罗人时曾说过，夫妻之间如果互不满意的话，就会彼此分手，他们并不觉得这样做有什么丢人的。他还说："那里的男男女女往往都要结四五次婚，才能最终感到满意。"①

现在，我们来谈一谈欧洲的所谓雅利安民族。我们发现，早期的希腊人和罗马人也同印度人一样，其婚姻关系显然是极其稳定

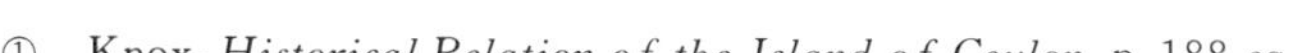

① Knox, *Historical Relation of the Island of Ceylon*, p. 188 *sq*.

的。不过，到了后来，婚姻关系就变得极为随便了，时常出现变故。这同印度雅利安人的情况显然不大一样。在荷马时代，希腊人似乎还没有什么离婚的，但是后来，离婚在希腊却成为日常之事。根据阿提卡的法律，丈夫可以随意遗弃妻子，而不必列举任何理由。丈夫遗弃妻子时，一般都可能有证人在场，但从法律上讲似乎并不一定非如此不可。不过，丈夫必须将被他离弃的妻子送回她父亲
319 家去，还必须将女方带来的嫁妆一并归还。没有证据表明，丈夫可以索要妻子带来的嫁妆，即使妻子犯了通奸罪，或者说，丈夫是由于妻子的其他一些过错而遗弃她的，也是如此。如果妻子被判犯有通奸罪，丈夫必须将其遗弃。假如对此事姑息容忍，就会被人看做一种丑行。离弃不育之妻也是丈夫一种责任，无论是出于宗教的原因，还是出于爱国的缘由。这是因为，人们结婚的一个主要动机就是确保家族的延续以及国家的后继有人。婚姻的解除还可以经由夫妻双方的同意而达成，而且可能无需办理任何手续。夫妻离婚，只需依照惯例，就其离婚之事向执政官报告一声，就可以了。妻子也可以向执政官说明理由，而提出离婚。夫妻解除婚姻后，子女随父亲，即使离婚是因丈夫行为不端而造成的。

罗马人的婚姻似乎在任何时期都是可以解除的。只是以“共食方式”(confarreatio)结成的贵族婚姻，情况稍有不同。这种婚姻只能以一种正式的方式加以解除，它是依照“逆行”(contrarius)原则，即通过所谓“分食”(diffareatio)仪式来进行的。这是一种用
320 意相反的祭祀仪式，人们在此仪式上说的是一些“相反”的话。但是，分食仪式据说是一种很可怕的仪式，因此，据认为只用于惩处的目的。而根据卡尔洛娃的看法，此种仪式乃是后来由教士们所

创造的。至于其他一些婚姻形式，由于都不像共食婚那样神秘和
神圣，因此比较容易解除。离婚这种法律形式如同十二表法一样
古老，故而在5世纪之前可能就已经存在了。丈夫在新婚之际，会
将家里储藏室的钥匙交给妻子，而妻子被遗弃后，则必须将钥匙交
回，于是，就有了“收钥匙走人”(claves adimere，exigere)之说。买
卖婚(by coëmtio)和时效婚(by usus)是通过“再转让”(remanci-
patio)加以解除的。这种“再转让”与将女儿“转让”(emancipatio)
他人完全一样。丈夫把自己的妻子从自己手里转让出去，就如同
父亲将子女从自己手里转让出去一样。佐姆曾说过：“从正式的意
义上来说，这种‘再转让’并不像‘放走’或‘离弃’那样具有‘离婚’
的意味。”在古代法律中，受丈夫支配的妻子(a wife in manu)是没
有什么离婚自由的，就像做子女的没有“转让”自由一样。妻子既
没有权利提出离婚，也没有权利阻止被丈夫离弃。而丈夫对于解
除这种“由自己支配的婚姻”(a marriage with manus)，就像解决 1261
这种婚姻中的其他问题一样，在法律上享有绝对的权威。[1] 不过，
在实践中，丈夫的权利或多或少地要受到舆论的牵制，甚至还可能
受到监察官的牵制。丈夫如果不正当地行使其权利，监察官即可
能会以其权威加以制止。根据以前的传说，罗慕洛曾规定：除非妻
子与人通奸或饮酒，否则，丈夫一概不得遗弃妻子；如有违者，没收 321
其一切财产，并将其中一半交给其妻子，另一半奉献给刻瑞斯女
神。此外还有一种说法：在斯普留斯·卡尔维留斯因妻子不育而
据监察官之令休弃妻子之前的500年间，从没有人滥用过离婚的

① Sohm, *Institutes*, p. 475.

自由。当然，这句话的实际含义是什么，并不很清楚，但它至少说明：在古罗马时期，男女离异的情况肯定是非常罕见的。

至于说到“自由”婚姻，其离婚规则则有很大不同。所谓“自由”婚姻，指的是妻子并未落入丈夫的支配之中。这种婚姻，只要双方同意，甚至只要一方愿意，即可得到解除。但是，除了要有离异的意愿之外，罗马的法律还规定，婚姻中的一方要将其解除婚姻的意愿告知另一方。事实上，人们离婚时也都是需要告知对方的。告知的方式可以是口头的，也可以是书面的，写好请人传递。根据尤利乌斯成年法规定，若要离婚，须写出休书（libellus repudii），并须有7名成年的罗马公民在场，作为见证人。在离婚权利方面，妻子与丈夫享有同等的法律地位。但有一点应当指出，如果妻子尚处在父亲的支配之下，那么，父亲则有权不顾女儿和女婿双方的意

322 愿，将女儿从丈夫家带走。不过，这一权利可能并没有什么人加以

运用。我们注意到，安东尼·庇护的宪法规定：父亲不得对女儿的和谐婚姻进行干涉。而后，马可·奥勒利乌斯又对这一禁令做了限定，规定为父者只能在理由正当且充分的情况下，对女儿的婚姻进行干涉。

后来，在自由婚姻中被认可实行的离婚规则，也扩及到了支配婚姻中。诚然，受支配的妻子并不能通过要求离婚而直接解除其被支配的婚姻。但是，根据后人的看法，妻子提出离婚可迫使丈夫采取各种措施以结束这种支配婚姻，从而间接地起到解除被支配婚姻的作用。到了最后，支配婚姻终于被完全废止了。

关于夫妻离异后其子女的处置问题，最早的法律条款似乎见诸戴克里先和马克西米安的一项法律之中。这项法律规定：法官

不一定非将男孩判给父亲，将女孩判给母亲；法官在这个问题上可自由行事。查士丁尼规定：如果为父者犯有过失而为母者离弃其夫确有正当理由，而且为母者又尚未再婚，则子女归其母亲负责监护，而由其父亲负担抚养费；如果为母者犯有过失，则为父者拥有对子女的监护权。如果为父者穷困潦倒，无力抚养子女，而为母者又生活富裕的话，则她有义务收留并抚养子女。

由此看来，在异教时代，罗马法中有关为夫者离婚权的规定是很开通的，而在非支配婚姻中，以及后来在所有婚姻中，对为妻者离婚权的规定同样也是很开通的。这种离婚自由在早期很少有人
加以利用，但到了后来，则为人们广泛实行，至少在上层阶级中如

此。到了公元前 2 世纪，婚姻在社会上层中已变得越来越不稳定，而离婚则变得越来越普遍。这一趋势在共和国末期和帝国时期一直不断增强。在西塞罗时期，几乎所有知名的贵妇都至少离过一 1263
次婚。塞尼卡曾说过，当时有些妇女历数自己的经历，不是依据历届执政官的任期，而是依据与“历届”丈夫所处的时期。奥维德和小普林尼结过 3 次婚，恺撒和安东尼结过 4 次婚，而苏拉和庞培则结过 5 次婚。这种事在当时肯定是很常见的。罗马帝国早期，在为一个名叫图里亚的女人所立的石碑上，她的丈夫这样写道：“男女之婚姻，鲜有维系终生者。”①

在克尔特人的律书中，我们可以看到有关离婚的各种规定。我们从这些规定中可以得出这样的结论：夫妻之间的离异决非罕

① Friedländer, *Darstellungen aus der Sittengeschichte Roms in der Zeit von August bis zum Ausgang der Antonine*, i. 284.

见之事。在古爱尔兰，夫妻之间既可以经由相互同意，也可以经由法律程序而达成离婚。如前所述，如果一对夫妻是经由相互同意而离婚的，那么，妻子可带走她结婚时带来的所有财物，丈夫则只能保留他自己的一份。如果在其婚姻生活期间，夫妻的共同财产有所增加，那么，夫妻二人应按最初投入之比例对其进行分割。当然，有些特定的情况也是要加以认真考虑的，例如，究竟是男方挣得的多，还是女方挣得的多。至于后一种离婚，《布里恩法典》曾有条文规定："有 7 种妇女，尽管生有儿子并有一定的生活保障，但仍有权随时提出离婚，同时仍可保留自己的嫁妆。这 7 种妇女是：被
324 丈夫散布流言蜚语者；被丈夫讥讽而受到众人嘲笑者；被丈夫无端指责者；被丈夫送回家遗弃于他人者；因受蒙蔽而举行婚床仪式，但事后发现其夫更愿同男仆一起睡，而自己反被冷落者；被其夫施用春药而使其与人私通者；因丈夫未能在婚姻生活中满足其情欲者——每一个已婚的、并在这方面给予适当合作的妇女都有权在婚姻生活中满足其情欲。"①

在古威尔士，只要夫妻双方同意，甚至只要一方愿意，夫妻即可离异。在这种情况下，没有任何法律措施可以使他们继续生活在一起。不过，由于结婚时间的长短和离婚时具体情况的不同，有关离婚后家产的分割也有不同的处置办法。如果是男女双方自愿离婚，而且，其婚姻的持续时间又不足 7 年差 3 夜，那么，妻子只能带走她的嫁妆和晨礼。如果男女双方是在那一期限之后自愿离婚的，那么，夫妻所拥有的一切财产都要分成两份。法律还常常规定

① *Ancient Laws and Institutes of Ireland*, v. 293.

出哪些东西是归妻子的，哪些东西是归丈夫的。至于法律未作具体规定的财物，则由妻子将其分成两份，而由丈夫先行挑选一份。关于子女的处置，是按二比一的比例分给其父母的，即：最大的和最小的孩子归父亲，中间的归母亲。如果做妻子的“同另一个男人
有过不正当的行为，不论是接吻，还是性交，抑或抚摸”，做丈夫的 325
即可遗弃之，而做妻子的亦即丧失其全部财产权。[①] 如果妻子在结婚 7 年差 3 夜之前没有正当理由而遗弃丈夫出走，那么，她也将失去其全部财产，只有两项东西例外：一是她的晨礼，一是她因丈夫与人通奸而获得的罚金。不过，如果丈夫患有麻风病，或口中有恶臭，或患有阳痿，那么，妻子可在不受任何财产损失的情况下遗弃丈夫。

根据古代条顿人的习惯法，夫妻中的一方被法律剥夺权利之后，婚姻即告结束。婚姻还可经由男方与女方亲属协商同意而予解除。此外，如果妻子不育、不贞或有其他过失，做丈夫的即可遗弃妻子。即使没有正当的理由，丈夫也可以解除婚姻，但这样做难免会遭到女方亲属的报复，或是必须支付一笔罚金或损失一笔财
产。妻子最初是没有权利解除婚姻的。但是，根据某些律书，在法 326
兰克时代，妻子在某些情况下，诸如丈夫与人通奸或鸡奸，也可提出离婚。这一改革曾被归因于基督教思想的影响。

① *Dimetian Code*, ii. 18. 31 (*Ancient Laws and Institutes of Wales*, p. 257).

327 第三十三章　婚姻维系期与婚姻解除权(续)

基督教彻底改变了欧洲各国有关离婚的立法。在《新约全书》中,就有多处涉及离婚问题。丈夫如果遗弃妻子,另娶新人,即构成通奸之罪;妻子如果遗弃丈夫,另嫁他人,也构成通奸之罪。丈夫应当忠实于自己的妻子,“二人成为一体”;而且,“神配合的,人不可分开。”[①]但是,这一规定有两个例外。如同沙马伊及其教派一样,根据《马太福音》的记载,基督也曾教导说:人应当休弃淫乱的妻子,但除此之外,不得以任何因由休弃妻子。又据圣保罗的规定,基督徒与非基督徒成婚后,如后者自行离去,则基督徒“遇着这样的事,都不必拘束”。[②] 一个男人,如果娶了被人遗弃的淫妇,则本人也就犯了通奸之罪,但没有任何规定禁止那名无辜的丈夫再婚。不过,在公元头3个世纪中,基督教的早期教士们似乎普遍认为,这种再婚也是不能允许的。这种态度与早期基督教的禁欲倾向是一致的。如果说,连鳏夫或寡妇的再婚都被斥责为奸情
328 的话,那么,对于原配偶仍旧在世的人来说,其再婚又怎么可能被

---

① 《圣经·新约全书·马太福音》,第19章第5、6节。

② 《圣经·新约全书·哥林多前书》,第7章第15节。

允许呢？后来，虽有人表示过一些较为宽容的看法，但教会却在圣奥古斯丁的影响下，逐渐下定决心，认定基督徒的有效婚姻是不可解除的，至少对已完婚的婚姻来说是这样。教会的这一原则是由格拉蒂安和彼得·朗巴德在12世纪时明确订立的，后由特伦托会议作为教义加以强调，又于19世纪由庇护九世和利奥十三世再度予以确认。完婚后的基督徒婚姻乃是一种圣事，必须永久有效。这种婚姻体现着基督与教会的结合，因此是不可解除的，正如基督与教会的结合不可解除一样。根据自然法则，婚姻也应是持久性的，因为婚姻唯有持久，才能达到其目的。这是上帝使然。早在我们人类初始之时，上帝即训示说，人要离开父母，和妻子合为一体。[①]

至于尚未完婚的基督徒婚姻，则不是不可解除的，因为只有在完婚之后，基督徒婚姻才能成为圣事，才能象征基督与教会的结合。特伦托会议就曾明确宣称，“业已缔结但尚未完成的婚姻”，可“由婚姻中的一方庄严地立誓信教”而予解除。[②] 根据教廷的一项法令，尚未完成的婚姻还可根据另外一些理由予以解除。至于非 329
基督徒的婚姻，即使已经完婚，也不属于圣事之列，因此在某些情况下是可以解除的。圣保罗就曾裁断，与非教徒结婚的基督徒，在对方离去之后，可不受教规的约束。英诺森三世曾发出训令：婚姻双方均为非教徒者，在其中一方成为基督徒之后，如果非基督徒一方不愿与基督徒一方继续一起生活，或者说，如果继续生活在一起

① 参见《圣经·创世记》，第2章第24节。

② *Canones et decreta Concilii Tridentini*，xxiv. 6.

会引发对圣名的亵渎或诱发重大的罪行，那么，皈依者即可缔结另一次婚姻。教会指出，这一所谓“圣保罗特权”（privilegium Paulinum）并不是对基督徒婚姻不可解除这一规定所开的例外，因为在上述情况中，解除婚姻的并不是基督徒，而是非教徒，教会与非教徒的婚姻当没有任何关系。

教会虽然坚持基督徒婚姻的不可解除性，但却允许实行“不完全的离婚”（divortium imperfectum），或叫做“食宿分居”（separatio quoad thorum et mensam）。夫妻双方可通过这种方式免除共同生活的义务，但同时仍保留夫妻关系，不得再婚。根据特伦托会议的规定，这种分居可源于“多种原因”，而且，既可以是有限期的，也可以是无限期的。引起分居的主要原因是通奸或与通奸相当的淫欲之罪。不过，圣奥古斯丁也曾把“精神通奸”（fomicatio spiri-
330 tualis）作为夫妻分居的一项依据。这一观点后来又为格拉蒂安所
1268 采纳，他将变节、信奉异端邪说和煽动人们干坏事视为“精神通奸”。后来，有人又把分居分为永久分居与临时分居两种。根据某些作者的记载，永久分居的准予，只限于“精神通奸”这一种原因，而且还须在这种行为尚未获得宽恕或夫妻二人并未均有这种行为的情况之下。另有一些作者说，永久分居的准予还可针对背教行为，其中既包括背弃基督教，也包括改信异端邪说。这样做的理由是，夫妻中的一方已进入基督教的至善至美之境，即已进入宗教生活，或是为夫者已接受神职。但是，在这种情况下，永久分居还需得到夫妻双方的同意，并经由教会方面的安排。除了这种特殊情况之外，其他各种情况引发的分居案均以临时分居处置。而其他各种情况都可以用一句话来概括，即“危害身心”。

尽管从理论上来说，基督徒的婚姻是不可解除的，但在实际上，罗马天主教却授予教士们很大的权力，以解除某些曾被认为完全有效的婚姻。如果某对果女的结合因违背教会禁规，从一开始就是非法的，如近亲结婚或是过早订婚，那么，教会就会认可一种名虽不正、但却流行一时的法律程序，即“解除婚约”(a divorce a vinculo matrimonii)。其本意仅仅在于，从未生效的婚姻将永远无效，但实际上，这样做却导致了解除婚姻的可能性，而婚姻从理论上来讲是不能解除的。布赖斯勋爵曾说过：“有关婚姻的禁规不仅名目繁多，而且错综复杂。因此，无论是出于政治动机还是出于金钱动机，都很容易找到某种理由，宣布几乎每一桩婚姻都是无效的。”①

在已建立教会的西方国家，教会的教义对世俗立法产生了深刻的影响。不过，在很长一段时间内，这种教义并没有被立法者们完全接受。1269 信奉基督教的皇帝们规定，在某些情况下，丈夫可以离弃妻子，而妻子也可以离弃丈夫，且不受任何责备。根据康斯坦丁的规定，如果妻子与人通奸、配制毒药或为人做淫媒，丈夫即可与之离婚；如果丈夫行凶杀人、配制毒药或亵渎墓地，妻子也可以与他离婚。后来，又有一些皇帝在离婚问题上订出一些法律。在这之后，查士丁尼废除了以前的法律，对离婚的条件重新做了规定。丈夫可在下述情况下遗弃自己的妻子：妻子在得知任何反对皇帝的阴谋之后不向丈夫报告；与人通奸；企图谋害丈夫，或了解任何反对其夫的阴谋而不向他透露；不顾丈夫的禁令，经常与男人一起

① Bryce, *Studies in History and Jurisprudence*, ii. 434.

欢宴或沐浴；违抗丈夫的意愿，离家外出（自回娘家或丈夫带其外
出则不在此列）；在丈夫不知道或明确禁止的情况下，擅自去看马
戏、看戏或去竞技场。妻子也可在下述情况下离弃自己的丈夫：丈
夫从事或参与了反对皇帝的阴谋；企图谋害妻子，或了解任何反对
妻子的阴谋而不向她透露；企图引诱妻子与人通奸；指责妻子与人
通奸，但却未能证实这一指控；纳妾；在受到妻子、岳父母或有地位
332 的人警告之后，仍经常到本城中的其他住宅与其他女人同居。即
使在基督教帝国的这部立法中，夫妻任何一方仅在预先通知另一
方之后即可任意解除婚姻的权利，也没有被正式废除。无论这种
离弃行为怎样没有理由，它都可以产生使婚姻中止的效力。但是，
另据规定，如果没有任何符合离婚条件的理由而将婚姻解除，则过
失一方应当承受一定的处罚。例如，如果妻子离弃丈夫而又没有
充足的理由，那么，她就会因此而失去其嫁妆；如果是丈夫无理遗

1270 弃妻子，那么，他就会丧失其婚姻赠礼（donatio propter nuptias），
换言之，就必须实际付出他曾发誓要付的赠礼。在缔结婚姻时，每
个做丈夫的都要交付一份婚前赠礼，即 donatio ante（propter）
nuptias，在价值上相当于女方的“多斯”（dos）。在基督教帝国时
期，规定男方向女方交付这种赠礼，其主要意图是，在女方被无端
遗弃时，男方必须在其财产利益上付出实实在在的代价。查士丁
尼还禁止经由夫妻双方同意的离婚方式，除非男方有性功能障碍，
或夫妻中的任何一方想进修道院，或其中一方将被囚禁很长一段
时间。而在以前，这种经由双方同意的离婚是一直不受任何法律
限制的。后来，查士丁尼甚至下令，经双方同意而解除其婚姻者，
当被没收其一切财产，并被终生监禁于修道院中。不过，查士丁尼

的侄子及继承者查士丁二世上台后，废止了其叔父关于这种离婚方式的各项禁令。

在日耳曼诸王的罗马法典中，也保留了男女双方经由相互同意而离婚的便利。而且，如同在以前的罗马立法中一样，丈夫还可以因妻子的某些过错而离弃之。西方各国的统治者，凡是选择古代条顿法律体系的，其臣民似乎也都享有同样的离婚便利。例如，333
艾特尔伯赫特所做的审判，虽含有基督教的影响，但却显示，婚姻可以根据夫妻双方的意愿，甚至根据其中一方的意愿，而予以解除，即使是盎格鲁-撒克逊和法兰克的赎罪规则书，在很多情况下也是允许离婚的。根据狄奥多尔的赎罪规则书，丈夫可以离弃与人通奸的妻子并再娶，而犯有通奸罪的妻子在经过 5 年的苦行赎罪之后也可以再嫁。但是，如果丈夫与人通奸，妻子则不能因此而解除婚姻。如果妻子被人抢走，或是她自己离弃了丈夫，那么，丈夫可以再娶另一个女人为妻。不过，在后一种情况中，丈夫只能在 5 年之后再娶，而且还要得到主教的同意。但是，自查理曼时代起，圣经中关于婚姻不可解除的教义便进入了日耳曼各民族的世俗立法之中。至公元 10 世纪，教会的有关规则以及教会法庭在德意志完全控制了这一法律分支。在这之前不久，在原来实行罗马法的地区，教会实施的新规则已经取代了罗马法的各项规定。

在离婚的问题上，西方教会在其所能支配的国家内最终取得了完全的胜利，而东方教会非但没有左右世俗法律，反受到世俗法律的巨大影响。诚然，公元 692 年举行的特鲁略会议对经由夫妻相互同意而达成的离婚做了明确的遣责，伊索里亚王朝的利奥二世皇帝本着这一精神，于公元 740 年取消了协议离婚的合法性，而

且，到了9世纪末，禁止协议离婚的规定又进一步得到加强，并再
334 未放松过。但是，在世俗法所承认的诸多离婚条件中，除了配偶出走且杳无音信这一条外，其他各条都不曾受到过东方教会的质疑。日什曼曾说过："帝王们关于离婚问题的法令，从未受到教会方面的抵制。在有关离婚法的问题上，从来没有任何一次宗教会议或任何一个主教，对各国皇帝进行过责备或惩罚，或是强迫他们废除已颁布的法令。"[①]查士丁尼的法律中所认可的离婚条件以及附带的再婚权利，仍得到沿用，只是后来做了某些修订。目前，东方教会所允许的附带惩罚的离婚条件包括：叛国，谋害配偶，通奸，足以推定构成通奸或相当于通奸的情况，实行堕胎，因夫妻中的一方皈依基督教而产生宗教分歧，以及在自己子女的洗礼仪式中担任教父或教母。此外还有一些离婚条件是不附带惩罚的，如：性功能障碍，离家外出且无音信，受到囚禁和奴役，精神失常和低能，承担修道义务，以及授任主教。

教会法中关于婚姻圣事至死方可解除的规定，遭到宗教改革派的反对。宗教改革派一致认为，凡有通奸之事发生，即应准予离婚，并赋予无辜的一方以再婚的自由。大多数改革派还认为，蓄意遗弃配偶应成为解除婚姻的第二个合法理由。这种意见所依据的是圣保罗的格言，即基督徒与非基督徒结婚后，如后者离去，则基督徒"不必拘束"。只是路德又将"离去"这一条扩展为不含宗教动
335 机的蓄意遗弃行为。这位宗教改革者认为，世俗当局还可根据其他一些强有力的理由准予人们离婚。他还坚持认为，拒绝与配偶

① Zhishman, *Das Eherecht der Orientalischen Kirche*, p. 115.

过性生活，也应成为离婚的充足理由。还有一些改革者比路德走得更远。阿维尼翁的兰贝尔认为，如果妻子因屡遭丈夫无端虐待而出走，则此事应被视为丈夫遗弃妻子，而不是妻子离弃丈夫。梅兰希顿也认为，如果妻子受到虐待，就应当准予其离婚。宗教改革者的这些观点，对德国以及欧洲大陆其他各国的新教立法者，都产生了持久的影响。在 1684 年由克里斯蒂安五世颁布的丹麦法典中，长达 3 年以上的遗弃行为，性功能障碍，以及曾向对方隐瞒并传染给对方麻风病，都被当作离婚的充足理由提了出来。1734 年的瑞典法典规定，夫妻中的一方出走后，法官要在其辖区各教堂发布通知，令出走者在一年零一夜之内回到家中。如出走者到期未予理睬此通知，法官则可以蓄意遗弃为由，准予离婚。此外，长期外出且无音信，以及有意隐瞒身体功能之障碍或不可治愈的传染病，也可成为判决离婚的根据。

就整体而言，英国新教的创立者要比其海峡对岸的兄弟保守一些。不过，他们也都允许丈夫抛弃不忠贞的妻子，另娶新人。对于受到同样冒犯的妻子，舆论似乎也允许其拥有类似的特权，虽然新教中也有人在这方面并非如此开通。早在宗教改革初期，有人 336
就在筹划修订教会法典，而离婚法则受到特别的关注。为此目的，亨利八世和爱德华六世曾任命一些著名教士组成一个委员会。这个委员会起草了一个详尽的报告，称为“立法改革”。在这份报告中，他们建议废除“食宿分居”。这种分居制度当年曾是教会的一项创新，但到了 16 世纪，几乎遭到英国所有改革者的反对。报告提出，在发生通奸、遗弃、虐待的情况下，以及在丈夫多年不归因而可被认为已经死亡的情况下，以及在夫妻之间极度仇视并无法修

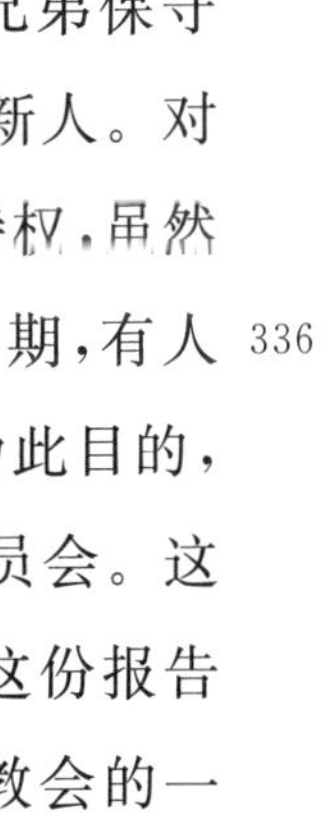

好的情况下，应允许其离婚，并给予无辜的一方以再婚的自由，以此取代“食宿分居”。但是，整个这一计划未能付诸实施，其中的一个原因在于爱德华国王的早逝。不过，这一计划所体现的原则却在实践中得到贯彻。早在1548年，即上面说的那个委员会尚未完成其报告之时，这一新的原则已在著名的诺桑普顿勋爵案中有所体现。当时，议会通过一项法案，宣布该勋爵的第二次婚姻为有效婚姻。在伊丽莎白时期，这一裁决似乎一直被认为是合情合理的，但是到了1602年，法庭在福尔贾姆案中裁定，判决分居之后的再婚是无效的。杰弗里森曾说过，在教会的旧法恢复之后，“我们的先人曾在空前苛刻和狭隘的婚姻法治理下，生活了数代之久。合法婚姻的退路均被关闭了，只留下一个例外，这就是死亡。宗教改革在冲破婚姻的人为障碍的同时，也以一些虚构的理由打破了解
337 除婚姻的机制。从此以后，即使一个人发誓说自己是妻子的远亲，或是说自己年轻时曾爱过妻子的妹妹，或者说自己婚前曾是妻子某一宗教近亲的教父，他也不能从婚姻束缚中脱身。”①

17世纪后期，英国兴起一种新的做法，使得离婚法的苛刻性略有减缓。当时，仅凭司法当局的裁决仍不能对有效婚姻予以解除，但议会的专门法案则可使之解除。不过，议会批准的离婚只给予因通奸案而要求离婚的人：一种是给做丈夫的，其自身行为无过，且在此之前已获准实行“食宿分居”；另一种是给做妻子的，但此种情况只限于重大案情，诸如丈夫与女方亲属发生乱伦性质的通奸。而且，这种由议会批准的离婚只是有钱人才能得到的。得

① Jeaffreson, *Brides and Bridals*, ii. 339.

到这种离婚需支付三笔钱,即法律诉讼费、教会裁决费和立法程序费,有时要花费数千英镑。事实上,直至1857年(包括这一年在内),议会通过的离婚提案只有317件;而直至1801年,也就是说,在议会批准离婚这一做法已实施130年之后,才有第一位已婚妇女以这种方式获准离婚。

在1857年的民事离婚法中,婚姻不可解除这一法律原则终被废弃。不过,这是在克服重重阻力之后才获得的。当时,为行使这一司法权,特别成立了一个新的法庭,即“离婚与婚姻诉讼法庭”。原来由3次审理所构成的既费时又费钱的程序,现已由这一法庭所进行的一次性审理所取代。教会法庭在有关婚姻诉讼中的一切权力,以及授予离婚权的权力,都被赋予这个法庭。不过,这种离 338
婚只能授予两种人:一种是其妻已犯有通奸罪的丈夫;另一种是其丈夫犯有乱伦、重婚、强奸、鸡奸、兽奸等罪,或是犯有虐待或无端遗弃妻子两年以上罪行的妻子。这里,“虐待”被界定为“对人的生命、肢体或身心健康产生危险,或使人们对这种危险产生合理恐惧的行为”。[①] 自从1873年的法院组织法实施以来,原来转给“离婚与婚姻诉讼法庭”的婚姻事务司法权又被转给高等法院所属的遗嘱认证及离婚法庭,但准予离婚的依据仍保留下来,未做任何改变。1857年的婚姻诉讼法并未扩及爱尔兰。在那里,完全性的离婚仍旧只能通过议会法案才能获得。在苏格兰,早在同罗马教会断绝关系后不久,法庭即已开始准许人们离婚。至于准许离婚的依据,在1573年的一项法令中,除了保留夫妻一方有通奸行为

① Earl of Halsbury, *Laws of England*, xvi. 473 *sq.*

这一条之外，又增加了遗弃一条。

在欧洲大陆，18 世纪兴起的个人自由及天赋人权等哲学新观念，也为离婚立法的更加开明化带来了新的推动力。如果说婚姻是经男女双方同意而达成的一种契约，那么，只要双方愿意废止这一契约，婚姻也就应当是可以解除的。在普鲁士，1749 年的《弗里德里希民法草案》(*Project des Corporis Juris Fridericiani*)规定，“基于理性和国家宪法”，已婚男女经双方同意之后，即可要求解除其婚姻。不过，离婚的过程是很缓慢的。首先，法庭要尽力劝解提出离婚的双方和好，必要的话，还要请牧师对他们进行适当的
339 劝诫。如果这些步骤均告无效的话，则会让他们分居一年。但是，一年过后，如果他们还坚持离婚的请求，而且他们之间已不存在和好的希望，那么，其婚姻即可予以解除。[①] 这一《草案》终未成为法律。但实际上，只要夫妻双方共同提出离婚，弗里德里希二世出于国君之仁慈，总是会予以批准的。普鲁士 1794 年的《国法》(*Landrecht*)规定，只要夫妻双方同意离婚，而且他们又没有孩子，其离婚要求亦无轻率、仓促或强制之嫌疑，即可准予其离婚。如果法官在办案过程中发现夫妻间存在深刻而强烈的厌恶，已无和好的希望，因而这桩婚姻已不能完成其目的，那么，他也有权解除这一婚姻。这一法典中还包含了可判决离婚的其他很多依据，诸如可导致通奸推定的不正常的亲密关系，对婚姻生活的顽固拒绝，不能履行婚姻之责(即使是在婚后才出现这种情况)，使人产生反感和恐惧的其他一些不可治愈的身体缺陷，一年之内无望治愈的精

① *Project des Corporis Juris Fridericiani*, i. 2, 3. I. 35, p. 56.

神错乱,夫妻一方对另一方的谋害企图或对另一方的名誉和人身自由的粗暴的、非法的损害,脾气不合,经常吵架,以至对生命或健康造成威胁,夫妻一方犯有可耻的罪行并已被监禁,夫妻一方诬陷另一方犯有此类罪行,以及改变宗教。

在法国,新思想导致了 1792 年 9 月 20 日离婚法的产生。在此以前,法国实行的是罗马的教会法,不准许解除婚姻关系,而只准许实行分居。这部新的法律在序言中指出,婚姻仅仅是一种民事契约,它还指出:夫妻得以顺利离婚,乃是个人自由权的自然结 340
果;如果婚约一经订立即不得解除的话,人们就会失去其个人自由权。新法规定,只要夫妻双方都愿意,甚至只要其中一方以脾气不合为由提出要求,即可准予离婚。办理离婚只需要很短一段时间,不过也还需要面对家庭会议的调解。提出离婚,还可依据以下一些理由,如:精神失常,受到人身或名誉的处罚,遗弃配偶至少两年时间,离家外出且无音信至少 5 年时间,以及违法移居国外。在引进离婚制度之后,分居制度就被废除了。人们期待在离婚问题上的这一改革能带来很多的好处。有人说,之所以要建立离婚制度,正是为了将"宝贵的安宁和温馨的情感"保留在婚姻之中。[1] 婚姻不再是一种枷锁,而是"公民应对祖国履行的一种职责。……离婚是婚姻的守护神,……夫妻间得以自由地分手,只是意味着夫妻关系更为协调。"[2]新法一出,当然颇受人们的欢迎。在新法实行后的第 6 年,巴黎地区的离婚数量即已超过结婚数量。

① Taine, *Les origines de la France contemporaine*, iii. 102.

② Mortimer-Ternaux, *Histoire de la Terreur* 1792—1794, iv. 408.

又过了6年，即在1804年，1792年的离婚法即为拿破仑的《法兰西民法典》中的新条款所替代。离婚又变得困难了。光是脾气秉性的不合，已不再被认可为离婚的一项理由。如果夫妻双方都同意的话，其婚姻还是可以解除的，但必须符合一定的条件，如：男方必须年满25岁，女方必须年满21岁；双方结婚时间须在两年
341 以上，20年以下，且妻子的年龄不得超过45岁；必须得到双方父母或其他长辈亲属的同意；夫妻双方坚决要求离婚，则必须充分证明“他们的共同生活对双方来说都已不堪忍受，而且他们之间有绝对的理由要离婚。”[①]妻子如果对丈夫不忠，丈夫即可获准离婚；而如果丈夫对妻子不忠，则只有“当他把其情妇带回家来共同居住时”，妻子才能获准离婚。[②] 判决离婚的其他依据还有：暴行（洛克尔将其界定为“所有可危及人的生命的一切行为、凶杀企图、露骨的伤害”[③]）、虐待（“性质较轻、虽不致危及生命、但使人无法忍受的折磨”[④]）或严重侮辱（“损害对方荣誉或名声的行为、文字或言辞”[⑤]），以及受到名誉扫地的惩罚等等。分居制度重被采用。这种分居也是依照离婚的条件而获得的，只是不能经由双方同意而获准。实施分居已满3年之后，被告一方可提出离婚，除非分居的原因在于女方与人通奸。在1816年的复辟活动中，法国废除了离婚制度。但是，1884年的法律再次颁布了离婚的法规，这些法规

① *Code civil des Français*, art. 233.

② *Ibid*. art. 229 *sq*.

③ Locré, quoted by Kelly-Bodington, *French Law of Marriage, Marriage Contracts and Divorce*, p. 122.

④ *Ibid*, p. 122.

⑤ *Ibid*, p. 122.

在后来的法律中又有所简化。拿破仑法典中的离婚法再次被采用，但做了一些重要的修订。协议离婚被取消了。只要丈夫与人通奸，妻子在任何情况下都可获准离婚。而比利时的法典则没有进行此类修订。

在19世纪，离婚在一些罗马天主教国家也取得了合法的地 342
位。即使是天主教徒之间的婚姻，也可以解除。在德国，自个人地位法于1876年生效后，获准离婚的可能性便具有了普遍的意义。而在此之前，巴伐利亚只承认分居制度，符腾堡和萨克森则是实行一地两法：天主教徒用一个法，新教徒用一个法。匈牙利从前也是这种情况，奥地利现在仍是这样。在这种情况下，只有非天主教徒才能获准离婚。而根据1894年的一项法律，匈牙利已赋予其所有公民以离婚权。就在同一年，危地马拉和萨尔瓦多也引入了离婚制度。哥斯达黎加更是在早几年已这样做了。在美国的各州中，只有南卡罗来纳一州不准离婚。其实，该州信奉罗马天主教的居民比其他各州都少，因此这一情况也就更显突出。在当代世界上的新教社会中，不准离婚的，只有南卡罗来纳一地。

前面，我们考察了离婚的历史。现在，让我们对欧美各国现行 343
法律中允许离婚的主要依据，做一个简短的考察。不过，由于有关离婚的立法变动很大，因此，尽管我们这里谈的情况都取自我所能够得到的最新资料，但几年下来，有些情况也可能已经过时了。

离婚的最普遍依据，就是夫妻中的一方对于另一方的各种形式的冒犯。被冒犯的一方有权提出离婚。在这方面，夫妻双方一般都处于平等地位，但也有某些例外情况。在各国的法律中，妻子一方的任何通奸行为都足以构成解除婚姻的理由；而在有些国家，丈夫一方的通奸行为则只有在某些情况下，才赋予妻子以提出离婚的权利。我们在前面已谈到过英国和比利时在这方面的法律，后者的法律即保留了拿破仑法典中的这一规定。不过，在比利时，丈夫方面的通奸行为，只要引起公众的义愤，事实上即被视为一种“严重侮辱”，妻子可以据此提出离婚。在维多利亚，如果做丈夫的在家与人通奸，或屡次与人通奸，或情节恶劣，则其妻子可获准离婚。在美国的某些州，妻子一方在提出离婚时，必须提供其丈夫与人姘居的证据。在得克萨斯州，“妻子一方被捉奸后”，丈夫即可获准与之解除婚姻，而“丈夫一方抛弃妻子并与另一女人姘居后”，妻子才获准与丈夫离婚。[①] 在肯塔基州，丈夫只有在与人姘居6个月后，妻子才能获准与之离婚；而在妻子方面，则不仅是通奸行为，而且即便“她有某些被认为不道德的调情行为，那么，无须提供通奸行为的实际证据”，做丈夫的即可与之离婚。[②] 在路易斯安那
344 州，丈夫须有公开姘居或在家中纳妾的行为，妻子才能与之离婚。在希腊，查士丁尼法律中所确立的离婚依据仍然有效，只是做了某些修订。在那里，如果丈夫不顾亲属的多次警告，仍在家中或在城里另一处所与人通奸，或同有夫之妇通奸，其婚姻即可解除。在有些国家的法律中，重婚或鸡奸也被作为离婚的一项依据特别提出。在塞尔维亚，不仅发生查有实据的通奸行为可判离婚，而且，如果妻子未经丈夫同意而与别的男人去了浴场、酒店或其他可疑之处，

---

① Bishop, *New Commentaries on Marriage, Divorce, and Separation*, i. 623.

② *Reports on the Laws on Marriage and Divorce*, ii. 157. Bishop, *op. cit.* i. 623.

或是夜不归宿，如果丈夫将陌生女人带回家来或养在别处，其婚姻也可予以解除。如果丈夫控告妻子有不贞行为但又不能证明这一指控，或使无辜的、善良的妻子名誉扫地，妻子也可以有充足的理由提出离婚。

在有些法律中，特别是在新教的法律中，常见的离婚依据还有
遗弃行为，或称“蓄意”遗弃或“没有正当理由”的遗弃。在德国，以
及在奥地利的非天主教徒中，“遗弃”期限至少要有 1 年；在瑞士、
瑞典和挪威，要两年；在丹麦、葡萄牙、维多利亚和新南威尔士，要
3 年；在苏格兰，要 4 年；在荷兰和新西兰，要 5 年；在塞尔维亚，根 345
据教会法，则要 7 年。在美国，如果夫妻中的一方遗弃另一方而没
有正当的理由，各州的法院都会准予“离婚”。这种“离婚”通常都
是“绝对”的，但有时则是“食宿分居”式的，有时则是由法院自己在
这二者中选择其一。至于“遗弃”的期限，在 15 个州中是 1 年，在
11 个州中是两年，在 12 个州中是 3 年，在 3 个州中是 5 年，而在
亚利桑那州则只有 6 个月。在有些国家，只有在法院让遗弃者收
回成命而未被理睬时，离婚才被获准。值得注意的是，在诸如法
国、比利时和罗马尼亚这样一些国家，尽管法律并没有明确地把遗
弃作为离婚的一项依据，但遗弃却可被视为一种“严重侮辱”，而据 346
此也是可以判定离婚的。在俄国的法典中，出走 5 年被作为判定
离婚的一项依据。葡萄牙 1910 年的法律规定，弃家出走 4 年以
上，且出走者不给家中捎去任何有关自己的音讯，即构成离婚的合
法理由。瑞典 1915 年的法律是以离家出走 3 年且无音信作为判
决离婚的依据。

很多国家的法律都规定，如夫妻中的一方企图谋害另一方的

性命，则另一方有权获准离婚。丹麦的法律规定，危及生命的严重伤害可构成解除婚姻的一项理由。在其他一些国家的法律中，这类依据则是包括在一些较大的名目之下。在允许离婚的大多数国家中，虐待行为均是离婚的一项充足理由。拿破仑法典中有关暴行、虐待或严重侮辱的条款，至今仍保留在法国和比利时的民法典中，而且还写进了罗马尼亚的法律之中。我们在前面曾谈到过有人对这些术语的界定。关于严重侮辱，在这里需要补充一点，即这
347 种冒犯行为不一定是公开性的，即便是夫妻一方在给另一方的书信中进行侮辱，也可以构成离婚的依据。法院认为自己有权决定对这一术语的解释。严重侮辱可包括随意或蓄意拒绝完成婚姻行为，传播性病，拒不履行结婚的宗教仪式，以及酗酒成性。在德国，“严重虐待”只是离婚的一条“相关”依据，也就是说，究竟是否应当准予离婚，要视具体情况，由法庭决定。这种冒犯行为被认为是严重违背法律义务的行为。法律规定，如有严重违背婚姻义务的行为或不名誉、不道德的行为，使婚姻关系受到损害，并使无辜一方感到婚姻关系实难维系，则这些行为可被作为离婚的相关依据予以提出。在这方面，瑞士的法律所用的词是虐待和严重侮辱，奥地利法律用的是经常性的严重虐待行为，匈牙利法律用的是危及身体的虐待行为，挪威法律用的是对配偶身体的伤害以及其他有损身体健康的冒犯行为，瑞典法律用的是严重虐待，葡萄牙法律用的是虐待，新南威尔士法律用的是制造严重人身伤害之企图和经常性的人身伤害，维多利亚法律用的是暴力性人身伤害。在美国的
348 绝大多数州里，法庭可以虐待为依据判决离婚或分居。虐待的必要程度被定为危及生命、肢体或健康的实际发生的、经常性的暴力

行为，或是对这种危险的合理觉察。不过，有些地方(如佛罗里达)的司法机构在此基础上又加了几条，诸如：对人的尊严的无法容忍的侵犯，当众诬陷配偶有通奸行为，习惯性的仇视行为，以及暴烈的脾气秉性。

离婚还有一个极为常见的因由，就是夫妻中的一方因犯罪而受到处罚。法国现行的法律所提的是人身处罚和名誉处罚，也就是说，既包括对人身的囚禁，也包括对名誉的羞辱。而比利时法律则保留了拿破仑法典中的规定，将处罚只限为对名誉的羞辱。不过，这一提法在刑法中已被“犯罪”一词所替代。俄国的法律规定，若受到剥夺公民权或流放西伯利亚的处罚，即可构成离婚的理由。瑞典法律规定的是 3 年苦役的刑罚，不过法院也有权将 6 个月以上的苦役定为离婚的依据。挪威法律规定的是 3 年的监禁，荷兰

法律规定的是 4 年的监禁，奥地利和匈牙利的法律定的是 5 年监 349
禁，丹麦法律定的是 7 年苦役的刑罚，塞尔维亚法律定的是 7 年以 1283
上的监禁或苦役。在美国的大部分州里，如夫妻中的一方犯有重罪，被判终身监禁或多年徒刑，或负罪潜逃，则法庭即会准许这对夫妻离婚。葡萄牙法律规定，犯有谋杀、强奸、抢劫等罪或做出有违道德的逆行，则构成离婚的依据。瑞士法律定的是可耻罪恶或可耻行为。德国的法律在这方面没有用“处罚”或“犯罪”的字样，但正如我们在前面所谈到的那样，它是将可耻行为或不道德行为都定为离婚的“相关”依据。

有些国家的法律还将其他一些冒犯行为也定为离婚的理由。在美国的 49 个辖区中，有 22 个辖区规定，丈夫如有养活妻子的能力但却在一定的时间内拒不抚养妻子，则可判其离婚；有 38 个辖

区规定，夫妻中有一方长期酗酒且确有证据，则可判其离婚，但其
350 对“长期”的界定则有所不同。在瑞典，也有因酗酒而被判离婚的极端案例。在维多利亚、新南威尔士和新西兰，丈夫如长期酗酒、虐待妻子或不抚养妻子而离家出走，或者说，做妻子的如不尽其家庭职责，则会被作为离婚的依据。在得克萨斯，如果丈夫整日在外游荡，不务正业，则妻子可获准离婚。在北卡罗来纳，如果妻子有12个月拒绝同丈夫过性生活，且又没有充分的理由，则做丈夫的可获准离婚。在德国的帝国法典颁布之前，德国很多地方的法律都把拒绝过性生活作为离婚的一项依据；而在帝国法典中，这一条虽然没有被专门提到，但据认为也包括在离婚的“相关”依据之中。在英格兰，如果妻子执意拒绝丈夫的拥抱，那么，仅凭这一条，还不能成为解除婚姻的依据；但是，如果妻子拒绝接受调查的话，法庭就会认定她有性功能障碍，当然法庭也反对丈夫在此事上过分强迫的做法。同样，如果丈夫婚后拒不圆房，法庭也会认定这种态度是出于其性功能障碍，并会据此而解除其婚姻。葡萄牙的法律特别将嗜赌成性作为解除婚姻的一项依据。在挪威，如果夫妻中的一方对子女有虐待行为或该受惩罚的行为，另一方则可获准离婚。匈牙利的提法是，教唆子女从事不道德的或犯罪的行为。新西兰的提法是，夫妻一方谋害或企图谋害子女。

351 此外，还有一些情况也被认可为离婚的依据。这些情况可能涉及夫妻一方的某种不是，也可能并不涉及谁的不是，但无论如何，却使婚姻成为另一方的一个负担。挪威、丹麦、芬兰和俄国的法律都特别提到，如果夫妻中的一方在结婚时或结婚后存在性功能障碍，而另一方却不知情，此情况则构成离婚的依据。在英格

兰,这一情况很早以来就是宣布婚姻无效的一条理由。在美国,遇到身体功能障碍且无法治愈的情况,而且原告方对被告方的这一情况又不知情的话,法院一般都会准予离婚。还有一些与此类似的情况,也被定为离婚的依据。在这方面,挪威定的是癫痫、麻风病和性病。丹麦定的是已由一方传染给另一方的麻风病。芬兰定的是"不可治愈的传染病"。瑞典定的是使婚姻另一方受到威胁的性传染病。葡萄牙的法律提的是不可治愈的传染病或任何致使性心理失常的疾病。在美国的肯塔基州,如婚姻的一方患有令人生厌的疾病,则无论是结婚时有所隐瞒,还是结婚后才染上此疾,其婚姻都可被解除。在挪威和丹麦,如果婚姻中的一方在结婚时或结婚前患有精神病,而对方则不知情,那么,其婚姻也可被解除。在挪威、瑞典、德国、瑞士和葡萄牙,如果婚姻中的一方患精神病 352
3年后,被宣告此病不可治愈或治愈希望不大,则另一方可获准离婚。而在美国的犹他州,则要等到5年之后仍无望治愈,才能离婚。

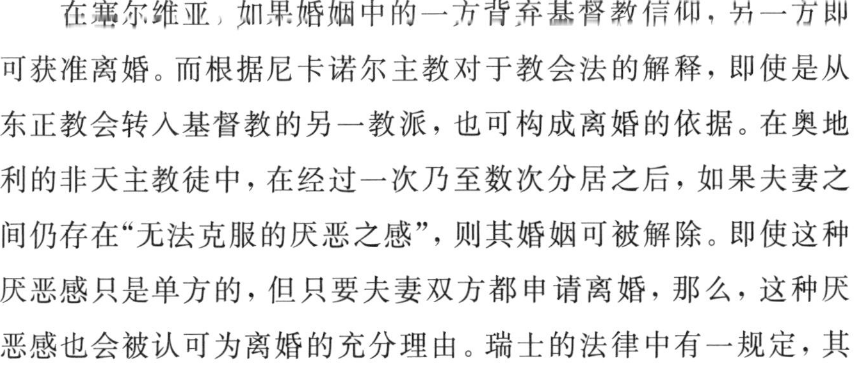

在塞尔维亚,如果婚姻中的一方背弃基督教信仰,另一方即可获准离婚。而根据尼卡诺尔主教对于教会法的解释,即使是从东正教会转入基督教的另一教派,也可构成离婚的依据。在奥地利的非天主教徒中,在经过一次乃至数次分居之后,如果夫妻之间仍存在"无法克服的厌恶之感",则其婚姻可被解除。即使这种厌恶感只是单方的,但只要夫妻双方都申请离婚,那么,这种厌恶感也会被认可为离婚的充分理由。瑞士的法律中有一规定,其大意是说,如有某些情况严重影响婚姻关系的维系,那么,即使没有任何特定的离婚理由,婚姻关系也可以得到解除。在美国的

353 艾奥瓦州，法庭如认为一对夫妻已无可能和谐幸福地生活在一起，就会准许其离婚。在华盛顿州，法庭有很大权限，可酌情准予人们离婚。

我们在前面已经谈到，经由双方同意的离婚在历史上曾有过几次反复：在罗马帝国时期，即使在基督教传入后，这种离婚也还是被允许的，但宗教改革派却对此不予认可；而后，这种离婚方式作为一种法律实践被再度引入到法国1792年的法律中和普鲁士1794年的法典中，虽然后者对此附加了一些重要限制。但是，到19世纪初，又出现了回潮。现在，只有为数很少的几个国家，在法律上承认协议离婚，在协议离婚之前先有过法律判决的分居除外。在比利时和罗马尼亚，虽然可以实行协议离婚，但这种离婚方式仍受到旧时的拿破仑法典所设的种种限制，因此实际上是很少见到的。据说，在罗马尼亚，每100例离婚中，只有一例是协议离婚。在奥地利，只有犹太人可以实行协议离婚，其他公民则不可以。在葡萄牙，一对夫妻在经由相互同意而实行事实上的分居之后10年，才会获准离婚。在美国的威斯康星州以及其他一两个州中，有这样一条规定：夫妻自愿实行分居后5年，法庭可解除其婚姻关系。对于这条规定的解释是“其分居必须是经由相互同意的”。[1]在挪威和危地马拉，一对夫妻在依照分居判决实行分居1年之后，经共同申请，其婚姻可被解除，而分居判决亦需双方同意方可获得。
354 瑞典、希腊、哥斯达黎加等国的法律也允许实行协议离婚。应夫妻一方的申请所实现的判决分居，也可转为离婚。其间隔，在哥

① Bishop, *New Commentaries on Marriage, Divorce, and Separation*, i. 752.

斯达黎加和希腊为两年，如同在挪威一样；而在瑞典则为1年。在俄国新颁布的《苏维埃婚姻家庭法》中，离婚则无需此类手续。事实上，这部法律比法国1792年的那部法律走得更远。它只是简单地规定："离婚的依据，既可以是夫妻双方的协议，也可以是其中一方的意愿。"解除婚姻的要求，可以是书面的，也可以是口头的，只是在后一种情况下，这一要求还必须再转为书面形式。[①] 离婚的要求将由地方法官裁定。这一裁定过程是公开进行的，无须陪审推事参加。没有迹象表明，申请离婚者必须陈述其提出离婚的依据。

在各国的法律中，凡是准许离婚的，大多也准许实行判决分居。这种分居既有终生的，也有一定限期的，还有无限期的。判决分居含有这样一层意思：任何一方只有在对方去世之后，或通过离
婚手续解除婚姻之后，方可再婚。在法国，判决分居曾被1792年 1287
的法律所废除，又为拿破仑法典所恢复。1816年禁止离婚后，判决分居自然保留下来。自1884年以来，判决分居一直与离婚并行。在德国，1875年的个人地位法宣布禁止判决分居，而且对新教徒和天主教徒都一视同仁。在这之前，普鲁士也是禁止实行判决分居的。不过，在罗马天主教一方的压力下，1896年通过、1900年生效的法律采行了一种与判决分居极为相似的制度，叫做"解除
夫妻间的同居关系"。在瑞士，由于反天主教势力的影响，判决分 355
居制度于1874年被废除，但1910年的法律再度允许实行判决分

① *Soviet Law of Marriage and the Family*, § 87 *sq.* (in *Comtemporary Review*, cxvii. 574).

居。在比利时、荷兰、英格兰、苏格兰、斯堪的纳维亚国家、匈牙利、希腊和葡萄牙，在美国的24个州中，以及在允许离婚的所有中美洲国家，离婚制度与判决分居制度是并存的。奥地利的法律对非天主教徒既判予离婚，也判予分居，但对天主教徒则只判予分居。俄国的法律对于东正教会的成员，只判予离婚，不判予分居。在塞尔维亚、门的内哥罗、罗马尼亚和美国的很多州中，只有离婚制度。但在塞尔维亚，有过错的一方离婚后是不能再婚的。如果双方都有过错，则双方都不得再婚。

1288

在同时实行离婚和判决分居这两种制度的某些国家中，人们并非总是可以任选其一，因为离婚的依据与分居的依据是有所不同的。例如，在比利时，经由双方同意的离婚虽然不是一件易事，但还是允许的，而经由双方同意的分居则是被禁止的。在荷兰，情况刚好相反：协议离婚是被禁止的，而协议分居则是被允许的。在英格兰，夫妻中的一方可以通奸、虐待或无故遭遗弃达两年以上为
356 由，请求判决分居。在苏格兰，请求判决分居的依据则只是通奸或虐待。在挪威，夫妻双方经调解后，如果仍坚持分居，其要求则可被准予。此外，在下列情况下，还可依夫妻一方的要求，判以分居：另一方未履行抚养义务或婚姻中的其他义务，酗酒，生活糜烂，已被剥夺公民权，或夫妻双方严重不和，无法继续在一起生活。1915年的瑞典法律中，也包含有与此非常类似的一些条款，但是对于单方面提出的分居要求，则允许法庭视具体情况予以拒绝。另一方面，在德国的法律制度下，凭借不足以构成离婚理由的依据，也不能得到判决分居；而夫妻中凡是有权申请分居的一方，也都可以申请判决离婚。这样看来，分居之用意，并不尽如英格兰的法律所体

现的那样，是对较小的过错所做的一种较轻的处理，而是作为离婚之外的另一种选择，以使起诉人在不完全断绝婚姻关系的情况下，获得完全的解脱。法国、瑞士、葡萄牙、匈牙利、希腊以及美国的很多州，也采行了这样的制度，同时也都开了这样一个口子：已实行分居者，即有理由要求离婚。

判决分居往往都可以转为离婚。在兼有离婚制度和分居制度的大多数国家中，离婚都被视为正常的补救方式，而分居制度则是立法者们勉强做出的一种安排。凡是在以同样的理由既可以得到 357
离婚也可以得到分居的地方，都没有理由不让分居转为离婚。比利时法律也同拿破仑法典一样，允许被告方在分居 3 年之后申请离婚，除非分居的原因是妻子一方与人通奸。根据法国的现行法律，不论分居的原因何在，分居 3 年后，夫妻中的任何一方在任何情况下均可申请离婚。在有些国家中，判决分居在执行两年或一年后即可应任何一方的申请转为离婚。至于在德国，则是在分居后任何时间都可申请离婚。在挪威，夫妻在连续分居 3 年之后可获准离婚，即使他们当初并不曾得到分居的判决。瑞典也有类似的法律规定。不过，如果夫妻中只有一方希望解除婚姻的话，此事则要由法庭全权决定。

在目前仍旧禁止离婚的罗马天主教国家中，实行判决分居所依据的因由同其他国家准许离婚的因由相比，虽然往往要多一些，但大体上是十分相似的。判决分居的主要因由是通奸，但根据有些国家的法律，丈夫与人通奸并不是在任何情况下都可构成分居的充足理由。在意大利，只有当丈夫在家蓄妾或在其他什么地方“公开”蓄妾时，或通奸情节已构成对妻子的严重侮辱时，做妻子的

358 才能同其不忠的丈夫分居。在西班牙,只有当丈夫的通奸之事已经引起公众愤慨而且他又已经将妻子完全遗弃时,或是当他在家中又收留另一个女人时,妻子才能获准分居。在墨西哥,只有当丈夫在家与人通奸,连续发生不正当的性关系,其行为已引起公众愤慨,对妻子进行了侮辱,或是其同谋者以粗暴的言行对待这家的妻子时,妻子才能获准分居。葡萄牙是在1910年通过法律引进离婚制度的。在此之前,丈夫与人通奸本身,还不足以构成夫妻分居的理由,要分居还要有以下条件:已引起公众愤慨,兼有对妻子的完全遗弃,或是在家中收养情妇。在意大利、奥地利、墨西哥以及某些南美国家的法律中,遗弃也被定为分居的一个依据。在这些国家,以及在西班牙和原来的葡萄牙,分居的依据还有严重虐待或侮辱。夫妻一方已被判处刑罚是判决分居的另一个依据。在意大
359 利,如果做丈夫的不修理自家的住宅,或者说,不以与自己财力相符的方式修理自家的住宅,妻子就可以申请法庭判决离婚。在西班牙,如果丈夫逼迫妻子改变宗教信仰,或是想让妻子去卖淫,妻子则可要求分居。此外,如果夫妻中的一方极力放纵或默许儿子做坏事、女儿去卖淫,法庭也会判其分居。同样,在墨西哥和一些南美国家的法律中,试图让妻女卖淫或放纵儿子做坏事,也被认作判处夫妻分居的依据。在这些国家里,有的还把夫妻一方唆使另一方犯罪、嗜赌或酗酒,也定为判处分居的依据。意大利和奥地利的法律均允许协议分居,而墨西哥和巴西则是规定在结婚两年以后,才可以实行协议分居。

360 在西方文明诸国,以及在世界其他一些地方,婚姻的解除将会导致一定的经济后果。M. 罗甘曾经说过:“根据大多数国家的法

律，夫妻在离婚之后，亦即婚姻关系终止之后，要遵循婚姻制度中的有关规定，即依照法律规定或一般习惯，对其财产进行分割。”[①]在德国，丈夫对于妻子的非特有财产，是拥有管理权和使用权的。但是，如果婚姻解体，则无论夫妻谁对谁错，丈夫都会失去这一权利。不过，无辜一方可要求有过一方归还婚姻期间以及婚姻筹备期间所送的全部礼物。在法国，夫妻被判离婚后，有过失的一方即会失去其根据婚约或在婚后生活中从对方得到的一切利益；而要求离婚的一方则可保留所有这些利益，虽然这些利益按原规定是属于双方的，而且事实上也不曾分过。在英格兰，如果法庭是依据妻子一方与人通奸的事实而宣判某对夫妻离婚或分居的，而妻子 361
又有一定的财产，那么，无论这财产是她个人所有的还是得自于他人的，法庭都会为了无辜一方以及其共同子女的利益，对这些财产进行分割处理。

根据各国有关离婚的现代法律，夫妻中有过失的一方似乎都要为无辜的一方提供一笔抚养费，至少在某些情况下是这样。在英格兰，法庭在做出一项离婚裁决时，会根据女方的经济状况、男方的经济能力以及双方的所作所为，让丈夫给妻子提供一笔钱，或是一次性付给，或是在妻子有生之年逐年支付。至于无辜的妻子可以从夫妻的共同财产中得到多大的份额，并没有一定的规定。不过，通常的做法是分得 1/3 的财产。至于妻子一方犯有通奸罪，虽没有规定不让她申领抚养费，但实际上是不会允许她这样做的；不过，如果她确实无力养活自己，又没有人可依靠，那么，法庭就可

① Roguin, *Traité de droit civil comparé. Le mariage*. p. 358.

能会要求丈夫给她提供一小笔抚养费，以免她饿死街头。根据法国的法律，如果无辜一方没有经济来源或者说经济来源不足以维持生计，那么，有过失的一方就要付给其一笔抚养费，其数额不超过其总收入的 1/3。不过，一旦不再有此必要时，这笔抚养费还可以追回。在德国，一对夫妻被判离婚或分居之后，如果过失被判定完全在丈夫一方，妻子又无法维持生计，丈夫必须给妻子提供一笔与妻子生活状况相适应的抚养费；而如果过失被判定完全在妻子一方，而丈夫又无力养活自己的话，她也必须给丈夫提供一笔与丈
362 夫生活状况相符的抚养费。不过，在有权得到抚养费的一方再婚之后，另一方便没有义务再给抚养费了。根据奥地利的法律，无辜一方可向有过一方索要抚养费。假如夫妻双方都有过错，则法庭会根据情况，要求男方给女方一笔抚养费。在匈牙利，如果法庭是出于女方的利益而判离婚的，则女方可以得到一笔固定的抚养费；而丈夫则不享有类似的权利。

夫妻双方谁有过谁无过的问题，还会影响到对子女的处置。但一般来说，这方面的决定权主要还掌握在法庭手里。在法国，法庭一般都是将子女的监护权判给胜诉的一方，但有时，法庭为了子女的利益，并根据家属或检察官的请求，也会将所有子女或部分子女的监护权判给另一方或第三方。不过，无论情况如何，离婚夫妻双方必须共同承担子女的抚养和教育费用。根据德国的法律，如果过失被判定完全在夫妻双方中的某人身上，对子女的监护权和照顾则属于无辜的一方；如果双方都被判有过，女方则享有对女儿和不满 6 岁男儿的监护权，6 岁以上的男孩交由男方监护。不过，
363 为了子女的利益，如需要对一般规定做某些修改时，法庭也会做出

不同的判决。夫妻双方抚养子女的义务并不因夫妻离异而改变。如果抚养子女的义务判归丈夫一方，而抚养费又不能由子女们自己的收入来提供，那么，妻子一方也必须从其收入与所得中交出一定份额。在英格兰，法庭在子女处置的问题上拥有很大的决定权。法庭的首要职责是维护子女的利益。在这一原则的基础上，如果法庭认为，将子女的监护权交给其父母中有过失的一方并不会在道德上对子女造成损害，那么法庭也会将监护权授予有过失的丈夫，甚至还可能授予有过失的妻子。不过，这后一种情况是极为罕见的。很长时间以来，法庭一直认为，子女长到 16 岁之后，法庭对他们的处置就没有裁决权了。但是，上诉法院在 1894 年提出，在子女年满 21 岁之前，离婚法庭都可就其监护、抚养和教育问题做出裁决。在奥地利和匈牙利，法庭鼓励离婚夫妇就子女的监护权一事，心平气和地达成协议。如果达不成这样的协议，奥地利规定：男孩在 4 岁以前，女孩在 7 岁以前，交由母亲照管，在这之后交由父亲照管，即使应对离婚负责的是父亲一方；匈牙利则规定：所有子女在 7 岁之前交由母亲照管，而在此之后则交由父母中无辜的一方照管。在匈牙利，如果离婚的双方都被判为有过，那么，男孩交由其父监护，女孩交由其母监护。不过，即使父母之间已就子女的处置达成协议，法庭出于子女的利益，也可以把他们交给第三者照管。在判决分居的案例中，有关子女监护权的规定也与离婚案例中所执行的有关原则十分相似。根据意大利的法律，法庭可决定将子女留给父母中的哪一方；而在西班牙，364
子女则被交由父母中无辜的一方来监护，而且，法庭似乎也无权做出其他的裁决。

现在,我们从法律转谈离婚的实际情况。我们看到,西方各国在离婚率上的差异是很大的。在欧洲各国中,以瑞士的离婚率为最高,而美国的离婚率又比欧洲的任何一个国家都高,其离婚数可能超过欧洲各国离婚数的总和。近年来,在有离婚统计的国家中,其离婚率差不多都在逐步上升。在瑞士,1886—1891 年间,每 10 万对夫妇中有 188 对离婚,而在 1906—1915 年间,这一数字则上升为 242 对;在丹麦,1896—1905 年间有 96 对,1906—1915 年间则上升为 153 对;在匈牙利,1876—1885 年间有 32 对,1906—1915 年间达到 152 对;在德国,1886—1895 年间有 80 对,1907—1914 年间达到 133 对;在法国,1886—1895 年间为 69 对,1908—1913 年间达到 115 对;在荷兰,1875—1884 年间为 25 对,1905—1914 年间达到 91 对;在比利时,1876—1885 年间为 21 对,1909—1912 年间上升为 80 对;在瑞典,1876—1885 年间为 28 对,1908—1913 年间上升为 68 对;在挪威,1887—1894 年间为 20 对,1906—1915 年间上升为 61 对;在芬兰,1876—1885 年间为 13 对,1906—1915 年间上升为 44 对;在卢森堡,1896—1905 年间为 21 对,1909—1912 年间上升为 41 对;在苏格兰,1876—1885 年间为 13 对,1906—1915 年间上升为 31 对;在英格兰和威尔士,1876—1885 年间为 7 对,1907—1914 年间上升为 10 对;在奥地利,1886—1895 年间为 3 对,1909—1912 年间上升为 8 对;在爱尔兰,1876—1885 年间为 0.01 对,1896—1905 年间上升为 0.17 对。根据现有的统计资料,在欧洲各国中,离婚率维持不变的只有塞尔维亚一国。在 1887—1894 年间和 1896—1905 年间,塞尔维亚每 10 万对夫妇中的离婚数都是 65 对。在美国,1896—1905 年间,每 10

万对夫妇中的离婚数是406对,而1906—1915年间则上升为626对。下面的一组数字反映的是1906—1915年间每10万例婚姻中的离婚率超过1 000例的各州及其具体数字,括号内的则是
1896—1905年间的数字:内华达,4 016(725);蒙大拿,2 141 365
(996);亚利桑那,1 606(745);俄勒冈,1 578(799);华盛顿,1 547(1 145);爱达荷,1 296(755);阿肯色,1 280(810);得克萨斯,1 189(77);加利福尼亚,1 167(519);俄克拉荷马,1 155(753);怀俄明,1 123(742)。1906—1915年间离婚率最低的是:哥伦比亚特区(72,1896—1905年间为279),北卡罗来纳(174;161),纽约(180;120),新泽西(227;121),佐治亚(295;159),宾夕法尼亚(328;198),西弗吉尼亚(342;385),马萨诸塞(359;262),威斯康星(391;358)。与一般情况相反,在科罗拉多州、哥伦比亚特区、南北达科他州,缅因州和西弗吉尼亚州,离婚率则呈下降趋势。无论是在欧洲还是在美洲,城市的离婚率相对来讲都要高于乡村。威尔科克斯博士在谈到美国的情况时曾经指出,就95%的离婚案件来看,各州大城市的离婚率都比该州其他各县要高

婚姻维系期的长短是由习俗和法律调节的,而婚姻维系期的长短以及与此有关的习俗和法律又是由各种不同的环境因素决定的。因此,我们对前面谈到的情况所做的解释,必将是很不完全的。我所做的只能是,就影响两性结合期长短的各种因素,以及就阻止或控制两性离异的有关规定,做一些概括性的考察。

我们已经知道,婚姻就其本质而言,是一种比单纯的生殖行为更为持久的关系。这种关系似乎是以一种原生习性为基础的。我

们有理由相信，即使在原始时代，一男一女或一男数女在其后代出生之后，也习惯于继续呆在一起。这样做是出于一种通过自然选择而获得的本能，因为幼儿需要得到父母的共同照顾。在具有这
366 种习性的其他一些物种中，雌雄两性结合在一起的时间有长有短，相差甚大。在很多鸟类中，这种结合期可持续终生；而在哺乳类动物中，雌雄两性呆在一起的时间很少有超过一年的。在类人猿中，现已发现一些包含若干年龄不等的幼猿在内的家庭群体。当然，我们不能断定，这些群体中的幼猿是否都是同一个父亲的后代。在某些处于最低发展水平的人类种族中，有一种值得注意的现象，即婚姻通常都是终生性的结合。但这并不能证明我们人类最早的祖先也是这种情况。我们可以设想，假如人类最初只在某一季节内做爱，而后则开始终年交配，那么，这就形成一个诱使伴偶呆在一起的新因素，而这一因素肯定会使男女之间的结合出现一种较为持久的倾向。但是，除了这种纯粹的性本能之外，恩爱之情也可以促使一对夫妻长久地呆在一起，即使他们的婚姻已经达到了最初的目的。而随着精神素质对爱情的影响，夫妻之情自然也更趋长久。

父母对子女的感情也可以产生类似的影响，而且其影响力要比养育子女的必要时间更为长久。婚姻不仅是为求得子女而存在，而且还因子女的存在而成为一种持久的结合。在很多低等种族中，子女的降生乃是维系婚姻纽带的最大保证。斯库克拉夫特在谈到北美印第安人时曾说过：“对已婚妇女的最好的保护来自于子女之纽带。子女纽带通过调动人们心中的强烈的自然情感，
367 而呼唤人类最初组织中的那种行为准则，那种最强有力的行为准

则。”[1]子女的存在对婚姻维系期的影响还表现在这样一个事实上：没有子女的夫妻常常会散伙。我们已经看到，在低等种族中，女性不育往往是夫妻离异的一个原因，即使在丈夫遗弃妻子的权利受到限制的地方，也同样如此。在已经达到较高文明水准的很多民族中，也有这种情况。即使在现代文明民族中，人们虽已不把不育视为遗弃妻子的充足理由，但同样也是在没有子女的夫妻中，离婚现象更为常见。威尔科克斯博士认为，可以断言，在美国，没有子女的夫妻发生离婚的可能性为有子女的夫妻的 3 至 4 倍。19 世纪中叶的一项调查显示，法国也有类似的倾向。人们还注意到，在瑞士，虽然没有子女的婚姻只占婚姻总数的 1/5，但离婚总数的 2/5 都发生在无子女的夫妇中。

经济方面的考虑也会使婚姻纽带得到进一步加强。婚姻关系一旦解除，妻子就会失去一个供养自己生活的人，丈夫也会失去一个帮手，甚至是一个苦力。诚然，在有些地方，无论男人还是女人，都可以不大费力地再缔结一次婚姻，因此经济方面的考虑对加强婚姻纽带可能并不怎么重要，甚至还可能成为离婚的一个原因。据说，在达雅克人中，“如果妻子太懒，或者身体虚弱，无力干活的话，丈夫就会无情无义地将其抛弃，再去找一个能吃苦、能干活儿的搭档来。”[2]但是，再找一个搭档并非总是一件容易事，而再结一次婚就会再花一笔钱。据贝尔伦说，在泰穆尔人中，结一次婚要花一大笔钱，欠一大笔债，往往要一个人干整整一辈子才能还清；正

① Schoolcraft, *Indian in his Wigwam*, p. 73.

② St. John, in *Trans. Ethn. Soc. London*, N. S. ii. 237.

368 因为如此，在名门望族中，婚姻关系是松不得的。丈夫遗弃妻子之后，可能还得给她提供生活资料，并常常要退还妻子陪嫁带来的东西，甚至还必须分去一定比例的共同财产。婚姻关系一旦解除，做丈夫的可能就会失去当年娶亲时所付的聘金，或者，女方家庭要退还当年出嫁女儿时所收的聘金。毫无疑问，女儿出嫁陪送嫁妆的习俗以及花钱娶亲的习俗，都会使婚姻趋于持久。莱顿·威尔逊说过，在几内亚南部的土著人中，假如有一个女人从她丈夫那里跑掉了，那么，她的亲属是很难将人家娶亲时所付的聘金退还出来的，因此，“他们的策略就是：无论丈夫对她好不好，都要让她好好留在那里。”[1]据说，在卡菲尔人中，丈夫很少遗弃妻子，一来是因为遗弃了妻子，他就会失去一个佣人，二来是因为他知道，即使在他有权索回聘金的情况下，要想把聘金要回来也是一件非常困难的事。卡萨利斯在其记述巴苏陀人的书中写道：“在娶妻聘金较低的地方，离婚的事就较多。而巴苏陀人娶亲是要付很高的聘金的，因此在那里，离婚就是一件非常困难的事。”[2]据说，在北罗得西亚东部的土著人中，“自从人们把牛作为陪嫁物以来，离婚就比过去难办了。在维瓦人中，很少有离婚的案子告到法庭，因为在那里，牛和女人都很少，无论如何不能将其得而复失。”[3]科德林顿在谈及美拉尼西亚的离婚情况时，曾说：“离婚之所以很难，就在于娶亲是送过聘礼的。丈夫当然不愿意白花这笔钱。因此，如果妻子跑掉了，丈夫就总要想方设法去找，为此还要给她的亲戚送礼。实在

① Wilson, *Western Africa*, p. 268.

② Casalis, *The Basutos*, p. 184.

③ Gouldsbury and Sheane, *The Great Plateau of Northern Rhodesia*, p. 171.

找不回来,才肯作罢。”[①]在加罗林群岛的波纳佩岛上,离婚之事很 369
是常见。芬什博士把这归因于这样一个事实:那里不存在花钱娶亲的情况。

在文明社会中,经济因素也以各种方式对离婚构成一种障碍。在美国,商业的萧条使结婚和离婚都呈现出减少的趋势。威尔科克斯博士指出:“经济的萧条阻止了变化的进程,迫使广大男女‘回到过去的状态中,并以此为满足’,至少使人们打消了或搁置起革新的念头。”[②]他还谈到,在英国,近年来的经济困难虽使结婚人数有所减少,但离婚人数却不曾减少,反而有所增加。他在解释这一情况时,曾做出这样一种推测:在英国,要获准离婚,需要花费很大一笔钱财,耽搁很长一段时间,因此,只有那些对经济艰难没有太大感受的有钱人,才进得起法院。毫无疑问,在英格兰和威尔士,离婚的人数之所以特别少,一个十分重要的原因就在于打一场官司的费用很大。我们曾经说过,在离婚须经议会批准的那段时期,离婚人数可谓凤毛麟角,其原因就是那时的离婚费用极为昂贵。在法国,1851年曾通过一条法律,允许那些付不起分居诉讼费用的人免费提出申请。其结果是,申请者大增。当前,在英格兰,离婚的人数又有明显增加。这在很大程度上虽可归因于战争造成的某些情况,但肯定也同离婚费用的下降有关。

尽管有不少因素能促使婚姻趋于持久,但也有不少因素具有 370
相反的倾向。性本能的某些特点即属此列。男女两性能够起到性

① Codrington, *The Melanesians*, p. 244.

② Willcox, in *Political Science Quarterly*, viii. 79 *sqq.*

刺激作用的身体条件，并不是历久不衰的，而一旦失去这种吸引力，男女两性的结合就可能终止。我们经常听到，做妻子的年老色衰之后，男人就会将她们遗弃。据库克说，很多塔希提人都会将发妻抛弃，另娶年轻的女人为妻，而与新老妻子同住的则很少。在马来人中，妻子又要照顾孩子，又要干很重的活儿，很快就显得苍老了。而只要妻子一旦变得不太好看，很多丈夫就会将她们抛弃。在阿留申人中，“当妻子在其拥有者的眼里不再具有吸引力或价值的时候，她就会被送回到其朋友们那里去。”①据多布里茨霍弗说，在阿维波内人中，“一旦丈夫看上了某个漂亮的女人，原来的妻子就必须另谋去处，而她不是仅仅是年纪大了，不好看了。”②在瑞士，妻子比丈夫年轻的，其离婚的比例较小，而妻子比丈夫年长的，其离婚的比例则大得多。此外，性欲还会因长年相伴而减退，又会因新异之感而亢奋。贝朗热·费罗博士曾说过，塞内冈比亚的摩尔人“常以一些鸡毛蒜皮的小事为借口，轻率地与妻子离婚。实际上，他们离弃妻子的唯一目的，往往是为了另谋新欢”。③ 根据
371 冯·厄廷根所述，关于欧洲离婚与结婚情况的统计资料表明，喜新厌旧往往是离婚的主要原因。虽然从这个统计资料中，我们并不能看出离婚男女较之鳏夫和寡妇更倾向于再婚，但这一事实并不能驳倒这样一种看法：对旧伴侣的性淡漠以及对性本能的新满足的追求，乃是离婚的两个潜在的原因。在离婚较为普遍的国家中，

---

① Bancroft, *The Native Races of the Pacific States of North America*, i. 92.

② Dobrizhoffer, *Account of the Abipones*, ii. 211.

③ Bérenger-Féraud, "Le mariage chez les nègres Sénégambiens," in *Revue d'Anthropologie*, ser. ii. vol. vi. 290.

普通人的经验已证明了这一观点。

在很多地方，夫妻在婚前并不相识。这样一种习俗当然也不利于婚姻的稳定性。正如博斯沃思·史密斯先生所说的，穆斯林之所以容易离婚，就是男女不相往来的必然结果。斯坦利·莱恩普尔先生也说过："一个男人，假如没有一条得以与自己从未见过面而且可能难以相爱的女人离婚的退路，是决不会贸然抽取这样一张东方婚姻的彩票的。"[①]在古代雅典，以及在某些简单民族中，离婚之事之所以经常发生，也曾被归之于类似的原因。不过，在某种程度上，这样一些因素可以被一夫多妻制或纳妾制所抵消。张伯伦教授在谈到日本社会上层阶级中很少发生离婚之事时，曾这样问道："真是的，如果做妻子的都处于卑微的地位，于人无大妨碍，如果社会不反对男人任意收养情妇，那么，做丈夫的又何苦还要跟不合心意的妻子打离婚呢?"[②]

但是，无论人们怎样小心翼翼地挑选配偶，结婚总还是一件冒 372
险的事。如果说两个人在接触如此频繁、相互依赖如此紧密的情况下，还能在意愿上一直保持完全一致，那简直可以说是一种奇迹了。在现代文明社会，生活中的情趣越来越多，个性差异越来越大，因而，导致夫妻不和的原因也就越来越多，夫妻间的摩擦越来越频繁，其结果是：婚姻关系破裂的可能性也会随之增大。现在，有一种认识已成为我们这个时代的特征，这就是：坚持自己的个性是每个人的权利，甚至是每个人的责任。正如布赖斯勋爵所说，

---

① Lane-Poole, in a review of Bosworth Smith's *Mohammed and Mohammedanism*, in *Academy*, v. 684.

② Chamberlain, *Things Japanese*, p. 314.

“每个人都想我行我素，都想满足自己的口味、爱好和欲望，都想过一种不受他人意志束缚的生活。这样一种欲求已变得越来越强烈。因此，只要神经系统中的敏感之处或过敏之处一受刺激，脾气就会发作，并在终日接触的人们之间产生摩擦。……未来将会证明：婚姻关系稳定性的最危险的敌人，不是非分的欲望，而是暴躁的脾气。”[①]再者，在我们这个被称为“不满的时代”里，有一种不满的情绪在扩散。不满的最高表现形式就是自杀。而且，人们发现，离婚率和自杀率之间总有一种密切的关系。离婚和自杀的事例同样都是在新教徒中多于天主教徒，在条顿人中多于克尔特人，在城里人中多于乡下人。离婚率和自杀率同样都在迅速上升，而在已离婚的男女中，自杀的比例异常之大。此外，妇女的解放也是婚姻关系越来越不稳定的一个原因。妇女越能自食其力，离婚现象就越普遍，这是很自然的事。在美国，近 2/3 的离婚案件都是女方提出的。

毋庸置疑，离婚事例的多少还受到习俗和法律的影响，虽然法
373 律的约束作用往往会被夸大。威尔科克斯博士曾经提出：“立法所具有的即时、直接和可测的影响是从属性的，不重要的，几乎感觉不到的。”[②]为了证明他的这一看法，他曾指出：纽约州的离婚法虽较之新泽西州和宾夕法尼亚州严格，但其离婚率却高于新泽西州，而仅比宾夕法尼亚州略低一点。也就是说，从人口比例上讲，纽约州因通奸而判决的离婚案件，要比新泽西州因通奸和遗弃而

① Bryce, *Studies in History and Jurisprudence*, ii. 463.

② Willcox, *Divorce Problem*, p. 61.

判决的离婚案件更多，几乎与宾夕法尼亚州因通奸、遗弃、虐待和监禁而判决的离婚案件持平。威尔科克斯博士由此得出结论说："对离婚的理由加以限制，并不会对离婚的总数有多大影响，而只会增加以其他理由提出离婚的人数。在上述三州的已婚夫妇中，想离婚的比例都是一定的，而且这些人都愿意提供为得到离婚判决所需提供的证据。"[①]在欧洲，离婚率与依法获准离婚的难易程度，同样也没有什么关联。例如，挪威的离婚法是比较开通的，但挪威的离婚情况却比其他几个大陆国家还少。不过，我认为威尔科克斯博士还是低估了法律障碍的影响。他曾争辩说，不少地方都曾在各个时期对离婚及离婚后的再婚试行过各种限制，但收效甚微。不过，这种看法却不能从日本最近的情况中得到证实。日本采用新民法之后，办理离婚要比过去难多了，于是离婚率也随之锐减。当然，法律的作用在很大程度上还取决于法律实施的方式。

1303

美国的离婚率之所以特别高，其主要原因似乎就在于那里的司法程序相当松弛。例如，有个做妻子的就提出，她丈夫从未主动提出 374
开车带她出去"兜风"；另一个则说，她丈夫直到晚上 10 点才回家，回来后又说个没完，吵得她不能睡觉。另一方面，威尔科克斯博士又承认，社会舆论与离婚率的高低有很大的关系，而法律则是社会舆论的记录器。他指出，在新建立的较小社区中，社会舆论的变化很快，而在较老、较大的社区中，舆论变化则没有那么快。为了说明这一观点，他举了两个例子，一是欧洲，一是美国。在欧洲，离婚率最高的国家是瑞士和丹麦，而瑞士在 1876 年以前，每个州都有

① Willcox, *Divorce Problem*, p. 45 *sq*.

各自的法律。至于美国,东西海岸各州的法律显然是有很大差别的。

虽然法律和习俗会对人们的行为有一定的影响,但其本身也受到人的行为的影响,而且在很大程度上还是源于社会中已成定则的行为。因此,人们在制定有关离婚的规则时,也会受制于那些使男女之间的结合或趋稳定或趋解体的种种环境因素。此外,还有一些因素在起作用。婚姻的解除并不仅仅事关一个人的利益,因此,个人的意愿还会受到社会舆论的牵制。

据说,在很多民族中都存在这样的牵制,有些是针对男人的,有些是针对女人的。这里说的是很多未开化部落的情况,而不是旧世界古代文明民族的情况。至于在另一些民族中,丈夫可随意解除婚姻,但妻子则不行;或者说,丈夫在这方面享有完全的自由,而妻子则不能以任何理由提出离婚。具有古代文明的民族和实行
1304 375 伊斯兰教法的民族都属此类情况,很多蒙昧部落也是这样。这些情况都有助于证明我在另一本著作中所做的结论,即:在未开化世界的很多地方,已婚女性的地位比在古代文明民族中更高。这种情况可以用以下事实加以解释:在古代文明民族中,较高水平的文明几乎成了男性专有的特权,这就形成了男女之间的鸿沟;东方的主要宗教将女性视为不洁的、低等的存在,这就自然影响到人们对女性的评价;在古代国家,为父者对子女握有极大的权力,而这一权力又通过婚姻转到丈夫的手中。

离婚常常要受到某些限制。从这些限制的性质上,我们往往可以看到其所由产生的原因。设置这些限制的首要目的,在于使不愿解除婚姻的一方不致受到损害。但是,在某些情况下,如果不

愿离婚的一方担有某种罪责，或者说，出于其他一些原因(诸如性功能障碍、精神失常或其他疾病)，婚姻关系的维系会给希望离婚的一方带来很大的痛苦，那么，这种为不愿离婚的一方的利益考虑所设的限制措施，就不再起作用了。这样看来，有关离婚的规定在很大程度上乃是源于这样一种社会倾向，即同情不幸者，只要其行为无可非议。正如我在其他著作中曾试图说明的那样，这一倾向便是习俗或法律中所体现的道德规范所由产生的主要原因。一方面，婚姻是一种既赋予权利又规定义务的契约；而另一方面，婚姻又“给男女双方以伤害对方的特权”。社会总是试图保护婚姻双方或至少一方的利益，并在婚姻被确认失败之后，为其提供离婚这样一种补救办法。当然，人们制定的离婚规定远不是不偏不倚的。但是，权利的不平等本是男女两性在法律关系中时时可见的一个 376
特点，而离婚规则的不公平，只不过是其中的一例而已。

离婚之影响所及，并不仅仅限于夫妻二人的利益。子女的福利也是离婚规则所考虑的一个问题。法律中不仅有保障子女未来利益的条款，而且，正如我们所知，有的法律还规定，一旦孩子降生，婚姻便不可解除。在我们自己的社会中，不管离婚法在拟定之初曾是如何忽视子女问题的，时下那些反对修改现行离婚法的人却都时常在为子女的利益而呼吁。

在很多地方，有关离婚的规定还受到宗教的很大影响。正如我们所知，在某些国家，诸如日本和古希腊，宗教势力在某些情况下，特别是在妻子不育的情况下，是主张离婚的。而在其他一些国家，宗教在任何情况下都是反对离婚的。虽然耶稣也同沙马伊派一样，只是禁止男人以通奸之外的原因抛弃妻子，禁止女人离弃丈夫，但基督教会却定下一条教义，即有效婚姻不可解除，即使妻子与人通奸，无辜的丈夫也不得另娶别的女人。这一严酷的立法无疑是出于教会的禁欲倾向，正是这一倾向使教会对不幸的婚姻所造成的痛苦无动于衷。教会成功地把自己的观点铭刻在基督教立法者的心中。时至今日，即使很多已经实行民事婚姻制度的罗马天主教国家，也仍在顽固地拒绝批准离婚，而不问具体情况如何。而在其他一些国家，尽管婚姻不可解除这一原则早已被废弃，甚至基督的一些明确禁令也不再被遵循，但是，教会的僵硬态度仍在人们的头脑中留下某种僵硬的意识，使某些最急需的改革难以进行。
377 立法者们仍旧深受这样一种思想的影响，即婚姻只能以某种灾变而告终。也就是说，婚姻关系只能在配偶中的一方死亡或遭遇某种重大不幸时，或者是在一方有犯罪或不道德行为时，方可解除。正如旧瓶可以用来装新酒一样，有人也为旧的限制找到了新的理由。既然婚约是经由双方同意而达成的，那么它似乎也就应当经由双方同意而解除。但有人说，不能把婚约当作一种普通的契约，批准离婚只能基于非常重大的理由。还有人说，再也没有什么能比父母离异更有损于孩子的心理健康了。这一点说得很对，但并不能构成反对离婚的有效论据。有的婚姻没有孩子，当然也就不涉及子女利益的问题。即便是已有子女的婚姻，我们也有充分的理由相信，孩子同一位家长在一起平静地生活，总比同两位合不来或出于种种原因想散伙的父母在一起更好，而不是更糟。再者，如果说禁止协议离婚的真正原因是出于对子女利益的考虑，那么，为什么很多国家允许协议分居，却又禁止协议离婚呢？我们知道，经由双方同意的离婚方式已经为某些现代法律所采纳，而我们并没

有看到这一让步造成了任何恶果。其实，有些地方虽在法律上禁止这种离婚方式，但它在实际上却很容易办到。奇怪的是，立法者们还是把配偶一方的犯罪行为或不道德行为，而不是夫妻双方的相互同意，视为解除婚姻的更为正当的理由。

现在有一种普遍的观点，认为离婚是婚姻的大敌，如果动辄即可离婚，就会对家庭制度造成破坏。对于这种观点，我是不能苟同的。在我看来，离婚是对于一种不幸所做的必要补救，是通过终止男女间有辱于婚姻之名的结合，以维护婚姻的尊严。婚姻的存在 378
并不取决于法律。如果说本书的这一命题并无差错的话，如果说婚姻并不是人为的一种创造，而是基于很深的夫妻之情和父母之爱的一种制度，那么，婚姻就将随着这种感情的存在而存在。一旦这种感情不复存在，那么，世界上的任何法律都无法挽救婚姻于毁灭。

参考书目

Abd-er-Razzak, 'Narrative of the Journey of'; in *India in the Fifteenth Century*, trans. and ed. by R. H. Major. London, 1857.

Abdullah al-Māmūn al-Suhrawardy, *The Sayings of Muhammad*. Ed. by. London, 1910.

—— See Russell (A. D.) and Abdullah al-Ma'mun Suhrawardy.

377 Abeghian (Manuk), *Der armenische Volksglaube*. (*Inaugural-Dissertation*.) Leipzig, 1899.

Abercromby (John), 'Marriage Customs of the Mordvins'; in *Folk-Lore*, vol. i. London, 1890.

Abhandlungen der Königlichen Sächsischen Gesellschaft der Wissenschaften. Leipzig.

—— *und Berichte des Königlichen Zoologischen und Anthropologisch-Ethnographischen Museums zu Dresden*. Berlin.

Åbo Tidningar. Åbo.

Abrahams (Israel), *Jewish Life in the Middle Ages*. London, 1896.

—— 'Marriage (Jewish)'; in Hastings, *Encylopædia of Religion and Ethics*, vol. viii. Edinburgh, 1915.

Abreu de Galindo (Juan de), *The History of the Discovery and Conquest of the Canary Islands*. Trans. by G. Glas. London, 1764.

Abulfeda, *Historia anteislamica arabice*. Ed. and trans. into Latin by H. O. Fleischer. Lipsiae, 1831.

Academy (*The*). London.

Acosta (Joseph de), *The Natural and Moral History of the Indies*. Trans. ed. by C. R. Markham. 2 vols. London, 1880.

Acta Academiæ Aboensis. Åbo.

—— *Societatis Scientiarum Fennicæ*. Helsingfors.

Actes de l'Académie nationale des sciences, belles lettres et arts de Bordeaux. Paris.

Adair (James), *The History of the American Indians*. London, 1775.

Adam (W.), 'Consanguinity in Marriage'; in *The Fortnightly Review*, vols. ii.–iii. London, 1865–66.

Adams (John), *Sketches taken during Ten Voyages to Africa, between the Years 1786 and 1800*. London, [1825].

Addison (Lancelot), *The Present State of the Jews*. London, 1676.
Adriani (N.) and Kruijt (A. C.), *De Bare'e-sprekende Toradja's van Midden-Celebes*. 3 vols. 's-Gravenhage, 1912–14.
Aelian, *De natura animalium, Varia historia, &c.* Ed. by R. Hercher. Parisiis, 1858.
Aeschylus, *Tragœdiæ et fragmenta*. Ed. by E. A. J. Ahrens. Parisiis, 1842.
Aethelbirht (*King*), 'The Laws of'; in *Ancient Laws and Institutes of England*. London, 1840.
Agassiz (L. J. R.), *A Journey in Brazil*. Boston, 1868.
Ahlqvist (A.), *Die Kulturwörter der westfinnischen Sprachen*. Helsingfors, 1875.
—— 'Unter Wogulen und Ostjaken'; in *Acta Societatis Scientiarum Fennicæ*, vol. xiv. Helsingfors, 1885.
Ahmad Shah (*Rev.*), *Four Years in Tibet*. Benares, 1906.
Aigremont (*Dr.*), *Fuss- und Schuh-Symbolik und -Erotik*. Leipzig, 1909.
Albericus, *Visio*. Ed. by Catello de Vivo. Ariano, 1899.
Alberti (L.), *De Kaffers aan de Zuidkust van Afrika*. Amsterdam, 1810.
Albertis (L. M. d'), *New Guinea*. Trans. 2 vols. London, 1880.
Alberuni's India. An Account of the Religion, &c. of India about A.D. 1030. English edition by E. C. Sachau. 2 vols. London, 1910.
Alcedo (A. de), *The Geographical and Historical Dictionary of America and the West Indies*. Trans. ed. by G. A. Thompson. 5 vols. London, 1812–15.
Äldre Västgötalagen. See *Västgötalagen, Äldre*.
Alexander (*Sir* James E.), *An Expedition of Discovery into the Interior of Africa*. 2 vols. London, 1838.
Allardt (Anders), *Nyländska folkseder och bruk, vidskepelse m.m.* (*Nyland. Samlingar utgifna af Nyländska Afdelningen*, vol. iv.) Helsingfors, 1889.
Allen (W.) and Thomson (T. R. H.), *A Narrative of the Expedition sent by Her Majesty's Government to the River Niger, in* 1841. 2 vols. London, 1848.
Allgemeine bürgerliche Gesetzbuch für das Kaisertum Oesterreich (*Das*). Ed. by J. von Schey. Wien, 1916.
Allgemeines Landrecht für die Preussischen Staaten. 4 vols. and *Register*. Berlin, 1828–32.
Almindelig norsk lovsamling. Ed. by P. I. Paulsen, J. E. Thomle, and C. S. Thomle. Kristiania.
Alvares Cabral (Pedro), 'Navigation del captino P. A.' Trans. from the Portuguese; in Ramusio, *Navigationi et viaggi*, vol. i. Venetia, 1554.
Am Urquell. Monatsschrift für Volkskunde. Ed. by F. S. Krauss. Lunden.
Ambrose (*Saint*), *Opera omnia*. (Migne, *Patrologiæ cursus*, vols.

xiv.–xvii.) Parisiis, 1845.
Ameer Ali (*Syed*), *Mahommedan Law compiled from Authorities in the Original Arabic. Vol. II. Containing the Law relating to Succession and Status.* Calcutta, 1908.
American Anthropologist (The). Washington, New York, Lancaster.
American Naturalist (The). New York.
Amira (Karl von), 'Recht'; in Paul, *Grundriss der germanischen Philologie*, vol. iii. Strassburg, 1900.
Ammianus Marcellinus. *See* Marcellinus (Ammianus).
Amram (D. W.), *The Jewish Law of Divorce according to Bible and Talmud.* London, 1897.
Anales de la Universidad de Chile. Santiago de Chile.
Anantha Krishna Iyer (L. K.), *The Cochin Tribes and Castes.* 2 vols. Madras, 1909–12.
Anatomische Hefte. Ed. by Fr. Merkel and R. Bonnet. Wiesbaden.
Ancient Laws and Institutes of England. London, 1840.
Ancient Laws and Institutes of Ireland. Dublin and London, 1865–79.
Ancient Laws and Institutes of Wales. London, 1841.
Andagoya (Pascual de), *Narrative of the Proceedings of Pedrarias Davila in the Province of Tierra Firme or Castilla del Oro.* Trans. and ed. by C. R. Markham. London, 1865.
Anderson (John), *Mandalay to Momien.* London, 1876.
Anderson (John W.), *Notes of Travel in Fiji and New Caledonia.* London, 1880.
Andersson (C. J.), *Lake Ngami.* London, 1856.

—— *The Okavango River.* London, 1861.
Andree (Richard), 'Die Beschneidung'; in *Archiv für Anthropologie* vol. xiii. Braunschweig, 1881.
—— *Ethnographische Parallelen und Vergleiche.* Stuttgart, 1878.
—— *Ethnographische Parallelen und Vergleiche. Neue Folge.* Stuttgart, 1889.
—— *Zur Volkskunde der Juden.* Bielefeld & Leipzig, 1881.
Angas (G. F.), *Polynesia.* London, [1866].
—— *Savage Life and Scenes in Australia and New Zealand.* London, 1850.
—— *South Australia Illustrated.* London, 1847.
Angus (—), '"Chensamwali" or Initiation Ceremony of Girls, as performed in Azimba Land, Central Africa'; in *Verhandl. Berliner Gesellsch. f. Anthr.* 1898. Berlin.
Ankermann (B.), 'Kulturkreise und Kulturschichten in Afrika'; in *Zeitschr. f. Ethnol.* vol. xxxvii. Berlin, 1905.
Annales de démographie internationale. Paris.
—— *de la propagation de la Foi.* Lyon.
—— *du Musée du Congo Belge. Ethnographie et Anthropologie.* Bruxelles.
Annandale (Nelson) and Robinson (H. C.), *Fasciculi Malayenses. Anthropology.* 2 pts. London, 1903–04.

Année sociologique (*L'*). Ed. by É. Durkheim. Paris.
Annuaire international de statistique publié par l'office permanent de l'Institut International de Statistique. La Haye.
Annual Reports of the Board of Regents of the Smithsonian Institution. Washington.
Annual Reports of the Bureau of American Ethnology. Washington.
Annual Reports of the Registrar-General of Births, Deaths, and Marriages in England and Wales. London.
Antananarivo Annual and Madagascar Magazine. Antananarivo.
Ante-Nicene Christian Library. Ed. by A. Roberts and J. Donaldson. 24 vols. Edinburgh, 1867–72.
Anthropological Essays presented to E. B. Tylor. Oxford, 1907.
Anthropological Review (*The*). London.
Anthropologie (*L'*). Paris.
Anthropos. Ed. by P. W. Schmidt. Salzburg, Wien.
'Anugîtâ (The),' trans. by K. T. Telang; in *The Sacred Books of the East*, vol. viii. Oxford, 1898.
'Âpastamba,' trans. by G. Bühler; in *The Sacred Books of the East*, vol. ii. Oxford, 1897.
Apocrypha and Pseudepigrapha of the Old Testament in English. Ed. by R. H. Charles. 2 vols. Oxford, 1913.
Apocrypha translated out of the Greek and Latin Tongues (*The*). The version set forth A.D. 1611 and revised A.D. 1894. Cambridge, 1895.
Apollodorus Atheniensis, *Bibliotheca*. Ed. by I. Bekker. Lipsiae, 1854.
Apollonius Rhodius, *Argonautica*. Ed. by F. S. Lehrs. 1311
Appun (K. F.), 'Die Indianer von Britisch-Guayana'; in *Das Ausland*, vol. xliv. Augsburg, 1871.
Arago (J.), *Narrative of a Voyage round the World*. Trans. 2 parts. London, 1823.
Arbois de Jubainville (H. d'), *Cours de littérature celtique*. 12 vols. Paris, 1883-1902.
—— 'Le droit du roi dans l'épopée irlandaise'; in *Revue archéologique*, vol. xlii. Paris, 1881.
—— *L'épopée celtique en Irlande*, vol. i. (*Cours de littérature celtique*, vol. v.) Paris, 1892.
—— *La famille celtique*. Paris, 1905.
Arbousset (T.) and Daumas (F.), *Narrative of an Exploratory Tour to the North-East of the Colony of the Cape of Good Hope*. Trans. London, 1852.
Archæological Review (*The*). London.
Archiv für Anthropologie. Braunschweig.
—— *für Mikroskopische Anatomie und Entwicklungsgeschichte*. Bonn.
—— *für Rassen- und Gesellschafts-Biologie*. München, Leipzig & Berlin.
—— *für Religionswissenschaft*. Leipzig.
Archives marocaines. Paris.

Archivio per l'antropologia e la etnologia. Firenze.
—— *per lo studio delle tradizioni popolari.* Palermo & Torino.
Arendt (C.), 'Stray Notes' [on Chinese Marriage Ceremonies], in *Folk-Lore*, vol. i. London, 1890.
Aristotle, *Opera omnia.* 5 vols. Parisiis, 1848–74.
Armstrong (Alex.), *A Personal Narrative of the Discovery of the North-West Passage.* London, 1857.
Arner (G. B. L.), *Consanguineous Marriages in the American Population.* (*Studies in History, Economics, and Public Law edited by the Faculty of Political Science of Columbia University,* vol. xxxi. no. 3.) New York, 1908.
Arnesen (M. E.), 'Från Gyda-viken till Obdorsk'; in *Ymer*, vol. iii. Stockholm, 1883.
Arnobius, 'Disputationum adversus gentes libri septem'; in Migne, *Patrologiæ cursus*, vol. v. Parisiis, 1844.
Arnot (Fred.), *Garenganze; or, Seven Years' Pioneer Mission Work in Central Africa.* London, [1889].
Arvieux (*Chevalier* d'), *Travels in Arabia the Desart.* Trans. London, 1718.
Ashe (Thomas), *Travels in America, performed in the Year* 1806. London, 1809.
Ashton-Rigby (L. E.), 'Marriage Customs in Cromarty'; in *Folk-Lore*, vol. xxvii. London, 1916.
Asiatick Researches. Calcutta.
Atharva-Veda, Hymns of the. Trans. by M. Bloomfield. (*The Sacred Books of the East*, vol. xlii.) Oxford, 1897.

Athenaeus, *Deipnosophistarum libri quindecim.* Ed. by G. Kaibel. 3 vols. Lipsiae, 1887–90.
Athenagoras, 'Legatio pro Christianis'; in Migne, *Patrologiæ cursus*, Ser. Graeca, vol. vi. Parisiis, 1857.
Atkinson (E. T.), 'Notes on the History of Religion in the Himálaya of the N.W. Provinces'; in *Jour. Asiatic Soc. Bengal*, vol. liii. pt. i. Calcutta, 1884.
Atkinson (J. J.), 'The Natives of New Caledonia'; in *Folk-Lore*, vol. xiv. London, 1903.
—— 'Primal Law'; in Lang and Atkinson, *Social Origins and Primal Law.* London, 1903.
Atkinson (James), *Customs and Manners of the Women of Persia*, trans. by. London, 1832.
Augustine (*Saint*), *Opera omnia.* 16 vols. (Migne, *Patrologiæ cursus*, vols. xxxii.–xlvii.) Parisiis, 1845–49.
—— *De civitate Dei.* Ed. by B. Dombart. 2 vols. Lipsiae, 1905–09.
Aus allen Welttheilen. Familienblatt für Länder- und Völkerkunde. Leipzig.
'Aus dem Wanderbuche eines Weltreisenden'; in *Das Ausland*, vol. liv. Stuttgart, 1881.

Ausland (*Das*). Stuttgart, Augsburg, München.
Avebury (*Sir* John Lubbock, *Lord*), *Marriage, Totemism, and Religion*. London, 1911.
—— 'Note on the Macas Indians'; in *Jour. Anthr. Inst.* vol. iii. London, 1874.
—— 'On the Customs of Marriage and Systems of Relationship among the Australians'; in *Jour. Anthr. Inst.* vol. xiv. London, 1885.
—— *The Origin of Civilisation*. London, 1912.
Avesta. French trans. by C. de Harlez. Paris, 1881.
Avon (—), 'Vie sociale des Wabende au Tanganika'; in *Anthropos*, vols. x.–xi. Wien, 1915–16.
Aymonier (Étienne), *Le Cambodge*. 3 vols. Paris, 1900–04.
Ayrton (E. R.), Currelly (C. T.), and Weigall (A. E. P.), *Abydos*. 3 parts. London, 1902–04.
Azara (F. de), *Voyages dans l'Amérique méridionale*. 4 vols. Paris, 1809.

Baber (E. C.), 'Travels and Researches in the Interior of China'; in *Roy. Geo. Soc. Supplementary Papers*, vol. i. London, 1886.
Bacci (Orazio), *Usanze nuziali del contado della Valdelsa*. Castelfiorentino, 1893.
Bachofen (J. J.), *Antiquarische Briefe*. Strassburg, 1880.
—— *Das Mutterrecht*. Stuttgart, 1861.
Backhouse (James), *A Narrative of a Visit to the Australian Colonies*. London, 1843.
Bächtold (H.), *Die Gebräuche bei Verlobung und Hochzeit mit besonderer Berücksichtigung der Schweiz*, vol. i. Basel & Strassburg i. E. 1914.
Baegert (Jacob), 'An Account of the Aboriginal Inhabitants of the Californian Peninsula.' Trans.; in *Smithsonian Report*, 1863-64. Washington.
Baessler-Archiv. Beiträge zur Völkerkunde. Ed. by P. Ehrenreich. Leipzig & Berlin.
Baierlein (E. R.), *The Land of the Tamulians and its Missions*. Trans. [Madras,] 1875.
—— *Nach und aus Indien*. Leipzig, 1873.
Baikie (R.), *The Neilgherries*. Calcutta, 1857.
Bailey (John), 'An Account of the Wild Tribes of the Veddahs of Ceylon'; in *Trans. Ethn. Soc. London*, new ser. vol. ii. London, 1863.
Bain (Alex.), *The Emotions and the Will*. London, 1880.
Bainbridge (R. B.), 'The Saorias of the Rajmahal Hills'; in *Memoirs Asiatic Soc. Bengal*, vol. ii. 1907–1910. Calcutta, 1911.
Baines (*Sir* J. Athelstane), 'The Recent Trend of Population in

England and Wales;' in *Jour. Roy. statistical Soc.* new ser. vol. lxxix. London, 1916.

Baker (*Sir* Samuel W.), *The Albert N'yanza.* 2 vols. London, 1867.

—— *The Nile Tributaries of Abyssinia.* London, 1868.

Balbi (Gasparo), *Viaggio dell' Indie Orientali.* Venetia, 1590.

Baldaeus (Philip), 'A True and Exact Description of the most celebrated East-India Coasts of Malabar and Coromandel; as also of the Isle of Ceylon.' Trans.; in Churchill, *Collection of Voyages and Travels,* vol. iii. London, 1732.

Balfour (Edward), *The Cyclopædia of India, and Eastern and Southern Asia.* 3 vols. London, 1885.

Balfour (Marie Clothilde), *County Folk-Lore. Vol. IV. Examples of printed Folk-Lore concerning Northumberland.* Collected by M. C. B. and edited by N. W. Thomas. London, 1904.

Ball (J. Dyer), *The Chinese at Home.* London, 1911.

—— *Things Chinese.* London, 1904.

Ballerini (Antonius), *Opus theologicum morale.* Ed. by D. Palmieri. 7 vols. Prati, 1889–94.

Bancroft (H. H.), *The Native Races of the Pacific States of North America.* 5 vols. New York, 1875–76.

Bancroft (T. L.), 'Note on Mutilations practised by Australian Aborigines'; in *Jour. and Proceed. Roy. Soc. New South Wales,* vol. xxxi. Sydney, 1897.

Barbosa (Duarte), *A Description of the Coasts of East Africa and Malabar in the beginning of the Sixteenth Century.* Trans. by H. E. J. Stanley. London, 1866.

1314 Bargy (*Dr.*), 'Notes ethnographiques sur les Birifons'; in *L'Anthropologie,* vol. xx. Paris, 1909.

Barrett (W. E. H.), 'Notes on the Customs and Beliefs of the Wa-Giriama, etc., British East Africa'; in *Jour. Roy. Anthr. Inst.* vol. xli. London, 1911.

Barrington (George), *The History of New South Wales.* London, 1810.

Barros (S. Giovanni di), *L'Asia.* Trans. from the Portuguese. 2 vols. Venetia, 1562.

Barrow (John), *An Account of Travels into the Interior of Southern Africa, in the Years* 1797 *and* 1798. 2 vols. London, 1801–04.

Bartels (Max), 'Isländischer Brauch und Volksglaube in Bezug auf die Nachkommenschaft'; in *Zeitschr. f. Ethnol.* vol. xxxii. Berlin, 1900.

Barth (Heinrich), *Reisen und Entdeckungen in Nord- und Central-Afrika.* 5 vols. Gotha, 1857–58.

Barth (Heinrich), *Sammlung und Bearbeitung central-afrikanischer Vokabularien.—Collection, &c.* Gotha, 1862.

Barth (Hermann von), *Ost-Afrika vom Limpopo bis zum Somalilande.* Leipzig, 1875.

Barthema (Ludovico de), *Itinerario nello Egypto, nella Surria, nella Arabia deserta & felice, nella Persia, nella India, & nella*

Ethiopia. Roma, 1510.

—— *Travels of L. di Varthema*. Trans. by J. W. Jones, ed. by G. P. Badger. London, 1863.

Barton (G. A.), 'Marriage (Semitic)'; in Hastings, *Encyclopædia of Religion and Ethics*, vol. viii. Edinburgh, 1915.

—— *A Sketch of Semitic Origins Social and Religious*. New York, 1902.

Bartram (William), 'Observations on the Creek and Cherokee Indians'; in *Trans. American Ethn. Soc.* vol. iii. pt. i. New York, 1853.

Bartsch (Karl), *Sagen, Märchen und Gebräuche aus Mecklenburg*. 2 vols. Wien, 1879–80.

Barua (H. C.), *Notes on the Marriage Systems of the Peoples of Assam*. Sibsagar, 1909.

Baskerville (G. K.), 'Die Waganda'; in Steinmetz, *Rechtsverhältnisse von eingeborenen Völkern in Afrika und Ozeanien*. Berlin, 1903.

Bastian (A.), *Afrikanische Reisen. Ein Besuch in San Salvador*. Bremen, 1859.

—— *Allerlei aus Volks- und Menschenkunde*. 2 vols. Berlin, 1888.

—— *Die Culturländer des alten America*. 2 vols. Berlin, 1878.

—— *Die deutsche Expedition an der Loango-Küste*. 2 vols. Jena, 1874–75.

—— *Der Mensch in der Geschichte*. 3 vols. Leipzig, 1860.

—— *Die Rechtsverhältnisse bei verschiedenen Völkern der Erde*. Berlin, 1872.

—— 'Ueber die Eheverhältnisse'; in *Zeitschr. f. Ethnol.* vol. vi. Berlin, 1874.

Batchelor, *The Ainu and their Folk-Lore*. London, 1901.

—— 'Notes on the Ainu'; in *Trans. Asiatic Soc. Japan*, vol. x. Yokohama, 1882.

Bates (H. W.), *The Naturalist on the River Amazon*. 2 vols. London, 1863.

Baucke (*Pater* Florian). See Kohler (A.).

'Baudhâyana,' trans. by G. Bühler; in *The Sacred Books of the East*, vol. xiv. Oxford, 1882.

Baumann (Oscar), *Durch Massailand zur Nilquelle*. Berlin, 1894.

—— *Usambara*. Berlin, 1891.

Baumstark (*Lieutenant*), 'Die Warangi'; in *Mittheil. Deutsch. Schutzgeb.* vol. xiii. Berlin, 1900.

Baur (Erwin), *Einführung in die experimentelle Vererbungslehre*. Berlin, 1914.

Bayle (Pierre), *Dictionnaire historique et critique*. 16 vols. Paris, 1820[–24].

Beardmore (E.), 'The Natives of Mowat, Daudai, New Guinea'; in *Jour. Anthr. Inst.* vol. xix. London, 1890.

Beauchet (L.), *Histoire du droit privé de la République Athénienne*.

4 vols. Paris, 1897.

VOL. III C C

Beauregard (O.), 'En Asie; Kachmir et Tibet'; in *Bull. Soc. d'Anthr. Paris*, ser. iii. vol. v. Paris, 1882.

Bebel (August), *Woman in the Past, Present, and Future*. Trans. London, 1885.

Becker (W. A.), *Charikles*. Ed. by H. Göll. Berlin, 1877–78.

Beecham (John), *Ashantee and the Gold Coast*. London, 1841.

Beechey (F. W.), *Narrative of a Voyage to the Pacific and Beering's strait*. 2 vols. London, 1831.

Begbie (P. J.), *The Malayan Peninsula*. Madras, 1834.

Behr (H. F. v.), 'Die Völker zwischen Rufiyi und Rovuma'; in *Mittheil. Deutsch. Schutzgeb.* vol. vi. Berlin, 1893.

Belcher (*Sir* Edward), 'Notes on the Andaman Islands'; in *Trans. Ethn. Soc. London*, new ser. vol. v. London, 1867.

Bell (C. Napier), *Tangweera*. London, 1899.

Bell (J. S.), *Journal of a Residence in Circassia during the Years* 1837, 1838, *and* 1839. 2 vols. London, 1840.

Bell (Thomas), *The History of Improved Short-Horn, or Durham Cattle*. Newcastle, 1871.

Bellew (H. W.), *Kashmir and Kashghar*. London, 1875.

Belly (Félix), *À travers l'Amérique Centrale*. 2 vols. Paris, 1867.

Belt (Thomas), *The Naturalist in Nicaragua*. London, 1874.

Beltrame (A. G.), *Il Fiume Bianco e i Dénka*. Verona, 1881.

Benedict (*Diaconus*), 'Capitularium collectio'; in Migne, *Patrologiæ cursus*, vol. xcvii. Parisiis, 1862.

Benhazera (Maurice), *Six mois chez les Touareg du Ahaggar*. Alger, 1908.

Bentham (Jeremy), *Theory of Legislation*. Trans. from the French of E. Dumont. London, 1882.

Benzinger (I.), *Hebräische Archäologie*. Tübingen, 1907.

Berchon (—), in *Actes de l'Académie nationale des sciences, belles-lettres et arts de Bordeaux*, ser. iii. vol. xlvii. Paris, 1885.

Bérenger-Féraud, 'Le mariage chez les Nègres Sénégambiens'; in *Revue d'Anthropologie*, ser. ii. vol. vi. Paris, 1883.

—— 'Note sur la fécondité des mulâtres au Sénégal'; in *Revue d'Anthropologie*, ser. ii. vol. ii. Paris, 1879.

Bergel (Joseph), *Die Eheverhältnisse der alten Juden im Vergleiche mit den Griechischen und Römischen*. Leipzig, 1881.

Bergmann (B.), *Nomadische Streifereien unter den Kalmüken*. 4 vols. Riga, 1804–05.

Berichte der Naturforschenden Gesellschaft zu Freiburg i. B.

Bernau (J. H.), *Missionary Labours in British Guiana*. London, 1847.

Bernhöft (Franz), 'Altindische Familienorganisation'; in *Zeitschr. f. vergl. Rechtswiss.* vol. ix. Stuttgart, 1890.

Bertholon (L.) and Chantre (E.), *Recherches anthropologiques dans la Berbérie orientale—Tripolitaine, Tunisie, Algérie*. 2 vols.

Lyon, 1912–13.

Bertillon, 'Natalité (démographie)'; in *Dictionnaire encyclopédique des sciences médicales*, ser. ii. vol. xi. Paris, 1875.

Besse (*P.* L.), 'Un ancien document inédit sur les Todas'; in *Anthropos*, vol. ii. Salzburg, 1907.

Best (Elsdon), 'The Lore of the Whare-Kohanga'; in *Jour. Polynesian Soc.* vols. xiv.–xv. Wellington, 1905–06.

—— 'Maori Beliefs concerning the Human Organs of Generation'; in *Man*, vol. xiv. London, 1914.

Best (Elsdon), 'Maori Marriage Customs'; in *Trans. and Proceed. New Zealand Institute*, 1903, vol. xxxvi. Wellington, 1904.

—— 'Notes on the Art of War, as conducted by the Maori of New Zealand'; in *Jour. Polynesian Soc.* vols. xi.–xii. Wellington, 1902–03.

Beukemann (Wilhelm), *Ein Beitrag zur Untersuchung über die Vertheilung der Geburten nach Monaten.* Göttingen, 1881.

Beveridge (Peter), *The Aborigines of Victoria and Riverina.* Melbourne, 1889.

Beverley (J. E.), 'Die Wagogo'; in Steinmetz, *Rechtsverhältnisse von eingeborenen Völkern in Afrika und Ozeanien.* Berlin, 1903.

Bible (*The Holy*). Appointed to be read in Churches.

Biblia sacra cum glossa interlineari, ordinaria. 6 vols. Venetiis, 1588.

Biblioteca de autores españoles. Madrid.

—— *delle tradizioni popolari siciliane.* Palermo.

Bibliothèque Anthropos. Münster i. W.

—— *de l'École des Hautes Études. Sciences religieuses.* Paris.

Bickmore (A. S.), 'Some Notes on the Ainos'; in *Trans. Ethn. Soc. London*, new ser. vol. vii. London, 1869.

—— *Travels in the East Indian Archipelago.* London, 1868.

Biddulph (J.), *Tribes of the Hindoo Koosh.* Calcutta, 1880.

Bidrag till vår odlings häfder. Ed. by Artur Hazelius. Stockholm.

Bijdragen tot de taal-, land- en volkenkunde van Nederlandsch-Indië. 's-Gravenhage.

Bille (Steen), *Beretning om Corvetten Galathea's Reise omkring Jorden* 1845, 46 og 47. 2 vols. Kjöbenhavn, 1849–50.

Billington (Mary Frances), *Woman in India.* London, 1895.

Bingham (J.), *Works.* Ed. by R. Bingham. 10 vols. Oxford, 1855.

Bink (G.-L.), 'Réponses faites au Questionnaire de sociologie et d'ethnographie de la Société'; in *Bull. Soc. d'Anthr. Paris*, ser. iii. vol. xi. Paris, 1888.

Biologisches Centralblatt. Leipzig.

Bird (Isabella L.), *Unbeaten Tracks in Japan.* 2 vols. London, 1880.

Birlinger (Anton), *Volksthümliches aus Schwaben.* 2 vols. Freiburg i. B., 1861–62.

Bischofs (*P.* Jos.), 'Die Niol-Niol, ein Eingeborenenstamm in Nordwest-Australien'; in *Anthropos*, vol. iii. Wien, 1908.

Bishop (J. P.), *New Commentaries on Marriage, Divorce, and Separation.* 2 vols. Chicago, 1891.

Black (G. F.), *County Folk-Lore. Vol. III. Examples of printed Folk-Lore concerning the Orkney and Shetland Islands.* Collected by G. F. B. and edited by N. W. Thomas. London, 1903.

Blackstone (William), *The Commentaries on the Laws of England.* Adapted to the present State of the Law by R. M. Kerr. 4 vols. London, 1876.

Blair (Emma Helen), *The Indian Tribes of the Upper Mississippi Valley and Region of the Great Lakes as described by Nicolas Perrot, &c.* 2 vols. Cleveland, 1911–12.

Blake (T. P. U.), 'Matrimonial Customs in the West of Ireland'; in *Folk-Lore*, vol. xviii. London, 1907.

C C 2

Blau (O.), 'Nachrichten über kurdische Stämme'; in *Zeitschr. Deutsch. Morgenl. Gesellsch.* vol. xvi. Leipzig, 1862.

Bleyer (*Dr.*), 'Die wilden Waldindianer Santa Catharinas: die "Schokléng"'; in *Zeitschr. f. Ethnol.* vol. xxxvi. Berlin, 1904.

Bloch (Iwan), *The Sexual Life of Our Time in its Relations to Modern Civilization.* Trans. by M. Eden Paul. London, 1908.

Blochmann (H.), 'Koch Bihár, Koch Hájo, and A'sám, in the 16th and 17th Centuries, according to the Akbarnámah, the Padishahnámah, and the Fathiyah i 'Ibriyah'; in *Jour. Asiatic Soc. Bengal*, vol. xli. pt. i. Calcutta, 1872.

Blümner (Hugo), *The Home Life of the Ancient Greeks.* Trans. London, 1893.

Blumentritt (Ferd.), *Versuch einer Ethnographie der Philippinen.* (Petermann's *Mittheilungen, Ergänzungsheft No.* 67.) Gotha, 1882.

Blunt (*Lady* Anne), *Bedouin Tribes of the Euphrates.* 2 vols. London, 1879.

Bluntschli (J. C.), *Staats- und Rechtsgeschichte der Stadt und Landschaft Zürich.* 2 vols. Zürich, 1838.

Boas (Franz), 'The Central Eskimo'; in *Ann. Rep. Bur. Ethnol.* vi., 1884–85. Washington, 1888.

—— *Changes in Bodily Form of Descendants of Immigrants.* Washington, 1910.

—— 'Changes in the Bodily Form of Descendants of Immigrants'; in *American Anthropologist*, new ser. vol. xiv. Lancaster, 1912.

—— 'First General Report on the Indians of British Columbia'; in *Fifth Report on the North-Western Tribes of Canada.* (Reprinted from the Report of the British Association for 1889.) London.

—— 'The Half-blood Indian. An Anthropometric Study'; in *Popular Science Monthly*, vol. xlv. New York, 1894.
—— 'The Mythology of the Bella Coola Indians'; in *Publications of the Jesup North Pacific Expedition*, vol. i. New York, 1900.
—— 'Second General Report on the Indians of British Columbia,' in 'Sixth Report of the Committee . . . appointed to investigate the Physical Characters, etc. of the North-Western Tribes of the Dominion of Canada'; in *Report of the Sixtieth Meeting of the British Association held at Leeds in September* 1890. London, 1891.
—— 'The Social Organization and the Secret Societies of the Kwakiutl Indians'; in *Smithsonian Report*, 1895. Washington, 1897.
Bock (Carl), *The Head-Hunters of Borneo*. London, 1881.
—— *Temples and Elephants*. London, 1884.
Bode (C. A. de), 'On the Yamúd and Goklán Tribes of Turkomania'; in *Jour. Ethn. Soc. London*, vol. i. Edinburgh (printed), 1848.
Bodin (Jean), *De Republica*. Ursellis, 1601.
Boece. See Boethius.
Boecler (J. W.), *Der Ehsten abergläubische Gebräuche, Weisen und Gewohnheiten*. Ed. by Fr. K. Kreutzwald. St. Petersburg, 1854.
Boethius (Hector), *Scotorum historiæ a prima gentis origine*. Parisiis, 1575.
Bogle (George), *Narrative of the Mission of, to Tibet, &c.* Ed. by C. R. Markham. London, 1876.
Bogoras (Waldemar), *The Chukchee*. (*Publications of the Jesup North Pacific Expedition*, vol. vii.) Leiden & New York, 1904–09.
Bolinder (Gustaf), *Ijca-indianernas Kultur*. Alingsås, 1918.
Boller (H. A.), *Among the Indians*. Philadelphia, 1868.
Bombet (L. A. C.), *The Lives of Haydn and Mozart*. Trans. London, 1818.
Bonney (F.), 'On some Customs of the Aborigines of the River Darling'; in *Jour. Anthr. Inst.* vol. xiii. London, 1884.
Bontier (Pierre) and Le Verrier (Jean), *The Canarian, or, Book of the Conquest and Conversion of the Canarians in the Year* 1402, *by Messire Jean de Bethencourt*. Trans. ed. by R. H. Major. London, 1872.
Bonvalot (Gabriel), *Across Thibet*. Trans. 2 vols. London, 1891.
Bonwick (James), 'The Australian Natives'; in *Jour. Anthr. Inst.* vol. xvi. London, 1887.
—— *Daily Life and Origin of the Tasmanians*. London, 1870.
—— *The Last of the Tasmanians*. London, 1870.
Book of Leinster (The). See *Leinster, The Book of*.
Book of Tobit (The). See *Tobit, The Book of*.

Borheck (A. C.), *Erdbeschreibung von Asien.* 3 vols. Düsseldorf, 1792–94.
Born (*Dr.*), 'Einige Beobachtungen ethnographischer Natur über die Oleaï-Inseln'; in *Mittheil. Deutsch. Schutzgeb.* vol. xvii. Berlin, 1904.
Bory de St. Vincent (J. B. G. M.), *Essais sur les Isles Fortunées.* Paris, 1803.
Bos (Ritzema), 'Untersuchungen über die Folgen der Zucht in engster Blutsverwandtschaft'; in *Biologisches Centralblatt,* vol. xiv. Leipzig, 1894.
Bosman (W.), 'A New Description of the Coast of Guinea.' Trans.; in Pinkerton, *Collection of Voyages and Travels,* vol. xvi. London, 1814.
Bossu (—), *Travels through that Part of North America formerly called Louisiana.* Trans. 2 vols. London, 1771.
Boston Journal of Natural History. Boston.
Bouche (P.), *Sept ans en Afrique occidentale. La Côte des Esclaves et Le Dahomey.* Paris, 1885.
Boudinhon (A.), 'Impediments, Canonical'; in *The Catholic Encyclopedia,* vol. vii. New York, 1910.
Bourien (*le Père*), 'On the Wild Tribes of the Interior of the Malay Peninsula'; in *Trans. Ethn. Soc. London,* new ser. vol. iii. London, 1865.
Bourke (J. G.), 'Notes upon the Gentile Organization of the Apaches of Arizona'; in *Jour. American Folk-Lore,* vol. iii. Boston & New York, 1890.

—— *The Snake-Dance of the Moquis of Arizona.* London, 1884.
Bovallius (Carl), *Resa i Central-Amerika,* 1881–1883. 2 vols. Upsala, 1887.
Bove (Giacomo), *Patagonia. Terra del Fuoco. Mari Australi.* Genova, 1883.
Bowdich (T. E.), *Mission from Cape Coast Castle to Ashantee.* London, 1819.
Bowring (*Sir* John), *The Kingdom and People of Siam.* 2 vols. London, 1857.
—— *A Visit to the Philippine Islands.* London, 1859.
Boyle (Frederick), *Adventures among the Dyaks of Borneo.* London, 1865.
Bradbury (John), *Travels in the Interior of America, in the Years 1809–1811.* Liverpool, 1817.
Bradley-Birt (F. B.), *Chota Nagpore.* London, 1910.
Brailsford (H. N.), 'The Macedonian Revolt'; in *The Fortnightly Review,* new ser. vol. lxxiv. London, 1903.
Brainne (Ch.), *La Nouvelle-Calédonie.* Paris, 1854.
Brand (John), *Observations on Popular Antiquities.* With the additions of Sir Henry Ellis. London, 1888.
Bray (Denys), *Census of India,* 1911. *Vol. IV. Baluchistan,* pt. i. Report. Calcutta, 1913.

Breasted (J. H.), *Ancient Records of Egypt.* 5 vols. Chicago, 1906–07.
Breeks (J. W.), *An Account of the Primitive Tribes and Monuments of the Nīlagiris.* London, 1873.
Brehm (A. E.), *Bird-Life.* Trans. London, 1874.
—— *Thierleben.* 10 vols. Leipzig, 1877–80.
Brenchley (J. L.), *Jottings during the Cruise of H.M.S. Curaçoa among the South Sea Islands in* 1865. London, 1873.
Brenner (J. von), *Besuch bei den Kannibalen Sumatras.* Würzburg, 1894.
Bresciani (Antonio), *Dei costumi dell' isola di Sardegna comparati cogli antichissimi popoli orientali.* 2 vols. Napoli, 1850.
Breton (W. H.), *Excursions in New South Wales, Western Australia, and Van Dieman's Land.* London, 1833.
Brett (W. H.), *The Indian Tribes of Guiana.* London, 1868.
Bridges (Thomas), Letter to the author, dated Downeast, Tierra del Fuego, August 28th, 1888.
—— 'Manners and Customs of the Firelanders'; in *A Voice for South America*, vol. xiii. London, 1866.
'Brihaspati,' trans. by J. Jolly; in *The Sacred Books of the East*, vol. xxxiii. Oxford, 1889.
Brincker (P. H.), 'Charakter, Sitten und Gebräuche speciell der Bantu Deutsch-Südwestafrikas'; in *Mittheilungen des Seminars für orientalische Sprachen an der Königl. Friedrich Wilhelms-Universität zu Berlin*, vol. iii. pt. iii. Berlin & Stuttgart, 1900.
—— *Wörterbuch und kurzgefasste Grammatik des Otji-Hérero.* Ed. by C. G. Büttner. Leipzig, 1886.
Broca (Paul), *On the Phenomena of Hybridity in the Genus Homo.* Trans. ed. by C. C. Blake. London, 1864.
Brooke (Charles), *Ten Years in Saráwak.* 2 vols. London, 1866.
Brooke (James), *Narrative of Events in Borneo and Celebes . . . from the Journals of.* Ed. by R. Mundy. 2 vols. London, 1848.
Brown (A. R.), 'Three Tribes of Western Australia'; in *Jour. Roy. Anthr. Inst.* vol. xliii. London, 1913.
Brown (G.), 'Notes on the Duke of York Group, New Britain, and New Ireland'; in *Jour. Roy. Geo. Soc.* vol. xlvii. London, 1877.
Brown (J. Macmillan), *Maori and Polynesian.* London, 1907.
Browne (James), 'Die Eingebornen Australiens, ihre Sitten und Gebräuche'; in Petermann's *Mittheilungen*, 1856. Gotha.
Bruce (James), *Travels to discover the Source of the Nile, in the Years* 1768–1773. 5 vols. Edinburgh, 1790.
Brunner (Heinrich), *Deutsche Rechtsgeschichte.* 2 vols. Leipzig, 1887–92.
—— 'Die Geburt eines lebenden Kindes und das eheliche Vermögensrecht,' in *Zeitschr. der Savigny-Stiftung für Rechtsgeschichte*,

vol. xvi. Weimar, 1895.
—— *Grundzüge der deutschen Rechtsgeschichte.* München & Leipzig, 1913.

Bruns (C. G.), *Fontes juris romani antiqui.* Ed. by Th. Mommsen and O. Gradenwitz. Friburgi i. B. & Lipsiae, 1893.

—— and Sachau (E.), *Syrisch-römisches Rechtsbuch aus dem fünften Jahrhundert.* Leipzig, 1880.

Bry (Theodor de), *Narrative of Le Moyne, an Artist who accompanied the French Expedition to Florida under Laudonnière, 1564.* Trans. Boston, 1875.

Bryce (James, *Lord*), *Studies in History and Jurisprudence.* 2 vols. Oxford, 1901.

Buch (Max), *Die Wotjäken.* Stuttgart, 1882.

—— 'Die Wotjäken'; in *Acta Societatis Scientiarum Fennicæ,* vol. xii. Helsingfors, 1883.

Buchanan (Francis), 'A Journey from Madras through the Countries of Mysore, Canara, and Malabar'; in Pinkerton, *Collection of Voyages and Travels,* vol. viii. London, 1811.

Buchanan (George), *Rerum Scoticarum historia.* Edinburgi, 1583.

Buchanan (James), *Sketches of the History, Manners, and Customs of the North American Indians.* London, 1824.

Buchner (Max), *Kamerun.* Leipzig, 1887.

Bücheler (Franz) and Zitelmann (Ernst), *Das Recht von Gortyn.* (*Rheinisches Museum für Philologie. Neue Folge,* vol. xl. *Ergänzungsheft.*) Frankfurt a.M., 1885.

Büchner (Ludwig), *Liebe und Liebes-Leben in der Thierwelt.* Leipzig, 1885.

Bühler (J. G.), *Grundriss der indo-arischen Philologie und Altertumskunde.* Ed. by. Strassburg, 1896, &c. *In progress.*

Bülow (W. von), 'Die Ehegesetze der Samoaner'; in *Globus,* vol. lxxiii. Braunschweig, 1898.

Bürgerliches Gesetzbuch. Berlin, 1916.

Büttner (C. G.), 'Sozialpolitisches aus dem Leben der Herero in Damaraland'; in *Das Ausland,* vol. lv. Stuttgart, 1882.

Bufe (*Missionary*), 'Die Bakundu'; in *Archiv f. Anthropologie,* new ser. vol. xii. Braunschweig, 1913.

Bukhārī (El-), *Les traditions islamiques.* French translation by O. Houdas and W. Marçais. 4 vols. (*Publications de l'École des langues orientales,* ser. iv. vols. iii.–vi.) Paris, 1903–14.

Bulletins (*et mémoires*) *de la Société d'Anthropologie de Paris.*

—— *de la Société de Géographie.* Paris.

—— *de la Société de Géographie commerciale de Paris.*

Southern

—— *of the U.S. National Museum.* Washington.

—— See *Société normande de Géographie, Bulletins.*

Burbridge (F. W.), *The Gardens of the Sun.* London, 1880.

Burchell (W. J.), *Travels in the Interior of Southern Africa.* 2 vols.

London, 1822–24.
Burckhardt (J. L.), *Arabic Proverbs.* London, 1830.
—— *Notes on the Bedouins and Wahábys.* London, 1830.
Burdach (C. F.), *Die Physiologie als Erfahrungswissenschaft.* 6 vols. Leipzig, 1832–40.
Burge (William), *Commentaries on Colonial and Foreign Laws.* Ed. by A. Wood Renton and G. Grenville Phillimore. London, 1907, &c. *In progress.*
Burger (Friedrich), *Die Küsten- und Bergvölker der Gazellehalbinsel.* Stuttgart, 1913.
'Burgerlijk Wetboek'; in *De Nederlandsche Wetboeken zooals zij tot op* 31 *Maart van het jaar* 1918 *zijn gewijzigd en aangevuld.* Ed. by J. A. Fruin. 's-Gravenhage, 1918.
Burne (Charlotte Sophia), *The Handbook of Folklore.* New edition revised and enlarged by. London, 1914.
—— *Shropshire Folk-Lore.* Ed. by, from the Collections of Georgina F. Jackson. London, 1883.
—— 'Wedding Custom'; in *Folk-Lore*, vol. xix. London, 1908.
Burnes (Alex.), *Travels into Bokhara.* 3 vols. London, 1834.
Burrows (Guy), *The Land of the Pigmies.* London, 1898.
Burton (*Sir* Richard F.), *Abeokuta and the Camaroons Mountains.* 2 vols. London, 1863.
—— *The City of the Saints and across the Rocky Mountains to California.* London, 1861.
—— 'Ethnological Notes on M. du Chaillu's "Explorations and Adventures in Equatorial Africa"'; in *Trans. Ethn. Soc. London*, new ser. vol. i. London, 1861.

1323

—— *First Footsteps in East Africa.* London, 1856.
—— *Goa, and the Blue Mountains.* London, 1851.
—— *The Highlands of the Brazil.* 2 vols. London, 1869.
—— *The Lake Regions of Central Africa.* 2 vols. London, 1860.
—— *A Mission to Gelele, King of Dahome.* 2 vols. London, 1864.
—— 'Notes on certain Matters connected with the Dahoman'; in *Memoirs Anthr. Soc. London*, vol. i. 1863–64. London, 1865.
—— *Personal Narrative of a Pilgrimage to Al-Madinah and Mekkah.* 2 vols. London, 1898.
—— *Two Trips to Gorilla Land and the Cataracts of the Congo.* 2 vols. London, 1876.
Burton (Robert), *The Anatomy of Melancholy.* London, 1845.
Buschmann (J. C. E.), 'Ueber den Naturlaut'; in *Philologische und historische Abhandlungen der Königl. Akademie der Wissenschaften zu Berlin*, 1852.
Bustico (Guido), 'Il matrimonio nel Bellunese'; in Provenzal, *Usanze e feste del popolo italiano.* Bologna, 1912.
Butler (John), *Travels and Adventures in the Province of Assam.* London, 1855.
Byskomakaren Jonas Stolts minnen från 1820-talet. Anteckningar

från Högsby socken i Småland, utgifna från Nordiska museet. (*Bidrag till vår odlings häfder*, ed. by Artur Hazelius, vol. v.) Stockholm, 1892.

Cadamosto (Alvise), 'Delle navigationi'; in Ramusio, *Navigationi et viaggi*, vol. i. Venetia, 1554.

Caesar (C. J.), *Opera omnia*. 5 vols. London, 1819.

Caillié (Réné), *Travels through Central Africa to Timbuctoo*. 2 vols London, 1830.

Cain (John), 'The Bhadrachellam and Rekapalli Taluqas'; in *The Indian Antiquary*, vol. viii. Bombay, 1879.

Calcutta Review (The). Calcutta.

Calder (J. E.), 'Some Account of the Wars of Extirpation, and Habits of the Native Tribes of Tasmania'; in *Jour. Anthr. Inst.* vol. iii. London, 1874.

Calonne Beaufaict (A. de), 'Zoolâtrie et Totémisme chez les peuplades septentrionales du Congo Belge'; in *Revue des études ethnographiques et sociologiques*, vol. ii. Paris, 1909.

Calvert (A. F.), *The Aborigines of Western Australia*. London, 1894.

Calvert (J.), *Vazeeri Rupi, the Silver Country of the Vazeers, in Kulu*. London, 1873.

Calvör (Caspare), *Rituale ecclesiasticum*. 2 vols. Jena, 1705.

Cambridge Natural History. Ed. by S. F. Harmer and A. E. Shipley. 10 vols. London, 1895–1909.

1324 Cameron (A. L. P.), 'Notes on some Tribes of New South Wales'; in *Jour. Anthr. Inst.* vol. xiv. London, 1885.

Cameron (V. L.), *Across Africa*. 2 vols. London, 1877.

Campbell (A.), 'Note on the Limboos, and other Hill Tribes hitherto undescribed'; in *Jour. Asiatic Soc. Bengal*, vol. ix. pt. i. Calcutta, 1840.

Campbell (F. A.), *A Year in the New Hebrides, Loyalty Islands, and New Caledonia*. Geelong & Melbourne, [1873].

Campbell (J.), Short summary of a paper 'On Polygamy: its Influence in determining the Sex of our Race and its Effects on the Growth of Population' read by; in *The Anthropological Review*, vol. viii. London, 1870.

Campbell (John), *A Personal Narrative of Thirteen Years' Service amongst the Wild Tribes of Khondistan*. London, 1864.

Campbell (John), *Travels in South Africa*. London, 1815.

—— *Travels in South Africa, being a Narrative of a Second Journey in the Interior of that Country*. 2 vols. London, 1822.

Canada and its Provinces. Ed. by A. Shortt and A. G. Doughty. Toronto, 1913 &c.

Canada Department of Mines. Geological Survey. Memoirs. Ottawa.

—— *Geological Survey. Museum Bulletins*. Ottawa.

Candelier (H.), *Rio-Hacha et les Indiens Goajires*. Paris, 1893.

Canones et decreta Concilii Tridentini ex editione Romana a. MDCCCXXXIV. Ed. by E. L. Richter. Lipsiae, 1853.

Canziani (Estella), 'Courtship, Marriage and Folk-Belief in Val d'Ossola (Piedmont)'; in *Folk-Lore*, vol. xxiii. London, 1912.

Captivity of Hans Stade (The). See Stade, Hans.

Cardús (*P.* José), *Las Misiones Fransiscanas entre los infieles de Bolivia.* Barcelona, 1886.

Carey (B. S.) and Tuck (H. N.), *The Chin Hills.* 2 vols. Rangoon, 1896.

[Carli (G. R.),] *Le lettere Americane.* 2 vols. Cremona, 1781–82.

Carnegie Institution of Washington Publications.

'Carolinen (Die)'; in *Deutsche Rundschau für Geographie und Statistik*, vol. viii. Wien, Pest, & Leipzig, 1886.

Carr (William), *The History of the Rise and Progress of the Killerby, Studley, and Warlaby Herds of Shorthorns.* London, 1867.

Cartwright (Minnie), 'Scraps of Scottish Folklore, I.'; in *Folk-Lore*, vol. xxi. London, 1910.

Carver (J.), *Travels through the Interior Parts of North America.* London, 1781.

Casalis (E.), *The Basutos.* London, 1861.

Casati (G.), *Ten Years in Equatoria.* Trans. 2 vols. London, 1891.

Castañeda de Naçera (Pedro de), 'Relacion de la Jornada de Cibola'; in *Ann. Rep. Bur. Ethnol.* xiv. pt. i. Washington, 1896.

Castelnau (François de), *Expédition dans les parties centrales de l'Amérique du Sud.* 7 vols. Paris, 1850–59.

Castle (W. E.), Carpenter (F. W.), Clark (A. H.), Mast (S. O.), and Barrows (W. M.), 'The Effects of Inbreeding, Cross-breeding, and Selection upon the Fertility and Variability of Drosophila'; in *Proceedings of the American Academy of Arts and Sciences*, vol. xli. Boston, 1906.

Castrén (M. A.), *Nordiska resor och forskningar.* 5 vols. Helsingfors, 1852–58.

—— 'Reseminnen'; in *Helsingfors Morgonblad*, 1843. Helsingfors.

—— in *Litterära Soiréer i Helsingfors under hösten* 1849. Helsingfors, 1849.

Catholic Encyclopedia. 17 vols. New York, 1907–18.

Catlin (George), *Illustrations of the Manners, Customs, and Condition of the North American Indians.* 2 vols. London, 1876.

—— *Last Rambles amongst the Indians of the Rocky Mountains and the Andes.* Edinburgh & London, 1877.

Catullus (G. V.), *Carmina.* Ed. by Joh. P. Postgate. Londini, 1889.

Caussin de Perceval (A. P.), *Essai sur l'histoire des Arabes.* 3 vols. Paris, 1847–48.

Cauvet (J.), 'De l'organisation de la famille à Athènes'; in *Revue*

de législation et de jurisprudence, vol. xxiv. Paris, 1845.
Census of India, 1891. Calcutta &c.
—— 1901. Calcutta &c.
—— 1911. Calcutta &c.
Chaffanjon (J.), *L'Orénoque et le Caura*. Paris, 1889.
Chalmers (James), 'Notes on the Natives of Kiwai Island, Fly River, British New Guinea'; in *Jour. Anthr. Inst.* vol. xxxiii. London, 1903.
—— *Pioneer Life and Work in New Guinea* 1877–1894. London, 1895.
—— *Pioneering in New Guinea*. London, 1887.
—— 'Report on the Australasian, Papuan, and Polynesian Races. (1.) New Guinea. Toaripi and Koiari Tribes'; in *Report of the Second Meeting of the Australasian Association for the Advancement of Science held at Melbourne, Victoria, in January, 1890*. Sydney, 1890.
Chamberlain (B. H.), *Things Japanese*. London, 1905.
Chanler (W. A.), *Through Jungle and Desert*. London & New York, 1896.
Chantre y Herrera (P. José), *Historia de las Misiones de la Compañia de Jesús en el Marañón español*. Madrid, 1901,
Chapeaurouge (— de). See Roemer (Th.).

Chapman (J.), *Travels in the Interior of South Africa*. 2 vols. London, 1868.
Charax of Pergamus, 'Hellenica'; in *Fragmenta Historicorum Græcorum*, ed. by C. Müller, vol. iii. Parisiis, 1849.
Charles (R. H.). See *Apocrypha and Epigrapha of the Old Testament in English*; and *Testaments of the Twelve Patriarchs (The)*.
Charlevoix (P. F. X. de), *Histoire et description generale de la Nouvelle France*. 6 vols. Paris, 1744.
—— *The History of Paraguay*. Trans. 2 vols. London, 1769.
—— *A Voyage to North-America*. Trans. 2 vols. Dublin, 1766.
Chatterji (J. L.), 'The Origin and Traditions of Kathis'; in *The Calcutta Review*, vol. cxxxi. Calcutta, 1910.
Chavanne (Joseph), *Reisen und Forschungen im alten und neuen Kongostaate*. Jena, 1887.
—— *Die Sahara*. Wien, Pest, & Leipzig, 1879.
Chen (I.), *The Patriarchal System in China* (The China Society, 9th December, 1909). *S.l.*
Chénier (Louis de), *The Present State of the Empire of Morocco*. Trans. 2 vols. London, 1788.
Cherbonneau (Eugène). See Sautayra (Édouard) and Cherbonneau (Eugène).
Chervin (N.), *Recherches médico-philosophiques sur les causes physiques de la polygamie dans les pays chauds*. Paris, 1812.
Cheyne (Andrew), *A Description of Islands in the Western Pacific Ocean*. London, 1852.

Cheyne (T. K.), 'Blessings and Cursings'; in *Encyclopædia Biblica*, vol. i. London, 1899.
—— 'Harlot'; in *Encyclopædia Biblica*, vol. ii. London, 1901.
—— and Black (J. S.), *Encyclopædia Biblica*. 4 vols. London, 1899–1903.
China Review (*The*). Hongkong.
Chisholm (James A.), 'Notes on the Manners and Customs of the Winamwanga and Wiwa'; in *Jour. African Soc.* vol. ix. London, 1910.
Chitty (S. C.), *The Ceylon Gazetteer*. Ceylon, 1834.
Chomé (*P.* I.), 'Dritter Brief an Rev. Patrem Vanthiennen.' Trans.; in Stoecklein, *Der Neue Welt-Bott*, vol. iv. pt. xxix. Wien, 1755.
Chopard (J. M.), 'A few Particulars respecting the Nicobar Islands'; in *Jour. Indian Archipelago*, vol. iii. Singapore, 1849.
Christian (F. W.), *The Caroline Islands*. London, 1899.
—— *Eastern Pacific Lands*. London, 1910.
Chronique dite de Nestor. See Nestor.
Chunder Dey (Shumbhoo), 'An Account of the Garos'; in *The Calcutta Review*, vol. cxxviii. Calcutta, 1909.
Church (G. E.), *Aborigines of South America*. Ed. by C. R. Markham. London, 1912.
Churchill (Awnsham and John), *A Collection of Voyages and Travels*. 6 vols. London, 1704–32.
Cicero (M. Tullius), *Scripta quæ manserunt omnia*. Ed. by R. Klotz and C. F. W. Müller. 4 parts. Lipsiae, 1876–1917.
Cieza de Leon (P. de), 'La Crónica del Perú [parte primera]'; in *Biblioteca de autores españoles*, vol. xxvi. Madrid, 1853.
Civil Code of Japan (*The*). Trans. by Ludwig Lönholm. Bremen & Tokyo. *S.d.*
Clarke (Samuel R.), *Among the Tribes in South West China*. London, 1911.
Claus (Heinrich), *Die Wagogo. Ethnographische Skizze eines ost-afrikanischen Bantustammes*. (*Baessler-Archiv. Beiheft II.*) Leipzig & Berlin, 1911.
Clavigero (F. S.), *The History of Mexico*. Trans. 2 vols. London, 1807.
Clement of Alexandria, *Opera omnia*. (Migne, *Patrologiæ cursus*, Ser. Graeca, vols. viii.–ix.) Parisiis, 1857.
Clement I. of Rome (*Saint*), *Opera omnia*. (Migne, *Patrologiæ cursus*, Ser. Graeca, vols. i.–ii.) Parisiis, 1857.
Clercq (F. S. A. de), *Bijdragen tot de kennis der residentie Ternate*. Leiden, 1890.
Clot-Bey (A.-B.), *Aperçu général sur l'Égypte*. 2 vols. Paris, 1840.
Clozel (F.-J.) and Villamur (R.), *Les coutumes indigènes de la Côte d'Ivoire*. Paris, 1902.
Cnut (*King*), 'The Laws of'; in *Ancient Laws and Institutes of*

England. London, 1840.
' Code civil ' ; in *Codes Belges*. Bruxelles, 1914.
' Code civil ' ; in *Les codes Français collationnés sur les textes officiels*, by L. Tripier and H. Monnier. Paris, 1910.
Code civil des Français (*Code Napoléon*). Paris, An XII.–1804.
Codes Belges et lois usuelles en vigeur en Belgique. Ed. by J. de Le Court. Bruxelles, 1914.
Codes Néerlandais (*Les*). French trans. by Gustave Tripels. Maestricht, 1886.
Codex des Civilrechts (*Russisches Civilgesetzbuch*). German trans. by Klibanski. Berlin, 1902.
Codex Justinianus. See Justinian.
Codex Theodosianus. Ed. by G. Haenel. Bonnae, 1842.
' Codice civile ' ; in *Codici e leggi del regno d'Italia*, ed. by L. Franchi, vol. i. Milano, 1908.
Codicele civile. Ed. by I. C. Codrescu. Bucuresci, 1866.
Código civil de España, ed. by M. Navarro Amandi. Madrid, 1880.
Código civil de la república Argentina. Buenos Aires, 1889.
Codigo civil portuguez. Lisboa, 1879.
Código civil promulgado en Marzo de 1884. México, 1901.
Codrington (R. H.), *The Melanesians*. Oxford, 1891.
Cojazzi (A.), *Los indios del Archipiélago Fueguino*. Santiago de Chile, 1914.
Colberg (H.), *Ueber das Ehehinderniss der Entführung*. Halle, 1869.
Cole (Fay-Cooper), ' The Wild Tribes of Davao District, Mindanao ' ; in *Field Museum of Natural History, Anthropological Series*, vol. xii. Chicago, 1913.
Colebrooke (T. E.), *Miscellaneous Essays*. 3 vols. London, 1873.
Coleman (E. H.), ' Sawdust Wedding ' ; in *Notes and Queries*, ser. v. vol. v. London, 1876.
Colenso (William), *On the Maori Races of New Zealand*. *S.l.*, [1865].
Collection de monographies ethnographiques. Ed. by Cyr. van Overbergh. Bruxelles, 1907 &c. *In progress*.
—— *of Modern Contemporary Voyages and Travels* (*A*). 10 vols. London, 1805–09.
Collections of the Minnesota Historical Society. Saint Paul (Minn.).
—— *of the New York Historical Society*.
Collins (David), *An Account of the English Colony in New South Wales*. 2 vols. London, 1798–1802.
Colquhoun (A. R.), *Amongst the Shans*. London, 1885.
Columbus (Ferdinand), ' The History of the Life and Actions of Admiral Christopher Colon ' ; in Pinkerton, *Collection of Voyages and Travels*, vol. xii. London, 1812.
Concilium Carthaginense quartum ' ; in Migne, *Patrologiæ cursus*, vol. lxxxiv. Parisiis, 1850.
Conder (C. R.), *Heth and Moab*. London, 1885.
—— ' The Present Condition of the Native Tribes in Bechuanaland ' ;

in *Jour. Anthr. Inst.* vol. xvi. London, 1887.
Condon (*Father* M. A.), 'Contribution to the Ethnography of the Basoga-Batamba, Uganda Protectorate'; in *Anthropos*, vols. v.–vi. Wien, 1910–11.
Conner (P. E.), 'Extract from the General Memoir of the Survey of Travancore'; in *The Journal of Literature and Science, published under the Auspices of the Madras Literary Society*, vol. i. Madras, 1834.
Connolly (R. M.), 'Social Life in Fanti-Land'; in *Jour. Anthr. Inst.* vol. xxvi. London, 1897.
Contemporary Review (The). London.
Conti (Nicolò), 'The Travels of, in the Early Part of the Fifteenth Century'; in *India in the Fifteenth Century*, trans. and ed. by R. H. Major. London, 1857.
Conybeare (F. C.), 'A Brittany Marriage Custom'; in *Folk-Lore*, vol. xviii. London, 1907.
Cook (Alice Carter), 'The Aborigines of the Canary Islands'; in *American Anthropologist*, new ser. vol. ii. New York, 1900.
Cook (F. C.), *The Holy Bible*, ed. by. 10 vols. London, 1871–81.
Cook (James), *A Journal of a Voyage round the World . . . in the Years* 1768–1771. London, 1771.
—— *A Voyage to the Pacific Ocean . . . in the Years* 1776–1780. 3 vols. London, 1785.
—— *A Voyage towards the South Pole, and round the World.* 2 vols. London, 1777.
Cooke (G. H.), 'Te Pito Te Henua, known as Rapa Nui; commonly called Easter Island, South Pacific Ocean'; in *Smithsonian Report*, 1897, pt. i. Washington, 1899.
Cooper (T. T.), *The Mishmee Hills.* London, 1873.
Coreal (François), *Voyages aux Indes Occidentales.* Trans. 3 vols. Amsterdam, 1722.
Corin (James), *Mating, Marriage, and the Status of Woman.* London & Felling-on-Tyne, 1910.
Cornelius Nepos, *Vitæ*. Ed. by C. Halm. Lipsiae, 1881.
Corpus inscriptionum Semiticarum. Parisiis, 1881 &c. *In progress.*
Corpus Juris Sueo-Gotorum antiqui. Samling af Sveriges Gamla Lagar. Ed. by H. S. Collin and C. J. Schlyter. 13 vols. Stockholm, Lund, 1827–77.
Cosmas of Prague, 'Chronica Bohemorum'; in Migne, *Patrologiæ cursus*, vol. clxvi. Parisiis, 1854.
Cosmos. Ed. by Guido Cora. Torino.
Coudreau (Henri), *Chez nos Indiens. Quatre années dans la Guyane Française* (1887–1891). Paris, 1893.
—— *La France équinoxiale.* 2 vols. Paris, 1887.
Coulter (Thomas), 'Notes on Upper California'; in *Jour. Roy. Geo. Soc. London*, vol. v. London, 1835.

County Folk-Lore. Published by the Folk-Lore Society. London, 1895 &c. *In progress*.

Couto de Magalhães (J. V.), *Trabalho preparatorio para aproveitamento do selvagem e do solo por elle occupado no Brazil. O selvagem*. Rio de Janeiro, 1876.

Cowburn (J. B.), 'Roping the Wedding'; in *Gloucestershire Notes and Queries*, vol. ii. London, 1884.

Cox (A. F.), *Madras District Manuals: North Arcot*. New edition revised by H. A. Stuart. 2 vols. Madras, 1894–95.

Cox (M. R.), *An Introduction to Folk-Lore*. London, 1897.

Coxe (William), *Account of the Russian Discoveries between Asia and America*. London, 1804.

Coxhead (J. C. C.), *The Native Tribes of North-Eastern Rhodesia: their Laws and Customs*. London, 1914.

Craelius (M. G.), *Försök till Ett Landskaps Beskrifning, uti en Berättelse om Tuna Läns, Sefwedes och Aspelands Häraders Fögderie, uti Calmar Höfdinge Döme*. Calmar, 1774.

Craigie (W. A.), 'Nephew' and 'Niece'; in *A New English Dictionary on Historical Principles*, ed. by James A. H. Murray, vol. vi. pt. 4. Oxford, 1903.

Crampe (*Dr*.), 'Untersuchungen über die Vererbung der Farbe und über die Beziehungen zwischen der Farbe und dem Geschlecht bei Pferden'; in *Landwirthschaftliche Jahrbücher*, vol. xiii. Berlin, 1884.

Cranz (David), *The History of Greenland*. Trans. 2 vols. London, 1820.

Crasselt (F.), 'Die Stellung der Ehefrau in Japan'; in *Anthropos*, vol. iii. Wien, 1908.

Craven (C. H.), 'Traces of Fraternal Polyandry amongst the Santāls'; in *Jour. Asiatic Soc. Bengal*, vol. lxxii. pt. iii. Calcutta, 1904.

Crawfurd (John), *History of the Indian Archipelago*. 3 vols. Edinburgh, 1820.

—— 'On the Classification of the Races of Man'; in *Trans. Ethn. Soc. London*, new ser. vol. i. London, 1861.

Crawley (A. E.), 'Exogamy and the Mating of Cousins'; in *Anthropological Essays presented to E. B. Tylor*. Oxford, 1907.

—— *The Mystic Rose*. London, 1902.

Creagh (James), *Armenians, Koords, and Turks*. London, 1880.

Cremony (J. C.), *Life among the Apaches*. San Francisco, 1868.

Crespigny (C. de), 'On Northern Borneo'; in *Proceed. Roy. Geo. Soc.* vol. xvi. London, 1872.

Crevaux (J.), *Voyages dans l'Amérique du Sud*. Paris, 1883.

Crisp (John), 'An Account of the Inhabitants of the Poggy, or, Nassau Islands, lying off Sumatra'; in *Asiatick Researches*, vol. vi. Calcutta, 1799.

Crocker (W. M.), 'Notes on Saràwak and Northern Borneo'; in *Proceed. Roy. Geo. Soc.* new ser. vol. iii. London, 1881.

Crooke (W.), 'The Hill Tribes of the Central Indian Hills'; in *Jour. Anthr. Inst.* vol. xxviii. London, 1899.
—— 'The Holi: a Vernal Festival of the Hindus'; in *Folk-Lore*, vol. xxv. London, 1914.
—— 'The Lifting of the Bride'; in *Folk-Lore*, vol. xiii. London, 1902.
Crooke (W.), *The North-Western Provinces of India.* London, 1897.
—— *The Popular Religion and Folk-Lore of Northern India.* 2 vols. Westminster, 1896.
—— *Things Indian.* London, 1906.
—— *The Tribes and Castes of the North-Western Provinces and Oudh.* 4 vols. Calcutta, 1896.
Cross (D. Kerr), 'Notes on the Country lying between Lakes Nyassa and Tanganyika'; in *Proceed. Roy. Geo. Soc.* new ser. vol. xiii. London, 1891.
Crozet (—), *Voyage to Tasmania, &c. in the Years* 1771–2. Trans. London, 1891.
Cruickshank (B.), *Eighteen Years on the Gold Coast of Africa.* 2 vols. London, 1853.
Cumming (*Miss* C. F. Gordon), *In the Himalayas and on the Indian Plains.* London, 1884.

Cummins (S. L.), 'Sub-tribes of the Bahr-el-Ghazal Dinkas'; in *Jour. Anthr. Inst.* vol. xxxiv. London, 1904.
Cumont (Franz), *Les religions orientales dans le paganisme romain.* Paris, 1906.
Cunningham (Alex.), *Ladák.* London, 1854.

Cunningham (J. D.), *A History of the Sikhs.* London, 1849.
—— 'Notes on Moorcroft's Travels in Ladakh, &c.'; in *Jour. Asiatic Soc. Bengal*, vol. xiii. pt. i. Calcutta, 1844.
Cunningham (J. F.), *Uganda and its People.* London, 1905.
Cunow (Heinrich), *Die Verwandtschafts-Organisationen der Australneger.* Stuttgart, 1894.
—— *Zur Urgeschichte der Ehe und Familie.* (*Ergänzungshefte zur Neuen Zeit*, no. 14.) Stuttgart, 1912.
Curr (E. M.), *The Australian Race.* 4 vols. Melbourne & London, 1886–87.
—— *Recollections of Squatting in Victoria.* Melbourne, &c., 1883.
Curtiss (S. I.), *Primitive Semitic Religion To-day.* London, 1902.
Customs and Manners of the Women of Persia. See Atkinson (James).
Cyprian (*Saint*), *Opera omnia.* (Migne, *Patrologiæ cursus*, vol. iv.) Parisiis, 1844.
Czaplicka (*Miss* M. A.), *Aboriginal Siberia. A Study in Social Anthropology.* Oxford, 1914.
—— *My Siberian Year.* London, *s.d.*
Czekanowski (Jan), 'Die anthropologisch-ethnographischen Arbeiten der Expedition S.H. des Herzogs Adolf Friedrich zu Mecklenburg für den Zeitraum vom 1. Juni 1907 bis 1. August

1908'; in *Zeitschr. f. Ethnol.* vol. xli. Berlin, 1909.

Dahl (L. V.), *Bidrag til Kundskab om de Sindssyge i Norge.* Christiania, 1859.

Dahlgren (E. W.), 'Om Palau-öarna'; in *Ymer*, vol. iv. Stockholm, 1885.

Dahlgrün (H.), 'Heiratsgebräuche der Schambaa'; in *Mittheil. Deutsch. Schutzgeb.* vol. xvi. Berlin, 1903.

Dahlmann (Joseph), *Das Mahābhārata als Epos und Rechtsbuch.* Berlin, 1895.

Dahmen (*Father*), 'The Kunnuvans or Mannadis, a Hill-Tribe of the Palnis, South India'; in *Anthropos*, vol. v. Wien, 1910.

—— 'The Paliyans, a Hill-Tribe of the Palni Hills (South India)'; in *Anthropos*, vol. iii. Wien, 1908.

Dalager (Lars), *Grønlandske Relationer.* Kiøbenhavn, *s.d.*

Dale (G.), 'An Account of the Principal Customs and Habits of the Natives inhabiting the Bondei Country'; in *Jour. Anthr. Inst.* vol. xxv. London, 1896.

Dale (J. H. van), *Groot Woordenboek der nederlandsche taal.* Ed. by P. J. van Malssen. 's-Gravenhage & Leiden, 1914.

Dall (W. H.), *Alaska and its Resources.* London, 1870.

Dalton (E. T.), *Descriptive Ethnology of Bengal.* Calcutta, 1872.

—— 'The "Kols" of Chota-Nagpore'; in *Trans. Ethn. Soc. London*, new ser. vol. vi. London, 1868.

Dalyell (J. G.), *The Darker Superstitions of Scotland, illustrated from History and Practice.* Edinburgh, 1834.

Daniell (W. F.), 'On the Ethnography of Akkrah and Adampé, Gold Coast, Western Africa'; in *Jour. Ethn. Soc. London*, vol. iv. London, 1856.

Danks (Benj.), 'Marriage Customs of the New Britain Group'; in *Jour. Anthr. Inst.* vol. xviii. London, 1889.

Dannert (*Missionary*), 'Soziale Verhältnisse der Ovaherero'; in *Mitteilungen der Geographischen Gesellschaft (für Thüringen) zu Jena*, vol. vi. Jena, 1888.

—— 'Ueber die Sitte der Zahnverstümmelung bei den Ovaherero'; in *Zeitschr. f. Ethnol.* vol. xxxix. Berlin, 1907.

Dannert (E.), *Zum Rechte der Herero, insbesondere über ihr Familien- und Erbrecht.* Berlin, 1906.

Dapper (O.), *Description de l'Afrique.* French trans. Amsterdam, 1686.

Darab Dastur Peshotan Sunjana, *Next-of-kin Marriages in Old Irân.* London, 1888.

—— *The Position of Zoroastrian Women in Remote Antiquity.* Bombay, 1892.

Dargun (L.), *Mutterrecht und Raubehe und ihre Reste im germanischen Recht und Leben.* Breslau, 1883.

—— *Mutterrecht und Vaterrecht.* Leipzig, 1892.

Darinsky (A.), 'Die Familie bei den kaukasischen Völkern'; in *Zeitschr. f. vergl. Rechtswiss.* vol. xiv. Stuttgart, 1899.
Darmesteter (James), 'Introduction to the Vendîdâd'; in *The Sacred Books of the East*, vol. iv. Oxford, 1880.
—— *Ormazd et Ahriman.* Paris, 1877.
Darwin (Charles), *The Descent of Man.* 2 vols. London, 1888.
—— *The Effects of Cross and Self Fertilisation in the Vegetable Kingdom.* London, 1876.
—— *Journal of Researches into the Geology and Natural History of the various Countries visited by H.M.S. Beagle.* London, 1839.
—— *On the Origin of Species.* 2 vols. London, 1888.
—— *The Variation of Animals and Plants under Domestication.* 2 vols. London, 1868.
Darwin (G. H.), 'Marriages between First Cousins in England and their Effects'; in *The Fortnightly Review*, new ser. vol. xviii. London, 1875.
—— 'Marriages between First Cousins in England and their Effects'; in *Jour. Statistical Soc.* vol. xxxviii. London, 1875.
—— 'Note on the Marriages of First Cousins'; in *Jour. Statistical Soc.* vol. xxxviii. London, 1875.
Das (S. C.). See Sarat Chandra Das.
David (J.), 'Notizen über die Pygmäen des Ituriwaldes'; in *Globus*, vol. lxxxvi. Braunschweig, 1904.
Davids (T. W. Rhys), *Buddhist India.* London, 1903.
—— *Hibbert Lectures on the Origin and Growth of Religion as illustrated by some Points in the History of Indian Buddhism.* London, 1881.
Davidson (J. W.), *The Island of Formosa Past and Present.* London & New York, 1903.
Davis (*Sir* John Francis), *China: a general Description of the Empire and its Inhabitants.* 2 vols. London, 1857.
Davis (W. W. H.), *El Gringo; or, New Mexico and her People.* New York, 1857.
Davy (John), *An Account of the Interior of Ceylon.* London, 1821.
Dawson (James), *Australian Aborigines.* Melbourne, &c., 1881.
Déchelette (Joseph), 'La peinture corporelle et le tatouage'; in *Revue archéologique*, ser. iv. vol. ix. Paris, 1907.
Decle (Lionel), *Three Years in Savage Africa.* London, 1898.
Deecke (W.), *Die deutschen Verwandtschaftsnamen.* Weimar, 1870.
Dehon (*Father*), 'Religion and Customs of the Uraons'; in *Memoirs Asiatic Soc. Bengal*, vol. i. 1905–07. Calcutta, 1907.
Delafosse (Maurice), 'Les Agni (Pai-Pi-Bri)'; in *L'Anthropologie*, vol. iv. Paris, 1893.
—— *Haut-Sénégal-Niger (Soudan Français). Le Pays, les Peuples, les Langues, l'Histoire, les Civilisations.* 3 vols. Paris, 1912.
—— 'Le peuple Siéna ou Sénoufo'; in *Revue des études ethno-*

graphiques et sociologiques, vol. i. Paris, 1908.
Delaunay (—), 'Sur la beauté'; in *Bull. Soc. d'Anthr. Paris*, ser. iii. vol. viii. Paris, 1885.
Delbrück (B.), 'Die indogermanischen Verwandtschaftsnamen'; in *Abhandlungen der Königl. Sächsischen Gesellsch. der Wissenschaften*, vol. xxv. (*Abhandlungen der philologisch-historischen Classe*, vol. xi.) Leipzig, 1890.
Delepierre (J. O.), *L'enfer décrit par ceux qui l'ont vu.* 2 pts. London, [1864–65].
Delhaise (—), *Les Warega* (*Congo Belge*). (*Collection de monographies ethnographiques*, ed. by Cyr. van Overbergh, vol. v.) Bruxelles, 1909.
Delisle (F.), Review of M.-J. Taupin's article 'Relation d'un voyage d'exploration et d'études au Laos' in *Soc. normande de Géographie, Bull.* 1890; in *L'Anthropologie*, vol. ii. Paris, 1891.
De-Marchi (Attilio), *Il culto privato di Roma antica. I. La religione nella vita domestica.* Milano, 1896.
Demosthenes, *Opera.* Ed. by J. Th. Voemel. Parisiis, 1843.
Dempwolff (*Dr.*), 'Ueber aussterbende Völker. (Die Eingeborenen der "westlichen Inseln" in Deutsch-Neu-Guinea)'; in *Zeitschr. f. Ethnol.* vol. xxxvi. Berlin, 1904.
Denkschriften der kaiserlichen Akademie der Wissenschaften. Wien.
Dennett (R. E.), *At the Back of the Black Man's Mind or Notes on the Kingly Office in West Africa.* London, 1906.
—— *Nigerian Studies or the Religious and Political System of the Yoruba.* London, 1910.
—— *Notes on the Folklore of the Fjort* (*French Congo*). London, 1898.
Dernburg (Heinrich), *Pandekten.* 3 vols. Berlin, 1902–03.

1334

VOL. III D D

Deschamps (É.), *Carnet d'un voyageur—Au pays des Veddas.* Paris, 1892.
—— 'Les Veddas de Ceylan'; in *L'Anthropologie*, vol. ii. Paris, 1891.
Desgodins (C. H.), *Le Thibet d'après la correspondance des missionaires.* Paris, 1885.
Desideri (Ippolito). See Puini (Carlo).
Desoignies (P.), 'Die Msalala'; in Steinmetz, *Rechtsverhältnisse von eingeborenen Völkern in Afrika und Ozeanien.* Berlin, 1903.
Destaing (E.), *Étude sur le dialecte berbère des Beni-Snous.* Paris, 1907.
Deutsch (E.), *Literary Remains.* London, 1874.
Deutsche Jahrbücher für Politik und Literatur. Berlin.
Deutsche Rundschau für Geographie und Statistik. Ed. by Friedrich Umlauft. Wien, Pest, & Leipzig.
Devay (Francis), *Du danger des mariages consanguins au point de*

vue sanitaire. Paris & Lyon, 1857.

Dhammapada (*The*). Trans. by F. Max Müller. (*The Sacred Books of the East*, vol. x.) Oxford, 1898.

Dhorme (P.), *La religion assyro-babylonienne.* Paris, 1910.

Dickinson (G. Lowes), *The Greek View of Life.* London, 1896.

Dictionnaire encyclopédique des sciences médicales. Paris.

Dictionnaire universel d'histoire naturelle. Paris.

Dieffenbach (E.), *Travels in New Zealand.* 2 vols. London, 1843.

Digesta. See Justinian.

Dijk (P. A. L. E. van), 'Eenige aanteekeningen omtrent de verschillende stammen (margas) en de stamverdeeling bij de Battaks'; in *Tijdschrift voor indische taal-, land- en volkenkunde,* vol. xxxviii. Batavia & 's Hage, 1895.

'Dimetian Code (The)'; in *Ancient Laws and Institutes of Wales.* London, 1841.

'Dînâ-î Maînôg-î Khirad,' trans. by E. W. West; in *The Sacred Books of the East,* vol. xxiv. Oxford, 1885.

Dio Cassius, *Historia Romana.* 4 vols. Lipsiae, 1863–64.

Diodorus Siculus, *Bibliotheca historica.* Ed. by C. Müller. 2 vols. Parisiis, 1842–44.

Dionysius of Halicarnassus, *Antiquitatum Romanarum quæ supersunt.* Parisiis, 1886.

Distant (W. L.), 'The Inhabitants of Car Nicobar'; in *Jour. Anthr. Inst.* vol. iii. London, 1874.

Dithmar of Merseburg, 'Chronicon'; in Pertz, *Monumenta Germaniæ historica,* vol. v. Hannoverae, 1839.

Dittmar (C. von), 'Ueber die Koräken und die ihnen sehr nahe verwandten Tschuktschen'; in *Mélanges russes tirés du bulletin historico-philologique de l'Académie impériale des sciences de St.-Pétersbourg,* vol. iii. St.-Pétersbourg, 1856.

Dixon (G.), *A Voyage round the World.* London, 1789.

Dixon (J. M.), 'The Tsuishikari Ainos'; in *Trans. Asiatic Soc. Japan,* vol. xi. pt. i. Yokohama, 1883.

Dixon (R. B.), *The Chimariko Indians and Language.* (*University of California Publications in American Archæology and Ethnology,* vol. v. no. 5.) Berkeley, 1910.

—— 'Notes on the Achomawi and Atsugewi Indians of Northern California'; in *American Anthropologist,* new ser. vol. x. Lancaster, 1908.

Dixon (W. J.), *Law and Practice in Divorce and other Matrimonial Causes.* London, 1908.

Djurklou (G.), *Ur Nerikes folkspråk och folklif.* Örebro, 1860.

Dobell (Peter), *Travels in Kamtschatka and Siberia.* 2 vols. London, 1830.

Dobrizhoffer (M.), *An Account of the Abipones.* Trans. 3 vols. London, 1822.

Dodge (R. Irving), *Our Wild Indians.* Hartford, 1882.

Döllinger (J. J. I.), *The Gentile and the Jew in the Courts of the Temple*

of Christ. Trans. 2 vols. London, 1862.
Domenech (E.), *Seven Years' Residence in the Great Deserts of North America.* 2 vols. London, 1860.
Domis (H. I.), *De Residentie Passoeroeang op het eiland Java.* 's-Gravenhage, 1836.
Doncaster (L.), *The Determination of Sex.* Cambridge, 1914.
Donner (Kai), *Bland samojeder i Sibirien åren* 1911–1913, 1914. Helsingfors, 1915.
Doolittle (J.), *Social Life of the Chinese.* 2 vols. New York, 1867.
Dorman (R. M.), *The Origin of Primitive Superstitions.* Philadelphia, 1881.
Dornan (S. S.), 'The Tati Bushmen (Masarwas) and their Language'; in *Jour. Roy. Anthr. Inst.* vol. xlvii. London, 1917.
Dorsey (J. Owen), 'Omaha Sociology'; in *Ann. Rep. Bur. Ethnol.* vol. iii. Washington, 1884.
—— 'Siouan Sociology'; in *Ann. Rep. Bur. Ethnol.* vol. xv. Washington, 1897.
Dottin (G.), 'Marriage (Celtic)'; in Hastings, *Encyclopædia of Religion and Ethics*, vol. viii. Edinburgh, 1915.
Douce (Francis), *Illustrations of Shakspeare.* London, 1839.
Douglas (R. K.), *Confucianism and Taouism.* London, 1889.
—— *Society in China.* London, 1894.
Doutté (Edmond), *Magie et religion dans l'Afrique du Nord.* Alger, 1909.
—— *Merrâkech.* Paris, 1905.

Dove (T.), 'Moral and Social Characteristics of the Aborigines of Tasmania'; in *The Tasmanian Journal of Natural Science, &c.* vol. i. Hobart Town, 1842.
Drechsler (Paul), *Sitte, Brauch und Volksglaube in Schlesien. I.* Leipzig, 1903.
Drew (Frederic), *The Jummoo and Kashmir Territories.* London, 1875.
Driver (S. R.), *A Critical and Exegetical Commentary on Deuteronomy.* Edinburgh, 1895.
Dubois (J. A.), *A Description of the Character, Manners, and Customs of the People of India.* Trans. ed. by G. U. Pope. Madras, 1862.
—— *Mœurs, institutions et cérémonies des peuples de l'Inde.* 2 vols. Paris, 1825.
Du Chaillu (P. B.), *Explorations and Adventures in Equatorial Africa.* London, 1861.
—— *A Journey to Ashango-Land.* London, 1867.
—— 'Observations on the People of Western Equatorial Africa'; in *Trans. Ethn. Soc. London,* new ser. vol. i. London. 1861.
Düben (G. von), *Om Lappland och Lapparne.* Stockholm, 1873.

Düringsfeld (Ida von) and Reinsberg-Düringsfeld (Otto von), *Hochzeitsbuch. Brauch und Glaube der Hochzeit bei den christlichen Völkern Europa's.* Leipzig, 1871.
Düsing (Carl), *Die Regulierung des Geschlechtsverhältnisses bei der Vermehrung der Menschen, Tiere und Pflanzen.* Jena, 1884.
Duff (H. L.), *Nyasaland under the Foreign Office.* London, 1906.
Du Halde (J. B.), *Description de l'Empire de la Chine et de la Tartarie Chinoise.* 4 vols. Le Hague, 1736.
Du Maurier (George), *Trilby.* 3 vols. London, 1894.
Dumont (Arsène), 'L'âge au mariage'; in *Bull. et mém. Soc. d'Anthr. Paris,* ser. v. vol. iii. Paris, 1902.
Dumont d'Urville (J. S. C.), *Voyage au Pole Sud et dans l'Océanie.* 23 vols. Paris, 1841–54.
Dunbar (J. B.), 'The Pawnee Indians'; in *The Magazine of American History,* vols. iv., v., viii. New York & Chicago, 1880, 1882.
Duncan (John), *Travels in Western Africa, in* 1845 *and* 1846. 2 vols. London, 1847.
Duncan (Jonathan), 'Historical Remarks on the Coast of Malabar'; in *Asiatick Researches* (printed verbatim from the Calcutta edition), vol. v. London, 1799.
Dundas (Charles), 'The Organization and Laws of some Bantu Tribes in East Africa'; in *Jour. Roy. Anthr. Inst.* vol. xlv. London, 1915.
Dundas (Kenneth R.), 'Notes on the Tribes inhabiting the Baringo District, East Africa Protectorate'; in *Jour. Roy. Anthr. Inst.* vol. xl. London, 1910.

—— 'The Wawanga and other Tribes of the Elgon District, British East Africa'; in *Jour. Roy. Anthr. Inst.* vol. xliii. London, 1913.
Dunlop (R. H. W.), *Hunting in the Himalaya.* London, 1860.
Dunnill (E. J.), 'Welsh Folklore Items, I.'; in *Folk-Lore,* vol. xxiv. London, 1913.
Durga Singh (Mian), 'A Report on the Panjab Hill Tribes'; in *The Indian Antiquary,* vol. xxxvi. Bombay, 1907.
Durham (M. Edith), *High Albania.* London, 1909.
—— 'High Albania and its Customs in 1908'; in *Jour. Roy. Anthr. Inst.* vol. xl. London, 1910.
—— 'Some Montenegrin Manners and Customs'; in *Jour. Roy. Anthr. Inst.* vol. xxxix. London, 1909.
Durkheim (Émile), *Les formes élémentaires de la vie religieuse.* Paris, 1912.
—— 'La prohibition de l'inceste et ses origines'; in *L'année sociologique,* vol. i. 1896–1897. Paris, 1898.
Du Tertre (J. B.), *Histoire générale des Antilles.* 4 vols. Paris, 1667–71.
Dutt (R. C.), 'The Social Life of the Hindus in the Rig-Veda Period'; in *The Calcutta Review,* vol. lxxxv. Calcutta, 1887.

Duvernoy (G. L.), 'Propagation'; in *Dictionnaire universel d'histoire naturelle*, vol. x. Paris, 1847.
Duveyrier (Henri), *Exploration du Sahara*. Paris, 1864.
Dyer (T. F. Thiselton), *Folk Lore of Shakespeare*. London, [1883].

Earl (G. W.), *Papuans*. London, 1853.
'East Greenland Eskimo'; in *Science*, vol. vii. New York, 1886.
Eastman (*Mrs.* Mary), *Dahcotah; or, Life and Legends of the Sioux around Fort Snelling*. New York, 1849.
Eberstein (— von), 'Ueber die Rechtsanschauungen der Küstenbewohner des Bezirkes Kilwa'; in *Mittheil. Deutsch. Schutzgeb.* vol. ix. Berlin, 1896.
Eccius (—), 'Dotationspflicht'; in F. von Holtzendorff, *Encyclopädie der Rechtswissenschaft*, pt. ii. vol. i. Leipzig, 1873.
'Ecclesiasticus'; in *Apocrypha translated out of the Greek and Latin Tongues*. Cambridge, 1895.
Eckardt (M.), 'Der Archipel der Neu-Hebriden'; in *Verhandlungen des Vereins für naturwissenschaftliche Unterhaltung zu Hamburg*, 1877, vol. iv. Hamburg, 1879.
Edinburgh Medical Journal. Edinburgh.
Edwards (H. Milne), *Leçons sur la physiologie et l'anatomie comparée de l'homme et des animaux*. 8 vols. Paris, 1857–63.
Egede (Hans), *A Description of Greenland*. Trans. London, 1745.

Ehrenfels (Christian von), 'Erwiderung auf Dr. A. Ploetz' Bemerkungen zu meiner Abhandlung über die konstitutive Verderblichkeit der Monogamie'; in *Archiv f. Rassen- und Gesellschafts-Biologie*, vol. v. München, 1908.
—— 'Die konstitutive Verderblichkeit der Monogamie und die Unentbehrlichkeit einer Sexualreform'; in *Archiv f. Rassen- und Gesellschafts-Biologie*, vol. iv. München, 1907.
Ehrenreich (Paul), *Beiträge zur Völkerkunde Brasiliens. I. Die Karayastämme am Rio Araguaya (Goyaz). II. Über einige Völker am Rio Purus (Amazonas).* (*Veröffentlichungen aus dem königl. Museum für Völkerkunde*, vol. ii. fasc. 1–2.) Berlin, 1891.
—— 'Materialien zur Sprachenkunde Brasiliens'; in *Zeitschr. f. Ethnol.* vol. xxvi. Berlin, 1894.
—— 'Ueber die Botocudos der brasilianischen Provinzen Espiritu Santo und Minas Geraes'; in *Zeitschr. f. Ethnol.* vol. xix. Berlin, 1887.
Eichhorn (K. F.), *Einleitung in das deutsche Privatrecht*. Göttingen, 1825.
Eicken (H. von), *Geschichte und System der mittelalterlichen Weltanschauung*. Stuttgart, 1887.
Einszler (Lydia), 'Das böse Auge'; in *Zeitschr. des Deutschen Palaestina-Vereins*, vol. xii. Leipzig, 1889.

Eliot (*Sir* Charles), *The East Africa Protectorate*. London, 1905.
Elliot (*Sir* H. M.), *The History of India, as told by its own Historians*. Ed. by John Dawson. 8 vols. London, 1867–77.
—— *Memoirs on the History, Folk-Lore, and Distribution of the Races of the North Western Provinces of India*. 2 vols. London, 1869.
Elliott (H. W.), 'Report on the Seal Islands of Alaska'; in *Tenth Census of the United States*. Washington, 1884.
Ellis (A. B.), *The Ewe-speaking Peoples of the Slave Coast of West Africa*. London, 1890.
—— *The Tshi-speaking Peoples of the Gold Coast of West Africa*. London, 1887.
—— *The Yoruba-speaking Peoples of the Slave Coast of West Africa*. London, 1894.
Ellis (Havelock), *Man and Woman*. Fifth Edition. London & Felling-on-Tyne, [1914].
Ellis (Havelock), *Studies in the Psychology of Sex. Vol. I. The Evolution of Modesty. The Phenomena of Sexual Periodicity. Auto-erotism*. Philadelphia, 1910.
—— *Studies in the Psychology of Sex. Vol. II. Sexual Inversion*. Philadelphia, 1915.
—— *Studies in the Psychology of Sex*. [*Vol. III.*] *Analysis of the Sexual Impulse. Love and Pain. The Sexual Impulse in Women*. Philadelphia, 1908.
—— *Studies in the Psychology of Sex*. [*Vol. IV.*] *Sexual Selection in Man*. Philadelphia, 1906.

Ellis (William), *History of Madagascar*. 2 vols. London, 1838.
—— *Narrative of a Tour through Hawaii*. London, 1826.
—— *Polynesian Researches*. 4 vols. London, 1859.
Elmslie (W. A.), *Among the Wild Ngoni*. Edinburgh & London, 1899.
Elphinstone (Mountstuart), *An Account of the Kingdom of Kaubul*. 2 vols. London, 1839.
Elton (F.), 'Notes on Natives of the Solomon Islands'; in *Jour. Anthr. Inst.* vol. xvii. London, 1888.
Emily, Shareefa of Wazan, *My Life Story*. London, 1911.
Emin Pasha in Central Africa. Trans.' London, 1888.
Encyclopædia Britannica. 29 vols. Cambridge, 1910–11.
Encyclopédie Méthodique. 167 vols. Paris, 1782–1832.
Endemann (K.), 'Mittheilungen über die Sotho-Neger'; in *Zeitschr. f. Ethnol.* vol. vi. Berlin, 1874.
Endle (Sidney), *The Kachâris*. London, 1911.
Eneström (F. J. E.), *Finvedsbornas seder och lif*. Halmstad, 1911.
Engels (Fr.), *Der Ursprung der Familie, des Privateigenthums und des Staats*. Hottingen-Zürich, 1884.
Erdland (A.), 'Die Stellung der Frauen in den Häuptlingsfamilien der Marshallinseln (Südsee)'; in *Anthropos*, vol. iv. Wien, 1909.

Erman (Adolf), *Life in Ancient Egypt*. Trans. London, 1894.
Erman (Georg Adolph), 'Ethnographische Wahrnehmungen und Erfahrungen an den Küsten des Berings-Meeres'; in *Zeitschr. f. Ethnol.* vol. iii. Berlin, 1871.
—— *Travels in Siberia*. Trans. 2 vols. London, 1848.
Erskine (J. E.), *Journal of a Cruise among the Islands of the Western Pacific*. London, 1853.
Erskine of Carnock (John), *Principles of the Law of Scotland*. Ed. by J. Rankine. Edinburgh, 1890.
Escayrac de Lauture (— d'), *Die afrikanische Wüste*. German trans. Leipzig, 1867.
Escherich (K.), *Die Ameise*. Braunschweig, 1917.
Eschwege (W. C. von), *Journal von Brasilien*. 2 vols. Weimar, 1818.
Esmein (A.), *Le mariage en droit canonique*. 2 vols. Paris, 1891.
Espinas (A.), *Des sociétés animales*. Paris, 1878.
Espinosa (Alonso de), *The Guanches of Tenerife*. Trans. and ed. by Sir Clements Markham. London, 1907.
Ethelred (*King*), 'The Laws of'; in *Ancient Laws and Institutes of England*. London, 1840.
Ethnographical Survey of India. Burma. Rangoon, 1906, &c. *In progress.*
Euripides, *Fabulæ*. Ed. by T. Fix. Parisiis, 1843.

Eusebius, *Opera*. 6 vols. (Migne, *Patrologiæ cursus*, Ser. Graeca, vols. xix.–xxiv.) Parisiis, 1857.
Ewald (G. H. A. von), *The Antiquities of Israel*. Trans. by H. S. Solly. London, 1876.
Ewart (J. C.), *The Penycuik Experiments*. London, 1899.
Ewers (J. Ph. G.), *Das älteste Recht der Russen in seiner geschichtlichen Entwickelung*. Dorpat & Hamburg, 1826.
Eylmann (Erhard), *Die Eingeborenen der Kolonie Südaustralien*. Berlin, 1908.
Eyre (E. J.), *Journals of Expeditions of Discovery into Central Australia*. 2 vols. London, 1845.

Fabre (J. H.), *The Life and Love of the Insect*. Trans. by A. Teixeira de Mattos. London, 1911.
Faggiani (Gina), 'Feste ed usanze della Sardegna'; in Provenzal, *Usanze e feste del popolo italiano*. Bologna, 1912.
Fahlbeck (Pontus E.), *Sveriges adel*. 2 vols. London, 1898–1902.
Falkner (Thomas), *A Description of Patagonia, and the Adjoining Parts of South America*. Hereford, 1774.
Fanning (W.), 'Marriage, Mixed'; in *The Catholic Encyclopedia*, vol. ix. New York, 1910.
Faria y Sousa (Manuel de), *Asia Portoguesa*. 3 vols. Lisboa, 1666–1675.
Farler (J. P.), 'The Usambara Country in East Africa'; in *Proceed.*

Roy. Geo. Soc. new ser. vol. i. London, 1879.

Farnell (L. R.), *The Cults of the Greek States.* 5 vols. 1896–1909.

—— *Greece and Babylon.* Edinburgh, 1911.

—— 'Sociological Hypotheses concerning the Position of Women in Ancient Religion'; in *Archiv für Religionswissenschaft,* vol. vii. Leipzig, 1904.

Farrand (L.), 'Notes on the Alsea Indians of Oregon'; in *American Anthropologist,* new ser. vol. iii. New York, 1901.

Farrer (J. A.), *Primitive Manners and Customs.* London, 1879.

Fataburen. Kulturhistorisk tidskrift. Ed. by Nordiska museet. Stockholm.

Favre (P.), 'An Account of the Wild Tribes inhabiting the Malayan Peninsula, Sumatra and a few Neighbouring Islands'; in *Jour. Indian Archipelago,* vol. ii. Singapore, 1848.

—— *An Account of the Wild Tribes inhabiting the Malayan Peninsula, Sumatra and a few Neighbouring Islands.* Paris, 1865.

Fawcett (F.), 'The Nâyars of Malabar'; in the Madras Government Museum's *Bulletin,* vol. iii. Madras, 1901.

—— 'On the Saoras (or Savaras)'; in *Jour. Anthr. Soc. Bombay,* vol. i. Bombay, 1888.

—— 'On some of the Earliest existing Races of the Plains of South India'; in *Folk-Lore,* vol. v. London, 1894.

Fay (E. A.), *Marriages of the Deaf in America.* Washington, 1898.

Fed[e]rici (Cesare), *Viaggio nell' India orientale, et oltra l'India.* Venetia, 1587.

Feer (—). See Rüdin (E.).

Fehlinger (Hans), 'Kreuzungen beim Menschen'; in *Archiv f. Rassen- und Gesellschafts-Biologie,* vol. viii. Leipzig & Berlin, 1911.

Fehrle (E.), *Die kultische Keuschheit im Altertum.* Giessen, 1910.

Feilberg (H. F.), *Bidrag til en ordbog over jyske almuesmål.* 3 vols. and *Tillæg og rettelser.* Kjøbenhavn, 1911–12.

—— 'Hochzeitsschüsse, Neujahrsschüsse', in *Archiv für Religionswissenschaft,* vol. iv. Tübingen & Leipzig, 1901.

Felkin (R. W.), 'Contribution to the Determination of Sex, derived from Observations made on an African Tribe'; in *Edinburgh Medical Journal,* vol. xxxii. pt. i. July to December 1886. Edinburgh, 1887.

—— 'Introductory Address to a Course of Lectures on Diseases of the Tropics and Climatology'; in *Edinburgh Medical Journal,* vol. xxxi. pt. ii. Edinburgh, 1886.

—— 'Notes on the For Tribe of Central Africa'; in *Proceed. Roy. Soc. Edinburgh,* vol. xiii. Edinburgh, 1886.

—— 'Notes on the Madi or Moru Tribe of Central Africa'; in *Proceed. Roy. Soc. Edinburgh,* vol. xii. Edinburgh, 1884.

—— 'Notes on the Waganda Tribe of Central Africa'; in *Proceed. Roy. Soc. Edinburgh,* vol. xiii. Edinburgh, 1886.

Féraud (L.), 'Mœurs et coutumes kabiles'; in *Revue africaine*, vol. vi. Constantine, 1862.
Ferishta (Mahomed Kasim), *History of the Rise of the Mahomedan Power in India, till the Year* A.D. 1612. Trans. from the original Persian by John Briggs. 4 vols. London, 1829.
Fernandez (J. P.), *Relacion historial de las missiones de los Indios, que llaman Chiquitos*. Madrid, 1726.
Fernow (Erik), *Beskrifning öfver Wärmeland*. Götheborg, 1773–79.
Festschrift für Adolf Bastian zu seinem 70. Geburtstage. Berlin, 1896.
Festschrift für Otto Benndorf. Wien, 1898.
Festskrift til H. F. Feilberg fra nordiske sprog og folkemindeforskere. Stockholm, København, & Kristiania, 1911.
Festus (S. Pompejus), *De verborum significatione quæ supersunt*. Ed. by C. O. Müller. Lipsiae, 1839.
Fewkes (J. W.), 'The Aborigines of Porto Rico and Neighboring Islands'; in *Ann. Rep. Bur. American Ethnol.* vol. xxv. 1903–04. Washington, 1907.
ffoulkes (Arthur), 'The Fanti Family System'; in *Jour. African Soc.* vol. vii. London, 1908.
Field Museum of Natural History, Anthropological Series. Chicago.
Fielding Hall (H.), *The Soul of a People*. London, 1902.
Finck (H. T.), *Primitive Love and Love-Stories*. New York, 1899.
—— *Romantic Love and Personal Beauty*. 2 vols. London, 1887.
Finlands rikes lag. Ed. by A. Hernberg. Helsingfors, 1920.
Finley (John) and Churchill (William), *The Subanu. Studies of a Sub-Visayan Mountain Folk of Mindanao.* (*Carnegie Institute of Washington Publication No.* 184.) Washington, 1913.

Finsch (Otto), *Neu-Guinea und seine Bewohner*. Bremen, 1865.
—— *Reise nach West-Sibirien im Jahre* 1876. Berlin, 1879.
—— *Ueber Bekleidung, Schmuck und Tätowirung der Papuas der Südostküste von Neu-Guinea*. (Reprinted from *Mittheilungen der Anthropologischen Gesellschaft in Wien*, vol. xv. [new ser. vol. v.]) Wien, 1885.
—— 'Ueber die Bewohner von Ponapé (östl. Carolinen)'; in *Zeitschr. f. Ethnol.* vol. xii. Berlin, 1880.
Fischer (Eugen), *Die Rehobother Bastards und das Bastardierungs-problem beim Menschen*. Jena, 1913.
Fishberg (Maurice), *The Jews*. London & Felling-on-Tyne, 1911.
Fisher (*Captain*), 'Memoir of Sylhet, Kachar, and the Adjacent Districts'; in *Jour. Asiatic Soc. Bengal*, vol. ix. pt. ii. Calcutta, 1840.
Fiske (John), *Outlines of Cosmic Philosophy*. 2 vols. London, 1874.
Fison (Lorimer), 'The Classificatory System of Relationship'; in *Jour. Anthr. Inst.* vol. xxiv. London, 1895.
—— 'Fijian Burial Customs'; in *Jour. Anthr. Inst.* vol. x. London, 1881.
—— and Howitt (A. W.), *Kamilaroi and Kurnai*. Melbourne & Sydney, 1880.

Flachs (Adolf), *Rumänische Hochzeits- und Totengebräuche.* Berlin, 1899.
Fletcher (Alice C.) and La Flesche (Francis), 'The Omaha Tribe'; in *Ann. Rep. Bur. American Ethnol.* vol. xxvii. 1905–1906. Washington, 1911.
Fleury (C.), *An Historical Account of the Manners and Behaviour of the Christians.* Trans. London, 1698.
Foley (W. M.), 'Marriage (Christian)'; in Hastings, *Encyclopædia of Religion and Ethics*, vol. viii. Edinburgh, 1915.
Folk-Lore. London.
Folk-Lore Journal (The). London.
Forbes (Anna), *Insulinde.* Edinburgh & London, 1887.
Forbes (C. J. F. S.), *British Burma and its People.* London, 1878.
Forbes (H. O.), *A Naturalist's Wanderings in the Eastern Archipelago.* London, 1885.
—— 'On the Ethnology of Timor-laut'; in *Jour. Anthr. Inst.* vol. xiii. London, 1884.
—— 'On the Kubus of Sumatra'; in *Jour. Anthr. Inst.* vol. xiv. London, 1885.
—— 'On some Tribes of the Island of Timor'; in *Jour. Anthr. Inst.* vol. xiii. London, 1884.
Forbes (James), *Oriental Memoirs.* 4 vols. London, 1813.
Forbes (Jonathan), *Eleven Years in Ceylon.* 2 vols. London, 1840.
Foreman (John), *The Philippine Islands.* London, 1890.
Forster (Ch. Thornton) and Daniell (F. H. Blackburne), *The Life and Letters of Ogier Ghiselin de Busbecq.* 2 vols. London, 1881.
Forster (George), *Sketches of the Mythology and Customs of the Hindoos.* London, 1785.
Forster (J. G. A.), *A Voyage round the World.* 2 vols. London, 1777.
Forsyth (J.), *The Highlands of Central India.* London, 1871.
Forsyth (Thomas), 'An Account of the Manners and Customs of the Sauk and Fox Nations of Indians Tradition'; in Emma Helen Blair, *The Indian Tribes of the Upper Mississippi Valley and Region of the Great Lakes*, vol. ii. Cleveland, 1912.
Fortnightly Review (The). London.
Foucart (P.), *Des associations religieuses chez les Grecs.* Paris, 1873.
Fowler (W. Warde), 'Marriage (Roman)'; in Hastings, *Encyclopædia of Religion and Ethics*, vol. viii. Edinburgh, 1915.
—— *The Religious Experience of the Roman People from the Earliest Times to the Age of Augustus.* London, 1911.
—— *The Roman Festivals of the Period of the Republic.* London, 1899.
Fowler (W. Warde), *Social Life at Rome in the Age of Cicero.* London, 1908.
Fox (C. E.), 'Social Organization in San Cristoval, Solomon Islands';

in *Jour. Roy. Anthr. Inst.* vol. xlix. London, 1919.
Fraenkel (S.), 'Aus orientalischen Quellen'; in *Mitteilungen der Schlesischen Gesellschaft für Volkskunde*, vol. xix. Breslau, 1908.
Fragmenta Historicorum Græcorum. Ed. by C. Müller. 5 vols. Parisiis, 1841–84.
Framjee A. Rana. *Parsi Law.* Bombay, 1902.
Francis (W.), *Census of India*, 1901. *Vol. XV. Madras*, pt. i. Report. Madras, 1902.
Francisci (E.), *Neu-polirter Geschicht- Kunst- und Sitten-Spiegel ausländischer Völcker.* Nürnberg, 1670.
François (H. von), *Nama und Damara Deutsch-Süd-West-Afrika.* Magdeburg, [1896].
Franklin (John), *Narrative of a Journey to the Shores of the Polar Sea.* London, 1823.
—— *Narrative of a Second Expedition to the Shores of the Polar Sea.* London, 1828.
Franzisci (Franz), *Cultur-Studien über Volksleben, Sitten und Bräuche in Kärnten.* Wien, 1879.

Fraser (Donald), *Winning a Primitive People.* London, 1914.
Fraser (George), 'Sexual Selection'; in *Nature*, vol. iii. London & New York, 1871.
Fraser (J. B.), *Journal of a Tour through Part of the Snowy Range of the Himālā Mountains.* London, 1820.
Fraser (John), *The Aborigines of New South Wales.* Sydney, 1892.
Frazer (*Sir* James G.), *Adonis Attis Osiris.* 2 vols. London, 1914.
—— *Balder the Beautiful.* 2 vols. London, 1913.
—— 'Certain Burial Customs as illustrative of the Primitive Theory of the Soul'; in *Jour. Anthr. Inst.* vol. xv. London, 1886.
—— *The Dying God.* London, 1911.
—— *Folk-Lore in the Old Testament.* 3 vols. London, 1919.
—— 'Folk-Lore in the Old Testament'; in *Anthropological Essays presented to E. B. Tylor.* Oxford, 1907.
—— *The Magic Art and the Evolution of Kings.* 2 vols. London, 1911.
—— *Pausanias's Description of Greece.* 6 vols. London, 1898.
—— *Psyche's Task.* First edition. London, 1909.
—— *Psyche's Task.* Second edition. London, 1913.
—— *Taboo and the Perils of the Soul.* London, 1911.
—— *Totemism.* Edinburgh, 1887.
—— *Totemism and Exogamy.* 4 vols. London, 1910.
Freisen (Joseph), *Geschichte des Canonischen Eherechts bis zum Verfall der Glossenlitteratur.* Tübingen, 1888.
French-Sheldon (*Mrs.*), 'Customs among the Natives of East Africa, from Teita to Kilimegalia'; in *Jour. Anthr. Inst.* vol. xxi. London, 1892.
Frescura (Bernardino), 'Fra i Cimbri dei Sette Comuni Vicentini';

in *Archivio per lo studio delle tradizioni popolari*, vol. xvii. Palermo & Torino, 1898.
Freud (Sigm.), *Three Contributions to the Theory of Sex*. Trans. by A. A. Brill. New York & Washington, 1918.
Freud (Sigm.), *Totem und Tabu. Einige Übereinstimmungen im Seelenleben der Wilden und der Neurotiker*. Leipzig & Wien, 1913.
Freycinet (Louis de), *Voyage autour du monde*. 9 vols. Paris, 1824–44.
Freytag (G. W.), *Einleitung in das Studium der Arabischen Sprache*. Bonn, 1861.
Frič (V.) and Radin (P.), 'Contribution to the Study of the Bororo Indians'; in *Jour. Anthr. Inst.* vol. xxxvi. London, 1906.
Friedberg (Emil), *Lehrbuch des katholischen und evangelischen Kirchenrechts*. Leipzig, 1909.
—— *Das Recht der Eheschliessung in seiner geschichtlichen Entwicklung*. Leipzig, 1865.
Friedlaender (Benedict), 'Notizen über Samoa'; in *Zeitschr. f. Ethnol.* vol. xxxi. Berlin, 1899.
Friedländer (Ludwig), *Darstellungen aus der Sittengeschichte Roms in der Zeit von August bis zum Ausgang der Antonine*. Ed. by G. Wissowa. Leipzig, 1919, &c. *In progress*.
Friedrichs (Karl), 'Ueber den Ursprung des Matriarchats'; in *Zeitschr. f. vergl. Rechtswiss.* vol. viii. Stuttgart, 1889.
Fries (Th. M.), *Grönland, dess natur och innevånare*. Upsala, 1872.
Fritsch (Gustav), *Die Eingeborenen Süd-Afrika's*. Breslau, 1872.
Fromm (P.), 'Ufipa—Land und Leute'; in *Mittheil. Deutsch. Schutzgeb.* vol. xxv. Berlin, 1912.
Fryer (G. E.), *The Khyeng People of the Sandoway District, Arakan*. (Reprinted from *Jour. Asiatic Soc. Bengal*.) Calcutta, 1875.
Fryer (John), *A New Account of East-India and Persia*. London, 1698.
Fülleborn (Friedrich), *Das Deutsche Njassa- und Ruwuma-Gebiet, Land und Leute, nebst Bemerkungen über die Schire-Länder*. Berlin, 1906.
Fustel de Coulanges (N. D.), *The Ancient City*. Trans. by W. Small. Boston, 1874.
—— *La cité antique*. Paris, 1864.
Fytche (A.), *Burma Past and Present*. 2 vols. London, 1878.

Gabelentz (H. C. von der), *Die melanesischen Sprachen*. 2 vols. Leipzig, 1861–73.
Gait (E. A.), *Census of India*, 1891. *Assam*, vol. i. Report. Shillong, 1892.
—— *Census of India*, 1911. *Vol. I. India*, pt. i. Report. Calcutta, 1913.

—— See Risley (*Sir* Herbert) and Gait (E. A.).
Gaius, *Institutionum juris civilis commentarii quattuor*. Ed. and trans. by E. Poste. Oxford, 1890.
Galindo (Don Juan), 'On Central America'; in *Jour. Roy. Geo. Soc.* vol. vi. London, 1836.
Gallardo (C. R.), *Tierra del Fuego—Los Onas*. Buenos Aires, 1910.
Galton (Francis), *Hereditary Genius*. London, 1869.
—— *The Narrative of an Explorer in Tropical South Africa*. London, 1853.
Gans (E.), *Das Erbrecht in weltgeschichtlicher Entwickelung*. 4 vols. Berlin, Stuttgart, & Tübingen, 1824–35.
Gisborne (Lionel), *The Isthmus of Darien in* 1852. London, 1853.
Gisborne (William), *The Colony of New Zealand*. London, 1888.
Giuseppe di Santa Maria, *Prima speditione all' Indie Orientali*. Roma, 1666.
Glasson (Ernest), *Le mariage civil et le divorce*. Paris, 1880.
Globus. Illustrirte Zeitschrift für Länder- und Völkerkunde. Hildburghausen, Braunschweig.
Gloucestershire Notes and Queries. Ed. by Beaver H. Blacker. London.

Goar (Jacobus), *Euchologion sive Rituale Græcorum*. Lutetiæ Parisiorum, 1647.
Gobineau (A. de), *The Moral and Intellectual Diversity of Races*. Trans. ed. by H. Hotz. Philadelphia, 1856.

Goddard (P. E.), *Life and Culture of the Hupa*. (*University of California Publications in American Archaeology and Ethnology*, vol. i. no. 1.) Berkeley, 1903.
Godden (Gertrude M.), 'The False Bride'; in *Folk-Lore*, vol. iv. London, 1893.
Godron (D. A.), *De l'espèce et des races dans les êtres organisés*. 2 vols. Paris, 1859.
Goehlert (V.), 'Ueber die Vererbung der Haarfarben bei den Pferden'; in *Zeitschr. f. Ethnol.* vol. xiv. Berlin, 1882.
Goertz (Carl von), *Reise um die Welt in den Jahren* 1844–1847. 3 vols. Stuttgart & Tübingen, 1852–54.
Goethe (J. W. von), *Zur Farbenlehre*. 2 vols. Tübingen, 1810.
Götte (W.), *Das Delphische Orakel*. Leipzig, 1839.
Göttingische gelehrte Anzeigen. Göttingen.
Goguet (A. Y.), *The Origin of Laws, Arts, and Sciences*. Trans. 3 vols. Edinburgh, 1761.
Goldenweiser (A. A.), Review of Hartland's *Primitive Paternity*; in *American Anthropologist*, new ser. vol. xiii. Lancaster, 1911.
Golder (F. A.), 'The Songs and Stories of the Aleuts, with Translations from Veniaminov'; in *Jour. American Folk-Lore*, vol. xx. Boston & New York, 1907.
Goldschmidt (Richard), 'Erblichkeitsstudien an Schmetterlingen

I. 1. Untersuchungen über die Vererbung der sekundären Geschlechtscharaktere und des Geschlechts'; in *Zeitschr. f. induktive Abstammungs- und Vererbungslehre*, vol. vii. Berlin, 1912.

—— and Pappelbaum (Hermann), 'Erblichkeitsstudien an Schmetterlingen II. 2. Weitere Untersuchungen über die Vererbung der sekundären Geschlechtscharaktere und des Geschlechts'; in *Zeitschr. f. induktive Abstammungs- und Vererbungslehre*, vol. xi. Berlin, 1914.

Goldziher (Ignaz), 'Endogamy and Polygamy among the Arabs'; in *The Academy*, vol. xviii. London, 1880.

—— 'Wasser als Dämonen abwehrendes Mittel'; in *Archiv für Religionswissenschaft*, vol. xiii. Leipzig, 1910.

Gomara (F. Lopez de), 'Primera y segunda parte de la historia general de las Indias'; in *Biblioteca de autores españoles*, vol. xxii. Madrid, 1852.

Gomes (E. H.), *Seventeen Years among the Sea Dyaks of Borneo*. London, 1911.

Gomme (*Sir* G. Laurence), 'Exogamy and Polyandry'; in *The Archæological Review*, vol. i. London, 1888.

Goncourt (E. L. A. and J. A. de), *La Femme au dix-huitième siècle*. Paris, 1862.

—— *Journal des Goncourt*. 9 vols. Paris, 1887–96.

Gopal Panikkar (T. K.), *Malabar and its Folk*. Madras, 1900.

Gopalan Nair (C.), *Wynad: its Peoples and Traditions*. Madras, 1911.

Gopčević (S.), *Oberalbanien und seine Liga*. Leipzig, 1881.

Gordon (E. M.), *Indian Folk Tales*. London, 1908.

'Gospel of the Nativity of Mary (The)'; in *Ante-Nicene Christian Library*, vol. xvi. Edinburgh, 1870.

'Gospel of Pseudo-Matthew (The)'; in *Ante-Nicene Christian Library*, vol. xvi. Edinburgh, 1870.

Gottschling (E.), 'The Bawenda: a Sketch of their History and Customs'; in *Jour. Anthr. Inst.* vol. xxxv. London, 1905.

Gould (B. A.), *Investigations in the Military and Anthropological Statistics of American Soldiers*. New York, 1869.

Gould (John), *Handbook to the Birds of Australia*. 2 vols. London, 1865.

Gouldsbury (Cullen), 'Notes on the Customary Law of the Awemba and Kindred Tribes'; in *Jour. African Soc.* vol. xv. London, 1915–16.

—— and Sheane (Hubert), *The Great Plateau of Northern Rhodesia*. London, 1911.

Graafland (A. F. P.), 'De verbreiding van het matriarchaat in het landschap Indragiri'; in *Bijdragen tot de taal-, land- en volkenkunde van Nederlandsch-Indië*, vol. xxxix. (ser. v. vol. v.). 'sGravenhage, 1890.

Graebner (Fritz), *Methode der Ethnologie.* Heidelberg, 1911.
—— See Stephan (Emil) and Graebner (Fritz).
Grandidier (Alfred and Guillaume), *Ethnographie de Madagascar.* 3 pts. (*Histoire physique, naturelle et politique de Madagascar,* ed. by A. and G. Grandidier, vol. iv.) Paris, 1908–17.
Grant (Charles), *The Gazetteer of the Central Provinces of India.* Na'gpu'r, 1870.
Grant (William), 'Magato and his Tribe'; in *Jour. Anthr. Inst.* vol. xxxv. London, 1905.
Grath (G. F.), *Svenska kyrkans brudvigsel.* Upsala, 1904.
Gratian, *Decretum.* (Migne, *Patrologiæ cursus,* vol. clxxxvii.) Parisiis, 1855.
Graul (K.), *Reise nach Ostindien über Palästina und Egypten.* 5 vols. Leipzig, 1854–56.
Gray (J. H.), *China: a History of the Laws, Manners, and Customs of the People.* 2 vols. London, 1878.
Gray (Louis H.), 'Circumcision, Introductory'; in Hastings, *Encyclopædia of Religion and Ethics,* vol. iii. Edinburgh, 1910.
—— 'Marriage (Iranian).—Next-of-kin marriage'; in Hastings, *Encyclopædia of Religion and Ethics,* vol. viii. Edinburgh, 1915.

Gray (William), 'Some Notes on the Tannese'; in *Report of the Fourth Meeting of the Australasian Association for the Advancement of Science held at Hobart, Tasmania, in January,* 1892. Tasmania, 1893.

Greenstone (J. H.), 'Polygamy'; in *Jewish Encyclopedia,* vol. x. New York & London, *s.d.*
Gregor (Walter), *Notes on the Folk-Lore of the North-East of Scotland.* London, 1881.
—— 'Some Marriage Customs in Cairnbulg and Inverallochy'; in *The Folk-Lore Journal,* vol. i. London, 1883.
Gregory I. (*Saint*), surnamed *the Great, Opera omnia.* 5 vols. (Migne, *Patrologiæ cursus,* vols. lxxv.–lxxix.) Parisiis, 1849.
Gregory III., 'Judicia congrua poenitentibus'; in Labbe-Mansi, *Sacrorum Conciliorum collectio,* vol. xii. Florentiae, 1766.
Gregory (J. W.), *The Great Rift Valley.* London, 1896.
Grenard (F.), *Tibet.* Trans. London, 1904.
Grey (*Sir* George), *Journals of Two Expeditions of Discovery in North-West and Western Australia.* 2 vols. London, 1841.
—— *Polynesian Mythology.* Auckland, 1885.
Grézel (*le Père*), *Dictionnaire Futunien-Français avec notes grammaticales.* Paris, 1878.
Grierson (G. A.), *Bihār Peasant Life.* Calcutta, 1885.
Griffis (W. E.), *Corea.* London, 1905.
—— *The Religions of Japan.* London, 1895.
Griffith (F. L.), *The Inscriptions of Siûṭ and Dêr Rîfeh.* London, 1889.

—— 'Marriage (Egyptian)'; in Hastings, *Encyclopædia of Religion and Ethics*, vol. viii. Edinburgh, 1915.
Griffith (William), 'Journal of a Visit to the Mishmee Hills in Assam'; in *Jour. Asiatic Soc. Bengal*, vol. vi. Calcutta, 1837.
—— *Journals of Travels in Assam, Burma, Bootan, Affghanistan and the Neighbouring Countries*. Calcutta, 1847.
Grigg (H. B.), *A Manual of the Nílagiri District in the Madras Presidency*. Madras, 1880.
Grihya-Sûtras (The). Trans. by H. Oldenberg. 2 vols. (*The Sacred Books of the East*, vols. xxix.–xxx.) Oxford, 1886–92.
Grimm (Jacob), *Deutsche Mythologie*. 2 vols. Göttingen, 1844.
—— *Deutsche Rechtsalterthümer*. Ed. by A. Heusler and R. Hübner. 2 vols. Leipzig, 1899.
—— *Teutonic Mythology*. Trans. by J. S. Stallybrass. 4 vols. London, 1880–88.
Grinnell (G. B.), 'Marriage among the Pawnees'; in *American Anthropologist*, vol. iv. Washington, 1891.
—— *The Story of the Indian*. London, 1896.
Groos (Karl), *The Play of Animals*. Trans. by Elizabeth L. Baldwin. London, 1898.
—— *The Play of Man*. Trans. by Elizabeth L. Baldwin. New York, 1901.
—— *Die Spiele der Tiere*. Jena, 1907.
Groot (J. J. M. de), *The Religious System of China*. Leyden, 1892 &c. *In progress*.
Grose (J. H.), *A Voyage to the East-Indies; Began in 1750; With Observations continued till 1764*. 2 vols. London, 1766. 1349
Grosier (C. B. G. A.), *A General Description of China*. Trans. 2 vols. London, 1788.
Grosse (Ernst), *The Beginnings of Art*. [Trans.] New York, 1897.
—— *Die Formen der Familie und die Formen der Wirthschaft*. Freiburg i.B. & Leipzig, 1896.
Grubb (W. Barbrooke), *Among the Indians of the Paraguayan Chaco*. London, 1904.
Grubb (W. Barbrooke), *An Unknown People in an Unknown Land. An Account of the Life and Customs of the Lengua Indians of the Paraguayan Chaco*. Ed. by H. F. Morrey Jones. London, 1911.
Gruenhagen (A.), *Lehrbuch der Physiologie*. 3 vols. Hamburg & Leipzig, 1885–87.
Grünwedel (Albert), 'Die Reisen des Hrn. Vaughan Stevens in Malacca'; in *Verhandl. Berliner Gesellsch. Anthr.* 1891. Berlin.
Grunwald (M.), 'Marriage Ceremonies'; in *The Jewish Encyclopedia*, vol. viii. New York & London, *s.d.*
Grupen (Christian Ulrich), *De uxore theotisca, Von der Teutschen Frau*. Göttingen, 1748.

Gruppe (Otto), *Griechische Mythologie und Religionsgeschichte.* München, 1906.

Gryse (*R. P.* de), 'Les premiers habitants de Bengale'; in *Les Missions Catholiques*, 1897. Lyon.

Guaita (Georg von), 'Versuche mit Kreuzungen von verschiedenen Rassen der Hausmaus'; in *Berichte der Naturforschenden Gesellschaft zu Freiburg I.B.* vol. x. Freiburg, 1898.

Gubernatis (Angelo de), *Memoria intorno ai viaggiatori italiani nelle Indie Orientali dal secolo XIII a tutto il XVI.* Firenze, 1867.

—— *Storia comparata degli Usi Nuziali in Italia e presso gli altri popoli indo-europei.* Milano, 1878.

Gudmundsson (V.) and Kålund (Kr.), 'Sitte. Skandinavische Verhältnisse'; in Paul, *Grundriss der germanischen Philologie,* vol. iii. Strassburg, 1900.

Guenther (A. C. L. G.), *An Introduction to the Study of Fishes.* Edinburgh, 1880.

Guétat (J.-E.), *Histoire élémentaire du droit français.* Paris, 1884.

Guevara (Tomas), 'Folklore Araucano'; in *Anales de la Universidad de Chile,* vol. cxxvii. Santiago de Chile, 1910.

—— *Historia de la Civilizacion de Araucanía.* 3 vols. Santiago de Chile, 1898–1902.

—— See Rivet (*Dr.*).

Guillemard (F. H. H.), *The Cruise of the "Marchesa" to Kamschatka and New Guinea.* London, 1889.

1350 Guinnard (A.), *Three Years' Slavery among the Patagonians.* Trans. London, 1871.

Guise (R. E.), 'On the Tribes inhabiting the mouth of the Wanigela River, New Guinea'; in *Jour. Anthr. Inst.* vol. xxviii. London, 1899.

Gumilla (Joseph), *El Orinoco ilustrado, y defendido, historia natural, civil, y geographica de este gran rio.* 2 vols. Madrid, 1745.

Gumplowicz (L.), *Grundriss der Sociologie.* Wien, 1885.

Guppy (H. B.), *The Solomon Islands.* London, 1887.

Gurdon (P. R. T.), *The Khasis.* London, 1907.

Gutch (*Mrs.*), *County Folk-Lore. Vol. II. Examples of printed Folk-Lore concerning the North Riding of Yorkshire, York and the Ainsty.* London, 1901.

—— *County Folklore. Vol. VI. Examples of printed Folk-Lore concerning the East Riding of Yorkshire.* London, 1912.

—— and Peacock (Mabel), *County Folk-Lore. Vol. V. Examples of printed Folk-Lore concerning Lincolnshire.* London, 1908.

VOL. III. E E

Guyon (C. M.), *A New History of the East-Indies, Ancient and Modern.* Trans. 2 vols. London, 1757.

Guys (Henri), *Un Dervich algérien en Syrie.* Paris, 1854.

'Gwentian Code (The)'; in *Ancient Laws and Institutes of Wales.* London, 1841.

Haas (E.), 'Die Heirathsgebräuche der alten Inder'; in Weber, *Indische Studien*, vol. v. Berlin, 1862.
Haberlandt (Michael), *Ethnology*. Trans. by J. H. Loewe. London, 1900.
Haddan (A. W.) and Stubbs (William), *Councils and Ecclesiastical Documents relating to Great Britain and Ireland*. 3 vols. Oxford, 1869–78.
Haddon (A. C.), 'The Ethnography of the Western Tribe of Torres Straits'; in *Jour. Anthr. Inst.* vol. xix. London, 1890.
—— *Head-Hunters*. London, 1901.
—— 'Notes on Mr. Beardmore's Paper' [on the Natives of Mowat, Daudai, New Guinea]; in *Jour. Anthr. Inst.* vol. xix. London, 1890.
—— in *Reports of the Cambridge Anthropological Expedition to Torres Straits*, vol. v. Cambridge, 1904.
Haeckel (Ernst), *Indische Reisebriefe*. Berlin, 1884.
Haecker (Valentin), *Allgemeine Vererbungslehre*. Braunschweig, 1911.
—— *Der Gesang der Vögel*. Jena, 1900.
Härtter (G.), 'Sitten und Gebräuche der Angloer (Ober-Guinea)'; in *Zeitschr. f. Ethnol.* vol. xxxviii. Berlin, 1906.
Hagen (A.), 'Les indigènes des îles Salomon'; in *L'Anthropologie*, vol. iv. Paris, 1893.
Hagen (B.), *Die Orang Kubu auf Sumatra*. (*Veröffentlichungen aus dem städtischen Völker-Museum Frankfurt am Main, II.*) Frankfurt am Main, 1908.
—— *Unter den Papua's*. Wiesbaden, 1899.

Hagman (Lucina), 'Från samskolan'; in *Humanitas*, vol. ii. Helsingfors, 1897.
Hahl (Albert), 'Ueber die Rechtsanschauungen der Eingeborenen eines Theiles der Blanchebucht und des Innern der Gazelle Halbinsel'; in *Nachrichten über Kaiser Wilhelms-Land und den Bismarck-Archipel*, 1897. Berlin.
Hahn (J. G. von), *Albanesische Studien*. 3 vols. Jena, 1854.
Hahn (Josaphat), 'Die Ovahereró'; in *Zeitschrift der Gesellschaft für Erdkunde zu Berlin*, vol. iv. Berlin, 1869.
Hahn (Theophilus), *Tsuni-Goam. The Supreme Being of the Khoi-Khoi*. London, 1881.
Hailes (*Sir* David Dalrymple, *Lord*), *Annals of Scotland, from the Accession of Malcolm III. to the Accession of the House of Stewart*. 3 vols. Edinburgh, 1797.
Hale (Abraham), 'On the Sakais'; in *Jour. Anthr. Inst.* vol. xv. London, 1886.
Hale (Horatio), *The Iroquois Book of Rites*. Philadelphia, 1883.
—— 'The Klamath Nation'; in *Science*, vol. xix. New York, 1892.
—— *U.S. States Exploring Expedition under the Command of Ch. Wilkes. Vol. VI. Ethnography and Philology*. Philadelphia,

1846.
Hall (A. G. J.), *The Law and Practice in Divorce and Matrimonial Causes*. London, 1905.
Hall (C. F.), *Arctic Researches and Life among the Esquimaux*. New York, 1865.
Hallam (Henry), *View of the State of Europe during the Middle Ages*. 2 vols. Paris, 1840.
Halphen (A.-E.), *Recueil des lois &c. concernant les Israélites depuis la Révolution de* 1789. Paris, 1851.
Halsbury (H. S. Giffard, *Earl of*), *The Laws of England*. 31 vols. London, 1907–17.
Hämäläinen (Albert), *Mordvalaisten, tšeremissien ja votjakkien kosinta- ja häätavoista*. Helsinki, 1913.
Hamilton (Alex.), 'A New Account of the East Indies'; in Pinkerton, *Collection of Voyages and Travels*, vol. viii. London, 1811.
Hamilton (*Lady* Augusta), *Marriage Rites, Customs, and Ceremonies, of the Nations of the Universe*. London, 1824.
Hammarstedt (N. E.), 'Kvarlevor av en Frös-ritual i en svensk bröllopslek'; in *Festskrift til H. F. Feilberg*. Stockholm, København, & Kristiania, 1911.
Ḫammurabi (*King of Babylon*), *The Code of Laws promulgated by*. Trans. by C. H. W. Johns. Edinburgh, 1903.
—— *Die Gesetze Hammurabis in Umschrift und Übersetzung*. Ed. by Hugo Winckler. Leipzig, 1904.
Hanauer (*l'Abbé*), *Les paysans de l'Alsace au moyen-âge*. Paris & Strasbourg, 1865.

Hanoteau (A.) and Letourneux (A.), *La Kabylie et les coutumes Kabyles*. 3 vols. Paris, 1872–73.
Harcourt (A. F. P.), *The Himalayan Districts of Kooloo, Lahoul, and Spiti*. London, 1871.
Hardenburg (W. E.), *The Putumayo*. London, 1912.
Hardisty (W. L.), 'The Loucheux Indians'; in *Smithsonian Report*, 1866. Washington, 1867.
Hardman (E. T.), 'Notes on some Habits and Customs of the Natives of the Kimberley District, Western Australia'; in *Proceed. Roy. Irish Academy*, ser. iii. vol. i. Dublin, 1889–91.
Hardouin (E.) and Ritter (W. L.), *Java*. Leiden, 1876.
Harkness (H.), *A Description of a Singular Aboriginal Race inhabiting the Neilgherry Hills*. London, 1832.
Harmon (D. W.), *A Journal of Voyages and Travels in the Interior of North America*. Andover, 1820.
Harper (Andrew), *The Song of Solomon*. With Introduction and Notes by. Cambridge, 1902.
Harper (C. H.) and Others, 'Notes on the Totemism of the Gold Coast'; in *Jour. Anthr. Inst.* vol. xxxvi. London, 1906.
Harrington (J. P.), 'Tewa Relationship Terms'; in *American Anthropologist*, new ser. vol. xiv. Lancaster, 1912.
Harrington (M. R.), 'A Preliminary Sketch of Lenápe Culture';

in *American Anthropologist*, new ser. vol. xv. Lancaster, 1913.
Harris (John), *Navigantium atque Itinerantium Bibliotheca.* 2 vols. London, 1744–48.
Harris (W. Cornwallis), *The Highlands of Aethiopia.* 3 vols. London, 1844.
Harrison (J. Park), 'On the Artificial Enlargement of the Earlobe'; in *Jour. Anthr. Inst.* vol. ii. London, 1873.

E E 2

Harrison (Jane Ellen), *Prolegomena to the Study of Greek Religion.* Cambridge, 1908.
Hartknoch (Christ.), *Alt- und Neues Preussen.* 2 vols. Franckfurt & Leipzig, 1684.
Hartland (E. Sidney), 'Concerning the Rite at the Temple of Mylitta'; in *Anthropological Essays presented to E. B. Tylor.* Oxford, 1907.
—— *The Legend of Perseus.* 3 vols. London, 1894–96.
—— 'Matrilineal Kinship and the Question of its Priority'; in *Memoirs of the American Anthropological Association,* vol. iv. Lancaster, 1917.
—— *Primitive Paternity.* 2 vols. London, 1909.
—— *Ritual and Belief. Studies in the History of Religion.* London, 1914.
—— 'Totemism and Exogamy'; in *Folk-Lore,* vol. xxii. London, 1911.
—— 'Travel Notes in South Africa'; in *Folk-Lore,* vol. xvii. London, 1906.
—— in the Discussion on Dr. Winternitz's paper 'On a Comparative Study of Indo-European Customs'; in *Transactions of the International Folk-Lore Congress,* 1891. London, 1892.
Hartley (C. Gasquoine; *Mrs.* Walter M. Gallichan), *The Position of Woman in Primitive Society.* London, 1914.
Hartley (David), *Observations on Man.* 2 vols. London, 1810.
Hartmann (Robert), *Die menschenähnlichen Affen.* Leipzig, 1883.
Hartshorne (B. F.), 'The Weddas'; in *The Indian Antiquary,* vol. viii. Bombay, 1879.
Harvard African Studies. Cambridge (Mass.).
Haseman (J. D.), 'Some Notes on the Pawumwa Indians of South America'; in *American Anthropologist,* new ser. vol. xiv. Lancaster, 1912.
Hasselt (A. L. van), *Volksbeschrijving van Midden-Sumatra.* Leiden, 1882.
Hasselt (F. J. F. van), 'De Huwelijksregeling voor de Papoesche Christenen, op Noord-Nieuw-Guinea'; in *Mededeelingen van wege het Nederlandsche Zendelinggenootschap,* vol. lviii. Rotterdam, 1914.
Hasselt (J. B. van), 'Die Noeforezen'; in *Zeitschr. f. Ethnol.* vol. viii. Berlin, 1876.

Hastings (J.), *A Dictionary of the Bible.* 5 vols. Edinburgh, 1899–1904.

—— *Encyclopædia of Religion and Ethics.* Edinburgh, 1908, &c. *In progress.*

Haushofer (Max), *Lehr- und Handbuch der Statistik.* Wien, 1882.

Hawkes (E. W.), *The Labrador Eskimo.* (*Canada Department of Mines, Geological Survey, Memoir* 91. *No.* 14 *Anthropological Series.*) Ottawa, 1916.

Hawkesworth (John), *An Account of Voyages in the Southern Hemisphere.* 3 vols. London, 1773.

Hawkins (—), 'Notes on the Creek System of Government'; in *Trans. American Ethn. Soc.* vol. iii. pt. i. New York, 1853.

Haxthausen (A. von), *The Russian Empire.* Trans. 2 vols. London, 1856.

—— *Transcaucasia.* Trans. London, 1854.

Hay (*Captain*), 'Report on the Túran Mall Hill'; in *Jour. Asiatic Soc. Bengal,* vol. xx. Calcutta, 1852.

Hayavadana Rao (C.), 'The Gonds of the Eastern Ghauts, India'; in *Anthropos,* vol. v. Wien, 1910.

—— 'The Irulans of the Gingee Hills'; in *Anthropos,* vol. vi. Wien, 1911.

—— 'The Kasubas, a Forest Tribe of the Nilgiris'; in *Anthropos,* vol. iv. Wien, 1909.

Haycraft (J. B.), 'On some Physiological Results of Temperature
1354 Variations'; in *Trans. Roy. Soc. Edinburgh,* vol. xxix. Edinburgh, 1880.

Haynes (E. S. P.), *Divorce as it might be.* Cambridge, 1915.

Hazelius (Artur). See *Bidrag till vår odlings häfder.*

Heape (Walter), 'Abortion, Barrenness, and Fertility in Sheep'; in *Jour. Roy. Agricultural Soc. England,* ser. iii. vol. x. London, 1899.

—— 'The Menstruation and Ovulation of *Macacus Rhesus*'; in *Philosophical Transactions Roy. Soc. London,* ser. B. vol. clxxxviii. London, 1897.

—— 'The Menstruation of *Semnopithecus entellus*'; in *Philosophical Transactions Roy. Soc. London,* ser. B. vol. clxxxv. pt. i. London, 1894.

—— 'The Proportion of the Sexes produced by Whites and Coloured Peoples in Cuba'; in *Philosophical Transactions Roy. Soc. London,* ser. B. vol. cc. London, 1909.

—— *Sex Antagonism.* London, 1913.

—— 'The "Sexual Season" of Mammals and the Relation of the "Pro-œstrum" to Menstruation'; in *Quarterly Jour. Microscopical Science,* new ser. no. 173 (vol. xliv. pt. i.). London, 1900.

Hearn (W. E.), *The Aryan Household.* London & Melbourne, 1879.

Hearne (S.), *A Journey from Prince of Wales's Fort to the Northern Ocean*. Dublin, 1796.

Hedin (Sven), *Central Asia and Tibet*. 2 vols. London, 1903.

Heese (*Missionary*), 'Sitte und Brauch der Sango'; in *Archiv f. Anthropologie*, new ser. vol. xii. Braunschweig, 1913.

Hefele (C. J. von), *Conciliengeschichte*. 9 vols. Freiburg i.B., 1873–90.

Heikel (E.), *Sandalion. Beiträge zu antiken Zauberriten bei Geburt, Hochzeit und Tod*. Helsingfors, 1915.

Heimskringla. See Snorri Sturluson.

Helfer (J. W.), 'Note on the Animal Productions of the Tenasserim Provinces'; in *Jour. Asiatic Soc. Bengal*, vol. vii. Calcutta, 1838.

Hellwald (F. von), *Die menschliche Familie*. Leipzig, 1889.

—— 'Das Volk der Aleuten'; in *Das Ausland*, vol. liv. Stuttgart, 1881.

Helsingfors Morgonblad. Helsingfors.

Hembygden. Tidskrift för svensk folkkunskap och hembygdsforskning i Finland (*Tidskrift utgiven av Samfundet för svensk folklivsforskning i Finland*). Helsingfors.

Henderson (John), *Excursions and Adventures in New South Wales*. 2 vols. London, 1854.

Henderson (William), *Notes on the Folk-Lore of the Northern Counties of England and the Borders*. London, 1879.

Hennepin (*Father* Louis), *A New Discovery of a Vast Country in America . . . . between New France and New Mexico*. Trans. ed. by R. G. Thwaites. 2 vols. Chicago, 1903.

Henry (A.), 'The Lolos and other Tribes of Western China'; in *Jour. Anthr. Inst.* vol. xxxiii. London, 1903.

Henry (Jos.), *L'âme d'un peuple africain. Les Bambara*. (*Bibliothèque Anthropos*, vol. i. fasc. 2.) Münster i.W., 1910.

Hensel (Reinhold), 'Die Coroados der brasilianischen Provinz Rio Grande do Sul'; in *Zeitschr. f. Ethnol.* vol. i. Berlin, 1869.

Hensen (V.), *Physiologie der Zeugung*. (Hermann, *Handbuch der Physiologie*, vol. vi. pt. ii.) Leipzig, 1881.

—— 'Wachstum und Zeugung'; in *Schriften des Naturwissenschaftlichen Vereins für Schleswig-Holstein*, vol. xv. Kiel, 1913.

Hepding (Hugo), 'Die falsche Braut'; in *Hessische Blätter für Volkskunde*, vol. v. Leipzig, 1906.

Herbert (*Sir* Thomas), *Some Years Travels into Divers Parts of Africa, and Asia the Great*. London, 1677.

Heriot (George), *Travels through the Canadas*. London, 1807.

Hermann (K. F.), *Lehrbuch der griechischen Privatalterthümer*. Ed. by H. Blümner. Freiburg i.B. & Tübingen, 1882.

Hermann (L.), *Handbuch der Physiologie*, ed. by. 6 vols. Leipzig, 1879–81.

Hernandez (*P.* Pablo), *Organización social de las doctrinas Guaranies de la Compañia de Jesús*. 2 vols. Barcelona, 1913.

Hernsheim (Franz), *Südsee-Erinnerungen* (1875–1880). Berlin, [1883].
Herodotus, *Historiarum libri IX*. Ed. by G. Dindorf. Parisiis, 1844.
—— The same work. English version, ed. by G. Rawlinson, Col. Rawlinson, and Sir J. G. Wilkinson. 4 vols. London, 1875.
Herport (Albrecht), *Eine kurtze Ost-Indianische Reiss-Beschreibung*. Bern, 1669.
Herrera (Antonio de), *The General History of the Vast Continent and Islands of America, commonly call'd the West-Indies*. Trans. by J. Stevens. 6 vols. London, 1725–26.
Herrmann (Wilhelm), 'Die ethnographischen Ergebnisse der Deutschen Pilcomayo-Expedition'; in *Zeitschr. f. Ethnol.* vol. xl. Berlin, 1908.
Hertel (Ludvig), *Indisk Hjemmemission blandt Santalerne ved H. P. Børresen og L. O. Skrefsrud*. Kolding, 1877.
Hertz (Wilhelm), *Gesammelte Abhandlungen*. Ed. by F. von der Leyen. Stuttgart & Berlin, 1905.
Hervé (Georges), 'Noirs et blancs'; in *Revue de l'École d'anthropologie de Paris*, vol. xvi. Paris, 1906.
Herzen (A.), *Le Peuple russe et le socialisme. Lettre à M. J. Michelet*. Paris, 1852.
Herzog (J. J.), *Realencyklopädie für protestantische Theologie und Kirche*. Ed. by Albert Hauck. 24 vols. Leipzig, 1896–1913.
Hesiod, *Carmina*. Ed. by F. S. Lehrs. Parisiis, 1840.

1356

Hesse (G.). See Hilzheimer.
Hessische Blätter für Volkskunde. Leipzig.
Heusler (Andreas), *Institutionen des Deutschen Privatrechts*. 2 vols. Leipzig, 1885–86.
Heuzey (L.), *Le Mont Olympe et l'Acarnanie*. Paris, 1860.
Heyl (J. A.), *Volkssagen, Bräuche und Meinungen aus Tirol*. Brixen, 1897.
Heyting (Th. A. L.), 'Beschrijving der onder-afdeeling Groot-Mandeling en Batang-Natal'; in *Tijdschrift van het Koninklijk Nederlandsch Aardrijkskundig Genootschap*, ser. ii. vol. xiv. Leiden, 1897.
Hibbert (Samuel), *A Description of the Shetland Islands*. Edinburgh, 1822.
Hickson (S. J.), *A Naturalist in North Celebes*. London, 1889.
Hieronimo di Santo Stefano, 'Account of the Journey of'; in *India in the Fifteenth Century*, trans. and ed. by R. H. Major. London, 1857.
Hieu (von), in Harper and Others, 'Notes on the Totemism of the Gold Coast'; in *Jour. Anthr. Inst.* vol. xxxvi. London, 1906.
Hildebrand (Richard), *Recht und Sitte auf den verschiedenen wirtschaftlichen Kulturstufen*. Vol. I. Jena, 1896.
Hildebrandt (J. M.), 'Ethnographische Notizen über Wakámba und

ihre Nachbaren'; in *Zeitschr. f. Ethnol.* vol. x. Berlin, 1878.
Hilhouse (William), 'Notices of the Indians settled in the Interior of British Guiana'; in *Jour. Roy. Geo. Soc. London*, vol. ii. London, 1832.
Hill (Richard) and Thornton (George), *Notes on the Aborigines of New South Wales.* Sydney, 1892.
Hill (S. A.), 'The Life Statistics of an Indian Province'; in *Nature*, vol. xxxviii. London & New York, 1888.
Hillebrandt (Alfred), 'Eine Miscelle aus dem Vedaritual'; in *Zeitschr. der Deutschen Morgenländischen Gesellschaft*, vol. xl. Leipzig, 1886.
—— Rituallitteratur. Vedische Opfer und Zauber. (Bühler, *Grundriss der Indo-arischen Philologie und Altertumskunde*, vol. iii. pt. ii.) Strassburg, 1897.
Hill-Tout (C.). See Tout (C. Hill).
Hilzheimer (—), Review of G. Hesse's article 'Inzucht- und Vererbungsstudien bei Rindern der Westpreussischen Herdbuchgesellschaft,' in *Arbeiten der deutschen Gesellschaft für Züchtungskunde*, fasc. 18, Berlin, 1913; in *Archiv f. Rassen- und Gesellschafts-Biologie*, vol. xi. Leipzig & Berlin, 1916.
Hinde (S. L. and *Mrs.* Hildegarde), *The Last of the Masai.* London, 1901.
Hirn (Yrjö), *The Origins of Art.* London, 1900.
Hirsch (E.), Review of R. Müller's article 'Inzuchtsversuch mit vierhörnigen Ziegen,' in *Zeitschrift für induktive Abstammungs- und Vererbungslehre*, vol. vii.; in *Archiv f. Rassen- und Gesellschafts-Biologie*, vol. ix. Leipzig & Berlin, 1912.
Hirth (F.), 'The Peninsula of Lei-chou'; in *The China Review*, vol. ii. Hongkong, 1873–74.
Hislop (S.), *Papers relating to the Aboriginal Tribes of the Central Provinces.* Ed. by R. Temple. *S.l.*, 1866.
Hitopadesa. Trans. by F. Pincott. London, 1880.
Hobhouse (L. T.), *Morals in Evolution.* London, 1915.
—— Wheeler (G. C.), and Ginsberg (M.), *The Material Culture and Social Institutions of the Simpler Peoples. An Essay in Correlation.* London, 1915.
Hobley (C. W.), *Eastern Uganda. An Ethnological Survey.* London, 1902.
Holmberg (A. E.), *Bohusläns historia och beskrifning.* Ed. by G. Brusewitz. 2 vols. Örebro, 1867.
Holmberg (H. J.), 'Ethnographische Skizzen über die Völker des russischen Amerika'; in *Acta Societatis Scientiarum Fennicæ*, vol. iv. Helsingfors, 1856.
Holsti (Rudolf), *The Relation of War to the Origin of the State.* Helsingfors, 1913.
Holtzendorff (Franz von), *Encyclopädie der Rechtswissenschaft.* 2 parts. Leipzig, 1873–76.
—— The same work. Ed. by J. Kohler. 5 vols. München,

Leipzig, & Berlin, 1913–15.
Holub (E.), *Seven Years in South Africa.* Trans. 2 vols. London, 1881.
Homer, *Carmina.* Parisiis, 1838.
'Homeritarum leges'; in Migne, *Patrologiæ cursus,* Ser. Graeca, vol. lxxxvi. Parisiis, 1860.
Homme (*L'*). Ed. by G. de Mortillet. Paris.
Hommel (Fritz), *Die semitischen Völker und Sprachen.* Vol. I. Leipzig, [1881–]83.
Hooker (J. D.), *Himalayan Journals.* 2 vols. London, 1855.
Hooker (R. H.), 'Correlation of the Marriage-Rate with Trade'; in *Jour. Roy. Statistical Soc.* vol. lxiv. London, 1901.
Hooper (W. H.), *Ten Months among the Tents of the Tuski.* London, 1853.
Hoops (Johannes), *Reallexikon der Germanischen Altertumskunde.* 4 vols. Strassburg, 1911–19.
Hopkins (E. W.), *The Religions of India.* London, 1896.
—— 'The Social and Military Position of the Ruling Caste in Ancient India, as represented by the Sanskrit Epic'; in *Jour. American Oriental Soc.* vol. xiii. New Haven, 1889.

Hornaday (W. T.), *Two Years in the Jungle.* New York, 1885.
Horne (C.), 'Notes on Villages in the Himâlayas, in Kumaon Garhwâl, and on the Satlej'; in *The Indian Antiquary,* vol. v. Bombay, 1876.
Hose (Charles) and McDougall (William), *The Pagan Tribes of Borneo.* 2 vols. London, 1912.
1358 Hough (James), *Letters on the Climate, Inhabitants, Productions, &c. of the Neilgherries.* London, 1829.
Hough (Walter), 'Korean Clan Organization'; in *American Anthropologist,* new ser. vol. i. New York, 1899.
Hourst (É. A. L.), *Sur le Niger et au pays des Touaregs.* Paris, 1898.
Houzeau (J. C.), *Études sur les facultés mentales des animaux comparées à celles de l'homme.* 2 vols. Mons, 1872.
Hovorka (Oskar), 'Verstümmelungen des männlichen Gliedes bei einigen Völkern des Alterthums und der Jetztzeit'; in *Mittheil. Anthrop. Gesellsch. Wien,* vol. xxiv. (new ser. vol. xiv.). Wien, 1894.
—— 'Verzierungen der Nase'; in *Mittheil. Anthrop. Gesellsch. Wien,* vol. xxv. (new ser. vol. xv.). Wien, 1895.
Howard (B. Douglas), *Life with Trans-Siberian Savages.* London, 1893.
Howard (G. E.), *A History of Matrimonial Institutions.* 3 vols. Chicago & London, 1904.
Howitt (A. W.), 'Australian Group Relations'; in *Smithsonian Report,* 1883. Washington, 1885.
Howitt (A. W.), 'Australian Group-Relationships'; in *Jour. Roy. Anthr. Inst.* vol. xxxvii. London, 1907.
—— 'The Diery and other kindred Tribes of Central Australia';

in *Jour. Anthr. Inst.* vol. xx. London, 1891.
—— *The Native Tribes of South-East Australia.* London, 1904.
—— 'The Native Tribes of South-East Australia'; in *Folk-Lore,* vol. xvii. London, 1906.
—— 'The Native Tribes of South-East Australia'; in *Jour. Roy. Anthr. Inst.* vol. xxxvii. London, 1907.
—— 'Notes on the Australian Class Systems'; in *Jour. Anthr. Inst.* vol. xii. London, 1883.
—— 'On the Organisation of Australian Tribes'; in *Transactions Roy. Soc. Victoria,* vol. i. pt. ii. Melbourne, 1889.
Hozumi (Nobushige), *Ancestor-Worship and Japanese Law.* Tokyo, Osaka, & Kyoto, 1913.
—— *Lectures on the New Japanese Civil Code.* Tokyo, 1912.
Hrdlička (Aleš), 'Notes on the Indians of Sonora, Mexico'; in *American Anthropologist,* new ser. vol. vi. Lancaster, 1904.
Hruza (Ernst), *Beiträge zur Geschichte des griechischen und römischen Familienrechtes.* 2 vols. Erlangen & Leipzig, 1892–94.
'Hsiâo King (The),' trans. by J. Legge; in *The Sacred Books of the East,* vol. iii. Oxford, 1879.
Huc (E. R.), *Travels in Tartary, Thibet, and China, during the Years 1844–1846.* Trans. 2 vols. London, [1852].
Hübbe-Schleiden (W.), *Ethiopien. Studien über West-Afrika.* Hamburg, 1879.
Hübschmann (H.), 'Ueber die persische Verwandtenheirath'; in *Zeitschr. Deutsch. Morgenländischen Gesellsch.* vol. xliii. Leipzig, 1889.
Hughes (T. P.), *A Dictionary of Islam.* London, 1896.

Hughes-Buller (R.), *Census of India,* 1901. *Vol. V. Baluchistan,* pt. i. Report. Bombay, 1902.
Humanitas. Helsingfors.
Humboldt (A. von), *Personal Narrative of Travels to the Equinoctial Regions of the New Continent.* Trans. 7 vols. London, 1814–29.
—— *Political Essay on the Kingdom of New Spain.* Trans. 2 vols. London, 1811.
Hume (David), *Philosophical Works.* Ed. by T. H. Green and T. H. Grose. 4 vols. London, 1874–75.
Hunter (John), *An Historical Journal of the Transactions at Port Jackson and Norfolk Island, &c.* London, 1793.
Hunter (W. A.), *A Systematical and Historical Exposition of Roman Law.* London, 1903.
Hunter (W. W.), *The Annals of Rural Bengal.* 3 vols. London, 1868–72.
—— *A Comparative Dictionary of the Non-Aryan Languages of India and High Asia.* London, 1868.
Hurel (*P.* Eugène), 'Religion et Vie domestique des Bakerewe'; in *Anthropos,* vol. vi. Wien, 1911.
Hurgronje (C. Snouck), *The Achehnese.* Trans. by A. W. S.

O'Sullivan. 2 vols. Leyden & London, 1906.
—— *Het Gajōland en zijne Bewoners.* Batavia, 1903.
—— *Mekka.* 2 vols. Haag, 1888–89.
—— *Mekkanische Sprichwörter und Redensarten.* Haag, 1886.
Hutchinson (R. H. Sneyd), *An Account of the Chittagong Hill Tracts.* Calcutta, 1906.
Hutchinson (Th. J.), 'The Tehuelche Indians of Patagonia'; in *Trans. Ethn. Soc. London,* new ser. vol. vii. London, 1869.
Hutereau (A.), *Notes sur la Vie familiale et juridique de quelques populations du Congo Belge.* (*Annales du Musée du Congo Belge. Ethnographie et Anthropologie.—Ser. III. Documents ethnographiques concernant les populations du Congo Belge,* vol. i. fasc. I.) Bruxelles, 1909.
Huth (A. H.), *The Marriage of Near Kin considered with respect to the Laws of Nations, &c.* London, 1875.
—— The same work. Second edition. London, 1887.
Hutter (Franz), *Wanderungen und Forschungen im Nord-Hinterland von Kamerun.* Braunschweig, 1902.
Hutton (S. K.), *Among the Eskimos of Labrador.* London, 1912.
Huxley (T. H.), *Evidence as to Man's Place in Nature.* London, 1863.
Hyades (P.), 'Ethnographie des Fuégiens'; in *Bull. Soc. d'Anthr. Paris,* ser. iii. vol. x. Paris, 1887.
—— and Deniker (J.), *Mission scientifique du Cap Horn,* 1882–1883. *Tome VII. Anthropologie, Ethnographie.* Paris, 1891.
Hyltén-Cavallius (G. O.), *Wärend och Wirdarne.* 2 vols. Stockholm, 1863–68.

Ibn Batuta, *The Travels of.* Trans. by the Rev. S. Lee. London, 1829.
Iden-Zeller (Oskar), 'Ethnographische Beobachtungen bei den Tschuktschen'; in *Zeitschr. f. Ethnol.* vol. xliii. Berlin, 1911.
Ignace (*l'Abbé*), 'Les Capiekrans'; in *Anthropos,* vol. v. Wien, 1910.
Iguchi, 'Wenig bekannte japanische Hochzeitsbräuche'; in *Globus,* vol. lxviii. Braunschweig, 1895.
Im Thurn (*Sir* E. F.), *Among the Indians of Guiana.* London, 1883.
Imperial Gazetteer of India (The). 26 vols. Oxford, 1907–09.
India in the Fifteenth Century. See Major (R. H.).
Indian Antiquary (The), a Journal of Oriental Research. Bombay.
Indische Gids (De). Amsterdam.
Indische Studien. See Weber (Albrecht).
Indo-Chinese Gleaner (The). 3 vols. Malacca, 1818–21.
Inglis (John), *In the New Hebrides.* London, 1887.
—— 'Report of a Missionary Tour in the New Hebrides'; in *Jour. Ethn. Soc. London,* vol. iii. London, 1854.
Institutes of Vishnu (The). Trans. by J. Jolly. (*The Sacred Books of the East,* vol. vii.) Oxford, 1880.

Institutiones. See Justinian.
International Journal of Ethics. London & Philadelphia.
Internationales Archiv für Ethnographie. Ed. by J. D. E. Schmeltz. Leiden.
Irenaeus (*Saint*), *Contra hæreses libri quinque*. (Migne, *Patrologiæ cursus*, Ser. Graeca, vol. vii.) Parisiis, 1857.
Isaeus, 'Orationes'; in *Oratores Attici*, ed. by C. Müller, vol. i. Parisiis, 1847.

Jacobs (Joseph), 'Intermarriage'; in *The Jewish Encyclopedia*, vol. vi. New York & London, *s.d.*
Jacobs (Joseph), 'On the Racial Characteristics of Modern Jews'; in *Jour. Anthr. Inst.* vol. xv. London, 1886.
—— *Studies in Jewish Statistics*. London, 1891.
Jacobs (Julius), *Eenigen Tijd onder de Baliërs*. Batavia, 1883.
Jaffur Shurreef, *Qanoon-e-Islam, or the Customs of the Mussulmans of India*. Trans. by G. A. Herklots. Madras, 1863.
Jagor (F.), *Reisen in den Philippinen*. Berlin, 1873.
Jahrbuch der internationalen Vereinigung für vergleichende Rechtswissenschaft und Volkswirtschaftslehre zu Berlin.
—— *des Vereins für niederdeutsche Sprachforschung*. Bremen.
Jahrbücher für classische Philologie. Ed. by A. Fleckeisen. Leipzig.
Jamblichus, *De mysteriis liber*. Ed. by G. Parthey. Berolini, 1857.
James (Edwin), *Account of an Expedition from Pittsburgh to the Rocky Mountains, performed in the Years 1819 and '20, under the Command of S. H. Long*. 2 vols. Philadelphia, 1823.

James (G. W.), *The Indians of the Painted Desert Region*. London, 1903.
Jamieson (E.), *Description of Habits and Customs of the Muhsös (Black and Red) also known as Lahus*. (*Ethnographical Survey of India. Burma*, No. 3.) Rangoon, 1909.
Jamieson (G.), 'Translations from the General Code of Laws of the Chinese Empire; vii.—Marriage Laws'; in *The China Review*, vol. x. Hongkong, 1881–82.
Jansen (H.), 'Mitteilungen über die Juden in Marroko'; in *Globus*, vol. lxxi. Braunschweig, 1897.
[Janssen (*Madame*),] 'Die Todas'; in *Globus*, vol. xliii. Braunschweig, 1883.
Jarves (J. J.), *History of the Hawaiian Islands*. Honolulu, 1872.
Jaussen (A.), *Coutumes des Arabes au pays de Moab*. Paris, 1908.
Jeaffreson (J. C.), *Brides and Bridals*. 2 vols. London, 1872.
Jellinghaus (Th.), 'Sagen, Sitten und Gebräuche der Munda-Kolhs in Chota Nagpore'; in *Zeitschr. f. Ethnol.* vol. iii. Berlin, 1871.
Jenks (A. E.), *The Bontoc Igorot*. (*Philippine Islands.—Department of the Interior. Ethnological Survey Publications*, vol. i.) Manila, 1905.

—— 'Bulu Knowledge of the Gorilla and Chimpanzee'; in *American Anthropologist*, new ser. vol. xiii. Lancaster, 1911.

Jennings-Bramley (W. E.), 'The Bedouin of the Sinaitic Peninsula'; in *Palestine Exploration Fund. Quarterly Statement for* 1905. London.

Jeremias (A.), *Izdubar-Nimrod. Eine altbabylonische Heldensage.* Leipzig, 1891.

Jeremy, 'Epistle of'; in *Apocrypha and Pseudepigrapha of the Old Testament*, ed. by R. H. Charles, vol. i. Oxford, 1913.

Jerome (*Saint*), *Opera omnia*. 11 vols. (Migne, *Patrologiæ cursus*, vols. xxii.–xxx.) Parisiis, 1845–46.

—— 'Ex Hieronymo'; in *Monumenta Historica Britannica*, vol. i. London, 1848.

Jesuit Relations (The) and Allied Documents. Travels and Explorations of the Jesuit Missionaries in New France, 1610–1791. The Original Texts, with English Translations and Notes. Ed. by R. G. Thwaites. 73 vols. Cleveland, 1896–1901.

Jesup North Pacific Expedition (The). See *Publications of the Jesup North Pacific Expedition.*

Jewish Encyclopedia (The). Ed. by Isidore Singer and Joseph Jacobs. 12 vols. New York & London, *s.d.*

Jhering (Hermann von), 'Die künstliche Deformierung der Zähne'; in *Zeitschr. f. Ethnol.* vol. xiv. Berlin, 1882.

Jivanji Jamshedji Modi, 'Marriage (Iranian).—Zoroastrian'; in Hastings, *Encyclopædia of Religion and Ethics*, vol. viii. Edinburgh, 1915.

1362 Jochelson (W.), *The Koryak*. (*Publications of the Jesup North Pacific Expedition*, vol. vi.) Leiden & New York, 1908.

—— *The Yukaghir and the Yukaghirized Tungus*. (*Publications of the Jesup North Pacific Expedition*, vol. ix. pt. i.) Leiden & New York, 1910.

Joest (W.), 'Bei den Barolong'; in *Das Ausland*, vol. lvii. München, 1884.

—— 'Reise in Afrika im Jahre 1883'; in *Verhandl. Berliner Gesellsch. Anthrop.* 1885. Berlin.

—— *Tätowiren, Narbenzeichnen und Körperbemalen*. Berlin, 1887.

Jogendra Nath Bhattacharya, *Hindu Castes and Sects*. Calcutta, 1896.

John of Antioch, 'Historia'; in *Fragmenta Historicorum Græcorum*, ed. by C. Müller, vol. iv. Parisiis, 1851.

Johnston (*Sir* Harry H.), *British Central Africa*. London, 1897.

—— *George Grenfell and the Congo*. 2 vols. London, 1908.

—— *The Kilima-njaro Expedition*. London, 1886.

—— *The River Congo*. London, 1884.

—— *The Uganda Protectorate*. 2 vols. London, 1902.

Johnstone (J. C.), *Maoria*. London, 1874.

Joinville (—), 'On the Religion and Manners of the People of Ceylon'; in *Asiatick Researches*, vol. vii. Calcutta, 1801.

Jolly (J.), 'Beiträge zur indischen Rechtsgeschichte'; in *Zeitschr. Deutsch. Morgenländischen Gesellsch.* vol. xliv. Leipzig, 1890.
—— *Recht und Sitte.* (Bühler, *Grundriss der indo-arischen Philologie und Altertumskunde,* vol. ii. fasc. 8.) Strassburg, 1896.
Jones (Owen), *The Grammar of Ornament.* London, [1865].
Jones (Peter), *History of the Ojebway Indians.* London, 1861.
Jones (S.), 'The Kutchin Tribes'; in *Smithsonian Report,* 1866. Washington, 1867.
Josephus, *Opera.* Ed. by G. Dindorf. 2 vols. Parisiis, 1845–47.
Journal and Proceedings of the Royal Society of New South Wales. Sydney & London.
Journal Asiatique. Paris.
—— *de la Société Finno-ougrienne.* Helsingfors.
—— *des Museum Godeffroy.* Hamburg.
—— *of the African Society.* London.
—— *of American Folk-Lore (The).* Boston & New York.
—— *of the American Oriental Society.* New York, New Haven.
—— *of the (Royal) Anthropological Institute of Great Britain and Ireland (The).* London.
—— *of the Asiatic Society of Bengal.* Calcutta.
—— *of the Ceylon Branch of the Royal Asiatic Society.* Colombo.
—— *of the Ethnological Society of London.*
—— *of the Gypsy Lore Society.* New Series. Liverpool.
—— *of Hellenic Studies (The).* London.
—— *of the Indian Archipelago and Eastern Asia.* Singapore.

Journal of Literature and Science, published under the Auspices of the Madras Literary Society (The). Madras.
—— *of the Polynesian Society.* Wellington.
—— *of the Royal Agricultural Society of England.* London.
—— *of the Royal Asiatic Society.* London.
—— *of the Royal Geographical Society of London.*
—— *of the (Royal) Statistical Society.* London.
—— *of the Straits Branch of the Royal Asiatic Society.* Singapore.
Joustra (M.), 'Het leven, de zeden en gewoonten der Bataks'; in *Mededeelingen van wege het Nederlandsche Zendelinggenootschap,* vol. xlvi. Rotterdam, 1902.
Joyce (P. W.), *A Social History of Ancient Ireland.* 2 vols. London, 1903.
Juan (George) and Ulloa (A. de), 'A Voyage to South America.' Trans; in Pinkerton, *Collection of Voyages and Travels,* vol. xiv. London, 1813.
Jullian (Camille), *Histoire de la Gaule.* Paris, 1908 &c. *In progress.*
Jung (—), 'Aufzeichnungen über die Rechtsanschauungen der Eingeborenen von Nauru'; in *Mittheil. Deutsch. Schutzgeb.* vol. x. Berlin, 1897.
Jung (C. E.), 'Aus dem Seelenleben der Australier'; in *Mittheilungen des Vereins für Erdkunde zu Leipzig,* 1877.

Jung (C. G.), *Collected Papers on Analytical Psychology*. Trans. London, 1917.
—— *Psychology of the Unconscious*. Trans. London, 1916.
Junghuhn (Franz), *Die Battaländer auf Sumatra*. German trans. 2 vols. Berlin, 1847.
Junker (Wilhelm), *Travels in Africa during the Years* 1879–1883. Trans. by A. H. Keane. London, 1891.
—— *Travels in Africa during the Years* 1882–1886. Trans. by A. H. Keane. London, 1892.
Junod (H. A.), *Les Ba-Ronga*. Neuchâtel, 1898.
—— 'Les Conceptions psychologiques des bantou sud-africains et leurs tabous'; in *Revue d'ethnographie et de sociologie*, vol. i. Paris, 1910.
—— *The Life of a South African Tribe*. 2 vols. London & Neuchâtel, 1912.
Justi (Ferd.), 'Die Weltgeschichte des Tabari'; in *Das Ausland*, vol. xlviii. Stuttgart, 1875.
Justin, *Historiæ Philippicæ*. Ed. by F. Duebner. Lipsiae, 1831.
Justin Martyr (*Saint*), 'Apologia prima pro Christianis'; in *Patrologiæ cursus*, Ser. Graeca, vol. vi. Parisiis, 1857.

Justinian (*Emperor*), *Codex Justinianus*. Ed. by P. Krueger. (*Corpus juris civilis*, vol. ii.) Berolini, 1888.
—— 'Digesta,' ed. by Th. Mommsen; in *Corpus juris civilis*, vol. i. Berolini, 1889.
—— 'Institutiones,' ed. by P. Krueger; in *Corpus juris civilis*, vol. i. Berolini, 1889.

—— *Novellæ*. Ed. by R. Schoell and G. Kroll. (*Corpus juris civilis*, vol. iii.) Berolini, 1895.

Kaegi (Adolf), *The Rigveda: the Oldest Literature of the Indians*. Trans. Boston, 1886.
Kaindl (R. F.), 'Ruthenische Hochzeitsgebräuche in der Bukowina'; in *Zeitschr. des Vereins für Volkskunde*, vol. xi. Berlin, 1901
Kames (Henry Home, *Lord*), *Sketches of the History of Man*. 3 vols. Edinburgh, 1813.
Kanakasabhai [Pillai] (V.), *The Tamils Eighteen hundred Years ago*. Madras & Bangalore, 1904.
Kane (E. K.), *Arctic Explorations*. 2 vols. Philadelphia, 1856.
Kanjilal (K. C.), 'Hindu Early Marriage'; in *The Calcutta Review*, vol. cxxviii. Calcutta, 1909.
Kannan Nayar (K.). *See* Nayar (K. Kannan).
Karasek (A.), 'Beiträge zur Kenntnis der Waschambaa; nach hinterlassenen Aufzeichnungen von A. K.,' ed. by August Eichhorn; in *Baessler-Archiv*, vol. i. Leipzig & Berlin, 1911.
Karlowa (Otto), *Römische Rechtsgeschichte*. 2 vols. Leipzig, 1885–1901.
Karsten (Rafael), *Contributions to the Sociology of the Indian Tribes of Ecuador*. (*Acta Academiæ Aboensis. Humaniora*, vol. i.

no. 3.) Åbo, 1920.
—— *Indian Dances in the Gran Chaco (S. America).* (*Öfversigt af Finska Vetenskaps-Societetens Förhandlingar. Bd. LVII.* 1914–1915. *Afd. B. N:o.* 6.) Helsingfors, 1915.
—— *Studies in South American Anthropology, I.* (*Översigt av Finska Vetenskaps-Societetens Förhandlingar. Bd. LXII.* 1919–1920. *Avd. B. N:o.* 2.). Helsingfors, 1920.
Karutz (*Dr.*), ' Volksthümliches aus den baskischen Provinzen ' ; in *Verhandl. Berliner Gesellsch. Anthr.* 1899. Berlin.
Kasteren (J. P. van), ' Aus dem " Buche der Weiber " ' ; in *Zeitschr. des Deutschen Palaestina-Vereins,* vol. xviii. Leipzig, 1895.
Kate (H. F. C. ten), *Reizen en onderzoekingen in Noord-Amerika.* Leiden, 1885.
Kater (C.), ' De Dajaks van Sidin ' ; in *Tijdschrift voor indische taal-, land- en volkenkunde,* vol. xvi. Batavia & 's Hage, 1867.
Kàtscher (Leopold), *Bilder aus dem chinesischen Leben.* Leipzig & Heidelberg, 1881.
Kaufmann (Hans), ' Die Auin. Ein Beitrag zur Buschmannforschung'; in *Mittheil. Deutsch. Schutzgeb.* vol. xxiii. Berlin, 1910.
Kautsky (Carl), ' Die Entstehung der Ehe und Familie ' ; in *Kosmos,* vol. xii. Stuttgart, 1882.
Kealy (E. H.), *Census of India,* 1911. *Vol. XXII. Rajputana and Ajmer-Merwara,* pt. i. Report. Ajmer, 1913.
Keane (A. H.), *Ethnology.* Cambridge, 1901.
—— ' On the Botocudos ' ; in *Jour. Anthr. Inst.* vol. xiii. London, 1884.

Kearns (J. F.), *Kalyán'a Shat'anku, or the Marriage Ceremonies of the Hindus of South India.* Madras, 1868. 1365
—— *The Tribes of South India.* [London, 1865].
Keate (George), *An Account of the Pelew Islands.* London, 1788.
Keating (W. H.), *Narrative of an Expedition to the Source of St. Peter's River.* 2 vols. Philadelphia, 1824.
Keil (C. F.), *Manual of Biblical Archæology.* Trans. 2 vols. Edinburgh, 1887–88.
Keith (A. Berriedale), ' Marriage (Hindu)' ; in Hastings, *Encyclopædia of Religion and Ethics,* vol. viii. Edinburgh, 1915.
—— See Macdonell (A. A.) and Keith (A. B.).
Keith (Arthur), *The Antiquity of Man.* London, 1915.
Kelly (Edmond), *The French Law of Marriage, Marriage Contracts and Divorce.* Ed. by O. E. Bodington. London, 1895.
Kennan (George), *Tent Life in Siberia.* London, 1871.
Keppel (H.), *The Expedition to Borneo of H.M.S. Dido.* 2 vols. London, 1847.
Kern (H.), *Manual of Indian Buddhism.* Strassburg, 1896.
Kerry-Nicholls (J. H.), ' The Origin, Physical Characteristics, and Manners and Customs of the Maori Race ' ; in *Jour. Anthr. Inst.* vol. xv. London, 1886.
Kessel (Karl von), ' Zur Geschichte der Kosaken ' ; in *Das Ausland,*

vol. xlv. Augsburg, 1872.
Kessler (Ernst), *Plutarchs Leben des Lykurgos.* (*Quellen und Forschungen zur alten Geschichte und Geographie*, ed. by W. Sieglin, fasc. 23.) Berlin, 1910.
Ketjen (E.), 'De Kalangers'; in *Tijdschrift voor indische taal-, land- en volkenkunde*, vol. xxiv. Batavia, 1877.
Keyser (Arthur), *Our Cruise to New Guinea.* London, 1885.
Kicherer (—), *An Extract from the Rev. Mr. K.'s Narrative of his Mission in South Africa.* Wiscasset, 1805.
Kidd (Dudley), *The Essential Kafir.* London, 1904.
Kikuchi (*Baron* Dairoku), *Japanese Education.* London, 1909.
Kincaid (*Colonel*), 'On the Bheel Tribes of the Vindhyan Range'; in *Jour. Anthr. Inst.* vol. ix. London, 1880.
King (P. Parker) and Fitzroy (R.), *Narrative of the surveying Voyages of the "Adventure" and "Beagle."* 3 vols. London, 1839.
King (Richard), 'On the Intellectual Character of the Esquimaux'; in *Jour. Ethn. Soc. London*, vol. i. Edinburgh (printed), 1848.
King (W. Ross), *The Aboriginal Tribes of the Nilgiri Hills.* London, 1870.

Kingsley (Mary H.), *Travels in West Africa.* London, 1897.
—— *West African Studies.* London, 1901.
Kirby (W. W.), 'A Journey to the Youcan, Russian America'; in *Smithsonian Report*, 1864. Washington, 1865.
Kirke (Henry), *Twenty-five Years in British Guiana.* London, 1898.
Kirkpatrick (*Colonel*), *An Account of the Kingdom of Nepaul.* London, 1811.

1366

Kirkpatrick (C. S.), 'Polyandry in the Panjâb'; in *The Indian Antiquary*, vol. vii. Bombay, 1878.
Kitchin (S. B.), *A History of Divorce.* London, 1912.
Klaproth (H. J. von), *Asia Polyglotta.* 2 pts. Paris, 1831.
—— See *Magasin asiatique.*
Klein (F. A.), 'Mittheilungen über Leben, Sitten und Gebräuche der Fellachen in Palästina'; in *Zeitschr. des Deutschen Palaestina-Vereins*, vol. vi. Leipzig, 1883.
Kleinpaul (Rudolf), *Sprache ohne Worte.* Leipzig, 1888.
Klemm (G.), *Allgemeine Cultur-Geschichte der Menschheit.* 10 vols. Leipzig, 1843–52.
Klibansky (*Justizrat*), *Handbuch des gesamten russischen Zivilrechts.* 3 vols. Berlin, [1911–18].
Klose (Heinrich), *Togo unter deutscher Flagge.* Berlin, 1899.
Kloss (C. B.), *In the Andamans and Nicobars.* London, 1903.
Klugmann (N.), *Die Frau im Talmud.* Wien, 1898.
Klunzinger (C. B.), *Upper Egypt.* Trans. London, 1878.
Klutschak (H. W.), *Als Eskimo unter den Eskimos.* Wien, Pest, & Leipzig, 1881.
Knight (E. F.), *Where Three Empires meet.* London, 1893.
Knoche (Walter), 'Einige Beobachtungen über Geschlechtsleben

und Niederkunft auf der Osterinsel'; in *Zeitschr. f. Ethnol.* vol. xliv. Berlin, 1912.
Knocker (F. W.), 'The Aborigines of Sungei Ujong'; in *Jour. Roy. Anthr. Inst.* vol. xxxvii. London, 1907.
—— 'Notes on the Wild Tribes of the Ulu Plus, Perak'; in *Jour. Roy. Anthr. Inst.* vol. xxxix. London, 1909.
Knox (Robert), *An Historical Relation of the Island of Ceylon.* London, 1817.
Königliche Museen zu Berlin. Veröffentlichungen aus dem königlichen Museum für Völkerkunde.
Königliches Ethnographisches Museum zu Dresden.
Koenigswald (G. von), 'Die Cayuás,' in *Globus*, vol. xciii. Braunschweig, 1908.
Koenigswarter (L. J.), *Études historiques sur le développement de la société humaine.* Paris, 1850.
—— *Histoire de l'organisation de la famille en France.* Paris, 1851.
Koeppen (C. F.), *Die Religion des Buddha und ihre Entstehung.* 2 vols. Berlin, 1857–59.
Köstlin (Julius), *Martin Luther. Sein Leben und seine Schriften.* Ed. by G. Kawerau. 2 vols. Berlin, 1903.
Kohl (J. G.), 'Bemerkungen über die Bekehrung canadischer Indianer zum Christenthum und einige Bekehrungsgeschichten'; in *Das Ausland*, vol. xxxii. Stuttgart & Augsburg, 1859.
—— *Kitchi-Gami. Wanderings round Lake Superior.* Trans. London, 1860.
Kohlbrugge (J. H. F.), 'Der Einfluss des Tropenklimas auf den blonden Europäer'; in *Archiv f. Rassen- und Gesellschafts-Biologie*, vol. vii. München, 1910.
Kohler (A.), *Pater Florian Baucke, ein Jesuit in Paraguay.* (1748–1766.) *Nach dessen eigenen Aufzeichnungen.* Regensburg, 1870.
Kohler (Josef), 'Das Banturecht in Ostafrika'; in *Zeitschr. f. vergl. Rechtswiss.* vol. xv. Stuttgart, 1901.
—— 'Ein Beitrag zur ethnologischen Jurisprudenz'; in *Zeitschr. f. vergl. Rechtswiss.* vol. iv. Stuttgart, 1883.
—— 'Indische Gewohnheitsrechte'; in *Zeitschr. f. vergl. Rechtswiss.* vol. viii. Stuttgart, 1889.
—— 'Indisches Ehe- und Familienrecht'; in *Zeitschr. f. vergl. Rechtswiss.* vol. iii. Stuttgart, 1882.
—— *Nachwort zu Shakespeare vor dem Forum der Jurisprudenz.* Würzburg, 1884.
—— 'Das Recht der Australneger'; in *Zeitschr. f. vergl. Rechtswiss.* vol. vii. Stuttgart, 1887.
—— 'Das Recht der Herero'; in *Zeitschr. f. vergl. Rechtswiss.* vol. xiv. Stuttgart, 1900.
—— 'Das Recht der Hottentotten'; in *Zeitschr. f. vergl. Rechtswiss.* vol. xv. Stuttgart, 1901.

—— 'Das Recht der Marschallinsulaner'; in *Zeitschr. f. vergl. Rechtswiss.* vol. xiv. Stuttgart, 1900.
—— 'Das Recht der Papuas'; in *Zeitschr. f. vergl. Rechtswiss.* vol. xiv. Stuttgart, 1900.
—— 'Das Recht der Papuas auf Neu-Guinea'; in *Zeitschr. f. vergl. Rechtswiss.* vol. vii. Stuttgart, 1887.

Kohler (Josef), 'Die Rechte der Urvölker Nordamerikas'; in *Zeitschr. f. vergl. Rechtswiss.* vol. xii. Stuttgart, 1897.
—— 'Rechtsphilosophie und Universalrechtsgeschichte'; in F. von Holtzendorff, *Enzyklopädie der Rechtswissenschaft in systematischer Bearbeitung*, ed. by J. Kohler, vol. i. München, Leipzig, & Berlin, 1915.
—— 'Studien über Frauengemeinschaft, Frauenraub und Frauenkauf'; in *Zeitschr. f. vergl. Rechtswiss.* vol. v. Stuttgart, 1884.
—— 'Zur Urgeschichte der Ehe'; in *Zeitschr. f. vergl. Rechtswiss.* vol. xii. Stuttgart, 1897.
—— and Peiser (F. E.), *Aus dem Babylonischen Rechtsleben.* 4 vols. Leipzig, 1890–98.
Kohler (Kaufmann), 'Intermarriage'; in *Jewish Encyclopedia*, vol. vi. New York & London, *s.d.*

Kolbe (Peter), *The Present State of the Cape of Good Hope.* Trans. 2 vols. London, 1731.
Kollmann (J.), 'Neue Gedanken über das alte Problem von der Abstammung des Menschen'; in *Globus*, vol. lxxxvii. Braunschweig, 1905.

Kollmann (Paul), *The Victoria Nyanza.* Trans. London, 1899.
Kong Christian den Femtis Danske Lov. Ed. by V. A. Secher. Kjøbenhavn, 1878.
Kongliga Vetenskaps-academiens Handlingar. Stockholm.
Kongliga Vitterhets, Historie och Antiquitets Academiens Handlingar. Stockholm.
Koppenfels (H. von), 'Meine Jagden auf Gorillas'; in *Die Gartenlaube*, 1877. Leipzig.
Korân (The). Trans. by J. M. Rodwell. London, 1876.
—— See *Qur'ân (The).*
Koschaker (Paul), *Rechtsvergleichende Studien zur Gesetzgebung Ḫammurapis.* Leipzig, 1917.
Kosmos. Zeitschrift für die gesamte Entwickelungslehre. Stuttgart.
Kotzebue (Otto von), *A Voyage of Discovery into the South Sea and Beering's Straits.* Trans. 3 vols. London, 1821.
Kovalewsky (Maxime), *Coutume contemporaine et loi ancienne.* Paris, 1893.
—— 'La famille matriarcale au Caucase'; in *L'Anthropologie*, vol. iv. Paris, 1893.
—— 'Marriage among the Early Slavs'; in *Folk-Lore*, vol. i. London, 1890.

—— *Modern Customs and Ancient Laws of Russia.* London, 1891.

—— *Tableau des origines et de l'évolution de la famille et de la propriété.* Stockholm, 1890.

Krämer (Augustine), *Die Samoa-Inseln.* 2 vols. Stuttgart, 1902.

—— 'Studienreise nach den Zentral- und Westkarolinen'; in *Mittheil. Deutsch. Schutzgeb.* vol. xxi. Berlin, 1908.

Kraft (August), 'Die Wapokomo'; in Steinmetz, *Rechtsverhältnisse von eingeborenen Völkern in Afrika und Ozeanien.* Berlin, 1903.

Krapf (J. L.), *Reisen in Ost-Afrika.* 2 vols. Kornthal & Stuttgart, 1858.

—— *Travels, Researches and Missionary Labours, during an Eighteen Years' Residence in Eastern Africa.* London, 1860.

Krasheninnikoff (S. P.), *The History of Kamschatka, and the Kurilski Islands, with the Countries adjacent.* Trans. by J. Grieve. London & Gloucester, 1764.

Kraus (F.) and Döhrer (H.), 'Blutsverwandtschaft in der Ehe und deren Folgen für die Nachkommenschaft'; in v. Noorden and Kaminer, *Krankheiten und Ehe.* Leipzig, 1916.

Krause (Fritz), 'Bericht über seine ethnographische Forschungsreise in Zentralbrasilien'; in *Zeitschr. f. Ethnol.* vol. xli. Berlin, 1909.

—— *In den Wildnissen Brasiliens.* Leipzig, 1911.

Krauss (F. S.), *Sitte und Brauch der Südslaven.* Wien, 1885.

—— Review of the German translation of the first edition of the present work, in *Am Urquell,* vol. iv. Lunden, 1893. 1369

Krauss (Samuel), *Talmudische Archäologie.* 3 vols. Leipzig, 1910–12.

Kraut (W. Th.), *Die Vormundschaft nach den Grundsätzen des deutschen Rechts.* 3 vols. Göttingen, 1835–59.

Kreemer (J.), 'Die Loeboes in Mandailing'; in *Bijdragen tot de taal-, land- en volkenkunde van Nederlandsch-Indië,* vol. lxvi. 's-Gravenhage, 1911.

Krek (Gregor), *Einleitung in die slavische Literaturgeschichte.* Graz, 1887.

Kretzschmar (Eduard), *Südafrikanische Skizzen.* Leipzig, 1873.

Krichauff (F. E. H. W.), 'The Customs, Religious Ceremonies, &c., of the "Aldolinga" or "Mbenderinga" Tribe of Aborigines in Krichauff Ranges, South Australia'; in *Proceed. Roy. Geo. Soc. Australasia: South Australian Branch,* vol. ii. Session 1886–7. Adelaide, 1890.

—— 'Further Notes on the "Aldolinga," or "Mbenderinga" Tribe of Aborigines'; in *Proceed. Roy. Geo. Soc. Australasia: South Australian Branch,* vol. ii. Session 1886–7. Adelaide, 1890.

Krieger (Eduard), *Die Menstruation.* Berlin, 1869.

Krieger (Maximilian), *Neu-Guinea.* Berlin, [1899].

Kristensen (E. T.), *Gamle folks fortællinger om det jyske almueliv.* 6 parts. Kolding, 1891–94.—*Tillægsbind I—IV.* Århus,

1900.
Kroeber (A. L.), 'Classificatory Systems of Relationship'; in *Jour. Roy. Anthr. Inst.* vol. xxxix. London, 1909.
—— 'A Mission Record of the California Indians'; in *University of California Publications in American Archæology and Ethnology*, vol. viii. Berkeley, 1908.
—— 'Preliminary Sketch of the Mohave Indians'; in *American Anthropologist*, new ser. vol. iv. New York, 1902.
Kropf (A.), *Das Volk der Xosa-Kaffern im östlichen Südafrika.* Berlin, 1889.
Kropotkin (P.), *Mutual Aid.* London, 1902.
Kruijt (J. A.), *Atjeh en de Atjehers.* Leiden, 1877.
Krusenstern (A. J. von), *Voyage round the World in the Years 1803, 1804, 1805 & 1806.* 2 vols. Trans. London, 1813.
Kubary (J.), 'Die Bewohner der Mortlock Inseln'; in *Mittheilungen der Geographischen Gesellschaft in Hamburg*, 1878–79.
—— *Ethnographische Beiträge zur Kenntniss der Karolinischen Inselgruppe und Nachbarschaft. Heft I.: Die socialen Einrichtungen der Pelauer.* Berlin, 1885.
—— 'Die Palau-Inseln in der Südsee'; in *Journal des Museum Godeffroy*, pt. iv. Hamburg, 1873.

F F 2

Kubary (J.), 'Die Religion der Pelauer'; in Bastian, *Allerlei aus Volks- und Menschenkunde*, vol. i. Berlin, 1888.
—— 'Die Verbrechen und das Strafverfahren auf den Pelau-Inseln'; in *Original-Mittheilungen aus der ethnologischen Abtheilung der königlichen Museen zu Berlin*, vol. i. Berlin, 1886.
Kuechler (L. W.), 'Marriage in Japan'; in *Trans. Asiatic Soc. Japan*, vol. xiii. Yokohama, 1885.
Kuhn (A.), *Märkische Sagen und Märchen nebst einem Anhange von Gebräuchen und Aberglauben.* Berlin, 1843.
—— und Schwartz (W.), *Norddeutsche Sagen, Märchen und Gebräuche.* Leipzig, 1848.
Kulischer (M.), 'Die communale "Zeitehe" und ihre Ueberreste'; in *Archiv f. Anthropologie*, vol. xi. Braunschweig, 1879.
—— 'Die geschlechtliche Zuchtwahl bei den Menschen in der Urzeit'; in *Zeitschr. f. Ethnol.* vol. viii. Berlin, 1876.
—— 'Intercommunale Ehe durch Raub und Kauf'; in *Zeitschr. f. Ethnol.* vol. x. Berlin, 1878.
Kultur der Gegenwart, ihre Entwickelung und ihre Ziele (*Die*). Ed. by P. Hinneberg. Berlin & Leipzig, 1905 &c. *In progress.*
Kumlien (L.), *Contributions to the Natural History of Arctic America.* (*Bulletin of the United States National Museum, No.* 15.) Washington, 1879.
Kupczanko (G.), 'Hochzeitsgebräuche der Weissrussen'; in *Am Urquell*, vol. ii. Lunden, 1891.

Laband (Paul), 'Die rechtliche Stellung der Frauen im altrömischen und germanischen Recht'; in *Zeitschr. für Völkerpsychologie und Sprachwissenschaft*, vol. iii. Berlin, 1865.
Labat (J. B.), *Relation historique de l'Éthiopie occidentale*. 5 vols. Paris, 1732.
Labbé (Paul), 'L'île de Sakhaline'; in *Bulletins de la Société de géographie commerciale de Paris*, vol. xxiii. Paris, 1901.
Labbe (Ph.), *Sacrorum Conciliorum collectio*. Ed. by J. D. Mansi. 31 vols. Florentiae, Venetiis, 1759–98.
Labillardière (J. J. Houtou de), *An Account of a Voyage in Search of La Pérouse in the Years* 1791–1793. Trans. 2 vols. London, 1800.
La Borde (— de), 'Relation de l'origine, moeurs, coustumes, religion, guerres et voyages des Caraibes, sauvages des isles Antilles de l'Amerique'; in *Recueil de divers voyages faits en Afrique et en l'Amerique*, ed. by H. Justel. Paris, 1674.
Laboulaye (Édouard), *Histoire du droit de propriété foncière en Occident*. Paris, 1839.
Lacassagne (A.), *Les tatouages*. Paris, 1881.
La Croix (J. Errington de), 'Étude sur les Sakaies de Perak'; in *Revue d'ethnographie*, vol. i. Paris, 1882.
Lactantius (L. C. F.), *Opera omnia*. 2 vols. (Migne, *Patrologiæ cursus*, vols. vi–vii.) Parisiis, 1844.
Ladbury (E. J.), 'Scraps of English Folklore, III. Worcestershire'; in *Folk-Lore*, vol. xx. London, 1909.
Laet (J. de), *Novus orbis seu descriptionis Indiæ Occidentalis libri XVIII*. Lugd. Batav., 1633.

Lafitau (J. F.), *Moeurs des sauvages ameriquains comparées aux moeurs des premiers temps*. 2 vols. Paris, 1724.
La Flesche (Francis), 'Osage Marriage Customs'; in *American Anthropologist*, new ser. vol. xiv. Lancaster, 1912.
— See Fletcher (Alice C.) and La Flesche (Francis).
'Lag om äktenskaps ingående och upplösning av den 12 november 1915'; in Stjernstedt, *Den nya äktenskapslagen*. Stockholm, 1916.
La Girondière (Paul Proust de). See Proust de la Girondière (Paul).
La Grasserie (Raoul de), *Code Civil Chilien*. (*Résumés analytiques des principaux codes civils de l'Europe et de l'Amérique, III*.) Paris, 1896.
—— *Code Civil du Vénézuéla. Lois civiles du Brésil*. (*Résumés &c. IV.–V.*) Paris, 1897.
—— *Code Civil Péruvien*. (*Résumés &c. II.*) Paris, 1896.
Lahontan (L. A. de Lom d'Arce, *Baron* de), *New Voyages to North-America*. Trans. ed. by R. G. Thwaites. 2 vols. Chicago, 1905.
Laing (A. Gordon), *Travels in the Timannee, Kooranko, and Soolima Countries in Western Africa*. London, 1825.

Laisnel de la Salle (—), *Croyances et légendes du centre de la France.* 2 vols. Paris, 1875.
Lala (R. Reyes). See Reyes Lala (R.).
Laloy (L.), 'Déformations des organes génitaux chez les Japonais'; in *L'Anthropologie*, vol. xiv. Paris, 1903.
Lambert (*le Père*), *Mœurs et Superstitions des Néo-Calédoniens.* Nouméa, 1900.
Lamont (E. H.), *Wild Life among the Pacific Islanders.* London, 1867.
Lamouroux (R.), 'La région du Toubouri. Notes sur les populations de la subdivision de Fianga'; in *L'Anthropologie*, vol. xxiv. Paris, 1913.
Landa (Diego de), *Relacion de las cosas de Yucatan.* Ed. with French translation by *l'Abbé* Brasseur de Bourbourg. Paris, 1864.
Landolphe (J. F.), *Mémoirs contenant l'histoire de ses voyages pendant trente-six ans, aux côtes d'Afrique et aux deux Amériques.* Ed. by J. S. Quesné. 2 vols. Paris, 1823.
Landon (Perceval), *Lhasa.* London, 1906.
Landor (A. H. Savage), *In the Forbidden Land.* 2 vols. London, 1898.
Landtman (Gunnar), *Kulturens ursprungsformer.* Helsingfors, 1918.
—— *Nya Guinea färden.* Helsingfors, 1913.
—— *The Origin of Priesthood.* Ekenaes (printed), 1905.
—— *Papuan Magic in the Building of Houses.* (*Acta Academiæ Aboensis. Humaniora*, vol. i. no. 5.) Åbo, 1920.
1372 —— *The Primary Causes of Social Inequality.* (*Öfversigt af Finska Vetenskaps-Societetens Förhandlingar. LI.* 1908–1909. *Afd. B. N:o* 2.) Helsingfors, 1909.
Landwirthschaftliche Jahrbücher. Berlin.
Lane (E. W.), *An Account of the Manners and Customs of the Modern Egyptians.* 2 vols. London, 1849.
—— The same work. London, 1896.
—— *Arabian Society in the Middle Ages.* Ed. by Stanley Lane-Poole. London, 1883.
Lane-Poole (Stanley), Review of Bosworth Smith's *Mohammed and Mohammedanism*, in *The Academy*, vol. v. London, 1874.
Lang (Andrew), 'The Origin of Terms of Human Relationship'; in *Proceedings of the British Academy*, vol. iii. 1907–1908. London.
—— 'Quæstiones Totemicæ'; in *Man*, vol. vi. London, 1906.
—— *The Secret of the Totem.* London, 1905.
—— 'Theory of the Origin of Exogamy and Totemism'; in *Folk-Lore*, vol. xxiv. London, 1913.
—— 'Totemism and Exogamy'; in *Folk-Lore*, vol. xxii. London, 1911.
—— and Atkinson (J. J.), *Social Origins and Primal Law.* London, 1903.
Lang (F. H.), 'Die Waschambala'; in Steinmetz, *Rechtsverhält-*

nisse von eingeborenen Völkern in Afrika und Ozeanien. Berlin, 1903.

Lang (Gideon S.), *The Aborigines of Australia.* Melbourne, 1865.

Lang (J. D.), *Cooksland in North-Eastern Australia.* London, 1847.

—— *Queensland.* London, 1861.

Langsdorf (G. H. von), *Voyages and Travels in various Parts of the World, during the Years* 1803–1807. 2 vols. London, 1813–14.

Lansdell (Henry), *Through Siberia.* 2 vols. London, 1882.

La Pérouse (J. F. G. de), *A Voyage round the World, in the Years* 1785–88. Trans. 3 vols. London, 1799.

La Salle (R. R. de), 'An Account of Monsieur de la Salle's Last Expedition and Discoveries in North America'; in *Collections of the New-York Historical Society, for the Year* 1814, vol. ii. New-York, 1814.

Lasaulx (Ernst von), *Der Fluch bei Griechen und Römern.* Würzburg, 1843.

Lasch (Richard), 'Einige besondere Arten der Verwendung des Eies im Volksglauben und Volksbrauch'; in *Globus,* vol. lxxxix. Braunschweig, 1906.

—— 'Der Selbstmord aus erotischen Motiven bei den primitiven Völkern'; in *Zeitschr. f. Socialwissensch.* vol. ii. Berlin, 1899.

—— 'Über Sondersprachen und ihre Entstehung'; in *Mitteil. Anthrop. Gesellsch. Wien,* vol. xxxvii. Wien, 1907.

Lassen (Christian), *Indische Alterthumskunde.* 2 vols. Leipzig, Bonn, & London, 1867–74.

Last (J. T.), 'A Visit to the Masai People living beyond the Borders of the Nguru Country'; in *Proceed. Roy. Geo. Soc.* new ser. vol. v. London, 1883.

Latcham (R. E.), 'Ethnology of the Araucanos'; in *Jour. Roy. Anthr. Inst.* vol. xxxix. London, 1909.

Latimer (C.), *Census of India,* 1911. *Vol. XIII. North-West Frontier Province.* Peshawar, 1912.

Laufer (Berthold), 'Preliminary Notes on Explorations among the Amoor Tribes'; in *American Anthropologist,* new ser. vol. ii. New York, 1900.

'Law of the Northumbrian Priests'; in *Ancient Laws and Institutes of England.* London, 1840.

Lawes (W. G.), 'Notes on New Guinea and its Inhabitants'; in *Proceed. Roy. Geo. Soc.* new ser. vol. ii. London, 1880.

Lawrence (W.), *Lectures on Physiology, Zoology, and the Natural History of Man.* London, 1823.

Laws of Manu (The). Trans. by G. Bühler. (*The Sacred Books of the East,* vol. xxv.) Oxford, 1886.

Lea (H. C.), *An Historical Sketch of Sacerdotal Celibacy in the Christian Church.* Boston, 1884.

Leabhar na h-Uidhri. See Mac Ceileachair (Moelmuiri).

1373

Le Bon (Gustave), *La civilisation des Arabes.* Paris, 1884.
—— *L'homme et les sociétés.* 2 vols. Paris, 1881.
Lecky (W. E. H.), *Democracy and Liberty.* 2 vols. London, 1899.
—— *History of European Morals from Augustus to Charlemagne.* 2 vols. London, 1890.
Leden (Christian), 'Unter den Indianern Canadas'; in *Zeitschr. f. Ethnol.* vol. xliv. Berlin, 1912.
Lees (G. Robinson), *The Witness of the Wilderness.* London, 1909.
Leggatt (T. Watt), 'Malekula, New Hebrides'; in *Report of the Fourth Meeting of the Australasian Association for the Advancement of Science held at Hobart, Tasmania, in January,* 1892. Tasmania, 1893.
Leguével de Lacombe (B. F.), *Voyage à Madagascar et aux Iles Comores.* 2 vols. Paris, 1840.
Le Herissé (A.), *L'Ancien Royaume du Dahomey. Mœurs, Religion, Histoire.* Paris, 1911.
Lehmann (Carl), *Verlobung und Hochzeit nach den nordgermanischen Rechten des früheren Mittelalters.* München, 1882.
Lehmkuhl (Aug.), 'Divorce'; in *The Catholic Encyclopedia,* vol. v. New York, 1909.
Lehr (E.), *Le mariage, le divorce et la séparation de corps dans les principaux pays civilisés.* Paris, 1899.
Leinster, The Book of, sometime called The Book of Glendalough. A collection of pieces (prose and verse) in the Irish language, compiled in part about the middle of the twelfth century. Ed. by Robert Atkinson. Dublin, 1880.
Leist (B. W.), *Alt-arisches Jus Civile.* 2 vols. Jena, 1892–96.
—— *Alt-arisches Jus Gentium.* Jena, 1889.
—— *Græco-italische Rechtsgeschichte.* Jena, 1884.
Leitner (G. W.), *Results of a Tour in 'Dardistan, Kashmir, Little Tibet, Ladak, Zanskar, &c.'* Vol. i. pts. i–iii. Lahore & London, [1868–]73.
Lejeune (Ch.), in the Discussion on Maupetit's paper 'La pudeur'; in *Bull. et mém. Soc. d'Anthr. Paris,* ser. vi. vol. v. Paris, 1914.
Le Jeune (Paul), 'Relation de ce qui s'est passé en la Nouvelle France, en l'année 1635'; in *The Jesuit Relations,* vols. vii.–viii. Cleveland, 1897.
Le Mesurier (C. J. R.), 'The Veddás of Ceylon'; in *Jour. Roy. Asiatic Soc. Ceylon Branch,* vol. ix. Colombo, 1887.
Leo Africanus, *The History and Description of Africa.* Trans. ed. by R. Brown. 3 vols. London, 1896.
Leong (Y. K.) and Tao (L. K.), *Village and Town Life in China.* London, 1915.
Le Page du Pratz (—), *The History of Louisiana, or of the Western Parts of Virginia and Carolina.* Trans. London, 1774.
Leroy-Beaulieu (Anatole), *The Empire of the Tsars and the Russians.*

Trans. by Z. A. Ragozin. 3 vols. New York & London, 1893–96.
Lery (Jean de), 'Extracts out of the Historie of John Lerius.' Trans.; in Purchas, *Purchas his Pilgrimes*, vol. xvi. Glasgow, 1906.
—— *Histoire d'un voyage faict en la terre du Bresil.* [Paris ?] 1585.
Leslie (David), *Among the Zulus and Amatongas.* Edinburgh, 1875.
Leslie (John), *De origine moribus, et rebus gestis Scotorum libri decem.* Romae, 1578.
Lesur (Charles Louis), *Histoire des Kosaques.* 2 vols. Paris, 1814.
Letherman (Jona.), 'Sketch of the Navajo Tribe of Indians, Territory of New Mexico'; in *Smithsonian Report*, 1855. Washington, 1856.
Letourneau (Ch.), *L'évolution de la morale.* Paris, 1887.
—— *L'évolution du mariage et de la famille.* Paris, 1888.
—— *Sociology based upon Ethnography.* Trans. London, 1881.
Leuckart (Rud.), 'Zeugung'; in Rud. Wagner, *Handwörterbuch der Physiologie*, vol. iv. Braunschweig, 1853.
Le Vaillant (François), *Travels from the Cape of Good-Hope, into the Interior Parts of Africa.* Trans. 2 vols. London, 1790.
Levick (G. Murray), *Antarctic Penguins. A Study of their Social Habits.* London, 1914.
Lewin (T. H.), *Wild Races of South-Eastern India.* London, 1870.
Lewis (C. J. and J. Norman), *Natality and Fecundity.* Edinburgh, 1905.
Lewis (Hubert), *The Ancient Laws of Wales.* London, 1889.
Lewis (J. P.), 'On the Terms of Relationship in Sinhalese and Tamil'; in *The Orientalist*, vols. i.–ii. Kandy, Bombay, 1884–86.
Lewis (M.) and Clarke (W.), *Travels to the Source of the Missouri River, and across the American Continent to the Pacific Ocean.* London, 1814.
Ley sobre relaciones familiares. Ed. by E. Pallares. Paris & México, 1917.
Lî Kî (The). Trans. by James Legge. 2 vols. (*The Sacred Books of the East*, vols. xxvii.–xxviii.) Oxford, 1885.
'Liber Tobiæ'; in *Biblia sacra cum glossa interlineari, ordinaria*, vol. ii. Venetiis, 1588.
Lichtenstein (H.), *Travels in Southern Africa.* Trans. 2 vols. London, 1812–15.
Lichtschein (L.), *Die Ehe nach mosaisch-talmudischer Auffassung.* Leipzig, 1879.
Liddell (H. C.) and Scott (R.), *Greek-English Lexicon.* Oxford, 1901.
Liebich (R.), *Die Zigeuner.* Leipzig, 1863.
Liebrecht (Felix), *Zur Volkskunde.* Heilbronn, 1879.
Lindblom (Gerhard), *The Akamba in British East Africa.* Uppsala, 1916.
Lindroos (A.) and Andersson (J.), 'Ett bröllop i Pellinge, Borgå-skärgård, för 100 år tillbaka'; in *Hembygden*, [vol. i.] Hel-

singfors, 1910.
Linschoten (J. H. van), *The Voyage of, to the East Indies.* Trans. ed. by A. C. Burnell and P. A. Tiele. 2 vols. London, 1885.
Lippert (Julius), *Die Geschichte der Familie.* Stuttgart, 1884.
—— *Kulturgeschichte der Menschheit.* 2 vols. Stuttgart, 1886–87.
Lisiansky (U.), *A Voyage round the World.* London, 1814.
Lith (P. A. van der), Spaan (A. J.), Fokkens (F.), and Snelleman (J. F.), *Encyclopædie van Nederlandsch-Indië.* 4 vols. 'sGravenhage & Leiden, [1895–1905].
Lithberg (Nils), 'Bröllopsseder på Gottland'; in *Fataburen,* 1906–1908, 1911. Stockholm.
Litterära Soiréer i Helsingfors under hösten 1849. Helsingfors, 1849.
Livingstone (David), *The Last Journals of, in Central Africa.* Ed. by H. Waller. 2 vols. London, 1874.
—— *Missionary Travels and Researches in South Africa.* London, 1857.
—— and Livingstone (Charles), *Narrative of an Expedition to the Zambesi and its Tributaries.* London, 1865.
Livius (Titus), *Ab urbe condita libri.* Ed. by W. Weissenborn. 5 vols. Lipsiae, 1858–63.
Lloyd (G. Thomas), *Thirty-three Years in Tasmania and Victoria.* London, 1862.
Lloyd (L.), *Peasant Life in Sweden.* London, 1870.
Lobo (Jerome), 'A Voyage to Abyssinia.' Trans.; in Pinkerton, *Collection of Voyages and Travels,* vol. xv. London, 1814.
Lodi (*P.* Samuel de), 'Extrait d'une lettre au *P.* André d' Arezzo'; in *Annales de la propagation de la Foi,* vol. xvii. Lyon, 1845.
Loebel (D. Th.), *Hochzeitsbräuche in der Türkei.* Amsterdam, 1897.
Loening (Edgar), *Geschichte des deutschen Kirchenrechts.* 2 vols. Strassburg, 1878.
Löw (Leopold), *Gesammelte Schriften.* 5 vols. Szegedin, 1889–1900.
Logan (J. R.), 'The Biduanda Kallang of the River Pulai in Johore'; in *Jour. Indian Archipelago,* vol. i. Singapore, 1847.
—— 'Five Days in Naning'; in *Jour. Indian Archipelago,* vol. iii. Singapore, 1849.
[——] 'The Manners and Customs of the Malays'; in *Jour. Indian Archipelago,* vol. iii. Singapore, 1849.
—— 'The Orang Binua of Johore'; in *Jour. Indian Archipelago,* vol. i. Singapore, 1847.
—— 'The Orang Muka Kuning'; in *Jour. Indian Archipelago,* vol. i. Singapore, 1847.
—— 'The Orang Sabimba of the Extremity of the Malay Peninsula'; in *Jour. Indian Archipelago,* vol. i. Singapore, 1847.
Logan (William), *Malabar.* 3 vols. Madras, 1887–91.
'Loi sur le divorce. 20 septembre 1792'; in *Lois civiles (intermédiaires), ou collection des lois rendues sur l'État des per-*

sonnes, et la transmission des biens, depuis le 4 août 1789, jusques au 30 ventose an 12 (mars 1804), vol i. Ed. by J. B. S[irey] and G. S. L. 4 vols. Paris, 1806.

Lombroso (Cesare) and Ferrero (Guglielmo), *La donna delinquente, la prostituta e la donna normale.* Milano, Torino, & Roma, 1915.

Long (John), *Voyages and Travels of an Indian Interpreter and Trader.* Ed. by R. G. Thwaites. (Thwaites, *Early Western Travels* 1748–1846, vol. ii.) Cleveland, 1904.

Loon (Gerard van), *Beschryving der aloude Regeeringwyze van Holland.* 5 vols. Leiden, 1744–50.

Lopez Cogolludo (Diego), *Historia de Yucathan.* Madrid, 1688.

Lopez de Castanheda (Fernão), *Historia do descobrimento e conqvista da India pelos Portugueses.* 7 vols. Lisboa, 1833.

Lord (J. K.), *The Naturalist in Vancouver Island and British Columbia.* 2 vols. London, 1866.

Loskiel (G. H.), *History of the Mission of the United Brethren among the Indians in North America.* Trans. 3 vols. London, 1794.

'Lov om adgang til opløsning av egteskap'; in *Almindelig norsk lovsamling, I. Supplementsbind,* 1908–1911. Ed. by P. I. Paulsen. Kristiania, 1912.

'Lov om forandringer i lov om adgang til opløsning av egteskap av 20 august 1909'; in *Almindelig norsk lovsamling, II. Supplementsbind,* 1912–1915. Kristiania, 1916.

Lovisato (Domenico), 'Appunti etnografici con accenni geologici sulla Terra del Fuoco'; in *Cosmos,* ed. by Guido Cora, vol. viii. Torino, 1884–85.

Low (David), *On the Domesticated Animals of the British Islands.* London, 1845.

Low (Hugh), *Sarawak.* London, 1848.

Low (James), 'The Karean Tribes or Aborigines of Martaban and Tavai, with Notices of the Aborigines in Keddah and Perak'; in *Jour. Indian Archipelago,* vol. iv. Singapore, 1850.

Lowis (C. C.), *A Note on the Palaungs of Hsipaw and Tawnpeng.* (*Ethnographical Survey of India. Burma, No.* 1.) Rangoon, 1906.

Lowis (R. F.), *Census of India,* 1911. *Vol. II. The Andaman and Nicobar Islands.* Calcutta, 1912.

Loysel (Antoine), *Institutes coutumières.* Ed. by M. Dupin and Éd. Laboulaye. 2 vols. Paris, 1846.

Lozano (Pedro), *Descripcion chorographica del terreno . . . de las . . . Provincias del Gran Chaco, Gualamba.* Cordoba, 1733.

Lubbock (*Sir* John). See Avebury (*Lord*).

Lucian, *Opera.* Ed. by G. Dindorf. Parisiis, 1867.

Ludlow (J. M.), 'Consent to Marriage'; in Smith and Cheetham, *A Dictionary of Christian Antiquities,* vol. i. London, 1875.

Lumholtz (Carl), *Among Cannibals.* London, 1889.

—— *Unknown Mexico.* 2 vols. London, 1903.

Lynch (W. F.), *Narrative of the United States' Expedition to the River Jordan and the Dead Sea.* London, 1850.
Lyon (G. F.), *The Private Journal during the Voyage of Discovery under Captain Parry.* London, 1824.
Lysias, 'Orationes'; in *Oratores Attici,* ed. by C. Müller, vol. i. Parisiis, 1847.

Maass (Alfred), 'Durch Zentral-Sumatra'; in *Zeitschr. f. Ethnol.* vol. xli. Berlin, 1909.
MacCauley (Clay), 'The Seminole Indians of Florida'; in *Ann. Rep. Bur. Ethnol.* vol. v. Washington, 1887.
Mac Ceileachair (Moelmuiri), *Leabhar na h-Uidhri.* A Collection of pieces in prose and verse, in the Irish Language, compiled and transcribed about A.D. 1100, by. Dublin, 1870.
McCoy (Isaac), *History of Baptist Indian Missions: embracing Remarks on the former and present Condition of the Aboriginal Tribes.* Washington, 1840.
Macdonald (D.), *Oceania: Linguistic and Anthropological.* Melbourne & London, 1889.

Macdonald (Duff), *Africana.* 2 vols. London, 1882.
Macdonald (J. R. L.), 'Notes on the Ethnology of Tribes met with during Progress of the Juba Expedition of 1897–99'; in *Jour. Anthr. Inst.* vol. xxix. London, 1899.
Macdonald (James), 'East Central African Customs'; in *Jour. Anthr. Inst.* vol. xxii. London, 1893.
1378 Macdonell (A. A.), *Vedic Mythology.* (Bühler, *Grundriss der indo-arischen Philologie und Altertumskunde,* vol. iii. fasc. 1.) Strassburg, 1897.
—— and Keith (A. B.), *Vedic Index of Names and Subjects.* 2 vols. London, 1912.
Macfie (M.), *Vancouver Island and British Columbia.* London, 1865.
McGee (W. J.), 'The Seri Indians'; in *Ann. Rep. Bur. Ethnol.* vol. xvii. pt. i. Washington, 1898.
Macgillivray (John), *Narrative of the Voyage of H.M.S. "Rattlesnake."* 2 vols. London, 1852.
Máchal (J.), 'Marriage (Slavic)'; in Hastings, *Encyclopædia of Religion and Ethics,* vol. viii. Edinburgh, 1915.
Macieiowski (W. A.), *Slavische Rechtsgeschichte.* German trans. 4 vols. Stuttgart & Leipzig, 1835–39.
Mackenzie (Alex.), *Voyages from Montreal . . . to the Frozen and Pacific Oceans.* London, 1801.
Mackenzie (George), *The Lives and Characters of the most Eminent Writers of the Scots Nation.* 3 vols. Edinburgh, 1708–22.
Mackenzie (Thomas), *Studies in Roman Law.* Ed. by John Kirkpatrick. Edinburgh, 1886.
McKiernan (B.), 'Some Notes on the Aborigines of the Lower Hunter River, New South Wales'; in *Anthropos,* vol. vi. Wien, 1911.

Maclean (John), *A Compendium of Kafir Laws and Customs.* Mount Coke, 1858.
McLennan (J. F.), 'The Levirate and Polyandry'; in *The Fortnightly Review,* new ser. vol. xxi. London, 1877.
—— *The Patriarchal Theory.* London, 1885.
—— *Studies in Ancient History.* London, 1886.
—— *Studies in Ancient History. The Second Series. Comprising an Inquiry into the Origin of Exogamy.* Ed. by his widow and A. Platt. London, 1896.
MacMahon (A. R.), *Far Cathay and Farther India.* London, 1893.
McMahon (E. O.), 'The Sakalava and their Customs'; in *Antananarivo Annual and Madagascar Magazine,* vol. iv. Antananarivo, 1889–92.
Macmillan (D. A.), 'The Bhuiyas'; in *The Calcutta Review,* vol. ciii. Calcutta, 1896.
Macnaghten (W. H.), *Principles of Hindu Law.* Calcutta, 1880.
McNair (F.), *Perak and the Malays.* London, 1878.
Macphail (J. M.), 'The Cycle of the Seasons in a Santal Village'; in *The Calcutta Review,* new ser. vol. i. Calcutta, 1913.
Macpherson (John), *Critical Dissertations on the Origin, Antiquities, Language, Government, Manners, and Religion, of the Antient Caledonians, their Posterity the Picts, and the British and Irish Scots.* Dublin, 1768.
Macpherson (S. Ch.), *Memorials of Service in India.* London, 1865.
Macqueen (John), *A Practical Treatise on the Appellate Jurisdiction of the House of Lords and Privy Council. Together with the Practice on Parliamentary Divorce.* London, 1842.
Macrae (John), 'Account of the Kookies'; in *Asiatick Researches,* vol. vii. Calcutta, 1831.
Madras District Manuals. See Cox (A. F.), Nicholson (F. A.), Stuart (H. A.), Sturrock (J.).
Madras Government Museum's *Bulletins* (The). Madras.
Madras Journal of Literature and Science. New Series. Madras.
Magasin asiatique. Ed. by H. J. von Klaproth. Paris.
Magazine of American History (*The*). New York & Chicago.
Magnus (Olaus). See Olaus Magnus.
Magyar (L.), *Reisen in Süd-Afrika.* Pest & Leipzig, 1859.
Mahabharata (*The*). Translated into English prose by Protap Chandra Roy. Calcutta, 1883–96.
Maine (*Sir* Henry Sumner), *Ancient Law.* London, 1885.
—— *Dissertations on Early Law and Custom.* London, 1883.
—— *Lectures on the Early History of Institutions.* London, 1875.
Majerus (—), 'Brautwerbung und Hochzeit bei den Wabende (Deutsch-Ostafrika)'; in *Anthropos,* vol. vi. Wien, 1911.
Major (R. H.), *India in the Fifteenth Century,* trans. and ed. by. London, 1857.
Malabar Quarterly Review (*The*). Trivandrum.

Malcolm (J.), 'Essay on the Bhills'; in *Trans. Roy. Asiatic Soc.* vol. i. London, 1827.
Malinowski (Bronislaw), 'Baloma; the Spirits of the Dead in the Trobriand Islands'; in *Jour. Roy. Anthr. Inst.* vol. xlvi. London, 1916.
—— *The Family among the Australian Aborigines.* London, 1913.
—— 'The Natives of Mailu'; in *Trans. Roy. Soc. South Australia,* vol. xxxix. Adelaide, 1915.
Mallat (J.), *Les Philippines.* 2 vols. Paris, 1846.
Mallery (Garrick), 'Picture-Writing of the American Indians'; in *Ann. Rep. Bur. Ethnol.* vol. x. 1888–'89. Washington, 1893.
Mallet (*Sir* Bernard), 'Vital Statistics as affected by the War'; in *Jour. Roy. Statistical Soc.* vol. lxxxi. London, 1918.
Malo (David), *Hawaiian Antiquities* (*Moolelo Hawaii*). Trans. from the Hawaiian by N. B. Emerson. Honolulu, 1903.
Man. A Monthly Record of Anthropological Science. London.
Man (E. G.), *Sonthalia and the Sonthals.* London, [1867].
Man (E. H.), 'A Brief Account of the Nicobar Islanders'; in *Jour. Anthr. Inst.* vol. xv. London, 1886.
—— 'On the Aboriginal Inhabitants of the Andaman Islands'; in *Jour. Anthr. Inst.* vol. xii. London, 1883.
Mandelslo (J. A. von), *Morgenländische Reise-Beschreibung.* Ed. by Adam Olearius. Hamburg, 1696.
—— 'The Remarks and Observations made by J. A. de Mandelsloe, in his Passage from the Kingdom of Persia through several Countries of the Indies'; in Harris, *Navigantium atque Itinerantium Bibliotheca,* vol. i. London, 1744.
Mandlik (Vishvanáth Náráyan). See Vishvanáth Náráyan Mandlik.
Mangeret (*le Père*), *Mgr Bataillon et les missions de l'Océanie Centrale.* 2 vols. Lyon, 1895.
Mangin (E.), 'Les Mossi. Essai sur les us et coutumes du peuple Mossi au Soudan Occidental'; in *Anthropos,* vol. ix. Wien, 1914.
Mannerheim (C. G. E.), *A Visit to the Sarö and Shera Yögurs.* (Reprinted from *Journal de la Société Finno-Ougrienne,* vol. xxvii.) Helsingfors, 1911.
Mannhardt (Wilhelm), *Mythologische Forschungen.* Ed. by H. Patzig. Strassburg & London, 1884.
—— *Wald- und Feldkulte.* 2 vols. Berlin, 1875–77.
Mantegazza (Paolo), *Rio de la Plata e Tenerife.* Milano, 1867.
Manu, The Laws of. See *Laws of Manu* (*The*).
Marcellinus (Ammianus), *Rerum gestarum libri qui supersunt.* Ed. by V. Gardthausen. 2 vols. Lipsiae, 1874–75.
Marche (Alfred), *Trois voyages dans l'Afrique Occidentale.* Paris, 1879.
Marchesi (G. B.), 'In Capitanata'; in *Archivio per lo studio delle tradizioni popolari,* vol. xx. Palermo & Torino, 1901.

—— 'In Valtellina'; in *Archivio per lo studio delle tradizioni popolari*, vol. xvii. Palermo & Torino, 1898.
Marcuse (Adolf), *Die Hawaiischen Inseln*. Berlin, 1894.
Margolis (M. L.), 'Celibacy'; in *The Jewish Encyclopedia*, vol. iii. New York & London, *s.d.*
Mariner (William), *An Account of the Natives of the Tonga Islands compiled . . . from the Communications of*, by John Martin. 2 vols. London, 1817.
Markham (A. H.), 'A Visit to the Galapagos Islands in 1880'; in *Proceed. Roy. Geo. Soc.* new ser. vol. ii. London, 1880.
Marmol Caravajal (Luis del), *La descripcion general de Affrica*. 3 vols. Granada & Malaga, 1573–99.
Marquardsen (H. von), *Handbuch des Oeffentlichen Rechts der Gegenwart in Monographien*. Ed. by, [and others]. Freiburg i.B. & Tübingen, 1887 &c. *In progress.*
Marquardt (Carl), *Die Tätowirung beider Geschlechter in Samoa*. Berlin, 1899.
Marquardt (J.), *Das Privatleben der Römer*. Vol. I. Ed. by A. Mau. Leipzig, 1886.
Marques (A.), 'The Population of the Hawaiian Islands'; in *Jour. Polynesian Soc.* vol. ii. Wellington, 1893.
Marquordt (F.), 'Bericht über die Kavirondo'; in *Zeitschr. f. Ethnol.* vol. xli. Berlin, 1909.
Marsden (W.), *The History of Sumatra*. London, 1811.
Marshall (F. H. A.), *The Physiology of Reproduction*. London, 1910.
Marshall (W. E.), *A Phrenologist amongst the Todas*. London, 1873.
Marston (Morrell), 'Letter to Reverend Dr. Jedidiah Morse'; in Emma Helen Blair, *The Indian Tribes of the Upper Mississippi Valley and Region of the Great Lakes*, vol. ii. Cleveland, 1912.
Martène (Edmond), *De antiquis ecclesiæ ritibus*. 3 vols. Antuerpiae, 1736–37.
Martin (K.), *Reisen in den Molukken, in Ambon, den Uliassern, Seran (Ceram) und Buru*. Leiden, 1894.
Martin (Minnie), *Basutoland: its Legends and Customs*. London, 1903.
Martin (Rudolf), *Die Inlandstämme der Malayischen Halbinsel*. Jena, 1905.
Martineau (James), *Types of Ethical Theory*. 2 vols. Oxford, 1889.
Martinengo-Cesaresco (*Countess* Evelyn), 'American Songs and Games'; in *Folk-Lore Journal*, vol. ii. London, 1884.
Martius (C. F. Ph. von), *Beiträge zur Ethnographie und Sprachenkunde Amerika's zumal Brasiliens*. 2 vols. Leipzig, 1867.
—— See Spix (J. B. von) and Martius (C. F. Ph. von).
Martrou (*P.* Louis), 'Les "Eki" des Fang'; in *Anthropos*, vol. i. Salzburg, 1906.
Marx (L.), 'Die Amahlubi'; in Steinmetz, *Rechtsverhältnisse von eingeborenen Völkern in Afrika und Ozeanien*. Berlin, 1903.

[Mas (S. de),] *Informe sobre el estado de las Islas Filipinas en 1842.* 2 vols. Madrid, 1843.
Mason (F.), 'On Dwellings, Works of Art, Laws, &c. of the Karens'; in *Jour. Asiatic Soc. Bengal,* vol. xxxvii. pt. ii. Calcutta, 1868.
—— 'Physical Character of the Karens'; in *Jour. Asiatic Soc. Bengal,* vol. xxxv. pt. ii. Calcutta, 1867.
Mason (J. Alden), *The Ethnology of the Salinan Indians.* (*University of California Publications in American Archæology and Ethnology,* vol. x. no. 4.) Berkeley, 1912.
Masson (Charles), *Narrative of various Journeys in Balochistan, Afghanistan, and the Panjab.* 3 vols. London, 1842.
Massoudi, 'Description du Caucase.' Trans.; in Klaproth, *Magasin asiatique,* vol. i. Paris, 1825.
Mathew (John), 'The Australian Aborigines'; in *Jour. and Proceed. Roy. Soc. New South Wales.* vol. xxiii. London & Sydney, 1889.
—— *Eaglehawk and Crow.* London & Melbourne, 1899.
—— 'The Origin of the Australian Phratries and Explanations of some of the Phratry Names'; in *Jour. Roy. Anthr. Inst.* vol. xl. London, 1910.
—— *Two Representative Tribes of Queensland.* London, 1910.
Mathews (R. H.), 'Beiträge zur Ethnographie der Australier'; in *Mitteil. Anthrop. Gesellsch. Wien,* vol. xxxvii. Wien, 1907.
—— *Ethnological Notes on the Aboriginal Tribes of N.S. Wales and Victoria.* Sydney, 1905.

1382

Matin-uz-Zaman Khan (Md), *Census of India,* 1911. *Vol. XX. Kashmir,* pt. i. Report. Lucknow, 1912.
Mattans (J.), 'Bröllopsseder i Korsnäs'; in *Hembygden,* vol. vi. Helsingfors, 1915.
Matthes (B. F.), *Bijdragen tot de Ethnologie van Zuid-Celebes.* 's Gravenhage, 1875.
Matthews (John), *A Voyage to the River Sierra-Leone, on the Coast of Africa.* London, 1788.
Matthews (Washington), *Ethnography and Philology of the Hidatsa Indians.* (*U.S. Geological and Geographical Survey, Miscellaneous Publications,* no. 7.) Washington, 1877.
—— 'The Gentile System of the Navajo Indians'; in *Jour. American Folk-Lore,* vol. iii. Boston & New York, 1890.
—— *Navaho Legends.* (*Memoirs of the American Folk-Lore Society,* vol. v.) Boston & New York, 1897.
Mauch (Carl), *Reisen im Inneren von Süd-Afrika* 1865–1872. (Petermann's *Mittheilungen, Ergänzungsheft No.* 37.) Gotha, 1874.
Maundeville (*Sir* John), *The Voiage and Travaile of Sir J. M.* Reprinted from the Edition of A.D. 1725. With an Introduction, &c. by J. O. Halliwell. London, 1839.
Maung Tet Pyo, *Customary Law of the Chin Tribe.* Text, Translation, and Notes, with a Preface by John Jardine. Rangoon, 1884.

Maupetit (G.), 'La pudeur'; in *Bull. et mém. Soc. d'Anthr. Paris*, ser. vi. vol. v. Paris, 1914.
Maurer (G. L. von), *Geschichte der Dorfverfassung in Deutschland.* 2 vols. Erlangen, 1865–66.
[Maxwell,]. 'The Semang and Sakei Tribes of the Districts of Kedah and Perak bordering on Province Wellesley'; in *Jour. Straits Branch Roy. Asiatic Soc.* no. i. Singapore, 1878.
Maya Das, 'Marriage Custom, &c.'; in *Panjab Notes and Queries*, vol. i. Allahabad, 1883.
Mayer (J. R.), *Die Mechanik der Wärme.* Stuttgart, 1874.
Mayer (Samuel), *Die Rechte der Israeliten, Athener und Römer.* 2 vols. Leipzig, 1862–66.
Mayet (P.), 'Die Verwandtenehe und die Statistik'; in *Jahrbuch der internationalen Vereinigung für vergleichende Rechtswissenschaft und Volkswirtschaftslehre zu Berlin*, vols. vi.–vii. Berlin, 1903–04.
Mayne (J. D.), *A Treatise on Hindu Law and Usage.* Madras, 1914.
Mayne (R. C.), *Four Years in British Columbia and Vancouver Island.* London, 1862.
Mayo-Smith (Richmond), *Science of Statistics.* 2 vols. New York, 1895–99.
Mayr (Aurel), *Das indische Erbrecht.* Wien, 1873.
Mayr (Georg von), *Bevölkerungsstatistik.* (*Handbuch des Oeffentlichen Rechts der Gegenwart*, ed. by H. von Marquardsen and others. *Einleitungsband* [ed. by M. von Seydel], *Sechste Abtheilung.*) Freiburg i.B., 1897.
—— *Die Gesetzmässigkeit im Gesellschaftsleben.* München, 1877.
Meade (Herbert), *A Ride through the disturbed Districts of New Zealand; together with some Account of the South Sea Islands.* London, 1870.
Meares (John), *Voyages made in the Years 1788 and 1789 from China to the North-West Coast of America*, London, 1790.
Meddelelser om Grönland. Kjøbenhavn.
Mededeelingen van wege het Nederlandsche Zendelinggenootschap. Rotterdam.
Medhurst (W. H.), 'Marriage, Affinity, and Inheritance in China'; in *Trans. Roy. Asiatic Soc. China Branch*, vol. iv. Hongkong, 1855.
Meier (M. H. E.) and Schömann (G. F.), *Der attische Process.* Ed. by J. H. Lipsius. Berlin, 1883–87.
Meiners (C.), *Allgemeine kritische Geschichte der Religionen.* 2 vols. Hannover, 1806–07.
—— *Vergleichung des ältern, und neuern Russlandes.* 2 vols. Leipzig, 1798.
Meinicke (C. E.), *Die Inseln des Stillen Oceans.* 2 vols. Leipzig, 1875–76.
Meissner (B.), *Beiträge zum altbabylonischen Privatrecht.* Leipzig,

1893.
Mela (Pomponius), *De chorographia (situ orbis) libri tres.* Ed. by C. Frick. Lipsiae, 1880.
Mélanges tirés du bulletin historico-philologique de l'Académie impériale des sciences de St.-Pétersbourg. St.-Pétersbourg.
Meletius (J.), *De religione et sacrificiis veterum Borussorum, epistola. S.l.*, 1582.
Melnikow (N.), 'Die Burjäten (Burjaten) des Irkutskischen Gouvernements'; in *Verhandl. Berliner Gesellsch. Anthr.* 1899. Berlin.
Mélusine. Revue de mythologie, littérature populaire, traditions et usages. Ed. by H. Gaidoz. Paris.
Melville (H.), *Typee.* London, [1892].
Mémoires de la Société d'Anthropologie de Paris.
Memoirs of the American Anthropological Association. Lancaster.
—— *of the American Folk-Lore Society.* Boston & New York.
—— *of the American Museum of Natural History.* New York.
—— *of the Asiatic Society of Bengal.* Calcutta.
—— *read before the Anthropological Society of London.*
'Memoirs of Malays'; in *Jour. Indian Archipelago*, vol. ii. Singapore, 1848.
Memorie della Società Geographica Italiana. Roma.
Mendiarov (—). See Volkov (Th.).
Menouillard (—), 'Un Mariage dans le Sud Tunisien (Matmata)'; in *Revue tunisienne*, vol. ix. Tunis, 1902.
Méray (Antony), *La vie au temps des Trouvères.* Paris & Lyon, 1873.
Merker (M.), *Die Masai.* Berlin, 1904.

1384

Merolla da Sorrento (Jerome), 'A Voyage to Congo and several other Countries.' Trans.; in Pinkerton, *Collection of Voyages and Travels*, vol. xvi. London, 1814.
Methodius (*Saint*), 'Opera omnia'; in Migne, *Patrologiæ cursus*, Ser. Graeca, vol. xviii. Parisiis, 1857.
Metz (F.), *The Tribes inhabiting the Neilgherry Hills.* Mangalore, 1864.
Meyer (A. B.), *Die Philippinen. II. Negritos.* (*Königliches Ethnographisches Museum zu Dresden, IX.*) Dresden, 1893.
Meyer (E. H.), *Badisches Volksleben im neunzehnten Jahrhundert.* Strassburg, 1900.
—— *Deutsche Volkskunde.* Strassburg, 1898.
Meyer (H. E. A.), 'Manners and Customs of the Aborigines of the Encounter Bay Tribe'; in Woods, *Native Tribes of South Australia.* Adelaide, 1879.
Meyer (Hans), 'Die Igorrotes von Luzon (Philippinen)'; in *Verhandl. Berliner Gesellsch. Anthr.* 1883. Berlin.
Meyer (Paul), *Der römische Konkubinat nach den Rechtsquellen und den Inschriften.* Leipzig, 1895.
Michaelis (J. D.), *Commentaries on the Laws of Moses.* Trans. 4 vols. London, 1814.
Michaux-Bellaire (E.), 'Quelques tribus de montagnes de la région

du Habt'; in *Archives marocaines*, vol. xvii. Paris, 1911.

Mielziner (M.), *The Jewish Law of Marriage and Divorce in Ancient and Modern Times*. Cincinnati, 1884.

Migne (J. P.), *Patrologiæ cursus completus*. 221 vols. Parisiis, 1844–64.

—— *Patrologiæ cursus completus. Series Græca*. 162 vols. Parisiis, 1857–66.

Miklucho-Maclay (N. von), 'Anthropologische Bemerkungen über die Papuas der Maclay-Küste in Neu-Guinea'; in *Natuurkundig Tijdschrift voor Nederlandsch Indie*, vol. xxxiii. Batavia, 1873.

—— 'Ethnological Excursions in the Malay Peninsula'; in *Jour. Straits Branch Roy. Asiatic Soc.* 1878, no. 2. Singapore.

—— 'Ethnologische Bemerkungen über die Papuas der Maclay-Küste in Neu-Guinea'; in *Natuurkundig Tijdschrift voor Nederlandsch Indie*, vols. xxxv.–xxxvi. Batavia, 1875–76.

Miklucho-Maclay (N. von), 'Ueber die künstliche Perforatio Penis bei den Dajaks auf Borneo'; in *Verhandl. Berliner Gesellsch. Anthr.* 1876. Berlin.

—— 'Über die Mika-Operation in Central-Australien'; in *Verhandl. Berliner Gesellsch. Anthr.* 1880. Berlin.

Miler (E.), 'Die Hauskommunion der Südslaven'; in *Jahrbuch der internationalen Vereinigung für vergleichende Rechtswissenschaft und Volkswirtschaftslehre zu Berlin*, vol. iii. Berlin, 1897.

Milliot (L.), *La Femme musulmane au Maghreb*. Paris, 1910.

Milman (H. H.), *History of Latin Christianity*. 9 vols. London, 1867.

Mindeleff (Cosmos), 'Localization of Tusayan Clans'; in *Ann. Rep. Bur. Ethnol.* vol. xix. Washington, 1900.

Mireur (H.), *La prostitution à Marseille*. Paris & Marseille, 1882.

Missions Catholiques (Les). Lyon.

Mitchell (Arthur), 'Blood Relationship in Marriage considered in its Influence upon the Offspring'; in *Memoirs Anthr. Soc. London*, vol. ii. London, 1866.

Mitchell (T. L.), *Three Expeditions into the Interior of Eastern Australia*. 2 vols. London, 1839.

Mitt(h)eilungen aus dem embryologischen Institute der K.K. Universität in Wien.

—— *aus den Deutschen Schutzgebieten*. Berlin.

—— *der Anthropologischen Gesellschaft in Wien*.

—— *der Geographischen Gesellschaft (für Thüringen) zu Jena*.

—— *der Geographischen Gesellschaft in Hamburg*.

—— *der Schlesischen Gesellschaft für Volkskunde*. Ed. by Th. Siebs. Breslau.

—— *der Vorderasiatischen Gesellschaft*. Berlin.

—— *des Seminars für orientalische Sprachen an der Königl. Friedrich Wilhelms-Universität zu Berlin*. Berlin & Stuttgart.

—— *des Vereins für Erdkunde zu Leipzig*.

Mitteis (Ludwig), *Reichsrecht und Volksrecht in den östlichen Provinzen des römischen Kaiserreichs.* Leipzig, 1891.
Mittermaier (C. J. A.), *Grundsätze des gemeinen deutschen Privatrechts.* 2 vols. Regensburg, 1847.
Mockler-Ferryman (A. F.), *British Nigeria.* London, 1902.
Mocquet (John), *Travels and Voyages into Africa, Asia, and America, the East and West-Indies; Syria, Jerusalem, and the Holy-Land.* Trans. London, 1696.
Modigliani (Elio), *Un viaggio a Nías.* Milano, 1890.
Moegling (H.), *Coorg Memoirs; an Account of Coorg, and of the Coorg Mission.* Bangalore, 1855.
Mökern (Ph. van), *Ostindien.* 2 vols. Leipzig, 1857.
Moerenhout (J. A.), *Voyages aux îles du Grand Océan.* 2 vols. Paris, 1837.
Moffat (Robert), *Missionary Labours and Scenes in Southern Africa.* London, 1842.
Moffet (Thomas), *Health's Improvement.* London, 1745.
Mohnike (O.), 'Die Affen auf den indischen Inseln'; in *Das Ausland,* vol. xlv. Augsburg, 1872.
Molina (J. J.), *The Geographical, Natural, and Civil History of Chili.* Trans. 2 vols. London, 1809.
Möller (P.), Pagels (G.), and Gleerup (E.), *Tre år i Kongo.* 2 vols. Stockholm, 1887–88.

Moloni (J. Ch.), *Census of India,* 1911. *Vol. XII. Madras,* pt. i. Report. Madras, 1912.
Mommsen (Theodor), *The History of Rome.* Trans. by W. P. Dickson. 5 vols. London, 1908.
—— *Römische Forschungen.* 2 vols. Berlin, 1864–79.
—— *Römisches Strafrecht.* Leipzig, 1899.
Monatsschrift für Geburtskunde und Frauenkrankheiten. Berlin.
Moncelon (Léon), 'Réponse alinéa par alinéa, pour les Néo-Calédoniens, au Questionnaire de sociologie et d'ethnographie de la Société'; in *Bull. Soc. d'Anthr. Paris,* ser. iii. vol. ix. Paris, 1886.
Mondières (*Dr.*), 'Renseignements ethnographiques sur la Cochinchine'; in *Bull. Soc. d'Anthr. Paris,* ser. ii. vol. x. Paris, 1875.
Monier-Williams (Monier), *Brāhmanism and Hindūism.* London, 1887.
—— *Buddhism.* London, 1890.
—— *Indian Wisdom.* London, 1893.
Monrad (H. C.), *Bidrag til en Skildring af Guinea-Kysten og dens Indbyggere.* Kjøbenhavn, 1822.
Montagu (*Lady* Mary Wortley), *The Letters and Works of.* 2 vols. London, 1861.
Montaigne (Michel de), *The Essays of.* Trans. by Charles Cotton. 3 vols. London, 1905.

Montano (J.), *Voyage aux Philippines et en Malaisie*. Paris, 1886.
Montefiore (C. G.), *Hibbert Lectures on . . . the Religion of the Ancient Hebrews*. London, 1892.
Monteiro (J. J.), *Angola and the River Congo*. 2 vols. London, 1875.
Montesquieu (Charles de Secondat de), *De l'esprit des loix*. 3 vols. Genève, 1753.
Montgomery (J. A.), *The Samaritans*. Philadelphia, 1907.
Montgomery (James), *Journal of Voyages and Travels by the Rev. Daniel Tyerman and George Bennet*. 2 vols. London, 1831.
Monumenta Historica Britannica, or Materials for the History of Britain. Vol. I. Ed. by Henry Petrie assisted by John Sharpe. London, 1848.
Mooney (James), 'The Cheyenne Indians'; in *Memoirs of the American Anthropological Association*, vol. i. Lancaster, 1905–07.
Moorcroft (William) and Trebeck (George), *Travels in the Himalayan Provinces of Hindustan and the Panjab*. Ed. by H. H. Wilson. 2 vols. London, 1841.
Moore (Lewis), *Malabar Law and Custom*. Madras, 1905.
Moore (Theofilus), *Marriage Customs, Modes of Courtship, and Singular Propensities of the various Nations of the Universe*. London, 1814.
Morelet (A.), *Reisen in Central-Amerika*. German trans. Jena, 1872.
Morga (Antonio de), *The Philippine Islands, Moluccas, Siam, Cambodia, Japan, and China, at the close of the Sixteenth Century*. Trans. by H. E. J. Stanley. London, 1868.

1387

Morgan (C. Lloyd), *Animal Behaviour*. London, 1900.
Morgan (H. D.), *The Doctrine and Law of Marriage, Adultery, and Divorce*. 2 vols. Oxford, 1826.
Morgan (J. de), 'Mœurs, coutumes et langages des Négritos de l'intérieur de la presqu'île Malaise'; in *Société normande de Géographie, Bulletin de l'année* 1885, vol. vii. Rouen, 1885.
—— 'Négritos de la presqu'île Malaise'; in *L'homme*, vol. ii. Paris, 1885.
Morgan (L. H.), *Ancient Society*. London, 1877.
—— *League of the Ho-de'-no-sau-nee, or Iroquois*. Rochester, 1851.
—— *Systems of Consanguinity and Affinity of the Human Family*. (*Smithsonian Contributions to Knowledge*, vol. xvii.) Washington, 1871.
Morgan (T. H.), *Experimental Zoölogy*. New York, 1907.
Morice (*Father* A. G.), 'The Great Déné Race'; in *Anthropos*, vols. i.–ii. Salzburg, 1906–07.
—— 'Notes Archæological, Industrial and Sociological on the Western Dénés'; in *Transactions of the Canadian Institute*, vol. iv. 1892–93. Toronto, 1895.
Mornand (F.), *La Vie arabe*. Paris, 1856.

Mortimer (Geoffrey), *Chapters on Human Love*. London, 1898.
Mortimer-Ternaux (Louis), *Histoire de la Terreur* 1792–1794. 8 vols. Paris, 1862–1881.
Moseley (H. N.), *Notes by a Naturalist on the "Challenger."* London, 1879.
—— 'On the Inhabitants of the Admiralty Islands, &c.'; in *Jour. Anthr. Inst.* vol. vi. London, 1877.
Moszkowski (Max), *Auf neuen Wegen durch Sumatra*. Berlin, 1909.
—— 'Die Völkerstämme am Mamberamo in Holländisch-Neuguinea und auf den vorgelagerten Inseln'; in *Zeitschr. f. Ethnol.* vol. xliii. Berlin, 1911.
—— 'Über zwei nicht-malayische Stämme von Ost-Sumatra'; in *Zeitschr. f. Ethnol.* vol. xl. Berlin, 1908.
Mouhot (H.), *Travels in the Central Parts of Indo-China*. 2 vols. London, 1864.
Mouliéras (A.), *Le Maroc inconnu*. 2 vols. Oran, 1895–99.
—— *Une Tribu Zénète anti-musulmane au Maroc (les Zkara)*. Paris, 1905.
Moulton (J. H.), *Early Zoroastrianism*. London, 1913.
Moy (E. von), *Das Eherecht der Christen in der morgenländischen und abendländischen Kirche bis zur Zeit Karls des Grossen*. Regensburg, 1833.

Mozo (Antonio), *Noticia histórico natural de los gloriosos triumphos . . . . por los religiosos del orden de N. P. S. Agustin en las missiones que tienen à su cargo en las Islas Philipinas, y en el grande Imperio de la China*. Madrid, 1763.

1388

Mülinen (E. von), 'Beiträge zur Kenntnis des Karmels'; in *Zeitschr. des Deutschen Palästina-Vereins*, vol. xxx. Leipzig, 1907.
Müller (C.). See *Fragmenta Historicorum Græcorum*; *Geographi Græci minores*; and *Oratores Attici*.
Müller (C. O.), *Dissertations on the Eumenides of Æschylus*. Trans. London & Cambridge, 1853.
—— *The History and Antiquities of the Doric Race*. Trans. 2 vols. London, 1830.
Müller (Friedrich), *Allgemeine Ethnographie*. Wien, 1879.
Müller (Friedrich Max), *Chips from a German Workshop*. 4 vols. London, 1867–75.

G G 2

Müller (Herbert), *Untersuchungen über die Geschichte der polyandrischen Eheformen in Südindien*. Berlin, 1909.
Müller (*Custos* Hermann), *Am Neste*. Berlin, [1881].
Müller (*Oberlehrer* Hermann), *The Fertilisation of Flowers*. Trans. London, 1883.
Müller (Josef), *Das sexuelle Leben der alten Kulturvölker*. Leipzig, 1902.
—— *Das sexuelle Leben der christlichen Kulturvölker*. Leipzig, 1904.
Müller (Otto), 'Untersuchungen zur Geschichte des attischen Bürger-

und Eherechts'; in *Jahrbücher für classische Philologie. XXV. Supplementsband.* Leipzig, 1899.
Müller (R.). See Hirsch (E.).
Müller (W.), 'Über die Wildenstämme der Insel Formosa'; in *Zeitschr. f. Ethnol.* vol. xlii. Berlin, 1910.
Müller (W. Max), *Die Liebespoesie der alten Ägypter.* Leipzig, 1899.
Müller-Lyer (F.), *Die Familie.* München, 1912.
Muḥammad, *The Sayings of.* See Abdullah al-Māmūn al-Suhrawardy.
Muḥammad ibn 'Umar, Al-Tūnusī, *Travels of an Arab Merchant in Soudan.* Abridged from the French by Bayle Saint John. London, 1854.
Muir (John), 'On the Lax Observance of Caste Rules, and other Features of Social and Religious Life, in Ancient India'; in *The Indian Antiquary,* vol. vi. Bombay, 1877.
—— *Original Sanskrit Texts.* 5 vols. London, 1868–84.
Mundt (Theodor), *Pariser Kaiser-Skizzen.* 2 vols. Berlin, 1857.
Munshi, 'Iron, &c.'; in *Panjab Notes and Queries,* vol. i. Allahabad, 1883.
Munzinger (W.), *Ostafrikanische Studien.* Schaffhausen, 1864.
—— *Ueber die Sitten und das Recht der Bogos.* Winterthur, 1859.
Murdoch (John), 'Ethnological Results of the Point Barrow Expedition'; in *Ann. Rep. Bur. Ethnol.* vol. ix. Washington, 1892.
Murray (Gilbert), *The Rise of the Greek Epic.* Oxford, 1911.
Murray (James A. H.), *A New English Dictionary on Historical Principles.* Ed. by. Oxford, 1884 &c. *In progress.*
Murray's (John) *Handbook for Travellers in Durham and Northumberland.* London, 1890.

Murray (Margaret), 'Royal Marriages and Matrilineal Descent'; in *Jour. Roy. Anthr. Inst.* vol. xlv. London, 1915.
Musters (G. C.), *At Home with the Patagonians.* London, 1873.
—— 'On the Races of Patagonia'; in *Jour. Anthr. Inst.* vol. i. London, 1872.
Mygge (Johannes), *Om Aegteskaber mellem Blodbeslaegtede.* Kjøbenhavn, 1879.

Nachrichten über Kaiser Wilhelms-Land und den Bismarck-Archipel. Berlin.
—— *von der Königlichen Gesellschaft der Wissenschaften und der Georg-Augusts-Universität zu Göttingen.*
Nachtigal (G.), *Sahara und Sudan.* 3 vols. Berlin, 1879–89.
Nagam Aiya (V.), *The Travancore State Manual.* 3 vols. Trivandrum, 1906.
Nakajima (T.), 'Marriage (Japanese and Korean)'; in Hastings, *Encyclopædia of Religion and Ethics,* vol. viii. Edinburgh, 1915.
Nalimov (Vasilij), *Zur Frage nach den ursprünglichen Beziehungen der Geschlechter bei den Syrjänen.* (*Suomalais-Ugrilaisen*

Seuran Aikauskirja—Journal de la Société Finno-ougrienne, vol. xxv.) Helsingfors, 1908.
Nanjundayya (H. V.), *The Ethnographical Survey of Mysore.* Preliminary issue. Bangalore, 1906 &c.
Nansen (Fridtjof), *Eskimo Life.* Trans. London, 1893.
—— *The First Crossing of Greenland.* Trans. 2 vols. London, 1890.
Napier (James), *Folk Lore : or, Superstitious Beliefs in the West of Scotland within this Century.* Paisley, 1879.
' Nârada,' trans. by J. Jolly ; in *The Sacred Books of the East,* vol. xxxiii. Oxford, 1889.
Narratives of the Rites and Laws of the Yncas. Trans. and ed. by C. R. Markham. London, 1873.
Nassau (R. H.), *Fetichism in West Africa.* London, 1904.
Natesa Sastri (S. M.), *Hindu Feasts Fasts and Ceremonies.* Madras, 1903.
Nation (The) : a Weekly Journal. New York.
Native Races of the British Empire (The). [Ed. by N. W. Thomas.] London, 1906 &c. *In progress.*
Nature : a Weekly Illustrated Journal of Science. London & New York.
Natuurkundig Tijdschrift voor Nederlandsch Indie. Batavia.
Nauhaus (C. T.), ' Familienleben, Heirathsgebräuche und Erbrecht der Kaffern ' ; in *Verhandl. Berliner Gesellsch. Anthr.* 1882. Berlin.
Naumann (W.), *Untersuchungen über den apokryphen Jeremiasbrief.* (*Beihefte zur Zeitschrift für die alttestamentliche Wissenschaft, XXV.*) Giessen, 1913.
Navarette (M. F.), ' An Account of the Empire of China.' Trans. ; in Churchill, *Collection of Voyages and Travels,* vol. i. London, 1704.
Nayar (K. Kannan), ' The Matrimonial Customs of the Nayars ' ; in *The Malabar Quarterly Review,* vol. vii. Trivandrum, 1908.
Neander (Joseph), *General History of the Christian Religion and Church.* Trans. 9 vols. Edinburgh, 1847–55.
' Negersitten ' ; in *Das Ausland,* vol. liv. Stuttgart, 1881.
Nelson (E. W.), ' The Eskimo about Bering Strait ' ; in *Ann. Rep. Bur. Ethnol.* vol. xviii. Washington, 1899.
Nelson (J. H.), *The Madura Country.* 5 parts. Madras, 1868.
—— *A View of the Hindū Law as administered by the High Court of Judicature at Madras.* Madras, Calcutta, & Bombay, 1877.
Nesfield (John C.), *Brief View of the Caste System of the North-Western Provinces and Oudh.* Allahabad, 1885.
Nestor, *Chronique dite de Nestor.* French trans. by Louis Leger. Paris, 1884.
Neubauer (A.), ' Notes on the Race-Types of the Jews ' ; in *Jour. Anthr. Inst.* vol. xv. London, 1886.
Neue Jahrbücher für das klassische Altertum Geschichte und deutsche Literatur und für Pädagogik. Ed. by J. Ilberg and B. Gerth.

Leipzig.
Neue Zeit (Die). Revue des geistigen und öffentlichen Lebens. Ergänzungshefte. Stuttgart.
Neues Archiv der Gesellschaft für ältere deutsche Geschichtskunde. Hannover & Leipzig.
Neuhauss (R.), *Deutsch Neu-Guinea.* 3 vols. Berlin, 1911.
Neumann (C. F.), *Asiatische Studien.* Vol. I. Leipzig, 1837.
—— *Russland und die Tscherkessen.* Stuttgart & Tübingen, 1840.
Neumann (J. B.), 'Het Pane- en Bila-stroomgebied op het eiland Sumatra'; in *Tijdschrift van het Nederlandsch Aardrijkskundig Genootschap*, ser. ii. vol. iii. Amsterdam, 1887.
Nevill (Hugh), 'Vaeddas of Ceylon'; in *The Taprobanian*, vols. i.–ii. Bombay, 1887–88.
New (Charles), *Life, Wanderings &c. in Eastern Africa.* London, 1874.
New Dictionary on Historical Principles (A). See Murray (James A. H.).
Newbold (T. J.), *Political and Statistical Account of the British Settlements in the Straits of Malacca.* 2 vols. London, 1839.
Newcomb (Simon), *A Statistical Inquiry into the Probability of Causes of the Production of Sex in Human Offspring. (Carnegie Institution of Washington Publication No.* 11.) Washington, 1904.
Newland (S.), 'The Parkengees, or Aboriginal Tribes on the Darling River'; in *Proceed. Roy. Geo. Soc. Australasia: South Australian Branch*, vol. ii. Session 1887–88. Adelaide, 1890.
Nicholas (F. C.), 'The Aborigines of the Province of Santa Marta, Colombia'; in *American Anthropologist*, new ser. vol. iii. New York, 1901.
Nichols (J. B.), 'The Numerical Proportions of the Sexes at Birth'; in *Memoirs of the American Anthropological Association*, vol. i. Lancaster, 1905–07.
Nicholson (F. A.), *Madras District Manuals: Coimbatore.* Ed. by H. A. Stuart. Madras, 1898.
Nicholson (H. A.), *Sexual Selection in Man.* [Toronto, 1872].
Nicolaus Damascenus, 'Morum mirabilium collectio, e Stobaei Florilegio'; in *Fragmenta Historicorum Græcorum*, ed. by C. Müller, vol. iii. Parisiis, 1849.
Nicolovius (Nils Lovén), *Folklifvet i Skytts Härad i Skåne vid början af detta århundrade.* Lund, 1868.
Niebuhr (Carsten), 'Travels in Arabia.' Trans.; in Pinkerton, *Collection of Voyages and Travels*, vol. x. London, 1811.
Nietzold (J.), *Die Ehe in Ägypten zur ptolemäisch-römischen Zeit nach den griechischen Heiratskontrakten und verwandten Urkunden.* Leipzig, 1903.
Nigmann (E.), *Die Wahehe.* Berlin, 1908.
Nikander (Gabriel), Manuscript Notes relating to Marriage Rites in Swedish-speaking Communities in Finland.

Nilsson (Martin P.), *Griechische Feste von religiöser Bedeutung mit Ausschluss der attischen.* Leipzig, 1906.
Nind (Scott), 'Description of the Natives of King George's Sound (Swan River Colony) and adjoining Country'; in *Jour. Roy. Geo. Soc.* vol. i. London, 1832.
Nīti-Nighaṇḍuva; or, the Vocabulary of Law. As it existed in the last days of the Kandyan Kingdom. Trans. by C. J. R. Le Mesurier and T. B. Pa'nabokke. Colombo, 1880.
Nixon (Francis R.), *The Cruise of the Beacon.* London, 1857.
Noel (V.), 'Ile de Madagascar. Recherches sur les Sakkalava'; in *Bull. de la Société de Géographie*, ser. ii. vol. xx. Paris, 1843.
Nöldeke (Th.), Review of Robertson Smith's *Kinship and Marriage in Early Arabia*; in *Zeitschr. Deutsch. Morgenländ. Gesellsch.* vol. xl. Leipzig, 1886.
—— Review of Wilken's *Het Matriarchaat bij de oude Arabieren*; in *Oesterreichische Monatsschrift für den Orient*, vol. x. Wien, 1884.
Noorden (C. von) and Kaminer (S.), *Krankheiten und Ehe.* Leipzig, 1916.

Nordau (Max), *Die conventionellen Lügen der Kulturmenschheit.* Leipzig, 1884.
Nordenskiöld (A. E.), *Den andra Dicksonska expeditionen till Grönland.* Stockholm, 1885.
—— *Vegas färd kring Asien och Europa.* 2 vols. Stockholm, 1880–81.

Nordenskiöld (Erland), *Indianliv i El Gran Chaco (Syd-Amerika).* Stockholm, 1910.
Nordman (Lennart), 'Bröllop i Houtskär'; in *Hembygden*, vol. vi. Helsingfors, 1915.
Nordström (J. J.), *Bidrag till den svenska samhälls-författningens historia.* 2 vols. Helsingfors, 1839–40.
Nore (Alfred de), *Coutumes mythes et traditions des provinces de France.* Paris & Lyon, 1846.
Norlind (Tobias), *Gamla bröllopsseder hos svenska allmogen.* Stockholm, 1919.
Northcote (G. A. S.), 'The Nilotic Kavirondo'; in *Jour. Roy. Anthr. Inst.* vol. xxxvii. London, 1907.
Notes and Queries. London.
Nott (J. C.) and Gliddon (G. R.), *Types of Mankind.* Philadelphia, 1854.
Nowack (W.), 'Blessing and Cursing'; in *The Jewish Encyclopedia*, vol. iii. New York & London, *s.d.*
—— *Lehrbuch der hebräischen Archäologie.* 2 vols. Freiburg i.B. & Leipzig, 1894.
Nuñez de la Peña (Iuan), *Conqvista y antigvedades de las islas de la Gran Canaria.* Madrid, 1676.
Nya Pressen. Helsingfors.

Nyare bidrag till kännedom om de svenska landsmålen ock svenskt folklif. Stockholm & Uppsala.
Nyland. Samlingar utgifna af Nyländska Afdelningen. Helsingfors.

Oberländer (R.), 'Die Eingeborenen der australischen Kolonie Victoria'; in *Globus*, vol. iv. Hildburghausen, 1863.
Occasional Papers of the Natural History Society of Wisconsin. Milwaukee.
O'Curry (Eugene), *On the Manners and Customs of the Ancient Irish.* Ed. by W. K. Sullivan. 3 vols. London & Dublin, 1873.
Odoric of Pordenone (*Friar*), 'The Travels of.' Trans.; in Yule, *Cathay and the Way thither*, vol. ii. London, 1913.
Oesterreichische Monatsschrift für den Orient. Wien.
Oettingen (A. von), *Die Moralstatistik in ihrer Bedeutung für eine Socialethik.* Erlangen, 1882.
Öfversigt af Finska Vetenskaps-Societetens Förhandlingar. Helsingfors.
Ogée (Jean), *Dictionnaire historique et géographique de la province de Bretagne.* Ed. by A. Marteville and P. Varin. 2 vols. Rennes, 1843–53.
Ogle (William), 'On Marriage-Rates and Marriage-Ages, with special reference to the Growth of Population'; in *Jour. Roy. Statistical Soc.* vol. liii. London, 1890.
O'Kearney (Nicholas), *The Battle of Gabhra: Garristown in the County of Dublin, fought* A.D. 283. Ed. by. (*Transactions of the Ossianic Society*, vol. i.) Dublin, 1853.

Olaus Magnus, *Historia de Gentibus Septentrionalibus.* Romae, 1555.
Oldenberg (Hermann), *Buddha: His Life, his Doctrine, his Order.* Trans. by W. Hoey. London, 1882.
—— *Die Religion des Veda.* Berlin, 1894.
Oldfield (A.), 'On the Aborigines of Australia'; in *Trans. Ethn. Soc. London*, new ser. vol. iii. London, 1865.
Oldham (C. F.), *The Sun and the Serpent.* London, 1905.
Oldham (T.), 'Communications respecting the Cassia Tribe'; in *Jour. Ethn. Soc. London*, vol. iii. London, 1854.
Olivecrona (S. R. D. K.), *Om makars giftorätt i bo.* 4th edition. Stockholm.
O'Malley (L. S. S.), *Census of India*, 1911. *Vol. V. Bengal, Bihar and Orissa and Sikkim*, pt. i. Report. Calcutta, 1913.
Ophuijsen (C. A. van), 'De Loeboes'; in *Tijdschrift voor indische taal-, land- en volkenkunde*, vol. xxix. Batavia, 1884.
Oppert (Gustav), 'On the Classification of Languages in conformity with Ethnology'; in *Jour. Anthr. Inst.* vol. xiii. London, 1884.
—— *On the Original Inhabitants of Bharatavarsa or India.* Westminster & Leipzig, 1893.

Oppert (J.), Review of P. Haupt's *Die sumerischen Familiengesetze*; in *Göttingische gelehrte Anzeigen*, 1879. Göttingen.
Oratores Attici. Ed. by C. Müller. 2 vols. Parisiis, 1847–58.
Orientalist (The). Kandy, Bombay.
Original-Mittheilungen aus der ethnologischen Abtheilung der königlichen Museen zu Berlin.
Ortolan (J.), *Histoire de la législation romaine*. Paris, 1876.
Orton (James), *The Andes and the Amazon*. New York, 1876.
Ostermann (*Father* Leopold), 'The Navajo Indians of New Mexico and Arizona'; in *Anthropos*, vol. iii. Wien, 1908.
O'Sullivan (Hugh), 'Dinka Laws and Customs'; in *Jour. Roy. Anthr. Inst.* vol. xl. London, 1910.
Ovidius Naso (P.), [*Opera*]. Ed. by R. Merkel. 3 vols. Lipsiae, 1908–1910.
Oviedo y Valdés (G. Fernandez de), *Historia general y natural de las Indias*. 4 vols. Madrid, 1851–55.

Padfield (J. E.), *The Hindu at Home*. Madras, 1908.
Palestine Exploration Fund. Quarterly Statements. London.
Palgrave (W. G.), *Narrative of a Year's Journey through Central and Eastern Arabia*. London & Cambridge, 1865.
Pallas (P. S.), *Merkwürdigkeiten der Morduanen, Kasaken, Kalmücken, &c.* Frankfurt & Leipzig, 1773.
—— *Merkwürdigkeiten der obischen Ostjaken, Samojeden, &c.* Frankfurt & Leipzig, 1777.

1394

Pallas (P. S.), *Reise durch verschiedene Provinzen des Russischen Reichs*. 3 vols. Frankfurt & Leipzig, 1776–78.
Pallme (Ignatius), *Travels in Kordofan*. Trans. London, 1844.
Palmer (Edward), 'Notes on some Australian Tribes'; in *Jour. Anthr. Inst.* vol. xiii. London, 1884.
Palmer (Edward H.), *The Desert of the Exodus*. Cambridge, 1871.
Pandit Harikishan Kaul, *Census of India*, 1911. *Vol. XIV. Punjab*, pt. i. Report. Lahore, 1912.
Panikkar (K. M.), 'Some Aspects of Nāyar Life'; in *Jour. Roy. Anthr. Inst.* vol. xlviii. London, 1918.
Panjab Notes and Queries, a Monthly Periodical. Ed. by R. C. Temple. Allahabad.
Paolino da S. Bartolomeo (Fra), *Viaggio alle Indie Orientali*. Roma, 1796.
Papers relating to the Laws of Marriage and Divorce in Self-governing British Colonies. Presented to both Houses of Parliament, October, 1903. London, 1903.
[Papi (L.),] *Lettere sull' Indie Orientali*. 2 vols. Filadelfia, 1802.
'Pâraskara-Grihya-Sûtra,' trans. by H. Oldenberg; in *The Sacred Books of the East*, vol. xxix. Oxford, 1886.
Pardessus (J. M.), *Loi Salique*. Paris, 1843.

Pardo de Tavera (T. H.), ' Las costumbres de los tagalos de Filipinas, según el padre Plasencia ' ; in *Revista Contemporánea*, vol. lxxxvi. Madrid, 1892.

——' Die Sitten und Bräuche der alten Tagalen. Manuscript des P. Juan de Plasencia. 1589.' Trans. by F. Blumentritt ; in *Zeitschr. f. Ethnol.* vol. xxv. Berlin, 1893.

Parent-Duchâtelet (A. J. B.), *De la prostitution dans la ville de Paris.* 2 vols. Paris, 1857.

Park (Mungo), *Travels in the Interior of Africa.* Edinburgh, 1858.

Parker (E. H.), ' Comparative Chinese Family Law ' ; in *The China Review*, vol. viii. Hongkong, 1879–80.

Parker (*Mrs.* K. Langloh), *The Euahlayi Tribe.* London, 1905.

Parkinson (J.), ' Note on the Asaba People (Ibos) of the Niger ' ; in *Jour. Anthr. Inst.* vol. xxxvi. London, 1906.

Parkinson (R.), *Dreissig Jahre in der Südsee.* Stuttgart, 1907.

—— *Im Bismarck-Archipel. Erlebnisse und Beobachtungen auf der Insel Neu-Pommern (Neu-Britannien).* Leipzig, 1887.

—— *Zur Ethnographie der nordwestlichen Salomo Inseln.* (*Abhandlungen und Berichte des Königl. Zoologischen und Anthropologisch-Ethnographischen Museums zu Dresden,* 1898–99, vol. vii. no. 6.) Berlin, 1899.

Parkman (Francis), *The Jesuits in North America in the Seventeenth Century.* London, 1885.

Parkyns (M.), *Life in Abyssinia.* 2 vols. London, 1853.

Parry (W. E.), *Journal of a Second Voyage for the Discovery of a North-West Passage from the Atlantic to the Pacific.* London, 1824.

Parsons (E. C.), ' The Reluctant Bridegroom ' ; in *Anthropos*, vols. x.–xi. Wien, 1915–16.

Partridge (Charles), *Cross River Natives.* London, 1905.

—— ' Native Law and Custom in Egbaland ' ; in *Jour. African Soc.* vol. x. London, 1911.

Passarge (S.), ' Die Buschmänner der Kalahari ' ; in *Mittheil. Deutsch. Schutzgeb.* vol. xviii. Berlin, 1905.

Patkanov (S.), *Die Irtysch-Ostjaken und ihre Volkspoesie.* 2 vols. St. Petersburg, 1897.

Patriota (O). Jornal litterario, politico, mercantil, &c. do Rio de Janeiro.

Paul (Hermann), *Grundriss der germanischen Philologie*, ed. by. 3 vols. Strassburg, 1900–07.

Paulitschke (Ph.), *Ethnographie Nordost-Afrikas.* 2 vols. Berlin, 1893–96.

Pausanias, *Descriptio Græciæ.* Ed. by L. Dindorf. Parisiis, 1845.

—— See Frazer (*Sir* James G.).

Pearl (R.) and Salaman (R. N.), ' The Relative Time of Fertilization of the Ovum and the Sex Ratio amongst Jews ' ; in *American Anthropologist*, new ser. vol. xv. Lancaster, 1913.

Pearson (Karl), *The Chances of Death and other Studies in Evolution.* 2 vols. London, 1897.
Peckel (P. G.), 'Die Verwandtschaftsnamen des mittleren Neumecklenburg'; in *Anthropos,* vol. iii. Wien, 1908.
Peckham (George W. and Elizabeth G.), 'Observations on Sexual Selection in Spiders of the Family Attidæ'; in *Occasional Papers of the Natural History Society of Wisconsin,* vol. i. Milwaukee, 1889.
Peiser (F. E.), *Skizze der babylonischen Gesellschaft.* (*Mitteilungen der Vorderasiatischen Gesellschaft,* 1896, no. 3.) Berlin, 1896.
Pelleprat (P. Pierre), *Relation des missions des PP. de la Compagnie de Jesus dans les Isles, et dans la terre ferme de l'Amerique Meridionale.* 2 pts. Paris, 1655.
Pemberton (R. B.), *Report on Bootan.* Calcutta, 1839.
Penha (Geo. d'), 'Superstitions and Customs in Salsette'; in *The Indian Antiquary,* vol. xxviii. Bombay, 1899.
Penna di Billi (Francesco Orazio), *Breve notizia del regno del Thibet.* 1730. (Reprinted from *Nouveau Journal Asiatique,* January 1835.) [Paris].
Pennell (T. L.), *Among the Wild Tribes of the Afghan Frontier.* London, 1909.
Penny (Alfred), *Ten Years in Melanesia.* London, 1887.
Percival (Robert), *An Account of the Island of Ceylon.* London, 1803.
Perelaer (M. T. H.), *Ethnographische beschrijving der Dajaks.* Zalt-Bommel, 1870.

Perera (A. A.), *Glimpses of Singhalese Social Life.* Bombay, 1904.
Périer (J. A. N.), 'Essai sur les croisements ethniques'; in *Mémoires Soc. d'Anthr. Paris,* vols. i.–ii. Paris, 1860–65.
Perrin du Lac (F. M.), 'Travels through the Two Louisianas, and among the Savage Nations of the Missouri.' Trans.; in *A Collection of Modern and Contemporary Voyages and Travels,* vol. vi. London, 1807.
Perron (N.), *Femmes arabes avant et depuis l'islamisme.* Paris & Alger, 1858.
Perrot (Nicolas), 'Memoir on the Manners, Customs, and Religion of the Savages of North America'; in Emma Helen Blair, *The Indian Tribes of the Upper Mississippi Valley and Region of the Great Lakes,* vol. i. Cleveland, 1911.
Pertz (G. H.), *Monumenta Germaniæ historica.* Hannoverae, 1826 &c.
Peschel (O.), *The Races of Man.* Trans. London, 1876.
Petermann (A.), *Mittheilungen aus Justhus Perthes' geographischer Anstalt.* Gotha.
Petersen (Eugen) and Luschan (Felix von), *Reisen in Lykien Milyas und Kibyratis.* Wien, 1889.
Petherick (John), *Egypt, the Soudan and Central Africa.* Edinburgh & London, 1861.

—— and Petherick (*Mrs.*), *Travels in Central Africa, and Explorations of the Western Nile Tributaries.* 2 vols. London, 1869.

Petrie (Tom), *Reminiscences of Early Queensland (Dating from* 1837). Recorded by his daughter. Brisbane, 1904.

Petroff (Ivan), 'Report on the Population, Industries, and Resources of Alaska'; in *Tenth Census of the United States.* Washington, 1884.

Pfannenschmid (*Dr.*), 'Jus primae noctis'; in *Das Ausland*, vol. lvi. Stuttgart & München, 1883.

Pfeil (Joachim, *Graf*), *Studien und Beobachtungen aus der Südsee.* Braunschweig, 1899.

Philippine Islands.—Department of the Interior. Ethnological Survey Publications. Manila.

Philippine Journal of Science (The). Manila.

Philippson (Ludwig), *Die Israelitische Religionslehre.* 3 vols. Leipzig, 1861–65.

Phillips (R. C.), 'The Lower Congo; a Sociological Study'; in *Jour. Anthr. Inst.* vol. xvii. London, 1888.

Philo Judaeus, *Opera.* Ed. by Th. Mangey. 2 vols. London, 1742.

Philologische und historische Abhandlungen der Königl. Akademie der Wissenschaften zu Berlin.

Philosophical Transactions of the Royal Society of London.

Piedrahita (L. Fernandez de), *Historia general de las conquistas del nuevo reyno de Granada.* Amberes, [1688].

Piehler (A. B.), 'Die Ajitas (Aëtas) der Philippinen'; in *Globus*, vol. xcvi. Braunschweig, 1909.

Pietro della Valle, *The Travels of, in India.* From the translation of 1664, by G. Havers, ed. by Edward Grey. 2 vols. London, 1892.

Pindar, *Carmina.* Ed. by C. I. T. Mommsen. Berolini, 1864.

Pinkerton (John), *A General Collection of Voyages and Travels.* 17 vols. London, 1808–14.

Piprek (Johannes), *Slawische Brautwerbungs- und Hochzeitsgebräuche.* (*Ergänzungsheft X [zu Band XX] der Zeitschrift für oesterreichische Volkskunde.*) Stuttgart, 1914.

Pischon (C. N.), *Der Einfluss des Islâm auf das häusliche, sociale und politische Leben seiner Bekenner.* Leipzig, 1881.

Pistorius (A. W. P. Verkerk), *Studien over de inlandsche huishouding in de Padangsche Bovenlanden.* Zalt-Bommel, 1871.

Pitcairn (W. D.), *Two Years among the Savages of New Guinea.* London, 1891.

Pitrè (Giuseppe), *Usi e costumi credenze e pregiudizi del popolo siciliano.* 4 vols. (*Biblioteca delle tradizioni popolari siciliane*, vols. xiv.–xvii.) Palermo, 1889.

Pittier de Fábrega (H.), *Die Sprache der Bribri-Indianer in Costa Rica.* (*Sitzungsberichte der philosophisch-historischen Classe der kaiserl. Akademie der Wissenschaften*, vol. cxxxviii.

pt. vi.) Wien, 1898.
Placucci (M.), *Usi e pregiudizj dei contadini della Romagna*. Palermo, 1885.
Plato, *Dialogues*. Trans. by B. Jowett. 5 vols. Oxford, 1892.
—— *Opera*. 3 vols. Parisiis, 1846–73.
Plautus (T. M.), *Comœdiæ*. Ed. by G. Goetz and F. Schoell. 7 vols. Lipsiae, 1893–96.
Playfair (A.), *The Garos*. London, 1909.
Plehn (A.), 'Beobachtungen in Kamerun'; in *Zeitschr. f. Ethnol.* vol. xxxvi. Berlin, 1904.
Pleyte (C. M.), 'Ethnographische Beschrijving der Kei-Eilanden'; in *Tijdschrift van het Kon. Nederlandsch Aardrijkskundig Genootschap*, ser. ii. vol. x. Leiden, 1893.
—— Review of the first edition of the present work, in *De Indische Gids*, 1891. Amsterdam.
Plinius Secundus (C.), *Naturalis historiæ libri XXXVII*. Ed. by C. Mayhoff. Lipsiae, 1906.
Ploss (H.), *Das Kind im Brauch und Sitte der Völker*. Ed. by B. Renz. 2 vols. Leipzig, 1911–12.
—— *Das Weib in der Natur- und Völkerkunde*. Ed. by Max Bartels. 2 vols. Leipzig, 1887. (Quoted *supra*, i. 96.)

—— The same work. Eighth edition, ed. by Max Bartels. 2 vols. Leipzig, 1905.
—— 'Ueber die das Geschlechtsverhältniss der Kinder bedingenden Ursachen'; in *Monatsschrift für Geburtskunde und Frauenkrankheiten*, vol. xii. Berlin, 1858.
1398 Plutarch, *Romane Questions*. Trans. ed. by F. B. Jevons. London, 1892.
—— *Scripta moralia*. 2 vols. Parisiis, 1839–41.
—— *Vitæ*. Ed. by Th. Dœhner. 2 vols. Parisiis, 1846–47.
Pöch (Rudolf), 'Vierter Bericht über meine Reise nach Neuguinea (Niederländisch-Neuguinea)'; in *Sitzungsberichte der mathematisch-naturwissenschaftlichen Klasse der kaiserl. Akademie der Wissenschaften*, vol. cxv. pt. i. Wien, 1906.
Pœnitentiale Theodori. *See* Theodore.
Poeppig (E.), *Reise in Chile, Peru und auf dem Amazonenstrome*. 2 vols. Leipzig, 1835–36.
[Poincy (Louis de),] *Histoire naturelle et morale des Iles Antilles de l'Amerique*. [Ed. by C. de Rochefort.] Rotterdam, 1681.
Polack (J. S.), *Manners and Customs of the New Zealanders*. 2 vols. London, 1840.
Polak (J. E.), *Persien*. 2 vols. Leipzig, 1865.
Political Science Quarterly. A Review . . . edited by the University Faculty of Political Science of Columbia College. New York, Boston, & Chicago.
Pollock (*Sir* Frederick) and Maitland (F. W.), *The History of the English Law before the Time of Edward I*. 2 vols. Cambridge, 1898.

Pollux (Julius), *Onomasticum.* 2 vols. Amstelædami, 1706.
Polo (Marco), *The Book of Ser M. P. the Venetian concerning the Kingdoms and Marvels of the East.* Trans. and ed. by Sir Henry Yule. Third edition, revised by Henri Cordier. 2 vols. London, 1903.
Polybius, *Historia.* Ed. by L. Dindorf and Th. Büttner-Wobst. 5 vols. Lipsiae, 1866–1905.
Poole (F.), *Queen Charlotte Islands.* London, 1872.
Popular Science Monthly (*The*). New York.
Porter (David), *Journal of a Cruise made to the Pacific Ocean . . . in the Years* 1812, 1813, and 1814. 2 vols. New York, 1822.
Porthan (H. G.), 'Anmärkningar rörande Finska Folkets läge och tillstånd'; in *Kongliga Vitterhets, Historie och Antiquitets Academiens Handlingar*, vol. iv. Stockholm, 1795.
Portman (M. V.), *A History of Our Relations with the Andamanese.* 2 vols. Calcutta, 1899.
Post (A. H.), *Afrikanische Jurisprudenz.* 2 vols. Oldenburg & Leipzig, 1887.
—— *Die Anfänge des Staats- und Rechtslebens.* Oldenburg, 1878.
—— *Bausteine für eine allgemeine Rechtswissenschaft auf vergleichend-ethnologischer Basis.* 2 vols. Oldenburg, 1880–81.
—— *Die Geschlechtsgenossenschaft der Urzeit und die Entstehung der Ehe.* Oldenburg, 1875.
—— *Die Grundlagen des Rechts.* Oldenburg, 1884.
—— *Grundriss der ethnologischen Jurisprudenz.* 2 vols. Oldenburg & Leipzig, 1894–95.
—— *Studien zur Entwicklungsgeschichte des Familienrechts.* Oldenburg & Leipzig, 1890. 1399
—— *Der Ursprung des Rechts.* Oldenburg, 1876.
Postans (—), 'Bilúchi Tribes inhabiting Sindh'; in *Jour. Ethn. Soc. London*, vol. i. Edinburgh (printed), 1848.
Potter (M. A.), *Sohrab and Rustem.* London, 1902.
Pouchet (George), *The Plurality of the Human Race.* Trans. ed. by H. J. C. Beavan. London, 1864.
Poulton (E. B.), *The Colours of Animals.* London, 1890.
—— *Essays on Evolution* 1889–1907. Oxford, 1908.
Poupon (A.), 'Étude ethnographique des Baya de la circonscription du M'Bimou'; in *L'Anthropologie*, vol. xxvi. Paris, 1915.
Powell (J. W.), 'Sociology'; in *American Anthropologist*, new ser. vol. i. New York, 1899.
—— 'Wyandot Government'; in *Ann. Rep. Bur. Ethnol.* vol. i. Washington, 1881.
Powell (Wilfred), *Wanderings in a Wild Country; or, Three Years amongst the Cannibals of New Britain.* London, 1883.
Powers (Stephan), *Tribes of California.* (*U.S. Geograph. and Geolog. Survey of the Rocky Mountain Region:—Contributions to North American Ethnology*, vol. iii.) Washington, 1877.
Prado (F. A. do), 'Historia dos Indios Cavalleiros, da Nação

Guaycurú'; in *O Patriota*, 1814, no. 4. Rio de Janeiro.
Prain (David), 'The Angami Nagas'; in *Revue coloniale internationale*, vol. v. Amsterdam, 1887.
Prejevalsky (N.), *From Kulja, across the Tian Shan to Lob-nor.* Trans. London, 1879.
—— *Mongolia, the Tangut Country and the Solitudes of Northern Tibet.* Trans. 2 vols. London, 1876.
Preller (L.), *Römische Mythologie.* Berlin, 1865.
Prescott (W. H.), *History of the Conquest of Mexico.* London, 1878.
—— *History of the Conquest of Peru.* London, 1878.
Preyer (W.), *Die Seele des Kindes.* Leipzig, 1884.
—— *Specielle Physiologie des Embryo.* Leipzig, 1885.
Price (F. G. H.), 'A Description of the Quissama Tribe'; in *Jour. Anthr. Inst.* vol. i. London, 1872.
Prichard (H. H.), *Through the Heart of Patagonia.* London, 1902.
Prichard (J. C.), *Researches into the Physical History of Mankind.* 5 vols. London, 1836–47.
Pridham (Charles), *An Historical, Political, and Statistical Account of Ceylon.* 2 vols. London, 1849.
Prinsep (*Mrs.* A.), *The Journal of a Voyage from Calcutta to Van Diemen's Land.* London, 1833.
Pritchard (W. T.), *Polynesian Reminiscences.* London, 1866.
Proceedings of the American Academy of Arts and Sciences. Boston.
—— *of the British Academy.* London.
—— *of the Cambridge Philosophical Society.*
—— *of the Royal Geographical Society and Monthly Record of Geography.* London.
—— *of the Royal Geographical Society of Australasia: South Australian Branch.* Adelaide.
—— *of the Royal Irish Academy.* Dublin.
—— *of the Royal Society of Edinburgh.*
Procopius. Ed. by G. Dindorf. 3 vols. Bonnae, 1833–38.
Project des Corporis Juris Fridericiani. Halle, 1749.
Proust de la Girondière (Paul), *Twenty Years in the Philippines.* Trans. London, [1853].
Provenzal (Dino), *Usanze e feste del popolo italiano.* Bologna, 1912.
Proyart (L. B.), 'History of Loango, Kakongo, and other Kingdoms in Africa.' Trans.; in Pinkerton, *Collection of Voyages and Travels*, vol. xvi. London, 1814.
Ptah-Hotep, 'The Precepts of.' Trans. by Ph. Virey; in *Records of the Past*, new ser. vol. iii. London, *s.d.*
Publications de l'École des langues orientales vivantes. Paris.
—— *of the American Economic Association.* New York.
—— *of the Jesup North Pacific Expedition.* Ed. by F. Boas. Leiden & New York, 1900 (1898–1900) &c. *In progress.*
—— *of the Manx Society (The).* Douglas.
Puini (Carlo), *Il Tibet (geografia, storia, religione, costumi) secondo la relazione del viaggio del P. Ippolito Desideri* (1715–1721).

(*Memorie della Società Geographica Italiana*, vol. x.) Roma, 1904.
Punnett (R. C.), 'On Nutrition and Sex-determination in Man'; in *Proceed. Cambridge Philosophical Soc.* vol. xii. Cambridge, 1904.
—— 'On the Proportion of the Sexes among the Todas'; in *Proceed. Cambridge Philosophical Soc.* vol. xii. Cambridge, 1904.
Purcell (B. H.), 'The Aborigines of Australia'; in *Transactions of the Royal Geographical Society of Australasia* (*Victoria Branch*), vol. xi. Melbourne, 1894.
—— 'Rites and Customs of Australian Aborigines'; in *Verhandl. Berliner Gesellsch. Anthr.* 1893. Berlin.
Purchas (Samuel), *Purchas his Pilgrimes.* 20 vols. Glasgow, 1905–07.
Pyrard (François), *The Voyage of F. P. of Laval to the East Indies, the Maldives, the Moluccas, and Brazil.* Trans. ed. by Albert Gray assisted by H. C. P. Bell. 2 vols. London, 1887–90.

Quarterly Journal of Microscopical Science (*The*). London.
Quatrefages (A. de), *The Human Species.* London, 1879.
Quetelet (A.), *A Treatise on Man.* Trans. Edinburgh, 1842.
Qur'ân (*The*). Trans. by E. H. Palmer. 2 vols. (*The Sacred Books of the East,* vols. vi. and ix.) Oxford, 1880.

Rääf (L. F.), *Samlingar och Anteckningar till en beskrifning öfver Ydre härad i Östergöthland.* 5 vols. Linköping, Örebro, Norrköping, 1856–75. 1401

'Racenanlage und verschiedene Begabung zum Arbeiten'; in *Globus*, vol. xxv. Braunschweig, 1874.
Raffles (*Sir* Th. Stamford), *The History of Java.* 2 vols. London, 1830.
Rajacsich (*Baron*), *Das Leben, die Sitten und Gebräuche, der im Kaiserthume Oesterreich lebenden Südslaven.* Wien, 1873.
Ralegh (W.), *The Discovery of the . . . Empire of Guiana.* Ed. by Sir R. H. Schomburgk. London, 1848.
Ralston (W. R. S.), *The Songs of the Russian People.* London, 1872.
Ramsay (*Sir* W. M.), *The Cities and Bishoprics of Phrygia.* 2 vols. Oxford, 1895–97.
Ramusio (G. B.), *Navigationi et viaggi.* 3 vols. Venetia, 1554–59.
—— The same work. 3 vols. Venetia, 1563–74.
Ranga Rao (T.), 'The Yánádis of the Nellore District'; in the Madras Government Museum's *Bulletin*, vol. iv. Madras, 1901.
Ranke (Johannes), *Der Mensch.* 2 vols. Leipzig & Wien, 1894.
Rannie (Douglas), *My Adventures among South Sea Cannibals.* London, 1912.
Rapp (Adolf), 'Die Religion und Sitte der Perser und übrigen Iranier

nach den griechischen und römischen Quellen'; in *Zeitschr. Deutsch. Morgenländ. Gesellsch.* vol. xx. Leipzig, 1866.

Rasmussen (J. L.), *Historia præcipuorum Arabum regnorum rerumque ab iis gestarum ante islamismum.* Hauniae, 1817.

Rat (J. N.), 'The Carib Language as now spoken in Dominica, West Indies'; in *Jour. Anthr. Inst.* vol. xxvii. London, 1898.

Rattray (R. S.), *Some Folk-Lore Stories and Songs in Chinyanja.* London, 1907.

Ratzel (F.), *Völkerkunde.* 3 vols. Leipzig, 1885–88.

Rauber (A.), *Der Überschuss an Knabengeburten und seine biologische Bedeutung.* Leipzig, 1900.

Ravenstein (E. G.), *The Russians on the Amur.* London, 1861.

Rawling (C. G.), *The Land of the New Guinea Pygmies.* London, 1913.

Rawlinson (George), *The Five Great Monarchies of the Ancient Eastern World.* 3 vols. London, 1871.

Ray (Sidney H.), 'The People and Language of Lifu, Loyalty Islands'; in *Jour. Roy. Anthr. Inst.* vol. xlvii. London, 1917.

Read (Carveth), 'No Paternity'; in *Jour. Roy. Anthr. Inst.* vol. xlviii. London, 1918.

Reade (W. Winwood), *Savage Africa.* London, 1863.

Reclus (Élie), *Primitive Folk.* London, *s.d.*

Reclus (Élisée), *Nouvelle géographie universelle.* 19 vols. Paris, 1876–94.

Records of the Past. London.

Recueil de divers voyages faits en Afrique et en l'Amerique qui n'ont point esté encore publiez. [Ed. by H. Justel.] Paris, 1674.

Reed (W. A.), *Negritos of Zambales.* (*Philippine Islands.—Department of the Interior, Ethnological Survey Publications,* vol. ii. pt. i.) Manila, 1904.

Registrar-General of Births, Deaths, and Marriages in England and Wales, Annual Report of the. London.

Regnard (J. F.), 'A Journey to Lapland.' Trans.; in Pinkerton, *Collection of Voyages and Travels,* vol. i. London, 1808.

Reich (Eduard), *Geschichte, Natur- und Gesundheitslehre des ehelichen Lebens.* Cassel, 1864.

Rein (J. J.), *Japan: Travels and Researches.* Trans. London, 1884.

—— *Japan nach Reisen und Studien.* Vol. I. Leipzig, 1905.

Rein (Wilhelm), *Das Römische Privatrecht und der Civilprozess bis in das erste Jahrhundert der Kaiserherrschaft.* Leipzig, 1836.

Reinach (Salomon), *Cultes, mythes et religions.* 4 vols. Paris, 1905–12.

—— 'Le gendre et la belle-mère'; in *L'Anthropologie,* vol. xxii. Paris, 1911.

—— ' La prohibition de l'inceste et ses origines ' ; in *L'Anthropologie*, vol. x. Paris, 1899.

Reiser (Karl), *Sagen, Gebräuche und Sprichwörter des Allgäus.* 2 vols. Kempten, 1892–94.

Reitzenstein (Ferdinand von), ' Der Kausalzusammenhang zwischen Geschlechtsverkehr und Empfängnis in Glaube und Brauch der Natur- und Kulturvölker ' ; in *Zeitschr. f. Ethnol.* vol. xli. Berlin, 1909.

Rémusat (J. P.), *Nouveaux mélanges asiatiques.* 2 vols. Paris, 1829.

Remy (Jules), *Ka Mooolelo Hawaii.* Paris & Leipzig, 1862.

Rengger (J. R.), *Naturgeschichte der Säugethiere von Paraguay.* Basel, 1830.

Renooz (Céline), *Psychologie comparée de l'homme et de la femme.* Passy-Paris, 1897.

Renouvier (Ch.) and Prat (L.), *La nouvelle monadologie.* Paris, 1899.

Report on the Work of the Horn Scientific Expedition to Central Australia. Ed. by B. Spencer. Part IV. London & Melbourne, 1896.

Reports of the Cambridge Anthropological Expedition to Torres Straits. Ed. by A. C. Haddon. Vol. V. Cambridge, 1904.

—— *of Meetings of the Australasian Association for the Advancement of Science.*

—— *of Meetings of the British Association for the Advancement of Science.*

—— *on the Laws of (on) Marriage and Divorce in the Colonies and in Foreign Countries, presented to the House of Commons,* 1893. 2 parts. London, 1894.

Reuss (L.), *La prostitution au point de vue de l'hygiène et de l'administration en France et à l'étranger.* Paris, 1889.

Reuter (O. M.), *Lebensgewohnheiten und Instinkte der Insekten bis zum Erwachen der sozialen Instinkte.* Berlin, 1913.

Révész (Géza), *Das Trauerjahr der Witwe im Lichte der ethnologisch vergleichenden Rechtswissenschaft.* (Reprinted from *Zeitschr. f. vergl. Rechtswiss.* vol. xv.) Stuttgart, 1902.

Réville (Albert), *La Religion Chinoise.* Paris, 1889.

Revista Contemporánea. Madrid.

Revista trimensal do Instituto Historico Geografico e Ethnographico do Brasil. Rio de Janeiro.

Revue africaine. Constantine.

—— *archéologique.* Paris.

—— *coloniale internationale.* Amsterdam.

—— *d'anthropologie.* Paris.

—— *de l'École d'anthropologie de Paris.*

—— *d'ethnographie.* Paris.

—— *d'ethnographie et de sociologie.* Ed. by A. van Gennep. Paris.

—— *de législation et de jurisprudence.* Paris.

—— *des études ethnographiques et sociologiques*. Ed. by A. van Gennep. Paris.
—— *des traditions populaires*. Paris.
—— *tunisienne*. Tunis.
Rheinisches Museum für Philologie. Frankfurt a. M.
Rhys (*Sir* John), *Celtic Britain*. London, 1904.
—— in the Discussion on M. Winternitz' paper ' On a Comparative Study of Indo-European Customs '; in *Transactions of the International Folk-Lore Congress*, 1891. London, 1892.
—— and Brynmor-Jones (*Sir* David), *The Welsh People*. London, 1906.
Ribbe (Carl), *Zwei Jahre unter den Kannibalen der Salomo-Inseln*. Dresden-Blasewitz, 1903.
Ribbe (Charles de), *Les familles et la société en France avant la Révolution*. Paris, 1873.
Richard (—), ' History of Tonquin '; in Pinkerton, *Collection of Voyages and Travels*, vol. ix. London, 1811.
Richards (F. J.), ' Cross Cousin Marriage in South India '; in *Man*, vol. xiv. London, 1914.
Richardson (John), *Arctic Searching Expedition*. 2 vols. London, 1851.
Richter (*Oberleutnant*), ' Der Bezirk Bukoba '; in *Mittheil. Deutsch. Schutzgeb*. vol. xii. Berlin, 1899.
Richter (G.), *Manual of Coorg*. Mangalore, 1870.
Richter (Ludwig), *Beiträge zur Geschichte des Ehescheidungsrechts in der evangelischen Kirche*. Berlin, 1858.
1404 Riddle (Oscar), ' Sex Control and Known Correlations in Pigeons '; in *The American Naturalist*, vol. l. New York, 1916.
Ridgeway (*Sir* William), ' Who were the Romans ? '; in *Proceedings of the British Academy*, 1907–08. London.
Ridley (William), *The Aborigines of Australia*. Sydney, 1864.
—— *Kamilaroi, Dippil, and Turrubul*. New South Wales, 1866.
—— ' Report on Australian Languages and Traditions '; in *Jour. Anthr. Inst*. vol. ii. London, 1873.
Riedel (J. G. F.), ' Galela und Tobeloresen '; in *Zeitschr. f. Ethnol*. vol. xvii. Berlin, 1885.
—— *De sluik- en kroesharige rassen tusschen Selebes en Papua*. 's-Gravenhage, 1886.
Rigveda (*Der*). German trans. by A. Ludwig. 6 vols. Prag, 1876–88.
Rink (H. J.), *The Eskimo Tribes*. Copenhagen & London, 1887.
—— *Tales and Traditions of the Eskimo*. Edinburgh & London, 1875.
Ripley (W. Z.), ' The European Population of the United States '; in *Jour. Roy. Anthr. Inst*. vol. xxxviii. London, 1908.

VOL. III H H

Ripley (W. Z.), *The Races of Europe*. London, 1900.

Ris (H.), 'De onderafdeeling Klein Mandailing Oeloe en Pahantan en hare bevolking met uitzondering van de Oeloe's'; in *Bijdragen tot de taal-, land- en volkenkunde van Nederlandsch-Indië*, vol. xlvi. 's-Gravenhage, 1896.
Risley (*Sir* Herbert), *The People of India.* Ed. by W. Crooke. London, 1915.
—— *Tribes and Castes of Bengal. Ethnographic Glossary.* 2 vols. Calcutta, 1891.
—— and Gait (E. A.), *Census of India,* 1901. *Vol. I. India,* pt. i. Report. Calcutta, 1903.
Rivers (W. H. R.), *Address to the Anthropological Section of the British Association for the Advancement of Science. Portsmouth,* 1911. (Reprint of 'The Ethnological Analysis of Culture'; in *Report of the Eighty-first Meeting of the British Association.*) [London, 1912].
—— *The History of Melanesian Society.* 2 vols. Cambridge, 1914.
—— 'Kin, Kinship'; in Hastings, *Encyclopædia of Religion and Ethics,* vol. vii. Edinburgh, 1914.
—— *Kinship and Social Organisation.* London, 1914.
—— 'Marriage (Introductory and Primitive)'; in Hastings, *Encyclopædia of Religion and Ethics,* vol. viii. Edinburgh, 1915.
—— 'The Marriage of Cousins in India'; in *Jour. Roy. Asiatic Soc.* 1907. London.
—— 'Mother-Right'; in Hastings, *Encyclopædia of Religion and Ethics,* vol. viii. Edinburgh, 1915.
—— 'On the Origin of the Classificatory System of Relationships'; in *Anthropological Essays presented to E. B. Tylor.* Oxford, 1907.
—— 'Sociology and Psychology'; in *The Sociological Review,* vol. ix. London, 1916.
—— 'Survival in Sociology'; in *The Sociological Review,* vol. vi. London, 1913.
—— *The Todas.* London, 1906.
—— 'Totemism in Polynesia and Melanesia'; in *Jour. Roy. Anthr. Inst.* vol. xxxix. London, 1909.
—— in *Reports of the Cambridge Anthropological Expedition to Torres Straits,* vol. v. Cambridge, 1904.
Rivet (*Dr.*), 'Les Indiens Jibaros'; in *L'Anthropologie,* vol. xviii. Paris, 1907.
—— Review of Guevara's *Psicolojia del pueblo Araucano;* in *L'Anthropologie,* vol. xxi. Paris, 1910.
Robertson (*Sir* G. Scott), *The Káfirs of the Hindu-Kush.* London, 1896.
Robertson (H. A.), *Erromanga, the Martyr Isle.* Ed. by J. Fraser. London, 1902.
Robley (H. G.), *Moko; or, Maori Tattooing.* London, 1896.
Rochas (V. de), *La Nouvelle Calédonie et ses habitants.* Paris, 1862.
Rochefort (C. de). See Poincy (Louis de).

Rochholz (E. L.), *Schweizersagen aus dem Aargau.* 2 vols. Aarau, 1856.

Rochon (A. M.), 'A Voyage to Madagascar and the East Indies.' Trans.; in Pinkerton, *Collection of Voyages and Travels*, vol. xvi. London, 1814.

Rockhill (W. W.), *The Land of the Lamas.* London, 1891.

—— 'Tibet. A Geographical, Ethnographical, and Historical Sketch, derived from Chinese Sources'; in *Jour. Roy. Asiatic Soc.* 1891, new ser. vol. xxiii. London, 1891.

Rodd (Rennell), *The Customs and Lore of Modern Greece.* London, 1892.

Rodway (James), *Guiana: British, Dutch, and French.* London, 1912.

Roeder (Fritz), *Die Familie bei den Angelsachsen.* Halle a. S., 1899.

Roemer (Th.), Review of de Chapeaurouge's *Einiges über Inzucht und ihre Leistung auf verschiedenen Zuchtgebieten*; in *Archiv f. Rassen- und Gesellschafts-Biologie*, vol. vii. München, 1910.

—— Review of Schmehl's *Inzuchtstudien in einer deutschen Rambouillet-Stammschäferei*; in *Archiv f. Rassen- und Gesellschafts-Biologie*, vol. x. Leipzig & Berlin, 1913.

Rogers (Charles), *Scotland, Social and Domestic.* London, 1869.

Roggewein (Roggeveen; Jacob), 'An Account of Commodore Roggewein's Expedition . . . for the Discovery of Southern Lands'; in Harris, *Navigantium atque Itinerantium Bibliotheca*, vol. i. London, 1744.

Roguin (Ernest), *Traité de droit civil comparé. Le mariage.* Paris, 1904.

Rohde (Erwin), 'Paralipomena'; in *Rheinisches Museum für Philologie*, new ser. vol. xv. Frankfurt a.M., 1895.

—— *Psyche.* Freiburg i.B. & Leipzig, 1894.

Rohleder (Hermann), *Die Zeugung unter Blutsverwandten* (*Konsanguinität, Inzucht, Inzest*). Leipzig, 1912.

Rohlfs (Gerhard), 'Henry Noël von Bagermi'; in *Zeitschr. f. Ethnol.* vol. iii. Berlin, 1871.

Romanoff (H. C.), *Sketches of the Rites and Customs of the Greco-Russian Church.* London, Oxford, & Cambridge, 1869.

Romilly (H. H.), 'The Islands of the New Britain Group'; in *Proceed. Roy. Geo. Soc.* new ser. vol. ix. London, 1887.

—— *The Western Pacific and New Guinea.* London, 1887.

Roos (S.), 'Iets over Endeh'; in *Tijdschrift voor indische taal-, land- en volkenkunde*, vol. xxiv. Batavia & 's Hage, 1877.

Roquefeuil (C. de), *Journal d'un voyage autour du monde, pendant les années* 1816, 1817, 1818 *et* 1819. 2 vols. Paris, 1823.

Rorie (David), 'Stray Notes on the Folk-lore of Aberdeenshire and North-east of Scotland'; in *Folk-Lore*, vol. xxv. London, 1914.

Roscoe (John), *The Baganda.* London, 1911.

—— 'The Bahima'; in *Jour. Roy. Anthr. Inst.* vol. xxxvii. London, 1907.

—— *The Northern Bantu. An Account of some Central African Tribes of the Uganda Protectorate.* Cambridge, 1915.

—— 'Notes on the Bageshu'; in *Jour. Roy. Anthr. Inst.* vol. xxxix. London, 1909.

—— 'Notes on the Manners and Customs of the Baganda'; in *Jour. Anthr. Inst.* vol. xxxi. London, 1901.

Rose (Archibald) and Brown (J. Coggin), 'Lisu (Yawyin) Tribes of the Burma-China Frontier'; in *Memoirs Asiatic Soc. Bengal,* vol. iii. Calcutta, 1910.

Rose (*Sir* H. A.), *A Glossary of the Tribes and Castes of the Punjab and North-West Frontier Province.* Lahore, 1911 &c. *In progress.*

H H 2

Rose (*Sir* H. A.), 'The Khokhars and the Gakhars in Panjab History'; in *Indian Antiquary,* vol. xxxvi. Bombay, 1907.

—— 'Note on Female Tattooing in the Panjâb'; in *The Indian Antiquary,* vol. xxxi. Bombay, 1902.

Rose (H. J.), 'On the alleged Evidence for Mother-right in Early Greece'; in *Folk-Lore,* vol. xxii. London, 1911.

Rosen (Eric von), *Träskfolket. Svenska Rhodesia-Kongo-expeditionens etnografiska forskningsresultat.* Stockholm, 1916.

Rosén (Helge), *Om dödsrike och dödsbruk i fornnordisk religion.* Lund, 1918.

Rosenau (William), *Jewish Ceremonial Institutions and Customs.* Baltimore, 1903.

Rosenbaum (Julius), *Geschichte der Lustseuche im Alterthume.* Halle, 1845.

Rosenberg (H. von), *Der malayische Archipel.* Leipzig, 1878.

Rosenstadt (B.), 'Zur Frage nach den Ursachen, welche die Zahl der Conceptionen beim Menschen in gewissen Monaten des Jahres regelmässig steigern'; in *Mittheilungen aus dem embryologischen Institute der K.K. Universität in Wien,* ser. ii. fasc. 4. Wien, 1890.

Ross (B. R.), 'The Eastern Tinneh'; in *Smithsonian Report,* 1866. Washington, 1867.

Ross (J. C.), *A Voyage of Discovery and Research in the Southern and Antarctic Regions, during the Years* 1839–43. 2 vols. London, 1847.

Ross (John), *History of Corea, Ancient and Modern.* Pasley, [1879].

Ross (*Sir* John), *Narrative of a Second Voyage in search of a North-West Passage.* London, 1835.

—— *A Voyage of Discovery for the purpose of exploring Baffin's Bay.* 2 vols. London, 1819.

Rossbach (A.), *Römische Hochzeits- und Ehedenkmäler.* Leipzig, 1871.

—— *Untersuchungen über die römische Ehe.* Stuttgart, 1853.

Rosset (C. W.), 'On the Maldive Islands, more especially treating of Málé Atol'; in *Jour. Anthr. Inst.* vol. xvi. London, 1887.

Rossillon (*le Père*), 'Mœurs et Coutumes du peuple *Kui,* Indes

Anglaises'; in *Anthropos*, vol. vii. Wien, 1912.
Roth (H. Ling), 'The Aborigines of Hispaniola'; in *Jour. Anthr. Inst.* vol. xvi. London, 1887.
—— *The Aborigines of Tasmania.* Halifax, 1899.
—— *Great Benin.* Halifax, 1903.
—— *The Natives of Sarawak and British North Borneo.* 2 vols. London, 1896.
Roth (Rudolph), 'On the Morality of the Veda.' Trans.; in *Journal of the American Oriental Society*, vol. iii. New York, 1853.
Roth (Walter E.), *Ethnological Studies among the North-West-Central Queensland Aborigines.* Brisbane & London, 1897.
—— *North Queensland Ethnography: Bulletin No. 5. Superstition, Magic, and Medicine.* Brisbane, 1903.
—— *North Queensland Ethnography: Bulletin No. 8. Notes on Government, Morals, and Crime.* Brisbane, 1906.
Rousselet (Louis), *India and its Native Princes.* Trans. London, 1876.
Routledge (W. Scoresby and Katherine), *With a Prehistoric People. The Akikúyu of British East Africa.* London, 1910.

Rowlatt (E. A.), 'Report of an Expedition into the Mishmee Hills'; in *Jour. Asiatic Soc. Bengal*, vol. xiv. pt. ii. Calcutta, 1845.
Rowley (Henry), *Africa Unveiled.* London, 1876.
Rowney (H. B.), *The Wild Tribes of India.* London, 1882.
Royal Commission on Divorce and Matrimonial Causes. Appendices to the Minutes of Evidence and Report. London, 1912.

Royal Geographical Society. Supplementary Papers. London.
Rubruquis (G. de), 'Travels into Tartary and China.' Trans.; in Pinkerton, *Collection of Voyages and Travels*, vol. vii. London, 1811.
Rüdin (E.), Review of Feer's *Der Einfluss der Blutsverwandtschaft der Eltern auf die Kinder*; in *Archiv f. Rassen- und Gesellschafts-Biologie*, vol. v. München, 1908.
Ruelle (E.), 'Notes anthropologiques, ethnographiques et sociologiques sur quelques populations noires du 2^e territoire militaire de l'Afrique occidentale française'; in *L'Anthropologie*, vol. xv. Paris, 1904.
Russell (A. D.) and Abdullah al-Ma'mun Suhrawardy, '*A Manual of the Law of Marriage*' *from the Mukhtaṣar of Sīdī Khalīl.* [London,] *s.d.*
Russell (Frank), 'The Pima Indians'; in *Ann. Rep. Bur. American Ethnol.* vol. xxvi. 1904–05. Washington, 1908.
Russell (R. V.), *The Tribes and Castes of the Central Provinces of India.* 4 vols. London, 1916.
Russkaya Starina. St. Petersburg.
Rutland (Joshua), 'On the Survivals of Ancient Customs in Oceania'; in *Jour. Polynesian Soc.* vol. xiii. Wellington, 1904.

Saalschütz (J. L.), *Das mosaische Recht.* 2 vols. Berlin, 1853.

Sachau (E.), *Muhammedanisches Recht nach Schafiitischer Lehre.* Stuttgart & Berlin, 1897.

Sachs (Julius), *Text-Book of Botany.* Trans. Oxford, 1882.

Sacred Books of the East (The). Ed. by F. Max Müller. Oxford, 1879 &c.

Sacred Laws of the Âryas as taught in the Schools of Âpastamba, Gautama, Vâsishtha, and Baudhâyana (The). Trans. by G. Bühler. 2 vols. (*The Sacred Books of the East,* vols. ii., xiv.) Oxford, 1897, 1882.

Safford (W. E.), ' Guam and its People ' ; in *American Anthropologist,* new ser. vol. iv. New York, 1902.

Sahagun (F. Bernardino de), *Historia general de las cosas de Nueva España.* 3 vols. México, 1829–30.

Saïd Boulifa, *Textes berbères en dialecte de l'Atlas marocain.* Paris, 1908.

St. Elie (*P.* A. M.), ' La Femme du désert autrefois et aujourd'hui ' ; in *Anthropos,* vol. iii. Wien, 1908.

St. John (Bayle), *Adventures in the Libyan Desert.* London, 1849.

—— See Muḥammad ibn 'Umar, Al-Tūnusī.

St. John (H. C.), ' The Ainos : Aborigines of Yeso ' ; in *Jour. Anthr. Inst.* vol. ii. London, 1873.

St. John (Spenser), *Life in the Forests of the Far East.* 2 vols. London, 1862.

—— ' Wild Tribes of the North-West Coast of Borneo ' ; in *Trans. Ethn. Soc. London,* new ser. vol. ii. London, 1863.

Sakellarios (Ph.), *Die Sitten und Gebräuche der Hochzeit bei den Neugriechen verglichen mit denen der alten Griechen.* (*Inaugural-Dissertation.*) Halle a.S., 1880.

Salmon (G.), ' Les Bḍaḍoua ' ; in *Archives marocaines,* vol. ii. Paris, 1905.

Salvado (R.), *Mémoires historiques sur l'Australie.* French trans. Paris, 1854.

—— *Voyage en Australie.* French trans. Paris, 1861.

Samter (Ernst), *Familienfeste der Griechen und Römer.* Berlin, 1901.

—— *Geburt, Hochzeit und Tod.* Leipzig & Berlin, 1911.

—— ' Hochzeitsbräuche ' ; in *Neue Jahrbücher für das klassische Altertum,* vol. xix. Leipzig, 1907.

Samuelson (James), *India, Past and Present.* London, 1890.

Sánchez Labrador (*P.* José), *El Paraguay Católico.* 2 vols. Buenos Aires, 1910.

Sanderson (John), ' Polygamous Marriage among the Kafirs of Natal and Countries around ' ; in *Jour. Anthr. Inst.* vol. viii. London, 1879.

Sandys (George), *A Relation of a Journey begun An. Dom.* 1610. London, 1637.

Sankara Menon (M.), *Census of India*, 1901. *Vol. XX. Cochin*, pt. i. Report. Ernakulam, 1903.
'Sânkhâyana-Grihya-Sûtra,' trans. by H. Oldenberg; in *The Sacred Books of the East*, vol. xxix. Oxford, 1886.
Sapir (Edward), 'Indian Tribes of the Coast'; in *Canada and its Provinces, vol. XXI. The Pacific Province*, pt. i. Toronto, 1914.
—— 'Notes on the Takelma Indians of Southwestern Oregon'; in *American Anthropologist*, new ser. vol. ix. Lancaster, 1907.
—— *A Sketch of the Social Organization of the Nass River Indians.* (*Canada Department of Mines. Geological Survey Museum Bulletin No.* 19. *Anthropological Series, No.* 7.) Ottawa, 1915.
Sapper (Carl), 'Mittelamericanische Caraiben'; in *Internationales Archiv für Ethnographie*, vol. x. Leiden, 1897.
Sarasin (Paul and Fritz), *Ergebnisse naturwissenschaftlicher Forschungen auf Ceylon.* 3 vols. Wiesbaden, 1887–93.
—— 'Über die Toála von Süd-Celebes'; in *Globus*, vol. lxxxiii. Braunschweig, 1903.

Sarat Chandra Das, *Journey to Lhasa and Central Tibet.* Ed. by W. W. Rockhill. London, 1904.
—— 'The Marriage Customs of Tibet'; in *Jour. Asiatic Soc. Bengal*, vol. lxii. pt. iii. Calcutta, 1893.
Sarat Chandra Roy, *The Mundas and their Country.* Calcutta, 1912.
—— *The Orāons of Chōtā Nāgpur.* Ranchi, 1915.

Sarbah (J. M.), *Fanti Customary Laws.* London, 1904.
Sartori (Paul), 'Der Schuh im Volksglauben'; in *Zeitschrift des Vereins für Volkskunde*, vol. iv. Berlin, 1894.
—— *Sitte und Brauch.* Vol. I. Leipzig, 1910.
Sarytschew (G.), 'Account of a Voyage of Discovery to the North-East of Siberia, the Frozen Ocean, and the North-East Sea.' Trans.; in *A Collection of Modern and Contemporary Voyages and Travels*, vols. v.–vi. London, 1807.
Sathapata-Brâhmana (*The*). Trans. by J. Eggeling. 5 vols. (*The Sacred Books of the East*, vols. xii., xxvi., xli., xliii., xliv.) Oxford, 1882–1900.
Sauer (M.), *An Account of a Geographical and Astronomical Expedition to the Northern Parts of Russia performed by Joseph Billings.* London, 1802.
Saunderson (H. S.), 'Notes on Corea and its People'; in *Jour. Anthr. Inst.* vol. xxiv. London, 1895.
Sautayra (Édouard) and Cherbonneau (Eugène), *Droit musulman. Du statut personnel et des successions.* 2 vols. Paris, 1873–74.
Sauvé (L. F.), *Le Folk-Lore des Hautes-Vosges.* Paris, 1889.
Savage (T. S.), *A Description of the Characters and Habits of Troglodytes Gorilla.* Boston, 1847.
—— 'Observations on the External Characters and Habits of the

Troglodytes Niger'; in *Boston Journal of Natural History*, vol. iv. Boston, 1844.

Saxo Grammaticus, *Historia Danica*. Ed. by P. E. Müller and J. M. Velschow. 2 vols. Havniae, 1839–58.

Scaramucci (F.) and Giglioli (E. H.), 'Notizie sui Danakil'; in *Archivio per l'antropologia e la etnologia*, vol. xiv. Firenze, 1884.

Schaaffhausen (Hermann), 'Darwinism and Anthropology'; in *The Anthropological Review*, vol. vi. London, 1868.

—— 'On the Primitive Form of the Human Skull.' Trans.; in *The Anthropological Review*, vol. vi. London, 1868.

Schadee (M. C.), 'Heirats- und andere Gebräuche bei den Mansela und Nusawele Alfuren in der Untertheilung Wahaai der Insel Seram (Ceram)'; in *Internationales Archiv für Ethnographie*, vol. xxii. Leiden, 1913.

Schadenberg (Alex.), 'Die Bewohner von Süd-Mindanao und der Insel Samal'; in *Zeitschr. f. Ethnol.* vol. xvii. Berlin, 1885.

—— 'Über die Negritos der Philippinen'; in *Zeitschr. f. Ethnol.* vol. xii. Berlin, 1880.

Schaeffner (W.), *Geschichte der Rechtsverfassung Frankreichs*. 4 vols. Frankfurt a. M., 1845–50.

Schell (O.), Bergische Hochzeitsgebräuche'; in *Zeitschr. des Vereins für Volkskunde*, vol. x. Berlin, 1900.

—— 'Nachträge zu den "Bergischen Hochzeitsgebräuchen"'; in *Zeitschr. des Vereins für Volkskunde*, vol. x. Berlin, 1900.

—— 'Das Salz im Volksglauben'; in *Zeitschr. des Vereins für Volkskunde*, vol. xv. Berlin, 1905.

Schellong (O.), 'Ueber Familienleben und Gebräuche der Papuas der Umgebung von Finschhafen'; in *Zeitschr. f. Ethnol.* vol. xxi. Berlin, 1889.

—— 'Weitere Mitteilungen über die Papuas (Jabim) der Gegend des Finschhafens in Nordost-Neu-Guinea (Kaiserwilhelmsland)'; in *Zeitschr. f. Ethnol.* vol. xxxvii. Berlin, 1905.

Scheurl (A. von), *Das gemeine deutsche Eherecht*. Erlangen, 1882.

—— and Sehling (Emil), 'Eherecht'; in Herzog-Hauck, *Real-encyklopädie für protestantische Theologie und Kirche*, vol. v. Leipzig, 1898.

Schinz (Hans), *Deutsch-Süd-West-Afrika*. Oldenburg & Leipzig, [1891].

Schlagintweit (Emil), *Indien im Wort und Bild*. 2 vols. Leipzig, 1880–81.

Schlegel (—), 'Om Morgengavens Oprindelse'; in *Astræa*, vol. ii. Kjøbenhavn, 1799.

Schlyter (C. J.), *Juridiska afhandlingar*. 2 vols. Upsala, 1836–79.

Schmehl (R.). See Roemer (Th.).

Schmid (van), 'Aanteekeningen nopens de zeden, gewoonten en gebruiken, benevens de vooroordeelen en bijgeloovigheden der bevolking van de eilanden Saparoea, Haroekoe, Noessa

Laut, en van een geedeelte van de zuid-kust van Ceram'; in *Tijdschrift voor Neêrlands Indie*, vol. v. pt. ii. Batavia, 1843.

Schmidt (Emil), *Ceylon*. Berlin, [1897].

Schmidt (Karl), *Jus primae noctis*. Freiburg i.B., 1881.

—— 'Das Streit über das jus primae noctis'; in *Zeitschr. f. Ethnol.* vol. xvi. Berlin, 1884.

Schmidt (Leopold), *Die Ethik der alten Griechen*. 2 vols. Berlin, 1882.

Schmidt (Max), 'Die Guató'; in *Verhandl. Berliner Gesellsch. Anthr.* 1902. Berlin.

—— 'Über das Recht der tropischen Naturvölker Südamerikas'; in *Zeitschr. f. vergl. Rechtswiss.* vol. xiii. Stuttgart, 1899.

Schmidt (Richard), *Beiträge zur Indischen Erotik. Das Liebesleben des Sanskritvolkes*. Berlin, 1911.

—— *Liebe und Ehe im alten und modernen Indien*. Berlin, 1904.

Schmidt (*P.* W.), *Die Stellung der Pygmäenvölker in der Entwicklungsgeschichte des Menschen*. Stuttgart, 1910.

—— 'Totemismus, viehzüchterischer Nomadismus und Mutterrecht'; in *Anthropos*, vols. x.–xi. Wien, 1915–16.

—— *Der Ursprung der Gottesidee. I. Historisch-kritischer Teil*. Münster i. W., 1912.

—— Review of Buschan's *Illustrierte Völkerkunde*, vol. i.; in *Anthropos*, vol. v. Wien, 1910.

Schmolck (*Dr.*), 'Mehrfacher Zwergwuchs in verwandten Familien eines Hochgebirgstales'; in *Virchows Archiv für pathologische Anatomie und Physiologie und für klinische Medizin*, vol. clxxxvii. Berlin, 1907.

Schnee (Heinrich), *Bilder aus der Südsee. Unter den kannibalischen Stämmen des Bismarck-Archipels*. Berlin, 1904.

Schneider (Wilhelm), *Die Naturvölker*. 2 vols. Paderborn & Münster, 1885–86.

Schönwerth (Fr.), *Aus der Oberpfalz. Sitten und Sagen*. 3 vols. Augsburg, 1857–59.

Schomburgk (Richard), *Reisen in Britisch-Guiana*. 3 vols. Leipzig, 1847–48.

—— 'Über einige Sitten und Gebräuche der tief im Innern Südaustraliens, am Peake-Flusse und dessen Umgebung, hausenden Stämme'; in *Verhandl. Berliner Gesellsch. Anthr.* 1879. Berlin.

Schomburgk (*Sir* Robert H.), 'On the Natives of Guiana'; in *Jour. Ethn. Soc. London*, vol. i. Edinburgh (printed), 1848.

Schoolcraft (H. R.), *Historical and Statistical Information respecting the History, Condition, and Prospects of the Indian Tribes of the United States* (the title-pages of vols. iv.–vi. read: *Archives of Aboriginal Knowledge, &c.*). 6 vols. Philadelphia, 1851–60.

—— *The Indian in his Wigwam.* New York, 1848.

Schotter (*P.* Aloys), ' Notes ethnographiques sur les Tribus de Kouy-tcheou (Chine) '; in *Anthropos*, vol. vi. Wien, 1911.

Schouten (Wouter), *Ost-Indische Reyse.* German trans. Amsterdam, 1676.

Schrader (Eberhard), *Die Keilinschriften und das Alte Testament.* Ed. by H. Zimmern and H. Winckler. Berlin, 1903.

Schrader (O.), ' Family (Teutonic and Balto-Slavic) '; in Hastings, *Encyclopædia of Religion and Ethics*, vol. v. Edinburgh, 1912.

—— *Prehistoric Antiquities of the Aryan Peoples.* Trans. by F. B. Jevons. London, 1890.

—— *Reallexikon der indogermanischen Altertumskunde.* Strassburg, 1901.

Schriften des Naturwissenschaftlichen Vereins für Schleswig-Holstein. Kiel.

Schroeder (Leopold von), *Die Hochzeitsgebräuche der Esten und einiger anderer finnisch-ugrischer Völkerschaften in Vergleichung mit denen der indo-germanischen Völker.* Berlin, 1888.

—— *Indiens Literatur und Cultur in historischer Entwicklung.* Leipzig, 1887.

—— *Mysterium und Mimus im Rigveda.* Leipzig, 1908.

Schroeder (Richard), *Lehrbuch der deutschen Rechtsgeschichte.* Leipzig, 1902.

Schuermann (C. W.), ' The Aboriginal Tribes of Port Lincoln '; in Woods, *Native Tribes of South Australia.* Adelaide, 1879.

Schütz-Holzhausen (D. von), *Der Amazonas.* Freiburg i.B., 1883.

Schulchan Aruch oder die vier jüdischen Gesetzbücher. German trans. by H. G. F. Löwe. 2 vols. Wien, 1896.

Schultz (E.), ' The most important Principles of Samoan Family Law.' Trans.; in *Jour. Polynesian Soc.* vol. xx. New Plymouth, 1911.

Schultze (Oskar), ' Zur Frage von den geschlechtsbildenden Ursachen '; in *Archiv für Mikroskopische Anatomie und Entwicklungsgeschichte*, vol. lxiii. Bonn, 1903.

Schulze (Louis), ' The Aborigines of the Upper and Middle Finke River: their Habits and Customs '; in *Transactions and Proceedings and Report of the Royal Society of South Australia*, vol. xiv. 1890–91. Adelaide, 1891.

Schumacher (*P.* P.), ' Das Eherecht in Ruanda '; in *Anthropos*, vol. vii. Wien, 1912.

Schurtz (Heinrich), *Altersklassen und Männerbünde.* Berlin, 1902.

—— *Grundzüge einer Philosophie der Tracht.* Stuttgart, 1891.

Schuster (Ernest J.), *The Principles of German Civil Law.* Oxford, 1907.

Schuster (Fr.), ' Die sozialen Verhältnisse des Banjange-Stammes

(Kamerun)'; in *Anthropos*, vol. ix. Wien, 1914.
Schuyler (E.), *Turkistan*. 2 vols. London, 1876.
Schwabenspiegel (*Der*). Ed. by F. L. A. von Lassberg. Tübingen, 1840.
Schwalbe (G.), 'Die Hautfarbe des Menschen'; in *Mitteil. Anthr. Gesellsch. Wien*, vol. xxxiv. Wien, 1904.
—— *Studien zur Vorgeschichte des Menschen*. Stuttgart, 1906.
—— 'Zur Frage der Abstammung des Menschen'; in *Globus*, vol. lxxxviii. Braunschweig, 1905.
Schwally (F.), *Der heilige Krieg im alten Israel*. Leipzig, 1901.
Schwaner (C. A. L. M.), *Borneo. Beschrijving van het stroomgebied van den Barito, &c.* 2 vols. Amsterdam, 1853–54.
Schweinfurth (Georg), *Im Herzen von Afrika*. 2 vols. Leipzig, 1874.
—— *The Heart of Africa*. Trans. 2 vols. London, 1873.
Schweizerisches Zivilgesetzbuch vom 10. *Dezember* 1907. Zürich, 1912.
Science, an Illustrated Journal published weekly. New York.
Scott (*Sir* James George), assisted by Hardiman (J. P.), *Gazetteer of Upper Burma and the Shan States*. 5 vols. Rangoon, 1900–01.
—— See Shway Yoe.
Seaver (James E.), *A Narrative of the Life of Mrs. Mary Jemison, Who was taken by the Indians, in the Year* 1755. Howden, 1826.

Sébillot (Paul), *Coutumes populaires de la Haute-Bretagne*. Paris, 1886.

—— *Le Folk-Lore de France*. 4 vols. Paris, 1904–07.
Sebright (*Sir* John S.), *The Art of Improving the Breeds of Domestic Animals*. London, 1809.
Seebohm (F.), *The English Village Community*. London, 1883.
—— *The Tribal System in Wales*. London, 1895.
Seemann (B.), *Narrative of the Voyage of H.M.S. Herald during the Years* 1845–1851. 2 vols. London, 1853.
—— *Viti*. Cambridge, 1862.
Sehling (Emil). See Scheurl (A. von) and Sehling.
Seidlitz (N. von), 'Die Abchasen'; in *Globus*, vol. lxvi. Braunschweig, 1894.
Selbie (J. A.), 'Sodomite'; in Hastings, *Dictionary of the Bible*, vol. iv. Edinburgh, 1902.
Selenka (Emil and Lenore), *Sonnige Welten. Ostasiatische Reise-Skizzen*. Wiesbaden, 1896.
Seligman (C. G.), 'Dinka'; in Hastings, *Encyclopædia of Religion and Ethics*, vol. iv. Edinburgh, 1911.
—— *The Melanesians of British New Guinea*. Cambridge, 1910.
—— *Report on Totemism and Religion of the Dinka of the White Nile*. Khartoum, *s.d.*
—— and Seligman (Brenda Z.), 'The Kabâbîsh, a Sudan Arab

Tribe'; in *Harvard African Studies*, vol. ii. Cambridge (Mass.), 1918.
—— and Seligman (Brenda Z.), *The Veddas*. Cambridge, 1911.
Sellami (M. S.), 'La femme musulmane'; in *Revue tunisienne*, vol. iii. Tunis, 1896.
Selous (Edmund), *Bird Watching*. London, 1901.
Semper (Karl), *Die Palau-Inseln*. Leipzig, 1873.
Seneca (L. A.), *Opera quæ supersunt*. Ed. by F. Haase. 3 vols. Lipsiae, 1853–62.
Senfft (—), 'Die Insel Nauru'; in *Mittheil. Deutsch. Schutzgeb.* vol. ix. Berlin, 1896.
—— 'Die Marshall-Insulaner'; in Steinmetz, *Rechtsverhältnisse von eingeborenen Völkern in Afrika und Ozeanien*. Berlin, 1903.
Sepp (Johannes), *Völkerbrauch bei Hochzeit, Geburt und Tod*. München, 1891.
Serbelov (Gerda), 'The Social Position of Men and Women among the Natives of East Malekula, New Hebrides'; in *American Anthropologist*, new ser. vol. xv. Lancaster, 1913.
Serpa Pinto (Alexandre de), *How I crossed Africa*. Trans. 2 vols. London, 1881.
Servius Maurus Honoratus, *Commentarii in Virgilium*. Ed. by H. A. Lion. Gottingae, 1826.
Settegast (H.), *Die Thierzucht*. Breslau, 1868.
Shakespear (J.), *The Lushei Kuki Clans*. London, 1912.
Shakespeare (W.), *Works*. Ed. by A. Dyce. 9 vols. London, 1864–67.

Shand (Alexander), 'The Moriori People of the Chatham Islands'; in *Jour. Polynesian Soc.* vol. vi. Wellington, 1897.
Shand (Alex. F.), *The Foundations of Character*. London, 1914.
Shastri (B. V.), 'Maratha, &c.'; in *Panjab Notes and Queries*, vol. i. Allahabad, 1883.
Shaw (G. A.), 'The Betsileo: Religious and Social Customs'; in *Antananarivo Annual and Madagascar Magazine*, no. iv. Antananarivo, 1878.
Shaw (Thomas), 'On the Inhabitants of the Hills near Rájamahall'; in *Asiatick Researches*, vol. iv. Calcutta, 1795.
Sheldon (J. P.), *Dairy Farming*. London, *s.d.*
—— *Live Stock in Health and Disease*. London, *s.d.*
Sherring (Charles A.), 'Notes on the Bhotias of Almora and British Garhwal'; in *Memoirs Asiatic Soc. Bengal*, vol. i. 1905–07. Calcutta, 1907.
—— *Western Tibet and the British Borderland*. London, 1906.
Sherwill (W. S.), 'Notes upon a Tour through the Rájmahal Hills'; in *Jour. Asiatic Soc. Bengal*. vol. xx. Calcutta, 1852.
Shinji Ishii, 'The Life of the Mountain People in Formosa'; in *Folk-Lore*, vol. xxviii. London, 1917.

Shklovsky (I. W.), *In Far North-East Siberia.* London, 1916.
Shooter (Joseph), *The Kafirs of Natal and the Zulu Country.* London, 1857.
Shortland (Edward), *Traditions and Superstitions of the New Zealanders.* London, 1854.
Shortt (John), 'An Account of the Hill Tribes of the Neilgherries'; in *Trans. Ethn. Soc. London*, new ser. vol. vii. London, 1869.
—— 'A Contribution to the Ethnology of Jeypore'; in *Trans. Ethn. Soc. London*, new ser. vol. vi. London, 1868.
—— *The Hill Ranges of Southern India.* 5 pts. Madras, 1870–76.
Shūlḥān 'Ārūkh. See *Schulchan Aruch.*
Shway Yoe (*i.e.*, *Sir* James George Scott), *The Burman.* London, 1910.
Sibree (James), *The Great African Island. Chapters on Madagascar.* London, 1880.
Sīdī Ḫalīl, *Muḫtaṣar.* See Russell (A. D.) and Abdullah al-Ma'mun Suhrawardy.
Siebold (H. von), *Ethnologische Studien über die Aino auf der Insel Yesso.* Berlin, 1881.
Sieroshevski. See Sumner (W. G.).
Simmel (Georg), 'Die Verwandtenehe'; in *Vossische Zeitung*, June 3rd and 10th, 1894. Berlin.
Simon (Pedro), *Primera parte de las Noticias historiales de las Conquistas de tierra firme en las Indias Occidentales.* Cuenca, 1627.
Simons (F. A. A.), 'An Exploration of the Goajira Peninsula, U.S. of Colombia'; in *Proceed. Roy. Geo. Soc.* new ser. vol. vii. London, 1885.
Simpkins (J. E.), *County Folk-Lore. Vol. VII. Examples of printed Folk-Lore concerning Fife, with some Notes on Clackmannan and Kinross-shires.* London, 1914.
Simrock (Karl), *Handbuch der Deutschen Mythologie mit Einschluss der nordischen.* Bonn, 1887.
Simson (Alfred), *Travels in the Wilds of Ecuador.* London, 1886.
Sinclair (A. T.), 'Tattooing of the North American Indians'; in *American Anthropologist*, new ser. vol. xi. Lancaster, 1909.
Sirr (H. Charles), *Ceylon and the Cingalese.* 2 vols. London, 1850.
Sitzungsberichte der matematisch-naturwissenschaftlichen Klasse der kaiserl. Akademie der Wissenschaften. Wien.
—— *der philosophisch-historischen Classe der kaiserl. Akademie der Wissenschaften.* Wien.
Sjöberg (Wilhelm), 'Brudstugugåendet i Replot'; in *Hembygden*, vol. vii. Helsingfors, 1916.
Sjögren (A. J.), *Livische Grammatik nebst Sprachproben.* Ed. by F. J. Wiedemann. (*Gesammelte Schriften*, vol. ii. pt. i.) St. Petersburg, 1861.

Skeat (W. W.), *Malay Magic*. London, 1900.
—— and Blagden (Charles O.), *Pagan Races of the Malay Peninsula*. 2 vols. London, 1906.
Skottsberg (Carl), 'Observations on the Natives of the Patagonian Channel Region'; in *American Anthropologist*, new ser. vol. xv. Lancaster, 1913.
—— *The Wilds of Patagonia*. London, 1911.
Skrefsrud (L. O.), 'Traces of Fraternal Polyandry amongst the Santāls'; in *Jour. Asiatic Soc. Bengal*, vol. lxxii. pt. iii. Calcutta, 1904.
—— See Hertel (Ludvig).
Skrifter utgivna av Svenska Litteratursällskapet i Finland. Helsingfors.
Sleeman (*Sir* W. H.), *Rambles and Recollections of an Indian Official*. 2 vols. London, 1844.
Smirnov (J. N.), *Les populations finnoises des bassins de la Volga et de la Kama*. Part I. French trans. by P. Bayer. Paris, 1898.
Smith (E. R.), *The Araucanians*. New York, 1855.
Smith (Edward), *Health and Disease as influenced by the Daily, Seasonal, and other Cyclical Changes in the Human System*. London, 1861.
Smith (S. Percy), 'Futuna'; in *Jour. Polynesian Soc.* vol. i. Wellington, 1892.
—— 'Niuē Island, and its People'; in *Jour. Polynesian Soc.* vol. xi. Wellington, 1902.
Smith (Thomas), *Narrative of a Five Years' Residence at Nepaul*. 2 vols. London, 1852.
Smith (W. Robertson), *Kinship and Marriage in Early Arabia*. Cambridge, 1885.
—— Review of the first edition of the present work; in *Nature*, vol. xliv. London, 1891.
Smith (William) and Cheetham (Samuel), *A Dictionary of Christian Antiquities*. 2 vols. London, 1875–80.
—— Wayte (William), and Marindin (G. E.), *A Dictionary of Greek and Roman Antiquities*. 2 vols. London, 1890–91.
Smithsonian Contributions to Knowledge. Washington.
Smithsonian Institution, Annual Reports of the Board of Regents. Washington.
—— *Annual Reports of the Bureau of American Ethnology*. Washington.
—— *Bureau of American Ethnology, Bulletins*. Washington.
Smyth (R. Brough), *The Aborigines of Victoria*. 2 vols. London, 1878.
Snorri Sturluson, *Heimskringla. Nóregs konunga sǫgur I*. Ed. by Finnur Jónsson. København, 1893–1900.
—— *The Heimskringla or the Sagas of the Norse Kings*. Trans. by S. Laing, ed. by R. B. Anderson. 4 vols. London, 1889.

—— *Ynglingasaga*. Ed. by Finnur Jónsson. København, 1912.
Snow (W. Parker), 'Remarks on the Wild Tribes of Tierra del Fuego'; in *Trans. Ethn. Soc. London*, new ser. vol. i. London, 1861.
—— *A Two Years' Cruise off Tierra del Fuego*. 2 vols. London, 1857.
Société normande de Géographie, Bulletins. Rouen.
Sociological Review (*The*). London.
Socrates, 'Historia ecclesiastica'; in Migne, *Patrologiæ cursus*, Ser. Graeca, vol. lxvii. Parisiis, 1859.
Sohm (Rudolph), *The Institutes*. Trans. by J. C. Ledlie. Oxford, 1907.
—— *Das Recht der Eheschliessung aus dem deutschen und canonischen Recht geschichtlich entwickelt*. Weimar, 1875.
Solberg (O.), 'Gebräuche der Mittelmesa-Hopi (Moqui) bei Namengebung, Heirat und Tod'; in *Zeitschr. f. Ethnol.* vol. xxxvii. Berlin, 1905.
Soleillet (Paul), *L'Afrique occidentale*. Avignon, 1877.
Solinus (C. J.), *Collectanea rerum memorabilium*. Ed. by Th. Mommsen. Berolini, 1895.
Solotaroff (H.), 'On the Origin of the Family'; in *American Anthropologist*, vol. xi. Washington, 1898.

'Sommario di tutti li regni, città, & popoli orientali.' Trans. into Italian from Portuguese; in Ramusio, *Delle navigationi et viaggi*, vol. i. Venetia, 1563.
Sommerville (B. T.), 'Ethnographical Notes on New Hebrides'; in *Jour. Anthr. Inst.* vol. xxiii. London, 1894.

Sonnerat (Pierre), *Voyage aux Indes orientales et à la Chine, fait par ordre du Roi, depuis* 1774 *jusqu'en* 1781. 2 vols. Paris, 1782.
—— *A Voyage to the East Indies and China*. Trans. 3 vols. Calcutta, 1788–89.
Sophocles, *Tragœdiæ et Fragmenta*. Ed. by E. A. J. Ahrens. Parisiis, 1842.
Soppitt (C. A.), *A Short Account of the Kuki-Lushai Tribes on the North-East Frontier*. Shillong, 1887.
Sorge (F.), 'Nissan-Inseln im Bismarck-Archipel'; in Steinmetz, *Rechtsverhältnisse von eingeborenen Völkern in Afrika und Ozeanien*. Berlin, 1903.
South American Missionary Magazine (*The*). London.
Southey (R.), *History of Brazil*. 3 vols. London, 1810–19.
'Soviet Law of Marriage and the Family.' Trans.; in *The Contemporary Review*, vol. cxvii. London, 1920.
Soyaux (Hermann), *Aus West-Afrika*. Leipzig, 1879.
Sozomenus (Hermias), 'Historia ecclesiastica'; in Migne, *Patrologiæ cursus*, Ser. Graeca, vol. lxvii. Parisiis, 1859.
Sparkman (Ph. Stedman), 'The Culture of the Luiseño Indians'; in *University of California Publications in American Archæology*

and Ethnology, vol. viii. Berkeley, 1908.

Sparrman (A.), *A Voyage to the Cape of Good Hope*. Trans. 2 vols. London, 1786.

Speck (Frank G.), 'The Creek Indians of Taskigi Town'; in *Memoirs of the American Anthropological Association*, vol. ii. Lancaster, 1907.

—— *Ethnology of the Yuchi Indians.* (*University of Pennsylvania. Anthropological Publications of the University Museum*, vol. i. no. 1.) Philadelphia, 1909.

—— *Family Hunting Territories and Social Life of Various Algonkian Bands of the Ottawa Valley.* (*Canada Department of Mines. Geological Survey. Memoir 70. No. 8, Anthropological Series.*) Ottawa, 1915.

Speiser (Felix), 'Beiträge zur Ethnographie der Orang Mamma auf Sumatra'; in *Archiv f. Anthropologie*, new ser. vol. ix. Braunschweig, 1910.

—— *Two Years with the Natives in the Western Pacific*. London, 1913.

Spencer (Herbert), *Descriptive Sociology*. 8 vols. London, 1873–81.

—— *Essays: Scientific, Political, and Speculative*. 2 vols. London, 1883.

—— *The Principles of Psychology*. 2 vols. London, 1890.

—— *The Principles of Sociology*. 3 vols. London, 1882–96.

—— 'A Short Rejoinder' [to McLennan's article 'The Levirate and Polyandry']; in *The Fortnightly Review*, new ser. vol. xxi. London, 1877.

Spencer (*Sir* Walter Baldwin), *Native Tribes of the Northern Territory of Australia*. London, 1914.

—— and Gillen (F. J.), *The Native Tribes of Central Australia*. London, 1899.

—— and Gillen (F. J.), *The Northern Tribes of Central Australia*. London, 1904.

Spiegel (F.), *Erânische Alterthumskunde*. 3 vols. Leipzig, 1871–78.

Spieth (Jakob), *Die Ewe-Stämme. Material zur Kunde des Ewe-Volkes in Deutsch-Togo*. Berlin, 1906.

Spix (J. B. von) and Martius (C. F. Ph. von), *Reise in Brasilien*. 3 vols. München, 1823–31.

—— *Travels in Brazil in the Years 1817–1820*. Trans. 2 vols. London, 1824.

Sprenger (A.), 'Acclimatisationsfähigkeit der Europäer in Asien'; in *Verhandl. Berliner Gesellsch. Anthr. Berlin*, 1885. Berlin.

Sproat (G. M.), *Scenes and Studies of Savage Life*. London, 1868.

Squier (E. G.), 'Observations on the Archaeology and Ethnology of Nicaragua'; in *Trans. American Ethn. Soc.* vol. iii. pt. i. New York, 1853.

—— *The States of Central America*. London, 1858.

Stack (Edward), *The Mikirs*. Ed. by Sir Charles Lyall. London, 1908.

Stade (Hans), *The Captivity of Hans Stade of Hesse, in A.D. 1547–1555, among the Wild Tribes of Eastern Brazil.* Trans. by A. Tootal, and annotated by R. F. Burton. London, 1874.

Stair (John B.), *Old Samoa.* London, 1897.

Stanbridge (W. E.), 'Some Particulars of the General Characteristics, Astronomy, and Mythology of the Tribes in the Central Part of Victoria, Southern Australia'; in *Trans. Ethn. Soc. London*, new ser. vol. i. London, 1861.

Stannus (H. S.), 'Notes on some Tribes of British Central Africa'; in *Jour. Roy. Anthr. Inst.* vol. xl. London, 1910.

Starcke (C. N.), *The Primitive Family in its Origin and Development.* London, 1889.

Starkweather (G. B.), *The Law of Sex.* London, 1883.

'Statistik der Eingeborenen-Bevölkerung der Neu-Lauenburg-Gruppe'; in *Mittheil. Deutsch. Schutzgeb.* vol. xiv. Berlin, 1901.

Steel (E. H.), 'On the Kasia Tribe'; in *Trans. Ethn. Soc. London*, new ser. vol. vii. London, 1869.

Steele (Arthur), *The Law and Custom of Hindoo Castes.* London, 1868.

Steinau (J. H.), *A Pathological and Philosophical Essay on Hereditary Diseases.* London, 1843.

Steinen (Karl von den), *Durch Central-Brasilien.* Leipzig, 1886.

—— *Unter den Naturvölkern Zentral-Brasiliens.* Berlin, 1894.

Steinmetz (S. R.), 'Die neueren Forschungen zur Geschichte der menschlichen Familie'; in *Zeitschr. f. Socialwissenschaft*, vol. ii. Berlin, 1899.

—— *Rechtsverhältnisse von eingeborenen Völkern in Afrika und Ozeanien.* Ed. by. Berlin, 1903.

Steller (G. W.), *Beschreibung von dem Lande Kamtschatka.* Frankfurt & Leipzig, 1774.

Stendhal, *M.* de (*i.e.*, M. H. Beyle), *De l'amour.* Paris, 1853.

—— *On Love.* Trans. with an introduction and notes by P. S. and C. N. Woolf. London, 1915.

Stenin (P. von), 'Das Gewohnheitsrecht der Samojeden'; in *Globus*, vol. lx. Braunschweig, 1891.

Stephan (Emil) and Graebner (Fritz), *Neu-Mecklenburg* (*Bismarck-Archipel*). Berlin, 1907.

Stephen (A. M.), 'The Navajo'; in *American Anthropologist*, vol. vi. Washington, 1893.

Stephen (H. J.), *New Commentaries on the Laws of England.* Ed. by E. Jenks. 4 vols. London, 1914.

Stephens (Edward), 'The Aborigines of Australia'; in *Jour. and Proceed. Roy. Soc. N. S. Wales*, vol. xxiii. Sydney & London, 1889.

Stern (Bernhard), *Medizin, Aberglaube und Geschlechtsleben in der Türkei.* 2 vols. Berlin, 1903.

Sternberg (L.), 'Die Giljaken'; in *Verhandl. Berliner Gesellsch. Anthr.* 1901. Berlin.

—— Reviewed in *L'Anthropologie*, vol. v. Paris, 1894.

Stevens (H. Vaughan), *Materialien zur Kenntniss der Wilden Stämme auf der Halbinsel Malâka.* 2 pts. Ed. by Albert Grünwedel. (*Königliche Museen zu Berlin. Veröffentlichungen aus dem königl. Museum für Völkerkunde,* vol. ii. fasc. 3–4, and vol. iii. fasc. 3–4.) Berlin, 1892–94.

Stevens (H. Vaughan), 'Mittheilungen aus dem Frauenleben der Ôrang Bĕlendas, der Ôrang Djâkun und der Ôrang Lâut.' Ed. by Max Bartels; in *Zeitschr. f. Ethnol.* vol. xxviii. Berlin, 1896.

—— See Grünwedel (Albert).

Stevenson (Matilda C.), 'The Sia'; in *Ann. Rep. Bur. Ethnol.* vol. xi. Washington, 1894.

Stewart (C. S.), *Journal of a Residence in the Sandwich Islands, during the Years* 1823, 1824, *and* 1825. London, 1830.

Stewart (R.), 'Notes on Northern Cachar'; in *Jour. Asiatic Soc. Bengal,* vol. xxiv. Calcutta, 1855.

Stewart Lockhart (J. H.), 'Chinese Folk-Lore'; in *Folk-Lore,* vol i. London, 1890.

—— 'The Marriage Ceremonies of the Manchus'; in *Folk-Lore,* vol. i. London, 1890.

Sticotti (P.), 'Zu griechischen Hochzeitsgebräuchen'; in *Festschrift für Otto Benndorf.* Wien, 1898.

Stieda (Ludwig), 'Anatomisch-archäologische Studien. III. Die Infibulation bei Griechen und Römern'; in *Anatomische Hefte,* vol. xix. Wiesbaden, 1902.

Stieda (W.), 'Les mariages consanguins'; in *Annales de démographie internationale,* vol. iii. Paris, 1879.

Stigand (C. H.), 'Notes on the Natives of Nyassaland, N.E. Rhodesia, and Portuguese Zambezia, their Arts, Customs, and Modes of Subsistence'; in *Jour. Roy. Anthr. Inst.* vol. xxxvii. London, 1907.

Stirling (E. C.), 'Anthropology'; in *Report on the Work of the Horn Scientific Expedition to Central Australia,* pt. iv. London & Melbourne, 1896.

Stirling (W. H.), 'A Residence in Tierra del Fuego'; in *The South American Missionary Magazine,* vol. iv. London, 1870.

Stjernstedt (Georg), *Den nya äktenskapslagen.* Stockholm, 1916.

Stoecklein (J.), *Der Neue Welt-Bott.* 4 vols. Augspurg, Grätz, Wien, 1728–55.

Stoll (Otto), *Das Geschlechtsleben in der Völkerpsychologie.* Leipzig, 1908.

Stoll (W. G.), 'Notes on the Yoon-tha-lin Karens'; in *Madras Journal of Literature and Science,* new ser. vol. vi. Madras, 1861.

Stolpe (Hjalmar), 'Påsk-ön'; in *Ymer,* vol. iii. Stockholm, 1882.

Stone (O. C.), 'Description of the Country and Natives of Port Moresby and Neighbourhood, New Guinea'; in *Jour. Roy. Geo. Soc.* vol. xlvi. London, 1876.

—— *A Few Months in New Guinea.* London, 1880.

Storch (—), 'Sitten, Gebräuche und Rechtspflege bei den Bewohnern Usambaras und Pares'; in *Mittheil. Deutsch. Schutzgeb.* vol. viii. Berlin, 1895.

Stow (G. W.), *The Native Races of South Africa.* Ed. by G. McCall Theal. London, 1905.

Strabo, *Geographica.* 3 vols. Ed. by A. Meineke. Lipsiae, 1852–53.

—— The same work. Ed. by C. Müller and F. Dübner. Parisiis, 1853.

—— The same work. Trans. into French by A. Tardieu. 4 vols. Paris, 1873–90.

Strabo, The same work. Trans. into German by C. G. Groskurd. 4 vols. Berlin & Stettin, 1831–34.

Strachey (William), *The Historie of Travaile into Virginia Britannia.* Ed. by R. H. Major. London, 1849.

Strackerjan (L.), *Aberglaube und Sagen aus dem Herzogthum Oldenburg.* 2 vols. Oldenburg, 1867.

Strampff (H. L. von), *Dr. Martin Luther: Ueber die Ehe.* Berlin, 1857.

Strauch (H.), 'Allgemeine Bemerkungen ethnologischen Inhalts über Neu-Guinea, die Anachoreten-Inseln, Neu-Hannover, Neu-Irland, Neu-Britannien und Bougainville'; in *Zeitschr. f. Ethnol.* vol. ix. Berlin, 1877.

Strehlow (Carl), *Die Aranda- und Loritja-Stämme in Zentral-Australien.* Ed. by Moritz von Leonhardi. 4 vols. (*Veröffentlichungen aus dem städtischen Völker-Museum Frankfurt am Main, I.*) Frankfurt a. M., 1907–13.

Stricker (W.), 'Der Fuss der Chinesinnen'; in *Archiv f. Anthropologie*, vol. iv. Braunschweig, 1870.

Strzoda (Walter), 'Die Li auf Hainan und ihre Beziehungen zum asiatischen Kontinent'; in *Zeitschr. f. Ethnol.* vol. xliii. Berlin, 1911.

Stuart (H. A.), *Madras District Manuals: South Canara*, vol. ii. Madras, 1895.

Stuart (T. P. Anderson), 'The "Mika" or "Kulpi" Operation of the Australian Aborigines'; in *Jour. and Proceed. Roy. Soc. N. S. Wales*, 1896, vol. xxx. Sydney, 1897.

Studies in History, Economics and Public Law. Edited by the University Faculty of Political Science of Columbia College. New York.

Stuhlmann (Franz), *Mit Emin Pascha ins Herz von Afrika.* Berlin, 1894.

Stulpnagel (C. R.), 'Polyandry in the Himâlayas'; in *The Indian Antiquary*, vol. vii. Bombay, 1878.

Sturrock (J.), *Madras District Manuals: South Canara*, vol. i. Madras, 1894.

Sturt (Charles), *Narrative of an Expedition into Central Australia.* 2 vols. London, 1849.

Subramhanya Aiyar (N.), *Census of India*, 1901. *Vol. XXVI. Travancore*, pt. i. Report. Trivandrum, 1903.

—— *Census of India*, 1911. *Vol. XXIII. Travancore*, pt. i. Report. Trivandrum, 1912.

Suessmilch (J. P.), *Die göttliche Ordnung in den Veränderungen des menschlichen Geschlechts.* 2 vols. Berlin, 1761–62.

Sugenheim (S.), *Geschichte der Aufhebung der Leibeigenschaft und Hörigkeit in Europa.* St. Petersburg, 1861.

Suidas, *Lexicon Græce et Latine.* Ed. by G. Bernhardy. 2 vols. Halis & Brunsvigae, 1853.

Sully (Maximilian de Bethune, *Duc de*), *Memoirs.* Trans. 5 vols. London, 1778.

Sumner (W. G.), 'The Yakuts, abridged from the Russian of Sieroshevski'; in *Jour. Anthr. Inst.* vol. xxxi. London, 1901.

Suomalais-Ugrilaisen Seuran Aikauskirja—Journal de la Société Finno-ougrienne. Helsingfors.

Sutherland (Alex.), *The Origin and Growth of the Moral Instinct.* 2 vols. London, 1898.

VOL. III I I

Sutherland (P. C.), 'On the Esquimaux'; in *Jour. Ethn. Soc. London*, vol. iv. London, 1856.

Sutton (T. M.), 'The Adjahdurah Tribe of Aborigines on Yorke's Peninsula: some of their Early Customs and Traditions'; in *Proceed. Roy. Geograph. Soc. Australasia: South Australian Branch*, vol. ii. 1887–88. Adelaide, 1890.

Sveriges Rikes Lag, till efterlefnad stadfästad år 1736. Ed. by N. W. Lundequist. Stockholm, 1874.

Swan (J. G.), *The Northwest Coast; or, Three Years' Residence in Washington Territory.* New York, 1857.

Swanton (J. R.), *The Haida.* (*Publications of the Jesup North Pacific Expedition*, vol. v. pt. i.) Leiden & New York, 1905.

—— 'Social Condition, Beliefs, and Linguistic Relationship of the Tlingit Indians'; in *Ann. Rep. Bur. American Ethnol.* vol. xxvi. 1904–05. Washington, 1908.

—— 'The Social Organization of American Tribes'; in *American Anthropologist*, new ser. vol. vii. Lancaster, 1905.

—— Review of Frazer's *Lectures on the Early History of Kingship*; in *American Anthropologist*, new ser. vol. viii. Lancaster, 1906.

—— Review of Thomas' *Kinship Organisations and Group Marriage in Australia*; in *American Anthropologist*, new ser. vol. ix. Lancaster, 1907.

Swettenham (F. A.), 'Comparative Vocabulary of the Dialects of some of the Wild Tribes inhabiting the Malayan Peninsula,

Borneo, &c.'; in *Jour. Straits Branch Roy. Asiatic Soc.* no. v. Singapore, 1880.

Ta Tsing Leu Lee. Trans. by Sir G. Th. Staunton. London, 1810.
Tacitus (C. C.), *Libri qui supersunt.* Ed. by C. Halm. 2 vols. Lipsiae, 1850–57.
Taine (H.), *Les origines de la France contemporaine.* 6 vols. Paris, 1876–1894.
Taintor (E. C.), *The Aborigines of Northern Formosa.* A paper read before the North China Branch of the Royal Asiatic Society, 1874. Shanghai, 1874.
Talbot (P. A.), 'The Buduma of Lake Chad'; in *Jour. Roy. Anthr. Inst.* vol. xli. London, 1911.
—— *In the Shadow of the Bush.* London, 1912.
Taplin (George), *The Folklore, Manners, Customs, and Languages of the South Australian Aborigines.* Ed. by. Adelaide, 1879.
—— 'The Narrinyeri'; in Woods, *Native Tribes of South Australia.* Adelaide, 1879.
Taprobanian (The). Bombay.
Tasmanian Journal of Natural Science, &c. Hobart Town.
Tauern (O. D.), 'Ceram'; in *Zeitschr. f. Ethnol.* vol. xlv. Berlin, 1913.
Taunton (E.), *The Law of the Church.* London, 1906.
Taupin (M.-J.). See Delisle (F.).
Tautain (*Dr.*), 'Étude sur la dépopulation de l'archipel des Marquises'; in *L'Anthropologie*, vol. ix. Paris, 1898.
—— 'Étude sur le mariage chez les Polynésiens (Mao'i) des îles Marquises'; in *L'Anthropologie*, vol. vi. Paris, 1895.
—— 'Sur le tatouage aux îles Marquises'; in *L'Anthropologie*, vol. vii. Paris, 1896.
Tauxier (Louis), *Le Noir du Soudan.* Paris, 1912.
Tavernier (J. B.), *Les six voyages de J. B. Tavernier.* 2 vols. Paris, 1676.
Taylor (R.), *Te Ika a Maui; or, New Zealand and its Inhabitants.* London, 1870.
Tegengren (Jacob), 'Bröllopsbruk i Vörå'; in *Hembygden*, vols. viii.–ix. Helsingfors, 1917–18.
—— 'Magi och vidskepelse, hänförande sig till trolovning, bröllop o.s.v. (Från Österbotten)'; in *Hembygden*, vol. iii. Helsingfors, 1912.
Teit (J. A.), 'Indian Tribes of the Interior'; in *Canada and its Provinces, vol. XXI. The Pacific Province*, pt. i. Toronto, 1914.
—— 'The Lillooet Indians'; in *Publications of the Jesup North Pacific Expedition*, vol. ii. Leiden & New York, 1900–08.
—— 'The Shuswap'; in *Publications of the Jesup North Pacific Expedition*, vol. ii. Leiden & New York, 1900–08.
—— 'The Thompson Indians of British Columbia'; in *Publications*

of the *Jesup North Pacific Expedition*, vol. i. (*Memoirs of the American Museum of Natural History*, vol. ii. Anthropology, vol. i.) New York, 1900.

Tekelija (Sava), ' Autobiografija ' ; in *Letopis Matice Srpske*, vol. cxix. Novi-Sad, 1876.

Tellier (G.), ' Kreis Kita, Französischer Sudan ' ; in Steinmetz, *Rechtsverhältnisse von eingeborenen Völkern in Afrika und Ozeanien*. Berlin, 1903.

Temme (J. D. H.), *Die Volkssagen der Altmark*. Berlin, 1839.

Tench (Watkin), *A Narrative of the Expedition to Botany Bay*. Dublin, 1789.

Tennent (*Sir* James Emerson), *Ceylon*. 2 vols. London, 1860.

Tenth Census of the United States. Ed. by F. A. Walker. 22 vols. Washington, 1883–88.

Tertullian, *Opera omnia*. 3 vols. (Migne, *Patrologiæ cursus*, vols. i.–iii.) Parisiis, 1844.

Teschauer (C.), ' Die Caingang oder Coroados-Indianer im brasilianischen Staate Rio Grande do Sul ' ; in *Anthropos*, vol. ix. Wien, 1914.

Tessmann (Günter), *Die Pangwe. Völkerkundliche Monographie eines westafrikanischen Negerstammes*. 2 vols. Berlin, 1913.

Testaments of the Twelve Patriarchs (*The*). Trans. and ed. by R. H. Charles. London, 1908.

Tetzner (Franz), ' Die Drawehner im hannöverschen Wendlande um das Jahr 1700' ; in *Globus*, vol. lxxxi. Braunschweig, 1902.

—— *Die Slawen in Deutschland*. Braunschweig, 1902.

Theal (G. M. McCall), *History of the Boers in South Africa*. London, 1887.

—— *The Yellow and Dark-skinned People of Africa south of the Zambesi*. London, 1910.

Theodore, ' Poenitentiale Theodori ' ; in Haddan and Stubbs, *Councils and Ecclesiastical Documents relating to Great Britain and Ireland*, vol. iii. Oxford, 1871.

Thesleff (A.), ' Zigenarlif i Finland ' ; in *Nya Pressen*, 1897, no. 331 B. Helsingfors.

Thierry (Augustin), *Narratives of the Merovingian Era*. Trans. London, [1845].

I I 2

Thiers (J. B.), *Traité des superstitions qui regardent les sacremens*. 4 vols. Avignon, 1777.

Thomas (N. W.), *Anthropological Report on the Edo-speaking Peoples of Nigeria*. 2 vols. London, 1910.

—— *Anthropological Report on Ibo-speaking Peoples of Nigeria*. 6 vols. London, 1913–14.

—— *Anthropological Report on Sierra Leone. Part I. Law and Custom of the Timne and other Tribes*. London, 1916.

—— *Kinship Organisations and Group Marriage in Australia*. Cambridge, 1906.

Thomas (W. I.), *Sex and Society*. Chicago & London, 1907.
—— *Source Book for Social Origins*. Chicago & London, 1909.
Thomas Aquinas (*Saint*), *Summa theologica*. 4 vols. (Migne, *Patrologiæ cursus*, Ser. Secunda, vols. i.–iv.) Parisiis, 1845–46.
Thompson (T. W.), 'The Ceremonial Customs of the British Gipsies'; in *Folk-Lore*, vol. xxiv. London, 1913.
Thomson (A. S.), *The Story of New Zealand*. 2 vols. London, 1859.
Thomson (*Sir* Basil Home), *The Fijians. A Study of the Decay of Custom*. London, 1908.
—— *Savage Island*. London, 1902.
Thomson (J. P.), *British New Guinea*. London, 1892.
Thomson (J. T.), 'Remarks on the Sletar and Sabimba Tribes'; in *Jour. Indian Archipelago*, vol. i. Singapore, 1847.
Thomson (Joseph), 'Notes on the Basin of the River Rovuma, East Africa'; in *Proceed. Roy. Geo. Soc.* new ser. vol. iv. London, 1882.
—— *Through Masai Land*. London, 1887.
Thomson (T. R. H.), 'Observations on the reported Incompetency of the "Gins" or aboriginal Females of New Holland'; in *Jour. Ethn. Soc. London*, vol. iii. London, 1854.

Thorpe (Benjamin), *Northern Mythology*. 3 vols. London, 1851–52.
Thucydides, *Historia belli Peloponnesiaci*. Ed. by F. G. H. C. Haase. Parisiis, 1840.
Thulié (—), 'Instructions anthropologiques aux voyageurs. Sur les Bochimans'; in *Bull. Soc. d'Anthr. Paris*, ser. iii. vol. iv. Paris, 1881.

Thunberg (C. P.), 'An Account of the Cape of Good Hope.' Trans.; in Pinkerton, *Collection of Voyages and Travels*, vol. xvi. London, 1814.
—— *Travels in Europe, Africa, and Asia. Performed between the Years* 1770 *and* 1779. 4 vols. London, [1793–]1795.
Thurnwald (Richard), 'Bánaro Society. Social Organization and Kinship System of a Tribe in the Interior of New Guinea'; in *Memoirs of the American Anthropological Association*, vol. iii. Lancaster, 1916.
—— 'Ermittlungen über Eingeborenenrechte der Südsee. A. Buin auf Bougainville (Deutsche Salomo-Inseln)'; in *Zeitschr. f. vergl. Rechtswiss.* vol. xxiii. Stuttgart, 1910.
—— *Forschungen auf den Salomo-Inseln und dem Bismarck-Archipel*. Berlin, 1912 &c. *In progress*.
Thurston (Edgar) 'Anthropology of the Todas and Kotas of the Nilgiri Hills'; in the Madras Government Museum's *Bulletin*, vol. i. Madras, 1896.
Thurston (Edgar), 'The Badágas of the Nilgiris'; in the Madras Government Museum's *Bulletin*, vol. ii. Madras, 1897.
—— *Castes and Tribes of Southern India*. 7 vols. Madras, 1909.

—— *Ethnographic Notes in Southern India.* Madras, 1906.

Thwaites (R. G.), *Early Western Travels* 1748–1846. A series of annotated reprints of volumes of travel, ed. by. 32 vols. Cleveland, 1904–07.

Thyagaraja Aiyar (V. R.), *Census of India,* 1911. *Vol. XXI. Mysore,* pt. i. Report. Bangalore, 1912.

Tigerstedt (Robert), *Lehrbuch der Physiologie des Menschen.* 2 vols. Leipzig, 1911.

Tijdschrift van het (*Koninklijk*) *Nederlandsch Aardrijkskundig Genootschap.* Amsterdam, Leiden.

—— *voor indische taal-, land- en volkenkunde.* Batavia & 's Hage.

—— *voor Nederlandsch Indië.* Zalt-Bommel.

—— *voor Neêrlands Indie.* Batavia.

Tillier (L.), *L'instinct sexuel chez l'homme et chez les animaux.* Paris, 1889.

—— *Le mariage : sa genèse, son évolution.* Paris, 1898.

Times (*The*). London.

'Tobit, The Book of'; in *The Apocrypha and Pseudepigrapha of the Old Testament in English,* ed. by R. H. Charles, vol. i. Oxford, 1913.

—— See *Liber Tobiæ.*

Tocantins (A. M. G.), 'Estudos sobre a tribu "Mundurucu"'; in *Revista trimensal do Instituto Historico Geographico e Ethnographico do Brasil,* vol. xl. pt. ii. Rio de Janeiro, 1877.

Tocqueville (Alexis de), *Democracy in America.* Trans. 2 vols. London, 1889.

Tod (James), *Annals and Antiquities of Rajast'han.* 2 vols. Madras, 1873.

Todd (*Mrs.* M. L.), *Tripoli the Mysterious.* London, 1912.

Tonkes (H.), *Volkskunde von Bali.* Halle a. S., 1888.

Topelius (Zachris), *De modo matrimonia jungendi apud Fennos quondam vigente.* Helsingfors, 1847.

Topinard (Paul), *Anthropology.* Trans. London, 1878.

—— 'Note sur les métis d'Australiens et d'Européens'; in *Revue d'anthropologie,* vol. iv. Paris, 1875.

Torday (E.), *Camp and Tramp in African Wilds.* London, 1913.

—— and Joyce (T. A.), *Notes ethnographiques sur les peuples communément appelés Bakuba, ainsi que sur les peuplades apparentées. Les Bushongo.* Bruxelles, 1910.

—— and Joyce (T. A.), 'Notes on the Ethnography of the Ba-Huana'; in *Jour. Anthr. Inst.* vol. xxxvi. London, 1906.

—— and Joyce (T. A.), 'Notes on the Ethnography of the Ba-Mbala'; in *Jour. Anthr. Inst.* vol. xxxv. London, 1905.

—— and Joyce (T. A.), 'Notes on the Ethnography of the Ba-Yaka'; in *Jour. Anthr. Inst.* vol. xxxvi. London, 1906.

Torquemada (Juan de), *Veinte y un libros rituales y Monarchia*

Indiana. 3 vols. Madrid, 1723.

Tout (C. Hill), *The Far West the Home of the Salish and Déné*. (*The Native Races of the British Empire. British North America*, vol. i.) London, 1907.

Tout (C. Hill), 'Report on the Ethnology of the South-Eastern Tribes of Vancouver Island, British Columbia'; in *Jour. Roy. Anthr. Inst.* vol. xxxvii. London, 1907.

—— 'Report on the Ethnology of the Stlatlumh of British Columbia'; in *Jour. Anthr. Inst.* vol. xxxv. London, 1905.

Train (Joseph), *An Historical and Statistical Account of the Isle of Man*. 2 vols. Douglas, 1845.

Transactions (*and Proceedings and Report*) *of the Royal Society of South Australia*. Adelaide.

—— *and Proceedings of the New Zealand Institute*. Wellington.

—— *of the American Ethnological Society*. New York.

—— *of the Asiatic Society of Japan*. Yokohama.

—— *of the Canadian Institute*. Toronto.

—— *of the China Branch of the Royal Asiatic Society*. Hongkong.

—— *of the Ethnological Society of London*. New Series. London.

—— *of the International Folk-Lore Congress*, 1891. London, 1892.

—— *of the Ossianic Society*. Dublin.

—— *of the Royal Geographical Society of Australasia* (*Victoria Branch*). Melbourne.

—— *of the Royal Society of Edinburgh*.

—— *of the Royal Society of Victoria*. Melbourne.

Travels of an Arab Merchant in Soudan. See Muḥammad ibn 'Umar, Al-Tūnusī.

Treffers (F.), 'Het landschap Laiwoei in Z. O. Celebes en zijne bevolking'; in *Tijdschrift van het Koninklijk Nederlandsch Aardrijkskundig Genootschap*, ser. ii. vol. xxxi. Leiden, 1914.

Tregear (Edward), 'Easter Island'; in *Jour. Polynesian Soc.* vol. i. Wellington, 1892.

—— *The Maori Race*. Wanganui, N.Z., 1904.

Tremearne (A. J. N.), *Hausa Superstitions and Customs*. London, 1913.

—— 'Notes on the Kagoro and other Nigerian Head-Hunters'; in *Jour. Roy. Anthr. Inst.* vol. xlii. London, 1912.

Trenk (*Oberleutnant*), 'Die Buschleute der Namib, ihre Rechts- und Familienverhältnisse'; in *Mittheil. Deutsch. Schutzgeb.* vol. xxiii. Berlin, 1910.

Trevelyan (E. J.), *Hindu Family Law as administered in British India*. London, 1908.

Trevelyan (Marie), *Folk-Lore and Folk-Stories of Wales*. London, 1909.

Troels-Lund (T. F.), *Dagligt Liv i Norden i det 16 Aarhundrede*. 14 vols. København, 1903–04.

Trumbull (H. C.), *Studies in Oriental Social Life*. Philadelphia,

1894.
—— *The Threshold Covenant.* New York, 1896.
Trusen (J. P.), *Die Sitten, Gebräuche und Krankheiten der alten Hebräer.* Breslau, 1853.
Tschudi (J. J. von), *Reisen durch Südamerika.* 5 vols. Leipzig, 1866–69.
Tuchmann (J.), 'La fascination'; in *Mélusine*, vol. vii. Paris, 1894–95.
Tuckey (J. K.), *Narrative of an Expedition to explore the River Zaire.* London, 1818.
Tupper (C. L.), *Punjab Customary Law.* 3 vols. Calcutta, 1881.
Turnbull (John), *A Voyage round the World, in the Years* 1800–1804. London, 1813.
Turner (George), *Nineteen Years in Polynesia.* London, 1861.
—— *Samoa a Hundred Years ago and long before.* London, 1884.
Turner (L. M.), 'Ethnology of the Ungava District, Hudson Bay Territory'; in *Ann. Rep. Bur. Ethnol.* vol. xi. Washington, 1894.
Turner (Samuel), *An Account of an Embassy to the Court of the Teshoo Lama, in Tibet.* London, 1800.
Tutuila (—), 'The Line Islanders'; in *Jour. Polynesian Soc.* vol. i. Wellington, 1892.
Tyler (Josiah), *Forty Years among the Zulus.* Boston & Chicago, [1891].
Tylor (*Sir* E. B.), *Anthropology.* London, 1881.
—— 'On a Method of investigating the Development of Institutions; applied to Laws of Marriage and Descent'; in *Jour. Anthr. Inst.* vol. xviii. London, 1889.
—— *Primitive Culture.* 2 vols. London, 1903.
—— *Researches into the Early History of Mankind.* London, 1878.
—— Review of the first edition of the present work; in *The Academy* vol. xl. London, 1891.

Ujfalvy (K. E. von), *Aus dem westlichen Himalaja.* Leipzig, 1884.
—— 'Die Ptolemäer. Ein Beitrag zur historischen Anthropologie'; in *Archiv f. Anthropologie*, new ser. vol. ii. Braunschweig, 1904.
—— 'Voyage dans l'Himalaya occidental (le Koulou, le Cachemire et le petit Thibet)'; in *Bull. Soc. d'Anthr. Paris*, ser. iii. vol. v. Paris, 1882.
Ullberg (Emil), 'Bröllopsseder i Södra Sibbo'; in *Hembygden*, vols. viii.–ix. Helsingfors, 1917–18.
United States Geographical and Geological Survey of the Rocky Mountain Region:—Contributions to North American Ethnology. Washington.
United States Geological and Geographical Survey, Miscellaneous Publications. Washington.
University of California Publications in American Archæology and

Ethnology. Berkeley.
University of Pennsylvania. Anthropological Publications of the University Museum, Philadelphia.
Uplands-Lagen. Ed. by C. J. Schlyter. (*Corpus Juris Sueo-Gotorum Antiqui*, vol. iii.) Stockholm, 1834.
Usener (H.), 'Italische Mythen'; in *Rheinisches Museum für Philologie*, vol. xxx. Frankfurt a. M., 1875.
Utiešenović (O. M.), *Die Hauskommunionen der Südslaven*. Wien, 1859.

Valdau (G.), 'Om Ba-kwileh-folket'; in *Ymer*, vol. v. Stockholm, 1886.
Valerius Maximus, *Factorum dictorumque memorabilium libri novem*. Ed. by C. Kempf. Lipsiae, 1888.
Valikhanof (—) and Others, *The Russians in Central Asia*. Trans. by J. and R. Michell. London, 1865.
Vámbéry (H.), *Die primitive Cultur des turko-tatarischen Volkes*, Leipzig, 1879.
Vámbéry (H.), *Travels in Central Asia*. London, 1864.
—— *Das Türkenvolk*. Leipzig, 1885.
Vancouver (G.), *A Voyage of Discovery to the North Pacific Ocean, and round the World*. 3 vols. London, 1798.
Van-Lennep (H. J.), *Bible Lands*. London, 1875.
'Vâsishtha,' trans. by G. Bühler; in *The Sacred Books of the East*, vol. xiv. Oxford, 1882.

Västgötalagen, Äldre. Ed. by B. Sjöros. (*Skrifter utgivna av Svenska Litteratursällskapet i Finland*, vol. cxliv.) Helsingfors, 1919.
Velten (C.), *Sitten und Gebräuche der Suaheli*. Göttingen, 1903.
Vendîdâd (The). Trans. by J. Darmesteter. (*The Sacred Books of the East*, vol. iv.) Oxford, 1880.
—— The same work. Oxford, 1895.
'Venedotian Code (The)'; in *Ancient Laws and Institutes of Wales*. London, 1841.
Venette (N.), *La génération de l'homme, ou tableau de l'amour conjugal*. 2 vols. Amsterdam, 1778.
Vergette (E. Dudley), *Certain Marriage Customs of some of the Tribes in the Protectorate of Sierra Leone*. Sierra Leone, 1917.
Vergilius Maro (P.), *Opera*. Ed. by A. Forbiger. 3 vols. Lipsiae, 1872–75.
Verhandelingen van het Bataviaasch Genootschap van kunsten en wetenschappen. Batavia.
Verhandlungen der Berliner Gesellschaft für Anthropologie, Ethnologie und Urgeschichte. Berlin.
—— *des Vereins für naturwissenschaftliche Unterhaltung zu Hamburg*.
Verhoeven (P. W.), *Kurtze Beschreibung einer Reyse, so von den Holländern und Seeländern, in die Ost Indien . . . under der Admiralschafft P. W. Verhuffen &c. in Jahren* 1607. 1608. *und*

1609. *verrichtet worden.* Franckfurt am Mayn, 1612–13.
Veröffentlichungen aus dem königl. Museum für Völkerkunde. Berlin.
—— *aus dem städtischen Völker-Museum Frankfurt am Main.*
Veth (P. J.), *Java, geographisch, ethnologisch, historisch.* Ed. by J. F. Snelleman and J. F. Niermeyer. 4 vols. Haarlem, 1896–1907.
Vetter (Konrad), 'Bericht des Missionars Herrn Konrad Vetter in Simbang über papuanische Rechtsverhältnisse, wie solche namentlich bei den Jabim beobachtet wurden'; in *Nachrichten über Kaiser Wilhelms-Land und den Bismarck-Archipel,* 1897. Berlin.
Veuillot (Louis), *Le droit du seigneur au moyen âge.* Paris, 1854.
Viehe (G.), 'Die Ovaherero'; in Steinmetz, *Rechtsverhältnisse von eingeborenen Völkern in Afrika und Ozeanien.* Berlin, 1903.
Vienna Oriental Journal. Vienna, London, &c.
Viera y Clavijo (Joseph de), *Noticias de la historia general de las islas de Canaria.* 4 vols. Madrid, 1772–83.
Vigfusson (Gudbrand) and Powell (F. York), *Corpus Poeticum Boreale.* 2 vols. Oxford, 1883.
Vigne (G. T.), *Travels in Kashmir, Ladak, Iskardo, the Countries adjoining the Mountain-Course of the Indus, and the Himalaya, north of the Panjab.* 2 vols. London, 1842.
Vigström (Eva), 'Folkseder i Östra Göinge härad i Skåne'; in *Bidrag till vår odlings häfder* (ed. by A. Hazelius). 2. *Ur de nordiska folkens lif,* vol. i. Stockholm, 1882.
Villot (E.), *Mœurs, coutumes et institutions des indigènes de l'Algérie.* Alger, 1888.
Vincendon-Dumoulin (C. A.) and Desgraz (C.), *Iles Marquises ou Nouka-Hiva.* Paris, 1843.
Vincentius Bellovacensis, *Speculum naturale.* Venetijs, 1494.
Vinnius (A.), *In quatuor libros institutionum imperialium commentarius.* Lugduni, 1747.
Vinson (—), in the Discussion on M. de Ujfalvy's paper 'Voyage dans l'Himalaya occidental'; in *Bull. Soc. d'Anthr. Paris,* ser. iii. vol. v. Paris, 1882.
Virchow (Rudolf), 'Acclimatisation'; in *Verhandl. Berliner Gesellsch. Anthr.* 1885. Berlin.
—— 'Rassenbildung und Erblichkeit'; in *Festschrift für Adolf Bastian zu seinem 70. Geburtstage.* Berlin, 1896.
—— 'Ueber Erblichkeit. I. Die Theorie Darwin's'; in *Deutsche Jahrbücher für Politik und Literatur,* vol. vi. Berlin, 1863.
—— *Untersuchungen über die Entwickelung des Schädelgrundes im gesunden und krankhaften Zustande.* Berlin, 1857.
Virchows Archiv für pathologische Anatomie und Physiologie und für klinische Medizin. Berlin.
Virey (J. J.), *De la femme sous ses rapports physiologique, moral et littéraire.* Paris, 1823.
Vishnu, *The Institutes of.* See *Institutes of Vishnu (The).*

Vishvanáth Náráyan Mandlik, *The Vyavahára Mayúkha, in Original, with an English Translation.* With an introduction and appendices containing notes on Hindu Law. 2 vols. Bombay, 1880.
Visscher (J. C.), *Letters from Malabar.* Trans. from the original Dutch by H. Drury. Madras, 1862.
Vogel (E.), 'Reise nach Central-Afrika'; in Petermann's *Mittheilungen,* 1857. Gotha.
Vogel (Hans), *Eine Forschungsreise im Bismarck-Archipel.* Hamburg, 1911.
Vogt (Carl), *Lectures on Man.* Trans. ed. by J. Hunt. London, 1864.
Vogt (P. F.), 'Material zur Ethnographie und Sprache der Guayaki-Indianer'; in *Zeitschr. f. Ethnol.* vol. xxxiv. Berlin, 1902.
Vogt (Hermann), 'Die Bewohner von Lagos'; in *Globus,* vol. xli. Braunschweig, 1882.
Voice for South America (A). London.
Voisin (A.), 'Contribution à l'histoire des mariages entre consanguins'; in *Mémoirs Soc. d'Anthr. Paris,* vol. ii. Paris, 1865.
Volkens (Georg), *Der Kilimandscharo.* Berlin, 1897.
Volkov (Théodore), 'Rites et usages nuptiaux en Ukraïne'; in *L'Anthropologie,* vols. ii.–iii. Paris, 1891–92.
—— Review of an article by Mendiarov on the Cheremiss of the government of Oufa; in *L'Anthropologie,* vol. vi. Paris, 1895.

1432

Volz (Wilhelm), 'Zur Kenntniss der Kubus in Südsumatra'; in *Archiv f. Anthropologie,* new ser. vol. vii. Braunschweig, 1908.
Vossische Zeitung. Berlin.
Voth (H. R.), 'Oraibi Marriage Customs'; in *American Anthropologist,* new ser. vol. ii. New York, 1900.

Wachsmuth (Curt), *Das alte Griechenland im neuen.* Bonn, 1864.
Wachsmuth (Wilhelm), *Hellenische Alterthumskunde.* Halle, 1846.
Waddell (L. A.), *Among the Himalayas.* Westminster, 1899.
—— 'Celibacy (Tibetan)'; in Hastings, *Encyclopædia of Religion and Ethics,* vol. iii. Edinburgh, 1910.
—— *Lhasa and its Mysteries.* London, 1905.
Wadström (Aina), 'Frieri- och bröllopsbruk från Dagsmark i Lappfjärd'; in *Hembygden,* vol. ii. Helsingfors, 1911.
Wagner (Moritz), 'Die Kulturzüchtung des Menschen gegenüber der Naturzüchtung im Tierreich'; in *Kosmos,* vol. i. Stuttgart, 1886.
Wagner (Rudolph), *Handwörterbuch der Physiologie.* Ed. by. 4 vols. Braunschweig, 1842–53.
Waitz (Th.), *Anthropologie der Naturvölker.* 6 vols. (vol. v. pt. ii and vol. vi. by G. Gerland). Leipzig, 1859–72.
—— *Introduction to Anthropology.* Trans. ed. by J. F. Collingwood.

London, 1863.
Wake (C. S.), *The Development of Marriage and Kinship.* London, 1889.
Wakefield (E. S.), 'Marriage Customs of the Southern Gallas'; in *Folk-Lore,* vol. xviii. London, 1907.
Walckenaer (C. A.), *Histoire générale des voyages.* 21 vols. Paris, 1826–31
Waldron (George), *A Description of the Isle of Man.* (*Publications of the Manx Society,* vol. xi.) Douglas, 1865.
Walen (A.), 'The Sakalava'; in *Antananarivo Annual and Madagascar Magazine,* no. viii. Antananarivo, 1884.
Walker (Alex.), *Beauty.* London, 1846.
Wallace (A. R.), *Contributions to the Theory of Natural Selection.* London, 1871.
—— *Darwinism.* London, 1889.
—— *The Malay Archipelago.* 2 vols. London, 1869.
—— *Travels on the Amazon and Rio Negro.* London, 1853.
—— *Tropical Nature and other Essays.* London, 1878.
Wallace (D. Mackenzie), *Russia.* 2 vols. London, 1877.
Wallaschek (Richard), *Anfänge der Tonkunst.* Leipzig, 1903.
—— *Primitive Music.* London, 1893.
Wallin (G. A.), *Reseanteckningar från Orienten åren* 1843–1849. Ed. by S. G. Elmgren. 4 vols. Helsingfors, 1864–66.
Walter (Ferdinand), *Lehrbuch des Kirchenrechts aller christlichen Confessionen.* Ed. by H. Gerlach. Bonn, 1871.
Walter (P.), 'Die Inseln Nossi-Bé und Mayotte'; in Steinmetz, *Rechtsverhältnisse von eingeborenen Völkern in Afrika und Ozeanien.* Berlin, 1903.

Wandrer (C.), 'Die Khoi-Khoin oder Naman'; in Steinmetz, *Rechtsverhältnisse von eingeborenen Völkern in Afrika und Ozeanien.* Berlin, 1903.
Wappäus (J. E.), *Allgemeine Bevölkerungsstatistik.* 2 vols. Leipzig, 1859–61.
Ward (B. C.), 'Geographical and Statistical Memoir of a Survey of the Neelgherry Mountains in the Province of Coimbatore made in 1821'; in Grigg, *A Manual of the Nílagiri District in the Madras Presidency.* Madras, 1880.
Ward (F. Kingdon), *The Land of the Blue Poppy. Travels of a Naturalist in Eastern Tibet.* Cambridge, 1913.
Ward (Herbert), *A Voice from the Congo.* London, 1910.
Ward (Lester F.), *Dynamic Sociology or Applied Social Science.* 2 vols. New York, 1907.
Ward (W.), *A View of the History, Literature, and Religion of the Hindoos.* 4 vols. London, 1817–20.
Wargentin (P.), 'Uti hvilka månader flera Människor födas och dö i Sverige'; in *Kongliga Vetenskaps-academiens Handlingar,* vol. xxviii. Stockholm, 1767.
Warnkoenig (L. A.) and Stein (L.), *Französische Staats- und Rechts-*

geschichte. 3 vols. Basel, 1846–48.
Warren (Willar W.), 'History of the Ojibways, based upon Traditions and oral Statements'; in *Collections of the Minnesota Historical Society*, vol. v. Saint Paul (Minn.), 1885.
Wasserschleben (F. W. H.), *Die Bussordnungen der abendländischen Kirche.* Halle, 1851.
Watkins (O. D.), *Holy Matrimony.* London, 1895.
Watson (J. F.) and Kaye (J. W.), *The People of India.* 6 vols. London, 1868.
Watt (George), 'The Aboriginal Tribes of Manipur'; in *Jour. Anthr. Inst.* vol. xvi. London, 1887.
Weber (Albrecht), 'Collectanea über die Kastenverhältnisse in den Brâhmana und Sûtra'; in *Indische Studien*, vol. x. Leipzig, 1868.
—— *Indische Studien.* Ed. by. Berlin, Leipzig.
—— 'Vedische Hochzeitssprüche'; in *Indische Studien*, vol. v. Berlin, 1861.
Weber (E. von), *Vier Jahre in Afrika.* 2 vols. Leipzig, 1878.
Weddell (James), *A Voyage towards the South Pole.* London, 1825.
Weeks (John H.), *Among Congo Cannibals.* London, 1913.
—— *Among the Primitive Bakongo.* London, 1914.
—— 'Anthropological Notes on the Bangala of the Upper Congo River'; in *Jour. Roy. Anthr. Inst.* vols. xxxix.–xl. London, 1909–1910.
—— 'Notes on some Customs of the Lower Congo People'; in *Folk-Lore*, vol. xix. London, 1908.

1434

Weil (G.), *Biblische Legenden der Muselmänner.* Frankfurt a. M., 1845.
Weinhold (Karl), *Altnordisches Leben.* Berlin, 1856.
—— *Die deutschen Frauen in dem Mittelalter.* 2 vols. Wien, 1882.
Weiss (Max), *Die Völkerstämme im Norden Deutsch-Ostafrikas.* Berlin, 1910.
Welcker (H.), 'Die Füsse der Chinesinnen, Zweite Mittheilung'; in *Archiv f. Anthropologie*, vol. v. Braunschweig, 1871.
Wellhausen (J.), 'Die Ehe bei den Arabern'; in *Nachrichten von der Königl. Gesellschaft der Wissenschaften und der Georg-Augusts-Universität zu Göttingen*, 1893. Göttingen.
—— *Prolegomena to the History of Israel.* Trans. London, 1885.
—— *Reste des arabischen Heidentums.* Berlin, 1897.
Werner (*Miss* Alice), *The Natives of British Central Africa.* London, 1906.
Wesnitsch (M. R.), 'Die Blutrache bei den Südslaven'; in *Zeitschr. f. vergl. Rechtswiss.* vol. ix. Stuttgart, 1891.
Wessman (V. E. V.), 'Folktro i Ekenäs'; in *Hembygden*, vol. vii. Helsingfors, 1916.
Wessmann (R.), 'Reife-Unsitten bei den Bawenda in Nord-Transvaal'; in *Verhandl. Berliner Gesellsch. Anthr.* 1896. Berlin.

West (E. W.), 'The Meaning of Khvêtûk-das or Khvêtûdâd'; in *The Sacred Books of the East*, vol. xviii. Oxford, 1882.

West (John), *The History of Tasmania*. 2 vols. Tasmania, 1852.

West (Thomas), *Ten Years in South-Central Polynesia*. London, 1865.

Westermann (Diedrich), *The Shilluk People. Their Language and Folklore*. Philadelphia, [1912].

Westermarck (Edward), '*L-'âr*, or the Transference of Conditional Curses in Morocco'; in *Anthropological Essays presented to E. B. Tylor*. Oxford, 1907.

—— *The Belief in Spirits in Morocco*. (*Acta Academiæ Aboensis. Humaniora*, vol. i. no. 1.) Åbo, 1920.

—— *Ceremonies and Beliefs connected with Agriculture, certain Dates of the Solar Year, and the Weather in Morocco*. (*Öfversigt af Finska Vetenskaps-Societetens Förhandlingar. Bd. LIV.*, 1911–1912. *Afd. B. N:o* 1.) Helsingfors, 1913.

—— 'The Magic Origin of Moorish Designs'; in *Jour. Anthr. Inst.* vol. xxxiv. London, 1904.

—— *Marriage Ceremonies in Morocco*. London, 1914.

—— 'Midsummer Customs in Morocco'; in *Folk-Lore*, vol. xvi. London, 1905.

—— *The Moorish Conception of Holiness* (*Baraka*). (*Öfversigt af Finska Vetenskaps-Societetens Förhandlingar. Bd. LVIII.*, 1915–1916. *Afd. B. N:o* 1.) Helsingfors, 1916.

—— 'The Nature of the Arab *Ginn*, illustrated by the present Beliefs of the People of Morocco'; in *Jour. Anthr. Inst.* vol. xxix. London, 1900.

—— *The Origin and Development of the Moral Ideas*. 2 vols. London, 1912–17.

—— *The Origin of Human Marriage*. Helsingfors, 1889.

—— 'The Popular Ritual of the Great Feast in Morocco'; in *Folk-Lore*, vol. xxii. London, 1911.

—— 'Prefatory Note' to *The Tribe, and Intertribal Relations in Australia*, by G. C. Wheeler. London, 1910.

Westgarth (William), *Australia Felix; or, a Historical and Descriptive Account of the Settlement of Port Phillip, New South Wales*. Edinburgh, 1848.

Westropp (H. M.) and Wake (C. S.), *Ancient Symbol Worship*. New York, 1874.

Wetzstein (J. G.), 'Die syrische Dreschtafel'; in *Zeitschr. f. Ethnol.* vol. v. Berlin, 1873.

Weule (Karl), *Native Life in East Africa*. Trans. by Alice Werner. London, 1909.

—— *Wissenschaftliche Ergebnisse meiner ethnographischen Forschungsreise in den Südosten Deutsch-Ostafrikas*. (*Mittheil. Deutsch. Schutzgeb. Ergänzungsheft Nr.* 1.) Berlin, 1908.

Wheeler (G. C.), *The Tribe, and Intertribal Relations in Australia*. London, 1910.

Wheeler (J. Talboys), *The History of India.* 4 vols. London, 1867–74.

Whiffen (Thomas), *The North-West Amazons.* London, 1915.

White (J. Claude), *Sikhim and Bhutan. Twenty-one Years on the North East Frontier* 1887–1908. London, 1909.

White (Rachel Evelyn), 'Women in Ptolemaic Egypt'; in *The Journal of Hellenic Studies*, vol. xviii. London, 1898.

Whitehead (G.), 'Notes on the Chins of Burma'; in *The Indian Antiquary*, vol. xxxvi. Bombay, 1907.

'Why is Single Life becoming more General?'; in *The Nation*, vol. vi. New York, 1868.

Wied-Neuwied (Maximilian *Prinz zu*), *Reise nach Brasilien in den Jahren* 1815 *bis* 1817. 2 vols. Frankfurt a.M., 1820–21.

—— *Travels in Brasil.* Trans. London, 1820.

Wiedemann (Alfred), *Herodots zweites Buch mit sachlichen Erläuterungen.* Ed. by. Leipzig, 1890.

Wiese (Carl), 'Beiträge zur Geschichte der Zulu im Norden des Zambesi, namentlich der Angoni'; in *Zeitschr. f. Ethnol.* vol. xxxii. Berlin, 1900.

Wikman (K. R. V.), 'Frieri, förlofning och bröllop i Delsbo. Anteckningar samlade af Einar Spjut och sammanställda af'; in *Fataburen*, 1913. Stockholm.

—— 'Magiska bindebruk'; in *Hembygden*, vol. iii. Helsingfors, 1912.

Wilamowitz-Moellendorff (U. von) and Niese (B.), *Staat und Gesellschaft der Griechen und Römer.* (*Die Kultur der Gegenwart*, vol. ii. pt. iv. 1.) Berlin, 1910.

Wilda (W. E.), *Das Strafrecht der Germanen.* Halle, 1842.

Wilhelmi (Charles), 'Manners and Customs of the Australian Natives, in particular of the Port Lincoln District'; in *Transactions of the Royal Society of Victoria*, vol. v. Melbourne, 1860.

Wilken (G. A.), 'Bijdrage tot de kennis der Alfoeren van het eiland Boeroe'; in *Verhandelingen van het Bataviaasch Genootschap van kunsten en wetenschappen*, vol. xxxviii. Batavia, 1875.

—— *Huwelijken tusschen bloedverwanten.* (Reprinted from *De Gids*, 1890, no. 6.) Amsterdam.

—— *Das Matriarchat* (*das Mutterrecht*) *bei den alten Arabern.* German trans. Leipzig, 1884.

—— 'Over het huwelijks- en erfrecht bij de volken van Zuid-Sumatra'; in *Bijdragen tot de taal-, land- en volkenkunde van Nederlandsch-Indië*, vol. xl. 's Gravenhage, 1891.

—— 'Over de primitieve vormen van het huwelijk en den oorsprong van het gezin'; in *De Indische Gids*, 1880, vol. ii. and 1881, vol. ii. Amsterdam.

—— *Over de verwantschap en het huwelijks- en erfrecht bij de volken van het maleische ras.* (Reprinted from *De Indische Gids*,

1883, May.) Amsterdam.
—— 'Plechtigheden en gebruiken bij verlovingen en huwelijken bij de volken van den Indischen Archipel'; in *Bijdragen tot de taal-, land- en volkenkunde van Nederlandsch-Indië*, ser. v. vols. i. and iv. 's Gravenhage, 1886, 1889.
Wilkes (Charles), *Narrative of the United States Exploring Expedition during the Years* 1838–1842. 5 vols. Philadelphia & London, 1845.
Wilks (Mark), *Historical Sketches of the South of India, in an Attempt to trace the history of Mysoor.* 2 vols. Madras, 1869.
Willcox (W. F.), 'Divorce'; in *Encyclopædia Britannica*, vol. viii. London, 1910.
Willcox (W. F.), *The Divorce Problem. A Study in Statistics.* (*Studies in History, Economics and Public Law. Edited by the University Faculty of Political Science of Columbia College*, vol. i. no. 1.) New York, 1891.
—— 'A Study in Vital Statistics'; in *Political Science Quarterly*, vol. viii. New York, Boston, & Chicago, 1893.
Willer (T. J.), *Het eiland Boeroe.* Amsterdam, 1858.
Williams (John), *A Narrative of Missionary Enterprises in the South Sea Islands.* London, 1837.
Williams (Monier). See Monier-Williams (Monier).
Williams (S. Wells), *The Middle Kingdom.* 2 vols. New York, 1883.
Williams (Thomas) and Calvert (James), *Fiji and the Fijians; and Missionary Labours among the Cannibals.* London, 1870.
Williamson (R. W.), *The Mafulu Mountain People of British New Guinea.* London, 1912.
—— 'Some unrecorded Customs of the Mekeo People of British New Guinea'; in *Jour. Roy. Anthr. Inst.* vol. xliii. London, 1913.
—— *The Ways of the South Sea Savage.* London, 1914.
Willigerod (J. F. Ph.), *Geschichte Ehstlands.* Reval, 1830.
Willshire (W. H.), *The Aborigines of Central Australia.* Adelaide, 1891.
Wilson (Andrew), *The Abode of Snow.* Edinburgh & London, 1876.
Wilson (C. T.), *Peasant Life in the Holy Land.* London, 1906.
—— and Felkin (R. W.), *Uganda and the Egyptian Soudan.* 2 vols. London, 1882.
Wilson (J. Leighton), *Western Africa.* London, 1856.
Wilson (S. G.), *Persian Life and Customs.* Edinburgh & London, 1896.
Wilutzky (Paul), *Vorgeschichte des Rechts.* 3 vols. Breslau, 1903.
Winckler (Hugo), *Altorientalische Forschungen.* 3 vols. Leipzig, 1893–1906.
—— 'Polyandrie bei Semiten'; in *Verhandl. Berliner Gesellsch. Anthr.* 1898. Berlin.
Winroth (A.), *Offentlig rätt. Familjerätt: Äktenskapshindren.* Lund, 1890.

Winter (C. F.), ' Instellingen, gewoonten en gebruiken der Javanen te Soerakarta ' ; in *Tijdschrift voor Neêrlands Indie*, vol. v. pt. i. Batavia, 1843.

Winterbottom (Thomas), *An Account of the Native Africans in the Neighbourhood of Sierra Leone.* 2 vols. London, 1803.

Winternitz (M.), ' Das altindische Hochzeitsrituell nach dem Āpastambīya-Gṛihyasūtra und einigen anderen verwandten Werken ' ; in *Denkschriften der kaiserlichen Akademie der Wissenschaften. Philosophisch-historische Classe*, vol. xl. Wien, 1892.

—— ' Notes on the Mahābhārata, with special reference to Dahlmann's " Mahābhārata " ' ; in *Jour. Roy. Asiatic Soc.* 1897. London.

—— ' On a Comparative Study of Indo-European Customs, with special reference to the Marriage Customs ' ; in *Transactions of the International Folk-Lore Congress*, 1891. London, 1892.

Wissmann (H. von), *Unter deutscher Flagge quer durch Afrika.* Berlin, 1889.

—— Wolf (L.), François (C. von), and Mueller (H.), *Im Innern Afrikas.* Leipzig, 1891.

Withnell (J. G.), *The Customs and Traditions of the Aboriginal Natives of North Western Australia.* Roebourne, 1901.

Witkowski (G. J.), *La génération humaine.* Paris, 1881.

Wlislocki (H. von), *Vom wandernden Zigeunervolke.* Hamburg, 1890.

Woeste (F.), ' Aberglaube und Gebräuche in Südwestfalen ' ; in *Jahrbuch des Vereins für niederdeutsche Sprachforschung*, 1877. Bremen, 1878.

Woldt (A.), *Capitain Jacobsen's Reise an der Nordwestküste Amerikas 1881–1883.* Leipzig, 1884.

Wolf (*P.* Franz), ' Beitrag zur Ethnographie der Fō-Neger in Togo ' ; in *Anthropos*, vol. vii. Wien, 1912.

Wood (Andrew), in the Discussion on Dr. Mitchell's Paper on ' Marriages of Consanguinity, their Influence on Offspring ' ; in *Edinburgh Medical Journal*, vol. vii. pt. ii. Edinburgh, 1862.

Wood (J. G.), *The Illustrated Natural History.* 3 vols. London, 1861–63.

Wood-Martin (W. G.), *Traces of the Elder Faiths of Ireland.* 2 vols. London, 1902.

Woods (J. D.), *The Native Tribes of South Australia ;* with an Introductory Chapter by. Adelaide, 1879.

Woodthorpe (R. G.), ' Some Account of the Shans and Hill Tribes of the States on the Mekong ' ; in *Jour. Anthr. Inst.* vol. xxvi. London, 1897.

Worcester (Dean C.), ' The Non-Christian Tribes of Northern Luzon ' ; in *The Philippine Journal of Science*, vol. i. Manila, 1906.

—— *The Philippine Islands and their People.* New York, 1898.

Wrede (A. von), *Reise in Ḥadhramaut.* Ed. by H. von Maltzan. Braunschweig, 1870.
Wright (Carroll D.), *A Report on Marriage and Divorce in the United States,* 1867 *to* 1886. (*Report of the Commissioner of Labor,* 1889.) Washington, 1891.
Wright (Thomas), *Womankind in Western Europe, from the Earliest Times to the Seventeenth Century.* London, 1869.
Wundt (W.), *Elemente der Völkerpsychologie.* Leipzig, 1912.
—— *Elements of Folk Psychology.* Trans. by E. L. Schaub. London & New York, 1916.
—— *Ethik.* 3 vols. Stuttgart, 1912.
Wuttke (A.), *Der deutsche Volksaberglaube der Gegenwart.* Ed. by E. H. Meyer. Berlin, 1900.

Xenophon, *Scripta quæ supersunt.* Parisiis, 1838.

'Yasts (The),' trans. by J. Darmesteter; in *The Sacred Books of the East,* vol. xxiii. Oxford, 1883.
Yate (William), *An Account of New Zealand.* London, 1835.
Yavorski (—), Reviewed in *L'Anthropologie,* vol. viii. Paris, 1897.
Ymer. Tidskrift utgifven af Svenska Sällskapet för Antropologi och Geografi. Stockholm.
Young (Arthur), 'A Tour in Ireland'; in Pinkerton, *Collection of Voyages and Travels,* vol. iii. London, 1809.
Young (Ernest), *The Kingdom of the Yellow Robe.* Westminster, 1900.
Yule (G. Udny), 'On the Changes of the Marriage- and Birth-Rates 1439
in England and Wales during the Past Half Century'; in *Jour. Roy. Statistical Soc.* vol. lxix. London, 1906.
Yule (*Sir* Henry), *Cathay and the Way thither, being a Collection of Medieval Notices of China,* trans. and ed. by. New edition revised by Henri Cordier. 4 vols. London, 1913–16.
—— 'Notes on the Kasia Hills, and People'; in *Jour. Asiatic Soc. Bengal,* vol. xiii. pt. ii. Calcutta, 1844.

Zaborowski (—), 'La circoncision, ses origines et sa répartition en Afrique et à Madagascar'; in *L'Anthropologie,* vol. vii. Paris, 1896.
Zachariae (Th.), 'Zum altindischen Hochzeitsritual'; in *Vienna Oriental Journal,* vol. xvii. Wien, 1903.
Zache (Hans), 'Sitten und Gebräuche der Suaheli'; in *Zeitschr. f. Ethnol.* vol. xxxi. Berlin, 1899.
'Zahnverstümmelung der Hereros'; in *Verhandl. Berliner Gesellsch. Anthr.* 1908. Berlin.
Zeen-ud-deen (*Sheikh*), *Tohfut-ul-mujahideen.* Trans. by M. J. Rowlandson. London, 1833.
Zeitschrift der Deutschen Morgenländischen Gesellschaft. Leipzig.
—— *der Gesellschaft für Erdkunde zu Berlin.*

—— *der Savigny-Stiftung für Rechtsgeschichte*. Weimar.
—— *des Deutschen Palaestina-Vereins*. Leipzig.
—— *des Vereins für Volkskunde*. Berlin.
—— *für Ägyptische Sprache und Altertumskunde*. Leipzig.
—— *für die alttestamentliche Wissenschaft*. Giessen.
—— *für Ethnologie*. Berlin.
—— *für induktive Abstammungs- und Vererbungslehre*. Berlin.
—— *für oesterreichische Volkskunde. Ergänzungshefte*. Stuttgart.
—— *für Socialwissenschaft*. Ed. by J. Wolf. Berlin.
—— *für vergleichende Rechtswissenschaft*. Ed. by F. Bernhöft, G. Cohn, and J. Kohler. Stuttgart.
—— *für Völkerpsychologie und Sprachwissenschaft*. Leipzig.
Zeumer (Karl), 'Geschichte der westgothischen Gesetzgebung'; in *Neues Archiv der Gesellschaft für ältere deutsche Geschichtskunde*, vol. xxiv. Hannover & Leipzig, 1899.
Zhishman (Jos.), *Das Eherecht der Orientalischen Kirche*. Wien, 1863.
Zimmer (Heinrich), *Altindisches Leben*. Berlin, 1879.
—— 'Das Mutterrecht der Pikten und seine Bedeutung für die arische Alterthumswissenschaft'; in *Zeitschr. der Savigny-Stiftung für Rechtsgeschichte*, vol. xv. Weimar, 1894.
Zimmermann (W. F. A.), *Die Inseln des indischen und stillen Meeres*. 3 vols. Berlin, 1863–65.
Żmigrodzki (M. von), *Die Mutter bei den Völkern des arischen Stammes*. München, 1886.
Zöller (Hugo), *Forschungsreisen in der deutschen Colonie Kamerun*. 3 vols. Berlin & Stuttgart, 1885.
—— *Das Togoland und die Sklavenküste*. Berlin & Stuttgart, 1885.
Zollinger (H.), 'The Lampong Districts and their Present Condition'; in *Jour. Indian Archipelago*, vol. v. Singapore, 1851.
Zündel (G.), 'Land und Volk der Eweer auf der Sclavenküste in Westafrika'; in *Zeitschr. der Gesellschaft für Erdkunde zu Berlin*, vol. xii. Berlin, 1877.

索　　引

索引中的数字均录自英文版原书。“:”前的数字表示卷数，“:”后的表示页数。检索时请查本书边页。

A

B

C

D

E

F

G

H

I

J

K

M

N

O

P

Q

R

S

T

U

W

Y

Z

图书在版编目(CIP)数据

人类婚姻史:全3卷/(芬)E. A. 韦斯特马克著;李彬等译. —北京:商务印书馆,2017
(汉译世界学术名著丛书:120年纪念版:珍藏本)
ISBN 978-7-100-14298-4

Ⅰ. ①人… Ⅱ. ①E… ②李… Ⅲ. ①婚姻制度—历史—研究—世界 Ⅳ. ①K891.22

中国版本图书馆CIP数据核字(2017)第139304号

汉译世界学术名著丛书
(120年纪念版·珍藏本)
人类婚姻史
(全三卷)
〔芬兰〕E. A. 韦斯特马克 著
第一卷 李 彬 李毅夫 欧阳觉亚
刘 宇 李坚尚 译
李毅夫 校
第二卷 李 彬 译
李毅夫 校
第三卷 李 彬 译
李毅夫 校

商 务 印 书 馆 出 版
(北京王府井大街36号 邮政编码100710)
商 务 印 书 馆 发 行
北京新华印刷有限公司印刷
ISBN 978-7-100-14298-4

2017年12月第1版 开本710×1000 1/16
2017年12月北京第1次印刷 印张96¾
定价:485.00元

珍藏本
纪念版

汉译世界学术名著丛书

人类婚姻史

第二卷

〔芬兰〕E.A.韦斯特马克 著

李彬 译

李毅夫 校

2017年·北京

目　　录

的情况—— 在欧洲实行的情况—— 基督教会的节欲规定—— 这一禁忌的起源—— 人们为什么认为新娘新郎处境危险，为什么认为新娘还会危及他人—— 此类仪式在初婚与再婚中的不同之处—— 我们往往很难甚或不可能在驱邪辟邪仪式和祈求实利的仪式之间，划出明确的界限—— 对婚礼时日的选择—— 吉利和不吉利的季节或月份—— 结婚时日的选择有时受月相的影响—— 人们在星期几结婚，星期几不结婚—— 人们认为有的日期吉利，有的不吉利—— 由祭司主持的宗教或半宗教性质的婚姻礼仪—— 民事婚姻—— 为婚床祝福—— 教区牧师有权同新娘接吻—— 有些婚姻仪式象征新婚夫妇一方进入另一方家庭或所属群体而结成了新的关系—— 或象征男女两家其他人之间结成了新的关系—— 或象征新娘与新郎一家及其社区的精神崇拜物结成了新的关系—— 或象征新娘与其新家中的家畜结成了新的关系—— 还有些则是体现新娘新郎在社会组合上的变化：他们业已进入已婚者群体——据认为，有些婚姻礼仪却是为了给予新娘新郎并无关系的其他人带来幸福—— 参加别人婚礼所期待得到的好处—— 人们常常把一对新人的婚礼看作能使其他人喜结良缘的潜在原因—— 在婚礼上跳舞—— 有人显然期待碰一下新娘新郎或他们身上的衣服，会给自己带来好运—— 亲吻新娘—— 参加婚礼的人也采取某些驱邪辟邪的措施—— 有些婚姻礼仪可被看作历史的遗留

第十七章　人类的性选择[1]

所谓人类的性选择，指的是男人或女人在两性关系上所做的选择。从“求偶”和“吸引异性的原始方法”这两章中，我们已了解到人们为使自己对于异性更有魅力而采取的种种方式。现在，我们将撇开求偶的问题，转而讨论影响人们择偶的某些因素，诸如女性对男性力量与勇气的钦佩、美的刺激作用、感情以及现实的考虑。

达尔文曾经指出，在低等脊椎动物中，雌性往往显得特别偏爱那些“最有活力、最有勇气、最有精神的雄性”。这种偏爱的由来，用自然选择理论是很容易说明的。人类女性对于阳刚之气和勇猛精神，也有一种本能的钦佩感。斯库克拉夫特曾传抄过一首北美印第安民歌，在这首民歌中，一位少女对于她心目中的情人有如下描述：

我的情郎啊——
他身材魁梧，
　有如高山挺立的青松；
他步履矫健，
　有如昂首阔步的公鹿；
他黑发飘拂，

有如凌空飞掠的山鸟；
他目光锐敏，
有如盘旋觅食的雄鹰；
他勇猛无畏，
心怀博大而宽广；
他双臂有力，
在搏击中显得更加强健！①

2 在马达加斯加，有这样一个传说：从前有一位美貌的公主，很多王子都想占有她，并为此而刀戈相见。但是，公主却将这些王子统统拒之于门外，偏偏看上一位年轻、英俊、勇敢、强健的青年，将他选做自己的情侣。在马达加斯加岛上，居住着萨卡拉瓦人。据说，在他们那里，一个年轻人要想娶亲，就必须经过一番测试，以证明其是否合格。测试的具体做法如下："首先，年轻人被带到一个精明的长矛投手面前，与之相隔一定的距离。随后，投手便将一根根长矛向他掷去。按要求，年轻人必须接住投来的每一根长矛，而且正好夹在手臂与肋侧之间。如果他面露惧色或稍有闪失，则会被人看不上眼。如果他面无惧色，又能夹住掷来的每一根长矛，就会立即被选为'意中人'。"②在托雷斯海峡西部诸岛上，"过去曾有一种习俗，即每逢偷袭活动得手之后，人们都要举行庆功舞会。对于已经达到婚龄的姑娘来说，这种舞会极富刺激。如果哪个小伙子能带回亲手砍下的人头，刺激就更大了。"哈登博士获悉，猎头习

① Schoolcraft, *Archives of Aboriginal Knowledge*, v. 612.

② Sibree, *The Great African Island*, p. 251.

俗之所以在过去盛行一时，一个重要的原因即在于此。对于相邻的新几内亚内陆上仍旧实行的猎头习俗，人们也做了同样的解释。① 无独有偶，戈麦斯先生也常听达雅克人讲，“一些年轻人之所以急于猎取人头，带回家中，就是因为女人对于那些能够猎取敌人首级的勇敢男性特别偏爱。”②据说，在台湾的蒲嫩人中，“一个人如果不去猎取人头，就只能挑选不太漂亮的女子为妻，而那些蛮族美女总是要找一个能够证明自己勇猛无畏的年轻人为夫。”③在 3
安加米那加人中，女性挑选丈夫时看的是“肌腱”和功绩。现在，那里的“年轻人对英国人甚为怨恨，因为英国人禁止他们再搞偷袭活动，这就断了他们建功立业的途径，也害得他们讨不上老婆。”④

我们在本书前面曾谈到这样一些事例：一个女人在同时面对几个男人的竞相追求时，总是挑选其中最勇敢、最能干的男人做自己的丈夫。在东澳大利亚腹地达令河畔的土著人中，对女人的争夺是打仗的主要意图所在。米切尔少校在谈到这些土著人时曾写道：“在这种情况下，土著妇女颇能自持，她们总是表现出女人的一个

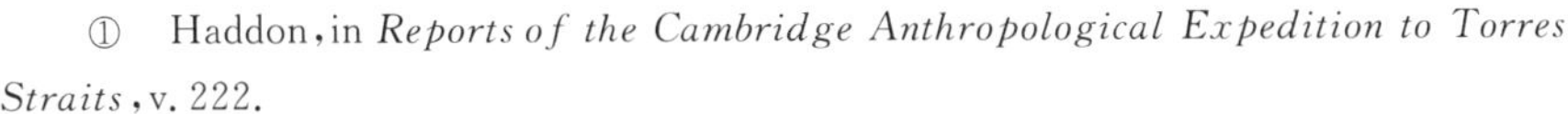
普遍特点——偏爱勇者，在每打完一仗之后，如果发现丈夫败逃，

她们并不一定要去追寻，而往往投奔那些打了胜仗的人。”⑤女人欣赏男性所展示的力量，即使这力作用于她们自己。据说，在斯拉夫社会的下层人中，妻子如果不挨上丈夫的一顿打，心里就不好

① Haddon, in *Reports of the Cambridge Anthropological Expedition to Torres Straits*, v. 222.

② Gomes, *Seventeen Years among the Sea Dyaks of Borneo*, p. 73.

③ Davidson, *Island of Formosa*, p. 569.

④ Prain, “Angami Nagas”, in *Revue coloniale internationale*, v. 492.

⑤ Mitchell, *Expeditions into the Interior of Eastern Australia*, i. 307.

受。在匈牙利的某些地方，农妇只有挨上丈夫的一记耳光之后，才会认为丈夫是爱自己的。在意大利的卡莫拉帮会中，女人如果不挨丈夫的打，就会把丈夫看成傻瓜。哈夫洛克·埃利斯博士认为，大多数妇女在看了鲁本斯的油画“劫走萨宾女人”之后，都会重复一位妇女所说过的话：“我觉得那些萨宾女人乐于被人那样劫持。”[①]

我们可以从几个方面想到，女性对于男子力量与勇气的本能性钦佩，乃是出于一种自然选择。一个强健、勇敢的男人往往也会有强健、勇敢的孩子。不仅如此，同一个身体虚弱、性格怯懦的男
4 人相比，一个强健、勇敢的男人更能保护好自己的后代。同时，正如埃利斯博士所提示的那样，女性对男子力量的欣赏可能同这样一个事实有关，即男子在性爱上比女性更为强烈，而肌力的展示则是“体能在视觉上的表现”[②]。

男子的力量是与男性美密切联系在一起的。有人曾说，人类的美首先是对男子具有诱惑力的女性特征，而对于男性的美，一般女性并不在意。但是，这种对美的理解似乎太狭隘了。我们可以把人体美界定为那些倾向于唤起审美感受的体质特征。但是同时，这些特征，或至少是其中的某些特征，也具有一种刺激异性性本能的倾向。在这一点上，男女都是一样的。如果要求一位少女在阿多尼斯[③]和赫拉克勒斯[④]之间择其一，而她又选择了后者，那

---

① Ellis, *Studies in the Psychology of Sex*, (vol. iii) Analysis of the Sexual Impulse, p. 75.

② *Ibid.* (vol. iv) Sexual Selection in Man, p. 191 *sq.*

③ 希腊神话中的美少年。——译者

④ 希腊神话中的大力士，一译“海格立斯”。——译者

么这是不足为奇的。这不仅是因为对少女来说，力比美更具有魅力，而且还因为，同阿多尼斯的种族之美相比，少女更喜欢赫拉克勒斯的阳刚之美。还有人说，在原始部落中，人体美并不会引起性刺激。但是，据一些有权威的观察家所提出的报告来看，情况恰恰相反。M. 朱诺就曾说过，在南非的聪加人中，男人们更喜欢追求漂亮的姑娘，而不是追求丑姑娘。温伍德·里德也说过，西非的男人常常在一起谈论当地女性的美。“在班巴拉，女人展现出的姿色
常使男人大为倾倒。”[①]在新赫布里底群岛，“年轻人对美女甚有兴 5
趣，以致有的姑娘竟为全村的年轻人所追求。”[②]在塔希提，库克曾遇到过好几个这样的女人，她们对美的偏爱胜过对实际利益的追求。在昆士兰北部，土著妇女喜欢男性的英俊面孔。“她们特别留意男人的眼睛。她们喜欢看到一种坦诚、开朗的表情，或者更准确地说，一种含有几分野气的表情。”[③]因此，我们有理由相信，没有哪个民族的人能对异性所展示的人体美无动于衷。但是，尽管如此，对于什么是美，各民族却有迥然不同的看法。休谟说过：“美在实体本身方面并没有一定的特征。它仅仅存在于审视事物的心灵之中，而每一个心灵所感受到的美都是不同的。”[④]然而，对于什么是美，除了个人爱好的差异之外，也还是有一些为很多民族所公认的体质特点。现在，就让我们来看看这些特点是什么，然后再来分析一下美对于性本能所产生的刺激作用。

① Henry, *L'âme d'un peuple africain*, p. 199.

② Speiser, *Two Years with the Natives in the Western Pacific*, p. 235.

③ Lumholtz, *Among Cannibals*, p. 213.

④ Hume, *Philosophical Works*, iii. 268.

首先，全人类有一种共同的审美理想，这一点是没有疑问的。人体某些外在特征的健全发展对于人类机体是十分必要的，而这些特点也被普遍视为人体美不可或缺的内容。与此相反，身体的畸形、形体的不匀称以及明显的疾病或衰老迹象，则有损于人的外貌。人们还把人体美划分为男性美和女性美。尽管世界各民族对男性美和女性美的构成有不同的看法，但也仍有一些基本的相似之处。一个堪称很美的人，必须是男性或女性的标致样板。

男性机体以肌肉系统的发达而著称，女性机体则以脂肪成分
6 的发达而著称。人们认为，发达的肌肉可以使男性更为健美，而丰满的形体则可以使女性更富姿色。甚至还有不少人欣赏女性的肥胖。据洪堡所述，圭亚那的土著居民在谈到一个女人的美貌时，常常说："她长得很胖，前额也很窄。"一位去过吉尔吉斯的旅行家发现，当地对于女性美的评价是以脂肪的多少而定的。"人们在描述自己爱妻的姿色时，总要大谈特谈其丰满的体态。"[①]在汤加人看来，"一个完美的女人一定要长得很胖，这是一个美女断不可少的。"[②]据利文斯敦所述，马科洛洛妇女为了使自己肥胖、漂亮，常喝一种叫做"波亚罗阿"（boyáloa）的特制饮料。在西撒哈拉的特雷萨人中，妇女总是食用大量牛奶和黄油，以使自己更加楚楚动人。在尼日利亚的伊博人中，"男人娶亲之后，所做的头一件事就是把妻子关在一个小屋里，使其不得活动，直至养到最美时为止。按照伊博人的审美情趣，这就是说，要使新娘胖得不能动弹，方才

① Spencer, *Descriptive Sociology*, Asiatic Races, p. 29.

② Thomson, *Savage Island*, p. 203.

罢休。”[①]在加那利群岛的关切人中，新娘在出嫁前，须卧床30天，同时喂以大量用于增肥的食物。这是因为，在当地，谁也不想娶一个瘦女人为妻。

不过，女性最显著的第二特征还在于丰满的臀部和乳房，因而这些部位也就被看作女性美的主要特色。楚克奇部落的男人在夸赞自己钟爱的情人时，“首先要提到她的力气和身材，然后是讲她的肥胖，再接下来就要说到宽大的骨盆，直至讲完这一切之后，才提及她那秀美的长发、浓重的眉毛和红润的脸庞”[②]。在汤加人看来，一个美女必须要有异常丰满的臀部、大腿和胸部。比属刚果的 7
瓦雷加人“喜欢看到……女性丰满的乳房在行走时左右摇摆的样子；他们还很欣赏女性发达而隆起的臀部”[③]。同样，卡菲尔人和霍屯督人也很着迷于当地女性长垂的乳房。在有些部落中，女性的乳房显得异常硕大，因此，当这些女人背着孩子时，喂奶的方式通常都是把乳房甩过肩头。在加蓬的姆蓬圭人中，即使是一些很年轻的女子，“也极力效法年长的妇女，以期有一对长垂的乳房。”[④]在英属中非约翰斯顿堡附近的土著居民中，人们对高耸的乳房十分赞慕，为了有这样一对乳房，“姑娘们便从身后用线绳紧紧地系在胸前乳腺的上缘，以使乳房突出。”[⑤]在巴布亚的民间传说中，美女的显著标志便是一对挺立的乳房。在欧洲，正如埃利斯

① Allen and Thomson, *Narrative of the Expedition to the River Niger, in 1841*, i. 238.

② Bogoras, *Chukchee*, p. 36 *sq*.

③ Delhaise, *Les Warega*, p. 169 *sq*.

④ Reade, *Savage Africa*, p. 74.

⑤ Stannus, "Notes on some Tribes of British Central Africa," in *Jour. Roy. Anthr. Inst.* xl. 317.

博士所说："人们对（乳房）这一部位极为看重。因此，虽有禁止暴露身体的通例，但乳房部位却享有例外。从狭义上讲，对于一位身着盛装的欧洲妇人来说，乳房是唯一可以或多或少暴露在外的部位。"[①]此外，紧身衣也为女性提供了一种展示胸部和臀部的方式。同时，紧身衣还使女性的腰身更显纤细。领口较低的衣服则充分显示出脖颈的长度。而细腰和长颈同样也是女性的特点。不过，汤加人却认为，完美的女性"一定不能有腰"，假如这方面有缺陷，
8 则须用衣物加以掩饰。在欧洲，女性身高较男性平均大约低 5 英寸，[②]肩膀也没有男性宽。如果一个女人人长得又高又壮，就会显得很笨拙。而高个子、宽肩膀则是男性美的理想体型。

此外，美还有民族标准，这就因族而异了。在白种人看来，扁平、凹陷的额头似有损于容貌的美观，而"奇努克人的理想容貌则是从鼻尖到头顶呈一条直线。"[③]如果一个欧洲姑娘长了一个又小又扁的鼻子，就会在生活中平添很多苦恼，而澳大利亚的土著居民则"对欧洲人的尖鼻子大加嘲笑，称之为'斧鼻'。他们喜欢的是自己那种又宽又扁的鼻子。"[④]塔希提人常对传教士约翰·威廉斯

---

① Ellis, *op. cit.* (vol. iv.) Sexual Selection in Man, p. 170.

② Ellis, Man and Woman, p. 46 sq. 世界各地的民族并非都是如此。库克在谈到乔治王海峡的土著居民时，曾说："女人在身材、肤色和体型上几乎和男人差不多，因此不易辨别男女。"（*Voyage to the Pacific Ocean*, ii. 303）据埃利斯说，在塔希提人中，男女之间在身材上的差异不像欧洲人那样大（*Polynesian Researches*, i. 81）。狄奥多·西库卢说，高卢妇女同男子一般高（*Bibliotheca historica*, v. 32. 2），弗里奇在谈到南非的布须曼妇女时，亦如是说（*Die Eingeborenen Süd-Afrika's*, p. 398）。据鲍尔斯所述，在加利福尼亚的沙斯蒂卡人中，女性比男子"更高更壮，处处也更受尊敬"（*Tribes of California*, p. 244）。

③ Bancroft, *Native Race of the Pacific States of North America*, i. 227.

④ Palmer, "Notes on some Australian Tribes", in *Jour. Anthr. Inst.* xiii. 280 note.

说:“英国那些当母亲的把孩子们的鼻子拉得太长了,简直吓人,真是太糟糕了。”[1]我们欧洲人欣赏雪白的牙齿和红润的脸颊,而交趾支那国王的一位侍从在谈起英国大使夫人时,则显得很轻蔑,说她的牙齿白得像狗牙,而皮肤红得像马铃薯花。据帕拉斯所述,在中国北方,人们欣赏具有满族脸型的妇女。所谓满族脸型,指的是 9
大宽脸、高颧骨、阔鼻子和大耳朵。在欧洲,各民族的审美标准也不相同。邦贝曾说:“对于一个朴实的佛拉芒人来说,他虽然从未研究过美术,但却认为鲁本斯画笔下的女性,其体态是世界上最美的。当然,我们最赞赏的还是苗条的身材。即使是拉斐尔所画的人物,也显臃肿了一些。但是,我们不要因而嘲笑佛拉芒人。如果我们仔细想想,就会发现,世界上每个人,每个民族,对于什么是美,都有各自的看法。”[2]

亚历山大·冯·洪堡很早以前就发现:“各民族对于美的看法总是同本民族在体质形态和自然容貌上的特点联系在一起的。因此,就会出现这样的事:如果大自然赋予某个民族稀疏的胡须、较窄的前额或棕红色的皮肤,那么,这个民族中的每个人就都会认为自己长得端正、匀称,因为他们的身体无毛,头部很平,皮肤呈铜色。”[3]这一观点已为某些后人所接受,但是也有人提出,最好再加入一些新的论据,以便对达尔文当年所收集的材料做些补充。

戴维博士说过,僧伽罗人对于女性的妩媚,可称得上是大鉴赏

① Williams, *Narrative of Missionary Enterprises*, p. 539.

② Bombet, *Lives of Haydn and Mozart*, p. 278.

③ V. Humboldt, *Personal Narrative of Travels to the Equinoctial Regions of the New Continent*, iii. 236 *sq.*

10 家。他们就此写过不少书，还定有一些审美的标准。他们认为，一个完美的女性必须具有以下特征："头发要像孔雀的尾羽一样浓密秀美，延长至膝，发梢还要微微舒卷；鼻子要呈鹰嘴形；双唇红润，宛如铁树嫩叶上的珊瑚色。脖颈要长而匀称，前胸要丰满，乳房要同长熟的椰子一般坚实、圆润，腰身要纤细得足以用双手合拢。臀部要丰满，四肢要由上而下逐渐变细，脚底要平展，不带足弓，而皮肤则要柔嫩、纤细、平滑、丰满，不得显露出骨节和筋腱"。戴维博士接着写道："以上这些，也正是僧伽罗人最常见的体貌特征。"①

印欧各民族的妇女，有一个显著的特点，就是头发很长。若弗鲁尔·圣伊莱尔发现："在我们这里，头发的秀长可以增加女性的魅力，而在其他一些地区，如果人们对她们注意观察，就会视之为轻度的先天畸形。"②卡斯特伦指出："萨莫耶德美女的标志是一张小圆脸、深红色的脸颊和嘴唇，以及浅色的前额和黑色的长发。因此，萨莫耶德人在民歌中便歌颂了一位小眼睛、宽脸庞和深红色皮肤的少女。"③而据我们所知，这些也正是萨莫耶德人的典型体征。至于鞑靼妇女，她们的鼻子一般都很小，对此我们欧洲人可能会看不惯，但是德·吕布吕基神父却指出："在当地人看来，鼻子越小，就越显得俊秀。"④在斐济，当地人的一个特征就是后枕骨很宽，而

① Davy, *Account of Interior of Ceyland*, p. 110 *sq.*

② Geoffroy Saint-Hilaire, *Histoire des anomalies*, i. 268.

③ Castrén, *Nordiska resor och forskningar*, i. 229.

④ de Rubruquis, "Travel into Tartary and China," in Pinkerton, *Collection of Voyages and Travel*, vii. 33.

这也被当地视为美的标志。柯尔先生听到一个澳大利亚土著居民“在赞美一位年轻女子时，曾说她的皮肤像剥去一层树皮后的黄杨木一样平展而富有光泽”[①]。柯尔先生还指出，澳大利亚黑人的皮 11
肤“富有一种天鹅绒般的质感”[②]。

莱恩发现，在他所接触的现代埃及人中，很少有胖人。埃及人和非洲的其他民族不同，他们并不欣赏很胖的女人。“埃及的情歌通常都是赞颂情人的苗条身材和纤细的腰身。”[③]洪堡指出：“黑人常常偏爱肥厚而突出的嘴唇；卡尔梅克人喜爱翘鼻子；而古希腊人则喜爱大额头，在他们的英雄的雕像中，往往将面部的额倾角从自然状态中的85°提高到100°[④]。阿兹特克人从不破坏孩子原有的头型，他们的象形文字材料也表明，他们主要供奉的一些神像，其头型要比我所看到的任何一个加勒比人都显得扁平。”[⑤]

很多民族都有对身体某些部位进行整形的习尚。这充分说明人们对人体美的各种看法。北美印第安人常常人为地将额头压平，以使额头的扁平特征更为突出。澳大利亚的某些部落也有这种习尚，“当地土著人还将自己的这一显著外貌特征视为一种美”。[⑥] 格兰德发现，在萨摩亚、塔希提以及太平洋其他一些岛屿

① Curr, *Recollections of Squatting in Victoria*, p. 267 *sq.*

② *Ibid*, p. 290.

③ Lane, *Manners and Customs of Egyptians*, i. 38, 259 n. *.

④ 在体质人类学中，一般将额头分为三种：即斜额、直额和凸额。额倾角接近90°者为“直额”；额倾角小于85°者为“斜额”（即前额向后倾斜，如澳大利亚土著的额倾角平均为60.5°）；额倾角大于90°者为“凸额”（如中国老寿星塑像，其额头向前突出，额倾角即达100°）。——译者

⑤ V. Humbolt, *Political Essay on the kingdom of New Spain*, i. 154 note.

⑥ Howitt, *Native Tribes of South—East Australia*, p. 742 *sq.*

上，自古以来一直有一种习俗，就是将婴儿的后枕骨压平，还要把
12 鼻子也按平，以强化自己的民族特征，并以此为美。苏门答腊也有这种习俗，而且据马斯登了解，当地人这样做只是为了看上去更美，别无其他原因。不过，笔者援引以上材料，则并非是要否认挤压头颅的习俗还可能出于求美之外的另一些原因。在中国，人们把女人的小脚看作女性的一大魅力，因此女孩从很小起就要裹小脚。谢尔策和施瓦茨的调查表明，中国妇女本来就生就一双奇小的脚，这是她们同邻近的鞑靼人相区别的一个特征。而满族鞑靼人是从来不给女孩儿裹脚的。

任何一个民族都认为自己的肤色比其他民族的肤色更好。北美印第安人就很欣赏自己“黄褐色的皮肤”。在驯鹿楚克奇人中，人们的面容一般呈古铜色，色泽范围在砖色到血色之间。在那里，无论男女，理想的面容均须“红如血，亮如火”。而在沿海的楚克奇人中，最常见的肤色是棕色，甚至是棕黑色，因此棕色的皮肤被认为是最美的。在马来人中，“理想的肤色是金黄色。于是，东岛人便常常用金黄色来形容情人的胸部，就像欧洲人常用雪白色来形容情人的胸部一样”①。黑人在“评价一个女子美不美时，要看身
13 体的肥胖和皮肤的黑亮”②。另一方面，由于霍瓦人是马达加斯加岛上肤色最浅的民族，因此他们常常在脸上涂一个黑点，用以反衬其借以自豪的白皙皮肤。

在蛮族部落中，涂染身体的习俗相当盛行。其目的有时似乎

---

① Crawfurd, *History of the Indian Archipelage*, i. 23.

② Mockler-Ferryman, *British Nigeria*, p. 232 n*.

就是要加强皮肤的自然色泽。洪堡认为，美洲印第安人之所以要把红赭土涂抹在自己身上，原因就在于此。塔纳的土著居民，皮肤呈暗铜色，他们常把身体染成较深的颜色。而博纳比岛上那些浅黄色皮肤的岛民则是用“姜黄涂抹身体，以突出自己的浅色皮肤”①。爪哇人身着节日盛装时，也常常擦一种黄色的化妆品。马可波罗在谈到（科罗曼德尔海岸）马巴尔某地的居民时，曾写道：“这里的小孩生下来时，肤色就已经够黑的了。可是孩子们的皮肤越黑，父母就想让他们更黑。因此，从小孩呱呱坠地的那一天开始，父母每周都要用麻油给他们搓身。这样一来，小孩子们就变得跟鬼一样黑了。不过，在他们那里，魔鬼是白色的，神则是黑色的。当地人所画的圣像，周身也是黑色的。”②

由此，我们发现，除去个人的偏爱之外，人体美主要表现在三个方面：即人体一般外在特征充分而适度的发展；性特征充分而适度的发展；种族特征充分而适度的发展。现在，我们来看看爱与美之间的联系。

我们知道，审美感受从本质上来讲是不偏不倚的，而性爱则有所不同。这样看来，如果说能够唤起审美感受而被视为美的某些
身体特征，同时还具有刺激性本能的倾向，这似乎有点讲不通。然 14
而，无论人们对于这两种倾向的结合做何解释，有一点却是十分明显的，即被人们视为美的那些身体特征有利于种的繁衍，其所产生的性刺激作用可以追溯到自然选择的影响。这些身体特征是生

① Angas, *Polynesia*, p. 381 *sq.*

② Marco Polo, *Kingdom and Marvels of the East*, ii. 355.

命、活力和健康的表现，或者说，是与人类的繁衍密切相关的。女性富于青春活力的外貌所产生的刺激作用，无疑是与她的生育能力有关的，其主要第二性征的发展则是健康母性的条件。至于说到美的种族类型，我们似有必要对借以构成某一种族类型的体质特征在生物学上的重要意义做一些比较深入的讨论。

洪堡认为："各野蛮民族都有一种不属于个人特点，而是为整个部落所特有的相貌。如果我们把家畜同栖息在森林中的野生动物做一比较，也会有同样的发现。"① 在一些比较晚近的著作中，也有类似的论述。从某种程度上讲，这种显著的相似性源于原始部落成员所处的相同的生活状况。维勒梅和凯特尔评述说，不仅城市居民和农民之间存在气质上的差异，而且城市中从事不同行业的市民也存在着气质上的差异。但是，除此之外，部落型相貌的一致性肯定还有其他的原因。正如魏茨所指出的，这种类型"总是与水土、气候以及各部落与外部环境的关系相适应的"②。我们可以想到，对于某种生活环境而言，总有一种体质是最适合的。而在自然选择无时无刻不起作用的环境下，在体质特征具有头等重要意义的条件下，对这种最佳体质的任何一种较大的偏离，都会在生存斗争中自行消亡。身体的某种状态，在高度文明的社会中，是可以持续下去的，但是在原始社会中，则注定要消亡，绝不可能持久。这样看来，某个种族与其他种族之间借以相互区别的所有特征，无论多么细微，都是同本族所特有的环境和生活状况相适应的。这

① V. Humboldt, *Political Essay on the kingdom of New Spain*, i. 141.

② Waitz, *Introduction to Anthropology*, p. 86.

样说似乎有些令人难以接受，但是，我们应当看到，随着人类知识的进一步扩展，人类将会发现，某些似乎没有什么功用的种族体质特征，其实是大有用处的。我们已经了解到某些种族体质特征的功用，还有一些特征的功用，我们至少也可以暂且做些推想。可以肯定的是，当人们离开故土，到一个截然不同的地区落户之后，其生理功能必然要发生某些变化，否则就会在新的环境条件下受到某些有害因素的影响。而且，人体的很多组织都是密切关联的，其中某一部分发生变化以后，其他部分也会跟着发生变化。只是目前我们还说不清楚这是怎么一回事。

原始部落的人通常都有一个特点，就是颌部较大。这一特征在自然状态中是很有用处的。这是因为，在自然状态中，食物通常都很坚硬，颌部必须代行刀叉的功能，牙齿有时也要作为一种工具使用。这种体质特征实际上是文明程度很低的一个标志，是很容易用自然选择法则解释清楚的。随着文明的发展，人类越来越用不着有一个硕大有力的颌部了。因而对那些颌部生就较小的人来说，生存的机会也就变得越来越大了。这样，渐渐地，一个颌部较小的种族便应运而生了。诚然，正如菲尔绍所指出的，这种突颌现象是同大脑的充分发展很不协调的，但是，它与颧骨侧突现象则是完全一致的，乃是低等种族的一个特征。此外，正如斯潘塞所说，
还有某些面部特征也是与这种突颌和高颧骨共生的，如鼻梁的塌 16
陷，鼻孔的前翻，以及大耳垂和大嘴巴等。而与大脑的发展直接相关的，只有颅骨的某些特点。沙夫豪森曾说：“低等种族在颅骨方面具有某些共同的特点，如额骨低窄、矢状缝较短、太阳穴较低、枕骨较短，以及枕骨上部形成平拱缘，等等。据认为，这些特点都同

动物的颅骨比较接近，因而二者之间存在着一定的有机联系。”[①]

至于说到肤色，可以说它是最明显的种族体征了。但是，我们却说不清为什么某个种族的肤色是白的，而另一个种族的皮肤则呈黑色、棕色或黄色。现在，还没有什么人能够证明某种特定肤色对人有什么直接的功用。不过，我们知道肤色与人体的生理功能之间存在着密切的联系，也知道人体的生理功能又同生活状况存在着密切的联系。因此，所谓水土适应，即习惯性生理功能的变化，也可能同某种并非直接由阳光影响所导致的肤色变化有一定的联系。迈耶博士指出，一个欧洲人到了热带，就会失去原有的红润肤色。同时，由于氧化过程减弱，氧的吸收减少，因此动脉血与
17 静脉血的色差也会明显降低。有人坚称，黑人来到寒冷的气候下生活，其肤色会变得比以前浅一些。格哈德·罗尔夫斯曾把一个黑非洲的巴吉尔米族男孩带到德国，等到这个男孩在德国居住两年之后，其皮肤“由深黑色变成了浅棕色”[②]。克林科尔施曾提到过一个黑人由黑皮肤变成黄皮肤的事例。卡尔达尼也说过，威尼斯有一个鞋匠，是孩提时从非洲被人带到那里的，当初皮肤很黑，但后来其肤色竟变得很浅，如同白种人患了轻度黄疸似的。另一方面，我们也听说，有一个英国人，在印度南部的丛林中，像当地居民一样生活了多年，后来，即使在衣服遮挡的部位，其皮肤也变得如同婆罗门人一样，呈棕色。以上所讲的这几件事例，即使属实，也不过是一些特殊情况。但是我们知道，某些机体在经受水土适

① Shaaffhausen, “On the Primitive Form of the Human Skull,” in *Anthropological Review*, vi. 416.

② Rohlfs, “Henry Noël Von Bagermi,” in *Zeitschr. f. Ethnol*, iii. 255.

应的变化方面，要比另外一些机体表现得更为明显。因此，我们没有绝对的理由不相信：这种适应力有时可以是极其巨大的。

水土适应所导致的变化可以涉及身体的各部分，而且在不同的种族中有不同的侧重。里普利教授指出："从温度之外的其他环境因素来看，欧洲人来到热带后的最初反应就是容易患有当地所特有的一些症状，如肝肿大。这表明：导致一般黑人较欧洲人肝大的那些因素也在欧洲人身上产生了作用。"[①]据说，欧洲人来到美洲后，其鬈发往往变直，如同印第安人的头发一样。欧洲人来到北美和新南威尔士以后，所生子女往往长得又高又瘦。而在好望角的欧洲殖民者则呈现出一种相反的趋势，即身体发胖。这又使我们很容易想到当地妇女臀部过于肥大的特点。博厄斯博士甚至声 18
称，他已发现，虽然人类的头型一直被视为最稳定、最持久的种族特征，但是，在欧洲各民族移居美洲之后，随着时间的流逝，其头型也发生了一定的变化。

人体在水土适应过程中发生的某些巨大变化往往令人难以承受。费尔金博士就曾说过，欧洲人几乎无法在热带建立殖民地。除极少数特殊情况之外，欧洲人在热带地区同白人妇女结婚后，很难把子女养育成人。人们普遍认为，一个由 800 人组成的军团，在印度驻扎 10 年以后，便会减少 700 多人。根据很普遍的一种说法，在旅居印度的第三代纯欧洲人中，很少能看到儿童。欧洲儿童在那里从来未能长到青春期。因此，那些在印度的英国人，等到孩子长到五六岁后，就会急着把他们送回欧洲去。否则，孩子就可能

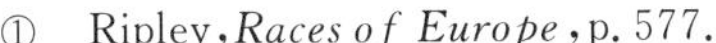

① Ripley, *Races of Europe*, p. 577.

会夭折。据斯奎尔称述，在中美洲，举凡有识之士都已看到，纯种白人在人口上不仅在相对减少，而且还呈绝对下降之势。与此同时，纯种印第安人口正在迅速增长，而印欧混血人则越来越与土著人趋同。

19 这样看来，我们可以认定，种族特征与各种族所处的外部环境有一定的联系。有人可能不同意这种观点，他们会提出，在同一纬度上，在同一气候条件下，可以发现各种不同类型的土著部落。然而，我们不能忘记：第一，我们其实很难断定人们的生活环境是否完全相同；第二，混血现象已大大模糊了原有的种族类型；第三，世界各地的民族都是历经一次又一次的迁徙之后，才来到现居住地的。可以肯定的是，人类的某些种族特征是从以前居住的环境中带来的，而且，一个民族的文明程度越高，就越会保有文明发展在自身上留下的印记。

不过，种族差异究竟是否如人们常常想像的那样，乃是外部影响的直接结果，或者说，乃是祖先所处生活环境所遗留下来的影响呢？这一点仍是极其可疑的。要想确认这一点，就必须设定，人体后天形成的某些特点可以由父母遗传给后代。而众所周知，生物学上有一个很大的流派，对这种假设是很不以为然的。即使赞成这一假设的人，也无法从理论上证实后天特征的遗传性。比较可能的情况是：人类最初只局限于一个比较狭小的区域之内，因此就像那些在相似环境下生存的动植物物种一样，具有很大的同质性。在生存斗争中，人的智能得到发展，这就使得人类得以散居于世界各地。然而，与此同时，人类机体也必须经历一定的变化。我们只是不清楚这些变化会不会传给后代。我们所知道的仅仅是，第一，

没有生来完全相像的人；第二，一般来讲，只有那些最适应于新的 20
生活环境的人才能生存下来，并成为后人的祖先。使人们得以生
存下来的那些先天特征，当然不会不传给后代。这样，通过自然选
择，各个种族就渐渐形成了。每一个种族的成员都具有某种相同
的遗传特征。从某种程度上来说，这种特征同那些可以通过后天
的水土适应获得的特征是相一致的。但是，后天获得的特征只能
在本人身上保留终生，而不能遗传给后代。至此，我们就可以理解
这样一个问题，即黑人所生的子女何以会呈现黑肤色这是由于，这 21
种肤色是同有利于该种族在其当地区域内生存的某些生理过程相
联系的。黑人的孩子可以在当地活下来，而欧洲移民来到热带之
后，尽管他们本人可以随着环境的改变成功地调整自己的生理功
能，但他们所生的子女却有很多都夭折了。

如果我们考虑到人类散居到世界各地这一事实的久远性，考
虑到迁徙过程的缓慢性和渐进性，那么，上面这种对差异的解释似 22
乎就比较好接受了。事实上，人类并不是一下子就从热带迁至极
地，也不是一下子就从极地迁至热带，而是经历了一系列漫长的适
应过程。如此这般，才渐渐形成诸如欧洲人与黑人、澳大利亚土著
人与美洲印第安人之间的种族差异。

既然如此，我们就可以理解，为什么种族之美，或者说种族特征的充分发展，也可以起到性刺激的作用。种族之美标志着生命力和健康。因此，无论是从人体特征来说，还是从性别特征或种族特征来说，典型的美都是身体完美性和身体适应性的一种外在表现。显然，人类对于美的本能性偏爱，乃是自然选择规律所使然。

上面这种对于美与爱的关系的理解，同达尔文所做的解释有所不同。达尔文认为，“每一个种族的人们，总是偏爱平时所习惯的东西；他们不能忍受太大的急剧变更。不过，他们也喜欢变化，并赞赏有所改进而不走极端的每一个特性。”达尔文指出，从我们自己的服装样式上，便可以清楚地看到这种将每一特性发展到适当程度的原则和愿望。① 诚然，对于异类事物的自然厌恶感，可能会对性本能产生排斥作用，但这并不能说明美何以具有强大的魅力，也不能说明一副“异乎寻常”的美丽容貌何以比一张平平常常的面孔更具吸引力。关于人需要多样化，这一点也是对的。人们有时以这样一种方式，有时又以那样一种方式，变换自己的装束，以引人注目或取悦于人。至于原始部落中的服装样式，同我们这
23 里的服装样式相比，可能显得有些一成不变。但是，很多未开化民族却都佩戴有极其繁多的饰物。这说明他们是在用这些时时变换的饰物来竞展风姿的。厄尔曾说过：“在新几内亚的乌塔纳塔人中，人人都想在饰物的佩戴上与众不同。”②约翰·威廉斯在谈及太平洋岛民时，也曾写道，“对于如何把自己装饰得更美这个问题”，几乎每个部落的人“都有其独特的见解”③。但是，不同民族对于人体美的不同理想，却不可能仅仅出于朝三暮四的嗜好。假如真像达尔文所想的，那么，每个民族的男人就会对本民族妇女的种种妩媚都大加赞赏，而不会仅仅赞赏那些“发展到某一适当程度”的富有特色之处。

---

① Darwin, *Descent of Man*, ii. 384.

② Earl, *Papuans*, p. 48.

③ Williams, *Missionary Enterprises in the South Sea Islands*, p. 538 *sq.*

人的外貌不仅以其姿色，而且还作为精神素质的表现形式而对性本能产生刺激。把男人和女人结合起来的那种激情，也许是人类全部情感中最为复杂的一部分。斯宾塞曾对此作过绝妙的分析，并有如下的概括：“……身体的感受乃是这一切的核心，在其周围凝聚了由人体美所产生的、并构成朴实的依恋之情的各种感情，如尊敬之情、赞美之情、自尊心、占有心、同情心以及对自由的酷爱之情。所有这些感情都得到极大的升华，其中有些还具有相互激励的倾向。这些感情结合在一起，就形成我们称之为爱的这样一种心理状态。”[①]由此可见，情感的、道德的和智力的因素均可通过唤起感情、赞美心或钦佩感而间接地起到性刺激的作用。这方面的影响已随着人类的精神进化而大为提高。但是，人类在性冲动与感情上的联系，无论受到人们对精神素质的赏识这一因素的多大影响，似乎都已成为我们的类人猿祖先遗留给我们的一个特征。这一点我们在前面已经谈过。有些动物，其生殖能力仅仅局限于 24
一年中的某个季节，但这一季节过后，雄性和雌性仍旧彼此依傍，直至后代出生以后。这其中必有某种程度的感情在起作用。把雄雌两性结合在一起的纽带，必是从自然选择中产生的某种本能，而在这种本能的最深处，无疑存在着一种感情倾向，即对于某种使其愉悦（在这里便是使其产生性愉悦）的存在感到亲近。起初，这种感情只是使两性相依相傍，并使雄性即使在性欲得到满足之后也能对雌性予以保护。如果两性间的依恋能使物种在生存斗争中获得很大的利益，这种依恋就会自然而然地发展为该物种的一个

① Spencer, *Principles of Psychology*, i. 488.

特征。

但是，在人类发展的较低阶段上，两性之间的依恋之情似乎远不及父母对于子女的温情。据说，在某些民族中，两性之间即便有恋情，也是相当淡薄的。西布里在谈到马达加斯加的霍瓦人时，曾说过，在基督教传入该岛之前，“当地人并不缺乏强烈的爱，但只存在于血亲之间，如父母与子女之爱、兄弟姐妹之爱、祖父母与孙子女之爱”，至于夫妻之爱，则鲜为人知。[①] 在谷物海岸的克鲁人中，“女人结婚后，对自己血亲的感情总是比对丈夫及其一家的感情更深。”[②]我们听说，在安哥拉黑人中，“情欲仅仅是一种肉欲，没有一丝一毫的爱抚或温情。”[③]还有人说，在黑非洲的其他一些民族中，
25 人们对于我们所说的爱情，简直全然无知。在贝尼阿梅尔人中，做妻子的如果对丈夫显露出一丝柔情，都会被认为有失脸面。在吉大港山地部落中，人们“对温情与侠义均一无所知”，婚姻仅仅被当作一种权宜的、肉体的结合。[④] 据芬什所述，在加罗林群岛的波纳佩岛上，欧洲人所说的那种爱是不存在的。关于纽芬兰的爱斯基摩人，赫里奥特称：“他们对自己的妻子冷若冰霜，漫不经心，但对自己的孩子却一往情深，温柔备至。”[⑤]在格陵兰，丈夫打妻子，如若无事一般；母亲打孩子，则被视为凶残之过。关于诺顿海峡的爱斯基摩人和库钦人，据说情况也大同小异。摩尔根也曾指出，北美

---

① Sibree, *The Great African Island*, p. 250.

② Wilson, *Western Africa*, p. 114.

③ Monteiro, *Angola and the River Congo*, i. 243.

④ Lewin, *Wild Races of South-Eastern India*, p. 345.

⑤ Heriot, *op. cit.* p. 25.

印第安人对于纯真的爱情是一无所知的。

不过，我们不应被上面引述的这些情况所误导。无论原始部落在爱的观念上同文明民族有多大的不同，我们都可以从中找到一些与我们相似的东西。我们也听说，很多原始部落对于夫妻之情是绝不陌生的。

查普曼在谈到南非的布须曼人时曾说过，在所有人的婚姻中，都存在着爱情。据勒·瓦扬所说，在霍屯督人中，婚姻是以相互间的倾爱为基础的，“夫妻间往往相亲相爱，感情热烈。”[①]据闻，在上刚果诸民族中，爱情还在诗歌中得到赞颂。在瓦雷加人中，“也存
在着爱情，当地人称之为‘Kilanga’”[②]。特斯曼称，在西非庞圭人 26
中，恩爱夫妻绝非罕见；那里也存在着欧洲人所说的那种爱情。施韦因富特表示，尼安尼安人对自己的妻子总是一往情深，这在当地处于同一较低发展阶段的各部落中是绝无仅有的。在图阿雷格人中，男女关系中颇有一点侠义之气。

达尔迪人也懂得“纯真的爱情”，并常常提及它的存在。他们的情歌充分表明，男女之间有一种比情欲更深的感情。[③] 荷人也被描述为恩爱夫妻。虽然在他们的语言中，还没有表达这种高级情感的词汇，但“他们同样可以感受到这种情感。”[④]传教士杰林豪斯在蒙达科尔人中看到过象征夫妻恩爱的信物。福西特先生在萨

① Le Vaillant, *Travels from the Cape of Good-Hope, into the Interior Parts of Africa*, ii. 68.

② Delhaise, *Les Warega*, pp. 167, 170.

③ Leitner, *Results of a Tour in Dardistan*, iii. 35 *sq.*

④ Dalton, *Descriptive Ethnology of Bengal*, p. 206.

瓦拉人中，曼先生在安达曼岛民中，以及圣约翰·斯潘塞爵士在沿海达雅克人中，也都发现过类似的信物。诺伊豪斯在谈到前德属新几内亚的巴布亚人时，曾说，若问那里的情人之间是否有深挚的感情，那么，答案分明是肯定的，而且当地的民间传说还足以证明，这种感情早就存在了。还有人坚称，在博加吉姆人中，夫妻间也是相亲相爱的。在英属新几内亚的迈卢，马林诺夫斯基博士虽不曾
27 看到过可称之为浪漫的情状，但也发现，夫妻之间显然是很有感情的。在托雷斯海峡西部诸岛的岛民中，“夫妻间也有很深的感情”①。在夏威夷，“恩爱夫妻不在少数”②。据马里纳说，在汤加群岛，大多数女人对自己的丈夫都是十分依恋的。在萨摩亚，人们把夫妻之间的爱情故事编成民歌，传唱至今。毛利人的爱情故事听来也是那样娓娓动人。在澳大利亚土著人中，夫妻大多相依相恋，恩爱终生。关于维多利亚的土著人，曾有人以为他们的爱情不专注，感情不长久。但是，丹尼尔·邦斯认为这种看法是不对的。据说，当地土著居民的爱情故事同欧洲人的爱情故事极其相似。在纳里涅里人中，塔普林先生见过很多情投意合、相亲相爱的伴侣，如同在欧洲所见的情侣一样。在达令河畔的土著居民中，夫妻之间极少发生争吵，并“以本地的方式相亲相爱”③。

在伊格卢利克和温特岛的爱斯基摩人中，“年轻夫妇常常轻柔

---

① Haddom, in *Reports of the Cambridge Anthropological Expedition to Torres Straits*, v. 229.

② Jarves, *History of the Hawaiian Islands*, p. 43.

③ Bonney, “Some Customs of the Aborigines of the River Darling”, in *Jour. Anthr. Inst.* xiii. 129.

地蹭鼻子，这是当地人表示爱慕的一种常见的方式。”[①]据哈蒙所 28
述，塔库利人对自己的妻子格外疼爱。詹姆斯说，在奥马哈人中，婚姻一般都是爱情的产物，“夫妻之间感情很深”。[②] 关于北美印第安人的情况，加特林同摩尔根的看法截然相反，他甚至认为北美印第安人“无论是在夫妻感情上，还是在子女孝心和父母爱心上，和我们相比都毫不逊色”[③]。关于圭亚那的土著居民，虽然阿普恩说他们只知道性爱，但布雷特却坚称，在那里，夫妻间相依相恋的例子是不胜枚举的。夫妻之间的依依之情在南美的其他一些部落，包括火地岛上的部落中，也有发现。

一般说来，感情在两性关系中的作用是与精神素质对性爱的影响成正比的。但是，我们却不能认为，文明每发展一步，都会促进夫妻感情的发展。在具有悠久文明的东方各国，人们至今仍对女性缺少一种柔情，而这种柔情则是西方家庭生活中的一大魅力。
在中国，直至最近，丈夫打妻子仍被视为一种可取的做法。据说， 29
如果哪个穷汉尚能对其妻子手下留情，那仅仅是为了节省一笔续弦的费用。在一本载有中国幼学伦理精华的书中，我们可以读到这样一句话：“兄弟如手足，妻子如衣服；衣服破旧可纳新，手足割断无可补。”[④]《吠陀》中的歌者吟唱道，世间再也没有比夫妻更为亲近的关系了，并把妻子赞颂为“丈夫的家、温馨的归宿和家中的

---

① Lyon, *Private Journal during the Voyage of Discouvery under Captain Parry*, p. 353.

② James, *Account of an Expedition from Pittsburgh to the Rocky Mountains*, i. 234.

③ Catlin, *Illustrations of the Manners, Customs, and Condition of the North American Indians*, i. 121.

④ *Indo-Chinese Gleaner*, i. 164.

福星”[①]，但是在印度现代家庭中，夫妻间的真情仍旧十分罕见。杜波依斯说，“夫妻间借以构成家庭幸福的那种相互信任与体贴，在印度是休想看到的。印度人结婚时所要寻找的，不是与他同舟共济的伴侣，而是一个给他生儿育女并听任他摆布的奴隶。”[②]波斯诗人所吟诵的那种爱情，要么仅仅是一种象征，要么就是一种亵渎。据伯克哈特所述，在阿拉伯人中，“城市居民也在大谈爱情，但我怀疑他们所谈的不过是些关于肉欲的粗话。”[③]芬克先生指出，在全部《圣经》中，没有一处涉及浪漫的爱情。从犹太人的传统观念来看，《先知传》把妻子的地位不但置于朋友之上，而且还置于子女之上，这倒着实令人感到诧异。在希腊英雄时代，男人把女人的
30 作用仅仅看作是服侍丈夫和生儿育女。对女人的钟爱乃为人间的阿佛洛狄忒[④]所使然，而她“所体现的是肉欲，而不是精神”。至于那些为天上的阿佛洛狄忒所启迪的人，则爱有才智的人，这些人的理性大多在长胡须的时候才趋于成熟。无论是在东方，还是在希腊，文明的发展都加大了男女之间的鸿沟，离间了夫妻之间的关系。这是因为，较高的文化几乎总是为男人所垄断。还有一个因素也导致了夫妻关系的冷漠，这便是强迫妇女婚前与男子严格分开的习俗。在中国以及一些伊斯兰国家，新郎和新娘往往在举行婚礼之前，还未曾见过一面。在希腊，柏拉图曾主张男女多增加一

① Kaegi, *Rigveda*, p. 15.

② Dubois, *Description of the Character, & C. of the People of India*, p. 109.

③ Burckhardt, *Notes on the Bedouins and Wahábys*, p. 155.

④ 阿佛洛狄忒，一译阿芙罗狄蒂，希腊神话中的爱神和美神。柏拉图在《饮宴篇》中把阿佛洛狄忒分为天上的和人间的，前者代表具有高贵理想的爱情，后者代表庸俗的、肉欲的爱情。——译者

些交往，以便婚后生活和睦，相亲相爱，但仍无济于事。普鲁塔克则希望夫妻在婚后会产生爱情。另外，世界各大宗教对妇女都缺少一种尊重，这也影响了人们对妇女的感情。

当然，有些夫妻虽不是在爱情的基础上缔结的婚姻，但日后仍可建立起感情。霍尔先生在谈到他曾造访过的印第安人时，断言说："如果说夫妻间确有爱情的话，那也是在婚后才有的。"[①]其实，很多民族都是这样。默多克在谈到巴罗角的印第安人时，曾说过："就我们所知，那里的婚姻关系一般都是出于实利而建立的，很少考虑过感情的问题。但是，我们却感到，夫妻间往往还是相亲相爱的。"[②]在澳大利亚诸部落中，新娘往往是被人强行拖出家门的。31

而且，人们一旦担心新娘可能会奋力出逃的话，还会用长矛扎破她的腿脚。不过，如果碰上一个好男人，夫妻间"终究还是会建立起感情来的。在澳大利亚土著人的家庭中，忠诚与恩爱并不罕见"[③]。在巴干达人中，"人们在缔结婚约时，并不考虑爱情的问题。但是，夫妻日后终会变得相亲相爱。丈夫遇到危难，妻子挺身
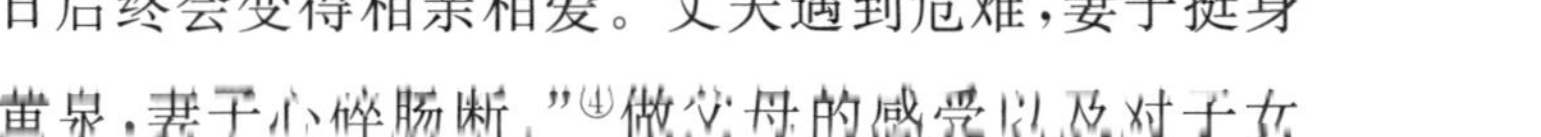
相伴；丈夫命归黄泉，妻子心碎肠断。"[④]做父母的感觉以及对子女的共同关心也会使夫妻关系更加亲近。普雷斯科在谈到达科他人时，曾说道："随着孩子的增多，夫妻关系也显得越来越亲密了。"[⑤]据说，在霍屯督人中，"父母对于子女的疼爱使得夫妻日渐亲近，难

① Hall, *Arctic Researches*, p. 568.

② Murdock, "Ethnological Results of the Point Barrow Expedition", in *Ann. Rep. Bur. Ethnol.* ix. 410.

③ Brough Smyth, *Aborigines of Victoria*, ii. 283.

④ Roscoe, *Baganda*, p. 87.

⑤ Schoolcraft, *Archives of Aboriginal Knowledge*, v. 612.

以分离。”[①]如果说一个人在自己的婚姻问题上没有选择权，或者说对另一方毫无所知，那么，婚姻的缔结就不可能同相互之间的感情有任何关系。

但是，即使人们对于自己的婚姻有充分的选择自由，即使男女青年在未婚前有充分的交往机会，因而彼此十分熟识，人们在选择配偶时，也往往并非那么重感情，重美貌，重性感，而常常受制于另外一些与此毫不相干的因素。我们前面所谈的，仅仅涉及性选择中比较富有诗意的一面。现在，我们还要再来谈一谈性选择中比较枯燥无味的一面——深思熟虑。

我们在前面已注意到人们对于生儿育女的欲望。这种欲望在原始部落及具有古老文明的民族中尤为强烈。女人的价值不仅在
32 于为人之妻，而且还在于为人之母；所生的子女越多，往往也就越受尊敬，而不能生育的妇女则被人视为不正常的人，视为废物。据利文斯通所述，在安哥拉民间舞蹈中，如果有人想嘲弄他人，就会边跳边唱：“某某人不会生孩子，一辈子注定无儿无女。”受到嘲弄的妇女对此侮辱极为敏感，往往会掉头跑出去，自寻短见。在克里木人中，男人往往称自己的妻子为孩子他妈。在托达人中，人们见面寒暄，不是问：“你结婚了吗？”而是问：“有孩子了吗？”由此可见，新郎对于新娘的一个最急切的要求就是多生多育。我们发现，婚前性关系常常含有一种试验的性质，以检验女方日后能否满足男

---

① Le Vaillant, *Travels, from the Cape of Good-Hope, into the Interior Parts of Africa*, ii. 68.

方对于生儿育女的祈望。在这种情况下,只有小孩出生之后,至少也要在有了妊娠的征兆之后,人们才会缔结婚姻。另外一种确保不会断后的办法,就是娶一个已怀有他人之子的妇女做自己的妻子。这样的妇女往往更受人们的欢迎,因为她们已证明自己有一定的生育能力,而且有时还会给丈夫带来已经出生的孩子。

此外,人们在选择妻子时,还要看她能否胜任加诸其身的各种 33
工作。在格陵兰人中,妇女最受青睐之处,就是巧于飞针走线,精于管理家务。无论是在格陵兰,还是在北美其他土著地区,男人往往爱找比自己年长的女人为妻,为的是好给他干活,或者是好好侍候他。在波尼人中,"年轻女人最受青睐之处,就是家庭情况较好,并精于各种家务以及女人一生中所应做的其他种种事务。体貌之美虽然也占有一定的地位,具有一定的价值,但却不是最重要的。"[①]在土库曼人中,年轻寡妇的身价是未婚女子的两倍,这是因为她们已惯于苦干,并富有管理家务的经验。萨莫耶德人在挑选妻子时,也不太注重体貌之美,而是偏重于财产和地位。诸如此类的考虑不仅在未开化民族中相当普遍,而且在文明民族中显然也是屡见不鲜的。至于女性对于男性的选择,我们已经注意到,她们从本能上更偏爱那些强健、勇敢的男人,而不是那些身体虚弱、性格怯懦的男人。在奇佩瓦人中,"那些有才能、有声望的猎手总是
无暇照顾自己的妻子,但他们是不会使自己的妻子处于困境 34
的。"[②]在波尼人中,"女人最看重的,是男人的勇敢精神、日益增长

① Dunbar, in *Magazine of American History*, iv. 264.

② Kohl, *Kitchi—Gami*, p. 111.

的影响、打猎的技艺以及矫健的体形。”[1]在墨西哥的塔拉乌马雷人中，“女人最喜欢外貌英俊、勤劳能干的男人，这同文明国家中的女人所寻找的‘佳偶’极其相似。”[2]

上面所讲的仅仅是几个事例。这些事例说明，在未开化民族中，即使年轻人在自己的婚事上有一定的发言权，经济方面的考虑也仍会在缔结婚姻的过程中起到一定的作用。至于现代欧洲的婚姻情况，诺尔多认为，其中十有八九都是所谓“实利婚姻”，而不是严格意义上的爱情婚姻。布洛克博士说过，在那些感到有责任要维护某种体面的阶级之中，诸如在贵族、中上层阶级以及军队长官之中，经济问题是对婚姻起决定性影响的一个主要因素；金钱婚姻在犹太人中的盛行便是为人熟知的一个实例。不过，布洛赫也问道：“既然各种习俗都会在我们壮实的德国农民中随意走样，那么，在金钱婚姻方面，又有什么地方能比德国更甚呢？”[3]在德国以及欧洲其他各国的农民中，经济上的门当户对被视为缔结婚姻的一个重要条件。在爱尔兰西部，“任何一个男子都认为，家境贫寒的女子同自己是绝不般配的。”[4]

---

① Dunbar, in *Magazine of American History*, iv. 264.

② Lumholtz, *Unknown Mexico*, i. 266.

③ Bloch, *Sexual Life of Our Time*, p. 212 sq.

④ Blake, "Matrimonial Customs in the West of Ireland", in *Folklore*, xviii. 78.

第十八章　内婚制 35

性选择不仅受人之爱好所影响，而且还为人之厌恶所左右。事实上，在被人们视为一种社会制度的婚姻中，后者的作用远比前者更为明显。这样讲，是因为人之厌恶已通过习俗和法律而形成种种禁律，而迄今为止，还没有哪个社会就择偶问题做出过任何基于美的刺激作用或基于个人感情的强制规定。人类在择偶上有内婚制与外婚制这样两类规则。前者禁止本群体中的人与其他群体中的人联姻，而后者则禁止同一群体中的人结亲。这两类规则各自用于不同的群体，相互并无抵触。因此，内婚制与外婚制总是并存于同一民族之中。借用亨利·梅因爵士简明易懂的话来说，在任何一个地方，婚配都有一个“外圈”，也都有一个“内圈”。超出“外圈”，就会受到明令禁止，或被认为不成体统；囿于“内圈”，也是不能允许的。

最大的内婚群体，便是人类本身。禁止与其他物种发生性关系，这乃是源于人类与低等动物所共有的一种强烈本能。M.迪韦努瓦曾经说过：“动物具有亲近同族而疏远异类的天性，犹如具有选择食物而善于避开毒害的本能一样。”①即使在生活于自然状态 36

① Duvernoy，“Propagation”，in *Dictionarire universal d'histoire naturelle*，x. 546.

的野生物种中，特别是在鹑鸡目鸟类中，也有杂种的存在，不过甚为罕见。这些杂种之所以稀少，必有这样一个原因，就是动物不愿与其他物种的个体发生性关系。在植物界，物种是根本不可能有本能行为的，因此便有大量杂种产生。动物在人的管理下，也产生出不少杂种形式，而这种情况决不会在自然状态中发生。就是对驯养的家禽，人们也常常要采用某些骗术，使雄性失去对异种雌性的厌恶感。例如，在让种马与母驴交配之前，常常要牵来一匹母马，以使种马兴奋起来。然后，在适当的时机，再以母驴取代母马。据说，在野生状态下，两个相近物种之间的厌恶感，多是由雄性一方而不是雌性一方打破的；在野生动物与驯养动物的杂交中，雌性一方一般均为驯养的物种。

即便是关系很近的两个物种，也有一种相互区分的本能，其缘由是十分清楚的。一般来说，属于同一种生物体的雌雄配子最容易结合。即使某一物种的精子能够使另一物种的卵子受精，其结果大多也会出现某种程度的变态。由于从两个亲体所继承的两种不同的生长方式存在某种不相容的情况，因此这种胚胎可能只会存活很短时间，随即就夭折了。即使能够长成，一般也很难生育，如果不是绝对不育的话。驯养动物尚且如此，野生动物就更是这
37 样了。因为根据帕拉斯的理论，驯养动物和栽培植物所处的状况一般都有助于消除相互间的不育倾向，因此，一些物种的驯化后代虽然在自然状态下本会出现某种程度的不育症候，但经杂交后，就能很好地生育了。正如达尔文所说的，帕拉斯的这一理论是有充分根据的。由此，我们不难理解，导致不同物种杂交的本能虽然偶尔也会产生，但决不能长久维持，因为只有同种动物的交配才能产

生具有正常生育能力的后代。

不同物种的个体进行交配，之所以会出现变态性结果，是基于这样一个事实，即：雌雄配子之间差异过大。我们可以说，在这方面，有一种“相似律”在起作用。根据这一规律，进行结合的两个配子必须具有某种相似性，才能繁殖，至少是正常的繁殖。一般来说，两个物种的差异越大，将其杂交的困难也就越大。动物杂种大多都是由同属的个体交配产生的。如果两个物种因差异较大而被归入不同的“属”，那么它们发生交配的几率就很小了。如果两个物种分属于不同的“科”，那么交配的几率就更小了，而如果属于不同的“目”，则几乎不会有任何交配的几率。但是，这一规律也有例外：很多相近的物种并不发生交配，或者说，只有通过极大的努力才能交配，而有些差异较大的物种却可以很顺当地进行交配。达尔文曾据此做出这样的推断：交配的难易“显然取决于两个相互交配的物种在性构造或性选择上的类同的程度，也就是盖特纳所说的‘亲和原则’（Wahlverwandtschaft）”。不过，由于物种的变
异很少或者从来不是仅仅发生在某一特征上，而总是同时在很多 38
方面引起相应变化，又由于分类学上的类同原则要求包括能够看到的所有相似之处与相异之处，因此，两个物种在性构造上的任何差异，都很自然地同它们在分类学上的地位有着某种密切的关系。①

有人曾提出过一种假说，认为人类是由人属中的若干不同物种构成的。支持这一假说的人断言：人类各种族之间也存在着一

① Darwin, *Animals and Plants under Domestication*, ii. 180.

种本能的厌恶感，这就跟动物各物种之间存在厌恶感并因此而互不杂交的情况十分相似。但是，在世界人口中，混血儿占有相当大的比例，这一事实似乎又证明这种厌恶感并非广泛存在。在欧洲究竟有没有很纯的种族，这是很可疑的。在北美洲，那些差异很大的种族已在很大的规模上彼此交融。在美国，白人和黑人的混血现象相当普遍，以致“非洲人的原型现在已几乎完全消失了”。[①]据南森博士说，在过去的一个半世纪中，格陵兰岛上的各种族已广泛融合，以致在整个西海岸，已很难甚至无法找到一个真正的爱斯基摩人。在那里，土著妇女对欧洲人颇有好感，欧洲人也赢得她们的广泛尊重，甚至“一个最普通的欧洲水手，也比一个最能干的爱斯基摩猎手更能赢得她们的好感。”[②]在墨西哥，西班牙人与印第安人的混血人种，据说可占到全国人口的2/3甚至3/4。而据一位法国作者说，南美洲是“民族混杂的大实验室或者可以称之为形成现代混血人的大实验室”[③]。即使在遥远的火地岛，据布里奇斯
39 先生说，也于19世纪后半叶出现了欧洲男子和土著女子所生的混血儿。在亚洲，鞑靼人、蒙古人和通古斯人之间，俄国人和中国人之间，以及其他一些种族之间，发生交融的事例也是不胜枚举的。在印度，有很多欧亚混血种人。在马来群岛，欧洲男子与当地女子所生的混血儿占有相当数量。在非洲，苏丹东部已成了各种族彼此交融的一个大中心。在非洲南部，有一个由布尔族男子与霍屯督族女子交合产生的混血种族。不过，另一方面，我们也听说，很

① Hoffmann, *Race Traits and Tendencies of the American Negro*, p. 177.

② Nansen, *First Crossing of Greenland*, ii. 328.

③ Périer, in *Mém. Soc. d'Anthr.* ii. 340.

多种族都避免、非难或实际禁止与另一种族的人结婚或发生性关系。

例如，据包克神父说，大查科草原的莫科维人就禁止与西班牙俘虏结婚。在圭亚那以及其他一些地方，印第安人看不起黑人，因此不愿与黑人通婚。在中美洲地峡一带的土著当中，“人们从来不与生人或操不同语言的人缔结婚姻。”[①]在萨尔瓦多，据帕拉西奥说，一个男子若与一个外国女子发生了性关系，就会被人处死。鲍威尔先生说，在加利福尼亚的印第安人中，女子若同白人男子通奸或结婚，就会被人处死。在多色沙漠地区的哈瓦苏派人中，与白人男子非法同居同样也会被判处死刑，而与白人男子正式结婚的事则未有所闻。博戈拉兹博士未曾听人说过任何有关楚克奇人和雅 40

库特人通婚的事，后者认为这种结合是有失脸面的事。同样，俄罗斯人也认为俄罗斯女子与楚克奇男子结婚是一件丢脸的事。中国人拒绝与周边的蛮族通婚，他们一般都不与这些蛮族来往，无论是友好往来还是敌对行动。菲律宾的黑人和肤色较浅的人自古以来就住在同一国家中，但并没有产生出一个兼有这两种血统的种族。霹雳的布吉人一直设法使自己明显有别于周围的民族。在苏门答腊，马来男子与库布女子通婚的事是极为罕见的。在蒙达科尔人中，如果一名女子被印度教徒所诱奸，就会受到族人的严厉惩罚，而与本族男子发生性关系，则被大多数族人视为平常之事。康特·德·戈比诺曾说过，即使信奉同一宗教，即使属于同一国家，也不能消除阿拉伯人对土耳其人或库尔德人对叙利亚聂斯脱利派

① Bancroft, *Native Races of the Pacific States of North America*, i. 772.

的世袭之根。在阿尔及利亚的卡比尔人中,“原则上并不禁止与黑人女子结婚,但人们一般都是反对这类结合的”①。操南迪语的所有部落均可自由通婚,也可与马赛人通婚,但却不与邻近的一支班
41 图部落——卡维龙多人——通婚。在贝专纳的巴罗隆部落中,谁要是与欧洲人发生了性关系,就会被处以死刑。于特罗在谈到中非的俾格米人时,曾说过,当地其他一些部落的人对俾格米人甚为嫌恶,从不与他们缔结婚姻。在欧洲的北端,拉普人和瑞典人都认为对方很可鄙,因此通婚之事极为罕见。在拉普人和挪威人之间,同样也极少通婚。拉普人和俄罗斯人也几乎没有通婚的。欧洲各国以前曾颁布过若干法律,分别禁止西班牙人在中美洲、英国人在毛里求斯、法国人在留尼汪与安的列斯以及丹麦商人在格陵兰与当地土著人通婚。罗马人也被禁止与蛮族通婚,而且,瓦伦提尼安还规定要对违者处以死刑。塔西佗认为,古代日耳曼人都不愿与外族通婚,斯拉夫人似乎也是如此。

我们可以这样讲,大约每个种族都觉得,同迥然不同的异族人结婚,至少是同低等种族的人结婚,是一件很不名誉的事,甚至还是犯罪。这种感觉在事关本族女子的问题上,表现尤为强烈。事实上,在一高一低的两个种族间所发生的通婚事例中,男方绝大多数都属于较高的那个种族。M. 德·卡特勒法热曾说过:“女人是不愿降低自己身份的,而男人则不大在意。”②例如,在北美洲,白人女子嫁给有色人种男子的事是极为罕见的。至于在美国南方诸

① Hanoteau and Letourneux, *La Kabylie*, ii. 164.

② de Quatrefages, *Human Species*, p. 267.

州，这种婚姻不但为习俗所不容，而且还往往为法律所禁止。因
此，大量黑白混血儿的产生，几乎都是由白人男子与黑人女子的交 42
合造成的。在新西兰，欧洲男子娶毛利女子的事确曾有之，但凯
丽—尼科尔斯却从未遇到过一件欧洲女子嫁给毛利男子的事。

实行种族内婚制的主要原因，显然在于种族或民族的自豪感，
在于对异族人缺乏同感或感到嫌恶。因此，在观念、习俗乃至整个
文化上存在巨大差异的种族之间，这种内婚制尤为常见。但与此
同时，我也认为，在很多情况下，我们明显可以感到，在外貌差异甚
大的种族之间，同样也存在着某种性厌恶感。这与阻碍不同物种
的动物彼此发生交配的那种本能是颇为类似的。而这种性厌恶感
在女性中尤为常见，因为与男性相比，女性在性本能上一般都富有
挑剔性。但是，这并不证明人类是由若干物种所构成的。某些种
属的家畜或半家畜也不愿相互交配。在迪恩森林以及另外两处地
方，长期以来人们一直将毛色一深一浅的两种黄鹿养在一起，但它
们却从不杂交。在法罗群岛的一个小岛上，当地半野生的一种黑
绵羊据说也不愿与引进的白绵羊交配。在切尔克斯，三个不同的
亚种马虽然处于自由自在的状态中，但却几乎从不杂交，甚至还会
相互攻击。看来，源于生理学中相似律的那种本能性厌恶感，从某
种程度上来说，在同一种属内差异甚大的不同亚种中也会有一定
的反映。有时，即使在这一生理法则不起作用，而且杂交也不降低
生育力的情况下，仍会出现这一现象。而关于同种动植物中各变 43
种通过杂交可获丰产的法则，则不是毫无例外的。

至于说到人类，以前曾有人说过，如果两个彼此差异甚大的种
族发生杂交，则会对生育力产生抑制作用。布罗卡就曾断言，欧洲

男子与澳大利亚女子结合之后，其生育力即变得很弱，而由这种结
合所生的混血儿则几乎丧失了生育力。不过，自从那时以来，大量
事实已证明，如果说在澳大利亚某些地区几乎看不到什么混血人
种的话，那么，这并非像布罗卡所说是由于某种生理原因。我们可
44 以确认：即使两个种族在外貌上极不相像，其实也没有太大的差
异；只要条件适宜，混血人种就可以很容易地产生出来。但是同
45 时，在有些情况下，种族间的杂交也可能会在杂交的第一代和第二
代中，造成生育力的某种下降。目前，我们在这方面的知识还是极
其有限的。事实证明：布尔男子和霍屯督女子通婚所生的后代具
有很强的生育力，而据格尔茨说，荷兰男子与马来族女子在爪哇所
生的子女（利普拉普人）在三代之后就不能生育了。虽然这一说法
曾引起人们的质疑，但其中也不会都是杜撰。格瓦拉先生认为，南
美印第安人与白人结合后，所生子女没有印第安人之间结合所生
46 的多。不过据博厄斯博士说，有关印第安妇女和混血妇女生育状
况的统计数字显示，情况与上述说法正相反；虽然混血种族与纯血
统种族都在同一环境中生活，但前者比后者的生育力更强。关于
黑白混血人种的生育力问题，也有两种针锋相对的说法。据某些
作者讲，这些人中只有部分人有较强的生育力，如不再与父母分属
的种族结亲，则最终将会绝种。而另一些作者则认为，据了解，黑
白混血人种的各家庭，已相互通婚数代了，其生育力一直保持在纯
白人或纯黑人生育力的平均水平线上。可是，古尔德则说这些人
的生命活力较差乃是人所共知的事实。最近，霍夫曼先生也得出
相似的结论，即：他们在体质上较白人和黑人差，对疾病和死亡的
抵抗力也较弱。据说，在坎伯兰湾的爱斯基摩人中，混血儿在耐寒

和耐疲劳方面不如纯血统爱斯基摩人。据贝斯特说，在新西兰，“混血儿在体质上还不错，只是寿命较短”；这可能与他们在道德上的松弛有些关系：据说在一个混血儿人种的家庭中，至少有四人曾发生过乱伦。种族间的通婚，在不同的情况下可有不同的结果，因此现在还不能做出一般性的结论。但是，在差异甚大的种族之间是否存在性反感这一问题，却与种族间的杂交对生育力或生命活力的影响没有任何关系。正如上文已表明的那样，这种反感是很 47
容易说清的，它是由“相似律”所决定的，而不管这一法则是否适用于种族间的杂交。

在很多民族中，男女婚配很少超出甚或从不超出本部落的范围，还有的甚至不超出诸如氏族或村落这样一些更小的群体。阿特人、纳瓦霍人、普埃布洛人以及危地马拉的很多部落，即是这种情况。克罗伯教授则谈到过莫哈维族印第安人的情况，这些人住在科罗拉多河两岸，河水在该段成为亚利桑那州与加利福尼亚州的分界线。克罗伯教授写道：“当地人很少与其他部落通婚。他们不仅不赞成与外族发生性关系，而且也反对与外族进行一般性的交往，认为这样做会使人生病。在他们所规避的种族中，不仅包括白人和属其他语系的各部落，而且还有操尤马语的一些同源部落。”[①]在塞里族印第安人中，存在着绝对的部落内婚制。在墨西哥南部，有一个叫沙维尔的村落，“该村男女均须在本村之内进行婚配。这里从未发生过与外村人通婚的事。人们说，这种事是不

① Kroeber, “Preliminary Sketch of the Mohave”, in *American Anthropologist*, N. S. iv. 279.

可能发生的……。由于人们都很少想过这样的事，因此在其刑法
中也未规定对此事的惩罚。经过询问，人们道出，如有违者，不论
是男是女，均会被逐出村外。”[①]英属圭亚那的印第安人“一般都不
与本部落外的人通婚，因为人们不赞成这样做，认为这有损于本部
落的尊严”[②]。在新安达卢西亚的柴马人中，人们只在本村之内缔
结婚姻。洪堡在谈到这一部落时说：“蒙昧民族往往分为众多的部
48 落，各部落之间相互仇恨，从不通婚。即使其语言同源，即使只隔
着一条小河或几座小山，也是如此。”[③]对于巴西的某些部落来说，
也是这样。在古代秘鲁，与外省人或外村人结婚是不合法的。

在日本，人们看不起阿伊努人，但同样，阿伊努人也看不起日本人。而且，不仅如此，阿伊努人内部也不甚合群。据说，他们从不与本部落外的人通婚，各村之间也不愿通婚。尤卡吉尔人“很少与陌生的村落或氏族通婚”[④]。据盖特先生讲，在印度，崇信多神的蒙古人和达罗毗荼人诸部落一般都只在本部落的圈子内实行婚配，虽说人们通常并不反对男子从部落外娶亲。据悉，奥朗人实行着极为严格的内婚制，“谁要是同部落外的人通婚，就会被立即逐出本部落；只有同异族妻子离异之后，才能获准返回。”[⑤]在部落之

---

① Stephens, quoted by Bancroft, *The Native Races of the Pacific States of North America*, i. 663.

② Bernau, *Missionary Labours in British Guiana*, p. 60.

③ v. Humboldt, *Personal Narrative of Travels to the Equinoctial Regions of the New Continent*, iii. 226 *sq*.

④ Jochelson, *Yukaghir*, p. 86.

⑤ Dehon, "Religion and Customs of the Oraons," in *Memoirs Asiatic Soc. Bengal*, i. 159 *sq*.

内，还可能会有内婚制群体。例如，托达人不仅对本部落与外部落
的通婚存有强烈的偏见，而且还不允许同属托达部落的塔塔罗尔 49
人和蒂瓦利奥尔人通婚。不过，蒂瓦利奥尔男子可将塔塔罗尔女子带回自己村子来住，这种男子被称为“莫克托德维奥尔”；同样，塔塔罗尔男子与蒂瓦利奥尔女子也可以结成这样的关系，只是女方不得住在“莫克托德维奥尔”村中，而要由男方时不时地走亲，或搬到女方村中去住。在阿尔果德北部讲泰米尔语的马拉亚里部落中，据说男子必须在其“卡契”中娶亲。所谓“卡契”，是一种类似胞族的群体。此外，人们还愿意在关系较近的亲属间结亲。据说，从前在卡查里人中，每一个亚部落群体都是一个严格的内婚制单位，尽管各个不同的亚部落的成员可以随便坐在一起共餐共饮。在卢夏人和古老的库基人中，虽然同一家庭内的成员是禁止联姻的，但婚嫁之事一般都是局限于本氏族之内。在掸邦和上缅甸东北部某处，有一支属蒙古人种的山地部落——崩龙人。在他们那里，某些村子的青年男子一般都不愿意到村外寻找配偶。

在塞尔马塔群岛的岛民中，各村之间都不愿通婚。在苏门答腊岛的库布人中，西里伯斯岛的米纳哈萨人中，婆罗洲的达雅克人
中，新不列颠岛的土著中，以及荷属新几内亚的多雷族巴布亚人 50
中，人们一般都是在本部落中结亲的。据贝斯特说，毛利人“在部落中以及在亚部落氏族（哈普）中，都实行内婚制。从某种程度上来说，他们甚至在作为亚哈普的家族中，也实行内婚制。这里并不是说，各‘哈普’之间，甚至各部落之间，没有相互通婚的情况。这种情况是有的，不过要比前一种少得多。人们出于社会的和政治的原因，还是认为在‘哈普’（亦即氏族）内部实行婚配的好。部落

间通婚，一般都是为了和亲，因而具有一种政治上的性质。这里所讲的，是欧洲人到来之前的情况，而后，部落间的通婚现象就多起来了”[1]。在澳大利亚，有一些“联合部落”，他们一般都操同一种方言，经常联合起来共同抗敌，或共同做一些别的事情。在这些部落之间，通婚的事还是很常见的。不过，还有很多部落，他们大多都是实行内婚制的。豪伊特在谈到迪埃里人时说：“在该部落内部，人们一直激烈反对女子外嫁。而那些为人之父者，如家中有待娶之子，更是极力反对将本部落女子外嫁。”[2]

51 在马达加斯加，人们普遍实行氏族内婚制。同氏族外的人结婚，会被视为罪过，视为一种“社会通奸”[3]。据西布里说，在霍瓦人中，不仅氏族，而且“家族”，一般都不与外人通婚。[4] 据巴罗说，霍屯督人总是在本村内结亲。在聪加人中，民间舆论向来不赞成同部落外的人通婚，人们也都避免这样做；此外，民间舆论还劝人们不要同离得太远的氏族结亲。A. J. 斯旺先生曾告诉我，在西坦噶尼喀的瓦古哈人中，人们也避免同另一部落通婚，虽然并无这方面的禁律。阿奇迪肯·霍奇森写道，在中非东部也常有这种情况。在比属刚果的瓦雷加人中，只有在边远地区，才有部落间通婚的

---

① Best, “Maori Marriage Customs,” in *Trans. and Proceed. New Zealand Institute*, xxxvi. 20.

② Howitt, *Native Tribes of South-East Australia*, p. 185. 我们在下章(p. 132sqq.)将会讲到，在澳大利亚，还有一种内婚制。这种内婚制并无部落的性质，而是规定某一男子必须娶亲于另外一婚组、亚婚组或氏族。由于我们可以把这种婚组、亚婚组或氏族看作一个人所属的大群体中的一部分，因此，这也是一种内婚制。不过，正如豪伊特所说的(*op. cit.* p. 137.)，“婚组制的界限通常要较部落的界限为宽”。

③ Grandidier, *Ethnographie de Madagascar*, ii. 168.

④ Sibree, The *Great African Island*, pp. 109, 256.

事。在赤道非洲，非食人部落并不同与其相邻的食人部落通婚，他们对食人这一怪癖习俗甚为厌恶。在巴维利人中，“部落间的通婚曾一度遭到完全禁止，但是今天，这类婚姻又出现了，只是巴维利人对这类婚姻所生后代仍有偏见，就像欧洲人对黑白混血儿抱有偏见一样。”[①]在摩洛哥的柏柏尔人中，我们也可听到有关严格的内婚制的传闻。例如，在靠近阿尔及利亚的边远地带，居住着一支艾特齐赫里人（兹卡拉人），以其独处而著称。有报道说，他们只在自己内部实行婚配，而且拒不与任何外人发生性关系。在非斯以 52
南，居住着艾特瓦兰人的一个分支——艾特哈桑人。在他们那里，外人连婚礼都不能参加。

关于古代闪米特人的情况，巴顿教授曾指出，从历史上看，他们在感情上是倾向于内婚制的。如果子女和部落外的人结了婚，做父母的总是感到很难过。亚伯拉罕的后裔则明确禁止与迦南人通婚。据一般人推测，在雅典，至少是从伯里克利时代的情况来看，公民不能与外人结成有效的婚姻，除非后者已取得雅典公民权，或者前者属于公民大会授权可与外人通婚的社会群体。不过近来，有一些作者反对这种看法。他们说，没有证据表明雅典确曾禁止公民与外人通婚。而且，我们都知道这样一个事实：不论这类婚姻合法也罢，不合法也罢，它都曾在雅典出现过。而另一方面，罗马的情况则是没有疑问的。任何罗马公民，如所娶之女子不具有罗马公民身份，或不属于某一经特别授权而获准同罗马通婚的社会群体，则其婚姻无效。而且，此类婚姻所生子女亦不具有合法

① Dennett, *At the Back of the Black Man's Mind*, p. 38.

身份。在古代,为父者甚至总要从自己的家族中给女儿找一个丈
53 夫。假如把女儿外嫁,就会被人当作一件怪事来谈。据刘易斯说,在古代威尔士,人们总是在氏族内结亲。

人们往往特别要求妇女在本部落或本氏族内嫁人。在几内亚南部,“沿海部落的男子想从灌木林中的部落中娶多少妻子都行,但是,如果灌木丛中的男子想从沿海部落中娶走一个妻子,都会被视为一种大逆不道的行为。”[①]在吉大港山区的查克马人中,男子不必一定要娶本部落的女子,但女子外嫁之事则闻所未闻。蒂佩拉人和阿博尔人对于把本氏族女子嫁给外氏族的事甚为厌恶。人们庄重地对多尔顿上校讲:“如果有哪个帕丹女子做出这种有失身份的事,就会导致日月无辉,万物失和,劳作中止。只有通过献祭,才能洗清这个污点。”[②]据安南代尔和鲁宾逊两位先生讲,在帕塔尼地区,“马来社会分为众多的家族,家族中盛行内婚制,人们都希望把女儿嫁给本家族的人。”[③]

凡是部落之间或部落分支之间甚少交往的地方,彼此通婚的情况自然就很罕见,甚至根本没有。哈根说,由于库布人所属的各部落间几乎无甚往来,因此相互通婚之事也就无从谈起了。乔切尔森博士对尤卡吉尔人的内婚制倾向进行过探讨,并发现了这样一个原因:作为一支游猎部落,他们在寻找食物时,必须以家族或家族群为单位,分散活动。这就迫使他们在本群体内来满足自己
54 的性欲。传统的相互隔绝状态,以及人们对那些在习俗、举止和语

① Wilson, *Western Africa*, p. 266.

② Dalton, *Descriptive Ethnology of Bengal*, p. 28.

③ Annandale and Robinson, *Fasciculi Malayenses*, ii. 74.

言上与自己不同的异族所产生的反感，很容易导致人们对异族通婚作出种种非难，甚至明令加以禁止。导致这种情况的另一原因则是部落或氏族不愿让其成员分离出去。在马赛人中，“假如哪个女子被外人娶走，假如哪个男子到其他部落去服役娶亲，他们就再也不会回来了。如果他们胆敢返回的话，就会被人活活打死。”[①]贝斯特先生在谈到毛利人的内婚制时曾说，在过去那种经常打仗的日子里，在氏族范围内保持尽可能多的兵员，无疑会被人们认为是可取之举。关于夏延族印第安人，早期的记载明确指出：根据该部落的习俗，年轻男子在结婚时通常都要搬到妻子家去住，所以“酋长们所采取的对策，就是让年轻男子均在部落之内娶亲结婚，以保持本部落的力量。”[②]内婚制在有些地方是与婚后从夫居的制度并存的。在这种情况下，实行内婚制的原因之一，显然在于该群体不愿失去本群体中的女子。虽然托达人强烈反对任何女子外嫁他乡，但他们并不怎么反对女子与外人联姻，只要她们还留在自己的群体中就行。毛利人实行内婚制，也有这方面的原因。“如果一个女子嫁到另一个部落或氏族，她和她的‘马那’（即‘力量’）就不再属于她的家人和氏族了。”[③]此外，还有一个原因：夫妇吵架并发生对骂时，如他们之间有亲缘关系，所骂的话就不如无亲缘关系的夫妇对骂的话那样重。古代阿拉伯人实行同村男女结亲的做法，是为了达到强化亲属关系的目的。摩洛哥的里夫族柏柏尔人鼓励同村男女结亲，为的是拒外人于村外，这样就可以不必给外来之妇 55

① Hindle, *Last of the Massai*, p. 76.

② Mooney, “Cheyenne Indians”, in *Memoirs American Anthrop. Association*, i. 410.

③ Best, in *Trans. and Proceed. New Zealand Institute*, xxxvi. 21.

以继承权。在马达加斯加的霍瓦人中，氏族与“家族”拒不与外人通婚，“是为了保持地产的完整，同时也是出于一种很强的氏族感”①。在古代威尔士，人们限制与氏族外的人通婚是为了防止外人及其后代在本氏族中拥有财产和统治权。摩西吩咐西罗非哈的众女儿要嫁给其父亲部落的男子，这样，她们的产业就会留在“同宗支派中”②。而在《申命记》中所提出的禁止与迦南七国人通婚的理由，则是宗教方面的：“他（们）必使你儿子转离不跟从主，去事奉别的神。”③

摩西关于禁止以色列人与迦南人通婚的禁律，至少自以斯拉以来，又扩大至该国所有的异教民族。后来的宗教当局依照以斯拉训令的精神，在马卡比时代和反罗马战争时代，都曾禁止以色列人与任何非犹太人通婚。这种禁律，即为《塔木德》和《拉比法典》中所确立的法律。虽然《拉比法典》并没有对犹太人与基督徒通婚的问题做出任何特别的规定，但实际上，在关于禁止与非犹太人通婚这一大的禁律中，即已将基督徒包含在内。1807 年由拿破仑召集的犹太宗教会议宣布，以色列人与基督徒依据民法而缔结的婚
56 姻是有效的，不应受到教规的处罚（革出教门），“虽然缔结这样的婚姻不能举行宗教仪式”，即不能举行犹太教的宗教仪式。④ 1844 年在不伦瑞克召开的犹太拉比会议又向前迈进了一步。会议决

① Sibree, *op. cit.* p. 109.

② 《圣经·民数记》第 36 章第 12 节。

③ 《圣经·申命记》第 7 章第 3 节及以下。

④ Halphen, *Recueil des lois & zce. Concernant les Israélites depuis la Révolution de 1789*. p. 25.

定，犹太人与基督徒通婚，甚至与信奉各种一神教的教徒通婚，“均不受禁止”，只要国家法律允许父母以犹太教信仰教育子女即可。但是，这一决定显然有悖于《塔木德》的规定，因此，即便是鼓吹犹太教改革最积极的人，也对此决定持强烈批评的态度。任何教派的犹太人都不赞成与信奉不同宗教的人通婚。在某些欧洲国家，如在俄国，犹太人与基督徒通婚的情况仍旧十分罕见。在维也纳，1898 年纯犹太婚姻有 847 例，而犹太人与异教徒之间的通婚仅有 110 例。在布拉格，这两种婚姻的比例仅为 354 比 6。另一方面，在柏林，1899 年中纯犹太婚姻有 621 例，而犹太人与异教徒之间的通婚则为 229 例。在普鲁士，1900 这一年中有 474 名犹太教男女与异教徒通婚，而犹太人内部联姻的则有 4799 例。当然，在上述事例中，如要确定犹太人内婚与外婚的比例，自然还要将纯犹太婚姻的人数翻上一番。

基督徒与犹太人之间的婚姻，还受到基督徒方面的禁止。君士坦丁以及后来继任的一些皇帝，还有很多次宗教会议，都主张禁止这种婚姻。在中世纪时，这种婚姻已普遍为人们所回避。雅各 57
布斯先生曾说过：“欧洲的民间传说都视犹太人为某种劣等人，因此，在中世纪时，对一个信奉基督教的少女来说，要把与犹太人的结合视为一件平常之事，是需要有极大的宽容精神的，而这几乎是做不得。”①的确，由于犹太人对基督圣名的强烈憎恶感，因此早期教会反对与犹太人通婚之程度，更甚于反对与其他异教徒通婚。虽然圣保罗曾告诫基督徒不得与异教徒结合，德尔图良更把这种

① Jacobs, “On the Racial Characteristics of Modern Jews,” in *Jour. Anthr. Inst.* xv. 52.

结合称为私通，但早期的教会却常常对这种婚姻加以鼓励，以作为宣扬基督教的一种手段。只是到了后来，当教会的发展已取得不容置疑的成功时，它才实际着手禁止这种婚姻。在12世纪，当“格拉提安教令”公布时，阻止异教通婚已成为教会法的一部分。从那时起，天主教徒与异教徒缔结婚姻，只有得到教会当局的特许，方被认为有效。另一方面，天主教徒与教会异端分子缔结的婚姻虽被认为有效，但只有在得到教会特许的情况下才被视为合法婚姻。然而，从很早以来，就有不少人反对这种婚姻，历次宗教会议也曾立法禁止这种婚姻。特兰托公会议规定，天主教徒与非天主教徒缔结婚姻，除非事先经教会批准，否则一概无效。不过，罗马教皇
58 迫于某些压力，而逐渐对异教通婚做出不少让步。汤顿曾说过：“教会方面总是很嫌弃这类婚姻，因为这不仅影响圣餐之拜受，而且还有使人走入歧途的危险，并导致子女教育上的一些困难。”[①]新教徒起初也禁止此类婚姻，但是现在，无论是在罗马天主教国家，还是在新教国家，异教通婚都不与民法相违背。至于在希腊正教各国，情况则有不同。那些国家均已在民法中采纳了教会的某些限制措施。在东方教会方面，公元7世纪在特鲁罗（Trullo）召开的会议宣布，天主教徒与异教徒的婚姻均属无效。这一法令至今仍有效力。希腊正教还反对同罗马教会的成员结婚。在俄国，现已通过多项法律，规定此类婚姻所生子女如不接受东正教的教育，则其婚姻不被允许。不过，即使是在由罗马天主教徒和新教徒共同组成的国家里，异教间的通婚在全部婚姻中也只占有很小的

① Taunton, *Law of the Church*, p. 439.

百分比。但是，这种婚姻的百分比还是在增加。例如，在巴伐利亚，1835—1850年间，异教通婚在全部婚姻中的百分比仅为2.8%，而在1876—1877年间，则达到6.6%。信奉天主教的男子在同异教徒，特别是在同信奉新教的妇女通婚上，似乎是最为自由的。

伊斯兰教也曾把宗教视为通婚的障碍。《古兰经》明确表示：
“不得与崇信多神的女子结婚，除非她皈依伊斯兰教。”但是，《古兰
经》又规定，穆斯林若娶享有贞节美名以及属于经典教派、笃信天
启宗教或道德宗教的女子，亦为合法。从这些以及与此类似的教
规中，逊尼派和什叶派的律法家得出了不同的结论。逊尼派承认 59
穆斯林男子与犹太女子或基督教女子所缔结的婚姻是合法的、有
效的，但认为穆斯林男子与拜火教女子或印度教女子的婚姻是无
效的。什叶派中的一些人则不承认穆斯林男子与任何异教女子所
缔结的永久性婚姻是合法的，但允许穆斯林男子在某一规定的时
期内与基督教女子、犹太教女子或拜火教女子缔结暂时的婚姻。
但是，这两个教派都禁止穆斯林男子与奉行偶像崇拜、星辰崇拜或
任何一种拜物教的女子结婚。至于穆斯林女子，则在任何情况下
都不得与非穆斯林男子结婚。

在印度教徒中，即使不同种姓的人也不得通婚。内婚制实为种姓制度的本质。非但如此，印度教徒不仅不能与不同种姓的人通婚，而且，一个种姓往往又分为若干亚种姓，亚种姓之间一般也不能通婚。虽然在有些情况下，一个亚种姓可以同某些亚种姓通婚，但却不能同另一些亚种姓通婚。有些亚种姓可以从某些亚种姓中娶亲，但却不能将女子嫁到这些亚种姓中去。有些部落还分

为不同的等级。在这样的部落中，则可能盛行“攀高婚”，即做父母
的须将女儿嫁给相等的或较高的等级，如果未能如愿，则父母的地
位也将下降到女儿所下嫁的那个等级。至于男子，则既可以娶同
等级的女子，也可以娶较低等级的女子。现在，攀高婚在印度流行
甚广，但在印度南部和阿萨姆地区，我们却未听到这方面的传闻。
60 这是一种远古习俗的现代形式。摩奴承认，与种姓低一等的人结
婚所生的子女可以具有合法性，但他谴责雅利安男子与种姓低贱
的女子结婚。《家范经》允许刹帝利种姓的男子娶本种姓的女子或
低一级种姓的女子为妻，允许婆罗门种姓的男子娶本种姓的女子
或低两个种姓的女子为妻，但只允许吠舍种姓的男子娶本种姓女
子为妻。《家范经》还引述了某些经典的一种看法，即上述三种种
姓的男子均可娶首陀罗女子为妻。但有些经典则反对在某些情况
下娶首陀罗女子为妻，而这又说明：在其他情况下这样做是正当
的。在印度的穆斯林中，人们认为一个男子所娶的第一个妻子，应
当是一位处女，且具有同自己相同的社会地位，最好同属其中一个
较大的分支，或同属其中的一个部落。

阶级内婚制在世界各地的很多民族中都可见到。据沙勒瓦
说，在阿尔衮琴人中，有“相当多的家庭”只能相互联姻，而不能与
他人通婚。在阿特人中，人们对门第十分看重，而一个贵族男子假
若不与本部落或他部落中门当户对的女子结婚，就会失去其原有
的种姓。在萨利什人所属的各部落中，酋长的子女只能与处于同
61 等级的人结婚；同样，贵族也只能与贵族结婚。在中美洲地峡地区
的印第安人中，首领们只同具有贵族血统的女子结婚。而在危地
马拉，一个自由民若娶一个女奴为妻，则自己也会降为奴隶。巴西

的印第安部落也认为这样一种婚配是非常有失体面的。在刚果的巴亚卡人中，“奴隶必须娶奴隶，自由民必须娶自由民。自由民即使纳女奴为妾，也是不允许的。”[1]在马达加斯加，不仅存在氏族内婚制，而且还存在阶级内婚制。例如，在霍瓦人中，就有三大等级，即贵族、平民和奴隶。他们之间几乎不能通婚。而在奴隶之内，又分有三个等级，彼此也不能通婚。同样，在东北非的马雷亚人中，各个不同的等级也都是实行内婚制的。在象牙海岸的塞古埃拉人中，手艺人只同手艺人联姻。在特达人中，工匠是一种世袭的种姓，自视卑贱，只能与本种姓的成员联姻。同样，在马赛人中，工匠家庭也只能与工匠家庭联姻。在阿拉伯北部的埃内兹人中，人们从来不与手艺人联姻，也从来不把女儿嫁给长工或城里人。在卡尔梅克人中，不同阶层的人从不缔结婚姻。在吉大港地区，奴隶只能与奴隶结婚。在马来群岛，人们普遍不赞成社会地位不同的人
彼此通婚，有些地方甚至还加以禁止。在菲律宾群岛刚被发现之 62
时，当地土著中的不同阶层是不通婚的，那些贵族更是注重门当户对。盗贼群岛的人们认为，只有贵族的灵魂是不朽的，而哪一个贵族若娶了平民女子为妻，就会被活活处死。在波利尼西亚，平民百姓也几乎被贵族视为另外一种不同的人。因此，社会上层极力反对贵族与平民成亲。在塔希提，假如哪个有地位的女子甘愿嫁给地位不如自己的男人，他们所生的子女就会被人处死。在吉尔伯特群岛的莱恩岛上，如果绅士阶层中的某个人同一个平民结了亲，其土地即会被没收。

① Torday, *Camp and Tramp in African Wilds*, p. 135.

在中国，戏子、巡警、船夫和苦力只能娶各自阶层的女子，而不得娶其他人家的女子为妻。朝鲜也存在阶级内婚制。在日本的大宝律令时代（公元 701—1192 年），曾有一个低贱的阶层，官方不准
63 其与其他阶层通婚。随后，在封建时代（自 12 世纪末至明治时期），日本社会又分为封建领主、武士和平民三大阶级，其中平民阶级又分为农夫、手工艺人和商人等阶层。各阶级或阶层之间均需得到特许，才可以通婚。

在欧洲，也曾存在类似的禁律。直至公元前 445 年，罗马的平民与贵族一直不得相互通婚，贵族与被保护人之间也不得通婚。西塞罗本人就曾反对自由民出身者与获得自由的释奴相互通婚。虽然这种结合在罗马皇帝统治时期一般都可获得准许，但元老院的议员则不得娶女释奴，女保护人也不得与男释奴结婚。自由民与奴隶之间可以同居，但不得结婚。奥古斯都订立的婚姻法也禁止自由民出身的男子与名声不好的女子——诸如艺妓、鸨母和淫妇——结婚。至于元老院的议员，在婚姻上则有更多的限制。他们不但不能娶女释奴，而且还不能娶名声不好的人家的女儿为妻。不过，他们虽不得与这些女子结婚，但同居还是可以的。

在条顿诸民族中，自由民若与奴隶发生性关系，则男自由民会被贬为奴隶，女自由民会被处死。在斯堪的纳维亚各国，奴隶制的废除相对较早，而在德国，奴隶制之后又接上了农奴制。这样，门当户对就继续被人们视为取得合法婚姻的一个不可缺少的条件。直至 13 世纪，任何德国妇女若与农奴发生了性关系，即会失去其自由。无论是在德国，还是在斯堪的纳维亚，贵族都是从自由民阶级中逐渐产生出来的，并成为一个有别于自由民的阶级。于是，贵

族出身的人与非贵族出身的自由民通婚，便被认为颇不般配了。
在瑞典，这样的婚配曾引起过很严重的经济后果。即使在今天，欧
洲仍旧存在着昔日阶级内婚制的痕迹。根据德国民法典的规定， 64
上层贵族出身的男子和出身低微的女子联姻，至今仍被认为是不
相宜的；该女子无权享有丈夫的贵族地位，她和她所生的子女也不
能充分拥有继承权。但是，正如亨利·梅因爵士所说的，一个人择
偶所不能超出的“外圈”，亦即内婚界限，大多都是在习俗或偏见的
庇护下为人所采用的。“在法国，尽管存在着种种正式的制度，贵
族与中产阶级（其区别大致在于姓氏中有无虚词‘de’）的联姻虽然
亦有所闻，但实属罕见。”①

同印度教徒中的攀高婚颇为类似的习俗，在其他一些民族中
也可见到。在马达加斯加，贵族种姓分为六个婚组，差不多每个婚
组都声称自己是皇祖的后裔，并将自己看作一个血亲群体。从理
论上讲，这些群体都是实行内婚制的，不过，较高婚组中的男子可
娶较低婚组中的女子为妻。但另一方面，根据严格的禁律，地位较
高的女子则不可以下嫁。如果下嫁给平民百姓的话，即会失去其
贵族身份，家人也会与她脱离关系。布尚戈人认为，一个奴隶出身
的男子，即使其本人是自由民，但由于出身的低贱，也不能娶布尚
戈女子为妻。不过，他们允许自由民娶奴隶之女为妻。在象牙海
岸的塞古埃拉人中，男子可与他所掳获的女子结为夫妻，但女子却
不能与被俘的男子结婚。贝尼阿梅尔人允许贵族娶平民之女，却 65
不允许平民娶贵族之女。在毛利人中，“酋长可娶女奴为妻，但酋

① Maine, *Dissertations on Early Law and Custom*, p. 224 *sq.*

长的女儿若嫁给某个奴隶，则是一件丢人的事。”[1]在莱恩岛上的居民中，绅士阶层出身的妓女若与平民同居，是一件有失脸面的事；而绅士阶层中的男子若与平民阶层出身的妓女同居，则无损于体面。

在很多情况下，种姓内婚或阶级内婚显然源于种族差异或民族差异。社会分化可以由外族征服所致，在这种情况下，征服者便成为贵族，被征服者便成为庶民或奴隶。据说，秘鲁的印加人便是一些征服者。在英格兰被诺曼人征服之前，那里的贵族是撒克逊人；征服之后，贵族便易为诺曼人。在日耳曼人征服高卢后的1000年间，在法国占支配地位的民族便一直是这些征服者的后裔；直至15世纪，所有上层贵族都是法兰克人或勃艮第人。威廉·里奇伟爵士曾提出这样一种看法：罗马贵族最初乃是征服罗马的一支萨宾人，而平民则是当地土生土长的利古利亚人。在斯巴达，也有一个由征服者构成的贵族阶层，他们与被征服的希洛人有着明显的差异。

有人认为，梵文中的“种姓”一词为“瓦尔纳”(Varna)，其字母含义是“颜色”，而这就反映出印度的高低种姓之分是从何而来。这个词最初在《梨俱吠陀》中系指因肤色差异而形成对照的两个阶级，即达塞瓦尔纳和雅利安瓦尔纳；在以后的各《本集》和《梵书》
66 中，便用以指称印度的四个种姓。印度原是由皮肤较黑的民族所居住的，后来，肤色较浅的雅利安人从西北方向进入印度，占据了这块土地。他们带来了梵语，也带来了《吠陀》和《奥义书》中所表

[1] Thomson, *Story of New Zealand*, i. 176.

述的那些宗教观念。这些征服者的专横心态及其对异族的极端轻蔑，以及他们在种族和宗教方面的强烈排异性，终于找到了一个发泄之处，这就是在他们自己与被征服的“首陀罗”之间，划出一条严格的界限。征服者到来之初，本族女子甚少，因此不得不娶土著女子为妻。后来，当这种男多女少的问题解决之后，他们便自我封闭起来，不再与异族通婚。于是，社会各群体就变成了像现在这样的种姓。据说，直到现在，种姓在很大程度上仍是与种族相对应的。至少在印度北部，一个种姓的体质类型即可反映出它的社会地位，例如，社会最上层的人具有雅利安人的体貌，而社会最底层的人则具有土著人的体貌。诚然，以上这些见解并未被人们普遍接受。有些作者就认为，要探寻种姓制度的起源，只能从职责与职业的统一性上入手。但是，以民族学资料为基础的种姓理论可能还是正确的，尽管现今的社会等级的确与职业有着密切的关系。种族差异从一开始就与职责上的差异相伴随。这是因为，征服者自然而然地要将高等职业留给自己，而把较原始的职业留给那些非雅利安血统的首陀罗。

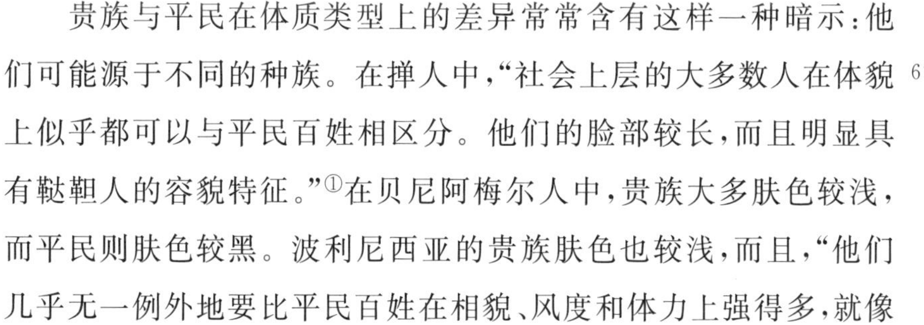

贵族与平民在体质类型上的差异常常含有这样一种暗示：他
们可能源于不同的种族。在掸人中，“社会上层的大多数人在体貌 67
上似乎都可以与平民百姓相区分。他们的脸部较长，而且明显具有鞑靼人的容貌特征。”[①]在贝尼阿梅尔人中，贵族大多肤色较浅，而平民则肤色较黑。波利尼西亚的贵族肤色也较浅，而且，“他们几乎无一例外地要比平民百姓在相貌、风度和体力上强得多，就像

① Anderson, *Mandalay to Momien*, p. 289.

他们在地位和财力上比平民强得多一样，虽说他们的贵族地位是从祖上承袭下来的，而不是因其个人天赋而被众人推举上来的。太平洋上大多数群岛也都有这种情况，其中尤以塔希提岛及其毗邻诸岛为甚。"①

作为不同祖先的后代，贵族家庭的人总是倾向于保持其独有的地位，保持其有别于周围民众而近乎外来之人的一种身份。托克维尔伯爵对于阶级界限十分明显的社会中各阶级之间缺乏认同感的情况，曾作过一番考察，他写道："每个阶级都有自己的见解、情感、权利、风俗习惯和生活方式。于是，属于每个阶级的人们都不同于他们的同胞大众；他们以不同的方式在思考，在感受，几乎不相信他们属于同一类人。……中世纪的编史家按其出身及所受教育均属于贵族阶层，他们在叙述贵族的悲剧结局时，不禁悲从中来，潸然泪下；而在说到普通人遭受虐杀拷打时，则安之若素，无动于衷。这些作者对于普通百姓并非出于习惯性的憎恶或者有意轻蔑；社会各阶级当时尚未宣战。他们的态度与其说是出于感情，不
68 如说是出于本能的驱使。因为他们对于穷人的痛苦没有清楚的了解，也很少关心他们的命运。"②对于阶级外婚的禁止，或者广而言之，对于这类婚姻的回避，皆起源于这样一种排他性以及与此相伴的种种观念。对于男女间的正式婚姻，人们往往要求当事双方在地位上比较般配，而对于超出内婚制范围的非正规婚配，人们往往就不那么苛求了。这种情况不独阶级内婚制为然。有一位旅行者

① Ellis, *Polynesian Researches*, i. 82.

② de Tocqueville, *Democracy in America*. ii. 149 *sqq*.

曾经谈到，在吉达，人们很少顾及性道德，因此一个贝都因女子可以为了金钱而委身于土耳其人或欧洲人。但是，假如让她与这些异族人正式结婚，她便会感到这是自己终生的耻辱。

现代文明倾向于逐渐减少或消除那些将不同种族、民族、宗教信徒以及社会各阶级分隔开来的障碍，从而使内婚制的各种严格限制趋于缓和，使男女择偶范围得以扩大。这一过程在人类历史上具有极其重要的意义。内婚制规则在很大程度上本是源于一种种族的或阶级的自豪感，或是源于宗教上的不宽容性，而在其实行过程中，又反转来巩固并强化了这种情感。不同群体的男女若能经常通婚，则势必带来完全相反的结果。

最后，我们来谈一谈涉及某些近亲结婚的内婚制规则。很多民族都认为，堂表亲之间联姻乃是最适当的一种婚姻，并认为堂表兄有权而且有义务同其堂表妹结婚。但是，这种情况并非毫无区别地适用于所有堂表亲，而几乎总是限于其中的一定范围。

古代阿拉伯人认为，一个男子有权娶自己的堂妹，
(bint'amm)，即自己叔伯之女。他们认为，这种婚姻可以加强亲
属间的关系，并使家产不致外流。同堂妹联姻的权利至今仍在伊 69
斯兰世界得到广泛的认可。据伯克哈特说，“阿拉伯的所有贝都因
人都承认堂兄弟对于堂姐妹的优先择娶权。假如男子又已付出一
笔适当的聘金，做父亲的就不能拒绝把女儿嫁给他。而这笔聘金
总是要比向外人索要的少一些。堂兄弟没有义务一定要娶堂姐
妹，但是，不经堂兄弟同意，堂姐妹则不能嫁给他人为妻。如果一
个男子允许其堂姐妹嫁与她所爱之人，他通常都会说：‘她原是我

的一双鞋，我已经不要她了。'当做丈夫的要抛弃私逃的妻子时，通常也是这样说。"[①]在巴勒斯坦农民中，如果一个女子嫁给了另一个人，其堂兄弟就会认为自己有权将她从迎亲队伍中强行夺走。
70 我在摩洛哥也曾听到过此类说法。在里夫，人们还听说过这样的事：某人的叔叔将其女儿嫁给了另一个人，于是，这个人便把自己的叔叔给杀了。在摩洛哥，如娶叔伯之女为妻，所付聘金也往往较一般为低。不过，有些人为了不让侄儿娶走自己的女儿，也有索要大量聘金的。堂兄妹联姻可以使家产不外流，而且，还可以保持血统的纯度，这在谢里夫家族中尤为重要，因此，这种婚姻相当普遍。据说，这样做还有助于家庭的幸福。人们说，和不认识的女子结婚，如同从水罐中饮水；而同叔伯姐妹结婚，则如同从盘中饮水，自己知道自己喝的是什么。这种婚姻还可以给做丈夫的以更大的夫权。一旦做妻子的跑了，她的父亲或兄弟就会把她找回来。这样做还有一个好处，就是做妻子的不能辱骂丈夫的祖辈，因为这样一骂，也就把她自己牵连进去了。一个人娶了自己的堂姐妹，还可以得到宗教上的功德，这样，他在末日审判时就不会受到惩罚了。同时，这也是一种责任。俗话说得好："与人方便，自己方便。"对于一个男子来说，听任自己的堂姐妹守在闺中而自己另娶其他女子为妻，这是很不适宜的。在印度的穆斯林中，无论是堂兄妹，姨表兄
71 妹或姑舅表兄妹，其联姻都被认为是非常合适的。有人则更愿意在姻亲关系之上再度联姻。不过，最常见的婚姻还是堂兄妹之间的联姻。那里的一些穆斯林说，实行堂兄妹联姻的目的，是要尽可

① Burckhardt, *Notes on the Bedouins and Wahabys*, pp. 154, 64 *sq.*

能保持家族血统的纯净，并使祖先留下的产业不致外流。

在马达加斯加，堂兄妹联姻的事极为寻常。人们把这种结合看作是使家产不致外流的最好办法。人们还把这种近亲联姻称之为“洛瓦齐—米芬德拉”，意即“家产不外流”。姑舅表兄妹之间的联姻也是可以的，还可以按规定举行一个较小的仪式，但条件是要排除任何血缘上的麻烦。至于姨表兄妹联姻，如果他们二人的母亲均为一母所生的话，这种联姻则会被视为乱伦，令人恐惧。麦考尔·希尔在谈到南非的班图部落时曾说，在深山的土著中，人们为了使家产不外流，几乎都是实行堂兄妹联姻。

在很多情况下，姑表兄妹或舅表兄妹之间的联姻，即所谓“交
表婚”，则被视为最适当的婚姻。这种婚俗在印度南部非常普遍，
此外，在印度其他一些地方，也有这种婚俗。虽然很少有堂兄妹或 72
姨表兄妹联姻的情况，但对一个男子来说，舅表亲或姑表亲之间的
联姻不仅是一种权利，而且还是一种义务。不同的部落或不同的 73
种姓，在对这些规则的遵守和贯彻上，则有宽有严，不尽一致。在尼尔吉里丘陵的卜苏巴人中，如果一个男子的姑表姐妹比他的年龄大，他便不一定非娶她不可。在这种情况下，他既可以娶姑姑的女儿，也可以娶舅舅的女儿。而在其他一些民族中，则不论一个男子与他的姑表姐妹孰长孰幼，他都不得以此为借口拒绝娶她为妻。钦人居住在阿萨姆和中国云南省之间的山区中。根据他们的习惯法，舅表亲有联姻权，“但是，如果其中一方已成年而另一方尚未成年，则已成年的一方可不必等年幼的一方成年后与其成婚。”除此情况之外，违反这一习惯法并“与他人结婚”的一方则要被处以罚金。但也有例外，这就是：在姑舅二人均在世时，如果姑姑的儿子

违背了婚约,但保证让第三代实行联姻,则可不予处罚。[①] 在阿萨姆的米基尔人中,从前,如果一个男子未娶其舅表姐妹,他的舅舅就可以随意打他。在有些地方,做父母的如果没有把女儿嫁给有权娶她的亲戚,就会被人从本种姓中驱逐出去。而在别的地方,表亲的第一取舍权仅仅是一种形式。

在锡兰的僧伽罗人中,“姨表亲或堂亲是很少允许联姻的,人们总是最乐意促成舅表亲或姑表亲之间的联姻。”[②]在中国的一支土著部落——黑苗中,姑娘必须嫁给舅舅的儿子,也就是说,一个
74 男子可享有对其姑姑的女儿的婚姻权。根据吉利亚克人的习俗,男子应娶舅舅的女儿,女子应嫁给姑姑的儿子。在苏门答腊的某些地方,人们禁止姑表亲联姻,而鼓励舅表亲联姻。如果一个男子不和自己的舅表亲结婚,舅舅就会生气,甚至还有人说,上天也会发怒。据朗贝尔说,在新喀里多尼亚,人们都认为姑舅亲联姻是特别相宜的,而堂亲或姨表亲联姻则须严加禁止,就好像他们是亲兄妹一样。巴兹尔·汤姆森先生谈到,在斐济,男孩自一出世起,就被认为是姑姑之女或舅舅之女的天然丈夫。“从理论上看,择偶范围是很大的,因为一个男子可从三代甚或五代从表亲中纳妾,但实际倾向是,所纳之妾一般都是第一代表亲,即舅舅的女儿。”[③]据这段引文的作者说,当地土著还告诉他,自从基督教传入以及地方政府建立起来之后,纳妾的做法已大为减少了,但据说现在至少仍有30%的人还在纳妾。堂亲和姨表亲之间是禁止联姻的。在有些地

① Maung Tet Pyo, *Customary Law of the Chin Tribe*, pp. 4, 5, 8 *sq.*

② Perera, *Glimpses of Singhalese Social Life*, p. 3.

③ Thomson, *Fijians*, p. 183 *sqq.*

方，姑舅表亲只有到了第二代才能婚配。在澳大利亚的乌拉本纳人中，男子的最佳配偶是其大舅之女或大姑之女，而姨表亲或堂亲则是严格禁止结亲的，因为这些从表亲与当事者本人同属一个外 75
婚等级。在非洲的赫雷罗人中，交表婚是一种通行的婚俗。在那里，堂亲和姨表亲同样也严格禁止结亲。

在其他很多民族中，也允许实行交表婚，但这并不一定表示：交表婚被视为最合适的婚姻。例如，在萨维奇岛，姑舅亲或堂亲均可联姻，人们对此也不会感到震惊，但这种联姻方式并不普遍。西非的芳蒂人禁止姨表亲联姻，而准许姑表亲联姻，但人们并不鼓励这样做。在东非的桑戈人中，从表亲中只有交表亲可以通婚，但人们更愿意与没有亲属关系的人家结亲。很多民族之所以允许交表亲联姻，显然是因为这样一个事实，即他们属于不同的群体。而另一方面，在实行氏族制度的地方，如果世系是以父方计算的话，堂亲即属同一氏族；如果世系是以母方计算的话，姨表亲即属同一氏族。在前一种情况下，如果两姐妹分别嫁给同一氏族的两兄弟，则两姐妹的子女亦属同一氏族，在后一种情况下，如果两兄弟分别娶了同一氏族的两姐妹，则两兄弟的子女亦属同一氏族。不过，即使堂亲或姨表亲分属不同的氏族，他们在社会关系上也会比姑舅表亲更近一些，因此，他们之间的联姻就会被视为一种乱伦。还有人 76
提出，在由母系制改为父系制的氏族中，堂亲即已属于同一氏族，因此已不可联姻；至于过去有关姨表亲联姻的禁律，现在却可能依然有效。而从氏族的各种限制性规定来看，舅表亲的联姻和姑表亲的联姻则没有必要加以禁止。但是，我们这里要解答的问题并不是交表婚何以被允许，而是交表婚何以成为一种习俗。

要回答这一问题，或许应当从社会环境中去找原因。交表婚的社会环境同另一些民族实行堂亲联姻这一婚俗的社会环境极为相似。交表婚的目的可能是要将亲属凝聚起来。在目前的情况下，各个家庭分属于不同的氏族，有鉴于此，这一目的就显得更重要了。据说，在毛利人中，“兄弟之间或亲属之间为了巩固并加深他们的友情，常常做出这样的安排：如果一方生了一个女孩，另一方生了一个男孩，就会让他们尽早成婚。”①即使在文明社会，人们也不时可以看到，有些朋友为了加强他们之间的关系，常常鼓励各自的子女彼此联姻。此外，交表婚不但能使家人凝聚在一起，而且还能防止家产的散失。因此，在家产经由母系遗留给后代的社会中，做父亲的要想给儿子谋得一些家产，就会让他同姑表姐妹甚或亲姑姑结婚；而要想给女儿谋得一些家产，就会把女儿嫁给自己的
77 财产继承人，亦即女儿的姑表兄弟。例如，属于西德内人一个支系的卡列尔族印第安人就是完全以母方计算世系的。在那里，男子常常要安排自己法定的财产继承人和接班人，即自己姐妹的儿子，娶自己的一个或几个女儿，为的是“使自己的后代可以分得自己的财产，而不致使自己的财产在氏族的有关规定下被完全剥夺。根据他们的法律，任何祖传财产和权利不得传给其他氏族的人，即使接受人是捐赠者本人的子女。在卡列尔人中，这些法律和规定被加以严格遵守，因此才有把女儿嫁给其姑表兄弟的习俗。”②在谈及印度南部实行交表婚的情况时，理查兹先生曾说，我们可以把给

① Polack, *Manners and Customs of the New Zealanders*, i. 136.

② Hill-Tout, *The Far West, the Home of the Salish and Déné*, p. 145 *sq.*

予一个男子在与姑舅表亲联姻上的第一取舍权这一规则，解释为母系继承制与强调父系继承制的婆罗门法之间的某种妥协，因为这一规则在父系制度的形式下保留了母系继承制的原则。交表婚还可以有其他方面的好处。哈亚瓦德纳·拉奥先生认为，在高止山脉东部的贡德人中，如同在廷内维利和马都拉南部地区及塞勒姆和哥印拜托的情况一样，男子之所以要求和姑表亲结婚，原因之一可能在于“减少结婚的费用，因为在这些部落和种姓中，娶亲所要的聘金是很重的”[①]。在很多民族中，人们都坦诚表示，同交表亲联姻要比娶一个没有亲戚关系的人便宜。在京吉山区的伊鲁拉 78
人中，以及在托雷斯群岛的休岛上，娶舅舅的女儿为妻根本无须付任何聘金。此外，在马都拉地区，男子有权要求与姑姑的女儿结婚。有人说，这种习俗的动机“似乎在于这样一种想法：女子出嫁时，已给家里造成某种损失；为了弥补这一损失，她应该将自己的一个女儿再送回到自己娘家”[②]。这种回归意识很明显地包含在“把奶送回去”这句话中，意即将女儿嫁给舅舅的儿子。在印度中部各省的某些部落中，人们都知道这句话的含义。中国的黑苗则称这种婚姻是“把别人家给的种子再还给人家”[③]。

这样，我们就可以追溯到交表婚的各种动机，而不是像某些作者那样，只把它想像为古代社会制度的一种遗迹，认为除此之外，别无含义。里弗斯博士认为，“堂亲联姻或姨表亲联姻都是被严格禁止的，而姑舅表亲联姻却颇受人们青睐，要想了解人们这样做的

① Hayavadana Rao, in *Anthropos*, v. 794.

② Francis, quoted by Dahmen, in *Anthropos*, v. 325.

③ Schotter, in *Anthropos*, vi. 320.

动机”，是非常困难的。[①] 但是，我们已经看到，从表亲联姻受人青睐是各有原因的；这些原因可以导致人们对交表婚情有独钟，而将其他形式的从表亲联姻视为乱伦；此外，还有社会环境的因素，在有些环境下，人们就会对交表婚情有独钟，而不论对其他形式的从表亲联姻是否加以禁止。里弗斯博士提出，在印度以及在其他一些地方，交表婚是由于一个社会分为两个外婚半族或外婚组而导出的，这种半族我们在澳大利亚的某些部落中就可看到。但是，我们姑且不谈这样一个事实，即人们并不曾听说印度有过这类社会
79 组织，我们只是要问：这种社会组织何以会导致第一代交表婚而竟将两个外婚半族其他成员之间的通婚排除在外呢？这是很难令人理解的。而在美拉尼西亚方面，里弗斯博士则认为，交表婚并非这种二元社会组织所产生的直接结果，而是源于老年男子在这种二元组织中的支配地位，是由此而引发的一系列事情的最终结果。由于老年男子垄断了社会中所有的年轻女子，因此在年轻男子长大后，要想娶亲，便只有一种办法，就是由那些年长者将自己的妻子让给他们。这些年长者总是先把自己的妻子送给其外甥，到后来就不是送妻子了，而是把女儿送给外甥。这就产生了交表婚。我认为，这种说法完全是毫无根据的推测。根据本书前几章所阐述的理由，我认为，用从亲属称谓中得出的结论来支持这一论点的任何企图都是无效的。有些习俗和制度，如果用已知的事实对其原因进行分析，本来可以取得令人满意的解释。但是，有些人却总是想把这些说成是过去某种为人所不知的、纯属假设情况的遗留

① Rivers, in *Jour. Roy. Asiatic Soc.* 1907, p. 623 *sq.*

物。在这里，我想再次对这种方法表示反对。

在有些地方，还有比从表亲更近的亲属彼此联姻的习俗。在迈索尔的科拉查种姓中，“男子有一种特别的义务，即要娶姐姐的女儿为妻，即使她比自己还大。”[①]在印度南部的其他一些种姓中，也有类似的习俗。讲卡纳拉语的农民即卡皮利扬人，承认，男子有权去娶自己的外甥女或表姐妹。在尼尔吉里山区的卡苏巴人中，如果一个男子比他的姑表姐妹年轻，即可娶自己的外甥女或舅表姐妹。在中国的蛮族苗人中，女子必须嫁给其舅表兄弟，如果其舅 80
父没有儿子，那么舅舅本人就会把其外甥女娶过来。在京吉山区的伊鲁拉人中，一个男子与其弟弟的女儿结婚乃是最合适的联姻方式之一。在卡兰人中，如果一个男子的姑姑没有女儿，他就必须娶其姑姑或侄女或其他近亲。在加罗人中，男子与其姨母联姻的事甚为常见，如果没有姨母，则同舅舅的女儿结婚。如果姨母寡居，而他却另娶他人，则会被认为有失体统，甚至遭到禁止。在休岛，“据人们说，如果一个男子的姑姑年纪尚轻，就应娶之；如果姑姑年纪已大，则应娶其女儿。人们只是把交表婚作为侄儿娶姑母的一种替代形式。”[②]

这类婚姻形式常与交表婚交替出现，其起源似乎也很相似。在伊鲁拉人中，一个男子若娶其弟弟的女儿，则可不必交付聘金。在迈索尔的梅达种姓中，如将女儿嫁给其舅父，聘金则会酌减乃至全免。有人在谈到印度同一地区的类似婚姻形式时，曾说过：在有

---

① Thyagaraja Aiyar, *Census of India*, 1911, vol. xxi. (Mysore) Report, p. 99.

② Rivers, *History of Melanesian Society*, i. 184.

钱人中，舅舅娶外甥女是出于对她的钟爱；在穷人中，这种联姻方式则是为双方情况所迫而为之。当舅舅的想不花很多钱，是娶不上新娘的；而外甥女的父母也拿不出嫁妆陪送给不认识的新郎。
81 如果外甥女的父母很穷，而舅舅一方又很富有，那么前者则一定要让后者娶其外甥女，因为女孩的母亲不忍看到其兄弟的财富流入外人手中。

在有些社会群体中，人们甚至还要求兄弟娶其姐妹。例如，在皇室中即有这种情况。这是为了避免混入他人血统，以维护皇室血液的纯洁。这方面的情况，我们将在下一章中讲到。

第十九章　外婚制 82

我们在前面一章所讲的内婚制规则，是要禁止某一特定群体的成员与该群体以外的人通婚。现在，我们将由此转而谈到外婚制规则，它所要禁止的，则是某一特定群体的成员与该群体以内的任何人通婚。[①] 外婚群体大多系由具有或自认为具有血缘亲族的人所组成。亲缘关系越近，就越成为通婚的障碍，至少在同一世系之内是这样。

在各种外婚制规则中，最常见的便是禁止母子或父女通婚。事实上，这类规则可以说普遍通行于全人类。诚然，我们也曾听说，在某些民族中有父母与子女“通婚”的事。但是，我们也确曾听说，在这些民族中，有些是反对这样做的。因此，我们实在怀疑世界上是否真有哪个民族曾对男女之间的这种结合表示过认可。

迪泰特曾说，在加勒比人中，“没有对血缘亲等的限制”，而且当地也确有父亲与亲生女儿、母亲与亲生儿子结婚的传闻，“虽然

---

① “外婚制”(exogamy)这一术语通常用来表示禁止在某一群体内通婚。这里所讲的群体，是比家庭大的群体，特别是指氏族。但是，无论是从该词的词源上，还是从这种禁律的性质上，我都找不到实行这种限制的任何理由。相反，我认为这个术语有一弊病，它把本来同属一类，且依我看来亦具有相同基础的一些规则，硬是割裂开了。

83 此类事甚为罕见”[①]。据德拉博德说，他本人在加勒比曾亲眼看到过父亲娶女儿为妻的事。不过，德普安西则对这一说法的准确性予以否定，并补充说，他们对这种乱伦的事是很憎恶的。据西姆森先生说，在厄瓜多尔的皮奥赫人中，“寡母常常以自己的儿子取代死去的丈夫，而做父亲的在其第一位妻子死去后，便以自己的女儿相代。”[②]罗斯谈到，在美国西北部的东廷内人中，母子间、父女间、兄妹间发生性结合的事虽然不多，但也决非罕见。他听说，有两个儿子同时娶了自己的母亲；有一个男子娶了自己的女儿；还有几个人娶了自己的姐妹。不过，据他说，当地舆论并不认为这样做是对的。赫恩在谈到廷内族系中的南支印第安人时，曾说：“根据广泛流传的说法，有不少人时不时地与自己的母亲同居，还常常娶自己姐妹或女儿。”他还认识其中的某些人，“他们在和自己的女儿这样处了一段时间之后，又把女儿给了自己的儿子，各方对此均很满意，彼此相安无事。”[③]但是，赫恩承认，北支印第安人对乱伦关系则是憎恶的。莫里斯神父根据本人的亲自观察，也证实了这一说法。据说，在哈得孙湾附近的昂加瓦地区，有一个爱斯基摩人，他娶了自己的母亲为妻，但是“当地人对此甚为不满，迫使他中断了
84 乱伦关系”。[④] 达拉格尔认识一个格陵兰人，他娶了自己的女儿，但是据当地人自己讲，一想起这种造孽的事来，他们的心就咚咚直跳。

---

① Du Tertre, *Histoire générale des Antilles*, ii. 377 *sq.*

② Simson, *Travels in the Wilds of Ecuador*, p. 196.

③ Hearne, *Journey from Prince of Wales's Fort to the Northern Ocean*, p. 130 n.

④ Turner, 'Ethnology of the Ungava District,' in *Ann. Rep. Bur. Ethn.* xi. 180.

据威尔逊和费尔金说，在中非的班尼奥罗人中，兄弟可以娶姐妹，甚至父亲可以娶女儿，只是没有儿子娶母亲的事。但是，这种说法和罗斯科牧师的说法是不相吻合的。据后者说，即使在王室中，做父亲的也不会娶自己的女儿。卡梅伦在谈到瓦鲁亚的国王时曾说，在他的后宫中，不仅有他的姐妹和侄女，而且还有他的亲生女儿。据斯托说，在布须曼人中，人们结婚似乎没有什么亲等的限制，只有父母与子女以及兄弟与姐妹不得结婚，“而在一些地处偏僻的氏族中，就连这样的限制也没有。”[①]

特纳称，在新喀里多尼亚，人们结婚时根本不顾什么血缘法则，即使在最近的亲属之间，也有通婚的。不过，这一说法与有关该民族的另一些更有权威的记载颇有出入。还有人说，在新几内亚岛外围的基瓦伊岛上，做父亲的可以娶亲生女儿为妻，只是不准兄妹之间与从表亲之间结婚。但是，这种说法肯定也是不确实的，因为在基瓦伊族巴布亚人中，属于同一图腾的人不能结婚，而子女
又都继承父亲的图腾，这已是为众人所接受的事实。在所罗门群 85
岛的布干维尔岛和布卡岛上，做父亲的常常娶自己的亲生女儿为妻，并和女儿一起生儿育女。有人说，在当地，人们虽然把戴有同一鸟羽的人结婚视为一种犯罪，但父娶女却不被视为违法的事。在夏威夷，据说酋长家庭中曾有过父女结婚的事，而在有些地方，兄弟与姐妹之间的通婚已成为众所周知的一种制度，这一点我们稍后将会讲到。在马绍尔群岛，兄弟姐妹之间以及父女之间的乱伦关系或联姻关系，据说也时有所闻，特别是在酋长家庭中。但这

① Stow, *Native Races of South Africa*, p. 95.

种关系被人们视为一种丑事，认为将来一定会受到报应。库巴里曾经谈到，在帛琉群岛，有一个人娶了自己的亲生女儿，于是成为众人讥讽嘲笑的对象。他的同胞们从该群岛的四面八方赶来观看这对奇怪的夫妻。但是，在这些岛民中，父女通婚也并非罕见之事，只是公众舆论反对这样做。在马来群岛的某些部落中，也有兄弟姐妹之间以及父母子女之间通婚的事。例如，据爪哇人讲，在卡
86 朗人中，常有一些母子像夫妻一样在一起生活，他们甚至认为这样一种联姻关系会带来好运和财富。卡朗人现正要求当局将自己作为爪哇岛的土著人。据说，在米纳哈萨半岛的南部地区，过去常有不少父女、母子以及兄弟姐妹以夫妻关系生活在一起。

据黑尔费尔说，在丹那沙林的克伦人中，"兄弟姐妹联姻或父女联姻之事，并非罕见。"①但是，阿隆索·邦克博士告诉我，在克伦人居住的所有地方，父母与子女之间以及兄弟与姐妹之间的联姻都是被禁止的；即使在嫡从表亲之间，也很少有通婚的，虽然并没有禁止这种通婚的法律。顺带说一句，邦克博士曾在缅甸和克伦人一起住了20多年。关于库基人的情况，据伦内尔说，他们在缔结婚姻时，一般都不考虑血缘关系的问题，只是母子之间不能联姻；但斯图尔特则表示，库基人在这方面是有严格规定的，他们禁止同一家庭内的近亲通婚，甚至还禁止从表亲之间通婚。

希腊的一些作者曾谈到，古波斯人实行过近亲结婚，甚至有人娶自己的母亲、姐妹和女儿。但这些说法已受到现代拜火教学者

① Helfer, "Animal Productions of the Tenasserim Provinces", in *Jour. Asiatic Soc. Bengal*, vii. 856.

的猛烈抨击。他们说，所谓 xvaētvadatha，或钵罗钵语中的 xvētōkdas，亦即被外国作者认为是用以指称父母与子女结婚以及 87
同母异父兄妹结婚的词，其实正如其现代含义一样，指的则是嫡从表亲之间的联姻。韦斯特也曾表示，从《波斯古经》(有关古代玛兹达崇拜活动的唯一的内部记载)来看，拜火教学者的说法是完全正确的：他们的宗教在创始之初，并未准许最亲近的亲属结婚。不过，从公元 6 世纪到 9 世纪的诸多钵罗钵语译著及著述来看，有多处提及最亲近的亲属之间的 xvetōkdas。文中对这类联姻方式的辩解和鼓吹“是不遗余力的，这种情况大多说明，要使世俗百姓对此信而从之，是非常困难的。”在萨珊王朝后期以及随后的几个世纪里，祭司们也一直竭力鼓吹这种联姻方式，只是收效可能甚微。大约是在 15 世纪左右，有人开始撰写关于波斯 Rivâyats 的著述。在这些近代著述中，我们可以看到，xvētōkdas 一词的现代含义，即嫡从表亲之间的婚姻，已成为该词在当时的唯一用法了。虽然在这些著述中，也有几处隐约谈到，该词原来还有一些用法，只是早已废弃了。[①] 中国史学家马端临在 13 世纪时写道，安息人中，有娶姐妹与母亲者，“其行径一如禽兽”。[②]

据说在原普鲁士，人们曾娶除母亲之外的几乎各种血亲为妻。在爱尔兰人中，近亲关系并非都是结婚的障碍：爱尔兰的最高君王卢盖德就娶了自己的母亲，伦斯特的一位国王则娶了自己的两姐 88
妹为妻。不过，对于斯特拉博所称爱尔兰人惯于娶自己的母亲和

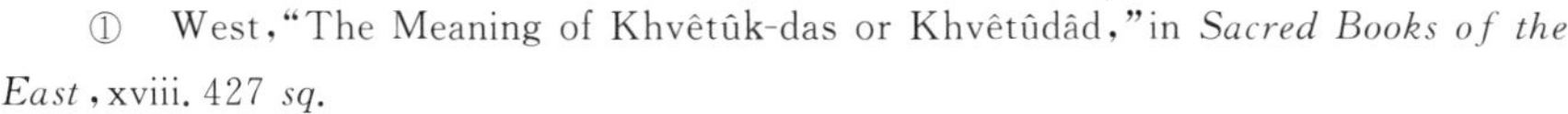

① West, “The Meaning of Khvêtûk-das or Khvêtûdâd,” in *Sacred Books of the East*, xviii. 427 *sq.*

② Rémusat, *Nouveaux mélanges asiatiques*, i. 217 *sqq.*

姐妹这一说法，则不可盲目听信。斯特拉博也曾听过，在阿拉伯南部，男子同自己的母亲有性关系；但是，正如温克勒所说，我们不应从自己的称谓概念出发，以为这里所说的即是其亲生母亲。

与禁止父母与子女通婚的规则几乎同样普遍通行的，还有禁止同父同母所生兄弟姐妹通婚的外婚制规则。至于违反这一规则的例外事例，我们已经谈到一些，也还可以再谈一些。但是，这方面的报道大多存在明显的讹误，要么就是可信度较差。之所以这样，假如没有其他原因的话，那就是因为这些报道没有说清，其所指的究竟是同胞兄弟姐妹，还是同父异母或同母异父的半血缘兄弟姐妹。

在巴西的某些部落中，人们以很小的群落或家族为单位，分散居住，互不往来。在这种情况下，据说兄弟姐妹结为夫妇的事常有发生。不过，关于古代的图皮南巴斯人（即今图皮人的祖先），我们却听说，他们是公开反对这种事的。迪谢吕讲到，在西非的奥邦戈人中，多有兄妹通婚的事。但这种说法是从阿尚戈人那里道听途说来的，而后者对前者是极为厌恶的。在东非的瓦泰塔人中，据汤姆森所说，兄弟姐妹通婚之事时有发生，但人们对此是强烈谴责的。保利奇克说，在加拉人中，虽然近亲结婚的事并不多见，但在有的地方，人们也允许兄妹通婚。不过，他这里所说的兄妹通婚究
89 竟是指什么，并不十分清楚。费尔金断言，在巴干达人中，“亲属通婚是不受禁止的，兄妹通婚之事时有发生。”①但据罗斯科牧师讲，

① Felkin, "Notes on the Waganda Tribe of Central Africa," in *Proceed. Roy. Soc. Edinburgh*, xiii. 756.

巴干达人既不能与本氏族的人通婚，也不能与母亲氏族的人通婚，他们对于乱伦的人，是要判处死罪的。

据说，在马克萨斯群岛的居民中，也有兄弟姐妹通婚的事。但是，陶坦博士认为，这种说法乃出自对当地亲属称谓的一种误解。不理解亲属称谓的真正含义，可能往往是导致某些人说某某民族近亲结婚的一个原因。达拉卜·达斯托·皮舍坦·森加纳说过，在某些东方民族中，诸如“姐妹”、“女儿”、“母亲”等词常常被人泛用，因此，我们必须特别谨慎，以避免由此产生的误解。其实，对于其他一些民族，我们在这个问题上同样也应加以注意。梅尼克称，加罗林群岛上的人可以娶自己的姐妹，这种说法实际上就是出于某种误解。他的资料来自阿拉戈所引述的唐·路易斯·德·托雷斯的话。阿拉戈说，他“所理解的是，兄弟姐妹可以通婚，而且，从人们对他的问题所做的回答来看，这种婚姻形式更为人们所喜欢”。但阿拉戈又说：“不过，他也不清楚这种说法是否正确。”[1]至于库巴里，则坚信托雷斯的理解有误。

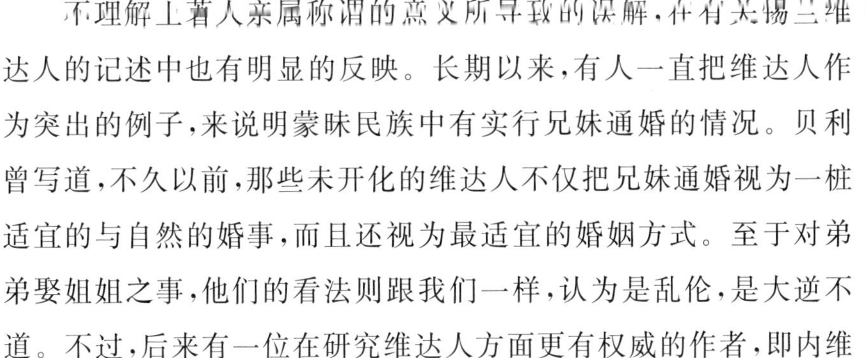

不理解土著人亲属称谓的意义所导致的误解，在有关锡兰维 90
达人的记述中也有明显的反映。长期以来，有人一直把维达人作为突出的例子，来说明蒙昧民族中有实行兄妹通婚的情况。贝利曾写道，不久以前，那些未开化的维达人不仅把兄妹通婚视为一桩适宜的与自然的婚事，而且还视为最适宜的婚姻方式。至于对弟弟娶姐姐之事，他们的看法则跟我们一样，认为是乱伦，是大逆不道。不过，后来有一位在研究维达人方面更有权威的作者，即内维

---

① Arago, *Narrative of a Voyage round the World*, ii. 17 *sq*.

尔先生，对这一说法的准确性作了否定，并且还解释了导致这种错误的原因。他指出："维达人是从来不允许这种乱伦的，而且，只要他们的习俗还能维持下去，以后也不会允许这种乱伦。在他们看来，乱伦比杀人更为可恶。由于维达人在此事上的坚定态度，泰米尔人还据此编了一个故事，讲的是一个维达女孩对哥哥进行挑逗，立即被哥哥杀死了。误解显然出在对维达人的用语不理解上。维达人认为，一个人应该同舅舅的女儿或姑姑的女儿结婚，他们对这类表亲称之为 nagâ 或 nangî。而这种称谓在僧伽罗语中则是指"妹妹"。因此，如果有人问一个维达人：'你们是娶自己的妹妹吗？'那么，僧伽罗族的翻译就会把这句话译为'你们是要娶自己的 nagâ 吗？'我对此做过多次验证，他们的回答都是'是的，我们原来一直是这样做的，可是，现在有人已不再照这样做了。'如果再问：'什么？娶自己的亲妹妹（亲 nagâ）？'他们就会很生气，认为提这样的问题是对他们的莫大侮辱，然后断然予以否认。"作者又说："一个维达人无论如何也不会与同一家族的人结婚，即使这种亲属关系在久远的古代即已失却了。这种婚姻会被视为乱伦，而对乱伦的惩罚则是死刑。"[①]据最近曾对维达人进行过研究的塞利格曼教授夫妇讲，他们在这一问题上所得出的结论与内维尔所讲的完全相符。

萨拉特·钱德拉·达斯在其《拉萨及中藏旅行记》中写道："在
91 博巴人和康巴人中，婚姻关系很乱，兄弟可以娶其姐妹，侄儿可以
娶其婶母。在普通藏人中，只要男女双方不是同父所生，人们对其

① Nevill, "Vaeddas of Ceylon," in *Taprobanian*, i. 178.

结婚就不加反对。因此，同母异父的兄妹可联姻，儿子可以娶继母，侄儿也可以娶其婶母。”[①]不过，该书的编辑罗克希尔先生则写道，就康巴人而言，该书作者的说法是不确实的，虽然以前可能一度有过他说的那种情况。吕西亚的塔希塔德希人自认为是穆斯林，但却被所有真正的伊斯兰教信徒视为异教徒。据与其相邻的民族讲，他们不仅沉溺于聚众作乐，而且还娶自己的妹妹为妻。提供以上材料的作者还说，他本人就知道有两桩这样的婚姻。但是，这位作者却没有告诉我们，其双方究竟是否是胞兄胞妹的关系。利比希曾说过，在德国的吉普赛人中，兄妹是可以通婚的，虽然他们一般都不采取这种联婚方式。汤姆森先生在谈到英格兰和威尔士的吉普赛人时，也说：“几乎可以肯定地讲，他们在缔结婚姻时，除了直系亲属之外，从不曾有任何亲等的限制。”[②]但是，芬兰的吉普赛人显然不是这样，他们对乱伦是深恶痛绝的。

现有大量出自古埃及的证据表明，后期的一些法老曾娶其胞妹或异母所生姐妹为妻。托勒密王朝的统治者们也效法了法老的这种先例。在罗马时代的农人家庭和手工艺人家庭中，兄长与异  92
母所生姐妹甚至胞妹通婚之事也常有发生。但是，那种认为在更早的时期这种婚姻同样也很常见，甚至更为常见的说法，则完全是一种没有根据的猜测。布雷斯特德曾提到，在古埃及第 21 王朝时，有一例兄妹结婚的事，是一位比法老地位低一些的人娶了自己的妹妹。但是一两件孤零零的事例并不能体现一般的习俗。还有

① Sarat Chandra Das, *Journey to Lhasa and Central Tibet*, p. 326 *sq.*

② Thompson, “Ceremonial Customs of the British Gipsies,” in *Folk-Lore*, xxiv. 331.

人论证说，俄西里斯与塞特同其姐妹伊西斯与尼芙西斯的婚姻，反映了古代的一种社会习俗。不过，这种论证的基础是靠不住的。据知，有些民族从未允许甚或从未有过亲兄妹通婚的事，但在这些民族中，有关神界或人间的兄妹彼此结亲的神话和传说却不乏其例。在希腊故事中，就有不少这类婚姻：克洛诺斯娶了瑞亚，宙斯娶了赫拉，埃俄罗斯的6个儿子也分别娶了他们的姐妹。在尼亚斯人、爪哇人和桑塔尔等民族中，也可以找到这类故事。在《梨俱吠陀》的一首颂诗中，阎蜜似乎是支持兄妹通婚的，而阎摩则是反对者的化身。佛教传说中也曾提到过不少兄妹通婚的事例。在斯堪的纳维亚的《英林加萨迦》中，“当尼奥德和先遣队一起征战时，他已娶了自己的胞妹为妻。根据他们的法律，他这样做是可以
93 的。”不过，“在阿萨人中，则禁止此类近亲结合。”① 兄妹通婚之事在俄国农民的史诗中也有提及。但是，无论这些故事的起源如何，都不能用以证明过去曾有过这种习俗。

一般来说，依照惯例实行兄妹通婚的最确凿的事例，乃见于王室或酋长家族之中，虽然就其中多数情况而言，通婚的男女双方究竟是否为胞兄妹的关系，仍然是不能确知的。有关这种婚姻的最明确的说法来自夏威夷。马洛曾说：“对于地位最高的酋长来说，最合适的配偶是其同父同母所生的胞妹。人们把这种联姻方式叫作‘皮欧’(pi’o)，其意是弓、环、自身相依之物。而如果这种结合生育了孩子，这孩子就会成为地位最高的酋长，成为圣人，以至于无论什么人见了他，都必须俯伏在地。他被人们尊称为神。……

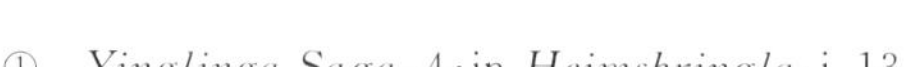

① *Yinglinga Saga*, 4; in *Heimskringla*, i. 13.

大酋长的适宜配偶则是同母异父或同父异母的姐妹。这种结合叫作'纳卡'(naka),所生之子亦为大酋长,但他只能享有'落座之禁'(sitting tabu)。……如果某个大酋长结不成这样的姻缘,则可娶兄弟之女或姐妹之女。这种结合则被称为'霍伊'(hoi),即'回归'之意。"但是,"待大酋长夫妇有了自己的孩子之后,如果男方想再娶新妇,或女方想再嫁新夫,那么,即使第二位配偶在血亲关系上不如第一位那样合意,也可以允许其再娶再嫁。"[①]但是,血亲通婚 94
毕竟是酋长们的一种特权。至于普通百姓,则是不行的;而且,乱伦还会被人视为一件丑事。甚至据说,在夏威夷,"由于最初到达的基督教牧师曾允许表亲之间通婚,因此还一度明显地阻碍了这种新宗教的传入。"[②]

据说,僧伽罗的国王们"往往娶自己的姐妹为妻"[③]。在马达加斯加岛的伊博伊纳,国王们有时也与自己的姐妹通婚,但在这种情况下,婚后即要举行一种仪式,人们要往女方身上洒些圣水,女方还要为自己的幸福和生育而祈祷,仿佛担心这种结合会使神动怒而惩罚他们。在安科莱的巴希马人中,一个人不得从父亲的氏族中娶亲,但是这种外婚制规则并不适用于王族,"王族实行的是内婚制,因此公主只能嫁给其兄弟或王族中的其他人。"[④]同样,在班尼奥罗人中,氏族外婚制的唯一例外就是王族之家,他们常常实行兄妹通婚。但据说,王子之娶公主,"并不受婚约的束缚,公主可

① Malo, *Hawaiian Antiquities*, p. 80 *sq*.

② Rivers, *op. cit*. i. 382.

③ Tennent, *Ceylon*, ii. 459.

④ Roscoe, *Northern Bantu*, p. 119.

以随意离开其兄，去找另外某个王子，如果她想这样做的话。但由于这种婚姻颇有爱情婚姻的性质，因此他们只是同住一段时间，而且这种结合也不那么公开，而更具秘密同居的性质。”一旦他们生了小孩，通常都会将小孩立即弄死。[①] 在加那利群岛的关切人中，某些国王是娶自己的姐妹为妻的，但别人则不能实行兄妹通婚。至于埃及国王实行兄妹婚的情况，我们在上文中已有提及。冈比西斯和其他一些波斯国王也缔结过类似的婚姻。

95 加尔西拉索·德·拉维加说，秘鲁的印加王从一开始就制定了严格的法律，规定王位的继承者必须与嫡出的长姐结婚。不过据阿科斯塔和翁德加多说，秘鲁人本来一直视一等亲之间结婚为非法，直至15世纪末，印加统治者图帕克·尤庞圭娶了同父异母的妹妹之后，才宣布“印加王只能娶其同父异母的姐妹为妻”。[②] 但是，除了君主之外，其他人均无权违背自然法则而娶自己的姐妹为妻。

至于半血亲兄妹之间通婚的情况，则不乏其例，而且似乎差不多都发生在同父异母的兄弟姐妹之间。在达荷美，这类婚姻在王族中是被允许的。在巴干达人中，给新登基的国王所选的王后，须是国王同父异母的姐妹，且不得有胞兄胞弟。但王后是绝对禁止生育的。在缅甸，君王至少要娶一名半血亲姐妹，而其他人则不可为之。在1900年，暹罗有两位王后，即第一王后和第二王后，她们都是在位君主的半血亲姐妹。不过，半血亲兄妹通婚之事亦可见

① *Ibid*, pp. 27, 36 *sq*.

② Acosta, *Natural and Moral History of the Indies*, ii. 425.

诸王族以外的普通人家。在尼日利亚北部某些信奉异教的富拉尼人中,就允许缔结这种婚姻,条件是双方均为同父所生。在埃多地区的瓜顿以及在奥索索,也有这种情况。在奴隶海岸的约鲁巴人中,“半血亲兄弟姐妹之间不能通婚。但在黄金海岸,则允许有这 96
样的婚姻,只是双方不得为同母所生。”[①]在刚果的巴亚卡人中,“同母所生之兄妹不得通婚,而同父异母之兄妹虽有通婚者,但仍被视为不宜。”[②]在毛利人中,据特里吉尔先生说,乱伦之事几乎未有所闻,并被视为作孽。兄妹以夫妻身份同居的事是极为罕见的,只是在某一男子的妻子未能给他生儿育女时,才有发生,而且他的妹妹也只是作为他的额外妻子与他同居而已。但是,“一般来说,这种兄妹关系并不是同父同母的胞兄胞妹,而是半血亲兄妹或从表兄妹。”[③]肖特兰在毛利人中只听说过一桩兄妹同居之事,而且当事双方为同父异母的兄妹。贝斯特先生在谈到图霍人时曾指出,半血亲兄妹是不准通婚的。在英属新几内亚莫瓦特地方的土著人中,以及在阿留申人中,同父异母的子女可以通婚,而同母异父的子女则不能通婚。

在古代日本人中和古代闪米特各民族中,也有这种情况。亚伯拉罕娶他同父异母的妹妹撒拉为妻;他玛本来也可以合法地嫁给他同父异母的哥哥暗嫩。这类事在以西结时代的犹太国中,也 97
仍有所闻,虽然以西结斥之为可憎的事。在腓尼基人中,国王塔布

① Ellis, *Yoruba-speaking Peoples of the Slave Coast*, p. 188.

② Torday and Joyce, "Notes on the Ethnography of the Ba-Yaka," in *Jour. Anthr. Inst.* xxxvi. 45.

③ Tregear, *The Maori Race*, p. 298.

尼斯曾娶了同父异母的妹妹阿马什托雷斯；而在提尔，同父异母兄妹通婚的事一直延续到阿基琉斯·塔提奥斯时代。这种事在麦加也曾有过；直至近代，在米尔巴特仍遗留有这种婚姻的痕迹。在南斯拉夫信奉伊斯兰教的民族中，同父异母的兄妹也可以结婚，而诱奸胞妹在其民歌中则被看成是一种死罪，或者说，是一种不会发生的事。古代雅典人也允许这种类似的婚姻，但公众舆论似乎对此多有非议。而另一方面，在危地马拉和尤卡坦，则与一般情况相反，同母的关系并不构成通婚的障碍；只要不是同父，双方即可结婚。有人曾断言，在实行氏族外婚制的地方，究竟是同父异母兄妹可以结婚，还是同母异父兄妹可以结婚，这要看世系是按母方计算还是按父方计算。但是，这一断言是以一种完全错误的假设为基础的，即认为外婚制规则完全取决于世系的计算方式。

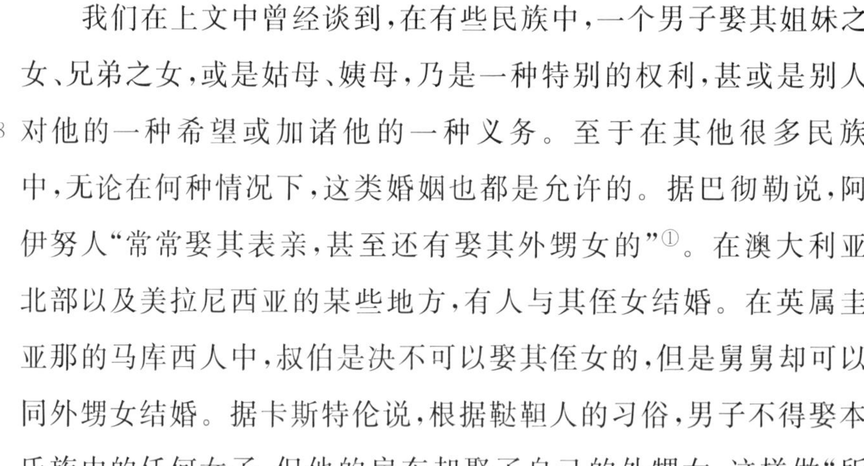

我们在上文中曾经谈到，在有些民族中，一个男子娶其姐妹之女、兄弟之女，或是姑母、姨母，乃是一种特别的权利，甚或是别人
98 对他的一种希望或加诸他的一种义务。至于在其他很多民族中，无论在何种情况下，这类婚姻也都是允许的。据巴彻勒说，阿伊努人“常常娶其表亲，甚至还有娶其外甥女的”[①]。在澳大利亚北部以及美拉尼西亚的某些地方，有人与其侄女结婚。在英属圭亚那的马库西人中，叔伯是决不可以娶其侄女的，但是舅舅却可以同外甥女结婚。据卡斯特伦说，根据鞑靼人的习俗，男子不得娶本氏族中的任何女子，但他的房东却娶了自己的外甥女，这样做“所

① Batchelor, *Ainu and Their Folk-Lore*, p. 228.

根据的不是希腊正教，而是鞑靼人的良心”[①]。高加索的奥塞梯人同样也是分为若干父系氏族。在他们看来，一个男子与其姨母结婚是很得体的事，而与其姑母结婚就完全是乱伦了。但是，我们不要以为：一个地方，只要实行氏族外婚制，当地习俗就一定允许男子与其住在其他氏族的外甥女或姨母结婚。B. 丹克斯牧师就曾说过，在新不列颠岛，虽然从道理上讲，一个人娶了属于另一氏族的外甥女并不违法，但当地人对这种结合还是极为反感。有一次，一个人娶了自己的外甥女，遭到人们的一致谴责。

据说，特内里夫岛上的关切人“在性交方面，对自己的母亲和
姐妹有所顾忌，但对其他亲属，如姑母姨母、从表姐妹、侄女外甥女
以及姻亲姐妹，则无所顾忌”[②]。加德纳博士谈到，在第 21 王朝的 99
埃及人中，曾有两例叔父与侄女结婚的事。在罗马，克劳狄皇帝为
了跟侄女阿格莉庇娜结婚，还让元老院颁布一项法令：同自己的侄
女结婚是合法的，而同外甥女结婚则依旧属于非法。但到了公元
4 世纪，叔父娶侄女的做法又被禁止了。根据犹太人的法律，姑母
不得与侄儿结婚，但叔父却可以娶侄女。不过，在英国，犹太人缔
结这种婚姻是不能举行婚礼的，因为英国法律禁止叔父与侄女结
婚。在另一方面，根据德国、纽约州、秘鲁和乌拉圭的法律，叔侄婚
与姑侄婚都是被允许的。而在法国、意大利、比利时、荷兰、瑞典、
墨西哥等国，法律是禁止此类婚姻的，但此项禁令可被免除。

在信奉基督教的国家中，凡是禁止从表亲通婚的，也都禁止叔

① Castrén, *Nordiska resor och forskningar*, ii. 298.

② de Espinosa, *Guanches of Tenerife*, p. 35.

侄婚和姑侄婚。但是，反过来却不是这样。在禁止叔侄婚和姑侄
100 婚的现代律书中，大多并不反对从表亲通婚。即使在绝对禁止叔侄婚与姑侄婚的国家，诸如瑞士、英国以及美国的大多数州，也同样是这样。推而广之，从亲属关系上看，叔侄婚或姑侄婚显然要比从表亲通婚有更多的障碍。举例来说，缅甸人除了规定一个男子不得娶其母亲、女儿、姐妹、姑母、祖母或孙女之外，在婚姻上并无其他限制；各类从表亲之间的通婚在缅甸是极为寻常的。在某些达雅克人中，显然只有父女婚、母子婚、兄妹婚、叔侄婚和姑侄婚是被禁止的。在棉兰老岛的苏巴努人中，比第一代从表亲更近的亲属关系即已构成通婚的障碍；而且，即使是第一代从表亲这一等亲属，往往也是禁止通婚的。据富兰克林说，在科珀族印第安人中，并没有对从表亲结婚的限制，但叔侄婚则是被禁止的。在很多民族中，从表亲都是可以通婚的。但是，有关这方面的某些资料似乎也向人们暗示：对于叔侄婚或姑侄婚也并无任何禁律。在古代条
101 顿人中，人们似乎只禁止长辈与晚辈结婚以及兄弟姐妹通婚。犹太法和伊斯兰教法都允许从表亲结婚。但在教会法的影响下，有少数欧洲国家，特别是俄国、奥地利（犹太人除外）、匈牙利和西班牙，则禁止此类婚姻。不过，在后两个国家，这种禁律并不十分严格。在赞成从表亲通婚的民族中，这种通婚也往往只限于某类明确规定的范围，而在其他从表亲之间则是禁止通婚的。在实行氏族外婚制的地方，同一氏族的从表亲当然是不能通婚的。但这并不是说，分属不同氏族的从表亲就一定可以结婚，只不过这种通婚方式比较常见而已。

在未曾受到现代文明影响的民族中，其外婚制规则大多都比我们所遵行的更具广泛性，它往往涉及一个氏族、一个胞族、一个“婚组”（即澳大利亚和美拉尼西亚外婚制意义上的组别）或一个地方群体中的全体成员。

在北美印第安人中，氏族外婚制是非常普遍的。在组成易洛 102
魁联盟的6个部落中，每个部落都分为若干以图腾为划分的、按母系计算世系的外婚制氏族。而且，其中的4个部落（奥农达加、卡尤加、塞内卡和图斯卡罗拉），每个部落都包括8个氏族，而这8个氏族又分属两大组群，即两个胞族。他们的婚姻规则是：任何男子都不得与本胞族内各个氏族的女子结婚，但却可以同另一胞族内任何一个氏族的女子结婚。摩尔根说：“谁要是违反了这些有关婚姻的法规，就会被人深恶痛绝，也给自己带来耻辱。”不过，随着时间的推移，这一制度的严格性已有所松动。后来，人们终于把这种禁婚的规定局限于一个人所在的氏族。而这一禁规以及易洛魁人的其他法规，现在仍为人们所严格遵守。[1] 在安大略湖和圣劳伦斯河以北的地区，住着一支休伦人，亦称怀恩多特人。他们在血缘和语言上都和易洛魁人有着密切的关系。同样，休伦人也分为若干按图腾划分的、按母系计算世系的外婚制氏族。据一份记载，这些氏族又分属4个胞族或外婚组；而据另一份记载，在怀恩多特部落中，只有两个胞族，此外，还有一个以狼为图腾的氏族，它不属于其中任何一个胞族，但和这两个胞族都有亲戚关系，并在这两个胞族及其所属氏族中起调解和仲裁的作用。原

① Morgan, *League of the Iroquois*, p. 79 *sqq*.

来，不仅在同一图腾氏族内，而且在同一胞族之内，也都是禁止通婚的。不过到了后来，胞族内禁婚的规则被废除了，禁婚规定仅局限于氏族之内。

103 现在，让我们转而谈谈分布甚广的阿尔衮琴支系。我们注意到，在德拉瓦尔族印第安人（亦称莱纳佩人）、莫赫干人以及阿布纳基人中，部落之下均分为若干外婚制氏族或胞族。在前两个部落中，世系是按母系计算的；而在阿布纳基部落中，世系则是按父系计算的，至少现在是这样。阿尔衮琴支系的另一部落——奥吉布韦人（亦称奇佩瓦人），分布于五大湖及其以西的广大地区。该部落至少分为40个以图腾划分的、按父系计算氏系的外婚制氏族。上个世纪中叶，沃伦曾写过一篇有关该部落历史的论文。他在文中写道，同一图腾的两个人通婚“乃是最大的罪过之一，根据奥吉布韦人的道德法典，可被判处监禁。有人说，这种罪过在过去是可以判处死刑的。在目前这个世风日下的时代，如果同一图腾的男女相互通婚（这种事即使在现在也是极少发生的），他们就会成为人们谴责的对象。这种罪过就相当于白人中父亲娶亲生女儿的罪过”①。图腾相同的人，即使分属于不同的部落，也不能通婚。同样居住在五大湖地区的波塔瓦托米人，以及居住在密西西比河流域的阿尔衮琴诸部落——迈阿密人、肖尼人、索克人和福克斯人以及基卡普人，他们也都分为若干按父系计算世系的外婚制图腾氏族。阿尔衮琴支系最西部的黑脚三部落，分布于落基山脉的东坡

① Warren, "History of the ojibways, based upon Traditions and oral Statements"; in *Collections of the Minnesota Historical Society*, vol. v. p. 42.

和大草原上。这些部落都分为若干父系氏族。过去，人们被严格 104
禁止在本氏族内通婚。这些氏族虽实行外婚制，但显然并未实行图腾制度。

苏人（亦称达科他人）族系中的很多部落，也都分为若干按图腾划分的外婚制氏族，至少在不久前还是这样。不过，这一族系中的最大部落——即苏人本支，则不是这种情况。他们在部落之下分为诸多队群，这些队群既不实行图腾制，也不实行外婚制，至少现在如此。据知，密苏里河畔的一支苏人部落——奥马哈人，也是按图腾氏族组织起来的。据多尔西说，他们共有 10 个这样的氏族，均等地分布于部落的两个分支中，而在每个氏族之下，还有亚氏族。子女均属于父亲所在的氏族。据摩尔根说，一个男子不得与本氏族的任何女子通婚。而据多尔西说，一个男子或者不得从父亲氏族中娶妻，或者不得从母亲氏族中娶妻；而且，这一禁婚范围还延伸至其祖母所在的亚氏族，其祖母之母所在的亚氏族，其外祖母所在的亚氏族，以及其外祖母之母所在的亚氏族。此外，一个
人也不得娶其儿媳、侄媳或孙媳所属亚氏族的女子，还不得娶其女 105
婿、侄女婿或孙女婿所属亚氏族的女子。关于亚氏族的重要性，多尔西曾指出：“假如没有亚氏族这样一种制度的话，10 个氏族之间早就相互通婚了，部落中的所有妇女也就都成为某个男子的亲戚了。这样，这个男子就只好到部落外娶亲去了。不过，在任何一个氏族之中，属于氏族火塘另一侧的人，并不被算作完全的亲戚，但他们在氏族内部不能通婚。”[①]另一方面，一个男子却可以娶本图

---

① Dorsey，“Omaha Sociology，”in *Ann. Rep. Bur. Ethn.* iii. p. 258.

腾中的女子为妻，只要她属于另一部落。至于密苏里流域的其他一些达科他部落，则分为外婚制图腾氏族。其中，蓬卡人、衣阿华人、坎萨人和温内巴戈人，均分为按父系继承世系的氏族；而奥托人和密苏里人则分为按母系计算世系的氏族。此外，在曼丹人、希达察人和克劳人中，也曾发现有按母系计算世系的外婚制氏族组织，虽然其氏族似乎并未实行过图腾制度。关于奥萨格人，他们在语言与血缘上都与坎萨人十分接近。据拉弗莱什说，他们在挑选妻子时，必须从父母分属的两个氏族以外的氏族中去找。

所谓海湾民族，亦即居住在现今美国东南部的一些民族，均分为按母系计算世系的外婚制氏族。这些民族包括克里克人、塞米

106 诺尔人、乔克托人、奇卡索人和切罗基人。乔克托人分为8个图腾氏族，8个氏族又均等地分属于两个胞族，任何男子均不得娶本胞族所属氏族中的女子。尤奇族印第安人早年曾力图抵抗来自克里克联盟的压力，但未能成功，最终亦加入该联盟。斯佩克先生谈及尤奇人时曾说过，同一图腾氏族的男女通婚，被人们作为一种乱伦而严加禁止，但不同氏族的男女则可以自由通婚。勒帕热·迪普拉在谈到路易斯安那的纳切斯人时指出，他们从不在第三亲等之内通婚。

亚利桑那和新墨西哥的普埃布洛族印第安人，分为很多以图腾为划分的、按母系计算世系的外婚制氏族，而若干氏族又结为一个胞族。从前，氏族之内，有时甚至胞族之内，都是严格禁止通婚的；不过现在，原来的外婚制规则已有所松弛。在很多村子里，男子娶亲时，已不考虑女方的氏族或胞族。在克雷斯族所属的一支普埃布洛部落锡亚人中，按原来的规定，男子不得从父亲氏族或母

亲氏族中娶亲。可是“现在，如果锡亚人还想保持本部落的存在，就只有打破这些禁律了。虽然他们不喜欢这些通婚方式，但这样做已是‘不可避免’的了”。[①] 阿塔帕斯克支系最南部的两个部落——阿帕切人和纳瓦霍人，也是分为很多母系外婚制氏族，若干氏族又组成一个胞族。现在，纳瓦霍男子既不能从自己的氏族或胞族中娶亲，也不能从父亲的氏族或胞族中娶亲。据我们所知，加利福尼亚的部落是没有外婚制氏族制度的。但是，我们却听说，居 107
住在加利福尼亚海岸、属肖肖尼语系的卢伊塞诺族印第安人，即使对远亲通婚的做法也是极不赞成的；居住在索诺马县西北角一条以本族名命名的小河旁的瓜拉拉人也认为，从表亲通婚或叔侄辈通婚乃是“伤天害理之事”。在俄勒冈西南部的塔克尔马族印第安人中，未超出从表亲关系的亲属禁止通婚。

美洲西北部的很多印第安部落（并非全部）都分为以图腾划分的外婚制氏族。特林吉特人分为两个母系外婚制婚组或胞族，分别以乌鸦和狼（或鹰）命名，婚组之下又分为若干以各种动物命名的外婚制氏族。斯旺顿先生在谈及居住在夏洛特皇后群岛的海达人时，曾写道：“整个部落分为两个严格的外婚制氏族——乌鸦氏族和鹰氏族，这两个氏族都是按母系计算世系的。……人们认为，同一氏族的人都有很近的亲属关系，因此，他们对氏族内通婚的看法几乎就跟我们对乱伦的看法一样。”[②]钦西安人是印第安人中的一个小支系，居住在不列颠哥伦比亚大陆海岸，北至纳斯河，南至 108

① Mrs. Stevenson, “The Sia”; in *Ann. Rep. Bur. Ethnol.* vol. xi. p. 19.

② Swanton, *Haida*, p. 62.

米尔班克湾。他们分为4个母系外婚制氏族，这些氏族又进一步分成若干更小的群体。讲海斯拉方言和海尔楚克方言的北夸扣特尔人，在社会组织的类型上与北邻的钦西安人、海达人和特林吉特人非常相似，只是在有些北夸扣特尔人中，做父母的可以随意将其子女说给父亲氏族的人，而不是母亲氏族的人。在所有这些部落中，不仅每个部落都分为若干外婚制图腾氏族，而且，分散于各个部落，但又佩戴同样羽冠或具有同一图腾的各个外婚制氏族，也被认为是彼此相同的。博厄斯博士写道："一个主要的事实是：特林吉特人、海达人、钦西安人和海尔楚克人中的胞族或氏族，不仅在本部落中实行外婚制，而且在整个这一区域中也是实行外婚制的。举例来说，海尔楚克部落鹰氏族的成员也不能与特林吉特部落鹰胞族的成员通婚。佩戴同样羽冠的那些氏族被认为具有同一性。"[①]

在不列颠哥伦比亚内地的萨利什族诸部落中，则没有划分为外婚制氏族。萨利什族所属最北部的部落——贝拉库拉族印第安人，愿意与远亲或没有亲属关系的人通婚，而不愿与近亲结婚。不过，"即使在从表亲之间或叔侄之间，也有通婚的事情发生，为的是
109 不让本氏族的传说为外人所获知。但是，由于受到沿海部落的影响，内婚制似乎已让位于外婚制了"[②]。在斯特拉特隆人中，"老年人对我们允许第一代从表亲通婚甚表惊愕。他们认为从表亲也是兄弟姐妹。"不过，他们现在一般都已改行我们的习俗，允许这类婚

① Boas, in *Fifth Report of the Committee on the North-Western Tribes of Canada*, p. 32.

② Boas, in *Publications of the Jesup North Pacific Expedition*, i. 116.

姻了。[1] 泰特先生说，在汤普森印第安人中，"从表亲被禁止通婚，因为他们血缘相近，如同亲兄弟姐妹。人们也不赞成远亲联姻。即使是第二代从表亲之间通婚，也会受到人们的嘲笑和议论。"[2]据同一作者说，在不列颠哥伦比亚的另一支部落——舒斯瓦普人中，"血亲之间是不通婚的；即使是第二代从表亲，也不通婚"[3]。可是，博厄斯博士在谈到这一部落时，则说"他们并不禁止从表亲通婚"[4]。

在阿塔帕斯克族系中，分布最广的民族是廷内人，亦即德内人。他们大多住在阿拉斯加的腹地以及加拿大的广大地区，北至北冰洋，东至哈得孙湾，南至利卢埃特山脉。在西廷内人中，我们再次可以看到以图腾划分的、按母系计算世系的外婚制氏族。但在东廷内人中，正如我们在上文中讲到的，甚至还出现过一些应被视为乱伦的关系。

爱斯基摩人居住在西至白令海峡、东至格陵兰岛的广大地区。110
在爱斯基摩人中，氏族组织似乎是完全不存在的。但据内尔森称，他曾在阿拉斯加的爱斯基摩人中发现过"有一定规则的图腾标记系统，以及与此相伴生的、由部落分化出来的氏族"[5]。只是他的

---

① Hill Tout, "Report on the Ethnology of the Stlatlumh of British Columbia," in *Jour. Anthr. Inst.* xxxv. 133.

② Teit, "Thompson Indians of British Columbia", in *Publications of the Jesup North. Pacific Expedition* i. 325.

③ Idem, "Shuswap," in *Publications of the Jesup North Pacific Expeditions*, ii. 591.

④ Boas, in "Sixth Report of the Comittee on the North-Western Tribes of Canada," in *Report of the Sixtieth Meeting of the British Association held in Leeds in 1890*, p. 643.

⑤ Nelson, "The Eskimo about Bering Strait"; in *Ann. Rep. Bur. Ethnol.* vol. xviii. p. 322.

证据还嫌不足。不过，一般来说，人们在择偶时还是有些特定亲等限制的。在某些爱斯基摩部落中，从表亲通婚是可以的；而在另一些部落中则被禁止。林克博士坚称，爱斯基摩人是不赞成这种婚姻的。博厄斯博士也说，在戴维斯海峡的中部爱斯基摩部落中，“亲属之间均禁止通婚。从表亲、叔侄亲、姑侄亲等均不得通婚。”[1]汉斯·埃格德写道，格陵兰人限制近亲通婚，即使是第三亲等之间也不能通婚。他们认为近亲通婚是“没有道理的，不合人情的”。[2] 克兰茨在谈及格陵兰人时也说，第一代从表亲之间是很少通婚的。此外，还有一些事例，说的也是某某民族或禁止，或避免，或不赞成实行从表亲通婚。如果局限于某一类或某几类从表亲，这些说法很可能是真实的，但就所有各类从表亲而言，则不一定如此。

在萨尔瓦多的皮皮尔人中，人们在一块布上画有包含 7 个主要支系的族谱，用以表示亲属间的亲等关系。凡在这 7 个支系（或亲等）之内的亲属，除功绩卓著或战功赫赫者外，一般不得通婚；而在 4 个血缘亲等之内，则无论有何功绩，一概不得通婚。在尤卡坦，人们对娶同姓女子为妻的人抱有强烈的反感；乃至谁打破这一禁规，就会被视为叛逆，而被驱赶出去。此外，一个人也不得娶自
111 己的姨母为妻。在阿兹特克人中，血亲之间，即同一祖先的后代之间，也不得通婚。

据加布先生说，居住在哥斯达黎加大西洋沿岸的 3 支部

---

① Boas, “Central Eskimo,” in *Ann. Rep. Bur. Ethn.* vi. 579.

② Egede, *Description of Greenland*, p. 141.

落——卡维卡尔人、布里布里人和蒂里维人，也分为若干外婚制氏族。他写道："我无法确定他们的氏族归属以及财产继承，是按父系还是按母系。不过，就我所收集的情况来看，还是按父系。即使是亲等关系很远的堂亲，也被称为兄弟姐妹，并严格禁止通婚。这一法律或习俗不是从外人那里传过来的，而是从古人那里传下来的。对于违反这一法规的处罚是极为严厉的，也是十分奇特的：当事双方均会被活埋。而且，这一处罚不仅用于违禁婚姻，甚至还用于禁婚范围内男女间的不正当性关系。"[①]根据一份比较晚近的记载，布里布里人分为两个外婚制婚组或胞族，每个婚组或胞族之下又分为若干显然以图腾为划分的氏族。

瓜希罗人是居住在哥伦比亚瓜希拉半岛上的一支南美部落。从西蒙斯先生对于该部落图腾氏族的记载来看，我们可以做出这样一种合理的推断，即：这些氏族是以母系计算世系的，是实行外婚制的。在英属圭亚那的阿拉瓦克人中，也有这种类似的组织。
蒙德鲁库人似乎也是分为一些外婚制氏族。阿加西斯说："蒙德鲁 112
库族印第安人视同氏族的女子为姐妹，他们之间是不可能结为更近的关系的。"[②]据说，居住在巴西西北部沃佩斯河流域的印第安人，很少与亲属甚至邻居通婚，他们更愿意从很远的地方或是从其他部落中娶亲结婚。库德罗就此写道："异部落通婚是普遍的习俗。人们在邻近部落中选妻，但不是抢亲，也无须做出拐抢的样

① Gabb, "Indian Tribes and Languages of Costa Rica," in Proceed. American Philosophical Soc. Philadelphia, xiv. quoted by Frazer, *Totemism and Exogamy*, iii. 552.

② Agassiz, *Journey in Brazil*, p. 320.

子。”[①]智利的阿劳坎人在其婚配上总是小心翼翼地避开“较近的亲等关系”。有人曾根据某些情况推测，他们以前曾实行过与外婚制相联系的图腾制度。多布里茨霍弗说，瓜拉尼人和阿维波内人即使对于远亲结婚，也是很厌恶的。弗洛里安·包克神父曾于18世纪中叶在巴拉圭住过，据他讲，在阿维波内人或莫科维人中，任何一个人如果听到有人建议他娶一个五六等亲之内女子为妻，都会感到惊恐不已。据说，大查科草原上的很多部落都禁止或反对从表亲通婚。奥纳人大多居住在火地岛东部，属巴塔哥尼亚南部特维尔切人的一个支系。据说，即使对于近亲结婚，他们也是加
113 以限制的，并对结为这种婚姻关系的人深为厌恶。关于火地岛上的雅甘人，布里奇斯先生曾写信告诉我：“即使在第二代从表亲之间，也从未发生过通婚或性交的事。”人们对于这种性关系极为憎恶。

现在，我们转谈亚洲的民族。我们注意到，乔切尔森博士曾经说过，在科里亚克人中，母子之间、姨母与外甥之间、姑母与侄儿之间、兄弟姐妹之间、从表亲之间、父女之间、叔伯与侄女之间、舅舅与外甥女之间，均禁止通婚。但是，在他们的传说中，却常有从表亲通婚之事，而且未见有人予以责备。当乔切尔森博士问及有关第二代从表亲的情况时，有些科里亚克人回答说，他们并不认为第二代从表亲之间是什么亲属关系。尤卡吉尔人也明确告诉上面所提到的这位民族学家，“根据他们原来的习俗，亲属之间是禁止通

① Coudreau，*La France équinoxiale*，ii. 176.

婚的，但这种禁规只限于第一代从表亲以内的亲属关系。”不过现在，近亲结婚的事也已经有了。[①] 在西伯利亚以及前俄罗斯帝国其他地区的很多民族中，诸如在通古斯人、雅库特人、戈尔德人（定居于黑龙江中游的一个部落）、萨莫耶德人、奥斯加克人、鞑靼人以及奥塞梯人中，都发现有外婚制氏族。富裕的雅库特人不仅不从本氏族中娶亲，而且也不从“纳斯莱格”中娶亲。所谓“纳斯 114
莱格”，是一种较大的分支，通常由1—5个氏族组成。在卡尔梅克人中，普通人从不与三四亲等之内的人联姻。他们还有句谚语，叫做“王子与狗不认亲”，暗指那些头面人物们经常与自己的近亲联姻。在切尔克斯人中，同一互助会的成员，“不仅本人不得相互通婚，而且连其所属的农奴也不能彼此通婚。若干互助会往往又结合为一个更大的帮社。在这种情况下，通婚的禁规必须在整个帮社的范围内加以遵守。”从前，同一互助会的人如有通婚者，就会被扔到河里淹死。现在的处罚只是罚200头耕牛，再把女方交还其父母。[②]

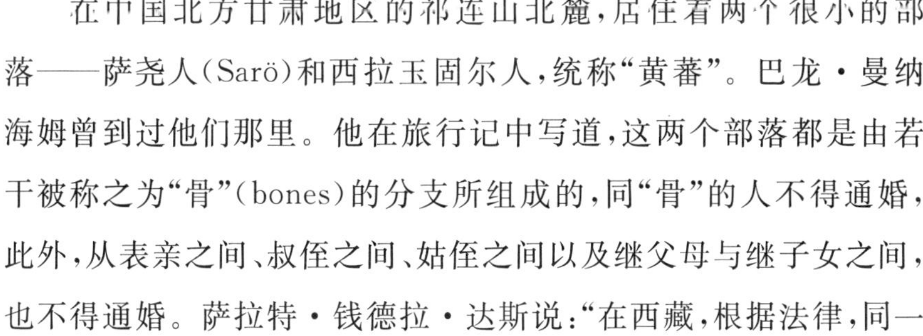

在中国北方甘肃地区的祁连山北麓，居住着两个很小的部落——萨尧人（Sarö）和西拉玉固尔人，统称“黄蕃”。巴龙·曼纳海姆曾到过他们那里。他在旅行记中写道，这两个部落都是由若干被称之为“骨”（bones）的分支所组成的，同“骨”的人不得通婚，此外，从表亲之间、叔侄之间、姑侄之间以及继父母与继子女之间，也不得通婚。萨拉特·钱德拉·达斯说：“在西藏，根据法律，同一

① Jochelson, *Yukaghir*, pp. 82, 84.

② Bell, *Journal of a Residence in Circassia*, i. 347 *sq.*

家族的成员，只要在七等亲的关系之内，就不得相互通婚。但是现在，人们已经不理会这一规定了。据说，在血缘上只有三四亲等之远的亲属，也有相互通婚的。”①这里所说的禁规，显然是针对父系
115 方面的亲属而言的。缅甸的钦人分为很多外婚制氏族。而在上缅甸北部、东北部和西北部居住的景颇人（亦即克钦人）中，凡是同姓的人，都自认为出于同一血缘，即使他们可能分属于不同的部落，也不能相互通婚。朝鲜人分为各个外婚制氏族，每个氏族都是通过长子继承制，从一男性祖先开始计算自己的世系。关于同姓氏者禁止通婚的规定，“不仅是法律，而且是一种传统习俗；法律可以对违禁者予以处罚，而传统习俗则使人觉得违禁之事难以想像”②。

在中国，也有一种与姓氏相联系的外婚制。中国人同属一姓者甚多。在该国全部人口中，姓氏不过530个。根据中国古代刑法，同姓通婚者要受笞打60大板，并被宣布婚姻无效。若与父系中的近亲结婚，惩罚则更为严厉。一个女子若与叔祖、堂叔伯、兄弟或侄子结婚或通奸，还会被处以死刑。除此之外，还有一些针对母系亲属的禁规，但涉及面则要小些。一个男子如果娶了自己的姨母或外甥女，会被活活勒死。娶同母异父姐妹为妻的，所受刑罚
116 要轻些；娶姑表亲、舅表亲、姨表亲为妻的，刑罚则更轻一等，只打80大板。不过，后来又颁布了一条法令，废止了这一禁律，已允许表亲通婚，但从兄妹之间则仍不得通婚。中国的法律还规定，凡被

---

① Sarat Chandra Das, *Journey to Lhasa and Central Tibet*, p. 326.

② Hough, “Korean Clan Organization,” in *American Anthropologist*, N. S. i. 150, 152.

禁止通婚的亲属，亦不得私通，违者将按非法通婚予以惩罚。

据说，印度各民族也都分为若干外婚制氏族。很多氏族还实行图腾制度。不过，詹姆斯·弗雷泽爵士对于除达罗毗荼人之外的印度各民族是否真的实行图腾制度表示怀疑，虽然在阿萨姆地区属蒙古人种的诸民族中，有某种类似于图腾的制度是与外婚制相结合的。印度各民族几乎都是从父系追溯世系，例外情况多见于阿萨姆的卡西人和加罗人之中，以及印度南部的某些地区（主要在马拉巴尔海岸）。在这些地方，子女均属于母亲的氏族。我们从以下一则关于卡西人的记载中，可以看出外婚制规则的严格性："卡西人的氏族都是严格实行外婚制的，人们不能在本氏族内娶妻。如果这样做，就会招来灾难性的宗教后果和社会后果。在卡西人看来，一个人最大的罪恶莫过于与本氏族的人通婚。谁要这样做，就会被乡亲们逐出氏族，死后也没有人为他举行丧葬仪式，

而且其遗骨也不得安放于氏族的墓地。"①达罗毗荼诸部落，虽然大多都给予未婚男女以很大的性自由，但却禁止同一外婚制群体 117
中的人发生婚外性关系。不过，这种事偶尔仍有发生。而属于蒙古人种的部落则对这种事看得较淡。有人说，托达人是严格禁止同一氏族的人发生性关系的，但里弗斯博士对此却存有疑问。事实上，他所听到的情况刚好与此相反。

在印度的很多部落中，人们不仅禁止从本氏族中娶妻，而且也不得从其他某一氏族或某些氏族中娶妻。例如，在卡纳拉南部的班特人中，这种禁婚范围便延伸至某些有血统关系的氏族。在曼

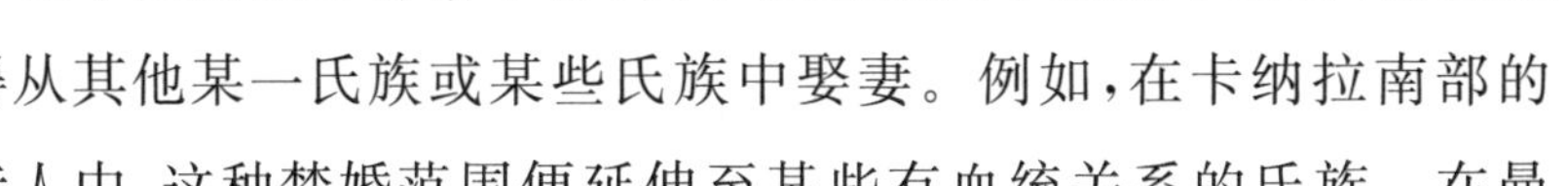

① Gurdon, *Khasis*, p. 77.

尼普尔的梅泰人中，有些氏族是禁止彼此通婚的。在那加人中，虽然各部落一般都可以自由通婚，但我们还是发现，在利亚伊，一个部落的4个氏族被分为两两一对，而在结对的氏族之间，是不得相互通婚的。此外，我们还常常听说，在有些民族中，人们不但不能从本氏族中娶亲，而且还不能从母亲氏族或祖母、外祖母氏族中娶亲。奥里萨的坎德人，以及桑塔尔人，都分为若干外婚制氏族和亚氏族。在这些民族中，一个男子可以与母亲所属的氏族通婚，但不得与母亲所在的亚氏族通婚。巴尼亚人是一个由银行家、放贷者以及经营粮食、黄油和日用品的商人组成的职业种姓，其人口占印度中部各省总人口的1%强。这个种姓下分若干个实行外婚制的
118 亚种姓，而且大多都有一种完善的外婚制体系。“他们或是分为众多的群组，或是分为若干（一般为12个）氏族，然后又分为一些小组。这样，即可对婚姻进行管理了。其办法是：禁止男子从本人所在的群组中，或是从母亲、祖母、外祖母乃至曾祖母、曾外祖母所在的小组中，娶亲结婚。通过这一办法，就可以避免五等亲以内的亲属通婚。事实上，大多数巴尼亚人都禁止五等亲之间通婚。”[1]很多种姓都禁止母系方面的三等亲通婚，据说还有不少种姓既禁止本氏族男女通婚，也禁止第一代从表亲之间通婚。实行父系制的托达人还禁止姨表兄妹通婚；而卡纳拉南部实行母系制的班特人则禁止堂兄妹通婚。

除了禁止氏族内部通婚之外，根据印度教的法律，婆罗门还不得娶母亲或外祖父“戈特拉”（gotra，亦即氏族）的女子为妻，也不

① Russell, *Tribes and Castes of the Central Provinces of India*, ii. 121.

得与父亲或外祖父的“色宾陀”(sapindâ)[①]通婚。禁止“色宾陀”通婚的规则规定:在父系制中,男女双方若同为某一祖先的第四代后裔,在母系制中,若同为某一祖先的第三代后裔,则双方不得通婚。但在实际上,同一父系祖先的第四代后裔之间或同一母系祖先的第三代后裔之间所缔结的婚姻,均被视为有效。也就是说,在父系制中,曾祖父相同者,在母系制中,外祖母相同者,均可通婚。《摩奴法典》规定,一个女子,“若既非母亲的色宾陀,也非父亲的同戈 119
特拉”,则“宜为再生人之妻”[②]。根据各种圣律书的规定,在父系制中,“色宾陀”关系及于六等亲;至于在母系制中,按《摩奴法典》和《阿帕斯檀法经》规定,禁婚范围亦为六等亲,而按《乔答摩法经》、《毗湿奴法经》和《那陀罗法典》等律书,禁婚范围则只限于四等亲。

关于马来半岛各土著民族实行外婚制的情况,我们所知甚少。安娜代尔和鲁宾逊两位先生断言,帕塔尼地区的马来人是禁止第一代从表亲通婚的,因为从表亲亦被视如兄弟姐妹。沃恩·史蒂文斯称,劳特人原来分为若干家族,每一家族占有一片地方,作为自己的家园。同一地方的男女不得通婚。后来,劳特人的领地被局限于目前这一区域内,因此原来的规定也就废止不用了。不过,尽管如此,人们仍旧要从尽可能远的地方择偶。据说,在柔佛的贝杜安-卡朗人中,“同一家族的人,无论亲等远近,均不得通婚,虽然

① “色宾陀”(sapindâ)——系指从本人上溯 6 代,下推 6 代,包括本人共 13 代在内的直系亲属。参见《摩奴法典》,商务印书馆 1982 年版,第 54 页、121 页(或《摩奴法论》,中国社会科学出版社 1986 年版,第 40 页、95 页)。——译者

② 《摩奴法论》,中国社会科学出版社 1986 年版,第 40 页(第 3 章,第 5 节)。

很多人早就没有亲属关系了。”[①]在劳特人的另一些部落中，据说
120 堂亲属是不得通婚的。黑尔称，在霹雳的金塔-萨凯人中，“男子要到很远的地方去相亲，他们一般都是从讲不同方言的部落中娶亲结婚。”[②]在属于萨凯族的夸拉克南人中，“人们一般都不娶在同一营地中长大的女子为妻。”[③]

根据一份记载，锡兰的僧伽罗人过去在本地诸王的统治下，是禁止“第二代从表亲之内的亲属缔结婚姻”的。[④] 不过另有记载说，当地最得体的婚姻是舅表婚和姑表婚，只是堂亲或姨表亲很少通婚。

曼先生在谈及安达曼人时表示：“根据他们的习俗，即使远亲之间也不得通婚。在他们看来，像我们这里允许第一代从表亲通婚的做法，是令人厌恶的，也是不道德的。”[⑤]据波特曼先生说，乱伦式的婚姻在这里从未有过，人们总是愿意同另一氏族或另一部落的人通婚。可是，洛伊斯先生在谈到布莱尔港的土著时则说，当地没有外婚制群体，结婚也没有亲等禁制。但这一说法看来并不准确。

苏门答腊腹地的巴塔人分为若干按母方计算世系的外婚制图

---

① Logan,“Biduanda Kallang of the River Pulai in Jonore”, in jour. Indian Archipelago, i. 300.

② Hale,“Sakais”, in *Jour. Anthr. Inst.* xv. 291.

③ Knocker,“Notes on the Wild Tribes of the Ulu Plus, Perak”, in *Jour. Roy. Anthr. Inst.* xxxix. 146.

④ Sirr, *Ceylon and the Cingalese*, ii. 167.

⑤ Man,“Aboriginal Inhabitants of the Andaman Islands”, in *Jour. Anthr. Inst.* xii. 139 *sq.*

腾氏族，叫做“马尔加斯”。同一氏族的男女不得通婚，也不得发生 121
性关系，否则就被视为极大的乱伦，要受到严厉的惩处。此外，在血缘关系较近的各个“马尔加斯”之间，也不得通婚。在苏门答腊西岸的曼代林地区，也发现有与图腾制度明显结合在一起的氏族外婚制。有时，对婚姻的这种禁制还扩及自认为有父系亲缘关系的一群氏族。同一氏族的男女，偶尔也有结婚的，但这种事出在哪个氏族，就会被认为是哪个氏族的耻辱。违反禁规的这对男女会被逐出氏族；男方还必须供上一头牛或一只羊，作为向公众谢罪的表示。父系或母系氏族外婚制不仅通行于苏门答腊各地，而且
还实行于该岛以西的尼亚斯岛，那里是按父系计算世系的。在塞 122
兰岛、布鲁岛以及哈马黑拉岛的北部，也都有一些父系外婚制氏族。在上面提到的最后一个岛上，同一氏族的男女如果发生性关系，虽然不算是犯罪，但也会被认为是应受斥责的事。不过，那里的氏族并没有自己的姓氏，而且在超出四代之后，也就不再计算世系了，因此，同一高祖的玄孙男女亦可通婚。

至于印度群岛[1]的其他地方是否存在氏族外婚制，我不太了解。有人曾明确表示，婆罗洲的各异教部落就没有这种制度。不过，这些部落似乎大多都禁止或反对第一代从表亲通婚。而有的地方虽然允许这种婚姻，但却是有条件的：必须交付一笔罚金，或是举行赎罪仪式。据斯潘塞·圣约翰爵士说，在沙捞越的陆地达雅克人中，即使是第二代从表亲的关系，也不得通婚，除非先交出两个水罐来。女方所交的水罐要送给男方的亲属，男方所交的则

① 印度群岛，亦称“东印度群岛”，即指今印度尼西亚诸岛。——译者

送给女方的亲属。在西里伯斯的米纳哈萨半岛，以及在瓦图贝拉
岛的居民中，从表亲之间一律禁止通婚。不过，在印度群岛的很多
123 地方，只是堂亲和姨表亲不得通婚，而交表亲则可以通婚；或者，一
个人只能与舅舅的女儿结婚，而不得与姑姑的女儿结婚。在棉兰
老岛的巴戈博人中，“血亲关系一直要算到第二代从表亲，而血亲
之间禁止通婚。……犯乱伦罪者要被处死，因为此罪若是不治，死
者的灵魂就会在海上兴起狂风大浪，把陆地淹没。”[①]在印度群岛，
很多人都相信，乱伦会导致地里不长庄稼，因此对乱伦的惩治是极
为严厉的。在很多地方，乱伦者都要被处死，有淹死的，有烧死的，
有用木杆将其双双刺死并钉在地上的，也有用长矛刺死的，而在巴
124 塔人中，则是杀其人，食其肉。

托雷斯海峡西部诸岛的民族分为若干父系外婚制图腾氏族。同一氏族的男女不得通婚，也不得发生性关系。但是，主要图腾相同而次要图腾不同的氏族则可以通婚。在这些部落中，大多数氏族都有几个图腾，其中有一个是主要的，其余几个则不太重要。禁止同一图腾氏族内部通婚的规定，并未延伸到其他岛屿。在另一方面，不但本图腾氏族的男女不得通婚，而且在某些有亲属关系的图腾氏族之间亦不得通婚。剑桥大学赴托雷斯海峡人类学调查组在当地收集的家谱表明，近亲之间从未有过通婚的事情发生，远亲通婚的也甚为罕见；在整个家谱中，第一代从表亲通婚的明确案例，一件也没有。哈登博士在谈及这些岛上的居民时曾写道：“就

① Cole，“Wild Tribes of Davao District，Mindanao”，in *Field Museum of Natural History*，*Anthropological Series*，xii. 95，98.

我们所知，在当地人看来，最应在道德上加以谴责的行为，就是乱伦，亦即氏族之内或近亲之间的通婚。”①

在新几内亚岛及其相邻的一些小岛上，无论过去的情况如何，
现在比较常见的则是与图腾制度相伴的氏族外婚制，虽然并非都
是如此。据我们所知，在有些地方，过去对这一制度的执行要比现 125
在严格。马辛人住在英属新几内亚东南端以及毗邻的一些小岛
上。在他们那里，一个人不但不得与本氏族的女子通婚，而且也不
得与父亲氏族的女子通婚。塞利格曼教授在谈及南部马辛人在婚
姻上实施的血亲限制时，曾说：我们不太清楚这种限制的范围，“但
是看来，第三代从表亲之间肯定是不能结婚的。”②在科伊塔人中，
禁婚亲等亦及于第三代从表亲。按父系计算世系的梅克奥部落，
只有在男女双方父母亲缘关系比较疏远的情况下，才允许本氏族
的男子娶母亲氏族的女子为妻。举例来说，姨表亲是不准通婚的，
而对于姨表亲之子女（亦即第二代表亲）之间的通婚，则无严格的
规定。在威廉一世海岸，从表亲之间一般不得通婚，而在塔米地
区，即使是第二代从表亲，亦不得通婚。在梅克奥部落中，同一氏
族的男女虽不得通婚，但却可以发生性关系。而在迈卢地区的土
著人中，氏族外婚制不仅管婚姻关系，而且也管婚外性关系，虽然
不是管得很严。

除了新喀里多尼亚和斐济两地之外，在美拉尼西亚的其他岛屿上，土著人似乎都是分为两个或两个以上的外婚制婚组，其中不

① Haddon and Rivers, in *Reports of the Cambridge Anthropological Expedition to Torres Straits*, v. 159 *sqq*.

② Seligman, *Melanesians of British New Guinea*, p. 507.

少都具有图腾特征，并按母系计算世系。当地除了规定男子不得
126 在本婚组内娶亲之外，还禁止男子从其他婚组娶与自己有近亲关
系的女子为妻。有的地方还禁止娶姑母、侄女或其他婚组中的从
表亲。例如，在班克斯群岛的莫塔岛上，人们认为姑舅表亲关系
127 “太近”，不得通婚。在很多岛屿上，同一婚组中一旦有人通婚，就
会被视为犯罪并被处死。据里弗斯博士说，在班克斯群岛的居民中，“过去，同一氏族的男女如有通婚者，就会被其亲人当众处死，一般都是用弓箭射死，有时也用棍棒打死。”[①]据本杰明·丹克斯牧师说，在新不列颠岛，如果有人在同一外婚制婚组内通婚，女方就会立即遭到灭顶之灾；至于男方，即使没有被立即处死，也绝不会有安宁的日子。女方的亲属会认为自己因此蒙受了奇耻大辱，只有把她处死才能雪耻、消恨。不过，这种婚姻在人口稠密地区就不会出现。如果某一男子被人指控与某一女子通奸，而这一男子又已表白“她是我们的人”，此人就会立即被公众宣布无罪。因为这句话的意思就是说：她属于我们的图腾，而同一图腾的男女是不可能发生性关系的。在同一婚组内，既不能通婚，也不能有任何婚外性关系。如有此类事情发生，一般都将受到同样严厉的惩处。在佛罗里达，过去如有违反这种禁制的，男方会被处死；女方则会被送去当妓女。

在斐济，人们一般认为过去的社会是一种两合组织形式，系由两个按母系计算世系的外婚制半族所组成。霍卡德先生甚至说，这一制度“在瓦努阿拉瓦一带仍有存在，似乎并未受到外人带来的

① Rivers, *op. cit.* i. 50 (Banks Islands).

什么影响”[1]。在新喀里多尼亚岛、洛亚蒂群岛和整个波利尼西亚，则未曾听说有氏族外婚制。但是，关于结婚的亲等限制却是当 128
地都有的。哈德菲尔德先生从洛亚蒂群岛的利富岛写信告我说，在那里，第一代从表亲之间、叔侄舅甥之间、姑侄姨甥之间，均不得通婚，只是第二代从表亲不在此列。而据另一份报告说，第二代从表亲之间也不得通婚。在新喀里多尼亚和斐济，姨表亲之间或堂亲之间不得通婚，而姑舅表亲则不仅可以结婚，而且这种婚姻还受到人们的青睐。不过，在斐济的某些地方，交表亲之间“只是到了第二代才能通婚。第一代被称为‘塔布’(tabu)，但在实际上，人们并未禁止他们结婚”[2]。

在波利尼西亚，所有第一代从表亲似乎都被禁止通婚。巴兹尔·汤姆森爵士写道：“在萨摩亚、富图纳、罗图马、乌韦阿和马兰塔等地土著中所做的调查使我确信：在这些海岛上，没有近亲结婚的习俗。在萨摩亚和罗图马，不但堂亲之间禁止通婚，而且连姑表亲和舅表亲这种在斐济被视为可以通婚的亲等，在这两地亦属禁婚之列。在吉尔伯特群岛，除阿佩马马和马金两岛之外，其余地方也都通行这种规则，只有大酋长可以违反禁例。在汤加，也可看到这种习俗。在那里，对最高酋长来说，姑舅间的孙辈(有时甚至子辈)联姻，均被视为一种适当的、合乎体统的婚俗，而平民百姓则不可以这样做。”[3]还有一些作者告诉我们，在萨摩亚，第一代从表亲 129
之间，以及同一族长属下的所有成员之间，均被禁止通婚；此外，同

① Hocard, “Early Fijians”; in *Jour. Roy. Anthr. Inst.* vol. xlix. p. 47.

② Thomson, *Fijians*, p. 190 *sq.*

③ *Ibid*, p. 191.

姓人家之间、父方亲属之间、父辈姻亲之间，均不得通婚。不过，在旁系亲属方面，萨摩亚的禁婚亲等则无定则。如果人们的血缘关系较远，几乎已被忘记，那么，彼此通婚便不再被视为非法。斯坦利·加德纳在谈及罗图马的土著人时，曾说过：第二代从表亲之间，若属姑舅表亲的子女，则可通婚；若属堂亲或姨表亲的子女，则不可通婚。在彭林岛，亦即汤加雷瓦岛，“该岛的法律禁止第二代从表亲及其以近的亲属通婚。”[1]据 W. 怀亚特·吉尔牧师说，在赫维群岛的芒艾亚岛，稍远一点的从表亲之间偶尔也有一些通婚的事发生，但通婚的男女“必须是同一代人，即同一祖先的同一代后人（第四代、第五代甚或更远的后人）”[2]。至于复活节岛民的情况，我们只听到一种简单的说法：“近亲结婚，未有所闻。”[3]

据科伦索主教说，在新西兰的毛利人中，第一代从表亲结婚总是受到人们的厌恶。据贝斯特先生说，在图霍部落中，同一祖先的两个不同支系的第三代成员可以通婚；但是，如果比第三代从表亲
130 更近的任何亲属通婚，就会被视为乱伦，并受到严厉的斥责。这种乱伦在当地土著人中似乎是很少见到的，只是有人在讲到家谱中的一些奇闻轶事时，人们才有所闻。科伦索说，当地人连“乱伦”一词都没怎么听说过。不过，贝斯特先生曾提及两例这样的事，最后都受到逐出部落的惩罚。他还说，在表示乱伦的词语中，有三个均与“狗”有关。人们把实行乱伦的人比作回过头来咬自己尾巴的

① Lamont, *Wild Life among the Pacific Islanders*, p. 136.

② Gill, “Mangaia (Hervey Islands),” in *Report of the Second Meeting of the Australasian Association for the Advancement of Science*, p. 330.

③ Tregear, “Easter Island,” in *Jour. Polynesian Soc*. i. 99.

狗。在惠灵顿东南480英里之处,有一叫做查塔姆的群岛,上面住着一支叫做莫里奥里人的部落。在该部落中,“人们对近亲结婚,诸如从表亲结婚,甚为反感。即使是较远的亲属通婚,例如第二代从表亲通婚和第三代从表亲通婚,人们也不认可。还有人为了表示对近亲结婚的反对,曾以轻蔑的口气唱过一首歌,称这种通婚为‘蒂瓦尔’,意即乱伦。”①

在密克罗尼西亚,我们再次看到了氏族外婚制。在马绍尔群岛中,有一瑙鲁岛。1894年,岛上有居民近1500人,分为12个氏族,各氏族均实行严格的外婚制。氏族内婚被视为莫大的罪行,而且极少发生。谁违反了外婚制的规定,谁就会成为人们蔑视的对象,并被人们从氏族中驱赶出去。他们所生的孩子也必须被弄死。按母系计算世系的外婚制氏族,可见于加罗林群岛所属的波纳佩

岛和莫特洛克群岛,还可见于帛琉群岛。莫特洛克群岛上的居民 131
把同氏族男女间的性关系视为最大的乱伦,一旦出现,即会遭到众人的同声斥责。

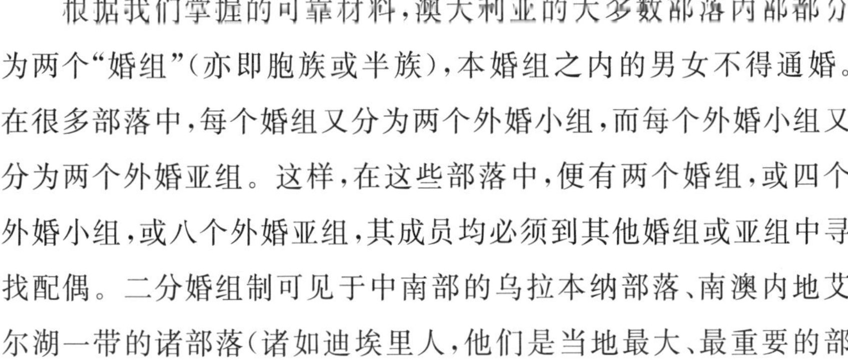

根据我们掌握的可靠材料,澳大利亚的大多数部落内部都分为两个“婚组”(亦即胞族或半族),本婚组之内的男女不得通婚。在很多部落中,每个婚组又分为两个外婚小组,而每个外婚小组又分为两个外婚亚组。这样,在这些部落中,便有两个婚组,或四个外婚小组,或八个外婚亚组,其成员均必须到其他婚组或亚组中寻找配偶。二分婚组制可见于中南部的乌拉本纳部落、南澳内地艾尔湖一带的诸部落(诸如迪埃里人,他们是当地最大、最重要的部

① Shand, “Moriori People of the Chatham Islands,” in *Jour. Polynesian Soc.* vi. 148.

落)、延达卡兰古部落(他们是乌拉本纳部落的南支)以及其他一些部落;也可见于居住在从维多利亚的伍兹角绵延至新南威尔士高原地区的诸部落;还可见于维多利亚中部及南部的库林部落、西北
132 部的沃乔巴卢克部落、西南部的贡迪奇马拉部落以及南澳东南端芒特甘比尔附近的班迪克部落。在所有这些部落中,除库林支系诸部落按父系计算世系之外,其他部落所生的子女均属母系所在的婚组。

按母系计算世系的四分婚组制,实行于新南威尔士东北部规模较大的卡米拉罗伊部落,新南威尔士中部势力较强的维拉朱里部落,居住在维拉朱里人以北并与其隔拉奇兰河相望的温吉邦部落,居住在昆士兰州沿海罗克汉普顿以北的库因穆尔布拉部落、其西南的孔古卢部落和其西的瓦克尔布拉部落,昆士兰西南部的本塔穆拉部落,以及昆士兰中部和西北部各地的诸部落。在昆士兰东南部马里博罗一带,有一群部落,均有四个外婚小组,但按父系计算世系。在澳大利亚的西部海岸,也住着一些分为四个外婚小组的部落。至于八分婚组制,则见于从澳大利亚中部的阿兰达至卡奔塔里亚湾的马拉和阿努拉的所有部落。其中每个部落都分为两个外婚制婚组,每个婚组分为两个外婚亚组,每个外婚亚组又分为两个支系。不过,在有些实行八分制部落中,只有其中的四个外婚亚组有自己的名字。世系是按父系计算的。

在实行四分婚组制的部落中,按照一般规则,男子不但不能与
133 其所在半族的女子结婚,而且,即使在另一半族中,也只能与某一特定外婚小组的女子结婚。在这种四分婚组制中,子女既不属父亲所在的亚婚组,也不属母亲所在的亚婚组。若部落世系是按母

系计算的，则子女属于母亲所在半族的另一亚婚组；若部落世系是按父系计算的，则子女属于父亲所在半族的另一亚婚组。因此，我们这里所讲的世系继承，只是就半族或婚组而言的，而不是就外婚亚组而言的。举例来说，在卡米拉罗伊人中，两个半族或婚组分别叫做“库帕辛”和“迪尔比”。库帕辛半族下面又分为两个外婚亚组，分别叫做“伊派”和“孔博”；迪尔比半族下面也分为两个外婚亚组，分别叫做“穆里”和“库比”。伊派中的男子应与库比中的女子通婚，其所生子女属于穆里；孔博中的男子应与穆里中的女子通婚，其所生子女属于库比；穆里中的男子应与孔博中的女子通婚，其所生子女属于伊派；库比中的男子应与伊派中的女子通婚，其所生子女属于孔博。同样，在实行八分婚组制的部落中，男子总是与另一半族中某一外婚亚组的女子通婚，其所生子女属于父亲所在半族中的另一外婚亚组。

在我们所了解的大多数部落中，不仅有婚组外婚制，而且还有氏族外婚制（即在每个半族下面还分为若干外婚制的图腾氏族）。在其中一些部落中，诸如在迪埃里人和沃乔巴卢克人中，某一婚组中的男子可随意与另一婚组中任何图腾氏族的女子通婚；而在另一些部落中，诸如在乌拉本纳人、延达卡兰古人和库因穆尔布拉人中，男子只能与属于某一特定图腾氏族的女子通婚。在乌拉本纳 134
人中，一个男子不但只能与某一适当图腾氏族的女子通婚，而且该女子还须是他大舅或大姑的女儿（这里所用的是所谓“类别式亲属制”的称谓）。但是，在另外一些部落中，图腾氏族制对婚姻并无什么影响。男子可与本图腾氏族或任何其他图腾氏族的女子通婚，只要该女子属于他在婚配上所对应的婚组和亚婚组即可。澳大利

亚中部的阿兰达人即是如此。

在澳大利亚，除了婚组外婚制和氏族外婚制以外，还有其他一些规则禁止某些亲属互相通婚，而这些亲属在实行婚组外婚制和氏族外婚制的情况下，本不在禁婚之列。按父系计算世系的二分婚组制，虽可防止父亲与女儿结婚（因为女儿与父亲同属一个婚组），但却不能排除儿子与母亲通婚的可能（因为他们分属不同的婚组）。按母系计算世系的二分婚组制，虽可防止儿子与母亲结婚，但却不能排除父亲与女儿通婚的可能。然而，在实际生活中，没有一个澳大利亚部落允许父亲与女儿结婚或儿子与母亲结婚。再者，二分婚组制和四分婚组制，虽可防止堂亲或姨表亲通婚（因为他们显然都属于同一外婚制婚组），但它并不能防止交表亲（即姑舅表亲）通婚（因为他们分属两个不同的，而且可以相互通婚的婚组）。然而，在实际生活中，很多实行二分或四分婚组制的部落，

135 却都禁止交表亲通婚。例如，实行二分婚组制的迪埃里人和库林人，以及实行四分婚组制的昆士兰西北及中部诸部落和昆士兰东南的某些部落，便是这种情况。至于维多利亚的班格朗人和沃乔巴卢克人，他们不但禁止交表亲通婚，而且还禁止其后代通婚，只要能追寻到他们有这样一层亲属关系。其理由是，他们的“血缘关系太近”，或“肉体关系太近”，仅仅比“兄弟”和“姐妹”的关系稍远一点。纳里涅里人是澳大利亚南部的一个部落，下分若干父系外婚制图腾氏族，他们就对第二代交表亲通婚抱有极大的反感。吉普斯兰地区的库尔奈人，既不分为外婚制的婚组，也不分为图腾氏族。在他们那里，据说第三代交表亲亦属禁婚亲等之列。这里还应当再补充一点：在实行八分婚组制的部落中，婚组外婚制规则对

于血缘意义上或部落意义上的姑舅表亲，也都是加以禁止的。柯尔先生甚至推而广之地讲，在澳大利亚土著人中，“男子不得娶其母亲、姐妹、半血亲姐妹、女儿、孙女、姑母姨母、侄女甥女，以及第一代或第二代从表姐妹。”①这种说法虽然不无夸张的成分，但也表明澳大利亚土著人对于从表亲通婚所持的反对态度是很普遍的。

澳大利亚土著人的外婚制规则不仅包罗广泛，错综复杂，而且
其贯彻执行也极为严厉，对违反规定者通常都要处以死刑。无论 136
是对于违禁结婚者，还是对于违禁私通者，都是实行这种处罚。但是也有例外：在有些部落中，每当举行狂欢仪式时，人们对婚组禁制便不再顾忌了。然而，即使在这种场合，最亲近的亲属之间，诸如父母与子女之间，兄弟与姐妹之间，仍旧严禁发生性关系。近年来，澳大利亚土著人因与白人接触，已在这方面发生很多变化。我们在上面所谈的不少情况都是过去的事，而不是现在的事。

塔斯马尼亚人是一个现已灭绝的种族，我们曾听说：“在他们那里，同部落男女通婚的事是很罕见的。人们要娶妻结婚，常常是从邻近的氏族中去寻找，或是悄悄带走，或是公开抢掳。”②

据悉，氏族外婚制在非洲的很多民族中都很流行。在赫雷罗人中，每一个人都同时属于两个不同的氏族，其中一个是母亲所属的氏族，叫“伊恩达”，另一个是父亲所属的氏族，叫“奥鲁佐”。这

① Curr, *The Australian Race*, i. 118.

② Milligan, quoted by Nixon, *Cruise of the Beacon*, p. 29.

两个氏族系统似乎都是实行图腾制的。关于赫雷罗人诸氏族中有关婚姻管理的规则，我们所知甚少，但据一位作者讲，无论父系氏族的情况如何，母系氏族都是实行外婚制的。姑舅表亲通婚的做法很受当地人的欢迎，而堂亲或姨表亲通婚或发生性关系则是一件可怕的事，会被人视为乱伦，还会引发血亲复仇。贝专纳人所属
137 的各部落显然都是实行图腾制的，至于他们是否也同时实行外婚制，尚无定论，尽管康德船长曾含糊地表示，外婚制在他们那里似乎是一种很寻常的做法。卡萨利斯曾说："贝专纳人和卡菲尔人所承认并顾忌的血缘亲等是与我们相同的。超出第二代从表亲的关系之后，他们就不再计算亲属关系了。人们不赞成在兄弟姐妹之间、叔侄间和姑侄间相互通婚。从表亲通婚则比较常见，但有些部落则把从表亲通婚也斥为乱伦。"①

关于南非东班图人的情况，麦考尔·希尔先生写道："在沿海的任何部落中，都没有人会娶父系亲属中的女子为妻，无论这种亲属关系已有多远。在这方面，人们甚至审慎到这样的程度：即使对于另一部落的女子，只要与他同姓，就是查不到亲缘关系，他也不会娶之为妻。……在有些部落中，如在蓬多人、滕布人和科萨人中，这种规则也适用于母系血亲。子女均从父姓，因此可以同与母亲同姓的人结婚，如果他们之间查不出血缘关系的话。沿海部落的每一个男子都把自己视为其从姐妹、再从姐妹等父系中的女子的保护人，还有些人对母系中的这类表亲也怀有一种类似的责任感，并将表姐妹统统划归亲姐妹的范围。假若有人对自己的某一

① Casalis, *Basutos*, p. 191.

从表姐妹有非礼之举，就会被视为乱伦，令人厌恶，名誉扫地。在 138
早先，人们对这种非礼之举的惩罚是将男方处死；即使今日，也要对男方处以很重的罚金。至于女方的罪过，则必须请部落祭司主持一定的仪式，并在仪式上奉献祭物，方可赎罪；也有人认定，上天终将对她和她所做的事进行惩罚。”与这种禁制形成对照的是，正如我们已经了解的那样，在内陆地区，男子往往娶自己的堂姐妹为妻，这几乎已经成了一定之规。据说，这样做是为了使家产不外流。[①]

卡曾斯先生写过一篇论文，谈到西斯-纳塔尔的卡菲尔人，使我很受益。他在文章中说，这些人一般总是尽量不在本“部落”中通婚，虽然同部落人或同村人结婚的事也时有发生。卡曾斯先生还说，这些人中存在着某种“婚级”划分，但他对此不甚了解，只是知道同一婚级的人似乎是不准通婚的，至少在近亲之间是不准通婚的，不管是父系近亲，还是母系近亲。虽然对于近亲结婚并没有规定惩处的办法，但是，习俗对人们的约束力是很强的，因此，很少有人违反这一定则。沃纳也说，在卡菲尔人中，被人们视为乱伦关系的那种结合虽然不受法律的惩罚，“但是，当地人有一种迷信，认为谁干了这种事，谁就会邪气缠身，灾难临头，因此，对此十分恐惧，而这种由迷信而产生的恐惧对人们行为的遏制作用则比法律强多了。违犯者会失去原有的社会地位，并被人们以巫师的眼光加以审视。因此，很少有人违禁犯罪。在禁止血缘婚姻方面，起作用的是习俗，而不是法律。”[②]据舒特和达格莫尔说，如果一对男女

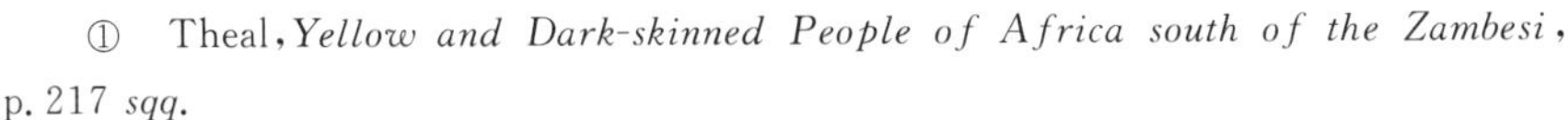

① Theal, *Yellow and Dark-skinned People of Africa south of the Zambesi*, p. 217 *sqq*.

② Warner, in Maclean, *Compendium of Kafir Laws and Customs*, p. 62 *sq*.

有同祖亲等关系，他们通婚就会被视为乱伦；如果一个男子要在习俗禁婚的亲等内娶妻，他就会被人们斥为“恶人”。布朗利指出，凡属此类亲等的男女，一旦发生性关系都要受到惩罚，无论是婚内
139 性关系，还是非婚性关系。艾尔斯先生曾给我写信谈到祖鲁人的情况，他说，同村的居民没有相互通婚的，他们一般都有亲属关系。当地习俗禁止任何有亲属关系的人通婚，因此人们既不曾听说过这种事，也不曾想过这种事。即使这种亲属关系仅仅是人们的一种传说，习俗也不予通融。据德克勒说，在祖鲁人的一个旁支——马塔贝勒人中，“同一婚级的人都具有同一姓氏，他们是不能通婚的。但是，人们只从父系的角度考虑亲属关系。”[1]关于霍屯督人，麦考尔·希尔先生说：“他们有一种习俗，就是不从本氏族中娶亲，而是找其他氏族的女子为妻。”[2]据旧时的一位作者科尔比说，凡是在第一代和第二代从表亲之间联姻者，都要被处死。据一位现代旅行家说，霍屯督人禁止父母与子女通婚、兄弟姐妹通婚以及从表亲通婚。谁要跟他们提及这类婚姻，就会受到他们的愤然驳斥。

居住在德拉瓜湾的巴隆加人是聪加人的一个分支。在他们那里，如果发现两个人在父系方面有一共同祖先，他们就不得通婚。不过，在该民族的北方各支系中，这一禁规似乎并不那么严格。据向M.朱诺提供情况的一个人说：“同一祖父的所有后代，亦即所有第一代从表亲之间，是绝对不得结婚的。在第二代从表亲之间，可以有条件地通婚，即要‘断绝家庭关系’。在第三代从表亲之间，

① Decle, *Three Years in Savage Africa*, p. 158.

② Theal, *op. cit.* p. 85.

则允许相互通婚。……在母系方面，绝对禁止通婚的亲等仅限于姨表亲范围之内。”[①]

位于尼亚萨湖南端的马尼扬贾人、尧人、马科洛洛人和奇昆达人等部落，都划分为若干母系氏族，而同一氏族的男女是不得通婚 140
的。安戈尼中部讲尼扬贾语的诸部落，同样也划分为一些实行外婚制和图腾制的氏族，其中多为母系氏族。由于这些氏族都实行图腾制度，因此，任何男子都不得娶同名氏族的女子为妻，尽管她可能是另一部落的人，并住在很远的地方。而姑舅亲则可以相互通婚；姨表亲之间若具有不同的图腾，也可以通婚。在罗得西亚东北部的另一支班图部落——阿温巴人中，男子不得娶与母亲同一图腾的女子为妻，也不得同其堂亲或姨表亲通婚。而在相邻的维南万加人中，则绝对禁止任何第一代从表亲通婚，因为“在人们看来，从表亲结婚就跟亲兄妹结婚一样”。[②] 在该部落中，“男子不得娶与自己家同一图腾的女子为妻。……同一图腾内的男女不得发生性关系。在早先，假若同一图腾内的两兄妹或从表兄妹发生了

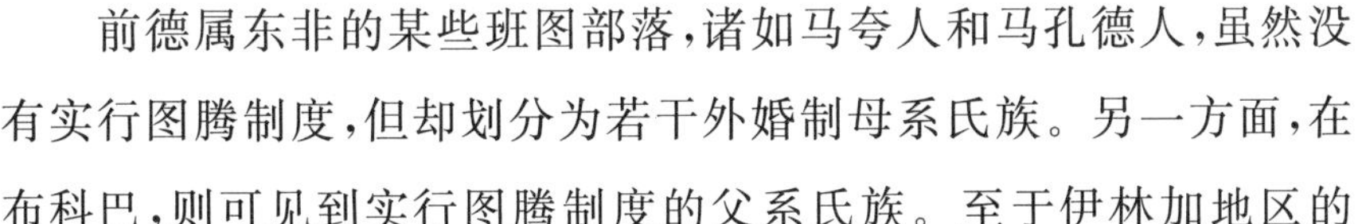
性关系，他们就会被人活活烧死。”[③]

前德属东非的某些班图部落，诸如马夸人和马孔德人，虽然没有实行图腾制度，但却划分为若干外婚制母系氏族。另一方面，在布科巴，则可见到实行图腾制度的父系氏族。至于伊林加地区的 141

① Junod, *Life of a South African Tribe*, i. 241.

② Chisholm, “Manners and Customs of the Winamwanga and Wiwa,” in *Jour. African Soc*. ix. 383.

③ Coxhead, *The Native Tribes of North-Eastern Rhodesia: their Laws and Customs*, p. 51.

瓦赫人，他们虽然实行图腾制度，但其图腾制并不与外婚制相伴行，本图腾内的男女可自由通婚。在瓦赫人中，如同在该地区的其他一些部落（诸如瓦戈戈人和桑戈人）一样，堂亲或姨表亲是不得通婚的。而桑戈人虽然允许交表亲通婚，但人们还是愿意与没有亲戚关系的人家通婚。

居住在赤道非洲东部的马赛人是由5个父系氏族所组成的，这些氏族并非外婚制氏族，但它们下面的亚氏族却是实行外婚制的。而且，“第一代从表亲和第二代从表亲不得通婚。至于第三代从表亲，则按父系血亲关系的远近，分为两种不同情况，也就是说，某个男人的孙子的儿子，不得娶他兄弟的孙子的女儿，也不得娶他姐妹的孙子的女儿；但是，人们并不反对他的孙子的儿子娶他兄弟的外孙女的女儿或他姐妹的外孙女的女儿。同样道理，虽然某个男人的孙子不得娶他舅舅的孙子的女儿，但却可以娶他舅舅的孙女的女儿。而且，这类婚姻还必须具备一个条件，即男女双方不得属于同一亚氏族。在婚姻管理方面的这些血亲和姻亲规定，同样也适用于武士在婚前与未成年女子的性关系以及婚后受人款待的权利。”如果一个人有意乱伦，或是与自己所在亚氏族中的女子发生性关系，他就会受到亲戚们的惩罚。人们会对他进行一番鞭打，并宰杀他的一些牛。如果一个人无意之中犯了乱伦罪（这种情况
142 并非没有可能，因为一个人不一定全都认识他的第四代从表亲或第五代从表亲，尤其是在他们分住于不同地区的情况下），他必须给女方的亲戚送上一头牛，用以“隔断二人的关系”[①]。同样，在瓦

① Hollis, “Note on the Masai System of Relationship and other matters connected therewith,” in *Jour. Roy. Anthr. Inst.* xi. 479 *sq.*

塔维塔人中，氏族本身虽然不是外婚制的，但氏族之下的亚氏族却是实行外婚制的。瓦塔维塔人的氏族实行图腾崇拜，而马赛人则显然不实行图腾崇拜。

阿坎巴人至少是由25个氏族组成的，其中很多氏族下面还分为若干亚氏族。据了解，大多数氏族都实行图腾崇拜，其他一些氏族可能也是如此。霍布利先生指出，同一亚氏族的男女原来是禁止相互通婚的，虽然当地也有一个离奇的规定，即“男女均可与原族支的人通婚”。不过，霍布利又说，同一亚氏族内禁止通婚的习俗现已不再严格遵守了。当地人说，由于每个氏族现在都已有很多人口，因此，在同一亚氏族内通婚已不再被看作什么严重的违禁事件了。[①] 而据林德布卢姆博士说：“同一氏族的男女严禁通婚，即使双方住在不同的地区，以前从不认识，也不得结婚。同一氏族内如有人违禁结合，就会构成重罪，犯罪者必须接受净化过程，这一过程要由精通此道的长者主持。”[②]但是，阿基图图人则是这种一般情况中的一个例外，他们是可以在本氏族内相互通婚的。英属东非的很多其他部落也都实行氏族外婚制，无论其是否与图腾
崇拜相结合，其中包括姆韦鲁人、苏克人、图尔卡纳人、巴林戈地区 143
的某些卡马西亚人、瓦吉里亚马人、卡维龙多的土著人。这些部落既有属于班图族系的，也有属于尼洛特族系的。在阿基库尤人中，下分13个父系氏族，男子不得从父亲或母系所属的氏族中娶妻，但却可以回到祖母的氏族中去求亲；据说，除此之外，还有一些限

① Hobley, *Ethnology of the A-Kamba and other East African Tribes*, p. 64 *sq.*

② Lindblom, *The Aramba in British East Africa*, p. 113.

制某些氏族彼此通婚的规定。第一代从表亲和第二代从表亲，亦即兄弟姐妹的子女和孙子女，如有通婚者，即会被认为犯了大罪。在南迪人中，“男子不得娶本家族的女子为妻，但人们并不反对在本氏族内通婚”；这一规定也适用于武士婚前与未成年女子的性关系。[①] 如有人同继母、继女、从表亲或其他近亲发生乱伦关系，他就会受到严厉的惩罚：人们会让这些妇女鞭打他，会毁坏他的房屋和庄稼，还会没收他的一些牲畜。

按父系计算世系的外婚制图腾氏族可见于乌干达东部边境埃尔贡山区的巴格苏人、布索加的巴克内人、巴索加人、巴特索人（其地域与北布索加相接）、巴干达人、班尼奥罗人、巴托罗人以及安科
144 莱的巴希马人。在这些部落中，也许除了巴特索人、班尼奥罗人和巴托罗人之外，在其他部落中，男子不仅不得从本氏族中娶亲，而且也不能从母亲的氏族中娶亲。巴特索人、巴索加人和班尼奥罗人则禁止所有第一代从表亲结婚，即禁止某个男子的儿子的子女与他姐妹的女儿的子女通婚。在巴干达人中，同一氏族的男女如有通婚或通奸者，一般都会被处死。在班尼奥罗人中，男子若娶本氏族女子为妻，也会受到这样的惩罚。不过，在该部落中，以及在巴希马人中，外婚制规则并不适用于王室，国王或王子均可娶其姐妹为妻，也可与其发生性关系。据说，巴索加人即使对牲畜中的近亲交配也甚为厌恶。如果一头公牛与它的母亲或姐妹发生了关系，人们就会在黑夜到来之前把这两头牛带到一棵神树旁，把它们拴在树上。第二天早上，酋长即可将这两头牛据为己有。

① Hollis, *Nandi*, p. 6.

白尼罗河畔的丁卡人，下分若干外婚制图腾氏族。这些氏族的世系虽然都是按父系计算的，但男女之间即使从母系方面有一点血缘关系可寻，也不得通婚。住在阿比西尼亚以南的加拉人，下分两个部落或婚组，即巴雷图马人和哈鲁西人，亦称巴雷图人和哈鲁西人。这两个部落中的男子都必须从对方部落中选娶妻子。南 145
部加拉人还规定，不得娶本家族女子为妻，无论双方关系有多远。在厄立特里亚的博戈人中，七等亲内不得通婚，而不论这种亲等关系是父系还是母系。

在黄金海岸讲齐语的诸部落中，部落之下分为若干外婚制图腾氏族，均按母系计算世系。在早先，同一氏族的男女如果通婚或通奸，就会被双双斩首，或被贩卖为奴隶。现在如果出了这样的事，氏族的头人或村里的酋长也会进行调查，将双方分开，并对男方进行罚款，同时还要宰杀一只羊，令男方踏牲血而行。假如此事因不知真情而为，则犯事的双方须宰杀一只羊，以表示自己并无犯罪之意。如果为酋长者与本部落的女子发生关系，他就会被革职。不过，在沿海一带，有关婚姻的这些禁律，并未得到严格的实施，但人们对本氏族男女通婚仍有看法。男子可以娶本氏族以外的任何氏族的女子为妻。奴隶海岸讲埃维语的诸部落，同样也是分为若干母系外婚制图腾氏族，至少在普通百姓中如此。不过，沿海的部落现在并不总是严格遵守这些外婚规定。虽然第一代堂亲或姨表亲之间不能通婚，但第一代姑舅表亲之间则可通婚。埃利斯少校 146
在谈及奴隶海岸讲约鲁巴语的民族时曾说："血亲之间不得通婚。此外，由于人们既追溯父方的世系，也追溯母方的世系，因此，一个人也不得与其父亲或母亲的族人通婚。每当要结婚之前，双方都

得查一查亲属关系，但不会查得很远，因为当地已经没有氏族姓氏了。……一般来说，亲属关系似乎也只是查到第二代从表亲为止。”①

在尼日利亚讲伊博语的各民族中，男子不得在本氏族内娶亲结婚，也不得与父亲或母亲的族人通婚。在尼日利亚讲埃多语的各民族所居住的整个地区，一般也都禁止娶父亲或母亲家族中的女子为妻。不过，据托马斯先生说，我们很难确切探知这种“家族”的界限究竟可以延伸到多远。但是，在埃多地区的瓜顿，以及在奥索索，正如我们在前面所说的，一个男子可以娶同父异母的姐妹为妻。在塞拉利昂的某些部落中，男子不得娶其从表亲为妻，无论这些从表亲与他相隔多少亲等。“一般说来，同一妇女的所有后代均在血缘禁婚关系之内，而不论这些后代的父亲是谁。”②在尼日利亚北部实行图腾崇拜的豪萨人中，某些氏族的男子愿娶与母亲同
147 一图腾的女子为妻，“只要这些女子的图腾和自己不一样，他们通常也就心满意足了。这就是说，这些氏族都是实行外婚制的。”③不过，现在也有人在本氏族内娶妻成亲，据说从前并不是这种情况。姐妹的子女或半血亲姐妹的子女不得通婚，兄弟的子女或半血亲兄弟的子女也不得通婚；但是，姑舅表亲或半血亲姑舅表亲则可通婚。

迪谢吕曾谈及赤道非洲西部的巴卡莱人和其他一些部落。这

① Ellis, *Yoruba-speaking Peoples of the Slave Coast*, p. 188.

② Vergette, *Certain Marriage Customs of some of the Tribes on the Protectorate of Sierra Leone*, p. 5.

③ Tremearne, *Hausa Superstitions and Customs*, p. 80.

些部落住在北纬 2 度至南纬 2 度之间绵延约 400 英里的内陆深处。迪谢吕称，这些部落均分为若干外婚制氏族，大多都是按母系计算世系。在实行农村公社制度的范人中，各公社基本上就是一个亲属组织，而同一村子的男女是不能通婚的。在某些村子里，也有同村人结婚的事发生，但这些村子都比较大，而且男女双方的亲属关系也比较远。即便如此，人们对同村结婚的人仍是另眼相看。在这些部落中，从表亲之间似乎也不能通婚。法属刚果的另一支部落——巴亚人，还禁止第二代从表亲通婚。巴维利人是卢安戈班图人中的一支，在他们那里，男子不得娶与其母同一图腾的女子为妻，也不得娶其堂姐妹，但可以娶其姑母的女儿。刚果河下游地
区的班图人也是按母系追溯世系，在他们那里，从表亲之间是不得 148
结婚的，而且，根据通常的做法，男子都是与别的氏族的女子结婚。Ch. E. 英厄姆先生从班扎曼特卡写信告我说，巴刚果人对近亲结婚——无论是同父方近亲还是母方近亲结婚——都极为憎恶。西姆斯博士从斯坦利湖写信告我说，在巴特克人中，同母异父或同父异母的兄弟姐妹之间、嫡从表亲之间、叔伯与侄女或姑母与侄子之间，均不得结婚。在刚果河支流桑库鲁河流域居住的布尚戈人中，“没有哪个男人可以与一个与之有着某种亲戚关系的女子成亲，这样的婚姻会被看作乱伦。”[①]由此看来，男子是不得娶其表亲为妻的，而从前，连与自己同一图腾的任何女子都不能娶。据了解，居住在刚果河上游及其北部支流一带的很多部落都下分为若干外婚图腾氏族。梅克伦堡公爵探险队所调查的各部落均按父系追溯世

---

① Torday and Joyce, *Les Bushongo*, p. 141.

系，在这些部落中，唯一不实行外婚制规则的是阿赞德部落的某些氏族，包括当朝的王室氏族。在瓦雷加人中，“婚姻禁忌延伸到最远的远房亲戚，无论是父亲方面的，还是母亲方面的，一律如此。”①

在马达加斯加，两兄弟的子女及后代彼此联姻的事极为普遍，且被认为是一件十分中意的姻缘。两兄妹的子女亦可联姻，但须举行一种规定的仪式，用以祛除血缘之妨。在有些地方，两兄弟的
149 子女结婚，似乎也要举行这种仪式。仪式的具体做法是：根据双方的亲等及贫富程度，宰杀一牛、一羊或一禽，或是往新婚夫妇身上抛撒拌有米饭的牛粪。至于两姐妹，尤其是同母两姐妹的子女结婚，则被视为乱伦，伤天害理，而为人们所不齿。其后人只有到第五六代之后，才可以通婚。两姐妹的子女结婚，一般要罚以两头牛，而最严重的乱伦则被判为死罪。

在古罗马，同一族长（patria potestas）的后代，即六等亲（第二代从表亲）以内的亲族，如有联姻之事，则被视为不道德和不合法，被称为邪恶的和肮脏的结合（nefariae et incestuae nuptiae）。不过，此类禁制后来逐渐有所松动。至少自第二次布匿战争以来，第一代从表亲之间便可以通婚了。而后，叔侄婚也被宣布为合法。但是后来，禁欲观念在教会中颇为盛行，受此影响，禁止通婚的亲等范围又有所扩大。东方教会就曾规定：七等亲内，禁止通婚。这里用的是罗马亲等计算法，即先由婚姻中的一方上推到某一共同

---

① Dehaise, *Les Warega*, p. 177.

祖先，再由此下推到婚姻中的另一方。举例来说，第一代从表亲被
认为是四等亲，而叔侄关系则是三等亲。东方教会的这一规定现
在仍旧有效。而西方教会在有关婚姻禁制上则走得更远。该教会
根据新的算法，亦即“教会计算法”，将禁止通婚的亲等范围逐渐 150
扩展到七等亲。而根据这种算法，七等亲实际上就相当于七代亲，
例如，兄弟姐妹为一等亲，第一代从表亲为二等亲，第二代从表亲
为三等亲，余可类推。七等亲之禁制似乎出于这样一种刻板的观
点，即亲族之间，无论关系多远，都不能通婚。因为在条顿人中，有
这样一种通例：在财产继承上，亲属的推算均以七代为限。因此，
禁止七等亲内联姻，就是禁止在法律意义上有血缘关系的所有人
彼此通婚。公元 1215 年，在英诺森三世主持下召开的第四次拉特
兰会议上，将禁止范围从七等亲降为四等亲，也就是说，只要超出
第三代从表亲的关系，即可通婚。自从那时以来，这一规定一直未
作改变。这样，西方教会的禁婚范围就与东方教会的禁婚范围几
乎完全相合了，因为教会计算法中的四等亲即相当于罗马计算法
中的第七八等亲。但是，东西两教会在立法方面却有一个重要的
差异：在东方教会中，禁婚范围中的任何人都不可能得到特许豁免
权，而在西方教会中，不仅有这种特许豁免权，而且早就广泛实行
了。不过，直至 15 世纪之前，罗马教皇所授之特许权，似乎都不在
《利未记》的禁婚范围之内。而宗教改革者们则是从理论上将禁 151
婚范围恢复到摩西律法所规定的范围。1540 年，亨利八世宣布：
“除上帝的法律之外，不得以任何理由干扰或非难不在《利未记》
禁婚亲等范围之列的婚姻。”而《利未记》所禁之极限则被认为是叔

侄婚。[1]

在斯拉夫南支各族中，同一父系氏族的人按规定是不能通婚的。据德拉姆小姐说，在上阿尔巴尼亚，“拥有同一男性祖先的男女，即使血缘再远，也仍被视为兄弟姐妹。假使通婚，即是乱伦，因此予以严禁。即使某种亲等关系在天主教会中是允许通婚的，但只要与部落法律相抵触，人们也会视之为可恶之举。因此，我只听说过一例有人在宗族内通婚的事。当地有一位祭司告诉我，有一对相隔12代的宗亲结了婚，虽然教会是准许这种人通婚的，但他听后仍感到为人所不齿，‘因为他们本是兄妹关系啊！’”[2]

除了禁止血亲结婚的各种规定之外，还有一些禁止姻亲结婚的各种规定。这后一类规定在各个不同的国家差异甚大。虽然很多未开化民族都允许男子与他妻子的姐妹结婚，甚至给他以这种优先权；但也有一些未开化民族要么完全禁止或反对此类婚姻，要
152 么仅允许他与亡妻之妹结婚（这种情况非常普遍）。在莫桑比克的聪加人中，男子既不能与妻子的姐姐结婚，也不能娶其妻姐妹的女儿。在黄金海岸阿克拉的黑人中，以及在西伯利亚的科里亚克人中，只要妻子在世，做丈夫的甚至连妻子的从表姐妹也不能娶。利未法和伊斯兰教均禁止同时与两姐妹结婚。天主教则禁止与亡妻之姐妹结婚，虽然这一禁制可予免除。在英格兰，这类婚姻曾受到教会法的反对，并于1835年被确认为非法。众所周知，只是在经

---

① Stephen, *Commentaries on the Laws of England*, ii. 386.

② Miss Durham, *High Albania*, p. 20 *sq.*

过多次不成功的尝试之后,英国才于1907年通过一项法案,认定与亡妻姐妹的婚姻为合法。而在通过这一法案时,仍遭到强烈的反对。东方教会甚至禁止两兄弟与两姐妹联姻。在某些未开化部落中,也有类似的禁例。

此外,虽然很多民族都允许男子与其已故兄弟的遗孀或与其
寡嫂结婚,甚至认为他有此义务;但也有一些民族则完全禁止此类 153
婚姻。布里斯班附近的某些昆士兰部落就认为,娶已故兄弟之遗孀为妻是一件十分荒谬的事。在中国,虽然续娶亡妻之姐妹被视为一件很体面的事,但是娶已故兄弟之遗孀则会被判处绞刑。在英国的教会法中,以及在很多国家(特别是拉丁国家)的法律中,对于娶已故兄弟的遗孀或亡妻之姐妹,均予以禁止,只是比较容易取得特许豁免权而已。

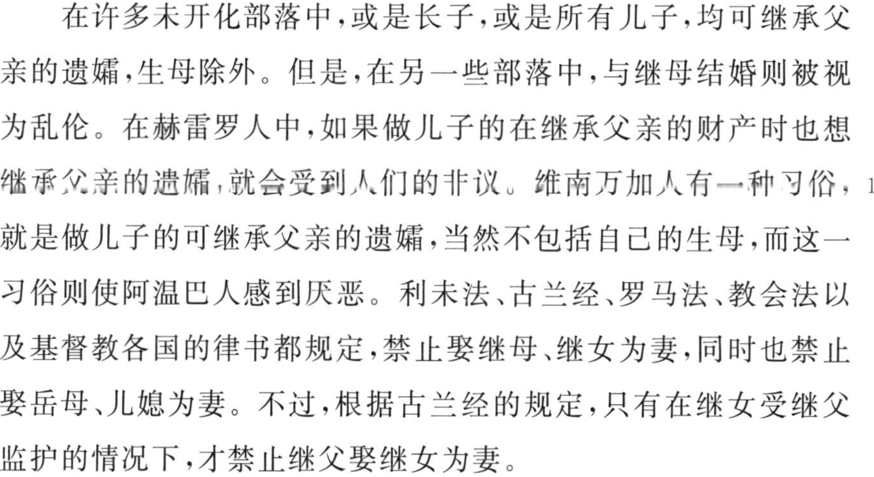

在许多未开化部落中,或是长子,或是所有儿子,均可继承父亲的遗孀,生母除外。但是,在另一些部落中,与继母结婚则被视为乱伦。在赫雷罗人中,如果做儿子的在继承父亲的财产时也想
继承父亲的遗孀,就会受到人们的非议。维南万加人有一种习俗, 154
就是做儿子的可继承父亲的遗孀,当然不包括自己的生母,而这一习俗则使阿温巴人感到厌恶。利未法、古兰经、罗马法、教会法以及基督教各国的律书都规定,禁止娶继母、继女为妻,同时也禁止娶岳母、儿媳为妻。不过,根据古兰经的规定,只有在继女受继父监护的情况下,才禁止继父娶继女为妻。

由领养或寄养而形成的干亲关系往往也可构成对婚姻的一种限制。在卢伊塞诺族印第安人中,一个孩子一旦被某家领养后,"即被视为领养人的亲生孩子,如果领养人与其结婚,即被看作乱

伦”[1]。沙勒瓦在谈及休伦人和易洛魁人时曾写道：“想要结婚的双方，不得有任何亲属关系，即使是领养关系也在法律限制之内。”[2]据埃德格说，在格陵兰人中，同在一家做佣人并接受教育的一对年轻男女，如果想要结婚，就会引起人们的不快，并受到责怪。邦都的伊戈罗特人，禁止男子与被领养的女儿或妹妹结婚，甚至禁止男子娶被领养人的第一代从表亲为妻。婆罗洲的卡扬人强烈反对男子与其领养的女儿结合，但允许娶被领养的妹妹为妻。而这
155 种婚姻在新喀里多尼亚似乎是被禁止的。在贝莱普群岛，领养子女如同亲生子女一样，要遵守各种相同的外婚制规定。在萨摩亚，与领养来的儿子、女儿或姐妹结婚，也是不允许的。萨顿先生在谈到澳大利亚约克半岛上阿贾杜拉部落的婚姻规则时，也曾指出：“领养来的子女被视为亲生子女。”[3]在马达加斯加，养父母不得与其领养的子女结婚。托马斯先生在关于尼日利亚讲伊博语的诸部落的报告中写道，在埃努古，“被领养的子女不得与其养父母的亲生子女结婚。”[4]在黄金海岸的芳蒂人中，“被领养子女无论在其养父母家中，还是在其原来家中，都要受到相同规定的制约，而这些规则也适用于他们的后代。”[5]

古兰经规定，禁止娶养母和领养姐妹为妻。在达迪斯坦，甚至

---

① Sparkman, in *University of California Publications in American Archaeology and Ethnology*, viii. 214.

② Charlevoix, *Voyage to North-America*, ii. 36.

③ Sutton, in *Proceed. Roy. Geograph. Soc. Australia: South Australian Branch*, ii. 17.

④ Thomas, *Anthropological Report on Ilo-speaking Peoples of Nigeria*, i. 73.

⑤ Sarbah (J. M.), *Fanti Customary Laws*, p. 46.

连娶养子的遗孀也是不可以的。在古希腊，养父不得娶养女为妻，但养父之子则可娶之。根据罗马的法律，即使在领养关系解除之后，养父也不得与其养女或养孙女结婚；而在领养关系维持期间，养父的亲生子女也不得与领养子女结婚。这些规定也曾渗入教会法中，但教会从未把领养关系作为婚姻的巨大障碍，摩西戒律甚至没有把这作为障碍。罗马天主教会还曾质疑过是否应把现代领养方式作为婚姻障碍来看待。在很多欧洲国家，法律都禁止养父母 156
与养子女结婚。在拉丁国家，法律还禁止亲生子女与领养子女结婚。而在法国、比利时和意大利的法律中，即使两个被收养的子女也不得通婚。在南支斯拉夫人中，各个小家庭都是同大家族连在一起的，而每个小家庭又可以吸收一些没有亲缘关系的人加入其中。在这些民族的习惯法中，“家族中被领养的成员与生于斯长于斯的成员同为亲族，无论何事，均应一视同仁。”[1]

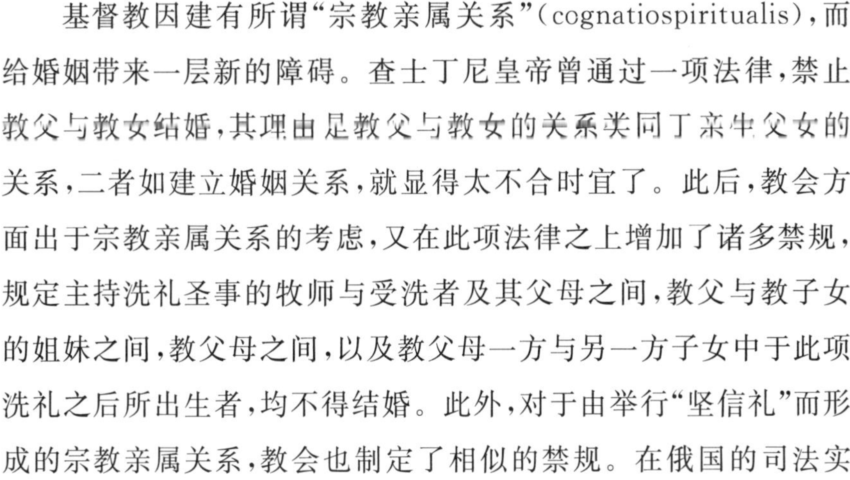

基督教因建有所谓“宗教亲属关系”(cognatiospiritualis)，而给婚姻带来一层新的障碍。查士丁尼皇帝曾通过一项法律，禁止教父与教女结婚，其理由是教父与教女的关系类同于亲生父女的关系，二者如建立婚姻关系，就显得太不合时宜了。此后，教会方面出于宗教亲属关系的考虑，又在此项法律之上增加了诸多禁规，规定主持洗礼圣事的牧师与受洗者及其父母之间，教父与教子女的姐妹之间，教父母之间，以及教父母一方与另一方子女中于此项洗礼之后所出生者，均不得结婚。此外，对于由举行“坚信礼”而形成的宗教亲属关系，教会也制定了相似的禁规。在俄国的司法实

① Maine, *Dissertations on Early Law and Customs*, p. 256.

践中，宗教亲属关系至今仍是男女通婚的某种障碍。在黑山，“教
157 子女在地位上一如亲子女，因此教父是不能与教女通婚的。”[1]

在某些未开化部落中，也有一些与此相关的婚姻禁律，在此不妨一提。在英属新几内亚的南支马辛人中，有一种叫“埃里亚姆”的会社，入会后，即可对其他会员的妻子享有婚姻权。但是，会员之间从不娶彼此的姐妹为妻，甚至也不与她们私通。据哈登博士说，在托雷斯海峡以西诸岛的岛民中，人们对“同知己好友的姐妹结婚一事，甚为敏感”，因此当地是禁止这种婚姻的。[2] 在布索加的巴坦巴人中，如果两人结成拜把兄弟，这两家人就不能相互通婚了。在塞拉利昂的某些部落中，一个人不得与其奶母发生关系。马赛人以及马达加斯加的梅里纳人都禁止男子与其奶母及奶姐妹结婚。刚果河上游的博洛基人也总是把这样一种结合视为不正当关系。在比属刚果，有一支属于巴松戈梅诺的部落，叫博钦杜。在该部落中，于同一天在同一村出生的孩子，在他们看来，彼此可能有亲缘关系，被视为双胞胎，因此他们不能通婚。

据说，在很多民族中，同一村落或同一地方群体的人不得通婚
158 或者避免通婚。至于同一地方群体中的人是否都有血缘关系，很多实例未做说明；但从另一些实例来看，则显然并非如此。亚马孙河畔的雅梅奥人就不容许同一地方群体的人通婚，“虽然不能证明他们都是亲戚，但大家认为在骨血中都是朋友”[3]。豪伊特博士曾

① Miss Durham, in *Jour. Roy. Anthr. Inst.* xxxix. 91.

② Haddon, "Ethnology of the Western Tribe of Torres Straits," in *Jour. Anthr. Inst.* xix. 315.

③ Martius, *Beiträge zur Ethnographie und Sprachenkunde Amerika's zumal Brasiliens*, i. 117.

指出，澳大利亚的土著部落有两种组织方式：一种是按社会关系，把部落分为胞族和氏族；另一种是按地理位置，把部落分为若干地方群体。这两种组织虽然是并存的，但彼此的划分并不一致。同一地方群体的人都只住在同一地方，而同一社会群体的人则往往散居于许多地方群体之中。在很多部落中，同一地方群体或亚群体的男女是绝对不得通婚或发生性关系的，出生地的相同成了男女结婚不可逾越的障碍。“在某些部落中，例如在库尔奈部落中，只要男女双方同住一地，人们就会认为他们‘关系过近’，不宜结婚，而不管女方在其他方面的条件有多好。”地方群体多在氏族制度已经削弱或近乎消亡的部落，才呈现出压倒的优势。不过，即使在氏族制度还很兴盛的部落中，地域关系也对婚姻起着严格的限

制作用。[①] 例如，在维多利亚西北部实行母系制的沃乔巴卢克部 159
落中，男女结婚除有婚组的限制之外，还有一条规定，就是禁止男 639
子娶与母亲同一地方的女子为妻，理由是二人的“血肉”过于亲近。同样，在贡迪奇马拉人中，“人们都是从很远的地方娶亲，以便在‘血肉’上不要像跟本地女子那样亲近。”[②]的确，在这一部落以及维多利亚西北部的其他很多部落中，男子娶亲有几不准，即不准从父亲部落、母亲部落、外祖母部落娶亲，也不准从邻近部落以及与本部落操同一方言的部落娶亲。据说，在新南威尔士南海岸的穆林部落中，男子不但要娶姓氏相异者，而且“还必须走到距本地尽

---

① Howitt, “Australian Group Relations,” in *Smithsonian Report*, 1883, pp. 800, 810, 819 *sq*.

② Howitt, *Native Tribes of South-East Australia*, p. 249.

可能远的地方去娶妻”[①]。在澳大利亚西南端毗邻乔治王海峡的地方，当地的土著人实行的是一种非常严格的婚组外婚制。除此之外，我们还听说，他们认为，“最好是从最远的地方娶妻”。[②]

据盖特先生说，在印度，“除了基于外婚制和亲等的若干限制之外，常常还有一条规定，就是同村男女不得结婚。例如，巴罗达
160 的拉杰普特人和莱瓦昆比人就认为，同住一村的所有居民都有亲缘关系，因此，男女结婚，都应找村外的人。在蒙达人以及焦达纳格布尔的其他部落中，也有类似的规定。此外，在旁遮普以及喜马拉雅地区，特别是在那些不实行氏族外婚制的地方，也都实行这一规定。据马顿先生说，在中部各邦及贝拉尔，也有这种规定。”[③]拉塞尔先生在其关于印度中部各邦部落与种姓的著作中指出，住在同一个村子里的印度人都有一种亲戚感，即使他们可能分属不同的种姓和氏族。“村里的各家各户往往都认为他们之间有一种亲戚关系。村里的男人对比自己长一辈的男人都称之为叔叔，对比自己小一辈的则都称为侄女和侄子。无论哪个女孩出嫁，村里的长者都把她的丈夫称为‘女婿’。即使对不可接触者种姓，也是这样。而且，由于大家住在一起，彼此都觉得有一种亲戚关系。”[④]焦达纳格布尔的奥朗人“对同村男女青年通婚甚为反感；人们普遍相信，这种婚姻会给夫妻双方或其中一方带来灾祸”[⑤]。克鲁克先生

---

① Howitt, *Native Tribes of South-East Australia*, p. 262.

② Nind, “Description of the Natives of King George's Sound (Swan River Colony) and adjoining Country,” in *Jour. Roy. Geograph. Soc.* i. 37, 38, 44.

③ Gait, *Census of India*, 1911, p. 252.

④ Russell, *Tribes and Castes of the Central Provinces of India*, i. 155.

⑤ Sarat Chandra Roy, *Orāons of Chōtā Nāgpur*, p. 396.

曾提到印度西北各邦实行地方外婚制的一些事例，他还说，当地人有一种说法，认为娶亲应娶远处的女子。科瓦列夫斯基指出，在俄国的某些地方，娶亲总是要从外村娶；即使在没有此类习俗的省份，“人们也总是把新郎叫做‘外来人’，并把新郎的朋友和伴郎说 161
成是千里迢迢来接亲的。”[①]在保加利亚民歌中，新娘总是被说成娶自外村。

① Kovalewsky, "Marriage among the Early Slaves," in *Folk-Lore*, i. 475.

162 第二十章　外婚制(续)

人们为解释有关外婚制的各种规定,已经做了很多尝试。有人曾把禁止近亲结婚的各种规定归因于担心这样会使亲属关系变得太乱,会使人们的感情仅仅局限于一个很窄的圈子里。有人则把外婚制规则的目的说成是为了防止人们过早结婚,或者是为了防止人们出于保住家产的目的而相互通婚。还有人说,人们之所以禁止近亲结婚,是因为这种婚姻公然违背了“天生的羞涩之心”,或是因为上帝禁止近亲结婚。这类解释是不必加以考虑的。我在这里将要讨论的,仅仅是近年来提出的一些理论。这些理论不仅解释禁止本家人通婚的规定,而且还解释具有更广泛性质的外婚制规则。然后,我还想就这些规则的起源,谈一谈自己的看法。

“外婚制”(exogamy)一词是由麦克伦南首创的,用来表示在“部落或亲属群体”内部禁止通婚的规则。麦克伦南试图说明,外婚制是从溺杀女婴这一做法中产生出来的,而这一做法,在他看来,“在各地的蒙昧人中都很常见”。他争辩说,对于那些处在敌人包围之中,且又身无一技,还要同生存的困难进行斗争的部落而言,男孩乃是力量的源泉,无论是应付打仗也罢,还是找寻食物也
163 罢。而女孩则是其致弱之因。于是就有了溺杀女婴这一残忍的习

俗。其结果是原始部落中年轻妇女很少,这就严重破坏了群落内男女人数的平衡,致使人们到其他群落中去抢掠女子为妻。这一习俗本是由需要所产生的,而后又在实行这一习俗的部落中渐渐形成一种偏见,即不愿娶本群体中的女子为妻。这样一来,“妻子”一词就成了在抢掠者的强权下被支配、被奴役的女子的同义词,而“婚姻”一词则被用于男子作为这样一名女子的占有者而与她所形成的关系。既然在当时的情况下,只有通过抢夺才能得到受支配受奴役的妻子,婚姻便也只有通过抢夺才能建立,而同本群落的女子结婚就成了一种犯罪。

这种理论在很多方面都是站不住脚的。首先,麦克伦南显著夸大了溺杀女婴这一做法在未开化世界中的流行程度。据说,在很多未开化部落中,都没有或几乎没有关于溺杀女婴的传闻。而且,这些部落中还包括安达曼岛民,博托库多人和加利福尼亚的某些部落,他们都是很低等的民族。据悉,锡兰的维达人也从未有过 164
这种做法。布里奇斯先生告诉我,在火地岛的雅甘人中,这类事只是偶尔有之,而且几乎都是做母亲者所为。她们这样做,“或是出于妒忌,或是出于对丈夫的怨恨,或是由于被遗弃或遇到某种不幸”①。法伊森先生曾在某些未开化民族中生活过很长时间,他认为,溺杀女婴的事,在低等蒙昧人中要比在发达一些的部落中少得多。溺杀婴儿这一违反父母疼爱儿女之本能的做法,必有其原因或用意。从这一层来看,凡是有此习俗的地方,这一做法似乎都不

① Bridges, in a letter dated Downeast, Tierra del Fuego, August 28th, 1888. *Cf. Idem*, “Manners and Customs of the Firelanders,” in *A Voice for South America*, xiii. 181.

大可能是远古蒙昧时代的遗存，而是在以后的发展阶段上，从某些特定的环境中产生出来的。例如，人们一般都认为，在白人到来之前，加利福尼亚的某些印第安人从未有过溺杀婴儿的事。埃利斯也认为，可以有充足的理由推测，这一习俗在波利尼西亚历史的早期阶段，并不像后来那么流行。在很多部落中，人们仅仅在某些特定的情况下，例如，婴儿是私生子，其母已去世，婴儿畸形或有病，
165 婴儿出现某种怪异现象，婴儿被认为有某种不祥之兆，或者是在生下双胞胎时（此种情况比较多见），才将婴儿杀溺。但是，如遇这些情况，不仅女婴要被杀溺，而且连男婴也不放过。在杀溺婴儿比较盛行的民族中，往往也是这样。例如，在澳大利亚的很多部落中，据说在杀溺婴儿时就没有男女之分。事实上，从杀溺婴儿的这些主要动机来看，我们很难相信，被杀溺的女婴就一定比男婴多，即使是在那些并不实行买卖婚姻，并不把自己的女儿当作商品变卖的蒙昧人中，情况也是这样。

再者，麦克伦南不仅夸大了溺杀女婴这一做法的流行程度，而且还夸大了抢夺婚的流行程度。以抢夺的方式娶亲结婚，这样的事在世界很多地方都曾有过，但多是作为战争的伴随物，或是在难以用和平方式娶亲时作为获取配偶的一种方式而出现的。我们不曾听说，有哪个民族是把抢夺婚当作缔结婚姻的通常方式或正常方式。我们也没有任何理由推想，古代在正常情况下，要想娶亲，就不得不用武力把某个女子从她的亲人那里抢过来；因为蒙昧人大多都是同其周围的部落和睦相处的，打仗的事即使有，也很少发
166 生。如果我们假定从前曾有一个时期，每个男子都得竭尽全力去从另一群落中抢得一个女子，那么，凡是在普遍溺杀女婴的地方，

就会有不少男子,无论怎样去抢,也是抢不到手的。道理很简单,因为女的太少了,不够抢的。赫伯特·斯宾塞就曾提出过这样一个很好的问题:"如果每个部落都是女的比男的少,这些部落又怎么能够通过互相抢夺,来得到所需的妻子呢?"①而当本群体中确有未婚女子时,为什么还会有不少男子结不了婚呢?那种认为在溺杀女婴的部落中,男子要从其他部落中掳得妻子以补女性之不足的说法,还是可以想像到的;难以想见的是,既然如此,为什么要禁止本部落男女结婚,有时甚至还要对违者予以处死呢?为什么男子不娶本部落中未被杀溺的女子为妻呢?为什么这些男子不让这些女子生个男孩,以壮大本部落的力量,而偏偏要使这些在他们看来没有用处的人比原来更加没用呢?为什么他们要迫使这些可怜的女子要么不得内嫁,要么沦为充满敌意的抢掠者的牺牲品呢?这样看来,即使麦克伦南的前提是正确的(事实并非如此),他从中得出的结论也仍然是错误的。

如同麦克伦南一样,赫伯特·斯宾塞也认为,原始部落通常都是相互怀有敌意的。正是在这一假说的基础上,他建立起自己关于外婚制起源的理论。无论在什么时候,也无论在什么地方,征战胜利之后,都会有一场抢掠。那些征服者会把他们找到的任何有价值的东西都尽可能地带走。当然,他们也会把女人连同其他掠获物一同带走,因为把女人抢到手后,可以将她们当作妻妾和用做苦力。但是,被抢掠来的女子,除了其内在的价值之外,还有其外在的价值。"她不但如同本地妻子一样可供人使唤,而且,还与本

① Spencer, *Principles of Sociology*, i. 618.

地妻子有所不同，那就是被人当作战利品。”于是，在部落中，娶外
167 族女子为妻，要比与本部落女子结婚来得体面。如果某个部落在战争中连连取胜，因而能够连连抢到邻近部落的女子，那么，在这个部落中就会产生出这样一种观念：娶有异族妻子的这个显赫人家便是有体面的人家，而不能娶上异族妻子则渐渐被视为懦弱的证明。因此，人们就越来越想娶得外族女子为妻；而随着娶不上外族女子的人数不断减少，娶不上外族女子也就成了越来越重要的一种耻辱的标志。最终，在那些好战的部落中，便定出这样一种强制性的要求：娶妻必娶外族之妻——如果不能在战争中明抢，就得在私下里暗夺。①

我们在前面已经反驳了麦克伦南的理论，而斯宾塞的这一理论也很容易被驳倒。我们可以看出，这两种理论都对抢夺婚确信不疑，都认为是抢夺外族女子的习俗导致人们做出禁娶本族女子的规定。但是，在麦克伦南看来，抢夺婚的根源在于女子的匮乏；而在斯宾塞看来，则在于男子的虚荣。这两种理论都是以抢夺婚的盛行为假定条件的，而在此基础上所做的任何结论都是不能令人满意的。试想，即使人人都想娶有外族妻子，他们也是可以另娶本族女子的，而且，这样做也不会有失体面。相反，在蒙昧人看来，妻妾成群还是财富和名誉的源泉。在一个连战连胜的部落中，做女人的除了侥幸落入外敌之手以外，难道就是命中注定要终生不嫁吗？假如邻近部落全都不善征战的话，她们也就很少会落入外部落之手。不过，根据斯宾塞的说法，在这些部落中，“与本部落女子结婚，不仅会成为一种惯例，而且还会形成一种不娶外族女子的

① Spencer, *Principles of Sociology*, i. 619 *sqq.*

偏见,乃至最终形成为一种法律。”①斯宾塞同麦克伦南一样,把内婚制和外婚制看作是相互排斥的两种制度。假如他关于内婚制起源的理论是正确的,那么,我们就应该看到,外婚制部落与内婚制部落通常准是彼此为邻的。但是,正如我们已经了解到的,氏族外 168
婚制盛行于居住在同一地区的诸多部落之中。这些部落中实行外婚制的所有氏族,何以能够百战百胜,以致使强娶被俘女子为妻的习俗发展成为禁娶本族女子为妻的规定呢?有征服者,必有被征服者。假如斯宾塞的理论真的如同某些人所想的那样,能够解释禁止近亲结婚的规定,那么,我们就得去论证世界上的所有民族从前在掠获外族女子上都是很成功的。

艾夫伯里勋爵也曾暗示,外婚制起源于掠获外族女子的习俗,但他提出这一说法,是立足于他的共有婚理论。当部落中的所有男子同为该部落所有女子的丈夫时,如果有哪个男子将其中一名女子据为己有,就必然会侵犯到部落的共有婚。但是,那些从战争中俘获来的外族女子,其所处的地位就不同了。部落作为一个整体,对这些女子没有婚姻权,于是,她们就成了现代意义上的妻了。这样,抢夺婚便导致了个体婚姻和外婚制这两种新鲜事物的产生。维尔肯接受了这种外婚制理论,他还认为,禁止近亲通婚的规定在世界各地无不起源于群体外婚制。

艾夫伯里勋爵的理论立足于我已反驳过的两种不合理的假 169
设:其一是,人类最初原本是生活在一种不存在个体婚的状态中;其二是,抢夺女子曾一度是娶亲的普遍做法。除此之外,他还有另

① Spencer, *Principles of Sociology*, i. 627 *sq*.

一种假设，这就是：一个男子可以将他所掠获的女子作为他的妻子，但他却不能把任何本族的女子当作他个人的妻子。可是，人们不禁要问：既然本部落的女子都不能成为本部落男子的个人妻子，那么，为什么在战争中被劫掠来的女子就能成为该部落男子的个人妻子呢？麦克伦南曾经说过，由于战俘通常都是通过集体行动或准集体行动俘获而来的，因此，人们就会将劫掠行动认定为给本群体增添女性的一种常规做法；这些女性被劫掠来后，也会处于部落男性按常规所拥有的权利之下；这样，群体之中的每个男子，也会要求对其他人劫掠来的女子享有共有权。事实上，我们看到，即使在有个体婚存在的群体中，劫掠来的女子也可能被当作公共财产。帕金森曾讲述说，阿德默勒尔蒂群岛上的莫亚努人就保留有公共女子，她们一般都是从战争中俘获来的。在巴西的卡拉雅人中，未婚男子常求诸被俘获来的卡亚波族女子。至少在桑比巴人中，村村都有卡亚波女子，她们被当作公共财产。此外，据J. H.斯托尔牧师说，在维多利亚西南部的一个小部落——贡迪奇马拉人中，当人们在战争中俘获到一个女子之后，从来不是把她据为己有，而是要被迫将她交给别的什么人。不过，即使说艾夫伯里勋爵的假设都对，他也仍需解释这样两个问题：娶有外族女子的人何以会失去他们对本族女子的共有权？同本族女子发生性关系何以最终被禁止，而且违者还要被处死？正如我们所看到的那样，在外婚制下，同一外婚群体内的男女不用说结婚，就是发生不太正式的关系，都会被认为是乱伦。

170 还有一些人表示，禁止近亲结婚的规定起源于对这种结合所产生的不良后果的体察。摩尔根即持这种看法。他还认为，氏族外婚制这一制度的设立，是要防止血亲结婚或同居，特别是防止兄弟姐妹之间结婚或同居。据他认为，这种事在古代曾是很普遍的。正如我们稍后将会看到的，近亲结合极有可能产生不良的后果。不过，问题是：那些禁止近亲结合的蒙昧人是否体察到了这些不良后果？亨利·梅因爵士认为，那些发现了火的使用，并选择出某些野生动物进行驯化，选择出某些野生植物进行栽培的人，同样也会看到，近亲结婚会生出有身体缺陷的子女。可是，也有一些人对此提出不同的看法，特别是有人提出这样一条理由：要得到这一认识，只能通过长期的观察，而这就超出了蒙昧人的智能范围。

但是，我们确实听说，有些未开化民族已看到近亲结婚会产生恶果。格陵兰有这样一个民间故事：卡卡马克的父亲看到，自己的所有孙儿在未长到成年时就都夭折了，于是就对女婿说："可能是我们的血缘太近了。"理查森在谈到阿拉斯加的基奈人时，曾讲述到："他们原来的习俗是，某一群体的男子要从另一群体中娶亲结婚，所生子女均属母亲所在的群体。这一习俗现已废弛，同一群体的男女时有结亲的。不过，据老人们说，由于不遵守传统的旧制， 171
基奈人的死亡率已比原来增高了。"[①]道森先生在谈及维多利亚西南部的某些部落时，曾说："自从欧洲人来到他们这里以后，这些土著人有时就不理会自己的婚姻法则了，其实这些法则都是很不错的。现在，其后代身体已越来越弱、毛病也越来越多。人们把这归因于忽略了古老的旧制。"[②]根据加松先生的说法，在艾尔湖盆地

---

① Richardson, *Arctic Searching Expedition*, i. 406.

② Dawson, *Australian Aborigines*, p. 28.

居住的迪埃里人，有这样一个传说：自从开天辟地以来，父母、兄弟、姐妹以及其他一些近亲之间常常发生乱伦，直至这种恶果变得十分明显之后，酋长们才终于聚到一起开会，商讨以什么方式来避免这种恶果。商议的结果是去求教于善良精灵“穆拉穆拉”。精灵对此作了应答，他下令将部落分为各支，并以有生命的和没有生命的各种物体（如狗、鼠、鸸鹋、雨等等）来命名，使他们彼此相区分。精灵还规定，每一支系中的任何成员都不得与同一支系中的其他成员结婚。

阿切瓦人是尼亚萨兰保护地中讲尼扬贾语的一个部落，他们也有一个类似的关于其图腾氏族外婚制起源的传说。据他们说，从前，整个部落的人都只有一个姓。后来，女酋长尼扬古为了防止近亲结婚的灾祸，把大家召集到一起，给每个家支起了一个新的姓氏，并要他们把各自新的姓氏代代传下去。黄金海岸的芳蒂人也把他们的外婚图腾氏族制度，说成是昔日某位智者所创设的。据说，实行外婚制“对于改善种族的身体素质大有裨益”，而同一图腾
172 氏族的男女所生的子女则活不长。[①] 乌干达保护地的巴坦巴人有一条规定：凡是得知同出一家的人，无论相隔多远，都不得彼此通婚。他们认为，谁要是违反这一规定，其后代就会得一种“亲属病”，衰竭而死。在前德属东非的瓦桑巴人中，人们认为乱伦会导致不育或婴儿夭折。麦考尔·希尔先生曾谈到，在南非的山地部落中，盛行从兄妹联姻的习俗。他说，在他们的习俗中，再也没有

① van Hieu, in Harper and others, “Notes on the Totemism of the Gold Coast,” in *Jour. Anthr. Inst.* xxxvi. 186.

"比这种联姻方式更令沿海土著人感到厌恶的了。他们把在山区里经常看到的愚顽、痴呆等现象都归因于这种联姻方式。他们还说，巴苏陀人就应该生下这样的痴呆孩子来，因为他们的婚姻就跟狗的交配一样"[①]。艾尔斯先生写信告诉我，住在蓬多兰边界上的祖鲁人认为，妇女不育和婴儿畸形都是血亲联姻的后果。卡曾斯先生也写信告我说，西斯纳塔尔的卡菲尔人认为，如果他们允许近亲通婚的话，其后代就会体弱多病。赫雷罗人喜欢让兄妹的子女联姻，但对两兄弟或两姐妹之子女间的婚姻和性关系则颇为反感，认为由此所生的子女会体弱多病，早年夭折。

我们在其他一些地方也会看到，人们对于不同类型的从表亲的联姻，往往是从其对后代的影响上加以区分的。盖特先生说： 173
"西藏人和雷布查人禁止第一代从表亲结婚，而菩提亚人则只禁止父系从表亲结婚，特别是禁止堂兄妹之间通婚。他们的理由是：人的骨骼是从父亲方面传下来的，血肉是从母亲方面传下来的；如果父系从表亲通婚，骨骼就会受到损伤，并迟早会导致各种疾病。"[②]阿隆索·邦克博士极其热诚地向我提供了有关缅甸克伦人的一些很有趣的情况。他说，在他们那里，有的村子实行外婚制，有的村子实行内婚制；不过，父母与子女间以及兄弟姐妹间则是一概不得通婚的，甚至连第一代从表亲之间也很少有人通婚，虽然当地并没有法律禁止这样做。邦克博士发现，在实行外婚制和实行内婚制的这两类村子中，村民在身材、健康状况、体能和生育能力诸方面

① Theal, *History of the Boers in South Africa*, p. 17.

② Gait, *Census of India*, 1911, vol. i. (India) Report, p. 252 *sq*.

都存在着显著的差异，实行内婚制的在所有这些方面都处于劣势。他确信这种劣势是由亲属间的通婚所造成的，并强调说，当地人自己也把这一劣势归因于此，只是他们依旧固执地保持着旧时的习俗，认为同外村人结婚不合体统。老库基人的一支——蒂库普氏族是实行内婚制的，只是禁止所有第一代从表亲结婚。据说，该氏族中的一些老人曾把氏族人口的不断减少归因于内婚制习俗。根据贝斯特先生的说法，毛利人认为近亲结婚会导致后代退化。他们有一句老话，叫做“娶近亲，生弱儿”。

说到这里，我们也可以谈一些有关较高文明程度民族的论述。
174 在收录穆罕默德言行的《圣训》中，有这样一句话：“同外来人结婚吧，这样，你就不会生下虚弱的后代了。”戈德齐赫尔教授说：“这一看法与古代阿拉伯人的观点是一致的，他们认为，内婚制婚姻所生的子女比较虚弱和瘦小。阿尔梅达尼人的谚语‘娶远不娶近’，亦属此类观点。”有一位诗人在赞美一位英雄时，曾说道：“他是一位英雄，由于不是从表亲所生，因此身体强健；而近亲结婚则会生出虚弱的后代。”①据公元9世纪时的两位穆斯林旅行家说，印度人从来不与近亲结婚，因为他们认为，没有血缘关系的人结婚，会使所生的后代更健康。在阿尔巴尼亚山区，德拉姆小姐曾反复听人说，谁要是违反不准同宗近亲结婚的严格规定，其后代“就会变瞎、变聋、变哑、变成畸形——各种灾祸都会降临到他们身上。这种结合是会受到诅咒的”②。

① Goldziher, “Endogamy and Polygamy among the Arabs,” in *Academy*, xviii. 26.

② Miss Durham, “High Albania and its Customs in 1908,” in *Jour. Roy. Anthr. Inst.* xl. 458.

但是，这些事实似乎还不足以证明：蒙昧人从其亲身经历中已发现血缘婚姻的恶果。不过，只要考虑到人们对近亲联姻普遍都很反感，考虑到人们在两性结合上很容易滋生种种迷信，我们便可以发现：蒙昧人显然已有了关于乱伦会中邪，并对其后代产生不良后果的想法。在某些事例中，我们可以清楚地看出，那种认为乱伦会对后代产生有害影响的想法显然是出于迷信。据韦尼阿米诺夫神父说，在古代阿留申人中，乱伦被认为是万恶之罪；人们相信，乱伦者必定会生下青面獠牙、满脸胡须、相貌吓人的怪物。菲因先生也说，在卡菲尔人中，人们普遍相信，乱伦会生出怪胎来，这是“祖 175
先之灵所施的一种惩罚”[①]。在巴坦巴人中，因乱伦而导致所生子女体弱多病的那种“亲属病”，也会因夫妻与父母及兄弟姐妹同睡一屋而染上。阿基库尤人认为，如果有人故意结为乱伦婚姻，其所生的子女就必死无疑；如果不是故意造成这种罪过的，则只要举行一种禳解仪式，本会致子女以死的亵渎之罪就会消除，因为人们认为举行这种仪式后，这对夫妻的血缘关系就断了。

还有一些民族认为，乱伦不仅对后代有害，而且对乱伦者本人也有害。苏门答腊南部的帕塞马人认为，如果同一氏族的男女结婚，天神就会对这对有罪的男女及其后代进行致命的惩罚。在丁卡人中，人们认为，乱伦会使其中的一方或双方或其后代活不成，只有“以祭祀赎罪”，才能免于一死；也有人说，乱伦会导致不孕，因为乱伦会使死去的长老的鬼魂震怒。“犯有此罪的女子，即使结了

---

① Veniaminof, quoted by Petroff, *Report on the Population, Industries, and Resources of Alaska*, p. 155.

婚，也不会有孩子，除非她认了罪，而且她的情人又献出一头牛祭
176 祀赎罪。”[①]巴干达人认为，如果一个男子同他的姑表姐妹或舅表姐妹发生了性关系，他们二人就会同得一种病，“得此病后，双手即不断颤抖，什么事情也做不了。”[②]马尔加什人认为，违反了某种性禁忌之后，“会给违犯者带来极大的惩罚，或是使这个地方遭到疾病的袭击，或是直接对违犯者本人造成威胁，或是将惩罚落到其子女头上，或是殃及那些纯洁无邪的姻缘”。如果有姑舅表亲关系的一对男女没有经过规定的仪式以消除血缘之碍，他们就会年纪轻轻地死去，或者在受到别人诽谤时要接受毒药的神判。[③] 黄金海岸讲齐语的各部落认为，如果一名男子无意中娶了本氏族的一名女子，而且还将这一婚姻保持下来的话，他们的孩子就会夭折，他们两人也会有厄运临头。

塞拉利昂的某些部落认为，谁要是犯了乱伦之罪，疾病就会缠身；而一旦有人得病，据说邻里之间也会染上，因此，不但乱伦者要当众洗刷、抽打身体，而且连左邻右舍也统统都要这样做。在芳人中，如果同村一对男女结了婚，那么，他们所遇到的任何灾祸，都会被认为是对他们这一不当行为的合理惩罚。据沃纳说，卡菲尔人也认为，乱伦者将会遇到邪魔。阿坎巴人认为，一个女子如与亲兄弟发生性关系并怀了孕，“就一定会出现流产。而男方要想洗刷这一罪恶，必须给长老送上一只大肥羊；女方则要经历一种仪式，让

① Seligman, "Dinka," in Hastings, *Encyclopaedia of Religion and Ethics*, iv. 709.

② Roscoe, *Baganda*, p. 128 *sq.*

③ Grandidier, *Ethnographie de Madagascar*, ii. 149 *sqq.*

人用羊胃中的东西涂在自己身上”[1]。在马绍尔群岛的瑙鲁岛上， 177
人们把昏厥、痉挛或死亡时的极度痛苦都看作是一种明确的象征，表明患者曾与其近亲发生过关系。在新赫布里底群岛的马利科洛，有一条规定，即兄弟姐妹在交往中必须严守贞操；如有违犯者，据信男方将会受到乱石袭击的惩罚。在赫维群岛的芒艾亚岛，如果有亲缘关系的一对男女遭上某种灾难或染上什么疾病，“部落中的长老就会宣告，这是氏族之神在发怒。”[2]科里亚克人说，在被禁婚的亲等中，如有同居者，男女双方均会很快死去。谢罗舍夫斯基曾了解到这样一件事：有一个雅库特人娶了本氏族中的一个女子为妻，婚后不久，女方即双目失明，人们把这说成是对他们违反旧俗的一种惩罚。据奥维多说，海地的加勒比人认为，男子若娶了自己的母亲、姐妹或女儿，就会很快死去。纳瓦霍人说，假如他们娶了本氏族的女子为妻，“骨头就会干瘪，人就会死去”[3]。加利福尼亚的瓜拉拉人认为近亲结婚会产生毒害，这一点我们在前面已经提及。

日本的阿伊努人还认为，如果两姐妹嫁给两兄弟，就会发生某种不幸，还会惹恼天神。“两姐妹如嫁给两兄弟，其中一人可能会受到惩罚，并在婚后一年之内死去；即使没有死，也会绝后。”[4]从
很多事例来看，人们都认为乱伦还会连累整个一大片地区，给人们 178

---

① Hobley, *Ethnology of the A-Kamba*, p. 103.

② Gill, “Mangaia (Hervey Islands),” in *Report of the Fourth Meeting of the Australasian Association for the Advancement of Science, held at Melbourne, in 1890*, p. 330.

③ Bourke, *Snake-Dance of the Moquis of Arizona*, p. 279.

④ Batchelor, *Ainu and their Folk-Lore*, p. 229.

带来危险和灾难，如引发瘟疫、地震，致使妇女不孕，草木不长，牲畜不旺，等等。

应当看到，在低等民族中，人们对于各种外婚制规定，特别是对于禁止近亲结婚的规定，一般来说都是严格遵守的，违犯之事很少发生。在这种情况下，不可能对近亲结婚的问题有什么真正的认识。而在外婚制规定趋于松弛，原本所禁的婚姻已趋于频繁发生的地方，老年人自然会把这种置祖制于不顾的事看成是中了邪魔的结果。但是，如果是内婚制婚姻导致出不良的后果，情况就不同了，尽管这种内婚制婚姻符合当地的习俗。克伦人、蒂库鲁人和古代阿拉伯人就都是实行内婚制的，他们甚至认为男子有权与其堂姐妹结婚。我认为，我们必须承认，在这种情况下，人们可能会对事实有确切的体察。当然，我们也不能断言一定如此。

但是，即便有人能够证明，确有少数几个蒙昧部落已经发现了近亲结婚的危害，我们也不能认定广大蒙昧人都有这一体验，而任何一种想要解释普遍规律的理论都应以一定的规模为条件。不过，即使我们认定这种假设，即使世界各地的蒙昧人都认识到近亲结婚所生的子女不像其他孩子那样健全和富有活力，我们也不能肯定，他们就都能用这种认识来抑制自己的激情。在文明民族中，一个患有某种疾病或有某种疾病倾向的男子，很少会因此病可能遗传给后代而在娶一个患有同样病症的女子时迟疑不决。只要考
179 虑到这一点，我们就很难有理由设想，蒙昧人会比现代文明人有更大的远见和自制力。其实，我们刚才已经提到这样一些事例：有些民族虽然已经知道近亲结婚的危害，但仍要实行这一婚俗。

最后，我们来看看摩尔根的说法。他认为外婚制的设立是为

了防止血亲之间,特别是兄弟姐妹之间通婚或同居。对此,我认为,氏族外婚制与禁止近亲通婚之间,确实存在着某种非常密切的联系。但是,我不认为,氏族外婚制这一包罗广泛、内容繁多的制度,仅仅是为了防止近亲结婚而创立的。要防止近亲结婚,其实很简单,只要下一道禁令就行了,那些不实行氏族外婚制的蒙昧部落,以及现代文明民族,就是这样做的。詹姆斯·弗雷泽爵士认为,摩尔根的观点为我们提供了“打开整个外婚制度的真正的钥匙”;他还认为,这一观点还因我们对澳大利亚土著人社会组织新增加的了解而得到极大的加强。他强调指出,二婚组制度的设立是为了防止兄弟姐妹通婚,四婚组制度是为了防止父母与子女通婚,八婚组制度是防止姑舅表亲之间的通婚,至于其他几种第一代从表亲之间的通婚,则已有二婚组制度予以防止。不过,他又做了一点重要的补充。他说,婚组外婚制并不仅仅是在我们通常所使用的亲属称谓的意义上,防止兄妹通婚、母子通婚和父女通婚,而且是在这些称谓的“类别式亲属制”的意义上,防止男子与其姐妹、母亲和女儿通婚。

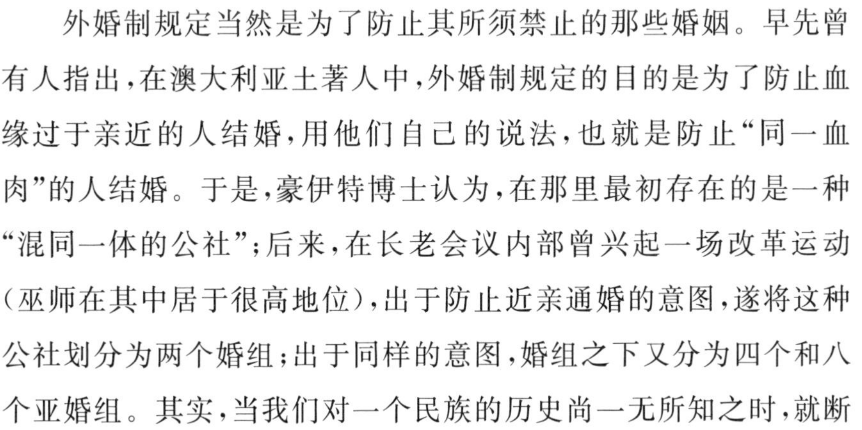

外婚制规定当然是为了防止其所须禁止的那些婚姻。早先曾有人指出,在澳大利亚土著人中,外婚制规定的目的是为了防止血 180
缘过于亲近的人结婚,用他们自己的说法,也就是防止“同一血肉”的人结婚。于是,豪伊特博士认为,在那里最初存在的是一种“混同一体的公社”;后来,在长老会议内部曾兴起一场改革运动(巫师在其中居于很高地位),出于防止近亲通婚的意图,遂将这种公社划分为两个婚组;出于同样的意图,婚组之下又分为四个和八个亚婚组。其实,当我们对一个民族的历史尚一无所知之时,就断

言它过去曾有过一场“改革运动”，这样做是否明智，是值得怀疑的，尤其是我们现在所讨论的是禁止近亲通婚这样一个具有普遍性质的问题。至于弗雷泽的说法，就更是有点主观臆测了。他说，婚组外婚制这一制度“是由某个单一居住点上的部落长老会议所创立的，然后，这一制度便从这个地方渐渐地、平和地扩展至整个澳大利亚”[1]。马修先生则认为，婚组关系或许是从小家庭的实际关系中不知不觉地、逐渐地、自然地发展而来的，或许是由不同民族间的接触而产生的，或许是两者兼而有之。反正他不像豪伊特那样，认定这是为防止乱伦而设立的一项措施。他所说的民族接触云云，乃基于他的这样一种理论：两胞族或两婚组代表着两个古老的不同种族，他们后来合并到一起，形成了澳大利亚种族；而婚组之由两个变为四个，由四个变为八个，则是由于部落的合并所造
181 成的，因为每个部落都有两个或四个婚组。无论这一理论是否有根据，我都看不出有任何理由可以作这样的推测：即认定澳大利亚婚组外婚制的起源与其他蒙昧民族的外婚制规定有着根本的不同。

同样，詹姆斯·弗雷泽爵士也认为，外婚制可能起源于这样一种观念，即近亲结合不仅危及后代，而且也会危及整个部落。不过，他在提出这一想法时，态度是很谨慎的。他指出，在很多民族中，人们都认为近亲结合会使妇女不育，并使牲畜不旺，庄稼不长，以致危及大家的食品供应。“无论是各种不同的性犯罪，还是乱伦这一特定的性犯罪，都会导致庄稼枯萎，这一观念在印度群岛的马

① Frazer, *Totemism and Exogamy*. i. 283.

拉扬人及其在印度支那的亲缘民族中都是很常见的。西非的某些土著人也坚定地持有这一观念。我们有理由认为，在最早的闪米特人及雅利安人中，其中包括古希腊人、古拉丁人和古爱尔兰人，也普遍存在类似的观念，认为乱伦会对妇女、庄稼和牲畜造成有害的影响。”[①]要反驳这一理论，显然可以有这样一条理由：即这种观念所由产生的迷信，只是在少数几个民族中有所发现，而禁止近亲通婚的规定则是普遍存在的。再者，弗雷泽本人也承认，据悉有这种观念的民族，似乎都是从事农业的民族，他们特别担心惧怕的是乱伦对庄稼的有害影响。从我们对这种观念分布状况的了解来看，这种观念乃是一种较高文化的产物，我们不能由此认为蒙昧人 182
也有此类观念，而蒙昧人很早便已开始实行外婚制了。尤为令人深思的是，澳大利亚土著人对待乱伦行为是极为严厉的，而我们对他们所持观念的调查也比对其他大多数蒙昧人都详细，但我们却没有发现他们有这类迷信想法。如果臆想将来某一天，我们通过更加认真的调查，可能会发现他们也有这种迷信，那实在是一种很拙劣的辩解。柯尔先生曾说，他不能发现这些土著人是出于何种理由而反对血缘婚姻的，当人们问到他们这一问题时，他们总是回答说：“我们部落在这种事上一直是像现在这样做的。”在这一问题上，后来的调查也未能给我们提供任何进一步的说明。

但是，即使世界上的所有民族都深信近亲繁殖会给妇女以及动植物带来有害的影响，我们也无法用这一点来解释外婚制。至于这种观念究竟是怎样产生的，仍然有待于回答。我认为，答案其

---

① Frazer, *Totemism and Exogamy*, iv. 157 *sq.*

实很清楚，同时，它也是对整个这一理论的一种否定。人们之认为乱伦有害，是因为人们反对乱伦；而人们之反对乱伦，最主要的并不在于乱伦有害。这从以下事实即可看出：其他一些非法的性爱形式，诸如已婚者的通奸和未婚者的私通，也被认为会产生同样的具有灾难性的后果。弗雷泽本人是清楚其理论中的这一弱点的。在他所著《普绪刻[1]的任务》一书的两个版本中（即 1909 年版和 1913 年版中），他都曾写道："很清楚，那种认为这类不道德行为会干扰自然过程的观念，肯定是次生的，是派生的；人们肯定是在以某种独立的理由认定某种男女关系是不对的和有害的之后，才以虚构的类比方式将这一结论引申于自然。"[2]而 1910 年，在其所著的《图腾与外婚制》一书中，他却提出一种在此之前和在此之后他本人都曾含蓄反对过的说法。这就有些令人感到惊异不解了。显
183 然，弗雷泽所采用的乃是一种应变措施，为的是在对这样一种通行于世界范围的制度进行分析和解释时，不至于理亏失据，因为他在这方面还是下了很大工夫的。他写道："如果说这并不是外婚制的起源所在，我就必须承认自己完全失败了，因为我对这一问题实在想不出别的解释。"[3]而对于我所提出的有关禁止乱伦的理论，弗雷泽只是承认其所借以建立的所有主要前提，但却拒不承认其结论。

弗雷泽虽未就外婚制问题提出令人满意的解释，但却对否定

---

① 普绪刻（Psyche），为希腊神话中的一位美丽公主，经过一番曲折后，嫁给了丘比特。——译者

② Frazer，*Psyche's Task*，edition of 1909，p. 47，and edition of 1913，p. 102.

③ Frazer，*Totemism and Exogamy*，iv. 160.

外婚制源于图腾崇拜的理论做出了一定的贡献。迪尔凯姆教授认为，外婚制产生于一种宗教情感，即认为血，尤其是女人的经血，具有某种巫术效力；在他看来，对血的宗教性敬畏又可追溯到图腾崇拜上。此外，图腾崇拜不仅是氏族外婚制的终极原因，而且还是禁止乱伦的其他各种规定的终极原因。他强调指出，氏族外婚制的规定后来又扩展到属于不同氏族的近亲，因为他们之间的关系并不比同一氏族的人的关系更远。当图腾崇拜不复存在，同时氏族关系也随之消失之后，氏族外婚制这一规则就完全转变为禁止近亲通婚的规则。而在不断演化的过程中，禁止近亲通婚的范围又逐渐缩小，仅仅局限于长辈晚辈之间和兄弟姐妹之间。

这样，迪尔凯姆教授就是想通过仅仅在某些民族中曾有过的 184
一种制度，来解释人类各民族普遍存在的一种现象。他何以知道现在禁止近亲通婚的所有部落，以前都曾一度流行过图腾氏族制度呢？即使是外婚制氏族，也并不总是实行图腾崇拜的。举例来讲，像非洲的马赛人，以及苏门答腊和马来群岛其他地方的某些部落，他们虽然分为若干外婚制氏族，但看来并未实行图腾崇拜。尤其是在印度，与图腾崇拜制度毫不相干的氏族外婚制度似乎非常流行，而且雅利安人，其中包括婆罗门拉杰普特等较高的种姓，也是如此。詹姆斯·弗雷泽爵士甚至认为，与图腾崇拜不相伴随的外婚制太常见了，这种情况完全可以作为单独一篇论文的主题。正如氏族外婚制可以不依图腾崇拜而存在一样，图腾崇拜也可以不依氏族外婚制而存在。例如，在非洲的瓦赫人、塔维塔人和南迪人中，在阿萨姆的卡查里人中，在英属新几内亚的科拉菲部落中，以及在澳大利亚腹地的部落中，图腾氏族并不实行外婚制。根据

澳大利亚中部部落的传说，他们的祖先总是娶本图腾的女子为妻，这就说明以前图腾崇拜的存在并不与氏族外婚制相伴随。

但是，即使为了辩论起见，我们设想图腾制度曾一度普遍存在，而且外婚制也总是与图腾崇拜相结合，那也仍有一个问题需要解释清楚，这就是：图腾崇拜是怎样导致外婚制的？迪尔凯姆教授强调指出，图腾崇拜引发了人们的这样一种信念，即血乃是巫术效力之所在，而经血尤为如此。他认为，这就是导致外婚制的直接原因。他说："这种图腾崇拜之物，乃是氏族中固有的，也是存在于每一个人的身体之中的，它就寄寓于人血之中。血一流动，神就出来了。……由此而产生的对血的这样一种宗教性敬畏，阻止了与之接触的任何想法。而且，由于妇女一生中总有一些时候是在出血

185 的情况下度过的，这样一种宗教之情也就扩及妇女之身，并赋予其宗教之意义，将其隔绝起来。"[①]在图腾崇拜以及有关的各种信念方面，詹姆斯·弗雷泽爵士有着更深刻更广泛的了解，而且，考虑到迪尔凯姆教授向读者提供的有关图腾崇拜的证据，正是来自弗雷泽关于图腾制的最初论著，因此，我们应当把弗雷泽认定为一位最公平的裁判，而根据弗雷泽的说法，迪尔凯姆有关图腾崇拜的理论，完全没有任何已知的事实作依据。弗雷泽写道："由事实所导出的结论是：人与图腾的关系是一种很简单的亲善、平等的兄弟关系，而不是对一种具有神秘化身的神——无论其存在于图腾制中的各种植物物种，还是存在于男女老少的血肉之中——的宗教崇

① Durkheim, "La prohibition de l'inceste et ses origines," in *L'année sociologique*, i. 52 *sq.*

拜关系。这样一种抽象的神秘宗教，被用来说明诺斯替教等教门是很合适的，但这类教门乃是古代文明的一种遗留形式，是一系列源远流长的诡谲哲学的遗存形式。而这对于蒙昧人的简单、具体的思维方式而言，则是完全陌生的、不可理解的。毫无疑问，外婚制度在极原始的蒙昧人中即已产生。把这种抽象的、神秘的宗教崇拜归之于蒙昧人中，就犯了一个以复杂思维解释原始思维的严重错误。这样，就把历史发展的顺序颠倒了。建立在这样一种基础上的理论是完全经不起推敲的。"[1]原始民族之惧怕血，特别是惧怕经血，确实是为人们所熟知的一个事实，但他们并不是仅仅害怕本图腾成员的血，因此，怕血之说也就不能成为图腾外婚制的成因。

M. 雷纳克表示赞同迪尔凯姆教授关于禁止乱伦乃是基于忌血这样一种特定情况的说法，但他又提出，外婚制的宗旨是不使本氏族的妇女在破贞时出血。他还提出，由此看来，外婚制也属于 186
"不得杀人"一类的禁规。但是，我实在看不出这种说法对我们解释外婚制的问题有什么帮助。我不知道，对于部落内部的非伤害性的流血现象，究竟有什么理由要加以反对。相反，包皮切割以及对身体其他一些部分的切割在世界各地的广泛流行，都清楚地表明，并不存在反对这样做的理由。再者，在有些民族中，女子婚前照例要由除丈夫之外的其他什么人实行破贞，而在这些民族中，外婚制也很盛行。还有一些民族，据说有父亲为女儿破贞的习俗，但父亲是不得娶自己女儿的。此外，对于普遍存在的禁止母子通婚

---

① Frazer, *Totemism and Exogamy*, iv. 160.

的规定，以 M.雷纳克之理论，又该做何解释呢？

迪尔凯姆教授关于外婚制与图腾制相结合的理论，在某种程度上还得到安德鲁·兰先生的支持。后者曾写道："以动物命名的一些群体一旦产生出这样一种信念，即血作为生命具有一种神秘的、神圣的性质，并将此信念广泛传播开来，他们也就随之产生出各种图腾禁忌，诸如不得宰杀图腾动物，不得取它们的血；同时，由于这种禁忌，也会产生这样一种观念：决不能娶本图腾中与自己同一血脉的女子为妻。"不过，在兰先生看来，即使不存在有关血的禁忌，忌娶本图腾女子的禁忌也会产生。为了表明这一观点，他援引了这样一句话："奥朗人有一个氏族以库扎树(kujzar)为图腾，所以人们都不坐在这树下面乘凉。"接着，兰先生说道："可见图腾间的回避意识真是太强了。"后来，这种意识愈来愈强，便产生了这样的信念：任何人不得"使用"本图腾中的任何东西。在这种神圣图腾的制约下，图腾外婚制就建立起来了。[①] 可是，他这里所举的"图腾回避"，说的是人与图腾的关系，而不是人与人之间的关系。假如兰先生能举出几个人与人之间在"图腾回避"上的例子，那才更能说明问题。不过，我怀疑是否存在这样的"图腾回避"——除了在两性关系之外。

但是，兰先生认为，在图腾制度产生之前，就已有外婚制了。他继阿特金森先生之后提出，正如达尔文所认为的那样，人类最初都是生活在小家庭群体中的。在每个家庭中，男孩一旦长到青春期，便被男性家长驱逐出去。男性家长将其子逐出，实际上就是在

---

① Lang, *Secret of the Totem*, p. 125.

实施外婚制,即实施群体外婚。随着历史的发展,“男性家长的做 187
法发生了变化(根据阿特金森先生的理论,这是被其女人之泪所打动了,但也有人说,这是因为他自己的心变软了,变得有人性了),他已允许长大的儿子留在自己的营地里,只要不与营地中的女人有任何瓜葛即可。但是,要找配偶时,还必须到本群体之外去找。……这种允许年幼男子留在本营地中或本营火旁但不得在此择偶的做法,早在远古时期,肯定就有人实行了。这些人的性情比较温和,而为母者也有了一定的母性。假如不是这样,现在,在我们大家的身上,就要多几分兽性了。此后,自然选择又发生了作用。那些拥有好几个棒小伙子的群体成为‘最大的适者’,他们在任何遭遇战中,都能战胜那些只有一名男子,甚至只有一名老年男子的群体。因为只有适者才能生存,于是,其他一些群体也开始适应这种变化,使‘这种幸福的生存之道为全人类所普遍采纳。’”[①]我们实在不能不夸赞这些堪称楷模的男儿的忠孝之心,即使其父已老态龙钟,他们仍旧顺从于他。可是,年幼的大猩猩对其老父并不总是这样毕恭毕敬。而整个这一理论却是以达尔文有关大猩猩的论述为基础的。达尔文曾经指出,人类最初要么生活在各个小群体中,每个男子有一至数名妻子,要么则跟大猩猩一样,并不是一种社会性动物,但也与数名妻子住在一起。“当地的所有土著人‘都说,在一个大猩猩群体中,人们只能见到一只成年的雄性。在大猩猩的
幼仔长大之后,一场争夺控制权的竞争就开始了,其中最强壮的一 188

① Lang, “Theory of the Origin of Exogamy and Totemism,” in *Folk-Lore*, xxiv. 156 sq. See also Idem, *Social Origins*, pp. 126, 238 *sqq*.

只,在杀死或赶走其他的雄性之后,便自立为这个群体的首领。'那些较小的雄性在被赶走之后,便四处游荡。这样,在它们最终成功地找到配偶的时候,也就不会发生同一群体间的那种近亲繁殖了。"[①]达尔文在这里所引用的,是萨维奇博士的论述。但是,从一些晚近作者的叙述来看,大猩猩的生活习性并不是完全一样的。根据某些记载,年老的雄性大猩猩有时是独立游荡的。当它"变得脾气不好的时候,它就会自行走开,孤独地度过自己的余生"。此外,也有这种情况:同一群体中似乎有两个成年雄性,"在幼仔长大之后,它们仍旧保留着自己在群体中的地位。"[②]即使兰先生所描绘的这幅古代家庭群体的图像是对的,也不能用来解释这样一个问题,即禁止年老的男子娶自己女儿的规定是怎样形成的。而任何一种探讨禁止乱伦规定之起源的理论,如果没有考虑到父女关系问题,都显然是站不住脚的。

霍斯和麦克杜格尔两位先生曾试图弥补这一疏漏。他们写道:"阿特金森先生和兰先生曾提出一种原始社会构成说(原始法则),也就是说,每个社会群体是由一个男性家长和一群妻子、女儿所组成的,他对自己的妻女可以行使无限的权力。如果我们要接受这一说法中的某些观点的话,我们就应看到:要发展到比较高级的社会构成形式,其第一步就一定要严格限制他对自己所有女人的权力,这样才能使年幼的男子都能留在这个群体中,并对这些女子享有不容争议的所有权。这个男性家长要想使自己的群体更加

① Darwin, *Descent of Man*, ii. 395.

② Darwin, *Descent of Man*, i. 33 *sq.*

安全,更有力量,就要容纳一定数量的年轻男子,因而他也必须接
受这种对自己女儿行使权力的限制,同时也要更加严格地限制年
轻男子与年长妇女的来往。这样看来,严格限制并严厉惩罚男性
家长与年青一代女子(即其女儿)的来往,同时也严格禁止和严厉 189
惩罚年轻男子与家长之妻发生关系,这便成为社会组织进一步发
展的基本条件。这些惩罚措施的实施使人们产生出对这类男女关
系的一种传统的厌恶之情,而这类男女关系即是原来被视为乱伦
的关系。男性家长出于嫉妒心而将已成年的儿子逐出家庭群体的
一贯做法,使得人们很容易,甚至几乎必然将这样一种厌恶之情扩
展到兄弟姐妹的结合上。这是因为,被接纳到这一群体中来的年
轻男子,都是手里拿着聘礼来的,其目的就是要把自己追求的姑娘
娶到手。而男性家长要想得到这份聘礼,就必须满足一个条件:只
要他年轻的儿子们还留在家里,就必须绝对禁止在他的儿女之间
发生性关系。"①

照此看来,兄弟姐妹之间之所以禁止通婚,是因为年老的男性家长在嫉妒心的驱使下,把其长大成人的儿子都赶走了,但是,他的嫉妒心又不足以使他不让其他年轻男子加入其群体。恰恰相反,他允许将其纳入本群体中,因为这样可以增强本群体的力量。他甚至还把自己的亲生女儿嫁给他们,而自己还因此不得再和这些年轻女子发生性关系。其自我限制之严格,使得以后凡是为人父者,都被禁止与自己的女儿结婚。不过,新来的年轻人必须交付一份娶亲所用的聘礼。既然是这样,人们就不免要问:为什么年老

① Hose and McDougall, *Pagan Tribes of Borneo*, ii. 197 *sq*. n.

的男性家长就不能接受自己亲生儿子的聘礼，或让他们为自己干活儿，而是毫无怜悯之心地将他们从自己的群体中逐出呢？难道他们就不能跟那些新来的人一样，很好地保护这个群体吗？年老的男性家长又为什么要把自己的女儿嫁给这些新来的年轻男子呢？他本来也可以把这些年轻女子留给自己，而将年纪大的妇女嫁与他们。澳大利亚的老年男子就是这样做的。在那里，年轻女子往往都被老年男子所占有，而在年轻男子被允许结婚时，只能娶
190 年纪大的妇女为妻。不过，尽管澳大利亚有这种习俗，但它在禁止乱伦的严格性上却是没有哪个国家能与之相比的。最后，我们还有一个问题：根据霍斯和麦克杜格尔两位先生所建立的理论，我们又该怎样解释在那些从来不知向求婚者索取聘礼的低等蒙昧人中，同样也有禁止乱伦的事实呢？

除此之外，斯塔克教授还提出一种理论，即认为外婚制从某个方面讲乃源于买卖婚。根据他的说法，父女结合之事之所以甚为罕见，是因为做父亲的不愿意放弃将女儿嫁出去所得的好处。再者，如果母亲与儿子、弟弟与姐姐结了婚，他们的关系就完全颠倒了，无论其原来关系如何，男方都将成为女方的主宰。对长者的失敬，以及由此而产生的困惑和矛盾，将足以使人们对这种婚姻产生一种厌恶之感。这种厌恶感还会因以下事实而变得更加强烈：由于做儿子的无力付给父亲这样一笔财礼，因此母子间一般是不可能结为婚姻的。而以武力擅入父宅，抢走其妻女，则是蒙昧人中闻所未闻的大罪。如果说，“这种人之间结婚，会使人们不由得产生一种怪异荒诞的印象和其他一些想法，那么，这些人所遇到任何偶发的灾难，都足以在最大程度上激发人们的想像力。即使以前不

曾有过禁止这类婚姻的规定,人们对此也会予以坚决的谴责。”[1]

从这种理论来看,对于父女通婚的限制倒确实出于蒙昧人的狭隘思维。做父亲的没有明白,他虽然没有因将自己的女儿嫁人而得到一笔财礼,但他本人也可不必为娶亲而有所破费。这样的父亲,就像不吃自己所种粮食的农民一样。那种农民认为,假如他自己吃了,就不能卖给别人,因而挣不到钱了。而做儿子的不能娶其母,做弟弟的不能娶其姊,则是因为他没有什么东西可以送给父 191
亲作为财礼。既然是这样,他又怎么能够有钱去娶别的什么人呢?做父亲的又指望从谁那里得到出嫁女儿的聘礼呢?此外,如果说一个男子不娶自己的母亲或姐姐是出于对她们的敬重,那么,这一理由该不会阻止他去娶自己的妹妹吧。而事实上,这种做法也是被禁止的。

我认为,在所有关于解释世界范围普遍存在的习俗、法规或制度的各种理论中,除了以上我们所批评的这些理论之外,恐怕很难再找到更加不能令人满意的理论了。正如大家已经看到的,对于我们所批评的每一种理论,我们都可以提出很多有分量的理由予以反驳。除此之外,我们还可以对所有这些理论,再提出一些具有共性的批评意见。所有这些理论,都把外婚制的各种规定看作远古时代的社会遗存,都认为这些规定或是起源于现已不复存在的社会状态,或是植根于只有在少数蒙昧人中才能发现、甚至从未在任何地方发现过的某些观念。但是,我们果真能够相信:我们今天

① Starcke, *The Primitive Family*, p. 229 *sq.*

禁止乱伦之类的法律，竟能追溯到溺杀女婴的原始习俗？竟能追
溯到蒙昧社会的男子以他人之妻作为战利品的虚荣欲念？竟能追
溯到起源于假定中的原始乱交时期的抢夺婚？竟能追溯到人类发
展早期（比任何现存蒙昧部落所处阶段都早，而后已被遗忘的远古
时期）因实行近亲繁殖所尝到的不良后果？竟能追溯到那种认为
乱伦会危及庄稼的迷信观念？竟能追溯到类人猿祖先强烈的嫉妒
心理？难道我们果真能够相信：一种可以更加方便地对婚姻进行
限制其的规则，一种既不用抢夺，也不用买卖，还不用征得外人同
意即可缔结婚姻的规则，竟然能在毫无任何目的和意图的情况下
历久而不衰？我们应当看到：外婚制的各种规定并不是一成不变
的。恰恰相反，这些规则即使在同一族系的各民族中也是有所不
同的。我们知道，在欧洲，在这短短的几百年间，尽管有教会方面
192 施加的宗教限制，这些规则还是发生了很大的变化。这就证明：外
婚制规则不是死化石，而是社会机体中活生生的组成部分，是随社
会环境的变化而相应变化的。

此外，我们刚才提到的这些理论还都包含有这样一种看法，即认为由于法律、习俗和教育的作用，家庭可以不受乱伦的影响。但是，社会禁制即便可以阻止近亲结合，也无法阻止他们产生结合的欲念。性本能是很难依法规而改变的。我很怀疑所有禁止同性恋的法律（即使是最严酷的法律）是否能消除生来就有同性恋倾向的人的这种怪癖。但是，人们却很少感到禁止乱伦的法律是对个人情感的一种抑制。道理很简单：在正常情况下，人们并没有要从事法律所禁止的这种行为的欲望。一般说来，自幼就在一起亲密生活的男女，明显地不存在那种恋情。而且，在这种情况下，正如在

其他很多情况下一样,性淡漠是与一想到性行为就会产生的实实在在的厌恶感相伴随的。而这,正是我所认为的产生外婚制规则的根本原因。自幼就在一起亲密生活的人,通常都是近亲,而近亲 193
对彼此性关系的厌恶感,表现在习俗和法律上,就是禁止近亲之间发生两性关系。

很多作者都已承认这样一种厌恶感(或至少是对家人的性淡漠)的存在,并认为这是已由一般经验所证实的心理学上的一个事实。根据J.边沁的说法,"从既不能感知又不能激起欲念的年纪即已相识并熟知的人,至死都会以一成不变的眼光彼此相视。"①哈夫洛克·埃利斯博士指出:"在自幼一起长大的男女之间,视觉、听觉、触觉上的所有感官刺激都由于习以为常而变得迟钝了,转而成为一种平和的爱抚之情,失去了唤起高度兴奋、激起性欲的那种力量。"②根据芬兰一位多年在男女合校中担任校长职务的女士所做的有趣报道,即使在同一学校一起学习的男女生之间,也明显缺

少一种恋情。有一次,一个男生向这位校长保证说,他和他的所有 194
朋友都从未想过将来娶本校女生为妻。我也听说,有一个小伙子,他把本校女生和他称之为"真正"女孩的外校女生,作了严格的区分。根据其他一些报道,高年级男生可能对本校低年级女生表现出某种恋情,但对本班女生则比较淡漠。

自幼密切生活在一起的男女,无论这种"自幼"说的是一方还是双方,他们彼此间通常都不大会有发生性关系的倾向,而这无疑

---

① Bentham, *Theory of Legislation*, p. 220.

② Ellis, *Studies in the Psychology of Sex*, (vol. iv.) Sexual Selection in Man, p. 205 *sq*.

是一种世界范围的现象。柏拉图说过，不成文法已足以防范父母与子女之间以及兄弟与姐妹之间的乱伦关系；他还认为，大多数人也根本不会产生这样的念头。有一次，我问我的柏柏尔语老师（他来自大阿特拉斯山区），在他们的部落中，是否常有从表亲通婚的事。他回答说："一个人怎么会爱上一个经常见面的女子呢？"有的作者曾指责霍屯督人实行乱伦，勒·瓦扬对此作了回答。他指出："全家人挤在一个小屋里住，父亲和女儿，兄弟和姐妹，母亲和儿子，全都睡在一起。但是，当曙光来临时，每个人都是怀着一颗纯洁的心起床的。"[①]科伦索被认为是研究新西兰毛利人的一流权威，根据他的说法，在毛利人中，兄弟姐妹自出生起就睡在一起，成年之后依然如此，但那里"不仅没有乱伦行为，而且也没有乱伦念头"。[②] 多尔顿上校在谈到阿萨姆人的"比卢节"时，曾讲道，在真正过节前的好多天内，人们都可以看到，村里的年轻人穿着好看的衣服成群结伙地走来走去，或是围成圆圈，圈内则是一些长发披肩
195 的漂亮姑娘。但是，多尔顿上校指出，在这种时候，姑娘们"都不愿意在本村男子面前跳舞"[③]。在印度其他一些地方，拉塞尔和斯特罗克也发现过一些事例，可以证实我的看法，即外婚制起源于自幼密切生活在一起的男女对彼此联姻的一种反感。马修先生在描述澳大利亚的土著人时指出，"野蛮人实行外婚制的另一个原因，可能是出于一种追求异族女子的本能。"[④]理查德·伯顿爵士说过：

① Le Vaillant, *Travels from the Cape of Good-Hope*, ii. 136 *sq.*

② Colenso, *Maori Races*, p. 47 *sq.*

③ Dalton, *Descriptive Ethnology of Bengal*, p. 81.

④ Mathew, "Australian Aborigines," in *Jour. Proceed. Roy. Soc. New Wales*, xxiii. 403.

“一般来说，索马里妇女更愿意与生人交欢，正如阿拉伯一句有名的谚语所说的，‘目中只有新来人’。”[①]格拉布先生在谈及巴拉圭查科地区伦瓜族印第安人中已婚男女经常出现的不忠行为时，曾这样解释道：这些人“混居于一个非常小的圈子里，除了自幼一起玩耍的伙伴之外，碰不到任何可以作为配偶的人。这样，人们就没有什么选择余地了。那种足以使人着迷并最终坠入爱河的新异面孔和新异性格，在这里是不存在的。”[②]

在低等动物中，也有证据表明：同群之间不能激起交配本能，而要满足这种交配本能，就要到外面去寻求伴侣。研究鸽子的权威学者马奎斯·德·布里塞说过：“同一巢中的两只鸽子很少发生交配。它们的所作所为，就好像它们已认识到同一巢中彼此交配是被禁止似的。或者应当这样说，它们彼此太熟悉了，因此对性别的不同似乎已觉察不出，即使那些表明它们已发育成熟的变化，也改变不了它们之间的关系。”[③]蜜蜂从来不在自己窝中交配，而要飞到外边去传宗接代。在飞蚁中，雌雄两性通常都要实行“飞行结 196
婚”。它们差不多同时从巢中飞出，与其他蚁群会合。这时，即便有什么世仇夙怨，也都忘了，尽情陶醉于欢乐与做爱之中。人们常常注意到，雄雌家畜总是呆在一起，往往会使性本能变得迟钝；它们也是偏爱新异的异性。蒙田曾写道：“我不得不把一匹老公马关起来，因为它一嗅到母马的气味就难以驾驭。除了对外面来的母

① Burton, *First Footsteps in East Africa*, p. 119.

② Grubb, *An unknown People in an Unknown Land*, p. 215.

③ *L'intermédiaire des biologistes*, November 20th, quoted by Havelock Ellis, *op. cit.* (vol. iv.) Sexual Selection in Man, p. 206. n. 3.

马之外，它对身边随时可以嗅到的母马都感到厌倦。而只要有陌生的母马从牧场栅栏边走过，它就会再度发出急切的嘶叫，陷入狂暴的亢奋状态。”①一位非常诚实可信的人也对我说过，有一匹公马就是不愿接近同圈的母马。G. W. 哈里斯先生曾写信对我说：“我相信，养狗的人都知道，如果把公狗和母狗从小一起养大，母狗往往会拒绝与幼时熟识的公狗交配。在公狗方面，我认为倒没有这种反感；但在母狗方面，即便以我自己的了解来说，也可以在一定程度上证实这种说法。”达尔文援引卡普斯先生的话说，公狗似乎对陌生的母狗更为偏爱。希普先生认为，事实上，所有饲养动物的人都有一个共识：动物在与外面的动物接触时，会受到较强的性刺激。塞利格曼教授在惠寄笔者的资料中写道：“我曾在一个带有小池塘并长有天然牧草的相当大的围栏里，养过一种已驯化的普通野鸭，有6只，羽毛均已丰满。它们在一起过得很好。我不断地

197 对它们进行观察（当时我正在研究羽毛颜色的变化），却发现它们相互间并不特别留意。后来，我又引进两只同种的新鸭，羽毛也是一样，很丰满。结果，这两只鸭子简直被老住户们的一片殷勤弄得不知如何是好。就我所知，这种情况一直持续了两三个小时，也许接下来的好几天都是这样。但后来，它们又回复到那种看来正常的生活。此时正是初夏，可能是在六月初。”

但是，仅仅用性淡漠之说，还不足以说清各种外婚禁制。而哈夫洛克·埃利斯博士似乎忽略了这一点；克劳利先生也是一样，他以赞同的态度引述了埃利斯对我的理论所做的批评。埃利斯博士

① Montaigne, *Essays*, book ii, ch. 15, vol. ii. 330.

一方面说:“用对乱伦的厌恶来解释这个问题,实在是……过于简单了,”一方面又肯定地说:“在兄弟姐妹之间,或者说,在从小一起长大的男女之间,之所以通常显示不出性本能,这仅仅是由于在这种情况下必然无法激起性欲冲动而造成的一种负面现象。”埃利斯博士还指责我擅自假定出某种天然倾向的存在,并说:“这是一种令人困惑的、人为编造出来的本能,就如同把不吃自家果园结的苹果也说成一种本能一样。”[①]但是,我所说的“本能”(我现在宁愿不用这个词),仅仅是指对同某些人发生性关系的一种厌恶,而这本是众所周知的一种心理现象,就是埃利斯博士本人,也在其著名的《性心理学研究》中,举过很多这方面的事例,且都显示出一种本能的性质。而且,他还指出,有些男性同性恋者有一种“对女性的厌恶”,即对以女性作为性欲对象感到讨厌(而不仅仅是淡漠)。此
外,他还反复谈到对于乱伦的“厌恶”。事实上,当人们想到乱伦之 198
事时,性厌恶往往是与性淡漠相伴生的。我确信,凡是当人们已有性交的强烈欲念,但却未能出现性欲冲动之时,基本上都属于这种情况。而且,我在另一部著作中也曾指出,凡是人家普遍感到厌恶的事物,都会受到道德的谴责,并为习俗或法律所禁止。

我的理论,除了受到埃利斯博士的批评(我认为他的批评不是削弱而是加强了我的论断),还受到其他一些人的反对。有人就说:如果亲密地生活在一起就会导致对性生活的厌恶感,那么这种厌恶感不仅会表现在近亲之间,而且也应该表现在夫妻之间。其实,这两种情况显然不是一回事。我这里所说的是,从性欲要求尚

① Ellis, *op. cit.* (vol. iv.) Sexual Selection in Man, p. 205.

未出现,至少尚不明显之时就长期亲密地生活在一起的人,彼此间缺乏发生性关系的倾向,而且一想到这种关系即有一种厌恶感。但是,男女结婚时的感觉,则与这种情况大不相同。在夫妻生活中,性爱冲动不仅可以保持下来,而且还会有所增强。不过,即便在夫妻关系中,长时期的共同生活也会产生一种使性欲减退的倾向,有时甚至还会导致厌烦。布洛克博士说:“男女整日相伴所过的那种长期单调的生活,会使爱情长眠,会把欲火熄灭,甚至在夫妻间产生一种或明或暗的厌恶感。这种厌恶感在出于爱情而结婚的男女中特别多见。”[①]

199 还有人说,只要把那些实行兄妹乱伦的民族列成一个“臭名单”,即可反驳我所提出的关于童年伙伴(无论其是否兄弟姐妹)之间存在性厌恶感的理论,甚至可以给我的理论以致命的打击。但事实上,允许近亲通婚的民族,较之禁止近亲通婚的民族,可以说是微乎其微。而且,正如我们在上文中所提到的,有些报道显然是错误的,有些报道的精确性也令人怀疑。而就很多事例来说,我们则无法断定这些材料所讲的是亲兄弟姐妹还是半血亲兄弟姐妹。而在这里,这两种兄弟姐妹关系的区别是非常重要的。我们说过,在允许半血亲兄弟姐妹通婚的民族中,他们几乎都是同父异母的关系。而这种情况则可由以下事实加以解释:异母子女之间不像同母子女之间的接触那样多。在一夫多妻制家庭中,每一个做妻子的都与其子女组成一个小家庭,而且往往单独住在一个小屋子里,各个小家庭之间的嫌隙和争斗已是司空见惯之事。而为父者

---

① Bloch, *Sexual Life of Our Time*, p. 209.

在各个小家庭中的地位,也不同于一夫一妻制家庭中做父亲的地位。库巴里说过,在帛琉群岛,父女之间的性关系时有发生,虽然当地并不赞成这种事;而同一家庭中的诸妻却难得见上一面。休谟在谈到雅典法律何以允许一名男子与其同父异母的姐妹通婚时曾说,这是由于“他与继母及其子女往来甚少,就像他与别人家的关系一样”。[①] 罗伯逊·史密斯在谈过古代阿拉伯人允许半血亲兄弟姐妹结婚这一情况之后,曾说过:“对婚姻施加的各种限制,无
论其起源如何,当初显然都与这样一种感悟联系在一起,即本家人 200
之间通婚是不适宜的。”[②]

除了各种报道中所谈到的父母与子女、兄弟与姐妹相互通婚的事例外,显然还有不时发生的非婚乱伦的事例。这种情况在蒙昧人中和文明民族中均有发生。在欧洲,此类事例在某些时代,诸如法国的洛可可时期,似乎更多一些。蒙特曾说过,在上一世纪中叶的法国,为父者与亲生女儿同居并不是十分罕见的事。他还认为,从民族性上来说,法国人对于血缘近亲之间的性交,一般并不像德国人那样反感。贲蒂默先生说:“在现代文明民族中,特别是在大城市的最底层,乱伦并不是很稀罕的事。……而在我们社会的上层阶级中,同一家庭的男女少年间的性交,也不像多数家长和
监护人所想像的那样少。我就听说过几例十二三岁、十三四岁的 201
兄弟姐妹发生乱伦的事。不过,进入青春期后,这样的事就少多了。……在文明国家里,绝大多数乱伦事例仅限于青春期以前的

① Hume,“An Enquiry Concerning the Principles of Morals,” sec. iv. in *Philosophical Works*, iv. 199.

② Robertson Smith, *Kinship and Marriage in Early Arabia*, p. 170.

儿童。”[①]

但是，令我不解的是：这些事例何以会削弱我的理论呢？这些事例说的毕竟都是很个别的事，而我所讲的则是一般的规律。我确信，在世界各地，特别是在某些国家，同性恋的事例远远多于近亲之间的乱伦，但是，谁也不会认为，这些同性恋的事例会对男女间存在正常恋情这一常识带来“致命”的打击，哪怕是形成“反驳”的根据。考虑到性本能发生的种种变态，出现一些我们所认为的乱伦事例也就不足为奇了。使我感到惊奇的，倒是这类事例相对于一般情况而言，竟是如此之少。

我们应当看到，性欲的缺乏，乃至对性生活的明显厌恶之感，在某些情况下可能是受压抑而形成的。人的性本能是很强烈的，如不能以正常的方式得到满足，就会以反常的方式寻求满足。男子间发生同性恋，往往就是由于女性较少的缘故。这里就不再说手淫和兽奸了。同样，对于近亲之间的交合，我们也可以把它归于找不到更合适的性伴侣。我们可以用这种说法来解释小型封闭社会中发生的乱伦现象。巴西的某些印第安人，以及楚克奇人和布须曼人，据说就是这样，如果有关他们的某些报道属实的话。据说，瓦泰塔人中的兄妹婚，也是由于年轻男子难以弄到买妻所需的那么多牛才引发出来的。托马斯先生认为，尼日利亚奥索索
202 地区的半血亲兄妹婚，是由女性的缺乏所造成的。布洛克博士说，在今日欧洲，“乱伦几乎都是随机苟合的结果，例如，是由醉酒、一

① Mortimer, *Chapters on Human Love*, p. 71.

家人挤在狭小的居室里生活以及缺少其他性交机会等原因造成的。”[①]

至于说到王室家族的血缘婚，其目的无疑是为了维护王室血统的纯洁性。此外，还有人提出，采取这种婚姻方式，是为了把王位继承权给予国王的儿子，因为在母系亲属制度下，享有这种继承权的，要么是国王姐妹之子，要么是国王女儿之夫。但是，这种解释有一个弱点：它是以假定某些民族过去存在过母系亲属制为前提的，而这些民族并没有存在过这一制度的迹象。至于王族想确保王室血统纯洁这一愿望，却是众所周知的事实。还有人把古埃及实行的兄妹婚，解释为确保家产(特别是地产)不外流的一种方式。同样，也有人说，在毛利人中极为罕见的兄妹通婚事例，“一般也是为了把属于女子的土地与属于男子的土地一同保留下来。”[②]关于古代波斯人所实行的最亲血缘婚，韦斯特先生认为，这 203
一制度的建立和延续显然有这样两个原因：其一，为了使子孙后代免除对其他人家的义务，为祖上的亡灵定期举行必要的仪式；其二，这样做也是为了防止因与陌生人或异教徒联姻而发生改变宗教信仰的风险。韦斯特先生还说，随着玛兹达信徒的减少，这两个原因就变得更加重要了。因此，教士们对这种做法也越来越起劲地加以提倡。后来，可能是由于外来征服者的干扰，这种做法才告终止。

詹姆斯·弗雷泽爵士也对我的观点进行了辩驳。他说，既然

① Bloch, *op. cit.* p. 639.

② Tregear, *The Maori Race*, p. 298.

外婚制产生于一种自然的本能，那就没有必要再用法律刑罚去加强这一本能了；法律只是禁止人们去做那些由本能驱使人们想做的事，因此，我们不妨假定，法律所禁止的罪行，即是很多人出于自然倾向而有可能犯的罪行。弗雷泽爵士的这种说法，虽然为弗洛伊德博士所大加赞赏并加以引用，但却反映出对法律禁制起源的一种奇怪误解。诚然，没有犯罪之事，也就没有法律之规。但是，弗雷泽爵士不应忽视本能的变异性，特别是性本能的变异性；也不应忽视这样一个事实，即：在某些情况下，自然情感会变得迟钝或被抑制下去。我们知道，法律是禁止兽奸的，难道弗雷泽爵士能因此而说人们对兽奸没有一种普遍的厌恶感吗？！很多律书都对弑亲定以极为严酷的刑罚，难道这就能证明很多人都有杀害父母的
204 自然倾向吗？法律表达了社会的一般情感，并对使这种情感受到震惊的行为进行惩罚，但是，法律并没有表明，想做违禁之事的人是多还是少。

弗雷泽对于我的理论还提出另一条更为重要的反对意见。对此，我应向他表示感谢，因为这可以使我对本书前几版中一个没有展开的观点做一些详细的讨论。尽管弗雷泽对法律禁制的起源有如上所说的看法，但他还是承认，“自幼亲密生活在一起的男女对他们之间的性关系有一种自然的反感或至少也是颇为冷漠”这一论断似乎还是有据可信的。不过，他对于这种性反感何以会转变为近亲之间的性反感，又表示难以理解。他认为，如果我不能就这个问题做出令人满意的解释，我用以证明自己理论的论证系统就会在这一关键环节完全断裂。在这一点上，他也得到弗洛伊德博士的全力支持。

我对此的回答是,弗雷泽感到如此难以理解的这一转变,不仅
是可能的和自然的,而且几乎已被一个与此极为类似的、同样发生
于世界范围且具有更大社会意义的事例所证实。我要举的这个例 205
子,就是导致各种社会权利与社会义务同亲属关系相结合的过程。我在别处曾指出过,父母的责任与权利在很大程度上是基于父母之情,而父母之情就其最简单的形式来说,则并非基于对血缘关系的认识,而是对来自环境因素的刺激所作的反应。这些因素中特别突出的,就是与稚弱幼儿的密切关系,也就是说,从后代呱呱坠地之时即与父母形成的外部关系。至于子女对父母的“孝道”,首先也不是出自亲属关系;从本质上说,这是一种回报,是因承蒙恩惠而产生的愉悦之情使承受者对恩赐者所表示的喜爱和亲善。亲子之爱,归根到底,也还是来自同在一起生活的亲密关系,并由这种关系而进一步加强。子女在和父母长期分居之后,也会显现出一种淡漠效应。同样,手足之情以及由此而产生的权利和义务,首先也是取决于环境因素,而不是出于共同血缘这一观念。对于把较远的亲属维系在一起的纽带,我们也可以做同样的解释。其社会凝聚力最终还是来自近亲共居的生活习惯。“人类由于生活在自己出生的圈子里而具有群居性。假如人们不是和亲属生活在一起,而是选择离群索居或与生人为伍,那么,显然也就不存在任何血缘纽带了。由这种群居生活所产生的相互依恋之情以及各种社会权利和社会责任,是与群体中人与人之间形成的相互关系联系在一起的。这种亲属关系往往通过共同的姓氏反映出来。这种关系即使在地域上的联系被打破之后,也还会延续下去”,而这靠的

就是共同的姓氏。[①] 在这方面,我们可以举出很多很多的事例来,这些事例虽然归根结底都是由近亲的共居关系所决定的,但却被人从亲属关系上加以解释。那么,我们为什么就不能认为对于乱伦的性反感和由此产生的各种禁规也同样属于这种情况呢?

206 弗雷泽问道:“如果说整个这一问题的根源在于厌恶与自幼一起长大的人结婚,那么,现在这种厌恶何以会变得如此之轻,仅仅成为一般人在结婚时更愿意找相识不太久因而较富魅力的人的这样一种倾向呢?……为什么人们对兄妹结婚或母子结婚厌恶至深,而对此类事的起源形式,即共居者之间的婚姻,则至多只感到有点意外,甚至连取笑都可能谈不上呢?为什么在文明国家的法律中,共居者的婚姻如同其他婚姻一样,也被视为合法呢?”[②]就笔者看来,只要养父与养女之间或养兄与养妹之间的社会关系完全类似于相应血亲之间的关系,那么,他们之间的婚姻就不仅仅是使人感到有点意外的问题,而是显得不近人情,为人所厌恶。当然,这在很大程度上取决于这种社会关系的密切程度和这种关系在时间上的长短。斯坦梅茨博士曾争辩说:“富于性感的法国男子似乎常常与极为年轻的女友结婚。”[③]此言显然没有论及问题的中心。希普先生在谈及共居者之间的婚姻时,正确地指出:“我们应当看到,随着文明的发展,从小到大一直生活在一起的非血缘关系的人已变得越来越少了。从两性的角度来看,男子长大后离家外出的

① *Origin and Development of the Moral Ideas*, vol. ii. 203.

② Frazer, *op. cit.* iv. 96 *sq.*

③ Steinmetz, “Die neueren Forschungen zur Geschiche der menschilichen Familie” in *Zeitschr. f. Socialwissenschaft*, vol. ii. p. 818 *sq.*

已越来越多,这样,小时在一起生活的伙伴日后也就成了陌生人。
一些小说对这类情况有非常精确的描写,而在小说中,共居伙伴之
间的婚姻是极为罕见的。偶有提及,通常也是发生在男子追求某
一陌生女子未成之后。”[①]我当然不否认血缘近亲的结合会引起他
们本人的反感;但是,考虑到自古以来人们对一起亲密生活的人发 207
生性关系即有一种反感,而这种反感又已表现在习俗、法律和宗教
对亲属通婚的禁制上,因此,人们对近亲结合的反感就是很自然的
事了。很多禁婚规定仅是禁止亲属结婚,这也不算什么令人感到
意外的事。法律只注意那些一般性的、意义明确的案例,因此,各
种亲缘关系就都被界定为血缘关系。这一界定不仅体现在乱伦禁
制方面,而且也体现在家庭范围内的诸多义务与权利上。

同时,继嗣或收养关系也往往成为通婚障碍。很多民族甚至还禁止同村人或同一地方的人结婚,无论其是否有血缘关系。无数事实表明:亲属禁婚范围是与他们在一起居住的密切程度紧密相关的。

孟德斯鸠很早以前就说过,凡是向来实行兄弟及其儿女共住一宅这一制度的民族,都禁止堂兄弟姐妹通婚。他说:“在这些人当中,堂兄弟姐妹之间通婚,被人们看成是违背自然的;但在另外一些民族中则不尽然。”[②]如果我们将希腊和罗马的禁婚亲等做一比较,就很说明问题。在希腊人中,堂兄弟姐妹乃至半血缘兄弟姐妹之间,均允许通婚;而在罗马人中,即便是更远的亲属都不得通

---

① Heape, *Sex Antagonism*, p. 62 *sq*.

② Montesquieu, *De l'esprit des loix*, book xxvi, ch 14.

婚。正如罗斯巴赫所指出的，二者的区别在于，希腊人的家庭观念要比罗马人淡漠得多。在古罗马人中，儿子结婚之后仍在父亲家中留住，因此堂兄弟姐妹从小就像亲兄弟姐妹一样长大。后来，这一共同的大家庭分化为若干较小的家庭，于是禁婚亲等的范围也
208 变小了。科勒教授曾指出，印度人禁婚的范围较大是与他们的家庭规模较大有一定关系的。印度的"gotra"（氏族）一词含有"马圈"或"牛栏"之意，因此，其最初可能是指像牲畜一样群居于一处的人。很多南斯拉夫人至今仍生活在一种家庭共同体中。这种共同体为一父系血缘群体，彼此为二等亲或三等亲，由10—60人组成，人数还可能更多。这些人共同住在一个宅第里或是分别住在若干宅第里，有共同的土地，从事共同的职业，并由一位共同的族长进行管理。亨利·梅因爵士指出："可以说，如此众多的男男女女共同住在一个宅第里，这只有通过这样一种认识，即任何男女亲属的结合均属乱伦，才能成为可能。"[①]在威尔士，往昔的外婚制联合家庭由共同居住在同一宅院内的亲属组成。"只要一家之长还在世，所有子孙都得与他共同住在同一宅第中，除非他们在家族的土地上已建有自己的新住宅。"[②]另一方面，古代条顿人的外婚禁制似乎只涉及最近的亲属，而他们也不曾有过联合家庭这一制度。根据塔西佗的记载，他们过的是分门立户的生活，而且彼此之间都有一定的距离。

209 至于希伯来人何以禁止兄弟姐妹通婚，却允许从兄弟姐妹通

---

① Maine, *Ancient Law*, p. 254 *sq.*

② Lewis, *Ancient Laws of Wales*, pp. 56, 57, 196.

婚，埃瓦尔德认为这是很容易解释的。他说，其原因在于，从兄弟姐妹之间“没有形成一个联合家庭，而一个家庭越是严格地遵循这一古代风尚，从兄弟姐妹的关系也就显得越远”①。我在前面还曾提及罗伯逊·史密斯有关古代阿拉伯人的一种说法，即他们认为共居伙伴之间通婚乃是一种亵渎。中国妇女在结婚时，都要离开自己家，并入到丈夫家中。梅德赫斯特认为，正由于这个原因，姑舅表亲可以随意通婚，而堂房兄妹则不得通婚，违者即被处死。

在很多低等民族中，我们看到，亲属在一起居住的密切程度与禁婚亲等之间也有某种相似的联系。在那些实行小家庭居住制的民族中，诸如巴西的很多印第安人以及很多布须曼人中，外婚方面的禁制只限于最近的亲属。据马丁博士说，在马来半岛的一支土著部落——塞诺伊人中，“每个地域群体大多都是由一个大家庭的人所组成的，因此，男子并不在当地人中娶亲，而是从邻近群体中娶亲；娶亲时也不问他们是否同自己有血缘关系。”②惠芬先生在谈到亚马孙流域西北部的某些部落时，曾说：“他们之中没有乱伦发生。我这里所用的‘乱伦’一词，包括同一户人家中的任何乱交。对这种乱伦的反感只存在于同一家庭的成员之间，并不扩展到不同家庭的血亲之间。”③在米尔扎布尔南部一个专门从事织布和守夜的部落——潘卡人中，据说人们“并不在自己所属的大家庭内通婚，而不管在这个大家庭中人们的亲属关系有多远。”④据希克森 210

① Ewald, *Antiquities of Isreal*, p. 197 *sq*.

② Martin, *Die Inlandstämme der Malayischen Halbinsel*, p. 872.

③ Whiffen, *North-West Amazons*, p. 262.

④ Crooke, *Tribes and Castes of the North-Western Provinces and Oudh*, iv. 114.

博士说，“在纳努萨，就我所知，一家人是不能通婚的。”[①]据马斯登说，在苏门答腊的勒姜人中，三等亲内不能通婚，“但是母系亲属中已转入其他家庭的，即被视为外人，因此不在此列。”[②]在英属新几内亚的马富卢山民中，人们认为同一氏族的人通婚是不合适的，不好的；而同一村子的人结婚就更不合适，更不好了。一个氏族可以有几个村子，而任何一个村子都决不会有两个氏族。我们在前面说过，在托雷斯海峡西部诸岛上，禁止娶本图腾氏族女子为妻的规定，并不涉及其他岛屿上的女子。任何马赛人都不可娶本家支的女子为妻，“如果两家人是住在同一地区的话[③]。”

外婚氏族不仅是一个亲属群体，而且往往还是一个地域群体。我们不妨举例加以说明。在托雷斯海峡西部诸岛上，“每一个氏族的成员都住在一个地方，至少在马布亚格岛是这样。”[④]在基瓦伊巴布亚人中，“每一所公房都是由一个图腾氏族来住的，不过，有时也由两三个氏族合住，各占其中的一部分。”[⑤]苏门答腊东部的马马克人分为若干母系外婚氏族，叫做“苏库”，每个“苏库”的成员都住在一起，彼此都有很近的亲属关系。在苏门答腊南部的帕塞
211 马人和布鲁岛上的土著人中（他们都是按父系计算世系的），每个外婚氏族都单独住在一个地区，因此地域外婚制是与氏族外婚制合一的。在奥里萨的坎德人中，同一氏族的人一般都是同住在一

① Hickson, *A Natualist in North Celebes*, p. 197.

② Marsden, *History of Sumatra*, p. 228.

③ Hollis, *Masai*, p. 303.

④ Haddon and Rivers, in *Reports of the Cambridge Anthropological Expedition to Torres Straits*, v. 159.

⑤ Landtman, *Papuan Magic in the Building of Houses*, p. 9.

个或几个村子里，氏族之名即取自村名。托达人的氏族制度都是以一定的地域为限的；每个氏族拥有若干个村子，这些村子一般都集中在山区中的同一地方。在巴干达人中，也是这样，“每个氏族都有自己的宅第，一般都在山上，并拥有一片通向河谷的园地。”[①]在芳人中，各村均实行外婚制，而每个村子基本上就是一个“家支”。我们在前面曾谈到刚果河上游及其北部支流地区的部落。在这些部落中，每个外婚氏族都有自己的一片区域，其标界也很清楚。

在普埃布洛族印第安人中，每个氏族和胞族的成员从前似乎都是住在一起的。在一定程度上，亲属在地域上的这种群居性，还一直延续到这些印第安人的村庄和城镇。据说“有亲缘关系的氏族通常都是住在一起。新来的人要想和当地亲属住在一起，一般都要经由当地亲属的同意。这样，就形成了一个个的建筑群，每个建筑群内住着一个氏族或胞族。”[②]此外，我们有理由相信，纳瓦霍人的大多数氏族最初也是地域性外婚群体。在克里克人的城镇中，“每一片住房都是由一个氏族来居住的。”从前，帕尼人和南达 212
科他的一些部落也严格遵循这样的住房布局，这一点我们从他们的村庄以及狩猎营地和战斗营地中仍可看到。[③] 欧文·多尔西曾发现，坎萨人下分 16 个氏族，这 16 个氏族又组成 7 个胞族，他们的宿营地呈一圆形，每个氏族都在这一圆形中有一固定的位置。其中 8 个氏族住在一条分界线的左半圆里，另 8 个氏族住在这条

① Roscoe, *Baganda*, p. 133.

② Mindeleff, "Localization of Tusayan Clans," in *Ann. Rep. Bur. Ethn.* xix. 648.

③ Gatschet, *Migration Legend of the Creek Indians*, i. 154.

分界线的右半圆里。这两个半圆，或者说部落中这两边的人，便形成我们可称之为的“大胞族”（superior phratries），在部落中的每个半圈之内，男女均不得通婚。

外婚群体在地域上的这种隔离，不仅见诸坎萨人，而且显然也见诸密苏里的其他所有达科他部落，他们都是围成一个圆圈宿营的。詹姆斯·弗雷泽爵士在评说这种地域隔离现象时提出：“这可有助于我们理解这些群体之间颇为复杂的关系，在观察者的眼中何以总是那样清清楚楚。”他似乎认为，当外婚制最初成为一种制度时，那些不允许内部通婚的群体，或由较大群体分解而成的可以相互通婚的婚组，在地域上很可能都是彼此隔离的，“为的是避免产生混乱和出现差错”[①]。他认为，澳大利亚诸部落中的外婚半族，也是这种情况；他还从现有的材料中找到对他这种推测的支持。在澳大利亚中部瓦拉蒙加人的每个部落中，两个外婚半族总是各据一方，乌鲁鲁半族居南，金吉利半族居北，其间有一条颇为明显的分界线。同样，图腾氏族在地域上也分居两处。属于乌鲁

213 鲁半族的所有氏族都住在乌鲁鲁区域内，属于金吉利半族的所有氏族都住在金吉利区域内。不过，弗雷泽并不认为我们一定要设想：整个部落地域从一开始就分成为两大块，其中一块分给了部落之一半，另一块分给了部落之另一半；我们只要知道每个地域群体全都分为两个部分，各有自己的宿营地和狩猎区，那就足以说明问题了。他说，这样一种分法似乎还残留在阿兰达人的习俗之中。在阿兰达人那里，同一外婚半族的人总是住在一起，而不与另一半

① Frazer, *Toternism and Exogamy*, iii. 124, 125, 358.

族的人混住。两个宿营地通常都由小河之类的自然地貌分开。这里还可以再补充一点:在库林族的南部诸部落中,鹰和鸦这两个外婚婚组的人也是彼此分开,各居一地的;在澳大利亚西部的卡列拉和马杜杜内拉这两个部落中,一个地域群体的成员仅属于一对婚组。

如同詹姆斯·弗雷泽一样,我也认为,外婚半族或胞族以及外婚氏族最初很可能都是地域性群体,拥有自己的地盘。但是,我不能相信,这些群体在地域上彼此分开,是为了比较容易地掌握外婚制规则,比较严格地遵守外婚制规则。要让人们懂得不能娶本胞族或本氏族的女子为妻,毕竟不是需要如此费力的事。我完全不能理解弗雷泽所说的,澳大利亚土著胞族或氏族间之所以彼此分开,"是为了确保不得通婚的男女不会常常见面"[①]。我想,一个男子经常可以见到的女子,只限于本住处的女子;凡在外婚半族即为一地域群体的地方,男人之所以不能娶本地的未婚女子,是因为她

们属于自己所在的半族;不能娶已嫁到本地的已婚女子(自己的妻 214
子除外),是因为她们已是有夫之妇。虽说外婚制不会是胞族或氏族分地居住的原因所在,但如果说其成员住在一起乃是他们实行外婚制的一个原因,那么,这就同我的理论相当吻合了。

可是,同一外婚氏族或胞族的人并不一定住在同一地方。正如我们在前面所了解到的,外婚禁制甚至适用于住在不同部落或民族中的相同或"相当"的氏族或胞族。自幼亲密地住在一起的男女对彼此间发生性关系有一种反感,这种反感反映在禁止亲属通

① Frazer, *Totemism and Exogamy*, i. 248.

婚的各种规定上。在这种情况下,外婚禁制的延伸就成了很自然的结果。由于近亲通常总是住在一起的,因此外婚规则首先涉及的就是亲属关系。但是,外婚规则后来又被用于不住在一起的亲属。这就像亲属间的社会权利与义务一样,虽然从根本上说乃是取决于密切的共居关系,但在这种地域关系被打破之后仍具有一种继续发挥作用的强烈倾向。氏族外婚制与血亲复仇极为相似。无论氏族的成员是否住在一起,为血亲去复仇都是整个氏族义不容辞的责任。

在这一过程中,共同的姓氏无疑具有非常重要的影响。由于亲属关系是通过姓氏制度来追溯的,因此姓氏即成为血亲关系的一种标志。这种姓氏制度当然是单系的。它虽可以保存某一世系(父系或母系)世代传承的记录,却不能兼顾两系。而没有通过这一记录延续下来的那一世系,即便被承认为亲属关系中的一支,也不大受人重视,并很快即被遗忘。因此,禁婚亲等如同氏族内的社会权利与义务一样,总是在某一世系中涉及甚少,而在另一世系中
215 则延伸得甚远。还有一点不应忘记:从原始观念来看,姓氏本身还构成同姓人之间的一种神秘关系。南森博士说过:"在格陵兰,就像在其他各地一样,姓氏具有非常重要的意义。人们认为,两个同姓人之间有一种精神上的亲缘关系。"①

人们对乱伦的厌恶,有时会扩展到反对夫妻一方与另一方的亲属发生性关系。一般说来,如果一男一女以某种方式建立了密切的关系,人们通过观念与情感的某种关系,便会产生这样一种想

① Nansen, *Eskimo Life*, p. 230.

法，即认为他们一旦结婚或苟合，就很是不妥，甚至是一种乱伦。于是，有的民族就禁止姻亲之间通婚，罗马教会和希腊教会就禁止“宗教亲属”通婚；于是，也就产生了上面所提到的种种禁规。但是，我们还应注意到性羞耻感这个问题。在亲属之间，性羞耻感最强。乔切尔森博士在谈到科里亚克人禁止男子娶两姐妹为妻这一规定时，曾说道：“科里亚克人可以娶两个或更多的妻子。他和所有这些妻子睡在一个帐篷里，一会儿和这个睡一张床，一会儿和那个睡一张床。当他和一个女子搂抱在一起的时候，这个女子的姐妹不得在场，是羞耻感禁止她这样做的。”[1]据说，在亚利桑那的皮马族印第安人中，“从表亲出于对彼此父母的尊敬”，从不通婚。[2]在卡西人中，只要舅舅还在世，男子就不能与舅舅的女儿结婚；只要姑姑还在世，也就不能同姑姑的女儿结婚，但在姑姑死后，就没有这种限制了，只是人们仍不赞成这样的结合。在蒂科皮亚，人们
认为，如果一个人娶了寡嫂，“亡夫的鬼魂就会伤害取占其位的兄 216
弟[3]。”沃乔巴卢克部落的一位长者对豪伊特博士说，他们部落的人对这种婚姻也很反感，并解释说：“在营地中睡在亡兄的位置上是一件很不舒服的事，总让人想起亡兄来。”[4]

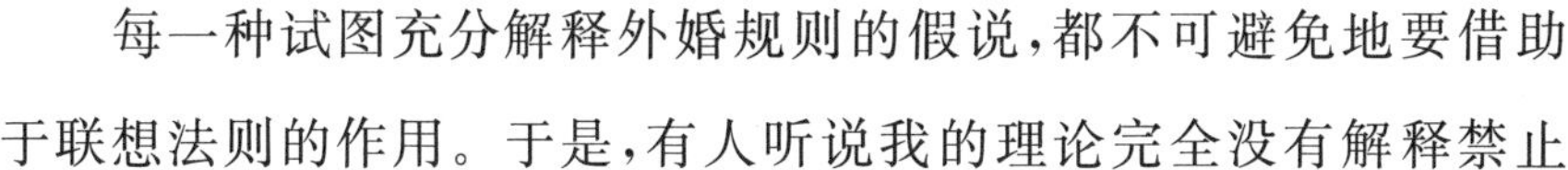

每一种试图充分解释外婚规则的假说，都不可避免地要借助于联想法则的作用。于是，有人听说我的理论完全没有解释禁止

① Jochelson, *Koryak*, p. 748 *sq.*

② Russell, “Pima Indians,” in *Ann. Rep. Bur. Ethn.* xxiv. 184.

③ Rivers, *History of Melanesian Society*. i. 346.

④ Howitt, *Native Tribes of South-East Australia*, p. 248.

住在不同地方的亲属通婚这一规定是如何起源的，就感到有些惊讶。迪尔凯姆教授一方面以同一图腾氏族的成员并不住在一起为由，提出我的理论不适用于氏族外婚制；另一方面，他在解释延伸到图腾氏族之外的禁婚规则时，自己也不时地借助于类比的方法。他说，氏族外婚制之所以延伸到分属于不同氏族的近亲，是因为这些近亲之间的接触并不比同一氏族的人少。赫尔·库诺虽然对密切的共居关系可导致禁止亲属通婚这一看法持反对态度，但却提出，禁止同一地方无亲属关系的人通婚的规定，也是源于禁止亲属通婚的规定，因为地域群体往往是同亲属群体（或图腾群体）合而为一的。

禁婚亲等范围与社会亲密程度有着密切的关系，而与实际上是否住在一起没有什么联系，关于这一点，我们也可以从广泛的外婚禁规与类别制亲属制度经常共存的关系中，得到某些启示。最早指出这一点的是泰勒，他通过相互关联的方法甚至得出了这样的结论：氏族外婚制与类别式亲属制实际上是一种制度的两个方
217 面。他说："从现有的统计来看，采用相当于我们这里所说的类别式亲属称谓制度的民族有 53 个，其中，类别式制度与外婚制相巧合者（假定二者没有密切关系），据估计大约有 12 个。但事实上，既实行外婚制又实行类别制的民族为 33 个。我们从这种很强的重合性中，便可以了解到存在于这两种制度之间的密切的因果关系。这种相互关联性更明显地表现于交表婚上（即两兄弟的儿女不能通婚，两姐妹的儿女也不能通婚，而兄弟的儿女与姐妹的儿女则可以通婚）。在统计到的 21 个实行交表婚的民族中，同时亦实

行外婚制的不少于 15 个。”[①]詹姆斯·弗雷泽爵士说:“就我们目前的了解而言,我们可以确立这样一条基本规律:凡是实行图腾制和外婚制的民族,都是根据类别制计算亲属关系的。”[②]我们在前面已经认识到,类别式称谓从根本上说是由社会关系所决定的。我觉得,导致人们从兄弟和姐妹的角度对从表亲加以区分的那种亲密感和亲属感,同样也导致产生外婚制的规则。在这一规则看来,兄弟子女之间通婚和姐妹子女之间通婚,当按乱伦处置。

我斗胆认为,我在这里提出的这一假说,与上一章中所说的种种事实都是相符的。在我看来,这一假说可以说明人们对乱伦的厌恶感何以能够不受经历和教育的影响而独立存在;可以说明外婚制规则何以不仅适用于血亲,而且往往还被应用于毫无血缘关系的人;可以说明禁止血缘婚姻的各种规定何以在禁婚亲等上差 218
异甚大,但却几乎普遍适用于在生活中接触密切的人;还可以说明这些禁规何以普遍在一个世系(父系或母系)中比在另一个世系中延伸得更远。不过,这里还有一个重要问题有待回答,即我们应当怎样解释自幼亲密生活在一起的男女对于彼此间的性关系缺乏欲求并明显有一种厌恶感呢?只有在回答这一问题之后,笔者关于外婚制起源的理论才算是完整的。

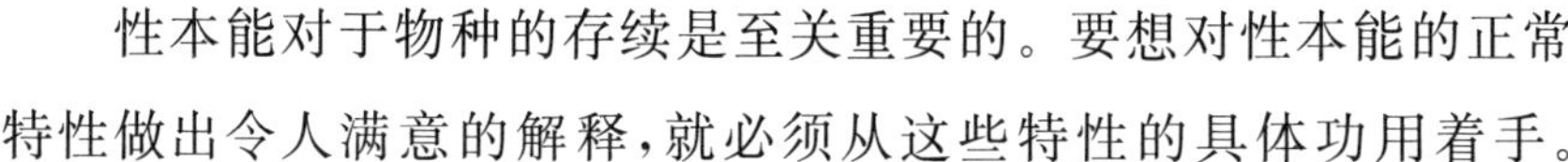

性本能对于物种的存续是至关重要的。要想对性本能的正常特性做出令人满意的解释,就必须从这些特性的具体功用着手。

---

① Tylor,“On a Method of invertigating the Development of Institutions,” in *Jour. Anthr. Inst.* xviii. 264.

② Frazer, *Totemism and Exogamy*, ii. 330.

有关动植物的大量资料表明，我在探索外婚制起源时所追溯到的那种本质上的原因，具有很深的生物学基础。而这些资料使我们不能不相信：从总体上来看，植物的自花授粉和动物的近亲繁殖都是有害于物种的。

达尔文曾观察过1000多株分属于57个种、52个属和30个大科的植物，其中包括很多国家的土生植物，有异花授粉的，也有自花授粉的。他研究了这些植物从发芽到成熟的过程，结果发现，异花授粉往往有诸多好处，而自花授粉则往往是有害的。这表现在异花授粉和自花授粉所产生的后代在高度、重量、茁壮程度和生殖能力等方面所存在的差异上，还表现在亲本植物结籽数量的多

219 少上。因此，如果自花授粉的植株同异花授粉的植株进行生存竞争，后者必占优势。大多数异花授粉的植物种属都是这样，这在今日已是公认的事实。

就动物界而言，达尔文曾说过，几乎所有饲养过动物并在这方面有过著述的人都确信，近缘交配会产生有害的后果。约翰·西布赖特爵士曾写道："我相信，如果这种做法持续下去，动物就会退化，甚至退化到根本不能生育后代的程度。……我曾用狗、鸡和鸽子多次做过实验，使其不断地进行近缘交配，结果发现：一种长毛垂耳的狗变成了一种可在人们腿上玩弄的小叭狗，鸡的腿变长，身子变小，而且很难生育后代。"[①]据洛先生说，"由一胎生下的狗不断繁殖出来的狗，渐次表现出虚弱和退化的迹象。体毛渐疏或脱落，体形变小，四腿细长，眼睛凹陷，并具有幼年早衰的全部特点。

① Sebright, *Art of Improving the Breeds of Domestic Animals*, p. 12 *sq*.

人们对猪也做了这样的实验。经过几代之后，这些猪即出现全身的变化。体形变小了，刚毛变成了软毛，四腿变得短小且软弱无力，产胎次数减少，每胎所生的幼仔也减少了，母猪不能哺育幼仔。而如果这一实验能一直做下去的话，幼仔往往都会变得十分虚弱，且出现畸形，因而无法长大。于是，这悲惨的一族就会完全灭绝了。”①

据说，近缘交配的有害影响对猪尤为明显，对羊则稍轻一些。希普先生曾说，如用汉普郡公羊与多塞特有角羊交配，发生不育的 220
倾向较小；而如用多塞特有角公羊与同种母羊交配，发生不育的倾向则较大。但是，在实际情况中，在这里表现出来的不育倾向，也可能以早期流产的形式表现出来。近缘交配所产生的胚胎很可能会早早夭折。对四角羊所做的实验表明，近缘交配大多会对骨骼和肌肉产生弱化作用，降低这种动物的生命力，并导致吸乳本能的丧失。关于近缘交配的纯种马，据英国皇家育马协会的一份早期报告称：全国每年有 40％的纯种马不生育；但如此大量的不育现象并不完全是近缘交配所致。谢尔登教授曾写道：“所谓‘近缘交配’，亦即在近缘中饲养、交配，往往会对牲畜的体质和生育能力造成不良的后果。同一血缘的交配虽对纯种的形成有一定价值，但若实行过度，就很不好了。过度的近缘交配在牛科动物中所造成的影响是普遍的不育和体质虚弱。在由近缘交配所产生的第一代身上所表现出的体质虚弱仅是轻微的和暂时的，但在其后代身上，就成了固定的和严重的问题。是的，最初只是体质发育较差，但后

① Low, *Domesticated Animals of the British Islands*, p. lxiii. *sq.*

221 来就会发展成某种疾病。”[①]尤尔特教授也指出：“自然只在一定的限度内容忍近缘交配，这是因为，近缘交配虽可通过诱发优生遗传，有助于将有益特性保持下来，但往往要以牺牲活力，甚至生育能力为代价。人们可以想见，近缘交配对物种的灭绝起了一定的作用。很多人工培育的品种和变种之所以出现退化（即使不是实际上正在趋于毁灭的话），无疑也是近缘交配的结果。”[②]

有不少人曾撰文指出，如果加以适当的注意，近缘交配则不仅不会有害，而且还会有益。休思先生就曾援引很多例证说，大量优良牲畜一直都是这样培育出来的。但是，正如华莱士所说，在这种情况下，“一直都存在着严格的选择，要将那些体弱的和不育的淘汰掉。通过这种选择，无疑可以在一段较长的时间内避免近亲交配的弊病。但这丝毫不能证明近亲交配不会产生有害的结果。”[③]约翰·西布赖特爵士说，有些牲畜在近缘交配几代之后仍没有出现什么大的危害；自花授粉的植物在第一后代中也一直未见到生命力减弱的现象。父母与后代之间的交配所产生的危害似乎总比兄弟姐妹间的交配要小，这一点似乎已是既定的事实。但是，至少从长远来看，近缘交配往往会产生这样那样的恶果，这是无可置疑的。

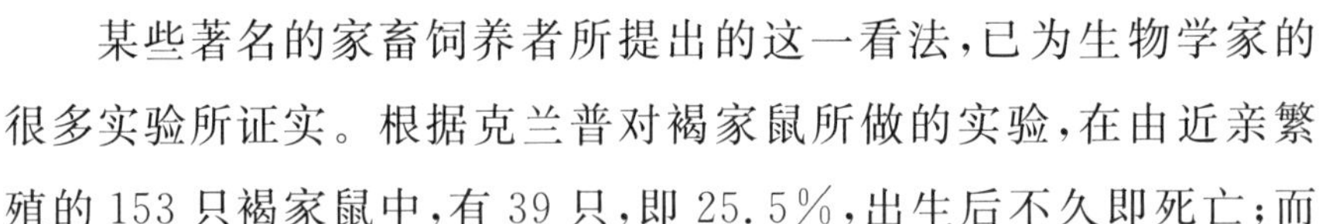

222 某些著名的家畜饲养者所提出的这一看法，已为生物学家的很多实验所证实。根据克兰普对褐家鼠所做的实验，在由近亲繁殖的 153 只褐家鼠中，有 39 只，即 25.5%，出生后不久即死亡；而

① Sheldon, *Live Stock in Health and Disease*, p. 3.

② Ewart, *Penycuit Experiments*, p. xliv.

③ Wallace, *Darwinism*, p. 161.

在非近亲繁殖的299只中,只有28只,即9.4%,出现这种情况。近亲繁殖的一窝动物与其他动物相比,要小得多、轻得多,其生殖能力也降低了。里策马·博斯曾用6年时间对几千只家鼠做过实验,他也同样发现:连续不断的近亲繁殖会使生育能力降低;交配而不育的情况增加了,而每窝所生的幼仔数则减少了。幼仔的生命力以及雌性对幼仔的哺育能力也下降了,而在克兰普的实验中,褐家鼠身长和体重的下降则没有这么大,体质的下降也没有这么明显。关于这一不同之处,博斯解释说,可能是由于克兰普做实验所用的第一批家鼠体质较弱、病患较多的缘故。冯·瓜伊塔用小鼠做的实验表明,同窝所生的雄雌鼠连续交配,往往会导致生育能力的下降。

休思先生虽不承认近亲繁殖本身会造成危害,但同时指出,如果对家兔进行近缘交配,那么,“到第四代之后,生育力即会下降。这同长期坚持食用某种规定食品会出现胃部恶心的情况颇为类似”。但是,他又表示,除此之外就不再有什么不良后果了;相反,近亲繁殖的后代在体重上还要比非近亲繁殖的动物更重一些。[①]
普赖尔对豚鼠也做了类似的观察,据报道:近亲繁殖对生育能力的 223
下降有很大的影响,但同时也伴随着出现了体重的增加。卡斯尔及其弟子曾就近缘交配和杂交对果蝇生育能力的影响做过调查研究,并得出这样的结论:近亲繁殖可能会对生育力的下降产生轻微的影响,但只要选择生育力较强的个体做此实验,那么,在连续的近亲繁殖过程中,就仍能维持较强的生育力;他们还发现,有迹象

① Huth, *Marriage of Near Kin*, p. 286 *sq.*

表明：杂交可以增强近缘繁殖群的生育能力。亨森发现，豚鼠的近亲繁殖可导致白化病；哈克认为，某种鸟类中经常出现的白化病，可能也是由同样的原因引起的。还有人说，近亲繁殖的金丝雀自己不能学到吃食的本领。现已证明，在一种飞蛾（Lymantria japonica）中，近亲繁殖数代之后，即可出现雌雄同体的现象。莫帕曾指出，在原生动物中，那些分裂出来的个体如不与其他个体交配，即会死去。

有人曾争辩说，野生动物一直是实行血亲交配的，如果这种做法真的有害，这些种群早该灭绝了。但是，根据我们现已掌握的有关野生动物生活习性的知识，并不能证实这一命题。在那些生活于家庭群体中的动物中，幼仔一旦能够独立生活，就会离家而去；即使不离开，据说也不会彼此交配。至于群居动物，大都更愿与陌
224 生的个体交配，我们所熟悉的家畜即是如此。蚂蚁和蜜蜂的“飞行结婚”，显然可以防止同窝交配。在动物界，还有其他一些做法，也具有相同的意义。例如，在雌雄同体的动物中，同一个体的卵子和精子成熟的时间各有不同，这样，就常常可以防止自体受精了。还有人指出，雄性动物在发情期的兴奋状态，促使他们去搜寻和追逐雌性，而由情欲所产生的这种巨大力量，也被认为是获得必要的血统混合的一种手段。我在前面的一章中曾提出，由颜色、气味和某种声音所构成的第二性征对种群的延续起到了有益的作用，这不仅因为它们使雌雄两性易于找到对方，从而进行交配繁殖；而且也因为它们可以吸引远处的异性，从而避免近亲繁殖。

至于说到人类本身，由于一般不存在最亲近的亲属实行通婚的现象，因此，我们很难对近亲繁殖的后果进行研究。有人曾说，

在确实实行过近亲结婚的古埃及人和古波斯人等民族中，并未发
现体质退化的证据。不过，即使这些民族中近亲结婚的情况比我
们所能想像的还要多，这种婚姻显然也远远不是唯一的婚姻形式。
家畜饲养者告诉我们：只需混入几滴非亲血液，就几乎足以纠正因
长期连续近亲繁殖所产生的有害结果。休思先生曾断言，虽然古
埃及托勒密王朝的诸王总是与其姐妹、侄女和从表亲通婚，但他们
并未不育，也没有明显减寿。不过，高尔顿先生则持相反的观点， 225
他从托勒密王朝的历史中找到近亲结婚导致生育力下降的证据，
并在一篇以《乌伊法尔维》（*Ujfalvy*）为题的论文中，详尽地论证
了托勒密王朝实行近亲结婚所导致的体质退化和心智缺陷。

我们真正有机会研究的近亲结婚，是从表亲之间的通婚，这方面的文献相当多。不过，作者的观点往往迥然不同。有的作者——诸如佩里埃、瓦赞、休思等人——认为，只要父母不是具有同样的遗传病倾向，这种婚姻就绝对无害，而另一些作者——诸如德沃伊和布丹等人——则在这个问题上多有警世之见。这里，我将介绍几位调查者的研究结果，我认为他们的研究具有很重要的意义。

在这方面，达尔文采用了一种不同于前人的方法。他先是认
真调查了血缘婚姻在整个人口中所占的比例，然后又去调查在血
缘婚姻的后代中，有各种缺陷的人所占的百分比是否高于非血缘
婚姻后代中不健全者的比例。达尔文的调查明确否定了以前很多
作者所做出的带有夸张性的结论。但他认为，“人们坚信血缘婚姻
的后代易患各种疾病，这种看法还是有根据的。”①至于说从表亲 226

① G. H. Darwin, “Marriages between First Cousins in England,” in *Fortnightly Review*, N. S. xviii. 41.

通婚会导致不育、聋哑、疯癫或痴呆，达尔文则未发现这方面的证据；但据他观察，在从表亲通婚所生的后代中，身体素质要稍差些，其死亡率也比非血缘婚姻家庭中的死亡率要高一些。而且，从牛津的20条船和剑桥的30条船上的一二级划船手的统计来看，以及从英格兰某些学校所选运动员的统计来看，那种认为从表亲的后代身体较弱的看法在一定程度上是可以得到证实的，虽然一些危言耸听的观点也由此遭到了否定。令人奇怪的是，尽管达尔文的这些话说得如此明白，但很多人还是将他的这篇论文引作论据，来说明从表亲通婚毫无害处。

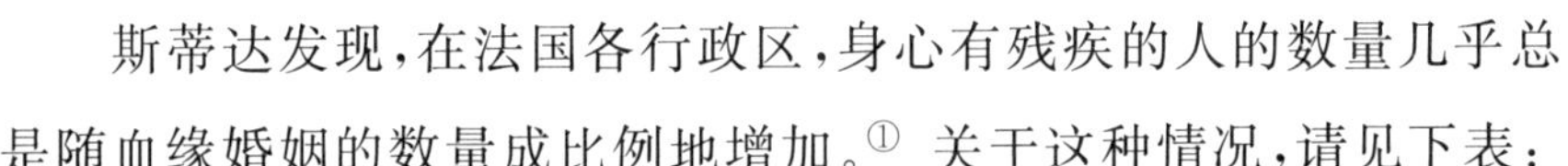

斯蒂达发现，在法国各行政区，身心有残疾的人的数量几乎总是随血缘婚姻的数量成比例地增加。[①] 关于这种情况，请见下表：

组别	行政区数	每千例婚姻中的血缘婚姻数	每千名居民中的残疾人数
I	10	5.4	2.3
II	10	8.3	2.8
III	14	9.95	3
IV	10	11.2	2.4
V	13	12.5	2.8
VI	8	13.8	3
VII	14	15.8	3.5
VIII	10	19.2	3.25

① Stieda, "Les mariages consanguins," in *Annales de démographie internationale*, iii. 45 *sq*.

续表

I—IV	44	9.2	2.65
V—VIII	45	14.8	3.1

1879年,丹麦内科医生米盖出了一本书,题为《血亲之间的婚 227
姻》。但是,该书没有得到人们应有的注意。其实,该书作者使用的方法是令人可信的,引用的实例也有一定数量,作者本人的态度也是公允的。他从丹麦各地了解到很多情况,并从中发现:在丹麦,至少在所观察的一些教区内,有血亲关系的父母所生的子女中,白痴、精神错乱、癫痫、聋哑等病例,都比非血亲父母所生子女中要多。他还认为,这些人的死亡率可能也比较高,而且更容易感染某些疾病,只是尚未对这两点加以证实。不过,他并未发现血缘婚姻和非血缘婚姻之间在生育能力方面有什么明显的差别。米盖医生在这些调查中所使用的方法是挪威内科医生路德维希·达尔在20年前所用的方法。达尔调查了246例婚姻,其中85例为从表亲通婚,还有4例是更近的近亲通婚。通过这些调查,他得出这样的结论:血缘婚姻地生育力比非血缘婚姻低;血缘婚姻所生的死胎和病胎相对来讲要多得多;在血亲父母所生的后代中,疯癫、痴呆、聋哑、癫痫等病的发生率是非血亲父母后代的11倍。不过,达尔表示,他用来进行比较的实例数量过少,因此他的这些结论还不是很肯定。

说到这里,我想提一下我在富拉岛逗留期间所收集到的一些情况。富拉岛是设得兰群岛中最闭塞的一个小岛。岛上居民共有200—250人,差不多都有血缘关系。从表亲通婚的现象在那里十

分常见，虽然人们也都知道这种婚姻的弊病。那里的家庭规模一
228 般都很小；7—14岁的儿童只占总人口的14%。而在同一群岛的伯拉岛上，由于血缘婚姻据说十分罕见，同龄儿童则占到总人口的22%。富拉岛上的居民似乎要比其他岛上的人矮一些。莫里森先生曾和富拉岛上的居民在一起住过10年，据他说，当地人虽然不是经常患病，但体质则较弱。岛上有几个白痴；我还听说有一家人，夫妻俩是从表亲，他们所生的孩子中至少有三个聋哑人。

根据马耶医生以普鲁士的材料为基础所做的调查，在血缘婚姻的后代中，有心智缺陷的人所占的比例一般是非血缘婚姻后代的两倍多，如果该家庭有这种心智缺陷的遗传倾向的话。但是，如果没有这种遗传倾向，血亲家庭子女中的这类人所占的比例，甚至比非血亲家庭子女中的这一比例还小，而白痴的比例却大得多。在普鲁士，血缘婚姻的后代至少占总人口的6.5%，但在明显没有家庭心智缺陷遗传倾向的白痴中，有不少于11.5%的人是血缘婚姻的后代。马耶医生由此得出这样的结论：血缘婚姻具有产生白痴的明显倾向。他还指出，这种婚姻有导致聋哑和一种叫色素性视网膜炎的眼疾的倾向，而这一点，其他很多人也都注意到了。

美国的聋哑学校在新生入学之初，都要问这样一个问题，即学生家长是否有血亲关系。有人从对这一问题的回答中整理出一份统计资料。资料显示，相当多的聋童都是出生于血缘婚姻。根据
229 菲尔绍的调查，在柏林，每3179名罗马天主教徒、每2173名新教徒、每673名犹太教徒中，分别有1名聋哑人。菲尔绍将这些数字同血缘婚姻在犹太人中较多而在基督徒中较少这一情况联系了起来。在患有色素性视网膜炎的人中，约有1/4甚或1/3的人都是

有血亲关系的父母所生的后代。在血亲父母所生的子女中,色素性干皮病和进行性鱼鳞病等皮肤疾患的发生率约是其他人的16倍。施默尔克医生认为,近亲结婚可能是导致侏儒症的一个原因。他发现,在蒂罗尔与瑞士交界处的桑南塔尔,总共356名居民中至少就有7名侏儒,他们都是同一家庭中的两名成员所生的后代,而这两人本身都是完全正常的。施默尔克医生说,从很早很早以前开始,这个小山谷的人就有缔结血缘婚姻的习俗。他把这个地方侏儒较多这一现象归因于其特定的地理环境以及与此联系在一起的血缘婚习俗。卡鲁兹医生指出,在巴斯克人中,常可见到血亲结婚所产生的各种不良后果,因此,巴斯克人已禁止血亲结婚。

关于非欧洲社会中实行近亲结婚所造成的结果,我曾收集了 230
一些资料。尽管这些资料说得不是很清晰,而且多少具有一种假说的性质,但还是值得引用的。至少,这些资料有助于说明:实行狭隘内婚,虽说是一种广泛流行的习俗,但不能证明这种做法无害。

冯·马蒂乌斯是巴西民族志方面的一位权威。根据他的说法,在巴西各地都可以见到这样一个公认的事实:一个印第安人的社会,越是人少,越是封闭,越是在自己的小圈子内实行婚配,就越容易出现各种各样的退化现象。贝兹在谈到亚马孙河上游地区的蒙昧部落时,曾说道:“印第安组织在行为和思想上的奇特的僵化,很可能是由于每个小部落都是与世隔绝的,而且生活和思维的圈子都很狭小,这样,近亲之间连续数代的通婚也就成了必然的事。他们的生育能力很低,人们实在难以找到哪家人能有4个孩子。我们看到,他们在从一个地方迁往另一个地方时,很容易生病死去。"[①]据华莱士说，伊桑纳族印第安人在人口数量上没有沃佩人多，在人口增长上也没有沃佩人快，这很可能是由于他们总是与亲戚结婚的缘故，而沃佩人则更愿意与陌生人结婚。冯·楚迪认为，博托库多人的生育力较低，是由他们的内婚习俗所导致的，因为博托库多女子嫁给部落外的人之后，特别是嫁给白人或黑人之后，生育力一般都较高。达连地峡的喀里多尼亚印第安人从不与外人通婚，而总是实行近亲结婚，结果导致种族退化。据说，新墨西哥的普埃布洛人由于总是在本村内通婚，因而体质退化。

231 喀麦隆西北部的巴昆杜人也是婚嫁不出村。比夫在谈到这一习俗时说，这种近缘婚配已导致非常严重的后果。他指出："巴昆杜人已出现人种上的退化，他们体质虚弱，抵抗力很弱，死亡率也甚高。"[②]北罗得西亚的阿温巴人现在普遍实行从表亲通婚的制度。对此，古尔兹伯里和希恩两位先生说道："毫无疑问，这是导致温巴妇女在生育力上较维瓦等部落妇女为低的一个主要原因。在维瓦等部落中，近亲结婚都是不允许的。"[③]巴罗在谈到霍屯督人时写道："终日不离家、结婚不出屯等不良习俗已使这个民族的人变得虚弱不堪，严重退化，生育力几乎丧尽，整个民族委靡不振，对一切漠不关心，反应迟钝。除此之外，他们的生活还极度贫穷，食物奇缺，精神颓丧。"妇女中很少有人生有两个以上的孩子，很多妇女都不能生育。但是，霍屯督妇女在同白人结合之后，就不是这种情况了。"他们结合后，不仅生的孩子多，而且这些孩子在体质方

① Bates, *The Naturalist on the River Amazons*, ii. 199 *sq*.

② Bufe, "Die Bakundu," in *Archiv f. Anthrop*. N. S. xii. 231.

③ Goldsbury and Sheane, *Great Plateau of Northern Rhodesia*, p. 173.

面也同霍屯督人迥然不同。”[①]西布里先生认为，马尔加什妇女的生育力之所以往往很低，可能是由于早婚、年轻人的性放纵以及近亲通婚所致。

据说，毛利族人口减少的一个主要原因，就在于内婚导致妇女
不育。据新西兰的户籍总管讲，“毛利人的出生率要比其他民族低 232
得多。”他还指出，毛利人口的减少有这样一个原因，就是“因实行部落和亚部落内婚制而导致体质虚弱”。[②] 据斯潘塞·圣约翰爵士讲，居住在隆杜的沿海达雅克人已在人数上急剧减少，从原来的1000户减少到10户。他说：“这些人常常苦苦地抱怨说，自己没有家庭，自己的女人不能生孩子。的确，这个地方总共只有三四个孩子。这里的男人长得很有模样，这里的女人又漂亮又健康，特别讲究干净，也没有什么病。我们只能把其人口的减少归因于经常性的近亲通婚。”[③]还有人把日本阿伊努人在人口上的急剧减少，同他们的内婚习俗联系在一起。

我在前面曾引用邦克先生的话说，在缅甸的克伦人中，实行内婚的村寨和实行外婚的村寨，在村民的体形、健康状况、力量大小和生育能力诸方面，都存在着明显的差异。在实行内婚制的村寨中，村民们把自己在这些方面的劣势都归因于亲属间的通婚。不过，邦克先生告诉我，只要村里的年轻男子听了传教士的劝说，到外村去娶亲，情况马上就会有所改善。黑尔费尔先生也认为，在丹那沙林诸省的克伦人中，近亲通婚使得“这个民族的人显得那么抑

① Barrow, *Account of Travels into the Interior of Southern Africa*, i. 144, 147.

② Gisborne, *Colony of New Zealand*, p. 325.

③ St. John, *Life in Theorests of the Far East*, i. 10.

郁、胆怯、柔弱，人口也越来越少”①。多尔顿上校说，在加罗人中，酋长家族的人同下层社会的人比起来，体质较差。他由此认为，这种体质上的退化可能是近亲结婚的结果。莫洛尼先生在谈到印度南部达罗毗荼人的交表婚时曾说，向他提供有关医学信息的人强
233 调，这种婚姻已导致了某些疾病的遗传。舍特尔认为，在中国的一个土著部落——黑苗中，实行交表婚是导致很多白痴、聋哑人以及诸多地方病的一个主要原因。

但是，也有一些与此相反的说法。巴兹尔·汤姆森爵士发现，在斐济，从表亲结婚后，所生的子女较多，而且同没有亲缘关系的人所生的后代相比，也显得更有活力。不过，他也承认，他所掌握的数据很少，远不足以做出任何一般化的概括。还有一些人举例说，有些地方一直实行血缘婚姻，并没有出现什么不良的后果。皮特凯恩岛就是这些地方之一。很早以前，该岛一直无人居住。1790年，岛上开始住人，当时共有9名白人男子以及6名塔希提男子和12名塔希提女子。1800年，岛上人口由1名男子、5名女子和19名儿童组成。据后来到过该岛的一些旅游者称，这些人的后裔都很强健，毫无退化的迹象。不过，我们应当注意到这样几点：该岛自有人移居之后，便已有少数外来者加入这为数很少的移民之中；岛上的移民还曾一度迁往诺福克岛；而在后来重新迁回来的人中，则有一名诺福克岛民，他与皮特凯恩岛上的一名女子结了婚；该岛一直常有船只及其水手光顾；而且，正如比奇明确指出的

① Helfer, "Animal Productions of the Tenasserim Provinces," in *Jour. Asiatic Soc. Bengal*, vii. 856.

那样，该岛同英国一样，对亲属间的通婚也有严格的限制。

此外，在爪哇、秘鲁、英国、法国、斯堪的纳维亚等地的一些与世隔绝的社区中，据说也曾长期实行连续不断的近亲结婚，却没有明显不利的情况发生。一个经常被人引用的例子是下卢瓦尔地区 234
一个叫巴茨的社区，位于一个半岛上。这里的居民共有3300余人，从很早时起就有相互通婚的习俗，而人们的身体却都很好，没有任何遗传性疾病。据瓦赞医生说，“巴茨地区的气候条件，濒临大海的地理环境，以及当地居民的卫生与生活习惯，似乎是协调一致地发挥了作用，得以防止各种遗传性疾病的发生；而且，人们往往还大肆宣传近亲通婚无害，以致这类婚姻在该地区的存在已经有好几个世纪之久了。”[①]在其他一些比较封闭的社区，人口则没有这样多，可能卫生状况也没有这样好。但无论如何，这种地域性的内婚制总的说来毕竟与近亲结婚有所不同。过去，曾有人把苏格兰沿海的一些封闭社区当作实行近亲结婚的例子引证过，而米切尔医生却发现，在几乎所有这些社区，近亲结婚都是较少的。据米盖医生讲，丹麦的利奥和斯特里诺，也有类似的情况。安德鲁·伍德医生在谈到纽黑文的渔民时曾说，他们虽然与外界相当隔绝，但对通婚之事却非常慎重，认为血亲之间的结合是违反道德法的。

同时，在一些特定的情况下，近亲通婚即使持续了相当长的时间，也不曾或几乎不曾造成危害。米盖医生发现，在丹麦的某些教区，血缘婚姻并未造成什么危害；而在另一些教区，却造成很明显

① Voisin (A), “Contribution à l'histoire des mariages entre consanguins”; in *Mémoirs Soc. d'Anthr*, vol. ii. p. 447.

的后果。从达尔文的研究来看，虽然大多数植物都受到自花授粉
235 的不良影响，但也有少数植物虽不曾杂交，却已在自然状态下繁殖了数千代。达尔文表示无法理解，何以在同一种属的植物中，有的就不能用自身的花粉结果，而有的就能用自己的花粉繁殖得很好。

有证据显示，在适宜生存的良好条件下，自花授粉或近亲繁殖的弊害几乎可以没有什么显现。近缘繁殖的植物，如果有足够的生长空间和肥沃的土壤，往往很少甚至不会出现退化的迹象；但是如果处于与其他植物的生存竞争之中，就往往会枯萎死去，或是难以正常生长。克兰普用褐鼠所做的实验表明，如果近亲繁殖的后代能够得到很好的喂养和照料，那么，连续近亲繁殖的不良后果就会小得多。这与米切尔医生就苏格兰沿海的血缘婚姻所做的调查在结果上有惊人的一致性。米切尔医生发现，如果父母与子女在生活上还算舒适，可以比较容易地挣得足够的钱来吃好穿好，而不必为明天的生活焦灼不安或冥思苦想，总之，如果他们虽然劳作却不必为生存而苦斗，那么，近亲结婚就不会显现出什么严重的后果。但是，如果他们“生活贫困，缺衣少穿，房子又小又破，处于悲惨之中，如果他们不得不为起码的生活必需品而整日奔波，缺这顿、愁下顿”，那么，近亲结婚的不良后果就非常明显了。

如果是这样的话，我们不妨做出这样的推测：血缘婚姻在蒙昧地区具有更大的危害性，因为那里的生存斗争往往是非常激烈的；而在文明社会，特别是在血缘婚姻最盛行的富裕阶层中，这种危害性则较小。据达尔文说，在英格兰，从表亲婚姻在贵族中的
236 比例约为 4.5%，在社会中上层或地主士绅中为 3.5%，而在伦敦各阶层中仅约为 1.5%。达尔文认为，他在调查中之所以发现从

表亲结婚的危害甚小，可能是因为英国大多数人的生活状况总的来说都是相当不错的。

如果把我所了解的、有关这一问题的各种情况统统加以考虑，那么，我还是认为，总的来说，近缘交配是对物种有害的，只是程度不同、表现方式各异而已。正是从这一点上，我终于可以充分解释，自幼亲密生活在一起的男女（这一点乃是近亲之间相互关系的特征所在），何以会出现性淡漠和性厌恶。我们可以想像，在这个问题上，正如在其他问题上一样，自然选择起了一定的作用。自然选择机制通过消除那些具有毁灭性的倾向，保存那些有利于机体的变化，从而使性本能满足物种繁衍的要求。但是，我们决不能说，事实已证明从表亲通婚所导致的危害微乎其微，而可以不受自然选择的制约。这是因为，如果正像我所主张的那样，由父母及其子女所构成的家庭乃是普遍存在于原始人类或类人猿祖先中的社会单位，那么，我在这里所说的性本能特性，除非它的确是从更早的哺乳动物种属那里继承下来的遗产，否则，那就一定是因近亲结 237
婚会产生危害而逐渐发展起来的。而性本能一旦获得这种特性，它也就会很自然地体现在自幼亲密生活在一起，而血缘关系较远或没有什么血缘关系的男女之间，尽管这些人之间通婚可能不会有什么危害。而且，通过思想观念与感情之间的联系，性本能的这一特性还会很容易地导致这样的规定，即对某些根本不住在一起的人也禁止其发生性关系。

依我看来，我们对于外婚制起源的解释，可以不受“近缘繁殖何以有害于物种”这个问题的影响。探讨这一问题的很多作者都认为，近亲繁殖的一切有害结果，都是由于父母双方的共同疾病倾

向相结合并累加而造成的。他们因此认为，是否存在这样的倾向将会决定血缘婚姻的有害与否。菲尔绍就曾说过，通过对优良遗传素质的精心选择，即可取得最好的结果。某些现代生物学家，诸如克劳斯教授和费尔教授，也强调说，从已知的事实来看，我们不能认为近亲结合本身会产生有害的结果，只有通常见到的一些遗传因素可以导致这一点。尽管有血缘关系的父母看上去显得非常健康，但他们却可能带有某种类似的疾病倾向，很容易遗传给后代，而且，通过两人的结合，这种倾向还会得到加强。而在某些情况下，这种发病的机会还是很大的，足以证明反对近亲繁殖的呼声是有道理的。约翰·西布赖特爵士同样也把近亲结婚的所有弊病都仅仅归因于遗传。但他审慎地指出，根据他的看法，从来没有一个动物不带有某种缺陷，或是结构上的，或是形体上的，或是基本
238 特质上的；还可以这样说：在同一家庭中，往往有产生同一缺陷的某种倾向。

达尔文对这个问题则另有一种看法。他认为，虽然疾病倾向的结合常常是导致病害发生的一个原因，但发生这种病害的基本原因却可能另有所在。考虑到对自花授粉植物所做的大量实验，他认为，绝对不能轻率地设想：在所有这些实验中，亲本植物虽然没有显露出什么病征，但却莫名其妙地隐含着虚弱和衰萎，而使得其自花授粉所产生的成百上千的幼苗，在株长、株重、株体活力和生育力方面，都比不上其异花授粉的后代。而且，自花授粉和近缘繁殖往往还会引发不育。这就表明，近缘繁殖之所以会产生危害，是另有原因的，而不是因父母共有的疾病倾向在结合后进一步增强的问题。于是，达尔文断言：正如不同物种初次杂交或杂交所生

后代的不育倾向是由于性素差异过大一样,近亲繁殖或自花授粉之所以会发生危害,主要是因为性素差异过小。但是,我们不清楚:两个有机体的受精或结合,何以比两种化学物质的亲和或化合更需要得助于一定的差异性呢?亨森也发表过类似的看法。鲍尔则不同意对所有与自花授粉和近缘繁殖有关的退化现象均用“隐性性状的遗传”加以解释。马耶医生认为,痴呆、聋哑及色素性视网膜炎等症在有血缘关系的父母所生的子女中大量发生,而其家族中以前多不曾发生过此类病症,这就说明,这类病症的发生一定 239
是由于血缘本身;把它仅仅归诸隐性遗传倾向的解释显然是很牵强的。还有,近缘繁殖的飞蛾所出现的雌雄共体现象,用遗传之说又何以能够解释清楚呢?但是,正如我已说过的,我所提出的外婚制起源理论成立与否,并不取决于对近缘繁殖是否有害的任何特别说明。

为了证明我的理论,我还想再强调几点事实。我关于外婚制起源于某种性本能特性的假说,完全符合外婚禁制的一般规则,即不仅适用于婚姻,而且也适用于一般性交关系,这一规则的个别例外,只限于关系较远的亲属。我的理论用以解释这种世界性禁婚制度的,乃是人类各种族所共有的心理特点。我还把这种心理特点的起源归结于物种繁衍的需要。这一理论平等地看待相互平行而本质上又相互关联的三组事实:即各种外婚制规则,自幼一起长大的男女之间的性厌恶,以及近缘繁殖的有害后果。同时,它还发现了支配着两大有机界中类似现象的同一普遍法则:植物界的异花授粉,动物界防止近缘交配的种种机制,以及人类的外婚制。

240 第二十一章　抢夺婚

现在，我们将转而讨论缔结婚姻的各种方式。其中之一就是在没有得到女方本人及其亲属同意的情况下，强行将该女子抢走，即所谓“抢夺婚”。这种娶妻方式在世界很多地方都曾有过。

在火地岛上的雅甘人和奥纳人中，抢夺婚时有发生。据说，当奥纳人对邻近部落发动战争时，他们总是将男的杀死，将女的娶来。而在不打仗的时候，他们则是娶本部落女子为妻，而且，结婚事宜也是由双方的父亲通过和平协商来确定的。在巴西的很多部落中，妇女也是从别的部落抢来而与抢夺者成婚的。在卡拉雅人中，人们发动战争，似乎只有这样一个目的。在博罗罗人中，即使在本部落内，也有抢夺婚发生。这种结婚方式也见于厄瓜多尔的
241 印第安人之中。马卡斯族印第安人娶亲，若女方是本部落之人，则以钱相买；若不是，则强行抢夺。希瓦罗人发动战争，常常只是为了抢亲结婚。萨帕罗族印第安人往往会强占邻人妻女，将其挟持逃跑。女方有时虽也反对，但并不构成什么真正的反抗，“倒像是一同逃跑似的”。[①] 加勒比人常常与他们喜欢的女战俘结婚。在科曼奇人中，抢夺婚时有发生。在加利福尼亚沿海的卢伊塞诺族

① Simson, *Travels in the Wilds of Ecuador*, p. 172 *sqq.*

印第安人中，有一种娶妻方式，据说就是“一个男子约好几个朋友，将他想娶的女子强行抢来，有时甚至是从她父母家中把她强行抢来”。[①] 在阿特人中，人们有时也从本部落中偷偷抢来一名女子为妻。在不列颠哥伦比亚的汤普森河印第安人中，强抢女子为妻的事也偶有发生。在格陵兰岛的东岸，人们常常将他人之妻拐走，有时还是应这名妇女的家人的请求这样做的，家人则是为了让她能生活得好些。阿留申群岛上的乌尼马克岛民之进犯其他一些岛屿，主要目的也是为了抢夺妇女。

博戈拉兹博士听说，过去在楚克奇人中，“年轻人常会合伙到野外去抓年轻女子，抓到后便捆住其手脚，把她送到想娶她为妻的那个男子家里。不仅外族人这样做，而且连本族中的亲戚和从表兄弟在被女方家拒婚之后，也采取这种方式以达到结婚的目的。但是，这种袭击和强夺并不会引发难以消除的仇恨和敌意。事后，女方父母便会到男方家中索要赔偿。而男方所付的赔偿并不是驯鹿，而是用以换亲的一名女子。……时至今日，这种抢夺婚还时有发生。”[②] 乔切尔森博士说：“过去，科里亚克人娶亲，除了有其他些方式之外，也采取抢亲的方式，即强行抢夺他人妻女为妻。”不过，他又补充说：“在科里亚克人中，婚姻多是内婚，而非外婚。而在战争中，征服者通常会将被征服者的后代杀死，以免其长大后复仇；同时也会将妇女杀死，以免其生养复仇之人。如果我们考虑到这两点，那么，在科里亚克人中，抢夺其他部落或氏族女子为妻的 242

① Sparkman, “Culture of the Luiseño Indians,” in *University of California Publications in American Archaeology and Ethnology*, viii. 214.

② Bogoras, *Chukchee*, p. 590.

习俗的事从未流行过，似乎就是顺理成章的事了。”[①]而另一方面，吉利亚克人发动一些较大的战事，则往往是为了抢夺妇女。即使现在，当一名男子无力买得妻子时，抢夺婚仍会发生，虽然这种做法通常会导致血亲复仇。在萨莫耶德人、沃加克人、奥斯加克人、沃古尔人、切列米斯人、莫尔多瓦人以及克里米亚的鞑靼人中，新
243 郎如果无力支付所规定的买妻金额，就会转而采取偷抢新娘的方式结婚。从前，在爱沙尼亚人中，也出现过抢夺婚。根据雅库特人的传说，“如果一个人和同伙在森林里打猎时看到一个漂亮的女子，他们就会跟踪找到其丈夫所在的猎区，然后将这个男的摔倒杀死，再将那名女子抢走。如果这伙人不能靠抢夺得到她，他们便会采用一些计谋，骗她出来帮助丈夫把猎物带回家。等她出来之后，便强行把她弄到手，就像把战俘带回家一样。在他们的史诗中，偷抢妻子似乎是一个经常性的动机。主人公们为在部落之外找到女人而互相帮助；由于他们的英雄事迹，或由于他们对别人的帮助，他们也常常能够得到女子，作为回报。在关于战争的所有叙述中，都提到少女落入胜利者之手的事，或是作为一种奖励，或是作为一种补偿。”[②]在卡尔梅克人中，求婚者一旦遭到女方本人或其父母的拒绝，就可能采取绑架的方式把姑娘抢走。不过，只要被抢走的女子在抢亲者的小屋里睡过一夜，她的父母便只好同意这桩婚事了。

萨拉特·钱德拉·达斯在一篇关于西藏婚俗的文章中说，一

① Jochelson, *Koryak*, p. 743.

② Sumner, “Yakuts,” in *Jour, Anthr. Inst.* xxxi. 85 *sq.*

个年轻人要是想娶一名女子为妻的话，就会注意观察她的动向，一旦找到一个好机会，发现她只有一个人时，就会在一两个朋友的陪伴下把她强行抢走。然后，把她单独关在一所房子里，给她吃好的、穿好的，并呆在她身边哄诱她，以得到她的爱。如果这个女子不愿与抢亲者住在一起，或是女方父母不同意把女儿嫁给他，此事就要由村中长老来定，或是听由地区头人的裁决。如果女方父母同意他们结合，人们就会定一吉日为其成亲，到时，要用很多的酒。
我们的这位消息提供者还说，目前在一定程度上流行于普兰和玛 244
法木错湖周边地区的这种抢夺婚，过去在西藏和喜马拉雅山以南诸国也曾存在过。在阿尔莫拉地区达尔马·帕加那的菩提亚人中，“女子被人强行抢走的事实际上时有发生，但是，只要被抢女子没有同抢她的人一起吃糌粑，就不算是嫁给他。”[①]锡克人从前也常以突击的方式抢夺妻子，“因此，夫妻间有不同的信仰，可能并不被视为什么大事。”[②]在巴斯塔尔，女子常常被她们的情人所抢走，虽然这种事通常都是由双方事先商定好的。在沃尔塔的科兰人中，也有这种情况发生。在阿尔果德北部一支讲泰米尔语的山地部落——马拉亚里人中，姑娘常被人抢走，虽然人们对这种做法很是反对。在怀纳德的穆拉库龙伯人（他们是弓箭手和狩猎人）中，如果女方的父母不同意将女儿嫁给某人，“男方便可强行把她抢走，并在打完一仗之后娶她为妻”[③]。在东高止山脉的贡德人中，

① Sherring, "Notes on the Bhotias of Almora and British Garhwal," in *Memoirs Asiatic Soc. Bengal*, i. 108.

② Russell, *Tribes and Castes of the Central Provinces of India*, i. 321.

③ Gopalan Nair, *Wynad*, p. 69.

缔结婚姻的一种方式就是强迫某女子做自己的妻子。“这名女子可能并不喜欢这个男人，女方父母可能也不同意这一婚事，但这些都不妨碍此人求婚。他可以等一个合适的机会，比如说，当这一女子到河边来打水时，在朋友的帮助下强行把她抢走。”一旦把姑娘
245 抢到手，就会把她严密地监管起来。过上一段时间，等姑娘和这名男子和解之后，他们就算是夫妻了。[①] 据说，焦达讷格布尔高原上的某些土著部落普遍实行抢夺婚。“在奥里萨邦的布伊亚人中，如果一个年轻人爱上了一个姑娘，而姑娘本人或其父母又不同意这门婚事，他就会叫来一帮朋友。等到有了机会，他就会将姑娘抢走，而同伴则负责掩护他逃跑。由于姑娘的朋友们总是力图使姑娘不遭绑架，或是想把姑娘再救回来，因此，这种娶亲方式常常会导致流血冲突。”[②]荷人也“实行抢夺婚。年轻人常常从舞会上或集市上将姑娘抢走，尽管姑娘也可能进行或真或假的反抗。在这里，聘金总是在事后才定”[③]。卢因在谈到吉大港山地部落的一般情况时说：“女性人数较少的部落常常带着武器，到比较弱小的部落中去抢他们想要的女性。”[④]在阿萨姆邦的莫兰人中，新郎偶尔也靠抢夺得到新娘，特别是在四月的比胡节期间。以这种方式形成的结合，事后也会得到女方父母的承认。

抢夺婚也见于马来群岛的很多地方。在巴厘岛，年轻男子携

---

① Hayavadana Rao, "Gonds of the Eastern Ghauts," in *Anthropos*, v. 795.

② O'Malley, *Census of India*, 1911, vol. v. (Bengal, Bihar and Orissa and Sikkim) Report, p. 315.

③ O'Malley, *op. cit.* p. 315.

④ Lewin, *Wild Races of South-Eastern India*, p. 92.

带自己所中意的人逃跑(或是征得女方的同意,或是违背女方的意
愿),几乎已成为社会下层中的惯常做法。而不管女方是否同意,
男方均须向女方的父亲交付一笔罚金,只不过违背女方意愿时所
交的罚金要比征得女方同意时为高。在卡伊群岛(亦称埃瓦布群
岛),人们在战争中总要掳夺女人,被抢去的女人被视为抢掠者的 246
财产,其所生的子女均从父方。在巴巴群岛,从别的村子中抢得一
名女子并将其带走,是一件很荣耀的事。无论事后是否给予赔偿,
所生子女均从父方。在菲律宾的尼格利陀人(小黑人)中,至少在
17 世纪之初,本村男女是从不通婚的。这样,男子就只好到邻村
中去抢那里的女子,而这就导致了无穷无尽的战事。

据塞利格曼教授讲,在英属新几内亚的梅克奥诸部落中,至今仍流传着不少有关抢夺婚的传说。这些故事都是说,有一个年轻男子,偶遇一女子正在沐浴,一丝不挂,于是,他就强行使她做自己的妻子,并且就地完婚。完婚之后,这个年轻男子亲自给这个女子穿上裙子。在新几内亚的博加吉姆,当一个男子从山里娶来一个女人时,人们就会说,他"偷"了一个妻子,而他不久前曾中了箭。在俾斯麦群岛,特别是在阿德默勒尔蒂群岛,人们在战争中经常抢夺女子。在新不列颠岛加泽尔半岛的山区里,常有人将一些年轻女子从父母身边强行抢走,还有人将他人之妻拐走。如果这些抢妻之人属于其他部落,一番争斗便会由此引发;如果同属一个部落,此事往往就要由一位颇有影响的人仲裁解决。在布干维尔岛,虽然那里通行买卖婚,但亦可娶抢来的女子为妻,只要她们的图腾对此不构成阻碍即可。在布因岛,如果一个男子由于种种情况难以用普通的、平和的方式娶得妻子,他就会从别人家里抢来一个女

247 子。虽然事后他要交付给女方的家人一些贝壳钱币,以息事宁人,但其数量较之以其他方式娶亲所付之金额,却要少些。在埃罗芒阿岛,"婚姻常常是通过抢夺来完成的","部落之间的战争往往系由偷抢女人或争夺土地所引发"。① 在新喀里多尼亚,"通过抢夺妇女成婚的事并不少见,而且经常因此招致部落间或家族间的冲突,除非进行抢婚者是首领或其他势力比较强大的人物"。② 在斐济群岛的一些较大的岛屿上,常可见到强抢人家女子为妻的习俗。在毛利人中,从战争中抓来的女俘往往为得胜一方的成员所占有,被当作兼做下人或奴隶的妻子。在毛利人中,我们还听说,"一种古老的、受人喜爱的结婚方式就是组建一个战斗队(或模拟的战斗队),以武力抢得新娘。通常娶亲,总要征求很多亲戚的意见,而且总有些人,如果没有得到他们的同意,他们就一定会感到愤愤不平。这样,抢婚就成了最省事的办法。有时,抢婚和抗婚往往都是假装的;但有时,抢婚这种做法则是女方非常难以忍受的"。③

塔斯马尼亚人总是从敌对部落中抢夺女子为妻。在澳大利亚
248 大陆,抢夺婚在各地均可见到。马休曾说:"敌对部落间常常发生抢夺婚。有时,人们还组织突袭队去攻击某个营地,把男性杀死,把女的抢走并加以强占。除了这种大规模的抢夺行动外,还有个别的强抢事例。在这种情况下,被抢女子如若反抗,就会遭到毒打。"④威尔希尔在谈及澳大利亚中部的某些土著人时曾说,如果

① Robertson, *Erromanga*, pp. 396, 392.

② Brainne, *La Nouvelle-Calédonie*, p. 251 *sq.*

③ Hodgson, *Reminiscences of Australia*, p. 243.

④ Mathew, *Eaglehawk and Crow*, p. 113 *sq.*

一个男子不能以正式的和常规的方式娶得妻子，他就会铤而走险，偷抢女子为妻。但是，斯潘塞和吉伦则说，抢夺婚“在澳大利亚中部的土著人中，是一种极为罕见的娶妻方式”[①]。与早期观察者就新南威尔士的某些说法相反，现在的报道往往认为在澳大利亚，抢夺婚仅仅是一种例外的或偶然出现的结婚方式。抢夺婚可导致争斗或争吵，因此各部落对这种做法普遍都加以自我限制。据施特雷洛说，在阿兰达人和洛里查人中，年轻男子偷抢女人，一旦被抓获，即会被人用长矛刺死。

关于马达加斯加的萨卡拉瓦人，我们听说，他们每年都从其他 249
部落中偷抢很多女子；我们还听说，他们的妻子中，有些是来自腹地的霍瓦部落和贝齐略部落的妇女，这些部落的女子成了那些盗贼急切追逐的目标。安德森指出，在布须曼人中，抢夺妇女往往是引起部落冲突的原因之一。在属于卡拉哈里布须曼人一支的奥因人中，从战争中抢来的女子，均被收入抢掠者所在的部落，成为某人之妻。关于霍屯督人，虽然他们的婚姻习俗一般都要求新郎向新娘最亲近的亲属交付牛羊，但我们也看到过这样的记载：“人们相互打仗的一个主要目的，就是为了抓获女俘。这些女俘一般只能做妾，但有时也可升为正式妻室。不同之处……在于奶的分配权，而这又取决于子女的继承权。”[②]在卡菲尔人的一个部落——芬古人中，从战争中抢来的女子也可以合法地与抢掠者结婚，只要他公开宣布她是他的妻子即可。但是，如果无此宣布，那么，一个

① Spencer and Gillen, *Native. Tribes of Central Australia*, pp. 104, 554 *sq.*

② Theal, *Yellow and Dark-skinned People of Africa south of the Zambesi*, p. 85.

被男人带入其茅舍而又未能由此获得分文的女子，就会被视为妾或妓。据格伦费尔说，在上维利安东博坎迪河和上鲁比河流域讲班图语的阿巴布亚、巴巴蒂和拜尤等不同部落中，“抢夺婚虽是司空见惯之事，但却常常导致两村之间的械斗。按正常的做法，丈夫应当去买妻子，至于妻子的同意倒不是绝对必要的”。据同一作者说，抢夺婚也存在于蒙加拉盆地东北部的丛林部落中。“一个男子
250 在强掠得一名妻子之后，便带她一起来到丛林中居住，以打猎为生。只有在这个妻子生了孩子，孩子又到断奶的时候，他才回到村子。回到家后，他就与这个临时的妻子脱离了关系，并把打猎所得之一半给予她，用以交换孩子。”①关于英属中非的恩戈尼人，我们听说，“由于这个部落是靠抢掠别的部落为生的，因此，凡是拿得动武器的人，都拥有俘获来的妻子。”②在尼亚萨兰，抢夺婚在从前也很盛行，但是现在，“由于当局对部落战争的制止，因此，抢夺婚在该保护领地及周围地区实际已被废除。”③接连不断的抢掠给乌赫赫人带来大量的女子，使得男人们都有很多的妻子。在那里，女人和牛共同构成人们最宝贵的财产。在布科巴，也有掳女为妻之事，但这只是一种武力行为，而算不上一种制度。在班图族卡维龙多人中，“如果做父亲的不愿意交出自己的女儿，求婚者就会组织一帮青年男子在黑夜里去抢，并把她带回村来。如果在白天这样做，女方村里的年轻男子以及女方的兄弟就会出来阻挡，从而发生一场棍棒之战。姑娘被劫后，便会大声尖叫，假装大吵大闹，并以逃

① Johnston, *George Grenfell and the Congo*, ii. 676, 674.

② Elmslie, *Among the Wild Ngoni*, p. 57.

③ Duff, *Nyasaland under the Foreign office*, p. 315.

跑相威胁，但却很少真正逃跑。不过，这种抢夺行为，一般只是发
生在女方的父亲生性贪婪，为了让男方交出更多牛羊而一再推迟
婚期的时候。”[①]在奴隶海岸讲埃维语的民族中，“事实上的抢夺婚
仍旧存在，因为那些在一年一度的抢劫中被抢来的妇女，大多都成
了抢劫者的妻子”。[②] 在摩洛哥腹地的一支柏柏尔部落——艾特
瓦兰人中，新郎一般要向女方家人送些礼物，为的是在他和新娘的
父亲商定嫁妆事宜时，让他们帮他说句话。假如新娘有一个兄弟 251
或叔叔没有得到礼物，那么，当新郎一方派人到女方家中接新娘
时，这个人就会站出来，要新郎给钱。新郎若是拒绝，女方村中的
人就会和男方前来接亲的人打起来，先是互扔石块，如果男方仍旧
拒绝给钱，便会继之以枪战。这可是一场真刀真枪的战斗。假如
有谁被杀死了，还会出现血亲复仇。甚至还有新娘本人被石头击
伤之事发生。最后，如果是新娘村中的人打赢了，新郎一方就必须
交出对方原来索要之钱；如果是相反的情况，新郎一方就会强行把
新娘带走。

抢夺妇女为妻的做法曾盛行于古代闪米特人之中。在阿拉伯地区，这种做法在穆罕默德时代之前是很常见的。在希伯来人中，虽然法律禁止人们与异教徒通婚，但是军人却被准许同战争中抢来的异族妇女成亲。

抢夺婚也曾见于所谓“雅利安民族”。根据《摩奴法典》的规定，缔结婚姻可有八种合法的方式，其中之一为“罗刹式”

① Hobley, *Eastern Uganda*, p. 18.

② Ellis, *Ewe-speaking Peoples of the Slave Coast*, p. 212.

(rākshasa),即“杀伤其亲族,摧毁其房屋,将哭喊着的少女从其家中强行抢走”。根据这部经典,只有“刹帝利”,即武士种姓,才可以采用这种方式。[①] 据哈利卡那苏的狄奥尼修所述,抢夺婚曾一度
252 盛行于整个希腊;而根据萨凯拉里奥斯的说法,即便是在相当晚近的时期,希腊仍偶有抢夺婚发生。M.奥尔托朗曾说:“那些罗马人凭借其英雄传统,往往采用突然袭击的办法,去抢掠他人之女为妻。”[②]古代条顿人显然也有抢夺妇女为妻的。关于斯堪的纳维亚人,乌劳斯·马格努斯曾说,他们总是不断地相互打仗,以“诱拐或抢夺妇女”。在最早的条顿法中,“抢婚”(rape marriage)无疑是一种应受惩罚的罪过,但仍不失为一种婚姻。在有关爱尔兰的历史记载中,我们了解到皮克特人曾从盖尔人中抢夺妇女为妻。抢夺婚也曾发生于古代斯拉夫人之中。小俄罗斯或乌克兰的哥萨克,在17世纪时仍在实行抢夺婚,而南斯拉夫的很多民族,在19世纪初或更晚一些时候还有这种习俗。直至今日,抢夺女子为妻的事,在高地阿尔巴尼亚还时有发生。在高加索山区的一些部落中,情况也是如此。他们认为,被抢来的女子,一经被抢夺者破贞,即成为他的妻子。

关于实行或曾经实行抢夺婚的民族,我们还可以不费力地再
253 列举出很多。但是,据我们所知,在任何一个民族中,抢夺婚都不曾是缔结婚姻的通常形式或正常形式。正如我们前面引述的种种记载所示,抢夺婚主要是作为战争的伴随物,或是在用正常手段难

① *Laws of Manu*, iii. 33, 26.

② Ortolan, *Histoire de la législation romaine*, p. 81.

以娶妻时作为一种非常手段而出现的。因此，我们注意到，抢夺婚往往发生在像火地人、巴西诸部落和布须曼人这样一些以小家庭为生活群体的未开化人中；发生在年轻男子由于种种原因极难成婚的澳大利亚部落中；同时也发生在很多具有较高文明的民族中，那里的年轻男子为了压低聘金，甚或根本不付聘金，便以抢夺婚作为对普通买卖婚的替代形式。有些民族的习俗可能要求抢婚者在事后一定要与被抢女子的父母协商解决此事。在这种情况下，抢婚与其说是一种结婚方式，不如说是一种结婚准备。但是，格罗塞博士认为，抢夺婚只是一种偶发的并会受到惩罚的暴力行为，它从来不是被习俗或法律所认可的一种婚姻形式。此言显然就有些说过头了。

另一方面，又有一些作者显然夸大了抢夺婚的流行范围，把它 254
说成是某个时期未开化民族缔结婚姻的正常形式。但无论如何，这种观点都是没有根据的。我们没有理由设想，在正常的情况下，一个人为了娶妻而会把一个女子从她亲人那里强抢过去。蒙昧人并非总是与所有的邻近部落争斗不休。在很多蒙昧人中，战争是极其例外的事；还有的蒙昧人据说从未与邻人发生过战争。我们不能相信，以前就不曾有过家庭之间和睦相处、相互通婚的时期。

有人为了证明人类在早期阶段均实行抢夺婚这一理论，曾提到某些广泛流行的习俗，并把这些习俗解释为过去实行抢夺婚的遗留物。但是，这些习俗并不能证明有些人想证明的东西，因为我们可以对其另作解释，而且还要顺当得多。首先，人们曾提到婚礼上新郎一方与新娘一家假装争斗的事，或是新娘一家进行其他某种假抗争的事。这里，我将引述几个这样的事例，它们都是被人当作抢夺婚的残存形式来看待的。

255 据勒米埃小姐说，在布须曼人中，“年轻男女在订婚事之后，就要告知父母，由父母择日为其成婚。到时候，布须曼人就会从各地纷纷赶来，而且能带多少肉，就会带来多少。当人们都在高高兴兴地大吃大喝时，女人们把红黏土抹在身上，并戴上自己的珠串。宴席进行中，新郎一把抓住新娘，新娘的亲戚则拿起掘地用的木棍，立即扑向新郎，朝他头上、身上打去。这时，所有在场的布须曼人也都一齐动起手来。而新郎则必须紧紧抓住新娘不放，任由众人捶打。如果新郎能挺得住，众人最后就会放过他。这时，他就是一个已婚男子了；如果挺不住，让心爱的人跑脱了，那么，他要想得到她，以后就还得再经受一次考验。”[①]在马塔贝勒人中，“一个年轻男子若看上一个女子并想与她结婚，就会去拜访她的父亲，以得到他的允许。……在女方的父亲同意其结婚后，男方便要根据自己的财力，杀一头牛或一只羊，并将其中的一部分送到女方父亲所住的镇上。这个年轻男子走到门口就停下来，在一帮朋友的陪伴下，喊道：‘给你的孩子送肉来了。’这时，镇上的年轻武士就都冲了出来，驱赶这些报信的人。在一番假装的追打之后，人们又都回来，同上宴席。几天之后，新娘过门，来到新郎所住的镇上。”[②]在聪加人的姆富莫氏族中，当新郎的亲戚们头顶四五十把锄头作为聘礼，来到新娘所在的村子时，新娘的兄弟们手持棍棒，试图阻止他们进去。不过，这只是做做样子而已。在阿坎巴人中，“以前，在结婚那

① Miss Lemué, Quoted by Stow, *Native Races of South Africa*, p. 96.

② Decle, *Three Years in Savage Africa*, p. 158.

天，新郎要同他的五六个兄弟和朋友一起，来到女方村边的地里，伺机抓住新娘。新娘则会大声喊叫，于是，她的兄弟们就会赶来，围攻新郎一行人。他们不仅使用棍棒，而且还会动用刀剑。如果 256
新娘的兄弟们打赢了，他们就会把自己的姐妹带回村里。这时，男女两方就会进行一番交涉，女方的父亲便会索要更多的财礼，而男方可能再多交 10 只羊。等到新郎再去岳父村里时，他将独自前往，顺顺当当地把新娘接回到自己的村里。”[①]在巴尼扬科勒人（亦称巴希马人）中，新郎来到新娘家所在的村里之后，即被领到一间茅屋，新娘站在屋里等候。“他握住她的右手，领她出屋，来到村外，那里有一群宾客在等候他们。这时，新娘的一位亲属便拿出一根很结实的绳子，系在新娘的一条腿上。然后，新郎、新娘两个氏族的人各选一边进行拔河比赛。新娘氏族的人力争将他们的这位姐妹留下，而新郎氏族的人则力争要将她带走。双方比赛时，新娘一直站着哭泣，因为她就要被人从故乡和亲人中带走了，这种低声哭泣是一种很适当的做法。新郎站在新娘身边，仍旧握着她的手。在新郎一方最后得胜后，新郎把绳子从新娘的脚踝上捋下来，带她匆匆来到几码之外的一群人中，这些人在地上铺放着一张牛皮，在等他们。新娘坐在牛皮上，几个年轻男子把她高高举起，以胜利的姿态跑向新郎父母的家，后面还跟着很多亲友。”[②]在摩洛哥的某些地方，当新郎一行前来迎接新娘时，有人会朝他们扔石块；在有些地方，新娘所在村子中的男女要把新郎和另外两个装扮成新郎

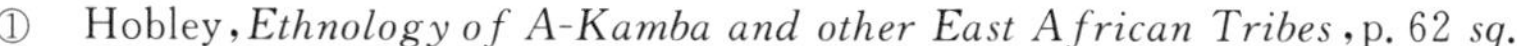

① Hobley, *Ethnology of A-Kamba and other East African Tribes*, p. 62 *sq.*

② Roscoe, *Northern Bantu*, p. 120.

的人一起打一顿；还有些地方，新娘的兄弟或叔伯要先同新郎假装打斗一番，新郎才会把新娘抱入洞房。

在新赫布里底群岛的彭特科斯特岛，人们在婚礼上要“进行
257 一番假装的打斗，打斗的双方为新郎的亲戚和新娘的亲戚。打斗中有时也有人受伤。如果新郎的弟兄受了伤，新郎就要送一件礼物给他，作为补偿”[①]。在英属新几内亚的罗罗人中，婚礼当天，新郎村中的一伙人（但不包括新郎）会把新娘父母的家团团围住，并大吼大叫着佯装攻占。“新娘冲出门外，使劲逃跑。尽管很快就被追上并抓住，她还是竭尽全力进行反抗，用手抓，用脚踢，用牙咬。同时，男女双方的人员则在进行假装的打斗。混战之中，新娘的母亲手持木棍，猛击身边的所有器物，并高声诅咒强抢她女儿的人。村里的其他妇女也一起跟着哭。新娘的母亲还必须把她这副极度悲伤的样子保持整整 3 天。当新娘的其他亲戚都陪新娘去男方家时，做母亲的则不会去，而是只身留下。”在这之后，“新郎村里的房子和园地也会遭到模拟的抢劫，但有一点是清楚的：比较昂贵的贝壳饰物和其他一些真正贵重的财产，诸如渔网等，是不会被抢的。”[②]在菲律宾库利昂岛和布桑加岛的塔格巴努亚人中，在婚前的必要准备都已完成之后，新郎一家人就会来到新娘父母的住处，在其门口，由两家的使者进行一场模拟的格斗。新郎的使者总是会取胜的。在台湾的蒲嫩人中，“假装强抢新娘的习俗仍旧存在。……新郎会在一帮朋友的陪伴下，来到新娘家，把新娘抢走；

① Codrington, *Melanesians*, p. 240 *sq.*

② Seligman, *Melanesians of British New Guinea*, p. 268 *sq.*

这时，新娘一家也要假装反抗一番。几天之后，新郎家再宴请男女双方的亲友们。在有些部落中，新郎、新娘的亲友还会进行一番假 258
装的打斗。人们认为，如果哪一方有人流了血，就将是一个好征兆”[①]。

在吉尔吉斯人中，“女人们要歌唱新娘的美德，男人们要念诵新郎的美德，讲述他的本事，如偷过多少牛，参加过多少次抢掠性远征等。在这之后，新郎必须进入新娘所在的帐篷，把她带走，虽然出入口都有新娘的亲友严格把守。”我们的这位资料提供者接着写道：“这很可能是抢婚这一原始习俗的遗迹。”[②]在蒙古人中，新郎结婚时要肩挎弓箭，带领一群伙伴来到新娘的帐房。新娘的兄弟立在门前，询问其来意。来者回答说：“我们要进入你们的帐房。”主人答道：“要想进去，那就比试比试吧！”于是，双方你推我搡，开始打斗一番。在这番假装的打斗进行片刻之后，主人即退下阵来，请来犯者进入帐房。J. B. 莱尔先生在斯皮蒂特听说，当新郎一行到新娘家去迎亲时，他们在路上即会遇到女方亲友的阻截。于是，双方开始了一番相当暴烈的假装打斗。新郎一行在被棍棒痛打一番之后，才得以通过。印度西北各邦中有一个由流浪部落构成的群体——坎贾尔人，他们可能都是达罗毗荼人的后代。在他们那里，新郎迎亲时要和父亲同去，还要带上所能召集的所有人，大家都带着最好的武器，以威胁性的语调索要新娘。其意在于：如果新娘不从，他们就要动手抢了。不过，由于有以前定好的

① Davidson, *Island of Formosa*, p. 569.

② Schuyler, *Turkistan*, i. 43.

259 婚约，新娘总是会平和地表示顺从的，而那种武力的示威也仅仅是一种形式。在印度中部各邦的大多数种姓中，新郎来到女方家后，往往会采取某些强硬的行动，例如敲打闺房或毁坏房中的彩饰。在巴加塔人——马德拉斯的渔民阶层中，“新郎在婚礼上先要让新娘的兄弟们打上一顿，然后，他们再送给新郎一套新衣服。”据说，“这可能是抢夺婚的遗迹。”[①]在吉大港的马格诸部落中，当新郎快上新娘家的台阶时，“新娘的父亲或是一位关系最近的男性亲戚就会挡住他的去路，假装硬不让他上台阶。如果新郎不顾阻挡，坚持走了上去，还会再遇到新娘的兄弟或从兄弟的阻挡。这位亲戚手持木棍，假装在新郎身上猛打 7 下”[②]。那加人在婚姻仪式上的一个共同特点是，“新娘方面要有本氏族的几名年轻男子参加，他们还要同新郎氏族的小伙子比赛摔跤，以决定哪一方能长寿。哪一方的摔跤能手赢了，哪一方就能长寿。”[③]缅甸乡间的习俗是，当新郎在他的全体朋友的陪伴下，带着准备成家用的大部分东西来到未婚妻家时，人们就会在新郎必经的路上系一根绳子。系绳子的多是喜欢热闹的年轻男子。他们用绳子拦住新郎一行，向他索要喜钱，如果不给，就威胁说要割断绳子，诅咒这对新婚夫妇。

260 在条顿人、斯拉夫人、罗曼人以及其他一些欧洲民族中，在路上阻挡或留难迎亲队伍也是一种常见的婚俗。这种婚俗也被某些作者看作抢夺婚的一种遗存形式。在意大利，这种习俗叫做 fare

---

① Russell, *Tribes and Castes of the Central Provinces of India*, i. 148.

② Hutchinson, *Account of the Chittagong Hill Tracts*, p. 119.

③ Hodson, *Nāga Tribes of Manipur*, p. 145.

il serraglio 或 fare la barricata；在荷兰，则被叫做 schutten 或 keeren。阻挡的方式有时是在迎亲的马车前扔圆木甚或武器，但更常见的做法是将一条绳子或一串鲜花横在路上。新郎必须交付一笔买路钱，马车才能通过。用绳索阻挡迎亲队伍的做法也见于格罗斯特郡和威尔士。不过，在18世纪，甚至直至前些年，威尔士 261
的新郎所遇到的却是比较厉害的阻挡。婚礼当天的上午，新郎和他的朋友们去接新娘，遭到新娘朋友们的断然拒绝，于是便开始了一番模拟打斗。新娘最亲近的亲戚带着新娘骑马疾驰而去，新郎及其朋友高声喊叫着紧追不舍。直至双方均已人困马乏之时，新郎才得以追上新娘，带她凯旋。一个世纪以前，在苏格兰和爱尔兰的某些地方，也曾出现过这种模拟的抢新娘习俗。

在此类婚俗中，有的无疑是真抢新娘，但这并不能表明抢夺曾是缔结婚姻的一种常规方式。在一些好战的部落中，从其他部落抢夺女子为妻的做法，可被人们赞誉为一种勇敢的行为，于是，普通人在举行婚礼时，便也嬉戏般地加以模仿。在某些国家里，人们把新郎和新娘看作国王和王后，但谁又能把这看作一种遗风，说以前某个时候只有王室成员才能结婚呢？布须曼人把婚礼中的打斗又称为"精心安排的一种竞争。在择定的婚礼日，新郎的忍耐力和真诚心都会受到最大的检验"①。同样，乔切尔森博士也认为，在科 262
里亚克人中，新娘的亲属对新郎的痛打，乃是"对新郎的机敏、勇敢和忍耐力的最后一项考验，而并非抢夺婚的一种象征性遗迹"②。但

① Stow, *Thn Native Races of South Africa*, p. 97.

② Jochelson, *Koryak*, p. 743.

是，就大多数情况来看，女方亲属的这种礼仪性抵抗，属于一种象征性的表示，以表明他们不愿把姑娘拱手相让，或者说，反映了一种性羞涩感，这一点在最亲近的亲属间尤为敏感。关于彭特科斯特岛民在婚礼上的假争斗，科德林顿博士说，这无疑反映出新娘亲属因失去一位家庭成员而产生的一种心情。“这里不存在什么失去性交权利的问题，因为对这些人来说，谁也不能去碰她。”[①]不过，女方的父母和亲属所惋惜的，可能并不仅仅是失去其辛劳养育之人；他们对其离别感到难过，可能还有纯情感上的原因。而母亲的眼泪也可能是对悲痛之情的一种真实表达，如同我们这里的情况一样。父母对于出让女儿之不情愿，无论真也罢，假也罢，都有很多方式显示出来。乔切尔森博士说，在尤卡吉尔人中，媒人向女方的父母提亲时，总是非常婉转，而女方的父亲为了显示家庭的尊严，一开始往往予以回绝。在摩洛哥的一些柏柏尔部落中，也有这种情况。在西藏的拉萨，“只要村里的职业媒人一来提亲，女方的母亲就会坚定地反复推说自己的女儿长得不好，而且什么本事也没有”[②]。在米基尔人中，当新郎一行来到新娘家时，双方就要进行一番谈话，新娘的父亲总要问新郎一行到此有何贵干。新郎的父亲说，自己的妻子年纪大了，干不了活儿了，所以要给儿子找个媳妇。女方的父亲说：“我的女儿可配不上，她既不会织布，也不会
263 干别的家务活儿。”对方答道：“没关系，我们会教她的。”[③]在讲埃维语的各民族中，新郎在举行婚礼那天的一大早，即派使者去迎

① Codrington, *The Melanesians*, p. 241.

② Landon, *Lhasa*, p. 228.

③ Stack, *Mikirs*, p. 18.

亲，还要给新娘的父母带去一些甜酒。新娘的父母装作不愿意的样子，以种种借口把这位使者留到中午。这时，新郎又派出第二位使者前来迎亲，但这位使者也未能说动女方。直到第三位使者于日落时分到来之后，新娘的父母才答应发亲。当然，将发亲之事一拖再拖，可能还有钱财上的考虑，这就如同在新郎一行迎亲途中设置障碍一样，只要给钱，障碍即除。此外，萨姆特博士认为，给迎亲队伍设障还是一种驱邪措施。我本人也认为，摩洛哥人在婚礼上的假装打斗，可能也有驱邪的意义，就如同其他一些场合的类似争斗所具有的用意一样。卡斯顿博士提出，那种强行抢走妇女的暴力行为意在使其净化，摆脱开那些看不见的超自然的邪敌，而在此时的快速行动则对她逃脱这些邪敌很有帮助。这一见解也许是有一定道理的。德国农民在举行婚礼时，之所以用极快的速度驾车将新婚夫妇送往教堂和接离教堂，显然就是要防止超自然的危险。不过，卡斯顿博士还说："就多数情况来看，所谓象征性的抢新娘很可能只是一种巫术仪式。"[1]这显然就有些言过其实了。人们在婚礼上还常常口出恶言，有人把这也看作是抢夺婚的遗迹。而克
劳利先生则认为，在很多情况下，诸如在欧洲的民俗中，"人们的 264
辱骂所针对的，是'邪恶之眼'，是新婚夫妇身外可能存在的危险。"[2]

在迎亲时进行反抗或表示悲伤的，往往主要是新娘，甚或只有新娘。有人把这一点也说成是早期抢夺婚的一种遗存形式。

---

① Karsten, *Studies in South American Anthroplogy*, i. 198.

② Crawley, *op. cit.* p. 352 *sq.*

例如，我们听说，阿劳坎人的婚姻仪式只有一项内容，就是以假装的暴力来抢新娘。这是结婚前必不可少的一个条件。“新郎在和女方的父亲说好之后，便和几个朋友隐藏于新娘必经之地。新娘一到，他们就将新娘抓住，放在新郎的马上，由新郎带回去。新娘虽然假装反抗，并且尖叫着，但并不当真。就这样，新娘在一片吵闹声中被带到新郎家。女方的亲属这时已聚在那里。他们在分享婚宴之乐以后，还可领到事先说好的礼物。”[①]在亚马孙河流域诸部落中，男方在婚礼进行当中，突然将新娘绑走，新娘的亲友并无任何不满的表示。在其中一些部落中，“当新郎在其朋友的帮助下假装抢新娘时，新娘若能高声喊叫，以示抗议，则是一件很有名誉的事。”[②]在普鲁斯河上游地区的伊普里纳人中，当新娘的父亲同意了这门婚事之后，新娘即跑了出去。如果新郎追上了新娘，
265 那么，他们就算结为夫妻了，而不用再举行什么仪式。据南森博士说，在格陵兰东海岸，缔结婚姻的唯一做法，至今仍是由男方前往女方的帐篷，抓住她的头发或别的什么可抓的地方，把她拖回自己的住房。除此之外，就不用再费别的事了。未婚女子对提亲之事总是要显出极度的羞涩和反感，以免失去贞洁的名声，于是，往往就会导致争夺场面。不过，“在这同时，女方的亲属却在一边袖手旁观，仿佛把这完全看成是个人的私事。格陵兰人生来就有与邻里保持良好关系的愿望，这使他们从不爱管别人的事。”[③]

在科里亚克人中，“在新娘的父亲认为新郎的服役期可以结束

① Molina, *Geographical, Natural, and Civil History of Chili*, ii. 115 *sq.*

② Whiffen, *North-West Amazons*, p. 164.

③ Nasen, *First Crossing of Greenland*, ii. 316 *sq.*

之后，他便告诉新郎，可以去抓新娘了，意即可以娶亲了。……而做母亲的也会告诉自己的女儿，新郎此时已有权娶她为妻了。根据习俗的要求，即使新娘很爱新郎，她也不能轻易地把自己拱手相让。如果新郎发现新娘在其作为闺房的帐篷中未着衣服，他也不能去动她，因为他认为这种亲近行为也是对自己的触犯。而新娘的反抗也是对个人贞洁的一种证明。于是，新娘要在女友的帮助下，用细皮带将自己连身衣的袖子和裤腿都系上。这样，不把细皮带解开或割断，就不能把衣服脱下来。在新郎获准去抓新娘的那天，新娘就穿着这种系紧的衣服到处走动，一见新郎走近，拔腿就跑。新郎总是趁新娘不备之时发起攻击，撕开或剪开新娘的衣服，用手去摸她的性器官。在此之后，新娘就不再反抗了，而是顺从地领着新郎走进自己的帐篷。……触摸新娘阴部的这一行为，被认为是性交的一种象征。通过这一行为，新郎新娘就算结为夫妻了。

……在古代堪察加人中，也有与此类似的象征性行为。”[①]据万贝 266
里说，“在土库曼人中，新娘身着结婚礼服，跨上骏马，腿上放一只已宰杀的羊，飞驰而去。新郎以及新郎方面的其他年轻人骑马紧追。新娘总是通过熟练的调头动作，竭力避开身后的追逐者，使他们无法接近，无法夺走放在自己腿上的羊。这种竞技活动叫做‘青狼’，在中亚各游牧民族中均有开展。”[②]在中缅边界的傈僳人中，举行婚礼这天，新郎村中的几位长老，带几个年轻人来到新娘家，一起来抢新娘。“起初，新娘总要显示一番反抗，对强背她的人又

① Jochelson, *Koryak*, p. 741 *sq.*

② Vámbéry, *Travels in Central Asia*, p. 323.

踢又咬，而她的家人则哭着对祖先的亡灵说，他们的孩子被抢走了，他们无力再留住她了。可是，又哭又闹的新娘一过村界，即被放到地上，与迎亲的人一道高高兴兴地走向自己未来的家。”[①]在印度的很多土著部落中，按照规矩，新娘结婚时应当表现出不愿意的样子，应当进行反抗，或是大哭大闹。例如，在贡德人中，新娘在举行婚礼前，必须正式哭泣几个小时乃至一天。有时，还有人教新娘如何以适当的调子来哭。

在马来半岛的蛮荒部落中，新郎要想与新娘结为夫妻，就必须去追，去抢。根据一份记载，在菲律宾的尼格利陀人中，“当一个年
267 轻人爱上一个姑娘，而他所献的殷勤又为女方父母欣然接受之后，他便伸手去抢这个姑娘。但是，姑娘挣脱开，跑了。年轻人奋力而追，又把她抓到手。姑娘反抗着，再次挣脱热心追求她的那个情郎的手臂，跑掉了。这种一跑一追的游戏进行几个回合之后，女方便终于让步了，而男方则得意洋洋地把她带回她家。”[②]

在斐济的某些地方，“女方家里在收下订婚礼之后不久，这家的姑娘就会被人在路上抢劫而去。如果她对这门婚事不满意，她就会逃到一个能保护她的人那里；如果她感到满意，第二天人们就会摆开婚宴。”[③]在塔希提，“年轻的新娘总是竭力反抗新郎的求欢，并动手打他、抓他。总而言之，新郎在第一次占有她时，必然会有一番戏剧般的搏斗。但是，过了一段时间之后，做妻子的也就对

---

① Rose and Brown, “Lisu (Yawyin) Tribes of the Burma-China Frontier,” in *Memoirs Asiatic Soc. Bengal*, iii. 263.

② Lala, *Philippine Islands*, p. 96.

③ Thomson, *Fijians*, p. 203.

这种抢夺婚姻完全认可了，而且就像对待自我选择的婚姻一样，也会有一种幸福感。”为我们提供这些情况的陶坦博士说，这只能被解释为抢夺婚的一种遗存形式。[①]

在奥因人中，男女结婚时，新郎抓着新娘的手腕，几乎是拖着把新娘带回自己家中。这一习俗同样也被人解释为早期抢夺婚的遗迹。阿基库尤人的婚俗也被给予类似的解释。他们的婚俗是在新娘的父亲同意出嫁女儿之后，由新郎的两个朋友去抓新娘，并将她强行带回新郎家中。新娘被劫时，一边挣扎着，一边哭闹着，不过这“只是一种形式，就像维多利亚早期新娘出嫁时的眼泪一样”。[②] 在南迪人中，当新郎的使者来到女方家中以后，新娘的父
亲必须把新娘哄骗到正在招待新郎使者的地方。新娘的父亲还必 268
须答应给她一头牛，她才同意进去，并跟他们走。新娘到了新郎家后，并不进去，只有在其公婆答应给她一牛一羊之后，她才肯进去。新娘一行进门之后，别人都已入座，唯独她仍旧站着，也不肯将先前系在背上的东西摘下。只有在她的公公答应再给一头牛之后，她才同意摘下那些东西。在巴干达人中，当新郎及其朋友来到新娘的村子时，她便哭了起来，新娘的父亲还数落新郎一大堆不是，然后，才说：“她来了，接她走吧。”接着又说些新郎真是个吝啬鬼、还没有给够钱之类的闲话。新娘则一直在哭，并说：“妈妈，你们把我卖了。”这时，新郎的一个朋友已把新娘背上，把她带走了。新娘的父亲则派新娘的妹妹陪新娘一起前往。在头 3 天里，新娘不同

① Tautain, “Etude sur le mariage chez les Polynésians des îles Marquises,” in *L'Anthropologie*, vi. 650 *sq*.

② Routledge, *With a Prehistoric People*, p. 130 *sqq*.

新郎讲话，也不到外边去。不过到了第4天，在新郎给了她一只羊，她杀了羊，给新郎做了肉饭之后，就可以说话了。在班尼奥罗人的游牧氏族中，“新娘在去夫家时总要流泪哭泣，因为她就要离别父母了。”[①]在摩洛哥，新娘在出嫁时，也总是要哭的。

在西奈半岛的贝都因人中，当新娘刚听到一点给她订婚的消息后，“就会假装要跑到山里去，这已成为定规。”而有个部落的女
269 子，则真的会跑到山里躲避3天，而不是留在父亲身边的帐篷里。在叙利亚的聂斯脱利教派中，在婚礼举行的大部分时间里，新娘都呆在教堂的一角。“等到要将新婚夫妇的手握合到一起的时候，有几位妇女就站出来，她们也和新娘一样戴着面纱。她们抓住新娘，用力把她拉到屋子中间，往新郎处靠近。新郎一开始也不好意思，不愿上前，但后来还是软下来，走到新娘前面。新郎为了握住新娘的手，需要好一番周折，不过最后还是成功了。”[②]

在所有印欧民族中，都可见到新娘出嫁时的礼仪性反抗或号哭。在古代印度的民俗记录《家范经》中，还有专门供新娘哭诵的祷文。这说明哭嫁曾是古印度教婚礼中的一项基本内容，而且在现代印度依旧如此。古罗马时期的新娘往往要躲到母亲的膝前，然后由新郎及其朋友强行抢走。斯巴达新郎迎娶新娘也是佯用暴力。在现代希腊，当新婚夫妇一行要去教堂时，新娘总是泪流满面，拒绝前往。这时，男傧相就说：“她要哭，就把她一个人留下吧。”新娘则答道：“还是把我带走吧，不过，也让我哭哭吧。”在德

---

① Roscoe, *Northern Bantu*, p. 39.

② Van-Lennep, *Bible Lands*, p. 552 *sq.*

国，人们普遍认为，新娘号哭乃是一种吉兆。新娘若在婚礼中哭 270
泣，她婚后的生活就会很幸福。因此，在上巴拉丁领地，百姓常有
这样一些说法：“出嫁不哭，嫁后必哭”、“嫁时喜气洋洋，婚后哭哭
啼啼；嫁时哭哭啼啼，婚后甜甜蜜蜜”等。在斯拉夫民族中，新娘的
哭泣是至为重要的。例如，在俄国，人们把新娘“大哭一顿”赋予很
重要的意义，哭得越厉害，越能得到自己朋友的赞扬。在小俄罗
斯，当新娘的辫子解开之后，有人便给她戴上一顶帽子。这时，新
娘就会全力进行反抗，甚至将帽子愤愤扔至地上。接着，有人喊
道：“勇士们，拿出剑来！”于是，新郎的男傧相们就假装抽出刀来，
刺向新娘。而新娘的朋友们则一齐冲上来保护新娘，把她团团围
住。在塞尔维亚，当长者们为一对年轻男女安排好婚事之后，新郎
就要按习俗的规定，把新娘抢走。而新娘对这一安排若轻易同意，
则被认为甚不得体。新娘的礼仪性反抗和号哭亦可见于讲乌戈
尔—芬兰语的诸民族。库利舍尔曾试图证明，现代欧洲新娘的礼
仪性号哭属于抢夺婚的遗存形式。德古贝尔纳蒂斯和温特尼兹博
士也对这一看法表示赞同。

在有些民族中，有这样一种习俗：新娘或刚过门的媳妇要从她
的新家中逃跑，至少也应该如此一试。例如，在台湾的曹人中，新
郎在假装把新娘强抢到自己家后，第二天一早，新娘便要特意跑回 271
娘家。“她要在家里住上 3 天。然后，新郎的朋友们就要造访她
家。他们再次假装把新娘抢到新郎家。到家后，人们要举行一次
聚会。至此，婚姻仪式方告结束。”[①]在荷人中，新娘是在到家后第

① Davidson, *The Island of Formosa Past and Present*, p. 571.

3天出逃，假装表示她并不爱新郎，不想再和他一起生活了。不过，新郎是会去找她的，并把她硬带回来。祖鲁族的新娘过门后，总是在新郎所在的村里游荡，后面跟着新郎家的女眷。“她哭喊着要回娘家，因为娘家人待她好。自她来到这个陌生的新家后，待遇则很不好，尽干累活儿。所以她总想逃跑。而那些女眷在后面跟着，总是不让她跑掉。”①在赫雷罗人中，新娘都是以难过的表情被人接到新郎家里。过门以后，还要接连几次试着逃跑，以显示对父母、对娘家的眷恋。在巴刚果人中，新娘是被人用藤条绑着带到丈夫家的，新娘的女傧相陪伴着她。到达夫家之后，新郎就给新娘松绑，显得非常和蔼可亲。“但是，一两天以后，新娘还会跑回娘家。这可能是为了捉弄丈夫，可能是出于不好意思，也可能是对自己的新生活真的感到难过。不过，新娘很快就又会被抓回来，也许还会挨上一顿打，这可能是假打，也可能是真打，直至她最终安心于婚姻生活。”②

新娘的反抗和哭嫁如同其亲属所做的阻挠一样，都不能被看作是早期抢夺婚的遗俗。新娘的亲人送别新娘，自然会感到难过和悲伤，而新娘离开亲人也同样会感到伤心。双方的这种难舍难
272 分之情在婚礼中以礼仪的形式表现出来并加以强调。但是，正如我们在前面所引述的一些记载所清楚表明的那样，新娘的这种行为在很大程度上也是出于真实的或假装的性羞涩。斯宾塞把这种性羞涩假定为抢夺婚的一个起源。在他之前，C. O. 缪勒曾解释

① Tyler, *Forty Years among the Zulus*, p. 203.

② Johnston, *George Grenfell and the Congo*, ii. 680.

说，作为一种古代习俗，斯巴达人的这种婚姻仪式乃基于这样一种想法，即“除非男子强力逼迫，年轻女子决不肯放弃自己的自由和童贞。”[①]正如我们在前面的一章中所表明的那样，在婚姻的准备和缔结过程中所表现出的性羞涩，不仅女方有，而且男方也有。有时，人们也必须“抢”新郎。在加罗人中，在举行婚礼的那天，“新娘的亲属便到新郎住处去找寻新郎。而新郎一看到他们来了，或者一听说他们来了，便马上跑入一个不易被人发现的房间，或是逃入森林之中。女方来人则四处寻找，一旦发现，就试图将他强行带走；同时，也以种种诱惑劝他同意这门婚事。如果这些办法都不管用，他们便把他投入一个水池里，并一连两三次将他按入水下，直至他最终表示同意这门婚事。然后，人们把他从水中拉上来，得意洋洋地把他带回新娘家去。而新娘也要逃跑，躲进一个孤零零的房子里。不过，与新郎逃婚有所不同的是，新娘从不进入森林”。[②]在马其顿南部的希腊人中，结婚时被“抢”的是新郎，而不是新娘。在为期一周的结婚庆典的最后一天，新娘的使者来到新郎住处，把他捆住并用力抬起来带走，新郎则全力进行反抗。

婚礼中还有一些模拟性的打斗，显然不能被看作抢夺婚的遗 273
存形式，而是意在强调不同社会群体间的对抗和本群体内的团结。新娘在作挣扎时，往往会得到其女友的帮助。在很多情况下，争斗主要都是在新娘的女友和新郎之间展开的。在阿劳坎人中，新郎及其男性亲属对新娘家的袭击总是受到所有女眷的奋力抵抗，而

① Müller, *History and Antiguities of the Doric Race*, ii. 298 *sq.*

② Chunder Dey, “Account of the Gagos,” in *Calcutta Review*, cxxviii, 159.

家里的男人们却在一旁观战，显得无动于衷。据说，在莫斯基托族印第安人中，当婚礼事宜全部安排妥当，礼物也已送齐之后，新郎便去抢新娘，将她带走。而新娘的女眷则在后面跟着，假装要将新娘救出。在堪察加人中，新郎在为娶亲服了劳役，并最终得到允许去抢新娘之后，“便开始寻找新娘一人独处或只有少数几个人陪伴的时机。因为在这段时期，村中的所有妇女都有义务保护新娘。……如果新郎碰到新娘一人独处或仅有数人陪伴的时候，他就会向新娘猛扑过去，去撕她的衣服。把新娘脱得一丝不挂，乃是当地结婚仪式中的一项内容。但这并不是一件轻松的事。虽然新娘本人进行不了多大的反抗，但如果周围正好有很多妇女，她们就会毫不留情地群起而攻之：打他、拽他的头发、抓他的脸，凡是能想到的办法，都要用上，以阻止新郎的意图得以实现”。新郎很少有
740 一次就取得成功的。有时，这种你争我夺的比赛甚至要持续一年
274 之久。而每次出击之后，新郎都得休息一段时间，以恢复体力，医治创伤。[1] 同样，在中国腹地阿佤山附近的罗罗人中，当新郎一行去抢新娘时，他们遭到的反抗也远不是装装样子而已。虽然新娘的男伙伴们只是用面粉和草木灰往新郎一行身上撒，以驱散他们，但新娘的女伴们却手持棍棒，大打出手。在坎德人中，当新郎在村里的所有男子的陪伴下来到新娘住处时，新娘村里的所有妇女都会拿起石头和棍棒进行反抗：“她们都早已安排停当，绝不能毫无自卫地就轻易让别人将她们的姐妹从她们手中强行抢走。”[2]比达

① Krasheninnikoff, *History of Kamschatka*, p. 212. *sq.*

② Rossillon, “Moeurs et Coutumes du peuple Kui,” in *Anthropos*, vii. 102.

尔夫先生在对兴都库什山诸部落所做的描述中称，在吉尔吉特，新郎及其伙伴抢走新娘之后，新娘家的女眷就在后面跟着，辱骂新郎，往他身上扔泥和污物，还装作很生气的样子。不过，在这样走了一英里之后，新郎便给新娘的母亲送上一件礼物。这时，新郎一行就得以平和地离开了。我们的这位记述者说：“这无疑是抢夺婚的遗俗。”[①]在旁遮普的哈扎拉，当结婚仪式在新娘家举行时，有不少妇女出席和观看，她们“对新郎一行大肆辱骂，以此取乐，使我们吃惊地看到当地大多数人的道德水准竟如此之低。”[②]在吉大港的马格诸部落中，“可怜的新郎成了新娘的女伴们嘲弄的对象。”[③]在某些南阿拉伯贝都因人中，新郎及其单身伙伴去接新娘时，不得不四下里寻找。而一旦找到新娘藏身的洞穴，新娘的女伴就会用石 275
块向他们一个劲儿地砍来。

克劳利先生说，在这种情况下，新娘是被人从她的同性人中“抢”走的。她的同性人“出于心理上的需要，所以要护着她”。对于这种说法，范·根纳普反驳说，新娘并没有被人从同性人中排除开，她的性别是不能改变的。“实际上，她只是离开了某个对两性结合具有一定约束力的集体（即某个社区或某个家庭），而同时又被接纳到另外一个这样的集体。”他还说，他从未听说过，“在什么地方，人们对同性别之人普遍采取排斥态度，也就是说，没有一个地方，在新郎的部落或家族中，其妇女和姑娘们会反对新娘进入她

① Biddulph, *Tribes of the Hindoo Koosh*, p. 80.

② Wace, quoted by Tupper, *op. cit.* ii. 92.

③ Crawley, *op. cit.* pp. 352, 361, 370.

们的群体。”[1]可是，在摩洛哥，新郎有时也受到聚集在自家门外的所有妇女的攻击。有时，她们还对男女两方的父亲一起加以诅咒，好像缔结婚姻是对女性的一种触犯。男女两性之间的对抗，还明显地表现在以下一些方面：未婚男子与未婚女子（或一般女性）之间的争斗；新郎想从新娘那里抢走某些东西时而与女方其他妇女和新娘的男傧相所发生的争斗；以及迎亲队伍中的男子对新娘、对新郎的母亲和姐妹所进行的“抢劫”。此外，在莫亚布阿拉伯人中，当迎亲队伍走近新郎部落的营地时，该部落的妇女也要对新娘进行袭击。她们不愿接受这个新人，认为她的到来是对自己的美貌和魅力的一种冒犯。

有人认为，抢夺婚在妇女所使用的语言中也留下了某些痕迹。据说，由于加勒比人总是从相邻的部落中抢夺妇女为妻，男女之间
276 已发展到各讲各的语言的程度，或者说，男女间有两种不同的词汇
742
系统：一种是男人之间以及女人对男人说话时用的，另一种是女人之间或男人以间接引语重复女人讲话时用的。这种理论最早可能是布雷顿在其《加勒比语—法语词典》中提出的，而后又为某些作者所采纳。但是，这种理论现已受到公正的批评。男女之间在用语上的差异，在整个美洲以及世界其他地方都可见到。但是，无论在哪里，包括在加勒比人中，这种差异都没有大到足以构成两种不同语言的程度。男女用语的差异可能是由多种原因引起的。萨珀和拉希特别强调职业和劳动分化中的社会经济因素。在彼此密切交往的人中，诸如在同一地区的居民中或在同一社会阶级的成员

[1] Van Gennep, *Les rites de passage*, p. 179 *sq.*

中，往往会形成语言上的某些特点。而男女两性的分离，自然也会产生相应的结果。正如克劳利先生所指出的，“在现代欧洲，男女两性的分离，在某种程度上仍旧对大众的语言有一定影响。男人和女人都在使用一些各自特有的语汇。”[①]各种语言中都有某些特定的性禁忌：用以表示生殖器和生殖功能的特殊词汇乃是很常见的。据说，卡菲尔族妇女的所谓“语言”，即起源于她们在提及其父或公公的名字时，甚至在说到与这些名字相近的词儿时，所怀有的一种厌恶感。关于阿拉瓜亚河流域卡拉雅人中的妇女用语，埃伦赖希和克劳斯都认为，这种用语，连同其丰富的语调，所体现的乃 277
是这一部落的较古老的一种语言形式，而这种古老的形式是由妇女保留下来的。克劳斯还说：“这里不存在由于接收异族女俘而导致不同语言的问题。一方面，对于异族（塔皮拉佩人、卡亚波人、萨瓦热人）妇女的接收是很有限的，不足以使其语言产生任何影响；另一方面，妇女用语与男子用语的差异并不大，不足以让我们去探寻妇女用语的外来根源问题。”[②]妇女与外界比较隔绝这一事实，无疑可以说明我在大阿特拉斯山区柏柏尔人中所看到的一种现象，即：妇女使用老式的柏柏尔数字，而男子却常常使用外来的阿拉伯数字。最后，我们还应再说一句：即使妇女用语的某些特点可能是外婚习俗所造成的，世界上的外婚制也并非都是抢夺婚。

某些富有想像力的作者还把其他很多习俗也视为抢夺婚的遗存形式，其中包括：将新娘抬过门槛，新娘要戴面纱，婚礼中交换戒

① Crawley, *op. cit.* p. 47.

② Krause, *In den Wildnissen Brasiliens*, p. 344.

指，朝新婚夫妇身后扔鞋，以及公婆回避等等，甚至还包括我们今天的蜜月旅行，因为“在此期间，新郎要把新娘带离开她的亲友”①。上面提到的这些习俗，有的我们已在“性羞涩”一章中提及，有的则将在讨论婚姻礼仪时有所涉及。而这些习俗中的任何一种，都是与抢夺婚风马牛不相及的。

① Avebury, *Marriage, Totemism, and Religion*, p. 103.

第二十二章　作为结婚条件的诸方意愿 278

与雌雄动物间的交配不同，人类婚姻乃是一种社会制度，它不仅涉及男女当事人，而且还涉及其他一些人。因此，婚姻的缔结可能就需要征得他人的同意，有时甚至还要由他人来包办，而新娘新郎本人是否同意，倒可能成为无关紧要的事。

我们还是从低等民族说起。我们已经知道，在很多低等民族中，男女婴幼儿的订婚是很普遍的。在这种情况下，当然谈不上征求当事人的同意。婚姻一般都是要经由圆房而完成的，这类婚约却往往对双方都没有什么约束力，或者说，只对女方有约束。在其 279
他一些蒙昧部落中，即使男女当事人都已长大，他们的婚约也要由父母来订。阿尔衮琴人就是这种情况。对此，沙勒瓦写道："婚约完全是由家长来订的。当事人自己从不露面，他们完全听由自己所依靠的人来任意安排。……然而，家长给子女订婚时，总还是要征得他们同意的，不过这只是走走形式而已。"[①]在纳切斯人中，男女订立婚约，均须征得双方家长（通常为曾祖父）的同意。不过，在这之前，男方先要征得女方本人的同意。在新不列颠岛加泽尔半

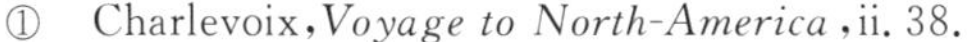

① Charlevoix, *Voyage to North-America*, ii. 38.

岛的土著人中，选亲一般都不是由男方本人来定，而是要由他的舅舅或别的亲属说了算。不过，如果男女当事人均反对这一安排，这事也就告吹了。在圣克鲁斯群岛的蒂科皮亚岛，以及在班克斯群岛，年轻男子到了结婚的年龄，他的姑母就会为他选亲成婚。如果
280 他想自己挑选，那么，所选之人也必须得到姑母的批准。“男子娶亲，均不得违背姑母的意愿。”①在棉兰老岛的巴戈博人中，做父母的总是替儿子去挑选新娘，商谈婚事。根据他们的习俗，年轻人不能违背长辈的意愿。在印度的很多未开化民族中，男女之间的婚事通常都是由各自的父母来筹划安排的。例如，在蒙达人中，通常都是由父亲或监护人为儿女挑选对象；不过，他们还常常要征求儿女本人的同意，而且一般也能征得其同意。在奥朗人中，“年轻男女在自己的婚事上是绝对没有发言权的。一切都要听由父母来定。”②在基桑人中，“还从来没有过儿女违抗父母所订婚姻的事例”③。同样，在非洲的很多部落中，儿子的婚事也要由父母（尤其
281 是父亲）来定。在阿尔伯特·尼安萨湖南岸的巴托罗人中，男方的父亲到女方父亲那里走一趟，婚事就定下来了。“然后，这两个年轻人被告知此事，但他们在这件事上并没有发言权。”④在科萨卡菲尔人中，通常都是由做父亲的为儿子挑选第一个妻子；有时，儿子的第二妻子也还得由父亲来挑。在巴苏陀人中，当一个年轻人以自己的行为显示出他想结婚的时候，家长并不去问他究竟想娶

① Rivers, *History of Melanesian Society*, i. 39, 49, 309.

② Dehon, "Religion and Customs of Uraons," in *Memoirs Asiatic Soc. Bengal*, i. 161.

③ Dalton, *Descriptive Ethnology of Bengal*, p. 132.

④ Cunningham, *Uganda*, p. 52.

谁为妻。“儿子的意愿与父亲的意愿相比，是无足轻重的。如果父亲给儿子挑选的妻子并不是儿子的‘意中人’，那么，儿子还可以自己再选一个妻子，只要他能付得起聘金（或说服父亲支出聘金）即可。”[1]在赫雷罗人中，年轻男女一般都没有选择婚姻的自由；他们的婚事都是由其父母或其他长辈来定的，定婚时也不问他们的意愿。

在有些民族中，男女之间的婚姻不仅需要得到双方近亲的同意，而且还需要得到双方所属群体的同意。据贝斯特说，在毛利人中，“安排一桩婚事，不仅男女双方的家庭要参与，而且氏族也要参与。如果是安排重要人物的婚姻，那么，整个部落都要出面。父母对其子女的婚姻往往没有什么发言权，在订婚中起主要作用的倒是父母的兄弟姐妹。”有时，人们也聚集起来，征求女方的意见。不过，时至如今，每当男婚女嫁之时，我们还是经常可以听到这样一

句话：“我们部落又娶亲了。”[2]在苏门答腊东岸的亚齐王国，男方 282
的父母在给儿子办婚事时，要先得到本村头人的许可，女方的父母也要先得到当地头人的许可。头人有权阻止一对男女结婚，虽然女方村里的头人一般都会予以同意。因此，男婚女嫁并不仅仅是男女两家的事，而且还是整个村子的事。在澳大利亚土著人中，婚姻往往是由部落会议或部落头人来定的。据罗思博士说，在昆士兰的某些部落中，“每个男子都可以至少有两个妻子：一个是正式的，是部落全体会议给予部落成员的；另一个则是非正式的，是自

---

① Minnie Martin, *Basutoland*, p. 81.

② Best, “Maori Marriage Customs,” in *Trans. and Proceed. New Zealand Institute*, xxxvi. 34 *sqq*.

己选的，也就是说，是彼此相爱的。”[①]在纳里涅里人中，“男女之间的婚姻虽然并非都是由氏族定的，但大体上是这种情况。在婚姻仪式上，女方的父亲，抑或其长兄或某一男性近亲，正式将新娘交给新郎。这时，双方氏族成员也都在场。然后，新娘为新郎点上一堆火，表示对这种给予行为予以认可。”[②]在迪埃里人中，娶亲之事“都是由部落长老和酋长在与男方近亲商量后”来定的。[③] 在有些部落中，年轻男子要想结婚，必须先得到酋长的允许。在达荷美，人们的说法是：国王为其臣民娶妻成亲，而父母对其子女则没有任
283 何所有权。但是，我们不知道国王实际上是怎样管理男婚女嫁之事的。可以说，在每个民族中，择偶之事都是受习俗和法律控制的。在有些情况下，诸如在实行夫兄弟婚、妻姐妹婚和交表婚义务的民族之中，配偶的选择可能完全不取决于个人的任何意愿。

由于婚姻会将两个陌生的家庭乃至两个更大的亲属群体联系在一起，或是在两个友好的家庭或亲属群体之间建立新的纽带，因此，双方的父母或亲属都要在此事上发挥影响，也就不足为奇了。贝斯特先生在谈及毛利人对男女婚配的严格监管时，曾说：“这种监管在很大程度上是出于部落的担心，他们要维护婚姻的门当户对，防止出身高贵的人与出身低贱的人通婚，以保持高贵血统的纯洁，维护其后代的地位、名誉和尊严，防止高贵血统的退化。”[④]当

① Roth, *Ethnological Studies among the North-West-Central Queensland Aborigines*, p. 180.

② Taplin, *Folklore of the South Australian Aborigines*, p. 35.

③ Gason, "Dieyerie, &c.," *in Jour. Anthr. Inst.* xxiv. 169.

④ Best, in *Trans. and Proceed. New Zealand Institute*, xxxvi. 50.

然，这种干预的力度取决于家庭或家长对家庭成员所拥有的权威。例如，在科萨卡菲尔人中，做父亲的具有终身支配其全家人（包括已婚儿子）的权力。在坎德人中，父亲是每个家庭中的绝对权威。只要父亲还在世，儿子就没有财产权；而且，所有儿子、儿媳及其子女都必须和父亲一起吃饭，而饭则是由母亲来做的。做父亲的还往往给未成年的儿子娶成年女子为妻。麦克弗森上校说："从选择大龄女子做新娘这件事上，我们就可以看到父母在这一奇特民族中所享有的至高权威。做父母的在儿子还小的时候，就可以从儿媳身上得到从事家务的宝贵劳力。从这点来看，做父母的这一选择显然具有功利的意图。"[①]在坎德人以及印度的其他一些未开化部落中，即使儿子长大成人之后，也不能自己挑选配偶。我们从这

里可以看出印度教的影响来。据说，在蒙达人中，年轻男女在选择 284
配偶上的自由，现在已不如过去大了。奥朗人似乎也有这种情况。在大多数蒙昧部落中，做父亲的对成年后的儿子显然已没有什么太大的权威性了，儿子可以根据自己的意愿娶亲结婚。有时，父母之所以包办子女的婚事，是由于男女之间没有什么来往。据拉·弗莱舍先生说，在奥萨格人中，"除了近亲之外，年轻男女是不能交往的，甚至连彼此交谈都不允许。而且，家里对他们看管得也很严。这样，年轻男女就不能靠自己来确立自己的婚事，公开的求爱和谈情说爱也成为不可能的事。"父母要给儿子找的好媳妇，是在他们看来能成为贤妻良母的姑娘。[②]

① Macpherson, *Memorials of Service in India*, p. 70 *sq*.

② La Flesche, in *American Anthropologist*, xiv. N. S. 127.

在择偶方面，年轻女子往往比年轻男子更受制于他人。虽然
我们就低等民族中的家庭权威这一问题还需要做进一步的调查研
究，但我们还是可以断言：在大多数这样的民族中，女子在婚前一
直是受父亲支配的，有时，父亲的权威还可持续到女儿结婚以后。
285 但是，在很多民族中，女子的婚事必须得到母亲、兄长或舅舅的同
286 意，而父亲则可能没有什么发言权。但是，一定要征得父亲或其他
亲属的同意，并不意味着女子的出嫁是可以违背本人意愿的。即
使在有些民族中，父母出嫁女儿并不征求她自己的意见，做女儿的
也知道该怎样发挥自己的影响。我认为，那种以为低等民族的女
子在自己的婚事上毫无发言权的想法，是错误的。事实恰恰相反，
在很多民族中，女子在择偶上的自由还是相当大的，这一点我们将
在后面谈到。此外，正如我们已经了解的那样，在有些民族中，女
子还是主动求爱的一方。

据博韦说，在火地岛的雅甘人中，女儿嫁给什么人，要由做父亲的来决定，女儿自己完全听从父亲的安排。但是，同样是这位旅行家也提到，那里的女子非常急于找对象，而且，使人吃惊的是，她们几乎总可以达到目的。关于雅甘人，托马斯·布里奇斯写道："女方常常对其丈夫有一种很深的反感，而且会离男方而去。如果女方总是对男方有一种反感，家人就会把她嫁与她所喜欢的人。"①科亚奇说，在奥纳人中，男女之间也有出于真正爱慕而缔结婚姻的。年轻男子有了意中人以后，便径直来到她住的小屋，默默

① Bridges, "Manners and Customs of the Firelanders," in *A Voice for South America*, xiii. 184.

地将自己的弓箭送给她，然后就退到附近某个地方，等待回音。姑娘要跟母亲商量之后，才做决定。如果她决定拒绝，就会派一个男孩子把弓箭送还回去；如果决定接受其爱意，就会亲自出面，带着弓箭去见那个求爱者。至此，他们就算结为夫妻了，不用再举行任何仪式。然后，新娘陪着新郎来到他的小屋。加拉尔多也有过与
此非常类似的记载，不过据他说，求爱者需要先征得女方父亲的同 287
意，然后才能把弓箭送给姑娘。这些记载都不能证明某些人的这样一种观点，即：火地女子对自己的婚事没有发言权。在巴塔哥尼亚的特维尔切人中，家长也从不强求女儿嫁给她不喜欢的人。在巴拉圭查科地区的伦瓜族印第安人中，男女青年在择偶时，虽然也受到父母和朋友的一些影响，但都有自主选择的自由。据说，在瓜纳人中，“没有哪个妇女不满意自己的婚姻，她们并不需要其父母和公婆事先对她们将来与其未婚夫的共同生活做出任何具体安排。”[①]在18世纪时，桑切斯·拉夫拉多尔神父曾对圭库鲁人做过一些记述。他说，如果一个男子想跟某个女子结婚，他只需得到其父母和这个女子的同意，即可带这个女子回到自己的小屋。在贝尔梅霍河两岸及皮科马约河右岸，住着一支马塔科人。在他们那里，男女缔结婚约只需当事人自己同意即可，连父母都没有什么发言权。据肖梅神父说，在玻利维亚塔里哈西北的奇里瓜诺人中，男子想结婚时，就会送给心上人一些水果和猎物，以取得她的好感。然后，又在她住的小屋外放上一堆柴火。只要她亲自取了柴火，他们就可立即成为夫妻了；如果她一点儿也不动这柴火，那么，这个

① Azara, *Voyages dans l'Amérique meridionale*, ii. 92.

男子就得重打精神，另寻佳人。厄瓜多尔的萨帕罗族印第安人中也有类似的仪式。据说，一个男子有了结婚的意向之后，就会进树林去打猎。回来的路上，他把猎物扔到意中人的脚下，然后又立即
288 拿来足以够用的柴火。如果这个姑娘亲自动手来烧烤这些猎物，就说明她已经接受这个男子的求爱了。在阿拉瓦克人中，年轻男子有了意中人之后，先要确定自己不会遭到她的拒绝，然后，再去看她的父母。在他和他们谈完话之后，如果姑娘把一些吃的放在他面前，这就表示，他的求婚已被接受了。而他吃了这些东西，就表示这桩婚姻确定下来了。在马库西人中，童年时尚未订婚的年轻男女可以自主选择对象。在沃佩人中，年轻女子总是可以自由选择丈夫的。只要男女双方都同意后，他们就可以结为夫妻。在这个民族中，女性享有极大的自由。“不论已婚或未婚，女子均可自由挑选、放弃、再挑选自己的配偶。”①在巴西中部的博罗罗人中，男女结婚并不征求父母的意见。如果有一方家长反对这一婚事，双方家长便会开始一番打斗，败者出走他乡。在阿拉瓜亚河流域的卡拉雅人中，年轻男子求爱时，要亲自找姑娘的父母去谈，但是，他的求爱是否被接受，还要看姑娘本人的决定。惠芬先生在谈及亚马孙流域西北部的维托托人和博罗罗人时，曾说：“在每一例婚姻中，男女双方都有完全的选择自由。男方绝对是这样，女方（除了极少数以娶亲为目的而被收养的年轻女子外）也同样是如此。”②

① Coudreau, *La France équinoxiale*, ii. 174 *sq*.

② Whiffen, *North-West Amazons*, p. 164.

在墨西哥的塔拉乌马雷人中，“年轻女子享有绝对的自由”[①]。在惠乔尔人中，年轻女子一般也都能决定自己的命运，而且，年轻
男女结婚时都不征求父母的同意，虽说根据古老的习俗和某些人 289
现在的看法，只有老年人才能为年轻人办好婚事。在莫基人中，年轻人都可以根据自己的意愿择偶，而且据说，他们的婚姻大多都是出于爱情的结合。一般来说，在普埃布洛人中，“没有哪个女子被强迫嫁给她不喜欢的人，不管其父母可能认为这样一种婚配如何合适”[②]。对于北美其他很多部落，诸如波尼人（在过去）、纳切斯人、阿利巴穆人和伊利诺斯人、肖尼人、奥马哈人、基奥瓦人，等等，人们也做过类似的记载。在达科他的希达察族印第安人中，“女子在选择配偶上有很大的自主权。有时，遇到有人来提亲或求爱，做父母的也极力想在是否接受的问题上影响女儿，但都是用说服的
办法，极少用严厉逼迫的办法”[③]。在阿帕切人中，“女子在择偶上 290
是完全自由的。女方父母从不强求那些来求亲的人一定要被自己所接受。女子向求婚的人卖弄风情也是被充分允许的。”[④]在奇佩瓦人中，一般都是做母亲的为子女筹备婚事，在这方面，她们也不跟子女商量。但是，只有当事人自己都同意之后，他们才算结为夫妻。摩尔根说，在易洛魁人中，做母亲的在认为儿子到了适合结婚的年龄之后，就到处张罗着给儿子找一个与他在脾气秉性上相投的媳妇。摩尔根还说，做儿女的一直顺从于母亲的安排。但是，据

① Lumholtz, *Unknown Mexico*, i. 266.

② Bancroft, *Native Races of the Pacific States of North America*, i. 546 n, 206.

③ Mathews, *Ethnography and Philology of the Hidatsa Indians*, p. 52.

④ Cremony, *Life among the Apaches*, p. 246.

18世纪的一位作者洛斯基尔说，易洛魁人结婚都是出于当事人自己的自由意愿，在这方面从来没有任何强制。佩罗说，在阿尔衮琴人中，年轻男子要先得到女方本人的同意，然后，男方的父母才跟女方家人提亲。在不列颠哥伦比亚西南腹地的利卢埃特印第安人中，任何男子都可在所谓“接触”舞会上走到他想娶的女子面前，抓住她的腰带或肩带。如果这个女子不想嫁他，就会把他推开，或是从那人手里把肩带拉回来。这时，这名男子就不得不悻然走开。如果她对这名男子有好感，这名男子就会抓着她的腰带或肩带和她一起跳舞。跳完舞之后，酋长便把结对成双的人叫出来，站在众
291 人面前。酋长大声喊着他们的名字，并说“某某人抓住了某某人”。如果这时女方还不摆脱开男方，他们就被认为结为夫妻了。在汤普森印第安人中，如果有人来跟女方的父母提亲，他们就会召集近亲开个会，讨论提亲之事。如果大家都认为男方很合适，就会征求姑娘本人的意见。据说，姑娘一般都会同意，而不愿违背亲人的意愿。在努特卡人、特林吉特人和卡尼亚格缪特人中，求婚者一定要征求姑娘本人的意见。关于拉布拉多半岛昂加瓦地区的印第安人和爱斯基摩人，特纳先生曾说，如果女方父母同意而姑娘本人不愿意，求婚的男子就会把姑娘强行抢走。但是，默多克先生在谈及巴罗角印第安人时写道：“就我们的判断来看，只有当事双方都同意，才能结为婚姻关系。”①

在堪察加人、尤拉克人、叶尼塞人以及中亚、北亚其他一些未

---

① Murdoch, "Ethnological Results of the Point Barrow Expedition," in *Ann. Rep. Bur. Ethnol.* ix. 411.

开化民族中，女儿出嫁时，父母差不多都要征求她们的意见。在阿伊努人中，如果未经自己选择，年轻人就可以拒不结婚。即使那些
在童年时就已由父母订婚的年轻男女，对这门婚事也都有否决权。292
如果做父母的反对年轻人的婚事，年轻人就会以法律为依据结为夫妻，不需举行任何仪式。“而这种关系在阿伊努社会中是神圣的，并享有很高的地位”[①]。在尤卡吉尔人中，年轻人总是在将自己的婚事基本定下来之后，才派媒人去征求女方父亲的同意。虽说做女儿的很少违抗父母的意愿，但也不存在对父母之命的绝对服从。在科里亚克人中，“虽然从名义上说做父亲的有权将自己的女儿任意嫁给他人，但他不仅要和他的妻子以及长子商量，而且往往还要考虑女儿本人是否愿意。做女儿的在新郎的选择问题上违抗父亲之命或长辈之愿的事也时有发生。他们的意愿并不能强加给女儿。这种态度在其神话中也有所反映。”[②]据帕特卡诺夫说，通古斯女子都有择偶的自由；如果做父亲的反对女儿所做出的选择，女儿就会和她挑选的丈夫一起私奔。

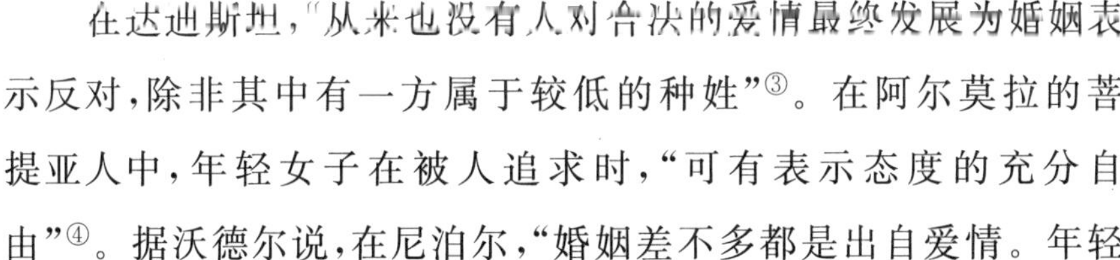

在达迪斯坦，“从来也没有人对合法的爱情最终发展为婚姻表示反对，除非其中有一方属于较低的种姓”[③]。在阿尔莫拉的菩提亚人中，年轻女子在被人追求时，“可有表示态度的充分自由”[④]。据沃德尔说，在尼泊尔，“婚姻差不多都是出自爱情。年轻

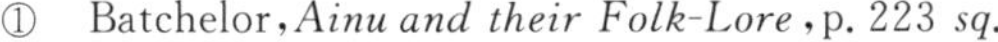

① Batchelor, *Ainu and their Folk-Lore*, p. 223 *sq*.

② Jochelson, *Koryak*, p. 744.

③ Leitner, *Results of a Tour in "Dardistan,"* iii. 36.

④ Sherring, "Notes on the Bhotias of Almora and British Garhwal," in *Memoirs Asiatic Soc*. Bengal, i. 106.

男女相互熟识之后，常常都是自己求爱，并在恋爱的基础上结为夫妻。而在印度平原上生活的人当中，婚事都是由亲友操办的，新娘
293 新郎在婚前很少有见过面的。”[①]我们曾经说过，在印度的很多未开化民族中，婚姻都是由男女两方的家长包办的，但一般来说，男女青年似乎也有很大的择偶自由。他们往往是完全自主地决定自己的婚事，即使这一婚事表面上是由父母包办的。有的父母在给子女操办婚事之前，也征求他们的意见，并往往听从他们的意愿。在马德拉斯管区内洛尔地区的雅纳迪人中，“男女双方在择偶上都能感受到充分的自由，长辈只是对他们的意愿正式给予认可。”[②]在特拉凡哥尔的乌拉德人中，“人们要用树叶给新娘盖一个小圆屋子，让新娘坐在里面。然后，村里所有合格的年轻男子都聚在这屋子周围，形成一个圆圈。新娘的父亲或其他男性近亲坐在不远处，手里拿着鼓，此外还有几个人拿着几件别的乐器，由此构成了整个阵势。……那些年轻男子开始围着屋子跳舞。他们每人都带着一根竹子，并把竹子朝屋子的方向扔去。这一活动要持续一个小时。最后，姑娘抓住谁扔的竹子，谁就成为这位隐身新娘的幸运丈夫。接下来要举办宴会，宴会之后，整个仪式就结束了。”[③]在印度南部
294 伯尔尼丘陵地区的一支游牧部落——帕利扬人中，“女子有自主选择丈夫的自由。”[④]在尼尔吉里山区的巴达加人和科塔人中，据说

① Waddell, *Among the Himalayas*, p. 311.

② Ranga Rao, “Yadanis of the Nellore District,” in the Madras Government Museum's *Bulletin*, iv. 98.

③ Anantha Krishna Iyer, *Cochin Tribes and Castes*, i. 61 *sq*.

④ Dahmen, “Paliyans,” in *Anthropos*, iii. 27.

男女双方同意，即可缔结婚姻。在奥里萨的一支山地部落——布伊亚人中，人们认为结婚应有两个基本条件：一是男女双方均应进入成年；一是“父母亲友不能强制，虽然他们有时可以提些建议。”[①]同样，拉杰马哈尔山区的索里亚人也要求结婚双方应“达到一定的年龄，应使自己感到满意”，因此，那里也就不存在什么婴儿婚。[②] 在那加人中，“很多年轻人都是在爱情的基础上，自主成婚的。”[③]在安加米那加人中，“选择权主要是在女方一边。”[④]在阿萨姆邦的一支讲藏缅语的民族——米基尔人中，据说，当新郎一行来到女方家之后，女方的父亲总要让自己的妻子去问问女儿，看她是否喜欢这个小伙子。如果传出话来说姑娘同意了，那么，男女双方的父亲就一起饮用新郎一行带来的啤酒及烈性酒。如果姑娘不同意，这酒就不能喝了。关于吉大港的山地部落，卢因上尉说，女子“在选择丈夫这方面所享有的权利，如同我们英国女子一样大”[⑤]。

麦克马洪说，在印缅边界的部落中，过去有一种骑士精神，这种精神要求人们一定要考虑到女性的意愿。在掸人中，只有男女
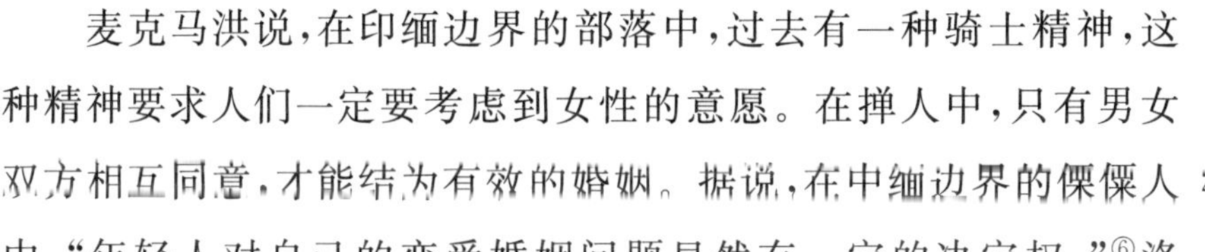
双方相互同意，才能结为有效的婚姻。据说，在中缅边界的傈僳人 295
中，“年轻人对自己的恋爱婚姻问题显然有一定的决定权。”[⑥]洛

① Macmillan，“Bhuiyas，”in *Calcutta Review*，ciii. 175.

② Bainbridge，“Saorias of the Rajmahal Hills，”in *Memoirs Asiatic Soc. Bengal*，ii. 56.

③ Hodson，*Nāga Tribes of Manipur*，p. 87.

④ Prain，“Angami Nagas，”in *Revue coloniale internationale*，v. 492.

⑤ Lwein，*Wild Races of South-Eastern India*，p. 347.

⑥ Rose and Brown，“Lisu (Yawyin) Tribes of the Burma-China Frontier，”in *Memoirs Asiatic Soc. Bengal*，iii. 263.

说:“在土瓦,克伦族青年总是以一定之规向女方求婚。女方同意后,双方一起宴请其亲友,这样就结为夫妻关系了。”①

在马来半岛的土著部落中,男女结婚,似乎一定要有女方的同意。据洛说,在萨凯人中,“年轻男子总是亲自去求婚。如果女方表示同意,他就会送给女方家人一些长矛、刀子和家用器皿作为礼物。”②马克斯韦尔还听说,在这个民族中,当一个男子想娶亲时,他总是先去找姑娘本人去谈,姑娘同意后,他才带上一些丛林中的土产,作为见面礼,去见女方的父母。据德·摩根说,萨凯族男女结婚,需要有女方本人及其父亲的双重同意;如果父亲已去世,则要有家庭中最年长者的同意。据诺克尔说,在曼特拉人中,“婚姻仅仅是男女当事人达成的一种相互间的协议。而只要他们在一起同居,即足以被认可为夫妻了。”③另据布里恩说,“新娘和新郎要由部落中的一位年长者带领,来到一个大广场上。场地的大小,依这对意中人的力气大小而定。来到之后,由姑娘先跑,小伙子在后面追。如果追上了,他们就成为夫妻了;如果追不上,他就不能娶她了。有时,这种考验要指定在更大的场地举行,于是男女双方就在森林中一跑一追。据部落历史记载,这种比赛‘不是要比个谁快
296 谁慢、谁强谁弱’,而是要看哪个小伙子有赢得其意中新娘的好运。”④据马来人的记载,贝努亚人中也盛行一种类似的习俗。一

① Low,“Karean Tribes or Aborigines of Martaban and Tavai,”in *Jour. Indian Archipelago*, iv. 418. *sq*.

② *Ibid*, iv. 430.

③ Knocker,“Aborigines of Sungei Ujong,”in *Jour. Roy. Anthr. Inst*. xxxvii. 293.

④ Bourien,“Wild Tribes of the Interior of the Malay Peninsula,”in *Trans. Ethnol. Soc. London*, N. S. iii. 81.

桩婚事定下来之后，“双方的亲友聚集在新娘家。新娘乘坐一只带桨的独木舟，顺流而下。当新娘转过一两个弯之后，新郎则上另一只独木舟，去追新娘。如果追上，他们就可成为夫妻；如果追不上，这桩婚事也就吹了。”[①]这一记载是洛根转述的，他认为并不可靠，虽说也可能是以过去的一些传说为依据的。但是，斯基特先生则认为，从叙述的全部情况来看，这一记载可以被认为是基本无误的。

据维尔肯说，在马来半岛，大多数婚姻都是经由男女双方相互同意而缔结的。莫什科夫斯基说，在苏门答腊的萨凯人中，如果一个年轻男子想娶某个女子为妻，他就会向女方的母亲提起，然后，做母亲的就会去问女儿是否喜欢这个人。如果回答是否定的，这事就吹了。在苏门答腊东部的另一支非马来部落——阿基特人中，如果两个年轻人彼此相爱的话，他们不用举行多少仪式，就住到一起了。在马马克人中，“患相思病的男子只需要弄清楚他们所爱的女子是否同意嫁给他们，就可以了。”[②]在林德库马人中，据说
男女一旦打定主意结为夫妻，即会通知各自的父母，然后正式结 207
婚；那里从来没有发生过阻挠年轻男女结婚的事。巴塔人认为，即使新娘是被卖给人家的，也得征得本人的同意；他们那里的女子很少被强制嫁给本人不接受的求婚者。在婆罗洲的山地达雅克人中，女子一直被允许“选择配偶，从没有人横加干涉”[③]。沿海达雅

① Logan, “Orang Binua of Johore,” in *Jour. Indian Archipelago*, i. 270.

② Sehneider, quoted by Speiser, “Beiträge zur Ethnographie der Orang Mamma anf Sumatra,” in *Archiv f. Anthrop.* N. S. ix. 86.

③ Hornaday, *Two Years in the Jungle*, p. 445.

克女子在遇到有人求婚时，可以根据自己的意愿进行取舍；“一般来说，女方的父母都会同意自己女儿所做的选择，否则也就不会让她去见来求婚的人了。”[①]在婆罗洲的一支丛林部落——普南人中，“长辈很少或从不为年轻男女包办婚姻。”[②]在西里伯斯的米纳哈萨人中，找对象“完全是两心相爱的事，从来不必取决于父母的赞同，更不用听从父母的意愿”[③]。里德尔在谈及一些较小的岛屿时，也做过类似的叙述。

在菲律宾的阿埃塔人（尼格利陀人）中，“当一个年轻男人在选定对象之后，他的朋友或父母就会向那个姑娘提亲，姑娘从不当即拒绝。然后，双方定下一个日子。那天早上，姑娘只身来到树林，或隐蔽起来，或不隐蔽，一切都随姑娘的意，而这又要看她是否愿意嫁给向她求婚的这个年轻人。姑娘进树林后一个小时，这个年轻男子开始去找她。如果能够有幸找到她并在日落之前把她带回

760

298 她父母那里，这桩婚姻就算达成了，姑娘一准会成为他的妻子。不过，如果他是一个人回到营地的，那么，他以后就不能再向这个姑娘求爱了。”[④]在海南的黎族中，子女订婚除了需要父母批准之外，便与父母没有任何关系了。男女双方本人的意向是决定婚事的唯一因素。在台湾的大多数蒙昧部落中，男女两性均有很大的婚姻自由。在曹人中，年轻的勇士选定对象后，要送给她一个用鹿角做成的发卡；女方如收下这一礼物，就表示本人同意嫁给那个年轻人

① Gomes, *Seventeen Years among the Sea Dyaks of Borneo*, p. 120 *sqq*.

② Hose and McDougall, *Pagan Tribes of Borneo*, ii. 183.

③ Hickson, *A Naturalist in North Celebes*, p. 272.

④ Proust de la Girondière, *Twenty Years in the Philippines*, p. 271 *sq*.

了。在台湾人中，年轻男子带着柴火和水来到女方家，把东西放在门口，如果姑娘如小伙子所希望的那样用了这些东西，那就表明，小伙子的求爱被接受了。

在莫特洛克群岛，大多数婚姻都是由男女双方自由选择而达成的。在帛琉群岛与马绍尔群岛之间的奥利埃群岛，即使很多有钱的男子也得不到他想娶的姑娘，原因很简单：姑娘不接受他的求亲要求。在马绍尔群岛的某些居民中，“婚姻取决于自由的选择。”[①]在马辛地区，求亲活动是由较长的一段同居期构成的。而且，正如我们已经了解的那样，提出求亲的还是女方。做父母的显
然很少有对子女婚事横加阻挠的。在马富卢山民中，以及在博加 299
吉姆，女方的同意显然也是至关重要的。在新不列颠岛以及相邻的一些小岛上，也同样有这种情况。罗米利说，有的男子为娶亲成婚服了多年的劳役，最终可以把新娘带回家了，但新娘却可能不愿跟他走。在这种情况下，他也不能向女方的父母索要他已付给他们的大量甜薯、椰子和甘蔗。在新喀里多尼亚，“一位青年男子为娶一个年轻姑娘，如果他不是头领，又不具有高贵血统，往往会遭到拒绝，这种情况并不少见。他一连进行多次，最终还是被拒绝的话，他也就只好保持独身了。如果姑娘同意他的求婚，这门婚事便即刻谈妥，不必举行任何仪式。做父母的并不过多盘问，只是为他们祝福而已。”[②]在萨摩亚，女儿的婚事往往都是父母包办的，而且从来也不征求女儿的意见，但她们“有时也能按自己的意愿和感情

① Kotzebue, *Voyage of Discovery into the South Sea*, iii. 172.

② Brainne, *La Nouvelle-Calédonie*, p. 251.

进行选择”。而在上层社会中，有时，一个女性通过施展各种花招，使得三四个男子争风吃醋。过上好一段时间之后，她才正式宣布
300 她的选择。在吉尔伯特群岛的阿罗赖岛，“女子在选择丈夫时，要坐在楼下。在她的头上方，从楼上地板的裂缝中伸下两三片椰树叶子，每片叶子的叶柄都由一个向她求爱的男子拿着。她每拉动一片叶子，就要问一问这是谁的。如果回话的不是她想嫁的那个人，她就松开手，去拉下一个，再下一个，直至找到心上人之后，才把他的树叶一下拉下来。这个手中树叶已被拉掉的幸福男子仍旧端坐着，而别的人则已悄悄离去。”①马里纳估计，在汤加，大约有2/3的女子是根据自己的意愿嫁人的。在社会群岛，中下层妇女都有根据自己的意愿选择丈夫的权利；至于上层妇女的情况，从埃苗人的一个酋长还要给他所钟爱之人一定钱财才能使其接受他的求爱这件事来看，她们有时也要求得到这样一种权利。在努卡希瓦，“妇女是很自由的，在某段时间内，她们可以通过各种不同方式选择自己的意中人。”②据特里吉尔先生说，在毛利人中，“有三种求偶方式，即：每年一度的狂欢舞会、亲友包办和自由选择。”第一种方式是在“游乐宫”举办正式集会时进行的，很多青年男女常在那里相互择偶。但作者又说：“在需要巩固部落联盟或修好两大家族的关系时，是很难允许自由选择的。社会上层青年男女的自由选择，一般只发生在爱情故事之中。”③但另一方面，正如我们已经了解的那样，即使男女双方的家人或氏族都很热衷于子女的婚事，

① Turner, *Samoa*, p. 295 *sq.*

② Vincendon-Dumoulin and Desgraz, *Iles Marquises ou Nouka Hiva*, p. 287.

③ Tregear, *The Maori Race*. p. 286 *sqq.*

人们还是需要征得姑娘本人的同意。汤姆森在谈到毛利人时写
道:“童年时不曾订婚的女子,长大后可以根据自己的意愿选择配 301
偶。谁的追求者多,谁就更有价值。一个女子一旦对某个追求者产生了偏爱,特别是在已怀孕后,她就会和这个男子一起回家,结为夫妻。”[①]麦克米伦·布朗先生提到,“在他们的各种传说中,有一个关于年轻人爱情的浪漫故事,说女儿在婚嫁上应有很大的独立性,不能听命于家人。”[②]毛利人还有一句谚语说:“卡哈瓦依鱼(一种很特别的鱼,爱选一种像其食物的鱼钩)要从很多鱼钩中选其最喜欢的,女子也要从很多男人中选其最喜欢的。”[③]在查塔姆群岛的莫里奥里人中,一个女子,即使父母不顾女儿本人的意愿已将她许给别人,但只要这个女子已有意中之人而且态度十分坚决的话,她通常都会按自己的主意行事的。

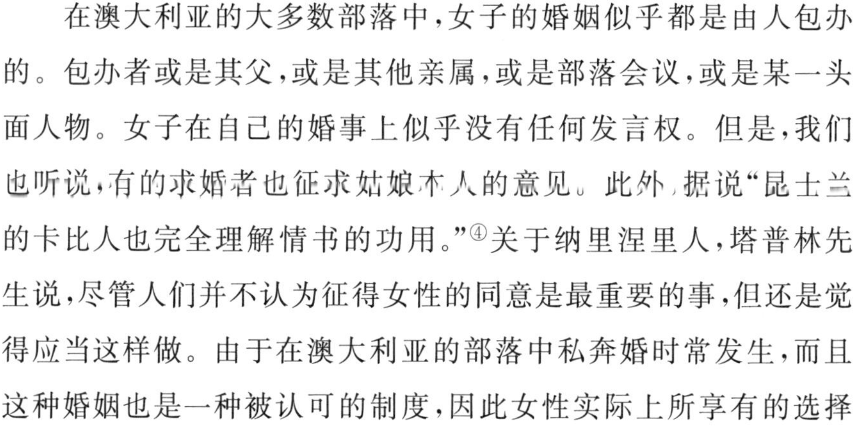

在澳大利亚的大多数部落中,女子的婚姻似乎都是由人包办的。包办者或是其父,或是其他亲属,或是部落会议,或是某一头面人物。女子在自己的婚事上似乎没有任何发言权。但是,我们
也听说,有的求婚者也征求姑娘本人的意见。此外,据说“昆士兰 302
的卡比人也完全理解情书的功用。”[④]关于纳里涅里人,塔普林先生说,尽管人们并不认为征得女性的同意是最重要的事,但还是觉得应当这样做。由于在澳大利亚的部落中私奔婚时常发生,而且这种婚姻也是一种被认可的制度,因此女性实际上所享有的选择

① Thomson, *Story of New Zealand*, i. 177.

② Brown, *Maori and Polynesian*, p. 67.

③ Taylor, *Te Ika a Maui*, p. 299.

④ Mathew, *Eaglehawk and Crow*, p. 114.

自由，要比人们想像的大。这一点我们后面还会讲到。关于塔斯马尼亚人，据说人们总是用鲜花求爱，而且“女性有时也有否决权”。[①]

在马达加斯加，在有的部落中，女子出嫁时从没有人征求她们的意见，男女的婚事往往由双方的家长根据自己的意愿而定。但也有一些部落，人们在择偶时是有很充分的自由的。例如，“在萨卡拉瓦人中，男女之间的婚姻都是由其本人缔结的，而并非出于父母之命。霍瓦人和贝齐略人也有这样的习俗。”[②]在布须曼人中，我们也可以看到男女经由相互同意而结合的情况。麦考尔·希尔先生说：“这里并没有什么结婚仪式，只要双方都同意，一切就齐了。”[③]据一些较早时的作者说，在布须曼人和霍屯督人中，如果要

303 追求一个已长大成人而以前又不曾订婚的姑娘，那就不仅要有其父母的许可，而且也要有姑娘本人的同意。在霍屯督人的科拉纳氏族中，“当一个年轻男子爱上一个女子并想跟她成亲时，他就会和他的伙伴一起把一头牛赶到她的家门口。如果这个女子让人把牛杀了，这就表示她同意和这个男子结婚了，双方即被视为已婚之人。有时，要把牛赶到女方家三四次之后，她才答应结婚。”[④]冯·弗朗索瓦把霍屯督人和赫雷罗人做了一个对比。他说，霍屯督的年轻女子有权对求婚要求予以接受或拒绝，而在赫雷罗人中，做父亲的则有权不顾女儿的意愿把她任意嫁人。不过，他又说，赫雷罗

① West, *History of Tasmania*, ii. 78 *sq.*

② Walen, in *Antananarivo Annual*, no. viii. p. 54.

③ Theal, *Yellow and Dark-skinned People of Africa south of the Zambesi*, p. 47.

④ Campbell, *Travels in South Africa*, *Second Journey*, ii. 347.

女子有时也能根据自己的意愿决定自己的婚事。在卡菲尔人中,妇女常常被强迫嫁给不喜欢的人,“但是,脾气特别好的卡菲尔女子显然大多都能摆脱其所憎恶的婚姻”,而那些有主见的、倔强的女子则难以做到这一点,因为男人就是爱驯服这类人、教训这类人。[①] 在科萨卡菲尔人中,虽然都是由做父亲的给女儿选丈夫,但做女儿的如果坚决反对父亲的选择,就可以使婚约变成一纸空文。莱斯利先生在其关于祖鲁人的书中写道:“如果以为父亲出嫁女儿也像他处置一头牛一样随便,一样说一不二,那就错了。”[②]在巴罗策人中,“自由女子,即不曾嫁人或被当作奴隶出卖的女子,是可以选择自己喜欢的男人的。”[③]在聪加人的姆富莫氏族中,“做父亲的极少强迫自己的女儿嫁给她不喜欢的人,除非在有人逼债的时 304
候。”[④]在“德属东非”的鲁伍马地区,结婚的决定权掌握在女子手中。在瓦孔德人中,女子“在择偶上有很大的自由”[⑤]。在桑戈人中,女子本人的同意是必不可少的。如果女方父母想把女儿嫁给她自己不喜欢的人,女儿可以向酋长呼吁,而酋长在此事上的决定一般都有利于被嫁女子。在桑巴人中,当一个男子想要某个女子时,他要先去赢得她本人的好感,如果成了,这个女子就会带他去见自己的父亲,女方父亲的同意同样也是必不可少的。做父亲的从不强迫已经长大成人的女儿嫁给她自己不喜欢的人。在瓦尧人

① Kidd, *The Essential Kafir*, p. 220 *sq*.

② Leslie, *Among the Zulus and Amatongas*, p. 194.

③ Holub, *Seven Years in South Africa*, ii. 293, 298.

④ Junod, *Life of a South African Tribe*, i. 103.

⑤ V. Behr, “Die Völker zwischen Rufiyi und Rovuma,” in Mittheil. *Deutsch. Schutzgeb*, vi. 74.

中，“女子在婚姻上其实并不像我们想像的那么被动，大多数女子显然都要求父母征求自己的意见。有不少精心安排的婚事之所以成了泡影，仅仅是因为女子本人另有所爱。”沃伊勒博士接着说道：“在这方面，白人与黑人之间没有丝毫的差别。”[①]在英属中非，“当一个男子爱上一个女子并得知她还没有订婚时，他首先要和这个女子达成某种协议，然后到女方所在的村子，把此事告知她的家人。除了她的父母之外，还要征求其所有亲属的意见，包括其祖父母、兄长等人，不过，首要的是其舅舅。如果他们都不反对，他才跟自己家的人说。”[②]

在东非的瓦吉里亚马人和瓦萨尼亚人中，结婚需要征得女子
305 本人的同意。在阿坎巴人中，“如果一个年轻男子爱上一个姑娘，他就会找着跟她说话，并最终说出想娶其成亲之意。如果她默许了，男方的父亲就会去见女方的父亲，问他是否同意。如果女方的父亲同意了，男方的父亲就会再来一趟，并送上两只羊，作为礼物。这样，婚事就定下来了。”[③]虽然有不少家庭都实行婴儿婚，但是，“在女孩长大以后，如果不喜欢这个预订的丈夫，仍可以拒不成婚”，尽管对方事先已支付了全部聘金。[④] 阿基库尤人中也有这种情况。在他们那里，“女子的订婚完全是她自己的事。”如果在童年时即已由某一长辈或富人代为订婚（这种事时有发生），那么，在长大后，也不是非嫁那个人不可。劳特利奇夫人曾问酋长的正

---

① Weule, *Native Life in East Africa*, p. 306.

② Miss Werner, *Natives of British Central Africa*, p. 131.

③ Hobley, *Ethnology of A-Kamba and other East African Tribes*, p. 62.

④ Decle, *Three Years in Savage Africa*, p. 490.

妻，应该给英国妇女讲些什么关于基库尤妇女的事，那位酋长夫人答道："讲两件事。第一，我们决不嫁给我们不想嫁的人；第二，我们愿意让我们的丈夫尽可能多地娶些妻子。"[①]在马赛人中，如果一个女子坚决不愿嫁给某个男子，她的父母也不会强迫她。据说，在乌干达的巴坦巴人中，女孩在15岁之前，对自己的婚事没有任何发言权，但是过了15岁，就可以自己选择对象了。在巴干达人中，一个男子如果想娶某个女子为妻，就去找她的兄弟去提，再由她的兄弟去跟叔伯说，征求他的意见。不过，当叔伯的还会问侄女，看她本人是否愿意嫁给这个人。这样，她就可以有机会做出自己的决定。在尼罗河源头之一的姆波洛戈马河及其附近的小湖上，搭着一些水上茅屋。住在这里的是一支较小的班图部落——巴克内人。在他们那里，"女子有权决定是否接受男子的求亲。"在 306
乌干达东方省的巴索加人中，女子也有机会决定自己的婚姻问题。[②] 在乌干达的伦杜人中，"按照习俗的要求，年轻男子求婚要先向女方本人提出，女方同意后，再向女方的父亲提出。"[③]在维多利亚尼安萨湖的塞塞群岛，"婚事是很好办的。女方把她喜欢的男子带到她父亲那里。如果这个女子已到了结婚的年龄，那么，下一步就是立即搬进她的新家。"然后，男方再来女方家，交上娶亲所需的牛。无论如何，这是过去的一种习俗。在靠近维多利亚尼安萨湖北岸的一个大岛——布武马岛上，住着巴武马人。在他们那里，"未婚女子享有很大的独立性，不受什么人的控制，尤其是在婚恋

① Routledge, *With a Prehistoric People*, pp. 124. 125. 127.

② Roscoe, *Northern Bantu*, pp. 149, 211 *sq*.

③ Cunningham, *Uganda*, p. 328.

问题上。”坎宁安先生说：“在我接触过的民族中，做父亲的与女儿出嫁事宜毫无关系的，只有巴武马人。男子求婚，只需直接问他所爱的人是否愿意与他结婚就行了。如果女方同意，那么，这本身就是全部婚姻礼仪了。然后，这对男女便径直来到男方家里。女方同意男方求亲甚而暂住男家之后，也不告诉其父母她已有了丈夫。”[①]据艾敏帕夏说，在马迪人中，女子享有很大的自由，可以选择自己喜爱的伴侣。据费尔金博士说，在舒利人中，女子在择偶上是有自己的发言权的。在丁卡人中，做父母的并不强制女儿嫁给她不喜欢的人。

在比属刚果的一支俾格米人——巴图亚人中，做父亲的都允许女儿自由选择自己的丈夫。在瓦雷加人中，“很少有人向尚未与
307 自己有过很好接触的女孩子求婚。”[②]在刚果河上游地区的博洛基人中，如果一个女子在童年时未由父母许给别人，那么，她便可以选择自己的婚姻。在班贡戈人中，缔结婚姻的一种最常见的方法，就是男女两人丛林相遇，男方向女方求婚，女方同意后，双双立即完婚。事后，男方与女方父母商谈婚事，再向其交付聘礼。女方本人的同意被认为是必不可少的。格伦费尔说，在巴刚果人中，只要男女双方同意，一般即可成婚，“因此，有不少人的婚姻都是建立在感情基础上的。”[③]关于西非的黑人，温伍德·里德曾告诉达尔文，“虽然人们认为女人如果找男人成亲就不像个女人的样子，但那里的妇女，特别是智力较高的异教部落中的妇女，还是可以很容易地

---

① Cunningham, *Uganda*, p. 129.

② Delhaise, *Les Warega*, p. 170.

③ Johnston, *George Grenfell and the Congo*, ii. 678.

找到她们想要的男人。"[①]在尼日利亚讲伊博语的民族中，"女孩一到了六七岁、七八岁，就会有人来提亲，征求她自己的意见。如果她提出她不喜欢这个人，那么，她父亲就等着她什么时候自己选择对象了。再来的这个求亲者交付聘金后，做父亲的要从中拿出一部分，偿还第一个求亲者所付之钱。"[②]在奴隶海岸讲约鲁巴语的民族中，"做父母的不能强迫女儿嫁给她不喜欢的人；但是，却可以阻止女儿招赘他们所不喜欢的人。……不过，如果女儿和那个男人私奔了，他们通常也就不再多管其事了。"[③]此外，在讲埃维语的 308
民族中，虽然女子出嫁一般都是由人包办的，而且也不问其本人的意愿，但是，谁也不能把女子"强迫嫁给她绝对厌恶的人"[④]。在象牙海岸的班巴拉人中，未经女子本人同意，不得将其嫁人。据说，在鲍勒人中，如果做女儿的对某人的求婚已表示同意，那么，做父母的也一定会表示同意，除非他们有反对这门亲事的特别理由。在巴亚人中，"当子女年龄还小的时候，做父母的往往便对他们的婚事做了某种安排……而事情的发展又常常与他们的愿望相反。他们一旦发现子女已对自己的婚姻另有选择，也就不再强行干涉，除非发现他们的行为过于放荡。"[⑤]在喀麦隆的巴利诸部落中，婚姻的缔结或经由男女双方的自由选择，或经由双方父母的协议（有时在子女未出生时就已订亲了），或经由纯粹的买卖行为。在加那

① Darwin, *Descent of Man*, ii. 408.

② Thomas, *Anthropological Report on Ibo-speaking Peoples of Nigeria*, iv. 63.

③ Ellis, *Yoruba-speaking Peoples of the Slave Coast*, p. 185.

④ Idem, *Ewe-speaking Peoples of the Slave Coast*, p. 199.

⑤ Poupon, "Étude ethnographique des Baya de le circonscription du M'Bimou," in *L'Anthropogie*, xxvi. 126.

利群岛的古老居民中，男子一般是向女方的父亲求婚，再由做父亲的把这事转告给女儿。

以上这些记载足以表明，在蒙昧部落中，女子在出嫁时，人们不仅常常征得她们的同意，而且，这种做法往往还是习俗所要求的。当然，也有很多相反的事例。不过，就我收集的资料来看，可以得出这样的结论，即：不征求女子意愿的婚姻，要比征求女子意愿的婚姻少。从霍布豪斯、惠勒以及金斯伯格诸先生所编制的一
309 个统计表中，也可以得出类似的结论。在他们的表中，结婚需要得到女子本人同意的，有 103 例；不需要的，有 81.5 例。就环境因素的影响而言，我们可以果断地说，在低等种族中，女子的择偶自由并不随其文化的进步而增长。霍布豪斯教授及其合作者，就处于经济文化不同阶段的各简单民族在女子出嫁时征求其意见的情况，做了一个百分比统计。在低等狩猎民族和食物采集民族中，这个百分比为 71%；在高等狩猎民族中为 44%；在初级农业民族中为 22%；在低等牧业民族中为 65%；在纯农业民族中为 38%；在高等牧业民族中为 86%；在饲养牲畜的农业民族中为 30%。但是，这组数据中的第一个，即关于低等狩猎民族的数据，并没有什么价值。它的依据是：有 8.5 例需要女方予以同意，另有 21 例不需要这种同意。但是，前者中有 3 例，后者中有 18 例，均为澳大利亚的部落。就我所知，没有一个澳大利亚部落可以称得上是一定要有女性的同意才能成婚，虽然人们可能认为这种做法是可取的，特别是作为防止私奔的一种措施。不过，正如我以前所指出的，如果按霍布豪斯教授及其合作者所采用的方法进行统计调查，那么，澳大利亚的众多部落当然是不能被当作一个个独立单位的。在他

们的统计表上，另三个否定例子说的是肖肖尼人、火地人和布须曼 310
人。关于肖肖尼人，是否应将他们算作低等狩猎民族，还是很成问题的。而我们在前面所引述的一些说法，又很难证实有关火地女子和布须曼女子出嫁时不需要有本人的同意这一假设。我们在前面还曾提及马来半岛的萨凯人和菲律宾的尼格利陀人。而诸如这些在经济文化上与上述部落大体处于同一阶段的部落，我们的作者却没有注意到，至少是在此处没有提及。施密特神父在其通论俾格米人的专著中说，男女两性在择偶方面均享有高度的自由。事实上，这一说法可适用于所有或几乎所有低等狩猎民族，只有澳大利亚部落除外；这一说法还可适用于很多初级农业民族，他们与最低等的狩猎部落和食物采集部落是很难加以区分的。

这样看来，如果把澳大利亚土著民族排除在外，我们就可以说，在最低级的蒙昧部落中，妇女所享有的择偶自由无疑要比在比较发达的蒙昧部落中更大。而且，这种择偶自由，在低等狩猎民族中比在高等狩猎民族中大，在初级农业民族中比在纯农业民族或饲养牲畜的农业民族中大，在低等牧业部落中比在高等牧业部落中大，在狩猎民族与农业民族中比在牧业民族中大。这一点，既可由我收集的资料所证实，也可由霍布豪斯教授及其合作者所收集的资料所证实。虽然他们的基本结论与我的有所不同，但这是由于他们将澳大利亚部落也计算在内，而我是主张将他们单作讨论的。那么，我们应当怎样解释前面讲到的这些事实呢？

显然，在低等民族中，做父母的在出嫁女儿时之所以不顾及她自己的意愿，一个主要的原因就是买卖婚。在低等狩猎民族中，择偶自由是与普遍不存在买卖婚这一情况并存的。当然，也有人可

311 能给女方的父亲或家人送些小礼物，但这种小礼物不能被看作是真正意义上的聘礼。就处于经济文化其他阶段上的蒙昧部落来说，我从霍布豪斯教授及其合作者编制的表中看到：在 69 个实行买卖婚的案例中，不需要女子同意即可将其出嫁的有 42 例，只有 27 例需要有女子本人的同意；而在谈及是否需要女子本人同意的所有案例中，需要的有 94 例，不需要的有 59 例。由此可知，在不需要女子本人同意的案例中，有 80%是实行买卖婚的；而在需要女子本人同意的案例中，只有 30%实行买卖婚。从我自己收集的资料来看，不存在买卖婚这一情况与择偶自由这二者之间的并存关系就更为突出了。在上面提及的事例中，至少有 130 例都反映出，妇女的择偶自由似乎是很大的，虽然这些案例都没有明确指出女性的同意是不可缺少的。我只从其中的 21 个案例（占全部案例的 16%）中发现真正买卖婚的明显迹象。但是，在以上计算中，低等狩猎民族也被一并收入，这就使得这个百分比有所降低，否则就会更高些。在择偶自由与事实上的买卖婚同时并存的案例中，大多（21 例中有 14 例）均为非洲的部落，而在非洲的其他案例中，均不存在买卖婚的盛行，尽管男子也并不是白白娶到新娘的。

还有很多观察家也明确指出，买卖婚与不顾妇女本人的意愿这两种情况之间，存在着密切的关系。在新赫布里底群岛的东马利科洛岛，谁出价最高，做父亲的就把女儿嫁给谁；父亲出嫁女儿，最少也能得到 10 头猪。在苏门答腊的巴塔人中，有时，做父母的
312 遇到有人出特别高的价，就会违背女儿的意愿，把女儿嫁给此人。在吕宋岛三描礼士的尼格利陀人中，“做父母的总把女儿之身折为一定之价，只有当有人付了这笔钱之后，才让女儿出嫁。虽说做女

儿的也可有一些择偶的自由，但父母经常施加压力，强迫她嫁给出钱最多的人。”[①]在阿萨姆和曼尼普尔南部边界的钦邦山区，做父母的实际是把女儿卖给人家做妻子的，他们一点也不考虑女儿的意愿。在西奈山的贝都因人中，由于盛行买卖婚，因此没有一个做父亲的认为，在把女儿卖与他人之前，应征求一下她的意见。而据伯克哈特说，在东部平原的阿拉伯人中，如在埃内兹人中，“做父亲的从不收受嫁女的聘金，因此也能顾及女儿的意愿。”[②]在东非的卢旺达，女子如对某个前来求亲的不满意，不愿嫁给他，是可以向父亲说出的；不过，最后拿主意的还是她父亲，而父亲心中的天平总是偏向于出价最高的人。在东南非的聪加人中，一个女子嫁什么人，从原则上来说完全是由家里来掌握的。诚然，家里在做决定前，往往也征求她的意见，但是，只有在这家的男主人对这门婚事没有什么特别兴趣时，他们才这样做。“如果他们认为应当把她嫁给某个男人，他们就会毫不犹豫地强迫她接受这个男人。例如，有一个年轻的女子被家里人硬嫁给一个她根本就不喜欢的又脏又老的男人，这是因为20年来他们一直欠着这个人的债。”[③]在安戈尼祖鲁人中，女子原来是可以选择自己的丈夫的，但现在，做父亲的出嫁女儿，一般都不征求她的意愿。谁给的牛最多，做父亲的就把女儿卖给谁。在尼日利亚讲埃多语的大部分地区，人们似乎很少强迫某个女子嫁给她不喜欢的人。不过，据托马斯先生说，索博地 313
区的情况则有所不同，“当地的习俗似乎总是强迫女儿嫁给某个求

① Reed, *Negritos of Zambales*, p. 56.

② Burckhardt, *Notes on the Bedouins and Wahábys*, p. 149 *sq*.

③ Junod, *Life of a South African Tribe*, i. 264.

亲的人。这可能是因为求亲者在交纳聘礼时往往支付很大一笔现金，而做父亲的既然贪财拿了别人的钱，要让他退还，那就相当困难了。”[①]据说，在达科他印第安人中，男子有时“是买妻成亲，买时也不征求女方的同意”[②]。关于波尼人，格林内尔写道：“在过去，当他们还没有马的时候，当他们的全部财产只有狗、简陋的武器和一些衣服的时候，人们都是为爱情而结婚的。那时，男女青年结婚的唯一动因，是他们之间的感情。除非男女两家的社会地位相差悬殊，否则，人们是很少干涉他们的这种感情的。……自从波尼人有了马，并开始积累财产之后，人们比以前富有了，日子也比以前宽松了，于是，就兴起了这样一种做法：当人们想娶哪个女孩为妻时，便给她的直系亲属送一些礼物。送礼物的目的，是为了同管这个女子的人搞好关系。这一做法起初是想获得女方家人的好感，后来便渐渐成为一种固定的习俗，成为当然之事。最后，这种送礼的做法就变得必不可少了，如果求亲的年轻男子想得到女方家人的同意的话。”[③]据马修斯说，有些旅行家在谈到印第安人的“买卖婚”时，仅仅把它说成是将女子卖给出价最高的人，这种对印第安习俗的描述是有偏颇的。“他们的这些描述，只适用于那些声誉最差的人在当今的一些不合常规的行为表现。”[④]据说，在克里克人
314 中，如果一个男子想“以该地古老而又严肃的习俗”娶某个女子为

① Thomas, *Anthropological Report on the Edo-speaking Peoples of Nigeria*, i. 58 *sq*.

② Mary Eastman, *Dahcotah*, p. 106.

③ Grinnell, *Story of the Indian*, p. 41.

④ Mathews, *Ethnography and Philology of the Hidatsa Indians*, p. 52.

妻，他总是会正式提出求婚，尽力征得她本人的同意。[1]

那么，在低等民族中，经济文化的进步何以会损害妇女的择偶自由呢？现在，就让我们来解释这个问题。我认为，经济文化的进步导致了买卖婚的发生，而买卖婚则会使妇女的择偶自由受到限制。买卖婚在低等狩猎民族中很难发生，在初级农业民族中也十分罕见，而在高等狩猎民族中，特别是在纯农业民族和饲养牲畜的农业民族中，就比较常见。此外，买卖婚在高等牧业民族中比在低等牧业民族中更为流行。买卖婚在高等农业民族中虽然也很常见，但整体上说来，在牧业民族中比在农业民族中流行更广。这样看来，买卖婚的发展是与对妇女择偶自由的限制同步进行的，二者之间必有一定的因果关系。但是，有一点值得我们注意：在农业民族中，买卖婚与择偶自由并存的情况相对较多；而在狩猎民族与牧业民族中，这种情况相对较少。从霍布豪斯教授的表中来看，在49个实行买卖婚的农业民族中，有24个（即47%）认为女子的出嫁应有本人的同意，另外25个则认为不必有这种同意；而在20个实行买卖婚的高等狩猎民族和牧业民族中，只有3个（即15%）认为女子的出嫁应有本人的同意，另17个则认为不必有这种同意；在兼有买卖婚与必有女方同意这一观念的27个案例中，有24个（即为89%）属农业民族，只有3个属于高等狩猎民族和牧业民族。从我自己收集的资料中，也可以得出与此非常类似的结果：在21个兼有买卖婚和择偶自由的案例中，18个（即87%）是农业民族，另外3个是高等狩猎民族和牧业民族；不过，在后一类的一个

① Schoolcraft, *Archives of Aboriginal Knowledge*, v. 269.

案例中，女性的择偶自由颇有些令人生疑，因此，农业民族所占比例似应为89％。

315 但是，经济文化的发展对于妇女择偶自由的负面影响，除了源于买卖婚的兴起之外，我们还可以想到其他一些原因。由于财产的积累和贫富差别的出现，家庭对其成员的婚姻可能带来的利害，自然也愈趋关注。这样，做家长的就越来越不愿意让子女由着自己的愿望自由择偶了。据勒·瓦扬说，在霍屯督人中，谁第一个得到某个姑娘的青睐，谁就能得到她父母的赞同。他就此说道，在一个没有高低贵贱之分的地方，在一个全无发财之念的地方，“做父母的决无任何一种反对子女爱其所爱之人的动机。”[1]同样，我们也听说，在莫基人（亦即米特梅萨—霍皮人）中，大多数婚姻都是爱情的结合，因为人们在贫富上没有什么差别，从家庭的角度来看，其成员跟谁结婚都没有什么关系。但是，对于那些存在着贫富差别，而遗产继承又是增加财富之重要来源的部落，情况就另当别论了。

在讨论影响蒙昧部落妇女择偶自由的各种环境因素时，我们尚未谈到澳大利亚土著人。他们与世界其他地方的低等狩猎部落不同，一般似乎不允许女子在婚事上有任何发言权。在他们那里，虽然男子求亲时也向女方亲属赠送一点猎物或武器，但并不存在普通意义上的买卖婚。舒尔茨曾谈到订婚的利益动机。有些当父亲的把自己小女儿许给比她大好多岁的男子，“因为这个女婿常常

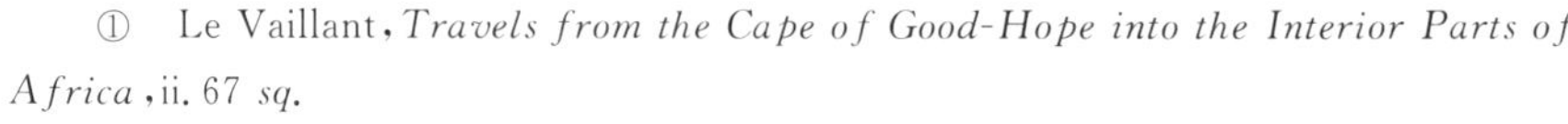

① Le Vaillant, *Travels from the Cape of Good-Hope into the Interior Parts of Africa*, ii. 67 *sq*.

给他们送些猎物，这样，在岳父老了以后也能养活他们，因此受到欢迎。”[①]但是，澳大利亚女子在婚姻上受人强制的主要原因，显然 316
还在于：婴幼订婚的风习格外盛行；老年人惯于占有最漂亮的女子；当地还流行用姐妹或其他女眷换得妻子的习俗，这样，无论这种交换是发生在婴幼儿期，还是发生在长大成人以后，女子都不可能对自己的婚事拥有发言权。这些习俗均与两种情况有关：其一，老年人实施着极为专制的统治；其二，除了用以亲换亲的方式外，年轻男子很难以和平的方式娶得妻子。因此，澳大利亚土著全然不顾妇女的意愿，是由一种具有地方特点的特定环境造成的，而不能被视为是一种比其他低等狩猎民族更原始的社会阶段的遗留物。其实，那些低等狩猎民族，在社会组织上明显落后于澳大利亚的一些最出名的部落。霍布豪斯教授及其合作者说，他们把澳大利亚土著人统统划归低等狩猎民族之类，还是颇有一番犹豫的。他们的这种犹豫，我不但也有，而且更甚。鉴于以上所有这些事实，我们无法赞同勒图尔诺的这样一种笼统的说法，即：在一段很长的时期里，妇女出嫁时，根本没有人征询她们的意见。相反，我们有充分的理由相信：与现今的澳大利亚部落以及其他很多处于较高文化阶段的蒙昧人相比，生活在原始时代的女子在择偶上要自由得多。

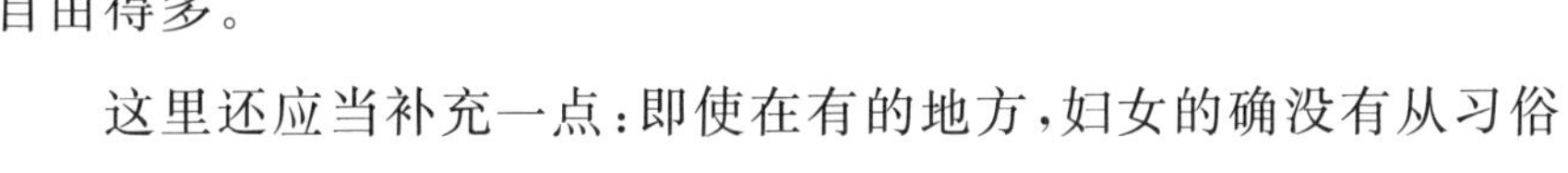

这里还应当补充一点：即使在有的地方，妇女的确没有从习俗中得到对于自己婚姻的发言权，她们也可以有办法阻止不合自己

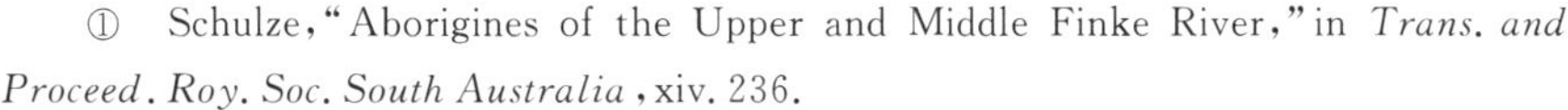

① Schulze, “Aborigines of the Upper and Middle Finke River,” in *Trans. and Proceed. Roy. Soc. South Australia*, xiv. 236.

317 心意的婚配，或是解除强加给自己的婚姻。她们可以争取得到母亲或其他女眷的同情，让她们从中调停，使父亲改变主意。在科萨卡菲尔人中，新娘可以在举行婚礼的那天将婚约变成一纸空文，其方法是在自己身上抹上大粪，这样，做父亲的就得退还男方娶亲所交的牛。这一习俗的意义是什么，没有人说过，但是我猜想，在其深处可能有某种迷信。摩洛哥的柏柏尔女子有时就以迷信为武器，来反对不合意的婚姻。在非斯城附近的艾特萨登人中，男方的母亲要由另外几位妇女陪同，到女方父母家中告诉他们，自己的丈夫想为儿子娶他们的女儿。做女儿的虽然不能就自己的婚事发表意见，却能影响此事的进程。如果她喜欢这个小伙子，就会身着漂亮的衣服，坐在男方母亲一行人的身旁，尽可能表现得妩媚动人；反之，如果她不喜欢这个人，就会说些在这种时候不该说的坏话和晦气话，要不就是像参加葬礼的妇女一样，抓自己的脸，往身上抹牛粪。结果，由于人们担心在这种情况下商谈的婚事会不吉利，因而商谈也就到此为止了。此外，在这个部落中，有的女子还在这个时候或是要举行婚礼的那天出逃，以拒绝别人所提的亲事。据说，在西非的某些黑人中，虽然做父亲的可以强迫女儿嫁给她不喜欢的人，但是，“此类婚姻麻烦甚多，而且到最后，男方都会把女方放
318 走。”[①]在加利福尼亚的奇马里科印第安人中，如果做父亲的把女儿嫁给一个她不喜欢的人，她就会咬那人的手，抓那人的脸，直至被那人休回家中。

据了解，在很多民族中，都有这样一种常见的习俗：做女儿的

① Nassau, *Fetichism in West Africa*, p. 8.

在被父母强行嫁给某人之后，总是要跑的。在新赫布里底群岛的彭特科斯特岛，如果一个女人从丈夫处逃走过很多次，也挨过好多次打，但仍改变不了她要跑的决心，那么，“她的父母就会把聘金退还给男方，而男方则会放其妻子回家”[①]。在东北非的博戈人中，当一个女子被迫嫁给一个她不喜欢的男人之后，只要她逃跑 3 次，他们的婚姻就可以解除了。在刚果河上游的博洛基人中，“如果一个自由女子不想嫁给要娶她的那个男人，她就会坦率地告诉这个人，如果他一定要娶她的话，她就会逃跑的。如果男方不顾这一威胁，最终和女方结了婚，那么几天以后，女方就会跑到邻近的一个城镇里，撕破酋长的衣服，请求酋长的保护。然后，酋长就会把这件事通知给她的丈夫。不过，如果他要把妻子接走的话，就必须先付给酋长 600 根铜条（39 先令），用以赔偿酋长被撕破的衣服。这时，如果做丈夫的还不允许妻子与她喜欢的人结婚，那么，做妻子的还会一跑再跑，而每跑一次，做丈夫的就得交出 600 铜条。一个聪明的男人在听到女方的第一次威胁时，就会引以为戒，而不会和她成婚。”[②]撕破酋长的衣服，是要让他来干预此事，但不知道这样做是否包含某种神秘性诅咒。在有些地方的摩尔人中，已婚妇女要想脱离丈夫并强迫另一男子与她结婚时，往往就诉诸这样的诅 319
咒。在摩洛哥中部山区的柏柏尔人中，我见到过这样一种习俗：一个女人若不愿再与丈夫呆在一起，就会跑到另一个男人的家里，抱住屋中的一根柱子不停地旋转（或是转动手磨），好像在磨东西。

---

① Speiser, *Two Years with the Natives in the Western Pacific*, p. 234 *sq.*

② Weeks, *Among Congo Cannibals*, p. 126.

这时，这家的男主人，无论他是单身，还是已婚，也无论他有多少妻子，都必须娶她为妻。除此之外，他还要向她所抛弃的丈夫支付一笔赔偿费。钱的数额由各地习俗而定，在不同部落之间，乃至在同一部落的不同分支之间，其数额都可能相差很大。以艾特萨登人而论，其数额可达500元。这种独特的习俗乃是基于这样一种观念：如有某个女人以这种方式跑到某个男人家里避难，他若不娶她为妻，就会有某种大难临头。这是因为，她一抱住柱子旋转或转动手磨，就把一种神秘性诅咒附在这家男人的身上了。

一个女子在没有征得父母同意或违抗父母意愿的情况下要想
与自己的意中人结婚，经常采用的一种做法就是与这个男人一同
320 私奔。这种做法固然说明，仅有男女当事人的相互同意并不一定
就能成就一桩婚姻，但它同时也为这种不能成就的婚姻提供了一
种补救方法。当男方因为家境贫寒，付不起娶亲要交的聘礼，或者
由于并非女方过错的种种其他原因，因而不能以普通的方式和女
321 方结婚时，就会采用私奔的方式。在很多民族中，私奔实际上都已
成为一种制度，它作为缔结婚姻的一种方式，或至少作为缔结婚姻
前的一种准备措施，已为习俗所认可。但事后，男方往往还要补交
聘礼，或送些礼物以抚慰女方的家人。在波尼人和西克西卡人中，
只要在私奔之后即向女方赠送一些礼物，就可使婚姻合法化，使女
方及其家人找回失去的面子。在查里人看来，私奔是不合规矩的，
是应当受到指责的，但并不是一项无效的措施。“女方的父母会要
求男方立即支付5卢比，并要求男方支付比通常更高的聘金。”[①]不

① Endle, *The Kacháris*, p. 43.

过，这些苛刻的条件还是比较少见的。在西非的庞圭人中，男女私奔后，男方会先把普通聘金的一部分，譬如一半，付给女方的父亲，322
作为安抚；这样，他也会答应男方以后再支付剩余的部分。据说，在聪加人中，如果男方未能支付娶亲所需的聘礼，那么，他们婚后生的第一个女孩就要担负起这个责任——“由这个孩子来支付其父娶其母的聘礼”[①]。拉图卡人也有类似的习俗，该部落位于苏丹边界上的英国辖区。在婆罗洲的达雅克人中，“如果一个年轻女子爱上一个男子，但女方的父母却不同意这门婚事，那么，男方可根据一种古老的习俗将女方带回自己村中。女方将按约定在河边与男方相会，然后登上他的船，一个手里拿一支桨，尽快划走。”等女方家里来追赶的人到了男方家里，男方便以好吃好喝相招待，使其满意而归。这样，他们一走，女方也就成了他的人了。[②]

在很多民族中，私奔行动本身即足以使这一对男女成为夫妻。在亚利桑那的哈瓦苏派人中，如果做父母的拒绝把女儿嫁给来求亲的人，而女儿又已同这人私奔，那么，“这事也就是这样了。该部落的伦理规定，男女一旦实行同居，做父母的就没有权利宣布婚姻无效了。而且，作为对这种不通人情的死硬态度的进一步惩罚，做父亲的如若善待这对年轻男女并满足其心愿本可得到的 10 元钱或等值的礼物，这下也没有了。”[③]在汤普森印第安人中，一对男女私奔后，做父亲的即使把女儿追回来了，“也只能把她再交给男方，

① Junod, *Life of a South African Tribe*, i. 121.

② Brook Low, quoted by Ling Roth, *Natives of Sarawak*, i. 118.

③ James, *Indians of the Painted Desert Region*, p. 228 *sq*.

因为当地习俗已经宣布他们二人结为夫妻了"①。据玛丽·伊斯门说,达科他人有两种婚姻:一种是买妻成亲,一种是私奔成亲。
323 在他们那里,"私奔是大家都能理解的事。如有一对男女跑了,那么,当他们再回来时,人们就应给予谅解,无论他们是第二天就回来,还是 6 个月后才回来。"②在达科他的希达察印第安人中,男女私奔后,如果在草原上呆上一周左右后,又回到村里来了,那么,有什么麻烦通常也就都消除了,而且,这对男女也就被认为是结婚了。不过,"人们还是认为这种婚姻不太体面,因此,人们对私奔成亲的和经父母同意而成亲的,有不同的叫法。"③奥马哈人认为,如果一个女子与她相好的人私奔了,无论是做父亲的,做兄长的,还是做叔伯的,都没有理由大动肝火。如果有人为此事而生气,人们就会嘲笑这个人。他们认为,如经女子同意,男子即可与她私奔,而不论她是本部落的,还是外部落的。在科里亚克人中,如果一个女子违背家人的意愿,跑到她情郎家里去了,那么,"她的父母就不能要她回来,因为她是自愿走的"④。在阿尔莫拉地区的菩提亚人中,男女私奔后,如一同正式进食了象征某种仪式的食品,那么,女方的亲人就迟早"得接受这一无可改变的现实"⑤。在印度南部的穆杜瓦尔人中,如果一对男女想结婚,却得不到其家人的同意,他们就会跑到丛林或洞穴中去,不过,也会常常回村里来,从同情他

① Teit, in *Memoirs American Museum Nat. Hist.* vol. ii. Anthropology, i. 324.

② Eastman, Dahcotah; or, Life and Legends of the Sioux arround Fort Snelling, p. 103.

③ Matthews, *op. cit.* pp. 53, 167, 208.

④ Jochelson, *Koryak*, p. 744.

⑤ Sherring, in *Memoirs Asiatic Soc. Bengal*, i. 108.

们的人那里拿些粮食和其他吃的东西。等到家人因他们私奔而产生的怒气平息下来之后，“他们就会悄悄地回到村里来住，像夫妻一样生活”[①]。吉大港山区的查马人也有私奔成亲的。做女儿的和人私奔后，其父母可要求男方将自己的女儿送回，但只限于3次。“如果这个男子对女子情深意切，又成功地完成了第4次私奔，那么，他就可以达到与女方结婚的目的了。”[②]在马赛人中，不时会发生这样的事：女孩一到了结婚的年龄，就离开和母亲同住的 324
小屋，跑到情郎那里去了。这时，往往是由女方的父亲出面，派一些小伙子拿上棍棒，去把女儿找回来。如果遇到这种情况，男方就会和女方一起跑到树林去，并威胁说，如果有人想把他们拆散，他就要奋力进行抵抗。“而等他们在树林里吃完一头牛之后，他们就会立即返回村中。这时，他们不用再举行任何仪式，即被承认具有夫妻关系了”[③]。

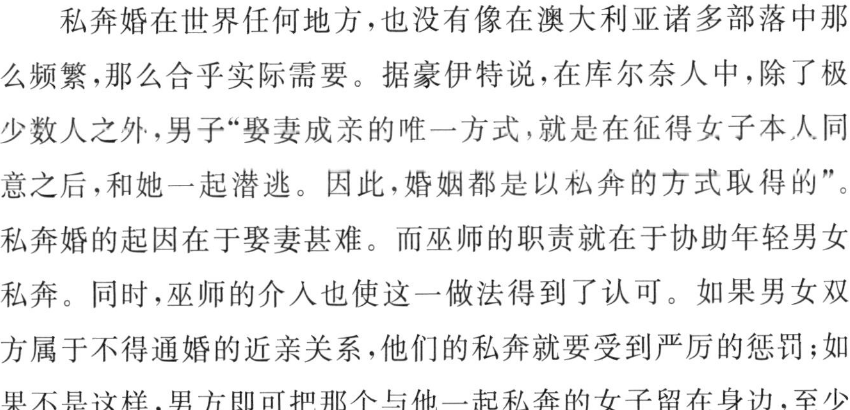

私奔婚在世界任何地方，也没有像在澳大利亚诸多部落中那么频繁，那么合乎实际需要。据豪伊特说，在库尔奈人中，除了极少数人之外，男子“娶妻成亲的唯一方式，就是在征得女子本人同意之后，和她一起潜逃。因此，婚姻都是以私奔的方式取得的”。私奔婚的起因在于娶妻甚难。而巫师的职责就在于协助年轻男女私奔。同时，巫师的介入也使这一做法得到了认可。如果男女双方属于不得通婚的近亲关系，他们的私奔就要受到严厉的惩罚；如果不是这样，男方即可把那个与他一起私奔的女子留在身边，至少

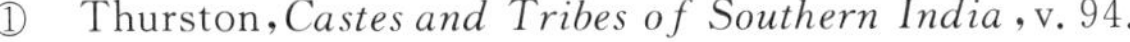

① Thurston, *Castes and Tribes of Southern India*, v. 94.

② Hutchingson, *An Account of the Chittagong Hill Tracts*, p. 97.

③ Merker, *Die Masai*, p. 46 *sq.*

325 在一定情况下如此。男子往往还得为此而同那个已与女子订婚的男人打斗一番；如女子已经嫁人，则要同她的丈夫打斗一番。有时，连双方亲属也会参加进来，打斗的规模也就会更大。无论是哪种情况，打斗的结果都将决定私奔的男女能否获准呆在一起。在温巴约人中，男女私奔后，“女方的父亲和兄弟就要去找，而男方则不得不答应他们用木棍打自己的头部。在这之后，有时，这对男女就可以在一起了。不过，也有时候，女方的男女亲眷还要再跟男方的男女亲眷打斗一番”[①]。在沃拉罗伊部落中，有这样一种习俗：如果某人掠他人之妻私奔后，他就必须“与女方的众亲属对阵，那些人个个手持长矛，而他只有一根长矛用以防身，还要把他们都打倒”。如果他通过了这一神判，且身体完好，那么，他就可以得到这个女人。[②] 在距昆士兰马里伯勒50英里内的某些部落中，年轻男女私奔后，男方必须与女方家中所有要管这事的男人较量一番，与此同时，女方也会受到自家人的严厉鞭打。不过，他也可以给女方的亲戚和她的未婚夫送些礼物，与他们和解，以期放人。在有些部落中，男女私奔后，男方为了留住女方，还不得不让出自己家的一个女子，用以交换。不过即便如此，他也还得与人家较量一番，或是经历通常所需的一场神判。在新南威尔士的尤因人中，男女相爱并私奔后，如能在外一直呆到孩子出生，那么，人们就不能对他们怎么样了。如果男方再能以自己的姐妹交换新娘，那就更是什
326 么事都没有了。还有些部落也有这种情况。男女私奔后，只要女

① Howitt, *Native Tribes of South-East Australia*, p. 194.

② *Ibid*, p. 217.

方生了孩子或是怀了孕，男方就可以把女方留下来。在维多利亚的古尔本部落中，“男女得以私奔后，只要在灌木丛中一起度过两夜一天，避开女方所属部落的假装搜寻”，男方即可携带女方回到自己的部落。[①] 此外，男女连续私奔数次之后，也可使其婚姻变为合法。

当我们从蒙昧民族和野蛮民族转而谈论在文明发展上高出一
筹的民族时，我们就会看到，父亲的（或父母的）权威以及子女对父
亲（或父母）的孝敬已达到顶峰。在古代墨西哥，尽管做主人的在
未征得其本人的同意下，不得贩卖表现良好的奴隶；但是，做父母
的在其贫困之时，却可以随意卖掉其子女，以补一时之需。克拉维
格洛曾说过，子女从小就生活在对父母的敬畏之中，乃至他们长大

了，结婚了，仍不敢在他们面前发表意见。下面是一个阿兹特克人 785
对他儿子的一段劝说：“要尊重所有的人，特别是你的父母。要服
从他们，尊敬他们，侍奉他们。有些坏孩子，就像没有理性的野兽
一样，既不孝敬父母，不听他们的教诲，也不接受父母的规劝。千
万不能学他们的样子。谁若步其后尘，谁就不会有好下场，就会不
得好死。要么就会被野兽吃掉。”[②]年轻人很少能自己选择妻子，
而只能听从父母的安排。因此，不经父母或其他亲属批准而缔结
的婚姻，实在是少而又少。谁若敢于自己找对象或不经父母同意 327
而结婚，谁就会受到惩罚，被看作忘恩负义、没有教养、离经叛道。

---

① Blandowski, quoted by Wilhelmi, in *Trans. Roy. Soc. Victoria*, v. 179. *sq*.

② Clavigero, *History of Mexico*, i. 360.

据托克马克说，人们有这样一种信条：谁要是这样做，谁就会受到天灾人祸的惩罚。班克罗夫特先生说，在危地马拉人中，“如果说哪个年轻男子在婚事上没有让父母做主或没有征求父母的意见，而是自己悄悄找好了对象，那真是令人难以置信。我们听到的是，由于子女对父母都是言听计从，毕恭毕敬，因此从未有过此类丑闻。”[①]在尼加拉瓜的大部分地区，年轻人的婚事都是由父母包办的；而在某些独立的城镇中，女子则是从参加宴席的年轻男子中选择其丈夫的。在古代秘鲁，印加帝国的皇帝帕查库提曾批准过一条法律，规定男子在25岁之前应遵从和侍奉其父；未征得自己父母和女方父母的同意，不得结婚；未经双方父母同意的婚姻是无效的，由这种婚姻所生的子女是非法的。不过，据说当父母的也征询男女当事人自己的意愿。

与此类似的观念，在旧大陆的文明民族中也曾盛行一时，甚至可以说至今仍有很大影响。孔夫子教导说：“在一个人的所有行为中，孝敬父母是最重要的。在对父母的孝敬中，最重要的是对父亲的敬畏。在对父亲的敬畏中，最重要的是把父亲同天联系起来。”[②]不过，孝敬父母乃人之本分这一观念却并非始于孔夫子。早在孔夫子之前，这一观念就已在中国人的心中牢牢扎根了。而且，时至今日，这一观念仍支配着中国有关家庭的立法。父亲乃是一家之尊，做儿子的即使结了婚也仍旧受到其父的管束。中国的

328

① Bancroft, *The Native Races of the Pacific States of North America*, ii. 666.

② *Sacred Books of the East*, iii. 476. 参见《孝经》圣治章第九：“子曰：天地之性，人为贵。人之行，莫大于孝。孝，莫大于严父，严父莫大于配天，则周公其人也。”——译者

古代法典确实禁止为父者杀死或出卖自己的子女，但是，只有在极大的案件中，国家才过问一家之长与其家人之间的事。至于贩卖儿女的事，实际上也是许可的。无论什么人，也无论其年龄大小，只要其父母或家中长辈尚在，或者说，只要他们离得不远，他就不能在自己的婚事上自作主张。这些监护人的权力是极大的，他们可以为离家在外的晚辈订婚，而即使这个晚辈已在外自行订婚，到头来也得遵从这种包办婚姻。这种制度常常导致这样的情况发生：已订婚的男女，在结婚之前，几乎是互不相识；新郎只有在婚礼上，才第一次窥见妻子的面容。在朝鲜，新郎在举行婚礼这天以前，是不会见到新娘的，一切准备工作都是由男女双方的父亲操办的，而当事人自己则毫无表达意见的机会。

在日本，父亲的权威过去也像在中国那样大。日本的习惯法 329
中有一条既定原则：儿女的婚姻必须经过父亲的同意，而他们本人则往往无从表达意见。大宝律令中的家户法规定，男女结婚之前，应征得祖父母、父母和其他亲属的同意。根据日本新民法的有关规定，结婚除了要有同住一处的父母的同意之外，还必须有结婚者本人的同意；男子年满 30 岁，女子年满 25 岁时，则不再需要征得父母的同意。但事实上，男女之间的婚姻往往还是由双方父母包办。

在古代迦勒底，为父者对其子女也拥有很大的权力。至于母亲的权威，霍梅尔认为，也同父亲的权威一样大；而梅斯纳则断言，要比父亲的小，其理由是：人们很少在法律上看到儿女与其母亲在继承问题上的关系。据后者说，女儿出嫁，要由父亲做主；女儿无从对父亲的选择表示任何异议。正如科沙克博士所说，人们说到巴比伦女子的婚事时，不是用"嫁人"，而是用"被嫁人"。我们还听到，做儿子的虽然可以自主纳妾，但若不经父亲同意，就不能缔结
330 有效的婚姻。不过，父亲干预儿子婚事的权力是否一直持续到他死，我们尚不清楚。至于做父亲的对儿子所拥有的大权，则可以从以下两点看出：其一，儿子若违抗父命，父亲可卖其为奴；其二，根据汉谟拉比法典的规定，为父者不仅可以把其女儿，而且可以把其儿子作为人质抵债，只是不能任意与其子女脱离关系。

古代希伯来人非常强调子女对父母应尽的义务，这一点非常明显。这一条不仅被列为"十诫"之一，而且其位置仅次于对于上帝的义务。做父亲的为解自己之难，可以卖儿卖女；还可以把子女交给债主，以作抵押。做父亲的不仅有权任意将女儿嫁人，而且还可以把女儿卖作婢妾，只是不能卖给外族人。儿子娶亲，也要由父亲来选择。不过有时，为儿子择妻是母亲的事。而且，没有迹象显示儿子在婚事上对父母的这种依从，到他多大时为止。不过，依据后来的犹太法，只要结婚双方均已成年，父母的同意即不再为法律所要求。但是，据梅尔齐纳说，由于以色列人一向非常尊重父母，因此，"未经父母同意就缔结婚姻的事乃是十分罕见的例外。"[1]

331 韦尔豪森在谈及古代阿拉伯人时曾说，给女子订婚的，是其监护人，即她的父亲、兄长或从兄。不过，"心慈的父母当然总要问问女儿是否想嫁给这个求亲的人。"[2]根据伊斯兰教法的规定，如果

---

① Meilziner, *The Jewish Law of Marriage and Divorce in Ancient and Modern Times*, p. 69 *sq.*

② Wellhausen, "Die Ehe bei den Arabern," in *Nachrichten von der König. Gesellschaft der Wissenschaften zu Göttingen*, 1893, p. 431 *sq.*

女儿尚在父亲的管治之下，那么她的出嫁则无须得到本人的同意。在哈乃斐派和什叶派中，如果女儿已到成年期，做父亲的不经女儿同意即将其嫁人的这一权力也就中止了。不过马立克派却并非如此。在这一教派中，做女儿的只有在以下情况下，才不再受到父亲的管治：一，父亲已去世；二，父亲虽仍在世，但已明确给女儿以自由；三，女儿已出嫁（如果她在成年期之前即已嫁人而后来又已离婚，或者在男方家居住未满一年时已离婚，且不曾圆房，则不在此列）；四，根据一些法学家的意见，女儿已年满 30 岁。如果一个女子已不再受到父亲的管治，那么，在为她缔结婚姻时，则必须得到她本人的同意。表示同意的方式，可以是直接的表述，但如果女方是处女，也可使用暗示。表示同意的暗示方法可以是微笑，也可以是大笑。在摩洛哥、阿尔及利亚、突尼斯以及巴勒斯坦的很多地 332
方，做父母的出嫁女儿，往往都不跟她商量。不过，沙漠贝都因人“则与巴勒斯坦土生土长的穆斯林完全不同，做父母的任由自己的女儿对所提亲事表示自己的态度”[①]。在阿拉伯北部的埃内兹人中，父母出嫁女儿，都要征求她本人的意愿；人们从未想过做父母的会强迫把女儿嫁给她不喜欢的人。在麦加，虽然人们认为做女儿的就应当根据父亲的意愿行事，但强迫女儿嫁给某某人的事还是很少发生的。伊斯兰教中的各教派都主张，男儿进入成年期（指年满 15 周岁以上）后，即可自主订婚，而不必征求父亲的同意。虽然做父亲的自然有权包办其未成年子女的婚姻，但法律还是规定，这一权利的行使不得造成对未成年人的伤害。倘使做父亲的有任

① Robinson Lee, *Witness of the Wilderness*, p. 120.

何可能伤害未成年人利益的行为，则这种行为即被视为违法，法官有权进行干预，以阻止此行为的完成；如已完成，则宣布此行为无效。不过，事实上，在摩洛哥以及其他一些地方，不少做父母的还是根据自己的意愿，给儿子包办婚姻，即使儿子已经长大成人，也还是如此。而且，习俗也要求做儿子的遵从父母的意愿。凡是男女间严禁往来的地方，诸如在大多数穆斯林地区，父母对儿子婚事的干预，从儿子方面看来，都很难说是一个负担，因为他可以轻而易举地离弃自己不喜欢的妻子。至于对女子来说，要从她并不认识的求婚者中选择其一，也不是一件易事。

在古罗马人中，对于一家之父来说，“其家人统统没有法律权
333 利，其妻子和儿女如同其牛马、奴隶一样。”[①]做父亲的不仅拥有对其子女的审判权（包括将其处以死刑的权利，只是要有正当理由），而且还可以随意把他们卖掉。甚至已成年的儿子及其子女也要接受这一家之父的管治。在没有“书面契约”的婚姻中，做女儿的即使结婚以后，也仍要受到其父或监护人的管治。无论是做儿子的还是做女儿的，要结婚，就必须要有这“一家之父”的同意。这一规定是十分严格的。直至马尔库斯·奥雷利乌斯统治时期，如果父亲有精神病，而其子女又仍在他的管治之下的话，其子女就不能缔结合法婚姻，因为这样的父亲无法对子女的婚姻表示意见。

亨利·梅因爵士和其他一些人曾提出，罗马人的父权乃是原始雅利安父权的遗存。但是，他们却拿不出明显的例证来说明，在其他所谓雅利安民族中，也曾普遍实行过这种不受限制的父权。

① Mommsen, *History of Rome*, i. 74.

有一位古代法学家说过:“我们对子女所拥有的权力是罗马公民所
特有的。其他国家的人对其子女并没有我们这样的权力。”[①]在希
腊人和条顿人中,做父亲的有权遗弃其未成年的子女,有权卖掉子 334
女以应急需(只要他们尚在其管治之下),也有权自行做主出嫁女
儿。但是,这并不表示他们也拥有罗马的一家之父对其各种年龄
的后代所实行的那种统治权。希腊妇女常常被嫁给她们不认识的
男人。在希腊,以及在所有条顿民族中,父亲对儿子的管治,一到
儿子成年离家,即行中止。儿子成年后,也可自己选择配偶。但
是,按照习俗的要求,条顿人在这样做时,应征求家人的意见。

在印度,虽然父亲或父母在印度教中一直有着很大的权威,但
没有任何证据表明,那种罗马式的父权曾在印度历史上大行其道。
在吠陀时代,做父亲的似乎只有在能够保护家人、供养家人之时,
才是一家之长。到父亲年迈体弱之后,则是任其饿死。麦克唐奈
和基思坚持认为,虽然在印度做父母的也常常给子女安排合适的
婚姻,但男女青年可能仍有很大的择偶自由。对于齐默尔所谓须
有父亲同意才能结婚的说法,他们也认为是缺乏明确依据的。 335
些比较晚近的圣书规定,父母有权出让、出卖和遗弃儿子,因为“人
是由经血和精液所形成的,父母是因,子女是果”。但是,任何人不
得出让和收养独生子;女人不经其夫同意,也不得出让自己的儿子
或收养他人的儿子。[②] 而另一些圣书则说,“出让、领养及买卖孩
子的权利是不被承认的”[③]。还有的说,父亲抛弃儿子,应被国王

① *Institutiones*, i. 9. 2.

② *Vâsishtha*, xv. i. *sqq*.

③ *Apastamba*, ii. 6, 13, 11.

罚以600"钵那";但儿子因犯罪而失去种姓者,则不在此列。根据《摩奴法典》的规定,女子可按照自己的心愿选择丈夫,但这位立法者不赞成"少女与其所爱之人的私自结合……,这种结合产生于爱欲并以色情欢快为目的"[1]。由父亲出嫁女儿的四种结婚方式——梵式(brāhma)、天神式(daiva)、仙人式(ārsha)和生主式(prājāpatya),都是神圣幸福的结婚方式[2],通过这四种结婚方式所生的儿子,在有关吠陀的知识上能出类拔萃,为有教养者所尊崇,而且定能长命百岁。而由买卖、自主结合、强行绑架和偷盗所结成的另外四种婚姻,则是应当受到指责的婚姻,而通过这几种结婚方式所生的儿子,定是凶残的,虚伪的,仇视吠陀和圣法的。那罗陀认为,女子的出嫁,应由下列人负责:第一,由其父亲;第二,由其兄长,但要有父亲的授权;第三,由其祖父;第四,由其舅舅;第五,由父系亲属或母系亲属;第六,在上述几种人都不在的情况下,如果母亲有能力做其监护人,则由母亲将其嫁人;第七,如果母亲无此能力,则改由其远亲执行。假如上述任何一种人都没有,姑娘
336 就得求助于国王,请他恩准,让自己去找个新郎。无论做父母的在法律上有哪些详尽的权利,对于子女来说,最紧要的义务则是孝敬父母。一个人有三个规范师,即特别受尊重的长者,他们是:父亲、母亲和宗教导师。一个人必须永远服从这三位规范师。他所做的一切都必须使他们满意,对他们有益。任何未经他们许可的事,他

① 参阅《摩奴法典》,第三卷第32节,商务印书馆1982年版,第57页。

② 《摩奴法典》为四大种姓规定了八种结婚方式,"梵式"等四种是最好的方式。详见《摩奴法典》第3卷第20—42节(商务印书馆1982年版第56—58页;中国社会科学出版社1986年版第42—43页)。——译者

都不得去做。“只要敬重这三者，一个人所应当做的就都做了。这显然是一个人最高的义务，其他都是从属的义务。”[①]这样一种情感，在现代印度教徒中也是普遍存在的。W. H. 斯利曼爵士说：“我相信，在世界各地，要数印度社会各阶级的男子对父母最为敬重了。”至于做女儿的义务，自出嫁之日起，就完全转向其丈夫和公婆了。[②] 根据印度教徒现在的习俗，“女子出嫁，必须得到父母的同意；男子第一次娶亲，也必须得到父母的同意。而父母的意见往往都是得当的。”[③]当地的一位作者写道：“信奉印度教的青年对于给他娶亲的任何提议都必须保持一种完全漠然的态度。一经他的父母、祖父母、叔伯或兄长做出任何安排，他就必须从义务感出发，俯首听命，履行婚仪。”[④]

根据俄国古代的法律，做父亲的对其子女拥有很大的权力，不
过，不能把儿子卖为奴隶。巴龙·冯·哈克斯特豪森曾于1861年 337
解放农奴之前写道：“家长制的治理方式以及家长制情感与组织，至今仍在俄国人的生活和习俗中充满活力。做父亲的对其所有子女均有无限的权力，而做母亲的则对其女儿拥有这样的权力。”[⑤]做儿子的，即使成年后，也要受父亲的管治，直至他自己的儿子也已成年，或者已轮到他当这一家之主。我们已在前面说过，俄国有一种普遍的习俗，即做父亲的要给年龄还小的儿子娶已成年的女

① *Laws of Manu*, ii. 237.

② Sleeman, *Rambles and Recollections of an Indian Official*, i. 330 *sqq.*

③ Steel, *Law and Custom of Hindoo Castes*, p. 162.

④ Jogendra Nath Bhattacharya, *Hindu Castes and Sects*, p. 12.

⑤ V. Haxthausen, *Russian Empire*, ii. 229 *sq.*

子为妻。据说，在波兰古代，也是由做父亲的给儿子挑选新娘。据博吉希奇教授说，在南斯拉夫，做父亲的权力不像在俄国那么大。但是，做儿子的也不能违背父母的意愿而向某个女子求亲。在克罗地亚人和塞尔维亚人中，年轻人自己找媳妇是十分罕见的事。至于女子所享有的择偶自由，当然就更少了。

恺撒曾说过，在高卢，一家之父对其妻子和儿女拥有生杀予夺之权。M.德·朱班维尔说，根据早期克尔特法的规定，父亲的权力可一直持续到其死亡，如同罗马的情况一样。但是，他所引述的材料却不能充分证明这一点。在古爱尔兰，做儿子的在正式独立之前，一直要受父亲的管治。但是，一个人究竟到什么年龄即可独立，则不太清楚。威尔士的法律还提到，女子除了可由父亲嫁人外，还可由其亲属嫁人。女子的婚姻似乎并非完全由他们支配，但
338 从理论上说，女子也不曾享有完全的自由。

在欧洲，那种老式的父权已渐渐让位于一种新的制度。在这种制度中，父亲对子女所曾拥有的大部分基本权利都已被剥夺了。用法国百科全书派的话来说，这一制度最深层的意义就在于“父权即义务”。[1]

早在异教时代，罗马人的父权就已受到很大的限制。其实，远在基督教尚未成为罗马国教之前，人们即认为子女的生命如同父母的生命一样神圣。亚历山大·塞维鲁已将父亲惩罚子女的权利限于轻微的惩戒。戴克里先和马克西米连又剥夺了父亲将生来自

---

① *Encyclopédie méthodique*, Jurisprudence, vii. 77, art. Puissance paternelle.

由的子女卖为奴隶的权利。在查士丁尼制定的法理中，做父亲的
不能强迫子女与某人成亲。但是同时，父亲在子女婚姻问题上的
发言权仍旧得到坚决的维护：凡在父亲管束之下的男女，无论年岁
多大，想要缔结有效的婚姻，仍必须得到这位一家之主的同意。可
是，教会法却采纳了这样一条原则：未经结婚当事人同意，不得缔
结任何婚约。与查士丁尼法不同，教会法将结婚视为一种圣事，它
规定：新郎新娘不论多么年轻，缔结有效的婚姻都不必征得其父母 339
或监护人的同意。教会不赞成未经本人同意的婚姻。在它看来，
未经本人同意的婚姻乃违法的婚姻，而非无效的婚姻。教会法的
这些规定也影响到行政立法。公元 560 年，克洛泰尔一世颁布了
一条法令，禁止违背妇女意愿的强行婚嫁。而根据克努特法，亦不
得强迫任何女子嫁给她所不喜欢的人。自 10 世纪以来，盎格鲁-
撒克逊人在男女订婚时都无条件地要求征得女方本人的同意。在
大陆国家，很多早期的条顿律书也同样规定：禁止违背女子的意
愿，将其强行嫁人。英国的世俗法律虽然把“监护权和婚姻”视为
所有权的重要部分，但或多或少还是默认了教会法中有关有效婚
姻不必经过父母或监护人同意的规定。中世纪后期，德国妇女已
可以不经父母同意而嫁人，只是要冒丧失继承权的危险。《施瓦 340
本箴言》作为教会思想的忠实回声，也曾提出：年轻男子年满 14
岁，即可不经父亲同意而自行娶妻；年轻女子年满 12 岁即可结婚，
而且即使未经父母同意，其婚姻也仍属有效。但是，民众在情感上
似乎是与这样的婚姻相抵触的，他们还是要求婚姻应当经过父母
的同意。乌尔里希·冯·利希滕斯坦在其《女子读本》中说：“女子
若已失去父母，即应采纳亲戚的意见。如果女子自行嫁人，她就会

在耻辱中生活。”①还有人试图让教会修改有关的法律，但未获成功。在特兰托公会议上，此事经过激烈的讨论之后，已明确肯定下来。

路德以及其他一些宗教改革者对此另有一番见解。他们提出：婚姻的缔结若没有经过父母的同意，即应被视为无效，除非事后已得到父母的同意。这一原则后来渐渐为新教诸国的大多数立法者所接受，但也做了一些修改：只有在具有正当理由的情况下，才能拒绝父母的意见；父母在必要时可以代作主张。在罗马天主教诸国，教会法中的这一条也受到一些人的反对。其立法者宣布：婚姻必须经过父母的同意方能有效；如遭父母拒绝，不得申请结婚。1556 年，法国的亨利二世宣布，未成年人未经长辈同意而缔结的婚姻均为无效。后来的立法朝这方面又迈进了一步。年龄不
341 满 25 岁者未经父母同意而缔结的婚姻，是无效的；缔约者年龄在 25 岁至 30 岁之间的，其婚姻有效，但可能失去继承权；缔约者年满 30 岁的，则必须根据“三尊重法令”，预先将结婚的事告知长辈。而直至 1907 年之前，根据法国“民法”，不满 25 岁的男性和不满 21 岁的女性，未经父母同意，不得结婚。

一般说来，在法国和其他一些拉丁国家，罗马人关于父权和孝道的观念在整个中世纪以及以后很长一段时期仍得到某种程度的延续。M. 伯纳德说，在 11 世纪的文学作品中，父亲的品格“处处受到崇敬，子女的孝顺处处受到赞扬和褒奖。在有关骑士的故事，父亲总是令人敬重，儿子总是彬彬有礼，从不嘲弄他人。……与封

① Weinhold, *Die deutschen Fraun in dem Mittelalter*, i. 305.

建贵族相比，父亲在人们心目中更加威严，更加神圣和不可侵犯。
做儿子的无论多么有权有势，都不敢冒犯父亲，父亲的权威在他眼
中总是与君王之尊混在一起。"[①]博丹在16世纪后期写道，虽然君
主支配臣民，师父支配徒弟，长官支配士兵，但只有父亲的支配权
才是自然所赋予的，"父亲是至高无上的主——宇宙万物之
父——的真实形象。"[②]迪·韦尔说，我们应把父亲看作地上的神。
我们在《苏利公爵回忆录》中可以了解到，在法国，那个时候的孩
子未经许可，是不能坐在父母面前的。德·龚古尔兄弟在谈到18
世纪法国贵族和上流社会妇女的状况时，曾说："一般青年女子离 342
开学校之后，父母即令其嫁人，组成新的家庭。婚姻往往由父母当
作家庭事务来处理。他们考虑最多的是地位、金钱和门当户对。
在将这些权衡一番之后，便断然作出决定，无须征求本人的
意见。"[③]

根据法国现行的法律，年龄在21岁以下的男女，若无父母的同意，则不得结婚。如父母意见相左，则取父亲的意见；如父母中有一人死亡，则取生者的意见；如父母均已死亡或均已无法表示意见，则由祖父母代行其责。年龄在21岁至30岁的男女，结婚仍须得到父母的同意。不过，如果父母不同意，可以由公证人进行调解。如果父母在30天内未表示意见，则可径直结婚，而不再需要其同意。在荷兰，年龄不满23岁的未成年人，未得父母（或父亲）同意，不得结婚。同时，30岁以下的男女结婚，也要向父母提出正

① Bernard，quoted in Spencer's *Descriptive Sociology*，p. 38.

② Bodin，*De republica*，i. 4，p. 31.

③ de Concourt，*La Femme au dix-huitième siècle*，p. 20.

式的请求；不过，如果父母不同意的话，再过三个月仍可结婚。在意大利，不满25周岁的男子和不满21周岁的女子在结婚时，必须得到父母或父亲或双亲中在世一方的同意。不过，如遭拒绝，还可向法院申诉。在奥地利，年龄不满24岁的未成年人，若没有父亲的同意，就不能缔结有效婚姻。在德国，未满21岁的私生子女结
343 婚，必须得到母亲的同意；而同年龄的婚生子女结婚，则必须得到父亲的同意；如果父亲已故，则由母亲代行其职责。此外，年龄在21岁以下的瑞典人和20岁以下的瑞士人，在结婚时也要得到父母的同意。

在英格兰，至1753年之前，根据当时的习惯法，已达到法定结婚年龄（男14岁，女12岁）的未成年人，在结婚时即使没有得到父母的同意，其婚姻也是有效的。但是，到了1753年，哈德威克勋爵颁布了一个新的婚姻法，宣告此种婚姻无效。根据英格兰现行法律，“年龄在21岁以下的男女，只要不是鳏寡，结婚时就必须得到家长的同意。如果父亲尚在世，应征得父亲的同意；如父亲已死亡，应听监护人的；如无法定监护人，且母亲又未改嫁的，则应听母亲的。总之，一定要征得家长对其婚姻的同意，除非没有能够行使这种权力的人。”①当然，未成年人未经必要的同意，也并非不能缔结有效的婚姻。要使婚姻有效，既可由教堂发布婚姻预告或颁发婚姻许可，也可由婚姻管理登记部门颁给结婚证书。但是，违反上述规定的一方却可能由于这桩婚姻而失去财产上的全部权益。而在苏格兰，即使是未成年人，只要即将进入成年期，那么，没有父母

① Earl of Halsbury, *Laws of England*, xvi. 296.

或监护人的同意也可以结婚。美国的习惯法也没有受哈德威克婚
姻法的影响，因此，根据这部习惯法，未成年人未经父母同意而缔
结的婚姻也同样是有效的。“成文法中虽有规定禁止为未经父母
或监护人同意而结婚的未成年人举行婚庆活动，但这些规定大多 344
不包含婚姻无效的条文，因此，尽管婚姻当事人可能会被课以罚金
或受到惩罚，但这种不听父母之言的婚姻还是有效的。”[①]在欧洲
的很多国家里，做儿女的在婚事上若未按法律的规定和父母的要
求征求父母的同意，则其婚姻无效；而在其他国家，这种婚姻虽不
致无效，却可能导致继承权的丧失。

在我们结束本章的话题之前，还应当再探讨一下父母对子女婚姻的干涉权是何以产生的。这种干涉有时并不仅仅是为了维护子女本人的利益。

首先，父母的权力显然基于子女幼小时父母对子女的自然优
势以及子女的不能自助。出于相类似的原因，做女儿的即使长大
以后，也仍旧生活在父亲的管治之下。再者，父母作为子女的生养
者，也在某种程度上被认为拥有对子女的所有权。在很多情况下，
父亲之所以被视为子女的所有者，似乎是因为父亲首先是母亲的
所有者。子女对父母的孝敬义务以及父母对子女的权利，在某种
程度上乃是起源于子女对父母（尤其是对母亲）的天然感情以及
子女对父母养育之恩的感激之情。此外，子女对父母的孝敬之情
（不同于单纯的感情）也大大加强和扩展了父母的权力。做儿女 345

---

① Bishop, *New Commentaries on Marriage, Divorce, and Separation*, i. 239. *sq.*

的从小就惯于仰头看父母（特别是父亲），把父母看作比自己高大的人。这种情感本身就具有一种持续存在的倾向，即使父母年事已高，仍能经久不衰。这是因为，这种孝敬之情不仅基于父母较强的身体和技能，而且也基于父母较多的知识和智慧，而在体力衰退之后，这后一方面的优势仍能保持。勒鲁瓦－博利厄说过，“在俄国人中，父母的权威还得到宗教情感和敬老习俗的支持……‘白发与智慧同在，智慧与权利同在’——很多民间谚语虽然在表述上各有不同，但说的都是这样的意思。”[①]易洛魁人也说：“长寿与智慧常相伴。”[②]在西非各地，老年人都被视为“懂得很多的人”。在没有文字的民族中，老年人在习俗和宗教方面都被视为唯一的权威。在澳大利亚，老年人之所以备受崇敬，有这样一个原因，就是人们对某些神秘仪式多有一种迷信式的敬畏，而这些仪式仅为老年人所知；再有，就是老年人有丰富的知识，而这些知识，年轻人只能一点一滴地学到。里弗斯博士认为，在美拉尼西亚，老年人所拥有的巫术法力是他们在社会中所占支配地位的根源。在东非的恩贝人中，“老年人只是凭借其丰富的迷信知识，才得以维持他们在热血青年中的至高无上的地位。”老年人常常把某些巫术标记送给武士们，以使他们相信，他们在战场上的生死福祸全都掌握在圣人的手心里。老年妇女往往也被认为拥有超自然的法力。尽管一般妇女都处于从属的地位，但巫婆的影响却几乎和巫师一样

---

① Leroy-Beaulieu, *The Empire of the Tsars and the Russians*, i. 489.

② Loskiel, *History of the Mission of the United Brethren among the Indians in North American*, i. 15.

大。[①] 老年本身就可以唤起人们的一种神秘的敬畏之情。摩尔人 346
就认为，男人老了成圣人，女人老了成恶灵。二者都具有某种超自然的法力。

人们对于亡人的某些观念，也影响到他们对于正在走向生命尽头的老年人的态度。据报道，中非某些部落的人为求得老人死后对他们的保佑而对老人关怀备至。一位传教士在东非曾听一位黑人怀着对一位老年人的敬意说："我们将照他说的去做，因为他就要死了。"尼亚斯人是很利己的，即使尊敬老人也是为了自己，因为他们希望老年人死后能保佑他们，帮助他们。中国有一种观念，认为亡魂会随时干预人间的事务和人的命运，或是对人有好处，或是对人有坏处。因此，这种观念要求人们"尊重人的生命，善待弱者、老人和病人，特别是当他们快要进入坟墓的时候"[②]。对老人的尊敬与对死者的崇拜往往被人们一并谈及，这就向我们提示：两者之间有一种内在的联系。但是，在这种情况中，要确切地说出何为因何为果，是不可能的。虽说对死者的崇拜首先是源于人们对死亡的神秘感，但一个人生前所受到的尊敬显然也影响到他的亡灵所受到的敬奉。

在具有古代文明的民族中，对父母的孝顺与宗教信仰之间尤有一种密切的联系。在中国和日本，对父母的尊敬几乎构成祖先崇拜的一部分。关于以色列人，菲洛·朱迪厄斯曾说过，孝顺父母在"十诫"中的位置仅次于人对神的义务，这是因为父母介乎于神

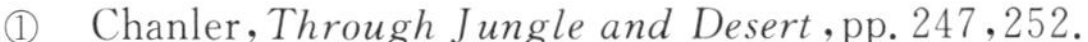

① Chanler, *Through Jungle and Desert*, pp. 247, 252.

② de Groot, *The Religious System of China*, ii. 450.

347 性与人性之间，且二者兼而有之。由于他们都是有生也有死的，因而分明具有人性；又由于他们能够生儿育女，创造生命，因而分明具有神性。父母之于子女，正如上帝之于世界；父母是“看得见的神”。子女孝敬父母的义务，在伊斯兰教和印度教中含有明显的宗教性质。在穆斯林看来，违抗父母之命是最大的罪恶之一，与偶像崇拜、谋杀以及在圣战中开小差同属极恶之列。依照古代印度人的观念，父亲、母亲和宗教导师等同于三吠陀，即等同于三大神：婆罗门、毗湿奴和湿婆。一个人如果不尊敬他们，就不能从宗教仪式中得到任何好处。反之，“通过敬母，他可以达到现实世界；敬父，可以达到诸神的世界；敬重并听从宗教导师，则可以达到婆罗门的世界。”[①]在希腊文献中，多处把子女孝敬父母等同于人对神的义务。古罗马人认为，父母与神同样神圣。在俄国，父亲与沙皇“均被认为拥有得自上天的某种神权，反抗父亲即是亵渎神明”[②]。根据一句斯拉夫格言的说法，“父之于子，有如人间之神。”[③]

在具有古代文明的民族中，父亲还被赋予祭司的职能。甫斯特尔·德·库朗日说，在古代，“父亲不仅是一个强人，一个有权让
348 人听从的保护者，而且还是祭司，是继承先世、延续后代之人，是神秘崇拜仪式和神圣祈祷经文的传导者。整个宗教都集于父亲一人之身。”[④]

将子女对父母的孝顺与宗教信仰联系在一起的另一个重要原

① *Institutes of Vishnu*, xxxi. 9 *sq.*

② Leroy-Beaulieu, *op. cit.* i. 488.

③ Maine, *Dissertations on Early Law and Custom*, p. 243.

④ Fustel de Coulanges, *La cité antique*, p. 106.

因，无疑在于人们把父母的诅咒和祝福看得特别重。以色列人认为，父母（特别是父亲）可以通过诅咒或祝福来决定子女的命运。的确，我们有理由认为，在“十诫”之五中给予孝顺子女的回报，最初乃源于父母的祝福。我们还可以在《便西拉智训》中看到这一古代观念。其中讲道：“说话做事都要敬重你们的父亲，这样你们就会得到他的祝福。父母的祝福会使子女家业兴盛，父母的诅咒则会使其断子绝孙。”[①]摩尔人有一句谚语：“如果圣徒诅咒你，父母可以相救；如果父母诅咒你，圣徒则不会相救。”换句话说，父母的诅咒比圣徒更有威力。

关于“父母祝福则兴，父母诅咒则亡”的观念，在古希腊是很盛行的。柏拉图在他的《法律篇》中说：“无论是神，还是有悟性的人，都会劝告人们敬重自己的父母。……如果一个人家中养有老父老
母，那么，就让他考虑到这样一点：父母比任何神明更能赐福给他。 349
父母就坐在炉台边，只要他真心侍奉他们就行了。……传说中谈 803
到，俄狄浦斯在受到儿子的羞辱之后，对他们进行了诅咒。诸神听到并批准了这些诅咒。阿明托耳一怒之下诅咒了他的儿子福尼克斯，忒修斯也诅咒了他的儿子希波吕托斯。这种对子女进行诅咒的事是不胜枚举的。从这些故事中，可以清楚地看到这样一点：诸神是很注意倾听父母的这种请求的。父母对儿女的诅咒要比别人对他们的诅咒更有威力。我们可以设想：当子女羞辱父母时，诸神可以听到这些做父母的祷告；而当子女善待父母时，诸神不是也可以听到充满喜悦之情的父母虔诚地恳求诸神赐福于子女的祷告

---

① *Ecclesiasticus*，iii. 8 *sq.*

吗？诸神不是也会满足他们的请求吗？……因此，如果一个人能够得到父亲、祖父和其他老年亲属的帮助，他就有了最灵验的偶像，能为他求得神的赐福。”[①]我们可以想像，父母的诅咒和祝福所具有的效力，最初被归于这些词语本身的巫术效力；而他们的复仇女神，也像宾客、哀恳者和乞丐的复仇女神一样，仅仅是他们在遭
350 到虐待和怠慢时所发诅咒的人格化身。不过，在这个问题上，正如在其他一些类似的情况中一样，诅咒或祝福之得以实现，后来又被看作是神灵在起作用。据柏拉图说，“正义的使者涅墨西斯”总是在监听子女对父母发出的不逊之辞。赫西奥德也说过，如果有人责骂年迈的父母，“宙斯本人就会震怒，并最终给他以严厉的惩罚，作为对其错误言行的报复”[②]。显然，罗马人的亲神（divi parentum）也像他们的客神（dii hospitales）一样，是人格化的诅咒。据说，“如果儿子殴打父亲，父亲只要一喊叫出声，儿子就会被亲神毁灭。”[③]

在俄国的贵族家庭中，做儿女的都对父亲的诅咒怀有极大的恐惧。乡下人至今仍相信：男女结婚如未征得父母的同意，就会触怒上天，灾祸临头。有些南斯拉夫民族认为，如果做儿子的不按父亲的遗愿去做，父亲的灵魂就会在坟墓中诅咒他。塞尔维亚有句格言，叫做“不敬长者，就不会得到救助。”

很多未开化民族也认为父母的诅咒和祝福具有很大的法力。在刚果河下游地区的土著人中，做子女的很害怕父亲的诅咒。在

① Plato, *Leges*, xi. 930 *sq.*

② Hesiod, *Opera et dies*, 331 *sqq.*

③ Servius Tullius, in Bruns, *Fontes Juris Romani an tiqu*, p. 14.

西非的姆蓬圭人中,“年轻人最避忌的就是老年人的诅咒,尤其是他们所尊敬的父亲的诅咒。”[①]在南迪人中,“如果做儿子的在大事上不听父亲的话,父亲就会用自己的皮斗篷严厉地抽打儿子。这种惩罚相当于一种最严厉的诅咒,据认为可使儿子致命。在这种 351
情况下,只有给父亲送上一只羊,才能求得他的宽恕。”[②]巴雷亚人和库纳马人都确信:做任何事,如果没有得到老年人的祝福,就都会流于失败;而老年人发出的每一个诅咒都具有毁灭性。在博戈人中,人们在未得到父亲或主人的祝福之前,从不贸然雇人干活儿或把人辞去,也从不洽谈生意或缔结婚约。在赫雷罗人中,“当一位酋长感到自己末日临近时,就把儿子都叫到床边,为他们祝福。”[③]

父母的祝福和诅咒何以会有如此之大的威力呢?原因之一,无疑在于老年的神秘性以及死亡的临近。据认为,凡是老年人,都有一定的能力,使自己的意愿,无论是善意的,还是恶意的,得以实现。这并不仅仅是父母所独有的。而且,据认为,人越是在行将就木之时,这种能力也就越强。据比特纳说,赫雷罗人只认一种祝福,即父亲临终时躺在床上所做的祝福。根据条顿人的观念,一个人在奄奄一息的时候所发出的诅咒,才是最有威力的诅咒。这种观念在古代阿拉伯人中也很盛行。以色列人也认为,父亲在决定子女命运好坏上所拥有的神秘力量,在他末日将至时,表现得尤为明显。但同时,由于父母在家庭中所处的较高地位以及因而自然

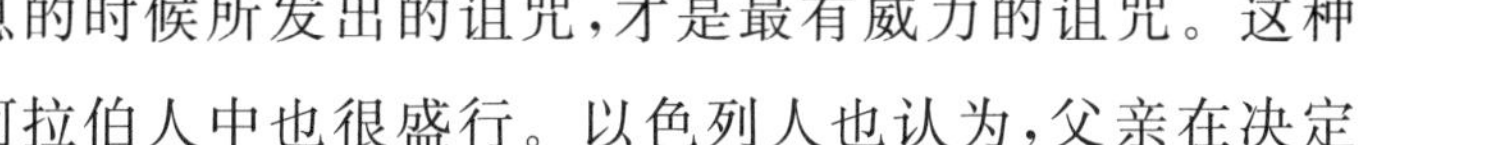

① Wilson, *Western Africa*, p. 393.

② Johnson, *Uganda Protectorate*, p. 879.

③ Andersson, *Lake Ngami*, p. 228.

受到尊敬，他们的祝福和诅咒之本身也是具有功效的。这种以较
352 高的地位而对诅咒效力产生影响的情况，可以从某些事例中清楚地反映出来。在希腊人的观念中，复仇女神对家中年幼者冒犯年长者的行为都要进行惩罚，即使在兄弟姐妹之间也不例外。但是，年长者对年幼者有什么做得不当的，却不受此惩罚。摩洛哥的阿拉伯人说，丈夫的诅咒如同父亲的诅咒一样有威力。汤加群岛的居民认为，“如果诅咒者的地位低于被诅咒者”，其诅咒则不会发生效力。[①] 至于在有些地方，做父亲的同时还是家庭祭师，这样，他的祝福和诅咒也就更有效力了。

但是，到现在为止，我们考察过的材料还不足以说明父权何以在古代国家格外突出。巫术观念和宗教信仰虽然对父权的产生具有很大的影响力，但在很大程度上也有其反作用。假如做父亲的在家中是个无足轻重的人物，那么，子女们也就不那么急着寻求他的祝福，也不那么害怕他的诅咒了。因此，还是亨利·梅因爵士说得对：父权产生在前，对父亲的崇拜产生在后。“如果做父亲的在世时不是家中最显要的人物（甚至可以说不是最可畏的人物），那么，他死后又何以会受到比别人更多的崇拜呢？”[②]我们应当看到，家庭组织和社会政治结构之间是存在着某种联系的。在文明发展的较低（但并非最低）阶段上，我们往往可以看到，氏族具有压倒一切的重要性，这样一来，各家的家长便只能拥有非常有限的权威。但是，正如我在其他著述中已经指出的那样，当氏族和部落统一成

① Mariner, *Account of the Natives of the Tonga Islands*, ii. 238.

② Maine, *Dissertations on Early Law and Custom*, p. 76.

一个国家时，这种情况就变了。这种新出现的国家倾向于削弱并摧毁氏族制度，而与此同时，家庭纽带则得到加强。在早期社会 353
中，家庭与氏族之间似乎是一种对立的关系。氏族纽带如果特别牢固，就会削弱人们的家庭意识；而如果氏族纽带松弛，家庭意识就会增强。因此，格罗塞博士的推论是不无道理的：做父亲的只有在继承了原属于氏族的权威之后，才能成为真正意义上的“家长”。

不过，国家虽然在其早期曾以削弱氏族的办法加强了家庭纽带，但在后来的发展中却出现了不同的倾向。当国家的活力变得越来越强的时候，当各个家庭的人为了追求一个共同的目标而越来越走近的时候，当家中的年轻人随着工业的发展而在经济上越来越独立于父母的时候，家庭便又失去了它的重要性。此外，由文明不断发展所产生的其他一些因素，也对父权的衰弱发挥了一定的作用。这些因素包括：祖先崇拜的消失，某些迷信观念的衰微，以及宗教影响的衰落。最后，还有一个并非最不重要的因素，这就是全国各地的人越来越相互同情。在这种风气之下，人们是不能听任做儿女者的自由牺牲在为父者的专横统治之下的。

354 第二十三章　有偿婚姻和互赠礼物，赠送新娘和新郎的礼物

在低等民族中，人们一般都不会无偿地允诺一桩婚事。在大多数情况下，男方必须给新娘的父亲或新娘的其他亲属一些补偿。补偿形式不一，或是以亲换亲，或是服以劳务，或是赠与这样那样的财物。

柯尔先生曾经说过："澳大利亚男人娶亲，几乎不外三种途径，一则是娶亡兄之妻；一则是以姐妹换亲，再则就是在年长时以女儿换亲。"[①]豪伊特博士也做过类似的陈述："我们可以有把握地作出这样一种大胆的、概括性的断言：在这些未开化部落中，男子娶亲，须以自己的女性亲属相交换，有时也可能采取继承（兄终弟及）[②]、私奔或掠夺的方式。……不过，就笔者看来，最普遍的做法，似乎还是各家父母以女儿相交换，给儿子娶亲。在有些部落中，则是青年男子自己出面，以各自的姐妹或其他女性亲属进行交换。我们须知，在这种情况下，用以相互交换的，不仅包括亲姐妹，而且还有

---

① Cur，*The Australian Race*，i. 107.

② 亦称"夫兄弟婚"或"转房婚"，即在兄长亡故之后，由其弟续娶寡嫂。这种婚俗流行于世界上的许多民族之中。——译者

同族姐妹。”[①]澳大利亚土著居民中以亲换亲的习俗虽不一定见诸澳洲全境，却也流行甚广，这一点已为研究不同部落的诸多作者所
证实。据塔普林先生说，在南澳大利亚的纳里涅里人中，“一个女 355
人如果白白嫁给一个男人，而不曾换来别的女人，就会遭到众人的耻笑”；那些没有姐妹的男子，如果想娶哪个女子为妻，就往往要向她最亲近的男性亲属购买让与权。[②]

在托雷斯海峡西部诸岛上，娶亲的通常方式就是交换“姐妹”，这里所说的是亲属分类意义上的“姐妹”。交换女子为妻的做法在基瓦伊巴布亚人中也属通例，在新几内亚似乎也很普遍。在新赫
布里底群岛的埃罗曼加地方，“部落间常以女子相交换，只是交换 356
的双方仍要付些费用。当一个部落嫁出一名女子时，娶到这名女子的部落也须回嫁一名适龄女子。”[③]在所罗门群岛的布干维尔岛，有一个布因人居住的地区。在那里，交换女子被视为婚姻的正统形式。不过，交换之外，也还要付些钱物。但如果新娘的兄弟又娶了新郎的姐妹，“人们在支付钱物时总是力求均等，因此娶亲的费用实际上是对等交换的。”[④]据马斯登所述，在苏门答腊人中，人们为了省下一笔“居居儿”，即聘金，有时就实行以女换女。如果一个人有一子一女，他就会把女儿让给人，以便给儿子换回一个媳妇。得到那家女儿的人，或是把她作为自己的女儿，或是与之成

① Howitt, 'On the Organisation of Australian Tribes,' in *Trans. Roy. Soc. Victoria*, vol. i. pt. ii. 115 *sq.*

② Taplin, *Folklore Manners, Customs, and Languages of the South Australian Aborigènes*, p. 35.

③ Robertson, *Erromanga*, p. 396.

④ Thurnwald, in *Memoirs of the American Anthropological Association*, iii. 274, 285 *sq.*

亲。哥哥为了换得妻子，也会把自己的妹妹给人。如果没有亲妹妹，就会设法以表妹、堂妹代之。向亲友索借女子，用以换得妻子的事，也并非罕见。不过，借者须保证将来会还回另一女子，或按对方要求付出一笔“居居儿”。

在布里亚特人中，娶亲通常要付很高的聘金。但如实行一种叫作“阿德拉伊”的习俗，即可免除此项负担。根据这项习俗，儿女双全的两家人可用以亲换亲的方式，给各自的儿子娶亲。在通古斯人的某些支系中，也有类似的习俗，不过在那里，女方的父亲仍从男方那里收取少量“卡林”，即聘金。在阿富汗边陲地带的蛮族中，通常实行买卖婚，但也有例外，即代之以交换婚。如果两户人家均各有一个未成亲的男孩和一个未出嫁的女孩，那么，这两家人

357 就会让儿女交互成亲，而不用支付任何钱财。这种交换女儿办婚事的做法在俾路支的各部落中，以及在克什米尔的查谟省，都相当盛行，其中又以高山地区为甚。不过，对于没有女儿可供交换的人家来说，要想为儿子娶亲就很困难了。在阿尔莫拉和英属加瓦尔的菩提亚人中，婚姻也同样可以通过交换达成，当地人称之为“阿达拉一巴达拉”。在这种交换中，为父者让出自己的女儿，换回人家的女儿，为自己的儿子或兄弟成婚。在印度西北各邦中，这种习俗主要局限于下等种姓之中。伊博森先生指出，在旁遮普东部，“亲亲交换被看作一件有失脸面的事，因此，即便有意为之，也是采用一种三角交换的形式，即 A 嫁 B，B 嫁 C，C 再嫁 A。”但他又补充道：“有些地区则与此相反，在那里，亲亲交换乃是最为常见的一种婚姻形式。旁遮普西部的各阶级，山地及山麓地区除最高等级之外的各阶级，除朱木拿地区之外的其他贾特人，就属这种情

况。”[①]在迈索尔地区的马迪加人中，彼此交换女儿结亲的做法“极为普遍，其原因在于这样做可以使双方都节省一些聘金”[②]。而在同一地区内的另一支达罗毗荼种姓——伊迪加人中，“如果两家交换女儿，双方一般均不付‘特拉’，即聘金。”[③]在孟加拉一个原始部 358
落，即桑塔尔人中，如果哪家有适龄的一子一女，且又无力给儿子成亲付聘金，就会委托一位中间人，代寻一户境况类似的人家，这样，这两家人就可以互换女儿，为儿子成亲。不过，在这种情况下，总要求女儿比儿子小一些。

在古代阿拉伯，两家的父亲或其他监护人可以彼此交换自己的女儿或在自己监护下的女子，而不必再付“马哈尔”，即聘金。在巴勒斯坦的农民中，穷人间也常常交换姐妹为妻，为的是免除操办嫁妆的负担。在法属苏丹塞努福人中，买卖婚常常为交换婚所替代。新娘的哥哥所收取的，往往不是什么彩礼，而是一个妻子，通常也就是新郎的妹妹。在法属苏丹的莫西人中，虽然娶亲的通常方式是向新娘的父母赠送礼物，但也有交换女儿的习俗。据莱顿·威尔逊所述，在南几内亚，“沿海各部落间的通婚是靠交换姐妹或女儿而实现的，并不采用买卖的方式。首先提出联姻的一方要带上一些礼物去见对方的父母，但是双方都不从买卖的角度看待此事”[④]。在本书前面的一章中，我们还注意到已婚男子之间或

---

① Ibbetson, quoted in Crook, *Tribes and Castes of North-Western Provinces and Oudh*, i. cciv.

② Nanjundayya, *Ethnographical Survey of Mysore*, xvii. 11.

③ *Ibid*, xviii. 6.

④ Wilson, *Peasant Life in the Holy Land*, p. 110.

短期或永久地交换妻子的习俗。

从上述情况看来，以亲换亲的习俗似乎常常同一般的买卖婚姻并行。这种习俗通常作为一种意在节省聘金的经济措施而为人们所采用。但是，在另外一些情况下，以亲换亲则是缔结婚姻的通例。澳大利亚的诸多土著部落尤属这种情况。詹姆斯·弗雷泽爵
359 士评述说，由于他们的生活极为贫困，妻子便成为一个男人最贵重的财富；又由于人们没有相应之物作为娶亲的酬报，因此一般就以女性亲属相交换。但是，世界上还有很多同样贫穷或更为贫穷的民族，而我们却从未听到过他们以女儿或姐妹换娶妻子的事。此种习俗之所以盛行于澳大利亚，似乎有这样一个重要原因，就是娶亲异常困难。从一定程度上讲，造成这种困难的原因，乃在于有关婚级和氏族的那些严格规定，极大地限制了男子娶亲的许可范围。但是，对于一个有姐妹的男子来说，就不存在这种困难了，因为他可以用自己的姐妹，从允许他娶亲的婚级和氏族中，换得妻子。如果说，某个孔博族的男子可以同某个穆里族的女子通婚，那么，后者的兄弟（一个穆里族的男子）也就可以同前者的姐妹（一个孔博族女子）成亲。图伦瓦尔德博士曾特别提到所罗门群岛的婚姻交换制度，并评述说："以亲换亲的做法，可能源于一种善意的抵押，其目的是在两个社会群体之间建立起友好的关系。"他还认为，这种婚姻形式即是后来以贵重之物买卖妇女这一做法得以萌生的雏形。"如果无法进行这种交换，人们便用一些贵重之物作为回报。"[①]布雷先生也曾谈到过俾路支的亲亲交换习俗，他说："在乡

① Thurnwald, in *Memoirs of the American Anthropological Association*, iii. 258.

间，人们的所作所为大多基于一种兄弟般的相互合作。而这样一种婚姻制度正保持了乡间的全部精神。”①

在此，我们不妨谈一谈与此相关的让亲习俗。不过，这种让亲
并不是为了交换，而是在出现人命案的情况下，作为对受害一方的
赔偿，或作为使命案两家和好的一种手段。这一习俗可见诸东北 360
非的贝尼阿梅尔人和博戈人中、奴隶海岸讲埃维语的某些部落及
阿富汗人之中。在摩洛哥北部讲阿拉伯语的山民中，有人在行凶
后，为诱使复仇者手下留情，也会把自己的姐妹或女儿嫁给对方。
阿维斯陀时代的古代伊朗人在某些极其严重的情况下，也把女子
当作一种赎罪金送给人家。盖格认为，这些女子实际上是嫁给了
新的占有者。

比交换婚更为盛行的，是通过向女方父亲服劳务而娶亲的习
俗。这一习俗可见诸南北美洲的众多印第安部落及某些爱斯基摩
人，西伯利亚各民族，日本的阿伊努人，中国、印度支那及印度的诸 361
多土著部落，印度群岛的诸多岛屿，加罗林群岛的波纳佩岛，新不
列颠岛，以及非洲的一些民族。按照这一习俗，男子通常须到未来 362
配偶的娘家去，与其家人共住一段时间，其间要像仆人一样干活。
效劳期的长短在不同民族中相差悬殊，最短的一般也要 1 年，长的 363
则可持续 10 年、12 年或 15 年之久。在这段时间，有的男子可获
准同未婚妻接近，有的则不能。即使成婚之后，有的仍须继续效
力，直至小孩出生，甚或更长的时间，有的终生均须留住女家。不

① Bray, *Census of India*, 1911, vol. iv. (Baluchistan) Report, p. 101.

过，正如我们刚刚指出的，应当把这样两种婚姻形式区别开来：一
364 种是男子永久迁入女方家中；另一种则是男子为娶亲而向岳父效
力达一定期限后，携妻返回自己家中。马克西莫夫曾提出，以效力
求亲的习俗是古时候男子入赘女家这一习俗的遗风。但笔者却看
不出这种意见有何充足的证据。我们倒是听说，在某些民族中，只
有第一位妻子是通过服劳务娶来的。

在很多部落中，服劳务这一做法即使不是求亲的唯一方式，也
是一种极为寻常的方式。毕苏茨基在谈到阿伊努人时，曾指出，如
果说到买卖妻子的事在现实生活中和神话中均有发生，那么一般
来讲，这也仅仅局限于那些在地域上同吉利亚克人有过接触并受
到其影响的阿伊努人。此外，也有些阿伊努女子，如果爱上某个小
伙子之后，也会甘当小伙子父母的奴隶，以此作为同其结婚的代
价。在堪察加人、楚克奇人、科里亚克人和尤卡吉尔人中，以服劳
务娶亲的做法也是婚姻中的惯见形式。对此，楚克奇人有一种叫
法，意即“给人放牧，为己娶亲”。这种叫法已深入到楚克奇语中。
尽管沿海的楚克奇人并不放牧，而且那里的新郎只到新娘家居住、
劳动一段时间，但他们也仍然使用这种叫法。不过，如果一个富有
的楚克奇人想娶一个穷人家的女子为妻，劳动期则会减短，甚至取
消。他会给新娘的父亲送去几只驯鹿，但这不叫做娶亲的“酬报”，
而叫做“喜礼”。还有一种替代劳务的办法更为常见。有钱人会邀
365 请与他结亲的那家穷人到他的营地上来，依靠给他放牧为生。乔
切尔森博士说，在“通德拉”，即苔藓地带，“尤卡吉尔人从通古斯人
那里传入了买妻娶回家中的习俗”，但是，新郎只有在为女方家人
效劳1至3年之后，方可携带妻子返回自己家中。乔切尔森博士

还说，一个富裕的驯鹿饲养者无疑愿意以其驯鹿换娶妻子，而不愿以服劳务求亲，但这只是一相情愿。不过，如果上门求亲的是一位长者或是一位富人，劳动期则可减少到最低限度，而且服务方式也仅限于礼仪范围之内[1]。

据索皮特说，在阿萨姆邦的库基卢夏人中，一桩普通婚姻的准备工作是这样进行的："一名男子在爱上一名女子之后，即会给女方父母献上一些酒，并与其商议结亲之事。如果女方父母愿意认他做女婿，他就会迁来，与女方家人同住 3 年。在这期间，他要为女方家干活，实际上成为一个家奴。3 年期满，方准成亲。但即使到这时，新郎仍无自由，他还得像过去一样再干 2 年。这样干上 5 年之后，他才可以另立门户，自家单过。这时，新郎一般要付 2 卢比的钱给新娘的父母。交付这 2 卢比的钱，显然不是出于什么别的用意，而仅仅是为了确认这桩婚事。而娶亲的真正代价，则是长达 5 年之久的苦役。"[2]我们从另外一篇有关库基卢夏诸部落的报道中得知，朗科尔部落的人偏爱劳务婚，新郎一般要在女方家中住 3 至 7 年；而塔兑部落的人则偏爱买卖婚。在吉大港山区地带的蒂佩拉人中，婚姻须有父母同意方能缔结，而缔结婚姻之后，新郎还须到岳父家服务 3 年（一说为 2 年），方可娶亲或正式结婚。不过，在这段苦役期（或曰预备期）之内，新娘实际上已做了妻子。在 366
同一地区的姆鲁人中，求亲者也须服 3 年的劳务。不过，如果有钱的话，只交出 200 或 300 卢比，劳务即可免除。这表明，在姆鲁人

① Jochelson, *Yukaghir*, pp. 87, 93.

② Soppitt, *A Short Account of the Kuki-Lushai Tribes on the North-East Frontier*, p. 14 *sq*.

中，买卖婚仅仅是劳务婚的一种替代形式。在北阿尔果德的马拉亚里人中，男子须在新娘家中服务至少1年，以取得其父母对这桩婚事的同意。在柬埔寨，在家境较好的人家中，这段预备期有时不过15天或20天。

在菲律宾萨马岛和莱特岛的比萨扬人中，“求亲者必须到女方家中服务2年、3年甚或5年，方可把妻子带回自己家中。而且，这种苛刻的限制是不能用钱来变通的。”[①]在菲律宾群岛的其他各部落中，以及在印度群岛的一些岛屿上，以身效劳显然是婚姻的常例，或者说，是婚姻的必要准备。据说，在苏门答腊曼代林地区的卢布人中，一名男子也须为未来的岳父劳动2年，然后方可结婚。在此期间，新郎要承担女方家中的各种苦差事。即使成亲之后，按照当地的风俗习惯，新郎也仍须为女方父母尽很多义务，如给他们下地干活儿。

在霍屯督人中，女婿必须在婚后的1年或几年中，尽心效力于岳父。在赞比西河畔的巴尼艾人中，如果一名男子爱上邻村的一名女子，且女方父母对这桩婚事又无异议的话，这名男子也要迁到女方所在的村子去住，并为岳母做各种杂事，如准备柴草。假如他对这种听差的生活感到厌倦，即可返回自己村中，不过有一个条
367 件，即要把所有子女统统留下。在英属中非的通布卡人中，一对年轻男女订婚之后，新郎须搬到女方所在的村子里去住，并在那里盖一所房子。赶上阴雨天，则要帮岳父到园子里锄草。在所有这些准备工作都完成之后，即可成婚。这时，新郎便成为女方村子里的

① Jagor, *Reisen in den Philippinen*, p. 235.

一名成员。若干年后，如果他想回到自己村子里，也尽可以回去，条件是向岳父母赠上一名奴隶或一头牛，以赎回自己。至于子女，则是他无法赎回的。在费尔南多波岛的埃迪亚人中，订婚期至少须持续两年，“在此期间，有心向埃迪亚美女求婚的人必须为女方做各种活计，如：把棕榈油背到集市上去卖，为全家人打水，种植薯类，等等。如果不干，就会失去自己的心上人。”[①]不过，在埃迪亚人中，如同在其他各民族中一样，男人只是在娶头一个妻子时才出力效劳。在尼日利亚南部的埃科伊人中，如果一名男子想娶哪个女子，就必须为女方一家服一段时期的劳务，通常为2年至3年。在此期间，还要向女方家人送礼。在法属苏丹的赞加人中，男子娶亲无须付钱，不过却要为岳父或其家族的族长到地里干活儿，1年1次，连干3年。

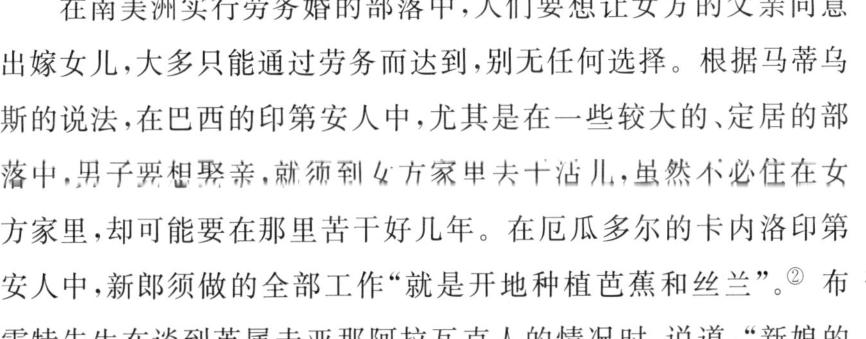

在南美洲实行劳务婚的部落中，人们要想让女方的父亲同意出嫁女儿，大多只能通过劳务而达到，别无任何选择。根据马蒂乌斯的说法，在巴西的印第安人中，尤其是在一些较大的、定居的部落中，男子要想娶亲，就须到女方家里去干活儿，虽然不必住在女方家里，却可能要在那里苦干好几年。在厄瓜多尔的卡内洛印第安人中，新郎须做的全部工作“就是开地种植芭蕉和丝兰”。[②] 布 368
雷特先生在谈到英属圭亚那阿拉瓦克人的情况时，说道：“新娘的父亲总是希望新郎能给他在森林中开荒种地，而新婚夫妇也往往

① Allen and Thomson, *A Narrative of the Expedition sent by Her Majesty's Government to the River Niger*, in 1841, ii. 203.

② Simson, *Travels in the Wilds of Ecudor*, p. 104.

与其同住，直至家中人口越来越多的时候，才分出去另立门户。”① 不过，根据埃弗拉德·特恩爵士对于英属圭亚那印第安人的描述，虽然女子往往由其父母作为对某种劳务的酬报送给从事劳务的男子，但有时显然也有买卖婚的事例发生。不过，“婚事一旦谈妥，新郎就将自己的财产转移到女方家中，自己也到女方家中居住和劳动。而他所侍奉及遵从的一家之主，也不再是他自己的父亲，而是他的岳父。”②在尤卡坦的印第安人中，婚约缔结之后，新郎往往须为岳父服四五年的劳务。如果他未能坚持到服务期满，即会被逐出门外，新娘也将另嫁他人。

在北美大湖地区的瑙多韦西人中，青年男子在娶第一个妻子时，按照习俗，要搬到他所想娶的那位姑娘的父亲家中去住，充当其仆佣，为期1年。在此期间，他还须外出打猎，并将捕获的全部猎物献给女方一家。1年之后，方举行婚礼。马斯顿指出，在索克人和福克斯人中，按照习俗，青年男子须竭尽全力去捕获猎物，以进献女方父母，直至妻子生产。福赛思在谈到这些印第安人时，则是说，“如果女方的父母不愿接受财物而坚持要女婿干苦活，新郎就必须为其外出狩猎，时间长短另议，或1年，或2年，或3年。在这之后，女方父母才肯让出他们对女儿的掌握权。”③关于奇佩瓦
369 人、奥塔人和波塔瓦托米人的情况，我们也有所闻。据说，也有男方父母为儿子买妻的情况，一旦买来，妻子便成了丈夫的财产。不过，在这些部落中，娶妻方式还是以服劳务最为常见。而且，当服

① Brett, *The Indian Tribes of Guiana*, p. 101.

② Im, Thurn, *Among the Indians of Guiana*, p. 221 *sq.*

③ Forsyth, in Emma Helen Blair's *Indian Tribes of the Upper Mississipi Valley*, ii. 214.

务期满，娶得1个妻子之后，有些印第安男子往往还想再娶1个（多半是妻子的妹妹）。这时，按照习俗，还要再为女方的父母服劳务。佩罗曾谈到过阿尔衮琴人的一些情况。他指出，男子在成婚之后，须住到岳母家中，为其效力2年。在斯基德盖特的海达人中，男子从订婚之日起，“就迁往女方家中居住和劳动，直至成亲”[1]。在阿拉斯加的一支爱斯基摩人——基奈人中，男子娶亲，须为女方服务1年。他先来到期望中的岳父家，无须做任何表白，即开始烧浴室、打水、做饭。如果女方不反对他的求亲，他就可以留下来，充当家里的佣人，为期1年。1年之后，女方的父亲给他以一定的报偿，并允许他携带妻子回家。

在很多情况下，服劳务婚并不是一种常规的婚姻形式，而是作为对买卖婚的一种替代，发生于求婚者过于贫穷因而无力支付一般聘金的时候。阿贝·杜波依斯写过一本关于印度人的书，主要谈的是马德拉斯管辖区的情况。他在书中说：“由于结婚的费用相当可观，我们发现，在各个种姓中，都有一些年轻男子因无力支付这些费用而求助于雅各当年服事拉班之计。”他还补充说，在这些事例中，服务期的长短也同古代以色列的情况相同，即为7年。[2]劳务婚作为对买卖婚的一种替代，实行于印度各地，只是在劳务期上长短不一。另外，在其他一些国家也有这种做法。在苏门答腊南部的巴邻旁，一个穷汉要想结婚，就须与岳父母同住，并为他们 370
干活儿，以此攒钱，直至足够娶下妻子。如果终生未能偿清此债，

① Swanton, *The Haida*, p. 50.

② Dubois, *A Description of the Character, Manners and Customs of the People of India*, i. *295 sq*.

则将此债转给子女，他们仍要像其父亲一样受人奴役，一直等到女儿结婚时收到聘金，并以此最终偿付其父亲为娶母亲而拖欠的债款。在黄金海岸操齐语的一些民族中，如果一个男子穷得连娶亲所需的最低限额的钱都没有，那么，他也可以与妻子同居，而不必支付什么费用，只是要带上一两瓶甜酒给女方一家人。不过，在这种情况下，新郎往往要同女方一家人住在一起，给他们干活儿，以得到一口粗茶淡饭。在南非的马卡兰加人中，“如果一个年轻男子穷得没有几头牲畜可作为他娶亲的费用，他就会同女方的父亲达成一项安排，以为其干活儿来换取同其女儿的同居。所生子女均
371 由女方父亲一人掌管。只有将‘伊卡希’（即以牲畜形式构成的聘礼）全部交齐之后，子女才得以为其父所有。”[①]同样，在其他一些民族中，男子在娶亲时虽已为女方父母服了劳务，但要想拥有子女，还需另外付钱。

在阿萨姆的米基尔人中，劳务婚则似乎并不是对买卖婚的替代，而是对无偿娶亲这一做法的替代。据说，在那里，婚姻方式取决于男女两方的财富和地位。如果结婚采用“阿克乔伊”的方式，即不给女方酬报，那么，婚后第二天，新娘就要和新郎一起到其新家。如果结婚采用“阿克门”的方式，新郎就会在岳父家住下去。他先休息一天，然后就开始给岳父干活儿，根据协议，服务期或为1年，或为两年，甚或长达终生，在任何情况下都不支付现金。如果新娘是家里的继承人，或是家中独生女儿，婚姻往往是“阿克门”式的，但大多数婚姻都是“阿克乔伊”式的。

---

① Theal, *History of the Boers in South Africa*, p. 220.

在很多民族中，只靠服劳务还是不足以娶亲。除劳务之外，还须支付聘金。在有些情况下，劳务只是对部分聘金的替代。在维多利亚湖西北岸居住的巴苏库马人中，有这样一个通例，结婚必须先交出大约60只羊，然后新郎便搬到岳父家住，服侍岳父2年，以此代替未付的聘金。在属于马赛族的万多罗博人中，如果新郎很穷，无力支付全部聘金，就须在婚后的几个月中为岳父外出打猎，以此替代未付的聘金。在加利福尼亚的胡帕人中，穷人“付出一般聘金的一半数额之后，即可到新娘家去住，但要在那里为岳父效劳。”[①]新郎与新娘所生的子女也均由女方一家所有。在另一些情况下，除了支付聘金之外，还必须服劳务。

在加利福尼亚北部的阿乔马维人和阿楚格维人中，求婚者在 372
交付已商定好的聘礼之后，即迁到女方家去住，为他们打猎、干活儿，期限为一两个月。如果新郎父母健在，那么，过了这一两个月，他就携妻返回自己家中；如果父母已不在世，便留在女方家中。在法属刚果的巴亚人中，新郎须向女方交付两笔钱，一笔是处女费；一笔是娶亲费。M.普潘就此写道：“处女钱给了，结婚钱也给了，但这并不是全部付出。婚前，除了这些商品性的支付外，未婚夫已经为岳父家干了许多体力活儿；婚后，女婿还要为女方继续劳动，这种劳动要贯穿他的一生。”[②]在前德属东非的乌菲帕人和乌金加人中，男子求婚同样必须既付聘金，又服劳务。在非洲同一地区的桑戈人中，求亲者在交付聘金之后，新娘的父母还会要求他再为自

① Goddard, *Life and Culture of the Hupa*, p. 56.

② Poupon, in *L'Anthropologie*, xxvi. 124.

己开一片园地，并说这是为了看看他是不是会干活儿。如果他很懒，或者干得不能令人满意，女方即会将聘金退还给他，拟议中的婚事即行告吹。菲律宾群岛也有这种情况。从前，男子求婚不仅要付聘金，而且还必须到女方家中效劳。那时，常有这样的事发生：如果女方对这名求亲的男子不满意，就会另找一个干活求亲的人。这样，他所干的活儿也就白搭了。在西里伯斯东南部的土著居民中，男子求亲也要到女方家中去住。过了一段预备期之后，如果女方一家对他比较满意，女孩本人对他也有了感情，他们就可以结婚了。但是，新郎必须向女方支付聘金，其数额从 50 到 100 盾不等。在苔藓地带的尤卡吉尔人中，男子只有在女方家中服务 1
373 至 3 年并交付一定数量的驯鹿之后，方可携妻回到自己家中。

服劳务娶亲的习俗显然在很大程度上是由于女方的父亲不愿白白地把女儿嫁给别人。这一点可从以劳务婚代替一般买卖婚的诸多事例中得到证明。不过，从我们刚刚引述的种种材料中来看，实行劳务婚似乎还有另外一层用意，就是想在服务期内检验求亲男子的劳动能力，看他是否够得上一个好丈夫、好女婿。乔切尔森博士曾对此特别予以强调。尤卡吉尔人曾告诉他，劳务期就是考验期。此外，乔切尔森还说，只有当新娘外嫁并随夫居住，因而使女方的父亲失去一个劳力时，服劳务才具有买卖的含义。不过在大多数尤卡吉尔人中，女方的父亲却总是能得到一个新的劳力，这就是搬到他家居住的女婿。关于科里亚克人的情况，乔切尔森也做过认真细致的观察。他写道："新郎之服劳务，不同于普通的打工。人们的主要用意不在于用他干活儿，而在让他经受艰难屈辱的考验。新郎必须睡破床、食糟糠，而且必须一早即起，干各种累人的差事。外出放牧时，新郎数夜不得合眼；而此时，牧主及新娘的兄弟却仍在酣睡之中。总之，服劳务期间，新郎的耐力、韧性和温顺以及作为猎手的机敏、作为牧人的热忱与俭朴，都要经受考验。只有在新郎成功地经受住考验之后，新娘的父亲才会允诺这桩婚事。关于新郎必须经受生命危险的考验后方得完婚的做法，在科里亚克人的民间传说中也可听到。”①在堪察加人中，劳务期满后，如果新郎提出把新娘带走，而且女方父母和亲戚又对他感到满意，女方就会立即同意新郎的请求。而如果女方对新郎感到不满，就会对他的劳务给一点儿酬报，把他打发回去。在柬埔寨，劳 374
务期同样也是考验期。在此期间，新郎的要务即是取悦于新娘及其父母。在加罗林群岛的波纳佩岛，求婚者须在女方家中效劳，但却“往往劳而无获”。据说，在喀麦隆边境上的图博里人中，女方的父亲常常让求婚者为其干活儿，并以此对他进行考验；如果满意，就定出聘金的数额，有时多达 8 或 10 头小耕牛，要新郎支付。卡弗在谈到瑙多韦西人中新郎服劳务的情况时，指出：通过这种方式，“女方的父亲就有机会判断新郎是否能养活新娘及其生育的子女”②。在南美洲的印第安人中，求婚的男子必须为其属望的岳父服务，这在很大程度上显然就是对新郎能力的一种考验。

斯宾塞认为，以提供劳务而不是以支付财物的方式娶妻，乃是一种比较高级的婚姻形式，是随社会的产业类型一道发展起来的。他说：“这种婚姻形式在未开化的掠夺成性的部落中虽然也可实

① Jochelson, *Koryak*, p. 740.

② Carver, *Travels through the Interior Parts of North America*, p. 373.

行，但阻力很大。而随着某些产业的建立和兴起，各种劳务都有了用武之地，这种婚姻形式也就变得越来越可行了。”[①]但是，这种看法并无事实依据。劳务婚不仅存在于，而且盛行于狩猎部落之中。即使在其他一些民族中，加诸求婚者身上的劳务，也不像某些人所臆想的那样，是出于经济文化的高度发展。另一方面，哪里有买卖
375 婚，哪里就一定有某种程度的财富积累。由此看来，劳务婚作为买卖婚这种普遍婚姻形式的一种替代，可以说只见诸那些较发达的未开化部落。

就最常见的情况而言，娶亲所付的报偿还是各种形式的财物。至于数量的多少，则因民族不同而相差悬殊。在最低级的部落中，娶亲所付的报偿是微乎其微的。在锡兰的维达人中，男方在娶亲时只送给女方的父母一些食物，有时甚至什么也不送。在马来亚霹雳州的萨凯人中，新郎往往“根据自己的情况”，向属望的岳父赠送某种特定的物品，如小刀、小斧或薯类，作为礼物；而在劳特族的斯莱塔尔部落中，新郎要将少量烟草和一朱巴（chupah）的稻米交给岳母，用以确认两家的婚姻关系。在吕宋岛巴丹地方的尼格利陀人中，娶亲不是一种买卖；求婚者只向未来的岳父赠送一件小礼物，而女方的父亲还要再向女儿赠送几件物品，留作她的个人财产。在某些不实行以亲换亲习俗的澳大利亚部落中，新郎是向岳
376 父或岳父母赠送猎狗，有时再送一些飞镖或其他武器。谈到中非的俾格米人，格伦费尔写道：那里的人结婚“不外是向女方的父亲

---

① Spencer, *Principles of Sociology*, i. 721.

赠送一些具有本地价值的物品，如箭头、刀子等，然后就可以娶他的女儿了。当然，女方一家的意向在这桩交易中也是举足轻重的”[①]。于特罗也说，一个人只要向女方的父亲赠送两只在追猎中杀死的动物，向女方的母亲送一只狗，就可以娶其女儿为妻了。在布须曼人的支系部落纳米布人中，新郎则是向他所属意的岳父母赠送食物、毯子和皮毛。

在较发达一些的部落中，娶妻所付的报偿大多也很少。这种报偿往往只是一件礼物，赠送和接受这种礼物并不成其为一种买卖。而在另外一些情况下，结婚所付的报偿则相当可观，这就使得缔结婚约成为一宗真正的商业交易。下列事实可以说明世界各地未开化民族娶亲所赠物品的质与量。

在爱斯基摩人中，买卖婚并无一定的常例可寻。据霍尔姆所说，在格陵兰东岸的昂马格萨利人中，一个青年男子要想娶某个姑娘为妻，就须向女方的父亲赠送鱼叉之类的东西；不过，女方的父亲为了把女儿嫁给一个好猎手而向其送礼的事，也是有的。在哈得孙湾昂加瓦地区的爱斯基摩人中，“要想让女方的父母同意一桩婚事，有时要凭其好感，有时则要向其赠送兽皮、毛皮等有一定价值的礼物，以此相交换”[②]。在里帕尔斯湾一带的爱斯基摩人中，
做父亲的会为年幼的儿子找一个小女孩儿做媳妇。为此，就要给 377
女孩儿的父亲一些东西，比如一把骨刀、一个雪橇或一只狗，现在则送些火药或雷管。关于中部爱斯基摩人的情况，博瓦斯博士只

---

① Johnston, *George Grenfell and the Congo*, ii. 674.

② Turner, “Ethnology of the Ungava District, Hudson Bay Territory,” in *Ann. Rep. Bur. Ethn.* xi. 188.

是简单地说，要想娶亲，就必须通过送礼向女方的父母来买。

关于北美印第安人的一般情况，据说，“经济因素无处不在”，不过明显的买卖并不普遍。比如，在特拉华人中，娶亲要送某些正式的礼物。女方收下礼物，就表示会予以同意。[①] 在奥马哈人中，“求亲者通过向女方父母和亲属赠送礼物，可以得到他们的好感，但父母并不会卖自己的女儿。这种求婚的礼物通常只是年长男子才送的：他们想娶年轻的姑娘为妻，但又怕娶不成。如果男子直接出面向女子求婚，则无正式送礼的必要。求婚者可随便给女方亲属送些东西，有时，女方亲属还送给他一些东西。”[②]关于达科他人的另一支部落希达察人的情况，据说，只有男方向女方亲属分发礼品之后，婚姻才合体统。在北美其他部落中，娶亲所付的报偿则具有更重要的意义，在性质上可以说已成为一种真正的聘金。在不列颠哥伦比亚及温哥华岛的某些地方，娶亲所赠物品的价值在 20 至 40 英镑之间。俄勒冈的印第安人以马匹、毛毯或毛牛皮买妻
378 子。在加利福尼亚的沙斯蒂卡人中，“娶亲须向女方的父亲支付贝壳货币或马匹，例如，要娶一位花颜月貌的少女，须付 10 至 12 匹小马驹”[③]。在加利福尼亚的胡帕人中，“一个人在社会上的地位取决于他的母亲出嫁时所得聘金的数量。如果聘金丰厚，儿子在部落中就可以硬气。”[④]在阿帕切人中，女子的价值和魅力完全同

① Harrington,“Preliminary Sketch of Lenápe Culture,”in *America Anthropologist*, N. S. xv. 215.

② Dorsey,“Omaha Society,”in *Ann. Rep. Bur. Ethn.* iii. 259 *sq.*

③ Powers, *Tribes of California*, p. 247.

④ Goddard, *op. cit.* p. 56.

出嫁时所得马匹成正比；“如果一个姑娘只卖得1匹马，那么，不管她有多好，人们都会认为她很低贱。”[①]在纳瓦霍人中，新郎一家必须向新娘一家赠送价值相当于5至15匹马的礼物。

在南美印第安人中，娶亲所付的报偿同样也因部落不同而相去甚远。在维托托人中，新郎须送少量古柯叶或烟叶给“卡皮丹”，即部落支系的首领，以取得他的同意。此外，还需给未来的岳母砍一堆木柴。这以后不久，女方就会把新娘嫁给新郎了。在普里人、科罗阿多人和科罗阿波人中，新郎只需在婚礼前给女方赠送一些猎物或水果即可；但在巴西，某些比较开化的土著部落却从事买卖妇女的交易。付给瓜希罗女子的聘礼主要是牲畜。在大查科草原南部的莫科维人中，娶亲要么须送虎皮，要么须送一两匹马、1头牛或几件首饰。巴塔哥尼亚人娶亲时送母马、公马或银饰，有人娶一个拥有家畜的女继承人时，曾送了100匹母马。

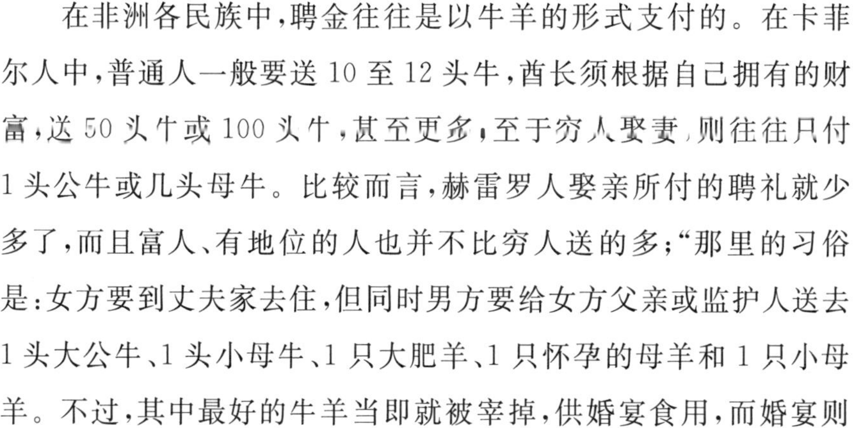

在非洲各民族中，聘金往往是以牛羊的形式支付的。在卡菲 379
尔人中，普通人一般要送10至12头牛，酋长须根据自己拥有的财富，送50头牛或100头牛，甚至更多，至于穷人娶妻，则往往只付1头公牛或几头母牛。比较而言，赫雷罗人娶亲所付的聘礼就少多了，而且富人、有地位的人也并不比穷人送的多；“那里的习俗是：女方要到丈夫家去住，但同时男方要给女方父亲或监护人送去1头大公牛、1头小母牛、1只大肥羊、1只怀孕的母羊和1只小母羊。不过，其中最好的牛羊当即就被宰掉，供婚宴食用，而婚宴则

① Gremony, *Life among the Apaches*. p. 247.

是当地婚礼中唯一的一种仪式。”[①]在巴尼奥罗人中，富有人家索要的聘礼数额为10至20头母牛。在乌干达的伦杜人中，根据风俗习惯的要求，聘礼须交16头母牛和100只山羊。在巴干达下层人中，娶亲所付的聘金通常为三四头阉牛和6根针，或者是1小盒雷管；不过也常有人给威尔逊先生提亲，只要求他付1件外衣或1双皮鞋。在巴坦巴人中，酋长娶亲须付三四头母牛，而普通农民则只需付六七只羊。在班图族卡维龙多人中，娶亲所付的聘金一般为40把锄头、20只山羊和一头母牛。不过，女方若是某一重要首领的女儿，那么1头母牛就打不住了。目前，南迪人娶亲通常要送
380 1头公牛、1头母牛和10只山羊。从前，聘礼的数额还要更高。在阿坎巴人中，娶亲平均要付40至50只羊，外加若干头牛，一般为两头母牛，两头公牛。不过，富人则会支付100只羊，甚至更多。基库尤人要想买一个妻子，必须交付很多“山羊”，一般为30只。而实际支付的，除了山羊，也还有牛和绵羊。在上刚果河地区的班加拉人中，“一个自由男子娶一个自由女子，须向女方的父亲和家人赠送两名男奴、两名女奴，且不得以钱、物替代。”[②]根据卡耶的记述，在塞内冈比亚的曼丁戈人中，要想娶亲，除向女方父母赠送奴隶之外，别无选择。在奴隶海岸一带操埃维语的各民族中，为使婚姻合法，须付“人头钱”，其形式可为硬币或贝壳币，更为常见的形式则是商品和甜酒。据沃伊斯博士所述，在前德属东非的瓦尧人中，由于他们既没有成群的牛，也没有大批的羊，因此，“买卖”妻

① Theal, *op. cit.* p. 219.

② Weeks, “Anthropological Notes on the Bangala of Upper Congo River,” in *Jour. Roy. Anthr. Inst.* xxxix. 440.

子——如果这种叫法正确的话，但实际上并不恰当——完全是以交付中等质地的白布这一形式进行的。

在前俄罗斯帝国属下操乌戈尔－芬兰语和突厥－鞑靼语的各民族中，交付聘金（或称卡林），过去是、现在仍旧是缔结婚姻的基本条件。在沃加克人中，聘金为 150 卢布，外加牛和家禽；在莫尔 381
瓦多人中为 200 卢布，另外还有谷类、衣服和食物；在切列米斯人中，更是高达 500 卢布。对于一户富有的奥斯加克人家来说，如果得不到一份由 100 只驯鹿和各种毛皮组成的厚礼，是不会把女儿嫁给人家的。在萨莫耶德人中，“卡林”一般包括各种衣服、家什、驯鹿以及从俄国人那里买来的一些小商品。在通古斯人中，“卡林”只由驯鹿构成；在布里亚特人中，由牛和未出生的小牛犊构成。富有的巴什基尔人娶亲，有时竟付 3000 卢布的聘金；而穷人娶亲也许只能送去 1 车木头或干草。

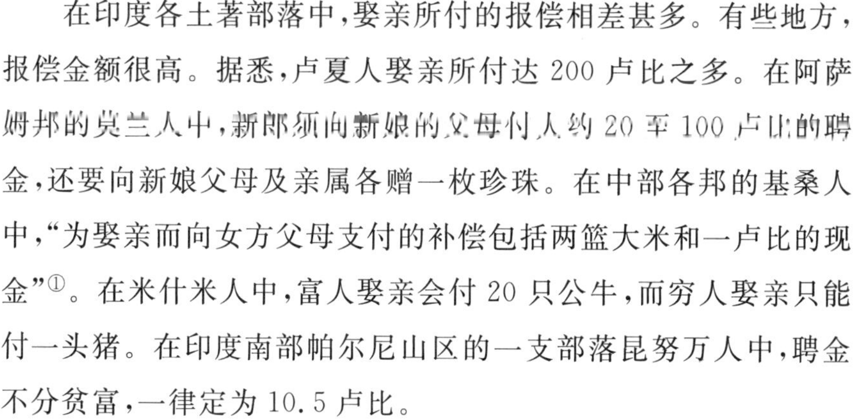

在印度各土著部落中，娶亲所付的报偿相差甚多。有些地方，报偿金额很高。据悉，卢夏人娶亲所付达 200 卢比之多。在阿萨姆邦的奥兰人中，新郎须向新娘的父母付大约 20 至 100 卢比的聘金，还要向新娘父母及亲属各赠一枚珍珠。在中部各邦的基桑人中，“为娶亲而向女方父母支付的补偿包括两篮大米和一卢比的现金”[①]。在米什米人中，富人娶亲会付 20 只公牛，而穷人娶亲只能付一头猪。在印度南部帕尔尼山区的一支部落昆努万人中，聘金不分贫富，一律定为 10.5 卢比。

在印度群岛，聘金是以有价商品或货币的形式支付的。例如，

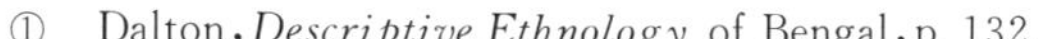

① Dalton，*Descriptive Ethnology* of Bengal，p. 132.

在苏门答腊的巴塔人中，新郎须向女方的父亲赠送臂圈或其他一
些贵重物品。在特宁伯人中，聘礼包括金耳环和象牙，其中象牙是
382 断不可少的。在帝汶的劳特人中也是如此，“没有象牙，就娶不了
亲”[①]。在棉兰老岛的苏巴努人中，聘礼通常是送布匹、坛子和铜
锣，很少有送钱的。在英属新几内亚，娶亲所送的礼物主要有由芋
螺贝壳做成的臂饰、珍珠贝、犬牙等饰物和猪。据说，在荷属新几
内亚，最珍贵的礼物乃是烟草。在俾斯麦群岛，聘金为 15 至 200
串贝壳货币。在所罗门群岛的佛罗里达，聘金“由 50 至 100 卷本
地货币构成”[②]。在班克斯群岛，聘礼为钱和猪，在莱珀斯岛为猪
和草席。在萨摩亚，新郎送给新娘的礼物包括独木舟、猪以及落入
当地人手中的各种外国货。在加罗林群岛，“男方向女方父亲所送
383 的礼物包括水果、鱼类等土特产。”[③]

在有些部落中，风俗习惯已对聘金作了统一的规定，但是在大
多数部落中，聘金往往要根据不同情况而有所区别。在很大程度
上，聘金总是依婚姻双方或一方的地位与财富而定。在有些地方，
每个家庭对于自家姑娘出嫁所需的聘金，都有既定之规，历久不
变。有的地方，姑娘出嫁所要的聘金，要与当年其母所得聘金持
384 平。在很多情况下，聘金的多少要看女子的个人素质，诸如美貌、
力量和能力而定。在尼日利亚操伊博语的一些部落中，一名身材
较高、发育良好、皮肤细嫩的美女可索价 25 至 40 英镑；而出嫁一
个丑姑娘，如能得到 3 只羊，其父也就很满足了。在加利福尼亚的

---

① Forbes, "On the Ethnology of Timor-Laut," in *Jour. Anthr. Inst.* xiii. 11.

② Codrington, *Melanesians*, p. 238.

③ V. Kotzebue, *Voyage of Discovery into the South Sea and Beering's Straits*, iii. 210.

卡罗克人中，如果一个姑娘出身于富贵之家，本人又生得很俏丽，
而且还擅长做橡子面包和编篮子，其身价就可达两串齿贝；而一般
的姑娘只能得到半串。处女或少女的要价一般较寡妇和弃妇为
高。至于鳏夫或年长男子要娶少女为妻，还须付更多的聘金。在
莫尔多瓦人中，娶20岁以下的少女要比娶20多岁以上的女子更
贵。在印度的巴尼亚人中，娶8岁以下的女孩无须支付聘金；但在 385
8岁之后，聘金则以每长1岁多付100卢比的幅度上涨，直至13
岁为止。当地人把13岁看作青春期。

娶亲所付的报偿大多都是送给女方父亲的，不过，他可能还得
同家里人甚至同其他亲属分享，或者单另给他们分出一些。有时，
还要把聘金的全部或部分交给女方所属的整个氏族。新娘的母亲 386
往往是聘礼的特殊收受者。在有些地方，要将报偿的全部或大部
送给新娘的舅舅。而在另一些地方，则是在诸多收受者中专门对 387
舅舅予以强调。新娘的兄弟们也在这宗交易中占有突出的位置。
在巴塔哥尼亚的特维尔切人中，“女子的价值往往视她有多少兄弟
而定，因为每个兄弟均须得到两匹马。”①在钦邦山区南部，新娘的
大哥要从所得报偿中收取最大的份额，“剩余的部分才在父母、姐
妹、兄弟、堂亲表亲、叔舅、婶姨及部落酋长中继续分割。甚至家奴
也可望从中得到一份。”②在新几内亚的雅宾人中，聘金均由母系
亲属分享。在前德属东非的乌菲帕人中，母系亲属收取聘金的一
半；在瓦本德人中，母系亲属收取聘金的1/3。在前德属新几内亚

① Prichard, *op. cit.* p. 93.

② Carey and Tuck, *Chin Hills*, i. 190.

的博加津人中，如果女子出嫁外村，男方不仅要给女方父母及家人送礼，而且还必须给女方所在村子的所有人都送。在英属新几内亚操罗罗语的部落中，新娘的父亲则是与他的亲属和他所在地方性组织的成员一同分享聘金。在刚果的巴亚卡人中，如果新娘出嫁外村，新娘的父亲必须给村里的头人送上1只羊。在东非保护地巴林戈地区居住的图尔卡纳人中，新郎如已有妻室，须给原有的每个妻子5头牛。在棉兰老岛的巴戈博人中，男子娶第一个妻子
388 时须服劳务；但娶第二个妻子时，即不再给女方的父亲服劳务，而要付出双倍的聘金，这是因为，“他不仅要给第二个妻子的父母交付聘金，而且还必须将同样数额的聘金付给他的第一个妻子，然后由她再把这钱送给她的父亲。”如果他再娶第三个妻子，他还得再拿出与她身价相等的两份金额来，一份交付给第三个妻子的父母；另一份则由原有的两个妻子平分。① 在不列颠哥伦比亚的某些印第安部落中，虽然结婚彩礼在名义上是送给女方父母的，但他们却从不将彩礼据为己有或独自享用，而要在亲戚中平分。在特林吉特人中，新娘的父亲只从出嫁女儿所得到的礼物中留取很少一点归自己所有，其余的统统分发给新娘的母亲和亲属。

另一方面，至少在某些地方，聘金并不是由新郎或新郎的父亲支付，而是由其他某些人支付。在新不列颠岛加泽尔半岛沿岸的居民中，新郎本人如无力支付聘金，就会请他的舅舅代付。在中非的马迪人中，青年男子“总是向亲友征集娶亲所用的牛。虽然朋友

① Cole, "The Wild Tribes of Davao District, Mindanao", in *Field Museum of Natural History*, *Anthropological Series*, xii. p. 103.

们都会送给他一些，但最大的资助还是来自父母和叔伯”[①]。在西
里伯斯中部的托拉查人中，以及在塞兰人和布鲁人中，男子娶亲，389
要靠本氏族给他买妻，或给以资助。在英属新几内亚的梅克奥部
落中，聘金是由新郎的父系亲属和母系亲属共同捐助而筹得的。
在同一地区讲罗罗语的部落中，年轻人到了男大当婚的年龄，其父
就会请求自己所在的地方群体帮助儿子筹集聘金。在阿尔泰人
中，“新郎的单身朋友们为使新郎能够交付‘卡林’（聘金），每个人
都会从自己的财物中捐出一小部分，予以资助。”[②]

娶亲的报偿亦可分期支付。在西伯利亚某些民族中，男子在
交付一定数量的“卡林”之后，即可同其未婚妻发生性关系。在其
他一些民族中，即使在聘金尚未交齐之前，亦可先行成婚。在某些
西非人中，聘金一般须在婚后一两年内交齐，而在另外一些部落 390
中，则可延缓多年。在阿基库尤人中，交够 20 只羊之后，即可成
婚，而剩余部分直至第一个孩子长到 8 岁或 10 岁时，才要求交齐。
在钦邦山区南部，男子结婚时所负的债务，往往拖欠至死，而且，
“人们常常可以发现，有人还在为祖父娶祖母所欠的债务而发生争
吵。”[③]但是，聘金若不交齐，丈夫在女方的男性亲属看来，就无异
于一个苦力；女方父母甚至有权将女儿召回，为此，他们也愿意让
男方拖欠一部分聘金。在帝汶的劳特人中，只要聘金尚未交齐，女
方就有权同自己的父母住在一起，并可以违抗自己的丈夫，所生子
女也不归男方所有。在特宁伯人中，“女方的父亲若得到女儿聘礼

① Felkin, in *Proceed. Roy. Soc. Edinbrugh*, xii. 320.

② Miss Czaplicka, *Aboriginal Siberia: A Study in Social Anthropology*, p. 117.

③ Carey and Tuck, *The Chin Hills*, i. 190 *sq*.

中所规定的象牙，往往要等多年。不过，只要得到这笔交易中所规定的其他东西，父亲即可把女儿交给其‘买主’。但此人仍须住在女方家中，而且所生子女也被留作人质，直至聘金全部交齐为止。”[①]在其他很多民族中，只要聘金尚未交齐，妻子、儿女均不得离开女方父亲的家。据艾敏帕夏所述，在中非的班尼奥罗人中，如果一个穷人一时无法筹得娶亲须交的那么多牛，那么，只要经女方父亲同意，即可分期支付；不过，与此同时，所生子女也为女方父亲
391 所有，而且每个孩子都必须以一头牛方能赎回。在祖鲁人中，以及在喀麦隆的巴昆杜人中，婚姻可被当作一种抵押，直至男方将谈妥的聘金全部付清为止。

在某些部落中，聘金如同娶亲所付的劳务一样，并不能使丈夫得到对于子女的所有权。要想取得对子女的所有权，还必须另交一笔钱。尽管有人娶亲时可以不付聘金，但要想拥有对子女的所有权，则必须交钱。在俄勒冈州西南部的塔克尔马印第安人中，“人们生下第一个孩子之后，要向女方的父亲另交一笔钱，装在鹿皮口袋里。交了这笔钱，就等于买下了孩子。当地人把交付这笔装在鹿皮口袋中的钱比作‘给小孩做枕头’。”[②]在马达加斯加的萨卡拉瓦人中，婚宴结束后，新郎要向女方父母送上 1 头牛，作为礼物；此外，还要给新娘的近亲每人 4 码布或 1 大袋米。“这些礼物被看作要想取得对子女的所有权所必须交付的财礼，因此必须赶在新娘初产之前送上。如果错过了时候，新郎就会失去做孩子父

① Anna Forbes, *Insulinde*, p. 170 *sq*.

② Sapir, “Notes on the Takelma Indians of Southwestern Oregon,” in *American Anthropologist*, N. S. ix. 275.

亲的权利，孩子便归新郎的岳父母所有了。”[①]在乌桑巴拉的桑巴人中，丈夫在妻子身怀头胎之时，必须给岳母送上 1 只羊，孩子出生后，再送 1 头牛或 5 只羊。倘若未能及时送上，女方家人就会把妻子带走。据德克勒先生所述，马塔贝勒人“娶亲时，并不向女方 392
的父亲交钱，但是在生下第一个小孩以后，则必须付钱，否则，女方的父亲就有权把孩子带走”[②]。

在非洲其他一些民族中，丈夫在交付聘金之后，不仅取得对妻子、儿女的所有权，而且，一旦妻子未及生儿育女而先死，做丈夫的还有权索回聘金，或要求续娶另一女子（通常为前妻之妹）。有时，还可在这两种赔偿方式中任选一种。据说，在其他一些地方，如果新娘婚后不久即去世的话，女方也会以其妹相顶替，或是退还全部或部分聘金。倘若妻子确无生育能力，也同样是这种情况。此外，如果妻子不能很快生儿育女，做丈夫的即可停止支付聘金。

在盛行娶亲付聘金这一习俗的地方，倘若新娘出嫁时一无所得，人们就会把这看作新娘及其家人的奇耻大辱。在雅库特人看来，“这就意味着这名女子不值分文，无依无靠，或是已被逐出家
门。因此，难怪雅库特妇女总是看不起俄罗斯妇女。用她们的话 393
来说，俄罗斯妇女只能花钱请人把自己娶走。”[③]卡菲尔妇女对于那些未能及时被人以牲畜买走的女人也是非常瞧不起，称之为“老猫”，因为在当地人看来，猫是唯一一种不值一卖的动物。一个女子，如果出嫁没有得到聘金，那么，即使她是一个良家妇女，也会被

① Walen, “Sakalava,” in *Antananarivo Annual*, 1884, p. 53 *sq.*

② Decle, *Three Years in Savage Africa*, p. 158.

③ Sumner, in *Jour. Anthr. Inst.* xxxi. 85 (Yakut).

人视为妓女，而她所生的子女也会被人当作私生子一样来对待。如果哪个女子出嫁时能得到一笔超过一般数额的聘金，她便会感到非常自豪。

娶亲赠礼这一做法，如同有偿婚姻的另外几种形式一样，源于以下两个原因：一是掌握女子婚姻大权的人不愿无偿地把她嫁出去；二是有人愿意以财物娶得妻子。这样一种婚姻形式一般被叫作“买卖婚姻”。但是，就很多情况来看，这一叫法毫无根据；而从另外一些情况来看，要使用“买卖婚姻”一词，首先必须明白，新娘并不是如同东西一样由其亲属变卖的。就新郎一方而言，聘礼也许是一种善意和尊重的表示，还可能是一种用以表现自己有能力养活妻子的证明。此外，聘礼还可以保护妻子免遭丈夫的虐待，保护丈夫以防妻子的不贞。据马修斯先生所说，在希达察族印第安

394 人中，聘礼“是向女方父母所作的保证善待其女的一种信物，也是表明求婚者及其家属财力的一种证据”[①]。在科萨族卡菲尔人中，女方的父亲收到聘礼后，就会对女儿的行为予以关注，这是因为：如果女方被丈夫以正当的理由休弃，聘礼就须归还男方；而如果由于丈夫虐待妻子导致婚姻破裂，男方则会失去娶亲所付的一切。在比属刚果的瓦雷加人中，“结婚不是买东西；未婚夫付给未婚妻父母的财物只是作为信物，一旦离婚时，女方父母则要将这些财物归还男方。”[②]在很多情况下，人们都把聘礼看作对于因女儿出嫁而蒙受损失所给予的一种赔偿，或是对于女儿出嫁前家庭所付抚

① Matthews, *Ethnography and Philology of Hidatsa Indians*, p. 52.

② Delhaise, *Les Warega*, p. 173.

养费用的一种补偿。至于送给新娘母亲的礼物，则是对其养育女儿的一种报答，即所谓“母奶费”；有时则似乎是对母亲守护女儿贞洁所给予的一种报答，即所谓“处女费”。当然，金钱方面的动机有 395
时也是很明显的。有些人总是见谁出价最高，就把女儿嫁给谁；还有人对女儿进行培养，是出于索求高价的目的。但是，无论索要出嫁报偿的因由何在，也无论这种报偿是多是少，聘金并没有授予做丈夫的以任意处置妻子的权力。男子用聘金所“买到”的，只是风俗习惯赋予他的某些权利。而且，我们可以有把握地讲，无论丈夫的权利有多大，都不是绝对的；没有任何一个民族的任何一个已婚妇女，是完全由丈夫摆布的。在非洲的很多民族中，女方父母在某些情况下，只要退还聘礼，即可接回女儿。

有人曾提出，买卖婚是从抢夺婚演变而来的。据说，婚姻的最初形式是不顾女方父母的意愿，将其女儿强行劫走。其后，为了免遭报复，出现了提供赔偿的做法。直至最后，婚姻才演变成先赠礼后娶亲的形式。有人为了说明这一观点，还引用了一些例子，说是在某些民族中，男子在劫得某一妇女或同某一妇女私奔之后，若能结为夫妻，则必须支付赔偿。但是，这些事例仅仅说明：有偿婚姻是一种被人们认可的婚姻形式，而强行劫持或男女私奔亦可成为 396
有偿婚姻的一段前奏。这些例子无论如何也不能说明聘礼是源于赎金。在盛行有偿婚姻的众多民族中，我们从未听说过掳获妇女为妻的习俗。正如笔者在前面的一章中所说的，在任何一个民族中，都没有证据显示抢夺婚是一种普遍的婚姻形式。

诚然，为娶亲而提供某种报偿的做法，在全世界处于各个阶段的未开化民族中，都是一种正常的求亲方式。但是，一般来说，这种做法总是随着经济文化的发展而日趋重要。霍布豪斯、惠勒、金斯伯格三氏曾说过，这种趋势在畜牧阶段要比在农业阶段显著，而且，“如果我们把买卖婚从有偿婚姻的诸多形式中专门提出来考察，就会看到这种关系更为显著了。”[①]在从事畜牧业的民族中，有偿婚姻似乎近于普遍。据说，在某些未开化民族中，人们对于婚姻的商业观念，还是较为晚近的事情。

我们说，娶亲付报酬并不是一般意义上的买卖行为，这一点从有些地方的女方要向男方赠送回礼这一习俗中，也可以看得很清楚。事实上，在办婚事的过程中相互交换礼物乃是一种相当普遍
397 的做法，而且，回礼的数额也往往是由风俗习惯所规定的。在中非的巴希马人中，等到新郎盖好结婚用的新房之后，女方的父亲就会把新娘送到那里，同时还从新郎娶亲所赠送的 10 头牛中，再返回
398 3 头。在棉兰老岛的比兰人中，不管新郎送多少聘礼，女方均须将其价值的一半返赠男方。在很多部落中，还有这样的习俗，即：女方所赠的回礼须等值于男方娶亲所赠的聘金。

在内布拉斯加州的波尼印第安人中，女方的亲属要给男方送去一两匹马。根据习俗，女方收到男方送来的马以后，还要再回送男方。不过，这是成婚以后才做的事，而且，女方送回的马不能与男方送来的马相等。这一情况是格林内尔先生提供的。他还说，就他所知，这种礼物无论如何也算不上是娶亲的聘礼，而只是结婚

---

① Hobhouse, Wheeler and Ginsberg, *Material Culture and Soical Institutions of Simpler Peoples*, p. 155.

所送的一般礼物，而且，其中大部分最终还是回到男方手中。在不列颠哥伦比亚的斯特拉特隆人中，有这样一种习俗：女方父母及家属给男方赠送的礼物，在价值上不得少于男方给自己所送的礼物。我们还听说，“目前在南非纳塔尔等地所行的以牛换女子的做法，并不是祖鲁人从祖上传下的习俗。50 年前，新郎要向女方的父亲送上三四头牛，以确认婚约，而女方的亲属也会送给他同样多的牛或与此相等的其他物品。”[①]在西伯利亚苔藓地带的尤卡吉尔人中，当新婚夫妇拜访女方家人时，女方家中凡是从聘礼中收受过 1 只驯鹿的人，都要向这对新婚夫妇回赠 1 只驯鹿。当地人称这种习俗叫“收回礼”。在英属新几内亚南部的马辛人中，新郎在向父 399
亲宣布他即将结婚之后，做父亲的就要带上 1 个或几个珍珠贝或带上其他一些贵重的东西到女方家中。过些时候，还要再给他们送去一些吃的东西。但是，“在这之后，新娘的父亲则要送回礼，礼物的种类与价值多半与送来的相同，而且，还要回赠数量相当的食物。”[②]马林诺夫斯基博士在最近一篇关于迈卢人的论文中写道，正如塞利格曼教授曾充分看到的那样，惯常的礼物交换乃是巴布亚一美拉尼西亚以及马辛文化的主要特色之一。马林诺夫斯基博士认为，“毫无疑问，这种交换十之八九源于操办婚事的习俗。新郎总是先送上一笔娶亲的聘金，然后女方再把这钱送还给他。接着，在下一个合适的时机，新郎再送去 1 头猪，如此往复。虽然送来送去总是女方得益，也就是说，总是女方得的多些，但显而易见

① Tyler, *Forty Years among the Zulus*, p. 118.

② Seligman, *The Melanesians of British New Guinea*, p. 506.

的是，这一制度与简单、纯粹的买卖婚迥然不同。而且，当我们使用‘聘金’一词时，也应当在词义上有所限定。”[①]在某些地区，回礼甚至超过聘礼的价值。例如：加拿大的某些印第安人，印度南部尼尔吉里山区的巴达加人，以及居住在阿比西尼亚山北段余脉的博戈人，就有这种情况。在萨赖人中，女方父亲在婚礼上回赠的礼物，其价值必须是男方父亲订婚时所赠礼物的5倍。不过，回礼将成为新婚夫妇的共同财产。本森指出，在赫雷罗人中，女方父亲出嫁女儿时所得到的报偿，很难称其为“聘金”，他在婚宴上的花销要比这点报偿大得多。

400 乔切尔森博士在谈到苔藓地带尤卡吉尔人的婚俗时，曾说到，礼物的交换“旨在增进两家人的密切接触”[②]。霍布豪斯教授曾正确地指出，这种做法“是巩固两家联姻之好的惯常手法”[③]。克劳利先生则把礼物的赠答同原始部落对于礼物的概念联系在一起，他说：“同我们的理解相比，原始人的礼物概念具有远为深刻的含义；礼物被认为是自身的一部分。”他甚至认为买卖婚是由交换礼物的婚俗发展而来的，而所谓“聘金”最初则是“一种信约，即取之于自身而赠之以他人的信物”[④]。显然，礼物的赠送往往含有一些迷信的想法。且不说新娘与新郎之间的礼物交换，就是婚事过程中的各种礼物赠答，也都含有迷信观念。但是，克劳利先生并未提供直接的证据以证明其理论，因此我们无法把这种理论看作对于

① Malinowski, ‘Natives of Mailu,’ in *Trans. Roy. Soc. South Australia*, xxxix, 567 *sq.*

② Jochelson, *Yakaghir*, p. 95.

③ Hobhouse, *Morals in Evolution*, p. 154.

④ Crawly, *Mystic Rose*, p. 386 *sqq.*

礼物赠答这一习俗的一般性解释。至于说买卖婚源于早期的礼物交换，笔者亦不知其理由何在。

在某些民族中，当人们一想到把女儿当作物品一样交易时，总会生出一种羞耻之感。互赠礼物的做法显然与这种羞耻感有关。据科尔先生所述，在棉兰老岛的巴戈博人中，娶亲所付的聘金，往往因男方的财力和新娘的灵巧而不同，但是，无论男方给多少聘金，女方的父亲都必须回赠相当于聘金一半价值的礼物，“以表示他并不是把女儿像奴隶一样变卖的”[①]。在所罗门群岛的佛罗里达，如果男方送上 50 串朗哥（即当地货币），女方就要回赠 5 头猪；如果男方送上 100 串钱，女方就要回赠 10 头猪。“女方的人总是 401
说，他们用钱买到的是猪，而不是新娘。”[②]据哈登博士说，在托雷斯海峡西部诸岛的岛民中，“女方赠送回礼的做法似乎是出于这样一种想法，即：妻子之价是高于金钱的，同时也是考虑到不要把新郎搞得一贫如洗。”[③]不过，回赠礼物有时也要根据新郎的表现而定，因此回礼还可对新娘起到一种保护作用。在希达察人中，新郎须向女方亲属分发礼品，才能正式成婚。但是，女方事后一般也要回赠等值的礼物，“如果他们有此财力并对新郎的表现感到满意的话”[④]。在下汤普森地区的印第安人中，“富裕人家如对自己的新女婿很中意的话，就会把结婚时送来的礼物再送还给他。”[⑤]谢登

① Cole, “The Wild Tribes of Davao District, Mindanao,” in *Field Museum of Natural History*, vol. xii.

② Codrington, *The Melanesians*, p. 238.

③ Haddon, in *Results of Cambridge Anthropological Expedition to Torres Straits*, v. 231.

④ Matthews, *op. cit.* p. 52.

⑤ Teit, in *Publications of the Jesup North Pacific Expedition*, i. 322.

伯格指出，在棉兰老岛南部的巴戈博人中，新婚夫妇成亲6个月之后，如果彼此都很满意，女方的父亲就会把聘金的一半还给女婿。据说，在楚克奇人中，如果新郎在求亲服劳务期内未同岳父吵架，那么，在他携妻返回自己家时，岳父通常就会送给他若干只驯鹿，数量多少部分地取决于新郎在劳务期内干活儿的好坏。

回赠礼物可采取陪送嫁妆的形式。嫁妆虽是女方父亲、双亲或其他亲属送给新娘的，但也直接或间接地有益于新郎。给女儿陪送嫁妆的习俗，在未开化民族中虽然不是到处可见，但盛行此俗者却也甚多。嫁妆通常包括某些食物、衣服、饰物、家庭用品或其
402 他物品，但在很多民族中，还包括一定数量的家禽，或完全由家禽构成。在卡维龙多的尼洛特人中，女儿出嫁时，父亲要送给她一只羊。在巴希马人中，父亲送给女儿的礼物是牛，其数量不一，但“决不少于6头，以确保女儿不会挨饿”[1]。在祖鲁人中，父亲要送给女儿一条毛毯，还要根据自己的地位再送给女儿一定数量的牛。“不过，凡女儿出嫁，都会带上一头公牛，这公牛被认为附有祖先之神灵。如果这头牛死了，女儿就会失去娘家神灵的保护；如果遇到灾祸（诸如疾病或不育），则可杀牛献祭。”[2]在托达人中，女儿出
403 嫁，父亲所送的嫁妆是几头牛，此外，还有项链、臂圈和耳环。萨莫耶德人给自己的女儿所送的嫁妆，包括一个帐篷、若干只驯鹿、雪橇、套具、衣服和肉。在新西兰的毛利人中，有些显赫、富裕人家的女儿出嫁时，还会将地产和奴隶带去，当作嫁妆。

---

① Roscoe, *Northern Bantu*, p. 120.

② Tyler, *op. cit.* p. 202 *sq.*

在有些地方，父亲送给女儿的嫁妆是以回礼的形式送给新郎的。在东北非的马雷亚人中，嫁妆竟成了丈夫独有的财产，而不成其为嫁妆。在其他一些地方，妻子一旦同丈夫分居或离婚，即可索回自己的嫁妆。但是，只要婚姻关系仍旧存在，丈夫就有对于嫁妆的使用权。在很多民族中，聘礼与嫁妆之间有一种有趣的联系。聘礼的全部或部分往往还要由新娘的父亲作为嫁妆送给新娘，或被当作新郎给新娘的财产或生活费。

在很多部落中，新郎要在成婚之前或刚刚成婚之后，送给新娘 404
一件礼物。在某些爱斯基摩人中，求婚的男子要给女的送衣服，女
的一穿上这衣服，就成他的妻子了。据普雷斯科特说，在密西西比
河上游一带的达科他人中，男子娶亲要送聘礼；除此之外，他还会
给心目中的人送一些小礼物，以表敬意。在亚利桑那的皮马族印
第安人中，“新郎要送给新娘一条新毛毯，新郎的父母也要给新娘
送一些礼物，但其并无买卖之意。而且，男方也并不给女方的父母
送什么东西。”[①]阿萨拉在谈到巴拉圭的瓜纳人时，也说过：“所有
的结婚仪式实际上都成为新郎给新娘赠送小礼物的活动。”[②]在西
非的芳蒂人中，新郎须向新娘赠送布匹、棉织品和丝绸。但除此之
外，新郎就不再送别的什么东西了。在贝宁，“新郎要给新娘送去 405
一套讲究的衣服以及项链和手镯。”[③]在乍得湖沿岸的布杜马人
中，“新郎要给新娘的父母分别送上 4 头牛和 5 枚印有玛丽亚·特

① Russell,“Pima Indians,”in *Ann. Rep. Bur. Ethn.* xxvi. 184.

② Azara, *Voyages dans l'Amérique méridionale*, ii. 92.

③ Nyendael, quoted by Ling Roth, *Great Benin*, p. 38.

雷西亚头像的银币。新娘也从新郎那里得到一头产奶的母牛。"[1]在阿尔莫拉地区的菩提亚人中,"青年男子或是自己出面,或是请朋友出面,给女友送去5卢比至100卢比金额不等的钱。钱裹在一块布里。通常不是直接交给女友,而是交给其好友。……这些人答应对那名女子施加影响。但是,只有全家人同亲戚们商议之后,女方才能给以答复。如果他们觉得两人很般配,就会把礼物留下,否则就会把礼物送回。"[2]在毛利人中,有一句话叫作"华卡惠尔惠尔",意即以送礼博得女人的好感。男子常给他想要的女人送礼,以期使她有意于自己。在利富人中,人们把那种为诱使女子同自己结婚而送的礼称为"居奈赫马拉"。

在贝特索人中,当新娘刚刚嫁到婆家时,新郎要送给她一只羊,留着繁衍后代。在巴干达人中,新娘到达婆家门口时,新郎要给她几枚贝壳货币,她才肯进门。进门以后,只有再给她几枚钱,她才入座。晚饭端上来后,新郎还得再给她几个钱,她才肯吃。该睡觉时,她也一动不动,要等新郎再给一些钱后,她才肯睡。成婚之后的第二天,新郎要送给新娘1只羊,作为夫妻恩爱的信物。在
406 希卢克人中,新娘进入新郎的草屋之后,总是不肯躺下。这时,要给她一些金属首饰,她才会躺下。第二天早上,人们会带来1只羊,杀掉以后让她吃。她也不肯吃,只有再给几个金属首饰后,她才肯吃。在聪加人的姆富莫氏族中,新娘来到新郎小屋后的第一夜,有时不肯与新郎交合。这时,新郎就会去找自己的父亲,问他

① Talbot, in *Jour. Roy. Anthr. Inst.* xli. 247 *sq.*

② Sherring, in *Memoirs Asiatic Soc. Bengal*, i. 106 *sq.*

该怎么办。父亲会说："给她 6 便士或 1 先令"[1]，然后她就同意了。

有偿婚姻不仅盛行于大多数未开化民族，而且亦可见诸已达到较高文明程度的民族。在中国，父亲给儿子求亲，要向女方送礼。但是送多送少，则并非像"送礼"一词所暗示的那样，出于两家人的亲善程度，而是完全听由媒人的安排。就一般情况而论，聘礼的金额由 25 元至 40 元不等，但也有多达百元甚至百元以上的，这就要看男方的条件而定了。交了聘礼，才能成婚。除了银元之外，还要给女方的父母或监护人送去各种财物，有时甚至是很贵重的财物，一般有丝绸、缎面以及稻米和水果，或者是其他一些东西。中国人不愿让人把求亲所送的礼物称为娶亲的"价钱"。但贾米森先生认为，在过去某个时代，婚姻交易曾是一种普遍的买卖，娶亲送礼即是古时的遗风。其实，在家境贫寒的人家中，为父母者就往往会买下一个女童，将其收养为女儿，最后与自家的儿子成婚。这样做，既可以使其为家里干活儿，又可以节省成亲的费用。在古代
日本，据说买卖婚和抢夺婚都是很常见的。只是自大宝律令时代 407
(701—1192)以来，婚姻习俗才渐渐文明了一些。

有偿婚姻在闪米特人的各个支系中均曾流行一时。在巴比伦，男子在看中某个女子之后，就须给其父送去聘金或聘礼，数额的多少则因男女两方的地位而有不同。如果本人没有娶亲所需的这笔钱财，就得靠父母来给。不过，我们从《汉谟拉比法典》中得

① Junod, *The Life of a South African Tribe*, i. 113.

知，男子娶亲向岳父交纳聘金的做法在当时虽是一般的习俗，但也并非无一例外；而且，如果妻子未及生育子女而先亡，聘金还得归还丈夫。我们从《创世记》中了解到，雅各为娶他的两个表妹利亚和拉结，曾两次服侍舅舅拉班，每次长达7年；不过，古代以色列人娶亲，通常还是靠交送聘金，即所谓“马哈尔”。根据《犹太法典》的规定，当事双方对彼此联姻均表同意之后，还必须履行专门的手续，得到法律的确认，婚约才算有效。通常的一种手续叫做“卡塞”(kaseph)，意即“金钱”。新郎要当着两位证婚人的面，把一枚货币或价值相等的任何一件物品送给新娘，同时对新娘说：“你已被奉献于我。”(Be thou consecrated to me.)在这种仪式中，即使只送一枚巴勒斯坦通用的最小铜币“贝鲁达”，也无不可。但是，到了中
408 世纪，以“卡塞”订婚的方式有了一些改变，新郎不再向新娘赠送钱币，而是赠送一枚普通的戒指。这种做法一时相习成风，并一直沿袭至今。以“卡塞”订婚的方式可能是古代买卖婚的一种遗存形式，但也有人推测说，这是对罗马“科耶姆蒂欧”婚姻(coëmtio)[①]的一种仿效。

在古代阿拉伯人中，聘金被称作“麦尔”(mahr)，是由新郎交给新娘的父亲或监护人的。这种聘金已保留于伊斯兰教法之中，但已同新郎送给新娘的礼物，即所谓“沙对”(sadāq)混在一起了。虽然古兰经规定，“麦尔”或“沙对”当为新娘的财产，但这一规定并未完全付诸实施。譬如，在巴勒斯坦乡村中，婚姻的商定就公然成

---

① 国内有人将此译为“买卖婚”。参见《婚姻法学》(杨大文主编)第36页。——译者

为一宗买卖，“沙对”的一半乃至大半，都会落入新娘父亲之手，这就使得乡间人颇愿生女孩。而城里人不占用女儿出嫁所得的聘金，因此就不大愿意生女孩。在摩洛哥的某些地方，做父亲的会把所得的全部聘金都用来为女儿置办嫁妆，而在其他一些地方，做父亲的只用聘金中的一部分置办嫁妆，其余则据为己有。由此看来，“沙对”就并非像西迪·哈利勒所说的那样，仅仅是“类似于”某种 409
售价。不过，即使新娘能够独享“沙对”之益，其婚姻也仍旧可能是一宗买卖。在很多部落中，除“沙对”之外，娶亲还须给新娘的父亲交送一笔钱，其数额往往更高，并且由新娘的父亲保留。这一习俗在讲柏柏尔语的部落或附近的阿拉伯部落中尤为常见。毫无疑问，这一习俗源于古代柏柏尔人的买卖婚。此外，在很多部落中，新郎除了给女方父亲送礼，还要给女方的其他亲属，特别是女方的长兄，送去礼物。这是因为，如果新娘的父亲已去世，其长兄即被看作新娘的监护人。向新娘的其他亲属赠送礼物，意在使其影响新娘的父亲，因此有时也被说成是一种“贿赂”。

有人曾经提出，在民族大迁徙发生之前，买妻当是印欧民族婚姻的基础。在吠陀时代，虽说把女儿卖给人家总有些不大光彩，但只要向女方的父亲赠以厚礼，新娘即可到手。我们从《摩诃婆罗多》中了解到，般度为了得到摩陀罗（Madra）国王的妹妹，曾向他付以金器、珍珠、大象、马匹、车辆以及其他器物；买卖女人在这位国王家里，已相沿成习。而在印度的下等阶层中，这种习俗更为盛行。摩奴曾提到过 8 种婚姻形式，而作为其中之一的“阿修罗”式（āsura），指的就是买卖婚姻。摩奴承认有人曾允许“吠舍”（平民）和“首陀罗”（奴隶）这两个较低的种姓实行买卖婚，但他本人对于

买卖婚则是一概禁止。摩奴说:“姑娘的父亲若有知识就不应该接受财礼,即使极少;因贪而接受财礼的人就成为‘卖后代的人’。”[①]
410 但是,新郎为娶妻向新娘的父亲赠送一对或两对牛的做法,即所谓“仙人”式(ārsha)娶妻方式,却又被摩奴及其他法经作者视为合法。他们明确否认这种礼物是一种财礼。不过,事情很清楚,这种“仙人”式婚姻乃是买卖婚姻的残存形式。这一点可从《家范经》(*Grihyasūtra*)中得到证明。波罗斯迦罗(Pāraskara)和桑伽耶那(Sānkhāyana)所著的早期《家范经》中,都提到新郎向岳父赠付100头牛和一辆马车的习俗;迦塔迦(Kāthaka)学派和摩纳婆(Mānava)学派[②]的《家范经》也承认当时有向女方的父亲付聘金的通例。买卖婚姻尽管为《摩奴法典》所禁止,但至今仍在首陀罗人中广泛实行,甚至亦可见诸上层种姓。据帕德菲尔德先生所述,在印度南部的印度教徒中,新郎娶亲须向新娘赠以珠宝,但除此之外,新娘的父母往往还要向新郎的亲友索要一笔钱,有时甚至是一大笔钱。人们把商洽这笔款项的活动称之为“交易”。如果有好几家都想娶同一女子,这种交易活动就简直成了拍卖:谁出价最高,谁就会得到这名女子。

亚里士多德告诉我们,在希腊远古时代,男子娶亲是实行买妻的办法。在英雄时代[③],男子选中自己的未婚妻之后,即要给其父

① 《摩奴法典》第3章第51节,参见商务印书馆1982年版第59页;中国社会科学出版社1986年版第44页。

② 迦塔迦和摩纳婆分别为黑夜柔吠陀中的一派。——译者

③ 英雄时代,亦称“荷马时代”,系指公元前11—前9世纪古希腊氏族制度解体的时代。——译者

送去“埃德纳”，其形式是牛，而牛则是当时的金本位货币。因此，少女在当时被称为“阿尔菲希波亚”，意即从求婚者那里为父母赚得很多牛的人。有时，也用其他一些由“牛”组合成的词称呼少女。关于“埃德纳”，赫鲁扎有独到的见解，他认为那不是什么聘礼，而 411
仅仅是攀亲的一点表示，意在使女方的父亲能够同意这门婚事。但是，赫鲁扎也承认，在远古时代，买卖婚在希腊确曾有过。不过他指出，这种交易并不是奴隶交易，求婚者所买的只是夫权。这一点是很对的。

在古罗马的疆域内，买卖婚作为一种婚姻形式的证据则不那么确凿无疑。但是，据有人推测，在称为“科耶姆蒂欧”(coëmtio)的象征性程序中，即保留着买卖婚的遗迹。“科耶姆蒂欧”是一种普遍的婚姻仪式，凡是罗马公民，无论是贵族还是平民，均可采用这种仪式缔结婚姻。这种传统仪式体现出一种对新娘的买卖关系：有意娶妻的男子必须从掌管少女婚姻大事的人手中，把少女“买来”，才能取得婚姻权。没有这种婚姻权，就不可能获得合法的婚姻关系。另一方面，也有一些作者认为，不能把“科耶姆蒂欧”视为古代买卖新娘的残余形式。马夸特就认为，这是一种后来制定的、相对晚近的婚姻形式，而“康法里亚蒂欧”(confarreatio)[①]这一没有任何买卖意味的贵族特定婚姻形式，才是罗马最古老的婚姻形式。卡尔洛娃则认为，如果说买卖婚曾流行于古罗马或罗马人的祖先之中，那么，其残余形式并不是“科耶姆蒂欧”，而是以往付

① 国内有人将此译为“共食婚”。参见《婚姻法学》(杨大文主编)第36页。——译者

给新娘的“婚约金”(arrha sponsalitia)。

有偿婚姻也是条顿各民族的习俗。在《爱尔比加萨迦》[①]中，
412 就有劳务婚的痕迹。维格斯蒂尔对向他女儿阿丝迪求婚的斗士哈利说:“既然你是个穷人，那我就采用古人的办法，让你通过苦干来成亲。”[②]不过，一般来讲，娶亲所付的报偿还是聘金。至于聘金的多少，我们可以想见，在最初的时候是由双方商定的;但是，到了有法典的时代，无论是在英格兰，还是在欧洲大陆，聘金的数额一般就由社会习俗或成文法规来规定了。聘金被称为 wittum 或 widem;盎格鲁-撒克逊人则称之为 weotuma，伦巴德人称之为 meta 或 mundium，弗里西亚人称之为 mundsket，斯堪的纳维亚人称之为 mundr，而在拉丁文中则是 pretium nuptiale 或 pretium emtionis。订婚叫做 mercatio，结婚叫做 uxorem emere 或 feminam vendere。阿特尔伯赫特王[③]制定的肯特法典规定:男子娶亲须以牛买，该法典并把这种交易称为“买卖”。在德国，“买妻”的说法一直沿用到中世纪末期。我们在克里斯蒂安四世于 1604 年颁布的《挪威法典》中，也发现有这一说法。而在荷兰普通百姓的语言中，新娘至今仍被称为“维尔科特”(verkocht)，意即“被人买卖的”。不过，说到这里，我们应当再次注意到:买卖婚所指的并不是
413 某一财产的买卖。古代条顿人所买的是“蒙德”(mund)，即对于某

① “萨迦”，为北欧中世纪的传奇故事集，其内容反映了公元 9—11 世纪氏族社会的生活习俗、宗教信仰和精神面貌。流传至今的“萨迦”约有 150 种，《爱尔比加萨迦》即为其中之一。——译者

② Weinhold, *Altnordisches Leben*, p. 242.

③ 阿特尔伯赫特，为肯特国王(560—616)，曾统治亨伯河以南的整个英格兰。他所制定的“肯特法典”为第一部盎格鲁-撒克逊法典。——译者

一女子的保护权，以及因婚姻关系而授予丈夫的其他权利。

买卖婚在古代斯拉夫人中也很盛行。聘金被称作“维诺”（veno），在波兰语中则是“维亚诺”（wiano）。在古俄语中，达到结婚年龄的女孩被称为“昆卡”（kunka），这个词是从“昆纳”（kuna，即“貂皮”）一词演变而来的。貂皮是古代俄国常用的支付手段。女孩因可被父母用来换取貂皮，故有“昆卡”之称。施拉德曾说：“时至今日，在俄国农民中，缔结婚姻所做的头一件事——求亲或提亲，仍旧是一宗纯粹的商品交易。做父亲的要给儿子求亲，通常都要在一位亲戚的陪同下，走访女方的父母，并对他们说：‘我们家有个买主，想买你们家的一样东西。不知你们愿不愿卖。’于是，讨价还价便开始了。据给我们提供情况的人说，这种交易同买卖一头母牛没有任何不同。”[①]在南部斯拉夫人中，买卖婚在某些地方仍很盛行，或者说，直至不久前仍很盛行。在塞尔维亚，女子的身价到19世纪初期即已十分昂贵，为此，卡拉乔尔杰[②]不得不把一名女子的价格限定为一个金币（ducat）。在高地阿尔巴尼亚，“除了偶尔有人靠抢亲结婚之外，婚姻便完全靠买卖了”[③]。

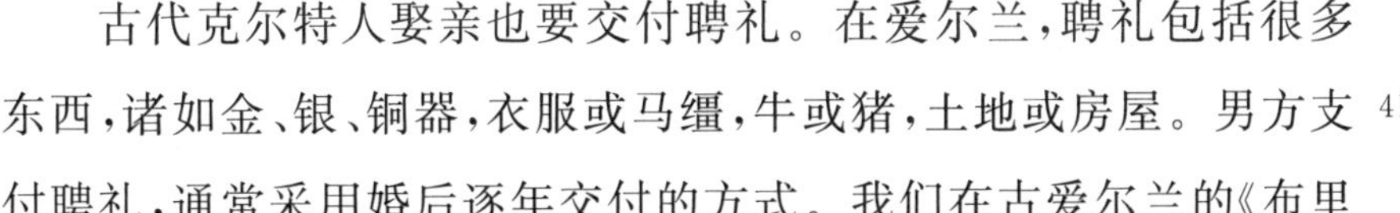

古代克尔特人娶亲也要交付聘礼。在爱尔兰，聘礼包括很多东西，诸如金、银、铜器，衣服或马缰，牛或猪，土地或房屋。男方支 414
付聘礼，通常采用婚后逐年交付的方式。我们在古爱尔兰的《布里

① Schrader，“Family（Teutonic and Balto-Slavic），”in Hastings，op. cit. p. 750.

② 卡拉乔尔杰（1762—1817）为塞尔维亚争取民族独立的领袖，1805年曾率军打败土耳其人，解放祖国，建立王朝；1808年颁布第一部宪法。——译者

③ Miss Durham，“High Albania and its Customs in 1908，”in *Jour. Roy. Anthr. Inst.* xl. 459.

恩法典》中就发现有这样一条规定：新娘的父亲有权享有第一年交付的全部聘礼。在爱尔兰语中，聘礼叫作 coibche，此外还有其他一些叫法。在威尔士语中，聘礼叫做“gober”或“amober”。

但是，随着时间的推移，有偿婚姻在上述各民族中都发生了一定的变化。这种变化同我们在未开化部落中业已注意到的习俗变化十分相似。它已产生出与最初的习俗截然不同的婚姻制度。在这个过程中，有两个一般性的趋势：其一是，新娘的父母或多或少地失去了往昔从女儿的出嫁中所得到的经济利益；其二是，婚约当事人的利益得到了较大程度的尊重。

这里，我们又遇到赠送回礼的习俗。正如我们已经看到的那样，这一习俗可用于各种不同的目的。但从某些情况来看，它至少也可起到一种淡化买卖婚姻的作用。在中国，新娘的父母或监护人只收受男方的部分赠礼，其余的则奉还男方，而且还要再添置若干礼品，送给新郎的父母。不过，对于男方送来的钱以及指定由新娘所用的绸缎，则是一概收下。事实上，在中国古代刑法中，就有一项很长的条款，专门谈到交换礼物的问题，规定“婚书与定礼一旦交换之后，婚姻关系即已确定，且不得变更。”[①]在发送聘帖时，
415 也要交换礼物，否则，订婚就没有约束力。据说，在中国人看来，交换定亲礼物“对男女两家最亲近的人来说都是一种吉兆。”[②]在印度，除了“仙人”式婚姻之外，还有一种保留买卖形式而摈弃买卖实质的婚姻，就是先收下那些具有实际价值的礼物，诸如一辆马车和

① Medhurst, “Marriage, Affinity and Inheritance in China,” in *Trans. Roy. Asiatic Soc. China Branch*, iv. 11 *sq.*

② Doolittle, *Social Life of the Chinese*, ii. 66 *sq.*

百头母牛，然后立即奉还赠者。根据阿帕斯檀跋的说法，这种安排是吠陀经所规定的，其目的在于“实施法律”。这里说的法律，显然是指古代法。根据当时的法律，具有约束力的婚姻形式是买卖婚姻。在古希腊，人们缔结婚姻时，不仅娶亲的一方要送“埃德纳”，而且新娘的父亲也要向新郎赠送礼物，叫做“米利亚”。塔西佗在谈到日耳曼人娶亲赠物的习俗时，曾说妻子“也带来一些盔甲之类的东西，送给自己的丈夫。”他还说：“他们认为这是一种最大的约束，这是一些神圣的礼节，这是一些保障婚姻的神力。”[①]威尔士语中有“阿格维迪”一词。此词虽然有时也被用来表示新娘的嫁妆，但严格讲来，乃是新娘的亲属或父母交付新郎的礼物。在某种程度上，人们把新娘随身带来的嫁妆也看作是给新郎的回礼。

在以上这些民族中，我们也可见到新郎向新娘赠送礼物的情况。这种情况在各民族中虽然可能各有因由，但很可能也都属于旧时聘礼的残余形式。我们知道，就很多情况而言，娶亲所付的聘礼并未被新娘的父母或监护人据为己有，而是全部或部分地转为新娘个人的财产。

中国人娶亲要送定礼，而送给新娘父母的钱一般都是用于新 416
娘的穿戴。在日本，求亲所送之礼均有一定之规，送礼乃是结婚礼仪中最重要的一个部分。礼物一送一收之后，婚约即已达成，任何一方均不得反悔。屈希勒尔先生说，他总也无法弄清这种礼物的确切含义是什么。他说，日本也有关于婚姻方面的书，但对于这个问题却闭口不谈；而普通日本人则只把这看作自古沿袭下来的风

① 塔西佗：《日耳曼尼亚志》，商务印书馆1985年版，第64页。

俗，也讲不出个所以然来。但是，考虑到买卖婚曾在日本相当盛行这一点，我们有理由设想：这种送礼习俗很可能是买卖婚的遗迹。但是，日本也有交换礼物的婚俗。新娘同样也要向其未来的丈夫、公婆和亲属赠送一定的礼物，至于礼物的轻重，则总是依据新郎所送礼物的价值而定。

在《汉谟拉比法典》中，我们不仅可以发现聘金，而且还可以发现新郎向新娘赠送礼物。在古代以色列，也有向新娘赠礼的类似习俗。亚伯拉罕的仆人[1]就曾“拿出金器银器和衣服送给利百加，又将宝物送给他哥哥和他母亲。”[2]在古代阿拉伯，新郎在婚礼上要向新郎赠送一件礼物，叫做“沙对”。在闪米特人中，除了新郎向

417 新娘所赠的礼物之外，新郎娶亲所付的聘金（或其一部分）也会逐渐成为新娘的财产。希罗多德曾写道，在巴比伦人中，“出售美丽的姑娘的钱用来偿付奁金”[3]。此说总不会是空口无凭的。科沙克博士认为，远古时代的聘金在《苏美尔法典》中作为新郎赠送给新娘的礼物保存了下来，称为“尼格-穆萨”（nig-mussa）。在以色列人中，娶亲所付的聘金（mohar）或迟或早，或多或少，终要交到新娘手中。也正因为如此，拉班的两个女儿才对其父大发怨言，说父亲把她们如同奴隶一样卖掉了，还吞没了她们的聘金。在阿拉伯，即便在穆罕默德时代之前，也有人将娶亲所付的“麦尔”直接交给新娘，作为她个人的财产。而在伊斯兰教法中，“麦尔”和“沙对”

---

① 亚伯拉罕曾派遣仆人去给儿子以撒娶亲。仆人在井旁看中少女利百加，后随其到家。——译者

② 《圣经·创世记》第24章。

③ 希罗多德：《历史》（王嘉隽译），商务印书馆1959年版，第一卷第196节。

已经没有任何区别了。

时至今日，在犹太人和穆斯林中，仍可见到由丈夫给妻子提供妆奁的习俗。《犹太法典》规定，为使妇女在寡居或离婚后的生活能有保障，男子在婚前须以书面形式申明，一旦自己死亡或夫妻离异，妻子有权得到自己财产的一定份额。这种契据叫做“凯图巴”(kethūbhāh)，意即“婚姻契据”。它所规定的最低数额是：与处女结婚为200银元(denarri)，与寡妇结婚为100银元。为确保妻子对于“凯图巴”规定份额的所有权，丈夫须以全部财产(包括动产和不动产)作为抵押。虽然在很多国家中，“凯图巴”已不再有多少法律意义，但大多数犹太人结婚时，仍旧保留订立“凯图巴”的做法。据说，“凯图巴”制度是由西蒙·本·舍塔赫[①]在公元前100年左右创立或规定的。但是，它似乎与有偿婚姻这一古老习俗也有某 418
种联系。

伊斯兰教中的“麦尔”或“沙对”显然也是这种情况。“麦尔”或“沙对”虽然是交给新娘父亲的，但依据《古兰经》的规定，应成为新娘本人的财产。伊斯兰教规定，缔结有效的婚姻，须交付“沙对”。诚然，一个男子如果不交付“沙对”，也可以合法地娶亲结婚；但在这种情况下，法律则规定要以婚约本身的形式给女方以补偿。至于“沙对”的数额，法律未规定最高限额，但逊尼派和什叶派穆斯林都认为，给得太多也是不适宜的。关于最低限额，哈乃斐学派[②]律师曾定为10个迪拉姆(dirhems)，相当于四五个先令。不

① 西蒙·本·舍塔赫为犹太人马加比家族的成员，公元前1世纪曾辅佐其姊萨洛梅·亚历山大拉(犹太最后一位统治者)治理国家，进行社会改革。——译者

② 哈乃斐学派是伊斯兰教逊尼派四大教法学派之一。——译者

过，哈乃斐教法盛行于经济比较富裕、人烟比较稠密的地区。而住在贫瘠、荒凉地带的马利基人则认为“沙对”的最低额可为 3 个迪拉姆。但是，以上这些对于最低限额的规定在很早以前就已废止了。在摩洛哥的某些地区，“沙对”的数额是由习俗所规定的。由于习俗的不同，即使在同一个部落之内，“沙对”的数额也可能相差悬殊。例如，在杜卡拉的乌拉德－布阿齐斯部落的一个支系中，“沙对”为 20 个麦特科尔（metqal），合 8 个西班牙比赛塔；而在另一个支系中，“沙对”则高达 400 麦特科尔。不过，一般来说，“沙对”总是随家境的不同而异。在非斯，家境不大富裕的人家，娶一个处女要付 70 至 100 元（dollars），娶一个寡妇或离婚女子则付 30 至 40 元；如果男女两家都很富有，娶亲所付的“沙对”则可高达 600 元之多。据伯克哈特说，“在开罗的头等商人中，‘沙对’为 200

419 至 300 元；在二等商人中为 60 至 80 元，地位较低的则往往只付三五元。”[①]在麦加，“麦尔”在几元到几百元之间不等。在麦地那的名门望族之中，人们认为 400 元上下比较适宜。在西奈山的贝都因人中，女子的身价为“5 元至 10 元之间，但如果出身名门望族，长得又非常俊俏，有时也可达到 30 元”[②]。如果所娶的女子是寡妇或弃妇，“沙对”通常都要少一些；但也并非一定如此，至少在摩洛哥是这种情况。“沙对”也并非一定要以金钱的形式支付；西迪·哈利勒曾指出，缔结婚约如交付家具、骆驼或奴隶等形式的“沙对”，婚姻亦被视为合法。无论是《古兰经》还是各种传说，都没

---

① Burckhardt, *Arabic Proverbs*, p. 113.

② Burckhardt, *Notes on the Bedouins and Wahábys*, p. 152.

有说过“沙对”必须在完婚之前交付。后来有一些法官规定，只有部分“沙对”是应当立即交付或按期交付的，其余的则可在某一规定期限内或在婚约解除时（如离婚或一方死亡时）交付。在开罗，结婚时往往只需立即交付 2/3 或一半的钱。在摩洛哥，有些地方要求在完婚之前就将“沙对”一并交齐，有些地方则允许将一半或少一半留待以后再付。“拖欠”的部分可分期支付，也可通过丈夫向妻子赠物的形式偿还，但就大多数情况来看，这部分款项只有在 420
丈夫死后，或是在丈夫无故休弃妻子时，才须支付。在有些部落中，缔结婚姻并不交付“沙对”，只有在上述两种情况下，才要求全付或付一部分。

在印欧语系各民族中，聘礼的转变也反映在语言中。这表现在，用于表示聘礼的名词后来都带有嫁妆的含义。在印度，聘礼最初本是新娘的父母或监护人把新娘许配给新郎后得到的一种补偿；但是后来就变成结婚的礼物，或直接由新郎交给新娘，或经由新娘的父母交给新娘。摩奴说过：“只要新娘的亲属不把她们受赠的礼物据为己有，这就不是‘卖’；这不过是给新娘以体面。”[①]这种礼物被叫做“价钱”（çulka），意即给新娘的酬金。但是，它同以前的买卖婚姻仍有密切的联系，这可从以下事实中看出：它最终以一种特殊的转让途径落入新娘兄弟之手，而且，《乔达摩经》的一种译本中有关这种继承关系的规定甚至允许在新娘有生之时，将新娘酬金归新娘的兄弟所有。据杜波依斯说，在现代印度，有名望的人

① 《摩奴法典》第 3 卷第 54 节，参见商务印书馆 1982 年版第 60 页；中国社会科学出版社 1986 年版第 44 页。

家从不占用女儿出嫁所得的钱，而是用以购买珠宝，在新娘出嫁当天送给她。

在希腊英雄时代，新郎不但向新娘的父亲赠以“埃德纳”，而且还向新娘本人赠以礼物“佐拉”。再者，新娘的父亲也并不总是把“埃德纳”据为己有，而要把它或多或少地转交给自己的女儿。我
421 们听说，新郎在初次看到新娘揭开面纱之时，或在与新娘共度“神秘良宵”（νὺξ μυστική）之后，也要向新娘赠送礼物。在罗马，新郎要向新娘赠送订婚礼物，人们称之为“婚约金”（arrha sponsalitia）。这可能也是早期聘金的遗存形式。

条顿民族也经历了类似的发展过程。在公元6—9世纪，亦即民间法时期，人们已不再把聘礼交给新娘的父亲或监护人，而是送给新娘本人。监护人的权利实际上已仅仅局限于收受定礼（handgeld），也就是说，根据《萨利克法典》，履行收受金银钱财的正式手续。但是，这并不是说，原来的那种聘礼到后来就真的在缔结婚约时交给新娘了。只要丈夫还在世，妻子的财产就归丈夫所控制，只有在丈夫死后才能从他的遗产中分得一些生活费。波洛克和梅特兰指出：“当我们的目光转到盎格鲁-撒克逊人的婚约上
422 时，我们可以看出，这并不是什么金钱交易，因为新娘的男性亲属并不是以出让新娘来换取聘礼。应当说，新郎总是同女方亲属立约，保证他会赠给新娘一定的财产。新郎还会声言说，只要新娘‘愿意接受他的心意’，他就保证会送给新娘一份晨礼①；只要新娘

① 晨礼是新郎在婚后第二天早上送给新娘的礼物。这是欧洲旧时的一种风俗。——译者

比他长寿，他就会给新娘留下一份产业。毫无疑问，新娘的男性亲属会从这项交易中得到好处，就像很久以后，新娘的父亲及封建领主仍能从中渔利一样。但是，问题的实质是：他们为了新娘的利益，提出要以新娘日后为妻和守寡时的体面待遇作为出嫁的条件。”[①]说到“晨礼”，它在欧洲，尤其是在德国和瑞士，已有很长的历史了，而且一直沿袭至今。有不少作者都认为，晨礼最初是由聘礼演变来的，或者说，是聘礼的一个组成部分。施罗德则指出，虽然晨礼到后来纯粹变成了以备妻子寡居时的生活保障，而且，如果都由不动产构成的话，就几乎可同原来的聘礼相提并论，但它最初是从古代的“招亲礼”发展而来的。施罗德还把晨礼同塔西佗所说的“妆奁”（dos）联系起来。据塔西佗说，在古代日耳曼人中，妆奁是由丈夫送给妻子的，而不是由妻子带给丈夫的。还有人把晨礼看作“处女金”（pretium virginitatis）。不过，反对此说者也提出了据以争辩的根据，即寡妇再婚时有时也会得到晨礼。但不管怎么说，“晨礼”一词无疑含有这样一层意思，即同婚姻的完成有一定的关系。不过，除了这层补偿之意，很可能还有其他含义。在摩洛哥等伊斯兰国家，新郎在即将完婚之前或刚刚完婚之后，都要赠钱给 423
新娘作为礼物。笔者已经找到其中的缘由。据说，其最初的本意是用以避邪。

据科瓦列夫斯基教授说，在大俄罗斯人中，新郎为娶亲而送来的钱，照例是由新娘的父亲负责处置。他根据本人所得的金额，或多或少地用来给女儿置办嫁妆。古爱尔兰的《布里恩法典》曾经规

① Pollock and Maitland, *op. cit.* ii. 365.

定，女方的父亲有权得到头一年交来的全部聘金（coibche），但到第二年只可得2/3，第三年只可得一半，以后越来越少。每年所余的聘金则归女儿所有。在古威尔士，新郎必须在完婚后的第二天早晨，给新娘赠送晨礼（cowyll），“以报其童贞”。晨礼的多少已由法律作出规定，要依新娘父亲的地位而定。

以上，我们已从有偿婚姻谈到给新娘置办嫁妆的习俗，而嫁妆中的一部分通常来自男方娶亲所付的聘礼。嫁妆可有不同的用意，这些用意又常常交织在一起。它可能具有一种回礼的含义；也可能是想表示，妻子要与丈夫一同担负共同生活的费用；通常还是留给女方的一笔财产，以备丈夫死后或夫妻离异后使用。但是，无论其用意如何，只要婚姻关系没有终止，丈夫一般就有对于嫁妆的用益权。因此，嫁妆不仅是给予新娘的一笔财产，而且同时也是送给丈夫的回礼。实际上，嫁妆还可以成为购买丈夫的一种手段。

424 阿科斯塔在谈到古代墨西哥人的新婚习俗时，曾这样说过：“新婚夫妇走进屋子之后，就开始把男女双方各自带来的东西，如房产、地产、珠宝首饰等，统统列入清单，交双方父亲保存。将来一旦离婚（在古代墨西哥人中，夫妻如果不和，常常会离婚），就按照每人所带之物分还财物。”①

在古代巴比伦，新娘出嫁时，通常都从娘家带来嫁妆，虽然做丈夫的也有对于嫁妆的用益权，但这始终是妻子的财产。根据《汉

① Acosta, *Natural and Moral History of the Indies*, ii. 370.

谟拉比法典》的规定，如果做丈夫的离弃妻子，或者，“倘其贞洁无过，而其夫经常外出，且对之进行凌辱”[①]，则嫁妆归还妻子，妻子遂返归娘家。如果妻子疾病缠身，而丈夫另有所娶，妻子亦可携带嫁妆而走。在女方已将聘金归还男方的条件下，妻子死后，嫁妆将留给子女；如无子女，则归娘家所有。但是，如果丈夫没有索回聘金，则可从妻子的嫁妆中将聘金扣除，再将剩余部分交给女方的父亲。这一点说明，嫁妆的数额要超过聘金。而且，给新娘置办嫁妆的习俗在巴比伦的法律中渐趋重要，一直保留到支付聘金的做法废止之后。

在穆斯林中，新娘出嫁时，除了新郎所送的“沙对”或“麦尔”之外，新娘的父亲通常也要送给新娘一些东西。在印度穆斯林中，
“虽说筹备婚礼完全是新郎的义务，但新娘的父亲如果不是很拮据 425
的话，也会为女儿置办婚礼用品。在新郎为未来的妻子交付置办嫁妆的钱款时，只要新娘的父亲有此实力，就也会给女儿一笔置办嫁妆的钱，或是根据习俗，给新郎一定的捐助”[②]。在埃及，不仅新郎要给新娘支付嫁妆费用，而且娘家还要拿出更多的钱来，为新娘置办家具、衣物和首饰。在叙利亚的阿勒颇，“在结婚费用的开支上，除了男方的……之外，还包括岳父家付出的一笔钱，这也用来添置家具、日用品，以及为妻子购买衣物服饰等”[③]。据说，在非斯，按照风俗习惯的要求，新娘的父亲用于女儿嫁妆的费用，不得

① 参见《外国法制史资料选编》(上)：“汉谟拉比法典”篇。又，在韦氏引文中，“贞洁无过”前面还有“一贯节俭度日”之句。——译者

② Ameer Ali, *op. cit.* ii. 508.

③ Guys, *Un Dervich algérien en Syrie*, p. 199.

少于“沙对”的金额。在摩洛哥北部的安杰拉，父亲要用自己的钱给女儿置办穿戴。在大阿特拉斯的一个柏柏尔部落——艾特塔梅杜人中，做父亲的若能给女儿置备一份丰厚的嫁妆，将是一件非常自豪的事。这样一份丰厚的嫁妆包括一头牛、数只羊、银饰、丝巾以及其他一些东西，可值50至200元之多。而一个穷人则只能用男方交来的钱给女儿买几件衣服。

在吠陀时代的印度人中，女方的父亲或哥哥为新娘置备嫁妆的情况也不少见。他们这样做，是为了使女儿或妹妹得以体面嫁人。我们可以想见，在这种情况下，做丈夫的往往会吞占新娘的嫁
426 妆以及其他可能得到的东西。即使在印度史诗中，对于妇女个人财产（室多利诃那）的承认也是艰难而缓慢的。“室多利诃那”（stridhana）一词是乔达摩首次提到的，但对此讲得较多的，还是《利论》（*Arthaśāstra*）和毗湿奴（Vishnu）。一位妇女的“室多利诃那”包括其父母、儿子、兄弟或其他亲属所送的任何礼物，其父交还的聘金（çulka），以及丈夫因另有新爱而使妻子失去正妻地位后所支付的罚金。妻子死后，如有女儿，则财产归女儿所有；没有女儿，则归儿子所有。但根据另一些规定，无论何种情况，母产均由儿女平分。如果妻子死时无后，则视其当初出嫁时，是否符合四种上等娶妻方式中的一种。如符合，则财产归其夫所有；不符，则归其父所有。印度法律承认已婚妇女对于个人财产拥有支配权，但如遇危难，丈夫仍有权动用妻子的财产。

关于古代高卢的情况，根据恺撒的说法，新娘出嫁都带有嫁妆，但丈夫还要从自己的财产中拿出相等的数额，加入其中。如果夫妻一方去世，那么这两份财产以及婚后的积蓄就归幸存的一方

所有。在爱尔兰人中，虽然新郎娶亲照例要付聘金，但新娘自己只
要有财产或贵重之物，出嫁时也都要带上。新娘常带的东西有：珠
宝、金器、牲畜或地产。这些财物始终为新娘所专有。此外，新婚 427
夫妇的朋友们也常为其集资，人们称之为“蒂诺尔”（tinól），意即
“募集之款”。根据法律，这项募集款的 2/3 归男方所有，1/3 归女
方所有。如果妻子确有证据说明丈夫曾对自己进行虐待，并因此
而与丈夫离异，那么，她有权得到自己的嫁妆或嫁妆中自己婚后留
用的部分。如果一对夫妇经相互同意而离异，妻子可带走结婚时
带来的全部东西，而丈夫则可保留自己提供的那一部分。如果婚
姻期间夫妻的共同财产有所增加，那么，在离异时，则按当初投入
的比例对全部财产进行分配。在古威尔士，女儿出嫁时，似乎都有
权从父亲或其他亲属那里得到一份嫁妆或财产（gwaddol），其中
不仅包括建立新家所需的各种用品，而且还有专供新娘使用的一
些东西。如果夫妻在结婚（差 3 天）满 7 年之前离异，妻子可将这
份嫁妆带走。而妻子如没有正当理由就同丈夫离异，她就会失去
其全部财产，只有晨礼（cowyll）除外，此外，她也无权带走丈夫因
通奸而付给她的罚金。如果夫妻在结婚 7 年之后离异，财产则实
行平分。

在雅典，按照惯例，新娘出嫁都带有嫁妆（προίς），其通常形式
都是钱币，不过有时也带有动产，以房地产做嫁妆的情况则很罕
见。有了嫁妆，妻子就可以对婚姻生活的开销有所捐助；同时，也
可以对婚姻的草率解体起到一种遏制作用。嫁妆的多少，悉由新
娘的父亲酌定。没有迹象表明：给女儿置备嫁妆是父亲的一项法 428
定义务。但同时，陪送嫁妆又几乎成为明媒正娶的一个标志，而有

别于纳妾。伊塞奥斯①曾经说过，任何一个体面的父亲为其婚生女儿置备的嫁妆，都不会少于其财产的1/10。做丈夫的对嫁妆享有用益权。为此，欧里庇得斯②这位把自己时代的风习移到英雄时代的作家，就曾借用美狄亚的嘴诉说道，女性不得不以重金去买丈夫。不过，嫁妆始终属于妻子的财产。由于做丈夫的将来很有可能要退还妻子的嫁妆，因此按当时的要求，他须以房地产作为抵押。婚姻维系期间，嫁妆不得索还，但是，无论是出于一方的意愿，还是出于双方的同意，只要夫妻离异，嫁妆就必须归还给女方的父亲或监护人。如果夫妻任何一方死亡，而他们又没有子女，嫁妆也必须退还。另一方面，如果夫妻双方生有子女，而且丈夫死后，妻子又在原夫妻住所继续生活的话，嫁妆则成为母子(女)的财产。不过，如果她愿意的话，也可以携带嫁妆，回到父亲家里生活。由此可见，嫁妆总是伴随女方而最终留给其子女。这里还有一点需要补充：在希腊，出嫁时携带嫁妆这一特权并不仅仅局限于雅典的妇女。据推测，在亚里士多德时代，斯巴达城邦全部领地的近2/5，都成为嫁妆的抵押而归女方所有。

429 同希腊人相比，罗马人更把嫁妆作为辨识合法妻子的一个标志。妇女在法律上有权向父亲索要“多斯”(dos)，意即嫁妆。不过，这嫁妆要交给丈夫，而不是归妻子所有。虽说嫁妆的本意仍在于给妻子一方提供一种生活保障，可实际上却成了对家庭共同开

---

① 伊塞奥斯(约公元前420—前350年)，为古希腊演讲稿的职业撰稿人。——译者

② 欧里庇得斯(公元前484—前406年)，为古希腊三大悲剧作家之一，共写有92个剧本，其中3个都有美狄亚作为恶狠女性的典型人物出现。——译者

销的一项捐助。根据古罗马共和国的法律，丈夫对嫁妆拥有所有
权所附带的各项权利，其中包括转让权和抵押权。法律还把丈夫
认定为“多斯”的唯一所有者，不仅婚姻维系期间如此，而且婚姻
关系解除以后也仍旧如此。不过，随着时间的推移，丈夫的权利也
受到了很大的限制。公元前 18 年颁布的《成年法》就禁止丈夫转
让或抵押“多斯”中所包含的任何意大利地产（fundus Italicus）。
接着，查士丁尼又进一步将这种限制扩大到“多斯”中的任何地
产。丈夫即使得到妻子本人的同意，也不得抵押或变卖“多斯”中
的地产。无论在任何情况下，这种地产都将完整无缺地保留给妻
子。丈夫对于“多斯”的用益权也被局限于婚姻维系期间。在查士
丁尼之前的法律中，丈夫归还“多斯”的义务乃是极其有限的。这
表现在：即使婚姻关系解除之后，丈夫仍被认作“多斯”的真正所有
者；只有在一定的条件下，法律才允许妻子本人或是为她提供“多
斯”的人，向男方提出归还“多斯”及其所有权的要求。然而，查士
丁尼的法律规定，除非婚姻的解除系由女方的行为不端所致，否
则，无论何种情况，丈夫都必须把“多斯”归还女方。丈夫在处理妻
子陪嫁财产上所受到的这些限制，在一定程度上也许同婚姻关系
的松弛有关。假如夫妻关系能够维系终生，那么，即使把“多斯”与
丈夫的财产混在一起，也没有什么太大的关系。但是，如果夫妻间
的离异越来越多，那就非得在财产上分个清楚不可了。不过，罗马 430
法律在有关“多斯”问题上的这种演变，在很大程度上也是由于受
到希腊法律的影响。根据希腊法律的规定，陪嫁财产归妻子本人
所有。

罗马人有关“多斯”的一般传统，后来由教会承袭下来。置备

嫁妆的实际目的，仍在于给女儿为妻后提供一种生活保障；对这笔财产丈夫不得任意剥夺；丈夫死后嫁妆仍归妻子所有。查士丁尼原则，即妻子的陪嫁物虽由丈夫管理和使用但仍属妻子本人所有的原则，后来成为各国就此问题进行立法的基础，虽然也或多或少做了一些修订。查士丁尼在若干法典中都曾宣称，只有社会上层人家才有置备嫁妆的义务；但是，旧俗并未废止。后来制定的很多法律都规定，新娘出嫁时，有权向父母索要嫁妆。普鲁士法仍旧规定，新婚夫妇的婚礼和住房应由新娘的父亲或母亲负责操办和安排。而另一方面，《拿破仑法典》则规定，父母没有为女儿置备嫁妆的义务。现代立法一般都采纳了这一原则。不过从情感上讲，还是有人极力主张陪送嫁妆，尤以所谓“拉丁”国家为甚。正如亨利·梅因爵士所指出的，法国人素来有以省吃俭用、积财囤物著称的习惯，究其原委，主要就是对送嫁妆情有独钟。这种心态可能源于罗马法律中的某些义务性条款，尔后又为人们代代相传，以至于此。

431 使嫁妆作为一项重要的社会制度得以保留下来的，还有现实的某种因素。在一个社会里，如果法律规定实行一夫一妻制，如果成年女性在人数上超过了成年男性，如果有很多男子终生未娶，如果已婚妇女又往往过着安逸的生活，那么，在这样的社会里，嫁妆就难免成为为父者为女购夫的一种手段，正像从前男子要从女方父亲那里买得新娘一样。

在印度，给女儿寻找丈夫是一件棘手的事，以致竟成为一宗赤裸裸的买卖。下层种姓往往是花钱娶亲，而上层种姓则是花钱嫁女。在某些情况下，特别是在那些实行“攀高婚”，即女方只能与同种姓或高种姓婚配的地方，或是在女性过多的地方，嫁女往往要支付很大一笔钱。近年来，新郎的学历已对其身价产生了很大的影响。在孟加拉，出身卡亚斯塔[①]种姓的大学毕业生通常都可“卖得”500 至 1000 卢比，有的甚至达到 10000 卢比的纪录。

① 卡亚斯塔为印度北部和东部的重要种姓，其成员多在行政机关从事文书工作。特别是在孟加拉邦，他们往往处于显赫的地位。——译者

432 # 第二十四章　婚姻礼仪

缔结一桩婚姻，必须征得有关方面的同意，并具备上文提及的其他一些条件。但是，即使这些要求都已达到，也还要再做一些事情，才能使男女之间的结合得以有效，或者从法律的角度来说，才能使婚姻得以完成。此外，某些仪式虽然对于缔结婚姻来说并不是非有不可，但依据旧例，往往还要举行。

与缔结婚姻相关的礼仪，往往包括一连串的仪式和禁忌，其时间跨度之长，可以从议婚之日开始一直延续到完婚之后。在举行订婚和结婚仪式的时候，以及在这两大仪式之间，礼仪活动尤为频繁。至于这段时间的长短，也就是从订婚仪式到结婚仪式之间的间隔，真可谓是千差万别。有的可达数年、数月；有的只有短短几天，甚至几个小时；还有的根本就不存在这一间隔。在爱尔兰西部，从庆祝订婚到举行结婚典礼，仅仅间隔一两天的时间。在犹太人中，早在 11 世纪时就已形成这样的习俗，即将订婚和结婚的仪式安排在同一天举行，有的仅隔数小时，有的索性合而为一。届
433 时，参加婚礼的来宾可尽情地享受新郎的款待。在古罗马，订婚虽被视为结婚前应有的一种准备，而且也比较普遍，但从法律上讲，并无此必要。基督教在这方面的礼仪，主要是从罗马人的 sponsalia（订婚）和 nuptioe（婚礼）演变而来，因此从很早的时候起，便已

将订婚和结婚的形式合而为一了。但是，在民间风俗中，订婚仪式与结婚仪式仍旧是分别举行的。不过，由于教会礼仪的传入，这两种在不同场合下举行的仪式，在很大程度上已相互发生混淆。

在关于某一民族或某些亲缘民族婚姻礼仪的著述中，作者们都是根据这些仪式的先后顺序加以论述的。这是一种很自然的做法。笔者所著《摩洛哥的婚姻礼仪》一文，便是采用了这种方法。但在本书中，笔者将采用另一种方法，即根据仪式的异同加以归类，而不问这一仪式在婚姻礼仪中的先后顺序。当然，这并不是说，我们完全忽略了这些仪式的先后顺序。其实，一种仪式出现于何种场合，对于解释这种仪式往往具有极其重要的意义。但是，同一仪式在不同的情况下亦可能出现于不同的场合。例如，在同一民族中，同一仪式有时可用于订婚，有时可用于结婚，有时又可兼用于两种场合。笔者的主要目的，乃是在于探寻这些仪式的意义。不过，我们的结论在很多情况下都只能是一种假说。这是因为，很少有人谈及某种仪式的意义，而有些人虽然对某一仪式做了一些解释，但其解释却表明，人们早已忘记这些仪式的最初含义了。此外，有些仪式虽然形式相似，但意义却迥然不同。

从最普遍的意义来说，婚姻礼仪的社会目的在于使男女的结合具有一种公开性。伯恩小姐说过："无论在什么地方，公开性都是区分合法婚姻与非法苟合的一个标志。"[①]男女之间的结合要想 434
有效，就必须取得官方的批准。此种情况不独现代文明国家为然。在古代秘鲁人中，国王每年或每隔一年都要在库斯科将王族中所

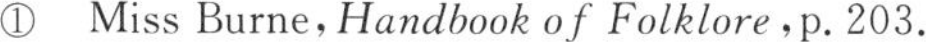

① Miss Burne, *Handbook of Folklore*, p. 203.

有已到结婚年龄的青年男女召集到一起。他先一一呼喊每一对男女的名字，然后把他们的手合在一起，再将其交给他们的父母。在这一级别的人们中，只有这样的婚姻才是合法的。地方长官和酋长根据其职责，也有义务依照此例，给辖区内的男女青年成婚。同样，在尼加拉瓜，缔结婚姻也是“酋长所主持的一种民事活动”①。在加利福尼亚蒙昧的波莫人中，有两个酋长，一个是“战争酋长”，一个是“和平酋长”，后者作为某种风纪监察官，必须主持部落中的婚礼，即在双方父母和亲友在场的情况下，为男女双方缔结一个简单的誓约。在棉兰老岛的苏巴努人中，“婚姻仪式是由村寨中的头人主持的，而且假如新郎能送得起礼的话，头人还可以因主持婚礼而得到回报。”②在马来半岛的萨凯人中，男女双方成亲，要由酋长正式宣布。据说在某些部落中，没有酋长的同意，人们就不得结婚。

婚姻的公开性还可以通过其他方式获得。在毛利人的社会下层中，“如果一名女子想与某个男子结婚，而一年一度的议事大会却又没有安排这桩婚事，那么，按照习俗，她就可以在准备结婚的前一天晚上把亲友召集到一起，站出来向他们宣布：‘我想找个丈夫了，他就是某某人。’只要这样宣告一番，就足以达到结婚的目的了。”③
435 在苏门答腊的库布人中，整个婚姻仪式的主要内容便是简单地宣布一下某男与某女结为夫妻。在马来半岛的异教部落中，

① Squier, “Observations on Archaeology and Ethnology of Nicaragua,” in *Trans. American Ethn. Soc.* vol. iii. pt. i. 127.

② Finley and Churchill, *Subanu*, p. 29 *sq.*

③ Tregear, *The Maori Race*, p. 293.

一般来说，只要婚姻中的买卖行为在进行过程中有适当的见证人，那么，这种买卖行为本身就已具有足够的约束力。大多数曼尼普尔人都“认为，只要男女双方已同居，并为公众所知晓，这就足够了”，不过，这种同居一定要符合当地的内婚和外婚规定。[①] 在尼日利亚南部的埃科伊人中，新娘在接受了新郎的结婚礼物以后，“新婚夫妇必须向酋长和众人公开宣布他们的婚事，同时，钟声响起，向全城昭告此事。”[②]

根据伊斯兰教逊尼派法典，缔结婚约至少应有两名证婚人在场，以证明婚约的缔结是正当的，是符合有关规定的。马立克教派则坚持主张，证婚人应当是“德高望重之人”[③]。根据《塔木德》中的规劝，举行婚庆活动应成立一个会众组织，最好由 10 名成年男性参加。在中世纪，很多犹太社区还把这一规劝转变为法律条文。在梵文经典文献中，火神阿耆尼常常被称为婚姻的“见证人”。在印度教的观念中，由火作为见证的婚姻是不得解除的。现在，婆罗
门举行婚礼时，仍要敬请 5 位大神光临，这 5 位大神是因陀罗、伐 436
楼拿、吕陀罗、夜摩天和梵天。在拜火教徒中，婚礼庆典至少要请 5 位宾客参加。在罗马贵族的婚姻形式“共食婚”(confarreatio)中，则要请大祭司、朱庇特神的祭司和另外 10 位见证人出席。时至今日，在条顿国家中，订婚仪式仍要有证人参加。

婚姻中两性结合的完成，有的也必须具有一定的公开性。在

① Hodson, *Meitheis*, p. 116.

② Talbot, *In the Shadow of the Bush*, p. 105 *sq*.

③ Sidi halil, *Muhtasar*, 5 (Rusell and Abdullah al-mam'un Suhrawardy, "*Manual of the Law of Marriage*" from the MuKhtasar of Sidi Khalil. p. 2).

班图族的卡维龙多人中，新郎圆房完婚，须有众多已婚未婚女性在场。在刚果河下游地区的民族中，见证人还必须亲自了解新郎是否具有完婚之能力。如发现新郎由于阳痿而未能完婚，则婚姻即告破裂。在英属新几内亚的科伊塔人中，新郎准备成亲时，必须事先给新娘的母亲送个信，“是夜，新郎即为新娘备下一床睡席，新郎须在女方家人歇息之前，当众来到新娘身边。”[①]在哥伦比亚北部的奇布查人中，有一支叫做伊卡的部落。在那里，婚姻的完成须有一位德高望重的印第安长者在场（虽然不必亲眼目睹），然后立即当众宣布。在加利福尼亚的萨利南族印第安人中，“只要一对青年男女在脸上都画上指甲印，结伴出现在大家面前，人们即可知道，
437 他俩已于昨晚完了婚。仅此一项，即被视为结婚证明，由此，全村人也就都知道他俩已结为夫妻了。”[②]从前，在条顿各国中，只有证明新婚夫妇已同睡于一条毛毯之下，婚姻才被视为具有法律效力，因此，新娘和新郎须在证人面前上床完婚。这种习俗一直延续到相当晚近的时期。在瑞典南部斯科讷的某些地方，直到19世纪初，新人仍须在所有宾客面前脱下衣服；在瑞典的布胡斯伦以及德国的勃兰登堡，直至不久以前，还有客人在新人上床之后进入洞房的习俗。在斯拉夫各民族中，新郎和新娘都是在庄重的仪式中被带入新房的；而在其中的大多数民族中，新娘都要在证人面前与丈夫一起上床。在古代印度，似乎也有一种与此十分相似的习俗曾盛行一时。在罗马，女傧相要陪同新婚夫妇进入洞房。

① Seligman, *Melanesians of British New Guinea*, p. 77 *sq.*

② Fages, quoted by Mason, *Ethnology of the Salina Indians*, p. 163.

使男女之间的结合具有公开性的一个极为常见的方式，就是以婚宴志贺，以满座宾朋为证人。婚礼的举行，有的是在女方家中，有的是在男方家中；而婚宴则可在两家举办。不过，有些地方，婚宴虽然是在女方家中筹办的，但费用却由男方支付。举行婚礼 438 不仅可以起到使婚姻关系公开化的目的，而且与此同时，还能使男女双方的家人聚集一堂，增加彼此的情谊。从这点看来，在那些几乎把聚餐视为结盟之举的国家，婚宴就具有更为重要的社会意义。

人们举行各种婚姻仪式，乃是出于很多不同的用意。有些礼仪是与新娘离家远嫁直接有关的。我们在前几章中曾经谈到，新娘出嫁之时，娘家人或新娘本人常常要进行一番礼仪性的反抗，新娘还要正式哭闹一番。这些仪式即属此类。还有一类仪式，我们可将其划入范·根纳普称之为"离别仪式"的那一类。不过，他所列举的有关这类礼仪的单子，显然有些过长。其中有些主要是一种辟邪仪式，而另一些则并不属于单纯意义上的离别，而是与人生从一个阶段过渡到另一个阶段有关。例如，换装习俗即属此类。依据这种习俗，英格兰的"农家女在出嫁之前，要将身上的衣服件件脱下，然后用从未洗过的衣服装饰一新，连以前用过的一根别针也不能要。"[①]同样，范·根纳普所说的"团聚仪式"，也属于一种包罗广泛的婚姻礼仪，而与结婚带来的新境况有关。对于这种新境况中的很多情景来说，使用"团聚仪式"这一术语是完全不妥的。

在最为常见的婚姻礼仪中，有些是用以象征男女双方之结合 439

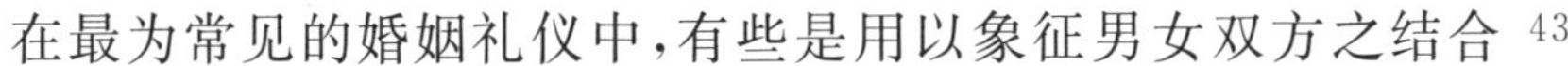

① Miss Burne, *Shropshire Folk-lore*, p. 289.

的，或者更准确地说，是以加强婚姻纽带为初衷的。此类仪式当首推“握手”。在非洲，这一习俗可见于瓦邦代人之中；不过在阿比西尼亚，新娘和新郎是把他们的小指勾在一起，在昆士兰的莱姆斯通，男女缔结婚姻之后，“双方要在部落众人面前把手握合起来。”[1]在新几内亚的努福尔人中，男女结婚时，由一位长者将新郎的右手放入新娘的右手。在马六甲的贝努亚人中，是由一位部落长老讲话，他在讲话中说道：“各位在场的人，你们听着，有两个单身的人现在要结合了”，接着，这对年轻男女便开始向对方走去，把手握在一起，到此，这一乡间仪式也就结束了。[2] 在萨凯人中，“男方右手的小指要与女方左手的小指勾在一起。”[3]在东高止山的贡德人中，只要“迪萨里”（土著祭司）将一对男女的小指勾在一起，“就清楚地表示，已承认他们的结合为圣洁的婚姻。”[4]在缅甸，则有这样一种旧俗，“新娘和新郎要在出席婚礼的所有宾客面前，把右手握在一起。”[5]

手的握合，或者说，新郎握住新娘的手，自古以来就是印欧各
440 民族最重要的婚姻礼仪之一。在《吠陀》中，丈夫被称为 hastagrābha，意即“牵手人”，而 pānigrahana 或 hastagrahana（意即“牵手”）则是梵文中表示“婚礼”之意的一个常用词。根据《家范经》的记载，新郎要用自己的右手握住新娘的右手，诵读《梨俱吠

① Lang, *Cookslound in North-Eastern Australia*, p. 394.

② Newbold, *Account of the British Settlements in the Straits of Malacca*, ii. 407.

③ Low, “Karean Tribes,” in *Jour. Indian Archipelago*, iv. 431.

④ Hayavadana Rao, “Gonds of the Eastern Ghauts,” in *Anthropos*, v. 794.

⑤ Shway Yoe, *The Burman*, p. 57.

陀》中的诗句："让我牵住你的手，为了你我的幸福；让我们夫妻相依为伴，白头到老；薄伽、阿耶摩、娑维德利及普兰提诸神已经把你给了我，替我管理家务（又一说：替我看管灶火）。"[①]在罗马，新娘要在女傧相（这种女傧相必须是只结过一次婚的妇女）的指点下，把自己的右手放入新郎的右手中。毫无疑问，手的握合还可以表示各种不同的意思。罗马人用 dextrarum junctio（右手的握合）来表示新娘已入丈夫之手，或者说，已把新娘交给了丈夫。手的握合自古以来还是男女二人山盟海誓的一种外在体现。在德国，Handschlag（握手成交）、Hand in Hand geloben（握手许愿）、Handgelübde（握手宣誓）等词，都是法律中的常用语。不过，即便我们这里所说的这种礼仪还有其他的含义，其基本用意显然也还是象征男女的结合。

在欧洲某些国家以及在印度的很多地方，新婚夫妇的手不仅握在一起，而且还被系在一起。波兰和保加利亚即有此俗。在葡萄牙，祭司要用自己圣带的一端将亲人的手系住。类似的习俗亦
可见于特兰西瓦尼亚的撒克逊人之中。在印度南部的一些种姓 111
中，新郎先是握住新娘的手，随后再由别人用一块手帕将他们两人的手系在一起。在孟加拉以及在拉合尔，新婚夫妇的手要用一条花带系在一起；而在孟买的拜火教徒中，是用一根细麻绳系上。在僧伽罗人中，新娘的舅舅或是新娘家中其他某位显要成员，会用一根细链将新婚夫妇右手的小指捆在一起，随后这对新人向右旋转三圈，这时，细链才会脱落。不过，另有一则关于僧伽罗人的报道

① *Grihya-Sutras*, i. 35, 167, 282, 381, 383; ii. 47, 189, 259.

说，新郎和新娘一般是由人把拇指系在一起，但“如果希望他们的婚姻关系牢固而又持久，那么，其风俗习惯也允许将新人的身体用一条长布裹在一起，并围上几圈。”①在维达人中，新娘要在新郎腰上系一根自己捻成的细绳，系完之后，他们就成夫妻了。这根细绳乃是婚姻关系的象征，“只要他一辈子系着这线绳，就说明他永远依恋着妻子。”②在缅甸，人们有时用一根丝带把新婚夫妇系在一起，他们的手也扣在一起。在吉大港的查马人中，“人们让新娘和新郎坐在一起，新人的两位亲属（一男一女）在征得所有在场人的同意之后，还要用一块白布把他们绑在一起。”③在印度南部的印度教徒中，新娘家请来的祭司先要询问新郎是否愿意娶某某女子为妻，待新郎做出肯定回答之后，祭司就要把这对新人上衣的衣角拴在一起，系成所谓“婆罗门结”。祭司一边系结，一边还要说：“你们一定要相互信任，相互依靠。”两人被拴好后，就这样坐在一起，直到可以让他们离开此地时为止。这种把衣角系在一起的习俗是
442 当地婚姻礼仪的一个重要组成部分，并且还要在整个嫁娶活动的各个阶段重复多次。在查塔姆群岛的莫里奥里人中，“人们先打扫、装饰出一间屋子，然后在暮色之中把新婚夫妇双双置于屋子中央，朋友们则围成一圈，用一根草绳把这对新人沿肩膀捆在一起。”④在墨西哥的塔拉乌马雷人中，人们是用毯子把新婚夫妇裹

① Percival, *Account of the Island of Ceylon*, p. 180.

② Bailey, “Account of the Wild Tribes of the Veddahs of Ceylon,” in *Trans. Ethn. Soc.* N. S. ii. 239 *sq*.

③ Hutchinson, *Account of the Chittagong Hill Tracks*, p. 97.

④ Tregear, *The Maori Race*, p. 580.

起来，有时还把他们的右手系在一起。

在苏门答腊的马马克人中，新娘和新郎要面对面、脚碰脚地一起坐在地上。在安达曼群岛，新娘的女伴们先让新娘坐下，并把双腿伸直，再让新郎坐到新娘的大腿上。卡西人举行婚礼时，“新婚夫妇合坐在一个座位上招待朋友吃饭。”[①]在三描礼士的某些尼格利陀人中，部落中的长者要按住新婚夫妇的头，把他们撞到一起。在吕宋岛巴丹一带的尼格利陀人中，“新郎和新娘要分别爬到两棵相邻又柔韧的树的树顶上，其首领设法用力使这两棵树相互倾斜，一旦两人的面颊相碰，婚礼则算圆满成功。”[②]在中国，新婚夫妇喝过交杯酒之后，还要将彼此的头发系在一起，故有“结发”夫妻之说，表示永不分离，忠贞互爱。

男女之间的结合，还可以用另一种方式加以体现，就是将某种东西分别系在新娘和新郎身上。在南迪人中，人们将一根草茎分别系在新婚夫妇的手腕上，随后便尽情吃喝，纵情歌舞。在南加拉人中，每一个出席婚礼的人都要在新郎的长袍边缘和新娘的外衣边缘各系一个花结，这些花结将一直保留下来。在巴苏陀人中，新娘的父亲在完成女儿的婚姻交易之后，要从他自己的牛中找出一头最肥的来，把牛杀死，割下牛颈上的垂皮，再把它一分为二，一条围在女儿的腰间，另一条送给新郎，让他也围在腰上。这就表示：他俩现在已经互有约束了。

这样看来，戴订婚戒指和结婚戒指也是出于类似的用意，至少

---

① Steel, “On the Khasia Tribe,” in *Trans. Ethn. Soc. London*, N. S. vol. vii. 308.

② Montano, *Voyage aux Philippines*, p. 71.

也是含有这样的用意。订婚戒指在葡属赞比西的土著中以及在阿萨姆的米基尔人中均可见到。在中非的福尔人中，新娘要在婚礼后的第7天下午，站在自己茅屋的门口迎候新郎的到来。这时，新郎要送给新娘一个结婚戒指，新娘也要回赠新郎一件信物和一个戒指。在卡西人中，从前有这样一种习俗：新郎要把一枚戒指——多为银戒指，有钱人则是金戒指——戴在新娘手上，而新娘也要把一枚相似的戒指戴在新郎手上。在阿萨姆的阿霍姆人中，男女结婚时，人们先用"库沙"(cusha)草的叶子将新娘和新郎的拇指系在一起，几分钟过后，则由这对新人互赠戒指。

444 结婚戒指在古印度人中即已使用；而订婚戒指则见于古罗马人中，是由男子赠送给未婚妻的。这种习俗在整个中世纪以及以后一段时期，也曾在信奉基督教的欧洲各国盛行一时。不过，到了后来，大多都已改为男女互换戒指。在北欧各国的条顿人中，原来的婚俗是系花结，或是将一枚金币或银币一破为二，男女两方各持一半。戒指是到后来才慢慢传入并取而代之的。而且，据我们现在了解，直到17世纪末期，交换戒指的习俗才开始见于斯堪的纳维亚。人们对结婚戒指存有各种迷信，把它视为夫妻关系的一种象征。戒指一旦遗失或断裂，就意味着丧偶、离异或其他不幸。在苏格兰东北部，人们常说，女人一旦丢了戒指，"就会失去丈夫"。犹太人也戴结婚戒指，是戴在新娘右手的食指上。这一习俗显然始于中世纪。犹太人的结婚戒指一定要用纯金制成，且不能镶有宝石。据说，之所以选用纯金，是要象征夫妻之间的忠贞。

445 男女之间的结合，还可以通过另一类仪式得到加强，这就是：将其中一方拥有或赠予的衣服给另一方穿上。下面所谈到的一些做法是在摩洛哥各地看到的。在安杰拉，新郎要在订婚时送给未婚妻一条新的“哈耶克”(hâyěk)。所谓“哈耶克”，是一块毛纺的白布，呈长方形，未缝有针脚，也没有带子，当地男女都爱穿戴。订婚女子穿戴上这条新的“哈耶克”以后，便有一位已婚妇女上来帮她把衣边褶上——这位妇女须是自己丈夫的第一个并且也是唯一的妻子，且深为自己丈夫所爱。未婚妻事先也要向这位年轻男子赠送“哈耶克”，还要送一些别的衣服。在新郎从家里出来迎新娘时，也要把这些衣物都穿戴上。在艾特乌巴赫蒂人中，待一对男女的婚姻完成之后，新郎要在头顶的“哈耶克”上系以新娘的箍带；而且只有新娘才能解下。在非斯，新娘要给新郎两块手帕，其中一块围在腰间；还要再给新郎一根绳子，系在裤子上。在夏伊纳，新郎要用新娘嫁妆中的钱买一双便鞋穿上，以出席婚礼前举行的宴会。在新娘嫁过来后的第 40 天，她再把丈夫的这双便鞋脱下来，穿在自己脚上。同时给丈夫换一双新鞋。据认为，这样可以使夫妻和睦相处，不致离婚。此外，在订婚时，男方常常送一件礼物给女方，也有男女双方互赠礼物的，这在一定程度上也可能出自与上述想法相类似的种种迷信。在欧洲民间风俗中，送手绢有很重要的意义。

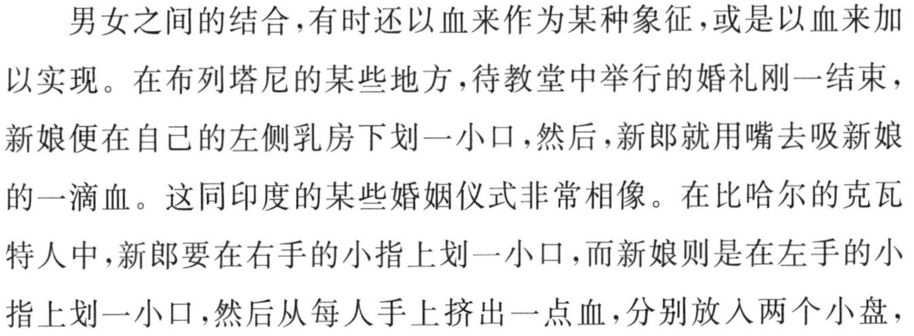

男女之间的结合，有时还以血来作为某种象征，或是以血来加以实现。在布列塔尼的某些地方，待教堂中举行的婚礼刚一结束，
新娘便在自己的左侧乳房下划一小口，然后，新郎就用嘴去吸新娘 446
的一滴血。这同印度的某些婚姻仪式非常相像。在比哈尔的克瓦特人中，新郎要在右手的小指上划一小口，而新娘则是在左手的小指上划一小口，然后从每人手上挤出一点血，分别放入两个小盘，

盘内盛有米饭和牛奶，血与饭相混后，双方便将含有对方血的食物吃下去。又据报道，在蒙吉尔的达里人和多萨德人中，“先请一位理发师把新婚夫妇的手指刺破，将血浸在脱脂棉上，再用萎叶将其包好。这时，就由新娘来嚼含有新郎鲜血的蒌叶，由新郎来嚼含有新娘鲜血的蒌叶。在古尔古利亚人中，也有类似的习俗，不同之处在于他们是用吸有鲜血的脱脂棉擦染新郎和新娘的双脚。”[①]在孟加拉的哈里人和比罗尔人中，是先将新娘和新郎的血从手指处挤出，然后交叉涂在对方身上。在辛格布姆，“他们（新娘与新郎）用血在对方身上涂抹，以表示他们已合为一体了。”[②]有人曾提出，甚至还有人确信，在印度某些土著部落中盛行的那种以红铅涂身的习俗，即新郎以红铅涂抹新娘，或是新娘新郎互以红铅涂抹对方的
447 做法，乃是从以血涂身的习俗中演变而来的。也许是这样，但我们很难确信一定如此。请想一想，红颜色之用于婚庆礼仪，不仅在印度，而且在世界各地，都是十分常见的。在这种情况下，我们很难认为使用红颜色就一定是过去那种以血涂身习俗的遗存形式。

在婚姻礼仪中，禽血或牲血的使用也并非罕见。瓦德尔人是印度南部达罗毗荼人的一支，擅长于土木作业。在他们那里，人们要在新娘居室的门口处宰杀一只家禽，然后以禽血涂抹于新婚夫妇的前额。在婆罗洲的卡扬人中，遇有婚庆，要宰杀公鸡、母鸡各一只，将鸡血接于杯中，再涂抹于新婚夫妇全身。哈特兰博士曾断言，在此种情形中，禽血乃是对新人之血的一种替代，但笔者以为，

① O'Malley, *Census of India*, 1911, v. p. 320 *sq.*

② Dalton, *Descriptive Ethnology of Bengal*, p. 319.

此说尚不足为信。在苏门答腊的马马克人中，新娘与新郎成亲时，
须席地而坐，并以脚相触。这时，主持婚庆仪式的酋长便在他俩腿
的上方先后宰杀一只公鸡和一只母鸡，然后将鸡血淋在他们腿上。448
在从事驯鹿的楚克奇人中，凡有人成亲，人们都要专为此宰杀一只
鹿，然后把牲血擦在新娘和新郎的身上。博戈拉兹博士认为，这是
楚克奇人婚庆活动中最重要的一项仪式，“其用意显然在于加强婚
姻的纽带”[①]。同样，在尤卡吉尔人中，新娘的父亲也要宰杀一只
驯鹿。当新娘准备打扮一番，前去新郎家时，其母以及媒人要用新
鲜的牲血涂在她的关节处。人们说：“在把一个孩子从自己家送到
外人家去之前，都要这样涂抹一番。”[②]我在前面已说过，血在婚礼
上可被用作辟邪驱邪的手段。

新娘与新郎一起进食，乃是一种极其常见而又广泛流行的婚
姻仪式。美洲的某些部落中即有这种仪式。在纳瓦霍人中，婚姻
仪式仅有一项，即共食同一盘子中的玉米糕。在波尼人中，女方把
一个盛有食物的盘子放在新郎面前，两人同吃，这样，他俩就结为
夫妻了。在摩洛哥，新婚夫妇在交合前，先要共食，这是一种很普
遍的习俗。有时，是由新郎先吃，再由新郎把吃的送到新娘嘴里；
而在摩洛哥南部的柏柏尔人中，则是由新婚夫妇相互喂食。例如，
在阿格卢，陪伴新娘的妇女要给新人送上一盘肉、一盘“塞克苏”
(sĕksu)和一盘什锦，内有面包、蜂蜜和盐脂(salt butter)；新郎从
每个盘子中各取少许，送入新娘口中，并要如此反复3次；新娘则 449

① Bogoras, *Chukchee*, p. 595 *sq*.

② Jochelson, *Yukaghir*, p. 94.

是忸忸怩怩，半推半就，但过后还须以新郎之道还报新郎。在尼安
尼安人中，新婚夫妇在婚礼上须共同进食，但除此场合之外，则无
夫妇共食之俗。在马达加斯加的萨卡拉瓦人中，“新人成亲时，人
们要给他们送上一盘食物，由新婚夫妇你一口我一口地交替食用，
以象征他们的结合和爱慕。”①共食仪式还可见于该岛的其他一些
土著部落、赫维群岛的芒艾亚岛、斐济、新赫布里底群岛的莱珀斯
450 岛以及新几内亚的诸多部落。在马来群岛、马来半岛、东南亚和印
度，新娘与新郎共食一盘之物也是一种非常盛行的习俗。在棉兰
老岛南部，以及在三描礼士的尼格利陀人中，新婚夫妇要相互喂以
米饭。在马来人的婚礼上，也有此俗。在查马人中，新娘须将米饭
和槟榔果送入新郎嘴中，新郎亦须以此方式回敬新娘。在贡德人
和科尔库人中，婚姻礼仪包括“共食、把衣服系在一起、围着竿子共
舞，共同挨水浇以及交换戒指。所有这些仪式的用意，都在于表示
男女双方的结合”②。在各等级和各种姓的印度教徒中，都有这样
一种习俗，即新娘和新郎从同一叶片或同一食盘中一起夹取食物。
在古代印度，新婚夫妇必须在新婚之夜供奉一张煎饼或一盘米饭，
然后一起食用，还要再共用一些稀食。在古希腊，新婚夫妇要同吃
一块芝麻饼。在古罗马，男女结婚时，要用一种叫做“法尔”(far)
的谷物做成一种饼。贵族婚姻之所以被称为“共食婚”(confar-
reatio)，即从“法尔”派生而来。凡遇有人成亲，人们都要用这种饼
451 供奉谷神，然后再由新娘和新郎在证婚人面前一同食用。时至今

① Walen, "Sakalava," in *Antananarivo Annual*, no. viii. 1884, p. 53.

② Forsyth, *Highlands of Central India*, p. 149.

日，在欧洲的很多地方，共食习俗还可见于某些订婚仪式之中，但更多地还是出现在结婚仪式上。其形式多是从同一餐盘中取食，也有同吃一片面包或同用一把汤匙的。但是，尽管共食习俗在印欧各民族中如此盛行，我们仍旧不能肯定这是一种原始的印欧习俗。正如温特尼茨所指出的，这一习俗很可能是从印欧民族的各支系中独立产生的。他指出："假如我们在各个不同的印欧民族中全都发现了完全相同的一道婚礼食物，譬如说一种蛋糕，或者说，假如这一仪式在婚姻礼仪中均有其一定的次序，就像握手等习俗一样，则另当别论。"[①]

至于说到这种礼仪的意义，可以肯定地讲，其本意并不仅仅是一种象征。在瑞典的瓦姆兰，很多人都认为，一对青年男女如能一同吃下一小块美味食品，他们就会彼此相爱。在德国，人们认为，新婚夫妇如能用同一汤匙共饮"晨汤"，他们婚后的生活就会和和睦睦。在摩洛哥一个讲阿拉伯语的山地部落——楚尔人中，有这 452
样一种习俗：当新郎第一次被涂抹上棕红色染料时，人们要宰杀一只羊，取出羊肝，让新娘和新郎一起食用。当地人告诉我，这样做的用意是"让他们相亲相爱"。[②] 不过，这种共食礼仪可能还有一个用意，即对双方产生一种相互的约束。在整个摩洛哥，人们要订立某种契约时，就往往采用共食的形式。这样做所产生的约束力，说到底，来自于人们的一种观念，即当事双方可以用某种物质媒介——在此例中是以食物——把一定条件下的诅咒转移给对方。

---

① Winternitz, in *Transactions*, p. 254.

② Westermarck, *Marriage Ceremonies in Morocco*, p. 101.

也就像人们常说的那样：食言者，食相报。从某个方面来说，新婚夫妇之共食即属此类仪式，其目的在于保证男女之间的结合，其手段则使人们很自然地想到婚姻生活中最显著的一个特点，这就是夫妻有食同吃。

除了共食之外，还有一种共饮的仪式。有时，这两种仪式是合而为一的。在马拉尼翁河上游地区的迈纳人中，新娘和新郎要共
453 饮一碗水，以此为他们的结合担保。在巴西的某些印第安人中，新婚夫妇要一起饮酒。在汉弗莱岛，祭司要送给新郎一个椰子，新郎喝了一点椰汁之后，把椰子递给新娘，再由新娘也喝一点。在棉兰老岛的曼达亚人中，婚姻仪式不仅包括新人相互喂食米饭，而且还包括同饮一杯酒。在荷人和雷布查人中，新娘和新郎要同饮啤酒。在库基部落的一支——坚森人中，“人们要给新郎一杯酒，新郎饮到一半处，即把剩余的一半交由新娘去喝。”[①]同样，在吉大港山地的蒂佩拉人中，“新娘的母亲要倒一杯酒给自己的女儿，新娘接过酒，走到爱人身边，坐在他腿上，喝下一半酒，再把另一半酒交给他去喝。喝完酒，他俩便把小指勾在一起。”[②]在安南，新娘与新郎喝酒时要交换酒杯，喝完后把酒杯放回去时，要把两个摞在一起。在中国，有这样一种古俗：新娘和新郎要一起食用同一牲物，从两个可以合一的瓢中饮酒。根据《礼记》的说法，这样，他们就可以“合体同尊卑以亲之”了。[③] 在当代中国，新婚夫妇在完婚之前，要轮流喝酒。他们把酒或蜜酒倒入两个酒盅，有时还用一根红线把两

① Soppitt, *Short Account of the Kuki-Lushai Tribes*, p. 17.

② Lewin, *Wild Races of South-Eastern India*, p. 202.

③ 《礼记·昏义》。

个酒盅系在一起。新郎从酒盅里呷上一口酒之后，便把自己的酒盅递给新娘；而新娘每喝一口之后，也要把自己的酒盅递给新郎。二人交杯互饮，往复多次。日本亦有此俗。新婚夫妇一起饮酒，须交杯 9 次，整个仪式才算完成。在这之后，新人才去见出席婚宴的 454
亲戚朋友。共饮礼俗还可见于欧洲从意大利到挪威、从布列塔尼到俄罗斯的广大地域。在苏格兰也可发现共饮的痕迹。甚至在俄国东正教的礼仪中，也采用了共饮这一仪式：祭司手持一种叫“同心杯”的长柄小银匙，匙中盛有掺水的酒，他把酒举到新婚夫妇的嘴前，让他们交替小饮，往复 3 次，“并以此为范，嘱其今后同甘共苦”①。各国犹太人在举行婚礼时，也都有共饮仪式。

毋庸置疑，共饮仪式如同共食仪式一样，其首要之意在于加强新婚夫妇之间的结合。但是，正如共食仪式一样，共饮仪式也可能同时含有其他用意。在汉弗莱岛，新郎的姐妹也要带来一个椰子，她在椰子上打开一个口，然后往上一扔，献给他们头上的神灵，“并学祭司的样子为新人祈祷，这样，新娘日后即会多儿多女了”②。在印度，椰子乃是“多产的象征”，在其他地方也可能有此象征。在印度北方各地的神庙中，都存有不少椰子。哪个妇女想生儿育女，祭司就给她一个椰子。

在新几内亚的博加吉姆，新郎要把一个槟榔分成两半，然后自 455
己嚼一半，再让新娘也嚼一半。在新不列颠岛的加泽尔半岛，只有在新娘和新郎交换过槟榔之后，山民们才把他们看作夫妻。即便

① Romanoff, *Rites of the Greek Church*, p. 204.

② Turner, *Nineteen Years in Polynesia*. p. 276.

女方是被人用武力掳来的，也是如此。交换槟榔或共嚼槟榔也是马来群岛诸多小岛上的一种结婚礼仪。在阿萨姆的霍姆人中，新婚夫妇先要相互喂送一点食物，然后洗洗手，由新郎送给新娘一个槟榔。新娘接过槟榔，还要再回送一个给新郎。这时，人们才用“库沙”草的叶子把他们的拇指系在一起。在同一地区还居住着拉巴人，他们的结婚仪式有两大特色：一是交换槟榔果和槟榔叶；一是宰杀公鸡母鸡各1只，做成咖喱鸡，由新婚夫妇共食。在京吉山地的伊鲁拉人中，即将成亲的丈夫必须吸上1支烟卷，然后把烟递给新娘。新娘也必须吸上1口，再把烟还给丈夫。接下来是吃饭，而且两人必须从同一个盘子中夹饭。这些都做完之后，婚礼即告结束，新婚夫妇随即同房。在阿霍姆族的丘蒂亚人中，新娘和新郎必得一起闻闻姜黄的气味，在此之后，才给2人系新婚花结。此外，东非的维南万加人和维瓦人还有一种习俗，也应属于此类。这种习俗是这样的：主持婚礼的头人“拿来两根小棍，一根给新郎，一
456 根给新娘，分别插入其嘴中。然后，2人交换小棍，再将对方的插入自己嘴中。”①

此外还有一些仪式，虽然性质有所不同，但都是用以保证婚姻持久的。在维奥蒂亚，新郎派去接新娘的车一回到新郎家后，人们就要把车轴取下烧掉，用以象征或体现此一过程的不可逆转性。在满族人中，新娘是由人们用轿子抬到新郎家的。下轿之后，必须从一个小鞍垫上迈过去，作为决不改嫁的一种表示，以应民谚“好

① Chisholm, "Notes on the Manners and Customs of the Winamwanga and Wiwa," in *Jour. African Soc*. ix. 382.

马不配二鞍，好女不嫁二男”之说。[1] 马达加斯加的梅里纳人认为，新娘初到新郎家，应有父母陪同，以表示女方完全同意这桩婚事；如无父母陪同，新婚夫妇的结合就不会长久。在摩洛哥的某些地方，为新娘涂抹棕红色染料的人，必须是只结过一次婚的有夫之妇。因为人们认为，假如找一个为前夫所遗弃的女人来做此事，新娘就会重蹈其覆辙。在摩洛哥，新娘出嫁离开娘家时，人们还常常向她投掷石子。有人解释说，这样做是为了让当丈夫的钟爱自己的妻子，防止丈夫日后将妻子休返娘家。不过，也有人说，这样做是为了使新娘摆脱邪气的侵扰，或者是除去自己身上或村里的各种邪气。在非斯附近，还住着柏柏尔人的一个部落——艾特瓦兰人。那里有一种习俗：新娘嫁到新郎家里之后，其婆母便将其头巾摘下，再紧紧地系到一头驴的头上。人们认定，如果到第二天早上，这头巾还在驴头上，那么，新娘也就会和丈夫一起过下去。这 457

887
一礼俗的最初用意并不仅仅在于预卜，而且极可能是要加强男女之间的婚姻纽带。在邻近的另一支柏柏尔人部落中，新娘嫁到男方之后，须坐在新郎帐篷中的一张席垫上。这时，便会有一个单身汉过来，抬起帐篷的一根立柱，放到新娘怀里。这样，新娘就会留在她的新家里，生儿育女，支撑起这个家庭，就像支撑帐篷的柱子一样。

另外还有很多礼仪，其意图在于保证或促成婚姻的完成。在非斯南部的一个柏柏尔人部落——艾特尤西人中，新娘出嫁时，身上要先用棕红色染料涂染一番，然后用一块头巾包住一个鸡蛋，并

---

① Stewart Lockhart，in *Folk-Lore*，i. 487 *sq.*

将其系在新娘的额头上。再由给她涂染的那个妇女把鸡蛋打碎。只有到下次洗脸时，才能将脸上的鸡蛋痕迹洗净。这样做是为了借助击破鸡蛋之易，使新郎顺当地顶破新娘的处女膜。第二天早上，新娘用含有指甲花染剂的水洗脸时，须坐在一个织布凳上，凳上还要再放一个驮鞍。这是因为，按照该部落的习俗，女孩子在小时候要经过3次压顶仪式，即在织好一匹布之后，用织布凳的上面两根横木压在女孩的头上，为的是使任何男人都不能破坏她的童贞。而到她结婚的时候，自然要将这仪式所产生的巫术作用予以消除。在同一部落中，新娘出嫁时，须骑在牝马背上到男方家去，手中还要持一长杆，伸向前方，长杆上有时还挂有旗帜。迎亲队伍中的男子见到这旗帜就要朝它开枪，想把它击成碎片。据信，这样，新郎在当晚就可以顶破新娘的处女膜。不过，做新娘的此时也要来回晃动长杆，尽量不让别人击中旗帜。在另一支柏柏尔部落——里夫人中，新郎娶亲时，他的母亲就要将一个环绕着“迪德利”(didli)的大杯子倒置在地上。所谓“迪德利”，是一种饰物，由若干一元或半元的钱币穿之于一根马尾毛上而制成，佩戴于妇女

的前额。杯子倒置后，还要在上面放一个鸡蛋。这时，新郎过来，一脚将杯子和鸡蛋踢破，据说，为的是“驱除邪气”。这里所说的“邪气”，大概包括任何可能妨碍完婚的因素。在北非的这一地区，人们认为巫术可以产生阻碍男女性交的魔力，并对此甚为恐惧。

结婚时打破鸡蛋这一礼俗，不仅见之于摩洛哥，而且还可见于其他国家。在一本论述波斯人的风俗习惯的书中，有这样一段话：“达德赫·巴兹姆·阿拉曾说过，新娘应该拿一个鸡蛋放在手里，

早上起来时，面对礼拜的朝向，亦即麦加的方向，掷鸡蛋于墙上，将其摔碎。库尔苏姆·纳奈赫则认为此举无用，他建议人们在新娘出嫁时，送给她一根针。”①在爪哇东部的滕格尔人中，新郎要在婚礼庆典的最后一天，将放在石头上的一个鸡蛋打碎，然后，新娘就用蛋液涂抹自己的脚。在爪哇西部的巽他人中，人们要在新婚夫妇的门前放置一个鸡蛋，其意似乎也类似于打碎鸡蛋的礼俗。在巴厘岛，人们要送给新娘和新郎一个鸡蛋和一个椰子，然后新婚夫妇将其摔于地上，使之破碎，再将碎片向四处掷去，作为献给“卡拉”（神灵）的祭品。在17世纪的法国，新娘初嫁到新郎家时，要将放在门口的一个鸡蛋踩碎，以图婚后生活幸福美满。在西西里岛的阿沃拉，新娘一到新郎家，新郎即要用脚踩碎两个鸡蛋。鸡蛋在婚姻礼仪中还可以有其他一些用途和用意，这一点我们稍后即可看到；不过，打碎鸡蛋在婚姻礼仪中确实占有突出的地位，而且在

这之后，婚姻即告完成。由此看来，我们有理由推想，这一仪式的 459
最初用意乃是保证对于新娘的破贞，虽然它同时亦可兼有促进生育等用意。

无论是在摩洛哥，还是在其他一些国家，婚礼中还常常有打碎陶器或玻璃器皿的仪式。例如，在安杰拉，当新郎的男傧相给新郎涂抹棕红色染料之后，便手持盛有剩余染剂的碗，高举至头顶，在新郎面前跳起舞来。跳了一会儿之后，就把碗交给另一个单身男子，让他再这样跳一番。所有在场的单身男子都要依次将碗举到头上，跳上一遍。最后一个人跳完之后，要将碗甩到地上，把它打

① Customs and Manners of the Women of Persia, trans. by James Atkinson, p. 71.

碎。据说这样可以驱邪。在另一个部落中，是由一名女子给新郎涂抹棕红色染料。她也要把碗放在头上，顶着碗跳舞。最后，再把碗甩到地上，把它打碎。人们认为，这样做可以使新郎摆脱邪气的侵扰。在非洲东北部的博戈人中，新郎在同新娘交合之前，要先将一个陶罐打碎。在亚美尼亚，新郎结婚时，人们要送给他一个盘子，让他扔到地上，再把盘子踩成碎片。在巴贾尔，有这样一种习俗：男女双方订立婚约之后，宾客即要将带来的装有玫瑰香水的瓶子摔到墙上。

在土耳其、摩尔达维亚、特兰西瓦尼亚、西班牙和德国的吉普
460 赛人中，也有在婚礼上打碎陶器的仪式。在巴斯克的吉普赛人中，缔结婚约时，要朝太阳的方向扔出一个坛子，然后还要数地上有多少碎片。在撒丁岛，有这样一种习俗：人们看到有迎亲的队伍经过时，便纷纷站在门口和窗口，往他们身上抛撒谷粒。然后，还要把原来盛粮的坛坛罐罐摔到人行道上，“以驱散邪气”。[①] 在赛特卡穆尼，“人们在婚宴上必定要打碎一些东西。”[②]在上布列塔尼，“为了使婚礼吉祥如意，在喜庆婚宴上必须把一样东西打碎。如果没有任何物品被打碎的话，则必须赶走一个来宾，以作弥补。”[③]在阿登，人们要打碎一个玻璃杯，“这样，新婚夫妇日后就不会吵嘴了。”[④]

① Faggiani,“Feste ed usanze della Sardegna,” in Provenzal,*Usanzee feste del pepolo italiano*,p. 232.

② Frescura,“Fra i Cimbri dei Sette Comuni Vicentini,”in *Archivio per to studio delle tradizioni popolari*,xvii. 46.

③ Sébillot,*Coutumes popularies de la Haute-Bretagne*,p. 136.

④ *Ibid*,p. 136.

在阿盖尔郡，“婚宴上如有人不小心打碎了一个玻璃杯，就预示着新婚夫妇会有某种不幸降临。但是，在人们为新娘和新郎举杯祝福时，则必须有人扔出一只酒杯，从其头上飞越而过，碎落地上，‘以求好运’。”[①]在纽堡，当婚礼结束，新人离开新娘家时，常有人要在新郎头顶上方悄悄打碎一只盛有食盐的盘子。在克利夫兰的吉斯巴勒，新郎来到新娘家门口时，有人会把一只盛着蛋糕的盘子送给新郎。然后，新郎拿起这个盘子，把它从自己的左肩上向后掷出。“如果盘子落地而碎，婚后幸福就有了指望。”[②]

在扎尔费尔德乡间，当婚礼完毕之后，便有一位伴娘匆匆先行，赶回家中，取来啤酒或白兰地，为新郎呈上一杯。新郎一饮而尽，将酒杯往后一扔。如果杯子摔碎了，就会交好运；如果没摔碎，就不会交好运。在德国，人们要在举行婚礼那天的前夕过“闹婚之夜”。每逢这时，人们就要在新娘家门外将各种用旧的坛坛罐罐打碎。而且，德国的北方人还常说：“摔得越碎，运气越好。”这天晚上，在上巴拉丁领地，人们则是将新娘家的一扇窗户捣碎。据说，七零八落的碎片象征着日后的富足。

在斯洛伐克人中，待新娘和新郎上床之后，宾客们便在洞房外面唱歌、喧闹，还要将一个破旧瓦罐朝房门扔过去。在小俄罗斯人中，新娘的母亲要送给新郎一碗水。新郎喝上几口之后，便把碗扔向身后。如果碗碎了，上帝就会保佑这对夫妇生儿育女。还有人说，是由新娘给新郎一个盛有燕麦和水的杯子，当新郎把这个杯子

① Minnie Cartwright, “Scraps of Soottish Folklore,” in *Folk-Lore*, xxi. 89.

② Mrs. Gutch, *County Folk-Lore*, *voi. ii. North Riding of Yorkshire*, p. 295.

扔向肩后时，站在他身后的男傧相就尽力将杯子打碎。如果真能打碎，婚姻生活就会幸福美满。在某些斯洛文尼亚人中，新郎及其朋友要去新娘家迎亲，而新娘则须经过千呼万唤才会露面。这时，新娘手持一酒杯，上面盖着一块红头巾。她先把头巾送给新郎，再由人领着她围绕新郎走三圈。走完之后，新娘喝少许酒，并将酒杯交给新郎，新郎则一饮而尽，然后将酒杯朝墙上扔去。如果酒杯落地而不碎，新郎就会受到人们的耻笑。

艾迪森曾对17世纪犹太人的婚俗做过一些描述。他说，很多地方都有这样一种习俗："新郎娶亲时，总有一些小伙子携带某些小陶盆，静候一旁。他们一听到新郎向新娘祝福，便将手中的陶盆摔到地上，以此表达他们对新婚夫妇的良好祝愿，祝其生活顺利，
462 身体健康。"[①]在一份关于15世纪犹太人婚俗的记载中，有这样一段描述：当婚礼快结束时，拉比把酒先后递给新郎和新娘。"他俩喝酒时，酒杯一直由拉比把在手里。但在这之后，拉比则把酒杯交给新郎，新郎转向北面，将杯子朝墙上扔去，使其粉碎。这时，参加婚礼的众人便纷纷拥向新郎，发出一片贺喜之声，继而将新郎、新娘先后送入洞房。"[②]直到今日，摔酒杯仍旧是犹太人举行婚礼时的一个最显著的特点。酒杯或是由新郎用脚踏碎，或是由拉比摔碎。关于这种仪式，人们曾提出很多富于想像力的解释；不过，就我个人的理解和掌握的情况来看，其真正含义尚未被人们所认识。摩洛哥的犹太人另有一种习俗，从某些方面来看，这种习俗与前面

① Addison, *Present State of the Jews*, p. 51.

② Abrahams, "Marriage (Jewish)," in Hastings, *Encyclopaedia of Religion and Ethics*, p. 208.

所谈的仪式是属于同一类的。这就是：在举行婚礼两周前的一个星期四，人们要在新娘的闺房门口，把一个装满玉米的罐子打碎，“其象征意义在于使新娘多儿多女”①。

上面所谈的很多事实都有力地说明：各种摔碎易碎物品的仪式，都是为了确保婚姻的完成，因为在欧洲，以及在其他一些地方，人们都认为有些妖术会阻碍婚姻的完成。对于这种意图，人们都要或多或少地加以掩饰。但是，只要我们考虑到问题的实质，对于人们这样做也就不会感到奇怪了。至于在某些南部斯拉夫人中，人们对此意图却是直言不讳的，使我们没有怀疑的余地。在西尔米亚的塞尔维亚人中，做家长的在午夜时分将新娘领进新郎房内，463
然后关门退出。“这时，他端起一杯酒，为祝福新人身体健康而干杯，然后便把酒杯朝房门扔去，摔成碎片。人们把这看作是即要破贞的象征。”在新娘和新郎合欢之时，宾客们便在外面大声呼喊，摔碎杯盘瓶罐，还要把放在袋子里的一个鸡蛋打碎，“用以象征婚姻的完成”②。

在很多民族的婚俗中，还有折断棍棒、枝条或树木的仪式。我们有理由推测，这种仪式与柏柏尔人打断迎亲长杆的做法，乃出于同一目的。有人曾对祖鲁人婚姻仪式做过描述，其结束时的情景是这样的：“新娘在一群女伴的陪伴下走来了，手中还拿着一支长矛。这里顺便提一句，这长矛就是她一直携带的那支。她的一个女伴拿着一盆水和一个水瓢，另一个女伴则带着一些珠子。接下

① Jansen, in *Globus*, lxxi. 359.

② Rajacsich, *Das Leben, die Sitten und Gebräuche, der im Kaiserthume Oesterreich lebenden Südslaven*, p. 161.

来，新娘边唱边跳地把水浇在丈夫头上。此外，还把水往小叔和小姑身上洒，同时用手拍打小姑，用以表示：从这时开始，她就对丈夫家中的未婚女子具有某种权威了。在此之后，她便将长矛折断，径直向村口跑去，为逃跑做最后一搏。这时，早已安排好的一个小伙子，便专门前去追她。假如追不上，就是一件奇耻大辱，新郎只有交付1头牛给女方，才能把新娘再请回来。到此，婚姻礼仪即告结束。不过，寡妇再婚，则没有折断长矛的礼仪。”[①]在马塔贝勒人中，也有与此类似的习俗。在他们那里，新娘只有将带来的一个葫芦砸碎，“婚姻才能得以保证。”[②]在雅库特人中，当新娘来到新郎家时，屋子门口两侧各站一名女子，手中横握两根干枯的小树枝，
464 拦住去路。新娘须用胸部撞断树枝，然后拾起断枝，在灶台上把其点燃。“据说，这样就可以向人们说明，火神如今又有了一个女祭司。”[③]在位于罗德岛与克里特岛之间的斯卡潘托（卡尔帕托）岛上，新郎在举行婚礼的那天早上要到新娘家去。新郎到来之前，新娘的母亲要在屋门口放一块折叠的地毯，并在地毯的一角下面支起一根木棍。新郎须用右脚踩断木棍，然后进入屋门。据说，这象征着妻子日后对丈夫的依从。在昂儒的某些地方，“当众人从教堂返回来的时候，发现一条大道上盖满了泥土，中间还栽着一棵树。人们让所有的年轻人来试着拔这棵树，以显示他们的强壮力量。而其中先要选已婚而又体面的男青年打头。最后谁也没能拔出来，于是人们把固定树木的泥土扒掉，把树放在一个合适的位置，

① Tyler, *Forty Years among the Zulus*, p. 203 *sq.*

② Decle, *Three Years in Savage Africa*, p. 158 *sq.*

③ Shklovsky, *In Far North-East Siberia*, p. 52 *sq.*

并且大家围着此树跳舞。”[①]在爱沙尼亚，新郎和新娘在婚宴上要用同一汤匙喝汤。喝过之后，新娘便把汤匙扔到地上，再由新郎用脚去踩。如果新郎未能将汤匙踩碎，人们就认为这是一个不祥之兆，预示着他们的婚姻不会持久。随后，在新娘动身去新郎家之前，人们还要给新娘送上一小盘黄油。新娘吃过之后，人们便将盘子摔碎，并表示希望她日后不会受比这更大的伤害。在塞尔维亚人中，以及在英格兰、苏格兰和爱尔兰，我们还可以看到在新婚夫妇头上或新娘一人头上掰碎面包或蛋糕的习俗。这种习俗可能也属于我们现在所讨论的这类礼仪。

此外还有一些礼仪，其意显然也是要帮助新郎完婚。在摩洛哥的某些地方，新郎迎亲进入新娘的闺房之后，要用刀将系于两墙之间并拦在床前的一根绳子割断，这样也就把阻碍他成亲的邪气割断了。接着，新郎还要脱去新娘右脚上的鞋子。鞋中有新娘母
亲为女儿辟邪而放入的一根针。新郎把针取出，扔掉，这样也就把 465
阻碍他成亲的邪气扔掉了。这时，再把鞋穿在新娘脚上。有的新郎是将新娘头上的盖头掀掉，把盖头上的藤圈折断，扔到地上，以此祛邪。在安杰拉，新郎在同新娘交合之前，必须解开女方伴娘在新娘内裤带上系下的 7 个结。在古罗马，新娘的腰带上都系着所谓“赫耳枯勒斯结”。这种结异常难解，而新郎上床后必须将它解开。这些将新娘“系上”的做法，有的可能是想给新郎成亲设下一些障碍，以此装作对新娘进行某种保护；有的可能是想保护新娘在新婚交合之前，不被旁人以巫术抢占童身，还有的是想通过迫使新

① Sébillot, *Le Folk-Lore de France*, iii. 401.

郎解结，来确保婚姻的完成。但是，无论如何，有一点是可以肯定的：解结之举被看作是性交之前必不可少的一项准备。很多人都认为打结、缠绕会产生一种神秘的阻力，因而在生育以及结婚时，总是对此加以避免。在摩洛哥的很多部落中，新娘初嫁到新郎家时，总是披散着头发，不系发带。在有些地方，新郎也不必系腰带。同样，在斯拉夫民族中，新娘出嫁时也是披散着头发。在波兰的某些地方，则是由新郎将新娘的发辫打开。

在乌克兰，当新人即要完婚之时，人们便唱起歌来，祈求上帝
466 相助。此外，人们还唱一些可能被赋予巫术意味的歌，歌中唱道：

你们富贵人，
　闯进柳树林，
砍伐那细枝嫩条，
　只为回家充牛轭。
我们拓荒人，
　投入大自然，
辛勤开垦处女地，
　要做土地的主人。

有的还唱道：

处女地并非定属我们，
　本归大地母亲，
务必奋力开垦，
　焉能坐享其成。
土地如此坚硬，
　须用铁犁翻耕，

借得神鞭相助，

紧催耕牛快步向前！

看来，人们在婚姻礼仪中频频使用红色，并不仅仅像某些人所说的那样，是以红色作为童贞的标志，而且还很可能把它看作一种确保破贞见红的手段。广东的汉人常常从婚床顶端悬下三条很长的红色纸带，上面写着祝福的话，诸如“百子千孙，人丁兴旺”等。[①]在希腊和罗马，婚床总是罩以红布。在芬兰的埃克纳斯，婚床上一定要铺红色的毛毯，“以求新婚生活幸福美满”。[②] 在罗马，新娘总要戴红色的面纱。现在，在阿尔巴尼亚、保加利亚以及东南欧的其他地方，仍然有这种情况。在俄罗斯的某些地方，新郎的伙伴们要在身上佩以红丝带。在乌克兰，新娘总是在深夜乘马车到新郎家。人们要给拉轿车的马匹也戴上红丝带。新娘的母亲牵着马缰绳，把马带到大路上，并祝女儿“一夜平安”。这时，陪伴新娘离去的妇女则唱到：“我们把她放到白色的床上，她却想要一个红红的甜菜头来配她那白白的肌肤。”[③]在巴什基尔人中，新郎在走进客人会
集的房屋之前，“应该用脚弄断由两个妇人拉着的横在门口的一条 467
红线；如果他没看见这条红线并且摔倒了，就会受到众人的嘲笑。等他坐下时，客人们就会一个跟一个地离去；当最后只剩下他一个人的时候，他的朋友们便把新娘带来，随后走开”[④]。

婚礼中进行的很多仪式都有这样一个用意，就是要使新娘多

① Gray, *China, a History of the Laws, Manners and Customs of the People*, i. 205.

② Wessman, "Folktro i Ekenäs," in *Hembygden*, ix. 51.

③ Volkov, in *L'Anthropologie*, ii. 562, *sq.*

④ Van Gennep, *Les rites de passage*, p. 172.

生多育，或是多生贵子。这首先表现在，人们常常为此目的而请一位亲戚或一位祭司做祈祷。这里我们举几个例子。在摩洛哥，当新娘穿好婚礼服之后，新郎的母亲就开始唱了："走吧，祝你生个双胞胎，两个全都是男孩。即使头胎生一个，我们也会乐开怀。"[①]有时，新郎的母亲还要身背一个草篮，或是背一捆新郎的旧衣裳，作背负婴儿之状。有时，则是由几个小伙子把新娘的母亲放在吊网之上，来回摇晃，好像是在哄幼儿睡觉。新娘被接往新郎家时，或是骑母马，以求多儿多女；或是骑种马，以求多生贵子。出于同样的用意，在不少地方，当新娘骑着母马出嫁时，身后还要再坐一个小男孩。有些地方还有这样一种习俗：男方派人到女方家迎亲时，坐骑上也必须乘有一个小男孩。这种习俗似乎也含有相似的用意，虽然其主要意图还在于坐骑应有人乘。人们往往把空无人骑的鞍座看作一种不祥之兆，如同空盘空碗空饭桌一样，因此，在婚礼中对此总是十分忌讳。

468 我们在其他国家也可以看到极其类似的习俗。在满族人中，当男方用花轿去女方家迎亲时，轿上有时"要坐一个两岁的男孩儿。人们把小孩坐轿看作是子孙满堂的一种征兆"。[②] 达勒姆小姐曾告诉过我，在斯库台的罗马天主教徒中，新娘参加完婚礼，从教堂前去新郎家时，人们总要在她乘坐的马车里放进一个小男孩，为的是让她多生男孩。此外，科尔察的 M. 穆罕默德·贝也告诉我，在阿尔巴尼亚南部，人们出于同样的意图，在新婚夫妇上床之

① Westermarck, *Marriage Ceremonies in Morocco*, pp. 154, 155, 348 *sq.*

② Stewart Lockhart, in *Folk-Lore*, i. 486.

前，先把一个小男孩放到婚床上，任其滚来滚去。斯洛伐克人中也有类似的习俗。在维舍格勒和柴尼卡的穆斯林中，新娘在被送入洞房之前，先被安置在一个床垫上，床垫上还有一个男孩滚来滚去。在瑞典的某些地区，新娘在结婚的前一天晚上要先跟一个男婴同睡，为的是头胎能生一个男孩。在爱沙尼亚人中，以及在差不多所有斯拉夫民族中，人们要给新娘抱去一个小男孩，让她抱着，或者让一个男孩坐到她腿上。在保加利亚，则是让新郎抱一个男孩，让新娘抱一个女孩。在科西嘉，人们也是给新娘抱过去一个孩子，然后全体宾客一起向新婚夫妇发出如下祝愿："愿上帝降福给你们，生下三男一女。"[①]这种习俗可能原属于印欧民族远古时的 469
婚姻仪式。我们从《家范经》中即可了解到，在古代印度，做新娘的一走进新郎家，人们就会把一个小男孩放到她的膝上，以此作为儿孙满堂的征兆。在尼亚斯，也有这种习俗，而且用意也是相同的。在马赛人中，当新娘和新郎一起走进他们的新房之后，新郎的母亲便会给他们送来一个小孩。新郎接过小孩，放到新娘膝上，再由新娘用奶瓶给小孩喂奶。他们这样做的用意也是为了日后生儿育女。在东非的苏克人中，当新娘到来时，先要请邻居把一个小孩抱到她怀里，这样她才肯进入新郎的家。

为祝愿男女结婚之后能够多生男孩，人们还用了很多方法。下面就是一些实例。在满族人中，新人结婚，要面对面地坐在炕上。这时，人们便送来"子孙饽饽"，先递给新郎，新郎吃了一口之

---

① Ida v. Düringsfeld and v. Reinsberg-Düringsfeld, *Hochzeitsbuch, Brauch und Glaube der Hochzeit bei den christlichen Völkern Europa's*, p. 257.

后，再递给新娘，新娘掰下一小块，放入嘴里，接着再吐出来，“作为婚后多子多孙的征兆”[①]。在苏格兰的加登斯顿，人们结婚时，都要请一位正在喂奶的妇女来布置婚床。那里的人都认为，只有请这样的妇女来铺床，婚后才能生儿育女。从前，在某些塞尔维亚人中，人们要把男人的腰带系在新娘的手上，为的是头胎能生一个男孩。在格美尔的斯洛伐克人中，当新娘被领至洞房时，等候在门口的一群小伙子便用自己的帽子触摸新娘，这也是出于同样的用意。在过去的普鲁士人中，婚宴所用之肉，均不能出自任何被阉割
470 了的牲畜。人们认为，如果宰杀这样的牲畜当肉吃，婚后就会不育。

有人曾把新婚夫妇或新娘一人坐于兽皮之上的婚俗也描述为一种生育礼仪。这样一种婚俗曾盛行于若干印欧民族之中，有些民族至今仍在实行。于是，有人就推测说这种习俗起源于原始社会。在印度，新娘一嫁到男家，即被安排坐到一张红色的牛皮上。这种习俗早在《阿闼婆吠陀》中就有记载。在两部《家范经》中，都有明文规定：新娘和新郎均应坐于牛皮之上。同样，在罗马，一般的习俗是将新娘置于一块羊皮之上；而祭司结婚时的礼俗则是先用羊皮罩住两把椅子，再让新人坐于羊皮之上。在斯拉夫民族中，新婚夫妇是坐在毛皮、褥垫或布上。在爱沙尼亚，人们一般是将新娘置于毛毯或毛皮之上，但有一个地方却是让新娘站在男人的一件衣服上。哈特兰博士认为，这一习俗有助于说明这样一种看法，即：此类礼仪的用意在于促进新娘的生育力。至于新娘一人或新

---

① Stewart Lockhart, in *Folk-Lore*, i. 488.

婚夫妇之所以一定要坐于兽皮之上，乃是因为人们认为，他们如果直接坐在地上，就会有危险；至于一定要选用雄性动物的兽皮（这一做法并不见于对欧洲这类礼仪的记载）和男人的衣服，则是有些地方将辟邪仪式兼用于生育目的之后所形成的某种变异。

另一种被追溯到原始印欧人的婚姻礼仪，就是往新娘身上抛 471
撒谷粒或果实的风俗。从东方的印度、中南半岛和印度群岛，直至西方的大西洋沿岸，都曾盛行过这种婚俗或相似的习俗，如将谷粒或果实抛撒在一对新人身上，抑或仅撒新郎一人，抑或广及出席婚礼的所有宾客。在印度，我们可以从《家范经》开始，循着古典梵语文献追寻此种婚俗的源流，并可一直追寻至今。诗人迦梨陀娑曾描述过这样的情景：王子阿阇与新娘坐在金椅上，然后，先由年轻的婆罗门，再由国王及亲眷，最后则由贵族妇女往他们身上撒下一些湿的大麦粒。在暹罗，人们要往新娘和新郎身上撒稻米，洒香水，撒鲜花。在马达班的克伦人中，“每逢有婚庆活动的时候，人们都要请村里的头人，或是专门找一位长者，抓起一把稻米，往新郎头上撒一些，再往新娘头上撒一些。”[①]在东高止山的贡德人中，参加婚礼的妇女从四面八方往新婚夫妇身上抛撒黄米。在印度南部的印度教徒中，出席婚礼的所有人都要往新婚夫妇头上抛撒稻米。在蒙达人中，新郎要往新娘头上撒 3 把米；接着，新娘也要往新郎头上撒 3 把米。阿尔果德北部的雅纳迪人也有此俗。新婚夫妇每
人都要往对方头上撒 3 把米。在库尔格人中，当新娘家举行婚宴 472
时，新郎要往新娘头上撒些稻米，再送少许牛奶让她喝，还要送给

① Low, in *Jour. Indian Archipelago*, iv. 418.

她某种钱币作礼物。然后，男方的父母和亲属也以同样的方式向新娘表示敬意。比哈尔也有此类习俗。“新郎来到女方家门口时，由家中女眷上前相迎。她们还要往新郎身上撒稻米、撒小母牛的粪，抛饭团，以及抛撒其他一些东西。”[①]此外，在达迪斯坦，新郎及其朋友来到女方家之后，先要站在门口，由女方家中的人往他们身上撒些面粉。除了抛撒谷粒的方式之外，还有其他一些方式也可使人与谷粮发生接触。例如，在奥朗人中，新婚夫妇要一起站在一块大石头上，由新郎用红铅给新娘涂身。这块大石头下，压着一捆玉米；玉米下边，还压着一个犁轭。在孟买的贝拉德人中，人们要新娘站到一个盛着谷子的篮子里。马拉塔人结婚时，新婚夫妇要站到一个装满麦粒的篮子里。在旁遮普的高种姓印度教徒中，新郎来到新娘的闺房时，会发现门柱上挂着一个筛子。

在偏北一些的亚洲民族中，也可以发现相似的礼俗。在西藏，
当新娘来到新郎家时，新郎的母亲在门口迎接她，右手拿着拌有酥
油的青稞粉，左手拿着一个盛满奶的大杯子；或者，当新娘在男女
两方亲友的陪伴下去新郎家时，每个人都要拿些谷粒，撒在新娘身
上；或者是在举行婚礼时，将满满一容器的谷粒放在新娘和新郎之
间，谷粒上插着一支箭，箭尾上放着一块纯净的黄油。在布里亚特
473 人中，“新郎先走进蒙古包，把一些羊油投入火中。接着，新娘及女
方一行人也随之走进蒙古包。这时，人们便往他们身上抛撒玉米
粒。”[②]在满族人中，“荔枝、龙眼、栗子和枣”四样果品放于婚床的

① Grierson, *Bihār Peasant Life*, p. 364 *sq*.

② Miss Czaplicka, *Aboriginal Siberia*, p. 119.

四角。在中国的福州，人们要在婚床下面撒5枚代表5位皇帝年号的钱币；在挂床幔的支架上，要挂5串粽子，每串5个；在床架的中央，放着一个四四方方的木匣，匣中盛有半匣大米，大米上面铺着一张红纸，纸上摆放着各种物品，如10双筷子、1个装有钱板的小盒子以及5样干果。在新娘上轿之后但尚未动身去男家之前，新娘的父母或家中其他人要拿出一床棉被，4人各持一角，张于喜轿之前。这时，新娘的一个女伴便将4块面糕一一抛向空中，再落于被上。喜轿到了男家，并被抬入正堂之后，人们要在轿子顶部，即轿帘上方放置一个筛子。当新娘被领到新房门口时，人们或者在她头上举着这个筛子，或者把筛子放在门前，让她进门时踩到筛子上。

在古希腊，新娘一到新郎家，即被新郎领到灶台边，顿时，便有椰枣、无花果、核桃、小枚钱币等物像阵雨般洒落在新娘身上；有时，则是在新郎家门口向新婚夫妇抛撒糖果。在古罗马，新郎要给人群中的男孩子抛掷核桃。不过，曼哈特曾指出，这些核桃本来是 474
抛向新娘的，不过是事后由这群男孩捡起来罢了。在现代希腊，仍有抛撒钱币、稻米、棉花籽、糖果和核桃的习俗。有时，是由亲戚朋友从自家窗口撒向迎亲的队伍；有时，则是在新娘和新郎离开女方家或到达男方家时，撒向这对新人。在克里特岛，新娘来到新郎家时，由一名少女站在门口，以拌有芝麻的蜂蜜和核桃相迎。新娘走进屋里之后，人们还要再送给她一个石榴。新娘将石榴掰碎，把一粒粒石榴籽撒在地上。

据德拉姆小姐讲，在斯库台，当新娘来到新郎家后，参加婚礼的宾客要向她抛撒鲜花、糖果和祭司在教堂所赐的圣水。而据

M.穆罕默德·贝讲，在阿尔巴尼亚南部，则是由新郎的母亲往新
娘身上撒稻米。[①] 在斯拉夫各国，当新娘和新郎来到新郎家后，人
们向他们抛撒玉米粒，或是玉米粒和啤酒花。有时，单向新娘抛撒
玉米粒，或是杏仁和玉米粒；有时，单向新郎抛撒啤酒花或小麦粒；
有时，则是向迎亲的队伍抛撒啤酒花、谷粒和核桃。在俄国的某些
地区，人们常在教堂中举行这样的仪式：在新娘和新郎跪在地毯
475 上，接受新郎父母的祝福时，这位母亲便将啤酒花粒撒在新娘的头
上；或者，当祭司将婚姻结系在祭坛上时，教士或教堂执事便将一
把啤酒花撒在新娘头上。在希尔米亚的塞尔维亚人中，新郎的母
亲则是端着一个面包和一个盛有谷粒或米饭的盘子迎接新娘。在
塞尔维亚人、克罗地亚人和保加利亚人的婚姻仪式中，筛子是一件
格外引人注目的东西。在原普鲁士人中，新娘来到新郎家后，人们
要领她进入每间屋门，而每到一个门口，人们都要往她身上抛撒大
麦、小麦和豆子。

在意大利，一直有往新娘和新郎身上或朝送亲队伍抛撒谷粒的习俗。有时，也用五彩纸屑取代谷粒。还有向围观的人群分发糖果、栗子、榛子和核桃的。在法国的某些地方，人们要往新人身上抛撒大麻籽或小麦。还有些地方，在新娘来到她的新家时，除了要踩碎一个鸡蛋之外，还要接受麦粒之浴。1626 年举行的教会会议曾对这种习俗做过直截了当的批评。在法国，还有这样一种习

① 据哈恩所述(Hahn, *Albanesische Studien*, p. 146)，在阿尔巴尼亚，迎亲队伍到达新郎家后，新郎的母亲先将稻米撒向这对新人，然后再撒向整个人群。在斯库台以北的一个大部落——基尔梅尼人中，新娘来到新郎家后，人们先领她绕屋子走 3 圈，再把一个苹果扔到屋顶上，还要送给新娘一些玉米(Miss Durham, High Albania, p. 86)。

俗：人们要送给新娘3个面包，新娘接过来之后，即刻将面包送给一些穷人。也有些地方是送给新娘1个面包和1块黄油，新娘再将这些分发给陪伴她的年轻人。在德国，人们常常要送给新娘和新郎一些面包和饮料。在西里西亚和波希米亚，人们要向新婚夫妇抛撒豌豆或去皮的大麦粒。至于往新娘或新郎身上抛撒玉米粒 476
的习俗，在德国似乎颇为罕见，而在斯堪的纳维亚乡间的婚礼中则未有见闻。不过，人们有时往新人的袜子里撒些麦粒或玉米粒。另一方面，在某些操乌戈尔—芬兰语的民族中，则可见到抛撒玉米粒的习俗。也许，这是从与他们相邻的斯拉夫民族那里借用过来的。

在英格兰，人们从前是往新娘身上抛撒除稻米以外的一些东西，现在虽已改用五彩纸屑，但旧习在某些地方仍有沿袭。据了解，在17世纪，当新娘走出教堂时，人们总要往她头上抛撒小麦粒。在英格兰北部，人们结婚时，总要从邻里中推出一位最年长的人，请他站在新郎家的门口，等新娘一到，便将一把小酥饼倒在她的头上。于是，小酥饼便落到地上。这时，人们一哄而上，争相捡拾。因为当地有一种说法：谁能捡到一块小酥饼，谁就能交上好运气。18世纪初期，在格洛斯特的西斯顿，人们要在新婚夫妇的头顶上方弄碎一块大蛋糕。在苏格兰的东北部，当新娘进门时，人们要在新娘头顶上方举起一个筛子，里面盛有面包和奶酪。新娘进门后，这些东西便分发给客人。有时，则要将这些东西抛撒到新娘身上。这时，年轻人便冲向前来争相捡拾。还有的时候，是在新娘头顶上方弄碎一块燕麦饼，不过到了后来，人们便以薄酥饼取而代之了，因而也有人把这饼叫做“新娘饼”。“新娘饼”弄碎后，也要分

发给来客。而客人们,尤其是那些还没结婚的年轻人,还要将分得的饼块小心翼翼地保存起来。在有些地区,当有人在新娘头上举着筛子,或把面包弄碎的时候,做新郎的有义务护着新娘赶紧从下面走过。新娘先是被带到灶台,最后被带到食柜或酒桶前。新娘的手还被人用力把住,伸入其中。在阿伯丁郡的罗斯哈蒂,当新婚
477 夫妇走向宴席时,人们要往他们身上抛撒大麦粒。在设得兰,新娘的母亲及一二位女眷去见新娘时,要用餐巾包上一块黏着各种种子和糖的蛋糕,并把蛋糕掰成碎屑,撒在新娘的头上。在爱尔兰西部,当新娘走进新郎家门时,新郎的母亲便要掰碎一块燕麦饼,撒在新娘的头上。有人曾对 1830 年前后克里荒野地区的乡间婚庆活动做过描述,其中讲道:"在新婚夫妇后面,紧跟着两个陪从,在新人头顶上高高地擎着一个筛子,筛子里装满了饭食。"①

此类习俗在世界各国的犹太人中亦有所见。早在塔木德时代,人们就常往新娘和新郎途经的路上抛撒一些核桃和小麦粒。婚礼前几日,人们要往花瓶里撒一些大麦粒。到了近代,则是往新婚夫妇身上抛撒大麦粒。14 世纪末,美因茨的犹太人举行婚礼时,新郎要在教堂的门口握住新娘的手,这时,人们便纷纷往他们身上抛撒小麦和钱币。事后,再把这些小麦和钱币赠送给穷人。不过,这种习俗在古代希伯来人中则未有所闻,于是,有人据此提出,这一习俗是犹太人从印欧民族那里借入的。在马龙派教徒中,"当新娘嫁往新郎家时,人们要向她掷玉米粒和葡萄干;到达之后,新娘要向人群中抛出一个石榴,然后新郎的亲友们便争相抢夺,广

---

① Wood-Martin, *Traces of the Elder Faiths of Ireland*, ii. 33.

而分之。”[1]在阿尔及利亚的某些柏柏尔人中，当新娘喝下人们送 478
给她的牛奶和水之后，“人们送给她一把小麦、一把大麦和一把盐，而新娘又毫不吝惜地把这些东西投向四周。”[2]在摩洛哥，当新娘到达新郎家时，人们以谷粒、面粉、面包和其他一些谷粮制品或红葡萄干来迎接她。人们还常常往新娘身上或新娘乘坐的马车上抛掷干果，诸如葡萄干、无花果、椰枣、核桃或杏仁。扔这些干果的人，有的是新郎的母亲或其他亲属，有的则是新郎本人；在我去过的一个部落中，则是新娘家的一位妇女。北非的这些民族很可能是从印欧民族那里学到这种习俗的，不过，这种习俗也可能是柏柏尔人自古就有的。据说，加那利群岛的关切人就曾往新婚夫妇的脸上抛撒谷粒。这里再说一件有意思的事：在中非的瓦邦代人中，人们往新娘和新郎的头上撒稻米和玉米，而在他们的脚上则只放玉米。在加罗林群岛中的波纳佩岛上，当新娘来到新郎家之后，新郎的母亲就用力地将椰子油擦到她的背上和肩上，并将一个花环放到她的头上。

曼哈特认为，向新娘抛撒谷粒、种子或干果的习俗，肯定“起源于人们对人类与结籽作物的一种同类感，起源于人们对婚姻之果与禾木之果的一种类比”[3]。后来，有些作者也持有同样的看法，
认为这种习俗的用意乃在于促进生育。的确，在某些实行这种习 479
俗的民族中，人们也正是这样来解释的。在波希米亚和西里西亚，有向新婚夫妇抛撒豌豆或去皮大麦粒的习俗，而且当地人都相信

① Conder, *Heth and Moab*, p. 293.

② Féraud, "Moeurs et coutumes kabiles," in *Revue africaine*, vi. 431.

③ Mannhardt, *Mythologische Forschungen*, p. 365.

这样一种说法:事后,新娘的衣裙上留有多少颗谷粒,就表明她日后会生育多少个子女。据说,大俄罗斯人之所以往新娘和新郎身上撒玉米粒,“是为了使他们婚后多生子女”[①]。而俄国的教士或教堂执事在往新娘头上撒啤酒花时,总是祝愿新娘能像这种植物那样富于生育力。艾迪生于 17 世纪写道,在某些国家的犹太人中,“客人们(出席婚礼时)总要随身带把玉米,撒在新婚夫妇身上,同时说声‘多收多获,多儿多女’。说这话时,也含有祝愿他们‘平安、富足’的意思。”[②]我们在前面提到的克里特岛上的某些习俗,是瓦克斯穆特所讲述的,他把这些习俗归入求子礼仪。在西西里岛的利卡他,人们向新婚夫妇撒大麦,是预示生男孩;撒小麦,是预示生女孩。据说,满族人在婚床四角放置枣、栗子等物,“意在象征新婚夫妇会早生、多生贵子。”[③]瓦邦代人往新娘和新郎头上扔玉米,据说也是把玉米作为多产的象征。曼哈特把婚姻仪式中屡屡使用的筛子,也视为一种多产的象征。我在摩洛哥所见到的某些
480 习俗,也可用来支持这一观点。例如,在里夫的某些柏柏尔人中,人们买羊回来,总要在院子门口放一个筛子,让羊从筛子上迈过去。据认为,这样做,羊就会繁殖得快。

另一方面,我们也发现,抛撒谷粒等婚姻礼仪还有其他一些含义。在很多实例中,人们遵行这类仪式,并不仅仅是为了祈求人丁兴旺,而且也是为了祈求家业繁荣,甚至完全是为了家业繁荣,生活富足。福州人结婚时,人们之所以要在婚床上放置钱币、稻米等

① Piprek, *Slawische Brautwerbungs-und Hochzeitsge bräuche*, p. 12.

② Addison, *Present State of the Jews*, p. 52.

③ Stewart Lockhart, in *Folk-Lore*, i. 488.

物，“是为了使新人婚后生活富足，特别是为了使家中子孙不断，世代相传。体现五代皇帝代代相袭的五枚钱币，以及其他一些物件，即被当作预示新娘多儿多女，家业繁盛不衰的良好征兆”[①]。在波斯人中，人们一边往新娘身上抛撒玉米和豆子，一边说：“只要你坚持祖先至死不渝的信仰，只要你能以勤劳的态度细心料理家务，天神就能保佑你生活富足。”[②]在西西里岛和撒丁岛，向新婚夫妇和迎亲队伍抛撒谷粒被认为是生活富足的象征。M. 穆罕默德·贝曾告诉我，阿尔巴尼亚南方的人往新娘身上撒稻米，是为了使婚姻幸福，生活富裕。哈恩也说，阿尔巴尼亚人向新婚夫妇及其陪从抛撒稻米的习俗“乃是象征多儿多女、生活富足”[③]。在拜火教徒中，人们往新婚夫妇身上撒稻米，意在象征丰盈与富裕。在萨里，当地的老人们也曾告诉我，往新娘身上撒稻米是取富足之意。在约克郡的哈克内斯，当参加婚礼的众人从教堂出来之后，人们要在其身后抛撒稻米，以表示一种祝愿，即“一路撒满富足”。爱尔兰
人在新婚夫妇头上端举盛满饭食的筛子这一习俗，是“用以象征家 481
庭的富足，祈求好运和生儿育女”[④]。苏格兰人把新娘的手用力插入饭食中，是相信这样做可以“使家中在未来的岁月中丰衣足食”[⑤]。在黑山，新娘一进门，就会接到一只装满水果的篮子。然后，新娘便将水果分发给在场的人，用以象征富裕的生活已同新娘

① Doolittle, *Social Life of the Chinese*, i. 77.

② Hartknoch, *Alt-und Neues Preussen*, p. 180.

③ v. Hahn, *op. cit.* p. 146.

④ Wood-Martin, *Traces of the Elder Faiths of Ireland*, ii. 33.

⑤ Gregor, *Notes on the Folk-Lore of the North-East of Scotland*, p. 93.

一道来到家中。在布科维纳的罗申人中，新娘一进门，人们就把面包和盐塞入她的怀中，这样，她以后就再也不会为这些东西犯难了。阿尔及利亚的柏柏尔人说，新娘在接到玉米和盐之后，要把这些东西高高地抛出去，“以便使好运和富足降临到这个家中”①。在摩洛哥的安杰拉，有人告诉我，新郎的母亲要把面包和水果从新娘乘坐的马车座上扔过去，这样，新婚夫妇以后就不会缺吃的了。而落在地上的又有一些人捡起来。他们把这些捡得的玉米压到打谷场上自家的玉米垛底下，以借新娘的灵光。我觉得，把谷粮或水果同繁荣或富足联系起来，就如同把它同多子多孙联系起来一样原始。这种礼仪有时还包括抛撒钱币，我们由此不难猜想，在发起这一礼仪活动的人心中，一定也有使新婚夫妇过上富足生活的用意。

在摩尔人中，我发现我们现在讨论的这种礼仪还有别的用意，与促进生育毫无关系。据有些人说，葡萄干、无花果和椰枣这些东西都会给人带来好运气，会使万事遂心，会使新郎一家对新娘感到可心。而蛋糕、大麦、小麦等物，经人们送给新娘，又经新娘抛撒给人们之后，据说就可以给人们带来灵光宝气，使人们有一个好年
482 景。在一个部落中，还有这样一种习俗：新郎在新娘进门前，要坐在屋顶上或屋子的顶层上等候，等新娘进来时，便将面包和干果等往下扔，扔到新娘头上举着的毛毯上，或是扔到新娘周围的人身上。据说新郎之所以要这样做，是因为往下扔东西时，可以吸引人们的注意力，借此使邪恶的目光不致落到新娘身上。在另一些部

① Féraud, in *Revue africanaine*, vi. 431.

落中，新娘要将小麦粒、面粉等撒在自己头上。当地人把这种做法说成是新娘用以辟邪的一种手段。有时，新娘也将干果抛撒到人们身上。据说，这样做也是为了使他们得以辟邪。在不少国家中，这种习俗都被看作是辟邪或驱邪的手段。在叙利亚和巴勒斯坦，男女结婚时往来客身上抛撒谷粒和盐的做法，据说有辟邪驱邪的神效。在托巴德人中，人们往新婚夫妇身上撒大米，是为了保护他们，使其不受邪气的侵袭。在苏门答腊东海岸亚齐王国的穆斯林中，每当婚宴快结束时，人们都要往新郎的耳后涂上一些黄糯米。为的是使新郎不受邪气侵袭。那种在新郎进女方家门之前，先往他身上撒些稻米、牛粪和面粉等物的习俗，也颇似一种驱邪仪式。在印度，人们都把牛粪看作一种驱邪剂。在阿伯丁郡的东北海岸，新娘婚后要回娘家一看，进门之前，人们要往她身上抛撒面包屑。而在新郎返回其父母家时，也要举行类似的仪式。还有一点需要指出：新娘大多是在抵达其新家时，才经历这类仪式的。而这也正是常常需要举行驱邪仪式的场合。在古希腊，人们不仅要往刚进 483
门的新娘身上抛撒干果，而且也要往新买进的奴隶身上抛撒干果。此事也从中反映出驱邪辟邪的用意。这里还有一点需要补充：吉普赛人——至少是英格兰的吉普赛人——认为，往一个人的身上抛撒一些面包屑，或者，当一个人身上带着一粒小麦的时候，他就可以免除各种自然的和超自然的危险。

克劳利先生认为，“抛撒稻米的做法乃出于这样一种想法，即：只要送给恶魔一些食物，就会使其顺从人意，悄然离去。”他还认为，向旁观的人群抛撒面粉及蜜饯等物的习俗，显然也出于这种

用意。[1] 萨姆特博士对此亦有同感。他认为，这种仪式的最初用意，是给那些需要从人间得到某种慰藉的鬼神，送去一些食物作为供奉。M.雷纳克与扎尔托里也曾分别表达过同样的看法。但是，人们并非认为结婚时遇到的所有危险都来自鬼神。而且，为辟邪目的而抛撒的谷粮与果品，是否原本都被人们视为一种供奉，这一点也是很可疑的。在摩洛哥，面粉在很多场合都被用作驱邪的一种手段。在亚齐人中，辟邪的最好方法就是将人或物用拌有少许米粉的水冲洗一遍。克鲁克先生曾说过，往新娘和新郎头上倾倒大米或小麦，其目的是“冲掉阻碍婚后生儿育女的种种邪气”[2]。但是，他又说，此类习俗的目的之一“似乎是保住人的灵魂，因为在人一生中诸如结婚这样的危机时刻，灵魂是很容易离开人体
484 的”[3]。在此之前，维尔肯根据望加锡人、布吉人和西里伯斯人的信仰，也曾做过此类的表述。但我们自然不能把这当作关于这类仪式的一般性解释。

即使在同一个国家中，人们对这种习俗的解释也是众说纷纭。考虑到这一点，我们可以肯定地说，这类习俗的真正起因，至少在有些事例中已被人们遗忘，于是，人们便以新的解释来取代这类习俗借以产生的那种想法。但是，与此同时，正如我们以前所说的那样，我们对于在人类学中随处可见的那种推断，即认为不同民族间的相似习俗必然源出于相似用意的看法，也不可以盲从。诸如谷物与干果之类的东西，肯定可以用于各种不同的意图。如果说相

① Crawley, *The Mystic Rose*, p. 325.

② Crook, *Things Indian*, p. 319.

③ *Idem*, *Popular Religion and Folk-Lore of Northern India*, ii. 26.

似的仪式在不同的事例中可以源于不同的动机，那么，同样明显的是，同一事例中的同一种仪式也可能会有不同的用意。而且，我们也没有理由否定某一仪式从一开始就具有多种意图的可能性。这样看来，那种认为在世界各地，凡在婚礼上抛撒谷粒、种子或干果的习俗均出于以促进生育为唯一用意的见解，实为一种武断的推测。其实，确保家业兴盛、生活富足以及消灾辟邪，也可能同样是这类习俗的最初用意。

在婚姻礼仪中，人们还常常要用鱼，取促进生育之意。有些地方还采用鱼的图案，其用意也是一样的。例如，卡纳拉的婆罗门要带新婚夫妇到一个池塘，让他们往水里投一些大米，捕捉鲦鱼。把鱼捕到之后，再统统放还，只留一条，将鱼鳞贴在自己的额头上。在东方犹太人中，新婚夫妇做完宗教仪式之后，立即要从一个盛着
鲜鱼的大盘上或从一个养着活鱼的鱼缸上跳过去，往复 3 次；或则 485
从一条鱼上迈过去，进退 7 回。有人解释说，这种仪式所象征的，是对生儿育女的祈盼。过去，德国犹太人有在婚礼翌日吃鱼的习俗，此举同样也被当作一种祈盼多儿多女的祝愿。在丹吉尔，新娘嫁到新郎家的第 7 天晚上，便会有两个男孩来给她系上一条带子。然后，她就开始在全家各处巡视一番。据瓦赞的谢里夫说，当新娘来到厨房门口时，“人们便拿出一条鱼来，并假装扔到她脚上，此举象征着日后柴米油盐的充足。”[①]但是，把鱼扔到新娘脚上这一做法也可含有这样一种暗示，即此举最初是一种祈求多儿多女的仪式。大约 400 年前利奥·阿弗利卡纳斯在描述非斯的婚俗时所提

① Emily, Shareefa of Wazan, *My Life Story*, p. 137 *sq.*

到的一种习俗，大概也是这种情况。他曾写道："新郎一离开家（通常是在婚后第7天），就先去买鱼，买很多很多的鱼，然后让母亲或家中其他女眷把这些鱼都扔到妻子脚上。这种做法源于古代的一种迷信习俗。人们这样做，是为了以后能有很多吃的。"[①]在非斯，至今还盛行着一种与此颇为相似的习俗，只是另有一番用意。当地人告我说，在实际结婚的第9天，新娘必须做一些面包，这样，家里就会老有很多面包。而在这一天，新郎则要买一些鱼回来，让妻子做，这样，家业就会兴盛。人们一般都认为，吃鱼能使人走运。我觉得，鱼卵不仅可以象征多儿多女，而且含有富足之意。

鸡蛋也往往被人们当作促进生育的一种手段。例如，在摩洛哥的安杰拉，如果哪个妇人急着想要孩子了，她就会坐到一个新买
486 来的大碗上，碗里放着一个生蛋，还有在旧历四月二十七那天接得的雨水——此物据信含有大吉大利之效。坐上一会之后，她便将雨水喝下，并将鸡蛋放入母鸡身下让其孵化。当地人都信这样一种说法：如果孵出的是小公鸡，那个女人就会生小男孩；如果孵出的是小母鸡，生出的就是小女孩。在同一部落中，男人如想增强自己的生育能力的话，则要在每天早饭之前吃一个蛋黄，连续吃40天。每天吃完一个蛋黄之后，还要在蛋壳里倒满油，再把油喝下。人们在婚姻礼仪中也常常使用鸡蛋。在某些实行这种习俗的民族中，有人就明确指出，鸡蛋的寓意是暗示子孙后代。不过在摩洛哥，虽然鸡蛋在婚礼仪式中也很显眼，一如在其他地方一样，但我却从未听说鸡蛋在这种场合会有促进生育的神效。当地人通常只

① Leo Africanus, *History and Description of Africa*, ii. 451.

是说，鸡蛋可以使新婚夫妇或新郎前程光明，生活幸福。其实，其他一些白色物品也有这种寓意。由于鸡蛋是白颜色的缘故，因此在巫术上也常有使用，而它在某些场合中的使用则不可能含有确保多儿多女的意图。在一个事例中，人们在婚礼之前的一个仪式上要用鸡蛋，这不仅是要祝福新郎前程光明，而且也是祈望举行婚礼期间能有一个好天气。在另一个事例中，使用鸡蛋则是为了给新郎带来好运，给大家带来好年景。据艾迪生讲，在摩洛哥的犹太人中，新郎要在结婚那天“拿一个生鸡蛋投向新娘，以表示他希望新娘日后分娩时，产程顺利，心情愉快”①。俄国西部的某些犹太人，特别是在教规严格的查希丁教派中，有在新娘面前摆放生鸡蛋的习俗，用以象征多产，并象征新娘日后分娩时能像母鸡生蛋一样便当。

此外还有一些仪式，其用意也是期望新娘日后分娩顺利。在瑞典的某些地方，新娘的鞋带是不得系上的，“这样，她将来生小孩时，就会像脱鞋一样轻而易举。”②而且，为了日后生产顺当，新娘从教堂回来时，下马的动作一定要快，下马后要立即拉过马缰，抽打马鼻，解开肚带，卸下马鞍。在爱沙尼亚，当新郎骑马而至时，必须有人立即冲上前去迎接，并替他卸下马鞍，因为这样做将有利于新娘日后的分娩。在同一国家，当人们把新娘接到新郎家时，还要将大门两侧的栅栏统统推倒，使新娘所乘的马车能够毫无阻碍地直驶而入。人们认为，这样做就会使她日后的分娩既快捷，又顺 487

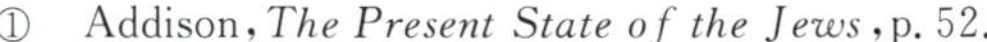

① Addison, *The Present State of the Jews*, p. 52.

② Gaslander, in *Nyare bidrag till kännedom om de svenska landsmalen ock svenskt folklif*, *Bihang I*, p. 276.

当。在安斯巴赫乡间，人们认为，只要新郎给新娘把袜带系上，她日后生产时就会很顺利了。

据推测，有些婚姻礼仪的用意，在于影响日后所生子女的容貌和举止。在某些南斯拉夫民族中，洞房中要放上一碗奶和两把小勺，“为的是让新婚夫妇以后能生出漂亮的子女”[①]。在爱沙尼亚，新娘的陪从要切下一小块面包，抹上黄油，送入新娘嘴中。这样，她将来生的孩子就会有一个小圆嘴。在同一国家，当新娘被接来后，她便不得佩戴项圈，也不得系有任何带子，而且必须以文静之态随人进来。这样，她将来所生的孩子就会很乖。

有些仪式的用意在于使新婚夫妇生活富裕。在摩洛哥，人们要给新婚夫妇送椰枣吃，让他们富足起来，同时还常常说这样一句祝福的话：“愿主赐予椰枣和富足。”在一个柏柏尔部落中，当新娘
488 来到新郎家后，新郎的母亲便往新娘颈上围一条头巾，用头巾领着新娘走向帐篷的四个角落。每到一个角落，便要说上一句话。这四句话分别是：“这里是生儿育女的门口”，“这里是饲养牛羊的门口”，“这里是通往安乐的门口”，“这里是节俭生活的门口。”在另一个柏柏尔部落中，新郎的母亲要送给新娘一只小羊羔。如果家里没有羊羔，就请别人送来。新娘接到羊羔后，便用力将羊羔从帐篷顶上扔过去。这样，村里就会有很多很多的羊了。在有些部落中，新郎家的一位女眷要往新娘手中放入一些黄油，然后新娘再将黄油抹在支撑篷顶的横梁上。这样，家中就会有充足的黄油了。在古罗马，新娘要在新郎家的门柱上涂以油脂，挂以羊毛，这其中大

① Piprek, *op. cit.* p. 128 *sq.*

概包含有类似的用意，虽然这种习俗也与辟邪的意图有关。在阿
卡纳尼亚的瓦拉赫人中，新娘来到新郎家，要接过人家送来的黄油
或蜂蜜，抹在门上，“以表明自己的到来会给这家人带来甜美和快
乐”[1]。莫菲特在17世纪时写道：“当新娘从教堂出来之后，英格
兰人总要往她头上撒些小麦，希腊人则是在门柱上涂些大油；而当
新婚夫妇从教堂回到家里时，便有人端给他们一盆黄油，以此象征
丰盈富足、应有尽有。”[2]在瑞典的某些地方，新娘在这种时候要跑
进储藏食品的小屋，喝些牛奶，吃些食物，这样，全家就永远不会缺 489
奶和食物了。在瑞典的内里克，新娘在穿戴嫁妆时，总是得吃一点
东西，这样，以后就决不会缺少食物了。在爱沙尼亚，人们在婚宴
上可以随意享用啤酒，还可以任啤酒四溢，这样，新婚夫妇就会幸
福，家中就会有吃不完用不尽的东西。在某些小俄罗斯人中，当新
娘和新郎从教堂回来时，新娘的母亲要向新郎撒3遍小麦粒和冬
青枝，在他胸前放一些羊毛，送给他两块蛋糕，还要往新郎的嘴上
抹3遍蜂蜜，并对新郎说：“祝你们生活像蜜一样甜，祝你像绵羊一
样应有尽有，像羊毛一样温暖人心。”

蜂蜜等甜食也常常用于婚礼仪式，以预示婚姻生活的幸福。在布科维纳的罗申人中，人们要往新娘的脸上抹蜂蜜，或是往新娘的怀里扔白糖，为的是让她婚后的生活甜甜美美。在保加利亚，新郎娶亲时，要有一位妇女用蜂蜜给他擦脸，这位妇女一边擦一边说：“要像蜜蜂爱花蜜一样相亲相爱。”在罗得岛，新婚夫妇的新居

---

[1] Heuzey, *Le Mont Olympe et l'Acarnanie*, p. 278.

[2] Moffet, *Health Improvement*, p. 218.

是由女方作为嫁妆提供的。新郎到达后，要将手指在一杯蜂蜜中浸一下，在门上画一个十字。这时，在场的人便高喊："要像这蜂蜜一样甜甜蜜蜜、和和美美！"在斯巴达地区，当新婚夫妇来到新居时，新郎的母亲站在门口迎候，手中还拿着一杯蜂蜜。新娘必须从杯中喝一些蜂蜜，这样，她说出的话就会像蜜一样甜。人们还要把杯中剩余的蜂蜜抹在门楣上，这样，夫妻不和的阴影就不会进到家里了。

490 有些婚姻仪式反映了夫妻的特定位置。在澳大利亚南部的纳里涅里人中，据说一个女子如果同意与一名男子结婚的话，就必须为这名男子生一回火，以作为同意的表示。卢安戈人缔结婚姻时，新娘要到新郎家给他做两盘吃的。在焦达讷格布尔，"新娘要带一个水罐到附近河边或井边去打水。她把水灌满之后，便顶到头上，用一只手扶着，转身回家。这时，新郎便来到她身后，把一只手搭在她肩上，并从她向上弯曲的那只胳膊所形成的空隙中，向她前方的路上射出一支箭。接着，新娘走到箭落之处，用脚把箭捡起来，而此时头上的水罐仍要保持平衡。然后，新娘以优雅的姿势把箭传到手里，再还给新郎，以此表明，她能够用自己的手和脚伺候丈夫，能够很好地履行其理家的职责。而新郎通过向新娘的前方射箭，也表明自己有能力保护妻子，清除她前程中的任何危险。"[①]不过，这一仪式的最初用意可能并非如此。从新娘向上弯曲的手臂所形成的空隙中射箭，可能是一种受孕仪式，或是一种确保安全分娩的做法。我们知道，箭有时被人视为胚胎的象征。在印度教的

---

① Bradley-Birt, *Chota Nagpore*, p. 50 *sq*.

一种古代仪式中,新郎要对新娘说:“但愿一个男性胚胎进入你的子宫,就像箭插入箭囊一样;但愿怀胎十月之后,生出一个男孩来。”[①]在实行一妻多夫制的托达人中,妻子指定谁是她头一胎孩子的父亲,谁就要在妻子怀孕七个月左右时,送给妻子一张弓和一支箭。这显然像是一种生育仪式。此外,人们在举行婚礼时,也有 491
用箭来驱逐恶魔的。在新赫布里底群岛的东马利科洛岛,新郎要在婚礼上将一支毒箭插入新娘齐肩举着的一块小垫子上。据说,这表示“他对妻子握有生杀大权,同时,他也必须以自己的生命保护妻子。”[②]在东非的瓦菲帕人中,新郎要打新娘一个耳光,还要把一小块木头或一些草秸放到新娘嘴里。前一做法所要表示的是,新娘必须服从新郎;后一做法则表示新郎有抚养新娘的责任。

在摩洛哥,新郎总是想以各种方式取得对妻子的支配权。据说,为此目的,有的新郎要用短剑在新娘头上或肩上轻轻拍打 3 下或 7 下;有的用短剑的穗子抽打新娘后背;有的则用手轻打或用脚轻踢;还有的则是抢来水碗自己先喝,然后再拿给新娘喝。在克罗地亚,新郎要打新娘一个耳光,以表明从此以后他就是她的主人了。在俄国,婚姻仪式中有这样一项内容:新娘出嫁时,父亲要拿出一条新鞭子轻轻抽打女儿,打完之后,对女儿说,这是他最后一次这样做了。说完,便将这条鞭子送给新郎。在很多斯拉夫民族中,新郎都要轻轻打新娘 3 下,“以此表示,妻子应当服从于丈

① *Hymns of the Atharva-Veda*, pp. 97, 356.

② Paton, quoted by Serbelov, “Social Position of Men and Women among the Natives of East Malekula,” in *American Anthropology*, N. S. xv. 278.

夫。”[1]也有人说，这样做是为了让新娘忘记旧日的情人，对丈夫有
492 一种惧怕感。有些地方还有一种让新娘给新郎脱靴子的习俗。从前，在俄罗斯，新郎还要用靴筒打新娘的头，以此表明新娘现已归他来管了，因此必须服从于他。可是近来，在斯洛文尼亚人中，则是新娘要用靴筒打新郎，这是为了让新郎明白，她并非总是要给新郎脱靴子。在加利西亚的某些地方，已婚妇女须戴有一种头罩。当新郎给新娘戴头罩时，总要让她坐在一个牛轭上。而新娘则要两度将这个牛轭扔掉，以示抗议。在印度教徒中，新娘嫁到后，人们要拿来一个牛轭，还要拿来一根绳子。据推测，人们是用这根绳子来象征给牛套轭时系在牛脖子上的绳子。新郎先将这绳子系在新娘的手腕上，然后，又有人将牛轭套在新娘头上，而且要将牛轭的一个开口置于新娘的头顶上。正如为我们提供这一情况的人所说的，这一仪式的意义是显而易见的。

另一方面，也有一些仪式，其用意则是使丈夫体贴妻子，甚或受制于妻子。在东孟加拉的婆罗门中，新娘的母亲“要让新郎用两只手拿住一个梭子，还要把他的手脚捆住，用以象征新郎已自我束缚起来。然后，还让新郎学羊叫，以表明自己地位的卑下。”而新娘则“将一把锁放在他嘴上，还要转动一下钥匙，表示已将一切不好听的话都锁在嘴里了”[2]。在查马人中，当人们将用以把新婚夫妇捆在一起的布松开以后，“二人争相站起，而如果是新娘先站起来的话，她就能永远对新郎的感情拥有无限的影响力。”[3]在德国的

① Piprek, *op. cit.* pp. 83, 19.

② Mary Billington, *Women in India*, p. 75 *sq*.

③ Hutchinson, *An Account of the Chittagong Hill Tracts*, p. 97.

很多地方，每当牧师要把新婚夫妇的手合在一起时，新娘总要争取占个名副其实的上手，而新郎也同样想占上手。于是，两人之间就少不了一番较量。有时，要由牧师出面，把新郎的手放在上面，较量才告平息。出于同样的意图，新人中的一方，往往是新娘，还想把脚放在对方的脚上。在瑞典的瓦姆兰，新娘总是力争在新郎尚 493
未看到自己之前，先看到新郎，并抢先坐到新婚椅上。这些都是为了得到对新郎的支配权。在瑞典的很多地方，以及在芬兰讲瑞典语的社区，新娘出于同样的意图，在婚礼上总是力争站在新郎前面。在芬兰的佩林吉，新娘的母亲如果想让女儿将来支配新郎的话，在婚礼上就总要将女儿的裙子遮住新郎的鞋跟。在斯洛文尼亚人中，新娘总要在婚礼仪式中或举行婚宴时，把自己的腿压在新郎的外衣下摆上，为的是日后能管住新郎。这种习俗在符腾堡也可见到。在大俄罗斯人中，人们要分别给新娘和新郎斟上一杯白兰地。这时，一对新人就争相把自己杯中的酒倒一点到对方杯中。据信，谁先把酒倒入对方杯中，谁就会在婚后生活中具有更大的影响和权力。在威尔士，新娘一结婚后，一定要立即出去买回一件东
西，而且一定要抢在丈夫之前。据老年妇人说："这样，她日后就能 494
成为生活的主人了！"

在摩洛哥，新娘也同样是想方设法，争取当家做主。当地新娘出嫁，都要用棕红色染料涂染一番，并要宰杀一只公羊。每当这时，出于当家做主的目的，新娘都要骑到公羊背上，把它当作丈夫的替身，打它的耳光。新娘还要给公羊戴上项链，让它像妇女一样柔弱、温顺。当屠夫把公羊的胃脏取出之后，新娘就用右脚踩在上面。人们还让新娘坐在织布凳上和马鞍上接受冲洗。据信，只要

新娘骑到马鞍上，就能得到驾驭丈夫的力量。当新郎同另外两名男子一起跑进帐篷时，新娘总要想办法打一下丈夫，为的是成为他的女主人。新娘入洞房后，一听到新郎在外面的脚步声，就要从右脚上脱下鞋，朝房门挥动 7 下；有的则是在新郎走进洞房时，把一只鞋朝他扔过去；还有的则是在新郎要同她交欢时，用鞋在他身上打 3 下。不过，听当地人讲，在这后一种情况中，只有当新郎被打得叫出声来，新娘才能成为一家之主；否则，就还得受丈夫管制。

不过，我们也不能以为，人们之所以举行这一类仪式，都是出于或只是出于获取对配偶的管制权这一用意。即使某项仪式现在确属这种情况，在其最初形成之时也很可能是出于不同的意图。我们应当看到，出于驱邪避灾的用意，也有新婚夫妇双双被人敲打的情况。即使是新郎打新娘或是新娘打新郎的情况，也可能出于这样的用意。在摩洛哥的夏伊纳，新郎在与新娘单独相聚时，要用短剑的平面轻轻地拍拍新娘的前额和肩膀，“以驱赶鬼魅”。而据阿诺托和勒图尔诺说，在阿尔及利亚的卡比尔人中，“丈夫在带新娘上床之前，需用匕首或马刀在她的背上轻轻地拍打 3 下，以避免
495 受到邪恶目光的伤害。”① 在大阿特拉斯的德姆纳特，新娘有时是用自己的鞋打新郎，有时则是用一种盐石来打，因为据说鬼魅都很害怕这种石头。这一情况显然可以说明，我们在前面所谈到的那种有关扔鞋的仪式，不仅可以是夫妻争权的一种手段，而且同时也可能是或曾经是驱邪避灾的一种方法。

① Hanoteau and Letourneux, *La Kabylie et les Coutumes kabyles*, ii. 219.

第二十五章　婚姻礼仪(续) 496

在婚姻礼仪中，有些是想从积极的方面给新婚夫妇双方或其中一方以助益；而另外一些则是要保护他们免遭邪魔侵袭，或是把邪魔从他们身上驱走。这后一种就是所谓“辟邪仪式”或“驱邪仪式”。人们普遍都有这样一种感觉或观念，即人在结婚时，总是处于很危险的境地，特别容易受到他人所施巫术或邪恶目光的危害，容易遭受鬼魅的侵袭，容易中邪。这种邪气，也就是摩尔人所说的“巴斯”(bas)。因此，在这种时候，就特别需要进行防范，需要驱邪避灾。而且，对于新娘来说，人们的顾虑就更多一层。在很多人看来，新娘不仅自身处境危险，而且还会给别人带来危险。正因为如此，那些直接涉及新娘的仪式，同时也可被看作一种防范措施，以确保新郎本人以及与新娘关系稍远的一些人免受邪气的侵害。不少这类仪式都是在男女即将完婚之时举行的，其用意显然就在于此。出于这种用意，在新娘刚进新郎家门时，也往往要举行辟邪仪式。

在笔者所著的《摩洛哥的婚姻仪式》一书中，我曾指出，在该国
所举行的婚姻仪式中，有很大一部分都是以辟邪、驱邪为目的的。497
在其他很多国家，情况显然也是这样。但是，在这里，我们将不可能对此类仪式做任何详细的记述。

在有些地方，人们很注意对邪魔进行防范，不让其溜入举行婚礼的场所。例如，在俄国，人们举行婚礼时，不仅要将所有门窗都紧紧关闭，而且还要把烟囱也堵上，以防女妖窜入，伤害新婚夫妇。人们还常常在婚礼上鸣枪，其用意往往在于驱鬼驱邪。出于同样的目的，人们也常常在婚礼上放声喧闹或高奏乐曲。在西伯利亚的尤卡吉尔人中，男女两方的亲戚们跟在一队迎亲雪橇的后面，“不断地向两侧开枪，用以驱赶那些可能会来侵袭新娘的鬼魅。”当地人把这种做法叫作“打鬼眼”。① 在摩洛哥，当有人给新郎涂抹
498 棕红色染料时，周围便枪声不断，音乐骤起，女人大喊大叫，尤以手持新郎头巾的女人喊得最响。这样做的用意，显然是想以喧闹之声吓走鬼魅，驱邪辟邪。至于火药的使用，则是想以其气味驱邪。人们坚信，恶魔是很怕闻火药味的。当新娘被接往新郎家时，人们要在她的乘骑前不断鸣枪，大奏鼓乐；新娘到达之后，还要如此重复一番。其时，鸣枪驱邪的用意尤为明显。因为此时人们就在紧挨新娘的地方鸣枪，而将新娘罩在烟雾之中；有时，人们则专在新娘要住的屋子内放上一枪。在欧洲乡间举行的婚礼上，鸣枪放炮也是一种常见的习俗。有些地方的人还特意说明，这样做是为了驱鬼。在达勒姆郡的乡村地区，新娘一行要由一群持枪的男子护送，前往教堂。一路上枪声不断，而且就在新娘和伴娘们的耳际鸣响。在克利夫兰的吉斯巴勒，当新婚夫妇从教堂归来时，人们就在其头顶上鸣枪，一路枪声不绝于耳。在德国，无论是在婚礼前夜（即闹婚之夜），还是在新人前往教堂途中，也都是枪声大作，喧闹

① Jochelson, *Yukaghir*, p. 94.

之声不断。在斯拉夫各民族中，当新娘与新郎成婚于洞房之时，参 499
加婚礼的宾客们就在洞房外大吼大闹。

人们在婚姻礼仪中还使用其他一些武器，其意图则与前相似。古代印度举行婚礼时，婆罗门要向空中射出一支箭，口中还要念道："我要把隐藏于新娘身旁的恶魔的眼睛刺瞎。"[①]在奥朗人中，"当新娘头一次离开父母家，前往新郎家时，做父亲的便将一支铁头的箭放到女儿手中。新娘手握这支箭动身，就可以防止父母村里的鬼魅跟在她身后同行。"[②]在满族人中，新娘到了新郎家，并由人扶着走出花轿之后，新郎要向障眼的物体射出 3 支箭。在贝专纳人中，当新郎要进入女方家接新娘时，要先往茅屋上扔去一支箭。不过，正如我们在前面已了解的那样，人们在婚礼上射箭，除了有驱邪的意图之外，还可能另有用意。

在摩洛哥，有这样一种习俗：新郎结婚时要佩带短剑、匕首或手枪。当有人给他涂抹棕红色染料时，他要将两把短剑交叉举于头顶或横在胸前，以驱逐邪魔，因为据说邪魔怕铁，尤其怕铁制的武器。新娘在涂抹棕红色染料的仪式中，有时也要把短剑交叉于头上，并可携带匕首。为了驱逐邪恶，有时新郎要事先派人把自己的短剑放到婚床上，有的是自己亲自去放，还有的要把短剑挂在墙上，或在枕头底下放一把手枪。在信奉伊斯兰教的其他一些国家， 500
迎亲队伍中总要有两名大汉，手持出鞘短剑，护送新娘。从《圣经·雅歌》来看，在希伯来人的迎亲队伍中，也有武装大汉，腰间佩

① Winternitz, *Das altindische Hochzeitsrituell*, p. 60.

② Sarat chandra Roy, *Orāons of Chōtā Nāgpur*, p. 363 *sq*.

刀,“防备夜间有惊慌”。[1] 在旁遮普高种姓的印度教徒中,“新郎总是随身携带铁制武器,在结婚仪式上更是刀枪不离身,为的是随时驱除附身的鬼魅。”[2]马拉塔人举行婚礼时,新婚夫妇要站在装满小麦的篮子里,而双方的舅舅或其他合宜的亲属则站在他们身后,手中还握有出鞘的短剑。在印度中部的比尔人中,新郎总要用短剑轻轻拍打拍打“结婚小屋”。在孟买,新郎从结婚仪式开始到结束,总要在手中握有一把匕首,日夜不离,为的是驱除鬼魅。在印度中部各邦的某些种姓中,不是在新郎动身参加婚礼时,就是在新婚夫妇回到家中时,新郎的母亲总要拿着一根木杵从新郎面前走过,或是用木杵轻轻碰碰他,用以驱走恶魔。在中国的福州,新娘在婚后第 3 天要乘一顶黑色的轿子返回娘家。在这之前,人们就要在轿子外面画上一个画符,画符中有一个面目狰狞的男子骑在虎身上,同时举起一只手,手中持有一把刀,宛如打虎状。这一画符的用意是“不让各种魑魅魍魉过来伤害新娘。据人们讲,早
501 年,新娘乘轿每到一处,都会遇到妖魔鬼怪过来伤害她,使她大病一场”[3]。在亚美尼亚,人们坚信,新婚夫妇无论是在婚礼进行之中,还是在婚礼举行过后,都特别容易受到各种邪气的侵害,因此,新婚夫妇都要随身带一把闭锁的门锁和一把闭合的折刀,作为他们的护身符。而且,他们随时随地还要有一名身佩短剑的男子陪同,对他们进行保护。每当他俩进门时,警卫都要用短剑在门楣上画一个叉,因为人们都认为门口一带是鬼魅的藏身之所。此外,还

---

① 《圣经·雅歌》第 3 章第 6 节及以下。

② Maya Das, in *Panjab Notes and Queries*, i. 98.

③ Doolittle, *Social Life of the Chinese*, i. 94 *sq*.

有人记述说，新人要进门时，有人便递给新郎一把短剑，新郎持剑站在门口，让新娘从短剑下通过。在赞特，人们认为，恶魔在新郎结婚时，常常施展各种妖术，使其患有阳痿。因此，在新郎进入教堂时，要将匕首插在门上，作为消除妖术的手段。在保加利亚的某些地方，从前有一种习俗，当新婚夫妇成婚之时，人们要请丈夫的兄弟手持短剑，来保护他们。在德国各地，是由男傧相身佩出鞘的短剑，来保护新郎。在荷兰，人们认为，新娘要想婚后生活幸福，家业兴盛，那么，在从教堂出来进入家门时，必须在门口上方架上两把相互交叉的军刀。在爱沙尼亚的某些地方，人们要将两把短剑戳入新婚夫妇座位上方的墙上。人们认为，谁的短剑振动的时间最长，谁的寿命也就会最长。法国 17 世纪时，新婚夫妇在举行婚
礼那天，必须从两把短剑交叉而成的斜十字下穿过。在诺曼底，当 502
新郎和新娘交合于洞房之时，据说就会有妖魔前来干扰，这时，新郎的朋友中就要有一人出面，挥动响鞭，驱赶妖魔。

在摩洛哥的某些部落中，人们要在新娘或新郎右脚穿的鞋里放一根针，作为对抗鬼妖的护身符。人们还把其他很多东西用作护身符，并认为盐在镇鬼护身方面是非常有效的，因此摩尔人举行婚礼时多有用盐之处。此外，在印度、德国、法国、苏格兰、斯拉夫各国以及其他一些国家，婚礼中也常要用盐。而且在有些地方，据说还是把盐用作镇鬼妖、防恶眼的一种护符。

在摩洛哥，人们举行婚礼时还要点香，目的是驱除鬼妖，也有的是要“取悦于本地的鬼神”①。不过，摩尔人在婚礼中举行的最

① Westermarck, *Marriage Ceremonies in Morocco*, pp. 235, 237, 244, 255, 305.

重要的辟邪驱邪仪式，则是用棕红色染剂涂染新娘和新郎。这种染剂取自埃及女贞属植物的叶子，当地人认为它有大吉大利之效，
503 因此每当人们认为自己受到邪魔威胁时，就用它来禳解，例如在宗教性节庆中就常有使用。人们把这种棕红色染剂涂在新娘的双手或双脚上，偶尔也涂在她的小腿、两臂、面部和头发上。涂染或私下进行，或公开进行。在有的部落中，是在两次节庆活动中进行的；但就大多数部落而言，则只有妇女和儿童在场。新郎也要涂以棕红色染剂。不过有人只把它涂在右手的手心、手指或小指上，有人则是双手都涂，还有人甚至涂到脚上。给新郎涂染剂，大多在新娘到来之前进行，有私下里涂的，但还是以当众涂的居多，而且不止涂一遍。这种涂染仪式，特别是对新娘进行涂染的仪式，在整个伊斯兰世界都是极为盛行的。

在穆斯林中，还有一种很普遍的习俗：新郎见新娘之前，要先行沐浴；新娘见新郎之前，也要洗净全身。在摩洛哥，城里人把这一习俗看得很重要。在非斯，新娘要在婚礼前5天的每天下午，由家中几位妇女陪同，去洗热水澡。其中一位妇女还要带去一个烛台，上面插有蜡烛。洗澡时，人们要将蜡烛点燃，那几位妇女还要大喊大叫。当地人普遍都认为，澡盆盛满热水之后，就会有鬼悄悄溜来；而大喊大叫的目的，显然就是驱鬼。婚礼前3天新娘来洗澡时，要由7位妇女陪同，并往她身上倒7桶温水，“这样，她结婚后就不会同丈夫吵架了”，因为当地有一句民谚，就叫作“洗了澡，不
504 再吵”。人们把这一仪式称作“浇水”。据阿拉伯作家讲，“新娘在一个干净的容器中洗脚，并将水洒在屋子的四角，这是逊奈中的一

种圣行,可以给人带来主的恩赐。”[①]在突尼斯,当新娘来到新郎家后,有时也要由一位妇女给她洗脚。“这是新娘进入一个新家庭时所必须经历的一个净礼仪式。”[②]在西奈半岛上的贝都因人中,新娘出嫁时,要专门宰杀一只羊,取出羊血,洒在她的身上。此外,还要在她父亲的住处前面,为她搭一个帐篷,让她在里面住上 3 天。这段期间快结束时,“新娘在一队妇女的引导下,来到一个活水泉边(即终年流淌的泉边),实行净礼。在这之后,新娘才被送往丈夫家中。”[③]艾迪生曾对犹太人,特别是摩洛哥犹太人的婚姻习俗做过描述,据他讲,犹太女子在结婚前 8 天中,天天都要洗澡。

在古代和近现代的印度人中,以及在其他一些印欧民族中,沐浴一直被视为结婚前必不可少的一项准备,不仅对于新娘是这样,而且对于新郎也往往是这样。在《阿闼婆吠陀》中,就有一些祈祷者提到想给新娘洗澡,并请祭司为她们打一些洗澡水来。当时的人可能认为,这对丈夫婚后的幸福是有裨益的。在拜火教徒中,新娘和新郎结婚在那天早上和下午各洗一次圣浴,而从前则有在婚姻仪式后双双洗脚的习俗。在波斯,当新郎进入洞房之后,“有人会送来一个面盆和一个水罐,里面盛有水……。然后,新娘的右腿 505
和新郎的左腿一并伸入水中,进行洗濯。. 他们还以同样的方式洗手。”[④]在古希腊,新娘和新郎要在举行婚礼这一天,从特定的泉水

① Lane, *Arabian Society in the Middle Ages*, p. 234.

② Bertholon and Chantre, *Recherches anthropologiques dans la Berbérie orientale*, i. 579.

③ Palmer, *Desert of the Exodus*, p. 90.

④ *Customs and Manners of the Women of Persia*, trans. by Atkinson, p. 43.

中汲水洗澡。例如，在雅典，就要从卡利洛厄泉取水。在现代希腊，新娘沐浴仍是婚礼中的一项内容。在罗马尼亚，新娘一定要到活水中洗澡，只是到了冬季，方可将水从附近的小河打回家，在家中洗。在瑞典，从前有一种习俗，即新娘一定要洗完澡后，方可穿戴嫁妆。在某些斯拉夫民族中，特别是在大俄罗斯人中，新娘在参加婚礼之前一定要先洗澡；而塞尔维亚人还要往洗澡水中撒些鲜花。在古波斯人中，新娘到了新郎家，先要由人带领，围火而行，接着就要洗脚。洗完脚后，人们还要把洗脚水分别洒向宾客，洒到婚床上，洒到牛羊身上，洒到屋子各处。在克罗默蒂，新娘是在婚礼前一日洗脚，洗脚水中还要放一些钱币。当新娘坐在盆边洗脚时，她的女伴们便一哄而上，争抢水中的钱币。在苏格兰东北部，婚礼前夕有这样一种“洗脚”仪式：这天晚上，新郎最要好的几个朋友要到新郎家聚会，他们把一个大浴盆搬到新郎面前，往里注满水，然后再把新郎的鞋袜脱去，把他的双腿投入水中。诺森伯兰也盛行这种习俗，而且对新娘也不例外，只是在方式上比较隐秘而已。

506 类似的婚姻仪式在某些落后民族中也可见到。在南西里伯斯，新娘和新郎都要在圣水中洗澡。除此之外，新娘还要再接受烟熏。在北罗得西亚的某些部落中，新娘要由一位老妇人用双肩驮到河边，浸泡于水中；新郎也要到河里去洗澡。在尼日利亚讲埃多语的民族中，新娘来到新郎家中之后，新郎即要端来一盆水，由女方的家人给她洗手，再由新郎用毛巾给她把手擦干。在埃格巴兰——尼日利亚南部约鲁巴家园之一，新娘在进入新郎家之前，男方的家人要用掺酒的水给她洗脚，“用以表示新娘是祛邪之后进入新郎家的"[1]。新娘和新郎在结婚之前的沐浴或洗濯，当然也不是全都出于迷信的考虑；不过，把它作为一种仪式来举行，就显然反映出辟邪免灾的用意。婚礼中还可见到很多与水有关的仪式，也都具有这种含义。

在大阿特拉斯的一个柏柏尔部落中，当迎亲队伍接到新娘之后，要先走到一条河边，让新娘骑在骡背上到河里走 3 个来回，而别人则在岸上等着。在摩洛哥，有一种很常见的习俗：新娘一来到新郎家，人们就把牛奶、水、棕红色染剂等具有祛邪作用的东西送给她，或者把这些东西撒在她身上。虽然有些地方的人说，他们往新娘身上洒水是要求雨，但我相信，这一仪式的主要目的还是祛邪避灾。在安杰拉，总是新娘先在屋里等着新郎。新郎进屋时，要拿一个新瓶子，瓶里装满了水，还要拿一个新碗，这两样东西是和其他一些东西一起从新娘家带来的。新郎先要到屋子的四角，在每 507
个角落里洒一点水，然后依次握住新娘的两只手，把手指尖在盛水的碗中浸一下。浸完之后，拿起碗来，自己喝下一些，再把碗端给新娘，也让她喝一些。喝完之后，新郎一边用右手的拇指和中指轻轻地敲一敲新娘的太阳穴，一边背诵《古兰经》中的"镇尼"章[2]。在摩洛哥的夏伊纳，当新娘来到新郎家 40 天后，其小姑或家中其他某位未婚女子即要在她头上洒一些水，送给她一双新鞋，并让她穿上，还要给她寄上一条新腰带，以替换自结婚以来一直穿用的旧鞋和旧腰带。当地人告诉我，这一仪式的目的是祛除她身上的邪

① Partridge, "Native Law and Custom in Egbaland," in *Jour. African Sec*. x. 426.

② "镇尼"章为《古兰经》第 29 卷，第 72 章。"镇尼"一词系阿拉伯文 Jinn 的音译，意即"精灵"。——译者

气。什叶派穆斯林还有这样一个传说：先知在将自己的女儿嫁给阿里之前，曾令女儿取水洒在她和阿里的身上，以求真主保佑他们及其后代免遭恶魔之害。

在古罗马，有一种习俗，即“以水和火”迎接新娘，也叫做“水火接待”(aqua et igni accipere)。在其他很多欧洲国家，也曾实行过种种与水有关的婚姻仪式，有一些至今仍在实行，一如印度的情况一样。在伊庇鲁斯，当新婚夫妇走进他们的新居时，人们要找两名父母均健在的儿童，往新娘和新郎身上洒水。据说，这样做就是为了驱邪镇妖。在阿尔巴尼亚，当新郎到女方家来接新娘时，新娘的
508 母亲要站在门口迎候，手中还要拿着一个盛有清水的小盆，往新郎身上洒一些水。在小俄罗斯人中，人们也常常要往新婚夫妇身上洒水。特兰西瓦尼亚的吉普赛人中也有这种情况。在南斯拉夫各民族中，新娘一到新郎家后，人们就会把一个盛水的器皿递给她。在印度西北各邦境内的喜马拉雅山区中，新郎要往新娘身上洒一些水。在吉大港的马格部落中，人们要请一位长者往新婚夫妇身上洒 5 遍或 7 遍水，而男傧相则将新郎右手的小指与新娘左手的小指勾在一起。在卡纳拉南部的图卢人中，“婚姻仪式中一个必不可少的内容就是往新娘对合的手上倒一点水。”[①]在僧伽罗人中，当人们把曾将新婚夫妇系在一起的那条长布解开之后，祭司便要往新娘和新郎的头上倒一点水；有时，则是往他们的右拇指上泼一点水，而长布条原来就是系在其右拇指上的。在西藏，喇嘛要往新婚夫妇身上洒一点圣水。在暹罗，“新婚夫妇要跪下接受圣水的沐

① Sturrock, *Madras District Mannuals*: *South Canara*, i. 143.

浴。长老先将水倒在新郎头上,然后再倒在新娘头上,同时不断地为他们祈祷祝福。”①

在菲律宾的阿埃塔人中,新娘的父亲要让一对新人双双跪下,接着便将一个装满水的椰子壳向他们扔去,然后再把他们的头碰到一起,这样,他们就结为夫妻了。在马达加斯加全境,当新娘要离开娘家时,父母都要往她的手指尖上洒几滴水,或是依照古代的习俗,往她身上唾几口唾液或滴几滴专为此事预备的牲血,向女儿 509
表示祝福之意。在马塔贝勒人中,新娘来到新郎家时,“要带一个盛满水的葫芦,葫芦底部还有一串珠子。新娘要将葫芦中的一部分水倒在新郎身上,并将剩余的水洒向他的家人和朋友。然后,她把珠子戴在自己头上,把葫芦扔到新郎脚下,再用自己的脚将葫芦踩碎”。② 在新喀里多尼亚的贝莱普部落,“新婚夫妇在他们结婚的头两天上午必须举行正式或非正式的洗礼仪式,否则要招来疾病灾祸。该仪式主持人准备好一个长方形的盒子,里面装着一种特别木质的细屑和适量的水;新郎新娘依次将盒子的一端含入口中,之后新娘则用特定的水将盒子的另一端浇湿。仪式完毕,人们便将这次洗礼用过的所有物品埋入洞房附近的地下。”③

除了水之外,火也是人们在婚礼中用以驱邪的一种常见手段。在摩洛哥,闪闪的烛火已构成婚礼中的一个特色。这显然有迷信方面的考虑,因为鬼神都是喜欢黑暗惧怕光明的。从前,在非斯,新娘是被装入木笼,接往新郎家的。一路上,“喇叭声、管乐声、鼓

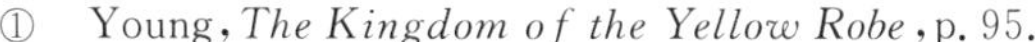

① Young, *The Kingdom of the Yellow Robe*, p. 95.

② Decle, *Three Years in Savage Africa*, p. 158 *sq.*

③ Lambert, *Moeurs et Superstitions des Néo-Calédoniens*, p. 99 *sq.*

声大作，喧闹不止；此外，人们还点燃很多火把。”[①]在现代巴勒斯
510 坦，在迎亲队伍的前列和两侧，都有人高举着提灯和火把。在古代犹太人中，当新郎在一群小伙子的陪伴下，从女方家中接出新娘，准备回家时，男女双方的年轻女友们便点燃手中的火把，加入迎亲的队伍。在古希腊和古罗马，男方接亲时总要高举火把。而且，在罗马，其中还必有一只火把是用山楂树枝扎成的，这是因为人们相信山楂树能驱邪。在现代希腊，迎亲队伍不仅要由手持火炬的人打头，而且新娘和新郎本人也要高举火炬。布兰德曾对持火把迎亲的习俗是否曾流行于英格兰表示怀疑，其实有不少迹象显示英格兰也曾有此俗。但就斯堪的纳维亚各民族而言，直至相当晚近的时候，火把仍在婚礼中占有突出的地位。而据特勒尔斯—伦德讲，使用火把的目的无疑是为了驱赶黑暗中的鬼魅。在瑞典南部的斯科纳，新娘来到新郎家，新郎的母亲手持一支点燃的蜡烛，在门口迎接。新娘只有在用手触一下烛火之后，才能进入家门。在汉诺威文德兰的克伦兹，是由一位手持 4 支蜡烛的妇女在新郎家门口迎接新娘，并陪新娘走遍新家的每个角落。在哈尔科夫行政区，新婚夫妇到来之后，人们便要以火把相迎，或是将松脂与柏油点燃起来。

在印度教徒举行的婚礼上，人们要在新娘和新郎头顶周围摇动灯火或其他一些东西，作为驱邪护身的一种措施。在梭罗居住
511 的爪哇人相信，新婚夫妇在新婚第一夜很容易受到鬼妖的伤害，因此当地有这样一种习俗：当新婚夫妇入洞房大约 1 小时后，他们的

① Leo Africanus, *The History and Description of Africa*, ii. 450.

一些朋友便点着火把进来,在屋里四下翻弄,好像是在找什么东西。他们这样做,是想用火把的亮光把恶魔吓跑,至少也是想打乱并阻挠恶魔将新婚夫妇由恋人变为仇人的阴险图谋。在离广州不远的福州市,人们要在婚床床架的中央放置一个木盘,盘中有一盏装满油的玻璃油灯和两支蜡烛,还有其他一些东西。人们把油灯和蜡烛点燃之后,便不再触动,任其燃于床架中央的木盘之上,直至其全部燃完。“尽管是在大白天,油灯和蜡烛也要亮着,因为人们认为它有驱鬼辟邪的奇效。”①

但是,人们之所以要在婚礼上用火来驱邪,不仅是由于火的光亮,而且还因为火能燃烧。在中国的汕头,新娘来到新郎家后,人们便要在地上点燃几束干草,让新娘从火上迈过去,以祛除“路途中可能染上的邪气和灾祸”。② 在广州,新娘则是由家中的女佣背着,从炭火上迈过。在北京,新娘乘坐的花轿到了新郎家后,轿身要高抬,从一个盛放着炭火的盆上越过,以驱除邪气。满族人也有这种习俗,他们说,让新娘从炭盆上跨过,“是想预示这对新人日后的生活像炭火一样红火”。③ 不过,这种解释显然是一种事后的猜
想。在白俄罗斯人中,婚礼前,新娘和新郎两家都要在屋里烧一些 512
草秸,以驱赶鬼妖。新郎从女方家接出新娘后,必须骑马或驾车从一火堆上经过。新娘到了公婆家之后,也必须从一堆火上走过,还要往火里投几枚钱币。在德国北部,依照习俗,当一对新人准备去教堂时,人们就要往家门口扔一根正在燃烧的木头。新娘和新郎

① Doolittle, *op. cit.* i. 76.

② Ball, *Things Chinese*, p. 423.

③ Stewart Lockhart, in *Folk-Lore*, i. 487.

必须先从火上迈过去，才能离家而去。

从前，在欧洲的很多地方，以至在印度，当新娘来到新郎家后，都要由人带领，围绕炉火绕行 3 周。在吠陀时代，当合手仪式举行完之后，紧接着举行的仪式，就是新郎带领新娘绕火而行。时至如今，这一习俗在印度各地仍有实行。据《家范经》记载，新郎应当带领新娘绕火行走 1 周，然后再将身体右侧转向火，亦即从向左转改为向右转。这一仪式须如此反复 3 次。在古罗马，合手仪式(dextrarum junctio)结束之后，即举行祭祀，新娘和新郎要围着祭坛绕行，同样也是先左转，后右转。在克罗地亚人中，是由男傧相带新娘围着炉火绕行 3 周；每走 1 圈，新娘都要向炉火鞠 1 次躬。在德
513 国的很多地方，是由新郎或新郎的母亲带新娘围火绕行 3 周。但是，在威斯特伐利亚，新娘只是走到炉台，从别人手里接过火钳，把火捅大些就行了。这一习俗在苏格兰东北部也可见到。

从前，当非斯附近的艾特萨登人还住在帐篷中时，他们也有带新娘去火边的习俗，是由新郎的母亲带领。而在附近的一支柏柏尔部落艾特瓦兰人中，新娘不仅被带往炉台，而且还有人在炉台上给她洗右脚和右手。据当地人讲，这样做是为了使新娘像这些炉台一样，长久地在家里待下来。与其他很多柏柏尔部落不同的是，艾特瓦兰人一直将这种习俗保留了下来。在马达加斯加的梅里纳人中，当迎亲队伍到达新郎住处后，人们要在围墙外绕行 3 周，然后围住房绕行 3 周，最后再绕炉台绕行 3 周。据当地人讲，这样做是为了增强新娘与其新家之间的纽带联系，以免她离家而去。在科里亚克人中，“当新娘来到男方家时，男方父母要举着从炉灶中取出的正在燃烧的木柴，来迎接新娘。”乔切尔森博士就此说道：

“这一接待方式象征着已将新娘纳入由炉火所体现的家庭崇拜之中。”[①]此外，还有人将印欧民族的这种仪式解释为一种团聚仪式。但是，无论做这种解释的是实行这种仪式的民族，还是对这些民族进行描述的作者，我都认为：这种解释很难揭示至少是很难充分揭示此类仪式的最初用意。这类仪式与其他一些用火驱邪的仪式极其相似，我们很难对它另作什么解释。在科里亚克人中，当新婚夫妇去看女方父母时，也要受到炉中柴火的迎接。在德国多特蒙德附近的布拉克尔，当新娘被领着绕行炉台时，人们还往她身后投掷 514
柴火。在凯撒斯韦特的博库姆，人们让新娘坐在一个椅子上，并把烧红的煤块铲到坐椅下面。在有些地方，围着炉台绕行的仪式先要在女方家中举行。从这些情况来看，我们又怎么能把这说成是一种团聚仪式呢?

绕行仪式的举行并不仅仅局限于炉台周围。在某些南斯拉夫民族中，新娘在进入教堂之前，必须由人带领围着教堂绕行3周。根据沃尔德伦于1726年所做的记载，在马恩岛，当新人一行到达教堂大院之后，要围着教堂绕行3周，方可进入。而根据辛克莱于同一世纪末所做的记载，在珀斯郡，新婚夫妇则是在走出教堂之后，绕教堂院墙右行3周。在瑞典的瓦伦德，迎亲队伍在进入教堂之前，依照习俗要先围着教堂外的一块石头绕行3周，因此，人们就把这块石头叫做“迎亲石”。在现代希腊，新娘和新郎是由人带领，围祭坛绕行3周。温特尼茨博士坚信，围教堂绕行乃是早先引导新娘围祭火绕行这一古老习俗的一种遗存形式。这一仪式的悠

① Jochelson, *Koryak*, p. 743.

久性以及它在诸多印欧民族中的普遍流行，显然可以成为温氏遗存说的证据。无论如何，围教堂之类圣地或其他与教堂有关的圣物绕行的做法，确与驱邪仪式极为相似。在波兰人中，新婚夫妇要
515 围新郎家中的饭桌绕行。在大俄罗斯人中，则是新娘一人被带领这样做；不过，新郎在乘马车去迎接新娘之前，已经围饭桌走过3周。在小俄罗斯人中，当新婚夫妇动身去新郎家时，要围女方家的面包槽绕行3周。面包槽上盖着一条毯子，毯子上摆放着面包和盐。

且不说人们所环绕的圣地或圣物自有其祛邪性质，就是环绕行走本身也可被视为一种驱邪措施。通过绕行，外来人在进入某地之前即可将身上的邪气散发出去，这对该地居民就可起一种保护作用；同时，通过绕行还可以抵消进入陌生之地可能遇到的危险，这对外来人自己也是一种保护。在摩洛哥，新娘一来到新郎所住的村庄之后，即要由人带领（先右后左）绕行3周或7周。在有的地方，是围当地清真寺绕行；有些地方是围整个村子绕行；不过更多的还是围新郎家的房子或帐篷绕行。例如，在非斯附近的一支柏柏尔部落——艾特尤西人中，新娘只有在沿村绕行3周之后，才被准予进村。有时也常出现这种情况：村里同时有数家人准备娶亲。这样，各家的新娘就必须凑到一起，共同举行这种仪式。即使有的新娘就是本村人，她也得出村来，骑在马上和大家一起绕行。这时，村里如有结婚不足1个月的妇女，那么，在新娘们围村绕行之前，她必须先离开这个村子，否则，据当地人讲，各种邪气就都会落到她身上。这就清楚地说明：人们举行这种仪式的用意，是为了祛除新娘身上带着的邪气。此外，摩洛哥各地绕行仪式均与

其他一些辟邪仪式连在一起举行。这一事实也可说明同样的用意。在西奈山的贝都因人中,新娘骑着骆驼,在同伴们的大喊大叫 516
声中,由人带领围着新郎家的帐篷绕行3周。塞利格曼教授告诉我,在科尔多凡和达尔福尔交界处一带,有一支讲阿拉伯语的游牧部落,叫卡拉比什。在卡拉比什人中,新娘是由奴隶送往新郎住处的。但是,在新娘进帐篷去见新郎之前,要先由奴隶背着或抬着在帐篷外面绕行3周。在阿哈加尔的图阿雷格人中,"男人们把新郎带到帐篷那儿,让他围着帐篷绕3周。"[①]在焦达讷格布尔的蒙达人中,当新娘和新郎一起来到新郎家时,要围院子绕行3周。新郎先右转后左转,新娘则先左转后右转。在冻原地带的尤卡吉尔人中,当迎亲的一长串雪橇载着新婚夫妇来到男方父母的帐篷时,要先围着帐篷绕行3周。在西伯利亚的鞑靼人中,新婚夫妇也要在新郎家的帐篷外绕行3周。至于在萨莫耶德人、楚瓦什人和切列米斯人中,新婚夫妇在男女方家外都要举行类似的仪式。在丹麦的某些地方,当新人一行从教堂出来,来到举行婚礼的地方时,新郎不能立即下马,而要先骑马绕行3周;如是冬季,则与新娘同坐雪橇绕行。在高地阿尔巴尼亚的基尔梅尼部落中,新娘由人带领先围新郎家的房子绕行3周,随后再围炉火绕行3周。

在艾特萨登部落和艾特尤西部落中,当新娘或围新郎家的帐 517
篷,或围整个村子,或围村中的清真寺绕行之后,还要用藤鞭敲打3下帐篷。当地人对此有各种说法,有的说是为了驱散帐篷内的邪气,有的人说是为了祛除新郎家人身上的邪气,还有人说是为了

① Benhazera, *Six mois chez les Touareg du Ahaggar*, p. 16.

把隐匿于家畜中的瘟神赶走。如果新娘进门不久家中即有幼童夭折或牲畜死亡，新娘心中就会感到极为不快，因为人们很自然地会把死人、死牲畜的事同新娘的到来联系起来。不过，在摩洛哥，为了驱邪避灾，新娘和新郎也难免要被人捶打一番。当新郎涂完棕红色染剂并站起来之后，就会有几名佩剑的男子将短剑拔出鞘，来拍打新郎。有时，则是由一直站在新郎身边的几名未婚男子用手或棍子轻轻拍打他。这时，新郎的男傧相则负责保护新郎，回击打他的那些人。有人明确告诉我，这一仪式的用意就是驱邪。在开罗，在新郎就要进自己屋里会见新娘时，“他的朋友们便告辞而去了。不过，在分手之前，他们还要用手往他的背上打好几下。新郎则尽力去躲，飞快跑入屋中。”[①]在古代印度，新郎要遭到戏弄或捶打。在德国的某些地方，新郎也要被参加婚礼的宾客，特别是其中一些未婚的年轻人捶打一番。在白俄罗斯人中，当新婚夫妇上了床，并盖上毯子之后，新郎的男傧相就进来，用鞭子抽打新郎3下，同时还吩咐道：“相互看看！接吻！紧紧拥抱！”[②]在哥伦比亚的伊卡族印第安人中，也可见到极为类似的习俗：有一名男子要一直陪伴新婚夫妇走入他们即将完婚所在的茅屋。进屋后，这个人便对新郎说：“占有这个女人吧！”然后，就用一条小鞭子打新郎，用以贯彻这一命令。而这条小鞭子则与丧葬仪式中作为驱邪所用的鞭子非常相似。

518 新娘也会受到礼仪性的捶打，而且，与我们前面所谈的一些事

① Burckhardt, *Arabic Proverbs*, p. 116.

② Piprek, *op. cit.* p. 64.

例不同的是，打新娘的人不仅仅限于新郎。例如，在阿特拉斯的安兹米兹，新娘的兄弟要把一枚银币放在新娘的鞋里，给她穿上鞋，然后再用自己的鞋拍打新娘 3 下。可以想见，这一仪式的最初用意也是为了驱除邪气。在丹麦和瑞典，从前有这样一种习俗：当新娘的父亲庄重地将新婚夫妇的手合在一起之后，出席这一“合手”仪式的全体宾客便争相拍打新婚夫妇的后背。在法国 17 世纪时，当婚姻仪式结束之后，人们便在教堂里用手和木棍礼仪性地拍打新婚夫妇。据梯也尔讲，“在人们的头脑中，这些污辱性的举动可以给他们带来财富。”[①]关于这种打新人的习俗，曼哈特曾列举过不少实例。他认为这些都是为了驱除妨碍生育的邪魔。但是，我们没有理由断言，这类驱邪仪式仅仅是出于多生儿女的用意。而且，我们也应记得，新郎打新娘和新娘打新郎的仪式还与争夺当家权的目的有关，至少现在是这样。至于新郎的单身朋友打新郎，则是对他遗弃同伴的行为所做的一种礼仪性的惩罚。

在婚姻礼仪中，除了驱邪仪式之外，还有一种以欺瞒方式保护新人的仪式。新人在结婚仪式中乔装打扮的事是相当普遍的。很
多作者都曾指出，这样做的目的是为了欺瞒那些准备对新人伺机 519
作祟的邪魔。

在印度南部某些民族的婆罗门中，特别是在泰米尔婆罗门中，新娘在婚礼后的第 4 天要身着男服，乔装成新郎，另由一位少女装扮成新娘。人们还要把她们带到街上走一圈。回来后，假新郎便以傲慢的口吻对真新郎训斥一番，大家一起尽兴地演上一出模拟

① Thiers, *Traité des superstitions qui regardent les sacremens*, iv. 465.

剧。人们往往把真新郎装扮成假新郎的侍从或教堂执事，有时还把他当成贼，交由假新郎判决。还有人说，假如新郎年纪尚小，那么，在结婚半年后的“剃须日”这一天，人们就要把他装扮成一个小女孩，而女方一旦识破这一骗术，就要对新郎及其家人好好奚落一番。

据普鲁塔克说，在古代科斯，新郎在迎接新娘时要着女装。而在斯巴达，新娘被新郎抢去之后，“即交由伴娘接待。伴娘将新娘的头发剪短，给她穿上男装男鞋，将她安置于暗室的长椅上”。新娘必须在那里等候新郎的到来。[①] 在中世纪的埃及犹太人中，新郎身着女装，而新娘则戴头盔，持短剑，赫然走在载歌载舞的迎亲队伍之前。在斯瓦希里人中，当参加婚礼的宾客来到男方家后，人们便给新郎穿上两件女式外装，让他坐于婚床之上。而婚床就摆
520 在客人聚集的房间里。如果哪个年轻的男宾坐到新郎身边，就必须接受罚款。在非斯，男子订婚时，家里要为他庆贺一番。这时，家里要专门请来一些黑人女子协助自家女眷进行操办。她们给订婚男子穿上她们带来的衣服，把他装扮成新娘的模样。然后，人们再让他坐到面对大门的床垫上，眼帘低垂，宛如新娘。当他的朋友们进来之后，有一个黑人女子便给他送去牛奶，让他喝下。据信，这将使他的生活“平平安安”。另一个黑人女子则端着1盘椰枣进来，并将象征富贵的1个椰枣放入他嘴里。然后，两位黑人女子便将牛奶和椰枣分发给他的每一个朋友。这些人则依次将1枚钱币蘸上唾液贴在他的前额上。另一方面，在摩洛哥的某些乡村地区，

① Plutarch, *Lycurgus*, xv. 4.

则是新娘效仿男人的模样。有的要在脸上画上络腮胡子，有的要在左肩披巾，右肩挂刀，还有的则是穿上男人的衣服离开娘家。在西奈山的贝都因人中，如果新娘和新郎分属不同的营地，而新娘又是初次嫁人，那么，在她骑骆驼去新郎家之前，家里人就会给她套上 1 件男人的长袍。在巴勒斯坦的农民中，当新娘要嫁往新郎家时，身上也要套 1 件长袍。在丹麦的克洛夫堡，新婚夫妇在举行婚礼的第 1 天都要穿上旧衣服，而且是新娘穿男装，新郎穿女装。穿好之后，还要藏起来，不让对方找到。丹麦还有一种女戴男冠的习俗。爱沙尼亚和俄国亦有此俗。在南西里伯斯人中，当婚礼进行 521
到某个时候，新娘就要把外衣脱下来，让新郎立即穿上。

但是，对于能否把这些习俗都说成是为了欺瞒鬼魔，我还是存有疑问的。无论是把未婚夫装扮成新娘(如在非斯)，还是让新郎穿上新娘刚刚脱下的衣服，都很难抵御鬼魔对他的侵袭，因为新娘也同样会被鬼魔缠身，而且较之新郎尤甚。而让新娘乔装新郎(如在印度南部)，或让新娘头戴男帽，似乎也不会对她起到什么特别的保护作用。看来，此类事例还是同克劳利先生的“接种说”较为吻合。根据这种理论，新娘抑或新郎之所以要采用异性的装束，是想让自己看上去“既令人可亲又令人生畏”，以减轻自身性别可能招致的危险；新娘和新郎之间相互同化得越多，就越能抵消这种危险。在爱沙尼亚的某些地方，举行婚礼那天，新娘要用男式腰带束腰，新郎则要把女式腰带系在帽子上。正如我们已经讲过的那样，相似的习俗可能产生于不同的动机，而同一习俗也可能含有多种用意。这里还应当再补充一句：新娘之所以装扮成男人的模样，不仅是为了防御鬼魔，而且也是为了避开邪恶的目光。

还有一种做法也很常见。除了新娘和新郎相互模仿之外，往往还有别人模仿他们的穿戴，或以种种方式装扮成新人。据说，这些人之所以如此乔装打扮，是要让自己来吸引鬼魔的注意，或是把嫉妒的邪恶目光吸引到自己身上来，而使真正的新娘或新郎得以
522 安然无恙。在爱沙尼亚人中，以及在斯拉夫人、条顿人和罗曼人中，都有这样一种习俗：当新郎或他派来的人到女方家迎接新娘时，女方家往往以假代真，把一位年龄较大的丑妇或年龄尚小的幼女，甚至把一名男子当作新娘，交到对方手里。在布列塔尼，女方家总是先以幼女冒充新娘，再以主妇相代，最后则以祖母顶替。在巴伐利亚的萨莫堡地区，是由一位须眉男子身着女装充当新娘。在爱沙尼亚，顶替新娘的则是新娘的兄弟或其他青年男子。这种顶替新娘的事，有些地方早在订婚时即已出现。这一习俗并不局限于欧洲。在东北非的贝尼阿梅尔人中，男方是派几名妇女牵着一头骆驼去接新娘。当她们来到女方家时，女方家人常常用假新娘取代真新娘。而且，只有当迎亲队伍走出村子很远时，假新娘才会把自己的身份暴露出来，然后大笑着跑回村去。韦伯教授曾指出，《迦尸迦经》中有一段落可能与假新娘在古代印度的出现有关。不过温特尼茨博士认为，韦伯对该段落的这一解释是很可疑的；而且，无论如何，像施罗德那样断言这“无疑”是一种原始的印欧习
523 俗，都未免过于轻率了。至于说到这种习俗的用意，我认为应当允许有多种解释。我们在讨论抢夺婚时，曾谈及某些有关的仪式。这些仪式旨在表现被抢女子本人及其亲人对于这门婚事的不情愿态度和坚持阻挠男方得以成亲的努力。把假新娘交给新郎的做法可能也属于这类仪式。

有时，人们也用雕像来代替新娘和新郎。有一位旅行家在爪
哇看到，在一张“家庭婚床”脚下，立着两个涂有颜色的木雕人物，
一个是男的，另一个是女的。人们把木雕人像摆在那里，是为了欺
骗恶魔。据当地人讲，恶魔总是在新婚之夜徘徊于新人床边，伺机
将新婚夫妇中的一人掠去。人们认为，摆上雕像之后，恶魔就会上
当受骗，误将雕像抢走，而将安睡中的新婚夫妇双双留下。不过，
更为常见的情况还是，人们只给新婚夫妇中的一方备有替代物。
在印度，人们为了使新婚夫妇一方或双方得以避开可怕的邪气，常
常诉诸模拟婚姻，即让人同物、树木或动物假装结婚。在印度的
整个北部地区，“树婚”尤为盛行。人们期望，树在举行完这种仪式 524

之后，会很快枯死。克鲁克博士认为，这种想法“似乎说明这样一
个事实，即人们想以树婚的方式把邪气引到树上，而使新婚夫妇不
受邪气缠绕”①。在旁遮普，当鳏夫想第3次成亲时，或者当某一
女子的星相显示她可能会年轻守寡时，人们出于对厄运的恐惧，往
往就要举行模拟婚礼。如果是第1种情况，那么，在举行模拟婚礼
时，有时就要选用某种树木或灌木，有时则要使用一只绵羊，把羊
打扮成新娘的模样，由新郎领着围祭火绕行，而真正的新娘则坐在
一旁。鳏夫之所以害怕自己会遭到厄运，原因有二：其一，是由于
前两位妻子相继死去，从而疑心自己命运多舛，所娶之妻定无长
寿，特别是第3次所娶的妻子更会遭到厄运；其二，是以为自己第
一位妻子的灵魂会以妒忌之心，使后续的妻子相继死亡。不过据
说，当鳏夫第4次结婚时，第1位妻子的邪气即可自行耗尽，因此

① Crook, *Popular Religion and Folk-Lore of Northern India*, ii. 120.

一般也就没有必要再举行什么模拟婚礼了。如果是女子星相不好，则在举行模拟婚礼时，要把一个盛满清水的水罐装饰成男童的模样，让新娘先与这个假新郎举行婚礼。然后，新娘再与真正的新郎一起，将这番仪式重演一遍，只是较少正式结婚时的那种做法。人们希望邪恶星相的魔力由此落入水罐，而不是落在新郎的头上，这样就可以免除新娘的早寡之灾。在印度其他地方，例如中部各邦，也可见到类似的模拟婚礼。在卡瓦尔人中，如果一个鳏夫想娶
525 一女子做他的第3位妻子，人们就要先做一个女人的泥像，让他与这个泥像一起举行婚礼。然后，他便将这泥像摔到地上，把它砸碎。当人们确认泥像已死，并为它举行过葬礼之后，鳏夫即可娶那位女子为妻了。不过，这女子已是他的第4位妻子了。在巴赖人中，如果哪个单身汉想娶一位寡妇为妻，就必须先同一株燕尾柳举行婚礼。在巴斯塔尔某些地方的贡德人中，如果哪个女人的丈夫被虎吃了，那么，当她想再婚时，就不能和新丈夫一起举行正式婚礼，而只能以狗或矛、斧、刀等利器代之。这是因为，当地人认定，其亡夫的鬼魂已进入老虎体内，并以虎为身，试图将娶其遗孀的男子吃掉。而现在，他只能抢走一条狗，甚至还会被利器杀死。在喜马拉雅山区，当天空中某两个星体相互靠近，预示着某对男女的婚姻将遇到灾难的时候，或者，当某个小伙子或某位大姑娘由于身体或精神上的缺陷而找不到配偶时，人们就让这些走背运的人或有缺陷的人先同一个坛子结婚，并将结婚花结穿在一根线上，一头系在新郎或新娘的颈上，另一头系在坛口上。这种含有供奉性质的做法显示，举行这种仪式的目的在于冲掉新人的险恶星相或身体精神缺陷所带来的厄运。

此外，还有这样一种做法：人们既不是把新郎新娘打扮成另外什么人的样子，也不是以另外什么人或什么物去替代新郎新娘，而是让他人也装扮成新郎或新娘，从中加以掩护。这样让人看上去，就有两个甚至多个新郎或新娘了。非斯即有此俗。新娘出嫁时，相随者中不仅有男方派来迎亲的人，女方派出送亲的人，以及一大群男孩，而且还有大约 6 至 8 名女眷，打扮得同新娘一模一样，令人难辨真假。这样做，据说是为了使新娘避开巫术的危害和邪恶 526
目光的注视。在迎亲队伍中，打头的是男方派来的男子和男童，紧跟其后的是一群妇女，其中也包括新娘，队伍最后是女方派来送亲的男性眷属，有大人也有孩子。在埃及，新郎在见新娘之前，先要去清真寺做礼拜。路途中，新郎左右各有一位朋友相随，其装束一如新郎。在巴勒斯坦，新郎是领着一个小男孩的手一同去清真寺。这个小男孩打扮得同新郎一模一样，而且一举一动酷似新郎，故有“模拟新郎”之称，并因此而吸引了大家的注意力。在阿比西尼亚，公主出嫁时，迎亲队伍中要有她的一个妹妹陪同，姐妹俩的装束也极为相似。在南西里伯斯，新婚夫妇在婚礼的最初几天里，分别要由与其年龄相同、装束相似的一男一女陪同。在法国和意大利的某些地方，以及在明斯克一带的白俄罗斯人中，新郎在订婚的宴席上，或是在举行婚礼那一天，必须从一群女子中找出他的新娘。在立沃尼亚人中，新娘在婚礼上要有伴娘相随，其装束也一如新娘。在贝尔福也是这样，“新娘与其伴娘的打扮完全一样。”[1]据说，在英格兰其他地方，原来也曾有过这种习俗。即便不把男女傧

① Marie Balfour, *County Folk-Lore*, vol. iv. Northumberland, p. 97.

相装扮成新郎新娘,他们的作用也不仅是为了服侍新人,而且还在于保护新人免遭邪魔侵袭。有人陪伴,人们总是感到比较安全。
527 在设得兰群岛,新郎在婚礼前夜要由男傧相相伴而睡。在白俄罗斯人中,男傧相要先于新娘新郎躺在婚床上。在其他一些民族中,在新人成婚之际,要有男方找的一名男傧相或女方带来的几名男傧相在场。有时,新娘带来的男女傧相还须阻止新娘新郎匆匆成婚。

防止新娘遭受外来邪魔的影响,特别是遭受邪恶目光的注视,有一种有效的方法,就是在迎亲时把新娘关入箱笼之中。摩洛哥从前就有这种做法。新娘出家时,要坐在"一个八角形的木笼中,木笼上还盖着丝绸。"①现在,摩洛哥北部仍有此俗。人们把新娘装入一种叫做"阿马里亚"的箱笼里,再由骡马驮至新郎家中。有一个部落专用夹竹桃树枝做箱笼,认为它具有防御邪恶目光的特效。在摩洛哥的其他一些地方,乃至在整个伊斯兰世界,人们在迎亲时,都要把新娘的脸蒙上。这种做法在其他地方也有,包括在很多未开化部落中。在中国,新娘坐在喜轿中,可以将世俗的观望完全挡住。新娘下轿之后,脸上便被蒙上一块红绸子。《圣经·创世记》中曾提到给新娘蒙面纱的做法。这种做法在欧洲一直很普遍。古罗马人往往用"蒙上面纱"(nubere 或 obnubere)一词表示女子
528 出嫁,由此可以看出他们对这一习俗的重视。这一习俗的最初用意想必是保护新娘,特别是用来防御邪恶的目光。爱沙尼亚人就明确表示,他们给新娘戴面纱,就是出于这个用意。此外,新郎对

---

① Leo Africanus, *op. cit.* ii. 450.

这种邪恶的目光也很畏惧,因此,到了教堂,总是和新娘一起尽快往里跑。

不过,关于给新娘戴面纱或蒙头的做法,我在摩洛哥却发现另一种说法。当地人认为,新娘本人的目光对别人也有危险。当新娘在自己家涂棕红色染剂时,双眼必须被蒙上。这是因为,在新娘尚未进入新郎家门见到新郎之前,其目光无论触及什么人,触及什么动物,都会给他们带来灾难。新娘被人从床上装入“阿马里亚”之后,必须停放在门口处,上面再盖上毯子,为的是不让外人看到新娘,因为这时候谁一看到新娘,谁就会双目失明。如果新娘在出嫁的路上看到什么人,那么,当天举行婚礼时,就会有人斗殴,闹出人命。在阿哈加尔的图阿雷格人中,新娘不得看马夫的骑术表演,因为“如果她看到某个骑士的话,这个骑士就会摔下来并且遭遇不幸。”[①]在古代印度,新郎还必须防备来自新娘的邪恶目光。

在摩洛哥,新郎也要在一定程度上把脸蒙住,其方式或者是将头巾往下拉遮住脸;或者是将衣袍往上拉遮住嘴。这一习俗虽然在起源上与羞涩心理有一定关系,但其中的迷信成分似乎更大一些。在孟加拉的奥朗人中,人们在举办婚礼时,要在新娘和新郎的周围摆上一圈屏风,以防恶魔窥视,并防止有人瞥来邪恶的目光。
在很多民族中,新郎在婚后的一定时日内都不准离家外出。而对 529
新娘来说,这一禁律就更为普遍,禁止外出的期限也更长一些。在非斯,新娘必须在家中守上两个月,至少也要守 6 个星期。这期间,就是爬到屋顶上走走看看,也是不允许的。在丹吉尔,原来规

① Benhazera, *six mois chez Les Touareg du Ahaggar*, p. 15.

定新娘婚后必须在家中守上整整1年，不过现在已将这一期限缩短为三四个月了。在东北非的某些贝都因人中，新娘在婚后3年之内不得离开家中一步。

人们往往特别注意不使新娘新郎遭到自天而降的危险。在中国，“新娘上轿时，要戴一顶纸帽，还要有一位儿孙俱全的老妇人在她头上撑一把伞。”[1]在巴勒斯坦和埃及的城镇中，新娘出嫁时，要行于华盖之下，两侧各有一男子护送，他们手中都持有出鞘的短剑。时至今日，犹太人仍在华盖之下举行婚礼。这种华盖很可能是从古代新娘出嫁时乘坐的一种篷轿演变而来的。在斯堪的纳维亚各国，以及在英法两国，新娘和新郎在举行祈福仪式时，头顶上方都要有人撑一块护头方布（法语为 carré，英语为 care cloth，瑞典语为 päll，源于拉丁语 pallium 或 himmel）。在瑞典以及在芬兰讲瑞典语的社区中，直至相当晚近之时，人们在举行婚礼时仍沿用

530 这一做法。在有些地方，人们是将护头方布撑在新娘头上，或当新婚夫妇在室外活动时，撑在他们2人头上；有的地方是将护头方布系在新婚夫妻就餐座位上方的屋顶上；有的地方则将护头方布布置于洞房之中。在法夫郡矿区，当新婚夫妇一行前往教堂时，有时人们就要给新娘新郎“搭凉棚”，就是把粗大的绿树枝弯成拱形之门，举在新婚夫妇的头上。在德国的某些地方，新郎在婚礼那天要戴一顶高帽，只是在进教堂后才脱下。在瑞典斯科纳地区的某些地方，新郎跳舞时也戴着帽子，而在很多斯拉夫民族中，新郎在席间也不摘帽。在波希米亚，以及在某些讲乌戈尔—芬兰语的民族

① Doolittle, *op. cit.* i. 80.

中，即使婚礼是在夏天举行，新郎也要头戴皮帽。而在叙利亚，新娘在举行婚礼之前，一直要戴一顶羊皮帽，即使在夜间也不摘下。

新娘和新郎不仅要防备从天而降的灾祸，而且还要提防从地下冒出的危险。在摩洛哥，新郎是不能席地而坐的。在给新郎涂棕红色染剂的盛会上，或者在他手上涂了一些粉剂之后，新郎都要在身下放一块毛毯和一个麻袋(或一个马鞍)。据当地人讲，这样做的目的是防止中邪。在有些部落中，举行完这种仪式之后，新郎 531
即被男傧相或其他未婚男友抬走。在非斯，当人们为新郎举行象征性剃发的盛大仪式之后，新郎也同样是被朋友们从他们原来一起围坐的房间抬入“举行婚礼的房间”，放在一张大椅子上，然后再被朋友抬走。在很多部落中，新郎在婚礼上要自始至终地使鞋的后帮直立不倒，以免脚后跟触地。不过，也有人担心，新郎的鞋会落入仇敌之手，被施上魔法，以加害于新郎。至于新娘，人们在这方面同样也很注意，甚至更加小心谨慎。正如瓦赞的谢里夫所说的，“新娘在结婚时如将脚触地，日后就会走背运。”[①]新娘在举行婚礼时，也要把鞋的后帮拉起，并使其直立不倒。有时，新娘在进出涂抹棕红色染剂的房间时，也要由人抬送。在乡村地区，新娘都是乘坐牲口到新郎家的。不过，有的是从床上被抬上去的，有的是从房屋门口或帐篷门口被抬上去的，还有的是在地毯或铺在脚下的斗篷上走了几步之后被抬上去的，而这些做法都是为了使新娘的脚不致踏在地上。到了新郎家后，新娘又被人抬着跨过门槛，甚至被径直抬到婚床上。人们可能会问：新娘和新郎为什么不可触

① Emily, the Shareefa of Wazan, *My Life Story*, p. 136.

及地面呢？首先，人在新婚之时，身上都有一种“巴拉卡”（baraka），即圣洁之气。而任何有此圣气的人或物一般都不得与地面接触。此外，鬼魂的真正藏身之所是在地下，因此常常会到地面上
532 游荡。至于抬新娘进门或以其他方式不让新娘踏门槛的习俗，则显然是与鬼魂常常徘徊于人家门口这一想法有关。摩尔人就常说，“房子的主人们”，即鬼魂的所有者们，正在从门口进进出出。因此，谁也不能坐在房屋和帐篷的门口。假如有哪个人这样做了，他本人就会生病，或者给全家带来邪气。如果有谁在门口处提鞋，同样也会给全家人带来灾祸。在摩洛哥南部的阿格卢，当新郎走进新娘已在等候他的洞房时，必须用右脚两度踏在门槛上，只有在第3次迈出右脚时，才能走进洞房。

在其他一些国家，也可以见到与此极为相似的婚俗。新娘出嫁时，常常也是乘骑、坐轿，或是由人背着、抬着。这样做固然可能是出于方便，或是出于一种礼仪，用以表现新娘不愿离家嫁人的心情；但是，毫无疑问，这同人们害怕触及地面也有一定的关系。据一份很早的记载，在塞拉利昂，当新娘一行快到新郎所住的城镇时，新娘即由一位老妇人接过去，背在身上，并被蒙上一块细布，为的是不让任何男子看到。人们还在地上铺一些席子，“这样，背新娘的人走路时，就不会触到土地了。”新娘就是被人以这种方式送到新郎家的。[①] 在洛林的农民中，新娘原来是坐在几位妇女相互交叉的手臂上，由他们抬着迈出家门口，前去教堂的。在南威斯特伐利亚，即使教堂离得很近，新娘也往往要骑马而去，骑马而回。

① Matthews, *Voyage to the River Sierra Leone*, p. 118.

在某些讲乌戈尔—芬兰语的民族中，新娘先被人抬到马车上，再乘
马车到新郎家，到达之后，还要由人背入家中。在切列米斯人中， 533
人们认为这一习俗与害怕新娘用脚触地的想法确有一定联系。

新郎有时也要由人背抬。在危地马拉和圣萨尔瓦多的印第安人中，新婚夫妇都要由其朋友抬来，关在一间屋子里。在焦达讷格布尔的蒙达人中，如果新郎家还不太富裕，雇不起轿子或马车，那么，就得请亲戚们出力，用手把他和新娘从新娘家中抬到新娘村边，然后再从新郎村边抬到新郎家中。在孟加拉的库尔米人中，新郎是骑在人们的肩膀上去新娘家的。在塞浦路斯，如果新婚夫妇是住在同一个村子里，那么，在举行婚礼的那天早上，新郎便要由朋友们抬着去女方家。他们把手臂相交，把手握合在一起，形成一个座位，让新郎坐在上面。不过，如果新娘家尚有一段距离的话，新郎及其一行便会骑马而去。在埃及，如果新郎是一位青少年，他的朋友们就要从他家中轮换着把他背到新娘家中。据莱恩说，这是因为“当地人觉得，应当让新郎和新娘都表现出几分羞涩来才好。”[1]从这个情况来看，抬新郎与抬新娘一样，似乎都是意在让新人表现出羞涩之心，而不论其是真是假。但是，从我在摩洛哥的所见所闻来看，我还是倾向于认为，这种习俗在另一些地方则与这样一种观念有关，即：在婚礼进行中的某一阶段上，新郎的脚若是触及地面，就会给他带来灾祸。

在中国的福州，新郎家都要在堂屋里铺上红地毯，而且地毯还
要从新娘下轿的地方一直铺到新房门口，为的就是不让新娘的双 534

① Lane, *Account of the Manners and Customs of the Modern Egyptians*, p. 182.

脚触及地面。在中国，新娘离开娘家时，要套上父亲的鞋，从自己的闺房一直走到花轿跟前，然后再把父亲的鞋脱下来，登轿上路。这样做，想必也是出于同样的原因。在达尔马提亚的莫尔拉克人中，从新郎家门口到新娘下马的地方，铺有一条床单，新娘就从这条床单上走到家门口。在某些斯洛伐克人中，新郎家门口铺有一块地毯，新娘即从这地毯上走进新郎家。在伊庇鲁斯的某些地方，这一习俗在不久前也很盛行。在英格兰，曾有"一种沿路抛撒花草或碎屑的婚俗，要从新人一方或双方家里一直撒到教堂"[①]。在桑德兰，新娘出嫁时，要在新娘所居住的那条街的便道上和去教堂举行婚礼必须经过的路上抛撒锯末，而过去还曾撒过细沙。如果完全按照这种习俗的要求来做，沙子或锯末要从新娘家一直撒到教堂门口。在泰恩河畔的纽卡斯尔，凡是新婚夫妇必经之处，事先都要有人撒上沙子。在肯特郡的克兰布鲁克，当一对新人离开教堂时，途中要撒上一些能够象征新郎职业的东西。于是，做木匠的就会走在刨花上，做屠夫的就会走在羊皮上，做鞋匠的踏着碎皮子，做铁匠的踏着旧铁皮。至于在婚礼中铺放红地毯的习俗，则已是家喻户晓的事了。

这些习俗，至少有一部分是出于一种由迷信而产生的畏惧心理，即生怕与地面贴得太近。之所以这样讲，是因为在婚礼中还有不少做法，其用意都明显在于保护新娘和新郎，使他们得以避免人
535 们想象中的来自地下的危险。在摩洛哥的某些部落中，人们要在新娘右脚穿的鞋里放一根针或一点盐，有时也放在新郎的鞋里，作

① Brand, *Observations on Popular Antiquities*, p. 364 *sq.*

为抵御鬼魂和邪魔的护符。在德国北部,新娘和新郎要把莳萝籽和盐撒到自己鞋里,作为抵御妖术的防护措施。还有不少地方,是往新婚夫妇一方或双方的鞋里放一枚或几枚钱币。这种做法在斯堪的纳维亚乡间尤为常见。人们常常认为,这样做是为了免遭贫困,或是为了发财致富,但也有不少人明确表示,他们是把这种做法当成一种驱邪措施。在德国的某些地方,人们都相信这样一种说法:“如果新娘和新郎在举行婚礼那天往自己的右脚下面放一枚‘三头波希米亚人’(硬币),他们的婚姻就会幸福美满。”①据戴利埃尔讲,在苏格兰的某些地方,“新郎已找到一种防御邪魔的措施,就是把鞋带松开,并在鞋里放上一枚硬币,踩在脚下。这可能是为了同地面形成某种隔离。”②在门的内哥罗,新郎的兄弟要在新娘两脚的前面放一把刀,并将刀刃朝向新娘,而新娘则将右脚踩在刀上。

把新娘抬过门槛的做法在世界各地十分普遍,如在中国、巴勒
斯坦、开罗、摩洛哥、古罗马、现代希腊、德国、法国、瑞士法语区和 536
英国,都有或曾有此俗流行。关于巴勒斯坦的这一习俗,有人曾叙述说,新娘之所以常常被人抬进门去,“是为了使她的脚不触到门槛。假如触到门槛,就会被人视为一种不吉利的事”③。在斯洛文尼亚人中,新婚夫妇参加完教堂的仪式,到达女方家时,新郎要把

① Grimm, *Teutonic Mythology*, Trans. by J. S. Stallybrass, iv. 1823.

② Dalyell, *the Darker Superstitions of Scotland, illustrated from History and Practice*, p. 312. *sq*.

③ Wilson, *Peasant Life in the Holy Land*, p. 114.

新娘抱过门槛，“这样，以后就没人能伤害她了。”[①]在威尔士，新娘
参加完结婚仪式回来后，总是被人小心翼翼地抬过门槛，因为“人
们认为，新娘在门槛及其附近落脚是一件非常不吉利的事。”“哪个
新娘要是执意走着进入新郎家，她身上就会隐伏灾祸。”[②]上个世
纪初，在苏格兰的某些地方，当参加婚礼的一行人回到新郎家后，
“人们要将新娘抬过门槛或门口正中的石阶，以免妖术加害于新
537 娘。”[③]我们可以想见，在其他一些事例中，抬新娘过门槛的做法也
同样是出于某种担心，因而不让她的脚碰到门槛。世界上有一种
很普遍的看法，即认为门槛是鬼魂出没、危机隐伏之所。而除了将
新娘抬过门槛这一做法之外，也还有一种比较简单的习俗，只是要
538 求新娘进门时不要踩踏门槛。这种习俗曾流行于古代印度，那时，
新娘进门时，新郎就会告诉她，让她先迈右脚，而且不要站在门槛
上。某些南斯拉夫民族至今仍在实行这一习俗。在白俄罗斯人
中，新郎家要在门槛上铺一块毛皮，新婚夫妇到来时，就让他们从
上面走过。人们认为，门槛对于新郎来说也有一定的危险。在离
孟买不远的萨尔塞特岛上，新郎先由其舅父背入家门，然后新郎再
亲自把新娘抱过门槛。至于人们何以会畏惧门槛，据我揣测，主要
是由于人们心里有一种恐怖感。大凡迷信鬼神的人，从光亮之处
经由门口乍一进入昏暗的住所时，都会感到某种恐怖。有了这种
恐怖感，就很容易产生一种想法，认为门槛一带是鬼魂精灵游荡之
所，是飞灾横祸潜伏之地。

---

① Piprek, *op. cit.* p. 113.

② Marie Trevelyan, *Folk-Lore and Folk-Stories of Wales*, p. 273.

③ Napier, *Folk-Lore*, p. 51.

害怕从地下冒出来的危险祸及新娘和新郎,可能也是人们要 539
往新人身后投掷旧鞋这一常见习俗的原因。这一习俗不仅见于英格兰和苏格兰,而且还见于丹麦,莱茵河流域及特兰西瓦尼亚的吉普赛人之中。古希腊显然也有这一习俗,这从雅典博物馆一个花瓶上的婚礼画面中即可看出。土耳其人在举行婚礼时,常有这样的情景:新郎"拼命地往闺房跑,而人们则把旧鞋纷纷向他扔去。据土耳其人说,往男人身上掷过去的旧鞋是抵御邪恶目光的灵验护符"。[①] 从大多数情况看,鞋都是朝新婚夫妇二人身后扔过去的,只是有的地方是在他们去教堂时扔,有的地方是他们从教堂返回时扔,有的地方则是在婚宴结束后扔。不过,也有分别往新娘新郎身后扔的。特雷恩在《马恩岛纪事》一书中就曾写道:"新郎在离开家时,人们依照习俗要向他身后扔一只旧鞋;同样,在新娘离开自己家去教堂时,人们也要往她身后扔过去一只旧鞋。这样做,是为了让他们每个人都交上好运。假如新娘在从教堂回来的路上,有一只鞋被看热闹的人以某种计谋脱了下来,那么,新郎就必须用钱把这只鞋赎回来。"[②]

关于这种习俗的起因,人们作过各种解释。麦克伦南提出,英 540
格兰人往新郎身后扔旧鞋的做法可能是抢夺婚的一种遗迹,是"对抢新娘的人所做的一种假装的攻击"。[③] 对于这种解释,尽可以有各种理由加以反驳,但我们只要提出一个事实,就可以使它不攻自破,这就是:人们同样也往新娘身后扔旧鞋。还有一些作者认为,

---

① Cox,Introduction to Folk-Lore,p. 18.

② Train,*Account of the Isle of Man*,ii. 129.

③ McLennan,*Studies in Ancient History*,p. 14 *sq*. n. 3.

这一习俗的主要目的在于确保多生多育。为了说明这一点，他们举出，特兰西瓦尼亚四处漂泊的吉普赛人总是在新婚夫妇进其帐篷时，往他们身上扔旧便鞋或凉鞋，而人们这样做，就正是为了使新婚夫妇多儿多女。但是，我们很难把这看作这种习俗的原始用意。埃格雷蒙特博士关于旧鞋是多儿多女的象征这一观点的种种说明，显得很是牵强附会。此外，英格兰人关于扔旧鞋能给新人带来好运的说法，也不会是这一习俗的原始用意。扎哈里埃认为，这一习俗的基本用意在于辟邪驱邪，而它与好运之说则是一种次生的关系。但是，对于这种习俗何以能被作为辟邪驱邪的防护措施这一问题，他却没有做出令人满意的回答，而只是说鬼魂可能都害怕皮革。最近，罗森博士也发表过类似的看法。但是，这种说法在这样一个事实面前便不堪一击了：在有些地方，人们往新人身后扔

541 的鞋分明是木制的，而不是皮革的。萨姆特博士另有一种看法，他认为，往新娘新郎身后扔鞋的最初用意，在于给害人的鬼魂送去某种供品。现在看来，种种有关于扔鞋的仪式，可能并非源于同一种想法。不管人们是把鞋作为一种医病祛邪的护符，还是把鞋用于丧葬仪式，以防止死者的鬼魂回来给活着的人找麻烦，其理由似乎都在于，鞋与走路是密切相关的，因而在人们的想像中，给恶魔或鬼魂扔去一只鞋，就可以使其离人而去。但是，往新娘新郎身后扔鞋这一做法所反映的，却主要是保护之意，而非驱逐之意。人们总是在新婚夫妇上什么地方去的时候，朝他们身上扔鞋，不管是在他们从各自住所动身去教堂礼拜时，还是从教堂回家参加喜庆活动时，抑或是用过结婚早餐又从家里出来时。投鞋的习俗与某些显然是为了保护新婚夫妇不受地下邪魔伤害的做法是同时并存的。

在英格兰、丹麦、德国等地，还有另一种投鞋习俗，那是往出远门的
人、跑生意的人和外出打猎的人身后投去的。据布兰德说，在英格
兰的平民百姓中，人们如果想祝愿某人在做某件事时取得成功，就
朝他身后扔去一只旧鞋，以为这样就会给那个人带来好运。这些
事实说明，人们之所以往这些人身后投旧鞋，是想使他们在旅途中
多一层巫术的保护，以补脚下所穿鞋靴的防护作用。这又使我们 542
想起，摩洛哥的新娘和新郎走路时总是格外小心，生怕所穿的便鞋
从脚下脱落；中国的新娘由于怕脚碰到地面，上轿时还要再套上父
亲的鞋。苏格兰人有一种习俗，就是要祝福新娘新郎“脚下吉祥”。

543 第二十六章　婚姻礼仪(续完)

人们为了使新娘和新郎得以辟邪,不仅从积极方面为他们举行各种辟邪仪式,而且还给他们规定了各种禁忌。

在摩洛哥,新娘在被接往新郎家的时候,不得左顾右盼,否则新郎即会死去;而当新郎进洞房会新娘时,也不得回头张望,否则就会有鬼魂附在他身上。在苏格兰的东北部,新娘在众人的跟随下动身去教堂时,同样也不得回头张望,否则,婚后必有大灾大难。在德国和瑞典的很多地方,新娘和新郎在去教堂的路上,或在婚礼进行之中(此种情况只限于瑞典),也不得东张西望;假如新人中有一方违反这一禁忌,就意味着他(她)在另寻配偶,对方将会死
544 去,或者将会有其他灾祸发生。此外,新婚夫妇站在一起时,两人之间不得留有任何一点缝隙,否则,他们就会被人离间,分道扬镳,或是受到恶魔及邪恶目光的挑拨,使其婚姻发生种种不幸。我们不难想到,这些禁忌显然是与人们的种种观念相联系的,但其真正的起源,却无疑在于人们的这样一种感觉,即:人在结婚成亲之时,不仅自己处境危险,而且还会给别人造成危险,因此在做每一件事时都必须格外小心谨慎。新婚夫妇还须尽量少说少动,如果做错什么事,便会成为不祥之兆。在意大利,新娘新郎在新婚之夜都特别害怕把蜡烛弄灭,因为谁弄灭了蜡烛,就谁会先死。在上巴拉丁

领地，新婚夫妇在去教堂的路上，谁要是掉落什么东西，谁就会很快丧偶，而且再也找不到配偶了。在爱沙尼亚，新娘从家出来后，如果在路上不小心摔倒，那么，她生的头三四胎孩子就都会夭折。

有些禁忌规定，新娘和新郎不能当着众人吃东西或喝水，不能吃得太多，不能吃某些食物，甚至不能吃任何东西。这些禁忌的目的，显然是要防止邪气通过食物进入体内。在欧洲各国，在摩洛哥，以及在一些别的地方，都可以见到这类禁忌。俄国有一 545
种古老的习俗：新娘新郎在结婚那天，只有在举行完仪式之后才可以吃东西。在秘鲁的印第安人中，新娘新郎在结婚之前，须斋戒两日，其间不得用盐和胡椒，不得食肉，不得饮酒。在马库西人中，年轻的新郎在即将举行婚礼之前，须有一段时间戒肉。在特林吉特人中，新婚夫妇须斋戒两日，“以确保婚后家庭生活的和谐与幸福。”斋戒期满，新娘和新郎便可以一起吃一点东西，但随即还要追加另一次斋戒，为期也是两天。[①] 马赛人认为，如果新娘或新郎违犯了禁忌，在婚礼上吃了东西，那么，嘴上就会长满疱疹。在乌干达的巴索加人中，新娘来到新郎家后，可以参加婚宴，但是要由其小姑来喂食。而且，从此时起，直至隔离期结束为止，新娘都不能用手拿东西吃，而只能由其小姑像母亲喂婴儿一样，把饭送到她的嘴边。

很多民族都要求新娘最大限度地减少活动，有些甚至要求新娘在婚后很长时间内都必须遵守这一规定。在南迪人中，法律规

① Bancroft, in *Jour. and Proceed. Roy. Soc.* New South Wales, i. 111.

定，新娘在婚后1个月内不得干活儿，因此，新婚夫妇得由新郎的母亲伺候整整1个月。据纽先生讲，在英属东非的瓦塔维塔人中，“新娘在婚后的头1年里，有一系列单独的待遇。当地人把这当作天下难得的好事。……人们要把新娘隔离起来，不让外人见到；人们免去了新娘的任何家务，同时也不准新娘同新郎之外的任何异性有任何社会交往；人们从来不让新娘一个人待着，不管她想去哪儿，都要有人陪同；新娘一点儿也不能被累着；即使走很短的一段
546 路，也得像蜗牛一样慢慢移动，生怕拉伤肌肉。”新娘不准和外人说话，外人也不准和新娘说话。在新娘生下孩子之前，或者在人们对新娘生儿育女之事已不抱希望之前，人们一直要以这种方式来待她。[①] 很多民族还要求新娘沉默不语。在摩洛哥，新娘在婚礼上是不能说话的；假如有什么事要对陪伴她的女佣讲，只能是低声耳语；此外，在有众人在场时，任何人都不能同新娘说话。在波斯，新娘“不得同任何人说话”。在朝鲜，人们要求新娘在婚礼日和洞房夜绝对不能说话。在不少民族中，妇女在婚后一段时间内，均不得与除丈夫之外的任何人说话。在瓦塔维塔人中，妇女只有在生了孩子之后，才能同别人讲话。在非洲的某些部落中，人们甚至不许年轻的妻子同其丈夫说话。这些禁忌可能源于不同的动机。詹姆斯·弗雷泽爵士的看法是，让新娘在生孩子之前沉默不语，是基于某种与怀头胎有关的迷信，但具体是什么迷信，我们还不清楚。不过，让新娘沉默不语的做法，至少是与害怕邪气袭身有明显关系的，而这种担心也是产生其他一些禁忌的根本原因。在摩洛哥，做

① New, *Life*, *Wanderings*, & *C. in Eastern Africa*, p. 360 *sq.*

新郎的也不能大声说话。我听说,在一个部落中,当新郎走进洞房,点燃安息香胶,以取悦于屋里的鬼魂时,新婚夫妇均会保持缄默,因为他们害怕正在屋里四处游荡的鬼魂。不过,与此同时,新娘新郎的沉默不语以及他们极为谨慎的举止,也是性羞涩的一种表现或象征,而这种羞涩感又很容易与出于迷信的恐惧感结合在一起。

有些民族还认为,新娘和新郎应当保持警觉,不能昏昏而睡。
在爪哇,新娘和新郎在举行婚礼的前一夜不得睡觉,以免有什么灾 547
难降临到他们头上。在某些苏门答腊人中,新婚夫妇要坐守整整一夜。在婆罗洲的某些达雅克人中,新婚夫妇不得入睡,“否则,恶魔就会袭来,害得他们生病。”[①]在荷属新几内亚基尔芬克湾的努福尔人中,新娘和新郎在新婚第一夜(又一说为婚后头 4 夜)必须背靠背地坐着守夜,不能睡着;如果他们打起瞌睡,他们的朋友就会把他们吵醒。当地人认为,新婚之夜不睡觉,就可以幸福、长寿。在吉大港的准塔人中,“新娘和新郎要坐守通宵。”[②]在印度婆罗门的婚礼中,当新娘和新郎走进洞房时,会发现洞房内已有不少年轻女子,其职责就是防止新婚夫妇在夜里入睡。在摩洛哥的夏伊纳,据说,新郎不能让新娘在洞房内等得太久,否则,她就会打起瞌睡来,以致新郎进来时,被一阵嘈杂声吵醒,受到惊吓;而如果出现这种情况,新娘就很容易受到鬼魂的侵袭,致使她五官变形,并失去知觉。

---

① Perelaer, *Ethnographische beschrijving der Dajaks*, p. 53.

② Lewin, *Wild Races of South-Eastern India*, p. 130.

在很多民族中，新娘和新郎在婚后一段或长或短的时间内，必
须实行禁欲。世界各地都有这样的事例。在特林吉特人中，新娘
548 和新郎不仅必须斋戒数日，而且还必须将圆房之事推迟4周。在
不列颠哥伦比亚的汤普森印第安人中，“新婚夫妇虽合睡于同一罩
袍之下，但据信，他们要在同床6至7夜（一般是4夜）之后，才能
实现夫妻合欢。年轻的妻子虽与丈夫同睡，但仍要围着少女穿用
的腰布。而最终与丈夫发生性关系之后，新娘则要在破晓之前起
身，到水边进行清洗，并在那里隐居整整1日。”[①]在努特卡人中，
新婚夫妇在婚后总要禁欲10日。在北美的其他印第安人中，有些
部落的已婚夫妇要在婚后数月乃至1年之内，处于完全禁欲的状
态。关于这种做法的目的，他们说，是要证明他们之所以结婚，“并
不是出于性欲，而是完全出于感情”。假如人们发现哪个年轻妻子
在婚后1年之内怀上身孕，就要对她进行指责。[②] 在古代墨西哥
人中，新婚夫妇“须祈祷并斋戒4日，其间，要穿上新衣服，戴上他
们所崇拜的神的像章，不得有任何有伤大雅的举止，因为人们担
心，假如不这样做，就会受到上天的惩罚。……直至婚后第4天的
夜里，夫妇才能圆房。人们认为，如果提前圆房，就会走背运”[③]。
在马萨特克人中，新郎在婚后的头15天中从不与妻子发生性关
549 系，在此期间，新婚夫妇须双双实行斋戒和苦行。在新格拉纳达的

① Teit,“Thompson Indians of British Columbia,”in *Publications of the Jesup North Pacific Expedition*, i. 326.

② Perrot, in Blair, *Indian Tribes of the Upper Mississippi Valley and Region of the Great Lakes*, i. 69.

③ Clavigero, *History of Mexico*, i. 320 *sq*.

穆索人和科列马人中，如果新婚夫妇在3天之内即行圆房，人们就会把新娘看成淫荡、邪恶的人。正确的做法是新婚夫妻虽同睡一处，但“在整整1个月内不得圆房”[①]。在蒙德鲁库人中，新郎在新婚之夜须避开新娘。在巴西阿拉瓜亚河畔的卡拉雅人中，新娘和新郎在婚后的头4天夜里，可以睡在同一张席子上，但两人中间须有很宽的间隔，不得相互接近。婚后第5天，新娘回娘家，而只有在新郎外出打猎数日，并带回猎物之后，夫妻才得以圆房。在圭库鲁人中，新郎要在女方家中与新娘共度新婚之夜，但不得动新娘一根毫毛。

在赫雷罗人中，新娘和新郎在新婚之夜虽可秘密相会，但却从不发生性关系。同样，在刚果河畔的博欣杜人中，“夫妻之间不允许在刚刚举行婚礼后就马上开始性生活。”[②]在庞圭人中，有一种习俗：新娘即使在新婚之夜与新郎同睡一处，也不会允许他与自己交合，因为做新娘的总是羞于在这方面被人指指点点。在班尼奥罗人中，新婚夫妇要等到婚礼过后的第2天晚上，待客人们都离去之后，才实行圆房；在巴干达人和巴尼扬科勒人中，也是这样。据说，在福尔人中，新娘和新郎并不出席自己的婚礼，而且，在以后的1周中也不能相见。只有到了婚礼过后的第7天下午，新婚夫妇 550
才能相会。不过，即使到了这时，他们也还得再过几夜之后才能圆房。在乌桑巴拉，新人总是相会于朋友家中。屋里两侧摆着两张床，床中间还生着一大堆火。新娘和新郎各躺在一张床上，并处于

① de Herrera, *the General History of the Vast Continent and Islands of America, commonly call'd the West-Indies*, vi. 184.

② Torday and Joyce, *Les Bushongo*, p. 271.

对方的视野中，一直躺上四五天，其间还不能吃东西。在瓦塔维塔人中，新娘在婚后要同4个小伴娘睡上5夜，只有在这之后1周左右，新郎才能占有新娘之身。在南迪人中，新婚夫妇在新婚之夜也不能圆房。据一份报道说，只有当他们有了自己的房子之后，才能圆房，而这通常是在婚后第3天。在阿坎巴人中，新娘在新婚之夜可睡于丈夫床上，但2人不得有任何接触。第2天一大早，当别人还都在睡梦之中，新娘就要起来，打扫屋子，生火做饭，然后再回到床上躺着，因为新娘羞于见到婆婆，总是想尽量少露面。在摩洛哥的某些柏柏尔部落中，新郎第1次同新娘性交是在新娘到来的那天，不过，得等到全体来宾都离去之后。如果新郎怕新娘见笑的话，那就一直要等到晚上才去与新娘相会。不过，根据我对某些部落婚姻习俗的了解，在大阿特拉斯山脉南麓
551 的艾特塔梅杜人中，新郎要等到新娘嫁来后的第3天晚上才同她发生性关系。如果新郎的父母都健在，则要等到客人都走了以后。在埃及，有一种习俗：如果娶处女为妻，就须在婚后第1周内自觉禁用自己的婚姻权。

在澳大利亚的土著人中，也曾发现过类似的习俗。据施特雷洛说，在阿兰达人和洛里查人中，新娘在婚后第1夜要同自己的母亲一起过，第2夜才同新郎过。据说，在纳里涅里人中，“新婚夫妻在婚后头两天夜里，不能身子挨着身子，这是关系到人品的问题。只有到了第3天或者第4天晚上，夫妻才能合盖一条毯子睡觉。这种安排是为了庄重的缘故。当一对男女结婚时，总是有很多人到场，大家都睡在同一个营地中。因此，新婚夫妇就得等人们都已散去，只剩下几个亲人时，才一起睡觉。而在人们走后，他们往往

还要先给自己搭盖一个小茅屋。”[①]在维多利亚西部的诸部落中，
婚姻仪式颇为繁杂，男女两方都有很多亲戚朋友前来参加。新郎
的朋友们还要为新人搭盖一所新的茅屋，新娘新郎各住一侧，中间
隔着火塘。这段期间要持续两个月。在此期间，他们不得与对方
说话，甚至也不能偷看对方。为了使新婚夫妇能够遵守这些规定，
人们还让新郎的一个单身朋友和他同睡在火塘的一侧，让新郎最
亲近的未婚女眷和新娘同睡在火塘的另一侧。在埃瓦拉伊部落
中，新娘和新郎要宿营1个月，两人各在火塘的一侧，直至新娘的 552
祖母让她住到新郎的一侧，并永远成为对新郎忠贞、温顺的妻子。
在昆士兰弗雷泽岛的土著居民中，新婚夫妇在结婚差不多两个月
以后才住到一起。

在蒂科皮亚岛，人们在婚后数日才圆房。在所罗门群岛马兰塔岛的萨阿人中，新娘婚后即过男方家中居住，但“由于新郎的羞怯，尽管父母也鼓励这对新人好好相处”，他们有时还是要等很长时间才圆房成婚。[②] 在英属新几内亚讲罗罗语的部落中，男女结婚后，男的住在男子公房，女的住在公婆家中，他们要等到几周之后才开始同居。不过，有迹象显示，大多数男女在婚后不久即已在田园之中或田园附近发生性关系了。“有人说过，从前有一种习俗：女人直到自己的地里结出很多果实的时候，也就是说，直至结婚已有1至2年的时候，才会生孩子。”[③]我们在前面已经谈到基

① Taplin, *Folklore, Manners, Customs, and Languages of the South Australian Aborigines*, p. 35.

② Codrington, *Melanesia*, p. 239.

③ Seligman, *Melanesians of British New Guinea*, p. 270.

尔芬克湾的努福尔族新婚夫妇如何度过新婚第 1 夜或头 4 夜的情景。

在印度群岛的很多地方，都有这样一种习俗：新婚夫妇必须在喜庆活动之后实行一段时间的禁欲。在荷属婆罗洲的达雅克人中，新婚夫妇在第 1 夜并不住到一起，女方要在其母亲家或其他女眷家过夜。在婆罗洲巴里托河流域的部落中，新郎在新婚头 3 夜通常都要实行禁欲，和自己的同伴们一起度过。不过，他也会时不时地去看看自己的妻子，和她一起吃饭喝水，以克服她的羞涩感。
553 在东爪哇某些地方的马都拉人中，新婚夫妻要到婚礼后的第 3 天晚上才圆房；在爪哇的巽他人中，则要等到第 4 夜，而在前 3 夜，新娘只是坐在新郎身边，默默不语，眼帘低垂；在爪哇滕格尔山脉的居民中，则是等到第 5 夜；至于该岛上的王公显贵和富豪之家，有时则要在结婚 3 个月后才圆房。在苏门答腊中部的很多村庄中，家中的一些老妇人要连续监视新婚夫妇 3 个晚上，以免他们发生性关系。据斯诺克·胡尔格龙杰讲，亚齐人对男女刚结婚时的亲昵行为很是反感；新婚夫妇在婚后头 7 夜睡觉时，须由新娘的伴媪监管。在西里伯斯南部有地位的人家中，结婚仪式有时要持续 1 个月，在此期间，新娘始终要由 8 位年长的妇人陪伴。入夜，这些妇人便与新婚夫妇睡在一起，阻止他们之间的一切亲昵举动。同样，在弗洛勒斯岛的英德人中，也有 8 位妇人与新婚夫妇同睡，不过，只是在婚后的头 4 夜这样做。而每晚都有两个人不睡，时刻防止新婚夫妇过于亲近。在巴巴群岛，新人在举行完结婚仪式之后即可睡于同一房间，只是在头几夜里，新娘要与几位女眷同睡，而新郎则要与男眷同睡。但是，如果新婚夫妇设法摸黑走到了一起，

则亲属们就要在第 4 夜或第 5 夜甚或更早时离去。在凯伊群岛，人们要让一位年长的妇人在新人婚后的前 3 夜中睡在他们 2 人中 554
间，有时也在他们中间放一个不会走路的幼儿。在吕宋的廷吉安人中，新娘新郎在新婚之夜睡觉时，中间要隔有两埃尔[①]的一片地方，让一个 6 至 8 岁的幼童躺在其间；新婚夫妇甚至连话都不能讲。在台湾与日本之间的琉球群岛，新婚夫妇是在不同的房间里度过新婚之夜的；只有从第 2 天开始，他们才能住到一起。

在马六甲的帕塔尼一带，新娘新郎同睡于一处而不相交合，至少在举行婚礼之后的头 3 夜必须这样。不过，上了年纪的男子再娶新妻时，则不受这种限制。在上缅甸的克钦人或景颇人中，“男女在婚后数日之内，照例都不同居。他们只是谈到一条理由，就是双方都有些不好意思。”[②]而据吉洛德神父讲，在他所认识的克钦人中，年轻夫妇大多在婚后三四年才有孩子。他曾请这些夫妇的亲属解释其中的原因，所得到的回答是：“年轻的夫妻们因为羞怯，所以迟迟不发生两性关系。”[③]在吉大港的一支山地部落——准塔人中，新婚夫妇总是先要分居数日，但每天都要一道进食 7 次。如此 7 日之后，新郎才与新娘圆房。在阿萨姆的某些山野部落中，新婚夫妇只有在同室分睡至少 3 夜之后，才被允许交合。不过，如果是娶寡妇为妻的话，这方面的禁戒就不是很严了。在卡里查人中， 555
从新娘嫁至新郎家到新人圆房的间隔期，有时要达到 5 天之多。

① 埃尔(ell)，欧洲旧时量布用的长度单位，在英国合 45 英寸。——译者

② Scott and Hardiman, *Gazetteer of Upper Burma*, pt. i. vol. i. 407.

③ Chilhodes, “Mariage et Condition de la Femme chez les Katchin,” in *Anthropos*, viii. 372.

在阿萨姆信奉印度教的丘蒂亚人中，据说，“男女结婚时必须遵守一条规则：举行完婚姻仪式1周左右，方可圆房。”[①]在那加族阿奥部落的蒙森人中，新婚夫妇须有6名男子和6名妇女到新房中陪睡6夜，男的陪新郎睡，女的陪新娘睡。在那加族的安加米部落中，要有两名妇女和1名男子陪新娘在男方家中度过新婚之夜，而新郎则须到单身汉的大屋中去睡。只有再过上9天或10天之后，等本氏族的高级祭司完成了最后一道婚姻仪式，即献祭上1只鸡以后，新娘新郎才可以同居。在曼尼普尔的那加族部落中，“婚后头3夜不得在家发生性关系。有些地方，这一禁戒可长达1个月以上。不过，如果是再婚，期限则要短一些。”[②]在米基尔人中，当新郎一行人来到新娘家时，新娘要为新郎铺好床，“不过，如果新郎觉得不好意思的话，他可以脱下一件外衣放在床上，以代替自己。”[③]

在印度中央各邦北部农村从事杂役的一个种姓拉贾尔人中，新人在结婚当夜睡觉时，须有一位妇人躺在他俩之间。在科钦的很多部落和种姓中，新婚夫妇只有在举行完婚礼第4天后，甚至一
556 两周后，才能圆房。在迈索尔的阿加萨种姓中，女子在结婚时如果已经发育成熟，那么，在举行婚礼和圆房之间，就应当有一个为期15天的间隔期。而库鲁巴人则要求有3个月的间隔期，他们认为，如果在婚后第一年中就生下孩子，以后就会事事不顺心。在印度南部泰卢固人的一个种姓坎马人中，新婚夫妇要等到举行婚礼

---

① Endle, *Kacharis*, p. 95.

② Hodson, *Nāga Tribes of Manipur*, p. 87.

③ Stack, *Mikirs*, p. 18.

3个月后才圆房,因为人们认为,在婚后第1年内家里就添人增口,是一件很不吉利的事。据旁遮普班努族的瓦齐尔人讲,他们从前有一种习俗,就是在举行完结婚仪式之后,要等很长时间才圆房。在俾路支,新婚夫妇在举行完结婚庆典之后,新娘往往还要再跟一位女眷在自己床上合睡3天,"而且,在有些部落中,当新郎最终与新娘相会之后,还要再等一段相当长的时间才能圆房。"[①]

古印度的法律为吠陀时代的户主规定:婚后须实行一段时间的禁欲。在《家范经》中,就有很多条文规定,婚后头3夜不得交合。其中有一条规定是:新婚夫妇在头3夜里,应睡在地上,保持贞洁,忌盐和辛辣食物,而且,"在他们的睡铺之间,还应放置一根矛杆,矛杆上涂有香料,并缠以衣物或线绳。"[②]其他一些条文则强制或建议新婚夫妇在一定时间内实行节欲,期限有的是6天或12天,有的则是4个月或6个月,甚至还有长达1年的。据一位规定这些条文的先人讲,实行3天的禁欲,可以生出一个普通的吠陀学 557
者;实行12天的禁欲,可以生出一个真正一流的吠陀学者;实行4个月的禁欲,可以生出一个地位更高的婆罗门;实行6个月的禁欲,可以生出一个圣人;而实行整整1年的禁欲,则可以生出一个神人。

施罗德教授认为,婚后一段时间实行节欲的习俗,可以追溯到印欧民族的原始时期。在欧洲的很多地方,近代确实存在或曾经存在过这种习俗。据博吉希奇讲,在黑塞哥维纳和门的内哥罗(黑

① Bray, *Census of India*, vol. iv (Baluchistan) Report, p. 113.

② *Grihya-Sûtras*, ii. 267.

山），新娘在新婚第1夜要穿着结婚礼服与男傧相（通常为丈夫的弟弟）睡在一起，第2天晚上则是和小姑一起过夜。新婚夫妇的分居期可以持续很长时间，至于何时结束分居，实行圆房，完全由新郎的母亲说了算。据德拉姆小姐讲，有一位来自山区的老派黑山人曾告诉她并让她相信：圆房的时间推迟得越久，就越体面。据他所知，有的新娘要和小叔子一起，单独在一所房子中住上好几个月。在达尔马提亚的里萨诺，从前有一种习俗：新娘在新婚头3夜要和两个男傧相一起睡。在巴纳特的塞尔维亚人中，做新娘的在新婚之夜要和男傧相（多为小男孩）一起睡。在上阿尔巴尼亚信奉罗马天主教的城里人中，知书达理的新娘，应在新婚头3夜拒绝新郎亲近，不过，当地风俗也不允许新娘过久地拒绝新郎亲近。据冯·哈恩讲，在阿尔巴尼亚，新婚之夜，新娘要跟家中女眷睡，新郎要跟朋友们睡。

558 1738年，卡尔斯鲁厄附近达克斯兰登的牧师就曾抱怨说，当时有一种习俗，在新婚之夜，男女傧相要与新娘新郎睡在一起，以防他们发生性关系。在德国和瑞士的很多地方，新婚头3夜要实行禁欲，因此，这3夜常常被人们称为“多比雅之夜”。据认为，新婚头3夜如能禁欲，就不会受到恶魔的伤害；否则，婚后生活就会遇到不幸。在法国的某些地方，也有在婚后二三夜或新婚第1夜实行禁欲的习俗。在布列塔尼的某些地方，新婚之夜，女方一家要把新娘托付给男女傧相进行监督。在有些地方，第1夜是献给上帝的（有些地方则是献给圣母的），第2夜是献给圣母或圣约瑟的，第3夜是献给丈夫的保护神的。在下布列塔尼，有些新婚夫妇要等到两周之后才圆房，有些则要拖得更长。在罗马涅地区的农民

中，新婚之夜，有些客人要留宿家中，而家中地方又小，因此新婚夫
妇并不睡在一起。在18世纪后半叶，黑尔斯勋爵曾听说，新婚之
夜实行禁欲的做法“仍为苏格兰某些地方的普通百姓所遵循。”[①]
在前俄罗斯帝国所属的某些非雅利安民族中，也可发现与此类似 559
的习俗。在爱沙尼亚人中，从前有一个规定：做丈夫的在新婚之夜
不得解开妻子的腰带，也不得对妻子动手动脚。帕拉斯了解到，在
萨莫耶德人中，尽管新婚夫妇同睡在一张床上，而不是像奥斯加克
人那样分睡在两张皮褥子上，但在婚后整整1个月里，新郎一直不
能对妻子动手动脚。

有人可能会说，婚后实行节欲的做法在欧洲很多地方都很盛
行，说明它并非源于古代异教习俗，而是源于基督教会的教义。据
说，在公元398年曾召开过第4次迦太基会议。会上通过一项法
令，规定新郎新娘在接受祝福仪式的当天夜里，出于对祝福仪式的
尊崇之情，必须保持童贞之身。这一法令已收入教会法中。后来
又有一些法令将新娘新郎婚后的贞洁期从1夜延长至二三夜，还
特别提到多比雅的先例。多比雅曾遵从天使长拉斐耳的忠告，婚
后头3夜未与妻子撒拉发生肉体接触。我们可以想见，对于性亵
渎的恐惧，既然可以促使教会在其他许多宗教活动中做出节欲的 560
规定，那么，也完全可以导致教会在婚姻圣事中制定法令，实施节
欲。不过，更为可能的是，教会之所以制定这一法令并随后将天使
长对多比雅的忠告大加提倡，都不过是对这种远古异教习俗从宗
教上给予认可，并从《圣经》上加以支持，因为这种异教习俗与教会

① Lord Hailes, *Annal of Scotland*, iii. 15 n.

的禁欲倾向是十分相合的。最近，詹姆斯·弗雷泽爵士也提出了相似的观点，而且所述甚详。这一观点可从两个方面得到证明：其一，婚后节欲的规定，不仅见诸世界各地的异教民族，而且也存在于吠陀时代的雅利安人之中；其二，婚后节欲的习俗在欧洲民间历久不衰，这也说明它比教会法令具有更深厚的根基。

同时，我们也应当承认，延迟一段时间才圆房的习俗，在不同的地方可能有不同的起因。有些地方把这归诸新娘的抵制，这种说法不无道理。在摩洛哥的很多部落中，新娘通常都要做一番抵抗，而且这样做似乎还是一件很得体的事。有时，这种抵抗还是很认真的，这从以下事实中即可清楚地看出：新郎的男傧相常常守候在屋子或帐篷的门口，只要新郎一召唤，便会马上进去，缚住新娘。不过，从更多的情况来看，人们还是把婚后节欲的习俗归因于新郎或男女双方的性羞怯。据说，有些新婚夫妇要等到客人散去之后才会交合。此外，我们在前面还引述过其他一些类似的情况。从这些情况来看，羞怯说似乎是对延迟圆房的一种合乎自然的解释。至于有些民族不赞成新婚夫妇在婚后1年之内（甚至在更长的时间内）生孩子，这可能也与性羞怯有一定关系，虽然可能还有
561 其他方面的原因。埃格德在18世纪时曾对格陵兰人做过一些记载。据他讲，在当地，如果一对夫妇在婚后1年之内就生孩子，或者说，如果他们生有很多子女，他们就会受到人们的指责，被人比作狗。但是，应当相信，对于新娘和新郎的节欲规定，也像加给他们的其他禁忌一样，主要还是出于因迷信而产生的恐惧。如果说，新娘新郎连说话、吃饭、睡觉都让人觉得有危险的话，那么，人们无疑会认为，他们的交合更有危险。关于强制性禁欲的规定，人们的

解释则大多与此不同。有人认为实行强制性禁欲是婚后幸福生活的基础;有人则认为这样做有益于后代;还有人认为这样可以避免恶魔的伤害。据《多比传》记载,从前有一个叫“亚司马提”的恶魔,曾出于怨恨和嫉妒将一位女子的前后 7 个新郎一一杀死,而这 7 个新郎都是在新婚之夜刚与新娘发生关系时被杀死的。

关于吠陀时代的禁欲习俗,奥尔登伯格认为,其最初用意究竟是什么,虽然今人已无从知晓,但我们还是应当从人们对妖魔鬼怪的畏惧这方面来探索原因,因为在印度人的想像中,妖魔鬼怪会趁新人交合之际钻进新娘体内,危及胎儿,甚至让新娘怀上鬼怪的身孕;不过,只要人们假装忘记圆房之事,即可将鬼怪引开。时至如今,有关妖魔鬼怪会趁新婚夫妇交合之时钻入新娘体内的说法,在穆斯林中仍为人们所熟知。我在摩洛哥就曾听说,新郎在同新娘交合之前,总少不了要说上一句“比斯米拉”,即“以真主的名义”,以免恶魔进入新娘体内,使胎儿将来长大成为一个恶人。伊斯兰
教的很多传说中都包含有这种认识。而詹姆斯·弗雷泽则认为, 562
“这种习俗的用意,与其说是以婚后不圆房的假象来欺骗恶魔,倒不如说是给恶魔以充分的机会,让他趁新郎回避之时与新娘做爱。”[①]在此之前,冯·赖岑斯泰因男爵也曾做过类似的解释,而且言辞更为肯定。但是从现有的资料中,我却看不到这种说法有任何根据。弗雷泽引用了通俗拉丁文本《圣经》中所讲述的多比雅与撒拉的故事。而在七十子希腊文本以及以此为据的英译本中,都未曾提及禁欲 3 夜的事。弗雷泽说,在这个故事中,实行禁欲的目

① Frazer, *Folk-Lore in the Old Testament*, i. 520.

的是为了挫败怀有妒忌心的恶魔。这个恶魔已将撒拉从前的7个丈夫都杀死了，而且，如果她的第8个丈夫不及时接受警告，胆敢在婚后头3夜就行使其婚姻权的话，恶魔也要把他杀死。弗雷泽接下去写道：“按照这个故事的推论，多比雅只好自我禁欲，把自己的权利拱手让给阴间的对手。而恶魔在独自占有新娘达3夜之后，已心满意足，于是又把新娘交还其合法的丈夫，让他在有生之年占有她。”[①]不过，这个故事讲的是：多比雅在去伊克巴他拿的路上，有一条鱼要咬他，他遵照天使长拉斐耳的话，抓住这条鱼，并把它杀死了。天使不但嘱咐多比雅在圆房之前实行禁欲、起身祈祷，而且还嘱咐他把鱼心和鱼肝放到燃着的香火上，熏出烟来，把恶魔驱走。这个故事还说，恶魔一闻见这种怪味儿，就逃往埃及最边远的地方去了。天使在那里把恶魔紧紧捆住了。这一情节在希腊文
563 本中也可见到。正如弗雷泽本人所指出的，这一情节属于故事原本的内容。不过，既然多比雅在新婚之夜以这种方法驱走了恶魔，他怎么还会让恶魔独自占有新娘达3夜之久呢？我们可以设想，禁欲的做法可以是用以保护多比雅的另一项预防措施。男女结婚时，人们往往会用各种不同的方式驱邪辟邪。但是，我实在看不出禁欲的做法有邀请恶魔占有新娘的用意。

我同意这样一种看法：人类学家在探讨原始习俗的原因时，总爱做过多的推理。其实，许多习俗只是基于各种模糊的感觉，并不一定有什么明确的理念。说到性交，很多地方的人都认为，它与灾祸之间有一种神秘的因果联系，而新娘和新郎对于各种邪魔又无

① Frazer, *op. cit.* 519 *sq.*

防范能力,极易受到危害,因此,人们便认为,新人的交合是一件危险的事。而且,只要危险尚存,新人就应避免性交。至于说到这种危险的本质是什么,导致危险的邪魔又是什么,以及实行节欲何以能够避开危险,人们尽可以做出种种推测。但是,如果没有直接的证据,这些推测就都是靠不住的。因为各有关民族自己对于这些问题是否有明确的解释,都是值得怀疑的。

辟邪仪式在全世界的婚姻习俗中都占有非常重要的地位。这就提出两个有趣的问题:人们为什么认为新娘和新郎的处境会有危险呢?为什么认为新娘还会对别人构成危险呢?为了回答这两个问题,至少是就摩尔人的观念回答这两个问题,我曾将摩洛哥的 564
两种不同的结婚仪式做过一番比较:一种是男女双方均为初婚时举行的仪式;另一种是男女一方或双方为再婚时举行的仪式。通过这种比较可以发现,新娘和新郎是否需要举行驱邪辟邪仪式,往往只取决于其中一方的婚姻状况,而不是双方的婚姻状况。这里又有两种情况。在有些地方,只要新郎是初婚,就要举行这种仪式,而不管新娘是处女,是寡妇,还是离婚者;如果新郎已有妻室或曾有过妻室,则不论新娘的婚姻状况如何,仪式均可免除。在另一些地方,只要新娘是初婚,就要举行这类仪式,而不管新郎是初婚,还是续弦,还是娶二房;如果新娘是寡妇或离婚者,则不论新郎的婚姻状况如何,此类仪式均可大大简化,甚至完全予以免除。我们从以上这些情况中可以推断,即使有些用以驱邪辟邪的婚姻仪式是出于对初婚出血的恐惧,有些又是由于人们认为新娘会以女人之身并作为外来之人把邪气带到新郎家中,但就大多数情况来看,人们之所以要让某些人经历此类仪式,乃是出于这样一个事实:他

们都是初为人妇，或是初为人夫。他们正进入人生的一个新阶段。借用范·根纳普创造的一个术语来讲，婚礼便是一种“人生礼仪”
565 (rite de passage)。而一个人在进入一种新的人生状态时，或是在初次做某事时，都会被人看作是一个潜伏着危险的时刻。不仅结婚如此，而且其他很多事亦属此列。不过，我们还应再说明一点：就我们现在所谈的事而言，这种由婚礼所确认的结婚行为，因其本身的性质而使人们想象中的危险变得更大。正如我们在前面所看到的，有人将性交视为一种亵渎，而且在某些情况下，还视为导致灾祸的一种神秘原因。

笔者不揣冒昧地认为，以上所讲的这些，不仅适用于摩尔人，而且也大体适用于其他民族。遗憾的是，我们现在还缺乏就初婚与再婚所举行的辟邪仪式进行详细比较所需的材料。不过，我们常常听说，同处女结婚相比，寡妇或离婚妇女再婚时的仪式则较为简略。

在此之前，我们已对婚姻仪式做过一种分类，即把它分为驱邪辟邪的仪式和祈求实利的仪式。但是，我们也发现，在很多情况下，要想划出这样一条明确的界限是很困难的，有时甚至是不可能的。同样一件事，一种行为，有时可被看作一种辟邪措施，有时又可被看作是祈求福运的手段，有时则是两种意思兼而有之。即使某种仪式是以驱邪辟邪为其本意的，也很容易被人看作获取实利
566 的一种手段。另一方面，以获取实利为主要目的的仪式也可被人看作辟邪仪式。我们从某些婚庆活动中，即可看到这两种动机的交融。我们对这些婚庆习俗也应加以考虑。

值得注意的是，举行婚庆活动的时间都是经过选择的。很多民族都要通过占卜或其他方法选定适于结婚的时日，并把这看作一件至关重要的事。而人们之所以选定或避开某一时日，往往都是因为觉得这个时日吉利或不吉利，而与个人的情况没有多大关系。在爱尔兰，人们自古以来就一直认为，在秋季给庄稼打捆的时节，是不宜结婚的，否则，日后必将散伙。中国人和印度人都认为一年之中某几个月份是吉利的，这一点我们在前面曾有所提及。另一方面，他们也认为有几个月份是不吉利的。在中国，除非遇到极为紧迫的情况，否则，人们从来不在九月操办婚事，因为人们认为九月很不吉利。斯利曼爵士则写道：“印度教徒显然都不愿在雨季的4个月中为家人办婚事，因为这8000万人都相信，在这4个月里，宇宙间的大保护神要从天上下来看望牛公(Rajah Bull)，因 567
此不能亲自为人们的婚事赐福。”[①]罗马人认为，在5月和6月上旬办婚事是不吉利的。时至如今，或直至近代，在意大利、希腊、法国、苏格兰、德国和波希米亚，人们仍然忌讳在5月份办婚事。据说，在5月份办婚事，就会死人或是使人出现疯癫。在西西里岛和法国，8月份也是个不吉利的月份。据认为，谁要在这时候结婚，就会对别人总生有一种妒忌心。西西里人常说：“五月新娘会带来灾祸”；还说，“八月新娘不能入帷灶”。在撒丁岛，人们忌讳在7月份办婚事。[②] 犹太人则从来不在逾越节至五旬节之间结婚。亚伯拉罕斯先生认为：“这显然是罗马人不在5月份结婚这一迷信做法

① Sleeman, *Rambles and Recollections of an Indian Official*, i. 50.

② Faggiani, in Provenzal, *Usanze e feste del popolo italiano*, p. 232.

的一种变异形式。"[1]在摩洛哥，人们忌讳在伊斯兰教历的1月份结婚，至少那些王公们是这样。同样，埃及人也认为在这个月缔结婚约是不吉利的。

568 人们往往根据月相来选择办喜事的时间。爱沙尼亚人总是爱在一弯新月刚刚生成时结婚，因为他们认为，在这时结婚，会使婚姻幸福美满，会使妻子青春永驻。在瑞典的某些地方，人们认为在新月生成时结婚，婚后生活就会富足。在设得兰，新婚均始于新月生成之时，否则，婚后即会出现不幸。在奥克尼群岛，人们都是在月亮变圆时结婚，还有人要等到满月时才结婚。据信，月亮渐亏时结婚会导致不育。在苏格兰南部地区，人们同样也是爱在月亮渐盈时结婚，而在其他地方，人们认为在满月时办婚事会带来不好的后果。在德国的不少地方，人们都是选在月亮渐盈时结婚，这样，婚后就不会受穷；也有人在月圆时结婚，以求生活富足、圆满。古希腊人和古印度人也是在新月生成时结婚。缅甸的克钦人从来不在月亮渐亏时结婚，他们害怕因此而减损寿命。拉杰马哈尔山区的索里亚人认为，新婚夫妇如果在没有月光的黑夜圆房，婚后就可能无儿无女，还可能交上坏运，被病魔缠身。

569 人们办喜事，还要选择星期几。人们认为，在1个星期之中，有的日子是吉利的，适于结婚；有的日子是不吉利的，不宜结婚。不过，在不同的国家中，甚至在一个很小的地区内，这些"吉利"或"不吉利"的日子则是有所不同的。在条顿民族中，星期二和星期四曾被人们认为是适于结婚的好日子，有人现在仍旧这样看。据

① Abrahams, *Jewish Life in the Middle Ages*, p. 184.

迈耶说,因为这两天是专门奉献给蒂乌(Tiu)和多纳(Donar)这两位婚姻之神的。在德国,有些地方认为星期五是办喜事的吉日,而有些地方由于受了基督教思想的影响,则认为星期五是个不吉利的日子。还有人选择星期日结婚。在瑞典的不少地方,星期日已成为人们办婚事经常选择的日子。在苏格兰东北部,人们结婚多选在星期二或星期四,此外也有少数人选在星期六。在奥克尼和设得兰,人们办婚事一般都定在星期四。不过,在奥克尼,也有人 570
倾向于在星期五办婚事。这种情况在苏格兰也可见到。例如,在圣莫南斯,尽管人们一般都认为星期五是个不吉利的日子,但人们却很少在其他日子举行婚礼。根据英格兰人的传说,星期四结婚是不吉利的,这是因为雷神"索尔"(Thor)在某种程度上被人们认作恶魔;[①]此外,谁要是在星期五结婚,婚后就注定会吵闹不断。在伊丽莎白时代的戏剧中,新娘通常都是在星期日出嫁。杰弗里森在谈及这一习俗时,曾说:"在我国封建时代,以及在宗教改革后的很长时期内,星期日都是1周之中办婚事最多的1天。自伦敦各剧院在星期日关门停演之后,很长一段时期内,休息日这一天便成了伦敦社会各阶层举行婚礼的主要日子。"[②]在威尔士,人们则认为星期六是结婚的吉日。

在法国17世纪时,男人们总是忌讳在星期三这一天结婚,因为怕戴绿帽子。至今还有这样一句谚语:"结婚不在礼拜三,绿帽子不会戴头上。"[③]不过,在贝里,人们是说,男人要在星期四结婚,

① 在古英语中,"星期四"一词意即"雷神之日"(Thor's day)。——译者

② Jeaffreson, *Brides and Bridals*, i. 288.

③ Sébillot, *Coutumes populaire de la Haute-Bretagne*, p. 113.

迟早就会戴上绿帽子。在上布列塔尼,人们都不在星期四办婚事,因为星期四是恶魔娶其母亲的日子。至于对星期五的看法,无论是在法国还是在别的国家,人们的意见都很不一致。有些地方常在星期五办婚事,而有些地方则认为星期五办婚事不吉利。据梯
571 也尔说,17 世纪的人也是这样来看的。在意大利各地,人们普遍忌讳在星期五和星期二举行婚礼。据认为,诅咒的话在这两天总是特别灵验。有谚语说:“星期五,星期二,不结婚,不外出。”[①]在西西里和皮德蒙特,星期日是人们结婚最爱选择的日子。在现代希腊,人们一般都是在星期日办婚事,东南欧其他地方也是如此。

在犹太人中,婚礼不得在安息日或节假日举行,除此之外,在一周内的任何一天都可举行。在穆斯林中,新郎常常在星期五的前夜迎娶新娘。星期五是他们的安息日,而这前一夜则被视为福星高照之夜。在摩洛哥的某些地方,人们也把星期日看作适宜开始婚姻生活的日子,因为星期日是一周之始。在摩洛哥的其他地方,也有认为星期一是最适宜结婚的。在摩洛哥,星期日还被认为
572 是最适宜开始秋耕的日子。在有些部落中,人们认为星期四和星期一也同样适于开始秋耕。在苏门答腊中部的宽坦地区,人们也愿意选这 3 天办婚事。在达荷美,人们通常都是在星期日办婚事。

此外,还有选择日期的问题。有的日期是人们忌讳办婚事的,而有的日期则被视为结婚的吉日。在古罗马,敬先节期间(2 月 13 日至 21 日),以及每个月的第 1 日,3 月、5 月、7 月、10 月的第 7 日和第 15 日,其他月份的第 5 日和第 13 日,均为结婚娶亲的忌日。

① Bustico, in Provenzal, *op. cit.* p. 21.

布兰德说，在英格兰，人们从来不在婴儿蒙难节这一天结婚，因为“对于那些急着办婚事的有情人来说，这是一个不吉利的日子。”[①]在约克郡的赫尔姆斯利，人们有一种信仰：在圣多马节办婚事，妻子很快就会守寡。但是林肯郡的情况则与此相反。那里的人们把这一天看作结婚的吉日，因为这一天不像平常那样，给人们留有那么多反悔的时间。在邓弗姆林，一年的最后一天——除夕，被人们视为结婚的大吉大利之日。

不过，这里还应当再说一点，即：人们之所以选择在某一时日办婚事，可能并不都是出于迷信。在摩洛哥的杜卡拉，人们都是在满月时办婚事。当地人告诉我，这是为了不受强盗的侵扰。在摩洛哥，我从未听说过月相与办婚事之间的任何迷信说法，而对于强盗的恐惧却一直藏于人们心中。因此，我没有任何理由对上面那种解释的准确性表示任何怀疑。在《密西拿》中，结婚日应是星期

三或星期四，而犹太人在中世纪时则特别愿意在星期五办婚事，这 573
与《塔木德》对此问题的规定是完全抵触的。但是，正如亚伯拉罕斯所指出的，选择在星期五办婚事有其明显的方便性。星期五与作为休息日的安息日是挨在一起的，而安息日又不能办婚事。此外，在星期五办婚事，还使人们得以将婚庆活动与第二天的犹太教礼拜活动结合起来。这样，星期五就成了特别适宜办婚事的日子。正因为如此，中世纪的权威机构虽然对这种做法感到遗憾，但却不曾认真想办法改变这种状况。在瑞典的哥德兰，上一世纪已将结婚日由星期四改为星期五。据利特伯格的说法，这样做是为了使

① Brand, *Observations on Popular Antiquities*, pp. 290, 397 *sq.*

婚庆活动不致中断。因为在那里，婚庆活动要进行3天，其中须包括星期日。是日，客人们还要陪新婚夫妇去教堂。不过，到了后来，婚宴的时间缩短了，因此，星期六取代了星期五，成为大多数哥德兰人办婚事的日子。此外，还有很多人愿意在星期天举行婚礼，这除了因为星期天是每周一次的闲暇假日之外，显然还由于当地人有在教堂举行婚姻仪式的习俗。在某些事例中，人们之所以觉得某个时日对于办婚事来说“吉利”或“不吉利”，很可能是因为人们一般都选择这些时日，或者一般都不选择这个时日。这完全是出于方便，而不是出于迷信。

除了纯巫术性质的婚姻仪式之外，还有宗教或半宗教性质的婚姻仪式，多由祭司来主持。举行这类仪式，有的是为了达到某些特定的目的，诸如子孙繁衍，后继有人，不过，大多还是为了给新婚
574 夫妇祈福消灾。这类仪式在未开化民族和文明民族中都可见到。

在非洲的某些部落中，人们要在婚姻仪式上给祖先的亡灵或自己所崇拜的某一偶像供奉祭品。在非洲东南部聪加人的姆富莫氏族中，新娘的父亲要站在新娘和新郎的身后，举行一种宗教仪式。他要向天神，即祖先的亡灵祈祷，祈求他们随时随地陪伴和照看自己的女儿。父亲还要向女儿祝福：“祝她能够再建一个村子，祝她多儿多女，祝她幸福、美满、有好报，祝她将来和人们相处得和和睦睦。”[①]在马达加斯加各地，都有这样一种习俗：在新娘离开娘家之前，父母要为她祝福，祈求神灵和祖先保佑她幸福、长寿、富

① Junod, *Life of a South African Tribe*, i. 111 *sq.*

有、多儿多女。在毛利人中，贵族结婚都要大摆宴席，席间要由祭司给新人做祈祷，以保佑他们身体健康、生活幸福、平平安安，并祝妻子多儿多女，顺从丈夫。在塔希提，待结婚的准备工作都安排好之后，男女双方又回到庙里。这时，祭司通常都要这样问新郎："你不会抛弃自己的妻子吧？"新郎答道："不会。"然后，祭司又转向新娘，问以相似的问题，并得到同样的回答。然后，祭司就对他们俩说："如果你们两人都能这样做，生活就会幸福美满。最后，祭司以新婚夫妇的名义向神祈祷，求神保佑他们相亲相爱，得到婚姻所赋予的幸福。"[①]在吕宋岛的伊戈罗特人中，结婚仪式由女祭司主持， 575
她要在男女双方的所有亲属面前，向祖先的亡灵祈祷。在棉兰老岛的巴戈博人中，一位女萨满"要在地上铺一块席子，又在席子上摆放上很多珍贵的物品，然后把所有这些东西都供奉给亡灵，为的是让亡灵感到高兴，以赐福于新人，使他们长寿、富足，相依为伴。最后，她把一碗米饭放在席子上，先供奉给亡灵，然后摆放在新郎和新娘之间"，让他们两人相互喂食[②]。卡西人举行婚礼时，要举行繁杂的宗教仪式，乞求创世之神和立国之神保佑，特别是乞求氏族的祖先保佑。在准塔人和加罗人中，祭司也要请神来保佑男女之间的结合。

在古印度，人们举行婚礼时，要向各种神灵祈求保护。不过在婚礼上，占主导地位的还是巫术的成分。在现代印度人中，除低等种姓之外，一般都要请一位婆罗门僧侣出席。人们把这看作是确

① Ellis, *Polynesian Researches*, i. 271.

② Cole, in *Field Museum of National History*, *Anthr. Ser.* xii. 101 *sq.*

认婚姻有效性所不可缺少的。在拜火教徒中,结婚仪式是由两位祭司主持的。其中较年长的一位要为新婚夫妇祝福,他请阿胡拉·玛兹达赐给他们“子孙后代、丰厚的财产、牢固的友谊、强健的身体和150岁的长寿”[①]。宗教性的婚姻仪式也曾出现于古希腊。
576 那时,新娘要把少女时代的玩具和其他礼物,特别是刚刚剪下的处女长发,供奉给主管男女婚姻的诸神。在罗马的“共食婚”(confarreatio)即前面所提到的贵族婚礼中,人们要用小麦(far)做成的糕饼供奉谷神。在这一历史时期,人们举行婚礼时还用动物作祭品;但是,我们不清楚这些祭品是供奉给什么神灵的,甚至不清楚这是不是供奉给神灵的。一般来说,古代印欧民族婚姻礼仪中的宗教成分,被早期作者过于夸大了。他们将巫术仪式与神灵崇拜混为一谈,因而把很多纯巫术仪式解释为宗教崇拜。

基督教的创始人对于婚姻礼仪并未做出任何特别的规定;不过,人们历来认为,基督徒的婚姻仪式自古就伴有相应的宗教崇拜活动。其实,纵观基督教创始人自公元3世纪中叶以后的记述,可以得知,未经任何正式祝祷仪式而缔结的婚姻确实存在,但教会对此是不表赞同的。而且,自圣保罗提出“圣事为大”(Sacramentum hoc magnum est)以来,虽然婚姻乃圣事这一教义已逐渐形成,并于12世纪得到教会的完全承认,但是未经祝祷仪式的婚姻,在教会中仍被视为有效。直至1563年,特兰托会议才规定:今后结婚,须经祭司主持,并有2至3人作见证,方得有效。

577 路德曾经提出,一切婚姻事宜都应属于法律,而不应属于教

① Mary Billington, *Woman in India*, p. 85.

会。但是,他的这一主张当时并未被新教国家的立法者所接受。婚姻虽不再被视为圣事,但仍旧被看作神所创的一种制度。举行宗教性婚礼,不仅是罗马天主教徒的义务,同样也是新教徒的义务。

首先在婚姻方面导致变革的,当推法国革命。1791 年 9 月 3 日颁布的宪法在其第 7 条第 2 款中宣布:"法律视婚姻仅为契约性民事,立法机构对所有居民在出生、结婚乃至死亡方面均无例外地确立了必须遵守的规范,以及有关官员公正执法的守则。"[①]如果当事双方认为适宜,也可在此义务性民事行为之外,增以宗教性祝祷仪式。从此以后,民事婚姻便在大多数欧洲国家的立法中渐渐取得立足之地。不过,在其中很多国家,如在英国,当事双方可根据自己的意愿,或选择宗教仪式,或选择民事仪式。根据法律,这两种仪式具有确立婚姻的同等效力。

在信奉基督教的国家中,婚礼的宗教仪式具有法律上的重要性,而这种情况在犹太教和伊斯兰教的法律中则是没有的。虽然犹太教法律也把婚姻看作神所创设的制度,但是不举行祝祷仪式,婚姻仍可有效。无论是在《圣经》中,还是在《塔木德》中,都未曾提到要由祭司主持祝祷仪式。至于犹太教拉比出席婚礼的常规,最早也不过是 14 世纪的事。伊斯兰教法典也未提出,缔结有效婚姻,一定要举行宗教仪式。从各种情况来看,是否需要举行宗教仪式,完全听由婚礼主持人的安排,因此并没有什么统一的规定。

① Glasson, *Le mariage civil et le divorce*, p. 253.

578 但是，祭司在基督教婚姻仪式中的职责，并不仅仅限于主持婚礼。从罗马天主教的仪式来看，祭司还要为婚床祝福，而这一仪式则被视为最重要的一项婚姻仪式。例如，在教皇时代的英格兰，只有在祭司为婚床祝福之后，新婚夫妇方可圆房。杰弗里森曾说过："在举行婚礼的这天晚上，新婚夫妇须端坐在婚床上，参加婚礼的宾客则聚在一起，再一次将新人托付上天照顾。这时，就会有一位或数位祭司走进这挤满人的洞房，随行的还有若干襄礼员，手持点燃的香炉，前后摇动。祭司是来为婚床和床上新人以及床下一个带脚轮的小床进行祈祷的。同时，祭司还要用圣香来熏洞房。"此外，新婚夫妇还被洒以圣水。[①] 教士们很清楚怎样从这一习俗中获取收益，这从一份手稿中即可看出。据载，"新婚夫妇行完婚礼，还必须等到午夜过后(否则就要花销一笔可观的费用)，才能举行祝祷仪式；而不举行这种仪式，新婚夫妇是不敢脱衣上床的，违者会被逐出教门。"[②]这一仪式的目的，一方面在于祝福新婚夫妇长寿、多儿多女、万事如意；另一方面也是要为他们消灾辟邪。这一点可以从索尔兹伯里大教堂的规定中看出，其中列有这样的条文："上帝，请您为这婚床和生活在这张床上的人们祝福，让他们处在您的仁慈中，享受您的祝愿；生活在您的爱中，白头偕老，永远相伴。您保护以色列人，也请保护您的生活在这张婚床上的仆人安
579 睡，使他们不受各种妖孽的虚幻魔影的侵扰。"[③]说到这里，我们还可以再简单地谈谈苏格兰的一种古老习俗。根据这种习俗，"主持

---

① Jeaffreson, *op. cit.* i. 98.

② Brand, *Observations on Popular Antiquities*, p. 403.

③ Douce, *Illustration of Shakespeare*, p. 123.

婚礼的教区牧师在完成其主婚职责之后,都会立即提出要同新娘接一个响吻,并将这看作是自己不可转让的特权。"人们坚信,新娘日后的幸福就寓于和牧师的这一吻之中。[①]

到现在为止,我们所讨论的这些结婚仪式,主要追求的都是结为夫妻关系的两个人的幸福。因此,这类仪式构成全部婚姻礼仪的核心,而且,毋庸置疑,大多数婚姻礼仪也均属此类。但是,与此同时,也有不少仪式则是涉及他人的。在祈求生育的仪式中,以及在其他一些仪式中,人们所关注的就是未来的子女。再者,如果说某种仪式对于确认男女结合的有效性实属必要的话,那么,这种仪式的举行也会大大影响到子女的权利与社会地位。而且,婚姻关系的确立还意味着男女两方中的任何一方都与另一方的家人或其所属的社会群体结为新的关系,而这一点也会在婚姻礼仪中有所反映。

新娘来到新郎家居住以后,便会同新郎一家人,特别是新郎的母亲形成密切的接触。有些婚姻仪式就产生于这样的关系。正如我们所看到的,新娘往往受到婆婆礼仪性的迎接。在罗马涅,新娘来到新郎家后,婆婆即会将家中的钥匙送给她,并称她为"家中的女主人",还会亲一下她。在卡林西亚的斯洛文尼亚人中,新娘来到新郎家后,要在桌子旁边坐下。这时,有位妇女便把两个杯子放在桌上,让新娘和婆婆同饮。新娘还要往自己的杯子里扔进几枚钱币,作为礼物送给婆婆。在保加利亚,新娘来到新郎家的门口

① Simpkins, *County Folk-lore*, *Vol*. vii. Examples of printed Folk-Lore concerning Fife, with some Notes on Clackmannan and Kinross-shires, p. 164.

580 时，男方的家人就要送给她一些蜂蜜，然后，新娘就将蜂蜜抹在她要跨入的门槛上。这样做，“为的是让新娘能够喜欢这些新结成的亲戚”[①]。在非斯，在女方家人接受提亲之事后数日，男方家中或亲属中的8至10位女眷，其中也包括男方的母亲，就要前去拜访女方的母亲。女方的母亲则用茶饭、蜂蜜款待来人。有人告诉我，母亲用蜂蜜款待亲人的目的，是要使男方一家觉得自己的女儿很“甜美”，这样，他们日后就不会发生争吵。在摩洛哥内地讲阿拉伯语的一支山地部落——楚尔人中，给新娘涂抹红色染料那天，新娘的父亲要专门宰杀一只羊。羊被宰杀以后，新娘的母亲便取出羊的右眼。待羊眼干后，人们把它碾成粉状，再拌以各种调料，加入女方招待新郎一家所吃的食物中，“这样，他们就会以充满深情的眼光来看自己的女儿了。”在艾特尤西人中，人们要把一个椰枣或一粒葡萄干放入新娘右脚所穿的鞋中，“这样，新郎一家就会喜欢新娘了。”在同一部落中，新郎的母亲把一种叫“塞克苏”的食物放在自己光着的右腿上，让新娘吃。新娘咬下3小口，同时还要轻轻地咬一咬婆婆。人们告诉我，这样做可以使这两个女人和睦相处。在中国，婚后第3天有一种叫“洗脚”的仪式，即新娘要给婆婆洗脚。人们把这种仪式作为一种象征，显示从此以后，婆婆将不会因家中之事而烦心。

在从事畜牧业的班尼奥罗支系中，“新娘结婚后要和新郎的父母住在一起，而他们也把新娘当作自己的女儿。她先要坐在婆婆的腿上，然后还要坐在公公的腿上。”在新婚隔离期过后，新郎要带

---

① Piprek, *Slawische Brautwerbungs-und Hochzeitgebräuche*, p. 145.

新娘回访新娘的父母。他只能作为女方父母的儿子进入女方家中。而要成为他们的儿子,就必须先坐在岳母的腿上,再坐在岳父的腿上。[1] 在不列颠哥伦比亚地区斯特拉特隆部落的普通人中, 581
如果一个年轻人想娶某个女子,并得到女方家人的首肯之后,他就要去女方家中进行拜访。“他进门时,会受到女方一家的欢迎,并被邀请同全家一起坐下,其位置和新娘坐处紧挨在一起。新郎同女方全家人正式围坐在一起之后,这桩婚事就算确定了。”此后,新郎至少要和岳父一起住上 4 天,不过,有时在 4 天之后还得再住上一段时间。“女婿在举行了这种加入女方家庭的仪式之后,就得到了在女方家中做儿子的各种权利,而且,他的后代不仅被视为男方一家的成员,同样也被视为女方家中的成员。”[2]在不少民族中,新婚夫妇在举行完婚礼之后,或迟或早都要对女方父母进行仪式性的拜访。摩洛哥的某些部落也有这种情况,而且在拜访时,新郎还要送给他们一些食物,并亲吻他们的头额。

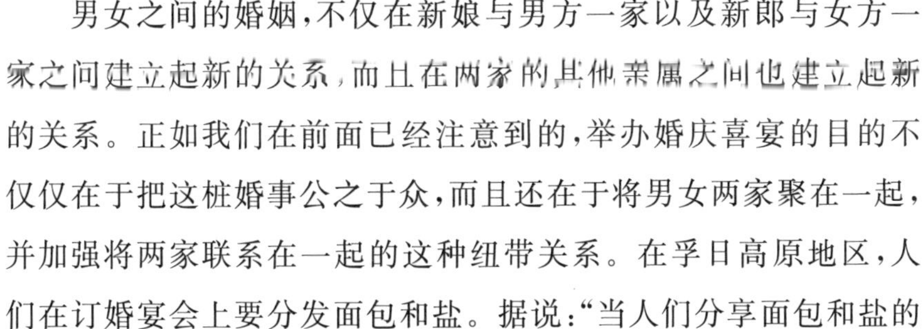

男女之间的婚姻,不仅在新娘与男方一家以及新郎与女方一家之间建立起新的关系,而且在两家的其他亲属之间也建立起新的关系。正如我们在前面已经注意到的,举办婚庆喜宴的目的不仅仅在于把这桩婚事公之于众,而且还在于将男女两家聚在一起,并加强将两家联系在一起的这种纽带关系。在乎日高原地区,人们在订婚宴会上要分发面包和盐。据说:“当人们分享面包和盐的

---

① Roscoe, *Northern Bantu*, p. 40.

② Hill Tout, ‘Report on the Ethnology of the Stlatlumh of British Columbia,’ in *Jour. Anthr. Inst.* xxxv. 132 *sq.*

时候，所有的人均处于同一气氛之中，简直就是一家人。”[①]在雅库特人举行的婚礼上，也有如下的仪式：“新郎的父亲挑拣一块肉，拿在手里，高高举起，讲上一番十分得体的话，再将手中的肉送给新娘的父亲。接着，新郎的父亲再依次对新娘的母亲、其他亲属及新娘氏族的要人如此重复一番。然后则轮到新郎的其他亲属向新娘
582 的父母和亲属致意。所有讲话都是这样一个意思：‘我们现在已经结为亲戚了，以后要相互友善，和睦相处。’”[②]

新娘通过加入新郎一家及其所在的社区，也就同他们的精神崇拜物建立起联系。在中国，新娘进门后的仪式就是从拜丈夫家的列祖列宗开始的。拜完祖宗之后，还要拜天地。然后，“新娘在丈夫的陪伴下拜见公婆。新婚夫妇须下跪、磕头，以表孝敬之意。……第 2 天，新娘还要去见男方的所有亲戚、好友，其场面照例都是十分隆重的。在所有这些仪式都完成之后，新郎和新娘一起去拜访女方的父母。届时，在男方家举行过的各种仪式还要在女方家再举行一次，具体方式也一如以往，所不同的只是不再拜天地。”[③]在古罗马，新娘出嫁时要带上 3 枚钱币，1 枚送给丈夫，1 枚放在灶台上，还有 1 枚要扔在最近的一个路口。福勒先生说道：“新娘这样做，似乎是给丈夫的守护神、灶台的精灵和家庭田产的守护神献上一份供奉。而后者就住在路口的小庙里。”[④]在南斯拉夫各民族中，时至如今，新娘还常常要向丈夫家的灶台供奉一枚钱

---

① Sauvé, *Le Folk-Lore des Haules-Vosges*, p. 83.

② Sieroshevski, “Yakuts”, in *Jour. Anthr. Inst.* xxxi. 82.

③ Chen, *Patriarchal System in China*, p. 4.

④ Fowler, “Marriage (Roman),” in Hastings, *op. cit.* viii. 465.

币。在芬兰的阿兰德群岛上,住着一些讲瑞典语的人。在他们那里,新娘到达新郎家后,便要往壁炉里扔一枚钱币,也有的是将一枚银币压在前门的石阶下或插入室内的地板缝隙中,以此“贿赂”家中的神灵。在爱沙尼亚,新娘来到新郎家后,即被领往家中各处以及家中的马厩和花园。每到一处,新娘都必须扔下 1 段丝带或 583
1 枚钱币,此外还要将钱币投入井中和火里。在现代希腊,新娘在婚后的第 3 天,要由另一些已婚妇女带着,去这家人提水所在的泉边或井边。新娘先从泉边或井边打些水喝,再往水里扔几枚钱币和一些食物,然后便同其他妇女一起围着泉眼或水井跳舞。在摩洛哥的安杰拉,新娘到新郎家后第 7 天的晚上,要带上婆婆 7 天前送给她的那个面包,悄悄来到家人打水的泉边,一路上要撒下一些面包屑,接着还要在泉眼边摆放一些,最后再把剩下的投入水中。新娘一边扔面包屑,一边还要说:“土地的诸位主人啊,我是上帝请来的一个客人,是你们这里的客人。”由于新娘初到此地,因此她总是希望得到此地神灵的保护。第 2 天一早,太阳还没出来,新娘就要由小叔子陪同,到村中保护神所在的圣所,或是离家较近的一座庙宇,随身带有 1 只鸡、1 枚钱币、1 个面包和几炷香。她对保护神说:“我的神明老爷,我是上帝请来的一个客人,是你们这里的客人。”由于新娘初到此地,她可能还不知道这位神明的尊姓大名。接着,小叔子将鸡宰杀,供奉神明,杀鸡刀以及面包和钱币也留在庙中。

在同一部落中,新娘进入新郎家的第 7 天晚上,还要喂家里的狗吃 7 片面包。面包要放在自己的脚面上,一片一片地喂狗吃,以便让狗以后能够善待自己。在艾特瓦兰人中,新郎的母亲要把水

架在烧火石上，给新娘洗右手和右脚。洗完之后，便把水洒在牛羊
身上，为的是让新娘对家中的牲畜有感情。在瑞典的德尔斯波，如
果新婚夫妇日后想住在一起的话，婚礼就要在新郎家举行。而新
584 娘在从教堂回来之后，先要到牛棚去，给每头牛喂1片面包或其他
什么吃的，以便日后和牛一起交上好运。此外，新娘还要去马圈，
给马喂一些吃的。然后，新娘还要到厨房和食物储藏室看看，这
样，以后就不会愁吃的了。在德国的某些地方，新娘也要到牛棚
去，给牛喂一些吃的，祝牛交上好运。

婚姻的含义还不仅仅在于男女双方与对方的家人、亲属和所
属的社会群体建立了新的关系，婚姻往往还意味着，其中一方通过
住处的改变；实际上已转入对方的家庭群体之中。此外，婚姻还意
味着人们在社会组合上的其他一些变化，例如，每一方都从一种社
会群体过渡到了另一社会群体，即，新郎从单身群体转入已婚男子
群体，新娘从少女群体转入已婚妇女群体。这种社会重组现象在
婚姻礼仪中也有所表现，例如，新娘的头发要梳成已婚妇女的样
式，或礼仪性地扮成已婚妇女的样式；再例如，新娘要先和未婚女
子一起跳舞，再同已婚妇女一起跳舞；新郎要先同单身男子一起跳
舞，再同已婚男子一起跳舞。有时，在这种社会重组中，还会发生
假装的打斗现象，就像把新娘抢到新郎家时发生的假装打斗一样。
585 在丹麦、瑞典以及芬兰讲瑞典语的社区中，农民举办婚礼时，都有
这样一种非常普遍的现象，就是单身男子和已婚男子互相争夺新
郎，未婚女子和已婚妇女互相争夺新娘。在某些斯拉夫人中，也可
见到类似的习俗。在摩洛哥，已婚男子总是要用各种打斗的手段，
以图抢到新郎，或是抢走他的什么东西。而村里的未婚男子则时

时围在新郎的身旁，对他加以保护。同样，村里的未婚女子也要围在新娘的身旁，时时刻刻形影不离，以免已婚妇女乱动她的东西。不过有时，未婚男子也要打新郎，这时，新郎则由男傧相加以保护。虽然未婚男子打新郎的目的据说是为了驱除他身上的邪气，但另一方面，这也可能是对他的一种礼仪性的惩罚，因为他背弃了自己的同伙。

婚姻礼仪固然是以新娘和新郎为中心展开的，但是婚礼中也有一些仪式，与当事人及其亲属的利益并无关系，而是为了给另一些人带来幸福。在摩洛哥，人们认为新娘和新郎身上都带有一些圣气，于是，在有人举行婚礼时，一些与当事人毫无关系的人也要赶来参加，为的是得到某种利益。例如，常有这样的事：当新娘被接往新郎家时，有人会给新娘端上一些牛奶。新娘把手指在奶中浸一下，或者是喝下一点后再在余下的奶液上吹一吹，以便把自己的圣气传到牛奶中。然后，人们便把这奶对以别的牛奶，作为辟邪的护符，要么就是把这奶倒入黄油搅拌器中，以便使做出的黄油更多一些。人们还往新娘出嫁时乘坐的坐椅上抛撒面包屑或干果。586
这些东西落到地上之后，就有人过来捡拾，然后放入场院的谷堆底下，希望自己多打些粮食。有时，新娘也将人们给她的大麦向人群撒去。人们抢到之后，便把它和自家的大麦混在一起。新娘从娘家带来的烤大麦也要在婚礼上分发给宾客，因为人们认为这种东西是充满圣气的。此外，在新婚夫妇圆房之后，人们还要再来看看新娘沾有处女血的衣物，并用它来擦眼睛。据说，这血迹也含有圣气，且有明目的作用。

人们期待着从婚礼中得到各种好处，其中还有一种也是与这种喜庆活动密切相关的。人们出于一种自然的联想，常常把一对新人的婚礼看作其他青年男女喜结良缘的潜在诱因。在摩洛哥，在人们为新娘涂棕红色染料之前，先要由 7 位少女把她带到泉边，往她身上浇水，给她洗澡。少女们希望通过这种活动，使自己沾上喜气，也能早日出嫁。人们还要在盛放棕红色染料的碗里放一个鸡蛋，新娘的某个女友如想尽快嫁人，她就会马上把这个鸡蛋抢过去吃掉。如果新娘家中还有尚未出嫁的女孩，那么，在新娘出嫁离开娘家时，人们就会叫新娘“拽一下她的脚”，帮她找个婆家。当男方派人去女方家中接新娘时，骡背的座鞍上常乘有一名未婚男子，为的是沾上喜气能早日娶亲。还有些地方，当新娘到了新郎家，被人从马上接下来之后，就会有一名单身男子再骑到马上，出去走上一圈，其用意也是企盼早日成亲。

在布列塔尼，新娘到达新郎家后，要将人们沿途送给她的面包和黄油，分发给护送她的年轻人。这些人一接到后，便匆匆吃下，
587 希望由此能够在年内成婚。新娘还要将花冠上的饰针分给未婚的男女青年，据信，这些饰针也能起到类似的作用。在伍斯特郡，据说哪个女孩要是能从新娘的面纱上取下一枚饰针，自己也就能很快做新娘。在诺森伯兰，结婚戒指在晚上要投入到盛牛奶酒的桶中。随后，立即便有未婚女子抢先摸找。谁最先找到，谁就能最早结婚。出于同样的目的，新娘本人或新娘的一位伴娘还会将新娘左腿上的长筒袜脱下，向屋里的年轻人用力抛去。袜子落在谁身上，或者谁抢到了袜子，谁就会成为紧接着结婚的人。这一习俗不仅在英格兰，而且在苏格兰和爱尔兰也都出现过或仍在流行，只是

具体做法稍有不同。在加登斯顿,则是新郎脱下一只长袜,向众人
抛去,由其争抢。不过在有些地方,“新娘的袜子要由小伙子脱,新
郎的袜子要由姑娘们脱。年轻男女依次坐在床脚下,用力将袜子
高高抛出,想让袜子落在新娘或新郎身上。如果哪个姑娘能把新
郎的袜子扔在新郎的头上,就表明她能很快结婚,同样,如果哪个
小伙子能把新娘的袜子扔到新娘的头上,也可有类似的预示。”①
在阿伯丁郡和设得兰,当新郎在水盆中洗脚时,有人会往盆里扔一
枚戒指。洗脚仪式结束后,人们便争相去捡戒指。谁捡到了,谁就 588
会成为最早结婚的人。在英格兰北部各郡,人们把同新娘或新郎
擦一下肩看作能够很快结婚的征兆。此外,哪个少女要是能得到
一块新娘离开餐桌时切下的奶酪,她就能在全体宾客中成为下一
个新娘。布兰德说,在英格兰北部,甚至在整个英格兰,“人们从结
婚蛋糕上切下 3 小块,也有说是 9 小块,用结婚戒指一一穿过结婚
戒指,然后放在年轻人的枕下,为的是让他们能够梦见自己的情
人,或者能够激励他们做一些预示着恋爱与结婚的美梦。”②这一
习俗在该国的某些地方仍然存在。在约克郡的霍尔德内斯,有这
样一种婚俗:“新娘新郎从家里出来后,人们照例朝他们身后扔过
一定数量的旧鞋。这时,一些年轻人便立即冲上前去,每人手中都
持有一个茶壶,他们将滚开的茶水倒在门口的台阶上,据说,这样
做,不久之后就还会有人紧跟着娶亲结婚。”③

瑞典有一种很普遍的婚俗,叫做“让新娘的花冠跳下来”。这

① Brand, *op. cit.* p. 400.

② Brand, *op. cit.* p. 396.

③ Mrs. Cutch, *County Folk-Lore*, vol. vi. East Riding of Yorkshire, p. 129 *sq.*

一习俗在具体做法上有所不同，但下面的描述所反映的则是各地的一般做法：首先，新娘的眼睛被人们蒙起来，接着，在场的女孩子们便围着她跳起圆圈舞。这时，新娘将头上的花冠摘下随便戴在某个少女的头上。人们认为，哪个少女要是获得这个殊荣，就能紧接着成为新娘。然后，这个少女再把花冠戴在第2位少女的头上，
589 如此接续下去，直至人人都戴过花冠。这时，人们把新娘抬到一个椅子上，又把椅子抬起来，举至伙伴们的头顶之上。在众人的欢呼雀跃声中，新娘喝下一杯喜酒，其含义即是“祝所有的少女都能很快成婚”[①]。

欧洲人举行婚礼时，人们通过与新娘新郎本人或他们穿用过的东西发生接触，不仅希望能够很快结婚，而且也希望得到各种好运气。戴利埃尔曾对苏格兰人的一些迷信做法作过描述，他写道：“人们设想，如果能得到新婚夫妇的某件衣物，就能交上好运。”有时，当人们还未离开教堂时，就已经开始争抢新郎的手套了。[②] 在约克郡，当新娘参加完婚礼，又回到娘家时，客人们便争着让新娘首先吻一下。当地人认为，新娘先亲了谁一口，谁就能交上特别好的运气。在苏格兰的某些地方，婚礼仪式结束之后，新娘要在一群少女的陪伴下，围着寓所走一圈，并亲吻遇到的每一个男子。同时，还有人拿着一个盘子跟着走，人人也都往里放一些钱。在布尔日，有一种习俗：新娘从教堂出来之后，要不分亲疏地拥抱在街上遇到的每一个人。在马尔凯省，据说则是在婚姻仪式前这样做。

---

① Lloyd, *Peasant Life in Sweeden*, p. 27.

② Dalyell, *The Darker Superstitions of Scotland, illustrated from History and Practice*, p. 292.

在瑞典乡间举行的婚礼上,新娘照例要同所有的男宾跳舞,而新郎也往往要同所有的女宾跳舞。前一种习俗在欧洲其他地方也可以 590
见到。而在德国的某些地方,以及在斯洛伐克人中,每一位同新娘跳舞的来宾均须付给新娘一些钱。

据说,在古代的纳萨莫尼亚人以及其他一些古代民族中,新娘在新婚之夜曾被视为一种共有的财产。哈特兰博士于是便将新娘与男宾跳舞并亲吻男宾的做法,与这种古代习俗联系起来,并断言:这些情况表明,在欧洲各国的先民中,曾流行过群婚的习俗。但是,如果把今人同新娘接吻、跳舞的权利,解释为古代新娘共有制的一种遗存形式,那么,我们从瑞典、丹麦的司祭教士有权同新娘首先跳舞这一习俗中,以及从苏格兰教区牧师有权得到新娘初吻这一情况中,又应当得出什么结论呢?此外,我们还应记得:新娘也同所有女宾跳舞,而新郎也同所有男宾跳舞;有时,新郎甚至还同他的单身男友一一吻别。欧洲人在婚礼上的这种仪礼性跳舞与亲吻,可能在不同的地方有不同的用意。但是,那种原始的共有婚制度在英雄时代的印欧各民族中均不曾有过,至于它在史前时代的存在,则完全是一种猜测。在我看来,从今天的习俗中竟能看出一种不曾有过的原始婚姻制度的痕迹,这实在是方法论上的一种错误,而这种错误则是使很多研究古代社会的学者误入歧途的主要原因。

参加婚礼的人们不仅想从中得到各种好处,而且,如同当事人一样,他们还必须采取一些驱邪辟邪的防护措施。在摩洛哥的某些地方,新娘新郎所采用的某些辟邪物,其朋友亦须采用:守在新郎身边的男傧相或村里的小伙子也要在自己的手上或衣服上抹一 591

些棕红色染料，并用锑涂画眼睛，用胡桃根涂画嘴唇；而守在新娘身边的女伴，甚至出席婚礼的所有妇女，也都要涂用新娘所涂用的一些东西，诸如藏红花等。在这种情况下，我们很难说清这究竟是一种模仿，还是一种自我防护。不过，人们似乎会有这样一种想法：同新娘新郎过往甚密的人也会面临一定的危险。曾有人明确地告诉我，在新娘被抬入新郎的帐篷之前，新郎的男友们之所以要在新娘身边放枪，就是为了防止她身上的邪气传到自己的身上。婚礼上的打斗仪式对于所有参与者来说，可能也含有驱邪辟邪的目的。有时，人们在这种场合还使用动物的粪便，还有些参加婚礼的宾客则是相互在脸上抹一些粥。据信，这些东西都具有驱邪的作用。在有些民族中，在婚礼中穿戴异性服装，扮成异性模样的，不是新婚夫妇本人，而是陪从。这样做的目的，可能也是在于自我保护。

1000

综观许多不同民族的婚姻礼仪，我们可以看出，这些仪式并非空洞的形式，而是据信可以对个人、家庭乃至整个社区的幸福产生很大影响的活动。有些婚姻仪式显然可以被看作历史的遗留物，反映出以往缔结婚姻时偶尔采用或惯常采用的一些做法。有些仪式正如我们在前面所指出的那样，反映出一种赤裸裸的抢婚遗迹。
592 在另一些婚姻仪式中，则保存着有偿婚姻的某些遗迹。不过，一般说来，婚姻礼仪在研究早期婚姻形式或两性关系上所具有的重要作用，被人们过于夸大了。不少婚姻仪式都或多或少地积淀了人们的各种心态，诸如性羞怯、伤感或愠怒；而有些则表现了人们的欢乐之情或性兴奋情绪。跳舞和性放纵即属于这后一类。在世界许多地方的婚庆仪式中,跳舞都是一种常见的活动;有时,还常常允许客人们纵情于声色之中。不过,跳舞作为一种婚姻礼仪,在某些地方还可能具有某种象征意义或巫术意义,一般都是作为祈求兴旺发达的一种方法。至于婚礼中宾客的性放纵,从模拟巫术的原则来看,则可能是帮助新婚夫妇达到生育目的的一种手段。

尽管婚姻礼仪往往被人们赋予十分重要的意义,但是,据说也 593
有不少民族并无此类仪式。这种情况以美洲和澳洲的部落最为突
出,不过,也可见于南太平洋中的很多岛民以及亚、非两洲的几个 594
民族之中。但是,这方面的记载并不一定表明那些民族中完全没
有婚姻礼仪。正如克劳利先生所指出的,我们往往会发现,在那些
民族中,"人们还是会做出某些特定举动的,只是过于细微,或过于 595
接近实际生活,所以不易为观察者作为一种'仪式'记录下来。但
是,只要细加分析,便可发现,这些举动就是地道的婚姻礼仪。"[①]
在那些民族中,人们结婚时,即使没有什么祝福性的仪式,也还会
有某些禁忌性的规定。婚姻礼仪只是在具有较高文明程度的民族
中,以及与这些民族交往密切的部落中,才显得特别繁多。而礼仪
最为丰富的,当推印欧各民族中的农民,以及闪米特文化各民族。
不过,后者的婚姻礼仪,大多是在比较晚近的时代形成的,显然受
到印欧民族的影响。另一方面,现代文明又对传统礼仪造成破坏,
而在礼仪创新上却毫无建树。许多婚姻礼仪本是源于巫术观念,
这些巫术观念已随着理性文化的发展而趋于消失,这就自然导致
了某些婚姻礼仪的衰落。

① Crawley, *The Mystic Rose*, p. 318.